산업 및 조직심리학

Industrial/Organizational Psychology: An Applied Approach

8th Edition

Michael G. Aamodt

ISBN-13: 978-89-6218-393-1

Cengage Learning Korea Ltd.
14F, YTN Newsquare
76 Sangamsan-ro, Mapo-gu
Seoul, 03926, Korea, South
Tel: (82) 2 330 7000
Fax: (82) 2 330 7001

Cengage Learning is a leading provider of customized learning solutions
with office locations around the globe, including Singapore, the United Kingdom,
Australia, Mexico, Brazil, and Japan. Locate your local office at:
www.cengage.com/global

Cengage Learning products are represented in Canada by Nelson Education, Ltd.

For product information, visit www.cengageasia.com

Printed in Korea
1 2 3 4 20 19 18 17

산업 및 조직심리학

8th Edition

Industrial/Organizational
PSYCHOLOGY
An Applied Approach

Michael G. Aamodt

CENGAGE
Learning®

Andover • Melbourne • Mexico City • Stamford, CT • Toronto • Hong Kong • New Delhi • Seoul • Singapore • Tokyo

옮긴이 소개

박세영 전북대학교 사회과학대학 심리학과
김정남 경상대학교 사회과학대학 심리학과
박형인 전남대학교 사회과학대학 심리학과
서용원 성균관대학교 사회과학대학 심리학과
신강현 아주대학교 사회과학대학 심리학과
이혜주 한동대학교 상담심리사회복지학부
정승철 가톨릭대학교 사회과학부 심리학전공
조영일 성신여자대학교 사회과학대학 심리학과

산업 및 조직심리학 -제8판-

Industrial / Organizational PSYCHOLOGY An Applied Approach, 8th Edition

제8판 1쇄 인쇄 | 2017년 2월 21일
제8판 1쇄 발행 | 2017년 2월 27일

지은이 | Michael G. Aamodt
옮긴이 | 박세영, 김정남, 박형인, 서용원, 신강현, 이혜주, 정승철, 조영일
발행인 | 송성헌
발행처 | 센게이지러닝코리아㈜
등록번호 | 제313-2007-000074호(2007.3.19.)
주 소 | 서울시 마포구 상암산로 76 YTN 뉴스퀘어 14층
전 화 | 02) 330-7000
이메일 | asia.infokorea@cengage.com
홈페이지 | www.cengage.co.kr

ISBN-13: 978-89-6218-393-1

공급처 | (주) 학지사
주 소 | 서울시 마포구 양화로15길 20 마인드월드빌딩 5층
도서안내 및 주문 | Tel 02-330-5114 Fax 02) 324-2345
홈페이지 | www.hakjisa.co.kr

값 33,000원

역자 머리말

이 책은 Radford 대학교의 명예교수인 Michael G. Aamodt가 쓴 *Industrial/
Organizational Psychology* 제8판(2016)을 번역한 것이다. 원서는 모두 15개 장으로 구
성되어 있는데, 제외한 장이 없이 모두를 완역하였다. 1장과 저자 서문, 용어해설, 찾
아보기는 전북대학교 심리학과의 박세영 교수, 2장과 3장은 가톨릭대학교 심리학과
의 정승철 교수, 4장과 5장은 성신여자대학교 심리학과의 조영일 교수, 6장과 7장은
성균관대학교 심리학과의 서용원 교수, 8장과 14장은 경상대학교 심리학과의 김정
남 교수, 9장과 12장은 아주대학교 심리학과의 신강현 교수, 10장과 15장은 전남대
학교 심리학과의 박형인 교수, 그리고 11장과 13장은 한동대학교 상담심리사회복지
학부의 이혜주 교수가 맡아서 수고하였다.

최근 들어 우리나라에서 심리학의 인기가 상승하고 특히 산업 및 조직심리학을
전공하려는 학생들이 크게 증가하였다. 이는 우리나라에서도 공공기관과 기업에서
산업 및 조직심리학 전공자의 수요가 증가한 데 기인한다. 중앙정부와 지방정부 및
공기업에서 승진을 위한 역량평가 제도의 의무 도입, 공기업과 사기업의 채용 과정
에서 NCS의 도입과 심리검사와 면접의 중요성 확대는 이러한 현상이 앞으로도 지속
될 것으로 전망된다. 그러므로 산업 및 조직심리학 전공자로서 현장에서 응용할 수
있는 역량 개발은 관련 직업 창출에 기여할 수 있으리라 기대된다. 따라서 산업 및
조직심리학을 정확히 소개하고 대학에서 전문가 양성에 도움을 주는 교재의 필요성
이 절실하였다.

원서는 저자가 밝혔듯이 산업 및 조직심리학을 공부하는 학생들이 연구, 이론,
그리고 응용 간의 균형을 유지하면서도 흥미를 갖고 학습할 수 있도록 실사회의 많
은 사례와 I/O 분야의 다양한 진로를 소개하면서 복잡한 주제를 단순하게 전달하여
이해하는 데 도움이 되도록 집필하였다. 각 장에는 고용 프로필, 경력 워크숍, 응용
사례 연구, 그리고 윤리에 대한 관심 박스가 포함되어 있어 해당 주제에 대한 전문가
의 조언, 경력에 도움이 되는 정보, 조직에서 경험한 실제 상황, 그리고 윤리적 딜레
마를 제시하였다. 또한 요약과 복습을 위한 질문이 수록되어 있어 학생들이 좋은 학
점을 받을 수 있도록 하였다.

이 책을 번역하면서 여러 명의 교수들이 공동작업을 하였기 때문에 용어의 통일
과 우리 문화에 맞도록 하는 것이 쉽지는 않았다. 이는 아직 학계에서 용어가 통일되
어 있지 못하고 언어마다 특성이나 문화가 다르기 때문에 앞으로 지속적으로 관심을
갖고 보완해야 할 문제다. 또한 저자 서문에서 언급한 워크북과 통계 입문서를 포함

시키지 못한 점은 양해를 바란다.

　마지막으로 이 책이 나오기까지 힘든 수고를 마다하지 않은 센게이지러닝의 임직원과 편집과 교정을 꼼꼼하게 해주신 우일미디어에도 감사를 드린다.

2017년 2월
대표 역자 박세영

저자 머리말

나는 산업 및 조직심리학[Industrial-Organizational (I/O) Psychology]보다 더 나은 직업을 상상할 수가 없다. 산업 및 조직심리학은 모든 사람들에게 무언가를 해줄 수 있다. 당신은 과학자, 수사관, 변호사, 조언가, 통계전문가, 발명가, 작가, 교사, 멘토, 트레이너, 도박사, 동기부여자, 자선가, 그리고 엔지니어가 될 수 있다—동시에 모두가 될 수도 있다. 다른 어떤 분야에서도 이렇게 도전적인 기회를 경험하고, 높은 급여를 받으며, 타인의 삶을 향상시키는 만족을 얻을 수는 없다.

나는 학문을 소홀히 하지 않고 학생들에게 직접 와 닿는 교재에 대한 강한 욕구가 있기 때문에 본서를 집필하였다. 우리 분야는 아주 흥미진진한데, 기존 교재들은 이런 흥미를 반영하지 못한다. 본서는 중요한 요점들을 예로 보여주는 실사회의 많은 사례들; I/O의 매우 다양한 진로를 입증하는 고용 프로필; 더 즐겁게 읽을 수 있도록 해주는 유머; 고용법, 직무만족, 작업동기, 그리고 리더십과 같은 복잡한 주제를 통합하고 단순화시키는 그림과 표들을 포함하고 있다.

본서를 집필하면서 나는 연구, 이론, 그리고 응용 간의 균형을 유지하려고 하였다. I/O 심리학의 기본 이론들과 연구에 덧붙여서, 독자들은 이력서를 작성하는 방법, 채용 면접에서 살아남는 방법, 직무 기술서를 작성하는 방법, 수행평가 도구를 개발하는 방법, 그리고 근로자들에게 동기를 부여하는 방법들과 같은 실제적인 응용을 할 수 있을 것이다.

학생 친화적!

읽기 쉽도록 유머, 스토리, 그리고 실제의 사례들을 활용하였다. 본 교재는 내 어휘력을 과시하는 것이 아니라 학생들이 이해하는 데 도움이 되도록 집필하였다. 내가 받은 피드백은 학생들이 실제로 이 교재를 즐겁게 읽는다는 것이다!

학습에 도움을 주기 위해서, 3장, 8장, 9장, 10장, 그리고 13장에서 보는 바와 같이 **획기적인 도표**들이 해당 장의 요점을 통합하고 있다. 각 장의 처음에 있는 **학습목표**의 목록이 읽을 내용에 대한 사고를 조직화하는 데 도움이 될 것이다. 각 페이지에 있는 여백에 **주요 용어**의 정의를 실었다. 각 장의 마지막에 있는 **요약**은 학습한 중요한 사항들을 상기시켜주고, **복습을 위한 질문**은 새로운 지식의 깊이를 테스트한다.

당신이 선택한 직업과는 관계없이 자료들을 응용하는 데 도움을 주기 위해서, 각 장마다 고용 프로필과 전문가의 조언, 경력에 도움이 되는 정보를 어떻게 활용할지에 대한 경력 워크샵 박스, 실제 조직에서 경험한 실제 상황에 대한 응용 사례 연구, 해당 장에 관련된 윤리적 딜레마를 제시하는 윤리에 대한 관심 박스를 포함하고 있다.

두 권을 한 권에!

교수들의 요청으로 워크북과 통계 입문서를 추가 비용 없이 개정판에 수록하였다. 각 장에는 학습한 내용을 응용하는 데 도움을 주는 연습이 실려 있다. 따라서 I/O 심리학에 대해 읽는 것 이외에 I/O 심리학을 경험할 수 있는 기회를 얻을 것이다. 학생들은 심리검사 수검, 중대사건기법 실시, 사례연구 해결, 상황 분석, 이력서 작성, 면접 준비, 구조화된 면접 개발 등을 할 것이다. 본 교재의 웹사이트에는 학습에 도움이 되는 추가 자료: 완벽한 장의 개요, 플래시 카드로 사용할 수 있는 주요 용어의 목록, 그리고 연습문제가 수록되어 있다. 좋은 학점을 받는 것이 그렇게 쉬운 일은 아니다!

본 교재의 붙임자료

온라인 강사 매뉴얼

강사 매뉴얼에는 강사의 개인적 선호와 강좌의 요구에 부합하도록 강사가 교재를 준비하고 제시하는 데 도움이 되는 다양한 자료들이 포함되어 있다. 여기에는 학습을 향상시키고 촉진하기 위해 장 순서로 제안과 자료들이 제시되어 있다.

온라인 파워포인트® 슬라이드

각 장에 대한 생동적인 Microsoft 파워포인트® 강의 슬라이드가 본 교재의 내용을 직접 활용한 개념을 제공하여 강의를 도와줄 것이다.

Cognero의 센게이지러닝 검사

Cognero는 강사가 문제은행을 편집하고 관리할 뿐만 아니라 바로 다양한 버전의 문제를 개발할 수 있도록 해주는 유연한 온라인 시스템이다. 학교의 학습관리 시스템에서 강의실이나 어디든 원하는 곳으로 시험문제를 전달할 수 있다.

개정판의 새로운 점

- 더 많은 사례들을 교재 전반에 소개
- 고용법의 변화들을 업데이트
- 모집에 관한 논의를 업데이트

- 성격의 "이면"에 대한 논의를 제고
- 교재 전반에 걸쳐 성격에 대한 논의를 확대
- 기술 활용의 사례들을 업데이트
- 모든 장에서 참고문헌과 예를 업데이트

감사의 글

나는 Tim Matray와 Nicole Richards를 포함해서 Cengage Learning의 탁월한 직원들에게 고마움을 전한다. 특히 교재를 출판하는 내내 성실하고 참을성 있게 수고해준 S4Carlisle의 Wendy Langerud에게 고마움을 전한다. 이번 개정판은 University of Akron의 Jim Diefendorff; Indiana University-Purdue University Indianapolis의 Elizabeth Boyd; College of Lake Country의 Evan Finer; 그리고 University of Minnesota의 Alexandra Luong을 포함한 많은 분들이 깊이 있는 검토를 해주어서 질적으로 매우 향상되었다.

나는 교재가 계속해서 좋아지도록 조언과 제안을 해준 전판의 검토자인 Georgia College and State University의 Sheree Barron; Haworth Inc.의 Jay Brand; Auburn University의 Robert Bubb; Owens Community College의 Linda Butzin; Sacred Heart University의 Maureen Conard; University of Rochester의 George Cook; University of Southern Oregon의 Daniel DeNeui; Western Kentucky University의 Elizabeth Erffmeyer; Washington State University의 Armando Estrada; Southwest Missouri State의 Donald Fisher; University of Maryland의 Mary Fox; University of Texas at Arlington의 Mark Frame; Northwest Missouri State University의 Alisha Francis; Portland State University의 Dean Frost; SUNY-Plattsburgh의 William Gaeddert; University of North Carolina at Charlotte의 David Gilmore; St. Louis University의 Matthew Grawitch; University of Houston의 George Hampton; University of Maryland의 Paul Hanges; Iowa State University의 Kathy Hanish; Temple University의 Donald Hantula; Tiffin University의 Steven Hurwitz; University of Tennessee at Martin의 Brian Johnson; John Wood Community College의 Scott Johnson; Framingham State College의 Harold Kiess; The College of New Jersey의 Jean Powell Wood; California State University at San Bernardino의 Janet Kottke; University of Georgia의 Charles Lance; Mercer University의 Laurie Lankin; Southwest Missouri State University의 Paul Lloyd; Tarrant Country College의 Janine Miller Lund; LIMRA International의 James Mitchel; Southwestern Oklahoma State University의 Paul Nail; Rutgers University의 Christopher Nave; Washington

State University의 Craig Parks; University of Memphis의 Charles Pierce; Colorado State University-Pueblo의 Marc Pratarelli; Florida International University의 Juan Sanchez; Eastern Illinois University의 Steven Scher; University of Northern Colorado 의 Eugene Sheehan; California State University, San Bernardino의 Ken Schultz; Widener University의 Ross Steinman; University of North Carolina at Charlotte 의 William Siegfried; University of Illinois의 Sharmin Spencer; Owens Community College의 Keith Syrja; University of Idaho의 Todd Thorsteinson; 그리고 College of Mount Union의 Tiffani Tribble에게 감사드린다.

내게 집필 시간을 허용해주고 아이디어와 함께 지원을 해준 가족과 친구, 그리고 학생들에게도 감사의 말씀을 전한다. 의견을 나누고, 멍청한 질문을 할 수 있도록 해준 동료인 Eric Dunleavy, Mark Nagy, Kayo Sady, Michael Surrette, 그리고 David Cohen에게도 감사한다. SIOP, IPMA, IPAC, 그리고 SHRM 동료들의 통찰과 이야기에도 감사한다. 사실과 이론보다 훨씬 더 많은 것을 가르쳐준 멘토인 Wilson W. Kimbrough 박사와 나의 경력 내내 지원을 해주었던 Al Harris 박사와 Daniel Johnson 박사 두 분 멘토에게 제대로 감사를 표현할 방법이 없다.

마지막으로, 나의 아내 Bobbie와 아들 Josh의 사랑과 정서적 지원에 대해 감사한다. 집필은 대체로 즐거운 과정이다. 하지만 스트레스를 받거나 혼란스러울 때, 내 가족은 항상 참고 이해해 주었다. 그들이 없었다면 아무 것도 하지 못했을 거다. 나는 Bobbie가 스트레스 장, 조직문화 절, 경력 워크샵 박스, 그리고 윤리에 대한 관심 박스를 집필하는 데 도와준 것에 대해서도 감사한다.

Michael G. Aamodt

저자 소개

Mike는 버지니아 주 래드포드에 위치한 Radford 대학교의 산업 및 조직심리학 명예 교수다. Mike는 Radford 대학교에서 26년 동안 교수로 재직한 후, 2009년에 조기 퇴직하여 DCI Consulting Group의 자문위원이 되었다. 그는 강의하는 것을 좋아하여 매학기 강의를 계속하고 있다.

Mike는 캘리포니아 주 마리부에 있는 Pepperdine 대학교에서 심리학 학사학위를 받았고, Arkansas 대학교에서 석사학위와 박사학위를 취득하였다. Mike는 수년간 인사선발, 직무분석, 보상, 근로자 훈련과 개발, 조직심리학, 조직 영향력, 조직 정책, 그리고 범죄심리학 과목을 강의하였다. Mike는 Arkansas 대학교의 대학원생과 Pepperdine 대학교의 교수로서 교육상을 수상하기도 하였다.

Mike는 연구자로서 학술지에 50편 이상의 논문을 게재하였고 학술대회에서 많은 논문을 발표하였다. 그는 현재 8판까지 나온 *Applied Industrial/Organizational Psychology, Research in Law Enforcement Selection, I/O Psychology in Action, Understanding Statistics in I/O Psychology,* 그리고 *Human Relations in Business*의 저자다. Mike는 *Journal of Police and Criminal Psychology, Applied H.R.M. Research,* 그리고 *Criminal Justice and Behavior*의 편집위원이다.

Mike는 트레이너와 컨설턴트로서 30년이 넘도록 인사선발, 직무수행평가, 인원 감축, 조직변화, 보상, 그리고 동기와 같은 주제에 관해 매우 다양한 조직에 도움을 주었다. 그는 경찰심리학 분야의 전문가들 중에 한 사람이기도 하다. Mike는 빠르게 진행하면서도 재미있는 발표로 초청을 많이 받는 강연자다.

Mike는 SIOP, SHRM, IPAC, 그리고 Society for Police and Criminal Psychology를 포함한 많은 단체에서 활발하게 활동하는 정회원이다.

Mike는 여가시간에 운동, 요리, 여행, 그리고 스쿠버다이빙을 좋아한다. 그는 버지니아 주 플라스키에서 아내 Bobbie와 애완견 Gretchen과 함께 산다. Mike와 Bobbie 사이에는 버지니아 북부에서 변호사를 하는 사랑하는 아들 Josh가 있다.

차례

Chapter 4   **직원선발: 모집과 면접**   **139**

Chapter 5   **직원선발: 신원보증서와 검사**   **187**

Chapter 6 선발방법 및 채용결정에 대한 평가   237

Chapter 7 종업원 수행 평가   275

Chapter 8 훈련시스템 설계 및 평가 335

Chapter 11   조직의 의사소통   465

Chapter 12   리더십   507

Chapter 13   집단 행동, 팀, 갈등   545

Chapter 14   조직 개발   597

Chapter 15   스트레스관리: 삶과 직장의 요구에 대처하기   643

---

*참고문헌은 지면 제한상 출판사(www.cengage.co.kr) 자료실에 올렸습니다. 참고하십시오.

Chapter 1

산업 및 조직심리학 개요
INTRODUCTION TO I/O PSYCHOLOGY

학습목표

➡ I/O 심리학과 I/O 심리학자들이 하는 일을 기술한다.

➡ I/O 심리학의 역사를 학습한다.

➡ I/O 심리학의 대학원 과정의 입학자격을 안다.

➡ 연구 수행의 중요성을 이해한다.

➡ 연구를 어떻게 하는지를 이해한다.

➡ 다양한 연구 방법을 구분한다.

모든 근로자들이 출근하기를 기다릴 정도로 자신의 직업을 좋아하고 적성에 맞으며 수행이 뛰어나도록 교육을 받는다면 정말로 대단하지 않은가? 이는 산업심리학의 궁극적인 목표다. 불행하게도, 모든 근로자들이 자신의 직업을 즐기지 못하고, 모든 근로자들이 일을 잘 하지 못한다. 본서에서는 행복하고 생산적인 노동자라는 목표를 위해 산업 및 조직(I/O)심리학자들이 개발한 기법을 배울 것이다.

이들 기법에 대해 얘기하기 전에, 본서의 나머지를 더 잘 이해하는 데 도움이 되는 기초를 위해 몇 가지 영역을 논의해야 한다. 본장은 두 부문으로 되어 있다. 첫째 부문은 I/O 심리학의 분야를 간략히 개관하고, 둘째 부문에서는 본서 내내 언급될 연구 방법을 논의할 것이다.

I/O 심리학의 분야

I/O 프로그램과 경영 프로그램 간의 차이

산업 및 조직심리학(in-dustrial-organization-al psychology) 심리학의 원리를 작업장에 응용하는 심리학의 한 분과

I/O 심리학 교재를 시작하는 최고의 방법은 분야 그 자체를 살펴보는 것이다. **산업 및 조직심리학**은 심리학의 원리를 작업장에 응용하는 심리학의 한 분과다. I/O 심리학의 목적은 "인간 행동에 대한 과학과 지식을 발전시킴으로써 인간의 존엄과 수행 및 인간이 일하는 조직을 향상시키는 것이다"(Rucci, 2008).

예컨대, 학습 원리는 훈련 프로그램과 유인 계획을 개발하는 데 이용되고, 사회심리학 원리는 작업집단을 형성하고 근로자 갈등을 이해하는 데 이용되며, 동기와 정서의 원리는 근로자들을 동기부여하고 만족시키는 데 이용된다. 경영대학에서 일반적으로 가르치는 관련 분야와 I/O 심리학의 가장 큰 차이는 심리학 원리의 응용이다. 본 교재가 다루는 많은 주제들이 인적자원관리(HRM)나 조직행동 교재에 있는 것과 유사하지만, I/O 심리학과 경영분야 간의 주요 차이는 판매경로, 운송망, 원가계정과 같이 조직을 운영하는 광범위한 면이 아니라, I/O 심리학은 조직에서 인간에 영향을 미치는 요인들을 연구한다는 것이다(Kimbrough, Durley, & Muñoz, 2005). 표 1.1에 있는 전형적인 대학원 과정에서 보는 바와 같이, 경영(MBA) 프로그램은 회계학, 경제학, 마케팅과 같은 영역을 연구하고, 반면에 I/O 프로그램은 거의 대부분 조직에서의 사람을 포함하는 주제에 초점을 둔다(Moberg & Moore, 2011).

I/O 심리학은 연구, 양적 방법, 그리고 검사기법에 폭넓게 의존한다. I/O 심리학자들은 의사결정을 위해 직관보다는 경험 자료와 통계학을 사용하도록 훈련받는다. I/O 심리학자는 산업계에 있는 임상심리학자가 아니고, 근로자들을 위한 치료를 하지 않는다. 조직을 위해 일하면서 약물과 알코올 남용과 같은 문제가 있는 근로자들을 도와주는 심리학자가 있지만, 이들은 I/O 심리학자라기보다는 상담전문가다. I/

표 1.1 I/O 심리학과 MBA 과정에서 공통적으로 요구하는 강좌 비교

강좌	프로그램 유형	
	I/O(%)	MBA(%)
연구방법론	90	6
계량분석	82	50
인사선발	80	0
조직심리학/조직행동론	80	48
심리측정/검사 구성	62	0
훈련 및 개발	60	2
직무수행평가	38	2
재무관리	0	94
마케팅	0	90
기업전략과 정책	4	82
회계학	0	78
정보시스템	0	68
경제학	0	66
운영관리	0	56
문화/세계화/국제 경영	12	42
윤리학	20	36

출처: Moberg, J. L., & Moore, S. (2011). I/O psychology versus M.B.A. program. Paper presented at the 32nd annual Industrial/Organizational Psychology and Organizational Behavior Graduate Student Conference, San Diego, CA.

O 심리학을 다른 심리학 분과와 구별하는 데 도움이 되는 요인은 과학자-실무자 모델에 대한 의존이다. 즉 I/O 심리학자가 연구를 수행할 때에는 과학자의 역할을 하고 실제 조직과 작업할 때에는 실무자의 역할을 한다. 게다가, I/O 심리학자가 조직의 품질과 효율성을 향상시키기 위해 연구 결과를 적용할 때에는 과학자-실무자 역할을 한다.

 I/O 심리학의 인기가 계속 증가하는 이유는 다른 어느 분야보다 I/O 전문가들이 타인의 삶에 긍정적인 영향을 미칠 수 있다는 점 때문일 것이다. 보통 사람의 생활에서 평일을 들여다보자:

일	8시간
통근	1시간
TV 시청	3시간
수면	8시간
식사준비와 식사	2시간
기타	2시간

수면시간을 제외하고는, 사람들은 일상에서 다른 어느 활동보다 일하는 데 더 많은 시간을 소비한다(때로는 두 활동이 겹친다!). 따라서 자신의 직업에 만족하고 생산적인 사람들이 자신의 직업에 불만족하는 사람들보다 더 성취하는 삶을 영위할 것이라는 것은 일리가 있는 말이다. 하루 중에 여덟 시간 동안의 일이 불행한 사람이라면, 불행의 후유증이 그 사람의 가정생활과 레저생활에도 영향을 미칠 것이다.

사회적 관점에서 보면, I/O 심리학자는 근로자 효율성을 증가시켜 생활의 질을 향상시킬 수도 있는데, 이는 제품의 질을 향상시켜 판매되는 상품의 원가를 절감시킨다. 이는 다시 조직 능률을 향상시켜 정비와 교체 비용을 절감시키고, 대기시간과 같은 비능률적인 활동을 감소시키는 결과를 가져올 수 있다.

따라서 I/O 심리학은 상담심리학과 의학과 같은 분야와 동일한 수준, 때로는 그 이상으로 생활의 질을 향상시킬 수 있다. I/O 심리학자들의 임금 수준이 높다고 해도, 진정한 보람은 타인의 삶에 긍정적인 영향을 준다는 것이다.

I/O 심리학의 주요 분야

I/O 심리학의 목표가 근로자들의 생산성과 복지를 향상시키는 것이긴 하지만, 이를 달성하는 방법에는 두 가지 접근이 있다. 산업적 접근(I/O 심리학에서 "I")은 직무수행에 필요한 역량을 결정하고, 역량이 있는 근로자들을 고용하며, 교육을 통해 역량을 향상시키는 것에 초점을 둔다. 조직적 접근(I/O 심리학에서 "O")은 근로자들이 수행을 잘 하도록 동기부여하고, 직무를 수행하는 데 필요한 정보를 제공하며, 즐겁고 만족스러운 작업/생활환경이 이루어지는 작업조건을 제공하는 조직구조와 문화를 만드는 것이다.

인사심리학

I/O 심리학자들과 HRM 전문가들은 직무분석, 지원자 모집, 근로자 선발, 급여 수준 결정, 근로자 교육, 근로자 수행평가와 같은 영역에서 **인사심리학** 연구와 실무에 참여한다. 이 분야에서 일하는 전문가들은 근로자 선발과 승진에 사용할 수 있는 기존 검사들을 선택하거나 새로운 검사들을 개발한다. 이들 검사는 공정하고 타당하다는 것을 보장하기 위해 끊임없이 평가받는다.

인사심리학자들은 또한 개별 근로자가 무슨 일을 하는지를 완벽하게 알 수 있도록 직무를 분석하고, 각 지위에 금전적 가치를 할당하기도 한다. 완벽한 직무기술서를 작성한 후에, 인사심리학 전문가들은 근로자의 수행을 평가하기 위해 수행-평가 도구들을 구성한다.

이 분야의 심리학자들은 근로자들을 교육하고 개발하는 데 사용될 수 있는 다양한 방법들을 조사하기도 한다. 이 하위분야에 있는 사람들은 보통 조직의 교육부서에서 일하는데, 조직의 훈련 요구를 확인하고 교육 프로그램을 개발하며 교육 성공

인사심리학(personnel psychology) 근로자 선발과 평가에 집중하는 연구 분야

을 평가하는 활동에 참여한다.

조직심리학

조직심리학에 종사하는 심리학자들은 리더십, 직무만족, 근로자 동기, 조직 커뮤니케이션, 갈등관리, 조직 변화, 조직 내의 집단 과정에 관심을 갖고 있다. 조직심리학자들은 종종 근로자들이 생각하는 조직의 강점과 약점을 알기 위해 근로자 태도를 조사한다. 보통 컨설턴트의 역할을 하면서, 조직심리학자는 문제를 개선시킬 수 있는 방법들을 추천한다. 예컨대, 낮은 직무만족은 근로자들이 회사의 의사결정에 참여하도록 허용함으로써 개선될 수 있고, 열악한 커뮤니케이션은 근로자 제안제도를 시행함으로써 개선될 수 있다.

조직개발 전문가들은 근로자 수행을 향상시키는 프로그램을 조직 전체에 실시한다. 이런 프로그램에는 팀 구축, 구조조정, 근로자 권한이양이 포함된다.

인간 요인/인간공학

인간 요인 분야의 심리학자들은 작업장 설계, 인간−기계 상호작용, 인간공학, 신체적 피로와 스트레스에 관심이 있다. 이들 심리학자는 작업장을 더 안전하고 효율적으로 만들기 위해 흔히 공학자들이나 기술 전문가들과 함께 일을 한다. 이 하위분야의 표본활동에는 지도를 만드는 최상의 방식 설계, 가장 편안한 의자 설계, 최적의 작업 일정 규명이 포함된다.

I/O 심리학의 역사

심리학 분야 자체가 비교적 오래되지 않았다는 것(1879년 이래)을 생각하면, I/O 심리학의 역사가 짧다는 것이 놀라운 일은 아니다. I/O 심리학의 정확한 출발에 대해 전문가들의 의견이 일치하지는 않지만(표 1.2), Walter Dill Scott이 심리학을 경영에 처음으로 응용한 **광고의 이론**을 집필한 1903년; Hugo Münsterberg가 영국에서 처음으로 **심리학과 산업 효율성**을 출간한 1913년; 또는 Scott이 경영에서 인간의 효율성 증가란 서적을 집필한 1911년 중에서 하나를 일반적으로 출발점이라고 생각한다(Koppes & Pickren, 2007). 공식 출발일에 관계없이, I/O 심리학은 1900년대 초에 탄생했다. Scott과 Münsterberg 외에, 이 분야의 개척자에는 James Cattell, Walter Bingham, John Watson, Marion Bills, Lillian Gilbreth가 포함된다(DiClemente & Hantula, 2000). 흥미롭게도, "산업심리학"이란 용어는 제1차 세계대전 전에는 거의 사용되지 않았다. 대신에, 이 분야에 대한 일반적인 용어는 "경제심리학", "경영심리학", 그리고 "고용심리학"이었다(Koppes & Pickren, 2007).

I/O 심리학은 제1차 세계대전 동안에 처음으로 큰 영향을 끼쳤다. 많은 군인을 군대 내의 다양한 부대에 배치해야 하기 때문에, I/O 심리학자들이 신병들을 검사해

표 1.2 I/O 심리학의 중요 사건

연도	사건
1903	Walter Dill Scott이 *광고 이론* 출간
1911	Walter Dill Scott이 *경영에서 인간의 효율성 증가* 출간
1913	Hugo Münsterberg가 *심리학과 산업 효율성* 출간(독일판은 1910년에 출간)
1917	*Journal of Applied Psychology* 최초 출간
1918	제1차 세계대전이 I/O 심리학자들에게 대규모의 근로자 검사와 선발을 위한 기회를 최초로 제공
1921	Carnegie Tech에서 Bruce Moore와 Merrill Ream에게 최초로 박사학위 수여
1932	Morris Viteles가 최초의 I/O 교재 집필
1933	호손 연구 출간
1937	American Association for Applied Psychology 설립
1945	Society for Industrial and Business Psychology가 130명의 회원으로 APA의 14분과로 설립
1951	Marion Bills가 14분과의 최초 여성회장으로 선출
1960	14분과 명칭을 Society for Industrial Psychology로 변경, 회원 수는 700명 돌파
1963	임금평등법 통과
1964	시민권법 통과
	The Industrial-Organizational Psychologist(TIP) 초판 출간
1970	14분과의 회원 수가 1,100명 돌파
1971	B. F. Skinner가 *자유와 존엄을 넘어* 출간
1980	14분과의 회원이 1,800명 돌파
1982	14분과 명칭을 Society for Industrial and Organizational Psychology(SIOP) 로 변경
1986	SIOP가 APA와 별도로 최초의 연차학술대회 개최
1989	대법원이 보수 성향을 설정하여 좀 더 "고용주 친화적"이 됨
1990	장애인법 통과
	SIOP의 회원 수가 2,832명 돌파
1991	1991년의 시민권법이 1989년의 보수적인 대법원 판결을 극복하여 통과
1995	SIOP의 회원 수가 4,500명을 돌파
1997	SIOP가 St. Louis에서 50주년 기념 연차학술대회 개최
2000	SIOP의 회원 수가 5,700명을 돌파
2005	연방계약이행국(OFCCP)과 동등고용기회위원회(EEOC)가 구조적 차별에 대항하는 데 더 공격적이 됨
	SIOP의 회원 수가 5,900명을 돌파
2008	*Industrial and Organizational Psychology: Perspective on Science and Practice*가 SIOP의 공식 학술잡지로 출범
2009	릴리 레드베터 공정임금법과 미국장애인복지법 및 개정법(ADAAA) 통과
2010	SIOP의 회원 수가 8,000명 돌파; 명칭을 Society for Organizational Psychology 로 변경하기보다는 Society for Industrial and Organizational Psychology로 유지 하기로 가까스로 통과
2013	OFCCP가 참전용사와 장애인 고용에 영향을 주는 새로운 규제를 발표
2014	SIOP의 회원 수가 8,300명 돌파

군대 알파(Army Alpha) 제1차 세계대전 동안에 개발되어 문맹이 아닌 군인들을 위해 군대에서 사용된 지능검사

군대 베타(Army Beta) 제1차 세계대전 동안에 개발되어 문맹인 군인들을 위해 군대에서 사용된 지능검사

서 적재적소에 배치하기 위해 고용되었다. 검사는 주로 정신능력검사인 **군대 알파**와 **군대 베타**를 통해 이루어졌다. 알파검사는 문맹이 아닌 신병들에게 사용되었고 베타검사는 문맹인 신병들에게 사용되었다. 더 지적인 신병들은 정식훈련에 배정되었고, 덜 지적인 신병들은 보병에 배치되었다. 흥미롭게도, 행동주의의 개척자로 잘 알려진 John Watson은 제1차 세계대전 동안에 미군의 소령으로 복무하면서 조종사 후보생들을 위한 지각 및 운동검사를 개발했다(DiClemente & Hantula, 2000). Henry Gantt와 같은 공학자들과 함께 I/O 심리학자들은 화물수송함의 건조, 수리 및 선적의 효율성을 향상시켰다(Van De Water, 1997).

물론 I/O 심리학자는 아니지만, 발명가 Thomas A. Edison은 올바른 근로자 선발의 중요성을 이해하였다. 1920년에, Edison은 163개의 문항으로 된 지식검사를 만들어서 900명 이상의 지원자들에게 실시하였다. 검사와 합격점수가 매우 어려워 지원자들 중 5%만이 통과하였다! Edison의 검사에 대해서는 6장 마지막에 사례연구에서 더 학습할 수 있다.

I/O 심리학의 초기에 가장 흥미로운 두 명의 인물은 Frank Gilbreth와 Lillian Moller Gilbreth 부부팀이다. Gilbreth 부부는 근로자들이 사용하는 동작을 연구하여 생산성을 향상시키고 피로는 감소시킨 초기 과학자들이었다. Frank는 건축업자로 인생의 첫발을 내딛었는데, 벽돌을 쌓는 데 필요한 동작의 수를 18개에서 4½개로 감소시켜 벽돌 쌓기를 개선한 것으로 유명해졌다. Lillian은 남편보다 학력이 높아서 1915년에 Brown 대학교에서 박사학위를 받았다—당시에 여성으로서는 드문 성과였다. 그들 부부는 12명의 자녀를 두었는데, 바쁜 가운데에서도 자녀들을 키우는 데 사용한 효율적인 방법은 **열두 명의 웬수들**(*Cheaper by the Dozen*)이란 서적과 영화(1950년의 영화 버전)의 영감이 되었다. Frank가 55세에 사망한 1924년 이후에, Lillian은 대공황에 따른 회사의 비용 절감과 생산성 향상을 위한 방법을 찾기 위해 산업계와 협의를 계속하였다. 1935년에 그녀는 Purdue 대학교의 경영공학 교수가 되었는데, 그녀는 교수직에 오른 최초의 여성이었다.

이러한 초기 동안에, I/O 심리학은 미국 밖으로 번성하였다. 미국 외에서 산업계의 문제에 심리학을 적용한 저명한 심리학자들에는 스위스의 Jules Suter, 호주의 Bernard Muscio, 독일의 Franziska Baumgarten-Tramer, Walter Moede, William Stern, Otto Lipmann, 그리고 Emil Kraepelin, 프랑스의 Jean-Marie Lahy, 캐나다의 Edward Webster, 영국의 Cyril Burt, Charles Myers, 그리고 Sir Frederick Bartlett이 포함된다(Vinchur & Koppes, 2007; Warr, 2007).

호손 연구(Hawthorne studies) 사람들이 환경 변화에 반응할 때 행동의 변화를 나타낸다는 일리노이 주 호손에 있는 웨스턴 일렉트릭 공장에서 실시한 일련의 연구

1930년대에, I/O 심리학은 범위를 크게 확장하였다. 그 전까지는 근로자의 선발과 배치와 같은 인사 문제를 주로 다루었다. 그러나 유명한 **호손 연구**가 출간된 때인 1930년대에 들어, 심리학자들은 작업환경의 질뿐만이 아니라 근로자의 태도에도 관심을 갖게 되었다. 시카고에 있는 Western Electric Company의 Hawthorne공장에서

실시한 호손 연구는 근로자의 행동이 복잡하고 관리자와 근로자 간의 대인 상호작용이 근로자의 행동에 커다란 역할을 한다는 것을 입증하였다. 호손 연구는 처음에는 조명 수준, 작업 일정, 급여, 온도, 그리고 휴식이 근로자 수행에 미치는 효과 등을 연구하기 위해 설계되었다.

연구자들이 놀란 것은 실제 작업조건들이 예측대로 생산성에 영향을 미치지 않았다는 것이었다. 즉 작업조건이 열악해진 후에 생산성이 향상되고 작업조건이 개선된 후에는 생산성이 감소된 때가 있다는 것이었다. 근로자들을 면담하여 연구를 더 진행한 후에, 근로자들은 자신이 연구대상이 되어 관리자들의 주의를 받고 있었기 때문에 행동을 변화시켜 더 생산적이 되었다는 것을 연구자들이 깨닫게 되었다. 지금은 이 조건을 보통 **호손 효과**라고 한다. 호손 연구의 주요 공헌은 심리학자들로 하여금 작업장에서의 인간관계에 대한 관심을 증가시키고 근로자 태도의 효과를 탐구하도록 영감을 주었다는 것이다(Olson, Verley, Santos, & Salas, 2004).

1960년대의 특징은 3장에서 논의되는 시민권법의 여러 주요 부분의 통과다. 이들 법률은 HR 전문가들이 공정한 선발기법의 개발에 주의를 집중하도록 하였다. 결과적으로, I/O 심리학자의 필요성이 크게 증가하였다. 1960년대의 또 다른 특징

> **호손 효과(Hawthorne effect)** 주의를 받고 있거나 관찰되고 있다는 사실만으로 근로자들이 자신의 행동을 변화시킬 때

Frank와 Lillian Gilbreth는 I/O 심리학의 개척자였다.

© Courtesy of Purdue University Libraries, Archives and Special Collections

은 관리자들을 위한 감수성 훈련과 T-집단(실험실 훈련집단)의 사용이다(Carson, Lanier, Carson, & Guidry, 2000).

1970년대는 근로자 만족과 동기와 같은 많은 조직심리학적 문제들을 이해하는 데 장족의 발전을 이루었다. 이 시기에는 또한 조직에서의 근로자 행동에 대해 많은 이론들이 개발되었다. B. F. Skinner(1971)의 **자유와 존엄을 넘어는** 조직에서 행동–수정 기법의 사용을 증가시키는 결과를 가져왔다.

1980년대와 1990년대는 I/O 심리학에 네 가지 주요 변화를 가져왔다. 첫 번째는 매우 정교한 통계기법과 분석방법의 사용 증가다. 이 변화는 1960년대 논문과 1980년 이후의 논문을 비교해보면 명백하다. 최근의 논문들은 경로분석, 구조방정식 모델, 메타분석, 다변량분석(MANOVA), 인과 모델링과 같은 복잡한 통계기법들을 사용한다. 1970년대 이전에는 t-검증과 변량분석(ANOVA)과 같이 더 간단한 통계기법들이 사용되었다(당신이 통계학 과목을 이수하지 않았다면, 이들 방법이 당신에게 익숙하지 않을 수도 있다). 이러한 통계학에의 의존은 I/O 심리학 박사과정에 입학한 학생들이 최소한 다섯 개 이상의 통계학 과목을 수강하는 이유다.

두 번째의 변화는 산업계에서 인지심리학의 응용에 새로운 관심을 갖게 된 것과 관련된다. 예컨대, 1970년대의 수행평가에 대한 논문들은 주로 근로자 수행을 평가하는 새로운 방법들을 기술하고 검증하였다. 그러나 1980년대와 1990년대 초기에는 많은 논문들이 관리자들이 평가를 할 때 사용하는 사고과정을 살펴보는 접근을 하였다.

세 번째 변화는 일이 가정생활과 레저 활동에 미치는 효과에 대한 관심이 증가하였다는 것이다(McCarthy, 1998). 스트레스가 심리학자들의 관심을 받은 지는 오래되었지만, 근로자 스트레스—특히 작업장 폭력으로 초래되는—가 주목을 받은 것은 20세기의 마지막 20년간이었다.

1980년대와 1990년대의 마지막 주요 변화는 I/O 심리학자들이 근로자 선발방법의 개발에 다시 관심을 갖게 되었을 때 일어났다. 1960년대와 1970년대에는 법원이 아직도 1960년대 초의 주요 시민권법을 해석하는 중이어서, I/O 심리학자들이 근로자 선발에 신중한 접근을 하는 결과를 가져왔다. 그러나 1980년대 중반에는 법원이 덜 엄격해지고, 매우 다양한 선발도구가 개발되어 사용되었다. 선발도구의 예로는 인지능력검사, 성격검사, 전기자료, 그리고 구조화된 면접이 있다. I/O 심리학에 중요한 영향을 끼친 1980년대와 1990년대의 또 다른 변화에는 대규모 인원감축, 다양성과 성에 대한 관심 증가, 고령자 노동력, 스트레스의 영향에 대한 관심 증가, 그리고 종합적 품질관리(TQM), 리엔지니어링, 근로자 권한이양(empowerment)과 같은 조직개발 개입에 대한 강조가 포함된다.

2000년대에 I/O 심리학에 가장 커다란 영향을 준 것은 기술의 급속한 발전이다. 많은 검사와 조사가 이제는 인터넷으로 실시되고, 고용주들은 온라인으로 지원자를 모집하고 심사한다; 구직자들은 취업을 위해서 트위터, 링크드인, 페이스북과 같은 SNS을 이용한다; 근로자들은 이러닝과 원격교육으로 훈련받는다; 관리자들은 대면하지 않고 사이버 공간에서 회의를 한다.

I/O 심리학에 중요한 영향을 끼친 또 다른 요인은 노동력의 인구통계학적 구성이 변화한다는 것이다. 여성들의 노동시장 진입과 관리직 진출이 점차 증가하고 있다; 히스패닉이 지금은 미국에서 최대 소수집단이다; 아시아계 미국인은 미국인구 중에 가장 빠르게 증가하는 계층이다; 영어를 두 번째 언어로 사용하는 근로자, 판매원, 고객의 수가 증가하고 있다. 따라서 다양성은 계속해서 작업장에서 중요한 요인이 될 것이다.

세계 경제가 또한 I/O 심리학의 역할에 영향을 주고 있다. 많은 제조업들이 급여가 낮은 개발도상국으로 이동함에 따라, 인간관계 기술이 요구되는 서비스업에 대한 강조가 증가할 것이다. 외국에서 일하는 근로자(국외거주자로서)의 수와 이민율이 증가함에 따라, 다양한 문화를 이해하기 위한 노력과 함께 근로자들과 관리자들이 외국에서만이 아니라 외국 출신의 국외거주자와 국내에서도 성공적으로 일할 수 있도록 교육을 실시해야 한다.

I/O 심리학에 현재 영향을 주는 기타 요인들에는 높은 실업률, 유연근무제로의 이동, 가정 친화적 노동정책, 아동보육과 노인부양 책임이 있는 근로자 증가의 조정, 관리직이 줄어드는 평면적 조직구조, 도시에서 교외로의 이동, 의료비의 증가가 포함된다. 게다가, 사회보장연금을 위한 퇴직 연령의 잠정적 변화는 근로자들로 하여금 60대 후반까지 일하도록 하였다.

I/O 심리학자의 취업

이 교재 전체에 걸쳐, I/O 심리학의 학위를 가진 사람들이 하는 세부적인 직무를 보

표 1.3 I/O 심리학자들의 취업 장면

취업 장면	취득 학위	
	석사	박사
교육기관	0.8	40.0
민간기관	44.0	23.3
공공기관	10.5	8.2
자문회사	37.3	25.0
기타	7.4	3.5

출처: Medsker, G. J., Katkowski, D. A., & Furr, D. (2005). 2003 income and employment survey results for the Society for Industrial and Organizational Psychology. The Industrial-Organizational Psychologist, 43(1), 36–50.

여주는 고용 프로필이 있다. 그러나 I/O 심리학자들이 일하는 영역의 범위를 살펴보는 것이 유용할 수 있다. 표 1.3에서 보는 바와 같이, I/O 심리학자들은 전형적으로 네 개의 장면 중에 한 곳에서 일한다: 대학, 자문회사, 민간 부문, 공공 부문. 대학에서 일하는 I/O 심리학자들은 행정 업무(예, 학과장, 학장, 처장)를 하기도 하지만, 전형적으로 학생들을 가르치고 연구를 수행한다.

자문회사에서 일하는 I/O 심리학자들은 우수하고 다양한 인력을 선발하고, 근로자들이 공정하게 대우받아 동기가 유발되도록 제도를 설계하며, 조직이 법률과 윤리적으로 지원자와 근로자를 대우하도록 보장함으로써 보다 생산적이 되도록 매우 다양한 조직들에게 도움을 준다. 자문회사는 일인 조직부터 수백 명의 컨설턴트를 고용한 조직에 이르기까지 규모가 다양하다. 어떤 자문회사는 I/O 심리학의 한 영역만을 전문으로 하는 반면에(예, 근로자 선발, 다양성, 태도조사), 다양한 서비스를 제공하는 자문회사도 있다.

민간 부문과 공공 부문에서 일하는 I/O 심리학자들은 컨설턴트와 유사한 직무를 수행하나, 매우 다른 환경에서 일을 한다. 민간 부문에서 일하는 I/O 심리학자들은 IBM, Microsoft, FedEx와 같은 한 회사를 위해서 일을 하지만, 컨설턴트들은 여러 회사와 함께 일을 한다. 공공 부문에서 일하는 I/O 심리학자들은 중앙정부와 지방정부 또는 공기업에서 일을 한다. 민간 부문이 공공 부문보다 전통적으로 보수가 많지만, 많은 근로자들이 낮은 보수를 공공 부문의 높은 직업안정성이 상쇄할 수 있다고

표 1.4 I/O 심리학자들의 직함

회장과 CEO	산업 및 조직심리학자
시행정 담당관	리더십 및 개발 관리자
보상 분석가	인사관리자
보상 관리자	사장
컨설턴트	교수
평가 및 선발담당 임원	리쿠르터
조직 효율성담당 임원	조사 분석가
훈련 및 개발담당 임원	연구 과학자
작업장 기획담당 임원	연구 심리학자
EEO/다양성 전문가	간부사원
노사관계 관리자	직원 관리자
HR 총괄임원	트레이너
HR 제너럴리스트	훈련 코디네이터
HR 대표	훈련 관리자
HR 전문가	인사담당 부사장
HR 관리자	조직개발담당 부사장

생각한다. 석사와 박사학위 소지자들은 모든 영역에서 일을 할 수 있지만, 박사학위 소지자들은 학문 장면에 취업할 가능성이 더 많고; 석사학위 소지자들은 HR 전문가, 자료 분석가, 교육 전문가, 보상 분석가 등으로 취업을 더 많이 한다.

표 1.4에 열거된 직함에서 보는 바와 같이, 신입사원부터 대기업의 회장과 CEO에 이르기까지 I/O 심리학에는 많은 직업들이 있다. 공공 부문에서 일하고 싶든 민간 부문에서 일하고 싶든, 자료와 함께 일하고 싶든 사람과 함께 일하고 싶든, 하루를 얘기하면서 보내고 싶든 문서작업을 하면서 보내고 싶든 아니면 분석하면서 보내고 싶든 간에, I/O 심리학에는 누구에게나 자기에게 맞는 직업이 있다. 그렇게 엄청난 기회가 있기 때문에, 2014년에 노동통계국(Bureau of Labor Statistics)이 I/O 심리학자들의 취업 기회가 2012년부터 2022년까지 모든 분야에서 가장 빠른 성장률인 53% 증가할 것이라고 전망한 것은 놀라운 일이 아니다.

2012년 기준으로 석사학위 소지자들의 중간 연봉은 8만 750달러였고, 박사학위 소지자들의 중간 연봉은 11만 3,200달러였다(Khanna, Medsker, & Ginter, 2013); 박사학위가 있는 I/O 심리학자들의 상위 10%는 20만 달러 이상을 벌었다! I/O의 연봉에 대한 정보는 www.siop.org에 있는 산업 및 조직심리학회(Society for Industrial and Organizational Psychology)의 웹사이트에서 찾을 수 있다.

학력 요건과 프로그램의 유형

학사학위가 있는 사람은 HRM 분야에 취업할 수 있지만, 석사나 박사학위가 있는 것이 확실히 취업과 경력 기회를 증가시킨다. I/O 심리학의 석사학위를 취득하는 것은 학사학위 취득 후에 2년에서 3년이 소요된다. 입학자격은 대학원마다 다르나, 대학 평균학점(GPA)이 최소한 3.0 이상이고 **대학원 입학시험(GRE)**은 300점 이상이어야 한다(Nagy, Schrader, & Aamodt, 2005). 대학원 입학을 위한 조언은 경력 워크숍(Career Workshop) 박스에서 찾을 수 있다.

대학원 입학시험(Graduate Record Exam: GRE) 대부분의 심리학 대학원에서 요구하는 표준화된 입학시험

대학원 과정의 유형

석사학위 과정은 두 종류가 있다: 박사학위 과정의 일부인 것과 석사학위로 종료되는 것. **터미널 석사학위 과정**이 있는 대학원은 박사학위 과정이 없고, 취득할 수 있는 최고학위가 석사학위다. 박사학위 과정이 있는 대학원은 석사학위 과정과 박사학위 과정이 모두 있다. 터미널 석사학위 과정은 조직에서 응용 HR직을 원하는 학생들에게 가장 적합하다(터미널 석사학위 과정에 있는 많은 학생들이 다른 대학교에서 박사학위를 취득하긴 하지만). 이 과정은 보통 입학자격이 덜 엄격하고 학자금 지원이 더 많으며 박사학위 과정 학생들보다 석사과정 학생들에게 개인적 관심을 더 기울인다. 반면에, 박사학위 과정은 보통 저명교수가 더 많고 시설이 더 좋으며 연구기금이 더 많다. 박사학위 과정은 최종적으로 강의와 연구 및 자문을 원하는 학생들에

터미널 석사학위 과정(terminal master's degree programs) 박사학위 과정이 없이 석사학위 과정만 제공하는 대학원 프로그램

게 가장 적합하다.

석사학위 과정. 석사학위 과정을 수료하기 위해서는 대부분 과목당 약 40시간의 수업시수가 필요하다(Nagy et al., 2005). 학부는 한 학기를 이수하는 데 필요한 수업시간이 한 주에 15시간에서 18시간이지만, 대학원은 9시간에서 12시간이다. 수업시간 이외에도, 많은 석사과정에서는 학생들에게 독창적인 연구를 수행하여 완성한 일반 논문(thesis)을 요구한다. 이 논문은 대학원 2년 차에 완성한다.

대부분의 석사과정은 **인턴십**이나 **실습**을 하도록 허용한다. 인턴십의 요건은 프로그램마다 다양하다. 학생들은 대학원의 마지막 학기 동안에 조직에서 주당 10시간을 일하거나, 대학원 1년 차와 2년 차 사이의 방학에 인턴십을 하기도 하며, 조직에서 종일 일하기 위해 한 학기를 휴학하기도 한다.

마지막으로, 대부분의 석사과정은 졸업 전에 종합시험과 구두시험의 통과를 요구한다. 이 시험은 보통 마지막 학기에 치르는데 석사과정 동안에 이수한 모든 과목에서 출제된다. 보시다시피, I/O 심리학 석사학위를 이수하는 것이 힘들기 하지만, 좋은 취업과 직업적 혜택을 가져올 수 있다. 공통 입학자격은 GPA는 3.5이고 GRE는 300점 이상이다.

박사학위 과정. 박사학위의 취득은 석사학위 취득보다 더 어려운데, 보통 이수하는

인턴십(internship) 학생들이 실무를 경험하기 위해 보수를 받거나 자원하여 조직을 위해 일하는 상황

실습(practicum) 조직이 학생들에게 실무 경험을 제공하기 위한 유급직 또는 무급직

경력 워크샵 **대학원에 입학하기**

대학원마다 입학 요건이 다르긴 하지만, 대부분이 GRE 점수, GPA, 추천서, 그리고 이전의 연구 경험이나 직업 경험을 중시한다. 이 점을 바탕으로 다음의 조언이 대학원에 합격할 가능성을 높일 수 있을 것이다.

➡ 수학과 영어 강좌를 추가로 수강하라. GRE는 네 가지 영역으로 구성된다: 수리, 언어, 작문, 그리고 심리학. 수리 영역은 대수학, 기하학, 그리고 삼각법에 대한 지식을 요구한다. 따라서 이 영역을 잘 하는 최선책은 이 과목의 추가 강좌를 수강하는 것이다. 독해, 작문, 그리고 어휘에서 영어 강좌를 수강하는 것이 언어와 작문 영역의 점수에 도움이 될 것이다. GRE가 지능이 아니라 지식 시험이라는 이해하는 것이 중요하다. 따라서 추가 수강이 점수를 향상시킬 수 있다. 고등학교에서 이 수업을 받은 지 오래 되었을 것이라는 것을 기억해라.

➡ 시험 보기 전에 GRE를 공부하고 숙면을 취하라. 공부를 해서 새롭게 많은 것을 학습할 수는 없으나, 최소한 이미 배웠지만 잊어버린 기억을 되살리는 수는 있다. GRE가 장래를 결정하는 데 도움이 되고 아마도 가장

중요한 시험일 것이라는 것을 기억하라.

➡ 통계학, 실험법, 이상심리학, 성격, 사회심리학, 생리심리학, 학습, 그리고 인지심리학 분야 중에서 최소한 하나 이상의 심리학 과목을 수강하라; 각 분야는 GRE의 심리학 영역에 포함된다. 성과 집단역학 강좌가 흥미롭고 장차 도움이 될 수는 있지만, GRE 점수를 잘 받는 데에는 도움이 되지 않는다.

➡ 추천서를 긍정적으로 써줄 수 있는 사람을 최소한 세 명은 확보하라. 교수의 수업에서 A학점을 받는 것으로는 입학위원회에 영향력이 있는 좋은 추천서를 기대할 수 없다. 교수가 학생과 개인으로서의 당신을 알게 해야 한다. 다른 교수들과 얘기해서 그들의 연구에 참여해라; 이는 지원하는 대학원에 당신만의 연구가 있다는 것을 보여줄 뿐만 아니라, 더 좋고 완벽한 추천서가 되게 할 것이다.

➡ 참여해라! 독립적인 연구 프로젝트를 수행하고, 전문 동아리에 가입하며, 분야와 관련 있는 아르바이트나 인턴을 해라—전문가가 되기 위한 열망을 보여주는 것.

데 5년이 소요된다(Rentsch, Lowenberg, Barnes-Farrell, & Menard, 1997). 박사과정의 처음 2년 동안에는 다양한 심리학 과목들을 수강한다. 대부분의 박사과정에서, 학생들이 3년차와 4년차 이전까지는 I/O 과목에 집중하지 않는다. 일반논문 이외에 학생들은 **박사학위논문**을 완성해야 한다. 일반논문과 학위논문을 구분하는 공식적인 정의는 없지만, 주요한 차이점은 일반논문보다 학위논문이 범위가 더 넓고, 더 길며, 독창적이고 독립적인 노력을 더 많이 요구한다는 것이다(Riddle & Foster, 1997). 박사학위 과정의 종합시험은 석사학위 과정과 유사하지만 더 광범위하다. I/O 심리학의 대학원 과정 목록은 웹페이지(www.siop.org)에서 찾아볼 수 있다.

> **박사학위논문(disserta-tion)** 학위 취득을 위해 대부분의 박사과정 학생들에게 요구하는 공식 연구논문

I/O 심리학의 연구

I/O 심리학 분야에 대해 좋은 아이디어가 있으면, 다음 장의 기초 중에 하나를 필수로 학습할 때다: 연구. 이 절에서 연구기법과 절차를 깊이 있게 논의하지는 않지만, 교재에서 언급한 연구에 사용되는 방법을 이해하기에 충분한 정보를 제공해준다.

연구를 하는 이유

대부분이 연구자로서의 경력으로 나가지는 않지만, 연구와 통계를 이해하는 것은 여러 가지 이유로 중요하다.

질문에 답하고 결정하기

이 장의 앞에서 언급한 바와 같이, I/O 심리학의 특징 중에 하나는 연구와 통계를 광범위하게 사용한다는 것이다. 연구에 의존하는 많은 이유가 있지만, 가장 중요한 것은 연구가 궁극적으로는 조직의 경비를 절약시켜 준다는 것이다. 많은 사람들에게 이 말이 약간은 이해하기 어려울 수 있다. 그러나 대부분의 조직에게 가장 중요한 것은 이익 창출이라는 것을 유념해야 한다. 회사가 연봉과 비용에 지불하는 것보다 더 많은 돈을 I/O 심리학자들이 절약시켜주지 못한다면, 그들은 직업을 잃게 될 것이다.

이러한 금전적 절약은 근로자 만족 향상, 생산성 향상, 사고 감소와 같은 많은 요인에 기인할 수 있다. 연구가 어떻게 조직의 경비를 절약시킬 수 있는지의 좋은 예가 고용 면접이다. 수년간 많은 조직들이 근로자를 선발하는 주요 방법으로 고용 면접에 의존하였다(대부분은 아직도 그렇다). 그러나 연구자들은 비구조화된 고용 면접이 미래의 근무 행동에 대한 최고의 예언변수가 아니라는 것을 보여주었다(Schmidt & Hunter, 1998). 따라서 연구가 없다면 조직이 이익을 증가시키기보다는 실제로 이익을 감소시키는 방법에 여전히 비용을 지출하고 있을 수 있다.

연구와 일상생활

거의 매일같이 우리는 가정과 직장에서 연구에 직면한다. 학생들은 본 과목과 다른 과목 내내 연구와 마주친다. 직장인들은 특정 제품을 지지하는 연구를 인용한 광고와 구입 권유를 받는다. 가정에서는 신문에 실린 정당 여론조사의 결과를 읽고, AbMaster의 지방연소 효과를 선전하거나 "치과의사 열 명 중 아홉 명"이 추천하는 상품이라고 주장하는 TV 광고가 쏟아진다. 연구를 이해하는 것은 더 현명한 결정을 위해 이러한 연구들을 비판적으로 듣고 결과를 분석하는 데 도움을 준다. 결국에는 부실하게 실시된 연구 결과에 근거한 건강 상품을 구입하지 않을 것이다!

상식은 흔히 잘못된 것이다

흔히 질문에 대한 답변이 "상식"이라는 이유로 연구를 실시하지 않으려는 유혹이 있다. 불행하게도, 상식은 그렇게 상식적이지 않고 흔히 잘못된 것이다. 15세기 말까지 지구는 편평하고 수평선으로 항해하는 사람은 지구에서 떨어진다는 것이 상식이었다. 20세기 후반까지 여성 근로자들은 남성만큼 수행을 잘 하지 못한다는 것이 상식이었다. 다른 말로 하면, 우리의 상식에 기반한 정책들 중에서 많은 것이 잘못된 것이었다.

　　좋은 예로 다중-선택 검사를 받는다고 생각해보자. 검사를 마친 후에, 다시 돌아가서 32번 문제를 읽지만 원래 답안대로 "b"를 고수할지 아니면 "c"로 바꿀지를 결정할 수가 없다. 어떻게 할 것인가? 대부분의 학생들은 항상 들은 대로 반응할 것이다: **처음 답안을 고수해라.** 이 상식의 조언대로 한다면, 아마도 문제를 틀릴 것이다. 이 질문을 연구한 32편의 연구는 상식과는 반대로 대부분의 경우에 오답이 정답으로 바뀐다는 결론을 내렸다(Kruger, Wirtz, & Miller, 2005). 연구가 상식을 이긴 것이다!

연구 수행의 고려사항

아이디어, 가설 및 이론

연구를 실시하는 첫 단계는 **무엇을 연구할지**를 결정하는 것이다. I/O 심리학 연구의 대부분은 이론의 정확성을 검증하기 위해 실시하고, 많은 연구 아이디어는 "궁금하다...."는 것에서 나온다. 예컨대, 한 관리자는 "어떤 직원이 제 시간에 출근하지 않는지 궁금하다"; 한 근로자는 "의자가 높아지면 부품을 더 많이 조립할 수 있을지 궁금하다"; 또는 한 감독자가 "직원 중에 누가 승진 적임자인지 궁금하다"고 말한다. 세 가지 모두 평범한 질문으로 보이나, 대학교수의 질문과 마찬가지로 저마다 연구에 타당하고 중요하다. 따라서 모든 사람이 마음으로는 연구자이고, 질문에 대해 혼자 짐작해서 얻는 것보다 더 나은 대답을 위해 어떤 형태의 연구를 실시한다.

가설(hypothesis) 연구 질문에 대해 대답하기 위한 학문적 예언

　　질문이 나왔으면, 다음 단계는 **가설**을 설정하는 것이다―질문에 대해 대답하기

소음이 근로자의 수행에 영향을 미칠 것인가?	높은 수준의 소음이 전자부품을 조립하는 데 오류의 수를 증가시킬 것이다.	소음이 주의분산의 원인이 되어 집중을 방해한다.
아이디어 또는 질문	*가설 또는 예언*	*이론 또는 설명*
	무슨 일이 일어날 것인가	**왜 일어날 것인가**

그림 1.1
가설의 예 1

이론(theory) 행동의 원인과 본질에 관한 가정의 체계적인 구조

위한 학문적 예언. 이 예언은 보통 **이론**, 즉 이전 연구나 논리에 기반한다. 예컨대, 그림 1.1에서 보는 바와 같이, 연구자는 소음이 근로자 수행에 미치는 효과(질문)를 알고 싶고 소음 수준이 높으면 수행이 감소할 것(가설)이라고 생각한다. 이 예언은 방해하는 사건이 집중 능력을 감소시킨다는 이론에 근거한다. 가설이 옳은지를 알아보기 위해서 연구자는 연구를 실시할 필요가 있다.

결과가 가설을 지지하면, 이론 검증이 중요하게 된다. 심리학에서는 흔히 동일한 성과를 예언하는 경쟁이론들이 있으나, 그 이유는 다르다. 예를 든 그림 1.2의 상황을 보자. 한 I/O 심리학자가 어떤 방법으로 근로자를 모집하는 것이 제일 좋은지를 알고 싶어 한다. 그녀는 내부직원 추천제가 다른 모집방법보다 직원들을 더 오래 재직하게 할 것이라고 예언한다.

그녀는 자신의 가설을 확신하지만, 자신의 가설에 대해 네 개의 가능한 이론 또는 설명이 있으므로 이유에 대해서는 확신하지 못한다:

1. 현직자에 의한 지원자 추천은 직무와 회사의 상황에 대해 정확하게 이야기해 주기 때문에 회사에 더 오래 근무할 것이다(현실적 직무소개 이론).
2. 내부직원 추천제를 이용하는 지원자의 성격은 다른 방법을 이용하여 구직하는 지원자의 성격과는 다르다(차별적 모집-출처 이론).
3. 친구들은 성격이 유사하다; 따라서 한 사람이 현 직무에 남길 원하는 성격 유형이라면, 친구도 그 직업을 좋아할 것이다(성격 유사성 이론).
4. 직장에 있는 누군가를 아는 직원들은 비공식적인 시스템에 더 빨리 흡수되고, 코치를 받으며, 사회적 욕구가 충족된다(사회화 이론).

그림 1.2
가설의 예 2

근로자를 모집하기 위해 어떤 방법이 제일 좋은가?	내부직원 추천제가 다른 모집 방법보다 직원들을 회사에 더 오래 재직하게 할 것이다.	1. 현실적 직무소개 이론 2. 차별적 모집-출처 이론 3. 성격 유사성 이론 4. 사회화 이론
아이디어 또는 질문	*가설 또는 예언*	*이론 또는 설명*
	무슨 일이 일어날 것인가	**왜 일어날 것인가**

따라서 연구가 가설을 지지한다고 해도, 가설이 왜 진실인지를 결정하는 것이 중요하다. 이 예에서, 네 개의 이론 중에 어느 것이 결과를 설명하는 데 제일 좋은지를 결정하기 위한 연구를 수행할 필요가 있다. 최고의 이론을 이해하여 사용하는 능력은 직장에서 생산성을 향상시키기 위한 새로운 방법들을 개발할 수 있도록 해주기 때문에 이 연구가 중요하다. 첫 번째 이론이 맞다면, 모든 지원자에게 현실적 직무소개를 제공할 것이다. 세 번째 이론이 맞다면, 친구들을 모집하도록 현재의 성공적인 직원들을 장려할 것이다.

때로는 가설을 세우기가 어려울 수 있다. 어떤 경우에는 이전 연구가 없거나 질문에 대답하는 분명한 가설을 제안하는 이론이 없을 수가 있다. 예컨대, 성격이 필적의 단정함과 관계가 있는지를 알고 싶은 한 학생이 있었다. 그는 성격과 필적 간의 관계는커녕 필적의 단정함에 관한 연구조차 찾을 수가 없었다. 어떤 성격 유형이 특정한 방식으로 쓰는지를 예측하는 이론이나 논리적 이유도 없었다. 그래서 그는 가설이 없이 **탐색적 연구**를 실시하였―드물지는 않지만 일반적으로 과학자들이 못마땅하게 여기는 관행. 탐색적 연구가 사용되면, 탐색적 연구의 결과를 입증하기 위해 후속연구를 실시해야 한다.

두 가지 방식으로 예측이 가능하기 때문에 가설을 세우기가 어려울 수도 있다. 예컨대, 다른 학생은 중요인물(국회의원과 같은)이 써준 추천서가 교수가 써준 추천서보다 영향력이 더 큰지가 궁금하였다(저자는 교수가 중요하다고 생각하지만!). 그는 중요인물의 추천서가 영향력이 크다는 이유가 많은 것만큼이나 영향력이 작다는 이유도 많기 때문에 가설을 세우기가 곤란하였다.

때로는 가설의 논리와 이론이 옳다고 해도 연구에 의해 가설이 지지되지 않을 수도 있다. 흔히 조악한 연구 설계가 원인이다. 어떤 때는 주제가 원래 생각보다 더 복잡하기 때문이다. 주제를 연구할 때에 심리학자들은 간단한 대답을 원한다. 불행하게도, 인생의 대부분은 단순하지가 않다. 예컨대, 심리학자들은 수년간 공격과 폭력을 이해하려는 시도를 하였다. 사람들이 왜 폭력적인지에 대해 심리학자들은 많은 이론을 상정하였다: 몇 가지 예를 들자면, 유전, 뇌 이상, 학습, 좌절. 어떤 연구들은 이러한 원인들을 지지하지만, 다른 연구들은 지지하지 않는다. 왜 일관성이 없는가? 하나의 이론만으로는 대답하지 못하기 때문이다. 각각의 이론들은 특정 상황에서 특정인의 폭력을 설명한다는 점에서 부분적으로는 진실이다. 게다가 하나만으로는 폭력을 초래하지 않는다는 점에서 폭력 행동은 여러 요인들을 조합한 결과일 수 있다.

혼란스러운가? 그렇지 않기를 바란다. 앞선 논의의 목적은 연구의 복잡성을 보여주기 위한 것이다. 때로는 많은 이론들이 특정 행동을 설명할 수 있다. 어떤 때에는 행동을 예측할 수는 있지만, 행동의 원인은 알지 못할 수 있다. 또 어떤 때에는 질문에 대해 대답을 예측할 수 없기도 하다. 생활의 복잡성이 연구를 재미있게 만든다.

문헌 검토

연구 아이디어가 생겼으면, 다음 단계는 유사한 연구에 대한 문헌을 검색하는 것이다. 대답에 관심이 있는 질문에 대해 이미 20편의 연구가 이루어졌다면, 새로운 연구를 실시할 필요가 없기 때문에 검색이 중요하다. 저자가 대학원생 때에 "아주 기발해서 아무도 생각해보지 않았을 것"이라는 연구 아이디어의 대부분이 이미 여러 차례에 걸쳐 반복해서 연구되었다는 것을 깨닫는 데에는 시간이 좀 걸렸다. 이 이야기의 교훈은 학교를 졸업한 후에도 대학 도서관을 잊지 말라는 것이다. 도서관에 빨리 다녀오거나 인터넷 검색을 통해서 대부분의 질문에 대답할 수 있을 것이라고 감히 말할 수 있다; 쓸데없이 시간을 낭비할 필요가 없다.

특정 질문이 전에 연구된 적이 없더라도, 유사한 연구가 실시되었을 가능성은 높다. 이 연구는 질문에 대해 직접적으로 대답해 주지는 않지만, 연구를 어떻게 실시할지에 대해 좋은 아이디어를 제공해 줄 수 있기 때문에 유용하다.

문헌 검토는 여러 방법으로 할 수가 있는데, 가장 공통적인 방법은 *PsycINFO*와 *Academic Search Complete*와 같은 전자 데이터베이스를 이용하여 학술잡지와 관련 논문의 참조 섹션 및 연구자들을 검색하는 것이다(Tubré, Bly, Edwards, Pritchard, & Simoneaux, 2001).

학술지(journals) 새로운 연구의 방법과 결과를 기술하는 논문들의 서면 모음집

문헌을 검토할 때, 네 가지 유형의 정기간행물에 마주칠 가능성이 있다: 학술지, 가교 출판물(bridge publication), 업계지(표 1.5), 그리고 잡지. **학술지**는 연구자들이 연구 결과를 직접 보고한 논문들로 구성되어 있다. 학술지는 읽기가 어렵고 지루할

I/O 심리학에서 인기 있는 출판물

Courtesy of Michael G. Aamodt

표 1.5 I/O 심리학의 정기간행물 목록

학술지

Academy of management Journal
Academy of Management Review
Administrative Science Quarterly
Applied Ergonomics
Applied H.R.M. Research
Applied Psychological Measurement
Applied Psychology: An
   International Review
Ergonomics
Human Factors
Human Performance
Industrial and Organizational
   Psychology: Perspective on
   Science and Practice
International Journal of Selection
   and Assessment
International Journal of Training and
   Development
Journal of Applied Psychology
Journal of Applied Social
   Psychology
Journal of Business and Psychology
Journal of Consulting Psychology:
   Practice & Research

Journal of Management
Journal of Occupational and
   Organizational Psychology
Journal of Organizational Behavior
Journal of Vocational Behavior
Organizational Behavior and
   Human Decision Processes
Personnel Psychology
Personnel Review
Public Personnel Management

가교 출판물

Academy of Management
   Executive
Harvard Business Review
Organizational Dynamics
The Psychologist Manager Journal

업계지

Diversity Executive
HR Magazine
Personnel
Training
T+D Magazine (Training plus
   Development Magazine)

수 있으나, 논제에 대해 편향적이지 않고 정확한 정보를 위한 최고의 출처다. I/O 심리학의 주요 학술지에는 *Journal of Applied Psychology, Personnel Psychology, Academy of Management Journal, Academy of Management Review*, 그리고 *Organizational Behavior and Human Decision Processes*가 있다(Zickar & Highhouse, 2001). 다행스럽게도, 많은 학술지를 온라인으로 이용할 수 있어 입수하기가 한결 쉬워졌다.

　가교 출판물은 학계와 업계 간의 "간극을 메우기" 위한 것이다. 여기에 게재된 논문들은 보통 실무자들에게 관심이 있는 논제에 대해 교수들이 집필한 것들이나, 학술지에 게재된 논문들처럼 공식적이거나 통계적으로 복잡하지는 않다. I/O 심리학과 관련 있는 가교 출판물로는 *Academy of Management Executive, Harvard Business Review*, 그리고 *Organizational Dynamics*가 있다.

업계지(trade magazines) 산업계와 관련된 전문 논제들에 대한 논문들의 모음집으로 새로운 연구의 방법과 결과들을 직접 보고하지는 않음

잡지(magazines) 광범위한 논제에 대한 비과학적인 논문들의 모음집

업계지에는 보통 해당 장면에서 전문지식을 개발한 전문 집필자들이 작성한 글들이 게재된다. 업계지의 주요 독자는 현장에 있는 실무자들이다. 업계지는 이해하기 쉬운 양식으로 논제에 대한 연구를 소개한다; 그러나 출판물에 실린 글들이 논제에 대한 모든 연구들을 망라하지는 않아 어느 정도 편향될 수가 있다. I/O 관련 업계지로는 *HR Magazine*과 *Training*이 있다.

우리는 이미 *People, Time*, 그리고 *Cat Fancy*와 같은 **잡지**를 잘 알고 있다. 이러한 정기간행물들은 정보 제공만이 아니라 흥미 유발을 위한 것이다. 잡지는 아이디어의 좋은 출처이나 과학적 가설을 지지하는 데 사용하기에는 형편없는 출처이기도 하다. 잡지에 실린 글은 흔히 논제에 대해 훈련받지 않은 전문 집필자들이 작성하므로 전문지식은 적은 편이다. 결과적으로, 잡지에 있는 "과학적" 정보는 종종 잘못된 것이다.

점차 인기 있는 정보의 출처는 인터넷이다. 대부분의 사람들이 이미 알아낸 바와 같이, 인터넷에는 모든 주제에 대해 수많은 정보가 담겨있다. 인터넷이 유용한 만큼 주의해야 한다. 인터넷에 있는 정보는 정확하다는 것을 보장하기 위한 검토가 이루어지지 않았다. 예컨대, 저자는 교회 방화범에 대한 정보를 수집하기 위한 프로젝트에 참여한 적이 있다. 첫 단계는 교회 화재에 대한 목록을 구하는 것이기 때문에, 인터넷을 검색하여 교회 화재에 관해 세 개의 웹페이지를 찾았다. 하나는 *USA Today*에서 나온 것으로 교회 화재의 목록이 꽤나 완벽하였고, 나머지는 좌익 단체와 우익 단체에서 나온 것이었다. 상상할 수 있는 바와 같이, 좌익과 우익 페이지는 교회에 불이 왜 났는지에 대해 그들의 가설을 지지하는 교회만을 열거하였다. 만약에 웹페이지 중에 하나만을 사용했다면, 부정확한 프로파일을 만들었을 것이다.

인터넷과 같은 이차 자료에 의존하는 것의 문제는 이차 자료에 있는 정보가 일차 자료의 정보를 정확하게 반영하였는지를 확신할 수 없다는 것이다. 심리학 분야에서 정확성 결여의 좋은 예가 두 가지 있다. 하나는 공포학습에서 고전적 조건형성의 역할을 예시한 "아기 알버트"의 이야기이고, 다른 하나는 방관자 개입의 결여를 예시한 키티 제노비스의 이야기다. 교과서 정보의 정확성을 검토하여, Harris(1979)는 아기 알버트에 대한 이차 서술에 많은 오류를 발견하였고, Manning, Levine과 Collins(2007)는 키티 제노비스에게 실제로 일어난 것에 대한 이차 서술에서 오류를 발견하였다. 예컨대, Harris(1979)는 두 권의 교과서에서 아기 알버트가 쥐보다는 토끼에 대한 공포를 조건형성하였다고 서술한 것을 발견한 반면, 많은 교과서가 이러한 후조건자극에 테디베어, 흰 털장갑, 모피가죽, 고양이, 그리고 알버트의 이모를 잘못 포함시켰으며, 세 권의 교과서에서는 재조건형성이 실제로는 일어나지 않는 데도 불구하고 Watson이 아기 알버트의 쥐 공포를 제거하였다고 서술하였다.

Manning 등(2007)은 제노비스에 대한 공격 이야기를 실제 사건과 비교하여 이야기와 실제 간에 상당한 차이를 발견하였다. 예컨대, 초기 신문기사와 마찬가지로 대부분의 교과서는 아무런 도움을 주지 않고 공격을 목격한 사람이 38명이라고 언

급하였다. 38명의 목격자가 있었다는 증거는 전혀 없을 뿐만 아니라, 최소한 두 명의 목격자가 행동을 취하고 경찰에 연락하였다는 증거가 있다.

연구 장소

연구 아이디어가 생각나서 가설을 세웠으면, 연구를 실험실에서 할지 아니면 현장에서 할지를 결정해야 한다.

실험실 연구. 흔히 연구란 단어를 들었을 때 떠오르는 생각은 지하실험실에서 흰 가운을 입고 과제를 수행하는 실험자다. 실제로 흰 가운을 입는 실험자는 많지 않지만, I/O 심리학 연구의 32%가 실험실에서 실시된다(Roch, 2008). 실험은 보통 대학에서 이루어지지만, AT&T, 미국 인사처(U.S Office of Personnel Management), 그리고 Microsoft와 같은 조직에서도 실시된다.

실험실 연구의 단점은 **외적 타당도**, 즉 "현실 세계"에서 조직에 대한 결과의 **일반화가능성**이다. 이 문제의 예로는 근로자 선발방법에 대한 연구가 있다. 이력서나 면접 비디오를 보고 가상 지원자에 대한 판단을 하는 것이 이러한 연구에서는 흔하다. 문제는: 현실 세계에서 실제로 채용 결정을 하는 것처럼 상황이 유사한가 아니면 실험실 환경이 통제되고 가상적이어서 결과를 일반화하지 못할 것인가? 이 질문에 대한 대답이 해결되진 않았지만, 연구에서 관심이 없는 많은 변수들을 연구자들이 통제할 수 있기 때문에 연구는 종종 실험실에서 실시된다.

현장 연구. 또 다른 연구 장소는 실험실을 떠나 "현장"에 나가는 것인데, 자동차 공장의 조립 라인, 대형 보험회사의 비서실 또는 직업소개소의 면접실이 될 수도 있다. **현장 연구**는 실험실 연구의 문제와는 상반된 문제가 있다. 현장 연구는 분명히 외적 타당도의 이점이 있지만 연구자에게 관심이 없는 외래변수의 통제(내적 타당도)를 잃는다.

연구 장소가 영향을 미칠 수 있는가? 그럴 수 있다. Reichard와 Avolio(2005)의 메타분석에서는 현장 연구보다 실험실 연구에서 리더십 훈련의 효과가 더 크다는 것을 발견하였고, Gordon과 Arvey(2004)는 현장보다는 실험실 장면에서 연령 편향이 더 강하다는 것을 발견하였다. 그러나 팀 연구에서 집단 응집력(Mullen & Copper, 1994)과 집단 성격 구성(Bell, 2007)은 실험을 위해 만든 집단에 대한 실험실 연구에서보다 실제 집단에 대한 현장 연구에서 수행과의 관계가 더 높았다.

현장 연구는 연구자들에게 윤리적인 딜레마를 주기도 한다. 심리학자들은 참가자들이 자신의 자유의지로 연구에 참가하기를 요구한다—**사전 동의**의 개념. 실험실 연구에서는 잠정적 피험자에게 연구의 본질과 목적, 참가 거절 또는 참가 중단의 권리, 참가의 위험과 혜택, 비밀보장의 한계, 그리고 문의사항 연락처를 설명해주기 때문에 사전 동의가 거의 문제가 되지 않는다(Salkind, 2006). 설명을 듣고 난 다음에 피험자로서의 권리를 이해하여 자발적으로 참가를 선택했다고 사전 동의서에 서명한다. 그러나 현장 연구에서는 사전 동의를 받는 것이 어려울 뿐만 아니라 참가자들의 행동 방식을 바꿀 수도 있다.

예컨대, 상사의 사무실을 더 쾌적하게 보이도록 하는 것이 상사의 사무실을 방문하는 근로자의 수를 증가시킬 것이라고 생각해보자. 다섯 명의 상사 사무실은 화분과 그림으로 장식하고 다섯 명의 다른 상사 사무실은 지저분하고 좁게 만든 다음에, 사무실 방문자의 수를 기록하기 위해 비디오카메라를 이용한다. 근로자들에게 연구의 일환이라고 설명해 준다면 연구 결과가 영향을 받을 것인가? 아마 그럴 것이다.

윤리 지침에 근거하여 연구가 참가자들에게 관련된 위험이 아주 적을 때만 사전 동의를 포기할 수가 있는데, 포기가 참가자 권리에 불리하게 영향을 주지는 않을 것이다. 포기가 없이는 연구가 수행되지 못할 수 있다(Ilgen & Bell, 2001a).

온도의 효과를 연구하기 위해 근로자들에게 강한 열을 제공한 사례에서와 같이, 연구가 참가자에게 부정적 결과를 포함할 때에는 연구의 중요성이 부정적 결과보다 더 클 때만 사전 동의를 포기할 수 있다. 대학에는 연구참가자에 대한 윤리적 대우를 보장하기 위해 연구를 감시하기 위한 **기관생명윤리위원회**가 있다. 이들 기관생명윤리위원회는 비밀보장에 주목한다. 연구에서 수집한 자료가 민감한 사항들(예, 수행평정, 급여, 검사점사)일 수 있기 때문에, 연구자들은 이름보다는 참가자 ID 번호를 사용하여 비밀을 보장하고 개별 참가자들에 대한 논의를 피한다. 흥미롭게도, 조직에서 수행한 연구의 저자들은 44%만이 기관생명윤리위원회에 연구계획서를 제출하였다(Ilgen & Bell, 2001b).

사용되는 연구 방법

연구장소가 결정된 후에, 연구자는 어느 연구 방법을 사용할지를 결정해야 한다. 여기에는 실험, 유사실험, 기록연구, 관찰, 조사, 메타분석이 포함된다.

실험. 일반심리학 과목을 기억해보면, 실험법은 **인과관계**를 결정할 수 있는 유일한 방법이기 때문에 가장 강력한 연구 방법이다. 따라서 한 변수가 다른 변수를 변화하도록 하거나 그 원인인지를 아는 것이 중요하다면, **실험**이 유일한 방법이다.

실험을 규정하는 두 가지 특징이 있다: (1) 하나 이상의 독립변수의 **조작**과 (2) 실험과 통제 조건에 피험자의 무선할당. 이들 특징 중에서 하나라도 누락되어 있으면, 그 연구는 실험이라고 할 수 없다; 대신에 유사실험, 조사 또는 검사라고 한다.

실험에서는 연구자가 관심사항의 한 가지 이상을 의도적으로 조작하는데 이를 **독립변수**라고 하고, 조작의 결과로 발생하는 변화를 측정하는데 이를 **종속변수**라고 한다. 표 1.6의 예에서 보는 바와 같이, 연구자는 고객서비스 교육을 받는 100명의 근로자들과 교육을 받지 않는 100명의 근로자들을 무선할당한다. 교육프로그램 후

표 1.6 실험설계의 예

9월 고객 서비스 교육	근로자당 평균 판매액		
	8월	**10월**	**변화**
교육을 받은 집단	3,200달러	4,700달러	1,500달러
교육을 받지 않은 집단	3,100달러	3,500달러	400달러

에, 연구자는 고객 소비의 변화를 살펴본다. 이 예에서 교육은 독립변수(조작된 것), 고객 소비는 종속변수(독립변수의 결과로 변화가 기대된 것)이다. 교육을 받은 근로 자들은 **실험집단**이라고 하고, 교육을 받지 않은 근로자들을 **통제집단**이라고 부른다.

남성이 면접에서 평상복을 입는 것보다 정장을 입는 것이 더 나은지를 알아내는 데 관심이 있다고 하자. 이 주제는 한 회사의 지원자들을 관찰해서 정장을 입은 사람 과 평상복을 입은 사람의 면접점수를 비교하여 연구할 수 있다. 옷차림이 더 나은 지 원자들이 점수를 더 높게 받았다는 것을 발견할 수는 있으나, 정장차림이 높은 점수 의 원인이라고 결론을 내릴 수는 없다; 정장 이외의 다른 요인이 작용할 수 있다. 아 마도 정장을 소유한 지원자들은 다른 지원자들보다 사회적 기능이 더 많을 수 있다; 더 높은 면접점수를 가져온 것은 사회적 기능이지 옷차림이 아닐 수 있다.

옷차림이 면접점수에 영향을 주는지를 결정하고 싶다면, 관심변수를 조작하고 가능한 모든 다른 변수들을 상수로 고정시켜야 한다. 이를 어떻게 실험으로 변환시 킬 수 있는가? 100명의 사람을 무선할당하여 50명은 정장을 입게 하고, 50명은 운동 복과 허름한 바지를 입게 한다. 각 피험자는 인사담당 임원에게 면접을 받는다. 나중 에 두 집단의 면접점수를 비교한다. 이 사례에서 독립변수는 옷차림이고 종속변수는 면접점수다.

이 연구설계가 매우 정교하지는 않아 문제가 있긴 하지만(문제를 당신이 찾아보 아라), 지원자의 옷차림을 조작하였다는 사실은 옷차림이 더 높은 면접점수의 원인 이라는 것을 더 확신하게 해준다. 실험결과가 인과관계에 대해 더 많은 확신을 주긴 하지만, 윤리적이고 실제적인 고려사항들 때문에 실험설계가 항상 가능하지는 않다.

소음이 근로자의 수행에 미치는 효과를 연구하고 싶다고 하자. 이를 실험설계하 기 위해서는 50명의 피험자에게는 매우 큰 소음이 있는 조립라인에서 일을 하도록 하고, 50명의 피험자에게는 소음이 없는 조립라인에서 일을 하도록 해야 한다. 두 달 후에 두 집단의 생산성을 비교한다. 이 연구에서 무엇이 잘못 되었는가? 소음이 높은 집단은 낮은 생산성 이외에 청력 저하를 가져왔는데, 윤리적으로 아주 건전한 실험 은 아니다.

유사실험. 연구자들이 실험하는 것을 선호한다고 해도, 항상 가능하지가 않다. 그

실험집단(experimental group) 실험에서 실험자가 관심을 가진 실험처치를 받는 피험자 집단

통제집단(control group) 교육을 받는 근로 자와 수행을 비교하기 위 해서 특정 유형의 교육을 받지 않는 근로자 집단

유사실험(quasi-experiments) 실험자가 독립변수를 조작하지 않거나 피험자들을 조건에 무선으로 할당하지 않는 연구 방법

래서 **유사실험**이 사용된다. 한 예로 소음 연구로 돌아가 보자. 소음수준을 조작할 수 없기 때문에, 대신에 생산공장 100개의 소음수준을 조사해서 소음수준이 낮은 공장과 높은 공장의 평균 생산성을 비교할 것이다. 쉽게 볼 수 있는 바와 같이, 이는 앞의 비윤리적 실험과 마찬가지로 좋은 연구설계가 아니다. 소음 이외에 생산성의 차이를 설명할 수 있는 다른 변수들이 너무 많다; 하지만 이 상황에서는 이런 연구라도 연구하기 전보다는 더 많은 정보를 제공해준다.

유사실험은 흔히 조직에서 시행되는 새로운 프로그램의 결과를 평가하는 데 사용된다. 예컨대, 어린이집을 설립한 조직이 어린이집이 직원의 결근에 어떤 효과가 있는지를 알고 싶다. 대답을 찾기 위해서 조직은 어린이집 도입 전과 시행 후의 결근수준을 비교한다; 조직은 결근과 이직이 감소하였다는 것을 발견하였다.

표 1.7 비실험연구가 해석이 어려운 이유: 어린이집

날짜	결근율(%)	외부 요인	내부 요인
1/13	2.8		
2/13	3.1		
3/13	4.7	실업률 4.1%	
4/13	4.7		
5/13	4.8		
6/13	6.7	주요 고속도로 폐쇄	
7/13	6.5		
8/13	4.9	고속도로 재개통	
9/13	4.5		
10/13	4.4		
11/13	8.7	극심한 눈보라	
12/13	5.3		
1/14	5.3		어린이집 개원
2/14	5.2		
3/14	5.1		선택적 근로시간제 시행
4/14	2.0	지역 실업률 9.3%에 도달	
5/14	2.0		
6/14	2.0		
7/14	1.8		건강관리 프로그램 시행
8/14	1.8		
9/14	2.0		신출근 정책
10/14	2.1		
11/14	4.0	온화한 날씨	
12/14	4.2	온화한 날씨	

주: 어린이집 개원 이전인 2013년의 결근율 = 5.09%; 어린이집 개원 이후인 2014년의 결근율 = 3.01%.

어린이집이 성공적이었다고 결론을 내리고 싶긴 하지만, 이러한 결론은 신중하지 못하다. 많은 다른 변수들이 감소를 가져왔을 수 있다. 그림 1.7에서 보는 것처럼, 조직은 같은 기간 동안에 여러 다른 진보적 프로그램을 시행하였다. 따라서 결근과 이직의 감소는 다른 프로그램들의 결과이거나 프로그램들의 어떤 조합의 결과일수 있다. 게다가 경제가 변하였고 직업을 구하기가 더 어려워졌다. 근로자들은 해고의 공포에서 벗어나려고 결근율을 감소시켰고, 구할 수 있는 직업이 별로 없다는 것을 근로자들이 깨달았기 때문에 이직이 감소되었을 수 있다. 부가적으로, 둘째 해에는 날씨가 좋아졌는데, 이는 근로자들이 출근하지 않을 수가 거의 없었다.

이것만으로는 유사실험의 결과에 의존하고 싶지 않다는 것이 확실하다. 그러나 다른 10명의 연구자가 동일한 질문에 대해 별도의 유사실험을 실시하여 비슷한 결과를 얻었다면, 충분히 변할 수 있다고 확신하여 가용한 연구 증거를 토대로 결론에 도달할 수 있을 것이다.

기록연구. I/O 심리학에서 보편적으로 사용하는 또 다른 연구 방법은 **기록연구**다. 기록연구는 연구 질문에 답하기 위해 이전에 수집된 자료나 기록을 사용하는 것이다. 예컨대, 우수한 근로자와 열등한 근로자를 구별하는 것이 무엇인지를 알고 싶다면, 열등한 근로자가 공유하지 못하는 우수한 근로자가 갖고 있는 공통 특성의 배경이 있는지를 알기 위해 인사기록을 찾아볼 수 있다. 야간 근무하는 사람이 주간 근무하는 사람보다 이직이 더 많은지를 알고 싶다면, 회사기록에서 근무시간과 이직 정보를 입수할 수 있다. 기록연구는 눈에 띄지 않고 비용이 들지 않는다는 것처럼 많은 바람직한 특징이 있으나, 심각한 단점도 있다(Shultz, Hoffman, & Reiter-Palmon, 2005). 서류에 있는 기록이 항상 정확하지도 않고 항상 최신기록도 아니다. 게다가 자료가 처음에는 기록된 적이 없기 때문에 연구자에게 필요한 자료의 유형이 기록보관소에 없을 수 있다.

저자가 학부생일 때, 왜 어떤 학생들은 경영자 MBA 과정을 중퇴하고 어떤 학생들은 MBA 과정을 이수하는지를 결정하기 위해 설계된 기록연구에 참여했었다. 몇개의 파일에서 기록을 찾는 일을 쉽게 여겼다가 악몽이 되었다. 300명이 넘는 학생들의 기록은 남부 캘리포니아에 있는 세 지역의 창고에 흩어져 있었고 순서대로 편철되어 있지도 않았다. 게다가 거의 모든 학생의 파일에서 중요한 항목이 최소한 하나는 누락되어 있었다. 말할 필요도 없이, 이들 문제는 연구결과를 원하는 만큼 정확하지 못하게 만들었다. 그러나 현재는 정보의 전산화로 인해 기록연구의 가능성이 크게 증가하였다.

조사. 연구를 실시하는 또 다른 방법은 어떤 주제에 대해 사람들에게 의견을 **질문**하는 것이다. 조사는 근로자들에게 조직에 대한 태도에 대해 질문하고, 인사담당 임

기록연구(archival research) 이전에 수집한 자료의 사용이 포함된 연구

원들에게 최고의 모집방법에 대한 의견을 질문하며, 또는 관리자들에게 어린이집의 성공에 대해 질문한다.

조사는 우편, 개인면담, 전화, 전자우편, 그리고 인터넷과 같이 다양한 방법으로 실시할 수 있다. 부가적으로, 조사원이 묻는 질문의 범위, 녹음 또는 녹화, 컴퓨터보조면담 또는 자기기입식 질문지와 같이 인터뷰의 방법은 다양하다. 조사방법을 선택할 때, 대상 전집이 조사하는 도중에 접근할 수 있는지(예, 전자우편 접촉, 컴퓨터 접촉, 유선전화 접촉), 조사 완수에 동의하는지(예, 조사 길이), 그리고 정직하고 정확한 답변을 제공하는 정도를 고려하는 것이 중요하다. 예컨대, 퓨 인터넷 앤드 아메리칸 라이프 프로젝트의 전화조사에서 2013년에 65세 이상 미국인의 44%가 인터넷을 사용하지 않는 것과 비교해서 다른 성인연령층은 9% 미만이라는 것을 발견했으므로, 고령화의 효과에 초점을 맞춘 조사는 인터넷 조사를 사용해서는 안 된다. 마찬가지로, 조사원이 직접 질문을 하지 않을 때에 사람들은 민감한 활동에 참여한 것을 인정할 가능성이 더 많으므로, 약물 복용이나 범죄 행동 조사는 대면 인터뷰를 사용해서는 안 된다(Touraneau & Yan, 2007).

사용되는 조사방법의 중요성은 아무리 강조해도 지나치지 않다. 예컨대, 1998년에 로아노크타임즈 앤 월드뉴스는 역사상 최고의 영화를 조사하였다. 투표권을 우편으로 받은 사람들은 바람과 함께 사라지다, 사운드 오브 뮤직, 오즈의 마법사, 멋진 인생, 그리고 앵무새 죽이기를 Top5로 선정하였다; 전자우편으로 응답한 사람들은 바람과 함께 사라지다, 스타워즈, 쉰들러 리스트, 오즈의 마법사, 그리고 쇼생크 탈출을 선정하였다.

조사표본의 차이에 대한 다른 예는 1998년 2월에 발생했다. Nykesha Sales는 아킬레스건이 파열됐을 때 여자농구에서 University of Connecticut의 최다득점 신기록에 1점이 부족했는데, 시즌을 마감하는 부상이었다. 감독은 세일즈가 기록을 경신할 수 있게 하기 위해서 무방비로 득점할 수 있도록 다음 경기의 상대편(Villanova)과 거래를 하였다. Villanova와의 경기 며칠 후에, 언론은 세일즈에게 득점을 허용한 것이 위대한 선수를 존경하는 일류 행동인지 아니면 경기의 공정성을 훼손한 것인지를 토론하였다. 별개의 조사에서, *USA Today* 웹사이트 응답자들 중에서 47%만이 일류 행동이라고 한 것과 비교해서 ESPN 웹사이트 응답자들 중에서는 60%가 득점 허용을 일류 행동이라고 생각했다(Patrick, 1998).

Church(2001)의 다국적 연구는 조사방법에 관해 흥미로운 결과를 발견하였다. 미국, 일본, 그리고 프랑스의 근로자들은 자동전화응답 기술을 선호하였고, 반면에 독일, 이탈리아, 그리고 영국의 근로자들은 전통적인 지필방법을 선호하였다. 온라인으로 설문조사를 작성한 근로자들은 지필양식을 사용한 근로자들보다 문항을 공백으로 남겨둘 가능성이 더 많았다.

조사결과의 신뢰성을 위해서는 높은 응답률이 필수적이지만, 조사 응답률은 계속 떨어지고 있다(Anseel, Lievens, Schollaert, & Choragwicka, 2010). Anseel 등 (2010)의 메타분석 결과, 응답률은 다음의 방법으로 증가시킬 수 있다:

- 설문을 받게 될 것이라는 것을 참가자들에게 사전에 고지한다.
- 금전적이거나 비금전적인 인센티브를 제공한다; 인센티브를 설문 회수와 연계하는 것이 응답률을 크게 향상시키지는 않는다.
- 원본 서명을 하거나 표지에 참가자를 언급함으로써 설문을 개인화한다.
- 식별번호를 사용해서 설문 응답이 익명이라는 것을 보장한다.
- 대학교가 조사를 후원한다.
- 설문을 우편보다는 직접 배포한다.

일반적인 생각과는 달리, 인센티브 제공과 알림 메시지를 보내는 것이 설문 응답을 증가시키지는 않는다(Anseel et al., 2010).

잘 만들어진 조사 질문은 이해하기가 쉽다; 일상어 사용, 가상의 상황에 대한 질문 금지, 질문 길이를 비교적 짧게 유지. 각 질문에 사용되는 단어 선택에 주의를 기울여야 한다. 좋은 예가 Bill Clinton 전 대통령의 탄핵 동안에 실시된 여론조사다. 첫째, 성인의 거의 3분의 1이 탄핵(*impeachment*)이라는 단어를 이해하지 못한다는 사실로 인해 정확한 여론조사 결과가 훼손되었다(Morin, 1999). 둘째, 여론조사마다 문구가 다른 것은 상당히 다른 결과를 초래한다. Morin(1999)이 제시한 다음의 예를 보자.

클린턴 대통령이 탄핵된다면 사임해야 하는가 아니면 상원과 **혐의에 맞서 싸워야 하는가?**

클린턴 대통령이 탄핵된다면 사임해야 하는가 아니면 상원에서 **재판을 받기 위해서 직을 유지해야 하는가?**

첫 번째 질문에 대해 59%가 클린턴은 사임해야 한다고 말했다. 두 번째 질문에 대해서는 43%만이 사임해야 한다고 했다.

조사와 관련된 마지막 주제는 조사 질문에 대한 응답의 정확성이다. 이 문제는 민감하거나 논란이 되는 주제에 대해 물을 때에 특히 중요하다. 즉 남성과 여성이 관리자로서 똑같이 자격이 있다고 생각하는지를 질문했을 때, 남성이 더 자격이 있다고 생각하는 사람이 진실을 말할 것인가? 앞의 약물 복용, 작업에서의 열등한 수행 또는 비윤리적 행동에 대한 질문에 사람들이 정직하게 응답할 것인가? 아마도 그렇지 않을 것이다! 그러나 키와 몸무게 같은 것을 보고할 때는 정확할 것 같다(Imrhan, Imrhan, & Hart, 1996). 사람들이 조사에 정직하지 않다는 좋은 예가 연구자들이 1,000명의 성인에게 공중화장실을 이용한 후에 규칙적으로 손을 씻는지를 물었던 경우다. 94%가 예라고 대답했다. 그러나 연구자들이 화장실에서 사람들을 관찰했을 때에는 손을 씻는 사람이 70% 미만이었다(Mattox, 1997).

조사 질문에 대해 부정확한 응답을 하는 것이 항상 의도적으로 부정직하려는 시도는 아니다. 대신에, 부정확한 응답은 질문에 대해 정확한 답을 정말로 알지 못하는 결과일 수 있다. 예컨대, 한 근로자가 출근에 대한 질문에 실제로는 지난해에 5일을 결근했는데 3일을 결근했다고 응답할 수 있다. 이는 거짓말을 한 것이 아니라 출근기록을 잘못 알고 있는 것이다.

조사 응답의 정확성에 대한 흥미로운 연구는 GPA와 SAT 점수에 대한 자기보고 점수와 실제 점수를 비교한 연구들의 메타분석이었다(Kuncel, Credé & Thomas, 2005). 메타분석은 자기보고한 GPA와 SAT 점수는 실제 점수와 상관이 높았다(GPA는 .90이고 SAT는 .82). 상관이 높긴 하였으나, 자기보고한 GPA와 SAT 점수가 실제 점수보다 더 높은 경향이 있었다.

메타분석. 메타분석은 이전 연구에 기초하여 결론에 도달하는 통계방법이다. 메타분석 이전에는, 한 주제에 관한 문헌 검토에 관심이 있는 연구자가 가용한 연구를 모두 읽고 나서 논문에 근거하여 다소 주관적인 결론을 내렸다. 메타분석에서는 연구자가 각 논문을 검토하여 각 논문에 대해 **효과크기**를 결정한 다음에 모든 논문의 효과크기에 대한 통계적 평균을 구한다. 메타분석은 **평균 효과크기**라는 하나의 수치를 산출하는데, 어떤 변수의 효과성을 가리킨다.

상관계수(r)는 연구자가 두 변수 간의 관계에 관심이 있을 때에 효과크기로 사용되는데, 대다수의 연구들은 통계적 검증으로 상관을 사용한다. 성격과 직무수행 간의 관계, 성실성 검사점수와 근로자 절도 간의 관계, 직무만족과 수행 간의 관계를 살펴보는 연구들이 그 예다.

차이점수(d)는 연구자가 두 집단 간의 **차이**를 알아볼 때에 효과크기로 사용된다. 훈련방법의 효과, 목표설정의 효과, 교대근무의 효과를 알아보는 연구들이 그 예다. d점수는 두 집단의 표준편차가 차이 나는 수치를 가리킨다. 예컨대, 새로운 훈련프로그램이 근로자의 판매실적에 미치는 효과를 조사한 한 연구가 훈련개입에 대한 효과크기가 d = .50이라는 것을 발견하였다고 하자. 이는 훈련을 받은 근로자들이 훈련을 받지 않은 근로자들보다 표준편차가 반만큼 더 많이 판매하였다는 것을 의미한다. 효과크기는 두 가지 방식으로 해석될 수 있다: 효과크기를 규준과 비교하는 것과 특정 상황에 직접 적용하는 것. .40 미만이면 일반적으로 효과크기(d)는 작다고 한다; .40에서 .80이면 중간이고, .80보다 높으면 효과크기가 크다고 한다(Cohen, 1988). 이 수치는 "경험에 근거한 규칙"이라는 것이 중요하다; 효과크기의 **실제적 유의성**은 많은 요인들에 달려있어 작은 효과크기라도 조직에 커다란 금전적인 절약을 가져올 수 있다(6장에서 효과크기의 실제적 유의성을 더 잘 이해하기 위해 사용할 수 있는 공식을 논의할 것이다). 조직의 개입을 위한 평균 효과크기는 .44다(Guzzo, Jette, &

효과크기(effect size) 메타분석에서 사용되는 것으로, 실험 조작에 의한 변화의 양을 가리키는 통계치

평균 효과크기(mean effect size) 메타분석에서 사용되는 것으로, 분석에 포함된 모든 연구에 대한 평균 효과크기를 가리키는 통계치

상관계수(correlation coefficients) 관계의 크기와 방향을 가리키는 상관을 실시하여 나온 통계치

차이점수(difference score) 실험집단의 평균 점수가 통제집단의 평균 점수로부터 얼마나 떨어져 있는지를 가리키는 것으로 d로 표기하는 메타분석에서 사용되는 효과크기의 한 유형

실제적 유의성(practical significance) 연구 결과가 인간행동에 실제로 영향이 있는 정도

Katzell, 1985).

효과크기를 특정 상황에 직접 적용할 때에는 해당 변수의 표준편차를 알 필요가 있다. 의미 있는 점수를 산출하기 위해서 표준편차에 메타분석에서 나온 효과크기를 곱한다. 헷갈리는가? 아마 다음의 예가 도움이 될 것이다.

John Deere 생산공장의 근로자들이 일 년에 평균 9.5일을 결근하고 표준편차는 3.6일이라고 하자. John Deere는 출근을 향상시키기 위해 메타분석에서 결근 감소의 효과크기가 .32인 새로운 유인제도의 도입을 고려하고 있다. John Deere가 이 유인제도를 통해 어떤 이득을 기대할 수 있는가? 결근의 표준편차(3.6일)에 메타분석의 효과크기(.32)를 곱해서, John Deere는 유인제도가 근로자당 평균 1.15일의 결근을 감소시키리라고 기대할 수 있다(3.6 × .32 = 1.15). General Motors의 출근 자료에서 일 년에 평균 13.4일을 결근하고 표준편차는 9.6일이라면, 근로자당 연간 3.07일의 결근 감소를 기대할 수 있다(9.6 × .32 = 3.07). 예상된 감소가 John Deere는 일인당 하루이고 General Motors는 일인당 사흘이라면, John Deere와 General Motors는 유인제도에 비용을 들일 만한 가치가 있다고 결정해야 할 것이다.

메타분석에 대한 완전한 논의는 본서의 범위 밖이고 아마도 독자들의 관심을 벗어난 것이다. 하지만 본서에서 메타분석이 사용되고 이전 연구를 검토할 때에는 현재에 표준이 되기 때문에 메타분석의 결과를 해석할 수 있는 것이 중요하다. 본서를 읽으면서 명심해야 할 점은 다음과 같다:

- 메타분석은 해당 논제에 관해 가용한 모든 연구를 요약하기 때문에, 메타분석을 한 참고문헌은 연구를 한두 개 한 참고문헌보다 가중치를 더 주어야 한다.
- 메타분석 결과를 기술할 때에는 문장 끝에 효과크기를 포함해야 한다. 예컨대, "평판은 수행의 훌륭한 예언변수가 아니다. r = .18, p = .27." 기호 r은 메타분석의 실제 상관을 가리킨다. rho라고 알려진 기호 p는 상관크기를 축소시킬 수 있는 요인들을 교정한 후의 상관이다. 이 요인들을 인공물이라고 하고, rho는 교정상관 또는 진상관이라고 한다.

피험자 표본

연구에서 표본이 되는 피험자의 크기, 구성, 그리고 선발방법에 대한 결정이 이루어져야 한다. 어떤 연구라도 대표본이 좋긴 하지만, 실험자가 무선표본을 선택해서 많은 외래변수들을 통제할 수 있다면 대규모 표본크기가 필수적이지는 않다. 사실상, 적절하게 수행된 조사는 조사결과를 미국 전체 인구에 일반화하기 위해 1,000명 정도의 참가자가 필요하다(Deane, 1999).

표본 선발방법은 확실히 조직의 성질에 달려있다. 소규모 조직은 아마 모든 근로자들을 사용할 수밖에 없는데, 표본은 작지만 대상전집을 대표한다는 것을 의미한다. 경제적이고 실제적인 이유로, 대규모 조직은 전 직원을 사용하기보다는 연구에 참가할 특정 근로자만을 선발할 것이다. 문제는 근로자들 중에서 일부만이 참가하게 된다는 것이다.

설문지를 사용하는 연구라면 원하는 근로자의 수를 무선으로 선발하여 조사를 완료하는 것이 문제가 되지 않는다. 하지만 조명이 수행에 미치는 효과를 연구하는 것처럼 더 정교한 연구라면, 근로자들을 무선으로 선발하는 것이 어려울 것이다. 즉 한 명의 근로자는 높은 수준의 조명에서 일을 하고, 옆자리에 있는 근로자는 실험에 포함되지 않는다는 것은 현실적이지 않을 것이다. 한 공장은 조명 수준이 높고 다른 공장은 낮게 결정한다면, 현실성은 얻지만 무선성과 통제성을 잃는다. 그래서 현실성과 실험의 엄격성 사이에서 절충을 시도한다.

실험의 엄격성을 증가시키고 연구 수행의 비용을 감소시키기 위해서 많은 연구들이 근로자들을 활용하기보다는 학생들을 피험자로 활용하여 대학에서 실시된다. 사실상, 주요 4대 I/O 학술잡지에 출간된 연구들의 46%가 대학생을 피험자로 하였다(Roch, 2008). 학생들을 활용하는 것은 대학 연구의 일반화가능성에 관해 상당한 논쟁을 가져왔다; 즉 대학생이 근로자처럼 행동하는가? 어떤 저자들(예, Sears, 1986)은 성인과 비교해서 대학생들은 더 젊고, 학력이 높으며, 더 자기중심적이다; 자아개념이 덜 형성되었다; 동료 인정의 욕구가 더 강하다고 지적한다. 이러한 차이 때문에 학생들이 직업세계에 있는 성인들과는 다르게 행동할 것이라는 것이 일리가 있다.

하지만 이 논쟁에 대한 연구는 엇갈린다. 어떤 연구자들은 학생 피험자와 직장인 피험자 간에 차이를 발견하였으나, 다른 연구자들은 그렇지 않았다(Bordens & Abbott, 2014). 예컨대, 성격과 팀 수행 간의 관계를 연구한 메타분석에서, 성격 특성 중에서 친화성과 성실성은 직장인을 대상으로 했을 때는 팀 수행을 예언하였으나, 학생들을 대상으로 했을 때는 그렇지 않았다(Peeters, Van Tuijl, Rutte, & Reymen, 2006). 마찬가지로, Gordon과 Arvey(2004)는 학생과 직장인이 연령편향에 관한 연구에서 다르다는 것을 발견하였다. 하지만 통제소재(개인이 자신의 생활을 통제한다고 믿는 정도)와 작업성 간의 관계에 대한 메타분석에서, Ng, Sorensen과 Eby(2006)는 대상이 근로자이든 학생이든 유사한 관계를 발견하였다. 학생과 직장인이 연구에서 항상 동일한 방식으로 반응하지 않기 때문에, 학생들을 대상으로 하는 연구들은 실세계에 일반화할 수 없다는 것을 명심하는·것이 중요하다.

마지막으로 중요한 쟁점은 피험자 모집에 사용하는 방법에 관한 것이다. 최고의 연구 결과를 얻기 위해, 표본이 가능한 한 대표성을 띨 수 있도록 **무선표본**을 이용하는 것이 필수적이다. 이는 조사지가 100명의 근로자에게 무선으로 전달된다면, 모든 근로자가 조사지를 반송할 때만 전체 조직을 대표하게 되어 연구가 가장 정확하다는 것을 의미한다. 문제는 연구 참가가 자발적이라면 연구자가 100%의 회수율을 기대

무선표본(random sample) 연구 참가에 선정될 기회가 관련 전집의 모든 구성원에게 동일한 표본

하기 어려울 것 같은데, 미국심리학회(APA)의 윤리는 자발적인 참가를 요구한다. 연구에 참가하지 않는 사람들은 참가를 선택한 사람들과는 다를 수 있다. 따라서 참가한 사람들이 인종, 성, 연령, 그리고 재직기간과 같은 변수들에서 전반적으로 조직과 유사한지를 연구자가 결정하도록 해주는 질문들을 포함하는 것이 필수적이다.

어떤 대학에서는 학생들에게 연구 참가와 기말 보고서 제출 중에서 선택권을 주기도 한다. 학생들이 연구 참가를 대신할 수 있는 방법이 있긴 하지만, 어떤 심리학자들은 여러 날이 걸리는 기말 보고서 작성과 수 시간이 걸리는 두세 번의 실험 참가 중에 선택하는 것이 정당한 선택은 아니라고 주장한다(Sieber & Saks, 1989).

무선표본을 구하는 것이 특히 산업계에서는 매우 어렵기 때문에, 많은 연구들이 **편의표본**을 이용한 다음에 다양한 실험조건에 피험자들을 무선으로 할당한다. 심리학 수업을 수강하는 학생들과 같은 편의표본은 연구자가 쉽게 이용할 수 있다. **무선할당**은 비무선표본에 있는 각 피험자를 특정 실험조건에 무선으로 **할당**하는 것이다. 예컨대, 교육방법의 효과성을 검증하기 위해 설계된 연구에서 60명의 피험자가 연구 참가에 동의하였다. 피험자 중에 30명은 교육을 받는 집단에 무선으로 할당하고 나머지 30명은 교육을 받지 않는 통제집단에 무선으로 할당하는 것이다. 무선할당과 비무선할당은 상이한 결과를 초래하는 것으로 나타나기 때문에(Shadish & Ragsdale, 1996), 편의표본을 이용할 때는 무선할당이 중요하다. 무선할당이 비무선할당보다 더 나은 방법이라면, 연구자는 왜 참가자들을 무선으로 할당하지 않는가? 보통은 연구자가 처한 한계 때문이다. 예컨대, 노조계약의 규정에 재직기간이 긴 근로자들에게 교대조 선택의 우선권을 부여하였다면, 교대근무의 효과를 연구하는 연구자는 다양한 교대조에 근로자들을 할당할 수가 없다.

편의표본(convenience sample) 이용하기가 쉽기 때문에 사용되는 비무선 연구 표본

무선할당(random assignment) 다양한 실험조건과 통제조건에 대한 연구 표본에 피험자들을 무선적이고 편향되지 않도록 할당하는 것

연구 실행

디브리핑(debriefed) 실험에 참가한 피험자에게 연구의 목적을 알려주고 기타 관련 정보를 제공하는 것

모든 결정이 이루어졌다면, 마지막으로 연구를 실행하여 자료를 수집할 때다. 자료 수집이 편향되지 않았다는 것을 보장하기 위해서 피험자들에 대한 모든 지시가 표준화되고 이해하기 쉬운 수준으로 진술되어야 한다. 피험자의 참가가 끝나면 피험자에게 **디브리핑**, 즉 실험의 목적을 알려주고 참가에 대해 질문의 기회를 주어야 한다.

통계 분석

모든 자료가 수집된 후에는, 결과를 통계적으로 분석한다. 통계에 대한 논의는 본서의 범위 밖이긴 하나, 통계학이 왜 사용되는지를 이해하는 것이 중요하다. 통계 분석은 결과가 실제적이고 우연만으로는 발생하지 않는다는 것을 얼마나 확신하는지를 결정하는 데 도움을 준다. 예컨대, 교실의 왼쪽에 있는 학생들의 평균 연령과 교실의 오른쪽에 있는 학생들의 평균 연령을 비교하는 연구를 실시하였다면, 차이가 있는 것이 당연하다. 즉 오른쪽에 있는 학생들의 평균 연령은 왼쪽에 있는 학생들의 평균 연령과 꼭 같지는 않을 것이다. 자료에 대한 통계 분석을 하지 않으면, 오른쪽에 있

는 학생들이 왼쪽에 있는 학생들보다 나이가 많다고 결론지을 것이다. 이 결과에 대한 이론을 개발할지도 모른다!

터무니없게 들리는가? 물론 그렇다. 수집한 수치는 어떤 것이라도 십중팔구는 다를 것이다. 질문은 유의한 차이가 있는지의 문제다? 통계 분석은 수집한 자료가 우연의 결과일 확률을 결정해준다. 심리학에서는 .05의 유의 수준을 사용한다: 자료가 우연의 결과일 확률이 5% 미만이라면, 결과는 통계적으로 유의하다고 한다. .05의 유의 수준이 가장 일반적으로 사용되긴 하지만, 어떤 연구자들은 더 유연하게 상황에 따라 더 보수적이거나 더 진보적으로 사용해야 한다고 제안하였다(Bordens & Abbott, 2011).

현 시점에서 유의 수준의 해석에 주의해야 한다. 유의 수준은 결과가 우연의 산물일 수 있는 신뢰 수준만을 가리킨다. 결과의 강도에 대해서는 아무런 말도 해주지 않는다. 따라서 .01 수준에서 결과가 유의한 연구가 .05의 신뢰 수준에서 결과가 유의한 연구보다 반드시 효과가 더 강하다는 것은 아니다.

결과의 강도를 결정하기 위해서는 효과크기를 사용하는데, 앞서 메타분석에 관한 절에서 논의하였다. 유의 수준은 연구의 **통계적 유의성**을 말해주고, 효과크기는 연구의 **실제적 유의성**을 말해준다.

예컨대, 남성과 여성의 SAT 점수를 비교하는 연구를 실시하였다고 하자. 5백만 명의 학생 표본에 근거하여, 남성의 평균은 1,502점이고, 여성의 평균은 1,501점이 나왔다. 이러한 대규모 표본크기로 두 개의 평균이 통계적으로 다르다는 것을 발견할 것이다. 하지만 2,400점이 만점인 시험에서 두 집단 간의 차이가 단지 1점인 것을 실제적 유의성이 크다고 할 수는 없다.

상관(correlation) 두 변수 간의 관계를 측정하는 데 사용되는 통계 절차

상관.   상관은 I/O 심리학과 본서에서 폭넓게 사용되기 때문에 논의가 필요하다. **상관**은 연구자에게 두 변수 간의 **관계**를 결정할 수 있도록 해주는 통계 절차다―예컨대, 고용검사와 근로자의 미래 수행 간의 관계; 직무만족과 출근 간의 관계; 또는 근로자의 수행평가와 상사의 수행평가 간의 관계. 상관 분석이 인과관계를 말해주는 것은 아니라는 것을 이해하는 것이 중요하다.

중개변수(intervening variable) 다른 두 변수 간의 관계를 설명할 수 있는 제3의 변수

상관계수가 왜 인과관계를 가리키지 못하는가? 제3의 변수인 **중개변수**가 흔히 두 변수 간의 관계를 설명하기 때문이다. 심리학자인 David Schroeder가 종종 사용하는 예를 보자. 8월에 뉴욕에서 팔리는 아이스크림의 개수와 인도에서 8월에 사망하는 아기의 숫자 간의 상관이 +.80이라고 하자. 아이스크림을 먹는 것이 다른 나라의 아이를 죽이는가? 아니다. 말이 되지 않는다. 대신에 높은 상관을 설명해주는 제3의 변수를 찾아야 한다. 이 사례에서 대답은 분명히 여름 더위다.

흥미로운 또 다른 예는 상관계수의 잘못된 해석에 대한 Mullins(1986)의 발표다. Mullins는 자료가 제곱마일당 소의 숫자와 범죄율 간에 강한 부적 상관을 보인다는

것을 지적하였다. Mullins는 농담조로 뉴욕 시가 수백만 마리의 소를 들여와서 범죄를 근절할 수 있다고 제안하였다. 물론 부적 상관에 대한 실제 해석은 범죄가 농촌보다는 도시에서 더 많다는 것이다.

훌륭한 연구자는 관련되어 보이는 변수들에 대해 항상 조심해야 한다. 수년 전에, 임신한 500명의 십대 소녀들을 대상으로 "연구"를 해서 그중 450명이 임신하게 될 때에 록 음악이 흐르고 있었다는 것을 발견한 목사에 관해 *People*이란 잡지가 보도한 적이 있다. 목사는 두 가지가 관련되어 있기 때문에(즉 두 가지가 동시에 발생) 록 음악이 임신의 원인이어야 한다고 결론지었다. 목사의 해결책은? 록 음악을 금지시키면 십대의 임신이 사라질 것이라는 것이다. 하지만 저자의 "가상연구"에서, 십대가 임신한 500개의 모든 사례에서 베개가 또한 존재하였다. 목사가 사용한 것과 동일한 논리를 사용하여, 실제 해결책은 록 음악을 금지시키는 것이 아니라 베개를 금지시키는 것일 것이다. 두 가지 "해결책"이 확실히 이상하긴 하지만, 요점은 분명해야 한다: 두 사상이 동시에 발생하거나 관련된 것 같다는 것이 한 사상이나 변수가 다른 사상을 일으킨다는 것을 의미하지는 않는다.

상관 분석의 결과로 상관계수라는 수치가 나온다. 이 계수의 수치는 −1에서 +1의 범위를 갖는다; 두 변수 간의 관계가 클수록 0에서 멀리 떨어져 있다. 즉 .40의 상관은 .20의 상관보다 두 변수 간의 관계가 더 강하다는 것을 보여준다. 마찬가지로, −.39의 상관은 +.30의 상관보다 더 강한 관계를 보여준다. (+)와 (−) 부호는 상관의 **방향**을 가리킨다. 정적(+) 상관은 한 변수의 수치가 증가할수록, 두 번째 변수의 수치도 증가한다는 것을 의미한다. 예컨대, 지능과 시험점수 간에는 정적 상관이 있다는 것을 알 수 있다. 이는 학생의 지능이 높을수록 시험점수가 더 높다는 것을 의미한다.

부적(−) 상관은 한 변수의 수치가 증가할수록, 두 번째 변수의 수치가 감소한다는 것을 의미한다. 예컨대, 시험 전날 밤에 마시는 맥주의 양과 시험점수 간에 부적 상관이 있다는 것을 발견할 수 있을 것이다. I/O 심리학에서는 직무만족과 결근, 연령과 반응시간, 그리고 신경증과 면접성공 간에 부적 상관을 발견한다.

I/O 심리학의 윤리

조직과 근로자들은 매일 윤리적 딜레마에 직면한다. 윤리적 딜레마란 어떤 것이 옳고 그른지에 대한 결정을 안내하는 규정, 정책 또는 법규가 없기 때문에 개인적 판단을 요구하는 모호한 상황이다. 개인들은 흔히 도덕과 개인적 가치에 의존하여 유사한 상황에서 사람마다 다른 결정을 하게 된다. 사람들은 개인적 가치와 특정 상황을 규정하는 방식에 영향을 주는 배경이 다르기 때문에, 한 사람의 결정이 다른 사람의 결정과는 매우 다를 수가 있다.

예컨대, 당신이 자동차를 팔고 싶다고 하자. 당신은 자동차가 여러 번 사고가 나서 정비를 많이 했다는 것을 안다. 당신은 구매예상자와 정보를 공유하는가? 말을 해주어야 한다는 법규나 정책은 없다. 사실상, 대부분의 사람들은 구매자가 특별히 당신에게 묻지 않는다면 그것에 대해 한마디도 하지 않을 것이다. 이 정보를 공유하지 않는 것이 도덕적으로 잘못되거나 불공정한가? 대답은 "예", 즉 도덕적으로 잘못이라고 할 수도 있고, 아니면 "아니오", 즉 도덕적으로 잘못이 아니라고 할 수도 있다.

살면서 우리는 흔히 두 가지 유형의 윤리적 딜레마에 직면한다: A유형과 B유형.

A유형의 딜레마에서는 어떤 것이 옳고 그른지에 관해 높은 수준의 불확실성이 있어 최선의 해결책이 없는 것으로 보이는데, 결정의 결과가 긍정적인 것과 부정적인 것이 모두 있다. 예컨대, 많은 사람들은 신약 시험을 위해 동물을 이용하는 약물 연구는 살아있는 생명체에게 고통을 주는 것이 도덕적으로 잘못되었기 때문에 비윤리적이라고 말을 한다. 다른 사람들은 신약이 수백만 명의 생명을 구할 수 있고 잠정적으로 인간의 생명을 구할 수 있는 신약을 만들어서 시험하지 않는 것이 도덕적으로 잘못이라고 말한다. 보다시피, 이런 결정은 부정적인 결과와 긍정적인 결과가 모두 있어 한 가지 최선의 답은 없는 것 같다.

B유형의 딜레마는 딜레마의 합리화라고도 하는데, 옳고 그름의 차이가 A유형의 딜레마보다 훨씬 더 분명하다. 보통 개인들은 무엇이 옳은지를 알고 있으나 자신에게 가장 유리한 해결책을 선택한다. 예컨대, 팔려는 자동차의 과거 사고이력에 대해 구매예상자에게 말하지 않는 선택은 판매자에게 가장 유리하다. B유형의 딜레마는 "다들 그렇게 하므로" 자신이 옳다고 개인들이 "합리화"하기 때문에 딜레마의 합리화라고 부른다. 예컨대, 많은 학생이 시험에서 최소한 한 번은 부정행위를 했다고 말할 것이다. 대부분은 부정행위가 도덕적으로 잘못이라는 데에 동의한다. 그런데 왜 많은 학생이 그런 행동을 하는가? 그들은 "이번 한 번뿐"이어서 괜찮고 누구도 해치지 않는다고 합리화한다. 그들은 다른 모든 사람이 그렇게 하기 때문에 괜찮을 것이라고 확신한다. 이런 합리화 능력 때문에 비윤리적 행동은 조직에서 사상 최고치에에 달한다. 2,050명의 근로자를 대상으로 Careerbuilder.com(2005)에서 실시한 조사에서 19%가 직장생활 중의 어느 시점에 직장에서 비윤리적인 거짓말을 한 적이 있다고 보고하였다. 미국 윤리자원센터의 2007년 조사에서 근로자의 56%가 작업 물품을 "빌려서" 집에 가져가기, 필기도구와 기타 용품의 절도, 아프지 않을 때에 병가 사용, 관리자의 근로자 학대, 늦게 출근해서 빨리 퇴근하기 등을 포함해서 다른 사람들의 비윤리적 행동을 목격하였다고 보고하였다.

본서의 각 장 끝에 윤리적 딜레마를 제기하여 논의하고 질문에 답을 하도록 할 것이다. 본 절의 정보를 이용하여 상황이 윤리적인지 비윤리적인지를 결정해라. 옳거나 그른 답은 없다. 법규나 정책이 안내하는 결정과는 대조적으로 윤리적 딜레마에

캐나다 밴쿠버(브리티시 콜롬비아) 국제공항공단에서 실시한 연구

브리티시 콜롬비아에 위치한 밴쿠버국제공항은 캐나다에서 두 번째로 혼잡한 공항으로 2013년의 탑승객은 1,790만 명 이상이다. 전반적 고객만족에 대해 북아메리카의 최고 공항으로 두 번이나 선정되었다. 따라서 직원과 수행에 대한 자부심이 대단하다.

공단은 프로젝트 관리, 인적 자원, 엔지니어링, 커뮤니케이션, 그리고 비상대비와 같은 분야에서 300명 이상의 직원을 감독한다. 항공사, 상점, 그리고 식당에서 일하는 근로자들은 공항공단 소속이 아니고 개인회사의 직원들이다.

비용을 줄이고 생산성을 증가시키기 위해, 밴쿠버공항공단은 직원들을 위한 건강관리 프로그램을 설계하였다. *피트니스 앤 밸런스*라고 하는 이 프로그램은 많은 요소로 구성되었다; 금연, 스트레스 관리와 같은 주제에 대한 세미나; 건강 관련 소식지와 공고; 근로자와 가족들이 하이킹을 하고, 스케이트를 타거나, 걷는 야외활동을 하는 날; 피트니스 시설 할인. 이 프로그램의 효율성을 결정하기 위해, 공항공단은 자료를 수집하여 결근율이 4.07%에서 2.55%로 떨어졌고 연간 부상 건수가 22건에서 6건으로 낮아졌다는 것을 발견하였다.

- 건강관리 프로그램의 효율성을 결정하기 위해 연구를 어떻게 설계할 것인가?
- 결근과 부상 이외에 어느 성과를 측정할 것인가?
- 이런 연구를 하는 데 자료 수집과 보고를 할 때에 고려할 필요가 있는 윤리적이거나 실제적 고려사항은 무엇인가?

이 사례에 관한 자세한 정보는 다음의 사이트에서 찾을 수 있다: http://www.phac-aspc.gc.ca/pau-uap/fitness/work/study_vancouver_e.html

직면할 때 모든 사람이 동일한 결정을 하게 하는 것이 얼마나 어려운지를 분명하게 조망하기 위해서 당신의 생각과 아이디어를 다른 동료들과 비교해 보라.

요약

이 장에서 배운 것은 다음과 같다.

- I/O 심리학의 분야는 세 개의 하위분야로 구성되어 있다; 인사심리학, 조직심리학, 인간 요인. 산업심리학자들은 산업체, 정부기관, 교육기관, 자문회사를 포함하여 다양한 장면에서 일을 한다.

- I/O 심리학 분야는 1900년대 초에 시작되어 이후에 급속도로 성장하였다: 1945년에 130명의 회원으로 APA의 14분과로 시작하여 지금은 회원이 8,000명 이상이다.

- 제1차 세계대전과 제2차 세계대전, 호손 연구, 시민권법 제정, 신기술, 그리고 인구통계학적 변화가 I/O 심리학에 중요한 영향을 끼쳤다.

- I/O 심리학 분야에 취업하기 위해서는 최소한 석사학위가 요구되는데, 석사학위 소지자들의 중간 연봉은 약 8만 750달러고, 박사학위 소지자들의 중간 연봉은 약 11만 3,200달러다.

- I/O 심리학자들이 최선의 결정을 하기 위해서는 연구가 중요하다.

- 무엇을 연구하고, 연구 장소는 어디인지(실험실 또는 현장), 사용할 연구 방법은

어느 것인지(실험법, 비실험법, 조사, 기록연구, 메타분석), 이용할 표본은 무엇인지, 자료를 분석하는 데에 선택될 통계치는 무엇인지를 결정해야 한다.

복습을 위한 질문

1. I/O 심리학 분야의 형성에 중요한 사건은 무엇인가?

2. 인구통계학적 변화가 근로자 채용과 관리에 어떤 역할을 할 것인가?

3. I/O 심리학 분야에서 직업을 갖고 싶다면, 현재와 졸업 사이에 무엇을 할 필요가 있는가?

4. 이론과 가설이 어떻게 다른가?

5. 무선표본이 실제로 편의표본보다 더 나은가? 그렇다면 이유가 무엇이고 아니라면 그 이유는 무엇인가?

6. 실험보다는 유사실험을 사용하는 때가 언제인가?

7. 두 변수 간의 상관이 인과관계를 가리키지 않는 이유는 무엇인가?

Chapter 2

직무분석과 직무평가
JOB ANALYSIS AND EVALUATION

학습목표

➡ 직무분석의 정의와 용도를 이해한다.

➡ 직무 기술서를 어떻게 작성하는지 배운다.

➡ 직무분석을 어떻게 시행하는지 배운다.

➡ 다양한 직무분석 방법을 언제 사용하는지 배운다.

➡ 직무평가의 개념을 이해한다.

➡ 임금 형평성의 개념을 이해한다.

직무분석
직무분석의 중요성
좋은 직무 기술서 쓰기
직무분석의 준비
직무분석의 실시
기타 직무분석 방법의 사용
직무분석 방법의 평가

직무평가
내적 임금 형평성의 결정
외적 임금 형평성의 결정
성별 및 인종 형평성의 결정

직무에 대해: 응용 사례 연구: 수의학 전문의 면허국

윤리에 대한 관심: CEO와 임원에 대한 보상

1585년, 영국에서 신대륙에 도착한 정착민들은 노스캐롤라이나 해변의 아우터 뱅크스(Outer Banks)라는 지역 근처의 로아노크 섬(Roanoke Island)에 식민지를 건설하였다. 하지만 몇 년 뒤인 1590년에 John White가 로아노크 섬에 도착했을 때에는 식민지의 흔적은 찾을 수 없었고, 한 나무에 새겨진 크로아탄(Coroatan)이라는 단어만 남아 있었다. 오늘날까지도 로아노크의 잃어버린 식민지(Lost Colony of Roanoke)의 정착민들에게 무슨 일이 일어났는지는 알려지지 않고 있다.

인디언에게 살해당했다거나, 다른 장소로 옮겼다는 등 잃어버린 식민지의 최후를 설명하기 위해서 많은 이론들이 제기되었었다. 한 이론에 따르면, 식민지의 정착민들이 정치가, 군인, 선원으로 구성되어 새 대륙에서 살아남을 준비가 되어 있지 않았다는 것이다. 새로운 세계에 가치가 있는 사람들이 보내졌지만, 살아남기 위해 필요한 훈련이나 기술은 거의 가지고 있지 않았다. 사실, 전형적인 탐험가 유형이 아니라 농업인처럼 생존을 위해 더 적합한 기술을 가지고 있는 정착자였다면 그 식민지가 살아남았을지도 모른다. 이처럼 직무에서 요구하는 것과 구성원 간의 조합이 좀 더 잘 이루어졌다면 아마 그 식민지를 구해냈을 수도 있다.

이 이야기가 믿기지 않을 수도 있지만, 이 이야기를 통해서 우리는 **직무분석**이라는 과정의 중요성을 알 수 있다. 직무분석은 종업원이 수행하는 일에 대한 정보와 일이 수행되는 상황, 그리고 특정 상황에서 일을 수행하기 위해 필요한 작업자의 개인적인 특성을 모으고 분석하는 것이다.

직무분석

직무분석의 중요성

직무분석은 작업분석이라고도 하는데(Wilson, Bennett, Gibson, & Alliger, 2012), 철저한 직무분석은 대부분의 인적자원활동의 기초가 된다. 종업원이 수행하는 과업들과 그 과업들이 수행되는 상황, 그리고 그 과업들을 수행하기 위해 필요한 역량들을 모르는 상태에서는 직무 기술서 작성, 종업원 선발, 수행 평가나 훈련 프로그램 시행 등을 상상하기 어렵다. 심도 있는 직무분석을 통해서 그러한 정보를 얻을 수 있다.

직무 기술서 작성

직무분석의 문서화된 결과물 중 하나는 직무 기술서인데, 직무분석에서 찾아낸 과업과 직무요구사항을 2쪽에서 5쪽 정도로 짧게 요약한 문서이다. 다시 말하면, 직무분석은 직무에서 이루어지는 활동들과 직무를 수행하기 위해서 요구되는 것들을 결정하는 **과정**이고, 직무 기술서는 직무분석의 문서화된 **결과**이다. 직무분석과 직무 기술서는 종업원 선발, 평가, 훈련, 작업 설계와 같은 다양한 인사부서 업무의 기초가 된다.

종업원 선발

수행할 과업과 그러한 과업을 수행하기 위해 필요한 역량에 대해서 명확하게 이해하지 않고 종업원을 선발하는 것은 상상하기 힘들다. 직무의 요구사항들을 명확히 함으로써 이러한 직무에서 요구하는 것들을 수행하는 데 필요한 지식, 기술, 능력을 지원자가 가지고 있는지를 확인할 수 있는 선발검사나 인터뷰 질문을 선택할 수 있다. 이것이 당연한 것이지만, 이 책 4장의 비구조화된 종업원 면접 부분의 논의에서 보는 것처럼 직무와 관련되지 않은 변인들이 종업원 선발에 종종 사용되고 있는 것을 알 수 있다. 경찰관을 선발할 때 직무와 관련성이 적은 키 크기를 고려하거나, 어떤 이유인지는 정확히 모르면서 거의 모든 직업에서 힘 있게 악수하는 사람들을 선호하거나, 신체적 매력이 항공사 종업원에게 요구되는 것 등을 예로 들 수 있다.

훈련

직무의 요구사항을 모르는 상태에서는 어떻게 종업원을 훈련시켜야 할 것인지도 알기 어렵다. 직무분석은 직무 활동에 대한 목록을 산출해내는데, 이는 훈련 프로그램을 만들기 위해 체계적으로 활용된다.

인력 계획

피터의 법칙(Peter Principle) 조직이 훌륭한 종업원들을 그들이 유능하지 않은 수준까지 승진시키는 경향을 말한다. 직위가 높아질수록 일반 상식과는 달리 능률이 상대적으로 저하되어 결국 무능력한 수준에까지 이르게 된다는 것을 말한다.

직무분석 결과의 용도 중에서 중요하기는 하지만 실제로는 직무분석의 결과가 거의 적용되지 않는 경우는 조직 내에서의 **직원 이동**을 결정하는 경우이다. 이것은 사람들이 특정 직무를 위해 고용되었을 때, 승진하고 성공하기를 기대하지만 그들이 현재 수행하고 있는 직무가 아닌 다른 직무는 무엇인가라는 질문과 관련될 수 있다. 현실적으로 많은 조직들은 해당되는 사람 바로 아래에서 그 직무를 가장 잘 수행하는 사람을 승진시키는 것이 관행으로 되어 있다. 이러한 접근이 여러 장점이 있기는 하지만, 이는 소위 **피터의 법칙**이라 불리는 결과를 초래할 수 있다. 피터의 법칙은 종업원들을 결국 그들의 가장 높은 무능의 수준까지 승진시킨다는 것을 말한다(Peter & Hull, 1969). 예를 들어, 회사에서 가장 뛰어난 영업사원이 있다 할 때, 이 직원이 세일즈에서는 가장 뛰어나다고 알려져 있더라도, 그가 나중에 어떤 형태의 관리자가 될 것인지는 알 수 없다. 오직 영업 성과에만 근거해서 승진을 시키는 것이 그 사람이 관리자가 되어서도 영업에서 성과를 낸 것처럼 다른 형태의 직무를 잘 수행할 것이라는 것까지 보장하지는 못한다. 하지만 직무분석의 결과를 통해서 회사의 모든 직무와 관리자의 직무를 비교할 수 있다면, 관리자의 바로 아래에 있는 사람을 승진시키는 대신 관리자의 직무와 가장 유사한 직무에서 최고인 직원을 승진시킬 수 있을 것이다. 여기에서 유사한 직무는 관리자의 직무와 비슷한 지식(knowledge), 기술

(skills), 능력(abilities)을 공유하는 직무를 의미한다. 이러한 접근방법을 통하여, 직무가 요구하는 것에 더 잘 부합되는 사람을 승진시킬 수 있다.

수행 평가

직무분석의 또 다른 중요한 용도는 직무수행 평가를 위한 도구를 설계하는 것이다 (Roch & Williams, 2012). 종업원의 선발에서와 마찬가지로 종업원의 직무수행 평가는 반드시 직무와 연관되어야 하지만, "신뢰성", "지식", "적극성" 등과 같은 애매한 범주에 의해서 종업원들이 평가받는 경우가 자주 있다. 구체적이고 직무와 연관된 범주들을 활용하는 것이 더 정확한 수행 평가로 이어지며, 이러한 수행 평가 방법이 종업원과 법원 모두 더 잘 받아들일 수 있는 방법이다(Werner & Bolino, 1997). 게다가 직무 관련 수행 평가는 올바르게 집행되고 활용된다면 종업원 훈련과 상담의 훌륭한 기초 자료로서의 기능을 할 수도 있다.

직무 분류

직무분석은 인사부서 전문가로 하여금 직무 요구사항과 책무의 유사성을 기초로 하여 여러 개의 집단으로 직무들을 분류할 수 있도록 한다. 직무 분류는 임금 수준, 부서 이동, 승진을 결정하는 데 유용하게 활용된다.

직무평가

직무평가 정보 또한 직무의 가치를 결정하는 데 활용될 수 있다. 직무평가는 이 장의 뒷부분에서 좀 더 자세하게 다루도록 하겠다.

직무 설계

직무분석 정보는 직무가 수행되어야 할 최적의 방법을 결정하는 데 활용될 수 있다. 종업원들이 컴퓨터 앞에 앉는 최선의 방법은 무엇일까? 창고의 직원들이 상자를 들어 올리는 최선의 방법은 무엇일까? 직무를 분석함으로써, 쓸모없거나 위험한 움직임을 제거할 수 있고, 그 결과로 생산성을 높이고 직무에서 상해가 일어나는 횟수를 줄일 수 있다. 직무설계는 벽돌공이 일할 때의 비일관성을 연구한 후 벽돌을 쌓는 데 필요한 움직임의 수를 18개에서 4.5개로 줄였던 Frank Gilbreth의 예를 통해 1장에서 언급되었다.

법적 지침의 준수

이 책 3장에서 좀 더 자세히 다룰 예정이기는 하지만, 모든 고용결정은 직무 관련 정보에 근거해서 이루어져야 한다. 직무 관련성을 결정하는 법적으로 허용된 한 방법은 직무분석을 활용하는 것이다. 법에서 구체적으로 직무분석을 요구하지는 않지만 몇몇 중요한 지침과 법적 소송 사례를 보면 모든 실무적 목적에 대해 직무분석을 활용해야 함을 알 수 있다.

첫 번째로, 미국 연방 표준을 준수하도록 설계된 인사부서의 규칙이라고 할 수 있는 종업원 선발 절차에 대한 표준 지침(*Uniform Guidelines on Employee Selection Procedure*, UGESP, 1978)에는 직무분석의 필요성을 직접적으로 강조하는 참조문이 있다. 표준 지침이 법은 아니지만, 법정은 표준지침을 "매우 존중한다(great deference)"라고 인정한 바 있다(Brannick, Levine, & Morgeson, 2007). 산업 및 조직심리학 분야의 전문가들에 의해 제안된 안내서인 인사선발 절차의 타당화와 활용에 대한 규칙(SIOP, 2003)에서도 직무분석의 중요성은 거론되었다.

두 번째로, 몇몇 법적 소송에서 직무 관련성의 개념에 대한 시사점을 얻을 수 있다. *Griggs* 대 *Duke Power*(1971)사건을 예를 들면, 지원자의 고등학교 졸업장 유무를 일부 선발결정의 근거로 하였다. 결과적으로 백인보다 흑인이 이 기준을 충족하지 못할 비율이 높았고, 더 적은 비율의 흑인들이 고용되고 승진하였다. 결국, 직무에서 요구하는 것을 수행하는 데 있어서 고등학교 졸업장이 필수적이지는 않다는 것을 문제로 하여 Duke Power 회사를 상대로 소송이 이루어졌다. 미국 대법원은 고등학교 졸업장을 요구하는 것의 직무 관련성을 회사가 입증하지 못하였다고 언급하면서 원고인 Griggs의 주장을 받아들이는 판결을 내렸다.

"직무분석"이라는 용어를 구체적으로 언급하지는 않았지만, *Griggs* 소송의 판결은 직무 관련성 문제를 다루는 첫 번째 사례였다. 이후 *Albermarle* 대 *Moody*(1975), *Chance* 대 *Board of Examiners*(1971), *Guardians* 대 *Civil Service*(1980) 등과 같이 이어진 소송사건을 통해서 직무 관련성의 필요성과 직무 관련성과 직무분석의 관계는 더욱 확고해졌다. 그래서 법적인 조사에 대비하기 위해서는 직무분석이 이루어지는 과정과 그 결과물이 철저하게 문서화되는 것이 필수적이라 할 수 있다(Gutman & Dunleavy, 2012).

조직 분석

직무분석가들이 활동하는 과정에서, 직무분석과는 직접적인 관련성이 적지만 조직 내의 어떤 다른 문제점들을 인지하게 되는 경우가 있다. 예를 들어, **직무분석 면담**에서 종업원들이 자신이 어떻게 평가되고 누구에게 보고해야 하는지 모른다는 것을 보여주기도 한다. 조직 의사소통에서의 이러한 착오를 발견하게 되면 문제점을 교정하고 조직이 더 잘 기능하도록 도울 수 있다. 예를 들면, 신용 조합 직위들에 대한 직무분석 면담을 수행하는 도중에 직무분석가인 Deborah Peggans는 종업원 중 아무도 자신의 직무 수행이 어떻게 평가되는지 모른다는 것을 발견하였다. 이는 조직이 종업원과 수행의 기준에 대해 적절히 의사소통하지 못하고 있었다는 것을 알게 해주었다.

좋은 직무 기술서 쓰기

앞에서 언급했듯이, 직무분석의 가장 유용한 결과물 중 하나는 직무 기술서이다. 직

직무분석 면담(job analysis interview) 실제로 직무를 수행하는 종업원과의 대화를 통해 직무에 대한 정보를 얻는 방법

Courtesy of Michael G. Aamodt

**Deborah
L. Gebhardt, Ph.D.**
Human Performance
System, Inc. 대표

우리 회사는 신체기능과 인지 검사, 의학적 지침을 개발하고 타당화하는 연구를 수행하고 있습니다. 고객들에게 타당하고 법적 근거를 가지고 있는 선발, 평가, 승진 도구를 제공할 수 있도록 우리는 직무 요구사항을 결정하는 과정에서 상세한 직무분석을 시행합니다. 직무분석은 타당한 선발과 승진의 절차를 수립하기 위한 기초를 제공합니다. 필수적인 직무 기능을 반영하는 타당하면서 만약의 법적인 문제에서 변호할 수 있는 절차를 개발하기 위해서는, 직무 과업, 지식, 기술, 능력에 대한 정의가 이루어져야 합니다. 직무분석을 수행하는 과정은 프로젝트에서 가장 보람을 느끼는 측면 중 하나인데 그 이유는 직무분석가가 새로운 환경과 새로운 사람들을 마주할 수 있기 때문입니다.

훌륭한 직무분석가가 되기 위해서는, 다른 사람의 직무와 관련된 세부적인 사항까지도 배울 수 있어야 합니다. 이는 직무분석 과정에서 가장 중요한 부분인데, 직무가 이루어지는 현장을 직접 방문하고 작업자를 인터뷰하는 기회를 우리에게 제공하기 때문입니다. 이렇게 현장을 방문하는 것은 우리에게 흥미롭고 신나는 경험을 제공합니다. 예를 들면, 천연가스 산업에서 일할 때, 피스톤의 길이가 5피트인 엔진을 어떻게 수리하는지 배우기 위해서 멕시코만에서 100마일 떨어진 곳의 시추선에서 그들의 업무를 관찰한 적이 있습니다. 비슷한 경우로, 맨홀에서 일하는 작업자들이 전화선을 수리하는 동안 그 사람들과 인터뷰한 적도 있는데, 이 인터뷰를 통해 우리는 어떻게 당신 가정의 전화선에서 종종 잡음이 생기는지 잘 이해할 수 있었습니다.

프로젝트를 수행하는 과정은 직무 과업과 관련된 목적과 세부사항들을 찾아내야 하기 때문에 직무분석가에게는 모든 프로젝트가 새로운 도전입니다. 많은 경험을 통한 사례에서 알 수 있는 것은 작업자의 업무에 동행하고 참여할 때 이러한 정보를 가장 잘 얻어낼 수 있다는 것입니다. 공공 안전 요원의 업무를 이해하기 위해서, 뉴욕 시에서 긴급 의료원들과 함께 차를 타고 다녔고, 소방관들을 따라서 불타는 건물로도 들어갔으며, 경찰관들과 부부싸움 신고에 대응하기도 했습니다.

신체 기능 평가 절차와 의학적 지침을 개발할 때에는 업무공간과 작업자에게 영향을 미치는 인체공학적 지표들을 수집하는 것이 중요합니다. 인체공학은 인간의 능력과 직무 요구사항에 대한 지식을 작업설비, 시스템, 그리고 물리적 작업 환경 등을 설계하는 데에 적용하는 것입니다. 인체공학적 평가는 업무 자세와 이 업무 자세가 근육의 피로도에 미치는 영향에 대한 세부적인 분석과 과업수행과 관련된 키, 몸무게, 힘 등에 대한 자료를 전반적으로 수집하는 것을 포함합니다. 인체공학적 평가의 이러한 작업은 다시 현장 측정과 관찰을 수반하게 되는데, 해군 구축함과 원자력발전소의 해치와 문을 여는 데 필요한 힘을 측정한 것을 예로 들 수 있습니다. 또 다른 조사 과정에서는, 전신주에 오르는 법을 배웠는데, 이는 남성과 여성이 전신주를 오르는 데 서로 다른 오르기 기술을 쓰는지 알아보기 위해 필요한 인체공학적 자료를 얻기 위해서였습니다.

직무분석을 하면서 미국 작업인력의 정교함에 대해서 높이 평가하고 이해하게 됩니다. 우리는 생산성을 향상시켰고, 직무 환경을 더 쾌적하게 하였으며, 업무와 관련된 부상을 줄여준 기계화된 전자 통제 시스템과 관리 절차의 발전과정을 직접 관찰합니다.

만약 당신이 직무분석을 실시하고 있다면, 제가 할 수 있는 최고의 조언은 직무에 대해 가능한 많이 배우면서 작업과정에 직접 참여하라는 것입니다. 모든 직업이 재미있을 수는 없지만, 직무에 관심을 가지고 현장 근무자가 관련된 정보를 제공할 수 있도록 하는 것이 직무분석가에게는 중요합니다. 이를 위해서는 상세한 정보를 얻을 수 있도록 직무에 대한 많은 질문을 해야 합니다. 이러한 것이 효율적으로 진행되기 위해서 직무분석가는 작업 과정에 모든 노력을 다해서 성실하게 참여해야 합니다.

무 기술서는 직무에 대한 비교적 짧은 요약문이며 약 2쪽에서 5쪽 정도의 분량으로 작성된다. 산업 현장에서 쓰이는 대부분의 직무 기술서는 이렇게 권고된 분량을 잘 보여주지 못하고, 보통 1쪽 분량으로만 작성되는 경향이 있다. 하지만 직무 기술서가 가치가 있는 것이 되기 위해서는 선발이나 훈련 같은 활동을 결정할 수 있을 정도로 충분히 상세하게 직무를 기술해야 한다. 직무 기술서가 1쪽 분량이라면 이런 결정은 아마도 어려울 수 있을 것이다.

산업 및 조직 심리학자들은 직무 기술서가 자세하고 길어야 한다고 생각하지만, 조직의 많은 전문가들은 그 정도로 정성을 쏟기를 원하지 않는다. 이러한 전문가들은 각각의 활동을 자세히 나열하게 되면 오히려 직무 기술서에 없는 과업을 종업원들에게 수행하도록 지시하는 것이 제한될 것을 우려한다. 결국 그들이 걱정하는 것은 종업원이 직무 기술서를 근거로 "그건 내 일이 아닙니다"라고 대답하지 않을까 하는 것이다. 하지만 이러한 두려움에 대해서는 두 가지 이유에서 반박이 가능하다. 첫 번째는 언제든 새로운 업무 내용을 직무 기술서에 추가할 수 있다는 점이다. 정기적으로 직무 기술서를 갱신하는 것이 가능하고 또 그래야만 한다. 두 번째는 "필요에 따라 주어지는 직무와 관련된 다른 업무를 수행한다"라는 문구가 직무 기술서에 포함되어야 한다는 점이다. 사실, 대학은 고용 후 3개월을 초과하지 않는 기간 동안에는 직원에게 직무 기술서에 없는 업무들을 수행하라고 요구할 수 있는 것이 관행이다. 하지만 3개월이 지난 후에는 그 업무를 삭제하거나 종업원의 직무 기술서에 영구적으로 추가해야 하며, 추가 사항이 급여를 인상할 정도로 의미가 있는지 아닌지를 결정하기 위한 재심의 절차 또한 이루어져야 한다.

직무 기술서는 다양한 방법으로 작성될 수 있다. 하지만 여기에서 논의되는 직무 기술서 형식은 다양한 방법을 결합한 형식으로 Hurtz와 Wright(2012)가 제안한 작업 기술서 형식과 일치하는 것인데, 많은 직무에 대해 성공적으로 사용되었고 많은 회사에서 쓰고 있는 형식이다. 직무 기술서가 반드시 포함해야 하는 것은 직무명, 간략한 요약, 작업 활동, 사용 도구 및 장비, 작업 환경, 수행 표준, 보상 정보, 인적 요구조건 등 8개 영역이다.

직무명

직무명이 중요한 이유는 여러 가지가 있지만, 무엇보다 정확하게 직무명을 부여하게 되면 직무의 본질, 권한과 지위 수준, 그리고 직무를 수행하기 위해 필요한 역량을 직무명만으로도 어느 정도 설명해줄 수 있다(Martinez, Laird, Martin, & Ferris, 2008). 산업심리학자 David Faloona가 시카고의 Washington National Insurance 회사에서 새로운 직무를 맡았을 때 그의 공식적인 직함은 "심리측정 전문가"였지만, 다른 직원들은 그가 무슨 업무를 하는지 알지 못했다. 이 문제를 해결하기 위해 그의 직함을 "인사 참모"로 바꿨고, 그때부터 관리자들은 인사와 관련된 문제를 그와 상의하기 시작했다. 필자가 수행한 직무분석들 중에서 한 신용조합의 사례를 보면, "비서"의 직위를 분석하는 과정에서 문제점이 하나 발견되었는데, 그것은 그녀가 수행하는 직책이 다른 신용조합에서는 "대출담당직원"이라고 이름 붙이는 직위의 직책이었다는 것이다. 이후에 그녀의 직책에 맞추어 직무명을 바꾸었고, 그녀가 정말로 "비서 그 이상"의 일을 하고 있다는 것이 입증되었을 뿐만 아니라, 더 많은 급여를 받게 되었다.

직무명을 정확하게 부여하는 것은 종업원 선발과 모집에도 도움이 된다. 만약 직무명이 직무의 본질을 올바르게 나타낼 수 있다면, 어떤 직위에 대한 잠재적 지원자들이 그들의 기술과 경험이 그 직무에서 요구하는 기술과 경험과 일치하는지 아닌지를 직무명만 보고도 미리 알 수 있게 될 것이다. 앞 문단의 비서 관련 직무명의 사례를 보면, 비서라는 이름만 보고 지원하는 사람들은 일반적으로 대출담당직원에게 필요한 대출 및 의사결정 기술을 가지고 있지 않을 것이다.

직무분석을 수행하면서 직무명이 없는 작업자들을 발견하는 경우도 드물지 않게 생긴다. 직무명은 작업자에게 그 일에 대한 정체성을 형성할 수 있도록 한다. 단순하게 "주물공장 직원"이라고 부르는 대신에 "용접공" 혹은 "기계 기술자"라고 좀 더 구체적으로 부를 수 있다. 대부분의 대학교에서는 학교로부터 경제적 도움을 받으며 학교에서 일하는 학생을 "사무원", "컴퓨터 조작원" 혹은 "우편물 분류원" 등과 같은 구체적인 업무를 가리킬 수 있는 직무명 대신에 "근로학생"이라고 단순하게 부르고 있다. 이렇게 직무명을 부정확하게 하면서 학생들로 하여금 근무시간 중에도 우편물을 분류하거나 컴퓨터를 조작하는 것보다는 공부를 해야 한다고 생각하게끔 한다.

직무명은 직무의 가치와 상태를 지각하는 데에도 영향을 미친다. 예를 들면, "행정보조원"처럼 성 중립적인 직무명을 포함하는 직무 기술서는 "임원비서"과 같이 여성을 연상시키는 직무명보다 더 많은 금전적 가치를 가지는 것으로 평가받을 수 있다(Naughton,1988). Smith, Hornsby, Benson, 그리고 Wesolowski(1989)가 수행한 연구에 따르면, 피험자들에게 직무명의 지위만 다르고 나머지는 동일한 직무 기술서를 읽도록 했는데, 높은 지위의 직무명을 가진 직무들이 낮은 지위의 직무명을 가진 직무들에 비해 더 많은 금전적 가치가 있는 것으로 평가되었다. 반면 직무명과 연결된 성별의 효과에 의문을 가지는 연구자들도 있다(Mount & Ellis, 1989; Rynes, Weber, & Milkovich, 1989).

어떤 조직에서는 종업원들이 직접 자신의 직무명을 짓게 하기도 하지만, 중요한 것은 동일한 직무를 수행하는 종업원들이 동일한 직무명을 가져야 하고, 그 직무명이 직무의 본질을 정확히 반영하여야 한다는 것이다. 사무 보조원과 같이 범위가 넓은 직무명은 종종 행정보조원, 비서, 회계사무원 등과 같이 좀 더 구체적인 직무명에서 찾을 수 있는 잠재적인 임금 시장의 차이와 책임의 차이를 간과하기도 한다. 임금 형평성 분석을 실시하다 보면, 같은 직무명을 가진 두 사람의 보상이 서로 다른 경우가 종종 있는데, 이는 그들이 같은 직무명을 가지고 있더라도 상당히 차이가 있는 직무를 수행하고 있기 때문에 그렇게 된 것이다.

간략한 요약

요약문은 한 단락 정도의 길이로 작성하면 되지만 직무의 본질과 목적을 간략하게 기술해야 한다. 구인광고, 사내 희망 직무 지원제도, 회사 소개용 소책자 등에 사용될 수 있다.

작업 활동

작업 활동 영역은 종업원이 수행하는 과업과 활동을 목록으로 만든 것이다. 직무 기술서를 쉽게 읽고 이해할 수 있도록 하기 위해서 이러한 과업과 활동은 의미 있는 범주들로 잘 구분되어 정리되어야 한다. 범주 제목은 간략한 요약에 활용하기에도 편해야 한다. 표 2.1에 있는 직무 기술서의 예시를 보면, 회계 장부 담당자가 수행하는 72가지 작업 활동이 회계, 사무, 금전출납, 어음발행, 수금, 급여대장 및 자료처리, 금융업무의 7가지 주요 영역으로 나뉘어져 있는 것을 확인할 수 있다.

사용 도구 및 장비

이 영역에는 이전 영역에서 기술된 작업 활동을 수행할 때 사용하는 모든 도구와 장비를 열거해야 한다. 도구와 장비가 활동 영역에서 이미 언급되었더라도, 이를 별개의 영역에서도 다루게 되면 같은 직무임을 확인하는 것이 더 쉽게 된다. 이 영역의 정보는 종업원 선발과 훈련에 주로 사용되는데, 계산기, 컴퓨터, 신용기록기를 조작할 수 있는지 여부를 지원자에게 요청할 수 있다.

작업 환경

이 영역에서는 종업원이 일하는 환경을 기술하고 스트레스 수준, 업무 일정, 신체적 요구사항, 책임의 수준, 온도, 동료의 수, 위험 수준, 기타 관련 정보를 제시한다. 작업 환경의 정보는 장애를 가진 지원자들에게 제공될 때 특히 중요한데, 장애를 가진 지원자는 이 정보를 특정 업무상황에서 직무를 수행할 수 있는지 자신의 능력을 판단하기 위해 사용할 수 있다.

직무 수행

직무 기술서에는 수행의 표준에 대한 개략적인 설명이 있어야 한다. 이 영역에서는 종업원의 수행이 어떻게 평가되는지 그리고 종업원에게 기대하는 작업 표준이 무엇인지를 간략히 기술한다.

보상 정보

직무 기술서에서 이 항목은 급여 **등급**, 해당 직위가 면세 혜택을 받는지, 어떤 보상 요소들이 급여 결정에 사용되는지에 대한 정보를 담고 있어야 한다. 이러한 개념들은 이 장의 뒷부분에서 다루도록 하겠다. 종업원의 실제 급여 혹은 급여 범위는 직무 기술서에 서술되지 않는다.

직무 역량

이 영역은 **직무명세** 혹은 **역량**에 대한 내용을 담고 있다. 흥미, 성격, 훈련 등과 같이 성공적으로 직무를 수행하기 위해 필요한 KSAO 즉 지식(knowledge), 기술(skills),

등급(grade) 비슷한 가치를 가지는 직무 집단

직무명세(job specifications) 상대적으로 오래된 용어로 직무를 성공적으로 수행하는 데 필요한 지식, 기술, 능력을 말한다. 요즘은 "역량"이 더 일반적인 용어이다.

역량(competencies) 직무를 수행하기 위해 필요한 지식, 기술, 능력, 기타 요인

표 2.1   직무 기술서 사례

회계 장부 담당자
트루밸류 신용조합

직무 요약

회계 장부 담당자는 사무 관리자의 전반적인 감독하에 사무실의 모든 회계업무에 대해서 책임을 진다. 회계 장부 담당자는 모든 재무 기록을 정확하게 그리고 최근인 상태로 유지해야 하고, 대출 업무를 처리하며, 재무제표, 보고서, 채권을 준비하고 게시해야 한다.

작업 활동

회계 장부 담당자의 작업 활동은 일곱 가지의 주요 기능 영역으로 나뉜다.

회계 활동

- 분기별로 손익계산서를 작성한다.
- 총 계정원장에 모든 거래를 보존하고 게시한다.
- 신용조합의 고지서를 지불한다.
- 통계보고서를 작성한다.
- 미처분수익계정을 갱신한다.
- 세금환급자료와 내역서를 준비하고 보관한다.
- 전미신용조합협회의 협조를 받아서 개인퇴직금계좌 정보와 내역서를 작성한다.
- 매년 Cumis 채권을 산정한다.
- 일일장부와 현금기록을 맞춘다.

사무활동

- 신청받은 회원의 계좌 정보를 찾는다.
- 전화에 응대한다.
- 회원을 위하여 거래내역 사본을 만든다.
- 회원에게 거래명세표를 작성해준다.
- 양도성예금증서를 작성한다.
- 회원에게 보낸 편지의 사본을 만든다.
- 신용조합 우편물을 찾고, 분류하고 분배한다.
- 월별/분기별 내역서를 접어서 회원에게 보낼 편지봉투 안에 넣는다.
- 예금 및 주식 발행 내역서를 처리하고 발송한다.
- 번호순으로 수표와 수표 사본을 분류한다.
- 물품을 주문한다.
- 이사회 회의의 보고서와 회의록을 작성한다.
- 회원들을 위해 서류를 보관하고 갱신한다.
- 연락처를 준비하고, 입력하고, 보관한다.
- 컴퓨터에 변경된 주소 정보를 입력한다.

금전출납업무

- 새로운 회원을 등록하고 계좌를 개설하거나 해지한다.
- 수지결산을 맞춘다.
- 우편환이나 여행자수표를 발급한다.
- 거래처의 영업경력을 조회한다.
- 거래내역 영수증을 처리하고 발급한다.
- 거래하려는 사람의 신원이 명확하지 않을 때 신분확인을 요청한다.
- 매일 은행으로 보낼 목록에 전체 거래를 기입한다.

(계속)

- 회원들을 위해 새 수표나 교체할 수표를 주문한다.
- 수표를 인쇄하고 발행한다.
- 견적의뢰서를 적절하게 작성한다.

어음 발행 활동

- 어음이 회수되었을 때 회원의 계좌에서 수수료를 공제한다.
- 어음 발행 계좌에 대한 내역서를 처리한다.
- 수표의 지불 정지 지시서를 발행하고 회원에게 사본을 보낸다.
- 1개월 이내에 한 회원에 대해서 3번 이상 이체가 발생한 경우 당좌 대월의 형태로 수수료를 공제한다.
- 어음 발행 및 전일의 추가 정보를 확인하고 기록한다.
- 전미신용조합협회 자료로부터 각 회원의 총 어음발행을 조회한다.
- 당좌대월을 신용조합이 보장할지 개별 기준으로 결정한다.
- 계좌의 당좌대월이 지불되었는지 확정한다.
- 어음이 결제되었는지 확인한다.
- 회원이 어음을 처리하기에 충분한 금액이 없을 때 Chase-Manhattan 은행에 전화한다.

수금 활동

- 대출금 상환을 충족하기 위해 회원의 수표에서 인출을 보류한다.
- 체납 부채가 있는 회원이 계정에서 돈을 인출할 수 있는지 여부를 결정한다.
- 체납 부채가 있는 회원을 찾아서 연락한다.
- 체납 부채에 대해 압류 서류를 작성하여 법원으로 송부한다.
- 회원이 체납 부채를 모두 납부할 때까지 매 3개월에 1회 법원으로 압류 서류를 송부한다.
- 체납 부채를 정리한다.
- 회원의 주소와 현재 직업을 확인하고 채무를 상환할 수 있는지 여부를 확인한다.
- 체납 부채 상환 기간과 횟수를 정한다.
- 법원으로 판결문 양식을 보내고, 법원은 그 양식을 체납 회원에게 발송한다.
- 회원이 체납 상태일 때, 아프거나 휴가를 간 상태인지 확인한다.

급여대장 및 자료처리 활동

- 모든 필요한 공제를 위해 급여 지급 상태를 점검한다.
- 컴퓨터 출력물을 읽고 해석한다.
- 급여에서 공제금액을 계산해서 차감한다.
- 급여공제저축을 위해 공제액을 설정하고 변경한다.
- 컴퓨터로 급여를 지급한다.
- 매년 IRS에 보내는 자기테이프에 정보를 옮기는 외부 업체에 백업 디스크를 전달한다.
- 급여를 계산한다.
- 매일 시산표 및 급여계산서를 작성한다.
- 프린터에 종이를 넣는다.
- 매일 컴퓨터를 사용한 모든 거래에 대한 보관용 복사본을 만든다.
- 분기별/월별 컴퓨터 사용 내역서를 작성한다.

금융 업무 활동

- 잠재적인 위협과 기회를 확인하기 위해 비즈니스/금융환경을 살펴본다.
- 투자와 관련해서 이사회에 권고 사항을 전달한다.
- 이자를 얻을 수 있는 계좌에 모든 초과 금액을 투자한다.
- 이익과 투자를 위한 자금 총액을 계산한다.
- 재정 상황 명세보고서와 연방 운영 수수료 보고서를 작성한다.

(계속)

표 2.1 직무 기술서 사례(계속)

- 일상적인 지점 운영을 위한 충분한 자금을 확보한다.
- NCUA(National Credit Union Administration, 전국신용협동조합중앙회)에 공지하고 유효한 투자 자금을 만든다.

사용하는 도구 및 장비

- 계산기
- 컴퓨터
- 컴퓨터 인쇄기
- 신용 기록 조회기
- 자동차
- 복사기
- 접지기
- 마이크로필름 판독기
- 금고
- 전화
- 보안 수표 작성기

직무 환경

회계 장부 담당자는 대부분의 근무시간을 장부와 원장의 수입과 지출을 맞추는 데 보내며, 4명의 동료와 함께 냉난방이 되는 사무실에서 근무한다. 육체적인 활동은 거의 없으며 하루 일과의 대부분의 시간 동안 앉아서 일한다. 업무 시간은 월요일~금요일 오전 8시부터 오후 5시까지이고, 점심시간 1시간 동안은 임금이 지불되지 않는다. 주말이나 휴일에는 근무할 필요가 없으며, 초과근무는 매우 드물게 발생한다. 일반적으로 심리적 스트레스는 낮은 수준이지만, 성난 고객을 상대할 때는 보통 수준 정도로 올라갈 수 있다.

업무 수행

회계 장부 담당자는 신용 조합의 표준 수행 평가 시스템을 사용하여 사무실 관리자에 의해 매년 평가를 받는다. 회계장부 담당자가 우수한 수행 평가를 받기 위한 행동들은 아래와 같다.
- 깔끔하고 정확히 기록한다.
- 모든 마감 시간을 지킨다.
- 사무실을 잘 정돈된 상태로 유지한다.
- 모든 장부와 원장의 수입과 지출을 맞춘다.
- 필요 시 다른 업무를 수행한다.
- 출석 기록을 잘 한다.

보상에 대한 정보

등급: 6
FLSA(Fair Labor Standards Act, 적정노동기준법) 상태: 적용대상

직무 역량

회계 장부 담당자는 다음의 조건을 충족해야 고용될 수 있다.
- 고등학교 졸업장과 수학과 영어의 기본적인 지식을 가지고 있다.
- 재무 서류를 이해한다.
- 제한된 재정 결정을 내릴 수 있다.
- 회계와 재무 관련 고급 교육과정을 완료했다.
- 엑셀 및 워드 사용에 능숙하다.

(계속)

고용된 후, 회계 장부 담당자는 다음의 조건을 충족해야 한다.
- 일반 사무 절차를 배운다.
- 신용 조합의 회계 절차와 규정의 형태를 배운다.
- 다양한 양식을 작성하는 방법을 배운다.

능력(abilities), 기타 특성(other characteristics)에 대한 것들에 대한 정보가 있다. 역량은 어떤 형태의 KSAO가 직무분석에서 확인한 과업을 수행하는 데 필요한지 결정한 후에 정해진다. 이 KSAO는 직무분석가의 논리와 선행 연구들, 그리고 구체적 직무분석 기술을 적절히 결합하면서 정해지는데, 구체적 직무분석 기술은 이 장의 뒤에서 다룰 것이다.

역량 영역은 두 가지 세부 영역으로 다시 나눌 수 있다. 첫 번째는 고용 시점에 종업원이 가지고 있어야 하는 KSAO를 포함하며, 두 번째는 직무의 중요한 부분이지만 고용된 뒤에 획득할 수 있는 KSAO를 포함한다. 첫 번째 세부항목의 KSAO 목록은 종업원 선발에 쓰이고, 두 번째 것은 훈련 목적으로 쓰인다(Wooten, 1993).

직무분석의 준비

직무분석을 실행하기 전에 직무분석이 어떻게 실행될 것인지에 영향을 미칠 수 있는 몇 가지 의사결정을 해야 한다.

누가 직무분석을 수행할 것인가?

직무분석은 인사 부서에서 훈련을 받은 직원이 수행하는 것이 일반적이지만, 재직자, 관리자, 외부 컨설턴트가 수행하기도 한다. 재직자나 관리자가 직무분석에 참여하는 경우, 직무분석 과정에 대한 철저한 훈련은 필수적이다. 직무분석 **표준지침**에는 직무분석은 "전문가에 의해서 수행되어야" 하며 직무분석자가 훈련되어 있지 않으면 전문가라고 부를 수 없다고 명시되어 있다. 게다가 훈련된 직무분석가들이 수행한 직무분석의 결과가 훈련되지 않은 직무분석가들이 수행한 직무분석의 결과에 비해서 약간의 차이를 보인다는 연구들도 있다(Cellar, Curtis, Kohlepp, Poczapski, & Mohiuddin, 1989; Surrette, Aamodt, & Johnson, 1990).

관리자 또는 재직자들이 직무분석을 하는 경우에는 시간이 항상 문제가 된다. 관리자에게 "빈 시간이 있을 때 직무 기술서를 써라"라고 하는 것은 좋은 결과를 가져오기 어려워 보인다. 그러므로 좋은 직무 기술서를 작성하기 위해서는 관리자와 직원들이 시간적인 여유가 있을 정도로 책무를 줄여줘야 하지만, 현실적으로는 거의 가능하지 않는 상황이다.

버지니아 주는 모든 직원이 일련의 지침을 따라서 자신의 직무에 대한 직무 기술서를 쓰도록 하는 시스템을 개발했다. 시스템 자체로는 잘 고안되었지만, 직원들이 충분한 직무분석 훈련을 받지 않았고 결과적으로 상당한 혼란을 가져왔으며 부정확한 직무 기술서가 작성된 경우도 있었다.

직무분석을 수행할 때에는 잘 훈련되었고 폭넓은 경험을 가지고 있는 컨설턴트들을 선택하는 것이 좋다. 하지만 비용 측면에서는 문제가 있다. 컨설턴트는 일반적으로 자신의 학위, 경험, 평판을 내세워 시간당 100달러에서 500달러를 청구한다. 가장 단순한 직무를 분석하는 데 걸리는 최소한의 시간이 10시간 정도이고, 가장 복잡한 직무는 몇 주가 걸릴 수 있다는 점을 고려하면, 조직은 컨설턴트를 직무분석에 활용하는 것의 이점과 비용을 주의 깊게 비교해보아야 한다.

대학원생 인턴을 활용하는 것은 컨설턴트를 활용하는 것의 좋은 대안이 될 수 있다. 산업 및 조직심리학 석사과정의 대학원 학생들은 직무분석에 대한 훈련을 받고 이에 대한 경험이 있는 경우가 많기 때문에, 상대적으로 적은 비용으로 (가끔은 비용 없이도) 고용할 수 있다. 예를 들면, 산업 및 조직심리학 과정이 있는 Radford 대학교, Tulsa 대학교, Mankato Minnesota 주립대학교, Middle Tennessee 주립대학교, 그리고 Southern Mississippi 대학교와 같은 곳에는 대학원 학생들이 지역에 있는 학교 시스템, 도시, 병원과 같은 비영리 기관뿐 아니라 일반기업들을 대상으로 직무분석을 수행하면서 직무분석 경험을 쌓는 프로젝트가 이루어지고 있다. 이런 방식으로 직무분석을 하게 되면, 대학원 학생들은 경험을 얻을 수 있고 조직은 적은 비용으로 전문적 수준의 직무분석을 수행할 수 있는 장점이 있다.

직무 기술서는 얼마나 자주 갱신되어야 하는가?

이러한 질문은 매우 어려운 질문이기는 하지만, 직무가 의미 있는 정도로 바뀌게 되면 직무 기술서가 갱신되어야 한다는 것이 모범답안이 될 수 있다. 첨단 기술을 사용하는 직무들에서는 아마 상당히 빈번하게 업데이트가 이루어져야 할 것이지만, 포장 직무와 같은 직무들에서는 20년간 근본적인 변화가 없을 수도 있다. Vincent, Rainey, Faulkner, Mascio, 그리고 Zinda(2007)가 수행한 연구에서는 1년, 6년, 10년, 12년, 20년의 간격으로 나누어 직무 기술서의 시간적 안정성을 비교했다. 1년이 지난 시점에 작성한 새로운 직무 기술서는 1년 전 작성된 직무 기술서의 과업 목록과 92%가 동일했으며 결과적으로 직무 기술서는 서로 같은 내용이었지만, 10년 후에 작성된 직무 기술서에는 일치도가 54%까지 감소하였다. 결국 수행하는 과업, 사용되는 도구와 장비, 그리고 직무수행에 필요한 KSAO와 같은 것들의 시간적 안정성은 직무의 복잡성에 따라 변하게 될 것이라고 기대할 수 있다.

직무 기술서가 시간이 지남에 따라 변하는 새로운 이유는 비공식적인 직무변화를 의미하는 **잡크래프팅** 때문이다(Wrzesniewski & Dutton, 2001). 즉, 그들이 수행하기를 원하는 과업은 직무 기술서에 추가하고 수행하기를 원하지 않는 과업은 직무 기술서에서 빼면서 큰 잡음 없이 직무의 범위를 확장시키는 것이다. 판매대리인

잡크래프팅(job crafting) 직원들이 그들의 업무를 흥미와 기술에 더 잘 맞게 비공식적으로 자신의 책무를 바꾸는 과정

을 대상으로 하는 연구에서는 단 1년 만에 75%가 잡크래프팅을 한 것으로 나타났다 (Lyons, 2008).

어떤 직원들이 참여해야 하는가?

각 직무에 상대적으로 적은 수의 사람이 근무하고 있는 조직의 경우에는 모든 직원들이 직무분석에 참여하는 것을 권장한다. 하지만 많은 사람이 같은 직무를 수행하는 조직(예를 들면, 대학의 교수나 공장의 조립원)의 경우는 모든 사람이 직무분석에 참여할 필요는 없다. 이처럼 모든 재직자가 직무분석에 참가하는 것이 아니라면, 이제 질문은 "얼마나 많은 사람들이 직무분석에 참가해야 하는가?"라는 것으로 바뀌게 된다. 이 질문에 답하는 것이 쉬운 것은 아닌데, 필자는 직접적인 답을 하기보다는 재직자들로부터 더 이상 새로운 답을 들을 수 없을 때까지 계속 재직자들을 인터뷰하라고 직무분석가에게 조언하는 것으로 답을 대신한다. 보통 특정 직무에 대해서 3~4명의 재직자를 인터뷰하고 나면 더 이상 새로운 답을 듣기 힘든 경우가 많기는 하지만, 직무분석가는 더 많은 인터뷰를 통해서 좀 더 완성도 높은 직무분석의 결과를 만들어 만약에 생길지도 모를 법적 소송에서 유리한 위치를 점할 수 있도록 해야 한다.

어떤 경우에는 위원회 기반인지 현장 기반인지에 따라서 이 질문에 대한 답은 달라질 수 있다. 위원회 기반의 직무분석에서는 주제 관련 전문가(재직자, 관리자, 고객, 상위 관리자 등 그 직무에 대해서 잘 아는 사람들)로 구성된 집단이 수행되는 과업, 직무 수행 시의 환경, 직무 수행에 필요한 KSAO를 추출하기 위해 만난다. 현장 기반 직무분석에서는, 직무분석가가 현장에 나가서 수많은 재직자들을 관찰하고 개별적으로 인터뷰한다. 관련 연구에 따르면, 위원회 기반 직무분석과 현장 기반 직무분석이 서로 비슷한 결과를 도출하는 것으로 밝혀졌다(Ash, Levine, Higbee, & Sistrunk, 1982; Maurer & Tross, 2000; O'Leary, Rheinstein, & McCauley, 1990; Tannenbaum & Wesley, 1993).

Rouleau와 Krain(1975)은 얼마나 많은 재직자들이 직무분석에 참여해야 할지 추정하는 표를 개발했다. 이 표에 따르면, 위원회 기반 접근법으로 직무분석을 할 경우에 30명 이하의 재직자가 종사하는 직무에 대해서는 한 회기에 4명에서 6명이 참가해야 하고, 그보다 많은 재직자들이 종사하는 직무의 경우는 두세 번의 회기를 거쳐야 한다고 권고하고 있다. Green과 Stutzman(1986)은 재직자가 최소한 세 명이어야 한다고 제안했으며, Gael(1988)은 최소 6명에서 10명이 필요하다고 제안하였다. 하지만 불행히도 이러한 추정치의 정확도를 검증한 연구는 찾을 수 없다.

Beatty(1996)는 연방법 집행 직무에 종사하는 212명의 재직자들을 대상으로 표본을 10, 15, 20명으로 나누고 이들 표본의 직무분석 결과를 비교했다. 212명을 대상으로 한 직무분석과 10명을 대상으로 한 직무분석에서 직부 과업과 직무 요구사항이 거의 동일한 것으로 나타났다. 이러한 결과는 10명과 20명을 직무분석 표본으로 진행해서 비슷한 결과를 보여준 기존 연구(Fletcher, Friedman, McCarthy, McIntyre, O' Leary, & Rheinstein, 1993; Pass & Robertson, 1980)의 결과보다 좀 더 확장된 것이라고 할 수 있다.

Mullins(1983)는 13개 대학교의 캠퍼스 경찰 97명을 대상으로 한 직무분석 과정에서, 첫 3개 대학교에서 발생한 중요 사건을 조사한 후에는 더 이상 새로운 중요 사건이 발생되지 않았다. 또한 첫 번째 19명의 재직자들이 제공한 중요 사건을 조사한 후에는 어떤 새로운 중요사건이나 범주가 나타나지 않았다.

참가자 수가 결정된 후에는, 어떤 직원이 참여할지를 결정해야 한다. 모든 직원이 참가하지 않는 조건이라면, 연구에서 사용하는 표집의 규칙이 직무분석에서도 사용되어야 한다. 1장에서 논의한 바와 같이, 대표성을 확보하기 위해서 참가자는 실용적이면서도 무작위로 표집되어야 한다. 연구에 따르면 직원들의 성별, 인종, 수행 수준, 경험, 직무를 즐기는 정도, 성격 등과 같은 요인에서의 차이에 따라서 직무분석 결과가 다소 차이가 있는 것으로 나타났다.

직무 역량. Sanchez, Prager, Wilson, Viswesvaran(1998), Mullins와 Kimbrough (1988) 등의 연구자들은 고성과 직원들이 저성과 직원들과는 다른 직무분석 결과를 보여준다는 것을 발견하였다. 또한 Ansoorian과 Shultz(1997)는 전문성의 수준이 다양한 직원들이 신체활동에서 중간 정도의 차이를 보이는 것을 발견하였으며, Landy 와 Vasey(1991), Prien, Prien, 그리고 Wooten(2003) 역시 이와 같은 결과를 발표하였다.

만약 고성과 직원들이 저성과 직원과는 다른 직무분석 결과를 보인다면, 어떤 직원을 직무분석에 참여시켜야 할지에 관한 것은 힘든 결정이 될 수 있다. 결국 전체 직원을 대표할 수 있는 표본을 참여시키는 것이 어떤 면에서는 좋을 수가 있지만, 다른 한편으로는 자신의 직무를 형편없이 수행하는 직원을 근거로 하여 직무 기술서를 작성하고 그 직무 기술서를 활용하여 직원을 선발해야 할 것인가 하는 우려를 낳을 수 있다.

인종. Aamodt, Kimbrough, Keller, Crawford(1982), Schmitt와 Cohen(1989), Veres, Green, Boyles(1991), Landy와 Vasey(1991) 등의 연구에서는 백인 재직자와 아프리카계 미국인 재직자가 자신의 직무에 대한 관점에 있어서 작지만 의미 있는 차이가 있음을 보고했다. 예를 들면, Landy와 Vasey는 백인 경찰관들이 아프리카계 미국인 경찰관들보다 응급 치료를 많이 했으며, 아프리카계 미국인 경찰관들은 백인 경찰관들보다 마약 사건 관련 불시단속이나 소탕작전에 더 많이 관여되어 있었다는 것을 보여주었다. Veres 등(1991)은 직무분석 평정이 재직자의 인종뿐 아니라 재직자 동료의 인종과도 관련되어 있다는 점을 밝혔다.

성별. Landy와 Vasey(1991)는 남성과 여성이 직무를 바라보는 관점에 대한 차이의 가능성을 보여주었지만, 성별의 차이에 따라서 경험의 차이도 발생하기 때문에 어떤 명확한 결과를 도출해내지는 못했다. Schmitt와 Cohen(1989)은 남성 중간 관리자가 여성 중간 관리자보다 예산 또는 재정 관련 업무를 더 많이 맡았음을 밝혔다. Ansoorian과 Schultz(1997)는 남성과 여성 재직자가 신체 활동을 평가했을 때 차이가 없음을 밝혔다.

교육 수준. Landy와 Vasey(1991)는 고등학교를 졸업한 경찰관들이 교육 수준이 더 높은 경찰관들에 비해 법원 활동 업무를 덜 수행했음을 보여주었다.

성격. Cucina, Vasilopoulos, Sehgal(2005)는 재직자의 성격과 이들이 직무에 중요할 것이라고 평가한 성격특성이 서로 관련이 있다는 것을 보여주었다. 즉, 외향적인 재직자들은 친화성, 리더십 능력, 야망과 같은 특성이 직무에서 중요하다고 평가한 반면, 성실한 재직자들은 직업윤리와 꼼꼼한 주의력과 같은 특성을 중요하다고 평가했다. 이와 비슷하게, Ford, Truxillo, Wang, Bauer(2008)는 외향적인 사람이나 우호성이 높은 사람들이 과업이나 KSAO 평정에서 점수를 높게 부풀리는 경향이 있다는 것을 밝혔다.

관점. 재직자, 관리자, 고객 등과 같이 직무에 대해 서로 다른 관점을 가진 사람들이 직무분석 결과도 다르게 만든다는 것은 놀라운 일이 아니다. 예를 들면, Mueller와 Belcher(2000)는 재직자인 소방대장과 그들의 관리자인 소방서장, 부소방서장, 부서장이 소방대장 직무에 대한 직무분석을 수행하는 동안 서로 과업을 다르게 평가했다는 점을 밝혔다. Truxillo, Paronto, Collins, Sulzer(2004)는 경찰관에 의해서 작성된 보고서를 평가하는 과정에서 지방검사와 경찰관이 중요하다고 평가하는 것들이 서로 다르다는 것을 보여주었다. Wagner(1950)는 치과의사를 대상으로 직무분석을 수행했는데, 환자는 환자-치과의사 관계가 중요한 상황을 더 많이 작성한 반면, 치과의사는 기술-유능성과 관련된 내용을 더 많이 보고하였다. 마찬가지로 Fisher, Greenis(1996), Andersson, Nilsson(1964) 등의 연구자들은 관리자, 재직자, 고객이 중요사건을 서로 다르게 보고한다는 것을 발견했다.

직무는 여러 방법으로 수행될 수 있기 때문에 직무분석에 참여할 직원을 적절하게 선택하는 것은 중요한 문제이다. 만약 여성과 남성이 직무를 동일하게 잘 수행하지만 다른 방법으로 수행한다면, 직무분석은 반드시 두 방식에 대한 정보를 모두 포함해야 한다. 예를 들면, 남성 관리자가 목표를 설정하고 지시적으로 주도하는 반면 여성 관리자는 더 참여적인 접근을 사용하는 것처럼 일하는 방법의 차이가 있을 수 있다. 따라서 남성 감독관만을 활용해서 수행한 직무분석의 결과는 남성 감독관과 여성 감독관 모두를 활용해서 수행한 직무분석과는 다른 KSAO 목록을 보여줄 가능성이 있다. 직무분석은 모든 인사 결정의 기초이기 때문에, 평등한 기회를 위해서는 직무분석에서부터 그 노력이 시작되어야 한다.

우수한 수행 수준을 보이는 직원을 활용할 것인가 혹은 전형적인 수행 수준을 보이는 직원을 활용할까 하는 문제 역시 중요하다. 대형 인쇄 공장에서 직무분석을 수행하는 동안 한 직원이 같은 교대조의 다른 두 직원들과는 직무를 다르게 수행하는 것을 발견하였다. 추가 조사에서 그 직원이 다른 두 직원보다 훨씬 높은 직무수행 평가 점수를 받았다는 점을 알게 되었다. 이런 상황에서는 최고의 직원이 수행한 방법을 토대로 직무분석을 수행하고 그 내용을 토대로 다른 두 직원을 재교육하는 것이 논리적인 것으로 보인다.

어떤 유형의 정보를 얻어야 하는가?

이 질문은 직무분석 정보의 **구체성의 수준**에 대한 결정을 어떻게 할 것인가와 관련이 있다. 말하자면, "90도로 팔을 구부리기" 혹은 "앞으로 3인치만큼 발 움직이기" 등과 같이 직무를 매우 미세하고 구체적인 행동으로 쪼개어 분석해야 할 것인가 혹은 "재정적 결정하기", "고객에게 이야기하기" 등과 같이 좀 더 일반적인 수준으로 분석해야 할 것인가를 결정해야 한다. 대부분의 직무분석이 두 극단 사이의 어떤 수준에서 이루어지지만, 양쪽 극단 중 어느 한쪽에 더 가까울 때도 있다.

복잡한 작업이 포함된 몇몇 직무의 경우에는 과업이 수행되는 최적의 방법을 규명하기 위해서 광범위하고 비용도 많이 들어가는 방법을 사용하게 된다. 창문 제조 공장에서의 직무분석을 예를 들면, 유리를 6인치만 들어 올리고 밀어 넣어 제자리에 고정하는 방법을 사용하는 것이 창문을 더 높이 들어 올려 창틀에 설치하는 것보다 훨씬 많은 창문들을 조립할 수 있음을 직무분석을 통하여 밝혀졌다. 이러한 상황에서는 비용을 최대한으로 절감하기 위해서 사용되는 분명한 방법이 존재하며, 결과적으로 직무분석이 세부적인 수준에서 수행되는 것이 더 효과적이다.

연관된 결정은 **공식적 요구사항 대 비공식적 요구사항** 문제를 다룬다. 비서에 대한 공식적인 요구사항은 편지를 타이핑하거나 메모를 정리하는 것 등이며, 비공식적 요구사항은 커피를 내리거나 상사의 아이를 학교에서 데리고 오는 것을 포함할 수 있다. 비공식적 요구사항을 포함하는 것은 불법적이거나 불필요한 업무를 밝혀내고 제거할 수 있다는 장점이 있다. 예를 들어, 어떤 부서의 비서가 상사의 아이를 학교에서 데리고 오고 어린이집에까지 데려다 주어야 한다는 것을 직무분석이 밝혀냈다고 하면, 직무 기술서에 나타나지 않은 비공식적인 요구사항이 드러나는 것이기 때문에 중요한 발견이 될 수 있으며 회사는 당연히 이런 일이 일어나지 않기를 바란다. 회사 입장에서 보면 연봉이 20만 달러를 버는 이사급의 인력이 아이를 데리러 가기 위해서 한 시간을 쓰는 것보다 더 낮은 임금을 받는 비서가 아이를 데리러 가기 위해 하루에 한 시간을 쓰는 것을 선호할 수 있다. 만약 이 과업이 직무 기술서에 명시되어 있다면, 지원자는 이 과업에 대해 사전에 알 수 있을 것이고 이를 받아들일지 말지를 고용될 당시에 결정할 수 있다.

추가적으로 우편물을 수거하는 것과 같은 비공식적 요구사항은 누가 이 과업에 책임이 있는지 규명하기 힘든 경우 발생할 수 있는 문제를 방지하기 위해 좀 더 공식적인 것으로 만들 필요가 있다. 한 신용 조합에서 발생한 사례를 보면, 우편물을 수거하는 것이 누구의 업무이고 누구의 차례인지에 대해서 다투는 일이 계속 발생하였는데, 날씨가 좋지 않을 때나 우체국에 주차공간이 모자랄 때에는 더욱 그랬다. 만약 이 과업이 특정 직원에게 분명하게 배정되었다면 이러한 문제는 발생되지 않았을 것이다.

직무분석의 실시

직무분석을 하는 방법은 많지만, 일반적으로 직무에서 수행되는 과업과 그 과업을 수행할 때의 환경, 그리고 그 환경에서 과업을 수행할 때 필요한 KSAO를 밝히는 것이 직무분석의 목표이다. 본 절에서는 우선 직무분석을 수행하기 위해 공통적으로 사용되는 전략을 설명하고, 이어서 대안적인 방법을 기술하는 것으로 마무리하고자 한다.

1 단계: 수행되는 과업 확인하기

직무분석을 실시하는 과정에서 첫 단계는 주요 직무 요인과 각 직무 요인에서 수행되는 과업들과 그 과업들을 수행하기 위해 사용되는 도구와 장비, 그리고 그 과업들

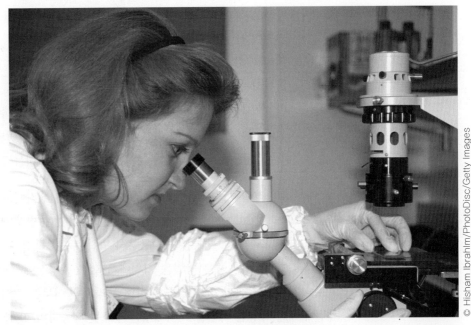

세부적인 요소에 상당한 주의가 필요한 직무들도 있다.

을 수행할 때의 환경을 확인하는 것이다. 이러한 정보는 주로 그 직무에 대한 기존 정보를 수집하고, 그 직무를 수행하고 있는 재직자와 면담을 하고, 직무를 수행하는 모습을 관찰하거나 직무를 실제로 수행해 보는 과정을 통하여 얻어진다.

기존 정보 수집하기.　재직자들을 인터뷰하기에 앞서서, 이미 수집된 정보를 모으는 과정이 필요하다. 이전 직무분석의 결과로 만들어져 있는 직무 기술서, 과업 목록, 훈련 매뉴얼 등을 수집할 수 있다. 이러한 정보는 근무하고 있는 조직 혹은 다른 조직, 동일 업계의 출판물, 연구 논문 등으로부터 얻을 수 있다. O*NET 같은 직업 및 경력 정보 시스템, 고용 광고, 자격증 및 훈련 관련 자료, 기술 및 연구 보고서 등이 외부 정보의 원천이 될 수 있다(Dierdorff, 2012).

주제 관련 전문가(subject matter expert: SME) 관리자나 재직자와 같이 직무에 지식이 있는 사람들

직무분석가(job analyst) 직무분석을 수행하는 사람

주제 관련 전문가 회의 (SME conference) 주제 관련 전문가(SME)로 구성된 집단 직무분석 인터뷰

주제 관련 전문가 인터뷰하기.　직무분석을 실시하는 가장 일반적인 방법은 **주제 관련 전문가**들을 인터뷰하는 것이다. 주제 관련 전문가는 직무에 대한 지식이 있는 사람을 말하며, 재직자, 상사, 고객, 고위 경영진 등을 포함한다. 직무분석 면접은 직무를 수행하는 사람보다 직무 그 자체에 대해 정보를 얻는 것이 목적이라는 점에서 고용 면접과는 전혀 다른 것이다. 직무분석 면접은 개인 면접법과 집단 면접법으로 나눌 수 있다. 개인 면접법의 경우, **직무분석가**는 한 번에 한 직원만을 인터뷰한다. 집단 면접법이나 **주제 관련 전문가 회의**에서는 많은 직원들을 함께 인터뷰한다. 이 장의 앞부분에서 다룬 바와 같이, 개인 면접법과 집단 면접법은 비슷한 결과를 내는 경향이 있다.

개인 면접법 혹은 집단 면접법 중 어떤 것을 사용하는 경우에도 면접 과정을 보다 매끄럽게 할 수 있는 몇 가지 지침은 다음과 같다.

1. 조용하고 독립된 면접 장소를 선택하고, 사전에 직원들에게 직무분석을 공지하고 면접을 준비한다.
2. 직원이 편하게 느낄 수 있도록 해주고, 면접의 목적을 설명하면서 라포를 형성하면서 면접을 시작한다.
3. 개방형의 질문을 통하여 면접을 진행하며, 이해하기 쉬운 어휘를 사용하고, 직원이 질문에 답하기에 충분한 시간을 제공하면서 인터뷰를 진행한다. 아랫사람 대하듯이 거들먹거리는 것과 재직자와 부딪히는 것은 피해야 한다.

대부분의 작업자들은 자신의 직무를 자랑스럽게 생각하고, 자신의 직무에 대해 아주 상세하게 이야기해주고자 한다. 일단 면접 초기에 발생할 수 있는 불안이나 초조함이 사라지고 나면, 대부분의 직무분석 면접은 순조롭게 진행된다. 본격적으로 면접을 시작하기 위한 좋은 방법은 직원에게 회사 주차장에 들어오는 순간부터 집으로 돌아가는 순간까지 하는 일을 묘사해 보라고 물어보는 것이다. 이와 같은 질문은 직무에 대한 다양한 측면을 기억해내는 구조를 제공하며, 또한 직무분석가에게 많은

면접법은 일반적인 직무
분석 기법이다.

추가 질문 거리를 제공하기도 하고, 추가 정보를 얻을 수 있는 분야가 무엇인지 알게 해준다.

위원회를 기반으로 하는 접근에서, 주제 관련 전문가 위원회는 직무와 관련된 주요 책무에 대해서 자유롭게 의견을 주고받기 위해서 소집된다. 일단 이 과정이 끝나고 나면, 위원회는 각각의 책무를 위해서 완성되어야 하는 일−관련 활동 혹은 과업들을 확인한다. 그리고 결과를 직무 기술서 혹은 직무분석 보고서로 요약한다.

Ammerman(1965년)이 개발하고 Robinson(1981)이 발표한 좋은 직무분석 인터뷰 기법인 **Ammerman 기법**의 기본적인 순서는 다음과 같다.

Ammerman 기법(Ammerman technique) 직무 전문가들로 구성된 집단이 이상적인 직원에 부합되는 목적과 기준을 확인하는 직무분석 방법

1. 조직의 모든 수준을 대표하는 사람들로 구성되는 전문가 패널을 소집한다.
2. 패널은 이상적인 재직자에 부합되는 목표와 기준을 확인한다.
3. 패널은 충족되어야 할 각각의 목표와 기준에 필수적인 세부 행동을 목록화한다.
4. 패널은 세 번째 단계의 행동 중에서 어떤 행동이 "목표를 달성하는 데 중요한지" 정한다.

5. 패널은 목표들을 중요성을 기준으로 하여 순서대로 정리한다.

이상의 절차를 거친 결과는 이를 충족시키기 위해 필수적인 일련의 중요한 목표들과 행동들을 생성하는 데 활용된다. 이러한 행동들은 직원 선발 검사를 만들고 훈련 프로그램을 개발하거나 재직자 수행을 평가하는 데 활용될 수 있다. Ammerman 방식에 따른 목표와 행동들의 예는 그림 2.1에 제시되어 있다.

재직자 관찰하기. 관찰법은 유용한 직무분석 방법인데, 특히 인터뷰와 같은 다른 방법들과 함께 사용될 때 더욱 효과적이다. 직무분석 관찰을 하는 동안에 직무분석가는 작업이 이루어지는 현장에서 직무를 수행하는 재직자들을 직접 관찰한다. 이 방법의 장점은 직무분석가가 실제로 직원이 일하는 것을 볼 수 있고 직원이 인터뷰에서 잊고 말하지 못한 정보를 얻을 수 있다는 것이다. 이러한 점은 직원들이 자신이 무엇을 하는지 묘사하는 것을 어려워하는 경우가 많기 때문에 특히 중요하다. 직원들에게 자기 직무를 수행하는 것은 마치 두 번째 천성과 같아서 자신이 무엇을 어떻게 하는지에 대해서 생각이 필요치 않은데, 이는 타자기 자판의 위치나 운전할 때 기어의 위치를 정확하게 표현하기 어려운 것과 비슷한 경우이다. 우리는 대부분 자판을 두드리거나 기어를 변환할 때 어떻게 할지 많은 생각을 하지 않는다. 하지만 다른 사람에게 키보드에서 V 글자의 자판 위치나 수동 기어변속기에서 후진 기어가 어디에 있는지 빠르게 묘사하는 것은 힘들 수 있다.

관찰법의 단점은 작업자의 신경을 거스를 정도로 눈에 띈다는 것이다. 관찰되는 사람이 알지 못하게 하면서 관찰하는 것은 힘든 일이다. 우리가 일하는 직무들을 생각해보면, 직무분석가가 직원에게 보이지 않으면서 그 직원을 관찰할 수 있는 장소는 거의 없다. 이것은 문제가 될 수 있는데, 일단 직원들이 자신이 관찰당하고 있다

은행 상품 교차판매
- 일일 요율표 파악하기
- 새 상품을 고객에게 설명하기

일과가 끝난 후 30분 안에 서랍의 수입과 지출 확인
- 돈을 정확히 세기
- 한가할 때 금전출납 서랍 정리하기

연방 및 주 규정 지키기
- 1만 달러를 초과하는 현금거래를 연방정부에 보고하기
- 고객을 나이, 인종, 성별, 혹은 출신 지역과 관계없이 동등하게 대하기

서류작업을 정확히 완료하기
- 고객으로부터 필요한 모든 정보를 얻기
- 필요한 모든 서명을 받기

고객으로 하여금 "가족의 일부"로 느끼도록 하기
- 고객의 이름 알기
- 고객을 그들의 이름으로 부르기
- 모든 고객을 웃으며 환대하기

그림 2.1
Ammerman 기법에 따른 은행 창구 근무자의 목표와 과업의 사례

는 것을 알면 직원들은 그들의 행동에 변화를 주게 되고 결과적으로 직무분석가가 직무가 수행되는 방법에 대한 정확한 그림을 얻기 힘들게 하기 때문이다. 저자가 대학 재학 중 제본 공장에서 3교대로 일할 때, 회사는 "효율성 전문가"를 고용해 우리의 수행을 분석했다. 전문가는 3피스 정장을 차려입고 스탑워치와 클립보드를 들고 도착했다. 그는 마치 아픈 엄지손가락처럼 내 눈에 잘 띄었다! 효율성 전문가가 우리를 관찰하고 있다는 것을 알았기 때문에, 그가 우리를 관찰한 2주일 동안 우리는 이상적인 직원이었다는 것을 자신 있게 이야기할 수 있다. 나는 심지어 내 상사를 부를 때 극존칭을 쓰기까지 했다. 그가 떠나자마자 우리는 다시 시간을 낭비하고, 탄산음료를 마시고, 농담하는 등 원래의 우리로 되돌아갔다.

직무 참여. 해당 직무를 실제로 수행함으로써 직무를 분석할 수도 있는데, 이러한 기법을 **직무 참여**라고 하며, 직접 자신이 그 직무를 수행했을 때 해당 직무의 모든 측면을 이해하기 쉽기 때문에 특히 효과적이다. 직무분석가가 이전에 이 직무를 수행해 봤을 때에는 이 기법이 어렵지 않게 사용될 수 있는데, 한 계단씩 모든 직급을 거쳐서 승진한 관리자의 경우가 좋은 예라고 할 수 있다. 앞에서 언급했듯이, 관리자나 재직자 중 어느 하나만 활용할 때에는 둘 중 어느 누구도 직무분석 기술을 훈련받지 않은 것이 문제가 된다.

　　전문적인 직무분석가는 단기간의 시간 동안에 한해서 친숙하지 않은 직무를 수행할 수도 있다. 하지만 이러한 것은 훈련기간이 짧고 오류가 발생했을 때에도 피해가 크지 않은 특정 직업에 제한된다. 뇌수술 같은 경우에는 이 방법을 사용해서 직무분석을 하기는 힘든 직무라고 할 수 있다.

　　직무분석가는 직무의 난이도뿐만 아니라 직무 행동의 표집을 적절하게 하기 위해서 시간을 충분히 투입하여야 한다. 그러나 긴 시간을 소비하는 것은 비용이 매우 많이 들면서도 행동의 모든 측면을 다룬다는 보장이 없다. 심리학자 Wayman Mullins는 직무 참여 기법을 소방관 직무를 분석하는 데 사용했는데, 그는 2주 동안 소방서에서 지내며 소방관의 모든 업무를 수행했다. 문제는 직무분석이 진행된 2주 동안 화재가 발생하지 않았다는 것이다. 만약 Mullins가 소방관 직업에 대한 충분한 지식이 없는 상태에서 이러한 기법을 통해서 직무분석을 하였다면, 잠자기, 청소하기, 요리하기, 카드게임하기 등이 소방관의 가장 중요한 책무라고 결론 내렸을 것이다!

2단계: 과업 진술서 작성하기

과업을 명확히 하고 난 다음 단계는 과업 진술서를 작성하는 것이다. 과업 진술서는 **과업 목록**에 쓰이고 직무 기술서의 한 부분이 된다. 표 2.2에 나타난 바와 같이, 적절하게 문서화된 과업 진술서는 **행동**(행해진 것)과 **대상**(행동의 대상)을 최소한 명시해

직무 참여(job partici-pation) 직무분석가가 분석하는 직무를 실제로 수행하는 직무분석 방법

과업목록(task inven-tory) 중요성과 시간 소요 등을 기준으로 하여 재직자들이 평가한 과업의 목록을 담고 있는 설문지

야 한다. 필요한 경우, 어디서 과업이 수행되는지, 어떻게 수행되는지, 왜 수행되는지, 언제 수행되는지와 같은 요소들도 과업 진술서에 포함될 수 있다.

잘 작성된 과업 진술서의 몇 가지 특징은 다음과 같다 :

- 하나의 행동은 하나의 대상에 대해서 이루어져야 한다. 진술서가 **그리고라는** 단어를 포함한다면 이는 하나 이상의 행동이나 대상을 가지고 있을 수 있다. 예를 들면 "판매자에게 보낼 편지를 타이핑하기"라는 진술은 하나의 행동과 하나의 대상을 가지고 있다. 하지만 "판매자에게 보낼 답장을 타이핑하고, 정리하고, 보내기"는 세 개의 다른 행동을 포함하게 된다.
- 과업 진술서는 일반 재직자와 같은 수준의 읽기 능력을 가진 사람이 읽고 이해할 수 있을 만큼 평이하게 작성되어야 한다.
- 모든 과업 진술서는 동일한 시제로 작성되어야 한다.
- 과업 진술서는 과업을 수행하는 데 필요한 도구와 장비를 포함해야 한다.
- 과업 진술서가 역량과 혼동되지 않게 한다. 예를 들어, "좋은 작가가 되기" 같은 것은 단순한 진술이라기보다는 되어야 하는 바람직한 가치를 가지고 있다.
- 과업 진술서는 회사의 정책을 반영해서는 안 된다. "사람들을 친절히 대하라" 같은 것을 예로 들 수 있다.
- 과업 진술서는 그 자체로 의미가 통해야 한다. 예를 들어, "복사하기"라는 문장은 어떤 종류의 자료가 복사되어야 하고 누구를 위해서 복사하는지가 명확하게 제시되어 있지 않다. 반면 "신용 조합 회원의 거래내역을 복사하기" 같은 문장은 이에 대한 상세한 정보를 제공할 수 있다.
- 의사 결정을 수반하게 되는 활동에 대해서는 권한의 수준도 명시해야 한다. 이렇게 권한의 수준을 명시하게 되면, 재직자가 혼자서 결정할 수 있는 것과 더 높은 직원의 승인을 받아서 결정할 수 있는 것에 대해서 알 수 있게 된다.

직무에서 요구하지 않는 과업을 과업목록에 올리는 경우도 발생한다. 일부 재직자들이 직무와 관련 없는 과업을 자신의 과업이라고 부주의하게 평가한 데이터는 직

표 2.2 효과적인 과업 진술서 쓰기

형편없이 쓴 과업 진술서	제대로 작성한 과업 진술서
구매 요청을 보낸다.	학교메일을 사용해 구매 부서에 구매 요청을 보낸다.
운전한다.	Toledo 시 안에서 음식을 배달하기 위해서 5단 변속기가 있는 트럭을 운전한다.
복도 문을 잠근다.	비거주자가 기숙사 현관에 들어오지 못하게 새벽에 마스터키를 사용해 현관문을 잠근다.

무분석 과정에서 삭제된다(Green & Stutzman, 1986). "가짜 직무"를 과업목록에 포함시키는 것이 좋은 생각일 수도 있다. Pine(1995)은 교도관 직무에 대한 68개의 과업 목록에 5개의 가짜 직무를 포함시킨 결과 45%가 하나 이상의 가짜 직무를 수행한다고 보고했다. 과업 항목에는 실제로는 존재하지 않는 "기계 장비(Gonkulator)"나 "컴퓨터 프로그램(PARTH)을 작동시키거나 사용한다"는 진술문이 포함되었다. Dierdorff와 Rubin(2007)에 따르면, 인지능력이 낮고 직무 역할을 혼란스러워 하는 재직자들이 이런 가짜 과업을 수행한다고 보고하는 경향이 있는 것으로 나타났다.

3단계: 과업 진술서 평가

과업분석(task analysis)
직원이 훈련받아야 하는 과업을 규명하는 과정

과업 진술서는 보통 약 200개 정도의 과업을 포함하게 되는데, 과업 진술서 작성의 다음 단계는 주제 관련 전문가 집단을 활용해 **과업분석**을 시행하는 것이다. 각각의 과업 진술을 과업의 수행 빈도, 중요성, 우선순위 등에 따라서 평가한다. 예를 들어 과업이 **총을 정확히 쏘는 것**이라고 할 때, 경찰관에게 이 과업은 흔히 일어나는 일은 아니지만 총을 쏠 일이 발생되면 이 과업의 중요성은 최고 수준이 된다. 만약 빈도 척도만을 사용한다면, 총을 쏘는 것은 훈련에 포함되지 않을지도 모른다. 평가를 위해서 척도의 종류를 늘릴 수도 있지만, 연구자들은 많은 척도들이 제공하는 정보의 차별성이 크지 않다고 말하며, 표 2.3에 제시된 발생빈도와 중요성의 두 척도만을 사용하는 것으로도 충분하다고 주장한다(Sanchez & Fraser, 1992). 실제로, 일부 연구자들은 과업을 수행하는 데 걸리는 상대적인 시간이나 발생 빈도를 평가하는 대신에 단순히 "당신은 이 직무를 수행합니까?"라고 물어야 한다고 조언한다(Wilson & Harvey, 1990). 평가자들은 작업에 걸리는 시간에 대해서는 서로 이견을 가지지만, 직무의 중요성에 대한 평가는 서로 비슷한 결과를 보여주는 경향이 있다(Lindell,

표 2.3 과업 목록 척도의 예

빈도

0	과업은 이 직무에서 수행되지 않는다.
1	과업은 거의 수행되지 않는다.
2	과업은 가끔 수행된다.
3	과업은 자주 수행된다.

중요도

0	중요하지 않음: 과업이 수행되지 않거나 적절히 수행되지 않아도 부정적인 결과를 가져오지 않는다.
1	중요함: 과업이 적절하게 완료되지 않으면 직무 수행이 감소한다.
2	필수적임: 재직자가 이 직무를 적절히 수행하지 않으면 직무는 효과적으로 수행될 수 없다.

Clause, Brandt, & Landis, 1998).

주제 관련 전문가들의 대표자 격인 사람들이 각각의 과업에 대해서 평가를 하고 나면, 과업은 표 2.4에 제시된 것과 유사한 형식으로 정리된다. 과업 빈도 점수의 평균이 .5 이하이면 직무 기술서에 포함되지 않는데, 일반적으로 빈도(F)의 평균 점수가 .5 이하이거나 중요도(I), 합산점수의 평균(CR)이 2 이하일 경우 최종 과업 목록에 포함되지 않는다. 이 기준을 사용하면, 표 2.4의 과업 1, 2, 4는 직무 기술서에 포함되고 과업 2와 4는 직무분석의 다음 단계에 사용되는 최종 과업 목록에 포함된다.

4단계: 필수 KSAO 결정하기

과업 분석이 완료되고 직무를 제대로 수행하기 위해 필수적인 과업의 목록을 직무분석가가 완성하고 나면, 다음 단계는 과업을 수행하기 위해 필요한 KSAO를 확인하는 것이다.

- **지식**- 과업을 수행하는 데 필요한 정보의 집합
- **기술**- 학습한 과업의 수행을 위한 유능성
- **능력**- 다양한 종류의 과업을 수행하거나, 지식을 얻고, 기술을 개발하기 위한 기초 능력
- **기타 특성**- 지식, 기술, 능력 이외의 성격, 의지, 흥미, 학력수준 같은 요인
- **기타 특성**은 성격, 의지, 흥미, 동기와 같은 개인 요인과 자격증, 교육수준, 경험 년수 등과 같은 실재적인 요인을 포함한다.

최근에는 KSAO가 **역량**으로 불리기도 하지만(Campion et al., 2011), 예전에는 KSAO를 직무명세라고 불렀다. 산업 및 조직심리학자들 간의 의견이 일치하지는 않지만, "KSAO", "역량", "직무명세" 중에서 어떤 용어를 쓰든 관계가 없으며, 단지 유행에 따라서 쓰이는 용어가 다를 뿐이고 이들 용어 간에 실질적인 차이는 없다고 결론지었다. 역량이 특정 과업보다 조직의 전략적 구상이나 계획과 연관이 있을 때, 이

표 2.4 과업 분석 평가의 예

| | 평가자 | | | | | | | | 합산 평균 | | |
| | Scully | | | Mulder | | | | | | |
과업번호	F	+ I	= CR	F	+ I	= CR		F	+ I	= CR
1	2	0	2	3	0	3		2.5	0.0	2.5
2	2	2	4	2	1	3		2.0	1.5	3.5
3	0	0	0	0	0	0		0.0	0.0	0.0
4	3	2	5	3	2	5		3.0	2.0	5.0

F = 빈도 / I = 중요도 / CR = 합산 평가

러한 과정을 **역량 모델링**이라고 부른다.

총을 정확히 쏘는(기술) 경찰관의 예시를 다시 설명하면, 경찰관은 총을 적절히 잡고 목표물과의 거리나 바람의 상태와 같은 외부 환경을 알고 있어야 한다(지식). 그리고 총을 잡고 정확히 조준해 방아쇠를 당기기 위해서 악력, 끈기, 시력이 필수적이다(능력). 또 총을 소지하기 위해서는 총기소지 자격을 취득해야 한다(기타 특성). KSAO를 결정하는 방법으로는 과업을 KSAO와 논리적으로 연결 짓는 방법과 기존에 존재하는 설문지를 활용하는 방법이 있다.

KSAO를 과업과 논리적으로 연결하기 위해서 주제 관련 전문가 집단은 각각의 과업을 수행하는 데 필요한 KSAO를 브레인스토밍 방식으로 의견을 자유롭게 주고받는다. 경찰관 직무에서 "사건 보고서 쓰기"를 예를 들면, 문법 기술, 철자법 기술, 타인이 읽을 수 있도록 손으로 글을 쓰는 기술, 사고에 대한 지식 등을 경찰관이 직무를 수행할 때 필요한 KSAO로 결정할 수 있다.

필수 KSAO 목록이 개발되고 나면, 또 다른 주제 관련 전문가 집단은 그 목록을 전달받아서 해당 직무의 수행을 위한 각 KSAO의 필수성 수준을 평가하게 된다. 참고로, 표 2.5에서 사용한 척도를 쓰는 경우에 평균 점수가 .5 이하인 KSAO는 이후의 논의에서 제외된다.

표 2.5에서 볼 수 있듯이, 주제 관련 전문가가 각 KSAO의 필요성을 결정하는 것 또한 중요하다. 표의 데이터를 사용하는 경우에는, 평균 점수 2.5 이상의 KSAO는 직원 선발 과정에 포함되고, 평균점수 1.5에서 2.49의 KSAO는 경찰학교에서 가르치게 될 것이고, 평균점수 .5에서 1.49의 KSAO는 경찰관 수습 기간 동안 근무하면서 배우게 된다.

이상에서 논의된 과정이 아닌 다른 방법들을 사용하여 KSAO 또는 역량을 규명하는 것도 가능하다. 직무 구성요소 목록(Job Components Inventory: JCI), 식역 특

표 2.5 법률 집행 과업 관련 KSAO를 평가하기 위해 사용된 척도

KSAO의 중요도

0 KSAO는 경찰학교 혹은 만족스러운 직무 수행의 완료에 **필요하지 않다**.

1 KSAO는 경찰학교 혹은 만족스러운 직무 수행의 완료에 **도움이 된다**.

2 KSAO는 경찰학교 혹은 만족스러운 직무 수행의 완료에 **중요하다/필수적이다**.

KSAO가 필요한 경우

0 KSAO는 필요하지 않다.

1 KSAO는 현장 훈련을 완료한 후 필요하다.

2 KSAO는 아카데미를 마친 후 필요하다.

3 KSAO는 채용 시점이 필요하다.

KSAO = knowledge(지식), skill(기술), ability(능력), other characteristics(기타 특성)

성 분석(Theshold Trait Analysis: TTA), Fleishman 직무분석 조사법(F-JAS), 중요 사건 기법(CIT), 성격 관련 직위 요구사항 양식(PPRF)과 같이 구조화된 방법 등이 가능한 방법들이다. 이에 대한 자세한 내용은 이 장의 뒷부분에서 다룰 것이다.

5단계: KSAO를 측정할 수 있는 검사 선택하기

일단 중요한 KSAO를 확인하고 나면, 고용 시점에서 요구되는 KSAO를 측정할 수 있는 최선의 방법을 확정하는 것이 그다음 단계가 된다. 이러한 방법들은 새로운 직원을 선발할 때 사용되는데, 면접, 작업 표본, 능력 검사, 성격 검사, 평판조회, 정직성 검사, 생활사정보, 평가 센터 등이 포함된다. 이런 선발방법들의 종류와 선택에 대해서는 4, 5, 6장에서 매우 상세하게 논의할 것이다.

4단계에서 산출된 평정 평균점수는 시험 점수의 가중치를 설정하기 위해 쓰이게 된다. 즉, 2.9의 점수를 받은 KSAO를 측정하는 검사는 2.5의 점수를 받은 KSAO를 측정하는 검사보다 더 많은 가중치를 받아야 한다는 것이다.

기타 직무분석 방법의 사용

지금까지는 직무분석을 수행하기 위한 가장 일반적인 방법에 대해서 알아봤는데, 이 방법은 많은 정보를 제공하기는 하지만 시간이 많이 걸리고 구조화가 되어 있지 않다. 시간을 절약하고 구조화하기 위해서 혹은 면법법, 관찰법, 과업 분석 등을 통해서 얻은 정보를 보완하기 위해서 다른 직무분석 방법을 사용할 수 있다. 이 방법들은 직무 기술서에 일반적으로 포함되어 있는 작업활동, 사용하는 도구와 장비, 작업 환경, 역량 등의 네 가지 요인 중 하나에 대한 정보를 제공하게 된다.

직원 활동에 대한 일반적 정보의 제공 방법

이전에 논의된 전략을 통해서는 특정 직무에서 재직자가 수행하는 과업과 활동에 대한 구체적인 정보를 산출하게 된다. 이렇게 상세한 정보를 얻는 것이 이상적이기는 하지만, 이는 시간이 많이 소요되고 비용이 많이 든다. 그래서 이들을 대신하기 위해서 좀 더 일반적인 수준에서 직무를 분석하는 설문지가 개발되었다. 이러한 일반적인 분석을 통해 시간과 돈을 절약할 수 있으며, 또한 인터뷰, 관찰, 직무 참여, 과업 분석 등을 사용할 경우에 비해서 직무들 간의 비교를 더 쉽게 할 수 있다.

직위분석설문지. 직위분석설문지(PAQ)는 McCormick, Jeanneret, Mecham(1972)이 퍼듀 대학교에서 개발한 구조화된 도구이며, 워싱턴 주 벨링햄 시에 있는 PAQ Services에서 관리하고 있다. PAQ는 총 194문항으로 이루어져 있으며 정보 입력, 정신 과정, 업무 결과, 타인과의 관계, 직무 맥락, 그리고 기타 직무 관련 변인들(업무 일정, 임금, 책임감 등)의 6개의 주요 차원이 있다. 그림 2.2에 소개된 PAQ 질문 사례를 보면, 분석수준이 상당히 일반적이라는 것에 주목할 수 있다. 직무가 인터뷰 업

다른 사람들과의 관계

4. 다른 사람들과의 관계
이 항목은 다양한 종류의 작업에서 관련된 사람들과의 상호작용에 대해서 여러 측면을 다루고 있습니다.

본 직무에 대한 중요도 코드(I)
N 적용되지 않음
1 매우 낮음
2 낮음
3 보통
4 높음
5 매우 높음

4.1 의사소통
다음 활동이 직무를 완수하기 위해서 얼마만큼 중요한지를 평가하세요. 어떤 직무들은 이 항목의 여러 개의 문항 혹은 모든 문항과 관련되어 있을 수 있습니다.

4.1.1 구두 의사소통(말하기를 통한 의사소통)

99   I   조언(법적, 재무적, 과학적, 기술적, 임상적, 영적, 그리고 기타 전문적인 원칙을 통해 해결되는 문제에 대해서 상담하고 안내하기 위해서 사람을 상대하는 경우)

100   I   협상(노동 교섭, 외교 관계 등과 같이 합의나 해결책에 이르기 위해 타인을 상대하는 경우)

101   I   설득(판매, 정치적 캠페인 등 어떤 행동이나 관점으로 상대에게 영향을 미치기 위해서 타인을 상대하는 경우)

102   I   지도(공립 학교 교사, 제자를 가르치는 기계공과 같이 공식적 혹은 비공식적인 방법으로 타인에게 지식이나 기술을 가르치는 경우)

103   I   인터뷰(지원자 인터뷰, 인구조사와 같이 특정 목적으로 타인을 인터뷰하는 경우)

104   I   통상적인 정보 교환: 직무 관련(티켓 판매원, 택시 운행 관리원, 접수 담당자와 같이 통상적인 성격의 직무 관련 정보를 주거나 받는 경우)

105   I   비통상적 정보 교환(전문가 위원회 회의, 신제품 디자인을 논의하는 기술자 등과 같이 비정기적이며 일상적이지 않은 성격의 직무 관련 정보를 주거나 받는 경우)

106   I   공개연설(정치적 연설, 라디오/TV방송, 설교 등 비교적 많은 청중 앞에서 연설을 하거나 공식적인 발표를 하는 경우)

4.1.2 서면 의사소통(서면/인쇄물을 통한 의사소통)

107   I   글쓰기(편지 및 보고서를 쓰거나 혹은 받아 적거나, 광고 카피를 쓰거나, 뉴스 기사를 쓰는 경우: 문항 43에 기술된 전사(필사) 활동은 포함되지 않으며, 재직자가 서면으로 된 결과물을 만드는 활동을 할 경우만 포함된다.

4.1.3 기타 의사소통

108   I   신호하기(수신호, 수기 신호, 호루라기, 경적, 종소리, 빛 등의 다양한 종류의 신호를 사용해 의사소통하는 경우)

109   I   통신부호 의사소통(전보, 암호작성 등)

출처: E. J. McCormick, P. R. Jeannert, and R. C. Mecham, *Position Analysis Questionnaire*, Purdue Research Foundation, West Lafayette, Indiana 47907.

그림 2.2
PAQ 질문의 사례

무를 하는 것은 보여주지만 어떤 형태의 인터뷰가 수행되는지(입사지원자와의 인터뷰인지 아니면 범죄사건의 증인과의 인터뷰인지 알 수가 없음) 혹은 어떻게 인터뷰가 이루어지는지에 대한 것은 자세히 지적하지 않고 있다. 따라서 훈련업무나 성과평가 업무와 같은 기능을 위해서 사용하는 데에는 어려움이 있을 수 있다.

PAQ는 여러 가지 장점이 있는데, PAQ는 가격이 저렴하고, 사용하는 과정에서 상대적으로 적은 시간이 걸린다. PAQ는 표준화가 잘 이루어진 직무분석 방법들 중 하나인데, 적절한 신뢰도를 보이며, 특정 직위에 대한 PAQ의 결과는 컴퓨터 분석을 통해 수천 개의 다른 직위와 비교할 수 있다.

PAQ를 지지하는 연구들이 많기는 하지만, PAQ의 강점들을 제시한 연구가 PAQ의 약점들의 출처가 되기도 한다. PAQ 설명서에서는 설문지를 사용하는 재직자들은 고등학교 1학년에서 3학년 정도의 교육수준이 되어야 한다고 권고한다. 하지만 PAQ의 문항과 지문은 대학교 졸업자 수준으로 쓰였기 때문에(Ash & Edgell, 1975), 다수의 작업자들은 PAQ를 이해하지 못할 수도 있다. 이는 직원들이 직접 작성하는 것보다 훈련받은 직무분석가가 PAQ를 작성하는 것을 PAQ의 개발자가 추천하는 이유이기도 하다.

또 하나의 약점은, PAQ가 모든 직무를 포괄하도록 설계되었다고는 하지만, 194개의 문항과 6개 차원으로 한정되면서 직무 간의 구분을 명확하게 하지 못하는 것으로 드러났다. 예를 들면 주부와 경찰관은 비슷한 PAQ 프로파일을 보여준다(Arvey & Begalla, 1975). 또한 직무분석가가 실제로 직무를 관찰했는지 아니면 직무명이나 직무 기술서만 보았는지 관계없이 유사한 프로파일이 산출된다(Brannick, Levine, & Morgeson, 2007).

결국, 직무에 대해 다량의 정보를 가지고 있는 경우에도 정보가 부족한 경우와 비슷한 결과를 산출한다는 것이다(Surrette et al., 1990). 이상의 연구들이 PAQ의 신뢰도에 대해서 호의적으로 이야기하지만, 직무분석가가 직무와 얼마나 친숙한가에 관계없이 PAQ가 같은 결과를 산출하는 것으로 나타났기 때문에 우려의 원인이 되기도 한다.

직무 구조 프로파일. PAQ 개정판은 Patrick과 Moore(1985)에 의해 개발되었다. 개정판에서의 주요 변경사항은 **직무 구조 프로파일**이다. 직무 구조 프로파일(JSP)은 문항의 내용, 형식, 그리고 의사결정적인 차원에서의 변별력을 높이기 위한 새로운 문항을 추가적으로 포함하였으며, 재직자보다는 직무분석가가 직무 구조 파일을 사용하는 것에 중점을 두었다. 직무 구조 프로파일 개발자의 연구는 이 도구가 신뢰할 수 있다고 하였지만, 1985년 이후로는 거의 연구가 수행되지 않았다.

직무 요소 목록. 직위분석설문지에 대한 대안으로 개발된 또 다른 도구로는 Cornelius와 Hakel(1978)이 개발한 **직무 요소 목록(JEI)**이 있다. JEI는 153문항으로 구성되어 있으며 고등학교 1학년 정도의 교육수준을 가진 직원들이 적절히 읽을 수 있는 수준이다(Cornelius, Hakel, & Sackett, 1979). JEI와 직위분석설문지를 비교한 연구는 각각의 방법으로 얻은 점수가 서로 유사하다는 결과를 보여주었다(Harvey, Friedman, Hakel, & Cornelius, 1988). 결국, JEI는 읽기 어렵다는 단점을 가지고 있는 직위분석설문지의 대안이 될 수 있다. 하지만 직무 구조 프로파일을 설명하면서 언급한 것처럼 확실한 결과가 나오기 전까지 더 많은 연구가 필요하다.

기능적 직무분석. 기능적 직무분석(FJA)는 Sidney Fine(1955)이 최초로 설계하였으며, 미국연방정부가 수천 개의 일자리를 분석하고 비교하기 위해 사용할 수 있도록 만들어졌다. FJA는 소규모의 주제 관련 전문가 집단이 직무의 주요 기능과 각 기능을 완수하기 위해 수행되어야 할 과업을 확인하는 것으로 시작하는데, FJA의 수행 과정은 많은 직무분석 방법과 유사한 방식으로 시작한다(Cronshaw, 2012). FJA가 다른 기법과 구별되는 특징은 일단 주제 관련 전문가에 의해서 기능과 과업들이 확인되고 나면, 재직자가 세 가지 기능을 수행하는 시간을 주제 관련 전문가가 백분율로 배정하는 것이다. 세 가지 기능은 자료(정보와 아이디어), 사람(의뢰인, 고객, 동료), 그리고 사물(기계, 도구, 장비)이며, 직무분석가는 100점을 세 기능에 배정한다. 점수는 보통 각 기능별로 5의 배수로 할당되고 최소 점수는 5점이다. 점수들이 배정되고 나면, 직무 재직자가 기능하는 최고 수준이 표 2.6에서 보이는 도표에서 선택된다.

표 2.6 자료, 사람, 사물 수준

자료(data)	사람(people)	사물(thing)
0 합성	0 개인지도	0 설치
1 통합	1 협상	1 정밀 작업
2 분석	2 가르침	2 작동-제어
3 편집	3 감독	3 운전-작동
4 계산	4 위안	4 조작
5 복사	5 설득	5 관리
6 대조	6 말하기	6 자재투입과 빼냄
	7 단순봉사	7 단순취급
	8 지시받음	
	9 보조	

도구와 장비에 관한 정보를 제공하는 방법

직무 구성요소 목록(Job Components Inventory: JCI) 구체적인 과업보다는 직무를 수행하기 위해 직원에게 필요한 요건에 집중하는 구조화된 직무분석 기법

직무 구성요소 목록. PAQ가 가진 문제점들은 피하고 강점은 기회로 활용하기 위해, Banks, Jackson, Stafford, Warr(1983)는 영국에서의 사용을 위해 **직무 구성요소 목록(JCI)**을 개발했다. 직무 구성요소 목록은 400개 이상의 문항으로 구성되어 있으며, 도구와 장비, 지각적/신체적 요건, 수학적 요건, 의사소통 요건, 의사결정과 책임 등의 5개 주요 범주로 나뉜다. 직무 구성요소 목록은 도구와 장비에 대해서 상세하게 작성할 수 있는 영역을 포함하는 유일한 직무분석 방법이다.

직무 구성요소 목록을 주제로 하여 발표된 연구는 많지 않지만, 이 기법이 믿을 만하고(Banks & Miller, 1984), 직무들을 서로 변별할 수 있으며(Banks et al., 1983), 직무들 간의 유사성을 기반으로 직무를 군집화할 수 있다는 것(Stafford, Jackson, & Banks, 1984)과 PAQ와는 달리 분석가가 활용할 수 있는 많은 정보를 통하여 작성과정에 영향을 미칠 수 있다는 것(Surrette et al., 1990)을 확인한 연구 결과들을 볼 때, 직무 구성요소 목록은 유망한 기법으로 보인다.

업무 환경에 대한 정보를 제공하는 방법

AET 독일에서 개발된 인체공학적 직무분석 방법(Arbeitswissenschaftliches Erhebungsverfahren zur Tätigkeitsanalyse)

지금까지 논의된 기법들은 수행을 위한 활동들과 수행에 사용되는 장비에 대해서는 정보를 제공하지만, 활동이 수행될 때의 환경에 대한 정보는 충분하지 않다. 예를 들면, 두 직원이 "우편물을 배달"하는 업무를 수행한다고 가정할 때, 한 명은 매우 더운 날씨에 50파운드의 우편물 가방을 운반해야 하는 반면, 다른 배달부는 냉난방 장치가 있는 창고에서 골프카트를 운전하며 우편물을 배달할 수도 있다. 직무 환경에 대한 정보를 얻기 위해 직무분석가는 **AET** 기법을 사용할 수 있다. AET는 독일어의 "Arbeitswissenschaftliches Erhebungsverfahren zur Tätigkeitsanalyse"(세 번을 말해 보시오!)의 줄임말로 "인체공학적 직무분석 절차"를 의미한다. 인체공학적이라는 용어를 통해서 이 도구가 작업자와 작업 대상 간의 관계에 우선적으로 관심을 가진다는 것을 알 수 있다. Rohmert와 Landau(1983)가 독일에서 개발한 AET는 216문항으로 이루어져 있으며, 표 2.7에서 보는 바와 같이 주요 차원에 따라 표준화된 설문지를 통해서 직무분석을 하는 방법이며, 표 2.8에 AET 문항의 사례가 제시되어 있다. AET는 특정 종류의 직무분석 정보를 얻기 위한 유망한 방법이 될 것으로 보이지만, 실질적인 결론을 도출할 만큼 발표된 연구가 많지는 않다.

역량에 대한 정보를 제공하는 방법

직업 정보 네트워크(Occupational Information Network: O*NET) 미국 연방 정부가 사용하고 있는 직무분석 시스템으로 직업명 사전(DOT)을 대체하였음

직업 정보 네트워크. 직업 정보 네트워크(O*NET)는 1930년대부터 사용한 직업명 사전(DOT)을 대체하고 모든 주에서 사용하기 위해 연방 정부가 만든 직무분석 시스템이다(Peterson et al., 2001). O*NET은 직무의 본질에 대한 이해 과정에서 이전의 방법에 비해서 의미 있는 진전을 보였는데, 개발자들은 직무를 경제적, 조직적, 직업

표 2.7 AET의 차원들

PART A 작업 시스템 분석
1. 작업 대상
   1.1 물질적 작업 대상(물리적 환경, 물질의 특별한 특성, 표면의 질, 조작의 섬세함, 형태, 크기, 무게, 위험성)
   1.2 에너지 작업 대상
   1.3 정보 작업 대상
   1.4 사람, 동물, 식물 작업 대상
2. 장비
   2.1 작업 장비
      2.1.1 작업 대상의 특성을 변화시키는 장비, 도구, 기계
      2.1.2 이동 수단
      2.1.3 제어
   2.2 기타 장비
      2.2.1 화면, 측정 기구
      2.2.2 인간의 감각기관 정보를 돕는 기술적 지원
      2.2.3 의자, 테이블, 방
3. 직무 환경
   3.1 신체적 환경
      3.1.1 환경적 영향
      3.1.2 작업의 위험성과 직업병의 위험
   3.2 조직과 사회적 환경
      3.2.1 작업의 시간적 조직화
      3.2.2 작업순서에 따른 조직에서의 위치
      3.2.3 조직에서의 위계적 위치
      3.2.4 의사소통 체계에서의 위치
   3.3 보상 원칙과 방법
      3.3.1 보상의 원칙
      3.3.2 보상의 방법

PART B 과업 분석
1. 물질 작업 대상과 관련된 과업들
2. 추상적 작업 대상과 관련된 과업들
3. 사람 관련 과업들
4. 과업의 수 및 반복성

PART C 요구 분석
1. 지각적 요구
   1.1 지각 방식
      1.1.1 시각
      1.1.2 청각
      1.1.3 촉각
      1.1.4 후각
      1.1.5 자가수용성 감각
   1.2 지각된 정보의 절대적/상대적 평가
   1.3 지각의 정확성
2. 결정에 대한 요구
   2.1 결정의 복잡성
   2.2 시간적 압박
   2.3 요구되는 지식
3. 응답/활동에 대한 요구
   3.1 신체 자세
   3.2 정적 작업
   3.3 높은 근력 작업
   3.4 가벼운 근력 작업
   3.5 움직임의 격렬함과 빈도

AET = Arbeitswissenschaftliches Erhebungsverfahren zur Tätigkeitsanalyse = 인체공학적 직무분석 절차.
출처: Rohmert, W., and Landau, K. (1983). *A new technique for job analysis*. New York: Taylor & Francis.

적, 개인적 측면 등 4가지 수준으로 볼 수 있다는 것을 이해하고 실제로 적용했다. 그 결과로 O*NET은 많은 직무분석 기법에서 얻은 여러 종류의 정보의 통합을 통해서 만들어졌다. 이 교재의 인터넷페이지에는 O*NET과 다른 직무분석을 비교한 표가 제시되어 있다.

O*NET은 직업(일반화된 작업 활동, 작업 맥락, 조직 맥락)과 직업에서 성공하기 위해 필요한 직원의 특성(능력, 작업 방식, 직업적 가치와 흥미, 지식, 기술, 교육)에 관한 정보를 담고 있다. 게다가 O*NET은 인력의 수요와 공급, 임금과 직업의 추이와 같은 경제적 요인에 관한 정보들도 담고 있다. 이러한 정보들은 신규 직원들을

표 2.8 AET 문항의 예

CNO	CC	
1.1.7	무게	
		작업자가 무게가 다른 작업 재료들을 사용하여 과업을 수행할 때 소요되는 개인별 시간의 비율을 나타내는 22~24번 질문에 답하시오.
22	D	*가벼운 무게*
		손가락이나 손으로 정상적으로 조작할 수 있는 1kg 이하의 물건
23	D	*중간 무게*
		손으로 다룰 수 있는 1~10kg의 물건
24		*무거운 무게*
		보조기계의 추가적인 사용 없이 한 사람이 10kg 이상의 물건을 부분적으로 다룸. 장비와 하역기계의 조작이 부분적으로 포함됨
1.1.8	위험성	
		작업 재료의 위험성과 관계 있는 과업들을 작업자가 수행할 때 소요되는 개인별 시간의 비율을 나타내는 25~30번 질문에 답하시오.
25	D	*폭발성 물질의 직무 재료*
		예) 폭발물과 점화 혼합물, 탄약, 폭죽
26	D	*불이 쉽게 붙거나 가연성이 있는 직무 재료*
		예) 석유, 공업용 기름, 라커, 니스
27	D	*독성 혹은 부식성이 있는 직무 재료*
		예) 기초 화학물질, 화학공학 재료, 공장 보호제, 세척제
28	D	*방사능 유출이 가능한 직무 재료*
		예) 우라늄 농축액, 핵 물질
29	D	*피부나 점막을 자극하는 직무 재료*
		예) 석영, 석면, 토마스 비료, 아마 섬유, 면화
30	D	*기타 건강 위험을 일으키는 직무 재료*
		어떤 특성에서 D = 5로 평가된 경우, 특성 34에서 계속 평가하시오.

AET = Arbeitswissenschaftliches Erhebungsverfahren zur Tätigkeitsanalyse = 인체공학적 직무분석 절차.
출처: Rohmert, W., and Landau, K. (1983). *A new technique for job analysis*. New York: Taylor & Francis.

선발하고자 하는 고용주들과 지원자들이 모두 사용할 수 있는데, 경력을 탐색하는 지원자들은 자신의 기술, 흥미, 경제적 욕구를 O*NET의 정보와 연결 지어서 비교해 볼 수 있다. O*NET을 기반으로 하는 정보는 인터넷 사이트(http://online.onetcenter.org)에서 모두 제공된다.

중요 사건 기법(Critical Incident Technique: CIT) John Flanagan이 개발한 직무분석 방법으로 직원의 좋은 행동과 나쁜 행동에 대한 문서화된 보고서를 활용하는 방법

중요 사건 기법. 중요 사건 기법(CIT)은 1940년대와 1950년대 초반에 피츠버그 대학의 John Flanagan과 그의 학생들에 의해 개발되고 처음으로 사용되었다. CIT는 직무 수행에서의 성공과 실패를 가를 수 있는 직무행동의 실제 사건을 밝히는 데에 사용된다(Flanagan, 1954). 이 기법은 여러 방법으로 수행될 수 있지만, 기본 절차는 다

음과 같다.

1. 직무 재직자들은 각자 직무에서 목격한 훌륭한 수행과 형편없는 수행을 나타내는 사건들을 하나에서 다섯 개까지 작성한다. 이러한 사건들은 관찰 노트, 설문지, 인터뷰 등을 통해 얻을 수 있는데, 연구에 따르면 사용하는 방법이 결과의 차이를 보이지는 않는 것으로 나타났다(Campion, Greener, & Wernli, 1973). 하지만 이러한 방법들 중에서 질문지법이 가장 쉽다는 이유로 주로 사용된다. 중요 사건에 대해서 질문을 할 때 가장 편한 방법은 재직자들에게 특별히 뛰어난 방식으로 수행하는 직원을 봤을 때와 형편없이 수행하는 직원을 봤을 때를 생각해 보고 발생한 일을 정확하게 적도록 요청하는 것이다. 이러한 절차는 필요에 따라서 반복해서 진행된다. 표 2.9에는 중요 사건의 두 가지 사례가 제시되어 있다.

2. 직무 전문가들은 각각의 사건을 조사하고, 그것이 훌륭한 행동의 사례인지 혹은 형편없는 행동의 사례인지를 결정한다. 이 단계는 필수적인데 그 이유는 직원들이 형편없는 사례라고 언급한 사건의 약 5%가 사실은 훌륭한 사례인 경우가 있고 그 반대의 경우도 있기 때문이다(Aamodt, Reardon, & Kimbrough, 1986). 예를 들면, 대학 강사 직위에 대해서 최근에 이루어진 직무분석에서, 몇몇 학생들이 교재에 포함되어 있지 않은 자료로 강의하는 강사를 최악의 강사라고 묘사하였다. 하지만 사건을 검토한 교수위원회와 학생들은 교재에 없는 교재로 강의를 하는 것은 실제로는 훌륭한 것이라고 결론지었으며, 그 사건은 형편없는 수행의 사례가 아니라 훌륭한 수행의 사례로 간주되었다.

3. 첫 번째 단계에서 작성된 사건들은 세 명 혹은 네 명의 재직자들에게 전달되는데, 이들은 이 사건들을 미리 정해놓지 않은 몇 개의 범주로 분류한다. 그

표 2.9 중요 사건의 예

1. 약 1년 전, 나는 학교에서 집으로 가기 위해 운전을 하고 있었는데 타이어에 펑크가 났다. 타이어를 교체하는 데에 어려워하고 있었는데, 한 경찰관이 멈춰서 나를 도와주었다. 그러고 난 뒤, 내가 더 이상의 문제가 없다는 것을 확인하기 위해서 그는 가장 가까운 주요소까지 나를 따라왔다. 대부분의 경찰들은 도움을 주기 위해서 이런 귀찮은 일을 하지는 않았을 것이다.

2. 나는 시속 25마일 구역에서 시속 45마일로 달리다가 경찰에게 잡혔다. 그 경찰은 딱지 떼는 것에만 그치지 않고, 속도위반을 해서 내가 머저리이며, 내가 과속하는 것을 한 번 더 보게 되면 딱지보다 더한 것을 받게 될 것이라고 나한테 말했다. 머저리는 내가 아니라 그 사람이었다.

다음에는 직무분석가가 각 범주의 사건들을 읽은 후, 결합 및 명명을 하고, 범주별로 정의를 내리게 된다.

4. 세 번째 단계에서 직무분석가가 내린 평가결과를 검증하기 위해 세 명의 다른 재직자에게 사건과 범주의 이름을 주고, 그 사건들로 새로운 범주를 만들어 분류하도록 요청한다. 만일 세 명 중 두 명의 재직자들이 사건을 같은 범주로 분류하면, 사건은 그 범주에 속하는 것으로 간주한다. 분류를 담당한 사람들 중 두 명이 합의에 이르지 못한 사건은 제거되거나 새로운 범주로 배치된다.

5. 각 범주로 분류된 사건들의 개수는 훌륭함/미숙함 두 형태로 나누어서 기록되고 표 2.10과 유사한 표를 만드는 데 사용된다. 범주는 직무의 주요 차원을 나타내고, 사건의 개수는 이들 차원의 상대적인 중요성을 나타낸다.

실무의 내용을 잘 반영하는 중요 사건은 수행 평가나 훈련과 같은 향후 활동에 사용될 수 있기 때문에, 중요 사건 기법은 직무분석에 추가적으로 사용할 수 있는 우수한 기법이다. 중요 사건 기법의 가장 큰 약점은 훌륭한 수행과 형편없는 수행 간의 차이를 중요하게 다루면서 반복적으로 수행되는 일상적인 책무는 간과하게 된다는 것이다. 따라서 중요 사건 기법은 직무분석에서 단일 방법으로 사용되어서는 안 된다.

표 2.10 훌륭한/미숙한 기숙사 도우미에 대한 CIT 범주와 빈도

범주	우수	미숙	합계
기숙사생에 대한 관심	31	19	50
가용성	14	27	41
책임성	12	20	32
공정함	18	10	28
규칙준수	0	28	28
사회적 기술	19	7	26
프로그래밍	13	7	20
자신감	12	8	20
규칙 시행	4	14	18
권위주의	1	16	17
상담 기술	12	4	16
자기 조절	5	2	7
기밀 유지	1	2	3

직무 구성요소 목록. 앞에서 설명한 것처럼, 직무에서 사용하는 도구와 장비에 관한 정보에 더해서 직무 구성요소 목록은 직무를 수행하는 데 필요한 지각적, 신체적, 수학적, 의사소통, 의사 결정, 그리고 책임감 기술 등을 추가적으로 제공한다.

식역 특성 분석. 직무 구성요소 목록과 유사한 접근으로는 Lopez, Kesselman, 그리고 Lopez(1981)가 개발한 **식역 특성 분석**이 있다. 이 방법은 Lopez가 설립한 컨설팅 회사인 Lopez and Associates를 통해서만 사용할 수 있기는 하지만, 식역 특성 분석의 독특한 방식은 언급할 만한 가치가 있다. 33문항으로 이루어진 식역 특성 분석 설문지는 직무에서 성공적인 수행을 위해 필요한 특성을 확인하기 위해 사용되며, 5개의 특성 범주(신체적, 정신적, 학습적, 동기적, 사회적 범주)가 있다. 식역 특성 분석 문항의 예시는 그림 2.3에 제시되어 있다. 식역 특성 분석의 장점 중 가장 큰 것은 문항이 많지 않으며, 신뢰도가 높고, 중요한 특성들을 정확하게 밝혀낸다는 것이다(Lopez et al., 1981). 반면 식역 특성 분석의 가장 큰 단점은 상업적으로 이용할 수 없다는 점이다. 식역 특성 분석은 특성에 초점을 맞추기 때문에, 주된 용도는 직원 선발 시스템이나 경력 계획 시스템의 개발이다(Lopez, Rockmore, & Kesselman, 1980).

식역 특성 분석(Threshold Traits Analysis: TTA) Lopez가 개발하였으며, 성공적으로 직무를 수행하기 위해 필요한 특성을 확인하는 33개 문항의 설문지

문제해결

직무기능이 포함하는 것들	작업자가 해야 하는 것들
특정한 결론에 도달하고, 문제에 답하며, 다른 사람의 생각을 조정하거나 평가하고, 운용 가능한 형태로 변경하기 위해 정보를 *처리한다*.	귀납적인 추론을 통해 정보를 분석하고, 특정 결론이나 해결책을 찾는다(*집중적 사고, 추론 능력*이라고 알려져 있는 특성).

수준	해결이 필요한 직무 활동	수준	작업자가 해결해야 하는 것들
0	꽤 간단한 해결책이 있는 아주 작은 문제(물품이 소진된 경우 혹은 지시를 내리는 경우)	0	꽤 간단한 해결책이 있는 아주 작은 문제
1	알려져 있고 한정된 변인들이 있는 문제(기계적 고장을 진단하거나 고객의 불평을 다루는 경우)	1	알려져 있고 한정된 변인들이 있는 문제
2	알려진 변인들이 많이 있는 더 복잡한 문제(프로그래밍이나 투자 분석)	2	알려져 있고 복잡한 변인들이 많이 있는 문제
3	알려지지 않은 변인들이 많은 매우 복잡하고 추상적인 문제(고급 시스템 설계 혹은 연구)	3	알려지지 않은 변인들이 많은 매우 복잡하고 추상적인 문제

Adapted from Lopez, F. M., Kesselman, G. A., and Lopez, F. E. (1981). An empirical test of a trait-oriented job analysis technique. *Personnel Psychology*, 34, 479–502.

그림 2.3
식역 특성 분석 설문지의 예

Fleishman 직무분석 조사(Fleishman Job Analysis Survey: F-JAS) 직무를 수행하는데 필요한 능력을 기준으로 직무를 평가하는 직무분석 방법

Fleishman 직무분석 조사. **Fleishman 직무분석 조사(F-JAS)**는 30년 이상의 연구를 기초로 하는데(Fleishman & Reilly, 1992a), 그림 2.4에 제시된 것과 같이 재직자와 직무분석가가 일련의 능력을 보고 직무를 수행하는 데 필요한 능력의 수준을 평가한다. 평가는 뚜렷이 구별되는 인지적, 신체적, 정신 운동적, 감각 지각적, 그리고 사회적/대인관계적 능력과 지식 73개에 대해서 이루어진다(Caughron, Mumford, & Fleishman, 2012). Fleishman 직무분석 조사는 재직자들 또는 훈련받은 직무분석가가 사용하기에 쉽고 수용 가능한 수준의 신뢰도를 나타내며 수년간의 연구들이 이루어졌다. 식역 특성 분석에 비해 Fleishman 직무분석 조사가 가지고 있는 장점은 더 상세하고 상업적으로 사용 가능하며, 여러 나라 언어로 번역되어 있고, 인터넷으로 작성할 수도 있다.

직무 적응성 목록(Job-Adaptability Inventory: JAI) 8가지 종류의 적응성을 포함한 직무의 정도를 반영하는 직무분석 방법

직무 적응성 목록. **직무 적응성 목록(JAI)**은 Pulakos, Arad, Donovan, 그리고 Plamondon(2000)이 개발한 132개 문항의 설문지이며, 재직자가 직무에서 환경에 적응해야 하는 필요성의 정도를 다룬다. 직무 적응성 목록에는 다음의 8개 차원이 있다:

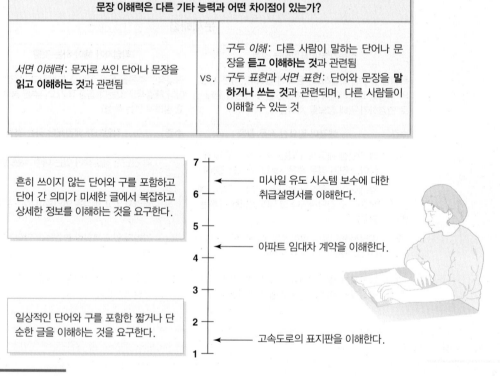

문장 이해력은 다른 기타 능력과 어떤 차이점이 있는가?		
서면 이해력: 문자로 쓰인 단어나 문장을 **읽고 이해하는 것과** 관련됨	vs.	*구두 이해*: 다른 사람이 말하는 단어나 문장을 **듣고 이해하는 것과** 관련됨 *구두 표현과 서면 표현*: 단어와 문장을 **말하거나 쓰는 것과** 관련되며, 다른 사람들이 이해할 수 있는 것

흔히 쓰이지 않는 단어와 구를 포함하고 단어 간 의미가 미세한 글에서 복잡하고 상세한 정보를 이해하는 것을 요구한다.

미사일 유도 시스템 보수에 대한 취급설명서를 이해한다. (6~7)

아파트 임대차 계약을 이해한다. (4)

일상적인 단어와 구를 포함한 짧거나 단순한 글을 이해하는 것을 요구한다.

고속도로의 표지판을 이해한다. (2)

그림 2.4
Fleishman 직무분석
조사의 예

1. 긴급 혹은 위급상황 다루기
2. 직무 스트레스 다루기
3. 창의적으로 문제 해결하기
4. 불확실하고 예측 불가능한 직무 상황 다루기
5. 직무 과업, 기술, 절차 학습하기
6. 대인관계에서 적응성 보여주기
7. 문화적 적응성을 보여주기
8. 신체적인 적응성을 보여주기

직무 적응성 목록이 다른 기법들에 비해서 새로운 기법이기는 하지만, 신뢰도가 매우 높으며 직무들을 식별하는 것이 증명되었다(Pulakos, Arad, Donovan, & Plamondon, 2000).

성격 관련 직위 요구사항 양식. 성격 관련 직위 요구사항 양식(**PPRF**)은 Raymark, Schmit와 Guion(1997)이 직무와 관련된 과업을 수행하는 데 필요한 성격의 유형을 밝히기 위해서 개발하였다. 성격 관련 직위 요구사항 양식은 "BIG 5" 성격 차원(경험에 대한 개방성, 성실성, 외향성, 우호성, 정서적 안정성)을 기반으로 하였으며, 총 12개의 성격 차원을 측정하는 107개의 문항으로 이루어져 있다. 추가 연구가 필요하기는 하지만, 성격 관련 직위 요구사항 양식은 검사 신뢰도가 있으며 직무를 수행하기 위해 필요한 성격 특질을 확인하는 유용한 직무분석 도구로서 유망한 방법이다.

수행 향상 특성. 성격 관련 직위 요구사항 양식과 유사하게, 수행 향상 특성(Performance Improvements Characteristics: PIC)은 48개 질문을 통하여 주어진 직무를 수행하기 위한 성격 특질이 일곱 가지 주요 성격 특질 중 무엇인지 결정하는 것을 돕는다. 연구는 수행 향상 특성이 수용할 만한 신뢰도를 가지고 있으며 직무 간 차이를 변별할 수 있다고 보고하였다(Foster, Gaddis, & Hogan, 2012.)

직무분석 방법의 평가

지금까지 많은 직무분석 방법들이 제시되었다. 이 방법들을 비교하는 것을 돕기 위해 표 2.11은 각 방법의 잠재적 사용 방법을 요약해 제시하였다. 무언가에 대해 다수의 방법이 존재할 때에는 언제나 "어떤 것이 가장 좋은가?"라는 논리적 질문을 하게된다. 하지만 직무분석에서 이 질문에 대한 분명한 답은 없다. 직무를 분석하는 데 사용할 수 있는 최고의 방법은 직무분석 정보의 최종 사용 목적과 관련이 있는 것으로 보인다.

결국 다양한 직무 방법들은 각기 다른 용도가 있는데, 중요 사건 기법, 직무 구성

성격 관련 직위 요구사항 양식(Personality-Related Position Requirements Form: PPRF) 직무를 위해서 요구되는 성격을 확인하는 직무분석 도구

표 2.11 다양한 직무분석 방법에서 얻은 정보 종류 결과의 비교

직무분석방법	구체적 과업	전반적 책무	도구	직무 환경	수행	보상	역량
			직무 기술서에서의 부분				
면접법	X	X	X	X	X	X	X
관찰법	X	X	X	X			X
직무참여	X	X	X	X			X
PAQ		X		X			X
JSP		X		X			X
JEI		X		X			X
FJA		X					
JCI			X				X
AET				X			
O*NET		X					X
CIT		X					
TTA							X
F-JAS							X
JAI							X
PPRF							X

PAQ = 직위분석설문지, JSP = 직무 구조 프로파일, JEI = 직무 요소 목록, FJA = 기능적 직무분석, JCI = 직무 구성요소 목록, AET = 인체공학적 직무분석 절차, O*NET = 직업정보네트워크, CIT = 중요 사건 기법, TTA = 식역 특성 분석, F-JAS = Fleishman 직무분석 조사, JAI = 직무 적응성 목록, PPRF = 성격 관련 직위 요구사항 양식

요소 목록, 식역 특성 분석과 같은 **작업자 지향** 방법들은 직원 선발이나 수행 평가에 가장 적합하며, 과업 분석과 같이 **과업 지향적 방법**들은 직무 설계나 직무 기술서 작성에 가장 적합하다. 직무분석을 통해서 최대한의 정보를 얻기 위해서는 몇 개의 기법을 사용해야 하는데, 이렇게 함으로써 직무 기술서의 각 부분에 대한 정보를 획득할 수 있다.

법적인 관점에서, 법원은 직무분석은 필요한 것으로 규정했으며(Sparks, 1988), 직무분석이 수용 가능하기 위해서는 (1) 여러 종류의 최신 출처를 사용해야 하고, (2) 전문가에 의해 수행되어야 하고, (3) 많은 직무 재직자를 활용해야 하고, (4) 작업자 활동과 자격에 대해서 전체적인 범위를 다루어야 한다고 판결 내렸다(Thompson & Thompson, 1982).

메타분석을 통해서 특정 과업을 평가한 직무분석이 전반적인 직무 활동을 평가한 직무분석보다 더 신뢰할 수 있다는 결과를 밝힌 Dierdorff와 Wilson(2003)의 연구 이외에는 수행한 직무분석 방법을 직접적으로 비교한 연구는 거의 없다. 각각의 직무분석 방법이 차원의 수와 종류 모두 다른 결과를 산출하고 직무분석 방법 간의 직

접적인 비교가 실제로는 불가능하기 때문에 이렇게 연구가 부족해졌다. 결국 지금까지 진행된 비교 연구는 직무분석가의 의견에 초점을 맞춰 수행될 수밖에 없었다.

이상의 논의에 대해서 Levine, Ash, 그리고 그들의 동료들이 수행한 조사연구가 제시한 결론은 다음과 같다(Levine, Ash, & Bennett, 1980; Levine, Ash, Hall, & Sistrunk, 1983).

1. 직위분석설문지는 가장 표준화된 기법으로, 그리고 중요 사건 기법은 가장 덜 표준화된 기법으로 보여진다.

2. 중요 사건 기법은 최소한의 직무분석가 훈련을 통해서 최대한의 과업 분석을 이끌어낸다.

3. 직위분석설문지가 가장 저렴한 방법이고 중요 사건 기법은 가장 비용이 많이 드는 방법이다.

4. 직위분석설문지는 완료하는 데 가장 시간이 적게 걸리고 과업 분석은 가장 시간이 많이 걸린다.

5. 과업 분석이 산출하는 결과물의 질이 가장 높고, 식역 특성 분석은 가장 낮다.

6. 과업 분석 보고서가 가장 길고 직무 요인 보고서는 가장 짧다.

7. 중요 사건 기법이 가장 유용하다고 평가받고, 직위분석설문지는 가장 유용하지 않다고 평가받는다.

8. 직무를 종합적으로 묘사하는 면에 있어서는 과업 분석이 가장 좋으며 직위분석설문지가 가장 나쁘다.

하지만 이러한 결과는 실제 실험에 의한 비교보다는 사용자의 의견을 기반으로 한 것이라는 점과 Levine과 Ash의 연구에 포함되지 않았던 새로운 직무분석 방법도 많이 있다는 점을 염두에 두어야 한다.

직무평가

직무평가(job evaluation) 직무의 금전적 가치를 확인하는 과정

일단 직무분석을 완료하고 상세한 직무 기술서를 작성하고 나면, 해당 직위에 있는 직원이 얼마를 지급받아야 하는지를 결정하는 것이 중요하다. 이처럼 직무의 **가치**를 결정하는 과정을 **직무평가**라고 한다. 직무평가는 일반적으로 내적 임금 형평성의 결정과 외적 임금 형평성의 결정의 2단계로 이루어진다.

내적 임금 형평성의 결정

내적 임금의 형평성은 금전적으로 가장 가치가 있는 직무를 수행하는 사람들이 그에 맞게 돈을 받는 것을 보장하기 위하여 조직 내의 직무를 비교하는 것과 관련이 있다.

각 직무의 가치를 결정하는 이러한 과정은 쉬운 일이 아니다. 직무평가 방법에 대한 모든 것을 논의하는 것은 이 교재의 범위를 벗어나기 때문에, 가장 흔히 사용되는 방법에 집중해서 설명하고자 한다.

1단계: 직무보상 요인의 결정

직무평가의 첫 단계는 어떤 요인들이 직무의 상대적 가치의 차이를 만들게 하는지 결정하는 것이다. **직무보상 요인**에 포함되는 것은 다음과 같다.

- 책임의 수준
- 신체적 요구
- 정신적 요구
- 학력 요구사항
- 훈련과 경험 요구사항
- 작업 환경

직무보상 요인(compensable job factors) 직무의 상대적 가치를 구별시켜주는 책임감이나 교육 요구사항과 같은 요인들

위험한 직무를 수행하는 직원은 높은 위험에 대해 보상받아야 하는가?

© Travel Ink/Getty Images

직무평가자가 가지고 있는 철학적 관점은 이 요인들에 영향을 미칠 수 있다. 어떤 직무평가자들은 가장 중요한 직무보상 요인이 책임감이고 신체적 요구는 중요하지 않다고 주장한다. 다른 직무평가자들은 학력이 가장 중요한 요인이라고 주장하기도 한다. 결국 경험적인 것보다는 철학적인 것에 의해서 직무보상 요인을 선택하는 경우가 자주 있다.

2단계: 직무보상 요인의 수준 결정

직무보상 요인을 선택하고 나면, 다음 단계는 각 요인에 대한 수준들을 결정하는 것이다. 학력과 같은 요인의 경우, 고등학교 졸업, 전문대 졸업, 대학교 졸업 등과 같이 수준들을 쉽게 결정할 수 있다. 하지만 책임감과 같은 요인의 경우에는 수준들을 결정하기 위해 상당한 시간과 논의가 요구된다.

3단계: 요인의 가중치 결정

어떤 요인은 다른 요인보다 중요할 수 있기 때문에 요인과 요인의 수준에 대해서 각각 가중치를 할당해야 한다. 다음은 가중치를 부여하는 절차이다.

1. 직무평가 위원회는 요인들에 분배될 점수들의 총점을 결정한다. 보통, 숫자는 100의 배수(예를 들면, 100, 500, 1,000)이고, 직무보상 요인의 수를 기반으로 한다. 요인의 숫자가 많아질수록 점수들의 총점도 커진다.

표 2.12 완성된 직무평가 결과의 예

요인	점수
학력(최대 200점)	
고등학교 학력 혹은 그 이하	40
2년제 전문대학	80
학사학위	120
석사학위	160
박사	200
책임감(최대 300점)	
의사결정을 내리지 않음	75
자신에 대한 의사결정을 내림	150
1~5명의 직원에 대한 의사결정을 내림	225
5명이 넘는 직원들에 대한 의사결정을 내림	300
신체적 요구(최대 90점)	
무거운 물건을 들지 않음	30
25~100파운드의 물건을 듦	60
100파운드 이상의 물건을 듦	90

2. 각 요인에 점수를 할당함으로써 가중치를 부여하게 된다. 중요한 요인일수록 더 큰 점수가 할당된다.

3. 요인에 할당된 점수는 그 요인의 각 수준에 나누어진다. 만약 학력 요인에 100점이 할당되었다면, 20점(100점/5개 학위 단계)씩 각 수준에 할당되는 것이다. 이 절차의 예시는 표 2.12에 제시되어 있다. 직무평가 위원회는 각각의 직무에 대한 직무 기술서를 가져와서 이전 단계에서 만든 요인과 수준을 기반으로 점수를 부여한다.

4. 직무에 대한 총점수는 현재 그 직무에 지급된 임금과 비교된다. 이러한 비교 과정은 일반적으로 그림 2.5에 나타난 **임금 추세선**과 비슷한 방식의 그래프로 제시된다. 임금 추세선은 직무분석 점수가 임금을 예측하는 회귀 공식의 결과를 기반으로 그려진다. 그림 2.5의 직무 D처럼 추세선 아래로 떨어지는 점수를 가진 직무들은 합당한 보수를 받지 못하는 것으로 간주되고, 더 높은 임금 수준에 즉각적으로 할당되어야 한다. 직무 H처럼 추세선 위에 표시된 직무들은 과도한 보수를 받고 있는 것으로 간주되며, 현재 직무를 수행하는 사람이 그만두고 나면 이 직무는 더 낮은 연봉 수준에 할당되어야 한다.

> **임금 추세선(wage trend line)** 점수법을 사용한 평가에 의해 직무에 할당된 점수와 그 직무에 대한 임금 범위 간의 이상적인 관계를 나타내는 선

외적 임금 형평성의 결정

외적 형평성에 따르면 직무의 가치는 외부 시장(다른 조직)과 직무를 비교함으로써 결정된다. 외적 형평성은 조직이 인재들의 마음을 끌고, 직원들을 오랫동안 잡아두기 위해서 중요한 것이다. 다른 말로 표현하면, 다른 조직의 보상계획에 대해서 경쟁력이 있어야 한다는 것이다. 예를 들어, 요리사에게 시간당 8달러를 지급하는 패스트푸

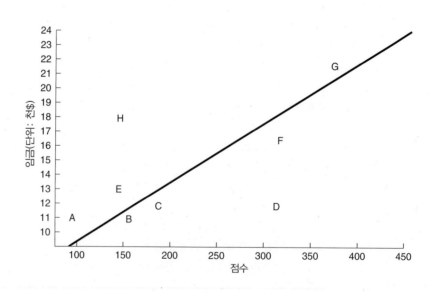

그림 2.5
임금 추세선의 예

드 식당은 시간당 10달러를 지급하는 지역의 다른 패스트푸드 식당보다 더 실력 있는 직원을 고용하고 유지하는 데 어려움을 겪을 수밖에 없을 것이다.

임금조사(salary surveys) 다른 회사에서 해당 직무의 직원에게 지불하는 임금과 자신의 회사에서 해당 직무의 직원에게 지불하는 임금을 비교하기 위해 다른 회사에 보내는 설문지

외부 형평성을 결정하기 위해, 조직은 **임금조사** 설문지를 활용한다. 다른 조직에 보내는 이 조사 설문지는 조직이 다양한 직위의 직원에게 얼마의 임금을 지불하는지를 묻는다. 조직은 자체 조사를 구성해 보낼 수도 있고, 동일업종협회가 수행한 조사 결과를 활용할 수도 있는데, 많은 조직은 두 번째 방법을 선택한다. 표 2.13에 제시되어 있는 것과 같은 조사결과를 바탕으로 조직은 다른 조직의 보상 규정과 비교해서 어디에 위치할지 결정할 수 있으며 이를 보통은 **시장지위**라고 부른다. 말하자면, 조직은 최고의 지원자를 유인하는 것뿐만 아니라 현재 직원들이 다른 조직으로 가지 않고 남아 있도록 하기 위해 더 높은 수준의 보상을 제공하기로 결정할 수 있다. 하지만 어떤 조직은 더 많은 임금을 주는 회사에 최고의 지원자를 빼앗기더라도 지원자들을 유인하기 위한 경쟁력이 어느 정도 있다고 판단되는 경우 "현행 임금률"로 지급하기로 결정할 수도 있다. 시장 지위는 일자리가 풍부하고 지원자들이 몇 가지 일자리 대안을 가질 수 있는 좋은 경제상황에 처해 있을 때 가장 중요하게 고려될 수 있다. 경쟁사들끼리 임금 정보를 서로에게 제공하는 것이 놀라워 보일 수 있지만, 모든 조직은 다른 조직의 임금 정보가 필요하기 때문에 보상 분석가들은 서로 협조를 잘 해주는 경향이 있다.

버지니아 주의 로아노크 카운티(Roanoke County)는 시장 지위의 중요성에 대한 훌륭한 사례를 제공한다. 카운티는 경찰 배차원의 높은 이직률에 대해 걱정하고

표 2.13 임금 조사 설문지 결과의 예

직위	조직 수	직원 수	가중 평균	임금 범위				
				낮음	Q1	중위값	Q3	높음
조립/생산								
현장감독	18	286	$23.21	12.67	19.96	22.67	28.69	37.44
기계기술자	9	419	$20.83	10.28	17.79	19.63	22.09	26.80
생산관리 기획자	9	36	$19.73	17.64	19.68	21.63	24.59	37.44
생산직 근로자	15	3,487	$18.91	9.49	13.24	16.05	16.62	24.27
품질관리 감독관	10	45	$15.23	11.00	13.84	15.01	21.31	24.18
유지 및 보수								
관리인	10	322	$12.00	8.85	10.02	11.15	12.04	20.81
수리공	17	112	$15.90	10.65	11.54	15.97	20.40	27.78
기계공	11	382	$19.80	12.99	18.10	19.30	21.27	25.98

조직 수 = 해당 직위가 있는 조직의 수, Q1 = 1사분위, Q3 = 3사분위

있었고 문제의 원인을 밝히기 위해 연구에 착수했다. 근로 환경, 장소, 평판, 임금 등이 가능한 이유들로 거론됐다. 연구는 인접 도시에서 배차원에게 연간 2,500달러를 더 지급하는 것이 대부분 이직의 원인이라는 것을 밝혀냈다. 이는 5마일밖에 떨어져 있지 않으면서 더 높은 임금을 주는 직무를 선택하기 위해서 로아노크 카운티에서는 배차원으로 1년 정도의 경험만 쌓고 그만두는 결과를 초래했다. 결국 연봉을 조정하게 되었고, 이직률을 크게 낮추었다.

직무평가가 관심을 가지는 것은 직무를 수행하는 **사람**의 가치가 아닌 **직무 그 자체**의 가치임을 기억해야 한다. 예를 들면, 임금 조사 설문지를 통해서 직무에 대한 현행 임금률이 30,000달러에서 40,000달러 범위 내에 있을 것이라는 것을 알았을 때, 조직이 시장에서 상위권에 위치하고 싶다면 직위에 대한 임금 범위를 37,000달러에서 42,000달러로 조정할 수 있다. 임금에 대한 의사결정은 5,000달러 범위 내에서 얼마를 각 개별 직원에게 지불할지를 고려해서 내려져야 한다. 이 결정은 경력 연수, 근속 연수, 특별한 기술, 학력, 지역 물가, 수행 수준 등의 요인을 기반으로 이루어진다.

직접보상(direct compensation) 직원에게 지급되는 돈의 총액(수당, 휴직기간 등은 계산하지 않음)

우리는 지금까지 직무가 가치를 반영하는 금액의 총액에 대해 논의했다. 직원들은 이렇게 **직접보상**이라고 불리는 것을 통해서 보상을 받기도 하지만, 다른 방법으로도 보상을 받을 수도 있다. 휴일, 휴가, 병결일과 같이 일을 하지는 않지만 임금이 지불되는 경우, 사회 보장과 연금 제도처럼 당장에 받는 것이 아니라 차후에 수입으로 되는 경우, 의료보험이나 치과보험 같은 건강 보험료를 지불해주는 경우, 그리고 회사 차량과 같은 특혜의 형태로 임금을 지급하는 것과 같은 효과를 내는 경우 등 여러 가지 방법으로 보상을 받을 수 있다(Martocchio, 2014). 결과적으로, 직접 보상이 30,000달러인 직무가 간접적 보상들이 더해져서 실제로는 35,000달러 이상의 가치가 있을 수도 있다. 사실 필자는 이웃들에게 교직원의 낮은 임금을 불평하지만, 3주의 크리스마스 휴가와 3개월의 여름 방학 등을 감안하면 그들이 누리지 못하는 큰 혜택을 받는 것은 분명하다.

성별 및 인종 형평성 결정

내적 및 외적 형평성에 대한 분석에 추가해서 성별이나 인종에 따라 차별적으로 임금을 지급받지 않는다는 것을 보증하기 위해서 임금 감사 또한 수행되어야 한다. 50명 이상의 직원이 있거나 50,000달러를 초과하는 금액의 연방 계약 실적이 있는 조직은 매년 의무적으로 보상 분석을 시행해야 한다. 연방 계약 준수 프로그램 사무국(Office of Federal Contract Compliance Programs: OFCCP)은 보상 분석이 시행되고 있는지와 계약자들이 임금을 기반으로 차별하고 있지 않다는 것을 보증하기 위해 보상 분석을 지속적으로 점검한다. 감사를 수행하는 방법은 두 종류가 있는데, 첫 번째는 **동일 책무**를 수행하는 직위 내 직원들의 임금 비율을 보는 것이고, 두 번째는 유사한 가치와 책임감(필적가치)의 직무를 수행하는 직원들의 임금 비율을 보는 것이다.

두 번째 유형의 분석은 보통 직무들을 유사한 가치(임금 등급), 직무 지식 영역 (직군), 책무(직무 기능)와 비교함으로써 수행된다. 2013년 이전에는 OFCCP가 이러한 집단을 비슷한 상황의 종업원 집단(*similarly situated employee groups: SSEGs*)이라고 불렀지만 지금은 임금 분석 집단(PAGs)이라고 부른다.

필적가치는 직무평가에 대한 논의와 아주 관련이 깊은 문제이다. 몇몇 단체들이 여성 근로자가 남성 근로자보다 적은 임금을 받는다고 주장하기 때문에 종종 뉴스에 필적가치가 등장한다. 2013년에 여성 근로자들이 평균적으로 남성 근로자 임금의 82.1%만을 받았다는 통계 자료를 통해서 임금 불평등의 존재를 알 수 있다. 또한 아프리카계 미국인 근로자와 히스패닉은 아시아계 미국인과 백인보다 평균적으로 더 적은 임금을 받는다. 표 2.14에서 보는 바와 같이, 임금 격차는 수년에 걸쳐 좁혀지고 있으며 여성의 경우 81%, 아프리카계 미국인의 경우 79%, 히스패닉의 경우 72% 수준에서 정체된 것으로 보인다. 다른 민족이나 인종보다 아시아인들이 더 많은 임금을 받는다는 것을 주목할 수 있다.

관련 연구는 남성과 여성의 차이에서 약 6%는 남성이 더 오래 직장생활을 하

필적가치(comparable worth) 같은 수준의 기술과 책임감을 요구하는 직무는 수요와 공급에 관계없이 똑같이 임금을 받아야 한다는 개념으로, 흔히 동일노동 동일임금의 개념으로 알려져 있다.

표 2.14 남성의 임금에 대한 여성의 임금 수준의 비율과 백인의 임금에 대한 소수민족의 임금 비율의 추세

년도	성별	인종별 비교		
	여성임금/남성임금	흑인/백인	히스패닉/백인	아시아계/백인
2013	82.1	78.4	72.1	117.5
2012	80.9	78.4	73.2	116.2
2011	82.2	79.4	70.8	111.7
2010	81.2	79.9	69.9	111.8
2009	80.2	79.4	71.5	116.2
2008	79.9	79.4	71.3	116.0
2007	80.2	79.5	70.3	115.9
2006	80.8	80.3	70.4	113.6
2005	81.0	77.3	70.1	112.1
2000	76.9	80.3	72.9	104.2
1995	75.5	77.5	73.5	
1990	71.9	77.6	71.7	
1985	68.1	77.8	75.8	
1980	64.2	78.8	78.2	

출처: 미국 노동국
주: 풀타임 근로자에 대한 주급 기준 백분율

고, 상근 직무의 비율이 더 높으며, 연간 근로시간이 더 길다는 것으로 설명될 수 있다고 지적한다(CONSAD, 2009; Wall, 2000). 따라서 임금의 성차는 조직의 임금 차별의 문제라기보다는 직업적 선택과 교육 기회 차별의 문제라고 할 수 있다. 임금의 성별 차이를 완화시키기 위해서는 역사적으로 남성의 전유물이었던 분야(조립 라인, 관리, 경찰)에 진입하도록 여성들을 격려하고, 역사적으로 여성의 전유물이었던 분야(간호, 서기, 초등 교육)에 진입하도록 남성들을 격려하는 것이 필수적이다. 게다가 여성보다 남성이 초봉과 같은 것들을 협상하는 데 더 적극적이기 때문에(Babcock & Laschever, 2008; Kugler, Tamara, Reif, & Brodbeck, 2014; Stuhlmacher & Walters, 1999), 임금 격차의 일부는 지원자에게 연봉 협상을 허가하지 않거나 연봉 협상의 방법을 지원자 모두에게 교육함으로써 좁혀질 수 있다. 이 주제를 전부 논의하는 것은 이 책의 범위를 벗어나지만, http://www.swcollege.com/bef/policy_debates/gender.html 안에 들어가면 이 문제에 대한 훌륭한 기사 모음과 웹사이트 링크를 찾을 수 있다.

연봉 협상에 대한 조언을 원한다면, 경력 워크샵 박스 글을 참고하라.

성별 및 인종 형평성 연구 실시하기

조직을 대상으로 하는 임금 형평성 분석(salary equity analysis)의 수행에서 첫 번째 단계는 앞에서 언급된 임금 분석 집단(Pay Analysis Groups)에 직무들을 놓아보는 것이다. 이 일은 가치의 유사성을 결정하기 위해 임금 등급을 사용하고, 책무와 책임감의 유사성을 결정하기 위해서는 직무 기술서를 사용하기 때문에 상당한 시간이 소요된다. 이러한 분석들은 여성의 평균 임금이 남성의 평균 임금과 의미 있는 수준에서 차이가 있는지, 그리고 흑인, 히스패닉, 아시아계의 평균 임금이 백인의 평균 임금과 차이가 있는지를 결정하는 것을 목적으로 한다. 이 분석은 조직 전체보다는 각 PAG를 대상으로 수행된다.

일반적으로 두 종류의 통계적 분석 방법이 사용되는데, 회귀분석과 Fisher의 정확성 검증이다. 상대적으로 작은 크기의 PAG에 대해서는 Fisher의 정확성 검증이 사용되는데, 이는 PAG의 임금 중앙값을 넘는 직원들의 비율에서 성별과 인종 차이를 비교하는 데 사용된다. PAG에 적어도 30명의 직원이 속해 있고, 각 성별과 인종 집단에 적어도 5명의 직원이 속해 있다면(예를 들면, 5명의 남성과 5명의 여성), 회귀분석이라고 불리는 통계 기법을 통해 수행될 수 있다.

회귀분석에서 첫 번째 단계는 급여에서 개인 간 차이의 비율을 결정하기 위해 방정식에 개인의 성과 변인을 입력하는 것이다. 방정식에서 두 번째 단계는 성별을 입력하는 것인데(남성을 0으로, 여성을 1로 코딩한다), 성과 변인을 통제한 이후에도 직원의 성별이 여전히 급여와 연관되어 있는지 결정하기 위함이다. 즉, 8등급 엔지니어의 남성의 평균 연봉이 57,000달러이고, 여성은 54,000달러라고 가정해볼 때

3,000달러의 차이는 PAG의 평균적인 남성이 조직에서 평균적인 여성보다 5년 더 오래 일했다는 사실로 설명할 수 있다. 회귀분석의 결과는 3,000달러의 연봉 차이는 성과 변인의 차이에 의해 전적으로 설명되는지, 부분적으로 설명되는지, 설명되지 않는지 등을 결정한다.

만약 회귀분석의 결과가 성과 변인이 임금에서의 성별 혹은 인종의 차이를 설명하지 못한다는 것으로 나타나면, 아직은 차별이 발생했다고 결론을 내릴 수 없다. 이것은 채용 당시의 경제 상황과 같이 임금의 차이와 연관되어 있지만 회귀분석에는 입력되지 않은 타당한 요인들이 있을 수도 있다. 하지만 타당한 설명이 없다면 임금 조정은 정상적 절차를 따르게 된다.

임금 조정은 직원들이 무엇을 만들고 있어야 하는지 추정하기 위해 각 직원의 성과 변인을 회귀 방정식에 입력함으로써 결정된다. 이 접근이 신뢰성을 확보하기 위해서는, 성과 변인이 통계적으로 유의미하게 개인의 임금 차이의 비율을 설명해야 한다. 실제 임금이 예측된 임금보다 2 표준오차 아래인 직원은 임금 조정의 잠재적 후보자가 된다. 이러한 절차가 복잡하고 통계적으로 어렵기는 하지만, 이 절차는 임금 형평성 분석의 본질이다. 임금 형평성 분석은 EEOC(Equal Employment Opportunity Commission: 고용평등기회 위원회)와 OFCCP 모두가 잠재적 임금 차별에 더 많이 관심을 가지고 있는 상황에서 인사 부서가 수행하는 중요한 기능이 되고 있다. 이 절차는 임금 형평성 분석을 목적으로 설계된 *HR Equator* 혹은 *COMPARE* 소프트웨어를 이용함으로써 상당히 쉬워질 수 있다.

경력 워크샵 임금 협상

이 장이 끝나는 시점에서 여성과 남성 간의 임금 불형평의 주된 이유 중 하나가 남성이 여성보다 연봉 협상을 하는 경향이 있기 때문이라는 것을 배웠다. 대부분의 임금 제안에 대해서 협상이 가능하다는 것을 지원자가 이해하는 것이 중요하다. 대부분의 조직에는 직원의 급여가 각 직무에 부합되는 임금 범위가 있다. 예를 들면, IBM사에서 회계사의 임금 범위는 30,000달러에서 40,000달러까지이다. 지원자는 30,000달러 미만이나 40,000달러 초과로는 절대 받을 수 없다. 임금 협상은 10,000달러 범위 내에서 당신이 위치할 곳을 결정하는 것이다. 여기에 협상을 위한 몇 가지 견해가 있다.

➡ 직무의 가치가 얼마인지 알고 있어야 한다. 모든 공공기관과 일부 민간 조직은 그들의 임금 범위를 지원자들에게 공개한다. 공개되지 않은 경우에는, 임금 조사의 정보를 활용하거나 대학의 취업지원센터가 제공하는 직무 종류에 따른 임금 범위 정보를 이용할 수 있다.

www.jobstar.org, www.salary.com, www.salaryexpert.com 등의 인터넷 사이트를 활용할 수도 있다. 국내에서는 한국직업정보시스템 www.work.go.kr/jobMain.do, 커리어넷 www.career.go.kr 등의 인터넷 사이트를 통해서 임금 정보를 얻을 수 있다.

➡ 대학의 취업지원센터에서 분야별 졸업생들이 일반적으로 받는 초봉에 대해 알아볼 수도 있다.

➡ 무엇을 얻고자 하는지를 알아야 한다. 생활비와 개인별 지출(예를 들면, 집세, 가스, 전기, 수도 요금, 학자금 대출, 차 할부금) 등을 고려해보면, 최소 임금을 얼마나 받아야 하는지에 대한 아이디어를 얻을 수 있다. 만약 제안된 임금이 협상할 수 없거나 생활하기 위해 필요한 금액 이하일 경우는 이러한 제안을 거부해야 한다.

➡ 자신의 가치가 어느 정도인지 알아야 한다. 만약 실무 경험이 있고, 최고의 학교를 졸업했거나, 대학에서 우등생이거나 혹은 특별한 기술이 있다면 일반적인 지원

자보다 더 가치가 있다. 인터뷰에서 희망 초봉에 대한 질문이 있을 때, 이러한 정보를 활용해서 다음과 같이 대답할 수 있다. "저희 대학의 회계전공이 받는 초봉은 28,000달러입니다. 하지만 저는 인턴 경험이 있고, 우등생이었기 때문에, 저의 희망 초봉은 30,000달러 이상입니다".

➥ 협상을 두려워하지 말아야 한다. 조직이 임금 제안을 할 경우, 더 높은 액수로 대응해야 한다. 이렇게 하는 과정에서, 현실적이어야 하고 논리와 사실에 근거해야

한다. 더 높은 초봉을 받는 것이 정당하다고 생각하는 이유를 설명해야 한다. 만약 실무 경험이 없고 평점평균이 2.01이라면, 임금 범위의 최저 금액조차도 협상할 여지가 거의 없다.

➥ 노동 시장이 치열하고 고용주들이 좋은 지원자를 발견하는 데 어려움을 겪고 있을 때, 가치가 더 높을 수 있다.

➥ 임금에 더해서 휴가 기간, 근무 시작 날짜, 기타 혜택 등과 같은 것들을 협상하기도 한다.

직무에 대해 응용 사례 연구

수의학 전문의 면허국

수의사가 되기 위해서는 수의과 대학을 졸업한 후에 일반적으로 응시하는 국가 자격시험인 North American Veterinary Licensing Exam(NAVLE)에 합격해야 한다. 이 시험은 360문제로 구성되어 있고, 1년에 두 번 시행된다. 시험 문제의 예는 다음과 같다:

1. 말의 턱뼈 상악동염의 가장 일반적인 원인은 다음 중 무엇인가?
   (a) 부비강으로 이어지는 세균성 하기도 질환
   (b) 부비강으로 이어지는 치근의 감염과 종기
   (c) 부비강에 박히는 흡입된 이물질
   (d) 상악동까지 이어지는 찔린 상처
2. 해부를 위해 제시된 아프리카 회색 앵무새는 앵무병을 가지고 있는 것으로 의심된다. 질병을 진단할 가능성을 높이기 위해서는 다음 중 어떤 것을 발견해야 하는가?
   (a) 육안검사를 통한 간 비대와 비장 비대증
   (b) 그람 염색에 의한 원인균 식별
   (c) 클라미디아 앵무병의 격리과 식별

   (d) 간에 있는 항산성 미생물의 존재

이 국가시험이 수의사가 되기 위해 필요한 중요한 정보를 다루고 있다는 것을 보증하기 위해, 수의학 전문의 면허국은 초보 수준의 수의사 직위에 대해 직무분석을 실시하기로 결정했다. 전국에 60,000명 이상의 수의사들이 있다는 점을 고려하면, 이것은 정말 벅찬 일이었다. 이 숫자는 개인 개업, 정부 기관, 수의과 대학, 제약 회사, 동물원, 연구 기관과 같이 다양한 장면에서 일하는 수의사들을 합한 것이다. 게다가 주요 책무는 직접적인 건강관리부터 질병 통제에 대한 연구까지 다양하다.

1. 이렇게 대규모의 직무분석을 어떻게 실시하겠는가?
2. 직무분석에 참여할 수의사의 표본을 결정하기 위해 어떤 요인들(예를 들면, 지역 요인)을 고려할 필요가 있는가?
3. 직무분석에 얼마나 많은 수의사를 포함시키겠는가?

이 사례에 대한 더 많은 정보는 웹사이트의 링크에 접속함으로써 찾을 수 있다.

윤리에 대한 관심 CEO와 임원에 대한 보상

임원들이 보상을 잘 받는다는 것에는 의문의 여지가 없다. 그리고 항상 임원들과 직원들 사이의 차이는 있어왔지만 이 차이는 더 커지고 있다. 1973년에, 최고 CEO는 일반 직원의 임금보다 45배 많은 임금을 받았다.

IPS(Interpress Service)의 다니엘 루비엔(Daniel Lubien)에 따르면, 2007년 8월 29일 현재 기준으로 CEO는 일반 직원보다 약 364배의 임금을 받고 있다.

2013년에 상위 5명의 CEO는 연봉과 스톡옵션을 통

해 다음과 같은 금액을 벌었다:

- Larry Ellison, Oracle사 CEO: 7,840만 달러(현금 150만 달러, 주식과 옵션 7,690만 달러)
- Bob Iger, Disney사 CEO: 3,430만 달러(현금 1,700만 달러, 주식과 옵션 1,730만 달러)
- Rupert Murdoch, 21st Century Fox사 CEO: 2,610만 달러(현금 2,090만 달러, 주식과 옵션 520만 달러)
- David Cote, Honeywell사 CEO: 2,540만 달러(현금 1,660만 달러, 주식과 옵션 890만 달러)
- David Fan, Emerson Electric사 CEO: 2,530만 달러(현금 380만 달러, 주식과 옵션 2,160만 달러)

CEO와 다른 임원들은 높은 보상이 그들로부터 나오는 더 나은 수행에 대한 대가라고 하는데, 이는 그들의 수행이 없으면 실업률이 높아질 수도 있는 사회에 대해서 근로자들을 위한 새로운 일자리를 만드는 능력을 포함한다는 의미이다. 이러한 보상을 결정하는 데 쓰이는 직무 요인은 보통 책임감의 수준, 학력 요구사항, 경험, 그리고 때때로 근무 조건을 포함한다.

이러한 높은 보상 체계에 대해서는 찬성하는 사람도 있고 반대하는 사람도 있다. 한편으로는 CEO 및 임원과 일반 직원 간의 학력, 경험, 책임감의 수준에는 큰 차이가 있다. 상장 기업은 주주들을 설득할 수 있어야 하며, 임원들은 회사와 주주들을 위한 돈을 벌기 위해 임금을 받는 것이

다. 그리고 돈을 벌기 위해, 회사는 높은 수행을 위해서 임원들에게 상당한 보상을 해주어야 한다.

다른 한편으로는, 이러한 높은 보수체계는 실제로 제품을 만들거나 소비자에게 서비스를 제공하는 직원들의 희생으로부터 얻은 것일 수 있다. 임원들이 계속 자신의 높은 수준의 수행에 대해 높은 보상을 받는 만큼 회사가 가치와 윤리에 대한 일정한 어떤 기준을 갖고 있지 않으면 일반 직원의 임금과 연봉 인상에 대한 관심은 줄어들 수 있다. 그리고 이 교재에서 말하는 것처럼, 보상 요인을 선택하는 과정이 경험적이기보다는 철학적인 경우가 자주 발생한다. 이는 임원들에게 더 좋은 수행을 하도록 동기부여하기 위해서 이 정도의 보상 수준이 꼭 필요하지 않을 수 있다는 것을 의미한다.

당신의 생각은 어떻습니까?

- CEO가 너무 많은 보상을 받고 있는가? 아니면 CEO가 그들이 받는 높은 보상만큼의 가치가 있는가?
- 직원들이 해고당하거나 수당이 삭감될 때 CEO가 보너스를 받는 것이 윤리적이거나 공정하다고 생각하는가?
- CEO에 대한 높은 보상이 실제로 회사의 성과를 증가시킨다고 생각하는가?
- 회사의 첫 번째 초점이 회사의 주주들을 위해 돈을 버는 것에 맞춰져야 하는가?
- 이 주제를 둘러싼 다른 윤리적 요인은 무엇이라고 생각하는가?

요약

이 장에서 배운 것은 다음과 같다.

- 직무분석은 수행 평가, 종업원 선발, 훈련, 그리고 직무 설계와 같은 영역에 기초를 제공한다.
- 적절히 기술된 직무 기술서는 직무명, 간략한 요약, 작업 활동의 광범위한 목록, 도구와 장비의 목록, 작업 환경에 대한 정보, 보상 정보, 수행 기준, 개인적 요구사항 등을 포함한다.
- 직무분석을 시작하기 전에, 어떤 형태의 정보를 얻을 것인지, 누가 직무분석을 수행할 것인지, 그리고 누가 직무분석에 참여할지 등을 결정해야 한다.
- 일반적으로 직무분석은 인터뷰, 수행되는 과업을 결정하기 위한 주제 관련 전문가(SMEs) 관찰, 직무를 수행하는 환경, 직무를 수행하기 위해 필요한 도구와 장비 그리고 지식, 기술, 능력, 기타 특성(KSAO)을 포함한다.
- 다른 직무분석 방법보다 항상 나은 어떤 직무분석 방법이 있지는 않지만, 각각의 직무분석 방법은 특정 목적에는 더 적합할 수 있다. 예를 들면, 직위 분석 설문지

(PAQ)는 보상에, 중요 사건 기법(CIT)는 수행 평가를 위한 훌륭한 방법이다.

- 직무평가는 직무에 대한 금전적인 가치를 부여하는 절차이다.
- 내적 형평성, 외적 형평성, 필적가치는 모든 직무평가에서 다루어야 할 중요한 임금 문제이다.

복습을 위한 질문

1. 직무분석이 그렇게 중요한 이유는 무엇인가?
2. 직무 기술서의 주요 영역은 무엇인가?
3. 직원이 직무에서 임무를 수행하는 방법에서의 성별 간 및 인종 간의 차이를 직무분석가가 밝히기를 바라는가? 왜 그런가? 혹은 왜 그렇지 않은가?
4. 과업 진술서는 어떻게 작성되어야 하는가?
5. 다양한 직무분석 방법이 존재하는 이유는 무엇인가?
6. 연구는 미국의 여성 평균 임금이 남성 평균 임금의 80%라고 밝혔다. 그 이유는 무엇인가?
7. 외적 임금 형평성이 내적 임금 형평성보다 더 중요한가? 왜 그런가? 혹은 왜 그렇지 않은가?

종업원 선발에서의 법적 쟁점
LEGAL ISSUES IN EMPLOYEE SELECTION

학습목표

➡ 고용법 관련 법률적 절차를 이해한다.

➡ 어떤 계층이 연방법에 의해서 보호받는지를 알게 된다.

➡ 고용관행의 적법성 판단을 할 수 있게 된다.

➡ 불리효과의 개념을 이해한다.

➡ 사회적 약자 우대정책을 이해한다.

➡ 직원들의 사생활 보호 권리와 관련된 중요한 쟁점들을 알게 된다.

고용평등기회 위원회 (Equal Employment Opportunity Commission: EEOC) 미국 노동부의 한 기관으로 고용차별 관련 고발에 대해서 조사를 하고 공소를 제기하는 역할을 한다.

인적자원관리(HR) 분야에서는 입사지원자나 전직 직원으로부터 고소를 당할 것인가 아닌가 여부보다는 언제 그리고 얼마나 자주 발생하는가가 문제가 된다. 2013년 한 해에만 차별 때문에 **고용평등기회 위원회**로 들어온 고발이 93,727건을 기록했으며, 3억 7,200만 달러 이상이 보상금과 합의금으로 지불되었다. 이러한 통계치를 통해서 인적자원 분야에서 일을 하고자 하는 사람들에게는 고용 관련 법에 대한 지식이 필수적이라는 것을 확인할 수 있다. (www.eeoc.gov/eeoc/statistics/enforcement/index.cfm에서 갱신된 통계치를 얻을 수 있다.)

법적 절차

특정 고용관행의 합법성 여부를 알기 위해서는 고용법과 관련된 법적 절차를 이해하는 것이 중요하다. 법적절차의 첫 번째 단계는 연방의회 혹은 주의회와 같은 입법 기관이 법안을 통과시키는 것이다. 연방정부 차원에서 법안이 통과되면 주정부들은 연방법이 부여한 권리를 **확장**시키는 법안은 통과시킬 수는 있지만, 연방의회가 제정한 법에서 부여한 권리를 **축소**시키는 법안은 주정부가 통과시키지 않는다. 예를 들어, 연방의회가 여성에게 6개월의 출산휴가를 준다는 법안을 통과시켰을 때, 주정부 혹은 지방정부는 연방의회가 명시한 기간보다 더 긴 8개월의 출산휴가를 주겠다는 법안은 통과시킬 수 있지만, 연방정부에서 규정한 6개월 미만으로 출산휴가 기간을 단축시키지는 못한다. 결국 법적 문제에 충분히 대비하기 위해서는 연방정부에서 제정한 법뿐만 아니라 주정부와 지방정부의 법들도 숙지하는 것이 중요하다.

법안이 일단 통과되고 나면, 그 법안의 의도가 분명하지 않는 다양한 상황들이 발생한다. 장애를 가진 직원들을 보호하기 위해 법이 통과된 경우를 예를 들어보자. 2년이 지난 후 고혈압이 있다는 이유로 어떤 직원이 승진에서 누락되었고, 그 직원은 이를 장애를 가진 사람에 대한 차별이라고 주장하면서 고용주를 고발하는 상황이 발생할 수 있다. 그 직원은 고혈압이 장애의 범주에 속하지만 이런 장애에도 불구하고 자신은 일을 할 수 있기 때문에 결과적으로 마땅히 승진할 자격이 있다고 할 것이다. 반면 회사는 고혈압은 장애가 아니라고 주장할 수도 있으며, 만약 고혈압이 장애라고 해도 고혈압이 있는 직원은 해당 직무를 수행하지 못할 것이라고 주장할 수도 있다. 결국 이 경우는 법원의 판결에 따르게 된다.

조직 내 고발사항의 해결

근로자는 고용평등기회 위원회에 고발을 제기하기 전에 조직 내부적으로 가능한 모든 문제해결 절차를 활용해야 한다. 이러한 이유에서 대부분의 회사들은 차별에 대한 고발사항들을 내부적으로 처리하는 공식적인 방침을 가지고 있다. 이러한 방침들은 일반적으로 고충처리 절차, 조정, 중재와 같은 대안적 분쟁 해결책(alternative dispute resolution: ADR)을 수반하는 형태이다. 대안적 분쟁 해결책에 대해서는 13장에서 자세하게 다루게 될 것이고, 여기서는 간단한 설명만 제공하고자 한다. **고충처리 절차**를 통해서, 직원들은 그들의 고발사항을 회사 내부에 있는 위원회에 제기하고 위원회는 그 고발사항에 대해서 의사결정을 내리게 된다. 하지만 직원들이 그러한 결정에 만족하지 못하면, 이 고발 건을 고용평등기회 위원회에 제기할 수 있다. **조정**은 직원과 회사가 중립적인 제3자를 통해서 상호 동의하는 해결안에 이르도록 하는 방법이다. 만약 이 단계에서 합의점에 도달하지 못한다면 이 고발 건을 중재재판소 혹은 고용평등기회 위원회에 제기할 수 있다. 고용평등기회 위원회는 차별에 대한 고발 문제를 조정 단계에서 해결할 것을 강력하게 권고하기 시작했다. 이는 조정을 시도한 96%의 고용주가 조정 과정을 한 번 더 해보려는 것에서 일부 이유를 찾을 수 있고, 조정을 통해서 분쟁을 해결하는 것이 좀 더 공식적인 경로를 통하는 것보다 절반보다도 더 적은 시간이 소요된다는 것을 보여준 결과들에서 그 이유를 찾을 수 있다(Tyler, 2007).

경력 워크샵 — 만약 당신이 직장에서 차별을 당하고 있다고 느낀다면 어떻게 행동하겠는가?

직장 생활을 하는 동안 당신의 성별, 인종, 나이, 종교 혹은 출신 지역에 따라 불공정한 대우를 받고 있다고 느끼는 때가 있을 것이다. 만약 당신이 직장에서 차별을 당해왔다고 느끼거나 괴롭힘을 당하고 있다고 생각한다면 컨설턴트인 Bobbie Raynes가 제시한 아래의 조언을 따르도록 하시오.

➡ 대부분의 회사에는 직원이 괴롭힘이나 차별을 당해왔을 때 이를 어떻게 다루어야 하는지에 대한 방침이 있다. 회사의 방침을 설명하는 매뉴얼을 참고하시오.

➡ 무엇이 발생하였고, 언제 일어났으며, 누가 관련되어 있는지 문서로 남기시오.

➡ 상관 혹은 인사 담당자에서 상황을 보고하시오(만약 당신의 상관이 가해자라면 직접 인사 담당자에게 당신의 문제를 보고하시오).

➡ 어떤 직원들은 다른 사람들을 개입시키지 않고 괴롭힘 및 차별을 행한 당사자에게 직접 찾아가서 일을 잘 해결할 수 있을지 없을지를 확인하는 경우도 있다. 그러나 이러한 방법은 그렇게 하는 것이 편하다고 느낄 때에만 효과가 있으며, 가해자를 직접 찾아갈 의무는 없다.

➡ 차별과 괴롭힘 상황을 보고하는 데 기한이 있다는 것을 명심하시오.

➡ 상황 해결을 위해 조정 절차를 고려해보시오. 이 절차는 사건에 연루된 모든 당사자들과 만나는 중립적인 제3자와 인사 담당자를 포함하며, 상황을 해결하기 위해서 최선의 방법을 논의하게 된다. 조정 역할을 맡은 사람은 옳고 그름을 결정하지 않는다. 조정자의 목표는 모든 당사자들이 과거와 미래의 문제들을 해결하기 위해서 법적인 대안 이외에 여러 대안들을 찾을 수 있도록 돕는 것이다. 연구에 따르면 조정 절차를 거치는 직장 내 분쟁의 90%가 법원의 도움 없이 우호적으로 해결된다고 한다. 이 절차는 법원에서 논쟁을 벌이는 것보다 스트레스가 적으며, 많은 경우 직장 내 관계를 유지하도록 한다.

➡ 만약 조정 절차를 고려하지 않고 있거나 회사가 해당 상황을 다루는 것을 원하지 않는다면, 고용평등기회 위원회에 고발을 하는 것이 다른 대안이 된다.

➡ 사내에서 차별과 괴롭힘을 당하는 것은 매우 불편한 경험으로서 분노, 불안, 우울 등의 감정을 유발할 수 있다. 문제가 우호적으로 잘 처리되어도 이러한 감정들의 일부가 여전히 남아있을 수 있는데, 이런 경우에는 회사에서 운영하고 있는 근로자 지원 프로그램(employee assistance program: EAP)을 활용하여 상담가에게 당신의 감정들을 이야기하는 것을 고려해볼 수 있다. 만약 근로자 지원 프로그램이 없으면, 회사 외부의 상담가를 찾아가시오.

중재(arbitration) 중립적인 제3자가 어떤 쪽이 옳은지를 선택하는 것으로 갈등을 해결하는 방법

법적 구속력이 있는 중재(binding arbitration) 중립적인 제3자가 어떤 쪽이 옳은지를 선택하는 것으로 갈등을 해결하는 방법으로 어느 쪽도 내려진 결정에 항소할 수 없다.

법적 구속력이 없는 중재(nonbinding arbitration) 중립적인 제3자가 어떤 쪽이 옳은지를 선택하는 것으로 갈등을 해결하는 방법으로 양쪽 모두 내려진 결정에 항소할 수 있다.

중재 절차에서 양측은 그들의 사건을 중립적인 제3자에게 제시하고, 제3자는 어떤 쪽이 옳은지에 대한 결정을 내린다. 조정 절차는 중립적인 제3자가 양측이 합의점에 도달하게 하도록 **돕는** 것이고, 반면 중재 절차는 중립적인 제3자가 **결정을 내린다**는 점에서 서로 차이가 있다. 만약에 **법적 구속력이 있는 중재** 절차를 사용한 경우에는 어느 쪽도 결정에 항소할 수 없고, **법적 구속력이 없는 중재** 절차를 사용한 경우에는 당사자들이 결정을 받아들이거나 사건을 법원까지 가져갈 수 있다. 미국 대법원은 조직 내에 법적으로 위임받은 중재 방침이 있으면, 지원자 혹은 직원은 그들의 문제를 고용평등기회 위원회 혹은 법원에 고발을 제기할 수 없다는 판결을 내렸다 (*Circuit City Stores* 대 *Adams*, 2001).

차별 관련 고소의 제기

그림 3.1에서 보듯이, 차별에 대한 고소는 일반적으로 정부 관계기관에서 처리된다. 추정된 위반행위가 주정부 법과 관련될 때는 주정부 관계기관이 처리하며, 추정된 위반행위가 연방정부의 법과 관련되면 연방정부 관계기관(주로 EEOC)이 처리한다. 고용평등기회 위원회로 들어가는 고발은 차별적 행동이 있는 날로부터 180일 이내에 제기되어야 하지만, 원고가 주정부 혹은 지방의 공정고용 관련 기관에 이미 고발 건을 제출한 경우라면 300일 이내에 제기하면 된다. 정부 관계기관은 제기된 고발 건을 10일 이내에 고용주에서 통지하도록 하고, 필요하다면 양측으로부터 추가적인 정보를 구하며, 고소 건이 타당한 이유가 있는지 아닌지를 결정하기 위한 심의를 진행한다.

Barack Obama 대통령이 2009년에 법으로 승인한 Lilly Ledbetter 공정 임금법 (Lilly Ledbetter Fair Pay Act)은 주목할 만한데, 이 법은 임금차별을 주장하는 소송 사건을 제기하기 위한 180일이라는 기간이 직원의 임금이 결정된 날이 아니라 마지막 급여를 받은 시점으로부터 시작된다고 명시했다. 동일하게 자격을 갖춘 Mary와 John의 사례를 예로 들어보면, 두 사람 모두 2013년 1월 1일 고용되었다. Mary의 첫 임금은 6만 달러였고 John의 첫 임금은 8만 달러였다. 2014년 1월 1일에 Mary는 John보다 임금을 적게 받는다는 사실을 알게 되고, 임금차별 소송을 고려한다. Lilly Ledbetter 공정 임금법 이전이었다면 Mary는 360일 전에 임금결정이 이루어졌고 소멸시효인 180일이 지났기 때문에 그렇게 할 수 없었을 것이다. 하지만 Lilly Ledbetter 공정 임금법이 기준 시점을 임금 결정 날짜에서 마지막 임금을 받은 날로 변경하였기 때문에, 기간이 더 길어지면서 Mary는 소송을 제기할 수 있을 것이다.

차별 관련 소송은 조직에서
일상적으로 일어난다.

© William Fritsch/Jupiter Images

고용평등기회 위원회 조사의 결과물

고소의 타당한 이유가 없는 경우

만약, 고발 건을 검토한 후 정부 관계기관이 고발한 타당한 이유를 찾지 못할 경우,
고발한 사람이 그 결정을 수용할지 말지에 따라서 둘 중 하나의 상황이 발생할 수 있
다. 원고가 정부 관계기관의 결정을 받아들이는 경우에는 이 절차가 끝이 난다. 하지
만 원고가 정부 관계기관의 결정을 받아들이지 않는 경우에는 원고는 "고소할 권리"
관련 증서를 발급받는데, 이 증서에 따라 변호사를 고용하고 자신이 직접 소송을 제
기할 수 있는 자격을 부여받게 된다.

고소의 타당한 이유가 있는 경우

고용평등기회 위원회가 차별에 대한 고소 건이 타당한 이유가 있다고 판단하면, 해
당 사건을 법원까지 가져가지 않고 원고와 고용주 사이에 합의점을 도출하고자 노력
할 것이다. 이러한 합의는 고용주가 고발한 당사자에게 일자리 혹은 승진을 제공하

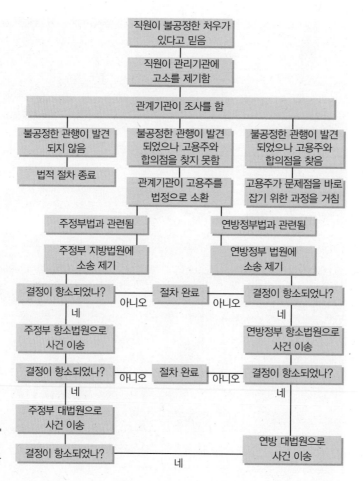

그림 3.1
고용법에 따른 법적 절차

는 것, 밀린 임금의 지불, 보상금 혹은 징벌적 손해배상금의 지불 등을 포함할 수 있다. 합의 금액의 크기는 몇 달러 수준에서부터 백만 달러가 넘는 경우까지 가능하다.

■ 1993년에 Shoney's 레스토랑 체인은 인종차별 소송으로 1억 3,250만 달러를 배상하기로 합의했다. 합의금의 대부분은 7년이 넘는 기간 동안에 Shoney's 레스토랑에서 근무한 적이 있는 혹은 고용이 거절된 약 1만 명의 아프리카계 미국인에게 지급되었다. 합의금이 그렇게 크게 책정된 것은 다수의 피해자가 발생한 것 때문이기도 하지만 차별의 심각성 또한 원인이 되었다. 예를 들어, 각 레스토랑 체인점마다 아프리카계 미국인 직원의 수가 아프리카계 미국인 고객의 비율에 따라 제한되어 있었다. 아프리카계 미국인들이 고용되었을 때에는 대부분 임금이 적은 주방 일에 배치되었다. Shoney's 레스토랑은 1억 3,250만 달러를 배상하는 것에 더해서 10년이 넘는 기간 동안 사회적 약자 우대정책(affirmative action) 프로그램을 이행하는 것에 동의하였다.

■ 1996년 Texaco는 인종차별소송에서 현직 및 전직 아프리카계 미국인 근로자 1,400여 명에게 1억 7,600만 달러를 배상하는 것에 합의했다. 이 사건은

Texaco 경영진의 인종차별적인 비방을 녹화한 비디오가 공개적으로 방송되면서 촉발되었다.

- 2002년 Coca-Cola는 인종차별 사건으로 1억 9,250만 달러라는 기록적인 금액에 합의했다.
- 2000년 Nextel은 성별, 인종 그리고 연령에 대한 차별 소송으로 1억 7,600만 달러를 배상하기로 합의했다.
- 2005년 Abercrombie & Fitch는 성별, 인종차별 고발 건에 대해서 4,000만 달러를 배상하기로 합의했다.
- 2010년 Novartis는 성차별 소송으로 급여와 승진을 포함해서 1억 7,500만 달러에 합의했다.
- 2013년 Merrill Lynch는 인종차별 집단 소송에서 해당 계층에 소속된 직원 1,433명에게 각각 11만 1,000달러씩 지급하는 기록적인 합의를 하였으며, 총액 기준으로는 1억 6,000만 달러를 배상하기로 합의했다.

판례법(case law) 재판에서의 판결을 통해서 법원이 내린 법에 대한 해석이며, 이는 차후의 법원판결을 위한 판례가 된다.

하지만 합의점을 찾지 못하는 경우에는 연방 지방법원으로 사건이 넘어가게 되며, 고용평등기회 위원회는 고발을 제기한 사람을 물리적 및 재정적으로 대신하게 된다. 지방법원이 판결을 내리게 되면 그 판결은 **판례법**이 된다. 판례법이란 법률에 대한 사법적인 해석이며 미래의 다른 사건들을 위한 판례가 되기 때문에 중요하다. 만약 어느 한쪽이 하위 법원에서 제시한 판결에 동의하지 않을 때에는 연방 순회 항소 법원에 항소할 수 있다. 지방법원에서 올라온 항소심을 다루는 12개의 연방 순회 법원 중 한 곳에서 내린 판결은 그 판결을 내린 특정한 순회 법원에서만 판례법으로 법적 구속력을 가지게 된다. 이것이 이 장에서 대부분의 법정 소송사건에 순회법원이 등장하는 이유이다.

만약 양측 모두 항소심 재판 결정에 동의하지 않으면 연방 대법원에 심의를 요청할 수 있다. 연방 대법원은 판결이 법률적으로 중요하거나 혹은 사안에 대한 판결들이 순회법원 간에 서로 일관성이 없을 경우에 한해서만 사건에 대해서 검토할 것이다. 분명한 것은 연방 대법원의 판결이 가장 큰 비중을 차지하며, 이어서 항소 법원의 판결 그리고 지방법원 판결의 순으로 비중을 차지하게 된다.

고용 의사결정의 적법성 확인

언뜻 보기에는 고용에 대한 의사결정에서의 법적인 측면이 복잡하게 보이는데, 그 이유는 고용 의사결정에 적용되는 법률들과 법정 소송사건들이 매우 많기 때문이다. 하지만 기본적인 법적 측면은 그렇게 복잡하지 않다. 이 절차를 더 쉽게 이해할 수 있도록 각 단계들이 설명되어 있는 그림 3.2의 순서도를 활용하라.

고용관행이 연방정부의 보호를 받는 계층과 직접적으로 관련 있는가?

고용관행은 직원에게 영향을 미치는 의사결정이다. 고용관행은 채용, 훈련, 해고, 승진, 근무시간 배정, 급여 결정, 징계, 그리고 휴가 일정관리 등을 포함한다. 따라서 고용주가 내린 모든 의사결정은 법적 이의제기의 가능성을 가지게 된다.

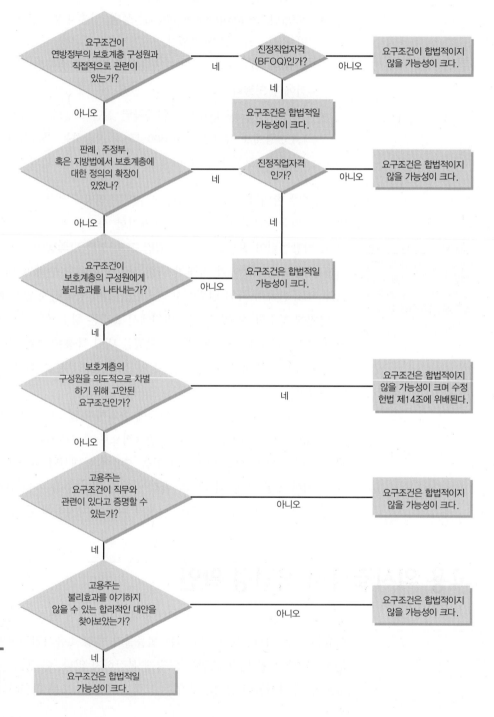

그림 3.2
채용 과정이 합법적인지
확인하기

보호계층	연방 법률
연령(40세 이상)	고용에서의 연령차별 금지법
장애	미국 장애인 차별 금지법
	미국 장애인 차별 금지법 수정 조항
	직업재활법, 1973
인종	시민권법, 1964, 1991
출신 국적	시민권법, 1964, 1991
종교	시민권법, 1964, 1991
성별	시민권법, 1964, 1991
	동등 임금법, 1963
임신	임신부 차별 금지법
참전용사 자격	베트남전 참전 퇴역군인 재적응 지원법, 1974
	참전 퇴역군인 고용촉진법, 2002

그림 3.3
미국의 연방차원
보호계층

보호계층(protected class) 보호계층 보호법 제정 목적의 대상이 되는 사람들의 집단을 가리킨다.

고용관행의 적법성을 확인하는 첫 단계는 해당 고용관행이 보호를 받는 계층의 구성원과 직접적으로 관련이 있는지 없는지를 결정하는 것이다. **보호계층**은 보호계층 보호법 제정 목적의 대상이 되는 사람들의 집단을 가리킨다. 연방정부의 차원에서는 **연방법**에 의거하여 특별히 보호되는 개인들이 모인 집단을 보호계층이라고 한다. 미국 연방차원에서 보호되는 계층의 목록은 그림 3.3에 나타나 있다. 표 3.1에서는 다른 나라들의 보호계층과 미국의 보호계층 간의 유사성을 보여준다. 캐나다에는 연방 차원의 보호계층이 없지만 각 주별로 자체 고용법을 제정한다. 따라서 표 3.1에서 캐나다의 경우는 **모든 주와 지역에서** 법에 의거해 보호되는 계층을 목록에 포함시켰다. 각 주별 보호계층 전체 목록은 이 단원 마지막에 있는 부록에서 확인할 수 있다.

21세기에는 의도적으로 개인의 성별, 인종, 출신 국가, 피부색, 연령, 종교 혹은 장애와 같은 요소들을 기반으로 해서 고용 의사결정을 하는 고용주는 거의 없을 것이라고 생각할 수 있지만, 실제로 수백 개의 조직들이 매년 그렇게 하고 있다. 예를 들어 2001년에 보험 및 자동차 수리업체 RAC(Rent-A-Center)의 CEO와 매니저들이 여성들을 차별하였고 이에 RAC사는 성차별 소송으로 4,700만 달러의 배상금에 합의했다. 그들은 "여자들은 어떻게 해서든 없애라", "혹시 못 알아차렸을까봐 그러는데, 우리 회사는 여자들은 고용하지 않아", "내가 여자들을 우리 회사에 고용하는 일은 하늘이 두 쪽 나도 없을 거야" 등과 같이 말했다고 한다.

인종

미국 수정 헌법 제5조 (Fifth Amendment) 법에 의거하여 연방 정부가 개인의 평등한 보호를 거부하지 못하도록 하는 미국 수정 헌법 사항

미국 수정 헌법 제14조 (Fourteenth Amendments) 법에 의거하여 어떤 주정부도 개인의 평등한 보호를 거부하지 못하도록 하는 미국 수정 헌법 사항

인종(race) 미국 의회에 따르면, 네 인종은 아프리카계 미국인, 유럽계 미국인, 아시아계 미국인, 아메리칸 인디언이 있다.

1866년, 1964년, 1991년의 미국 시민권법과 **미국 수정 헌법 제5조**와 **제14조**에 의거하여, 한 개인을 **인종**에 따라 차별하는 것은 위법이다. 미국 의회는 인종을 아프리카계 미국인, 백인, 아시아계 미국인, 미국 인디언 원주민의 4가지로 분류했다.

미국 수정 헌법 제5조와 제14조의 **평등보호 조항**은 연방정부나 주정부가 개인의 법률에 의한 평등 보호권을 거부할 수 없다고 명한다. 이는 정부가 **의도적으로** 차별하지 못하거나, 의도적인 차별의 발생이 가능하지 않도록 해야 한다는 것을 내포한다. 미국 수정 헌법 제5조와 제14조에 의거한 모든 소송은 반드시 그 의도를 입증해

표 3.1 연방차원 보호계층의 국제 비교

보호계층	미국	캐나다	호주	영국	유럽연합	멕시코	일본
인종	예	예	예	예	예	예	
출신 국가	예	예		예	예	예	예
성별	예	예	예	예	예	예	예
나이	예	예	예	예	예		예
장애	예	예	예	예	예		예
피부색	예	예		예			
종교	예		예		예	예	예
임신	예	예	예			예	
베트남 참전용사	예						
혼인여부		예	예	예			
성적 지향		예	예		예		
정치적 성향			예			예	예
가족관계			예				
성전환자				예			
전과자			예				
속인국			예				
사회적 계층			예				
진료기록			예				
노동조합 활동			예				
사회적 지위							예

야하기 때문에, 이들 조항은 잘 원용되지 않는다.

1964년(시민권법 제7편)과 1991년에 제정된 시민권법은 미국 수정 헌법 제5조와 제14조의 범위를 민간 부문과 지방정부까지 확대했다. 시민권법 제7편 703절에 의하면, 직원이 15인 이상인 고용주, 노동조합, 고용 기관, 주정부와 자치정부의 관계기관들, 그리고 교육기관이 다음과 같이 하는 것은 위법이다.

- 개인의 인종, 피부색, 종교, 성별 및 출신국가 등과 같은 이유를 들어 개인을 불합격시키거나, 고용을 거부하거나 혹은 해고시키는 경우, 또는 보상, 계약조건, 근무환경 및 우선고용 등에 대하여 한 개인을 차별하는 경우
- 개인의 인종, 피부색, 종교, 성별, 및 출신국가 등과 같은 이유를 들어 개인으로부터 고용의 기회를 박탈하거나 박탈할 경향이 있을 수 있는 어떤 방식을 통해서 직원을 제한, 분리 및 분류하는 경우, 또는 직원으로서의 지위에 불리하게 영향을 미치는 경우

미국 수정 헌법 제5조 및 제14조와는 달리 시민권법은 고용관행이 잠재적 위법

으로 간주될 수 있도록 의도적으로 차별하는 것까지 요구하지는 않는다. 대신에 선발 비율에 대한 통계분석, 불리효과의 존재 및 부재 등을 통해서 차별의 증거가 확인된다. 여기에 대해서는 이 단원의 후반부에서 자세하게 다루게 될 것이다.

법원은 시민권법이 조직의 "분위기"를 다루는 것으로 해석했으며, 성희롱(*Broderick* 대 *Ruder*, 1988; *Brundy* 대 *Jackson*, 1971), 연령에 따른 괴롭힘(*Louis* 대 *Federal Prison Industries*, 1986), 인종에 따른 괴롭힘(*Hunter* 대 *Allis-Chalmer*, 1986), 종교에 따른 괴롭힘(*Abramson* 대 *William Paterson College of New Jersey*, 2001) 등과 같은 행태들을 포함한다.

조직의 분위기를 법원이 고려하는 흥미로운 사례는 2005년에 있었던 *Forbes* 대 *ABM Industries* 사건이다. 생산부문 최고 관리자인 Cheryl Forbes는 여성들이 성공하지 못하게 하는 분위기를 조장하는 교묘한 정치적 계책을 회사가 사용한다는 이유로 회사를 고소했다. 회사가 사용한 계책에는 지역 담당 관리자는 남성 관리자와는 함께 저녁식사를 하지만 여성 관리자와는 저녁식사를 하지 않기, 여성 관리자들 거치지 않고 건너뛰어서 그들의 부하직원들을 직접 대하라고 직원들을 부추기기, 여성 관리자들에 대한 소문 퍼뜨리기 등이 포함되었다. 배심원단은 Forbes의 손을 들어주었고 워싱턴 주 항소 법원도 배심원단의 판결을 인정하여 성차별과 성희롱을 했다는 이유로 400만 달러 지급 판정을 내렸다.

피부색

피부색도 시민권법에 의해서 보호된다. 인종이라는 용어와 같은 말로 흔히 사용되기는 하지만, 특히 피부색의 차이에 따른 차별에 대해서 개인들을 보호한다는 것을 말한다. 1989년에 있었던 *Walker* 대 *Secretary of the Treasury* 사건의 예를 들면, 지방법원은 국세청에서 근무하는 더 어두운 피부색을 가진 아프리카계 미국인 관리자가 더 밝은 피부색을 가진 아프리카계 미국인 직원을 불법으로 해고한 사실을 밝혔다. 이와 비슷한 사례로 Applebee's Neighborhood Bar & Grill 레스토랑은 더 어두운 피부색을 가진 아프리카계 미국인인 한 직원에게 4만 달러를 배상했는데, 더 밝은 피부색을 가진 아프리카계 미국인 매니저가 그 직원의 피부색을 폄하하는 발언을 했다고 고발을 한 사건이다(Mirza, 2003).

성별

시민권법은 1963년에 제정된 동일 임금법과 마찬가지로 성별에 따른 차별을 금한다. 법원은 여성을 대상으로 하든 남성을 대상으로 하든 의도적인 차별은 모두 불법이라는 판결을 내렸다(*Diaz* 대 *Pan American Airways*, 1991). 성별에 대한 정의는 성적인 고정관념을 포함한다. 즉, 여성지원자가 남성처럼 보이거나 지나치게 남성적인 옷을 입는다는 이유로 고용하지 않는 것은 불법이다(*Lewis* 대 *Heartland Inns of America*,

2010). 법원은 트랜스젠더가 받는 차별의 적법성에 대해서 의견이 나뉘어졌는데, 7번째(*Ulane* 대 *Eastern Airlines*, 1984), 8번째(*Sommers* 대 *Budget Marketing*, 1982), 9번째(*Voyles* 대 *Ralph Davies Medical Center*, 1975) 순회 법원은 트랜스젠더가 받는 차별은 법적으로 문제가 되지 않는다는 의견을 낸 반면, 6번째(*Barnes* 대 *City of Cincinnati*, 2005; *Jimmie L. Smith* 대 *City of Salem, Ohio*, 2004)와 11번째(*Glenn* 대 *Bumbry*, 2011) 순회 항소 법원은 합법적이지 않다는 의견을 냈다.

출신 국가

출신국가는 시민권법에 의거하여 보호된다. 히스패닉계의 사람들은 인종이 아닌 출신국가에 따른 차별 금지법에 의해서 보호된다. 지난 몇 년간 출신국가에 따른 차별에 고발이 급속도로 증가했다. 가장 흔한 고발 중에 하나가 채용 요구조건들을 말하면서 "영어만 됩니다" 혹은 "이해 가능한 영어를 사용하세요"라고 하는 것이다. 법원은 대체로 직무와 관련된 언어에 대한 요구조건은 적법하다고 판결을 내렸으며 (Quinn & Petrick, 1993) 휴식시간이 아니라 근무시간에서의 의사소통으로 제한하였다.

"영어만 사용하라"는 언어 요구조건이 합법적이지 않은 좋은 사례는 고용평등기회 위원회와 델라노 지역 의료센터 간에 100만 달러에 가까운 합의금이라는 결과를 낳게 한 소송사건이다. 병원은 필리핀 출신 직원들이 타갈로그어를 사용하는 것은 금지했지만 다른 직원들이 스페인어 같은 것을 말하는 것은 여전히 허용했다. 병원은 필요에 따라 영어를 사용하는지 감시하기 위해 카메라를 설치할 것이라고 직원들에게 통보했다.

종교

종교 또한 시민권법에 의해 보호된다. 직업의 속성이 종교적이지 않다면, 개인의 종교가 채용의사결정의 요인으로 사용되는 것은 불법이다. 예를 들어 가톨릭교회는 사제들에게 가톨릭교도가 되기를 요구할 수 있지만, 가톨릭교회의 사무직원들에게는 그것을 요구할 수 없다. 시민권법은 조직으로 하여금 지나치게 어려운 것이 아니면 종교적 믿음을 위한 편의시설을 만들도록 의무화했다. 매년 고용평등기회 위원회에 제기되는 종교적 차별 관련 고발이 3,000건 정도로, 그중에서 편의를 봐주지 않은 것이 가장 많이 거론되는데, 예배 기간, 예배 의식, 종교적 복장 등과 관련이 있다.

예배 기간. 많은 종교들은 특정한 기간 동안 신도들이 일하는 것을 금한다. 예를 들어 제7안식일 재림교와 정통 유대교 신도들의 경우 금요일 일몰시부터 토요일 일몰시까지 일을 할 수 없다. 그리스 정교회의 신도들은 일요일에 일을 할 수 없다. 이처럼 종교적으로 일하는 것을 **금하는** 경우와 숭배 기간에 일하지 않는 것을 **선호하는** 경우를 혼동해서는 안 된다. 예를 들어 프로테스탄트 신도들은 일요일이나 크리스마스에 일을 하거나 저녁예배 대신 아침예배에 참석하기도 한다. 법원은 직원의 선호에 의한 것에 대해서는 편의를 봐줄 필요가 없다는 판결을 내렸다(*Dachman* 대 *Shalala*, 2001; *Tiano* 대 *Dillard* 백화점, 1998).

예배 기간은 종교적인 제약 없이 일할 수 있게 주로 일정의 조정 등을 통하여 편의를 도모할 수 있다. 직원의 수가 적은 경우에는 교대 일정을 조정하거나 근무조를 바꾸는 것 등을 통해서 직원이 빠져야 하는 예배 일수를 줄일 수 있다. 하지만 이 경우에도 예배 일수를 완전히 없애지는 못한다. 대신할 동료가 없을 경우, 직원의 예배 기간을 부담하는 초과근무 수당이 지급된 경우 혹은 다른 직원의 선임으로서의 권리나 단체교섭권이 침해당한 경우 등의 상황에서는 종교적인 이유에 의해서 편의를 제공하는 것은 법적인 합리성이 없어진다. 하지만 직원이 묘안을 짜내거나 종교적 요구에 대한 적절한 설명이 있다면 합리적으로 편의의 제공이 이루어질 수 있다.

Eddie Kilgore 사건은 종교적인 편의에 대해서 매우 잘못된 처리과정을 보여주는 사례이다. Kilgore는 아칸소 주에 있는 Sparks Regional Medical Center에서 18년째 일해 왔으며, 토요일에 갑작스럽게 비상대기 당번 명령을 받았다. 제7안식일 재림교 신도였던 그는 토요일에 일하는 것이 종교적으로 금지되어 있었고, 이 사실을 고용주는 오래전부터 알고 있었다. Kilgore가 토요일 근무를 거부하면서 그는 회사에서 해고되었다. 그는 종교적 차별이라며 고소했고 배심원단은 그에게 10만 달러의 보상금을 받을 수 있도록 하였고 이전 일자리를 되돌려 주었다.

예배 의식. 기도와 단식과 같은 예배 의식은 잠재적인 문제들을 야기할 수도 있다. 일부 종교는 신도들에게 특정 시간에는 기도를 하도록 의무화한다. 예를 들어 이슬람교도들은 살라트 기도의식을 일출시, 정오, 오후, 일몰시, 야간 등 하루에 5번 예배를 행해야 한다. 한 번 예배의식을 행할 때마다 손을 씻는 것과 같은 준비시간을 포함하여 15분이 소요되기 때문에 패스트푸드 음식점이나 소매상점의 경우는 기도에 대한 편의를 봐주면서 업무가 힘들어지는 경우도 종종 발생한다. 단식을 해야 하는 경우도 문제가 된다. 예를 들어 이슬람교도들은 30일의 라마단 기간에는 해가 떠 있는 동안 음식과 술을 취하면 안 된다. 이슬람교도인 직원들은 이 기간 동안 일을 할 수는 있지만, 오후가 되면서 지구력과 수행이 영향을 받을 수 있다. 때문에 위험하거나, 힘이 많이 들거나 혹은 복잡한 일은 오전 시간대에 맡도록 하거나 이슬람교도 직원들을 오전 시간으로 일정을 조정해주는 것 등으로 편의를 제공해줄 수 있다. 이런 경우를 잘 보여주는 사례는 2010년 미시건 주 디어본의 포드슨 고등학교의 사례이다. 그 해에는 대부분의 미국 고등학교에서 "하루 2회"의 미식축구 연습을 실시하는 기간에 라마단이 있었다. 포드슨 고등학교는 이슬람교도인 학생의 수가 지배적이었기 때문에, 미식축구 연습 시간을 주간에서 저녁 11시로 옮겨서 연습을 하는 동안 선수들이 물을 마실 수 있었다.

단식과 기도가 조직의 편의제공을 필요로 하는 가장 잘 알려진 예배 의식이기는 하지만, 이들 이외에도 다른 예배 의식들이 있다. 예를 들어 여호와의 증인 신자들은 생일을 축하하거나 비종교적 공휴일을 기념하는 것을 할 수 없다. 그렇기 때문에 여호화의 증인 신자들이 직장 동료의 생일 파티나 기념식 등에 참여하지 않는 모습은 그들의 상황을 모르는 동료들에게는 "태도의 문제"로 비춰진다. 크리스마스 장식들을 걸거나, 크리스마스트리를 꾸미거나 혹은 직원들끼리 비싸지 않은 선물들을 서로 교환하고 술이나 음식이 제공되는 전통적인 직장 크리스마스 파티는 잠재적으로 종교의 다양성에 대한 문제를 야기할 수 있는 좋은 사례이다. 이와 같은 파티가 크리스마스를 기념하지 않는 사람들의 기분을 상하게 할까? 그러한 파티에 참석하는 것을 금지하는 종교를 가지고 있는 직원들이 있는가? 이슬람교 신자, 힌두교 신자, 불교 신자, 그리고 유대교 신자와 같이 특정 음식물의 섭취를 금지하는 그룹에 맞춰 음식이 제공되어야 하나?

종교적 복장.   신도들이 특정한 복장을 입어야 하는 종교들이 많이 있는데, 이런 경우 회사의 이미지를 홍보하기 위해서 혹은 고객들을 즐겁게 해주기 위해서 회사가 직원들에게 단일 복장을 착용하길 원할 때에 잠재적 갈등이 발생할 수 있다. 직원들이 비슷하게 보이기를 원하는 것은 종교적 복장과 관련된 종교적 차별이라고 고발한 경우가 시크교도에 의해서 일부 발생했다. 시크교도 남성들은 터번을 머리에 써야 하고, 오른쪽 손목에 종교적인 팔찌도 착용하는 이들도 많은데, 특히 머리에 쓰는 터번은 동일한 복장을 착용해야 하는 경우에 자주 갈등이 생긴다. 법원은 신체수정 교회라는 종교집단의 구성원들이 얼굴에 하는 피어싱(piercing)을 지지하는 판결을 내렸다(*Cloutier* 대 *Costco Wholesale*, 2004).

하지만 팔찌가 기계에 걸릴 위험이 있거나 터번 때문에 안전모를 착용하지 못하는 경우와 같이 종교적 복장이 직원이나 다른 사람들에게 위험을 끼칠 가능성이 있는 경우에는 그러한 종교적 복장의 착용을 금하는 것 합법적이라고 명확하게 판결을 내렸다. **고용평등기회 위원회 대** *GEO Group, Inc*의 사례(2010)를 보면, 법원은 직원들이 가볍게 모자나 스카프와 같이 종교적인 의미가 없는 쓸 것의 착용을 금지하는 교도소의 무관용 정책에 대해서는 합법이라고 판결하였다. 이 정책에 대해서 3명의 이슬람교도 여성 직원들은 종교의 규칙에 따라 머리 스카프인 **키마르**를 착용해야 한다면서 이의를 제기했다. 이에 감옥 측은 그런 의류는 안전의 위험을 야기할 수 있다고 대답을 했는데, 구체적으로는 밀수품을 거래하는 것이 더 쉬워지며, 감옥에서 일하는 직원들과 외관상으로 구분 짓기 어렵게 하며, **키마르**로 수감자들이 직원들을 교살하는 데에 사용할 가능성도 있다고 하였다. 이와 비슷한 사건(*Webb* 대 *City of Philadelphia*, 2009)에서도 일관된 판결이 내려졌는데, 연방 고등법원은 감옥의 안전성을 직원들의 종교적 권리보다 우선시한다는 판결을 내렸다.

저는 버지니아 주 서남쪽에 위치한 70명의 변호사가 근무하는 하는 법률 사무소에서 11명의 변호사와 1명의 법무사로 구성된 노동법과 고용법 관련 업무 분야에서 일하고 있습니다. 노동법과 고용법의 성격상 제가 맡은 업무의 범위가 매우 넓으며, 때문에 고객의 요구를 충족시키기 위해서는 다양한 방법을 활용합니다. 하루는 노조가 없는 상태가 유지되도록 도와달라고 하는 고객들에게 그 단계들을 조언해줄 수 있으며, 그 다음 날은 괴롭힘 관련 소송을 피할 수 있도록 관리자들을 교육시킬 수도 있으며, 또 그 다음 날은 이러한 문제들을 고소하기 위해 법정에 있을 수도 있습니다.

Victor O. Cardwell,
변호사, 노동법과 고용법

우리 고객들은 대부분 중간 규모 및 대규모 기업들로 구성되어 있기 때문에 저는 법적 문제들과 관련한 경영진의 입장에서 주로 일을 합니다. 이런 맥락에서 저는 인사관리 분야의 대표자들과 직접 일을 하며, 조직의 인사 관련 정책의 수립, 적합한 직원 징계 결정, 그리고 직원 훈련 개발 등과 같은 영역에서 조언을 제공합니다. 저는 노동법과 고용법이 가지고 있는 다양한 특성과 고객의 업무 운영에 매일 관여하는 것을 즐기고 있습니다.

노동법과 고용법을 다루는 변호사로서 저는 사람들이 변호사라고 하면 떠올리는 업무들을 많이 수행합니다. 예를 들어, 괴롭힘이나 차별과 관련한 새로운 소송 사건을 맡게 되면 저는 제일 먼저 소송을 야기하는 과정에서 무엇이 일어났는지를 전체적으로 파악하기 위해서 회사의 인적자원관리 담당 책임자와 면담을 합니다. 이 과정은 사건과 관련된 모든 사실관계를 파악하기 위해 반드시 거쳐야 하며, 그에 이어서 상황에 대한 완전한 이해를 위해 목격자와 면담을 합니다.

어떤 일이 벌어졌는지 완벽하게 이해한 다음에는 관련 노동법과 고용법 조항을 사안에 맞추어 적용하고 고객에게 사건의 상황을 가장 이해하기 좋게 제시하는 것이 저의 일이 됩니다. 사실 고객이 약식각하를 얻어낼 수 있는 방법으로 처신하지 못한 경우가 생기는데, 이 경우는 고객에게 합의를 보라고 권고합니다. 소송에 대한 합의금 지급이 소송과정에서 변호를 지속해야 하는 비용에 비하면 간단한 방법이기도 합니다. 즉

약간의 합의금을 물어주고 상황을 해결하여 고객이 사업을 재개하게 되는 것이 비용 면에서는 더 저렴한 것이기 때문입니다. 이러한 합의가 이루어지는 과정에는 고객들과 관련된 변호사들의 협상이 필요합니다. 그러나 다행스럽게도 이는 내가 회사의 인적자원관리 담당 책임자와 지속적으로 일을 해오고 있으며, 소송으로 이어질 수 있는 유형의 문제들을 최소화하기 위해 임직원 교육 훈련에 참여해오고 있는 상황에서는 흔하지 않은 상황들입니다.

제가 변호사라는 직업을 통해서 즐거움을 느끼는 면은 고객들의 직원들을 교육한다는 것입니다. 직원들 앞에 설 때는 훌륭한 의사소통 기술과 교육생들에게 그들이 필요로 하는 것을 주기 위해 청중들을 이해하는 능력이 요구됩니다. 저의 특별한 훈련 방식은 교육 참가자들의 참여도가 높고 많은 피드백을 받았을 때 효과가 가장 잘 나타납니다. 고객들은 고용과 관련된 모든 영역에 대해서 교육을 해달라고 요청하는데, 몇 가지만 예를 들면 성과평가, 징계와 해고, 다양성, 직장 내 폭력과 관련된 교육 등이 있습니다. 한 번 더 말하자면 저는 제 고객들이 교육을 통해 찾고자 하는 것을 그들과 함께 정확하게 파악합니다. 게다가 저는 교육할 때 적용할 수 있을 만한 수만 개의 노동법과 고용법 그리고 최근의 사건들을 살핍니다. 마지막으로, 교육에는 일선 관리자들이 포함될 수도 있는데, 저는 문서로 된 교육자료들을 개발해서 교육이 끝났을 때 참고용 자료로 뭔가를 가져갈 수 있도록 합니다.

기업 고객들뿐만 아니라, 학교, 교회, 비영리 기관들과 같은 조직은 다양한 주제에 대한 강연자로 저를 자주 초청합니다. 저의 법무법인은 지역사회에 관여하는 것을 지원하고 권장하며, 저의 일에서뿐만 아니라 공동체에서도 적극적으로 참여할 기회를 줍니다.

제가 선택한 변호사라는 직업의 여러 역할들 중에서, 다양한 종류의 사람들과 많은 상호작용을 할 수 있다는 것이 저에게는 가장 보람된 것입니다. 학생들에게 제가 전하고 싶은 말은 고객들의 일하는 방식과 근무환경을 이해하여 그들을 잘 알 수 있어야 한다는 것 입니다. 고객과 회사에 대한 이해가 높을수록 더 나은 조언을 제시해 줄 수 있을 것입니다.

고용에서의 연령차별 금지법(Age Discrimination in Employment Act: ADEA) 40세 이상의 개인에 대한 차별을 금지하는 연방법과 수정조항

연령

고용에서의 연령차별 금지법과 이후의 수정조항들은 고용주나 노동조합으로 하여금 40세 이상인 개인에 대한 차별을 금한다. 이 법은 비용을 절감하기 위해서 고임금의 나이가 많은 직원들을 해고하고 저임금의 젊은 직원들로 대체하는 고용관행으로부

터 나이가 많은 고용인들을 보호하기 위해 제정된 측면이 있다. 실제 현장에서는 반대의 경우가 많지만, 사람들은 보통 나이가 많은 직원들이 젊은 직원들보다 능력이 떨어지고 경제적으로도 가치가 떨어진다고 생각하기 때문에 이렇게 법률을 제정하는 것이 중요하다(Finkelstein, Burke, & Raju, 1995; Letvak, 2005). 이 법에 의거하여 소송을 제기하기 위해서 개인은 자신이 특정 연령층에 속해 있다는 것, 해고되었거나 좌천되었다는 것, 해고 혹은 좌천 시점에 직무를 적절하게 수행하고 있었다는 것, 그리고 젊은 직원(40세 이상이어도 자신보다 젊으면 해당됨)으로 교체된 것을 증명해야 한다(*O'Connor* 대 *Consolidated Coin Caterers*, 1996). 대학교수의 정년을 70세로 명시한 것과 같이 특정한 상황에서는 의무적인 퇴직연령이 허용되고 있기는 하지만, 일반적으로 직무 수행 능력은 나이가 든다고 해서 나빠지지 않는다는 연구 결과가 있기 때문에 이것은 합법적이지 않다.

연령 차별은 미국 이외의 다른 나라에서도 나타나는 요소이다. 표 3.1에서 본 것처럼 많은 나라들이 연령 차별 금지법을 제정하였다. 유럽연합 국가들에서 나이가 많은 직원에게 불리효과를 줄 수 있는 관행은 합법적이지 못하다. 예를 들어 전문대학이나 4년제 대학에서의 구인활동을 통하여 젊은 직원을 고용하는 관행이 매우 흔하게 이루어졌는데(영국에서는 "milk run"이라고 함), 이는 더 이상 허용되지 않을 것이다(Gomm, 2005).

장애

1973년 제정 직업재활법 (Vocational Rehabilitation Act of 1973) 연방 정부 계약 업체 또는 하도급 업체가 신체적 및 정신적 장애가 있는 사람을 차별하는 것을 금지하는 1973년에 통과된 연방법

장애인 차별 금지법(Americans with Disabilities Act: ADA) 신체적 및 정신적 장애가 있는 사람에 대한 차별을 금지하는 1990년에 제정된 연방법

1973년 제정된 직업재활법에서는 연방정부 혹은 연방정부와 거래하는 기업이 장애를 가진 사람들을 차별하는 것을 금지하고 있으며, **장애인 차별 금지법**에서는 직원이 15인 이상인 사업장의 고용주가 장애를 가진 사람을 차별하는 행위를 금지하고 있다. 연방 계약 준수 프로그램 사무국(OFCCP)은 2013년에 직업재활법 503조에 따라 법을 개정했으며, 2014년에는 연방정부와 거래하는 기업들로 하여금 지원자들에게 그들의 장애 등급 확인을 요청하는 것과 전체 직원의 최소한 7%가 장애를 가진 사람들이어야 한다는 장애인 근로자 활용목표를 설정하는 것을 의무화했다. 활용목표는 쿼타(quota)와는 달리 어길 경우에 규정위반에는 해당되지 않고, 이 목표를 달성하기 위한 효과적이고 적극적인 조치를 취해야 하는 것을 말한다.

1990년 George H. W. Bush 대통령이 법으로 제정한 장애인 차별 금지법은 1964년 제정된 시민권법 이래로 고용법에서 가장 중요한 부분이다. 2008년에는 그의 아들 George W. Bush 대통령이 장애인 차별 금지법을 수정한 장애인 차별 금지법 수정조항(ADA Amendments Act: ADAAA)을 제정했다. 장애인 차별 금지법에 따라 직원이 15인 이상인 사업장은 "경영상 혹은 비용상 지나치게 어려운 상황을 만드는 것이 아니면 신체적, 정신적 장애를 가진 장애인을 위해 합리적인 편의시설"을 만들어야 한다. 의회가 장애들을 목록 형식으로 제공하지는 않았지만 장애에 대한 정

의는 다음과 같이 제시한다.

1. 주요 생활 활동 중에서 하나 혹은 그 이상에 대해서 현저한 제약을 주는 신체적 혹은 정신적 손상
2. 그러한 손상을 겪은 기록이 있는 경우
3. 그러한 손상을 가지고 있다고 여겨지는 경우

이상의 정의 중에서 첫 번째 부분에서, **주요 생활 활동**은 걷기, 듣기, 말하기와 같은 것들을 포함한다. 장애인 차별 금지법 수정조항은 일상 생활의 범위를 소화, 배변, 소변과 같은 주요 생체기능 활동까지 확장시켰다. 모든 직무 혹은 한 계통의 직무들과는 반대로 **특정한** 직무를 수행하지 못하게 하는 질환은 장애가 아니다(*Toyota* 대 *Williams*, 2002). 판례법 및 미국 노동부가 장애로 인정하는 질환에는 시각장애, 마비, 천식, 근육위축병, 그리고 난독증과 같은 다양한 종류의 학습장애 등이 있다. 법원에서 장애의 범주에 포함시키지 않는 질환에는 고소공포증, 색맹, 고혈압, 우울증, 그리고 일시적인 질환인 폐렴이나 발목 인대 손상, 20파운드를 넘는 과체중, 손목골증후군, 안경을 쓰는 것 등이 있다.

점자 형태의 검사를 제공하는 것과 같은 편의제공도 가끔 필요하다.

© PhotoDisc/Getty Images

장애에 대한 정의의 두 번째 부분은 과거에 장애가 있었지만 현재에는 장애가 없는 사람들을 보호하기 위해 제정되었다. 알코올 의존증을 극복한 사람들, 회복 중인 암 환자들, 정신 건강 시설에 있었던 사람들, 그리고 약물 중독을 극복한 사람들을 예로 들 수 있다.

마지막 부분은 얼굴에 흉터가 있는 사람들 혹은 심각한 화상을 입은 사람들과 같이 장애를 가지고 있지 않지만 마치 장애를 가지고 있는 것처럼 여겨지거나 취급받는 사람들을 보호하기 위한 조항이다. 이와 관련한 재미있는 사례는(*Johnson* 대 *Apland & Associates*, 1997) 7번째 순환 법원에 대해서 미국 연방 고등 법원은 18개의 치아를 잃은 남성도 장애를 가진 사람으로 간주된다는 것을 이유로 장애인 차별 금지법 관련 소송을 제기할 권리가 있다는 판결을 내렸다. 해당 소송 건은 이러한 인식이 "주요한 생활 활동의 하나 혹은 그 이상"을 실제로 "현저하게" 제한하는지를 확인하기 위해 하급 법원으로 다시 송부되었다.

장애인 차별 금지법 수정조항은 이러한 세 번째 부분에 대한 정의를 확장하였고, 손상이 6개월 미만으로 지속되는 경우는 장애로 간주되지 않는다는 것을 명확하게 했다. 또한 고용주는 장애가 있는 것으로 **간주되는** 직원들에게는 합리적인 편의제공의 의무를 지지 않는다고 명확하게 명시했다. 장애인 차별 금지법은 장애를 가진 사람들에게 평등한 고용의 기회를 제공하는 것과 그들에게 편의시설을 제공하기 위한 "합리적인" 시도를 해야 하는 것을 조직에 요구하지만, 장애인을 고용하거나 장애인에게 특혜를 제공하라고 요구하지는 않는다. 무엇이 합리적인 것인가에 대한 지침은 제공하지 않았지만, 읽어주는 사람 혹은 통역가를 제공하거나, 근무 일정이나 설비의 조정하거나, 접근성을 개선한 시설을 갖추는 것 등이 편의제공에 포함된다. 편의제공을 위해서 소요되는 비용의 2/3가 500달러 미만이라는 사실에도 불구하고(Cohen, 2002), 다수의 직원들은 이를 요청하는 것을 망설이며, 다수의 조직들도 마지못해 편의시설을 제공한다(Baldridge & Veiga, 2001).

조직들이 장애인 차별 금지법의 정신을 따르지 않는 경우가 많은데, 다음의 사례가 이를 잘 보여준다. Dale Alton은 EcoStar Communications사의 고객 서비스직의 입사지원자였는데, 그는 그의 시각장애에 대한 편의를 위해 문자를 음성으로 변환해주는 JAWS(Job Access with Speech)라는 컴퓨터 프로그램을 제공해 달라고 요구했다. 처음에 Alton이 고객 서비스직에 지원했을 때, EcoStar는 그에게 회사는 시각장애인을 다루기 위해서 설립되지 않았기 때문에 귀찮게 하지 말라고 말했다. 결국 2005년 배심원단은 EcoStar로 하여금 Dale Alton에게 800만 달러의 배상액을 지급하라는 판정을 내렸다.

장애가 직무분석을 통해서 확인된 직무의 "핵심적인 기능"들을 수행하지 못하게 하거나, 장애를 가진 당사자 혹은 동료들에게 직접적인 위험을 야기하는 경우에는, 해당되는 사람을 고용할 의무나 고용상태를 계속 유지해야할 의무는 없다(Zink,

2002). 게다가 7번째 순회 항소법원은 기업체가 장애가 있는 지원자에게 편의를 제공하기 위해 직무의 핵심적인 기능들을 크게 수정할 의무는 없다는 판결을 내렸다(*Ammons* 대 *Aramark Uniform Services*, 2004). 1993년의 *Caston* 대 *Trigon Engineering* 사례를 보면, 지방법원이 44개의 인격을 가진 여성은 환경 공학자로서의 직무를 수행할 수 없다고 판결 내렸다. 다른 사례(*DiPompo* 대 *West Point*, 1991)에서는, 난독증이 있는 지원자가 장애로 인정되기는 했지만, 위험한 물질이 있는 차량이나 건물들을 점검하거나 근무 일정이나 긴급 전화와 같은 정보를 기록하는 등의 핵심적인 직무 기능들을 수행할 수 없을 것으로 판결하였다. 2003년의 *Calef* 대 *Gillette Company* 사례를 보면 첫 번째 연방 순회 항소 법원은 Fred Calef 씨의 주의력결핍 과잉행동 장애의 존재는 인정하더라도 그가 가하는 위협적인 행위나 화를 주체하지 못하는 행동은 허용되지 않는 것으로 판결내렸다. 1994년 *Ethridge* 대 *State of Alabama*의 사례에서, 지방법원은 오른손을 제대로 사용할 수 없는 경찰 지원자는 두 손을 사용하는 자세로 총을 쏠 수 없기 때문에 핵심적인 직무 기능을 수행할 수 없다고 판결을 내렸다.

장애인 차별 금지법 판결 사례 중에서 Casey Martin의 사례(*Martin* 대 *PGA Tour*, 2000)는 잘 알려져 있다. Martin은 그의 오른쪽 다리에 발생한 클리펠 트레노우네이베버 증후군(모세혈관증)으로 고통받았으며, 그는 이러한 증상 때문에 골프 코스를 걷는 데 어려움이 있어 골프 카트 사용을 허용하는 편의제공을 요청했다. 미국 프로 골프협회 측은 걷는 것은 골프에 있어서는 "핵심적인 기능"이며 결과적으로 카트를 타고 이동하는 것은 합리적인 편의제공이 될 수 없다고 주장하면서 그의 요청을 거부하였다. 미국 대법원은 걷는 것이 골프의 핵심적인 기능이 아니며 그에게 골프 카트 사용을 허락하는 것은 비합리적인 편의제공은 아니라는 Martin의 주장을 받아들여 승소 판결을 내렸다.

임신

임신부 차별 금지법(Pregnancy Discrimination Act) 임신한 여성의 권리를 보호하는 1978년에 제정된 연방법

임신부 차별 금지법은 "임신, 출산 혹은 연관된 의학적 상태에 의해서 영향을 받는 여성들도 그들만큼 영향을 받지는 않지만 유사한 능력 수준 및 무능력 수준을 가지고 있는 사람들과 모든 고용 관련 목적에 대해서 수당혜택을 포함해서 동일한 대우를 받아야 한다"라고 명시한다. 간단히 말해서 이 법은 임신을 다른 단기적인 장애와 같이 취급해야 한다고 한다. 1992년 *Adams* 대 *North Little Rock Police Department*의 사례를 보면, 미국 연방 고등 법원은 임신한 여성 경관에게는 업무 경감을 거부하면서, 허리를 삐끗하여 일시적인 장애를 입은 남성 경관에 대해서는 업무 경감을 해준 경찰서에 대해서 차별을 인정하는 판결을 내렸다.

1987년 *California Federal Savings and Loan Association* 대 *Guerra* 사례를 보면, 미국 연방 고등 법원은 임신부가 다른 장애를 가진 사람들보다 더 나은 대우를 받아야 하고 더 부족한 대우는 받을 수 없다고 하면서 법의 범위를 넓혔다. 2013년에만

임신부 차별 금지법과 관련하여 3,541건의 고발이 고용평등기회 위원회에 제기되었다. 임신부 차별 금지법에서 제공되는 권리들은 이 단원에서 차후에 다루게 될 가족의료휴가법(Family Medical Leave Act)에 의해서 많이 확장되었다.

퇴역군인

1960년대와 1970년대 베트남 전쟁에서 의무를 다하고 돌아온 군인들에 대한 광범위한 차별 때문에, 연방의회는 1974년 **베트남전 참전 퇴역군인 재적응 지원법**을 통과시켰다. 이 법에 따르면 연방정부와 10만 달러 이상의 수주 실적을 낸 연방정부 계약업체 및 하도급업체에게 베트남 참전 퇴역군인들을 고용하고 승진시키도록 하는 사회적 약자 우대정책(Affirmative Action)을 실시하여야 한다. 베트남전 참전 퇴역군인 재적응 지원법은 2002년 **참전 퇴역군인 고용촉진법**을 통해서 수정되는데, 이는 장애를 입은 참전용사, 3년 이내 제대한 참전 참전용사, 그리고 미군의 군사작전에 참여한 공로로 미군 근무 공훈장을 받은 참전용사들을 포함시켜서 기존 법의 대상범위를 늘리기 위한 것이었다. 2013년에 연방 계약 준수 프로그램 사무국은 그들의 베트남전 참전 퇴역군인 재적응 지원법 시행 규칙을 갱신했고, 2014년 연방정부 계약업체 직원의 최소 8%를 자격이 있는 참전용사들로 구성해야 한다고 "목표"를 정했다. 연방 계약 준수 프로그램 사무국은 이 목표를 매년 갱신하게 된다. 하지만 자격이 있는 참전용사들에게 사회적 약자 우대정책을 제공하는 것은 여성들에게는 오히려 불리효과를 야기할 수 있기 때문에, 연방정부 계약업체는 어떻게 참전용사를 모집하고 채용해야 할지에 대해서 아슬아슬한 곡예를 해야 한다.

요구조건이 진정직업자격인가?

여성들은 우리 회사에서 직무를 수행하기에는 연약하기 때문에 그들은 채용하지 않을 것이라고 하는 것처럼, 보호그룹 소속 여부를 근거로 한 고용 의사결정은 채용 요구조건들이 **진정직업자격**이라는 것을 입증하지 못하면 불법이 된다.

만약 직무가 특정한 계층의 사람만이 수행할 수 있는 경우에는 고용주의 요구사항은 진정직업자격으로 간주된다. 사실상 몇몇 직무들은 특정한 성별의 사람들에 의해서만 수행될 수 있는데, 예를 들어 여성만이 다른 여성의 아이에게 젖을 주는 유모로 고용될 수 있고 남성만이 정액 기증자가 될 수 있다. 하지만 우리 사회에서 특정한 인종, 성별 혹은 출신 국가에만 기반하여 수행되는 직무는 매우 적다. 75파운드 무게의 상자를 들어 올리는 것과 관계 있는 직무를 예를 들면, 평균적으로 남성이 여성보다 힘이 더 세다는 것은 사실이지만, 회사는 단지 남성이어야 한다는 것을 요구조건으로 정할 수는 없다. 이 사례에서의 실질적인 진정직업자격은 성별이 아닌 힘이며, 결국 남성들에게만 고용을 제한하는 것은 합법적이지 못할 수 있다.

진정직업자격은 고객 혹은 의뢰인의 선호도를 충족시키는 것이 아니라 직무를 수행하는 능력과 관련되어야 한다고 명시했다. 이와 관련한 판례는 다음과 같다.

- 2004년 *Geraldine Fuhr* 대 *School District of Hazel Park, Michigan*의 판례를 보면, 6번째 연방 순회 항소 법원은 남성 농구부 코치로 여성보다 남성을 더 선호하는 것은 진정직업자격으로 인정하지 않는다는 판결을 내렸다.
- 1991년 *Diaz* 대 *Pan American Airwasys*의 판례에서는, 항공편을 이용하는 승객들이 여성 승무원을 선호한다고 하더라도 항공사의 본업은 승객들을 안전하게 목적지까지 운송하는 것이므로 남성도 여성만큼 핵심적인 직무 기능을 수행할 수 있다고 판결했다.
- 1989년 애틀란틱 시에 있는 카이사르 카지노는 판돈을 많이 거는 고객들의 백인 남성 딜러 요구를 들어주려고 아프리카계 미국인과 여성 카드 딜러를 게임테이블에서 제외시킨 대가로 25만 달러의 벌금을 물었다.

많지 않은 진정직업자격 요구사항의 예외조항 중에 하나는 몸단장 관련 기준으로 보인다. 조직이 여성과 남성에 대해서 서로 다른 복장 규정과 몸단장 기준을 적용하는 것은 드문 일이 아니다. 성별에 따라 서로 다른 기준이 적용되는 것이 법을 위반하는 것으로 보일 수는 있더라도 법원들은 일반적으로 그러한 기준들을 지지하는 판결들을 내렸다(Fowler-Hermes, 2001; *Jespersen* 대 *Harrash's Casino*, 2005).

진정직업자격 관련 소송사례들 중에서 가장 흥미로운 사건은 닭날개 요리와 맨살을 훤히 드러낸 복장의 웨이트리스로 유명한 레스토랑 체인점인 Hooters를 상대로 고용평등기회 위원회가 제기한 고발사건이다. Hooters 레스토랑만의 독특한 분위기를 위해서 여성들만 서빙을 할 수 있도록 한 것은 진정직업자격 요건이 된다고 Hooters는 주장했다. Hooters의 대변인은 Hooters 레스토랑은 사실 음식을 파는 것이 아니라 여성들의 성적 매력을 팔기 때문에 여성으로서 성적매력을 발산하기 위해서 직원들은 반드시 여성이어야 한다고 전했다. 고용평등기회 위원회는 이에 동의하지 않았으며 특이한 합의가 이루어졌다. Hooters는 채용되지 못한 남성들에게 375만 달러를 지급하는 것에 동의를 하였고, 고용평등기회 위원회는 Hooters가 서빙하는 직무에는 여성만을 계속 고용하는 것에 동의를 하였다.

보호대상 계층 중에서 판례법, 주정부법 혹은 자치법을 통해서 정의가 확장된 것이 있는가?

고용에 대한 의사결정이 연방법을 위반하지는 않지만 추가적인 보호집단을 보호하기 통과된 주정부법과 자치법 중에 하나를 위반할 수는 있다. 주 차원과 관련된 사례는 다음과 같다.

- 캘리포니아 주와 뉴욕 주, 컬럼비아 특별구는 개인의 정치적 성향을 근거로 한 차별을 금한다.

- 캘리포니아 주, 콜로라도 주, 코네티컷 주, 델라웨어 주, 하와이 섬, 일리노이 주, 아이오와 주, 메인 주, 매릴랜드 주, 메사추세츠 주, 미네소타 주, 네바다 주, 뉴 햄프셔 주, 뉴저지 주, 뉴 멕시코, 뉴욕 주, 오리건 주, 로드 아일랜드 주, 버몬트 주, 워싱턴, 위스콘신 주와 컬럼비아 특별구는 사적 혹은 공적 고용주가 성적인 취향에 기반하여 차별하는 것을 금한다. 알래스카 주, 델라웨어 주, 인디애나 주, 루이지애나 주, 미시간 주, 몬태나 주, 네바다 주, 오하이오 주와 펜실베이나 주는 공적 고용주에 의한 차별만 금한다(갱신된 자료는 www.lambdalegal.org/states-regions에서 찾아볼 수 있다).

- 알래스카 주, 캘리포니아 주, 코네티컷 주, 델라웨어 주, 플로리다 주, 하와이, 일리노이 주, 매릴랜드 주, 미시간 주, 미네소타 주, 몬태나 주, 네브래스카 주, 뉴 햄프셔 주, 뉴 저지 주, 뉴 멕시코, 뉴욕 주, 노스다코타 주, 오리건 주, 버지니아 주, 워싱턴과 위스콘신 주와 컬럼비아 특별구는 혼인 여부에 따른 차별을 금한다.

지방정부 차원과 관련된 사례는 다음과 같다.

- 산타크루즈, 캘리포니아에서는 신장이나 용모를 근거로 차별하는 것은 불법이다.

- 185개 시와 군(자치주)에서는 성적인 취향을 근거로 한 차별이 금지되어 있다.

- 신시내티, 오하이오는 애팔래치아 사람들에게 가하는 차별을 금한다.

주정부법과 자치법에 추가적으로, 법정의 판결에 따라 보호계층에 대한 정의를 확장하거나 좁힐 수 있다. 앞에서 다룬 것처럼, 이러한 판결은 판례법이 된다. 다양한 소송사건들을 보면 법원은 장애에 대한 정의에 비만은 포함시켜야 한다고 판결했지만 약물중독 전력이 있는 사람은 그렇지 않으며, 성전환자는 성별에 근거하여 보호받지 않는다.

채용 요구사항이 보호계층의 구성원에 대해 불리효과를 야기하는가?

불리효과(adverse im-pact) 주류집단의 구성원보다 보호 집단 구성원에게 더 높은 비율로 부정적인 결과를 초래하는 고용 관행을 의미한다. 불리효과는 주로 4/5 법칙에 따라서 결정된다.

만약 고용관행이 보호계층의 구성원과 직접적인 관련이 없으면 다음 단계는 제시된 요구사항이 보호계층의 구성원들에게 **불리하게 영향**을 미치는지 않는지를 밝히는 것이다. **불리효과**는 특정한 고용 의사결정이 다른 인종, 성별, 출신국가 사람들보다 특정 인종, 성별 혹은 출신국가의 구성원에 대해서 더 자주 부정적인 결과를 초래하는 것을 의미한다. 예를 들어 학사학위를 직원 선발 조건으로 하게 되면 백인 지원자들에 비해서 아프리카계 미국인 지원자들이 고용되는 비율이 낮을 수 있다. 이러한 채용 요구조건이 아프리카계 미국인(보호계층)을 직접적으로 언급하지는 않지만, 31.3%의 백인들이 학사 이상의 학위를 취득했지만 아프리카계 미국인은 21.2%에 지나지 않았다는 2012년 미국 인구통계 자료를 볼 때, 아프리카계 미국인에게 불리효과를 미치는 것으로 보인다. 불리효과에 대한 분석이 전통적으로 1964년에 제정된 시민권법에 의해 보호되는 그룹에 대한 것으로 한정되어 있었지만, 2005년에 미국 대법원은 직원들이 연령에 근거하여 불리효과 관련 고발을 제기할 수 있다고 판결하였다. 이러한 것은 고용상 연령차별금지법(Age Discrimination in Employment Act: ADEA)에 의거하여 보호된다(*Roderick Jackson* 대 *Birmingham Board of Education*, 2005).

법원은 불리효과를 확인하기 위해서 통계적 유의성과 실질적 유의성 두 가지 기준을 사용하며, 전문가들은 불리효과를 밝히기 위해 두 기준 모두 충족되어야 한다고 생각한다(Cohen, Aamodt, & Dunleavy, 2010). 통계적 유의도의 책임은 두 그룹(예를 들어, 남성과 여성)의 선발비율의 차이가 우연적으로 발생하지 않았을 것이라는 것을 원고가 증명할 수 있는 경우 충족된다. 이러한 확인 과정에는 표준편차 검증, 카이제곱 검증과 피셔의 정확성 검증 등과 같은 통계기법이 사용된다.

만약 통계 검증을 통해 고용 비율의 차이가 우연에 의해서 발생하지 않은 것이 증명되면, 다음 단계는 실질적 유의성을 검증을 사용하는 것이다. 즉, 두 그룹 사이에 발생한 고용 비율의 차이가 잠재적인 차별을 나타낼 만큼 높은 수준인가를 확인해야 한다. 실질적 유의성을 확인하는 방법으로 몇 가지가 있기는 하지만, 가장 많이 쓰는 방법은 **4/5 법칙**(혹은 **80% 법칙**)이다. 4/5 법칙에 따르면, 한 그룹(예, 여성, 히스패닉)에서 고용되는 지원자들의 비율을 가장 선호되는 그룹(예, 남성, 백인)에서 고용된 지원자들의 비율과 비교한다. 사회적 약자 그룹에 속한 지원자의 고용 비율이 혜택받은 그룹에 속한 지원자들의 고용비율의 80% 이하이면, 불리효과가 발생했다고 판단한다.

4/5 법칙(four-fifths rule) 한 집단의 고용 비율(예를 들어, 여성)이 다른 집단(예를 들어, 남성)의 고용 비율의 80%보다 적을 때, 불리효과가 존재한다고 말할 수 있다.

불리효과는 가공되지 않은 숫자가 아닌 **비율**과 관계가 있다는 것을 명심해야 한다. 표 3.2에서 보듯이, 만약 50명의 남성 지원자 중 25명이 고용되었다면 고용 비율을 50%이다. 만약 10명의 여성이 지원했다고 가정할 경우 불리효과를 피하기 위해서는 적어도 4명의 여성 지원자가 고용되어야 한다. 왜 4명일까? 여성의 고용 비율은 적어도 남성 고용 비율의 80%가 되어야 하기 때문이다. 이 경우에 남성 고용 비율은 50%이기 때문에, 여성을 위한 고용 비율은 최소한 50%의 80%가 되어야 한다. 결국 .50 × .80 = .40이므로 불리효과와 불공정한 차별에 의한 잠재적인 고발을 피하기 위해서는 전체 여성 지원자들 중 적어도 40%의 지원자가 고용되어야 한다. 따라서 10명의 지원자들 중 최소 4명이 채용되어야 한다는 결과가 나온다.

불리효과는 인종과 성별에 따라 별도로 계산된다. 즉 조직은 백인 남성의 고용 비율 혹은 아프리카계 미국인 여성의 고용 비율을 계산할 수 없다. 대신에 고용 비율은 남성과 여성을 대상으로 계산되고, 그다음에 백인과 아프리카계 미국인을 대상으로 분리해서 고용 비율을 계산해야 한다.

백인과 남성에 대해서 **의도적으로** 차별하는 것도 불법이다. 하지만 백인 남성에 대해서 불리효과를 야기하는 고용 관행은 엄밀한 의미에서는 불법이라도 실질적으로는 거의 불법으로 인정되지 않는다. 어떠한 법정도 백인 지원자들이 제기한 불리효과 소송에 손을 들어준 적이 없다. 앞에서 말했듯이 학사학위를 고용 조건에 넣는 것은 아프리카계 미국인에게 불리하게 영향을 줄 수 있는데, 이는 아프리카계 미국인이 학사학위를 가진 비율은 21.2%, 히스패닉계는 14.5%의 비율을 보이는 것에 비해 백인 남성은 31.3%의 비율을 보이기 때문이다. 아시아계 미국인이 학사학위 소지 비율이 51%로 백인 남성들보다 높지만, 불리효과를 근거로 해서는 현실적으로 백인 지원자들이 차별 소송을 이길 수 없다.

두 그룹의 고용 비율(고용된 사람 ÷ 지원자)을 비교하여 불리효과를 결정하는 것이 간단해 보이기는 하지만, 실제로는 비율 산출식에 대입되는 요소들이 복잡해질 수 있으며 보통 원고와 피고는 누구를 "지원자"로 간주하고 누구를 "고용된 사람"으로 할 것인가에 대해서 의견 차이를 보인다. 예를 들어 표 3.3에서 볼 수 있듯이, 최소한의 자격조건을 만족시키지 못하는 한 개인이 직무에 지원한 경우 이 사람은 불리효과 산출식에서 지원자로 간주되지 않는다. 또 다른 예를 들면, 배관공이 뇌 외과 의사를 뽑는 데 지원한다면, 그는 의학 학위라는 최소한의 자격요건을 갖추지 못한

표 3.2 불리효과 사례

	성별	
	남성	여성
지원자	50	10
고용 인원	25	4
고용 비율	.50	.40

표 3.3 누가 지원자이고 누가 신입사원인가?

누가 지원자인가?

  지원자로 계산하는 경우

    최소한의 자격요건을 충족시키는 사람

  산출법에서 제외하는 경우

    최소한의 자격요건을 충족시키지 못하는 사람

    지원할 조건이 되지 않는 사람

      해고된 전직 직원

      회사에서 공지한 지원시기를 기다리지 않은 전직 직원

      특정 기간 내에 중복해서 지원한 경우

    더 이상 관심이 없는 사람

      다른 직업을 찾은 사람

      해당 직무에 더 이상 관심이 없는 사람

      인터뷰에 응하지 않거나 인터뷰에 나타나지 않은 사람

누가 고용된 사람인가?

  고용된 사람과 고용을 제안받은 사람 모두 계산에 포함된다.

  고용된 사람

    고용되었으며 업무지시를 받은 사람

    고용되었지만 업무지시는 아직 받지 않은 사람

    고용되었지만 약물검사 혹은 배경조사 단계에서 탈락한 사람

  고용을 제안받은 사람

    일자리 제의를 받았지만 거절한 사람

사람이라는 사실은 명확하다.

최소한의 자격을 정하는 기준은 3가지가 있다. 최소한의 자격은 직무에 대한 단순한 선호가 아니라 직무를 수행하기 위해서 꼭 필요한 것이어야 하고, 선발 프로세스가 진행되기 이전에 공중을 받아서 제출되어야 하며, 일관성 있게 적용되어야 한다. 독자들도 짐작할 수 있듯이, 이러한 기준들에는 다툼의 여지가 충분히 있다.

요구사항이 보호계층에 대한 고의적인 차별을 위해 고안되었는가?

만약 고용관행이 보호계층의 구성원을 직접적으로 언급하지는 않지만 보호계층에게 불리하게 영향을 준다면 법원은 자격이 있는 소수 계층 출신의 지원자 집단 크기를 축소시키기 위해서 의도적으로 고용관행이 만들어진 것은 아닌지 면밀히 살핀다. 예를 들어 한 도시가 모든 직원들에게 시 경계 내에 살 것을 요구한다고 가정해보면, 임금은 세금으로 지급되고 시에서 근무하는 직원은 그러한 과세 기준에 기여를 해야만 한다는 이유로 이 도시는 이를 타당한 요구사항이라고 생각한다. 이러한 요구사항이 불법이 아니라고 하더라도, 법원은 과세 기준이 거주 유무를 요구사항으로 결

정한 실제 이유인지 아닌지에 대해서 더 깊이 있게 조사할 것이다. 즉 만약 그 도시 인구의 99%가 백인이고 그 도시 인근에 거주하는 인구의 90%가 아프리카계 미국인 이라면, 법원은 거주조건이 소수집단을 차별하기 위한 교묘한 방법이라고 주장할 것이다.

이러한 교묘한 방법들이 고용부문에서 더 이상 공공연하게 행해지는 것은 아니겠지만, 오랜 시간 동안 그런 방법들이 사용되어 왔었다. 예를 들어, 1970년대 이전에 일부 주에서는 투표할 자격을 얻기 위해서 유권자는 "읽기와 쓰기 능력 시험"을 통과해야만 했다. 공식적으로는 유권자들이 똑똑하고 교양 있는 결정을 하도록 하기 위한 목적으로 행해진 시험이지만, 이 시험의 진짜 목적은 소수민족 유권자들의 수를 줄이는 것이었다.

고용주는 채용 조건이 업무와 관련되었다는 것을 증명할 수 있는가?

그림 3.2의 순서도에서 본 것처럼, 만약 고용관행이 불리효과를 야기하지 않으면, 이 관행은 합법적일 가능성이 크다. 만약 불리효과가 발생하면, 입증의 책무는 고용주로 넘어가서 고용관행이 **직무 관련성**이 있다는 것 혹은 불리효과가 발생하지 않는다는 것 둘 중 하나를 증명하게 된다. 이러한 두 가지 전략을 논하기 전에 짚고 넘어가야 할 것들이 있다. 첫 번째는 불리효과는 인사선발 시 피할 수 없는 현실이라는 것이다. 어떤 검사들이 다른 검사들보다 불리효과를 덜 나타낼 수는 있지만, 거의 모든 고용 검사는 일부 보호계층에 대한 불리효과를 나타낼 소지가 있다.

두 번째로 고용법에서 입증의 책임은 형법에서의 그것과는 다르다는 것이다. 형법에서 피고는 죄가 입증 될 때까지는 무죄로 추정된다. 하지만 고용법에서는, 1991년 제정된 시민권법과 1972년의 *Griggs* 대 *Duke Power*의 법원 판결 모두 피고에게 입증의 책임을 지게 한다. 일단 불리효과가 발생한 것으로 인정되면, 입사 시험의 직무 관련성을 규명함으로써 무죄를 증명할 수 없으면 고용주(피고)는 죄가 있는 것으로 간주된다.

타당한 검사 절차

고용관행이 불리효과를 야기하더라도 검사가 직무 관련성(타당성)이 있고 타당하면서도 불리효과가 덜 발생할 수 있는 다른 검사를 찾으려는 합리적인 시도가 있었다면, 이 고용관행은 합법적이다(그림 3.2 참조). 예를 들어, 고용주가 직원을 선발하기 위해서 인지능력검사를 사용하는 경우에는 불리효과가 발생할 가능성이 매우 크다. 하지만 그 인지검사가 직무에서의 수행을 예측하는 것과 그만큼 수행을 예측하면서도 불리효과가 덜 나타나면서 유사한 구성요인을 측정하는 검사가 없다는 것을 고

> **직무 관련성(job related)** 검사 혹은 측정도구가 직무를 성공적으로 수행하기 위해 필요한 지식, 기술, 능력, 기타 특성(KSAO)을 정확하게 다루는 정도

용주가 증명할 수 있다면, 그 검사를 사용하는 것이 정당화될 가능성이 크다. 타당성 전략에 대해서는 6장에서 좀 더 깊이 알아보도록 하겠다.

미국 플로리다 주에 있는 노스 마이애미의 사례는 불리효과와 직무 관련성에 대한 좋은 사례이다. 30년 동안 노스 마이애미는 신입 경찰들은 수영을 할 줄 알아야 한다는 채용 요구사항을 내세웠다. 노스 마이애미가 바다에 접해 있기 때문에 그러한 채용 요구사항이 타당한 것처럼 보였지만, 이는 아프리카계 미국인들에게는 불리효과를 야기했다. 요구사항의 직무 관련성을 좀 더 깊이 살펴봤을 때, 노스 마이애미 경찰들이 구조활동을 위해 물에 들어가는 경우가 드물다는 것으로 밝혀졌다. 실제로는 1986년부터 2004년까지 총 8차례의 해상구조활동이 전부였다. 수영을 하는 일이 빈번하지 않았기 때문에 노스 마이애미에서 제시한 요건은 결과적으로 불리효과가 되었으며, 2004년에 노스 마이애미는 경찰관 직무를 위한 요구조건에서 수영능력 항목을 삭제했다.

예외 사항

진정연공서열체계(bona fide seniority system).   연공서열이 높으면 승진의 우선순위를 주고 연공서열이 낮으면 해고되기 쉽도록 하는 인사정책이 오래전부터 있어온 조직은 불리효과가 발생한다고 하더라도 계속 그렇게 할 수가 있다. 연공서열체계가 진정성이 있는 것으로 간주되기 위해서는, 연공서열체계의 **목적**이 연공서열에 따른 차별이 아니라 보상이어야 한다(Twomey, 2013). 즉 기업체가 남성 직원들을 보호하기 위해 연공서열체계를 제정하게 되면, 그러한 체계는 진정성이 있다고 간주되지 않는다.

국가 안보(national security).   특정 상황에서는 국가 안보에 대한 우선적인 목적을 위해서 특정 출신국가 혹은 다른 보호계층의 구성원을 상대로 고용주가 차별하는 것이 합법적일 경우도 있다. 여기에 대한 사례로는 수년간 미국에서 거주하는 러시아 시민들에게는 국가 방위 관련 산업 분야에서 근무하는 것이 금지되었던 경우를 들 수 있다.

참전용사 특혜 권리(veteran's preference rights).   대부분의 공무원 조직은 참전용사를 위해서 선발검사에서의 가산점을 부여한다. 예를 들어 텍사스 주에 있는 Fort Worth의 경우, 시의 공무원 직무에 지원하는 참전용사들에게는 그들이 받은 시험 점수에 5점의 가산점을 부여한다. 군대에 복무하는 사람들은 대부분이 남성이기 때문에 5점의 가산점을 주는 것은 여성에 대한 불리효과를 야기할 수 있다. 하지만 1964년 제정된 시민권법에 따르면, 참전용사를 위한 특혜가 정부의 규정에 의한 것이기 때문에, 공공기관에서 행해지는 이러한 관행들은 법적 소송으로부터 제외된다.

고용주는 불리효과를 낮출 수 있는 합리적인 대안을 모색했는가?

그림 3.2에서 본 바와 같이, 만약 고용주가 검사의 직무 관련성을 입증한다면, 고용주가 불리효과가 덜 발생될 수 있는 다른 타당한 선발 검사를 찾아보는 노력을 얼마만큼 했느냐가 법원이 검토하는 마지막 요소가 된다. 예를 들어 조직이 특정한 인지 능력검사를 사용하고 싶은 경우에, 타당하면서도 불리효과가 덜 나타나는 교육 수준 검사 혹은 인지 능력 검사와 같은 대안들을 찾아보았는지에 대해서 의문을 가져야 한다.

괴롭힘

직장 내에서 증가하는 고민거리는 괴롭힘 문제이다. 2013년 고용평등기회 위원회에 접수된 괴롭힘 관련 고발 건은 21,371건이었으며, 이 중에서 7,256건이 성희롱에 대한 것이었다. 7,256건의 성희롱 사건 중에서 17.6%는 남성에 의해서 제기되었다. 고용평등기회 위원회에 제소된 괴롭힘 관련 고발 건들 중에서 대략 40%는 인종차별적 괴롭힘, 34%는 성희롱, 그리고 26%는 다른 보호계층에 대한 괴롭힘과 관계가 있다. 한 연구는 무려 44%나 되는 여성들과 19%의 남성들이 성희롱의 피해자였음을 보여준다(U.S. Merit Systems Board, 1995). 이 비율은 직원이 성 고정관념을 극복한 개척자와 같이 그 직무에서 자신의 성별을 대표하는 유일한 사람이거나 특정 업무환경에서 근무하는 직원들 중에서 그 숫자가 작은 소수의 직원들로 이루어져 있을 때 증가한다(Niebuhr & Oswald, 1992).

괴롭힘은 미국에서만 발생하는 문제가 아니다. 미국이 괴롭힘을 예방하고 처벌하는 데에 앞장서 왔지만, 캐나다, 영국, 호주, 뉴질랜드, 아일랜드, 그리고 유럽연합 또한 성희롱을 금지하는 법을 제정했다(Gutman, 2005).

본 절에서 다루는 내용은 성희롱에 초점을 두고 있지만, 법원은 인종, 종교, 장애, 그리고 연령에 따른 괴롭힘도 불법이라는 판결을 내렸다(*Crawford v. Medina General Hospital*, 1996; *Lanman v. Johnson County, Kansas*, 2004). 다음은 이에 대한 사례들이다.

- 2013년 로스앤젤레스 경찰서는 인종차별적 괴롭힘에 대한 대가로 150만 달러의 합의금을 지불했다. 괴롭힘의 내용으로는 인종 모욕적인 말들과 장난들이었는데, 예를 들어, Earl Wright가 어느 날 조퇴를 요청했을 때, 관리자는 "왜? 수박 따러 가야 하니?"라고 대답했다. 또 다른 때에는 Wright의 상사가 닭다리 튀김과 수박 한 조각을 위에 꽂은 케이크를 주기까지 했다.

- 2004년 캘리포니아 주에 있는 Fairfield Toyota는 고용평등기회 위원회에 고발된 종교(이슬람교도), 피부 색(검은 피부), 출신국가(아프가니스탄) 관련 괴롭힘에 대해서 55만 달러의 배상금을 지불했다. 관리자들과 다른 직원들은 공통적으로 7명의 아프가니스탄 출신 이슬람교도인 직원들을 "빈 라덴 일당", "사막 깜둥이", 그리고 "낙타 기수" 등으로 불렀다.
- 2003년 플로리다의 마이애미 주에 있는 Lexus of Kendall은 고위 간부가 인종, 출신국가, 종교 관련 괴롭힘을 하였다는 것 때문에 70만 달러의 배상금을 지불하기로 합의했다. 그 고위 간부는 "미국은 백인들만을 위한 나라야"라고 말했으며, 직원들을 "스페인어 쓰는 놈", "깜둥이" 등으로 불렀다고 한다.

괴롭힘의 종류

법적으로 성희롱은 보상을 대가로 하는 성희롱 혹은 적대적 환경 둘 중 하나의 유형을 취한다.

보상을 대가로 하는 성희롱

보상을 대가로 하는 성희롱(quid pro quo) 성상납을 제공하는 것이 고용의 결정과 관련되어 있는 성희롱의 유형

보상을 대가로 하는 성희롱의 경우, 성상납을 제공하는 것은 승진이나 임금인상과 같은 고용관련 인사결정과 관련 있다. 이러한 형태의 성희롱 사례로는 한 관리자가 자신의 비서에게 일자리를 유지하고 싶으면 자신과 잠자리를 같이 해야 한다고 말한 것을 들 수 있다. 보상을 대가로 하는 성희롱에서는 하나의 사건으로도 충분히 성희롱이 성립되고 조직은 법적인 피해에 대하여 책임을 지게 된다(Gutman, 2005).

적대적인 환경

적대적인 환경(hostile environment) 개인의 직무성과를 방해하는 성별과 관련된 원치 않는 행동 경향으로 특징지어지는 성희롱의 유형

적대적 환경의 경우는, 성별과 관련된 원치 않는 행동 양식이 개인의 직무성과를 불합리하게 방해할 때 성희롱이 발생한다. 여성과 남성이 성희롱이라고 지각하는 내용은 서로 다르지만(Rotundo, Nguyen, & Sackett, 2001), 법원은 언행, 원치 않는 성적 혹은 애정적인 접근, 모욕적인 벽보, 표지판 또는 만화를 게시하는 등의 행위가 포함된다고 판결했다(*Jenson* 대 *Eveleth Taconite Co*, 1993).

행동경향. 적대적인 환경에 근거한 성희롱으로 간주되는 행동에 대해서는 독립된 하나의 사건이 아니라 지속적인 행동 양식이어야 한다고 연방 대법원은 판결을 내렸다(*Clark County School District* 대 *Breeden*, 2001). 동료가 데이트를 허락하지 않더라도, 동료에게 데이트를 요청하는 것은 성희롱이 아닐 수 있다. 하지만 동료가 <u>지속적으로</u> 원치 않는 애정적 혹은 성적인 제안을 하거나 반복적으로 부적절한 발언을 할 때에는 비로소 성희롱이 된다.

성별에 기반한 성희롱.   성희롱으로 간주되기 위해서는, 행동이 직원의 성에 기인한 것이어야 한다. 바꿔 말하면, 직원의 성이 없었더라면, 성희롱 행동이 발생하지 않을까? 2001년 발생한 *Christopher Lack* 대 *Wal-Mart* 사례를 보면, 4번째 연방 순회 항소 법원은 관리자가 선정적이고 저속한 언행과 농담을 하기는 하였지만 그것이 남성과 여성 모두에게 행해졌기 때문에 성희롱이 아니라는 판결을 내렸다. 7번째 연방 순회 항소 법원(*Holman* 대 *Indiana Department of Transportation*, 2000)과 8번째 항소 법원(*Jenkins* 대 *Southern Farm Bureau Casualty*, 2002)도 유사한 판결을 내렸다. 경찰서의 구성원들이 지속적으로 여성 경찰관들을 "자기" 혹은 "여보"라고 부르는 것은 이러한 언행이 성별에 기반하고 있으며 여성 경찰관들을 비하하는 것이기 때문에 성희롱의 사례가 될 수 있다. 남자 경찰관이 여자 경찰관을 "멍청이"라고 부른 것은 무례한 행동의 사례가 될 수는 있지만, 성별에 기반한 언행이 아니었기 때문에 성희롱의 사례는 아니다.

1998년 연방 대법원은 직원이 동성에게도 성적으로 희롱을 할 수 있는 가능성에 대해 고려해 보았다. 즉 만약 남성이 다른 남성에게 성적 발언이나 부적절한 접촉을 한다면 이를 성희롱으로 볼 것인가 하는 문제였다. 1998년 *Oncale* 대 *Sundowner Offshore Services* 사건의 경우에 미국 대법원은 동성 사이에도 성희롱이 일어날 수 있다고 판결 내렸다. 석유 굴착용 플랫폼에서 일하는 잡역부 Joseph Oncale은 다른 남성 잡역부로부터 성적인 협박과 구타를 당했다. 그의 감독자로부터 아무런 도움을 받을 수 없었고, Oncale은 직장을 그만두고 소송을 제기하여 결국 미국 대법원까지 올라갔다. *Oncale*의 판결의 핵심은 Oncale이 남성이었기 때문에 성적으로 희롱을 당했다는 것이며, 다시 말하면 성희롱 행동이 그의 **성적 취향**이 아니라 **성별**에 기인한 것이라는 것이다. 여기서 주목해야 할 것은, 성적 취향이 다른 사람들(동성애자들)을 보호계층에 추가하지 않은 주에서는 **연방정부 차원에서도** 이들을 보호계층으로 보지 않기 때문에 성적 취향에 기반한 성희롱은 불법이 아닐 가능성이 높다(*Bibby* 대 *Coca Cola*, 2001; *Rene* 대 *MGM Grand Hotel*, 2001; *Spearman* 대 *Ford*, 2000).

고용주는 어떤 유형의 성희롱도 용인하지 말아야 한다는 점을 명심해야 한다. 보호계층들은 도덕적 개념이라기보다는 법적인 개념이며 고용주가 성희롱 없는 직장을 만들기 위해 도덕적 의무를 가져야 한다는 생각에 반대하는 HR 전문가는 거의 없다.

합리적 인간에 대한 부정.   직원이 불편함을 느끼게 하는 성별에 기반한 모든 행동양식은 성희롱으로 간주된다. 1993년 *Harris* 대 *Forklift System* 사례에서, 남성 감독자가 "홀리데이 인 호텔에 가서 당신의 임금인상에 대한 협상을 하자"와 "너는 멍청한 여자야" 같은 발언을 하였고, 해당 여성 직원은 어떠한 심각한 심리적 손상을 입지도 않고, "신경쇠약에 걸리지도 않았지만", 연방 대법원은 이것이 성희롱으로 간주된다고 보았다.

성희롱에 대한 조직의 책임

직원들에게서 보상을 대가로 하는 성희롱이 발생한 경우에 조직은 항상 법적으로 책임이 있다. 하지만 적대적인 환경에서 발생하는 성희롱의 경우는, "조직이 예방을 위해서 합리적인 주의를 기울였고 또한 성적으로 희롱하는 모든 행실을 즉각적으로 바로잡으려 했다는 것"을 보여주거나 원고가 조직이 제공한 수정의 기회를 합리적으로 이용하지 않았다는 것을 보여줌으로써 회사는 법적 책임을 피할 수 있다는 판결을 연방 대법원이 내렸다(*Burlington Industries* 대 *Ellerth*, 1998; *Faragher* 대 *City of Boca Raton*, 1998).

성희롱 예방하기

직원이 저지른 성희롱에 대한 조직의 책임을 결정하는 데 있어서 법원은 먼저 이러한 행동을 예방하기 위한 시도를 조직이 얼마나 했는지를 검토한다. 법적인 책임을 피하기 위해서, 조직은 성희롱과 관련한 잘 고안된 정책을 가지고 있어야 하고, 직원들에게 그 정책을 전달했어야 하며(*Frederick* 대 *Spirit*, 2001), 그 정책을 시행했어야 한다(*MacGregor* 대 *Mallincrodt, Inc*, 2004). 이러한 정책은 성희롱의 유형들을 설명해야 하고(*Smith* 대 *First Union National Bank*, 2000), 직원이 어떠한 성희롱이라도 보고할 수 있는 회사 임원들의 이름 목록을 포함해야 한다(*Gentry* 대 *Export Packaging*, 2001). 조직은 조직 내에서 활동하는 외부 판매원, 고객, 그리고 이해관계가 없는 제3자에 의해 발생한 성희롱에 대해서도 책임이 있다는 점을 유념하는 것이 중요하다.

성적으로 희롱하는 행동 바로잡기

만약 직원이 성희롱으로 고발을 하면, 조직은 이 문제를 신속하게 조사하고 그 다음 상황을 바로 잡고 가해자를 처벌하기 위해서 모든 필요한 조치를 즉각적으로 취해야 한다. 성희롱에 대한 조직의 법적 책임을 경감시키기 위해서, Jacobs와 Kearns(2001)는 다음과 같이 조언한다.

- 사소하거나 터무니없는 것으로 보일지라도, 모든 고발 건을 조사하여야 한다.
- 조직의 정책은 피해자들이 도움을 요청하는 것을 주저하지 않도록 독려해야 하고, 피해자들에게 고발을 제기하기 위한 다양한 경로 혹은 자료들을 제공해야 한다.
- 고발 건은 고발자와 피의자 모두를 보호하기 위해 비밀이 유지되어야 한다. 조사를 통해 나온 모든 정보는 직원의 인사정보 파일과 분리해서 보관되어야 한다.
- 사건을 조사하는 동안 고발자를 보호하기 위한 조치가 이루어져야 한다. 물

리적으로 두 당사자를 분리시키거나 그들 간의 접촉 횟수를 제한하는 것 등이 가능한 조치들이다.

- 피의자와 고발자 모두 정당한 법적 절차를 밟아야 하며 처음부터 유죄라고 추정하는 것을 피할 수 있도록 주의를 기울여야 한다.
- 조사 결과는 양측 모두에게 문서 형식으로 통지되어야 한다.
- 만약 처벌을 해야 한다면, 처벌의 강도는 위반의 강도에 상응해야 한다.

앞에서 언급한 것처럼, 성희롱 관련 고발 건을 적절하게 다루어야 고용주를 법적 책임으로부터 보호할 수 있다. *Linda Roebuck* 대 *Odie Washington*(2005)과 *Rheineck* 대 *Hutchinson Technology*(2001)와 같은 사례에서, 조직이 시의적절하게 고발에 대해서 조사하였고 또한 성희롱한 행위자에게 신속한 행동교정 조치를 했기 때문에 조직은 성희롱에 대한 책임은 없다고 항소법원은 판결하였다. 이와는 대조적으로 *Intlekofer* 대 *Turnage*(1992)의 사례에서는, 퇴역군인 관리국이 거의 24번 가까이 되는 한 여성 직원의 고발을 무시하고 성희롱 행위자에 대한 교정 조치를 취하는 것을 거부했기 때문에, 항소법원은 성희롱에 대해서 법적 책임이 있는 것으로 판결하였다.

하지만 즉각적인 조치에 대한 우려 때문에 피의자에 대한 정당한 법 절차를 부인해서는 안 된다. 1997년 배심원들은 성희롱으로 기소된 남성으로 하여금 2,660만 달러를 지급하라고 판결했다. 그는 *Seinfeld*라는 TV 프로그램의 장면 중에서 Jerry Seinfeld가 데이트하는 상대의 이름(Delores)을 잊어버렸지만, 그것이 여성의 신체 부분과 라임이 유사하다는 것으로 기억해내는 장면에 대해서 이야기했다가 Miller Brewing Company 회사에서 해고당했다. 배심원들은 합리적인 사람은 그런 이야기 때문에 기분이 상하지는 않았을 것이며, 결과적으로 Miller Brewing이 피소된 직원을 해고까지 한 것은 지나쳤다고 판결 내렸다.

성희롱에 대한 고발에 대해서 사후적으로 **반응하는** 것보다는 오히려 조직이 선제적으로 행동하여 성희롱을 **예방하는** 것이 가장 이익이 된다. 성희롱에 대한 조직차원의 강력한 정책(*Frederick* 대 *Sprint*, 2001)과 성희롱이 될 수 있는 행동에 대해서 직원들을 교육시키는 것이 선제적 행동 단계에 포함된다.

명백한 법적 비용에 더해서, 성희롱은 다른 재정적인 여파를 조직에 줄 수 있다. 성희롱의 결과로 이직과 결근이 더 많아지고 생산성은 낮아진다(Munson, Hulin, & Drasgow, 2000; Pratt, Burnazi, LePla, Boyce, & Baltes, 2003; Willness, Steel, & Lee, 2007).

가족의료휴가법

1993년 연방 의회는 가족의료휴가법(Family Medical Leave Act: FMLA)을 통과시켰으며, 이 법은 남성이든 여성이든 자격이 되는 직원에게 다음과 같은 가족 문제를 처리하기 위해서 매년 최소 12주 이상의 무급휴가를 가질 수 있는 권리를 보장한다.

- 출산, 입양 또는 위탁 보호를 위한 입양
- 심각한 건강 문제를 가지고 있는 자녀, 부모 혹은 배우자를 돌봐야 하는 경우
- 직원 본인이 직무를 수행할 수 없게 만들 정도의 심각한 건강 문제를 가지고 있는 경우

2008년, George W. Bush 대통령은 배우자, 아들, 딸, 부모님 혹은 가까운 친척 등을 돌보기 위한 26주의 무급 휴가를 군인에게 제공하는 것을 골자로 하여 가족의료휴가법을 수정한 국방 수권법(National Defense Authorization Act)에 서명하였다.

반경 70마일 내에 있는 50명 혹은 그 이상의 직원이 물리적으로 고용된 모든 공공기관 및 민간 조직은 해당 법률의 적용을 받는다. 고용주들은 그들의 사정에 따라서 일반 달력(예를 들어, 1월부터 12월)을 보거나, 해당 직원이 FMLA 휴가를 사용한 날짜로부터 역산한 최근 12개월의 기간을 보고 적격 기간을 결정할 수 있다. 만약 고용주가 직원의 핸드북에서 FMLA 휴가의 자격이 되는 적격 기간을 규정하지 못하면, 그 직원에게 가장 유리한 방안이 적용된다(*Dodaro* 대 *Village of Glendale Heights*, 2003).

아래의 경우 직원들은 FMLA 휴가를 위한 자격을 가진다.

1. 해당 법의 적용을 받는 고용주를 위해 일한 경우
2. 해당 조직에서 최소 1년 이상 일한 경우
3. 이전 12개월 동안 최소 1,250시간 이상 일한 경우

가족의료휴가법은 직원들의 자식, 부모, 배우자 혹은 그들 자신이 심각한 질병에 걸렸을 경우에만 휴가를 사용할 수 있도록 하기 때문에, 심각한 병이 어느 정도로 심각해야만 자격이 되는지에 대해서 일부 논쟁이 있었다. 노동부는 심각한 건강 상태를 다음과 같이 규정한다.

- 달력의 날짜를 기준으로 연속 3일 이상의 정상생활 불능 상태 **그리고** 최소 2회 이상 의료인을 찾아갔거나, **혹은** 1회 방문하여 처방전을 발급받았을 경우, (혹은)
- 긴 시간 동안에 걸쳐서 주기적인 처치가 필요한 만성적으로 심각한 건강 상태로 인한 정상생활 불능 상태, (혹은)
- 치료를 받지 않으면 3일 혹은 그 이상의 기간 동안 정상생활 불능 상태를 야

기할 수 있는 질환에 대한 치료를 수차례 받기 위해서 결근하는 경우

이러한 정의를 기초로 하여 법원에서는 중이염(*Juantia Caldwell* 대 *Kentucky Fried Chicken*, 2000) 혹은 감기/독감(*Miller* 대 *AT & T*, 2001; *Rose Rankin* 대 *Seagate Technologies*, 2001)과 같은 질환이 심각한 것이라고 판결하였다.

만약 직원들이 가족 또는 의료 관련 휴가를 이용하게 되면, 조직은 직원들의 건강관리를 지속해야 하고, 그들이 돌아왔을 때 동일하거나 동등한 직위가 부여된다는 것을 보장해야 한다. 이에 대해 직원들이 해야 하는 의무는, 직원들은 반드시 의사의 증명서를 제출해야 하고, 출산이나 입양과 같이 휴가 시기의 예측이 가능한 경우에는 30일 이전에 미리 알려주어야 한다. FMLA로 휴가를 사용하는 직원들은 이 기간 동안 다른 직업 혹은 부업을 가질 수 없다(*Pharakhone* 대 *Nissan North America, Inc., and Rodney Baggett*, 2003).

FMLA 법률을 준수하는 과정에서 발생하는 잠재적 문제로부터 고용주들을 보호하기 위해서, 연방의회는 핵심직원들에 대해서는 법적용에서 면제받도록 허락한다. "핵심직원"이란 조직에서 상위 10%의 급여를 받는 사람들을 말한다. 하지만 문서보존 때문에 신경을 써야 하는 것 이외에는 대부분의 조직에서 가족의료휴가법에 따른 어려움이 많이 발생하지는 않았다.

미국 내 가족 휴가의 규모는 다른 많은 나라에서의 그것과 유사하다. 예를 들어, 벨기에의 경우 15주, 브라질은 120일, 캐나다의 경우 지방에 따라 17주에서 70주의 **무급휴가**를 떠날 수 있는 권리를 법에서 규정하고 있다. 멕시코는 12주, 유럽연합은 14주의 **유급휴가**를 가질 수 있는 권리가 있다. 영국의 경우 26주 미만으로 조직에 근무했을 경우 18주의 무급휴가의 자격이 주어지고, 26주 이상 1년 이하의 기간 동안 조직에 근무했을 경우는 18주의 유급휴가 자격이 주어지고, 1년 이상 근무했을 경우는 40주의 유급휴가 자격이 주어진다.

사회적 약자 우대정책

사회적 약자 우대정책의 이유

조직은 2가지의 비자발적 이유와 2가지의 자발적 이유 등 총 4가지 이유 중에서 어느 하나의 이유를 위해서 사회적 약자 우대정책 계획을 시행한다(Robinson, Allen & Abraham, 1992).

비자발적 이유: 정부의 규정

대부분의 사회적 약자 우대정책 요구사항은 대통령 행정명령 11246의 결과이다. 이

명령은 몇몇 법 조항과 마찬가지로, 직원이 50인 이상인 연방정부 계약업체들과 하도급 업체들에게 연간 EEO-1 보고서(Equal Employment Opportunity Report)를 제출하는 것을 의무화하며, 50,000달러를 초과하는 연방 계약이 적어도 하나의 이상인 연방정부 계약업체들과 하도급 업체들에게 공식적인 사회적 약자 우대정책 계획을 수립할 것을 요구한다. 주와 지방정부에 따라 직원의 수와 계약 금액의 기준은 다르지만 대부분 이러한 요구사항이 있다. 이러한 의무적인 사회적 약자 우대정책 계획은 일반적으로 모든 주요 직무 집단에 대한 분석을 수반하며, 분석을 통하여 보호 계층의 대표성이 낮은 직무 그룹이 무엇인지를 제시하고 또한 이러한 낮은 대표성을 극복하기 위한 목표와 계획까지 포함한다.

비자발적 이유: 법원 명령

경찰이나 소방서와 같은 공공기간에서 보호 계층을 충분히 고용하지 않거나 승진시키지 않은 책임을 법원이 확인하게 되면, 법원은 해당 기관에 사회적 약자 우대정책 프로그램을 시행하라고 명령할 수 있다. 앞에서 다룬 것처럼, 이런 프로그램은 채용을 위한 노력을 증가시키거나 고용과 승진에 대한 구체적인 목표를 제시하도록 한다.

자발적 이유: 합의된 법원 명령

법원에 차별 관련 소송이 제기되면, 해당 공공기관은 법원에서 강제하는 계획 대신에 "자발적으로" 사회적 약자 우대정책 계획에 동의할 수 있다. 합의된 법원 명령에 따라서 해당 공공기관은 보호 계층의 구성원을 충분히 채용하거나 승진시키지 않았다는 것에 동의를 하고, 자발적으로 변화를 만들 노력을 하게 된다. 이러한 변화의 성격은 이것이 소송을 제기한 보호집단과 소송의 대상인 기관의 동의를 바탕으로 해서 정해진다. 그 다음에는 법원이 이러한 합의를 승인하고 감시하게 된다.

자발적 이유: 좋은 시민이 되기 위한 욕구

많은 조직들은 차별에 대한 소송을 수동적으로 기다리기 보다는 선량한 시민이 되기 위한 욕구에 의해 사회적 약자 우대정책 프로그램과 다양한 프로그램들을 개발한다. 이는 그들의 고용 관행이 모든 집단의 구성원들에게 공정하다는 것을 자발적으로 보장하기 위함이다.

사회적 약자 우대정책 전략

대부분의 사람들이 사회적 약자 우대정책을 채용 목표 및 할당량과 연관을 짓지만, 사실 사회적 약자 우대정책에는 네 가지 주요 전략이 있다.

고용과 승진 통계의 추적 관찰

사회적 약자 우대정책의 주요 전략들 중 하나는 조직이 남성과 여성, 그리고 소수집단과 주류집단의 고용, 배치, 그리고 승진에서의 비율을 추적 관찰하는 것이다. 이러한 추적 관찰(monitoring)은 모든 조직에 대해서 좋은 방법이지만, 특히 연방정부 계약업체, 은행, 주정부 예산을 지원받는 교육기관의 경우 의무사항이다. 이러한 조직들은 불리효과를 추적 관찰하고 조직 내에서의 여성과 소수집단의 비율과 자격을 갖춘 인력 내에서의 여성과 소수집단의 비율을 비교하는 사회적 약자 우대정책 계획을 작성해야 한다.

의도적인 소수집단 지원자 채용

사회적 약자 우대정책 전략은 통상적으로 더욱 폭넓은 채용을 목적으로 대표성이 낮은 집단을 대상으로 하는 것이다. 이는 소수집단이 구독하는 잡지나 신문 등에 광고를 게재하거나, 소수집단이 두드러진 곳 혹은 여자 대학교에서 채용을 진행하거나, 소수집단 커뮤니티에 방문하거나, 기존 직원들이 보호 계층의 구성원을 채용시키면 보너스를 지불하는 등의 노력들이 있다.

이와 관련된 기법에는 조직에 취업하기 위해 필요한 기술들을 소수집단에게 가르치도록 고안된 훈련 프로그램을 수립하는 것이 있다. 예를 들어 Hogan과 Quigley (1994)는 6주간의 운동 프로그램을 제공하게 되면 소방관과 같은 직무를 위한 신체능력 시험에서 여성 지원자들이 이전보다 더 적게 탈락한다는 사실을 발견했다.

소수집단 지원자와 직원들에게 불리하게 작용하는 고용관행의 확인과 제거

세 번째 사회적 약자 우대정책 전략과 대부분의 다양성 계획의 핵심은 소수집단 지원자들이 조직에 지원하는 것을 어렵게 하거나, 조직 내에서 승진되는 것을 단념하게 하거나, 회사에 남아있지 못하도록 하는 고용관행을 알아내고 제거하는 것이다. 이와 같은 관행은 회사 정책, 감독관의 태도, 훈련 기회 및 멘토와 롤 모델들의 가용성 혹은 조직의 실내장식 방법 등과 관련이 있다. 예를 들어 남부 도심 지역의 아프리카계 미국인 직원은 인종차별로 인해 승진을 하지 못했다는 소송을 제기했다. 이 직원은 자신의 관리자 사무실에 걸려있는 수를 놓은 남부연합 국기를 증거로 제시하였다. 관리자가 인종차별 주의자라기보다는 남북전쟁의 열광적인 팬이었을지라도 관리자의 사무실에 있는 남부연합 국기는 조직이 인종차별을 수용한다는 인식을 줄 수 있기 때문에, 조사에 참여했던 사회적 약자 우대정책 담당자는 그 국기를 없앨 것을 권고하였다.

또 다른 사례를 보면, 경찰 지원자들이 경찰청에서 직접 정보를 받고 지원서를 받는 것은 일반적인 관행이다. 하지만 많은 소수집단들은 경찰서에 가는 것과 백인 경찰관들에게 정보를 묻고 지원서를 받는 것을 불편하게 생각했다. 그 결과로, 시청의 인사부에서만 채용 지원서를 받을 수 있도록 하는 것이 쉽게 적용할 수 있는 사회적 약자 우대정책 전략이 될 수 있다.

필자가 경찰서장들을 만나 위의 사례를 제시했을 때 압도적인 대답은, "경찰서에 가는 것을 편하게 생각하지 않는다면 어떻게 경찰관이 될 수 있는가?"이었다. 필자는 누구에게나 새로운 환경에 들어가는 것은 불편한 일이고, 하물며 경찰서와 관련한 낙인을 가지고 있는 사람은 더 말할 것도 없다고 대답하였다. 나는 고등학교 시절에 학교의 자동차 경주대회에 등록하기 위해서 경찰서를 방문했을 때 내가 얼마나 무서웠는지에 대한 이야기를 그들에게 했다. 나는 여전히 접수처 경찰관의 걸걸한 목소리와 차갑게 노려보는 것 때문에 다리의 힘이 풀렸던 경험을 떠올릴 수 있다. 다른 몇몇 사람들도 비슷한 이야기를 들려주었는데, 사소해 보이는 많은 요인들 때문에 지원을 단념한다는 점이 설득력이 있었다.

소수집단 우선 고용과 승진

이는 확실히 사회적 약자 우대정책 전략 중에서 가장 논란이 많고 오해받을 수 있는 부분이다. 이 전략에 따르면, 소수집단 지원자들은 동일한 자격조건의 주류집단 지원자들을 넘어서는 특혜를 받게 된다. 사회적 약자 우대정책이 고용주들에게 자격조건을 갖춘 주류집단을 제치고 자격이 되지 않는 소수집단을 고용하라고 요구하는 것은 결코 아니라는 것을 알아야 한다. 대신에, 사회적 약자 우대정책은 고용주들에게 소수민족 집단들이 낮은 대표성을 보이는지 아닌지를 결정하기 위해서 고용 기록을 추적 관찰하도록 요구한다. 만약 소수민족 집단들의 대표성이 낮은 것으로 나타났다면, 사회적 약자 우대정책은 그 상황을 개선하기 위해 조직이 할 수 있는 최선의 조치를 취할 것을 요구한다. 이러한 최선의 조치 중 하나는 우선 고용과 승진이 될 수 있다.

우선 고용과 승진 계획의 합법성

법원은 최근 우선(특혜) 고용 혹은 승진이 어떠한 형태로 이루어졌든 간에 "철저한 조사 분석"을 받아야 하며, 이러한 조사 분석에서는 계획안이 요구조건에 맞추어 정밀하게 만들어져야 하고 공익을 추구하기 위한 규제에 부합되어야 한다고 지적했다 (Gutman, 2004). 여러 법원이 대학(*Grutter* 대 *Bollinger*, 2003)과 경찰청(*Petit* 대 *City of Chicago*, 2003)과 같은 환경에서는 다양성을 이루는 것이 공익을 추구하기 위한 규제라고 판결하였다.

만일 계획이 공익 추구를 위한 규제에 부합되지 않으면, 그것은 불법이다. 만약 계획이 공익 추구를 위한 규제에 부합되면, 그림 3.4에서 보는 것처럼 우선고용과 관련한 사회적 약자 우대정책 계획안이 요구조건에 맞추어 정밀하게 만들어진 정도를 "철저하게 조사"하기 위해서 법원은 5가지 기준을 사용한다. 고용 통계를 추적 관찰하고, 활발하게 소수집단을 구인하고, 여성과 소수집단으로 하여금 조직에 고용되고 계속 남아있는 것을 단념하도록 하는 장벽들을 제거하는 것은 항상 적법한 것이다.

사회적 약자 우대정책 계획을 평가하기 위해 사용되는 5가지 기준에는 조직의 이력, 계획의 수혜자들, 고려해야 할 인원, 주류집단에 미치는 영향, 계획의 종결점이 있다.

차별의 이력

검토되는 첫 번째 기준은 특정 조직에 의한 차별의 이력이 있는지의 여부이다(*Western States Paving* 대 *Washington State Department of Transportation*, 2005). 차별이 최근에 발생한 것을 나타내는 증거에 확실한 근거가 없으면, 우선고용은 필요하지도 않고 적법하지도 않다. 예를 들어, 자격이 있는 인력 중 30%가 아프리카계 미국인이

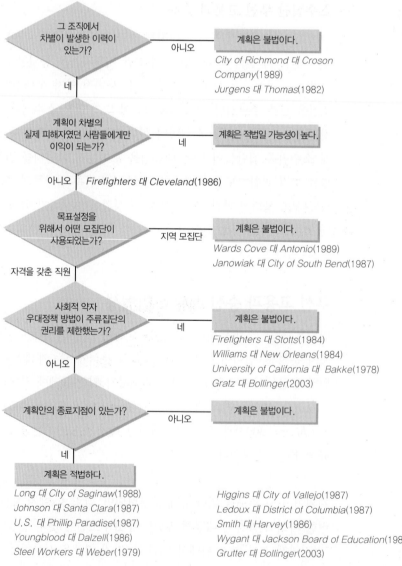

그 조직에서 차별이 발생한 이력이 있는가? — 아니오 → 계획은 불법이다.
City of Richmond 대 *Croson Company*(1989)
Jurgens 대 *Thomas*(1982)

네 ↓

계획이 차별의 실제 피해자였던 사람들에게만 이익이 되는가? — 네 → 계획은 적법일 가능성이 높다.

아니오 ↓ *Firefighters* 대 *Cleveland*(1986)

목표설정을 위해서 어떤 모집단이 사용되었는가? — 지역 모집단 → 계획은 불법이다.
Wards Cove 대 *Antonio*(1989)
Janowiak 대 *City of South Bend*(1987)

자격을 갖춘 직원 ↓

사회적 약자 우대정책 방법이 주류집단의 권리를 제한했는가? — 네 → 계획은 불법이다.
Firefighters 대 *Stotts*(1984)
Williams 대 *New Orleans*(1984)
University of California 대 *Bakke*(1978)
Gratz 대 *Bollinger*(2003)

아니오 ↓

계획안의 종료지점이 있는가? — 아니오 → 계획은 불법이다.

네 ↓

계획은 적법하다.
Long 대 *City of Saginaw*(1988)
Johnson 대 *Santa Clara*(1987)
U.S. 대 *Phillip Paradise*(1987)
Youngblood 대 *Dalzell*(1986)
Steel Workers 대 *Weber*(1979)
Higgins 대 *City of Vallejo*(1987)
Ledoux 대 *District of Columbia*(1987)
Smith 대 *Harvey*(1986)
Wygant 대 *Jackson Board of Education*(1986)
Grutter 대 *Bollinger*(2003)

그림 3.4
사회적 약자 우대정책의 적법성 결정

고, 경찰서의 경찰관 중 30%도 아프리카계 미국인이면, 인종을 기반으로 우선 고용을 시행하는 것은 불법이라 할 수 있다. 하지만 자격 있는 인력 중 25%가 아프리카계 미국인이고 미국 주 경찰관에 아프리카계 미국인이 아무도 없다면(1980년 앨러배마 사건처럼), 우선고용은 정당화될 수 있다(*U.S.* 대 *Phillip Paradise*, 1987).

Taxman 대 피스카타웨이 구역 교육 위원회 사례(1996)에서는, 제3 순회 항소 법원은 두 명의 동일한 자격 있는 지원자 사이에서 누군가를 결정하기 위한 요인으로 인종을 사용하는 것에 대해 반대 입장의 판결을 내렸다. 백인 교사인 Sharon Taxman과 아프리카계 미국인 교사 Debra Williams는 모두 근무 연수가 동일했다. 피스카타웨이 학교 위원회에서 교사 1인을 해고하기로 결정했을 때, Williams는 그녀가 아프리카계 미국인이기 때문에 해고되지 않았다. 항소심은 교직원과 자격이 있는 인력 사이에 인종적인 격차가 있는 것은 아니기 때문에 이 결정을 위헌이라고 결론지었다. 이 판결은 1997년에 대법원의 심사를 받기로 예정된 날 며칠 전에 확정되었다.

계획의 수혜자들

두 번째 기준은 계획이 차별의 실제 희생자가 아닌 사람에게 혜택을 주는 정도와 관련이 있다. 계획이 실제 차별의 희생자들만 이롭게 한다면 적법하다고 간주될 것이지만, 계획이 조직에 의해 직접적으로 차별받지 않은 사람들도 이롭게 한다면 다른 기준을 고려해야 할 것이다.

예를 들어, 여성 관리자가 없고 100명의 남자 부장들로만 구성된 조직을 상상해 보면, 20명의 여성 차장들은 몇 년간 승진을 거절당한 후에 차별을 주장하는 소송을 제기할 수 있다. 조직은 다음에 생기는 10개의 자리를 채우기 위해서 이들 여성 중 10명을 고용하는 것에 동의할 수 있다. 이때 계획의 수혜자들은 조직의 이전 차별의 실제 희생자 당사자였기 때문에 이 계획은 적법하다고 할 수 있다. 하지만 만약 계획이 이전에는 관리직에 지원하지 않은 다른 여성까지 승진시키는 것을 포함하게 되면, 법원은 계획의 적법성을 결정하기 전에 세 가지 요인을 고려할 수 있다: 목표를 설정하기 위해 사용된 모집단, 주류집단에 미치는 영향, 그리고 계획의 종결점이다.

목표를 설정하기 위해 사용된 모집단

세 번째 기준은 차별을 통계적으로 밝혀내고 사회적 약자 우대정책 목표를 설정하기 위해서 두 가지 유형의 모집단 중에서 어떤 것을 사용하느냐에 관한 것이다. 지역 모집단의 경우, 조직은 조직 내의 각 직위별 소수집단의 수와 일반적인 지역에서의 소수집단 수를 비교한다. 만약 차이가 발생하면, 조직은 이 불일치를 해결하기 위해 채용 목표를 설정한다. 예를 들면, 조직을 둘러싼 지역의 80%가 히스패닉계인데 조직에서 임금을 받는 직원의 20%만이 히스패닉계이면, 종업원의 80%가 히스패닉계가 될 때까지 히스패닉계에 대한 고용 목표를 90%로 설정할 수 있다.

지역 모집단 수치를 사용하는 것이 전통적인 방법이었지만, 최근 대법원 판결은 이 방법이 부적절하다고 공표했다. 목표 설정에 사용되어야 하는 모집단은 그 지역의 인구 전체가 아니라 **자격이 되는 인력**을 기준으로 한 모집단이어야 한다는 것이 그 이유이다.

예를 들어 몇몇 미국 남부 주에서는 법원이 공립대학의 소수집단 출신 교수의 증가 여부를 감독하고 있다. 미국 내 아프리카계 미국인의 비율(약 12%)에 맞춘 목표보다는 미국 흑인들 중에서 박사학위를 가진 비율 즉 자격이 되는 인력을 기준으로 한 7%가 목표로 설정되었다. 이 예는 법원들이 사회적 약자 우대정책의 목표를 수립하는 과정에서 비합리적인 근거를 바탕으로 하지 않는다는 것을 보여주기 때문에 중요하다. 주류집단보다 소수집단에서의 박사학위 소지 비율이 더 낮기 때문에, 대학은 모든 국민 전체를 모집단으로 한 비율에 맞추어서 소수집단들을 고용할 수 없다는 것을 법원이 알게 되었다.

또 다른 예로는 *City of Richmond* 대 *Croson*(1989) 소송사건을 들 수 있다. 리치몬드 시의 인구 중 50%가 소수집단이기 때문에, 시는 시의 기금을 받는 계약자들로 하여금 일감 중 적어도 30%를 소수집단 소유의 사업체들에게 하도급을 줄 것을 요구했다. 하지만 시에 소수집단 소유의 사업체가 충분히 많지 않아서 의무비율 30%를 하도급계약을 할 수 없는 경우가 문제가 되었으며, J. A. Croson 회사의 사례가 이러한 문제를 잘 보여준다. 이에 대해서 대법원은 자격을 적절하게 갖춘 소수집단 소유 사업체의 비율(5% 이하)이 아닌 그 지역의 인구를 기초로 30%라는 목표가 설정되었기 때문에 리치몬드 시의 계획은 불법이라고 보았다. 대법원은 *Adarand* 대 *Pena*(1995) 사건에서도 유사한 판결을 내렸다.

주류집단에 미치는 영향

사회적 약자 우대정책 계획의 적법성을 결정하기 위한 법원의 네 번째 기준은 소수집단을 돕기 위해 고안된 조치가 면밀하게 맞춰서 만들어졌는지 여부이다. 계획이 주류집단의 권리를 "불필요하게 제한"하는가? 즉, 여성들을 돕기 위한 계획이 남성들의 권리를 부정할 수는 없다. 혜택은 자격이 되는 주류집단에 비추어서 자격이 되는 소수집단에게 부여될 수 있지만, 자격이 되지 않는 소수집단은 결코 자격이 되는 주류집단을 제치고 고용될 수 없다.

사회적 약자 우대정책은 조직이 특정 보호 집단을 차별했다는 것을 알게 되었을 때 논쟁의 대상이 된다. 예를 들면, 경찰서과 소방서는 오랫동안 백인들로 인력이 구성되어 왔다. 어떤 경우에는 이러한 구성이 우연적인 것이기도 했지만, 다른 경우에는 이는 의도적인 것이기도 했다. 이러한 상황을 해결하기 위해서, 경찰서와 소방서는 대체로 소수집단을 고용하기 위한 목표치들을 설정한다. 이러한 목표치들은 달성하고자 하는 목적으로, 고용되어야 하는 소수집단들의 비율을 특정하여 의무적으로

부과하는 할당량(quota)과 혼동해서는 안 된다. 1991년 시민권법이 할당량의 사용을 금지한 것처럼 이것은 중요한 차이점이다.

소수집단 출신 지원자들 중에서 아주 적은 수의 지원자들만이 자격이 인정되기에 충분할 만큼 검사에서 결과가 높게 나온 경우, 조직이 할당량을 채우기 위해서 자격이 없는 지원자까지 고용할 의무는 없다. 실제로, 조직이 자격 있는 주류집단을 제치고 자격이 없는 소수집단을 고용하거나, 더 자격 있는 주류집단을 제치고 덜 자격이 있는 소수집단을 채용하거나, 비합리적인 목표를 설정한 경우 이는 역차별로 유죄 판결을 받을 수 있다. 예를 들면, *Bishop* 대 *Columbia* 특별구(1986) 사건에서 미국 연방 고등 법원은 아프리카계 미국인 소방대장이 그보다 다섯 계급 위의 백인 소방부국장보다 먼저 승진했을 때 역차별이 발생했다고 판결하였다. 법원은 이 승진이 불법이라고 판단했는데, 이는 자격여부나 이전 업무 성과보다 정치적 압력의 결과였기 때문이다. *Black Firefighters Association* 대 *City of Dallas*(1994) 사건에서도 비슷한 결정이 내려졌는데, 미 연방 고등 법원은 이러한 "계급을 건너뛰는 승진"이 합법적이지 않다고 판결 내렸다.

하지만 *Higgins* 대 *City of Vallejo*(1987) 사건에서 미국 연방 고등 법원은 최고 점수를 받는 주류집단 지원자를 제치고 세 번째로 높은 점수의 소수집단 지원자를 승진시킨 경우는 적법하다고 판결하였다. 두 지원자들 간의 점수에서 차이가 나기는 하지만 "동일하게 자격이 있다"고 간주되기에 충분할 만큼 그 차이가 작다는 생각을 바탕으로 법원의 판결이 이루어졌다. 두 명의 지원자가 동일하게 자격이 있을 때에 둘 중에서 누구를 선택할지를 결정하는 과정에서 사회적 약자를 배려하기 위한 정책적 필요성에 대한 고려가 이루어질 수 있다. 두 지원자들이 더 이상 동등하지 않은 것으로 간주되기 전에는 서로 다른 두 점수가 얼마나 비슷해야 하는가라는 질문은 대답하기 어렵다. 6장에서는 점수들을 일정한 범위로 구분하는 것과 합격점수 등과 같이 이러한 질문에 해답을 줄 수 있는 방법들이 다루어질 것이다.

사회적 약자 우대정책과 관련된 미국 연방 대법원의 최근 두 사례는 지금까지의 논의에서 배운 것을 분명하게 해줄 것이다. 두 가지 사례 모두 미시건 대학의 입학 전형에서의 소수집단 특별대우에 관한 것이며, *Grutter* 대 *Bollinger*(2003) 사건은 로스쿨 입학을, *Gratz* 대 *Bollinger*(2003) 사건은 학부 입학과 관련이 있었다. 두 사례 모두에서, 대법원은 다양성을 증가시키는 것은 국가가 가져야 하는 중대한 관심사항이었다고 판결하였다. *Grutter* 사건에서, 법원은 인종을 입학 결정에서의 많은 요인 중 하나로 이용하는 것은 면밀하게 맞춰서 만들어진 것이며 주류집단의 권리를 침해하지 않았다고 판결하였다. 하지만 *Gratz* 사건에서는, 지원자의 인종을 이유로 자동적으로 점수를 주는 것은 면밀하게 맞춰서 만들어진 것이라고 볼 수 없으며 결과적으로 불법이라고 판결하였다. 이러한 결과들을 종합해보면, 두 사례는 우선고용의 적법성이 개별 사례에 따라 다르게 결정될 수 있으며 또한 사회적 약자 우대정책 계획은 면밀하게 맞춰서 만들어져야 하고, 주류집단의 권리를 제한하지 않아야 한다는 이전의 판례법을 한층 강조한 것이라고 볼 수 있다.

계획의 종결점

다섯 번째이자 마지막 기준은 계획의 종결점을 설정하는 것이다. 즉, 사회적 약자 우대정책 계획이 무기한으로 지속될 수 없으며, 특정한 목표치가 달성되었을 때는 종료되어야 한다. 예를 들면, *Detroit Police Officers Association* 대 *Coleman Young*(1993) 사건에서, 디트로이트 경찰의 50%가 소수집단 출신이 되었기 때문에, 미국 연방 고등 법원은 19년 동안 활용한 사회적 약자 우대정책은 목적한 바를 이루었다고 판결하였다. 이 정책이 이제는 주류집단 지원자에 대해서 상당한 어려움을 줄 수 있기 때문에 이 정책을 계속 시행하는 것은 불법이 될 수 있다고 법원은 판단하였다. 법정은 또한 향후에 경찰서의 소수집단 비율이 떨어지게 되면, 우선고용 계획을 회복시킬 수 있을 것이라고 밝혔다.

사회적 약자 우대정책 계획의 의도하지 않은 결과

사회적 약자 우대정책과 다양성 프로그램이 동등한 기회를 보장하는 중요한 도구라 하더라도, 사회적 약자 우대정책의 결과로 인해 고용되거나 승진된 사람들에게 의도하지 않은 부정적인 결과를 가져올 수 있다(Kravitz et al., 1997). 연구들에 따르면, 사회적 약자 우대정책 때문에 고용된 직원들은 덜 유능한 것으로 동료들에 의해서 인식되며(Heilman, Block, & Lucas, 1992; Heilman, Block, & Stathatos, 1997), 자신의 성과를 저평가하는 경향을 보였으며(Gillespie & Ryan, 2012; Heilman & Alcott, 2001; Leslie, Mayer, & Kravitz, 2014), 사회적 약자 우대정책으로 고용된 다른 사람들에 대해서 부정적인 행동을 보이기도 한다(Heilman, Kaplow, Amato, & Stathatos, 1993). 이러한 효과는 지원자들이 자신의 능력에 대해 긍정적인 정보를 받았을 때(Heilman et al., 1993; Kravitz et al., 1997), 그리고 "사회적 약자 우대정책" 대신에 "다양성 정책"이라는 용어가 사용될 때 줄어들 수 있다. 남성과 주류집단보다 여성과 소수집단들이 사회적 약자 우대정책에 대해 긍정적인 견해를 갖고 있다는 것은 놀라운 사실이 아니다(Harrison, Kravitz, Mayer, Leslie, & Lev-Arey, 2006). 이러한 연구 결과들을 통해서 조직이 다양성 정책과 사회적 약자 우대정책을 어떻게 홍보하고 도입해야 할지에 대해 세심하게 접근하는 것이 필수적이라는 것을 알 수 있다.

사생활 문제

앞에서 논의된 바와 같이 고용 관행이 불리효과를 야기하거나 직무와 관련이 없을 경우에는 그 고용관행은 불법이다. 또한 고용관행이 개인의 사생활에 대한 권리를 불필요하게 침해할 경우에도 불법이 될 수 있다.

4번째 수정 헌법은 정부의 부당한 수색 또는 압수로부터 시민들을 보호한다. 산업 및 조직심리학에서는 약물 검사와 사물함 수색 영역에서 그 중요성을 다룬다. 몇몇 법원에서는 약물 검사는 "수색"으로 간주되고, 공공 부문에서 합법적이기 위해서는 약물 검사 프로그램이 합리적이며 근거가 있어야 한다고 판결을 내렸다. 4번째 수정 헌법은 주 정부 및 지방 정부와 같은 공공 기관에 한해서 적용된다는 것을 이해해야만 한다. 민간 기업은 4번째 수정 헌법에 의거해서 약물 검사를 실시하는 것이 제한받지 않지만, 정부의 규정에 따라서 약물 검사를 요구받을 수도 있다(예, 화물운송 회사와 철도회사). 그러나 민간 기업의 약물 검사와 수색은 반드시 "신의성실과 공정거래" 원칙에 따라서 수행되어야 한다.

일반적으로, 고용주들은 지원자들을 대상으로 약물의 최근 사용 여부를 자유롭게 검사할 수 있으며 심지어 정부가 이를 장려하기도 한다. 실제로, **사업장 약물금지법**에 의하면, 100,000달러 이상의 연방 계약 사업체의 고용주들에게는 작업장에서 약물 사용을 금지하는 것이 의무로 되어 있다. 더군다나, 앨라배마, 아칸소, 플로리다, 그리고 조지아 등의 주에서는 작업장에서의 약물 사용을 예방하는 프로그램을 운영하는 고용주에게 노동자 재해 보상 비율을 할인해주기도 한다(Steingold, 2013).

약물 검사

입사지원자들의 약물 사용 여부를 검사하는 것과 관련해서 법적인 문제는 거의 없다. 하지만 **공공 기관**에서 이루어지는 **재직자 대상 약물 검사**는 "합리적인 의심"을 근거로 하고 "정당한 이유"가 있어야 한다. 이전 사례들을 보면, 합리적인 의심은 직원들이 직장에서 마약을 사용하고 있다고 의심할 만한 이유가 있다는 것을 의미한다 (Goldstein, 2000). 이러한 합리적인 의심은 다양한 출처를 통해서 얻어질 수 있는데, 직원들이 약물을 사용하고 있다는 "제보"(*Copeland* 대 *Philadelphia Police Department*, 1989; *Feliciano* 대 *Cleveland*, 1987; *Garrison* 대 *Justice*, 1995), 사고 혹은 규율 문제 (Allen 대 City of Marietta, 1985; Burnley 대 Railway, 1988), 약물 복용의 현장 적발 (*Everett* 대 *Napper*, 1987) 혹은 약물 사용에 따른 신체적 증상(*Connelly* 대 *Newman*, 1990) 등이 포함된다.

공공 부문에서의 무작위 약물 검사에 대한 적법성은 애매한 경우가 발생할 수 있다. 이러한 것을 고려할 때 법원은 고용주의 특별한 요구가 직원들의 사생활 권리보다 얼마만큼 더 큰지를 감안하게 된다. 예를 들어 *Local 6000* 대 *Janine Winters*(2004) 사건에서는, 제6 순회 항소 법원은 보호관찰관에 대한 무작위 약물 검사는 적법하다고 판결 내렸으며, *National Treasury Employers Union* 대 *Von Rabb*(1989) 사건에서는, 마약 금지 조치의 일환으로 세관원들을 대상으로 실시하는 무작위 약물 조사가 적법하다고 대법원이 판결하였다.

전통적으로, 법원은 직원의 행위가 국민의 안전과 신뢰에 영향을 미치는 정도를 요인으로 고려해 고용주의 요구가 직원의 사생활 권리보다 우선하는지를 판단한다. 예를 들면, 항공 교통 관제사들(*Government Employees* 대 *Dole*, 1987)과 교사들(*Knox County Education Association* 대 *Knox County Board of Education*, 1998)은 국민의 안전에 책임이 있는 것으로 여겨졌지만, 학교 버스 안내원(*Jones* 대 *McKenzie*, 1987)은 그렇지 않았다.

법원이 고려하는 다른 요인들은 약물 검사의 정확도와 검사하는 동안 보장되어야 하는 치료 및 사생활의 보호를 포함한다(*Hester* 대 *City of Milledgeville*, 1986; *Triblo* 대 *Quality Clinical Laboratories*, 1982). 사생활 문제는 약물을 사용하는 직원들이 자신의 약물 검사 결과를 "속이려고" 하는 경우가 자주 있기 때문에 흥미롭다고 볼 수 있다(Cadrain, 2003a). 부정행위를 위한 방법에는 친구에게서 받거나 구매한 "깨끗한" 소변을 가져오는 것, 소변 샘플을 비누, 화장실 용수, 다른 화학 물질로 희석시키는 것 등이 있다. 정말 이상하기는 하지만, 어떤 기업은 지원자들이 약물 검사를 속이는 것을 돕는 "The Original Whizzinator"라고 부르는 상품을 판매한다. 이 상품은 물에 희석시키지 않은 약물성분 없는 소변을 담은 4온스 용량의 주머니를 넣은 인공 성기와 소변을 체온 정도로 유지시키기 위한 유기농 온열 팩을 포함한다(Cadrain, 2003a). Minnesota Vikings의 러닝백이었던 Onterrio Smith는 이전 약물 검사를 통과하지 못했고, Whizzinator를 사용하다 Minneapolis 공항에서 체포되는 장면이 2005년 5월에 TV에 방영되기도 하였다.

이러한 시도를 막기 위해, 어떤 조직들은 피검자들에게 검사장소 안으로 아무것도 가지고 들어갈 수 없도록 옷을 완전히 벗는 것을 의무화했으며 직원이 소변 시료를 제공하는 동안 관찰할 수 있도록 했다. 이와 같은 검사 조건들은 국가 안보와 관련된 심각한 상황에서만 허용될 것이다.

두 가지 다른 중요한 문제는 항소 과정(*Harvey* 대 *Chicago Transit Authority*, 1984)과 테스트 결과의 비밀보장(*Ivy* 대 *Damon Clinical Laboratory*, 1984)에 관한 것이다. 직원들에게 그들의 샘플이 재검사를 받을 수 있는 기회와 불법 약물을 복용하지 않았음에도 왜 결과가 양성으로 나왔는지를 설명할 기회가 주어져야 한다.

따라서 약물 검사 프로그램이 적법하기 위해서는 조직이 약물 사용을 의심할 이유가 있어야 하고, 직무가 국민의 안전 또는 신뢰와 관련된 것이고, 검사 과정이 정확하면서도 합리적인 수준에서 비공개로 이루어져야 하며, 결과에 대해 비밀을 보장해야 하고, 시험결과가 양성인 직원들에게는 항소할 기회와 재활을 받을 기회가 주어져야 한다. 직원 채용 시 약물 검사의 사용과 타당성에 대한 상세한 논의는 5장에서 다루도록 한다.

사무실 및 사물함 수색

사무실과 사물함 조사는 합리적이며 이유가 충분할 때(*O'Conner* 대 *Ortega*, 1987)에 한해서 법률에 의해 허용된다. 하지만 직원이 사물함에 잠금장치를 달도록 허용하게 되면 조직이 사물함을 검사할 권리를 제한하게 된다.

심리 검사

불필요하게 지원자의 사생활을 침해하는 질문을 할 경우에는 고용을 위한 검사가 불법일 수 있다. 본래 정신 병리를 측정하기 위해 개발된 심리 검사들이 가장 위험한 상황이다. 이러한 검사들은 많은 경우 일부 지원자들이 대답하기 불편할 수 있는 종교, 성적 취향과 같은 주제에 대한 질문을 포함하고 있다. *Soroka* 대 *Dayton Hudson* (1991) 사례에서 Target Stores의 매장 보안요원 직무에 지원한 세 지원자들은 704개 문항의 심리 검사를 받은 후 집단 소송을 제기했다. 지원자들은 표 3.4에 제시된 질문들처럼 검사의 일부 질문이 캘리포니아 주 헌법에서 보장된 자신의 사생활 보호 권리를 침해했다고 주장했다.

이 사건에 대한 미국 대법원의 결정 이전에 양측이 합의를 했더라도, 이 사건은 심리 검사에서 사용된 질문에 관심을 집중하였다. 산업 및 조직심리학자들의 관심은 주로 컨설팅 회사가 점수를 계산한다는 것과 Target Stores 회사는 질문들에 대한 개인의 응답 내용을 절대 보지 않았다는 것에 있었다. 회사는 정서적 안정성, 대인관계 유형, 중독 가능성, 신뢰성, 그리고 사회성에 대한 지원자의 수준을 가리키는 전체 점수들만 받았다. 해당 검사를 사용하게 되면 사생활을 침해한다는 법정의 판결은, 하나의 특정 질문에 대한 답보다는 전체적인 검사 점수를 기준으로 의사결정을 해 온 심리학자들을 곤란하게 만들었다(Brown, 1993).

표 3.4 참/거짓을 묻는 아래의 질문이 지원자의 사생활 권리를 침해하는가?

나는 거의 매주 교회에 간다.
나는 매우 종교적이다.
나는 신이 있다고 믿는다.
나의 성생활은 만족스럽다.
나는 성에 대해 이야기하는 것이 좋다.
나는 특이한 성행위에 탐닉해본 적이 없다.

전자 기기를 이용한 감독

미국의 기업 중 약 80%는 전자 기기를 이용해 감독하거나, 직원들의 행동, 전자 우편, 인터넷 사용량 또는 전화 통화를 감독한다. 이처럼 전자 기기를 통해서 감독을 하게 되는 것은 비생산적 행동을 추적할 수 있고 잠재적인 법적 문제(예, 부적절한 이메일, 내부자 거래) 또는 영업 기밀의 절도를 방지할 수 있다는 생각 때문이다 (Leonard & France, 2003).

미국 경영자 협회(AMA, 2007년)의 2007년 조사 결과는 다음과 같다.

- 대기업들의 66%는 직원들이 보는 인터넷 사이트를 감독한다.
- 65%가 특정 인터넷 사이트에 접속하는 것을 막는 소프트웨어를 사용한다.

부록 캐나다의 주(도)별 고용법

보호계층	Alb	BC	Man	Ont	NB	NF	NS	NWT	PEI	Queb	SAS	Yukon
인종	예	예	예	예	예	예	예	예	예	예	예	예
성별	예	예	예	예	예	예	예	예	예	예	예	예
장애	예	예	예	예	예	예	예	예	예	예	예	예
피부색	예	예	예	예	예	예	예	예	예	예	예	예
종교	예	예	예	예	예	예	예	예	예	예	예	예
혼인여부	예	예	예	예	예	예	예	예	예	예	예	예
임신	예	예	예	예	예	예	예	예	예	예	예	예
출신 국가	아니오	아니오	예	예	예	예	예	예	예	예	예	예
나이	18+	19-65	모두	18-65	모두	19-65	모두	모두	모두	모두	18-64	모두
성적 지향	예	예	예	예	예	예	예	아니오	예	예	예	예
약물/알콜 의존	예	예	예	예	예	예	예	아니오	예	예	예	아니오
혈통	예	예	예	예	아니오	아니오	아니오	예	아니오	아니오	예	예
정치적 성향	아니오	예	예	아니오	아니오	예	예	아니오	예	예	아니오	예
가족관계	예	예	예	예	아니오	아니오	예	예	예	예	예	예
협회	아니오	아니오	예	예	예	아니오	예	아니오	예	아니오	아니오	예
범죄 유죄 선고	아니오	예	아니오	아니오	아니오	아니오	아니오	아니오	아니오	예	아니오	예
언어	아니오	아니오	아니오	예	아니오	아니오	아니오	아니오	아니오	예	아니오	예
사회적 환경	아니오	아니오	아니오	아니오	아니오	예	아니오	아니오	아니오	예	아니오	아니오
소득원천	아니오	아니오	아니오	아니오	아니오	아니오	아니오	아니오	예	아니오	아니오	아니오
시민권	아니오	아니오	아니오	예	아니오	예	아니오	아니오	아니오	아니오	아니오	아니오
생활보호대상자 여부	아니오	아니오	아니오	아니오	아니오	아니오	아니오	아니오	아니오	아니오	예	아니오

Alb(Alberta), Bc(British Columbia), Man(Manitoba), Ont(Ontario), NB(New Brunswick), NF(Newfoundland and Labrador), NS(Nova Scotia), NWT(Northwest Territories), PEI(Prince Edward Island), Queb(Quebec), SAS(Saskatchewan), Yukon

- 43%가 이메일을 감독하며,
- 28%는 지난해에 이메일 정책의 위반을 이유로 직원들을 해고했다.

제1 순회 항소법원은 개방된 장소에서 일할 때 직원들은 사생활이 보장되어야 한다는 기대를 하지 않기 때문에 비디오 감시는 사생활 침해가 아니라고 판결을 내렸다(*Vega-Rodriguez* 대 *Puerto Rico Telephone*, 1997). 게다가, 몇몇 지방법원은 감시가 회사 규정의 하나라고 직원들이 공지받은 경우(Leonard & France, 2003; Raynes, 1997)에는 조직이 직원들의 이메일을 감시하거나 컴퓨터 파일을 조사하는 것(*Gary Leventhal* 대 *Lawrence Knapek*, 2001)이 가능하다는 판결을 내렸다. 안전한 법적 근거를 위해서 조직들은 직원들에게 감시되고 있다고 이야기해야 하고, 고용 시점에 신입직원으로 하여금 감시받는 것에 동의한다는 동의서에 서명하도록 해야 한다.

직무에 대해　　**응용 사례 연구**

**Keystone RV사
인디애나 주
고센 시**

안전상의 이유 때문에, 인디애나 고센에 있는 Keystone RV사에서는 제조 공장에서의 약물 남용에 관하여 무관용 정책을 펴고 있다. 2005년, 회사는 직원들이 휴식시간에 약물을 사용하고 있다고 경찰로부터 항의를 받았다. 이러한 문제를 처리하기 위해서 Keystone RV사는 125명의 직원들을 검사하기 위해서 하루 동안 해당 공장을 폐쇄하였으며, 양성 반응이 나온 28명과 검사받기를 거부한 6명을 해고했다. Keystone RV사는 인원 부족 문제를 해결하기 위해서 다른 시설에서 20명의 직원을 전근시켰으며, 2,000명에 가까운 지원자가 해고 소식을 듣고 그곳에서 일하고자 했기에, 빈자리는 빠르게 채워졌다.

- 당신이 이 장에서 배운 것을 근거하였을 때, Keystone RV사가 이 사태를 적절히 다루었다고 생각하는가? 왜 그렇다고 혹은 그렇지 않다고 생각하는가?
- 민간 기업에서 직원들을 무작위로 검사하고 해고한다면 어떤 법적 문제가 발생할 수 있는가?
- 직원들이 직장에서 약물을 사용하는 것을 예방하기 위해 Keystone RV사가 우선적으로 할 수 있었던 것은 무엇인가?

윤리에 대한 관심　　**직장 사생활 문제의 이면에 있는 윤리 문제**

당신은 이 장에서 약물 검사, 사무실과 사물함 조사, 심리적 검사와 전자 기기를 이용한 감시는 거의 제한이 없이 적법하다는 것을 보았다. 유전자 식별검사는 건강한 사람에게 향후에 질병을 일으킬 위험이 있는 유전적인 비정상성을 알아본다. 이런 유형의 검사는 화학약품이나 방사능과 같은 작업장의 물질에 노출되면 질환이 발생할 수 있는 구직자나 직원을 가려내는 데 사용될 수 있다. 유전적 정보를 근거로 고용하지 않거나, 직원을 차별하는 것을 금지하기 위한 법안인 유전자 정보 차별금지 법을 George W. Bush 대통령이 2008년 5월 21일에 승인했지만, 단지 그러한 이유만을 위해서 사용될 것인가에 대한 우려가 여전히 존재한다.

직장에서의 이와 같은 관행을 지지하는 사람들은 이런 형태의 관행들이 직원들, 소비자 그리고/또는 회사에 도움이 될 수 있다고 말한다. 이메일, 인터넷, 전화 감시, 비디오 카메라의 사용과 같은 전자 기기를 이용한 감시는 잠재적으로 해롭거나 불법적인 행위가 직원들에 의해서 이루어지는 것을 포착하는 능동적인 조치이다. 예를 들면, 내부 이메일을 감시함으로써 경영진은 특정 직원 또는 직원들을 대상으로 하는 성적 혹은 차별적 성격의 부적절한 이메일에 대해 알 수 있고, 이 행동을 막기 위해 즉각적인 조치를 취할 수 있다. 그리고 관리자가 이메일과 인터넷 사용, 전화 통화를 감독함으로써 하루 종일 좋은 행동과 나쁜 행동 모두를 추적할 수 있기 때문에, 이런 형태의 감시는 고용주들이 직원 수행을 더 공정하게 평가하도록 도와준다. 예를 들면, 업무 중인 직원의 컴퓨터 화면을 보이게 하거나, 데이터 입력 담당 인력의 속도와 신뢰성을 추적하기 위해서 자판 두드림 횟수를 계산하며, 컴퓨터가 아무 작업도 하지 않고 있는 시간의 양을 추적하는 데에 사용되는 소프트웨어가 있는데, 이러한 형태의 소프트웨어는 직원과 고용주 모두에게 유익하다.

그리고 유전자 식별검사는 직원과 고용주 모두를 안전하게 지킬 수 있다고 지지자들은 말한다. 연구는 독소 또는 화학물질에 대해 사람의 민감성을 증가시킬 수 있는 약 50가지의 유전적 장애를 밝혀냈다. 예를 들면, 겸상 적혈구를 가지고 있는 사람이 일산화탄소 또는 시안화물(청산가리)에 노출되면 겸상 적혈구성 빈혈의 위험성이 있다. 유전자 식별검사는 특정한 사람들이 이러한 질병을 얻는 확률을 감소시킬 수 있으며, 이는 수천 달러에 이르는 의료비의 지불을 아끼고 조기 사망을 피하게 할 것이다. 고용주들은 근로자에 대한 배상금, 건강 보험료, 낮은 생산성, 높은 결근율과 이직률을 개선함으로써 이윤을 얻을 것이다. 직무 지원자들은 이러한 선별 검사에 동의할 필요가 없으며, 이 관행의 지지자들에 따르면 이러한 지원자들은 다른 곳에서 직장을 구할 권리가 있다.

직장에서의 이러한 관행에 반대하는 많은 사람들은 이러한 관행과 관련해서 많은 문제가 있으며, 그 중에 하나가 직원의 사생활 보호 문제이다. 하지만 사적인 전화 통화나 사적인 이메일과 같이 직장과 가정 모두에서 직원의 사적인 생활의 측면이 있고 이러한 것들은 고용주가 활용할 수 없다는 비판도 있다. 개인적인 통화를 하거나 개인적인 이메일을 작성하는 것이 업무 시간을 줄일 수는 있지만, 필요한 경우에 직원이 근무시간 동안 그러한 개인적인 일을 하는 시간이 전혀 없다고 생각하는 것은 비현실적이다.

어느 정도의 직원 감시는 적절히 사용할 경우 직원들의 수행을 평가하는 데 유용할 수 있지만, 비평가들은 어느 정도의 감시가 이루어져야 할 것인가에 대한 제한이 있어야

한다고 말한다. 수집된 정보가 저장되면 몇 년 후 그 직원에게 불리하게 사용될 수도 있는데, 직원이 회사 내에서 승진할 가능성이 있는 경우나 다른 회사에 지원할 때 신원조회를 하는 경우에 영향을 미칠 수 있다. 직원의 수행을 공정하게 평가하기 위해서 직원들이 하는 모든 것을 관리자가 볼 필요는 없다. 법에 따르면, 직원들이 감시되고 있을 때에는 사적인 문제와 관련한 활동들을 하고 있지 않도록 그들에게 조심하라고 알려줄 수 있는 어떤 기제를 포함하는 제한조치가 시행되어야 한다.

유전자 식별검사와 관련해서는 앞으로도 논란이 계속 진행될 것으로 보인다. 반대자들은 이와 같은 선별검사가 (건강한 사람들에게만 국한되지 않고) 모든 사람들에게 평등한 보호를 제공해야 하고 모든 사람들이 공정하게 다루어져야 한다는 내용의 미국 수정 헌법 제14조항에 위배된다고 주장한다. 이들은 한 개인의 건강은 사적인 문제이고, 잠재적인 혹은 현재의 고용주들의 감시 대상이 되어서는 안 된다고 말한다. 만약 지원자들 또는 직원들이 어떤 질병에 취약하다는 것을 회사가 알아채면, 이들 지원자들과 직원들은 그렇지 않은 사람들과는 다르게 취급받을 것이다. 비평가들에 따르면, 이는 법을 어기는 것이면서 불공정한 것이며 결과적으로 특정 계층의 사람들을 비윤리적으로 대우하게 된다. 유전자 식별검사를 반대하는 다른 이유로는, 이러한 검사들에 대한 타당성과 신뢰성이 확보되지 않았다는 사실과 유전자 식별검사로부터 얻은 정보가 의료 관계자에게 들어갈 수 있으며 이들이 실제로는 질병까지 발전하지 않는 사람들에 대해서 적절한 건강보험 혜택을 거부할 수 있다는 우려가 있다.

당신의 생각은 어떻습니까?

- 이러한 직장에서의 관행에 대한 법적인 이유가 조직의 윤리적 책임보다 중요하다고 생각하는가?
- 이러한 활동에 관여하게 되면 회사는 불공정하며 결과적으로 비윤리적이라고 생각하는가?
- 이와 같은 관행을 선택하는 회사의 직원에게 윤리적 책임은 무엇인가?
- 당신이 생각하기에 이와 같은 관행에서 발생할 수 있는 다른 윤리적 딜레마는 무엇인가?
- Bush 대통령이 승인한 유전자 정보 차별금지 법에 대한 인터넷 검색을 하시오. 당신은 이 법이 고용주와 직원들에게 공정하다고 생각하는가? 왜 그렇다고 혹은 그렇지 않다고 생각하는가?

요약

이 장에서 배운 것은 다음과 같다.

- 차별에 대한 고발은 고용평등기회 위원회에 제기된다.
- 다양한 연방법은 성(남성, 여성), 인종(아프리카계 미국인, 유럽계 미국인, 아시아계 미국인, 북미 원주민), 출신 국가, 피부색, 종교, 장애, 나이(40세 이상), 임신, 그리고 제대군인 자격을 근거로 하는 차별을 금지한다.
- 고용관행의 적법성은 불리효과 존재와 고용관행의 직무 관련성과 같은 요소들에 의해서 결정된다.
- 불리효과는 보통 4/5 법칙에 의해 결정된다.
- 사회적 약자 우대정책은 소수집단 출신 지원자의 계획적인 채용, 소수집단 지원자와 직원에게 불리하게 작용되는 고용관행의 제거, 그리고 우선 고용과 승진 등과 같은 다양한 전략으로 이루어져 있다.
- 고용주들은 약물 검사, 사무실과 사물함 조사, 심리 검사, 그리고 전자 기기를 이용한 감시와 관련하여 직원의 사적 권리를 침해하는 것에 대해 주의해야 한다.
- 조직은 그들의 직원들이 받는 성희롱에 책임이 있다. 이러한 성희롱은 보상을 대가로 하는 성희롱이나 적대적 환경의 형태를 보일 수 있다.

복습을 위한 질문

1. 무엇을 통하여 고용 관행이 진정직업자격기준으로 될 수 있을까?
2. 사회적 약자 우대정책이 아직도 필요하다고 생각하는가? 왜 그렇다고 혹은 그렇지 않다고 생각하는가?
3. 왜 공기업 직원들이 사기업 근로자들보다 많은 사생활 보호 권리를 가지는가?
4. 남성 동료가 여성 동료에게 데이트 신청을 한다면, 이를 성희롱이라 할 수 있는가? 그리고 만일 이 남성이 동료가 아니라 관리자(상사)였다면 당신은 다르게 답할 것인가? 왜 그렇다고 혹은 그렇지 않다고 생각하는가?
5. 장애인 차별 금지법에서 볼 때 색맹인 사람은 장애를 가진 것으로 볼 수 있는가? 왜 그렇다고 혹은 그렇지 않다고 생각하는가?

Chapter 4

직원선발: 모집과 면접
EMPLOYEE SELECTION: RECRUITING AND INTERVIEWING

학습목표

➡ 지원자를 모집하는 방법을 안다.

➡ 전통적인 비구조화 면접이 효과가 없는 이유를 이해한다.

➡ 타당하고 구조화된 면접을 구성하는 방법을 배운다.

➡ 면접을 받을 때 면접에서 주어진 과제를 잘 수행하는 방법을 안다.

➡ 이력서와 커버레터 쓰는 법을 배운다.

영화의 TV 버전인 *The Enforcer*에서, 탐정 Harry Callahan으로 연기한 Clint Eastwood 는 그가 강력반에서 인사부로 전근되었다는 것을 알게 되자마자, "인사부라구, 인사부는 얼간이들이나 일하는 곳이잖아!"라고 말한다. 비록 그의 대사가 다소 강한 표현이지만, 많은 사람들이 인적자원(HR)분야에 대해서 갖고 있는 태도를 나타내준 다. 즉, 만약 여러분이 아무것도 할 줄 모른다면, 여러분은 언제나 인적자원부에서는 일할 수 있다.

하지만 인적자원분야에 대한 이미지는 최근 몇 년 동안 상당히 향상되었다. 이 미지의 향상은 직원선발에 있어서 현대적이고 과학적인 원리를 적용한 것과 적절 하게 설계된 직원선발절차를 통해 조직이 비용 절감을 할 수 있음을 깨달았기 때문 이다.

4장, 5장, 6장에서는 직원을 모집하고, 심사하고(screen), 선발하고, 고용하는 것 과 관련된 문제에 초점을 맞출 것이다. 이번 장에서는, 우선 직원을 모집하고 일자리 를 찾아내는 방법을 설명한 다음 여러분이 원하는 일자리를 찾고 획득하는 데 도움 을 주는 몇 가지 팁과 면접 기술을 논의할 것이다. 5장에서는 I/O 심리학자들이 사 용하는 비면접 선발기법에 대해 논의할 것이고 6장에서 다양한 선발기법을 평가하는 방법을 논의하는 것으로 마무리 지을 것이다.

그림 4.1에서 보듯이, 성공적으로 직원을 선발하기 위해서 다양한 단계들이 사용 될 수 있다. 이 단계들 중 어떤 것은 훌륭한 지원자를 불러 모으기 위한 것이고 어떤 것들은 최고의 지원자를 발탁하기 위해서 설계되었고 어떤 것들은 지원자들에게 조 직뿐만 아니라 전반적인 직업 탐색의 과정에 대한 좋은 이미지를 주기 위해서 설계 되어 있다. 명심할 점은 대부분의 일자리에는 고용될 사람들보다 훨씬 더 많은 사람 들이 지원한다는 것이다. 만약 고용되지 않는 사람의 수에 일자리 수를 매년 곱해보 면, 많은 사람들이 특정 조직과 연락하게 된다는 것이 분명해진다. 고용되지 않는 이 러한 사람들은 잠재적 고객이며 잠재적 고객인 친구들을 가지고 있다. 게다가, 어떤 직무에 고용되지 않은 지원자들은 해당 조직의 미래 직무에는 매우 자격을 갖춘 지 원자로 판명될지도 모른다. 그들에게 회사의 긍정적인 이미지를 남기는 것이 우선순 위가 되어야 함이 자명해진다.

직원 모집

모집(recruitment) 조 직에 적절한 자격을 가진 사람을 불러들이는 과정

직원선발에 있어서 중요한 단계는 **모집**이다: 즉, (직무분석에서 정해진 대로) 올바른 자격을 가진 사람들이 그 직무에 지원하도록 불러들이는 과정이다. 여러분이 이 장 의 첫 절에서 보게 될 것처럼, 모집방법은 지난 20년 동안 상당히 변화되어왔다. 20 년 전에는, 대부분의 직원들이 신문과 경제지에 실리는 광고를 통해 모집되었다. 오

늘날에는 인터넷이 일자리를 찾는 지원자들뿐만 아니라 일자리를 광고하는 고용주에게도 주요한 정보원천으로서 작용하고 있다. 다양한 모집방법에 대해서 읽을 때 명심할 것은 아무리 몇몇 방법이 다른 것들보다 더 많이 사용된다해도 사용의 정도는 직무 성격과 조직 크기 등의 요인에 영향을 받는다는 것이다. 즉, 시내의 소규모 상점들은 아마도 Micorsoft, Walmart, Tyson Foods와 같은 큰 회사들과는 다른 방식으로 직원을 모집할 것이다.

비록 새로운 직원을 조직 내로 모집하는 것(**외부 모집**)을 중심으로 대부분의 논의를 이어갈 것이지만, 많은 직무가 조직 내에서 누군가를 전근시키거나 승진시킴으로써(**내부 모집**) 채워진다는 것을 이해하는 것도 중요하다. 우선 많은 조직들은 전근, 승진, 혹은 이직 등으로 인한 직무에 공석이 발생하면 현 직원들에게 2주 동안 공고한다. 만약 자격을 갖춘 지원자가 발견되지 않는다면, 조직은 외부에 공석이 된 직무를 광고하게 된다. 연방정부의 계약자(federal contractor)들은 자격 있는 퇴역군인에 대한 차별철폐조처(affirmative action) 요건을 충족시키기 위해서 국가 고용 기관의 모든 직무 공석을 알려야 하기 때문에 이러한 선택을 할 수 없다.

내부 승진은 경쟁적일수도 있고 비경쟁적일 수도 있다. 비경쟁적인 승진은 보통 "경력 진행적(career progression)" 직위를 말하며, 직원들이 경험과 지식을 습득하면서 1등급 기술자, 2등급 기술자, 3등급 기술자 등과 같이 이전 직위에서 이동해가는 상위 직위를 말한다. 주어진 연도에 승진의 수가 제한되지 않으며, 직원들은 다른 직원들과 경쟁하지도 않는다. 대학교 교원들의 경력 진행의 좋은 예는 조교수, 부교수, 그리고 마침내 정교수로의 승진이 될 수 있다. 경력 진행적 승진은 주로 직명이 바뀌고 임금이 인상된다.

경쟁적인 승진에서는 몇 명의 내부 지원자들이 제한된 수의 상급자리를 위해 서로 (때로는 외부 지원자들과도) 경쟁한다. 예를 들어, Walmart 직원들은 보조 매니저 자리를 위해서 서로 경쟁할지도 모른다. 내부 승진은 동기부여의 큰 원천이 될 수 있지만 조직이 항상 내부에서만 직원을 승진시킨다면, (조직은) 새로운 직원들이 이전 고용환경으로부터 가져오는 많은 아이디어들을 잃게 되어 참신한 아이디어가 부족한 노동력을 갖게 된다는 위험을 감수하게 된다. 내부적 자원에 과도하게 의지하는 것은 노동력의 인종, 성별, 나이의 구성을 영속화시킬 것으로 생각된다. 그래서 현 직원의 승진과 외부 지원자를 고용하는 것 사이에 균형을 맞출 필요가 있다.

외부모집(external recruitment) 조직의 외부에서 종업원을 모집하는 것

내부모집(internal recruitment) 조직에서 이미 고용되어 근무하고 있는 종업원들 중에서 모집하는 것

그림 4.1
Ammerman 기법에 따른 은행 창구 근무자의 목적과 과업의 사례

- 직무분석
- 평가 방법 선택
- 평가 타당화
- 모집
- 심사
- 평가
- 선발
- 고용/불합격

매체 광고

신문 광고

직원을 모집하기 위해서 지역 신문이나 전문잡지와 같은 정기간행물에 광고를 내는 방법은 감소하고 있다. 사실상, 커다란 조직들에서 이루어지는 108,000개 외부 고용에 대한 연구에서 Crespin과 Mehler(2013)는 1997년에는 유사한 조사에서 외부 고용 중 28.7%가 인쇄 매체를 활용하여 이루어진 반면에 2012년에는 외부 고용 중 단지 2.3%만이 인쇄 매체를 통해 모집되었다는 것을 발견했다. 이러한 하락은 2007년 조사와 일치되는데, 이 조사에서 조직의 인사담당자들은 인쇄 광고를 가장 효과 없는 모집 방법으로 평정했다(SHRM, 2007). 이러한 발견은 지난 10년간 직원 모집에 있어서의 커다란 변화를 보여 준다. 2002년에는 채용 담당자들이 신문 광고를 가장 효과적인 지원자 모집 경로 중 하나로 평가하였다(Gere, Scarborough, & Collison, 2002).

그림 4.2에서 볼 수 있듯이, 신문에서든 온라인상에서든 구인 광고는 일반적으로 지원자들에게 4가지 방법 중 하나로 응답할 것을 요청한다: 전화, 방문 지원, 조

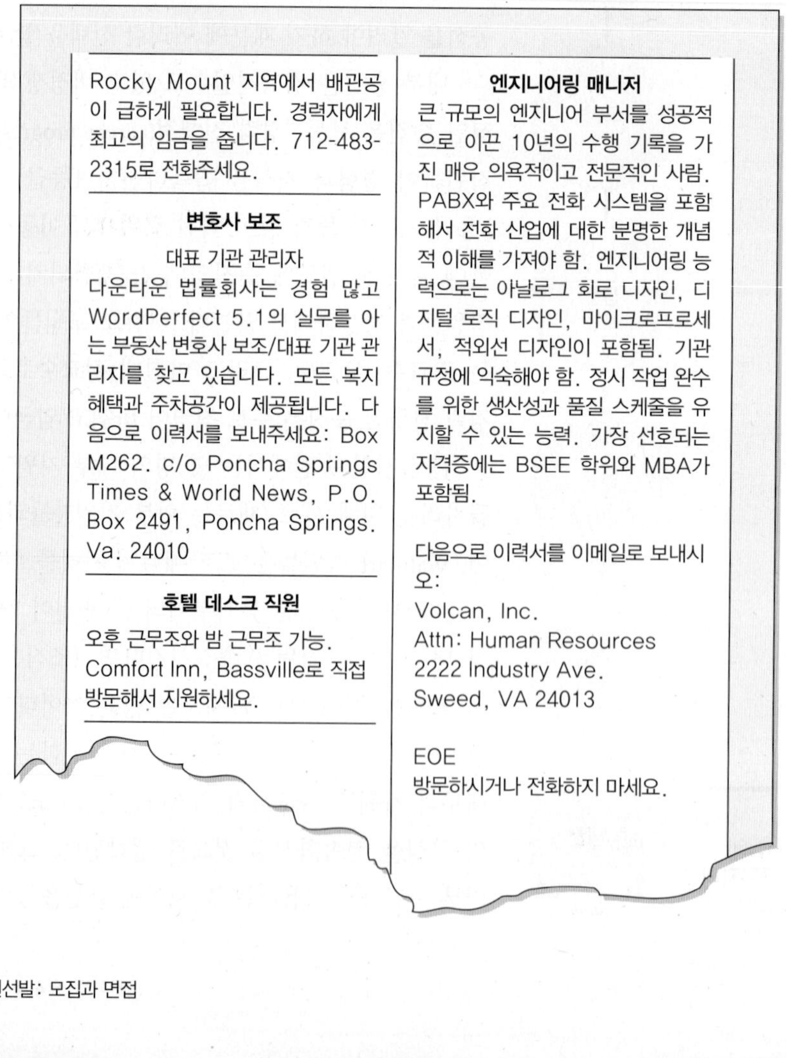

Rocky Mount 지역에서 배관공이 급하게 필요합니다. 경력자에게 최고의 임금을 줍니다. 712-483-2315로 전화주세요.

변호사 보조

대표 기관 관리자
다운타운 법률회사는 경험 많고 WordPerfect 5.1의 실무를 아는 부동산 변호사 보조/대표 기관 관리자를 찾고 있습니다. 모든 복지 혜택과 주차공간이 제공됩니다. 다음으로 이력서를 보내주세요: Box M262. c/o Poncha Springs Times & World News, P.O. Box 2491, Poncha Springs. Va. 24010

호텔 데스크 직원

오후 근무조와 밤 근무조 가능. Comfort Inn, Bassville로 직접 방문해서 지원하세요.

엔지니어링 매니저

큰 규모의 엔지니어 부서를 성공적으로 이끈 10년의 수행 기록을 가진 매우 의욕적이고 전문적인 사람. PABX와 주요 전화 시스템을 포함해서 전화 산업에 대한 분명한 개념적 이해를 가져야 함. 엔지니어링 능력으로는 아날로그 회로 디자인, 디지털 로직 디자인, 마이크로프로세서, 적외선 디자인이 포함됨. 기관 규정에 익숙해야 함. 정시 작업 완수를 위한 생산성과 품질 스케줄을 유지할 수 있는 능력. 가장 선호되는 자격증에는 BSEE 학위와 MBA가 포함됨.

다음으로 이력서를 이메일로 보내시오:
Volcan, Inc.
Attn: Human Resources
2222 Industry Ave.
Sweed, VA 24013

EOE
방문하시거나 전화하지 마세요.

그림 4.2
구인광고의 예시

전화 지원 모집 광고 (respond by calling) 자원자들이 직접 방문하거나 지원서를 보내기보다는 조직의 모집 담당자에게 전화하도록 지시하는 모집 광고

방문 지원 모집 광고 (apply-in-person ads) 지원자들이 전화하거나 이력서를 보내기보다는 조직에 직접 방문하여 지원서를 제출하도록 지시하는 모집 광고

이력서 보내기 모집 광고 (send-résumé ads) 지원자들이 전화하거나 직접 방문하기보다는 이력서를 보내도록 지시하는 모집 광고

블라인드 박스 모집 광고 (blind box) 조직의 이름이나 주소가 제공되지 않은 우편함에 지원자들의 이력서가 보내지도록 지시하는 모집 광고

직으로 이력서를 직접 보내기(보통 전자적으로), 또는 블라인드 박스로 이력서 보내기. 지원자들을 빨리 심사하거나 지원자의 목소리를 듣기(예, 텔레마케터나 접수원)원할 때 지원자들은 **전화를 통해 답변**하도록 요청되기도 한다. 지원자들의 전화로 자신들의 전화가 계속 통화 중이기를 원치 않을 때 또는 지원자들이 특정 지원서를 작성하기를 원할 때 또는 지원자의 신체적인 외모를 보기를 원할 때(예, 여행사, 피자배달 식당) 조직은 **방문 지원을 요청하는 광고를 사용**한다. 조직은 매우 많은 수의 지원자들이 지원할 것을 예상하지만 수천 명의 지원자들과 대화할 자원을 갖고 있지 않을 때 지원자들에게 회사에 직접 이력서를 보내도록(**이력서 보내기 광고**) 요청한다.

네 번째 유형의 광고인, **블라인드 박스**는 이력서를 블라인드 박스로 보내도록 지원자들에게 요청한다. 조직은 세 가지 주요한 이유로 블라인드 박스를 사용한다. 첫 번째, 조직 이름 공개를 원하지 않는 경우이다. AT&T나 IBM 같이 잘 알려진 큰 회사가 매우 특정한 직무에 공석을 갖고 있으나 다양한 자리에 많은 공석이 있다는 소문이 퍼질 것을 걱정할 경우가 이것에 해당할 수 있다. 이런 소문으로 인하여 이력서가 쓰나미처럼 밀려올 수 있고 이 중 많은 것들은 자격을 갖추지 않은 지원자들의 것일 수 있다. 두 번째로, 지원자들이 회사의 이름을 알면 지원하지 않을 것을 회사가 염려하는 경우이다. 예를 들어, 지원자들에게 이력서를 장례식장으로 보내라고 요청하면, (비록 장지를 파는 것이 수익성이 좋은 일임에도 불구하고) 판매직에 대한 광고가 아마도 큰 반응을 일으키지는 않을 것이다. 세 번째로, 드물지만 회사가 어떤 직원과 계약을 끝낼 필요가 있지만 우선 대체인력을 찾기를 원할 수 있다. 여러분이 상상할 수 있듯이, 현직자가 자신이 곧 해고될 것을 모르고 있다면 회사의 이름을 포함하는 광고를 싣는 것은 그리 똑똑하지 않은 일이다.

다양한 종류의 광고에 응답하는 방법에 대한 조언은 경력 워크샵 박스에서 볼 수 있다. 여러분은 구인광고의 종류를 확인하는 데 도움을 얻기 위해서 워크북의 연습문제 4.1을 완성할 수 있다.

모집광고 작성하기. 비록 참고할 연구가 거의 없지만, 고용주가 모집광고를 작성하는 가장 좋은 방법에 대한 전문가의 조언은 많이 있다. 모집광고에 대한 연구에 의해서 발견된 것은 다음과 같다:

- "사실이기엔 너무 좋은 정보"보다는 직무에 대한 사실적인 정보를 포함한 광고가 지원자들이 해당 조직에 많이 지원하게 해준다(Thorsteinson, Palmer, Wulfe, & Anderson, 2004).
- 직무와 조직에 대해 자세히 말해주는 광고는 지원자들이 조직과 얼마나 잘 들어맞을지를 알게 해주고 지원자들이 조직에 대한 긍정적인 생각을 가지도록 도와준다(Roberson, Collins, & Oreg, 2005).

- 선발과정에 대한 정보를 포함하는 광고는 지원자들이 직무에 지원할 가능성에 영향을 끼친다. 예를 들어, 면접을 사용해서 직원을 선발할 것이라고 말하는 광고는 학점이 선발의 주요 고려사항이 될 것을 나타내는 광고보다 지원자들의 지원 가능성을 더 높일 것이다(Reeve & Schultz, 2004).

최근 몇 년간 구인광고의 경향은 창의적이고 열정적인 광고를 사용한다는 것이다(Levit, 2008). 혁신적인 광고를 사용함으로써 On-Line Software는 비서직에 대한 구인 광고에 반응하여 지원한 지원자의 수를 세 배로 늘렸다. Hyundai의 혁신적인 광고는 단지 5,000 달러의 비용이 들었으나 거의 2,000명이 광고된 자리에 지원했다. 몇몇 조직들은 자신들의 일자리를 조롱함으로써 직원들을 모집하려고 했다. 다음이 그러한 몇 가지 예이다:

- 노르웨이의 수입 유통사인 FH Company는 "힘들고 지루한 도매 회사가 완전히 도전 정신 없는 일자리를 위해 서비스 정신이 완전 결핍된 게으른 사람들을 찾는다"라고 말하는 구인 광고를 냈다.
- 버지니아의 아스팔트 회사인, C. Rinker Paving은 "머리 모양이 보고 듣기에 충분히 짧으며, 30분 만에 샌드위치를 먹을 수 있고, 화장실에 가지 않고 또는 무언가를 마시지 않고 적어도 30분을 일할 수 있으며, 자신의 일을 방해하지 않을 만큼 충분히 가벼운 코걸이와 귀걸이를 갖고 있는" 지원자들을 찾고 있다는 구인광고를 냈다.
- 한 전국적 판매 회사는 "물건을 파는 매우 지루하고 반복적인 일자리에 5명의 불쾌하고 밀어붙이는 판매 직원을 고용하는 것에 관심이 있다. 우리의 현재 판매 직원들은 가장 게으른 집단의 사람들로서, 여러분은 그들이 일주일에 5일을 힘들게 나와서 날씨나 커피나 온도조절기나 매니저에 대해 불평할지를 정하는 것을 보게 될 것이다"라고 광고했다.
- The New York City Administration for Children's Services는 "구인: 위험한 동네에 있는 이상한 건물로 기꺼이 들어와서 혼란스러운 사람들의 비명소리를 들으며—아마도 여러분이 이해할 수 없는 언어로—그리고 가끔 다른 방법은 비극적인 결과를 초래할 수 있기 때문에, 아이를 부모의 양육으로부터 강제로 떼어낼 수 있는 남자와 여자."라는 광고를 게재했다.

그래서 제품 광고에서 사용되는 기법과 상상력이 구인광고로 인한 지원자의 수를 증가시켰다.

전자 매체

아마도 사기업(private) 부문에서 TV를 활용한 직원 모집을 가장 잘 사용한 것은 McDonald's였다. McDonald's 광고는 패스트푸드 체인점을 은퇴자들이 아르바이트하기에 이상적인 장소인 것으로 보여주었다. 상업광고는 지원자들을 모으는 좋은 도구일 뿐만 아니라 훌륭한 홍보 수단이기도 하다. 공적 부문에서는 군대가 TV 모집에 매우 적극적이었다: "여러분이 될 수 있는 최고가 되세요" 또는 "하나의 군대" 광고를 누가 잊을 수 있겠는가?

광고를 위하여 전자매체를 사용하는 것의 이점은 명백하다. 라디오 광고국(Radio Advertising Bureau)의 2013년 연구에 따르면, 미국인들은 매일 3.7시간을 TV를 보고 하루에 2.3시간을 라디오를 들으면서 보낸다는 점이다. 게다가 다른 유형의 라디오 방송국(예, 록, 클래식, 컨트리, 올디스, 뉴스 등)은 다른 유형의 애청자들로 구성된다. 그래서 라디오를 활용한 광고는 라디오를 활용하여 원하는 청자를 겨냥하는 것이 쉬울 수 있다. 예를 들어, Harris Trucking은 운전자들을 위한 일자리를 컨트리 음악을 틀어주는 라디오 방송국에 주로 광고한다. 라디오 광고는 새로운 운전자를 모집하기 위해서 뿐만 아니라 현직자들에게 운전자로서의 매우 훌륭한 수행에 대해서 감사하기 위해서도 사용된다.

구매 시점 방법(point-of-purchase methods)

구매 시점 방법은 제품을 소비자에게 마케팅하기 위해서 사용되는 "POP"(구매 시점) 광고와 같은 원리에 기초한다. 예를 들어, 지역 수퍼마켓에서 쇼핑하는 것을 생각할 수 있다. 여러분이 어떤 통로로 카트를 끌고 걸어갈 때 포테이토 칩의 특별한 전시를 보게 되고 다음 통로에서는 쿠키가 특별히 전시되어 있는 것을 볼 수 있다. 여러분이 계산대에 도착했을 때에는 *National Enquirer*, 사탕, 건전지와 같은 물품들이 줄 서서 기다리는 동안에 살펴볼 수 있도록 편리하게 배치되어 있다. 핵심은 여러분이 일단 상점에 들어오면 더 많은 물품을 사도록 만든다는 것이다.

직원 모집에서도, 손님이나 현 직원들이 볼 가능성이 있는 장소에 구인 공고를 게시한다: 가게 창문, 게시판, 식탁 매트, 트럭의 옆면. 이러한 방법의 이점은 이것이 저렴하고 업체를 빈번히 방문하는 사람들을 대상으로 한다는 것이다. 단점은 단지 제한된 수의 사람들만이 광고에 노출된다는 것이다.

사냥과 낚시 물품을 전문으로 하는 소매체인점인 Cabela's는 현 고객을 대상으로 구인모집을 하는 회사의 좋은 예가 된다. Cabela's는 사냥과 낚시에 대한 광범위한 지식을 갖춘 직원이 필요하므로 그들은 처음부터 새로운 직원을 훈련시키기보다는 흥미와 지식을 이미 보유한 고객을 고용하는 것이 훨씬 더 쉽다고 생각한다. 현 고객을 겨냥하는 것 외에도, Cabela's는 또한 사냥과 낚시 클럽에 접근하는데 해당 클럽의 회

전화로 지원하기

➡ "신문에서 귀사의 구인광고를 보고 더 많은 정보를 얻고 싶어서 연락드려요."와 같은 처음 몇 문장을 연습한다. 즉흥적으로 말할 수 있을 것으로 믿으면 안 된다. 그러면 자동응답기에 메시지를 남기는 사람처럼 또렷하지 않게 들릴 수 있다.

➡ 짧은 면접을 대비해서 반드시 여유 있게 시간을 잡고, 질문에 답하기 위해 이력서를 준비해두고 종이와 연필을 가까이에 둔다. 한 번은 인사부 관리자인 GeGe Beall이 막 샤워를 하고 옷을 입기도 전에 전화를 받았다. 그것은 고용주의 전화였고 그녀는 한 시간 동안 Beall을 인터뷰했다. 그녀는 Beall에게 지원자들이 "면접을 위해 수트를 입지 않아도 되기 때문에" 전화 면접을 좋아한다고 말했다. 이 경우에 있어서 그녀는 자신의 말이 얼마나 정확했는지 몰랐을 것이다.

직접 방문하기

➡ 방문 시 면접 받을 것에 대비한다. 조직은 단지 이력서를 받고 나중에 면접 날짜를 잡을 수도 있다. 하지만 지원자들이 이력서를 제출하러 갔을 때 조직이 면접을 진행하는 것은 드문 일이 아니다. 면접을 보듯이 옷을 입는다. 해변에 가는 도중에 이력서를 내는 것이 편리할 수도 있지만, 형편없이 옷을 입는 것은 즉시 면접을 하든 아니든 나쁜 인상을 남길 수 있다.

➡ 이력서 사본을 가지고 와서 비록 지원서를 작성하도록 요청된다 해도 사본 한 장을 남기고 온다.

➡ 필기구를 가지고 온다. 이것을 하지 않는 지원자를 많은 조직들은 자동적으로 제외시킨다.

➡ 접수원이나 여러분이 만나는 누구에게라도 친절히 대한다. 여러분에 대한 조직의 인상은 아마도 가장 중요하고 무례하거나 부적절하게 옷을 입는 지원자에 대한 소문은 실제의 고용결정을 하는 사람에게 빠르게 들어갈 수 있다.

이력서로 지원하기

➡ 항상 커버레터(이 장의 뒤에 가서 논의할 개념)를 포함시킨다.

➡ 가능하다면 봉투에 제목을 쓴다.

블라인드 박스로 지원하기

➡ 이러한 유형의 광고에 답변하는 것을 무서워할 게 없다. 대부분의 경우에, 그것들은 존경할 만한 조직의 좋은 자리를 포함할 것이다.

➡ 블라인드 박스는 광고를 게재하는 특정 기간 동안만 사용 가능하기 때문에 즉시 지원한다.

원들은 잠재적인 직원일 뿐만 아니라 또한 잠재적인 고객인 것이다. 열광적인 사냥꾼과 낚시꾼을 모집하는 데 도움이 되는 보너스로 제품 할인 혜택을 주고 판매 직원들이 제품에 대한 정확한 의견을 제공하기 위해서 제품을 집으로 60일 동안 가지고 갈 수 있게 하는 정책을 시행한다(Taylor, 2007).

직원을 모집하는 것이 어렵기 때문에, 많은 패스트푸드 식당들은 독특한 구매 시점 기법을 사용하고 있다. McDonald's, Arby's, Burger King, Carl's Jr는 모두 지원서가 포함된 구인 광고를 종이 식탁 매트에 인쇄한다. 일자리에 지원하기 위해서, 고객들은(지금 이들을 맥지원자라고 부를 수 있을까?) 단지 종이 매트에 묻은 케찹을 닦아내고 이름과 주소를 쓴 다음 그 매트를 매니저에게 주면 된다.

Wendy's는 Target과 Home Depot처럼, 영수증에 구인 광고("지금 웃는 얼굴을 고용하고 있어요.")를 인쇄했다; Domino's Pizza는 구인 광고를 피자 박스에 실었고; Kentucky Fried Chicken은 공짜 소다수와 지원서 자료를 나누어주기 위해서 학생들이 모이는 장소에 물품들을 배달하는 자동차에 광고를 게시했다. Store 24는 매니저 훈련생을 모집하는 데 어려움을 겪었기 때문에, 우유팩의 한 면에 구인 광고를 올리는 독특한 접근을 했다. 회사가 우유팩을 만들고 인쇄하는 비용을 이미 지불했기 때문에 구인 캠페인의 비용은 매우 작았다. 다른 혁신적인 모집 방법에는 북마크에 일자리 포스팅과 미니 이력서를 게재한 Lauriat's Books가 포함되고; 탈의실에 구인 간판을 놓은 의류 상점인 Rugged Wearhouse가 있고; SmithKline과 Prudential Insurance는 필라델피아 지역 빌보드에 구인광고를 게재했다.

채용담당자

대학 현장 채용담당자

많은 회사들은 채용담당자를 대학으로 보내서 회사에 대한 질문에 답변하고 학생들을 면접하게 한다. 놀랍지 않게도, 채용담당자의 행동과 태도는 지원자가 일자리에 대한 제안을 결정하는 데 상당한 영향을 미친다(Chapman, Uggerslev, Carroll, Piasentin, & Jones, 2005; Rynes, Bretz, & Gerhat, 1991).

비용을 고려해서, 많은 고용주들은 캠퍼스 모집의 사용을 줄여왔다. 결과적으로, 많은 수의 대학들이 **가상 직업 박람회**를 개최하고 가상 직업 박람회에서 재학생들과 졸업생들이 웹을 사용해서 한 번에 수백 개 조직의 채용담당자들을 "방문"하고 면담할 수 있다. 가상 직업 박람회에서 지원자들은 채용담당자와 면담하거나 인스턴트 메시지를 활용할 수도 있고 회사에 대한 더 많은 정보를 얻을 수 있고 이력서도 제출할 수 있다.

외부 채용담당자

조직들 중 75% 이상은 사설 채용 기관, 공공 채용 기관, 혹은 **임원 조사 기관** 소속의 외부 채용담당자를 이용한다(SHRM, 2001b). 사설 채용 기관과 유명 헤드헌팅 업체는 모집 활동으로 이윤을 내도록 만들어졌지만 공공 채용 기관은 국가 기관과 지역 기관에 의해서 운영되며 비영리적이다.

채용 대행 기관과 헤드헌팅 업체

채용 대행 기관

채용 대행 기관은 두 가지 방식 중 하나로 운영된다. 채용 대행 기관은 지원자가 일자리를 구하면 회사나 지원자에게 비용을 청구한다. 청구되는 액수는 보통 지원자의 첫 해 연봉의 10%에서 30% 정도에 해당된다.

조직의 관점에서 채용 서비스에 대한 비용을 지원자에게 청구하는 채용 대행 기관을 사용할 때에는 위험이 거의 발생하지 않는다. 즉, 만약 채용 기관이 적절한 후보자를 찾지 못한다 해도 조직의 돈이 낭비되지는 않는다. 이에 반해서 채용 대행 기

가상 직업 박람회(virtual job fair) 대학 등에서 개최되는 직업 박람회로 학생들이 온라인으로 회사를 견학하고 채용담당자에게 질문을 하고, 온라인으로 지원서를 제출한다.

임원 조사 기관(유명 헤드헌팅 업체; executive search firms) 헤드헌터로 불리는 채용 대행 기관으로 고임금 직무의 지원자를 모집하는 데 특화된 조직

채용 대행 기관(employment agency) 직무를 찾는 지원자에게 직무를 찾아주거나 종업원을 찾는 조직에게 지원자를 찾아주는 데 특화된 조직

관이 성공적이었다면, 조직은 비용을 들이지 않으면서 자격을 갖춘 직원을 고용할 수 있다.

　채용 대행 기관의 활용은 인사부가 업무로 과부하되어 있거나 조직에 직원을 적절히 선발하기 위해 필요한 기술과 경험을 갖춘 담당자가 없다면 특히 유용하다. 채용 대행 기관의 단점은 회사가 모집 과정에 대한 통제권을 잃게 되며 결국 바람직하지 않은 지원자들을 모집하게 될 수도 있다는 것이다. 기억할 점은 많은 채용 대행 기관의 "카운셀러"들은 인력 선발 분야에 대한 출중한 배경 지식 때문이 아니라 판매 기술 때문에 고용되었다는 점이다. 예를 들어, 어떤 채용 대행 기관은 자신의 기관에 지원한 지원자들 중 한 명을 인력 관리에 대한 학위가 있다는 이유로 입사를 거절했다. 면접 동안에 그 기관의 수장은 "우리는 인력 전문가를 찾고 있는 게 아니다. 우리가 원하는 것은 벽돌집 주인에게 알루미늄 외장을 팔 수 있는 사람이다."라고 말했다.

　지원자가 채용 대행 기관을 사용해서 잘못될 수 있는 경우는 거의 없다. 만약 수수료가 회사에 청구된다면, 지원자는 비용 없이 일자리를 구하게 된다. 하지만 수수료가 지원자에게 청구된다 해도 지원자는 여전히 혜택을 얻을 수 있다. 예를 들어, 여러분이 일자리를 찾는 데 어려움을 겪고 있는데, 어떤 채용 기관이 여러분에게 연봉 60,000달러인 좋은 일자리를 찾아준다고 생각해볼 수 있다. 좋은 일자리를 얻기 위해서 6,000달러를 소비하는 것은 실업상태에서는 매달 5,000달러의 수입을 잃게 된다는 것이기 때문에 가치 있을 수 있다. 그래서 수수료는 본질적으로 여러분이 그 일자리가 없었다면 여하튼 벌지 못했을 한 달 치 월급인 것이다.

헤드헌팅 업체

헤드헌팅 업체는, "헤드헌터"라고 더 잘 알려져 있는데, 몇 가지 면에서 채용 대행 기관과는 다르다. 우선, 그들이 채용을 대행하는 직무는 이사, 엔지니어, 컴퓨터 프로그래머와 같이 입문 수준이 아닌 고임금자들을 위한 것이다. 두 번째로 유명한 헤드헌팅 업체들은 항상 지원자가 아니라 조직에게 수수료를 청구한다. 세 번째로 헤드헌팅 업체에 의해 청구된 수수료는 지원자의 첫 연봉의 약 30%에 해당하는 경향이 있다.

　채용 대행 기관과 헤드헌팅 업체 양자 모두에 대해 당부의 말을 덧붙이고자 한다. 두 기관들은 고용에 성공한 지원자의 수에 따라 돈을 벌기 때문에, 제공된 일자리를 받아들이라고 지원자에게 엄청난 압력을 행사하는 경향이 있다는 것이다. 그러나 지원자들은 일자리를 수락해야 할 의무가 없으며 불리하게 보이는 일자리를 거절하는 것에 대해서 위협을 받아서는 안 된다.

공공 채용 기관

공공 채용 기관(public employment agency) 국가나 지방 정부 기관에 의해서 운영되며 지원자들에게 일자리를 매칭하는 고용서비스를 제공해 주는 공공기관

외부 모집 기관의 세 번째 유형은 국가 채용 기관과 지역 채용 기관이다. **공공 채용 기관**은 주로 실업자들이 일자리를 찾도록 도와주기 위해서 만들어졌지만 종종 경력 관리와 이력서 준비와 같은 서비스를 제공한다. 조직의 관점에서, 공공 채용 기관은 육체 노동직과 사무직을 채용하는 데 있어서 매우 가치 있을 수 있다. 지원자를 고용하는 것과 관련된 비용이 없을 뿐만 아니라 훈련비용을 지불하는 데 도움이 되는 정부 프로그램의 이용이 가능하다. 국가 채용 기관과 협력하여 노동자와 사무직을 모집하고 심사하는 많은 조직들이 있다.

많은 공공 채용 기관들은 쇼핑몰이나 공공건물과 같은 장소에 간이 안내소를 설치함으로써 일자리 찾는 것이 더 쉽도록 만든다. 지원자들은 지역의 일자리를 찾기 위해서 그리고 일자리에 지원하는 방법에 대한 정보를 얻기 위해서 안내소를 이용할 수 있다. 모집 안내소는 많은 방문 지원자를 수용하고자 하는 고용주에 의해 점점 더 많이 사용되고 있다. 잠재적 일자리 지원자는 접수원에게 물어보기보다는 회사 로비나 쇼핑몰 혹은 국가 채용 기관 내에 설치된 안내소를 이용해서 일자리를 찾을 수 있다. 이와 동시에, 지원자들은 자신이 자격이 되는 일자리에 온라인으로 지원할 수 있다.

직원 추천

직원 추천(employee referral) 현직자가 자신의 친구나 가족의 구성원을 직무에 추천하는 모집 방법

모집을 하기 위한 또 다른 방법은 **직원 추천**으로, 현재 조직에 근무하는 직원이 가족이나 친구를 공석인 특정 일자리에 추천하는 것이다. 이러한 추천 방법을 조사한 설문에 따르면 사기업의 약 50%가 공식적인 추천 프로그램을 가지고 있고 66%는 어떤 식으로든 직원 추천을 활용하고 있다(Burke, 2005b). CareerXRoads의 2013년 조사에 따르면, 모든 외부 고용 중 약 25%는 현 직원에 의해서 추천되었다. 이러한 수치는 1997년 Sources of Hire 조사에서 발표된 19.7%에서 증가한 것이다(Crispin & Mehler, 2013). 이러한 증가는 부분적으로는 LinkedIn, Twitter, Facebook과 같은 사회관계망을 통해 추천을 하는 것이 더 용이해졌기 때문이다.

450명의 인력자원 전문가들을 대상으로 한 조사에서, 직원 추천은 가장 효과적인 모집 방법인 것으로 평가되었다(SHRM, 2007). 어떤 조직들은 이 방법의 매력을 너무나 확신해서 고용된 지원자를 추천한 직원에게는 재정적인 보너스도 제공한다. 예를 들어, Integrated Systems Consulting Group은 3,000달러와 하와이로의 휴가권을 따낼 기회를 성공적인 지원자를 추천한 직원에게 제공했다. Kaiser Permanence는 채용하기 힘든 일자리에 직원을 추천하면 3,000달러 보너스를 주었고; 일리노이 주에 있는 Temporary Associates은 계절 임시직에 지원자를 추천하는 학생에게 250달러의 대학 장학금을 주었다; 7-Eleven은 잠재적 현장 컨설턴트를 추천한 것에 대해서

많은 조직들이 지원자로
하여금 직무에 지원하도
록 지원서를 온라인으로
제출할 수 있는 지원 부
스를 제공하고 있다.

© Photo courtesy of Lee Raynes

1,000달러를 제공했다; Sybase는 추천 캠페인을 운영해서 자신의 추천이 면접까지
성공한 직원에게 TV, 맥주 5박스, Baby Ruth 바 37개, 해먹과 같은 상품에 대한 제
비뽑기에 참여하게 했다; 그리고 White Memorial Medical Center는 성공적인 직원
의 추천인에게 일 년 동안 가정부 서비스를 무료로 제공했다. 조직이 제공하는 보너
스의 평균 액수는 1,000달러 이하이다(SHRM, 2001a). 추천한 직원이 보너스를 받
을 수 있기 전에 새로운 직원이 회사에서 근무해야 하는 일반적인 기간은 3개월이다
(Stewart, Ellenburg, Hicks, Kremen, & Daniel, 1990). Stewart와 동료들은 보너스의
크기와 추천 수 간의 관계를 발견하지 못했고 추천 보너스를 제공하는 조직들이 제
공하지 않는 조직보다 더 많은 추천을 받는 것으로 발견되지 않았다. 이러한 발견이
놀라울 수 있지만, 직원들 중 42%는 친구를 도와주기 위해서 24%는 고용주를 도와

저는 남서 버지니아에 있는 탄약과 추진체 제조사의 인사 담당자입니다. 우리 회사는 정부 소유의 시설을 운영하고 미군을 위한 많은 추진체와 탄약을 제조합니다. 제가 맡은 일은 보상, 혜택 관리, 직원 보상입니다. 저는 또한 직원 모집과 선발에 관여합니다. 높은 자질의 지원자를 모집하고 고용하는 것은 회사 운영의 성공에 있어서, 특히 우리 직원들이 작업 환경상 노출되는 재료의 불안정성을 고려하면, 중요한 요소입니다.

새로운 일이든 기존에 있던 일이든 모집을 하기 위한 첫 번째 단계는 그 일에 대해 정확하게 직무가 기술되어 있는지를 확인하는 것입니다. 이러한 직무 기술에서 나온 정보는 내부 직원 요건을 개발하기 위해서 그리고 그 자리에 대한 광고를 하기 위해서 사용됩니다. 모집광고를 하기에 적절한 시장은 그 일의 유형에 의해서 결정됩니다.

입문 수준의 생산직은 일반적으로 신문 광고뿐만 아니라 지역 채용 위원회와 협력해서 채용됩니다. 기술직이나 관리직의 모집은 초점이 더 넓어야 합니다. 전문직, 과학직, 관리직의 모집은 종종 전국적입니다. 전국적 채용에서는 더 많은 잠재적인 지원자에 닿기 위해서 다양한 모집 방법을 사용하는 것이 필수적입니다. 모든 공석은 회사 웹사이트에 게시되며 위치, 시설, 직무 유형에 의해 자료를 검색하는 것이 가능합니다.

Rhonda Duffie, MS, PHR

Human Resources Representative
Alliant Techsystems, Inc.

© Rhonda W. Duffie

후보자들은 온라인 지원서를 완성하고 이력서 파일을 온라인 지원서에 첨부할 수 있습니다. 중요하거나 채우기 어려운 자리를 위해서, Alliant Techsystems는 이러한 자리에 후보자를 추천하도록 직원들에게 보너스는 제공합니다. 회사 웹사이트 외에도 지역 신문, 전국 신문, 일반 조직, 전문 조직, 온라인 구인 서비스를 포함하는 다른 다양한 광고 자원이 이용됩니다. 우리 회사의 직원 모집에 있어서 또 하나의 중요한 측면은 대학 내의 고용 노력에 참여하는 것과 전문적인 연합 모임에서 정보 부스를 운영하는 것입니다. 이러한 행사의 참여는 일반적으로 팀 기반의 접근방법으로서 회사의 몇 개 지역으로부터 직원을 모집하는 것을 포함합니다.

대부분의 조직처럼, 선택과정의 중요한 부분은 면접입니다. 선발 도구로서 면접의 효과성을 높이기 위해 모든 공석에 대한 구조화된 면접이 사용됩니다. 각 자리에는 필수적인 능력 세트가 요구됩니다. 각 능력에 대한 질문이 개발되고 그 질문들은 성격에 있어 기술적이거나 상황적입니다. 채용 담당자가 구성한 패널이 지원자들을 면접합니다. 각 면접관들은 면접 동안에 기록을 하고 지원자 각각에 대해 표준 점수지를 완성합니다. 그러한 점수는 해당 자리에 대한 성공적인 후보자를 확인하기 위해서 사용됩니다. 구조화된 면접과 면접관 패널의 사용은 일반적인 면접의 편향을 줄여줍니다.

주기 위해서 추천을 했다고 말했다. 단지 24%만이 보너스를 위해서 추천을 했다고 보고했다(Lachnit, 2001).

연구에 따르면, 직원 추천은 훌륭한 모집의 원천이 된다. 직원 추천은 다른 수단을 통해서 모집된 직원들보다 고용될 가능성이 더 높고 더 오랫동안 조직에서 근무한다(Breaugh, 2008; Brown, Setren, & Topa, 2013; Zottoli & Wanous, 2000).

비록 직원 추천이 좋은 아이디어인 것으로 생각되지만, 모든 추천이 다 같은 것은 아니다. Aamodt와 Carr(1988) 그리고 Rupert(1989)는 현재 성공적인 직원들이 추천한 직원들과 성공적이지 않은 직원들이 추천한 직원들의 성공을 비교했고 성공적인 직원에 의해 추천된 직원이 성공적이지 않은 직원에 의해 추천된 직원보다 더 긴 근속 연한을 가지는 것을 발견했다. 따라서 조직 내에서 좋은 수행을 보이는 직원의 추천만을 고려해야 한다. 이 발견을 사회심리학적으로 설명하자면, 당신의 친구는 성격, 가치관, 흥미와 같은 특성에 있어서 당신과 유사한 경향이 있음을 가정할 수 있다. 만약 특정 직원이 훌륭한 직원이라면, 그 사람을 훌륭한 직원으로 만들어주는 동일한 특성을 아마도 친구와 가족도 공유할 것이다. 성공적이지 않은 직원에 대해서도 마찬가지이다.

비록 성공적인 직원에 의한 추천이 좋은 모집 경로일지라도, 친구들의 유사성은 다른 문제를 불러일으킬 수 있다. 가장 큰 문제는 조직 구성원의 친구들 역시 조직구성원과 같은 성, 인종, 그리고 국적이 되는 경향성이다. 예를 들어, Mouw(2002)는 백인 직원들의 친구들 중 88%와 흑인 직원들의 친구들 중 92%는 같은 인종이고 일자리 지원자들 중 50%는 직업을 찾기 위해서 자신들의 사회 관계망을 이용한다는 점을 발견했다.

그래서 만약 조직이 직원 추천을 사용하여 그 조직이 지배적으로 백인 남성으로 구성이 된다면 직원의 구성이 더 다양한 조직보다 흑인이나 여성을 거의 고용하지 않을 수 있다. 그래서 조직의 차별적 의도가 없다 해도 모집 정책의 결과로 그러한 효과를 갖게 되는 것이다. 그러나 Alpine Banks of Colorado와 같은 조직은 이중 언어 직원들에게 이중 언어 지원자들을 추천해달라고 요청함으로써 이러한 유사성 편향을 이용했다. 마찬가지로 Wegmans Food Markets은 직원들에게 가족 구성원을 추천할 것을 매우 많이 권장해서 2009년에는 조직의 37,000명의 직원들 중 7,000명이 회사에서 임금을 받는 적어도 한 사람과 친족관계를 가졌다(Owens, 2009).

직접 우편

직접 우편(direct mail)
고용주가 다수의 잠재적인 지원자를 포함하는 주소목록을 통해서 직무 정보를 제공함으로써 지원자를 모집하는 방법

직접 우편이 제품 광고에 있어 효과적이었기 때문에, 일단의 조직들은 지원자들, 특히 적극적으로 직업을 찾지 않는 사람들의 모집을 위해 그것을 사용한다. 직접 우편 모집에서는 고용주가 일반적으로 주소 목록을 얻어서 구인 편지와 브로슈어를 우편을 통해 사람들에게 보낸다. 비록 직접 우편 모집이 "구식" 기술처럼 보일지라도, 직접 우편 모집은 잡보드와 같은 온라인 도구를 사용하지 못하는 수동적인 구직자를 포함하는 많은 사람들에게 도달하기 때문에 여전히 사용된다.

Allstate Insurance의 한 캘리포니아 지사는 신문 광고를 사용해서 제한된 수의 문의와 지원서만을 받고 있었다. 하지만, Allstate에서 일하고 있는 직무를 설명해주는 편지를 64,000명의 보험가입자들(보험에 한 번이라도 가입했던 사람들)에게 보냈을 때 회사는 500개 이상의 전화를 받았고 20명의 새로운 직원을 고용할 수 있었다. 일리노이 주의 재봉틀 제조사인 Union Special은 10개의 엔지니어 자리를 채우는 데 어려움을 겪고 있었다. 그래서 그들은 3,300개의 카드를 시카고 지역 엔지니어들에게 약 5,000달러의 비용을 들여 직접 우편으로 보냈다. 결과적으로, 그 회사는 100개의 문의 및 지원서를 받았고 30개의 면접을 진행했다. 성공적으로 직접 우편 모집을 사용한 세 번째 회사는 Bank of America이다. 돈을 절약하기 위해서 Bank of America는 Allstate와 Union Special과는 다른 방식을 이용했다. 특별 구인모집 우편을 보내는 대신에, Bank of America는 고객들에게 매달 명세서를 보낼 때 모집 책자를 같이

보냈다.

직접 우편 모집은 특히 전문 기술을 포함하는 직종에 유용하다. 예를 들어, 텍사스에 있는 Minor's Landscape Services는 면허가 있는 관개 경작자를 찾는 데 어려움을 겪어서 텍사스의 관개 면허를 소유한 사람들의 목록을 찾아내서 목록에 있는 모든 사람들에게 편지를 보냈다. 회사는 20명의 자격자를 찾았고 두 개의 공석을 모두 채울 수 있었다. 마찬가지로, 메릴랜드에 있는 Doctors Community Hospital도 직접 우편을 이용해서 밤 근무 약사 자리를 3일 만에 채울 수 있었다.

수동적인 지원자들은 적극적으로 직업을 찾는 사람들과는 다르기 때문에 고용주들은 직접 우편 방법을 이용하여 후보자들의 접근성을 늘려야 한다. 즉, 관심 있는 지원자들이 보통의 온라인 과정을 통하여 지원하도록 하는 것 대신에, 지원자들이 채용담당자에게 직접 연락할 수 있는 이메일 주소와 전화번호를 제공해야 한다. TalentMap이나 DMTalentNow와 같은 직접 우편 전문업체가 그들만의 직접 우편 고용 플랜을 개발하도록 고용주를 도와줄 수 있다.

인터넷 광고

인터넷은 계속해서 빠르게 성장하는 모집 방법이다. 인터넷 모집은 보통 세 가지 형태중 하나가 된다: 고용주 기반 웹사이트, 일자리 게시판, 사회 관계망 서비스가 여기에 해당한다.

고용주 기반 웹사이트

고용주 기반 웹사이트에서는 지원 가능한 일자리 목록을 제시하고 조직에 대한 정보와 특정 직업에 지원하기 위해서 필요한 최소의 요건을 알려준다. 비록 세련도의 수준이 홈페이지마다 다를지라도, 지원자들은 자신의 이력서를 업로드하고 무자격자를 가려내기 위한 질문에 답하고 그런 다음 채용 시험을 치룰 수 있다. 많은 사이트에서, 즉각적으로 시험 결과가 저장되고 만약 지원자가 자격이 있다고 생각되면 자동적으로 면접 날짜가 잡힌다.

Rock Bottom 식당들(Rock Bottom Brewery, Old Chicago 피자, Chop House, Walnut Brewery, 그리고 Sing Sing 나이트클럽)이 자동화된 고용 시스템을 사용하는 회사의 훌륭한 예가 된다. 지원자들은 일자리에 지원할 수 있고 집이나 Rock Bottom 식당이나 직업 박람회에서 온라인 상으로 심리검사를 완성한다. 시스템은 자동으로 일자리 자격을 심사하고 검사 결과를 저장하고 자격을 갖춘 지원자가 지원했을 때에는 식당 매니저에게 메시지를 보내서 알려준다. 심지어 해당 시스템은 매니저가 특정 지원자에게 물어봐야 할 질문도 제안한다(예, 왜 당신은 2014년에 5달 동안 일을 하지 않았나요?). 이 회사는 새로운 온라인 시스템을 사용한 이후로 이직률이 감소했다.

연구에 따르면, 효과적인 고용자 기반 웹사이트는 상세하고 신뢰할 만한 정보를 포함하며, 정보를 찾기 쉽고, 미적으로 아름다우며, 양방향적이고, 회사에 대한 직원의 소개 비디오를 포함하고 있다(Allen, Mahto, & Otondo, 2007; Breaugh, 2008). 인종·민족적으로 다양한 직원들의 언어 및 소개를 포함시키는 것은 조직의 다양성 노력을 증진시킬 수 있다(Walker, Feild, Giles, Armenakis, & Bernerth, 2009).

인쇄 매체와 마찬가지로, 인터넷 모집 페이지나 광고의 모양이나 내용은 지원자의 문의 및 지원에 상당한 영향을 끼친다. Dineen, Ling, Ash, 및 Del Vecchio(2007)의 연구에서 웹 기반 일자리 공지는 공고가 미적으로 즐겁고 일자리와 회사에 대한 맞춤형 정보를 포함할 때 가장 효과적이었다고 발견되었다. 하지만 아름다움이나 내용만으로는 지원자의 문의 및 지원에 영향을 미치기에 충분하지 않다.

많은 조직들은 블로그나 유투브에 영상을 게재함으로써 전통적인 인터넷 접근 방식을 확장시키고 있다. 블로그를 사용함으로써 채용담당자들은 구직 기회와 기업 문화에 대해 잠재적 지원자들과 더 자연스럽게 논의할 수 있다. 블로그에는 조직의 공식적인 채용 웹사이트와 연결되는 링크가 포함되어 있다. 유투브에 게재된 영상을 통하여 지원자들은 조직에 대한 정보와 조직의 문화에 대한 통찰을 얻을 수 있다.

일자리 게시판(job boards)

일자리 게시판은 사설회사인데, 사이트에 수백 개 또는 수천 개 조직의 일자리와 수백만의 지원자들의 이력서 목록을 가지고 있다. 가장 규모가 큰 인터넷 리크루터인 Indeed는 2013년에 한 달에 3천6백만 명의 미국인들이 방문했다. 규모가 큰 조직만큼이나 작은 조직들이 웹사이트를 통해서 직원을 모집할 가능성이 있지만, 큰 조직들이 일자리 게시판을 이용할 가능성이 더 높다(Hausdorf & Duncan, 2004).

고용주들은 전통적인 신문 구인광고와 비교해서 일자리 게시판의 사용이 많은 이점을 가진다는 것을 발견하고 있다. 아마도 가장 큰 이점은 비용이다; 지리적 위치와 광고 규모와 광고 게재 기간에 따라서 주요 지방 신문의 광고는 인터넷 모집보다 10배 정도 더 비싸다. 인터넷 모집은 신문 광고보다 더 넓은 지리적 범위에 걸쳐 더 많은 사람들에게 도달하고 신문의 주요 모집 도구가 일요일 판인 반면에 인터넷에서는 "매일이 일요일이다." 다음이 2014년에 선두를 차지한 모집 웹사이트들이다.

www.indeed.com
www.CareerBuilder.com
www.monster.com
www.simplyhired.com

앞서 언급한 규모가 큰 일자리 게시판 외에도, 특정 산업이나 기술 분야를 전문으로 하는 일자리 게시판들도 있다. 예를 들어, AllRetailJobs.com은 놀랍지 않게도 소매업을 전문으로 하고, Adrants는 광고업을 전문으로 하며, ClearanceJobs는 비밀 정보사용 허가(security clearance)가 필요한 직업을 대상으로 한다.

비록 온라인 모집과 심사의 증가가 분명하지만, 구인모집 방법으로서 인터넷의 효과성을 조사한 연구는 거의 없다(Hausdorf & Duncan, 2004). 인터넷이 전통적인 모집 방법보다 더 많은 지원자를 발생시킨다는 데에는 의심의 여지가 없으나 그러한 지원자들의 상대적 질에 대해서는 알려져 있지 않다. 지금까지 이러한 문제를 다룬 유일한 연구에서, McManus와 Ferguson(2003)은 인터넷 소스가 신문 광고와 직업 박람회보다 더 좋은 질의 지원자를 생산했고 학교 배치 직에는 유사한 질의 지원자를 생산했다는 것을 발견했다.

사회 관계망

최근 몇 년 동안 직원 모집에 있어 가장 큰 변화는 LinkedIn, Facebook, Twitter와 같은 사회 관계망 서비스의 사용이 증가된 것이다. 본질적으로, 사회 관계망 사이트는 전통적으로 직원 추천 프로그램이고 강력한 인맥의 장이다. 다양한 사이트의 주 사용자들은 매우 다르다; Facebook은 친구들과 가족들을 주로 연결해주고, LinkedIn은 전문가들을 연결시키고, Twitter는 좋아하는 유명인사나 취미나 직업과 같은 유사한 흥미에 의해 관련된 사람들에게 도달한다.

LinkedIn를 통해서 지원자들은 일자리를 찾을 수 있고 전문가들에게 회사의 공석에 대해 알고 있는지 알아보기 위해 이메일을 보낼 수도 있다. 회사의 공석을 채우기를 원하는 채용담당자는 원하는 기술과 경험을 가진 사람들의 프로파일을 찾아볼 수 있고 지원자들이 볼 수 있도록 일자리를 게재하고 공석에 대한 연락처를 이메일로 보내줄 수 있다. 트위터를 통한 지원자들은 그들이 알지 못할 수도 있지만 같은 관심을 공유하는 사람들과 접촉할 수 있다. 지원자들은 일자리에 대해서 알 수 있고 해당 조직에서 일하는 사람들의 트윗을 읽을 수 있고 그리고 회사나 잠재적 공석에 대한 정보를 요청하는 트윗을 보낼 수도 있다. Facebook상의 지원자들은 이사, 실업 등의 상태 변화나 또는 자신의 회사 공석에 대해서 관계망에 알릴 수 있다.

직업 박람회

직업 박람회(job fair)
지원자를 모집하고자 하는 다수의 조직들이 참여하는 박람회로 지원자들이 다양한 조직에 대한 정보를 한번에 얻을 수 있도록 설계된 모집 방법

직업 박람회는 많은 조직들이 가능한 한 많은 지원자들에게 직접 정보를 제공하기 위해서 사용된다. 직업 박람회는 일반적으로 세 가지 방법 중 하나로 행해진다. 첫번째, 많은 종류의 조직들이 동일한 장소에서 부스를 운영한다. 예를 들어, 2013년 Alabama Chamber of Commerce가 후원한 다수 고용자 직업 박람회는 600명 이상의 후보자와 45명의 고용주를 끌어 모았다. 여러분의 대학교도 아마 하나나 두 개의 이러한 직업 박람회를 매년 개최할 것이다. 이곳으로 수십 개의 조직들이 학생들과 고

용기회를 논의하고 이력서를 모으기 위해서 대표를 파견한다. 게다가, 대표들은 보통 회사 책자와 티셔츠, 자, 컵과 같은 기념품을 나누어준다. 만약 여러분이 캠퍼스 직업 박람회에 가본 적이 없다면, 여러분의 경력 개발 센터에 연락을 해서 언제 그것들이 계획되어 있는지 알아볼 수 있다.

또한 어떤 사건이나 재앙이 발생해서 지역 채용에 영향을 끼칠 때 일자리 박람회가 개최된다. 2001년 9월 11일 세계무역 센터의 테러 공격 이후에 피해 노동자들을 위한 일자리 박람회가 25,000명 이상의 구직자를 모았다. 유사한 박람회가 필라델피아와 피츠버그에서 항공사 노동자를 위해 개최되었다(Gelbart, 2001). 마찬가지로, 허리케인 카트리나의 여파로 재복구 과정 중에 "West of the Connection"라고 불리는 다수 고용인 직업 박람회가 뉴올리언스 지역에서 개최되었다.

두 번째 유형의 직업 박람회는 같은 분야의 많은 조직들을 한 지역에 모으는 것이다. 예를 들어, 2011년 하와이 호놀룰루에서 열린 교육자 박람회에 50개의 사립학교와 공립학교가 새로운 선생님을 모집하기 위해서 참석했다. 이런 종류의 직업 박람회의 이점은 단 하나의 고용분야가 대표되면서 각 방문자가 모든 조직의 잠재적 지원자가 된다는 것이다. 당연히 단점은 각 조직이 박람회의 다른 조직들과 직접 경쟁해야 한다는 것이다.

직업 박람회의 세 번째 방법은 조직이 자신만의 박람회를 개최하는 것이다. 다음이 그러한 몇 가지 예이다:

- 플로리다 키시미에 있는 Gaylord Palms는 일자리 박람회를 개최했는데 그 리조트의 1,400개 일자리에 관심이 있는 12,000명 이상의 사람들이 그것에 참석했다. 그 박람회는 3,000명의 지원자가 참석한 밤샘 "파자마 파티"와 함께 시작되었다.
- 미시건 홀랜드에 있는 LG Chem은 그것의 새로운 플랜트에 100명의 생산직을 채우기 위해서 개최한 일자리 박람회에 800명의 구인자들이 모였다.
- microsoft는 애틀랜타에서 일자리 박람회를 열었고 3,000명이 그곳에 모였으며 Concentra Corporation은 100명 이상의 지원자를 모은 "오픈 하우스"를 열었고 그 결과 4개의 공석을 채웠다.

비록 위에서 소개된 방법이 다양한 기업들이 참여하는 직업 박람회보다는 비용적인 측면에서 매력적이지는 않지만, 오직 하나의 회사에만 흥미를 보이는 지원자들에 초점을 맞출 수 있다는 장점을 가진다.

특정 모집 대상군

지원자 다양성 높이기

많은 조직들은 여성 그리고 소수집단과 같이 적은 비율로 대표되는(underrepresented) 집단을 모집하기 위해 특별한 노력을 기울인다. 역사적으로 흑인 대학교에서의 모집(HBC), 대상 인턴직의 개발, 고용 자료에서 다양성에 대한 조직의 노력 강조(예, 차별 철폐 조처의 진술, 소수 집단 직원들의 사진 전시, 소수집단 출신의 모집자 사용)가 여기에 해당 된다. Avery와 Mckay(2006)그리고 Mckay와 Avery(2006)의 연구에 따르면, 소수집단 지원자들을 모집하기 위한 열쇠는 그들의 방문 동안에 그들이 조직의 다양성을 어떻게 보느냐에 달려있다. 즉, 소수집단 지원자들이 얼마나 많은 소수집단 출신의 직원들을 목격하는지, 소수집단 직원의 지위가 어떻게 되는지, 그리고 소수집단 직원과 비소수집단 직원 간의 상호작용의 질을 그들이 어떻게 보는지가 이에 해당한다.

비전통적인 모집 대상군

전통적인 모집방법이 성공적이지 않을 때, 많은 조직들은 잠재적인 지원자를 비전통적인 모집 대상군으로부터 찾는다. 다음은 이러한 몇 가지 예이다:

- 애리조나 주 챈들러에 있는 Manpower Incorpoarated; the Chicago Police Department; 그리고 뉴저지 주 해컨색의 Police Department는 지역 교회와 협력관계를 수립했고 그 결과 고용에 성공할 수 있었다(Tyler, 2000).
- Borders는 AARP와 함께 나이 많은 은퇴자들을 그것의 서점에서 일하도록 적극적으로 모집했다.
- IBM, Google, Morgan Stanley, Cisco Systems는 동성애 직원들을 모집했다. 그리고 그들을 근속시키기 위한 모집 전략과 동성 파트너에 대한 혜택과 같은 동성애 친화적인 정책을 개발했다.
- 조직들 중 70%가 생활보호 대상자들을 고용하는 것이 직원 모집의 성공적인 원천이라고 보고했다(Minton-Eversole, 2001).
- 노동력과 복지에 들어가는 비용이 낮기 때문에 Jostens Incorporated와 Escod Industries는 수감자들과 함께 일하고 있다. 고용주는 재정적 이득을 얻고, 수감자들은 기술을 배운다는 것 외에도 수감자가 버는 돈 중 달러당 20센트가 수감 비용을 지불하기 위해서 사용되고 또 다른 10센트는 희생자 보상과 수감자 가족의 부양을 위해서 사용된다(WorkPlace Visions, 1999).
- 2011년에, 네바다 주 리노에 있는 The Ridge House and Safe Harbors는 15개 업체와 일자리를 찾는 500명의 전과자들이 참여하는 직업 박람회를 후원

했다.

- 일리노이 주에 있는 Cub Foods는 지적 장애가 있는 사람들을 고용해서 그 것의 마켓에서 포장 일을 하게 했다. 테네시 주의 양탄자 제조사인 Habitat International에는 직원들의 80% 이상이 신체적이거나 지적인 장애를 가지고 있다(Andrews, 2005).
- 운전자 부족 문제를 해결하기 위해서, 많은 운송회사들은 한 팀으로 운전하 는 부부 운전자들을 고용하려고 한다. 더 좋은 유인책을 위해서 수면 공간 을 더 넓히거나 전자레인지와 같은 장비를 갖추도록 트럭을 증강한다(Taylor, 2007b).

"수동적인" 지원자의 모집

직접 우편 방법과 때때로 고위 이사직 모집을 제외하고는 앞서 이번 장에서 논의 한 대부분의 모집 방법은 적극적으로 일자리를 찾는 지원자들을 다루고 있다. "가 장 훌륭한" 직원들은 이미 고용되어 있기 때문에, 모집자들은 이러한 숨겨진 인재 를 찾아서 그 사람에게 자신의 회사에 지원하도록 설득하기 위한 방법을 찾으려고 노력한다.

그러한 한 가지 방법이 모집자가 모집하려는 각 분야의 전문가 연맹과 관계를 수 립하는 것이다. 예를 들어, SIOP는 I/O 심리학자들과 Society for Human Resource Management(SHRM) for HR 전문가와 American Compensation Association(ACA) for compensation 전문가들의 전문가 연맹이다. 모집자들은 연맹 컨퍼런스에 참여하 고 소식지와 잡지를 읽고 "알짜 인재"를 알아내기 위해서 연맹의 웹사이트를 보고 그 러한 사람들에게 접근한다(Overman, 2007).

모집 전략의 효과성 평가하기

잠재적인 모집 방법의 수를 고려하면, 어떤 원천이 활용하기에 가장 좋은지를 결정 하는 것이 중요하다. 몇 가지 방법으로 그러한 평가를 수행할 수 있다. 그림 4.3에서 보듯이, 한 가지 방법은 각 모집방법이 이끌어낼 수 있는 **지원자의 수**를 조사하는 것 이다. 즉, 만약 신문 광고가 100명의 지원자를 이끌어내고 상점 내 모집 공고가 20명 의 지원자를 끌어 모은다면, 신문 광고가 더 좋은 방법으로 생각될 수 있다.

성공의 측정으로서 지원자 수를 사용하는 것은 단지 빈자리를 채워 줄 충분한 머 릿수를 모으는 것에만 강조점이 있을 때에는 적절할 수 있다. 하지만 단지 지원자의 수만을 본다면 모집 광고의 비용에 대한 고려는 없는 것이다. 그래서 모집 캠페인의 성공을 평가하는 두 번째 방법은 **지원자당 비용**을 고려하는 것이고 각 방법을 위해

지원자당 비용(cost per applicant) 모집 결과 를 평가하는 방법으로 지 원 모집 광고에 사용된 총비용을 직무에 지원한 인원 수로 나눈 금액

소비된 돈을 지원자의 수로 나누어서 지원자당 비용을 구한다. 앞의 예를 이용하자면, 신문 광고는 200달러의 비용이 들었고 20명의 지원자가 지원했지만 상점 내 광고는 5달러의 비용에 2명의 지원자를 발생시켰다고 가정하자. 신문 광고의 지원자당 비용은 20달러일 것이고 상점 내 광고의 지원자당 비용은 단 2.5달러일 것이다. 이 평가의 방법을 사용하면, 상점 내 광고가 조직이 필요로 하는 수의 지원자를 끌어모으기만 한다면 가장 좋은 방법이 될 것이다. 하지만 만약 조직이 10명을 새로이 고용해야하는데 단지 두 명만이 지원한다면, 이 모집전략은 효과적이지 않다.

비록 지원자당 비용 평가법이 지원자 산출 방법(applicant-yield method)을 향상시킨 것이어도, 그것도 역시 심각한 단점을 가지고 있다. 조직이 상대적으로 낮은 지원자당 비용으로 많은 수의 지원자를 받을 수는 있지만, 그 직무에 적절히 자격을 갖춘 사람은 한 명도 없을 수 있다. 그러므로 세 번째 그리고 네 번째 방법은 **자격을 갖춘 지원자의 수**를 보거나 또는 **자격을 갖춘 지원자당 비용**을 보는 것이다.

다양한 모집 원천의 효과성을 평가하기 위한 또 다른, 아마도 가장 좋은, 방법은 각 모집 원천이 발생시킨 성공적인 직원의 수를 조사하는 것이다. 그림 4.3에서 보듯이, 모든 지원자가 자격을 갖춘 것은 아니고 또 모든 자격 있는 지원자가 성공적인 직원이 되는 것도 아니므로 이것이 효과적인 방법이 된다.

모집 방법의 효과성을 평가하기 위한 마지막 방법은 그 일에 지원하고 고용된 소수자들과 여성들의 수를 보는 것이다. 큰 조직에서는 채용담당자들이 다양한 지원자 풀을 모으는 책임을 갖는 것이 드물지 않다. 비록 이 주제에 대한 연구가 많지는 않지만, Kirnan, Farley, Geisinger(1989)는 여성과 흑인들이 남성이나 비소수자들보다 공식적인 모집 원천(예, 신문 광고, 직업 박람회)을 이용할 가능성이 더 높다는 것을 발견했다.

모집 원천의 효과성 차이를 알아내기 위해서, Zottoli와 Wanous(2000)은 메타분석을 통해 처음으로 모집 방법을 내부원천(직원 추천, 재고용) 또는 외부원천(광고, 채용 기관, 학교 학생 취업 지도실, 헤드헌터)으로 분류했다. 그들은 내부원천을 통해서 모집된 직원들이 외부원천을 통해서 모집된 직원보다 더 오래 근속했고 더 좋은 수행을 보였다는 것을 발견했다. 내부원천의 우월성은 몇 가지 이론에 의해서 설명될 수 있다.

그림 4.3
모집 전략의 효과성 평가하기

기준	모집 방법		
	광고	추천	스스로 지원
지원자 수	40	30	10
자격요건 충족 수	10	15	5
고용된 수	2	7	1
성공적인 직원 수	0	4	1

첫 번째 이론은 재고용이나 다른 직원이 추천한 지원자는 다른 방법에 의해 모집된 직원들보다 직무에 대해 더 정확한 정보를 얻는다(Wanous, 1980)고 제안한다. 이 이론은 McManus와 Baratta(1992), Conard와 Ashworth(1986), Breaugh와 Man(1984)의 연구에 의해서 지지를 받는다. 그들은 현 직원에 의해 추천된 지원자들이 다른 통로를 통해 모집된 지원자들보다 직무에 대한 더 많은 정보뿐만 아니라 더 정확한 정보를 받는다는 것을 발견했다.

두 번째 이론은 모집 원천의 효과성 차이는 각 모집방법이 다른 유형의 지원자들에게 도달하고 다른 유형의 지원자들에 의해서 사용된 결과라고 가정한다(Schwab, 1982). 비록 어떤 연구는 이러한 개인차 이론을 지지하지만(Breaugh & Mann, 1984; Swaroff, Barclay, & Bass, 1985; Taylor & Schmidt, 1983), 그렇지 않은 다른 연구들도 있다(Breaugh, 1981). 사실상, 한 가지 모집 방법의 사용자들을 다른 모집 방법의 사용자들과 일관되게(consistently) 구별해주는 변인은 없었다. 게다가, 일자리를 찾는 전형적인 사람들은 넓은 범위의 직업 탐색 전략을 사용한다. 이러한 점을 강조하자면, 여러분이 해왔던 아르바이트를 생각해볼 수 있다. 여러분은 각 아르바이트 자리를 어떻게 찾아냈는가? 그 방법이 매번 같았는가? 여러분도 알 수 있듯이, 특정 유형의 사람이 단지 신문 광고에만 대응하고 다른 유형의 사람들은 채용기관에만 갈 것 같지는 않다.

세 번째 연구는 직원추천이 다른 모집 전략보다 더 긴 근속기간을 초래했다는 발견을 더 잘 설명해줄지도 모른다. 이 이론은 앞서 직원 추천 프로그램에 대한 논의에서 인용했는데, 근거를 대인매력(interpersonal attraction)에 두고 있고, 이것에 따르면 사람들은 자신과 비슷한 사람들에게 끌리는 경향이 있다는 것이다(Kassin, Fein, & Markus, 2014). 만약에 이것이 사실이라면―연구는 강력하게 그렇다고 제안하는데―일자리에 친구를 추천하는 직원은 자신과 유사한 친구를 추천할 가능성이 높다. 그래서 자신의 일에 만족하는 사람이 또한, 서로의 유사성 때문에, 일에 만족하게 될 사람을 추천할 것이라는 논리가 된다. 마찬가지로 불만족스러운 직원은 역시 불만족스러워 할 비슷한 친구를 추천할 것이고 그 친구는 아마도 조직에서 오래 근무하지 않을 것이다.

이 이론이 많이 연구되지는 않았지만, 두 가지 연구에 의해서 지지되었다. 앞서 논의한 것처럼, Aamodt & Carr(1988) 그리고 Rupert(1989)는 장기간 근속한 직원들이 근속 기간이 짧은 직원에 의해서 추천된 지원자보다 고용된 후 더 오래 조직에 근무한 지원자를 추천했다는 것을 발견했다. 근속기간 대신 직무수행으로 대체했을 때는 유의미한 차이를 발견하지 못했다.

현실적 직무소개

현실적 직무소개(realistic job preview: RJP) 직무에 대한 긍정적인 정보와 부정적인 정보를 모두 지원자에게 제공하는 모집 방법

모집방법은 미래 직원의 근속기간에 단지 약간의 영향만을 미치기 때문에, 모집과정에서 다른 방법을 사용하는 것이 성공적인 지원자를 모집하는 데 도움이 될 수 있다. 한 가지 그러한 방법이 **현실적 직무소개**(RJP)이다. RJP는 지원자들에게 직무에 대한 정확한 평가를 제공한다. 예를 들어, 조립라인에서 일하는 것이 얼마나 재미있을지를 지원자에게 말해주기보다는 비록 임금은 평균 이상이어도 일이 종종 지루하고 진급의 기회가 거의 없다는 것을 솔직하게 채용담당자가 말해준다.

RJP의 논리는 진실을 말하는 것이 많은 지원자들, 특히 가장 자격이 좋은 지원자들을, 포기하게 하지만(Saks, Wiesner, & Summers, 1996), 계속 머무는 사람들은 그 일에 놀라지 않을 것이라는 논리이다. 그들은 무엇을 기대할지를 알기 때문에, 정보를 얻은 지원자는 직무의 속성을 이해하지 못한 지원자들보다 더 오래 근무하는 경향이 있을 것이다. 상상하듯이, RJP는 직무나 회사에 대한 지식이 거의 없거나 비현실적인 기대를 하며 또한 일자리 제안을 거절할 수 있는 재정적 상태에 있는 지원자들에게 가장 큰 영향을 미친다(Breaugh, 2008).

RJP는 또한 회사가 기꺼이 정직하려하고 그래서 신뢰될 수 있다는 메시지를 지원자들에게 전달하기 때문에 효과적인 것으로 생각된다. 사실상, 왜 RJP가 이직률을 줄이는 데 성공적일 수 있는지를 조사한 메타분석에서 Earnest Allen과 Landis(2011)는 회사의 정직성의 지각이 RJP의 성공을 주로 이끌었다고 발견했다.

40개의 RJP 연구에 대한 메타분석에서, Phillips(1998)는 비록 RJP가 낮은 이직률과 더 높은 직무만족과 더 좋은 수행을 초래해도, 효과크기는 다소 작은 것으로 발견했다. 연구는 또한 RJP가 문서보다는 구두로 전달되고 모집과정 이전이나 일자리 제안이 수용된 후보다는 일자리 제안 당시에 지원자에게 주어진다면 RJP의 효과성이 가장 크다고 제안했다. Earnest 등의 메타분석은 이직률을 줄여주는 효과크기가 작았고 구두 진술이 가장 좋았다고 발견했지만 고용 이후에 주어진 RJP도 고용 이전에 주어진 것만큼, 더 이상은 아니어도 좋았다는 것을 발견했다.

또 다른 메타분석에서 Shetzer와 Stackman(1991)은 경력전진의 기회에 대해서 논의하는 RJP(d = .19)가 경력 요소가 없는 것보다(d = .05) 더 효과적인 것을 발견했다. 이러한 두 개의 메타분석은 RJP가, 특히 구두로 수행되고 경력 요소를 포함하면, 모집과정에서 유용할 수 있다는 것을 발견했다.

기대 낮추기 절차(expectation-lowering procedure: ELP) 직무에 대한 다양한 측면에 대한 지원자의 기대를 낮추는 RJP의 일종

한 가지 종류의 RJP는 **기대 낮추기 절차(ELP)**라고 불리는 기법이다. 특정 직업에 초점을 맞추는 RJP와는 다르게, ELP는 일반적으로 일과 기대에 대한 지원자의 기대를 낮추어준다(Buckley 등, 2002). 예를 들어, RJP에 "이 직업은 공간이 매우 작고 매우 더운 곳에서 수행되고 사회적 상호작용의 기회는 거의 없다"라는 진술이 포함

될 수 있다. 반면에 ELP에는 다음과 같은 진술이 포함될 수 있다:

"우리는 종종 그 일이 완벽할 것이라고 생각하면서 높은 기대치와 함께 새로운 일을 시작한다. 여러분이 발견할 것처럼, 완벽한 직업은 없고 여러분이 감독관이나 동료에 의해서 좌절될 때도 있을 것이다. 이 직업을 받아들이기 전에, 이 일과 우리의 조직이 여러분이 갖고 있는 기대를 충족시킬지에 대해서 반드시 생각해야 한다. 또한, 일에 대한 여러분의 기대가 현실적인지에 대해서도 어느 정도 생각해야 한다."

효과적인 직원선발기법

만약에 모집과정이 성공적이었다면, 조직이 선택할 수 있는 몇몇의 지원자가 있을 것이다. 이 시점에서, 많은 기법이 이러한 지원자의 풀로부터 가장 훌륭한 사람을 선발하기 위해서 사용될 수 있다. 이 장의 나머지에서 채용 면접에 대해 논의할 것이다. 5장에서는, 참조 검사(reference checks), 평가 센터(assessment centers), 바이오데이터(biodata), 심리검사, 신체능력 검사와 같은 방법들이 논의될 것이다.

효과적인 직원선발 시스템은 3가지 특징을 공유한다: 타당하고, 법적 문제의 가능성을 줄여주고 비용 효율적이다. 타당한 선발 시험은 직무분석에 기초하고(내용 타당도), 직무 관련 행동을 예언해주고(준거 타당도), 시험이 측정한다고 주장하는 구성개념을 측정한다(구성 타당도). 2장과 3장으로부터 기억하듯이, 선발시험의 내용이 직무와 관련되어 보이고(표면 타당도), 질문이 지원자의 사생활을 침해하지 않고, 부정적 영향이 최소화된다면 법적 문제의 가능성이 줄어들 것이다. 이상적인 선발 시험은 구매하거나 만들고 집행하고 채점하는 비용이라는 조건에서 또한 비용 효율적이다. 이러한 특징을 고려해서, 채용면접부터 선발 기법에 대한 논의를 시작한다.

채용면접

채용면접(employment interview) 면접자에게 지원자들에게 직접 질문을 하고 지원자가 제공한 답변의 내용뿐만 아니라 방식에 의해서 채용이 결정되는 선발 기법

의심할 바 없이, 직원을 선발하기 위해 가장 흔히 사용하는 방법은 **채용면접**이다. 사실상, 여러분이 지원했던 모든 아르바이트를 생각해보면, 여러분이 면접과정을 통과한 후에 대부분의 일자리를 얻을 수 있었다. 여러분은 면접과정에서 겪었던 손바닥 땀이 기억날지도 모른다. 여러분이 경험해 온 면접들은 "전통적인" 또는 "비구조화" 면접으로 명명될 수 있고 이 장에서 논의할 구조화된 면접과는 구별되어야 한다.

면접의 유형

아마도 면접에 대한 논의를 시작하기에 가장 좋은 것은 다양한 유형의 면접을 정의하는 것이다. 면접은 세 가지 주요 요인에 있어서 다양하다: 구조(structure), 양식(style), 매체(medium).

구조

면접의 구조는 질문의 원천, 모든 지원자들에게 같은 질문을 묻는 정도, 답을 채점하기 위해서 사용되는 체계의 구조에 따라서 결정된다. **구조화된 면접**은 (1)질문의 원천이 직무분석이고(직무와 관련된 질문), (2) 모든 지원자들에게 같은 질문을 하고, (3) 각 답변을 평가하기 위한 표준화된 채점 키가 있다. **비구조화 면접**은 면접관이 원하는 어떤 것이라도 질문할 수 있고(예, 5년 동안 어디에서 살고 싶은가요? 마지막으로 읽은 책이 무엇인가요?), 각 지원자에게 하는 질문에 있어서 일치될 것을 요구하지도 않고, 면접관의 방향성에 따라서 점수를 할당할 수 있다. 면접은 구조에 있어서 다양하며, 구조적이거나 비구조적이라고 부르기보다는 매우(*highly*) 구조적(세 가지 모든 기준 충족), 다소(*moderately*) 구조적(두 개 기준 충족), 약간(*slightly*) 구조적(하나의 기준 충족), 비구조적(세 개 중 어느 것도 충족 못함)과 같은 용어를 사용하는 것이 더 적절할 것이다. 덜 구조화된 면접보다 매우 구조화된 면접은 더 신뢰할 수 있고 타당하다는 것이 연구에 의해서 명백하다(Huffcutt & Arthur, 1994; Huffcutt, Culbertson, & Weyhrauch, 2013).

> **구조화된 면접(structured interviews)** 직무분석을 통해 도출된 질문들이 모든 지원자에게 동일하게 질의되고 동일한 답변에 대해서는 동일한 점수가 주어지는 표준화된 평가 체계를 갖춘 면접
>
> **비구조화 면접(unstrtured interview)** 지원자들에게 동일한 질문이 주어지지 않고 지원자의 답변을 평가하기 위한 표준화된 점수 체계가 없는 면접

양식

면접 양식은 면접관과 면접자의 수에 의해서 결정된다. **1대1 면접**(*one-on-one interviews*)은 한 명의 면접관이 한 명의 지원자를 면접하는 것을 포함하나. **연속 면접**(*serial interviews*)은 일련의 면접을 포함한다. 예를 들어, 인사부장이 오전 9시에 지원자를 면접하고 부서 감독관이 오전 10시에 면접하고 부회장이 오전 11시에 그 지원자를 면접할 수 있다. **귀환 면접**(*return interviews*)은 연속 면접과 유사한데 차이점은 첫 번째 면접과 이후 면접 간의 시간 경과이다. 예를 들어, 인사부장이 지원자를 면접하고 일주일 후에 부회장과 면접하기 위해서 지원자를 다시 부를 수 있다. **패널 면접**(*panel interviews*)은 다수의 면접관들이 같은 지원자에게 동시에 질문을 하고 대답을 평가하는 것이다. 그리고 **집단 면접**(*group interviews*)은 다수의 지원자들이 한 면접에서 답을 하는 것이다. 물론 연속-패널-집단 면접처럼 여러 개를 결합해서 면접을 구성할 수도 있지만 그러기에는 시간이 아깝다.

매체

면접은 직접 수행되는 정도에 따라서 또한 다르다. **면대면 면접**은 면접관과 지원자

모두 같은 방에 있는 것이다. 면대면 면접은 개인적인 장소를 제공하고 참여자들이 시각적이고 음성적인 단서를 모두 사용해서 정보를 평가할 수 있게 한다. **전화 면접**은 종종 지원자들을 심사하기 위해서 사용되지만 시각적 단서를 사용할 수는 없다 (이것이 항상 나쁜 것은 아니다). **영상회의 면접**은 멀리 떨어진 곳에서 시행한다. 지원자와 면접관은 서로를 보고 들을 수 있으나 장소가 면대면 면접만큼 개인적이지 않고 이미지와 목소리의 질도 분명하지 않다. **서면 면접**은 지원자가 일련의 서면 질문에 답을 하고 일반 우편이나 이메일을 통해서 답변을 다시 보내는 것을 포함한다.

구조화된 면접의 이점

비록 몇몇 인적자원 전문가들은 모든 사람들에게 같은 질문을 묻고 있기 때문에 자신들이 구조화된 면접을 사용하고 있다고 생각할지라도, 구조화된 면접과 비구조화 면접을 가장 많이 구분해주는 것은 직무 관련성과 표준화된 채점이다. 메타분석 (Huffcutt & Arthur, 1994; McDaniel, Whetzel, & Maurer, 1994)에 따르면 매우 구조화된 면접이 비구조화 면접보다 더 타당하다는 것이 명백하므로 이러한 구분은 중요하다. 이것은 심지어 전화로 면접이 수행될 때에도 사실이다(Schmidt & Rader, 1999). 게다가, 연구는(Campion, Campion, & Hudson, 1994; Cortina, Goldstein, Payne, Davison, & Gilliland, 2000) 구조화된 면접이 인지적 능력 시험 사용의 예언력(증가 타당도)을 가중시킬 수 있다는 것을 나타낸다.

　법적인 관점에서 구조화된 면접이 비구조화 면접보다 법원에 의해 더 호의적으로 보인다(Williamson, Campion, Malos, Roehling, & Campion, 1997). 여기에는 두 가지 이유가 가능하다. 첫째로 구조화된 면접은 직무분석에 기초하고 있다. Campion, Palmer, Campion(1997)는 면접 연구를 검토한 후에 직무분석에 기초한 면접이 직무분석에 기초하지 않은 면접보다 더 타당하고 법적으로 더 방어적이라고 결론 내렸다. 두 번째로, 구조화된 면접은 비구조화 면접보다 상당히 더 낮은 부정적인 영향을 초래했다(Huffcutt & Ruth, 1998; Levashina, Hartwell, Morgeson, & Campion, 2014). 부분적으로 이것은 비구조적 면접이 일반적인 지능, 교육, 훈련에 초점을 맞추었지만 구조화된 면접은 직무 지식, 직무 기술, 응용적 정신 기술, 상호관계 기술을 이용하기 때문이다(Huffcutt, Conway, Roth, & Stone, 2001). 구조화된 면접의 더 많은 이점은 앞에서 비구조화 면접의 문제로서 언급된 인종적 유사성과 성별 유사성의 문제가 구조화된 면접에는 많은 영향을 끼치는 것 같지 않다는 것이다(Buckley, Jackson, Bolino, Veres, & Feild, 2007; McCarthy, Van Iddekinge, & Campion, 2010).

　비록 구조화된 면접이 비구조화보다 우수하다고 생각될지라도, 지원자들은 구조화된 면접을 더 어렵다고 지각한다(Gilmore, 1989). 더 나아가서, 면접이 매우 구조화되어 있기 때문에, 지원자들은 자신이 전달하기를 원하는 모든 것을 면접관에게 말할 기회를 갖지 못했다고 느낄 수도 있다(Gilliland & Steiner, 1997).

비구조화 면접의 문제점

왜 비구조화 면접이 미래 직원의 수행력을 예언해주지 않는 것처럼 보일까? 연구자들은 이 질문에 대해서 몇 년 동안 조사해왔고 비구조화 면접의 나쁜 신뢰도와 타당도에 기여하는 8가지 요인을 확인했다: 형편없는 통찰 능력, 직무 관련성의 부족, 초두 효과(primacy effects), 대비 효과(contrast effects), 부정적인 정보 편향(negative-information bias), 면접관–면접자 유사성, 면접자 외모, 그리고 비언어적 단서.

형편없는 통찰 능력

면접관들은 종종 그들의 고용 결정을 "직감"이나 또는 "직관"에 기초한다. 하지만 사람들은 행동을 예언하기 위해서 직관을 사용하는 데 훌륭하지 않다: 연구에 따르면, 인간의 직관과 임상적 판단은 미래 직원의 성공(Kuncel, Klieger, Connelly, & Ones, 2013)에서 속임수 탐지(Aamodt, 2008)까지에 미치는 다양한 요인을 부정확하게 예언한다. 그리고 많은 인적자원 전문가들이 생각하는 것과는 대조적으로, 미래 수행력을 예언하는 데 있어서 면접관의 개인차는 없다(Pulakos, Schmitt, Whitney, & Smith, 1996). 즉, 연구는 어떤 면접관들은 행동을 예언할 수 있는 반면에 어떤 면접관은 그렇지 않다는 생각을 지지하지 않는다. 이혼율이 이 형편없는 예언 능력의 훌륭한 예가 된다. 로맨틱한 관계를 갖는 커플들은 평균적으로 결혼하기 전에 2년을 연애한다. 이런 연애기간에도 불구하고, 모든 결혼의 50%는 실패한다—이러한 실패의 주요한 이유는 화합의 부족이다. 그래서 만약 잠재적인 배우자를 2년 동안 "면접"한 후에도 50%의 잘못된 선택을 한다면, 단 15분 동안 지원자를 면접하고서 그 사람이 조직의 다양한 구성원들과 얼마나 잘 지낼지 예언할 수 있다고 추정하는 것이 논리에 맞을까?

직무 관련성의 부족

Bolles(2014)는 연구를 통해 가장 공통적으로 면접관들이 물어보는 질문을 확인했다.

1. 내가 당신을 왜 채용해야 하죠?
2. 지금으로부터 5년 후에 당신은 무엇을 하고 있을까요?
3. 당신의 강점과 약점을 무엇이라고 생각합니까?
4. 당신을 어떻게 설명할까요?
5. 가장 잘 했던 대학 과목은 무엇이고 가장 못했던 것은 무엇인가요?
6. 우리 회사에 대해서 무엇을 알고 있나요?
7. 우리 회사에 지원하는 이유가 무엇인가요?
8. 지난 직장을 왜 그만두었죠?
9. 5년 후에는 얼마를 벌고 싶나요?
10. 인생에서 정말 하고 싶은 것은 무엇인가요?

그림 4.4
자주 질문되는 비구조화 채용 면접 질문

그림 4.4에서 볼 수 있듯이, 그러한 질문은 특정 직업과 관련되지 않았다. 게다가, 이러한 질문에 대한 적절한 답이 경험적으로 결정된 것도 아니었다. 연구는 인사부장이 어떤 답을 선호하는지를 보여주었다(Bolles, 2014). 하지만 답변에 대한 선호가 그것이 실제로 미래의 직무 수행력을 예언한다는 암시는 아니다. 앞에서 이 장과 이전 장에서 논의한 것처럼, 직원을 선발하기 위해서 사용되는 정보는 미래 직원의 수행력을 예언할 가능성을 가지려면 직무와 연관되어야 한다. 직무와의 관련성이 없을뿐더러, 면접관이 물어보는 많은 질문들은 불법적이다(예, "결혼 하셨어요?" 또는 "어떤 건강 문제가 있으신가요?"). 흥미롭게도, 불법적 질문을 하는 대부분의 면접관들은 그것들이 불법인 줄도 모른다(Dew & Steiner, 1997).

초두 효과

면접에 있어서 **초두 효과** 또는 "첫인상"의 중요성에 대한 연구는 복합적이다. 어떤 연구는 면접 이전에 주어진 정보(Dougherty, Turba, & Callender, 1994) 또는 면접 초반부에 제시되는 정보가 이후 면접에서 제시되는 정보보다 더 큰 중요성을 갖는다고 가리킨다(Farr, 1973). 더 나아가, 어떤 연구는 면접관들이 면접의 첫 몇 분 이내에 후보자에 대해서 결정한다고 제안했다(Dessler, 2002; Otting, 2004). 사실상, 한 집단의 인사 전문가 중에서, 74%는 자신들이 면접이 시작되고 5분 이내에 결정을 할 수 있다고 말했고(Buckley & Eder, 1989), 3개의 연구(Barrick, Swider, & Stewart 2010; Giluk, Stewart, & Shaffer, 2008; Stewart, Dustin, Shaffer, & Giluk, 2008)에서는 몇 분 동안 라포를 형성한 후에 매긴 면접관 점수와 최종 면접 점수 간에 상당한 상관을 발견했다.

하지만 하나의 연구(Raymark 등, 2008)는 면접관들 중 단 5%만이 첫 2, 3분 동안에 결정을 하고 첫 5분 동안에 결정하는 것은 단지 31%라는 것을 발견했다. 그래서 대부분의 면접관들은 결정을 내리기 위해서는 적어도 5분이 필요하다. 상상할 수 있듯이, 결정을 위해 면접관들이 필요한 시간은 면접이 구조화된 정도, 면접자의 행동, 이용되는 면접의 차원과 같은 여러 가지 요인으로부터 영향을 받았다. 언제 면접관이 결정을 하는가에 상관없이, 면접 시간의 길이와 수행력에 대한 면접의 예언 능력 간에는 관련이 없다(Thorsteinson, 2014).

잠재적 초두 효과를 줄이기 위해서, 면접관은 면접이 끝났을 때 전반적인 판단을 한 번에 하기보다는 면접 전반에 걸쳐서 반복해서 평가하도록 권유된다. 즉, 면접관은 면접이 끝날 때까지 기다려서 한 번의 평정이나 평가를 하기보다는 각 질문이 끝났을 때마다 또는 일련의 질문이 끝날 때마다 지원자의 답을 평정할 수 있다.

대비 효과

대비 효과란 한 지원자의 면접 수행이 다음 지원자의 면접 점수에 영향을 끼칠 수 있는 것을 말한다(Kopelman, 1975; Oduwole Morgan, & Bernardo 2000; Wexley, Sanders, & Yukl, 1973). 평균적인 지원자에 앞서서 끔찍한 지원자가 면접을 하면, 평균적인 지원자의 면접 점수는 그 사람 이전에 지원자가 없거나 또는 매우 자격을 갖춘 지원자가 선행할 때보다 더 높을 것이다. 다시 말해서, 지원자의 수행은 이전 면접자의 수행과 관련해서 평가된다. 그러므로 형편없이 면접을 한 사람 직후에 면접을 하는 것이 이로울 것이다.

　　Wexley, Yukl, Kovacs, Sanders(1972)의 연구는 대비 효과의 발생을 인식하도록 훈련을 받은 면접관들이 대비효과를 줄일 수 있었다는 것을 발견했다. 하지만 다른 연구들은(Landy & Bates, 1973) 대비 효과가 사실상 면접과정에서 중요한 역할을 하는지에 의문을 제기했다.

부정적인 정보 편향

부정적인 정보가 긍정적인 정보보다 더 큰 무게감을 갖는 것이 분명하다(Bocketti, Hamilton, & Maser, 2000; Rowe, 1989). **부정적인 정보 편향**은 면접관이 직무 요건을 모를 때만 발생하는 것 같다(Langdale & Weitz, 1973). 이것은 대부분의 지원자들이 하나의 부정적인 대답이 자신의 직업 기회를 잃게 할까봐 면접에서 정직하기를 두려워한다는 관찰을 지지해주는 것 같다.

　　이러한 정직성의 부족은 면접에서 특히 분명할 수 있고, 면접에서는 과정상의 면대면 속성이 지원자가 면접관에게 더 잘 보이는 방식으로 반응할 가능성을 높이게 된다. 면접 과정에서 지원자의 정직성을 높이기 위해 수행된 연구에서 Martin과 Nagao(1989)는 지원자들에게 4가지 조건 중 하나에서 일자리를 위한 면접을 하게 했다. 첫 번째 조건에서 지원자들은 서면으로 된 면접 질문을 읽고 그에 대한 자신들의 대답을 썼다. 두 번째 조건에서는 지원자들이 컴퓨터에 의해 "면접을 받았다". 세 번째 조건에서는, 지원자들이 따뜻하게 행동하는 면접관과 면대면으로 면접했다; 그리고 네 번째에는 차가워 보이는 면접관이 그들을 면접했다. 예상되듯이, Martin과 Nagao는 지원자들이 서면 면접과 컴퓨터 면접을 포함한 비사교적인 조건에서 GPA와 SAT 점수를 보고하는 데 있어 더 정직했다는 것을 발견했다. 즉, 사회적 압박을 줄이고 서면이나 컴퓨터 면접을 사용하면 면접에서 획득되는 정보의 정확성을 증가시킬 수 있을지도 모른다.

면접관-면접자 유사성

일반적으로 연구는 면접자가 성격(Foster, 1990), 태도(Frank & Hackman, 1975), 성별(Foster, Dingman, Muscolino, & Jankowski, 1996) 또는 인종(McFarland, Ryan, Sacco, & Kriska, 2004; Prewett-Livingston 등, 1996)에 있어서 면접관과 유사하면 더 높은 점수(Howard & Ferris, 1996)를 얻을 것이라고 암시한다. 하지만 Sacco,

Scheu, Ryan, Schmitt의 연구(2003)는 면접 자료를 분석하기 위해서 사용된 방법이 유사성이 중요한지에 대한 요인이 된다는 것을 발견했다. Sacco 등은 그들의 발견을 분석하기 위해서 전통적인 방법(d 점수)을 사용할 때, 면접관들이 자신과 같은 인종의 면접자에게 더 높은 점수를 준다는 것을 발견했다. 더 정교한 방법(위계 선형 모델)이 사용되었을 때, 인종 또는 성별 유사성은 면접 점수에 영향을 끼치지 않았다. 그래서 비구조화 면접의 결정에서 유사성의 중요성을 정확하게 확인하기 위해서는 더 심도 있는 연구가 필요를 한다.

면접자 외모

메타분석(Barrick, Shaffer, & DeGrassi, 2009; Hosada, Stone-Romero, & Coats, 2003; Steggert, Chrisman, & Haap, 2006)에 의하면, 일반적으로 신체적 매력이 높은 지원자들이 덜 매력적인 지원자들보다 면접상의 이점이 있고, 전문적으로 옷을 입은 지원자들이 옷을 잘 못 입은 지원자들보다 더 높은 면접 점수를 받는다고 나타난다. 이 매력 편향은 남자와 여자 모두에게 발생했고 전통적으로 남성적이고 여성적인 직업 유형에서 발생했다.

외모 편향은 몸무게로 확장되는데, 연구(Kutcher & Bragger, 2004; Pingitore, Dugoni, Tindale, & Spring, 1994; Roehling, Pichler, & Bruce, 2013; Rudolph, Wells, Weller, & Baltes, 2009)에 따르면, 비만인 지원자들은 자신에 대응하는 더 날씬한 지원자들보다 더 낮은 면접 점수를 받고 채용될 가능성이 더 낮으며 더 낮은 임금이 제안되는 것으로 드러난다.

비언어적 단서

비언어적 의사소통(non-verbal communication) 실제 언어 표현과는 관계없는 시선 맞추기 혹은 자세 등과 같은 요소

Barrick 등(2009)의 메타분석은 적절한 **비언어적 의사소통**의 사용이 면접 점수와 매우 상관된다고 발견했다. 적절한 비언어적 단서들에는 미소와 적절한 시선 맞춤(Levine & Feldman, 2002)과 같은 것들이 포함된다. 놀랍지 않게도, 메타분석의 결과는 구조화된 면접이 비구조화 면접만큼 비언어적 단서에 의해 영향받지 않는 것으로 나타났다(Barrick 등, 2008). 또한 메타분석의 결과에 따르면, 음색, 음강, 말의 속도, 말의 정지와 같은 언어적 단서의 적절한 사용이 또한 더 높은 면접 점수와 관련되었다(Barrick 등, 2008).

비록 더 많은 연구들과 변인들을 나열할 수 있지만, 이러한 논의는 면접이 직무와 관련 없는 많은 편향의 원천을 포함하고 있다는 것을 보여준다. 채용 면접의 주요한 목적 중의 하나가 어떤 지원자가 직무를 수행하는 데 있어서 가장 성공적일지를 결정하는 것임을 기억해야 한다. 이것을 결정하기 위해서는, 신체적 매력과 유사성과 같은 변인에 기초하지 않고 직무를 수행하는 능력에 기초해야 한다.

질문 유형	예
확인 질문	당신은 고용과 고용 사이에 3년 정도 일을 안했네요. 그 기간에 대해서 말해 줄 수 있나요? AT&T에서 밴치 핸드이셨네요? 그것이 뭔가요?
실격 질문	사전 통보 없이 야근하는 것이 가능한가요? 유효한 운전 면허증이 있나요?
기술 수준 질문	컴퓨터 네트워크를 설치하고 몇 달 후에 고객이 전화를 해서 프린터에 아무것도 인쇄되지 않는다고 말합니다. 무엇이 문제일까요?
과거 초점적(행동) 질문	당신이 고객을 응대할 때, 당신은 누군가를 화나게 할 수밖에 없습니다. 고객이 당신에게 화를 냈던 때와 그 상황을 어떻게 해결했는지를 말해주시오.
미래 초점적(상황) 질문	당신이 고객에게 오전 10시에 도착할 것이라고 말했다고 상상하시오. 지금 10시 30분이고 현재 하고 있는 일을 11시 30분까지 끝낼 방법이 없습니다. 당신은 정오 점심 식사를 위해 다른 고객을 만나기로 되어 있고 그 다음 오후 1시 15분에는 또 다른 일이 있을 것입니다. 당신은 이 상황을 어떻게 다룰 것인가요?
조직 적합도 질문	어떤 유형을 일의 속도가 당신에게는 가장 좋습니까? 문화적으로 다양한 집단의 사람들과 일해 본 경험을 말씀하세요.

그림 4.5
구조화된 면접 질문의 유형

구조화된 면접 만들기

구조화된 면접을 만들기 위해서는, 직무에 대한 정보를 획득하고(직무분석), 지원자의 기술과 경험이 성공적으로 그 일을 하기 위해서 필요한 정도에 일치하는지를 알아내도록 설계된 질문들을 만든다. 모든 면접관들이 모든 지원자들에게 사용하는 면접 양식으로 이 질문들을 통합한다. 좋은 답변과 나쁜 답변의 예가 질문 옆에 쓰여져서 면접관들이 지원자가 제시하는 답변을 채점하는 데 도움을 준다.

면접에서 이용할 KSAOs 정하기

구조화된 면접을 만들기 위한 첫 번째 단계는 철저한 직무분석을 실시하고 자세한 직무 기술을 작성하는 것이다. 2장에서 논의한 것처럼, 직무분석은 수행되는 과업과 수행조건과 과업수행을 위해서 필요한 능력을 알아내는 것이다. 두 번째 단계는 직무분석에서 확인된 각 과업을 수행하기 위한 지원자의 능력을 측정하는 가장 좋은 방법을 알아내는 것이다. 능력 중 몇 가지는 면접을 통해서 적절히 측정될 수 있다; 다른 것들은 심리 검사, 표본 작업, 평가 센터, 추천서, 배경 조사, 훈련 점수, 경험 점수와 같은 방법을 통해서 평가되어야 할 것이다(이러한 다른 방법들은 5장에서 철저히 논의될 것이다). 예를 들어, 접수원 직무기술에 따르면 주요한 과업에는 보고서를 타이핑하고 서신을 정리하고 전화에 응대하고 조직을 방문하는 사람들을 다루는 것이 포함된다고 가정하자. 타이핑하는 능력은 타자 시험을 통해서, 서신을 정리하는 능력은 정리 시험을 통해서, 전화 응대는 표본 작업을 통해서, 고객 서비스는 면접 질문을 통해서 가장 잘 측정될 수 있다. 여기에서 중요한 점은 면접에서 모든 능력을 평가할 수는 없다는 것이다.

면접 질문 만들기

그림 4.5에서 보듯이, 6가지 종류의 면접 질문이 있다: 확인 질문, 실격 질문, 기술 수준 질문, 과거 초점적 질문, 미래 초점적 질문, 조직 적합도 질문. **확인 질문**은 면접관이 이력서와 커버레터와 지원서의 정보를 명확히 하고 이해의 간극을 채우고 다른 필요한 정보를 획득하게 해준다. 각 지원자의 이력서와 커버레터는 독특하기 때문에, 구체적인 확인 질문이 지원자들 간에 표준이 되지는 않는다. 예를 들어, 한 지원자에게는 면접관이 그녀가 무엇 때문에 McArthur 상을 받았는지 설명해달라고 요청해야 하고, 다른 지원자에게는 2년 동안 일을 하지 않았는데 그 동안에 무엇을 했는지 설명해 달라고 요청할지도 모른다. **실격 질문**은 특정 방식으로 대답해야하는 질문으로 그렇지 않으면 실격이 된다. 예를 들어, 만약 어떤 일이 직원이 주말에도 일해야 하는 것을 요구한다면, 실격 질문은 "당신은 주말에도 일하는 것이 가능한가요?"가 될 수 있다. 만약 아니요라고 답변한다면, 그 지원자는 그 일을 얻지 못할 것이다.

기술 수준 질문은 지원자의 전문성 수준을 평가한다. 예를 들어서, 지원자가 마이크로 워드에 자신이 능숙하다고 말한다면, 면접관은 워드 프로세서 프로그램에 대한 질문을 몇 개 물어볼 수 있다. 지원자가 스페인어에 유창하다고 주장한다면, 면접관은 스페인어로 몇 가지 질문을 그녀에게 해보고 싶을 것이다.

상황 질문이라고도 불리는 **미래 초점적 질문**은 지원자에게 어떤 특정 상황에서 어떻게 할 것인지를 물어본다. 표 4.1에서 보듯이, 상황 질문을 만드는 첫 번째 단계는 여러분이 2장에서 학습한 기법인, 결정적인 사건을 수집하는 것이다. 이러한 사건들이 질문으로 재구성되어 면접 동안에 사용될 것이다. 이러한 질문들은 지원자가 현재 지식을 가지고 답변할 수 있다는 것이 중요하다. 즉, 경찰 지원자에게 경찰 절차의 지식이 필요한 상황 질문을 하는 것은 적절치 않을 것이다. 왜냐하면 그들은 경찰 아카데미를 졸업할 때까지는 이 정보를 배우지 않기 때문이다. 질문을 만든 후에는, 채점 키(key)를 만드는 것이 다음 단계이다. 이 단계는 이 장의 뒤에 가서 논의할 것이다.

정형화된 행동 기술 면접으로 자주 언급되는 **과거 초점적 질문**은 미래를 겨냥하는 행동보다는 이전의 행동에 초점을 맞춤으로써 상황적 면접과 구별된다. 즉, 지원자들이 이전의 직무에서 직무 관련 기술을 어떻게 보여주었는지 특정 예를 들어 달라고 요청받는다(Janz, Hellervik, & Gilmore, 1986). 비록 미래 초점적 면접과 과거 초점적 면접이 다른 방향성을 갖고 있을지라도, 한 가지 유형에서 잘하는 면접자는 일반적으로 다른 것에서도 잘한다(Campion 등, 1994; Cohen & Scott, 1996). 하

확인 질문(clarifier)
커버레터와 지원서의 정보를 확인하는 구조화된 면접의 질문

실격 질문(disqualifier)
주어진 질문에 대하여 (조직에서) 원하지 않은 답변을 할 경우에는 채용 결정 과정에서 탈락되도록 설계된 구조화된 면접의 질문

기술 수준 질문(skill-level determiner) 지원자의 지식 혹은 기술 수준을 파악하기 위한 구조화된 면접의 질문

상황 질문(situational question) 지원자에게 일련의 상황들을 주고 해당 상황을 하나씩 다루는 방법에 대하여 물어보는 구조화된 면접의 질문

미래 초점적 질문(future-focused question) 지원자에게 특정한 상황을 주고 해당 상황에서 어떻게 행동할지에 대하여 물어보는 구조화된 면접의 질문

정형화된 행동 기술 면접(patterned-behavior description interview: PBDI) 과거 직무에서의 행동에 초점을 맞춘 구조화된 면접의 질문

과거 초점적 질문(past-focused question) 지원자의 경험을 평가하기 위한 구조화된 면접의 질문

표 4.1 상황 면접 질문 만들기

결정적인 사건

고객이 은행에 들어와서 어떻게 은행이 자신의 계좌를 망쳤는지에 대해 소리를 지르기 시작했다. 그는 너무나 화가 나서 욕을 하기 시작했고 문제가 해결되기 전까지는 은행을 나가지 않겠다고 말했다. 불행하게도 컴퓨터가 다운되었고 텔러는 필요한 정보에 접근할 수 없었다.

질문

당신이 텔러로 일하고 있고 대기 고객의 줄이 길다. 한 고객이 줄의 맨 앞으로 와서 자신의 수표가 부도처리 되어서 20달러가 청구되었는데, 이것으로 인해 다른 수표들이 부도났다고 소리친다. 그리고 나서 그는 당신에게 욕을 하고 문제가 해결될 때까지는 은행에서 나가지 않겠다고 당신에게 말한다. 당신은 해당 정보가 다른 지점에 있기 때문에 그의 계좌를 체크해볼 수 없다. 당신은 어떻게 할 것인가?

기준 답변

5 내가 정보를 가지고 있지 않고 지금 기다리는 줄이 길기 때문에 감독자에게 전화를 해서 감독자가 다른 사람들과 떨어진 사무실에서 고객을 응대하게 하겠다.

4 그를 진정시키는 동안에 감독관에게 전화할 것이다.

3 나는 그를 진정시키고 컴퓨터가 다운되었다는 것을 설명하려고 할 것이다.

2 컴퓨터가 다운되었기 때문에 그를 도울 수 없다고 설명하고 그에게 나중에 다시 오라고 요청할 것이다.

1 그에게 줄의 끝으로 가서 자기 차례를 기다리라고 말할 것이다.

지만, 과거 초점적 질문이 미래 초점적 질문보다 높은 직위의 수행을 더 잘 예언한다 (Huffcutt, Roth, Conway, & Klehe, 2004; Huffcutt, Weekley, Wiesner, DeGroot, & Jones, 2001; Pulakos & Schmitt, 1995).

조직 적합도 질문(organizational-fit questions) 지원자의 성격과 가치가 조직의 문화와 적합한 정도를 물어보는 구조화된 면접의 질문

미래의 수행을 예언하려고 하기보다는, **조직 적합도 질문**은 지원자가 조직의 문화나 특정 감독자의 지도 스타일에 적합하게 될 정도를 평가한다. 예를 들어, 어떤 조직은 매우 정책 중심적인 반면 어떤 조직은 직원들에게 자신의 진취성을 사용하도록 격려한다. 어떤 감독자는 매우 과업 중심적인 반면 어떤 감독자는 더 사람 중심적이다. 조직 적합도 질문의 논리는 지원자의 성격과 목적이 조직의 성격과 목적에 일치하는지 확인하는 것이다.

면접 답변에 대한 채점 키 만들기

일단 면접 질문이 만들어지면, 다음 단계는 질문에 대한 지원자의 답을 채점하기 위한 키를 만드는 것이다. 비록 어떤 질문에 대한 답은 표 4.2에서 보듯이, 맞거나 틀린 것으로 채점될 수 있지만(예, "하루에 8시간 이상을 일하는 것에 대해서 직원에게 수당을 지불해야 하나요?") 대부분의 답변을 채점하는 데는 두 가지 주요 방법이 있다: 전형적인 답변 방법과 주요문제 접근법.

맞거나 틀리거나 방법(right/wrong approach). 특히 기술 수준 질문과 같은 어떤 면접 질문들은 주어진 답이 단지 옳은지 옳지 않은지에만 기초해서 채점될 수 있다. 예를 들어, "서비스 제공자로서 당신은 부모가 같이 있고 허락을 한다면 16살 아이에게 와인 한잔을 줄 수 있을까?"라는 질문을 생각해보라. 면접자가 아니라고 답한다면, 그 사람은 옳은 답변에 대해 점수를 얻을 것이다. 만약에 그 사람이 그렇다고 답한다면, 점수를 얻지 못할 것이다. 만약 질문 유형이 실격 질문이라면(예, 당신은 주말에 일하는 것이 가능한가요?), 틀린 답변으로서 그 사람은 단지 점수를 얻지 못하기보다는 더 이상 고려의 대상에서 제외될 것이다.

전형적인 답변 접근법(ty-pical-answer appro-ach) 지원자의 답변과 기준 답변의 비교를 통해서 지원자를 평가하는 방법

전형적인 답변 접근법. 전형적인 답변 접근법 이면의 생각은 각 질문에 대한 가능한 모든 답변의 목록을 만들어서 주제 문제 전문가(subject-matter experts: SMEs)에게 각 답변의 선호도를 평정하게 하고 이 점수를 5점 척도의 각 점수에 대한 기준으로서 사용하는 것이다. 비록 어떤 채점 키는 척도 상의 각 점수에 대한 단지 하나의 **기준 답변**만을 가지고 있지만, Buchner(1990)의 연구에 따르면, 기준 답변의 수를 증가시키는 것이 채점 신뢰도를 상당히 증가시킬 것이다. 어떤 질문에 대한 가능한 답변의 수가 아마도 한정되기 때문에, 이 단계에서 질문에 대한 가능한 모든 답을 생각해보고 각 답변을 평정하게 하는 것이 좋은 생각일 수 있다. 이 접근법은 전통적인 5개보다는 질문 당 10개 정도의 기준 답변을 생성할 것이다.

기준 답변(benchmark answers) 면접 질문의 표준이 된 답변으로서, 답변의 질은 직무 전문가에 의해서 평가된다.

주요 문제 접근법. 전형적인 답변 접근법의 문제점은 한 질문에 많은 답변이 가능하고 지원자들이 종종 다른 몇 개의 기준들에 부분 부분 들어맞을 수 있는 답변을 제시한다는 것이다. 이 문제를 해결하기 위해서, **주요 문제 접근법**을 사용할 수 있다. 이 접근법에서는 주제 문제 전문가들이 완벽한 답변에 포함되어야 한다고 생각하는 주요 문제의 목록을 만든다. 포함된 각 주요 문제에 대해서 면접자는 점수를 획득한다. 가장 중요한 문제가 덜 중요한 문제보다 더 많은 점수를 얻기 위해서 주요 문제들이 또한 평가된다.

주요 문제 접근법(keyi-ssues approach) 지원자의 답변 중에서 평가표의 구성 요소를 포함하고 있는 부분들에 대한 점수를 부여하는 면접 평가 방식

심리학자 Pete DiVasto는 법 집행직 지원자들을 면접할 때 주요 문제 접근법을 사용한다. 그의 질문 중 하나에서, 그는 지원자들에게 자신이 경찰관이고 상점에 강도가 들었을 수 있다는 전화를 받았다고 상상하도록 요청한다. 도착하자마자, 경찰관이 다음을 목격한다: 주차장에는 경찰차의 경광등이 번쩍이고 있고 경찰차 옆에는 경찰관이 땅에 있으며 상점에는 경보기가 울리고 있고 어떤 사람이 가게에서 뛰어나가고 있다. DiVasto는 지원자들에게 이 상황에서 무엇을 할지를 물어본다. 좋은 답변은 경찰관이 다쳐서 도움이 필요한지를 확인하는 것, 뛰어가는 사람이 위험할 수도 있지만 또한 희생자일 수도 있다는 것을 이해하는 것, 지원이 필요하다는 것을 깨닫는 것, 경찰을 먼저 돕거나 또는 뛰어가는 사람에게 집중하는 것의 선택에 대한 좋은

표 4.2 채점 예

전형적인 답변 방법

1   그에게 줄의 끝으로 가서 자기 차례를 기다리라고 말할 것이다.
2   컴퓨터가 다운되었기 때문에 그를 도울 수 없다고 설명하고 그에게 나중에 다시 오라고
     요청할 것이다.
3   나는 그를 진정시키고 컴퓨터가 다운되었다는 것을 설명하려고 할 것이다.
4   나는 감독자에게 전화할 것이다.
5   내가 정보를 가지고 있지 않고 지금 기다리는 줄이 길기 때문에 감독자에게 전화를 해서
     감독자가 다른 사람들과 떨어진 사무실에서 고객을 응대하게 하겠다.

주요 문제 접근법

____ 긴 줄을 인식했고 다른 고객들을 걱정했다.
____ 고객을 진정시킬 필요를 인식했다.
____ 고객을 다른 고객에서 멀리로 데려 가야 할 필요를 인식했다.
____ 컴퓨터가 다운되었기 때문에 도움을 즉시 줄 수 없다는 것을 인식했다.
____ 고객과 직면하지 않았다.

이유를 피력하는 것을 포함한다.

　　면접을 채점할 때, 지원자의 비언어적 단서를, 특히 직업상 상호작용 기술이 필
요할 때, 평가하기 위한 시스템을 갖는 것이 적절하다. 그러한 채점은 면접에서 지
원자가 보여준 비언어적 단서가 직무 수행을 예언할 수 있다는 것을 증명하는 연
구에 의해서 지지된다(Barrick 등, 2008; Burnett & Motowidlo, 1998; Degroot &
Motowidlo, 1999).

구조화된 면접 수행하기

비록 패널 면접을 사용하는 것이 흔할지라도, 연구에 의하면 한 명의 훈련된 면접관
이 모든 지원자를 면접하는 것이 수행을 예언해줄 것이라고 제안한다(Huffcutt &
Woehr, 1999). 면접을 수행하는 첫 번째 단계는 라포를 형성하는 것이다; 지원자가
"차분해질" 때까지 질문을 시작하지 않는다. 라포를 형성하는 것은 지원자가 면접에
대해서 긍정적으로 느끼게 하므로 매우 중요한 단계이다(Chapman & Zweig, 2005).

　　일단 지원자가 편안하다고 느끼면, 과정을 설명함으로써 면접의 의제를 형성한
다. 대부분의 지원자들은 구조화된 면접을 경험해본 적이 없다. 그래서 어떤 종류의
질문을 할지를 설명해주고 면접자가 답변을 한 직후에 각 면접관이 기록을 하고 답
변을 채점할 것이라고 말해주는 것이 중요하다. 의제가 확립된 후에 면접질문을 한
다. 한 사람이 모든 질문을 할 수도 있고 또는 각 패널 구성원이 몇 개씩 질문을 하게
할 수도 있다. 답변이 주어지고 나서 각 답변을 채점하는 것이 중요하다. 일단 질문

이 다 끝나면, 직무와 조직에 대한 정보를 제공한다. 그러한 정보에는 임금, 혜택, 책임, 승진 기회, 조직의 역사 등이 포함된다. 그리고 나서 지원자의 질문에 답을 해준다. 이때에 "우리는 당신에게 많은 질문을 했지만 당신이 우리에게 말해주고 싶었던 것에 대해서는 질문 받지 않았을 수도 있어요. 우리에게 말하고 싶은데 우리가 묻지 않은 어떤 정보가 있나요?"와 같은 식으로 말하면 좋을 것이다. 면접자를 칭찬하고 ("만나서 즐거웠습니다") 그 일과 관련해서 언제 지원자에게 연락할지를 알려줌으로써 유쾌한 분위기로 면접을 끝낸다. 면접의 말미에 질문에 대한 답변의 점수가 더해지고 최종 수치가 지원자의 면접 점수가 된다.

일자리 검색 기술

비록 이 장과 다음 장의 초점이 직원을 선발하는 데 있을지라도, 여러분이 직업을 구하는 데 필요한 기술을 숙달하는 것이 중요하다. 다음의 세 절은 면접하는 방법과 커버레터 쓰는 법, 이력서 쓰는 법에 대해 조언할 것이다.

면접과정에서 성공적으로 살아남기

비록 비구조화 면접에 많은 문제가 있을지라도, 채용을 위해 고려되는 사람이 그러한 면접을 겪을 가능성은 높다. 연구와 경험 모두에 의하면, 지원자들이 면접 점수를 높이기 위한 몇 가지 단계가 있다. 이러한 단계 중 가장 중요한 것들 중 하나는 면접하는 방법에 대한 훈련을 받는 것이다. Maurer와 동료들의 연구(Maurer, Solamon, Andrews, & Troxtel, 2001)는 그러한 훈련이 구조화된 면접에서 지원자 점수를 높일 수 있다는 것을 보여주었다. 면접 훈련을 받고 면접 기술을 연습하는 것이 면접 불안을 줄이기 위한 좋은 방법이다. 면접 불안과 면접 수행 간에는 부적 상관이 있기 때문에 불안을 줄이는 것이 중요하다(McCarthy & Goffin, 2004; McCarthy & S만, 2008).

면접 시간 잡기

일반적인 조언과는 대조적으로, 요일이나 하루 중 어느 시간이냐는 면접 점수에 영향을 끼치지 않는다(Aamodt, 1986: Willihnganz & Myers, 1993). 하지만 지원자가 면접을 위해 언제 도착하는지는 점수에 영향을 미칠 것이다. 만약에 그들이 늦게 도착하면, 점수가 극적으로 더 낮을 것이다(Lantz, 2001). 사실상 몇 년 전에 내가 수행한 한 연구에서(Aamodt, 1986), 늦게 도착한 지원자는 모두 채용되지 않았다. 하지만, 정시에 도착한 지원자와 10분 일찍 도착한 지원자 간에는 면접 점수상의 차이가 발견되지 않았다. 그러므로 일주일이나 하루 중 어느 때라도 면접 시간을 잡을 수는 있지만, 지원자는 늦어서는 안 된다!

면접 전에

회사에 대해서 배워야 한다(Freiberger, 2013). 그림 4.4에서 보듯이, 가장 자주 묻는 비구조화 면접 질문 중 하나(우리 회사에 대하여 알고 있는 것을 설명해 주세요)는 지원자의 조직에 대한 지식을 알아내기 위해서 사용된다. 이러한 조언은 이치에 맞을 뿐만 아니라 연구 발견에 따르면 지원자의 지식이 상당히 면접 점수와 상관되고 (Aamodt, 1986), 면접 준비가 두 번째 면접까지 나아갈 수 있는 것과 높은 상관을 갖는다는 것이다(Caldwell & Burger, 1998). 만약 지원자가 조직의 제품과 서비스, 미래의 필요, 당면한 주요 문제, 철학이나 과업에 대해서 알고 있다면 조직은 특히 감명받을 것이다.

나의 이전 학생이 Allstate Insurance와 가졌던 관리직 면접에 대해서 말해주었다. 면접 전날 그녀는 Allstate에 대한 모든 볼 수 있는 정보를 인터넷으로 읽었다. 면접 동안에, 그녀는 Allstate에서 일하고 싶은 이유에 대해 질문 받았다. 그녀는 자신이 지역사회에서 활동적이어서, Allstate의 "구조의 손길" 봉사 프로그램 때문에 회사에 매력을 느낀다고 대답했다. 그녀는 그 프로그램에 대해서 면접 전날 밤에 읽었었다. 면접관은 대단히 감명 받았고 다음 10분 동안 그 프로그램과 그것의 중요성에 대해서 말했다. 그 면접은 부분적으로는 지원자가 자신의 숙제를 했기 때문에 성공적이었다.

면접 날에는, 깔끔하고 전문적으로 옷을 입고 상황의 필요에 맞추어서 스타일을 조절한다(Williams, 2005). 화려한 큰 귀걸이와 밝은 넥타이와 같은 액세서리를 착용하는 것을 피한다. 머리 스타일은 보수적으로 하고 보라색이나 초록색의 염색은 피한다(MTV의 Jersey Shore에 나오는 멤버를 흉내 내는 것은 훌륭한 전략이 아니다).

면접 동안에

면접에서 가장 잘 행동하는 법에 대한 대부분의 제안은 이 장에서 논의된 면접관 편향을 이용하고 있다. 비언어적 행동에는 악수를 세게 하는 것과 시선을 맞추는 것 그리고 머리를 끄덕이는 것이 포함되어야 한다. 바람직한 언어적 행동에는 질문하는 것, 당신이 면접관과 어떻게 유사한지를 미묘하게 말하는 것, 임금에 대해서 묻지 않는 것, 천천히 말하지 않는 것, 답을 하기 전에 망설이지 않는 것이 포함된다. 첫 인상이 가장 중요하다는 것을 명심한다.

면대면 면접과 관련된 여행비를 절약하는 방법으로서 많은 조직들은 지원자가 지역의 FedEx Office(또는 유사 장소)로 가거나 자신의 집에서 Skype로 들어가 수백 또는 수천 마일 떨어진 고용주에 의해서 면접을 받는 화상회의를 통해서 지원자들을 면접한다. 비록 앞의 면접에 대한 조언이 화상회의 면접에도 여전히 유효하지만, 몇 가지 추가적인 조언을 하자면, 큰소리로 말하기, 손과 팔의 움직임을 최소한으로 유지하기, 카메라를 정면으로 보기, 보수적인 단색의 옷을 입기가 포함된다.

면접 이후

면접 직후에 짧은 편지나 이메일을 보내서 면접을 위한 시간을 내준 것에 대해 감사한다. 이러한 좋은 시도가 손해 볼 것은 없다.

커버레터 쓰기

커버레터(cover letter) 이력서와 지원서와 함께 제출되는 간략한 편지

커버레터는 이력서를 동봉하고 있고 그 회사에 지원하고 싶다는 것을 고용주에게 말해주는 것이다. 커버레터는 한 쪽 분량을 넘어서는 안 된다. 그림 4.6과 4.7의 커버레터의 견본에서 볼 수 있듯이, 커버레터에는 인사말과 기본적인 4개 문단과 마무리 서명이 들어간다.

인사

가능하면, 여러분이 편지를 쓰고 싶은 사람의 이름을 알아낸다. 만약 그 사람의 이름에 확신이 없다면, 회사에 전화해서 여러분이 이력서를 보내야 할 사람의 이름을 물어본다. 만약 그 사람의 이름이 성별에 대한 의문을 남긴다면(예, Kim, Robin, Paige), Mr. Smith나 Ms. Smith로 편지 주소를 적절히 쓸 수 있기 위해서 그 사람이 여성인

4월 18일, 2015년
Mr. John Smith
Alco. Inc.
217 West Street
Johnson, VA 24132

친애하는 Mr. Smith:

안에는 이력서 한 부가 동봉되어 있습니다. Roanoke Times and World News에 광고하신 용접공 자리에 저를 고려해 주시길 바랍니다.

몇 가지 이유로 제가 그 자리에 적격이라고 믿습니다. 첫째, 저는 산업 환경에서 6년간의 용접경험이 있습니다. 제가 지난 5년간 단지 이틀만 결근했다는 사실에서 볼 수 있는 것처럼 저는 매우 믿을 수 있는 직원입니다. 마지막으로, 저는 귀사의 세 개 플랜트 중 어느 것에서도 어느 근무조에서도 일하는 것이 가능합니다.

연락을 주시기를 기다리고 있습니다. 주중에는 3시 이후에 주말에는 어느 때라도 연락에 좋은 시간입니다.

Sincerely,

Andrew S. Jones.

그림 4.6
커버레터의 예

지 남성인지도 물어본다. 이름으로 그 사람을 언급하지 않는다(예, Dear Sarah). 만약 이름을 알 수 없다면, 안전한 인사로는 "인력 자원 부장님께"가 있다. "Dear Sir나 Dear Madam"이라는 어구는 피하고(회사의 "평판이 나쁘지 않다면") 또는 "관련된 분께"라는 문구도 피한다.

문단들

도입 문단은 한두 문장이어야 하고 세 가지 정보를 전달해야 한다: 이력서 동봉, 지원하는 직무 명칭, 어떻게 모집 정보를 알게 되었는지(신문이나 친구로부터). 두 번

7월 15일, 2015년

Ms. Maria Duffie, Director
Human Resourc Department
Raynes Cosmetics, Inc.
69 Beall Avenue
Amityville, NY 00312

친애하는 Ms. Duffie:

이력서 한 부가 동봉되었습니다. *Wachington Post*지에 지난 일요일에 광고하신 판매 대표 자리에 저를 고려해주십시오. 아래에서 볼 수 있듯이, 저는 광고에서 말씀하신 자격요건에 훌륭히 들어맞습니다.

귀사의 요건	저의 자격
학사 학위	Radford University 마케팅 학사
2년의 판매 경험	5년의 판매 경력
판매에 성공한 이력	L.L. Bean에서 3번의 판매상 수상
강력한 사무 기술력	비서학 A.A.S.
	3년의 사무직 경험
	분당 55단어의 타자 속도

저는 10년 이상 귀사의 제품을 써와서 귀사의 제품과 화상품의 높은 품질을 매우 잘 알고 있기 때문에 귀사에서 일하는 것에 특히 관심이 있습니다.

연락 주시기를 기다리고 있습니다. 오후 6시 이후에는 집으로 전화주시고 오전 8시에서 오후 5시까지는 직장으로 편하게 전화주십시오. L.L. Bean이 규모를 줄이고 있기 때문에, 현 고용주는 귀사에서 저에게 직장으로 전화하는 것을 꺼리지 않을 것입니다.

Sincerely,

Mable Leane

Mable Leane
2345 Revlon Blvd.
Avon, VA 24132
Home: (540) 555-5678
Work: (540) 555-7676
mimi@aol.com

그림 4.7
맞춤형 커버레터의 예

째 문단은 여러분이 그 자리에 자격이 된다는 것을 진술하고 그에 대한 세 가지 이유를 제시한다. 이 문단은 네 개 또는 다섯 개 문장으로 구성되어야 하고 이력서의 내용을 반복하지 않아야 한다. 세 번째 문단은 여러분이 지원하는 특정 회사에 관심이 있는 이유를 설명한다. 마지막 문단으로 편지를 마무리 지으며 여러분에게 가장 잘 연락할 수 있는 방법을 제공한다. 비록 전화번호가 이력서에 적혀있어도 이 문단에서 고용주에게 연락하기 가장 좋은 요일과 시간을 말해주면 좋다.

서명

여러분의 서명 위에, "cordially" 또는 "sincerely"와 같은 단어를 사용한다. "yours truly"는 권장되지 않으며 "Love", "Peace" 또는 "Hugs and snuggles"와 같은 말은 사용하면 안 된다. 커버레터에 서명은 자필로 하고 이름, 주소, 전화번호는 서명 아래에 타이핑한다.

HR 전문가인 GeGe Beall이 지원자들에게 커버레터에 대해 다음의 팁을 준다:

- 절박해 보이는 것을 피하고 애원하지 말라(저는 정말로 일자리가 필요해요! 제발 제발 저를 고용해주세요!).
- 문법과 철자 오류를 피하라. 고용주는 커버레터와 이력서를 지원자가 해낼 수 있는 최상의 일의 표본으로서 바라본다. 여러분의 커버레터에 오류가 포함되면, 고용주는 여러분이 규칙적으로 행하는 일의 질을 걱정하게 될 것이다.
- 장황한 단어나 어구는 피하라. 고용주는 장황한 말에 감명을 받지 않을 뿐만 아니라 "긴 말"을 사용하는 지원자들은 종종 그것들을 잘 못 사용한다. 예를 들자면, 어떤 한 지원자는 자신의 글이 "방대하다(voluminous)"—우리는 그가 이렇게 말하려 했다고 생각하는데—가 아니라 "향락적이다(voluptuous)"라고 써서 자신의 일의 생산성을 설명하려고 했다.
- "최근에 이혼을 해서 직업을 구하고 있어요."와 같은 개인적인 사정을 말하지 않는다. 고용주들은 단지 여러분의 자질에 대해서만 관심이 있다.
- 가능하다면, 여러분의 이력서를 각 회사에 맞게 작성하라. 표준 커버레터가 효율적이지만 여러분이 지원하는 각 직무에 맞게 특별히 쓰여진 것만큼 효과적이지는 않다.
- 현 회사의 편지지에 여러분의 커버레터를 작성하지 않는다. 편지 전체에서 조직의 정확한 이름을 사용했는지 확인한다. 많은 수의 커버레터를 보낼 때 주소에서는 회사 이름을 바꾸지만 편지에서는 바꾸지 않는 경우가 드물지 않다.

이력서 쓰기

이력서(résumé) 지원자의 직업적, 교육적 경력에 대한 공식적인 요약

이력서는 지원자의 직업적, 교육적 배경의 요약이다. 비록 고용주들이 이력서를 자주 요청할지라도 이력서가 직원의 수행을 예언하는 것에 대해서는 알려진 것이 거의 없다. 어떤 연구들은 면접관이 지원자를 면접하기 전에 이력서를 먼저 읽을 때, 채용 면접의 유효성이 사실상 감소될 수도 있다는 것을 발견했다(Dipboye, Stramler, & Fontenelle, 1984; Phillip & Dipboye, 1989). 하지만 이러한 연구 이상으로 이력서의 예언적 가치가 있다면, 얼마나 많은지는 불분명하다.

이력서는 부분적으로 한 지원자의 광고이기 때문에 수행을 예언하지 않을 수도 있다. 이력서 디자인을 전문으로 하는 회사는 "여러분의 강점은 더욱 부각시키고 약점은 발견하기 어렵게 만드는" 능력을 공개적으로 자랑한다. 결과적으로, 많은 이력서에서 부정확한 정보가 포함된다. 이력서 사기에 대한 조사에서, Aamodt와 William(2005)는 25%에 해당하는 이력서들이 부정확한 정보를 포함했다는 것을 발견했다.

흔한 믿음과는 대조적으로, 이력서를 쓰는 가장 좋은 방법은 없다. 사람들의 배경이 너무나 다르기 때문에, 한 개인에게 효과적인 형식이 다른 사람에게는 효과가 없을 수도 있다. 그러므로 이번 절에서는 이력서 쓰기에 대한 일반적인 조언만을 제공할 뿐이고; 나머지는 여러분에게 맡겨진다.

이력서에 대한 관점

이력서는 두 가지 방식 중 하나로 볼 수 있다: 여러분의 삶의 역사 또는 여러분 기술의 광고. 한 사람의 인생으로서 쓰여진 이력서는 길어지는 경향이 있고 지금까지의 모든 직업과 취미, 결혼 여부, 건강과 같은 개인적 정보를 포함하는 경향이 있다. 기술의 광고로서 쓰여진 이력서는 더 짧고 회사가 바라는 경력과 관련된 긍정적인 정보만을 포함한다. 이력서에 대한 후자의 관점이 오늘날에는 가장 일반적이다.

효과적인 이력서의 특징

이력서를 쓸 때 가장 좌절적인 측면 중 하나는 100명의 사람들에게 조언을 구하면 100개의 의견이 나온다는 것이다. 하지만 선호하는 것이 많이 다를지라도, 이력서를 쓸 때 따라야 할 3가지 규칙이 있다:

1. **이력서는 매력적이고 읽기에 쉬워야 한다.** 이것을 달성하기 위해서는, 모든 면에서 여백을 1인치 이상 남기고 너무 빽빽하지 않게 여유 있게 작성한다: 즉, 작은 폰트와 여백을 사용해서 이력서에 정보를 빽빽이 "채워 넣지" 않는다. 이력서의 내용은 훌륭하지만 "포장"이 매력적이지 않다면, 그것을 읽고 싶은 고용주는 거의 없을 것이다. 신체적 매력이 면접, 데이트, 구매품과 같은 많은 활동에서 첫인상을 제공한다는 것을 고려하면 이것은 거의 놀랍지 않다.

2. 이력서에는 타자, 철자, 문법, 사실의 오류가 포함될 수 없다. Walter Pierce, Jr가 Norfolk Southern Corporation의 인사부 직원이었을 때, 그의 사장은 훌륭한 컴퓨터 프로그래머 지원자로부터 이력서를 받았다. 비록 그 지원자가 뛰어난 자격을 갖고 있었지만, 그는 이력서에서 두 단어의 철자가 틀렸기 때문에, 인사부장은 그를 면접하려 하지 않았다. N&W Credit Union의 부장인 Dick Williams도 유사한 사례를 말했다. 그가 한 번은 스테이플러로 고정되어 있는 두 장을 커버레터를 받았다—두 개 모두 거기에 없던 이력서를 언급했다. 설상가상으로, 단어의 철자도 4개나 틀렸다. 더 끔찍한 이야기도 말할 수 있지만 핵심은 분명해졌다: 어떤 부주의한 실수도 해서는 안 된다.

3. 이력서는 지원자를 가능한 한 자격 있어 보이게 만들어야 한다—거짓말 없이. 이것은 어떤 정보를 포함할지를 결정할 때 중요한 법칙이 된다. 취미, 방학 임시직, 수강한 과목을 포함하는 것이 이 특정 직업에 더 자격이 좋다고 보인다면, 반드시 그것들을 포함시킨다.

만약 이력서가 위의 세 가지 규칙을 따르면—그것이 좋아 보이고 오류를 포함하지 않고 지원자를 가능한 한 훌륭하게 보이게 한다면—그것은 효과적인 이력서이다. 반대되는 의견은(예, "밑줄 대신에 굵은 글자를 사용한다." 또는 "한 문단으로 만들기보다는 당신의 의무에 밑줄을 친다.") 아마도 개인적 선호의 차이를 나타내는 것이지 이력서의 주요한 문제를 가리키는 것은 아니다.

이력서의 종류

이력서에는 세 가지 주요한 유형이 있다: 연대기적, 기능적, 심리학적 이력서. 그림 4.8에서 보듯이, **연대기적 이력서**는 가장 최근부터 이전의 직업을 나열하는 것이다. 이런 유형의 이력서는 이전의 직업이 미래의 계획과 관련이 있고 경력의 단절이 없는 지원자에게 유용하다.

그림 4.9에서 보는 것처럼 **기능적 이력서**는 경력의 순서보다는 일을 하기위해 요구되었던 기술에 기초해서 이전의 일을 조직한다. 기능적 이력서는 경력에 변화를 주거나 직업사에 있어서 단절이 있는 지원자에게 특히 유용하다. 이러한 유형의 이력서의 문제점은 다른 이력서 유형보다 고용주가 이것을 읽고 이해하기에 시간이 더 오래 걸린다는 것이다—이런 문제로 기능적 이력서는 고용주들에게 가장 인기가 없다(Toth, 1993).

심리학적 이력서는 내가 선호하는 이력서인데, 이것은 연대기적 양식과 기능적 양식의 강점을 모두 포함하고 단단한 심리학적 이론과 연구에 기초하기 때문이다. 그림 4.10에서 보듯이, 이력서는 여러분의 강점에 대한 간략한 요약으로 시작해야 한다. 이 부분은 **점화**(*priming*)(앞으로 나올 내용에 대해 독자를 준비시키기), 초두

연대기적 이력서(Chronological résumé) 가장 최근부터 이전의 직무 및 회사들을 나열한 이력서

기능적 이력서(Functional résumé) 직무 및 직업 경험들이 날짜순으로 정리되기보다는 기능적으로 배치하는 이력서

심리학적 이력서(Psychological résumé) 기억의 구성 및 인상 형성에 영향을 미치는 심리학적 원리의 장점을 활용한 이력서

812 Main Street, Gainesville, FL 32789   (904) 645-1001
s8281@mgamail.net

목적	회계부의 초급 관리직
교육	B.S., University of Florida, 2010년 5월
	전공: 경영학
	평점: 3.43/4.0
	부전공: 정보학
	경영 관련 과목: 회계, 돈과 은행, 마케팅의 원리, 경제학, 통계학
직업 경험	2014년 7월~현재
	부매니저. TCBY Yogurt, Gainesville, FL
	매일의 접수 게재와 은행 예금을 담당
	카운터 직원을 감독하고 스케줄 잡는 것과 진행 보고서를 쓰는 것,
	직원 간 논쟁을 다루는 책임.
	2013년8월~2014년 7월
	계산원/고객 관리, TCBY Yogurt, Gainesville, FL
	신속하고 정중하게 고객을 안내하고 현금서랍 입출 관리
	작업대를 청소하는 업무 담당.
	2012년 5월~2013년 8월
	은행 텔러: Barnett Bank, Gainesville, FL
	금융 거래를 하는 고객을 도와주고 조언하는 업무.
	현금 서랍 입출의 99% 정확도. 훌륭한 수행 평가 받음.
	2011년 8월~2012년 5월
	웨이터, Shakers Restaurant, Gainesville, FL
	고객의 음식과 음료의 주문을 받고 정중하고 효율적인 서비스
	높은 강도와 빠른 속도의 환경에서 근무.
활동	Phi Kappa Honor Society 회원
	Phi Beta Lambda Business Organization 회원
	부회장, Kappa Alpha Pi Social Fraternity
	Circle K Service Organization의 회원
	교내 미식축구에 참여

그림 4.8
연대기적 이력서

(*primacy*)(초기 인상이 가장 중요하다), 단기 기억의 한계(목록은 7개 항목을 넘어서면 안 된다)라는 인상 형성의 원리를 이용한다.

이력서의 다음 부분은 여러분의 교육이나 경험—여러분에게 강점이 되는 어떤 것이든—에 대한 정보를 포함해야한다. 교육 부분의 디자인은 읽는 사람이 내용을 기억하기 쉽도록 만들어주는 조직적 틀을 제공하도록 한다. 어떤 정보를 이 두 부분에 넣을지 결정할 때, 세 가지 인상 관리 규칙이 사용되어야 한다: 관련성, 특이성, 긍정성. 만약 정보가 여러분이 바라는 직업과 **관련된다면**, 그것은 아마 포함되어야 한

MATTHEW F. JOHNSON

818 Broadway Road, Lexington, KY 63189
(508) 814-7282
s8281@mgamail.net

경력 목적 은행과 관리 경험	은행 관리직
	켄터키 주, 렉싱턴 시 Dunkin's Donuts 카페에서 *접수 게재*와 매일 은행 예금 담당. 2013년 7월~현재
	켄터키 주, 렉싱턴 시 Dunkin's Donuts 카페 계산원들의 *감독*과 *스케줄관리*. 2013년 7월~현재
	켄터키 주, 렉싱턴 시 Citizen's Fidelity *Bank*에서 텔러로 근무. 현금 서랍 입출의 99% 정확도. 은행의 다양한 금융 거래에 대한 훈련. 2013년 5월~2013년 8월
고객 서비스 경험	켄터키 주, 렉싱턴 시 Dunkin's Donuts 카페 *고객서비스*와 *계산원*으로 근무. 고객들의 주문을 도왔고 현금 서랍 입출 관리
	켄터키 주, 렉싱턴 시 Citizen's Fidelity Bank에서 금융 거래하는 *고객을 신속하고 정중하게 응대. 훌륭한 수행 점수 받음.* 2013년 5월~2013년 8월.
	켄터키 주, 렉싱턴 시 El Torito Mexican Restaurant *고객 서비스*. *고객의 주문을 받은 후에 신속하고 정중하게 고객에게 서비스*. 2012년 8월~2013년 5월
리더쉽 경험	Sigma Epsilon Phi Social Fraternity의 *부회장*. 남학생 사교 클럽 가입의 맹세를 도와주는 것과 다양한 기금 모집을 통해서 클럽의 자선 사업을 위한 돈을 모금했다.
	클럽을 위해 사실상의 교내 팀에서 조정하고 참여했다.
봉사 활동과 대학 활동	교내 *Key Club Service*의 회원 *Management Association*의 회원 *Phi Kappa Phi* Honor Society의 회원
교육	B.A., Management University of Kentucky. 2014년 5월 평점: 3.44/4.0　　　　　부전공: 정보학 수강 과목: 회계, 경제학, 마케팅, 돈과 은행, 관리의 원리

그림 4.9
기능적 이력서

다. 예를 들어서, 여러분이 보육원이나 초등학교에 지원한다면 두 명의 아이가 있는 것을 언급할 수 있다. 하지만 출장을 많이 가는 직업에 지원하고 있다면 언급하지 않을 것이다. 경력을 얼마나 오래 전까지 나열해야 할까? 관련성 원칙을 사용하자면, 모든 관련된 경력을 말할 수 있을 만큼 충분히 길어야 한다. 관련이 있다면 취미를 포함하는 것도 분명히 수용 가능하다.

ALEXANDER G. BELL

1421 Watson Drive • Ringem, Virginia 24147

(540) 555-5555 • *abell@runet.edu*

직업적 강점
- 경영학 학사
- 감독과 리더십 경험 2년
- 고객 서비스 경험 3년
- 스프레드시트(엑셀)과 프리젠테이션 소프트웨어(파워포인트) 사용에 능숙
- 스페인어 의사 소통 가능
- 회계와 통계 기술 능숙

교육

경영학 학사(2015, 5월)
Radford University, Radford, VA

강조점;
- 평점 3.33
- 인적 자원 관리에 대해 광범위하게 과목 수강
- 심리학 부전공
- Society for the Advancement of Management(SAM) 회장
- 두 번의 학업 장학금 수여
- 교육비의 50%를 일해서 자력으로 충당
- 교내 대회, 두 개의 전문 조직, 사교 클럽을 포함한 다양한 대학 활동에 참여

파트타임과 방학 인턴

학생 관리자(2013년 8월~현재)
Radford University Dining Services, Radford, VA
　　　디너홀에서 일하는 30명의 학생 감독 담당. 구체적인 업무에는 직원 스케줄 관리,
　　　고객 불만 해결, 현금 서랍 입출 관리, 높은 수준의 고객 서비스 촉진,
　　　건강 규정의 준수 확인

식사 테이블 서비스(2012년 8월~2013년 5월)
Radford University Dining Services, Radford, VA
　　　학생들에게 음식 서빙하고 근무 영역을 청소하고 건강 규정을 따르는 것

음식 제고(2011, 2012, 2013 여름)
Whale's Tail Restaurant, Redondo Beach, CA

그림 4.10
심리학적 이력서

　　　전형적인 정보보다는 **특이한 정보**에 사람들은 더 많은 주의를 주기 때문에 가능할 때는 특이한 정보를 포함시킨다. 대학교 4학년이 갖는 문제는 그들의 이력서가 다른 친구들과 똑같아 보인다는 것이다. 즉, 대부분의 경영 전공자들은 같은 수업을 듣고 같은 클럽에 속하고 유사한 파트타임 일을 해왔다. 다른 졸업생들보다 독보이기 위해서는 인턴십, 흥미로운 취미, 특이한 인생 경험(예, 유럽에서 일 년 동안 지낸 것, 자전거로 전국을 돈 것)과 같은 독특한 무언가가 필요하다.

　　　비록 특이한 정보를 포함하는 것이 권장할 만해도, 그것은 또한 **긍정적인** 정보이

어야 한다. 아마도 "수업 중 누구보다 여러 번 체포된 적이 있다." 또는 "나는 줄을 묶지 않고 번지 점프하는 것을 즐긴다."와 같은 독특한 정보를 포함시키는 것은 좋은 생각이 아닐 것이다. 이러한 두 가지 예를 수용할 수 없는 것은 분명하고 그러한 정보를 이력서에 사실상 넣는 실수를 할 지원자는 거의 없을 것이다; 하지만 더 미묘한 항목도 같은 영향을 끼칠 것이다. 예를 들어, 여러분이 사냥을 즐기고 대학교에서 Young Democrats의 일원이라고 가정한다면, 이러한 항목을 포함시키는 것은 공화당원과 사냥에 반대하는 사람들에게 부정적인 인상을 남길 수 있다. 대부분의 사람들이 긍정적으로 생각할 정보(예, 적십자 봉사, 교육 재정 모금 활동에 참여 등)만을 포함시키고 정치적 관여, 종교, 위험한 취미와 같은 부정적으로 보일 수 있는 정보를 피한다.

여러분이 말할 수 있는 많은 긍정적인 활동과 성취 중에서, 단지 여러분의 최고만을 언급한다. 여러분이 했던 모든 것을 나열하지 않는다; Spock와 Stevens(1985)의 연구는 몇 가지 대단한 것들과 많은 좋은 것들을 나열하기보다는 몇 개의 대단한 것만을 언급하는 것이 더 좋다는 것을 발견했다. 이러한 발견은 인상 형성에 대한 Anderson(1965)의 **평균화 대 추가 모델형**에 기초하고 있으면 활동의 질이 양보다 더 중요하다는 것을 암시한다. 여러분의 모든 수업 과목을 나열하는 것은 필요하지도 않고 바람직하지도 않다.

> **평균화 대 추가 모형(averaging versus adding model)** 인상은 개별 인상들의 합이 아닌 평균 값에 기초한다고 가정한 Anderson에 의해서 제안된 모형

직무에 대해 | 응용 사례 연구

Borgata Hotel Casino and Spa에서의 직원 모집

Borgata Hotal Casino and Spa는 2014년에 애틀랜틱시티 에서 새로운 리조트를 개장할 예정이었다. 2,000개의 방을 가진 카지노와 리조트를 개장하기 위해서는 다양한 직무에서 5,000여 명의 종업원을 고용하는 것이 필요했다.

직무에 적합한 종업원을 모집하기 위해서 Borgata는 매우 창의적인 모집 활동에 참여하였다. 그 결과로 약 3만여 명의 직무 요건을 충족하는 지원자를 모집하였다.

- 매우 많은 비용이 드는 모집 활동을 어떻게 실시하는 것이 좋은지?
- 지원자의 수뿐만 아니라 질에 영향을 줄 수 있는 요인들은 무엇인지?
- 3만여 명의 지원들의 지원서를 처리하고 선별하는 과정에서 발생하는 실제적인 문제들을 어떻게 다룰 것인지?

이러한 문제들이 어떻게 처리되었는지를 알기 위해서 교과서의 웹페이지에서 제공된 링크를 클릭하기 바란다.

외모에 기초한 모집과 고용의 윤리

Harvard 대학의 경제학과 교수인 Robert Barro는 고객과 동료들이 외모가 중요하다고 생각하는 조건에서는 외모는 고용과정에서 고려되어야 할 근본적인 요소라고 생각한다. 즉, 고객이 아름다운 사람에 의해서 서비스를 제공받기 원하고 동료들이 아름다운 사람과 일하기를 선호한다면 조직은 개인의 외모에 기초하여 지원자를 모집하고 고용하는 것이 어떠한 문제가 되어서는 안된다고 생각한다.

사람들이 타인의 "외모" 혹은 "신체적인 모습"을 지칭할 때는 일반적으로 사람들의 키, 몸무게, 얼굴의 균형(큰 광대뼈 대 작은 광대뼈; 콧대가 낮은 코 대 콧대가 높은 코 대 메부리 코)을 지칭한다.

외모는 매우 주관적이기 때문에 아름다움은 보는 사람의 눈에 따라서 달라진다. 미국을 포함한 많은 나라에서 사람들의 아름다움은 성격과 능력과 같은 내적인 특성이 아닌 외적인 특성에 기초하여 평가된다. 많은 고용인들이 뚱뚱하지 않으면서 잘생기거나 예쁜 얼굴을 가지고 있으며 키가 크고 신체적으로 우수한 남성 혹은 작고 세련된 여성을 종업원으로 고용하기를 선호하는 것처럼 보인다. 심지어는 채용을 매우 잘 알고 있는 인적자원관리부서의 담당자들도 지원자를 모집하거나 채용하는 과정에서 "외모"의 함정에 빠진다.

비록 일부 도시(예, San Francisco, CA; Santa Cruz, CA; Washington, DC)에서는 지원자의 키, 몸무게, 외모에 기초하여 지원자를 차별하는 것을 법으로 금지하고 있지만, 지원자의 인종, 성, 나이에 의한 차별을 하고 있지 않다면 외모에 근거한 차별에 대한 보호책은 존재하지 않는다. 즉, 고용인이 지원자를 인종, 성, 나이에 의해서 차별하지 않는 한 고용인이 추한 사람들 채용할 필요는 없다.

뉴저지 주의 애틀랜틱 시의 Borgata Hotel Casino and Spa는 이러한 현상을 제대로 보여주고 있다.

웨이터 혹은 웨이트리스에 지원에 사람들은 고용이 된 후에는 그들의 몸무게가 7% 이상 늘어나서는 안된다는 것을 들었다. 구체적으로, 125파운드의 여성은 그녀가 회사와 고용관계를 유지하고 있는 상태에서는 8파운드 이상의 몸무게가 증가되어서는 안된다. 물론, 당신이 직무를 시작하기에 아주 약간 뚱뚱하다면(비만이 아니라), 당신은 서류단계에서 불합격 처리될 것이다.

외모에 기초하여 채용할 수 있다고 주장하는 사람들은 일반적으로 신체적으로 매력적인 사람들이 보다 총명해 보이고, 성공적이고, 사회친화적이고, 주도적이고, 높은 수준의 자기존중감을 가지고 있는 것처럼 보여진다고 주장한다. 고객들은 덜 매력적인 사람들보다는 위에서 언급된 사람들에 의해서 서비스를 제공받을 것이다. 즉, 회사에 보다 아름다운 사람들을 고용할수록 보다 많은 고객을 확보할 수 있을 것이라는 가정이 전제된다. 물론, 회사에게 보다 많은 수익을 가져올 것이다.

회사가 보다 많은 수익을 올릴수록, 종업원들은 보다 많은 월급을 받을 수 있다. 외모에 기초한 채용을 찬성하는 사람들에 따르는 이것은 모든 사람들에게 도움이 되는 것이다. 다만 이것은 아름다운 사람들에게만 이로운 상황이다.

연봉에 관하여 살펴보고자 한다. 2005년에 St. Louis 연방준비은행은 외모와 연봉 간의 상관을 조사하였다. 외모가 평균 이하인 사람들은 외모가 평균인 사람들에 비해서 평균적으로 9%가 적은 연봉을 받고 있다. 외모가 평균 이상인 사람들은 외모가 평균이 사람들에 비하여 5% 이상의 연봉을 받고 있다.

Fortune 500 회사들은 평균적인 사람들보다 3인치가 큰 6피트 정도의 큰 키의 남자를 CEO로 임명하고 있다.

논의의 중점이 외모에 맞추어질 때, 일을 수행하는 역량과 능력은 과소평가된다. 아름다운 사람들이 해당 직무를 수행할 수 있지만, 해당 직무를 더 잘 수행할 수 있는 덜 매력적인 사람들은 직무에서 배제될 수 있다.

Barro 교수가 시사하는 것과 같이, 고객들이 높은 수준의 숙련된 전문가를 살펴본다면, 회사는 덜 매력적이고, 키가 작으면, 과체중의 지원자를 거부할 권리를 가졌어야 하는가?

당신의 생각은 어떻습니까?

- 외모에 기초한 모집과 채용과정에서 윤리적인 모순이 있다고 생각하는가? 있다면, 그것들이 무엇이라고 생각하는가?
- 한 사람이 다른 사람보다 매력적이라는 이유로 덜 숙련됐으나 더 숙련된 지원자 대신에 선발되는 것은 윤리적인가?
- Borgata Casino and Spa처럼 외모가 평균 이하인 사람들을 고용하기를 거부하는 것은 윤리적으로 문제가 있거나 혹은 공정하다고 생각하는가?
- 매력적인 사람들을 고용하고자 하는 회사의 권리와 덜 매력적으로 지각되는 사람의 권리 사이에 균형을 발현할 수 있는 윤리적인 방법은 존재하는가?
- 중앙 미 지방 정부 기관은 외모에 기초한 차별을 금지하는 법안을 제정하는 것이 필요하다고 생각하는가?

요약

이 장에서 배운 것은 다음과 같다.

- 종업원은 채용공고, 직원추천, 채용 대행 기관, 인터넷 광고, 구매 시점 방법, 직접 우편, 직무 박람회 등 다양한 방법으로 모집된다.

- 직무 관련성의 부족, 형편없는 통찰 능력, 대비효과, 부정적인 정보 편향, 비언어적 단서, 면접관–면접자 유사성, 초두효과와 같은 요소들 때문에 전통적이며 비구조화된 면접은 타당하지 않다.

- 구조화된 면접에서 사용되는 질문은 직무분석에 기초하고, 모든 지원자들은 동일한 질문에 답하게 되고, 지원자의 답변은 표준화된 평가체계에 의해서 채점되기 때문에 구조화된 면접은 종업원의 수행에 관한 타당한 예측 변수이다.

- 면접에서 좋은 수행을 보이기 위해서, 지원자는 정시에 면접 장소에 오고, 지원한 회사에 대한 정보를 학습하고, 말끔하게 차려입고, 적절한 비언어적 행동을 보여야 한다.

- 세 가지 주요한 이력서 유형은 기능적 이력서, 연대기적 이력서, 심리학적 이력서이다.

복습을 위한 질문

1. 직원 추천이 효과적인 모집 방법인 이유는 무엇인가?
2. 효과적인 채용광고를 만들기 위한 원칙을 기술하시오.
3. 비구조화된 면접이 타당하지 않음에도 불구하고 여전히 자주 사용되는 이유는 무엇인가?
4. 전형적인 답변 접근법이 주요 문제 접근법보다 나은 방법인가? 이유는? 그렇지 않다면 그러한 이유는?
5. 이력서를 작성하면서 중요하게 고려되는 인상 형상의 심리학적 원리는 무엇인가?

Chapter 5

직원선발: 신원보증서와 검사
EMPLOYEE SELECTION: REFERENCES AND TESTING

학습목표

➡ 왜 추천서가 수행을 예측하지 못하는지 이해한다.

➡ 추천서의 점수를 매기기 위해 어떻게 특성 접근을 사용하는지 학습한다.

➡ 특정한 상황에 따라 적절한 고용 검사를 어떻게 선택하는지 이해한다.

➡ 직원 선발에 사용되는 다양한 종류의 검사에 대해서 설명할 수 있다.

➡ 이력 도구를 제작하고 평가할 수 있다.

➡ 잘 설계된 불합격 통지서를 작성하는 법을 안다.

4장에서는 직원들을 가려내고 선발하는 도구로 가장 흔히 사용되는 면접과 이력서에 관해 논의했다. 이러한 방법들이 가장 흔하게 사용되고 있기는 하나, 가장 좋은 방법은 아니다. 이 단원에서는 직원 선발 목적으로 산업심리학자들이 선호하는 몇몇의 다른 기법들을 논의할 것이다.

신원보증서와 추천서를 통한 수행 예측

심리학에서 가장 흔한 신념은 미래 수행을 가장 잘 예측하는 것은 과거 수행이라는 것이다. 따라서, 만약 어떤 조직이 영업 사원을 고용하고자 할 때, 최적의 지원자는 과거에 현재 지원한 직무와 유사한 직무에서 성공적인 수행을 보였던 영업 사원일 것이다.

이전 직장을 확인하는 것은 어려운 일이 아니지만 이전 직장에서 이루어진 업무 수행의 **질적인** 측면을 검증하는 것은 어려울 수 있다. 나는 최근 전미 미식 축구 연맹에서 이루어진 대학생 선수대상 선발대회를 텔레비전에서(물론, ESPN; 미국의 오락·스포츠 전문의 유료 유선 텔레비전망) 시청하고 프로 미식 축구팀이 한 선수의 이전 경기를 녹화하여 관찰하고 수행을 판단할 수 있는 점이 부러웠다. 즉, 그들은 다른 팀 감독들의 의견에 의존하지 않아도 된다. 대신에, 영입팀은 한 명의 대학 선수가 경기장에서 뛰는 모습을 분 단위로 볼 수 있다.

불행히도, 아주 적은 지원자들만이 이전 직장에서의 수행에 대한 "녹화 경기"를 가지고 온다. 대신에, 고용주는 지원자의 이전 업무 수행의 질적인 측면에 대한 정보를 지원자의 추천인과 직접 통화한다거나 추천인이 작성한 추천서에 의존하여 얻을 수 밖에 없다. 경력 워크샵 박스를 통해 추천서 문의 방법을 알 수 있다.

이 주제에 대해 더 나아가기 이전에, **신원보증서 검토, 신원보증서, 추천서**를 구분하는 것이 좋다. **신원보증서 검토**는 지원자가 제공한 정보의 정확성을 확인하는 작업이다. **신원보증서**는 말로 혹은 글로 작성된 체크리스트를 통해 지원자의 능력, 이전 업무 수행, 업무 습관, 특징 혹은 잠재성에 대한 의사를 표현한 것이다. **신원보증서**의 내용과 형식은 신원보증서를 요구하는 개인 또는 조직에 의해서 결정된다. **추천서**는 지원자의 능력, 이전 업무 수행, 업무 습관, 특징 혹은 잠재성에 대한 의견을 기초로 작성한 편지이다. 추천서의 내용과 형식은 작성자에 의해서 결정된다.

신원보증서와 추천서를 사용하는 이유

이력서의 항목들 점검

4장에서 언급했듯이, 지원자가 **이력서 조작**—이력서에 경력과 학력을 거짓으로 표기

신원보증서 검토(reference check) 이력서와 지원서에 기재된 정보의 정확성을 확인하는 작업

신원보증서(reference) 지원자의 능력, 이전 수행, 업무 습관, 특징, 혹은 미래 성공 잠재력에 관하여 구두 혹은 작성된 확인 사항 대조표를 통한 의견 표출

추천서(letter of recommendation) 지원자의 능력, 이전 수행, 업무 습관, 특징, 혹은 미래 성공 잠재력에 관하여 편지를 통한 의견 표출

이력서 조작(résumé fraud) 사실에 아닌 정보를 이력서에 고의로 기재하는 것

당신이 대학원을 진학하거나 취업을 하는 경우에는 신원보증서 또는 추천서를 부탁해야 할 것이다. 다음은 Xavier 대학의 Mark Nagy 교수가 추천서 부탁과 관련한 조언이다.

➡ 추천인에게 당신의 이력서 사본과 도움이 될 만한 모든 정보를 제공하여라. 추천인은 강의실에서의 당신만 알고 당신의 다른 경험들에 대하여 모를 수 있다.

➡ 추천인이 좋은 추천서를 작성할 수 있도록 충분한 시간을 주어라. 마감일 이틀 전에 혹은 연휴 동안 추천서를 작성해달라고 요청하는 것은 바람직하지 않다.

➡ 추천인이 당신을 위한 긍정적인 추천서를 작성할 수 있을지에 대한 여부를 물어라.

➡ 다양한 관점에서 정보를 제공할 수 있는 추천인들을 선택해라. 당신의 강의실에서의 수행을 말해줄 수 있는

교수, 당신의 연구 경험에 대하여 말해줄 수 있는 교수, 혹은 당신의 직업 의식에 대하여 말해줄 수 있는 고용주가 그 예가 될 수 있다.

➡ 당신의 추천인이 꼭 추가했으면 하는 특정한 종류에 정보에 대하여 언급하기를 부끄러워하지 말아라. 예를 들어, 당신이 관리자 훈련 프로그램에 지원한다고 했을 때, 당신은 잠재적 고용주가 당신의 지도자적 능력에 대하여 알고 싶다고 언급할 수 있다. 만약 당신이 박사 과정에 지원한다고 했을 때, 해당 과정이 당신의 연구에 대하여 듣고 싶다고 언급하여라.

추천인에게 추천서 전송 여부에 대하여 묻기를 부끄러워하지 말아라. 사람들은 잊어버리는 경향이 있고 당신이 친절하게 일깨워주는 부분에 대하여 성가시게 여기지 않을 것이다.

하는 것—에 가담하는 것은 드문 사례가 아니다. 그러므로 신원보증서와 추천서를 확인하는 이유 중 하나는 지원자가 제공한 정보의 진실성을 점검하려는 데에 있다. 이력서 조작의 훌륭한 사례 중 하나는 1994년도에 일어난 피겨 스케이트 선수 Nancy Kerrigan을 대상으로 Kerrigan의 라이벌인 Tonya Harding의 경호원 Shawn Eckardt이 저지른 폭행사건이다. Harding이 Eckardt를 그녀의 경호원으로 고용한 이유는 그의 이력서에 그가 방첩과 국제 테러 분야의 전문가이고 경호간부학교를 졸업하고 4년 동안 "테러 조직을 추적"하고 "인질 구출 작전을 성공적으로 이끌어 내는" 것에 시간을 보냈다고 했기 때문이다(Meehan, 1994). 그러나 Kerrigan을 공격한 이후에 사설 조사관은 Eckardt가 경호 학교를 졸업하지 않은 사실과 유럽에서 테러리스트로부터 세계를 구했다고 한 당시 그가 열여섯 살이었다는 사실을 밝혀냈다. Eckardt가 재학한 학교의 교장 선생님은 그가 결코 "Eckardt를 경호원으로 고용하지 않을 것"이라고 했다. 이러한 의견은 Harding이 Eckardt의 신원보증서를 검토하였다면 알 수 있었다.

이력서 조작은 큰 문제처럼 보이지 않으나 다음의 예들을 살펴보자:

■ 2014년에 Polk State College 교수인 David Broxterman은 그가 남플로리다 주립대에서 박사학위를 받은 사실에 대하여 허위로 기재한 것이 드러나면서 해고되었다. 무엇이 5년 뒤에 그의 비밀이 누설되는 것에 기인하였을까? 그는 그의 가짜 학위에 "위원회"라는 글자의 철자를 틀렸고 남플로리다 주립대 총장의 서명을 위조할 때 틀린 이름을 기재하였다. 그는 해고에 그치지 않고, 큰 절도를 범한 혐의로 체포되었다. 플로리다 주는 사기로 직업을 얻은 이유로 그가 그의 급여를 절도하였다고 간주했다.

- 2012년에 야후의 최고 경영자인 Scott Thompson은 그의 컴퓨터 과학 학위 사실이 거짓임이 밝혀지고 사임해야 했다. 그는 회계 학사학위를 소지하고 있었다.

- 2009년에 Intrepid Potash, Inc의 회장인 Patrick Avery는 이력서에 기재한 Loyola Marymount 대학교에서 받은 석사와 콜로라도 대학교에서 받은 학사 학위가 거짓임이 밝혀지고 해고되었다.

- 2008년에 *Dinner: Impossible*의 사회자인 Robert Irvine이 Diana 공주의 결혼 케익과 백악관의 주방장이였다는 그의 주장이 사실이 아님이 신문에 보도되면서 Food Network에서 해고되었다. Food Network는 Irvine을 그해에 재고용하면서 그들이 그의 허위 사실에 대해 크게 개의치 않는다는 것을 보여주었다.

- 2005년 4월 Federiqkoe DiBritto는 그가 이력서에 허위 자격증을 기재한 것이 드러나면서 그의 백만 불짜리 직업인 캘리포니아 주립대의 기금 모금자 직위에서 해고되었다. 이것은 DiBritto가 저지른 첫 이력서 조작이 아니었다. 그는 이전 직업들인 천주교 신부, 청소년 상담가, 그리고 남캘리포니아 소재 전국 신장 조직의 간부로 일하기 위하여 자격증을 조작하였다.

- 2002년 5월, Sandra Baldwin은 그녀의 박사학위 조직이 이력서에 허위로 기재된 사실이 밝혀지면서 미국 올림픽 위원회에서 강제로 사임했다.

- 2001년 12월, George O'Learysms는 고등학교 미식 축구팀에서 받은 추천서와 뉴욕대에서 석사를 받은 것이 거짓임이 드러나면서 그가 노트르담 대학의 미식축구 총감독이 된 지 단 며칠만에 사임했다.

이 비극적인 이야기들은 전형적인 이력서 조작의 사례가 아닐 수 있지만 98%의 고용주들은 신원보증서 검토의 이점을 보여주는 문제들이라는 것에 동의한다. 영국에서 고용주들을 상대로 실시한 설문 조사 결과 25%가 작년 한 해 동안 지원자가 지원서를 거짓으로 작성한 것이 드러나면 지원서를 철회하고 23%는 이력서를 조작한 것으로 밝혀진 현 직원들을 해고했다고 응답했다. 2006년에 워싱턴 주의 입법자들은 이력서 조작의 문제점을 인지하고 허위 학위를 주장하면 C급 중범죄의 혐의와 최대 10,000달러의 벌금 혹은 최대 5년의 징역에 처하는 법을 통과시켰다.

규율 문제를 위한 검토

신원보증서 혹인 추천서를 검토하는 두 번째 이유는 지원자가 낮은 출석률, 성희롱, 또는 폭력의 이력이 있는지 확인하기 위함이다. 조직이 지원자의 이러한 이력을 확인하는 것은 미래 문제를 예방하고 **고용 과실**의 책임을 피하기 위함이다. 조직이 지원자의 신원보증서와 배경을 검토하지 않고 고용한 상태에서 전과기록이 있는 직원이 고용 범죄를 저지를 경우, 조직은 배경 조사에서 발견할 수 있었던 직원의 전과

고용 과실(negligent h-iring) 전과 기록을 보유한 직원이 직무 중 범죄를 저지르는 상황

기록 검토를 하지 않은 것에 대해 고용 과실의 책임이 있다고 본다.

고용 과실은 법정에서 민사 소송 혹은 민사 소송으로 연결될 수 있는 불법 행위로 본다. 고용 과실은 고용주가 직원과 고객을 다른 직원 또는 제품으로 인한 피해로부터 보호하는 의무가 있다는 전제를 기반하고 있다. 법원은 고용 과실을 결정할 때 일의 속성에 기초한다. 경찰서와 탁아소 같이 국민의 안전과 관련된 조직은 소매점 같은 조직보다 더 면밀한 배경조사와 신원보증서 검토가 이루어져야 한다. 신원보증서 검토 회사가 행한 연구에 따르면 지원자의 23%가 미공개 전과 기록을 보유했다는 사실을 밝혀내면서 검토의 중요성을 입증하였다.

예를 들어, 캘리포니아 주의 탁아소에서는 지원자를 신원보증서 검토없이 직원으로 고용했다. 몇 달 뒤, 그 직원은 탁아소에서 한 아이를 성추행했다. 해당 직원은 아동 학대 전과 기록이 있었으며 이러한 사실은 이전 고용주에게 연락 한 번만 했으면 발견할 수 있었다. 법원은 고용주가 그의 고객에게 "합당한 주의"를 주지 않은 것에 대해 고용주에게 고용 과실의 혐의로 유죄를 선고하였다.

버지니아 주에서는 식료품점의 한 직원이 한 여성 고객의 주소를 복사하였다. 그 직원은 나중에 그 고객의 집으로 찾아서 그녀를 강간하였다. 이 예시에서는 고용 과실이 적용되지 않는다. 왜냐하면 직원의 회사가 그 직원의 이전 직장 추천인에게 연락했고 그 직원을 고용하지 않을 이유를 찾지 못했다. 회사가 발견할 것이 아무것도 없었고 가게가 신원보증서 및 추천서 검토를 통해 합당한 주의를 했기에 회사는 고용 과실의 죄가 없다.

지원자에 대한 새로운 정보 발견

고용주는 지원자의 성격과 능력을 이해하기 위해 다양한 방법을 사용한다. 신원보증서와 추천서들이 그 방법들이 될 수 있다. 이전 고용주들과 교수들이 지원자의 습관, 특징, 성격, 그리고 기술들에 대한 정보를 제공할 수 있다. 그러나 이러한 방법들은 부정확하거나 고의적으로 진실이 아닐 수도 있기에 주의가 필요하다. 예를 들어, 신원보증서는 이전 직원에 대해서 모두가 그 직원과 같이 일하는 데 고충이 있었다는 것을 내포하며 "함께 일하기 힘든 사람"이라고 설명할 수 있다. 그러나 이것은 또한 이 신원보증서 제공자와 지원자가 서로 문제가 있었다는 것을 내포할 수 있다. 이것은 중요한 포인트다. 왜냐하면 모든 것을 고려했을때, 우리가 궁극적으로 좋은 사람들임에도 불구하고 우리랑 맞지 않는 사람도 존재하기 때문이다. 따라서 신원보증서 검토자는 구체적인 행동 예시를 가지고 있으며 다수의 신원보증서들의 의견 일치를 구하도록 노력해야 한다.

비교적 최근에 활용되는 신원보증서 검토 양상은 지원자의 이름을 포털사이트에 검색하는 것이다. CareerBuilder.com에서 실시한 고용주 2,303명이 참가한 설문조사에서는 2012년에 그들 중 37%가 소셜 네트워킹 웹사이트를 통해 지원자의 정보를 검색했다고 응답했다. 이 수치는 2009년의 45%였던 수치보다 낮은 수치이다. 70%의 조직이 인터넷에서 찾은 지원자의 정보를 기반으로 후보에서 제외했다고 한다. 따라서 잠재적 업무 지원자들은 그들의 블로그와 소셜 네트워크를 면밀히 검토해야 한다(Meinert, 2011).

미래 수행 예측

심리학에서 가장 흔한 신념은 미래 수행을 가장 잘 예측하는 것은 과거 수행이라는 것이다. 신원보증서와 추천서는 과거 수행을 통해 미래 수행을 예측하고자 하는 방법이다.

신원보증서는 지원자들을 심사하고 선발하기 위해 흔히 사용되지만 신원보증서는 지원자들의 미래 성공을 성공적으로 예측하지 못했다. 메타분석은 신원보증서/추천서와 수행의 보정되지 않은 **타당도 계수**는 .18이고 **보정된 타당도**는 .29라는 것을 밝혀냈다. 신원보증서와 추천서에 대한 낮은 타당도를 구성하는 네 개의 요인이 있다. 네 개의 요인은 관용, 지원자 정보, 낮은 신뢰도, 그리고 추천서를 쓰고 읽는 것과 관련된 외부요인들이 있다.

관용. 대부분의 추천서는 긍정적이라는 것은 연구를 통해 밝혀진 자명한 일이다. 지원자들을 평균 이하나 형편없다고 평가하는 신원보증서는 1% 이하이다. 우리는 누구나 형편없는 직원들과 일한 경험이 있다. 따라서 대부분의 신원보증서가 긍정적이라는 연구 결과는 놀라울 수 있다. 그러나 **지원자들이 신원보증서를 스스로 선택한다는** 사실을 잊지 말아라! Adolf Hitler, 연쇄 살인마 Ted Bundy, 그리고 테러리스트 Osama bin Laden 조차도 호의적인 신원보증서를 작성해 줄 세 명의 사람들은 찾을 수 있을 것이다.

그림 5.1은 동료들의 태도가 직원에게 제공해주는 신원보증서에 어떠한 영향을 주는지 보여준다. 첫 번째 상황에서는 지원자의 모든 여덟 명의 동료들이 지원자에 대해 긍정적인 생각을 가지고 있다. 따라서 우리가 두 명의 동료로부터 신원보증서를 요구한다면 두 명의 평가는 긍정적일 것이고 그것은 다른 여섯 동료들의 의견을

상황	긍정적	중립적	부정적
1	👥👥👥👥		
2	👥	👥👥	👥
3	👥		👥👥👥
4			👥👥👥👥

그림 5.1
직원에 대한 동료들의 태도

타당도 계수(validity co-efficient) 선발 도구를 통한 점수와(예, 면접, 인지 능력 검사) 직무 수행 측정(예, 관리자 평가, 잦은 결근) 사이의 상관관계

보정된 타당도(corrected validity) 메타분석에서 자주 사용되는 용어로, 예측 변수와 준거변수의 신뢰도와 범위제한에 기초하여 보정된 상관계수를 지칭한다. 보정된 타당도는 "참된 타당도"라고도 불린다.

대표할 수 있다. 두 번째 상황에서는, 각각 두 명의 긍정적이고 부정적인 의견을 가지고 있는 동료들을 포함해서 대부분의 동료들이 지원자에 대해 중립적인 의견을 가지고 있다. 그러나 이 상황에서는 지원자가 선택한 두 신원보증서들은 다른 동료들의 태도에 비해 긍정적이거나 좀 더 호의적인 태도를 가지고 있을 것이다. 세 번째 상황에서는, 여덟 명의 동료들 중 두 명만이 지원자를 긍정적으로 평가한다. 비록 대부분의 동료들이 지원자에 대해 부정적인 의견을 가지고 있지만 지원자가 제공한 두 개의 추천서는 처음과 두 번째 상황의 지원자와 같을 것이다. 네 번째 상황에서는 아무도 지원자를 좋아하지 않는다. 이 상황에서는 지원자가 우리의 직종에 지원하지 않거나 다른 곳에서 신원보증서를 찾으려고 할 것이다. 그러나 만약 우리가 일과 관련된 신원보증서를 필수적으로 **요구**한다면 반드시 그러한 것은 아니지만 부정적인 평가를 할 것이다. 이것은 동료들이 그들의 불만족스러운 직원에 대해서 부정적인 의견을 표출할 수 있는 의지를 보인다는 연구 결과에 기인한 것이다.

비록 동료들이 그들의 불만족스러운 직원에 대해서 부정적인 의견을 표출할 의사를 보이지만 **기밀성 우려**가 그들을 망설이게 할 수 있다. 법적으로 학생들은 그들의 추천서를 열람할 권리가 있지만 그림 5.2처럼 신원보증서 작성자의 진실함을 독려하기 위하여 대부분의 학생들은 권리 포기에 동의한다. 지원자가 그의 추천서 열람 권리를 포기할 경우 신원보증서 제공자들이 관용을 덜 베풀고 진실성이 증가한다는 것이 연구에서 밝혀졌다. 즉, 추천서 작성자가 지원자가 추천서를 볼 수 있다는 것을 알고 있을 때, 작성자가 호의적인 평가를 할 경향이 있다. 이러한 점을 바탕으로 내 동료 중 한 명은 포기권리에 서명하지 않은 추천서는 인정하지 않는다.

관용의 세 번째 이유는 **법적 파문에 대한 두려움**에서 기인한다. 신원보증서 제공자는 신원보증서 내용이 사실이 아니고 악의가 있는 경우 명예 훼손(구두와 문서상) 혐의로 기소될 수 있다. 많은 조직들이 이것에 대한 두려움으로 신원보증서 자체를 제공하지 않는다. 그러나 신원보증서 제공자들은 **조건부 특권**이라는 것을 받는다. 이것은 그들이 자신이 말하는 것이 진실하고 합리적인 이유가 있다고 믿는 경우에 그들 자신의 의견을 표현할 권리이다. 더욱이, 많은 주들이 조건부 특권을 강화하는 법을 통과시켰다. 신원보증서에 행동 정보만 기재하는 것은 명예훼손 소송에서 지는 것을 피하는 한 가지 방법이다. 즉, "이 직원은 나쁜 사람이다"라고 말하는 것보다 "그는 다른 직원들에게 소리를 질러서 세 차례 경고를 받았고 네 명의 직원이 그와 같이 일하지 않도록 요구하였다."라고 말하라는 것이다. 고소의 가능성을 줄이기 위해 72%의 조직이 지원자들로 하여금 신원보증서를 검토하거나 신원보증서를 제공하는 건으로 회사를 고소하지 않겠다는 포기 각서에 서명하도록 요구한다.

최근, 전직 직원에 대한 평가를 확인해주는 회사들이 나타났다. 이러한 회사들은 이전 고용주가 자신에 대해 부정적인 신원보증서를 제공할까봐 염려하는 지원자들로 인해 운영된다. 이러한 "신원보증서 탐정들"은 전직 직원을 고용하려는 회사로 가

공개 동의서

______________________________ _______________
추천서 작성인 날짜

저는 당신이 추천서를 양식에 따라 작성해주기를 요청합니다. 이것이 저의 래드포드 대학원에서 저에 대한 서류들에 포함될 것에 동의합니다. 저는 다음의 것들에 대해서도 동의하는 바입니다.

(1) 당신에 의한 이 추천서가 저의 장학금, 근무 습관, 잠재력에 대해 정직한 평가라는 것
(2) 작성된 진술서가 래드포드 대학원에 발송될 것이라는 것
(3) 저를 포함한 대중에게 래드포드 대학원 사무처에서 이 서류를 공개하지 않을 것이라는 것

_______________________ _______________________
지원자 이름 (인쇄체) 지원자 서명

그림 5.2
신원보증서 열람 포기 서명의 예

장하여 이전 고용주에게 연락을 취한다. 그렇게 신원보증서 정보가 고객에게 제공되고, 신원보증서가 고객의 마음에 들지 않을 경우 고객은 명예 훼손 소송 여부를 결정하게 된다.

고용주가 신원보증서들을 확인하기 위해서 이전 고용주에게 연락하지 않으면 고용 과실에 처해지듯이 이전 고용주도 어떤 조직에서 요구하는 관련된 정보를 제공하지 않았을 때 **신원보증서 과실**의 혐의가 생길 수 있다. 예를 들어, 만약 Dinero 은행이 John Smith를 절도 혐의로 해고하고 John Smith를 고용하려는 은행에게 알려주지 않는다면, John Smith가 그의 새로운 은행에서 도둑질을 할 경우 Dinero 은행에게 법적 책임을 물을 수 있다.

신원보증서 과실(negligent reference) 조직이 잠재적 직원에게 이전 직원이 법적 문제에 휘말릴 가능성에 대한 정보 제공의 법적 의무를 이행하지 않은 것

몇 년 전, 우리 부서는 몇 개의 추천서를 기반으로 한 시간제 강사를 고용하였다. 그가 일을 시작한 지 2주 후에 우리는 그가 이전 고용주였던 다른 학교의 심리학과로부터 마약을 절도했다는 혐의로 다른 주에 있는 그의 집으로 돌아가야 한다는 사실을 발견했다. 그의 신원보증서나 이전 직장을 포함하여 어느 것에서도 그의 혐의에 대한 언급이 없어서 우리는 곤란에 빠졌다. 추천인 중 한 명과의 열띤 논쟁 끝에 우리는 지원자가 그의 담당 부서 의장의 아들이라는 것과, 교직원이 그의 상사를 화나게 할 정보를 언급하기 두려워했다는 것을 알았다.

마지막 예시들을 통해 신원보증서와 추천서를 제공하는 것이 왜 어려울 수 있는지 볼 수 있다. 한편, 이전 고용주는 지원자에 대해 증명될 수 없으면서 좋지 않은 정

보를 언급할 경우, 구두 혹은 문서상의 명예 훼손의 혐의를 받을 수 있다. 또 다른 한 편으로, 고용주는 잠재적으로 위험한 지원자에 대한 정보를 제공하지 않을 경우에 법적 책임이 물릴 수 있다. 상반되는 책임 때문에 많은 조직들이 이전 직원이 형사 범죄를 일으킨 혐의로 계약 종료가 되지 않은 이상 고용 날짜와 임금 정보만을 제공한다. 전문 신원보증서 검토 회사들을 통해 이러한 문제들을 완화할 수 있다.

지원자의 정보. 추천서와 관련된 두 번째 문제는 대부분의 추천서 작성인이 지원자에 대해서 잘 모르거나 지원자의 모든 면을 관찰하지 못함에 의해 발생한다. 교수들은 하나 혹은 두 개의 수업으로 알게 된 학생들로부터 추천서를 제공해달라는 문의를 받는다. 그러한 추천서들은 몇 개의 수업들 혹은 수업 외적인 일을 같이 진행했을 때보다 부정확하고 완성도가 떨어지기 마련이다.

　　업무 환경에서 감독관이 추천서를 제공하는 상황에서도, 대개 그는 직원의 모든 면을 보지 못한다(그림 5.3). 대부분의 직원들은 그들의 감독관 앞에서 동료나 고객들 앞에서와 다르게 행동한다. 추천서 작성인들이 기억하는 행동들은 추천서 작성자가 있을 때에 관찰되는 행동의 극히 일부분에 지나지 않는다는 것을 그림 5.3에서 볼 수 있고 추후 7장에서 자세히 논의될 것이다.

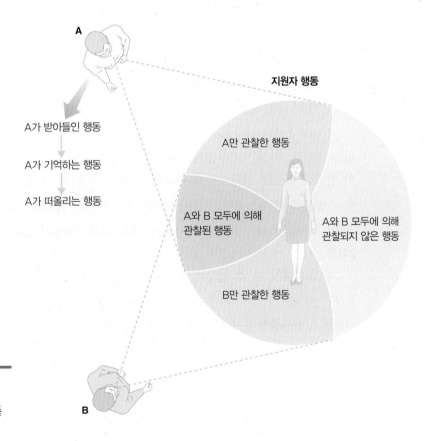

그림 5.3
추천서 작성자의 직원
행동에 대한 지식 부족

신뢰도. 신원보증서와 추천서와 관련된 세 번째 문제는 한 사람을 위한 추천서를 제공하는 두 명의 동의 부족에서 기인한다. 한 연구에 따르면 신원보증서의 **신뢰도**는 .22밖에 되지 않는다(Aamodt & Williams, 2005). 한 사람을 대상으로 작성된 두 사람의 추천서에 대한 일치보다 한 사람에 의해서 작성된 두 개의 추천서들 사이에 일치의 정도가 더 클 정도로 신뢰도의 문제는 심각하다(Aamodt & Williams, 2005). 따라서 추천서는 추천되는 사람보다 추천서를 작성하는 사람에 대해 더 많은 정보를 담고 있을지도 모른다.

낮은 신뢰도는 이전에 언급했듯이 추천서 작성자가 지원자의 모든 면을 보지 못한 결과일 것이다. 따라서 지원자를 교실에서 본 교수의 추천서와 동일한 지원자를 업무 환경에서 본 감독관의 추천서는 상이한 의견을 가질 수 있다. 비록 추천서의 타당도를 제한하는 낮은 신뢰도를 야기하는 합리적인 근거들이 있겠지만, 연구들은 아직 이 문제에 대한 답을 제시하지 못하고 있다. 만약 두 추천서가 서로 합의하지 않을 경우, 어떤 추천서에 더 무게를 두어야 할까?

외부 요인들. 추천서와 관련된 네 번째 문제는 추천서의 집필과 평가에 영향에 주는 외부 요인들과 관련되었다. 한 연구는 추천서 작성자가 사용한 방법이 추천서의 내용보다 중요하다고 발표했다. 예를 들어, Loher, Hazer, Tsai, Tilton, and James(1997)가 아닌 Knouse(1983)는 구체적인 예시들을 담고 있는 추천서들이 일반적인 예시들을 담고 있는 추천서들보다 높게 평가된다고 주장했다. Mehrabian(1965)와 Weins, Jackson, Manaugh, & Matarazzo(1969)는 대부분의 추천서들은 긍정적이지만 지원자를 좋아하는 추천인들이 작성한 추천서들은 그렇지 않은 추천서들보다 길다고 밝혔다. 이 사실은 Loher과 그의 동료들(1997)이 추천서의 길이가 길수록 추천서들이 더 긍정적으로 평가되고 있다는 것을 발견했기에 중요하다.

신원보증서의 타당도를 높이기 위한 좋은 방법은 신원보증서의 검토 과정을 늘리는 것이다. 이것은 직무분석 후에 신원보증서 검토 목록을 직무분석 결과와 밀접한 연관이 있도록 만듦으로써 해결될 수 있다. 이러한 과정이 적용되었을 때에 예측 가능성이 더 높아진다는 것이 다양한 연구들에서 밝혀졌다(McCarthy & Goffin, 2001; Taylor, Pajo, Cheung, & Stringfield, 2004; Zimmerman, Triana, & Barrick, 2010).

이 논의에서 볼 수 있듯이, 신원보증서와 추천서는 수행의 타당도가 높은 예측 도구가 아니다. 그러나 추후 개선과 연구로 특성 접근법이나 정교화된 구성과 같은 기술로 신원보증서의 예측 능력을 높일 수 있을 것이다.

윤리적 문제

신원보증서와 추천서를 제공하는 것은 주관적인 과정이기 때문에 윤리적 문제가 결부될 수 있다. Raynes(2005)는 추천서 작성자가 따라야 하는 세 개의 윤리 지침을 열거했다.

첫째, 당신과 당신이 추천하는 사람의 **관계를 분명하게 제시하여라.** 다시 말해서, 당신은 지원자의 교수, 상사, 동료, 친구, 친척, 혹은 다섯 개의 조합 중 하나인가? 대부분의 사람들은 이중의 역할을 하기 때문에 이것은 중요한 요소이다. 어떤 사람은 감독관이자 절친한 친구일 수도 있다. 추천인과 추천받는 자의 관계를 정확히 알지 않고서는 추천서의 내용에 대한 정확한 판단을 내리기 어렵다. 예를 들어, 나는 어떤 지원자가 동료로부터 극찬하는 추천서를 받고 일부 그 추천서의 힘으로 고용이 되었다는 상황을 듣게 되었다. 몇 달 지나지 않아, 그 직원은 규율 문제에 휘말리게 되었고, 그제서야 조직은 극찬하는 추천서를 작성한 추천인이 지원자의 딸이라는 것을 알게 되었다. 엄마와 딸의 성이 다르고 둘의 관계가 추천서에 명확하게 제시되지 않아서 조직은 그들이 가족 관계일 것이라고 의심하지 않았다.

두 번째, **정직하게 세부 사항을 작성해라.** 추천인은 지원자와 관련된 정보만을 제공할 것에 대한 윤리적, 법적 의무가 있다. 경험상 묻기 좋은 질문으로는, "내가 만약 추천서를 검토하는 사람의 입장이라면, 어떤 정보를 알아야 할까?"이다. 물론, 어떤 정보를 제공할 것인지 판단하는 것은 어려운 과정일 수 있다. 나는 인사과에 지원한 지원자의 신원보증서를 검토하는 백악관 경호실의 연락을 받은 적이 있다. 나의 결정은 그 학생의 사회적 상황에서의 알콜 과다 사용과 그의 여성에 대한 부정적인 태도와 관련되었다. 얼마간의 (연방 요원을 눈앞에 두고 할 수 있는 최대한) 자아 성찰 후에, 나는 인사 업무와 관련성이 있다고 판단해서 여성에 대한 그의 태도에 대한 정보를 제공했지만 음주 문제에 대해서는 언급하지 않았다. 만약 그 학생이 요원의 자리에 지원했다면 나는 그의 음주 문제를 언급했을 것이다. 나는 내 판단이 옳았다고 확신하지 않지만, 이것은 추천인을 검토하는 사람에게 정보를 제공할 의무와 지원자를 공평하게 대할 의무 사이에서 균형을 찾는 딜레마에 대한 좋은 예시가 된다.

마지막으로, 지원자로 하여금 추천서를 제출하기 전에 **당신의 추천서를 보고** 그가 그 추천서의 제출을 거부할 기회를 주어라. 이 과정은 지원자에게 공평하고 추천서 작성자로 하여금 명예 훼손 혐의에 대한 법적 책임을 줄이게 된다. 이 마지막 조언은 현명해 보이지만 부정적인 내용에 대해서 불편한 논의를 해야 할 상황을 만들기도 한다.

지원자 훈련과 교육을 통한 수행 예측

지원자가 최소한의 교육과 훈련을 거쳐야 한다는 것은 많은 직업에서 흔한 일이다. 다시 말해서, 어떤 조직은 학사학위 소지자에 한해 경영지원 직무에 대한 첫 번째 심사를 통과할 수 있게 할 수 있다. Ng와 Feldman(2009)에 의한 메타분석에 따르면, 낮은 수준의 교육을 받은 직원들보다 높은 교육 수준을 지닌 직원이 높은 수행 결과를 보이고, 조직시민행동에 더 참여하며, 결근이 적고, 직장에서의 약물 남용 빈도가 적다고 밝혀졌다. 교육과 경찰관의 수행 간 관계에 대한 메타분석은, 교육은 경찰 학교에서의 수행($r = .26, \rho = .38$)과 근무 중 수행($r = .17, \rho = .28$)에 대한 적당한 수준의 예측 변수이고 인지 능력 검사에 대한 증분 타당도를 가진다고 밝혔다(Aamodt, 2004).

메타분석은 한 학생의 학교 성적이 업무 수행 능력(Roth, BeVier, Switzer, & Schippmann,), 교육훈련 성과(Dye & Reck, 1989)와 승진(Cohen, 1984), 연봉(Roth & Clarke, 1998), 대학원 성과(Kuncel, Hezlett, & Ones, 2001)를 예측할 수 있다고 밝혔다. 졸업 후 몇 년 동안은 학교 성적이 가장 좋은 예측변수이다(Roth et al., 1996). 수많은 인지 능력 검사와 더불어 학교 성적은 많은 부정적인 결과를 가져올 수 있다(Roth & Bobko, 2000). 또한, 홈스쿨 가정이 늘면서 교육과 학교 성적을 통한 직원 선발이 더욱 복잡해졌다. 2013년 미 교육부 교육통계센터에 따르면, 미국에서 170만 명이 넘는 아이들이 홈스쿨링을 받는다. 이는 2003년의 110만 명에서 증가한 수치이다.

지원자 지식을 통한 수행 측정

직무 지식 검사(job kn-owledge test) 지원자가 보유한 직무 관련 지식을 측정하는 검사

공공 부문의 승진에서 주로 사용되는 **직무 지식 검사**는 한 개인의 어떤 직업에 대한 지식 정도를 측정하기 위해 사용된다. 예를 들어, 바텐더 자리 지원자에게 마티니나 White Russian 제조 방법을 묻거나 인사과 지원자에게 직무분석 방법에 대해 묻는 것이다. 이러한 검사들은 대학 수업에서 치뤄지는 시험들과 유사하다. 이 검사들은 주로 채점의 편이를 위해 객관식으로 나오지만 면접장면에서 나오는 서술이나 구술의 형태로 진행될 수도 있다. 직무 지식 검사의 가장 흔한 예는 컴퓨터 프로그래밍 지식, 전자 공학 지식, 그리고 기계학의 원리 지식에 관한 검사이다. 표준 직업 지식 검사는 변호사나 심리학자들을 위한 주의 면허 위원회에서 주로 시행된다.

Dye, Reck, 그리고 McDaniel이 실시한 메타분석(1993)에 따르면, 직무 지식 검사는 교육훈련 성과($r = .27, \rho = .47$)와 현장근무 성과($r = .22, \rho = .45$)의 좋은 예측변수가 된다. 직무 지식 검사의 높은 안면타당도 때문에 지원자들은 이것의 사용을

긍정적으로 받아들인다. 직무 지식 검사가 수행을 잘 예측하지만 지원자들이 고용되거나 승진되는 시기에 직무와 관련된 지식을 가지고 있을 것으로 기대되는 직무에서만 사용될 수 있는 부정적 측면이 있다.

지원자 능력을 통한 수행 측정

능력 검사는 직무 관련 기술에 대해 지원자가 배우거나 수행할 수 있는 정도를 측정한다. 능력 검사는 고용 시점에 지원자가 알 것이라고 기대되지 않는 업무들을 수행하는 직종에 한해 주로 사용된다. 지원자가 직무 지식을 이미 알 것이라고 기대하는 대신에, 신입 직원들은 필수 직무 능력과 지식을 입사 이후에 배운다. 그 직종들의 예로는 경찰관, 소방관, 그리고 군인이 있다. 예를 들어, 인지 능력은 경찰 지망생으로 하여금 압수 수색 법에 대해 숙지하도록 해준다. 정신운동 능력(손재주)은 비서로 하여금 더 빠르게 타이핑하고 조립 기술자로 하여금 전기 부품들을 더 빨리 조립하게 해준다. 지각력은 우체국 직원으로 하여금 우편번호를 빨리 구분하게 해주고 섬유 직원으로 하여금 색을 더 잘 구분하도록 해준다. 신체 능력은 소방관으로 하여금 사다리를 타고 피해자를 불타는 건물로부터 구조해올 수 있도록 해준다.

인지 능력(cognitive ability) 수학과 문법 같은 정보에 대한 지식과 사용과 관련된 능력

인지 능력

인지 능력은 구술 및 서술 이해, 구술 및 서술 표현, 수치적 기질, 창의성, 암기, 논리

많은 고용 검사가 온라인으로 진행되고 있다.

© Photo courtesy of Lee Raynes

(수리적, 연역적, 귀납적), 일반적 학습을 포함한다. 인지 능력은 감독관, 회계사, 비서 같은 전문직, 사무직, 그리고 감독직에서 중요한 능력이다.

인지 능력 검사들이 자주 사용되는 이유는 그들이 미국(Schmidt & Hunter, 1998)과 유럽(Salgado, Anderson, Moscoso, Bertua, & DeFruyt, 2003)의 직원 성과를 잘 예측하고 관리가 용이하고 비교적 저렴하기 때문이다. 인지 능력은 업무 성과를 두가지 방법으로 예측한다고 가정된다. 직원들을 직무 관련 지식을 빠르게 배우게 하는 방법과 더 나은 의사 결정을 하게 하도록 정보를 처리하는 방법이다. 많은 이들이 인지 능력 검사가 직원 선발에서, 특히 복잡한 직업들에서 가장 타당한 방법이라고 여기지만, 이 평가도 단점이 있다. 아마 가장 중요한 단점들로는 높은 수준의 역효과(Roth, BeVier, Bobko, Switzer, & Tyler, 2001)와 안면 타당도의 결여일 것이다. 인지 능력 검사가 직원 선발 도구 중에서 가장 높은 수준의 역효과를 가지기 때문에 이것의 사용에 대한 적법성에 대한 이의가 법정에서 자주 제기되는 것은 놀랍지 않은 일이다. 3장에서 배웠듯이, 한 조직은 어떤 평가가 성과와 관련된다면 역효과가 있어도 사용할 수 있다. 적절히 발전되고 타당화된 인지 능력 검사들은 법적인 논란 속에서도 잘 살아남았다(Shoenfelt & Pedigo, 2005). 그러나 소송 방어는 회사 측이 이긴다 하더라도 비용이 많이 든다.

인지 능력 검사의 또 다른 단점은 합격 점수를 설정하는 것의 어려움에 있다. 다시 말해, 어떤 직무를 잘 수행하기 위해서 얼마만큼의 인지 능력이 필요한가? 가장 똑똑한 지원자를 우선해야 하는가 아니면 일정 수준 이상의 인지 능력은 변별력이 없다고 간주해야 하는가? 이 장의 마지막에 나오는 근무 사례 연구는 이 질문에 대해 더 알아볼 수 있도록 해줄 것이다.

메타분석들이 인지 능력이 모든 직종을 통틀어 성과를 예측하는 가장 좋은 도구 중 하나라고 밝히지만(Salgado et al., 2003; Schmidt & Hunter, 1998), 특정 직무에 관련된 메타분석들은 이 가정에 대해 의구심을 품는다. 예를 들어, Aamodt(2004)가 밝힌 경찰 공무원의 수행 성과에 대한 메타분석에서는, 인지 능력이 성과와 아주 큰 관련성이 있지만 수정된 타당도는(ρ = .27) Schmidt와 Hunter의 메타분석에서 보고한 타당도만큼(ρ = .51) 높지 않았다. 비슷한 결과가 Vinchur, Schippmann, Switzer, 그리고 Roth(1998)이 진행한 영업 사원들의 성과 측정 메타분석에서 나왔다. 인지 능력은 상사 판정과는 관련성이 컸지만(ρ = .31) 실제 영업 성과와는 큰 관련성을 보이지 않았다(ρ = −.03). 따라서 인지 능력이 모든 직업을 통틀어서 가장 좋은 예측 도구 중 하나라고 결론짓기 전에 특정 직종에 대한 더 많은 메타분석이 시행되어야 한다.

산업체에서 가장 많이 쓰이는 인지 능력 검사 중 하나는 **원더릭 인사 평가**이다. 이 평가는 짧은 시간에(12분) 시행될 수 있고 집단으로 시행될 수 있다는 점에서 많이 선호된다. 원더릭의 대표적인 항목들은 그림 5.4에 나와있다. 다른 인기 있는 인지 능력 검사로는 밀러 유추 검사, 신속 검사(the Quick Test), 레이븐 진보 매트릭스(Raven progressive matrices)가 있다.

시에나 논리 검사(Siena Reasoning Test: SRT)는 잠재적으로 획기적인 인지 능력 검사이다. 이 평가의 개발자들은 기존의 인지 능력 검사에서의 큰 인종 간의 차이는 실제 정보를 배우고 처리하는 능력(지능)보다는 문제를 이해하는 데에 필요한 지식 때문이라는 이론을 제시했다. *Colt is to horse as _____ is to dog*의 비유를 예로 들어보자. 이 문제를 정확히 답하기 위해서는 동물에 대한 사전 지식과 유추 능력이 있어야 한다. 사전 지식 의존도를 낮추기 위해서 시에나 논리 검사 항목들은 의미 없는 단어들과 흔히 사용되는 단어들을 포함하고 있다. 시에나 논리 검사와 다른 인지 능력 검사를 비교한 연구는 시에나 논리 검사가 대학 성적뿐만 아니라 업무 성과를 기존의 인지 능력 검사들만큼 잘 예측하였고 인종의 다름으로 인한 평가 점수의 차이가 거의 발생하지 않는다고 밝혔다(Ferreter, Goldstein, Scherbaum, Yusko, & Jun, 2008).

인지 능력과 관련된 검사로는 상황 판단 검사가 있다. 이 검사는 지원자들에게 일련의 상황들을 제공하고 그들이 각각의 상황에 어떻게 행동할 것인지 묻는다. 제시되는 상황들은 지도자 능력, 대인관계 기술, 성격 경향, 협동력, 그리고 직무 지식과 관련되었다(Christian, Edwards, & Bradley, 2010). McDaniel, Morgeson, Finnegan, Campion, Braverman(2001)이 시행한 메타분석은 상황 판단 검사가 인지 능력 검사($r = .46$)와 업무 성과($r = .34$)와 높은 상관을 보인다고 밝혔다. 상황 판단 검사가 인지 능력과 상관이 있지만 둘의 조합은 각각의 검사보다 더 큰 타당도를 보인다(Clevenger, Pereira, Wiechmann, Schmitt, & Harvey, 2001).

지각 능력

지각 능력(perceptual ability) 공간 관계와 형태 지각 같은 기능을 측정한 것

지각 능력은 시력(근시, 원시, 야간, 주변), 색 식별력, 깊이 감각, 섬광 민감성, 언어 능력(명확성, 인지), 그리고 청력(민감도, 청각 주의, 위치화)으로 이루어져 있다(Fleishman & Reilly, 1992b). 이 측면에서의 능력은 기계공, 가구공, 금형 작업자, 그리고 연장 및 금형 제작자의 직종에서 유용하다. 그림 5.5에서 지각 능력 평가의 예시가 제시되어 있다.

정신운동 능력

정신운동 능력(psycho-motor ability) 손가락 기민성과 운동 협응 같은 기능을 측정한 것

정신운동 능력은 손가락 기민성, 손재주, 제어 정밀도, 복수 사지 조정(Fleishman & Reilly, 1992b), 반응 제어, 반응 시간, 손-팔 안정성, 손목-손가락 속도, 움직임 속도를 포함한다. 정신운동 능력은 목수, 경찰관, 재봉사, 우체국 직원, 트럭 운전사의 직종에서 유용하다. 그림 5.6에서 정신운동 능력 평가의 예시가 제시되어 있다.

인사 평가
형식 2

이름 _____ (인쇄체로 작성해주세요)   날짜 _____

이 페이지의 내용을 잘 읽어주시기 바랍니다.
지시한대로 행하시길 바랍니다.
안내가 있기 전에 다음 페이지로 넘기지 마십시오.

문항들은 계산기나 다른 문제 해결 도구의 도움 없이 풀어야 합니다.

이 검사는 문제 해결 능력에 대한 검사입니다. 이 검사는 다양한 종류의 문항들을 포함하고 있습니다. 아래는 정확히 작성된 표본 문제입니다.

REAP은 다음의 반의어이다.
    1.obtain   2. cheer   3. continue   4. exist   5. sow

                                                                                 [5]

정답은 "sow"입니다. (정답에 밑줄을 치는 것이 좋습니다.) 정답의 번호는 5입니다. 5를 줄 끝에 있는 괄호 안에 작성하십시오.

다음의 표본 문제를 직접 응답하십시오.

종이는 한 묶음에 23센트입니다. 4묶음에 얼마입니까?   [___]

정답은 92센트입니다. 밑줄 칠 사항은 없고 괄호 안에 "92센트"를 작성하십시오.

또 다른 예입니다.

MINER MINOR – 이 단어들이
    1. 비슷한 의미를 가지고 있습니까?   2. 반대되는 의미를 가지고 있습니까?
    3. 비슷하지도 반대되지도 않은 의미를 가지고 있습니까?   [___]

정답은 "비슷하지도 반대되지도 않은 의미를 가지고 있다"의 3입니다. 따라서 당신은 줄 끝에 괄호 안에 3을 작성하면 됩니다.

답이 글자나 숫자일 경우, 글자나 숫자를 괄호 안에 작성하십시오.
모든 글자는 인쇄체로 작성되어야 합니다.

이 검사에는 50개의 문항이 있습니다. 당신이 모든 문제를 풀 가능성은 낮지만 최선을 다하십시오. 감독관이 시작 지시 후에 당신에게는 12분의 시간이 주어지고 그 안에 최대한 많이 푸십시오. 최대한 정답을 맞추는 것이 중요하므로 너무 빨리해서 실수를 많이 하지 마십시오. 문항들은 뒤로 갈수록 어려워지므로 건너뛰지 마십시오. 한 문항에 너무 많은 시간을 할애하지 마십시오. 시험이 시작되면 감독관은 아무 질문도 받지 않을 것입니다.

자, 이제 연필을 내려놓고 감독관의 시작 지시가 있을 때까지 기다리십시오!

> *지시 없이 페이지를 넘기지 마십시오.*

출처: E. F. Wonderlic Personnel Test, Inc., Northfield, IL.

그림 5.4
원더릭 인사 평가

2. 공간 관계(SR)

이 검사는 공간 관계 검사입니다. 다음은 입체로 접힐 수 있는 도면입니다. 당신은 어떤 입체 도형이 해당 도면에 의해서 만들어질 수 있는지 선택하고 해당 응답 빈칸을 칠하면 됩니다. 네 개 중 오직 하나의 입체 도형만이 각각의 도면에 대한 정답입니다. 다음의 예로 연습하십시오.

예 1:

예 2:

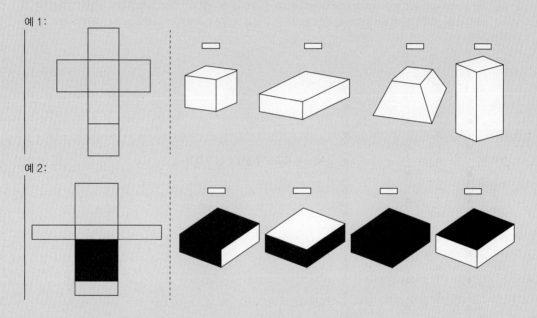

예 1에서는 첫 번째 도형인 정육면체가 정답입니다. 당신은 해당 도형 위 빈칸을 칠하시면 됩니다. 예 2에서는 모든 도형이 형태는 맞지만 하나만이 정확하게 색칠되어 있습니다. 마지막 도형이 정답입니다.

당신에게 보여지는 표면이 도형의 바깥쪽이라는 것을 기억하십시오.

지시 후에 페이지를 넘기고 시작하십시오. 최대한 빠르고 신중하게 진행하십시오.

유의사항: 정답을 바꿀 경우, 바꾸고 싶은 정답 위에 크게 X자를 기입하고 원하는 정답 칸을 칠하십시오.

이 섹션에서는 5분의 시간이 주어집니다.

지시 없이 페이지를 넘기지 마십시오.

출처: CAPS, EdiTS, San Diego, California 92107.

그림 5.5
지각 능력 검사

8. 손의 속도와 손재주(MSD)

이 검사는 손의 속도와 손재주 검사입니다. 다음은 일련의 화살표가 열을 맞추어 있습니다. 당신은 곧은 수직 선을 그려 인접한 화살표의 끝을 이어줄 것입니다.

상단부에 위치한 화살표의 끝에서 시작하여 하단부 화살표 끝까지 내려오십시오. 양쪽 화살표 끝을 색칠된 공간을 피해서 그리십시오. 열의 상단부에서 시작하여 선이 일자인지 무겁고 어두운지 확인하며 내려오십시오. 다음의 예로 연습하십시오.

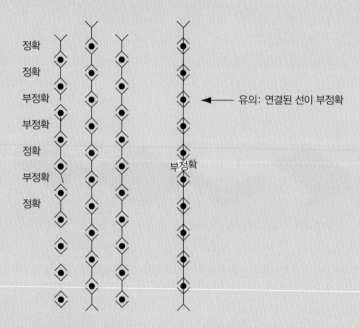

지시 후에 페이지를 넘기고 시작하십시오. 최대한 빠르고 신중하게 진행하십시오. 속도와 정확성으로 점수가 결정됩니다. 이 섹션에서는 5분의 시간이 주어집니다.

지시 없이 페이지를 넘기지 마십시오.

출처: CAPS, EdiTS, San Diego, California 92107.

그림 5.6
정신운동 능력 검사

신체 능력

신체 능력 검사는 경찰관, 소방관, 인명 구조원 같이 육체적 힘이나 체력을 요하는 직업에서 사용된다. 신체 능력은 두 가지 중 하나의 방법으로 측정된다. 직업 시뮬레이션과 신체 민첩성 평가이다. 직업 시뮬레이션에서는 지원자가 직무 관련 신체활동 능력을 실제로 증명해야 한다. 예를 들어, 소방관 지원자가 사다리를 타고 48파운드의 호스를 끌고 75피트의 거리를 건널 수도 있고, 경찰관 지원자들이 총을 쏘고 용의자를 추적할 수도 있고, 인명 구조원 지원자가 100야드를 수영해서 물에 빠진 피해자를 육지로 끌고 올 수도 있다. 직업 시뮬레이션은 높은 수준의 내용 타당도를 가지지만 경제적인 측면이나 안정성 측면에서 볼 때에 실용적이지 않을 수 있다(Hoover, 1992).

경찰 지원자들의 신체 능력을 평가하는 것은 비실용적인 측면을 가장 잘 보여주는 예이다. 직무분석이 지속적으로 보여주는 경찰관으로서 필요한 신체적 자격 요건은 육상과 방어의 두 가지 분야이다. **육상 자격 요건**은 달리고, 기고, 당기는 행동들을 포함하기 때문에 모의하기 수월하다. 그러나 **방어 자격 요건**은 제어력, 발길질, 공격자 막아내기 같은 행동들을 포함하기 때문에 안전과 정확도를 유지하며 모의하기 어려운 부분이 있다. 지원자들의 방어력을 검사하고자 그들에게 물리적 공격을 가했을 때의 법적 책임이나 안전성 관련 문제들이 제기될 수 있다.

방어 자격 요건에 해당하는 행동들은 시뮬레이션을 사용해서 측정하기 어렵기 때문에 신체 능력 검사가 사용된다. 방어 행동을 모의하는 대신에 이러한 행동을 수행하기 위해 필요한 기초 능력들을 측정하는 검사들이 개발되었다. 이러한 검사들은 방어 행동들을 수행하기 위해 필요한 능력들인 팔굽혀 펴기, 윗몸 일으키기, 악력 같은 행동들을 측정한다. 연구들은 총 아홉 개의 기초 신체 능력을 제시한다(Fleishman & Reilly, 1992b).

- 동적 강도(반복을 요하는 힘)
- 동체 강도(앞이나 뒤로 구부리기)
- 폭발력(점프 혹은 물건 던지기)
- 정적 강도(반복을 요하지 않는 힘)
- 동적 유연성(구부리기, 스트레칭, 비틀기의 속도)
- 정도 유연성(구부리기, 스트레칭, 비틀기의 정도)
- 총체적 평형 상태(균형)
- 총체적 조정력(움직임의 상태에서의 조정력)
- 체력(장시간 힘을 가하는 능력)

신체 능력 검사가 여성에게 엄청난 부작용이 있기 때문에 세 가지 주요 문제들로 비판받고 있다(Hough, Oswald, & Ployhart, 2001). 그 세 가지 주요 문제들은 직무 관련성, 합격 점수, 그리고 그것들이 필요한 시점이다.

직무 관련성

극소수의 사람들만이 경찰관이 약하고 몸이 엉망인 상태보다 강하고 탄탄한 것이 낫다는 의견에 반대할 것이다. 하지만 많은 이들의 건장한 신체가 필수 조건인지에 대해 다른 주장을 한다. 신체적 민첩성 검사를 비판하는 사람들은 신체적 민첩성의 필요성에 대해 의구심을 품는 두 가지 이유를 제시한다. 현재 신체적으로 민첩하지 않은 경찰들과 기술적 보안재들이 두 가지 이유이다. 현재 많은 경찰관들은 과체중이고 느리고 몸이 엉망이지만 그들은 안전하게 직무를 수행하고, 높은 수준의 성과를 낸다. 더 나아가, 경찰의 안전성과 육체적 크기는 관련되지 않다는 연구 결과가 있다 (Griffiths & McDaniel, 1993). 따라서 비판자들은 신체적 민첩성이 직무에 필수불가결하지 않다고 주장한다. 경찰의 치안 유지 활동에서의 기술의 발전은 그들의 주장에 더 힘을 실어준다. 예를 들어, Sollie and Sollie(1993)는 호신용 분사 액체의 사용으로 미시시피 주의 메리디안 시 소속 경찰관들이 술에 취하거나 육체적으로 난폭한 용의자들을 신체적으로 제압할 필요성을 거의 없다는 자료를 제시했다. 그러나 신체 능력 검사를 지지하는 사람들은 정적 수축력 검사와 상사 평가에 의한 직원의 신체 능력 사이에서 유의미한 관련성이 있다는 것을 증명한 연구들을 참조한다(Blakley, Quiñones, Crawford, & Jago, 1994). 이러한 연구 결과의 차이는 신체 능력이 어느 특정 직무에서 주요하게 작용하는지를 결정하는 연구들을 수행하는 것이 중요하다는 것을 보여준다.

합격 점수

신체 능력 검사의 두 번째 문제는 합격 점수를 결정하는 것이다. 다시 말해, 지원자가 신체 능력 검사를 통과하기 위해서 얼마나 빨리 뛰고 얼마나 무거운 것을 들어야 할까? 신체 능력 검사 합격 점수는 상대적인 기준 혹은 절대적인 기준 중 한 가지로 설정될 수 있다. 상대적인 기준은 지원자가 여성, 경찰 지원자 혹은 현직 경찰관 집단 내에서 얼마나 좋은 점수를 받았는지 제시해준다. 상대적인 기준의 장점은 남성은 남성끼리, 여성은 여성끼리 비교되기 때문에 신체 능력 검사의 사용에 대한 부작용을 없애준다. 그러나 상대적인 기준의 문제점은 한 여성 지원자가 다른 여성 지원자들보다 신체 능력이 뛰어나다고 해도 실제 직무를 수행할 수 있을 만큼의 신체 능력을 보유하고 있지 않을 수 있다는 것이다. 또한, 보호받는 계층(예, 성별, 인종)에 기반한 상대적인 기준은 1991년에 공포된 Civil Rights Act로 인해 불법이 되었다(사실상 불법이지만 법무부는 성별에 따른 신체 기준을 강제로 금지하지 않았다). 그에 반해, 절대적인 합격 점수는 직무를 수행하는 데 필요한 최소한의 점수로 설정된다. 예를 들어, 경찰관이 170파운드의 사람을 불타는 자동차로부터 구출해야 한다면 170파운드의 무게를 이동시키기가 통과 점수로 설정된다. 다시 말해, 경찰관이 업무를 제대로 수행하기 위해서는 얼마나 빨라야 하는가? 각양각색의 사람들을 끌거나 이동시키기 위해서 경찰관이 필수로 끌어야 하는 무게는 어느 정도인가?

능력이 필요한 시점

신체 능력 자격요건의 세 번째 문제는 능력이 필요한 시점이다. 대부분의 경찰 부서들은 지원자로 하여금 다른 검사가 진행된 날에 신체 능력 검사를 통과하도록 요구한다. 그러나 지원자는 실제로 경찰학교에서 훈련을 받거나 실제 직무를 수행하기 전까지는 신체 능력에 해당하는 힘과 속도가 필요하지 않다. 더 나아가, 현재 학교를 재학 중인 지원자들은 학교를 마칠 때쯤 신체 능력과 건강에 엄청난 향상을 보인다 (Henderson, Berry, & Matic, 2007). 이러한 문제를 자각한 샌프란시스코나 필라델피아 같은 도시들은 지원자에게 경찰학교에 입교할 때 필요한 신체 능력 목록을 제

공한다. 지원자들은 그들이 어떻게 적절한 상태에 도달할 것인지에 대한 조언을 받는다. 어떤 도시들은 지원자들을 위해 조건부 프로그램을 제공하기도 한다! 이러한 정책들은 여성 지원자들의 신체 능력 증대를 통해서 신체 능력 검사 사용의 부작용을 크게 줄여준다.

Padgett의 연구(1989)는 능력 검사를 검토하는 것의 중요성에 대한 흥미로운 예시를 제시했다. 그는 지방 소방 부서에서 시각 능력의 필요 조건을 결정하는 일로 고용되었다. Padgett의 연구 이전에 전국 소방관 시력 기준은 경험적 연구에 의거하지 않고 제정되었다. 그 기준은 소방관의 교정 전 시력이 최소 20/40이어야 하고 콘택트 렌즈가 "눈에서 빠지는" 일이 있을 수 있기 때문에 렌즈 착용을 하지 못한다고 규정한다.

그러나 Padgett가 직무와 관련된 업무를 분석한 연구는 소방 업무를 위한 최소한의 시력이 안경 착용 시에는 20/100이고 콘택트 렌즈를 착용했을 시에는 최소 기준이 필요하지 않다는 것을 발견했다. 콘택트 렌즈와 안경 착용에서 필요 조건이 차이를 보이는 이유는 어떤 직무들에서는 안경을 잃어버릴 위험이 있지만 소방관이 세심한 시력을 요구하는 일을 수행하는 중에 콘택트 렌즈를 잃어버릴 확률은 매우 작기 때문이다. 이 연구의 결과로, 과거의 시력 필요 조건으로 지원이 거절당했던 지원자들이 새로운 자격 조건으로 인하여 소방관이 되는 기회를 얻었다.

지원자 기술로 수행 예측하기

어떤 선발 기법은 지원자의 현재 지식 혹은 업무를 수행하는 잠재력을 측정하는 대신에 지원자가 이미 보유한 직무 관련 기술을 측정한다. 이 측정을 위해 가장 흔히 사용되는 방법은 작업 표본과 평가 본부이다.

작업 표본

지원자는 작업 표본을 가지고 직무 관련 업무를 수행한다. 예를 들어, 차량 정비공에 지원한 지원자는 찢어진 팬벨트를 고치는 업무를 수행하도록 요청받을 수 있다. 비서직의 지원자는 편지를 타이핑하는 업무를 맡을 수 있고, 트럭 운전사를 지원하는 사람은 트럭을 짐 싣는 곳으로 후진하는 일을 맡을 수 있다.

작업 표본은 몇 가지 이유로 훌륭한 선발 도구가 된다. 첫째, 그들은 직접적인 업무 관련성 때문에 훌륭한 내용 타당도를 지닌다. 둘째, 작업 표본을 통한 점수는 실제 업무 수행을 잘 예측한다는 측면에서 훌륭한 준거 타당도를 지닌다(Callinan & Robertson, 2001; Roth, Bobko, & McFarland, 2005). 셋째, 직무 지원자들이 작업 표본과 직무 중에 수행되는 일의 연계성을 볼 수 있다는 점에서 표본들은 훌륭한 안면 타당도를 지닌다. 따라서 행정 고발이나 법적 소송 사건에 휘말리는 경우가 적다 (Whelchel, 1985). 마지막으로, 비록 검사 점수에서의 인종 간의 차이 정도에 대한 것은 아직 논의 중에 있지만(Bobko, Roth, & Buster, 2005), 작업 표본은 서술형 인지 능력 검사보다 검사 점수에서 인종 간에 차이가 작다(Roth, Bobko, McFarland, & Buster, 2008). 작업 표본을 사용하지 않는 가장 주요한 이유는 그들을 구축하고 관리하는 과정에서 비용이 많이 들 수 있기 때문이다. 이러한 이유로, 작업 표본은 다수의 직원이 고용되는 보수가 좋은 직종에서 주요하게 사용된다.

평가 본부

평가 본부(assessment center) 지원자가 몇 개의 직무 관련 활동에 참여하는 직원 선발 방법의 하나로 최소 한 개는 모의여야 하며 몇몇 훈련된 평가자들에 의해 점수가 매겨진다.

평가 본부는 다수의 평가 도구를 사용하는 선발 기술로서 다수의 평가자들로 하여금 지원자들의 모의 직무 수행을 실제로 관찰할 수 있게 해준다(Joiner, 2002). 이 도구의 가장 큰 장점은 모든 평가 도구가 직무와 관련있고 다수의 훈련된 평가자들이 많은(전부는 아니지만) 종류의 선택 편향을 막아준다. 평가 본부 지침서를 개발한 국제 연구팀에 따르면 선발 기법이 평가 본부로서 고려되려면 다음의 조건들을 충족시켜야 한다.

- 평가 본부 활동들은 철저한 직무분석 결과에 기초해야 한다.
- 참여자들의 행동들은 속성, 특징, 소질, 품질, 역량, 지식의 항목 같은 의미 있고 관련 있는 체계에 의해 분류되어야 한다.
- 다수의 평가 기술이 사용되어야 하며 평가는 직무분석에서 중요하다고 여겨진 지원자의 속성에 대한 정보를 제공해야 한다.
- 최소한 하나의 평가 기술은 모의 직무여야 한다.
- 다수의 훈련된 평가자들이 참여해야 한다.
- 행동 관찰은 지원자의 행동이 관찰되는 당시에 기록되어야 한다.
- 평가자들은 그들의 관찰에 대한 보고를 준비해야 한다.
- 지원자에 대한 전반적인 평가는 다수의 평가자들과 다수의 평가 기법들에서 나온 정보들의 조합을 기반으로 해야 한다.

개발 및 구성 요소

비록 평가 본부에서 다양한 기법들이 사용되고 있지만 기본적인 개발과 훈련은 비교적 표준적이다. 평가 본부를 만드는 첫 번째 단계는 당연히 직무분석이다(Caldwell, Thornton, & Gruys, 2003). 직무분석에 기초하여 직업의 다양한 측면을 측정하는 훈련이 개발된다. 일반적인 훈련으로는 서류함 기법, 모의훈련, 작업 표본, 지도자 없는 조 토론, 구조적인 면접, 성격 검사와 능력 검사, 그리고 비즈니스 게임이 있다. 각각의 기술들은 별도로 사용될 수 있지만 여러 개가 조합된 경우만이 평가 본부의 일원이 될 수 있다. 전형적인 평가 본부는 네 개 또는 다섯 개의 훈련으로 구성되고, 평가를 완료하는데, 이틀 또는 삼 일이 걸리고, 지원자당 2,000불 가량의 비용이 발생한다. 훈련이 개발되면 선택된 평가자들이 지원자들을 평가 본부에서 훈련을 받는 동안에 평가하게 된다. 이 평가자들은 일반적으로 평가 대상자보다 작업상 두 단계 높고, 하루 동안 훈련을 받는다(Eurich, Krause, Cigularov, & Thornton, 2010; Spychalski, Quiñones, Gaugler, & Pohley, 1997).

서류함 기법. 서류함 기법은 관리인이나 직원의 책상에서 나타나는 일상적인 정보를 가상으로 활용한다. 이 기법은 사무실 책상에서 흔히 보이는 서류함에서 이름을 따왔다. 이런 서류함들은 대개 두 가지 종류로 이루어진다. 반드시 처리되어야 하는 문서를 갖고 있는 "안" 수준과 완성된 문서를 갖고 있는 "밖" 수준이 있다.

서류함 기법(in-basket technique) 일상에서 관리자 혹은 직원의 책상에 제공되는 정보를 직원이 처리하는 과정을 관찰하려는 목적으로 설계된 평가 본부 기법

평가 본부에서는 직무와 관련된 문서는 서류함 안에 비치되고, 지원자들은 실제 근무 상황인 것처럼 서류함을 뒤져서 문서를 처리하라는 지시를 받는다. 문서의 예로는 차에 시동을 걸지 못하는 직원이 직장으로 어떻게 갈지 모른다는 전화 메세지나 회계 부서로부터 지출 품의서가 빠졌다는 쪽지가 있다.

다수의 평가자들이 지원자를 관찰하는데, 평가자들은 지원자의 수행을 관찰함으로써 지원자의 행동을 바탕으로 결정의 질, 결정 과정, 문서 처리 순서—위로부터 순서대로 했는지 중요한 문서부터 처리했는지—와 같은 몇 가지의 방식을 활용하여 지원자에게 점수를 부여한다. 서류함 기법에 대한 신뢰도와 타당도를 조사한 연구에서는 이 기법의 유용성에 대해 적당한 지지를 한다(Whetzel, Rotenberry, & McDaniel, 2014).

모의훈련. 모의훈련은 평가자들이 지원자의 실제 직무 수행을 "현장 포착"한다는 면에서 평가 본부에서 중추적인 역할을 한다. **모의훈련**은 역할극과 작업 표본 같은 다양한 활동을 포함하는데, 지원자로 하여금 실제 직무에서 맞닥뜨릴 만한 상황에 처하게 한다. 효율적인 모의훈련은 직무 관련 행동을 기반으로 해야 하고 합리적인 현실성을 지녀야 한다.

모의훈련(simulation) 직무에서 직면하는 상황과 비슷한 상황에 지원자를 배치시키는 활동

역할극 모의의 좋은 예는 대도시에서 새로운 경찰서장을 고용할 때 사용하는 평가 본부이다. 직무분석의 결과, 경찰서장의 가장 중요한 활동은 기자 회견을 여는 것이다. 평가 본부에서 후보자가 평가되는 훈련은 지원자에게 경찰관이 연루된 총격 사건에 대한 정보를 제공한다. 지원자는 기자들에게 간략한 회견을 하고 그들의 질문에 대답하도록 요청된다. 후보자의 점수는 그의 발표능력, 적절한 정보의 포함 정도, 기자들의 질문에 대한 대답의 정확성과 적절성에 의해 매겨진다.

실제 모의훈련과 관련된 높은 비용을 줄이기 위해, 뉴욕 주 중앙인사위원회와 버지니아 주의 페어팩스 시 같은 공공 기관은 비디오테이프에 기록된 상황 훈련들을 개발했다. 비디오 모의훈련을 사용하는 기관들이 지원자들에게 그것을 주면, 지

원자들은 테이프 안의 상황을 보고 각각의 상황에서 어떻게 대처할지 서술한다. 서술된 응답들은 인사 전문가들이 상황 면접에 사용하는 방법과 비슷한 방식으로 점수가 매겨진다. 경찰 지원자들은 B-PAD(Behavioral Police [or Personnel] Assessment Device)라고 불리는 일련의 모의들이 녹화된 장면에서 경찰관들이 마주하는 상황들에 대해 구술로 응답한다.

모의훈련 개발은 많은 비용이 들 수 있지만 사전제작된 모의훈련들은 훨씬 낮은 가격에 구입이 가능하다. 모의훈련이 많은 비용이 들 수 있지만 기존의 지필 검사보다 낮은 부작용이 있기 때문에 유익하게 쓰이는 비용이다(Schmitt & Mills, 2001).

작업 표본들. 일반적으로, 상황 훈련이 포함되지 않은 모의를 **작업 표본**이라고 한다. 작업 표본들은 이 절의 이전 부분에서 다뤄졌지만 흔한 평가 본부 훈련이기에 다시 기재되었다.

> **작업 표본(work sample)** 실제 직무 관련 업무 표본을 지원자가 수행하는 방식의 직원 선발 도구

지도자 없는 조 토론. 이 훈련에서 지원자들은 작은 조의 형태로 만나고 직무 관련 문제를 해결하거나 직무 관련 이슈를 논의하라는 지시를 받는다. 예를 들어, 감독관을 지원하는 지원자들은 직원들의 사기를 높일 방법에 대해 논의할 수 있고 기숙사 사감 지원자들은 기숙사 복도에서의 소음을 줄일 방안에 대해 토의할 수 있다. 지도자가 배정되지 않아서 지도자 없는 조 토론이라고 명명되었다. 지원자들이 문제나 이슈를 논의할 때 그들 개개인은 협동심, 리더십, 분석 기술의 측면에서 평가된다.

비즈니스 게임. 비즈니스 게임은 지원자로 하여금 창의성, 의사 결정, 타인과 동업 능력을 보여주는 훈련이다. 어떤 평가 본부의 비즈니스 게임은 컴퓨터 프로그래밍의 지원자들을 소그룹으로 배정하여 그들로 하여금 새로운 아이폰 앱의 제안서를 개발하라고 지시했다. 제안서는 목표 고객, 앱 개발에 필요한 비용과 시간, 그리고 잠재적인 시장 전략을 포함해야 한다.

> **비즈니스 게임(business game)** 평가 본부에서 주로 사용되는 활동으로, 조직에서 이루어지는 경영과 마케팅 활동을 모의하기 위해 고안된 활동

평가 본부 평가

다양한 연구에 따르면, 평가 본부가 종업원의 다양한 행동을 예측하는 데에 성공적이었다고 한다(Arthur, Day, McNelly, & Edens, 2003; Gaugler, Rosenthal, Thornton, & Bentson, 1987). 평가 본부 점수가 성과의 좋은 예측 도구이지만 동일한 준거를 예측하는 다른 도구들을 사용한 평가들이 더 좋고 저렴하다는 주장이 지속되어 왔다(Schmidt & Hunter, 1998). 따라서 평가 본부가 종업원의 특정한 행동 측면들을 예측하는 데에 탁월하지만 다른 더 저렴한 도구들도 비슷한 수준이거나 더 나은 수준의 예측을 할 수 있다. 더 나아가, 한 장소에서 개발된 평가 본부가 다른 장소에서의 비슷한 직업의 성과를 예측하는 능력에 대한 의구심이 존재해왔다(Schmitt, Schneider, & Cohen, 1990).

평가 본부가 한때는 낮은 수준의 부작용이 있다고 여겨졌지만 메타분석(Dean, Roth, & Bobko, 2008)의 결과들에 따르면 백인들보다 아프리카계 미국인들이 상당히 낮은 점수를(d = .52), 히스패닉계 사람들이 근소하게 낮은 점수를(d = .28) 가지는 양상을 보인다고 밝혔다. 여성들이 남성들보다 살짝 높은 높은 점수를 가진다(d = .19).

이전 경험에 기반한 수행 예측

지원자의 경험은 다음의 네 가지 중 하나의 방법으로 측정된다. 지원서/이력서 정보를 통한 경험 평가, 이력, 신원보증서 검토, 그리고 면접의 방법이다. 면접이 4장에서 심도있게 다루어졌고 신원보증서 검토가 이 장의 전반부에서 다루어졌기 때문에 여기서는 경험 평가와 이력만 다룰 것이다.

경험 평가

경험 평가의 기반을 이루는 생각은 과거 경험이 미래 수행을 예측할 것이라는 것이다. Quiñones, Ford, and Teachout(1995)은 경험과 미래 직업 성과 사이에 상당한 상관(r = .27)이 있다는 것을 밝히는 메타분석을 통해 이 의견을 지지한다. 경험을 평가하는 과정에서 경험량, 이전 경험에서 보여졌던 성과의 정도, 경험과 현 직장의 연관성이 고려되어야 한다. 다시 말해, 경험 그 자체로는 충분하지 않다. 10년간의 낮은 수준의 연관성이 없는 경험은 10년간의 높은 수준의 연관성이 높은 경험과 동일하다고 볼 수 없다. Sullivan(2000)은 경험을 통해 얻은 지식에서 유통 기한이 있고 경험에 가치를 두는 것은 값비싼 행위이기 때문에 경험에 두는 신뢰에 대한 한도가 정해져야 한다고 제안한다(예, 5년 이상의 경험에는 가산점이 없다). 예를 들어, 빠른 기술의 발전이 이루어지는 때에, 20년 경력의 컴퓨터 프로그래머가 5년 경력의 컴퓨터 프로그래머보다 연관된 지식을 실제로 더 많이 가지고 있을 것이라고 생각하는가?

이력

이력(biodata) 선발 도구의 하나로 연구에서 직무 수행을 예측할 것이라고 밝혀진 질문지가 포함된 지원 용지

이력은 지원자의 삶, 학교, 군대, 지역 사회, 그리고 직업 경험을 고려하는 선발 방법이다. 메타분석은 이력이 직업 성과는 물론 종업원의 미래 임기까지 예측하는 좋은 도구라고 밝혔다(Beall, 1991; Schmidt & Hunter, 1998).

간단히 말해서, 이력은 지원서 빈칸 또는 설문지 질문들의 형태로서 이후 업무를 성공적으로 혹은 비성공적으로 수행하는 직원들의 차이점을 보여줄 수 있는 문항들을 사용한다. 각각의 문항은 우수한 수행을 보이는 지원자와 그렇지 않은 지원자를

얼마나 잘 구분하느냐에 따라 가중치가 부여된다. 변별력이 좋을수록 더 높은 가중치를 받는다. 이력은 다음의 강점이 있다.

- 연구 결과는 이력이 영업, 경영, 사무, 정신 건강 상담, 공장 시간제 근무, 식료품점 직원, 패스트푸드 직원, 그리고 감독과 같은 직종을 포함한 많은 직업에서의 근무 행동을 예측할 수 있다고 밝혔다.
- 이력은 상사 평정, 잦은 결근, 사고, 직원 절도, 채무 불이행, 영업, 정년 같은 준거들을 예측할 수 있다.
- 이력은 높은 조직 이익과 성장에 기여한다(Terpstra & Rozell, 1993).
- 이력은 쉽게 사용할 수 있고, 신속하게 처리되고, 비싸지 않고, 면접, 추천서, 이력서 평가와는 다르게 편견에 영향을 받지 않는다.

이력 도구 개발

첫 번째 단계에서는 다음의 두 가지 중 하나의 방법을 통해 현직 종업원에 관한 정보가 수집된다. **문서 접근법**과 설문지법이다. 우리는 인사과 문서에서 직원의 이전 직종, 교육, 흥미, 그리고 인구 통계적 정보를 수집할 수 있다. 1장의 기록 연구에서 언급되었듯이, 문서 접근법의 가장 큰 단점은 정보의 잦은 분실과 불완전함이다.

두 번째로, 전 직원과 지원자에게 배분되는 전기적 설문지를 개발할 수 있다. 그

문서 접근법(file approach) 설문지가 아닌 직원 문서에서 이력 정보를 수집하는 것

---

1. 고등학교 학생부의 단원이었나요?
   ☐ 아니오　　　　　☐ 예

2. 지난 5년간 몇 개의 직장이 있었나요?
   ☐ 1　　　　　☐ 2　　　　　☐ 3~5　　　　　☐ 5개 이상

3. 현재 주소에 거주한 기간이 어떻게 되나요?
   ☐ 1년 미만　　　☐ 1~3년　　　☐ 4~5년　　　☐ 5년 이상

4. 근무지까지의 교통 수단
   ☐ 도보　　　　　☐ 자전거　　　　　☐ 자가용
   ☐ 버스　　　　　☐ 친구와 합승　　　☐ 그 외

5. 교육
   ☐ 고등학교 재학
   ☐ 고등학교 졸업 혹은 고졸 학력 인증서
   ☐ 대학교 재학
   ☐ 준학사 학위
   ☐ 학사 학위
   ☐ 석사 학휘
   ☐ 박사 학위

그림 5.7
이력 설문지

설문지 접근법(questio-nnaire approach) 직원 문서가 아닌 설문지에서 이력 정보를 수집하는 것

림 5.7에 그 예가 제시되었다. **설문지 접근**의 가장 큰 부작용은 사직하거나 해고된 직원의 정보는 수집할 수 없다는 것이다.

필요한 정보의 수집 이후에는 적당한 준거가 선택된다. 7장에서 더 자세히 다루어지겠지만, 준거는 업무량, 잦은 결근, 또는 정년 같은 근무 행동에 대한 측정값이다. 선택된 준거는 직무와 필수 불가결하게 연관성이 있고, 신뢰성 있으며, 비교적 객관적이어야 한다. 나는 좋지 않은 준거를 이용해 이력 개발을 한 것의 예를 들기 위해, 내 자신의 경험을 이야기하겠다. 장기 개근의 확률이 더 높은 지원자들을 선발하여 조직의 결근율을 낮추는 일을 도와준 적이 있다. 초기 자료가 수집된 이후에야 잦은 결근이 그 회사의 실제 문제가 아니라는 것이 밝혀졌다. 전 종업원의 절반 이하가 6개월 동안 하루 이상 결근하였다. 하지만 회사는 몇몇 주요 직원의 잦은 결석으로 이것이 문제점일 것이라고 판단했다. 따라서 이력(또는 다른 선발 도구)을 사용하여 연관성이 없는 준거를 예측하는 것은 이 조직에게 경제적으로 이로운 선택이 아니었을 것이다.

준거 집단(criterion gr-oup) 특정 준거에 기반한 고득점/저득점의 체계로 직원들을 분류하는 것

준거가 선택된 후에, 종업원들은 본인들의 준거 점수에 따라 두 개의 **준거 집단**으로 분리된다. 예를 들어, 재임 기간이 기준 단위로 선택되었을 때에, 회사에서의 근무 기간이 일 년 이상인 직원들은 "긴 재임 기간" 집단으로 가는 반면에, 근무 기간이 일 년 이하일 때 사직하거나 해고된 직원들은 "짧은 재임 기간" 집단으로 분류될 것이다. 만약 충분한 수의 종업원이 있다면, 상/하위 27%의 업무 수행자들이 두 집단으로 분류될 수 있다(Hogan, 1994).

종업원 정보가 수집되고 준거 및 준거 집단이 결정된 이후에, 각각의 직원 정보는 준거 집단의 정보와의 비교를 거친다. 이 단계는 어떤 종류의 정보가 높은 준거 집단과 낮은 준거 집단을 나누는 기준이 될 것인가를 결정하는 목적이 있다. 전통적으로, **수직 백분율 법**이 이 과정에서 주로 사용되었다. 각각의 집단별로 개별 항목에 따라 백분율이 계산된다. 한 항목의 가중치를 정하기 위해 저수행 집단의 특정한 응답의 백분율은 고수행 집단에서의 같은 항목의 응답 백분율에서 차감된다. 가중치 정하는 과정의 한 예는 표 5.1에서 볼 수 있다. 가중치들이 논리적으로 설정되는 것

수직 백분율 법(vertical percentage method) 이력 점수를 매기기 위해 성공적이지 않은 직원들의 특정한 응답의 백분율이 성공적인 직원들의 똑같은 응답의 백분율에서 차감된다.

표 5.1 이력 가중치 설계 과정

변수	긴 재임 기간(%)	짧은 재임 기간(%)	백분율 간 차이	단위 무게
교육				
고등학교	40	80	−40	−1
학사	59	15	+44	+1
석사	1	5	−4	0

을 보장하는 것이 중요하다. 합리적인 항목들의 안면 타당도가 더 높고, 따라서 경험적으로 타당하지만 이치에 맞지 않는 항목들보다 법정에서 방어하기가 용이하다 (Stokes & Toth, 1996).

각각의 항목들에 가중치가 적용되면 항목들이 제공하는 정보는 가중치에 따라 계산되고 각각의 직원들에게 가중치를 반영한 합산 점수가 부여된다. 합산 점수는 새롭게 만들어진 이력 도구가 준거를 잘 예측할 것인지를 결정하기 위하여 준거 점수와의 상관 계수가 추정된다. 이 과정이 복잡하고 시간도 많이 드는 것처럼 보이지만, 사실상 비교적 쉬운 과정이다.

이력 도구를 만드는 과정에서 문제가 되는 것은 **표본의 크기**이다. 신뢰성 있고 타당한 이력 도구를 제작하기 위해서는 수백 명의 종업원들로부터 정보를 얻는 것이 이상적이다. 그러나 대부분의 조직에서 그렇게 방대한 표본 크기를 수집하는 것은 거의 불가능할 정도로 어려운 일이다. 적은 양의 표본으로 이력 도구를 만들면 준거를 예측하지 못하는 항목들을 사용할 위험성이 커진다. 대부분의 산업심리학자들은 이력 도구가 만들어졌을 때에 직원들이 두 개의 표본 집단으로 분류되어 활용되기를 권장하기 때문에 이 문제는 중요하다. 하나의 표본은 **개발 표본**으로, 이들은 가중치를 설정하기 위해 사용된다. 두 번째 표본은 **타당화 표본**으로, 선택된 항목과 가중치를 확인하는 용도로 사용된다. 이렇게 표본을 분류하는 것이 매우 좋은 생각처럼 들리지만, 작거나 중간 크기의 표본을 사용할 때에는 실용적이지 않은 방법일 수 있다.

Schmitt, Coyle, and Rauschenberger(1977)에 의한 연구에 따르면 표본이 분리되지 않았을 때 오차가 생길 가능성이 더 작다고 밝혔다. 앞으로 수년간 표본의 분리에 관한 논의가 계속될 것이지만 산업 및 조직심리학자들 대부분의 의견은 타당화 표본의 사용을 찬성한다.

마지막으로 고려해야 할 문제는 이력 도구에 사용되는 표본이다. 현직 종업원들의 응답들이 지원자들에게 적용될 항목들을 선정하고 가중치를 정하는 데에 사용될 수 있다. Stokes, Hogan, and Snell(1993)은 현직자와 지원자들의 응답이 상이하다는 점에서 현직자들을 이용한 이력 도구의 항목 제작과 가중치 설정은 도구의 타당도를 떨어뜨릴 수 있다고 밝혔다.

개발 표본(derivation sample) 이력 도구의 초기 가중치 설정을 위해 사용된 직원 집단

타당화 표본(hold-out sample) 이력 도구의 초기 가중치 설정을 위해 사용되지 않고 초기 가중치의 정확성의 확인에 사용된 직원 집단

이력 사용에 대한 비판

이력이 직원의 미래 행동에 대한 예측을 훌륭하게 하지만 두 가지의 이유로 비판되어져 왔다. 첫 번째는 이력의 타당도가 불안정하다는 것이다. 다시 말해, 시간이 지남에 따라 직원 행동을 예측하는 능력은 감소된다. 예를 들어, Wernimont(1962)는 세 가지 질문만이 1954년도부터 1959년도까지 5년간의 기간 동안 예언 타당도를 유지했다고 밝혔다. Hughes, Dunn, and Baxter(1956)도 비슷한 결과를 발표했다.

그러나 다른 연구(Brown, 1978)에 의하면 이전 연구에서의 타당도의 감소는 초

기 이력 도구 개발에서 작은 표본의 사용에 기인한 것이다. Brown은 이력 도구의 개발을 위해 10,000명이 넘는 보험 설계사 표본을 사용했다. 그러나 Wernimont(1962)가 비판한 초기 이력 도구 개발 연구는 단지 715명의 보험 설계사에서 얻어진 자료가 사용되었다. Brown은 그의 초기 표본(1933)과 그로부터 6년 뒤에 수집된 표본(1939)과 그로부터 38년 뒤의 표본(1971)을 비교했다. 결과적으로 1933년에 준거를 잘 예측한 항목과 같은 항목이 1971년에도 비슷한 정도의 예측력을 보였다.

하나의 조직에서 만들어지고 24개의 다른 기관에서 사용된 이력 도구에 관한 연구에서는 개발과 사용에 참여한 모든 조직에서 타당도가 일반화되었다(Carlson, Scullen, Schmidt, Rothstein, & Erwin, 1999). 따라서 이력은 시공간을 가로질러 이전에 생각된 것보다 더 안정적일 수 있다(Rothstein, Schmidt, Erwin, Owens, & Sparks, 1990; Schmidt & Rothstein, 1994).

두 번째 비판은 어떤 이력 항목들은 공정한 고용 방법을 규제하는 **연방 통합 법규**에 명시된 법적 필요조건을 만족시키지 않는다는 것이다. 그중 가장 큰 우려는 어떤 이력 항목들은 역효과를 낳을 수 있다는 것이다. 예를 들어, "직장과의 거리"라는 이력 항목을 생각해보자. 직장과의 거리가 가까운 지원자들은 거리가 먼 지원자들보다 더 많은 점수를 획득할 수 있다. 이 항목은 백인 거주 비율이 높은 지역에 인접한 조직에서 사용된다면 역효과를 낳을 수 있다. 그러나 어떤 항목이 근속 기간 혹은 잦은 결근 같은 직원 행동을 예측할 수 있다면 불법적인 사용이 아니다. 부작용을 낳는 항목의 제거가 이력 설문지의 타당도를 떨어뜨리지 않는다면, 해당 항목이 삭제되는 것이 고려되어야 한다.

이력 도구를 비판적으로 대하는 비평가들에게 더 많은 동의를 이끌기 위해 Gandy and Dye(1989)는 이력 도구에 포함될 수 있는 잠재적인 항목의 평가에서 고려해야 할 네 가지 기준을 개발했다.

1. 각 항목은 개인의 통제하에 있는 사건들을 다루어야 한다(예, 한 개인은 출생 순위를 통제할 수 없지만 그녀가 받은 과속 티켓 개수는 개인의 통제 아래에 있다).
2. 각 항목은 직무와 연관되어야 한다.
3. 각 항목에 대한 응답은 검증될 수 있어야 한다(예, 지원자의 과거 직장 개수에 관한 질문은 검증이 가능하지만 지원자가 가장 좋아하는 책의 종류에 관한 질문은 그렇지 않다).
4. 각 항목은 지원자의 사생활을 침해해서는 안 된다(지원자의 사직 이유는 허용된다. 지원자의 성생활에 관한 질문은 대부분 허용되지 않는다).

이 네 가지 기준들을 따르면 많은 잠재적인 항목들이 제거되지만, Gandy and Dye(1989)가 얻은 타당도 계수는 .33이다. 높은 타당도 계수만큼 인상적인 것은 이력 도구가 아프리카계 미국인, 백인, 그리고 히스패닉계 사람들에게서 좋은 예측력을 보였다는 것이다.

세 번째 비판은 이력의 조작 가능성이다. 이것은 작업 표본과 능력 검사를 제외한 모든 선발 도구에 해당되는 것이다. 연구 결과는 지원자들이 각 항목에 대해 사회적으로 바람직한 방향으로 응답한다고 밝혔다(Stokes et al., 1993). 조작을 줄이기 위해 다음을 포함하는 몇 가지 단계가 설정되어야 한다.

- 지원자들에게 허위 척도의 존재에 대해 경고(Kluger & Colella, 1993)
- 객관적이고 검증 가능한 항목 사용(Becker & Colquitt, 1992; Shaffer, Saunders, & Owens, 1986)
- 지원자들에게 응답에 대한 부연 설명이나 예를 제공할 것을 요청(Schmitt & Kunce, 2002). 예를 들어, 이력 질문 중 하나가 "고등학교 때 지도자 자리에 몇 번이나 있었나요?"라는 질문의 다음으로 "재직했던 지도자 자리의 이름과 날짜를 쓰시오."라는 항목을 배치하는 것이다.

이력도구에 허위 문항(bogus items; 실제로 존재하지 않는 활동을 포함하는 문항, 예: 자료 분석을 위하여 Feldspar 분석을 실시함)을 포함시킴으로써 이력도구의 조작이 색출될 수 있다(Kim, 2008). 이력도구에 허위 문항을 포함시키는 경우에는 허위 문항이 실제로 존재하는 활동을 포함시키지 않고 있음이 나타나도록 주의깊게 사전에 조사되어야 한다(Levashina, Morgeson, & Campion, 2008). 예를 들어, "컴퓨터 시스템에 Paradox 분석을 실시한 적이 있습니까?"라는 허위 문항은 지원자에 의해서 "실제 컴퓨터 프로그램을 사용한 적이 있습니까? 역설적인지요?"라고 이해될 수도 있다.

Ramsay, Kim, Oswald, Schmitt, and Gillespie(2008)에 의해서 실시된 연구는 허위 문항에 "그렇다"라고 응답하는 것이 실제로 거짓말을 하기보다는 혼선에 의해서 이루어질 수도 있음을 보여주는 좋은 예를 제시하였다. 그들의 연구에서 361명의 연구 참여자 중 3명이 실제로 존재하지 않은 기계인 rhetaguard를 조작한 적이 있다고 말하였다. 이에 반하여 361명 중 151명이 isometric 분석에 의한 문제를 해결했다고 보고했다. 대다수의 사람들이 *isometric*이 의미하는 것을 알고 있으며 문제를 해결한 경험이 있을 것이다. 연구 참여자들은 그들의 문제를 해결하기 위하여 isometric 분석을 실시한 적이 있었는지에 대하여 확신하지 못하기 때문에 많은 사람들은 사용한 적이 있다고 말하였다. 하지만 rhetaguard의 경우에는 달랐다. 즉, 지원자들은 그것에 대하여 들어본 적이 없었기 때문에 그들은 rhetaguard를 사용한 적이 없음을 확신하였다.

흥미롭게도, 영리한 지원자는 인지능력이 낮은 지원자만큼 자주 이력사항을 조작하고자 하지 않는다. 하지만 영리한 지원자들이 조작을 하고자 선택한 경우에는 훨씬 더 나은 방법들을 사용한다(Lavashina et al., 2008). 당연하게, 이력 도구를 조작하는 지원자들은 성격 검사와 도덕성 검사도 조작하려고 한다(Carroll, 2008).

성격, 흥미, 특징을 통한 수행 예측

성격 검사

성격 검사(personality inventory) 지원자 성격의 다양한 측면의 측정을 위해 고안된 심리 평가

성격 검사는 직원 선발 도구로서 점차 각광을 받고 있다. 성격 검사는 이전에 생각된 것보다 성과를 잘 예측하고 능력 검사들보다 적은 부작용을 낳는다. 성격 검사들은 용도에 따라 두 가지 분류 중 하나에 들어간다. 그 두 가지 분류들은 일반 성격의 측정이나 정신 병리학(이상 성격)의 측정이다.

일반 성격 검사

일반 성격 검사는 정상적인 개인의 일상 생활에서 나타나는 성격적인 특성을 측정한다. 특성들의 예로는 외향성, 내향성, 적극성, 친근감이 있다.

성격 특성의 개수와 종류의 결정은 (1) 이론에 기반하거나 (2) 통계에 기반하거나 (3) 경험에 기반하여 추정될 수 있다. **이론 기반** 검사에서의 성격 차원의 개수는 이론가들이 상정한 개수만큼이다. 예를 들어, 마이어브릭스(Myers-Briggs) 성격 유형 지표는 Carl Jung의 성격 이론에 기반한 네 개의 차원이 있다. 반면에, 에드워드(Edwards) 개인적 선호 일정은 Henry Murray의 이론에 기반한 15개의 차원이 있다. **통계 기반**의 검사에서 차원의 개수는 요인 분석으로 알려진 통계적 절차를 통해 정해진다. 이 유형 중 가장 잘 알려진 검사는 Raymond Cattell이 만든 16PF(인성 요인)로, 명칭에서 알 수 있듯이 16개의 차원으로 구성되어 있다. **경험 기반**의 검사에서는 각각의 항목이 속하는 차원과 차원의 개수는 특정 성격 특성을 가진 인물들이 응답한 답변을 범주화하여 결정한다. 예를 들어, **MMPI-2**를 개발하는 데 있어, 수백 개의 질문 문항들이 심리적으로 건강한 사람들과 편집증과 같은 심리적 문제를 겪고 있는 사람들에게 제공되었다. 심리적 문제가 없는 사람들보다 편집증 환자들에게서 많이 채택된 문항들은 MMPI-2에서 편집증을 나타내는 문항으로 분류된다.

Minnesota Multiphasic Personality Inventory-2 (MMPI-2) 정신병리학에서 가장 널리 사용되는 객관적 검사

수백 개의 특성을 측정하는 수백 개의 성격 검사가 있음에도 불구하고, 대부분의 성격적 특성은 넓게는 5개의 성격 분류에 속할 수 있다는 일반적인 합의가 있다. 이 성격 분류는 "5가지 성격 특성" 혹은 **다섯 요인 모형**으로 알려져 있으며, 5개의 차원은 다음과 같다.

- 개방성(밝음, 탐구심)
- 성실성(신뢰할 수 있는, 믿을 수 있는)

- 외향성(외향적인, 친근한)
- 친화성(타인과 잘 일하는, 단체 작업을 잘 하는 사람)
- 정서적 안정성(불안하거나 신경이 날카롭지 않은)

최근, 이 5개의 요인이 지나치게 방대하며 성격 5요인의 하위 항목들이 오히려 상위 요인들보다 직원 행동의 예측성이 높다는 논의가 지속되어 왔다. 연구자들은 각 5가지 요인마다 여섯 개(Costa & McCrae, 1992) 혹은 두 개의 하위 요인(DeYoung, Quilty, & Peterson, 2007)을 제안했다. 예를 들어, 외향성 분류를 보자. 2개 하위 요인 모형은 외향성이 2가지 주요 하위 요인으로 열정과 적극성이 있다고 가정했다. 6개 하위 요인 모형은 사교성, 따뜻함, 긍적적 감정, 즐거움 찾기, 활동, 그리고 적극성의 6가지 주요 하위 요인들이 있다고 제시했다.

Judge, Rodell, Klinger, Simon, and Crawford(2013)는 하위 요인들의 개수를 검증하기 위해 메타분석을 진행했다. 그 결과, 6개 하위 요인들이 개별적으로 사용되는 경우가 6개 하위 요인 점수들의 단순 합산 점수가 사용되는 경우보다 종업원의 행동을 보다 잘 예측하였다.

직원 선발에 사용된 빈번하게 사용되는 정상 성격 검사는 호간 성격 검사, 캘리포니아 심리 항목표, NEO-PI(신경과민, 외향성, 개방성 성격 검사), 그리고 16PF가 있다.

미국과 유럽에서 성과를 예측하는 데에 객관 성격 검사들이 유용하다는 것은 Tett, Jackson, and Rothstein(1991), Barrick and Mount(1991), Tett, Jackson, Rothstein, and Reddon(1994), Salgado(1997), Hurtz and Donovan(2000), and Judge et al(2013)의 메타분석 결과에 의해서 지지된다. 다양한 메타분석에 대한 의견 차이가 있지만 공통된 해석은 다음과 같을 것이다.

- 성격은 낮지만 통계적으로 유의미한 정도로 성과를 예측할 수 있다.
- 성격 검사는 다른 선발 검사에 대하여 증분 타당도를 가진다.
- 성실성은 대부분의 직종과 준거에서 가장 좋은 예측 변수이다.
- 다른 네 개의 성격 차원에서 타당도는 직업의 종류와 검사가 타당화된 준거에 따라서 달라진다. 예를 들어, 경찰 성과 예측 도구에 대한 메타분석은 개방성이 학업 성취의 가장 좋은 성격 예측 도구이며 성실성이 관리자 평가에 의한 성과에서 가장 좋은 예측 도구이고 정서적 안정성이 징계 문제의 가장 좋은 예측 도구인 것이 밝혀졌다(Aamodt, 2004).

  반면에, 영업 성과에 대한 예측변수를 메타분석한 결과, 성실성이 상사 평가와 실제 영업 성과를 가장 잘 예측한다고 밝혔다(Vinchur et al., 1998).

직원 선발에서 성격 검사를 사용하는 경우에 발생하는 우려들 중 하나는 그것들이 자기 보고의 형식이기 때문에 거짓으로 답하기 비교적 쉽다는 것이다. 한 연구 결과에 따르면 지원자들은 성격 검사를 거짓으로 작성할 수 있고 생각보다 많은 경우 그렇다고 한다. 지원자들이 거짓으로 답할 경우 검사 결과의 타당도에 매우 작은 영향을 미친다(Morgeson et al., 2007).

사람들은 직장에서 근무할 때와 다른 상황에서의 모습이 다를 경우가 많기 때문에 성격 검사가 지원자의 전반적인 성격보다는 근무할 때의 성격을 물어야 한다고 제시되었다. Shaffer and Postlethwaite의 메타분석(2012)은 근무할 때의 성격을 물어보는 성격 검사가 전반적인 성격을 물어보는 성격 검사보다 타당도가 높게 나타났다고 밝혔다.

최근 몇 년간, 특정 "이상" 성격 유형과 직원 행동 간의 관계를 조사하는 것에 대한 관심이 엄청나게 증가했다. 이상 성격 유형으로는 "임상적인 기능의 손상으로(성격 장애같은) 이어지지 않지만 일상 기능(근무지)에서 좀 더 주의를 기울여야 한다는 점에서 특이한 점들"이 있다. 이상 성격 유형의 3가지 종류에는 "어두운 삼인조"라고 불리는 권모술수, 자기 도취증, 그리고 정신병이 있다. 이러한 성격 특성을 가진 직원들은 타인을 이용하고, 자기 중심적이며 다른 사람의 안녕에 대한 관심이 결여된 경향을 보인다. O'Boyle, Forsyth, Banks, and McDaniel(2012)의 메타분석 결과는 권모술수나 자기 도취증에서 높은 점수를 기록하는 직원들은 낮은 점수를 기록한 직원들보다 비생산적인 근무 행동 양상을 보이는 경향이 높다고 밝혔다. 어두운 삼인조와 근무 성과의 상관은 정신병과 비생산적인 근무 행동의 상관처럼 낮은 수치의 상관관계를 보였다. 경계성, 정신분열증, 강박증, 그리고 회피 같은 다른 이상 성격 유형은 직업상의 성공을 나타내는 여러 가지 측면들과 부적인 상관관계를 가진다고 나타났다. 반면에 반사회적 성격과 자기 도취증 성격은 직업 성공의 어떤 측면들과 정적인 상관관계를 가진다고 나타났다(Wille et al., 2013).

정신 병리 검사

정신 병리(이상 행동) 검사는 우울증, 조울증, 그리고 조현병 같은 심각한 정신 병리적 문제를 지니고 있는지 판단한다. 이러한 검사들은 임상 심리학자들에 의해서는 광범위하게 사용되어 왔지만 법 집행관들을 선발할 때를 제외하고는 산업 및 조직심리학자들에 의해서는 거의 사용되지 않았다. 법정들이 정신 병리 검사를 "의료 검사"라고 간주하기 때문에 지원자에게 조건부 합격이 이루어진 다음에 시행될 수 있다.

대부분의 정신 병리 검사는 객관 혹은 투사 방법 중 하나의 방법으로 점수를 매긴다. **투사 검사**는 응답자들에게 잉크 얼룩을 묘사하거나 그림을 그리는 과제 같은 비구조화 과제들을 제공한다. **로르샤흐 잉크 반점 검사**와 **주제 통각 검사**가 이 범주의 가장 흔한 검사들이다. 투사 검사들의 신뢰도와 타당도가 의심스럽고 시간 소모와 비용이 크다는 점에서, 직원 선발에서 거의 쓰이지 않는다. 그러나 투사 검사를

투사 검사(projective tests) 피험자가 그림 그리기 같은 비교적 비구조화된 업무들을 수행하고 그 혹은 그녀의 응답을 심리학자들이 분석하는 주관적 검사

로르샤흐 잉크 반점 검사(Rorschach Inkblot Test) 투시적 성격 검사

주제 통각 검사(Thematic Apperception Test: TAT) 수험자들에게 그림을 보여주고 이야기를 만들게 하는 투시적 성격 검사. 다양한 필요 수준의 측정을 위해 고안되었다.

대상으로 한 문헌에 관한 Carter, Daniels, and Zickar(2013)의 흥미로운 논평은 산업 조직 심리학자들이 투시적 검사를 너무 빨리 포기하였고 이에 관한 연구가 더 진행되어야 한다고 결론지었다.

객관 검사는 응답자에게 제한된 선택지가 제공되고 표준화된 기준으로 점수가 매겨지는 구조적인 검사이다. 이 검사 중 현재 가장 각광받고 많은 연구가 진행된 검사는 MMPI-2이다. 이 범주에 다른 검사들로는 밀론 임상 다축형 검사(MCMI-III)와 성격 평가 질문지(PAI)가 있다.

흥미 검사

명칭에서 알 수 있듯이, 이 검사들은 직업 흥미를 측정하기 위해 설계되었다. 가장 많이 사용되는 **흥미 검사**는 흥정하기, 전선 보수, 책임지기와 같은 325개의 항목들에 대한 선호와 비선호를 나타내도록 묻는 **스트롱 흥미 검사(SII)**이다. 이 문항들에 대한 답변들은 23개의 기본 흥미 척도와 6개의 전반적인 직종 종류에 따라 분류된 89개의 직종에 고용된 사람들의 응답 형태와 얼마나 유사한지에 대한 개요(profile)를 보여준다. 이 검사들을 뒷받침하는 이론은 개인이 유사한 흥미를 가진 사람들의 분야에서 유사하지 않은 흥미를 가진 사람들의 분야보다 더 높은 만족도를 보일 것이라는 것이다. 다른 인기있는 흥미 검사들은 미네소타 직업 흥미 검사, 직업 선호 검사, 쿠더 직업 관심 조사, 쿠더 선호 기록, 그리고 캘리포니아 직업 선호 시스템이 있다.

흥미 검사에서의 점수들 간 관계는 상대적으로 복잡할 수 있다. 개인 흥미 차원과 근무 성과의 관계를 조사한 메타분석은 흥미 검사 점수와 직원 성과는 미미한 관계를 가진다고 결론지었다(Aamodt, 2004; Schmidt & Hunter, 1998). 하지만 종업원의 흥미와 직업이 일치하는지에 대한 메타분석은 직원의 흥미와 직업의 속성이 일치할 경우 일치하지 않는 경우보다 더 높은 만족도와 성취도를 보인다고 밝혔다(Morris & Campion, 2003; Nye, Su, Rounds, & Drasgow, 2011).

흥미 검사는 **직업 상담**(사람들에게 가장 알맞는 진로를 찾아주는 일)에서 유용하게 활용된다. 직업 상담이 적절하게 시행됐을 경우, 직업 상담은 최소한 흥미 검사와 능력 검사를 포함한 일련의 검사들에 기초한다. 흥미 검사는 개인의 흥미에 부합하는 직업을 제안해준다. 능력 검사는 개인이 그 직업들에 필요한 필수 능력들을 갖추었는지에 대해 알려준다. 만약 어떤 직종에서 흥미 검사 점수는 높지만 능력 검사 점수가 낮게 나온다면, 그 개인은 그 직종에 걸맞는 능력을 지닐 수 있도록 훈련을 받으라는 조언을 들을 것이다.

도덕성 검사

도덕성 검사(정직성 검사이라고도 불리는)는 고용주에게 어떤 지원자가 돈이나 상품을 훔칠 가능성에 대해서 말해준다. 약 19%의 고용자들이 직원들을 선발하기 위해 도덕성 검사를 사용한다. 이러한 광범위한 사용의 이유는 42%의 소매업 직원들과 62%의 패스트푸드 직원들, 그리고 32%의 병원 직원들이 그들의 고용주로부터 물건을 훔친 적이 있다고 인정했기 때문이다(Jones & Terris, 1989). 한 연구는 현금을 취급할 수 있는 50%의 직원들이 그들의 고용주로부터 현금을 훔칠 것이라고 예상했다(Wimbush & Dalton, 1997). 2011 국가 유통 보안 조사는 유통 손실의 44%가 직원 횡령에 의해, 36%가 상점에서 물건을 훔치는 것에 의해, 그리고 20%가 행정적 오류 또는 제조 업체 사기에 기인한다고 밝혔다. 25번째 연간 소매 절도 조사는 소매업 직원 중 40명의 1명꼴로 그들의 고용주에 의해서 절도의 혐의로 검거되었다고 밝혔다. 직원 절도와 도난 검거가 증가하는 추세에서 도덕성 검사가 흔하게 사용된다는 것은 놀랄 만한 일이 아니다.

1990년대 이전에 고용주들은 지원자들을 가려내는 용도로 전자와 지필 고사의 형태로 도덕성 검사를 실시했다. 그러나 1988년도에 미국 의회는 직원 거짓말 탐지기 보호법을 통과시킴으로써 **거짓말 탐지기**와 **음성 스트레스 분석기**를 이용한 전자 도덕성 검사를 법 집행 기관과 국가 보안에 관련된 예외적인 상황을 제외하고는 직원 선발의 목적에서 사용하지 못하도록 법으로 제정하였다.

그러나 이 법은 (1) 명시적 혹은 (2) 성격 기반의 지필 형식으로 된 도덕성 검사의 사용은 허가하였다. **명시적 도덕성 검사**는 한 개인의 절도에 관한 태도와 그의 이전 절도 행위는 미래의 정직성을 정확하게 예측할 것이라는 전제를 기반으로 한다. 이 검사들은 수검자에게 사회에서의 절도 빈도 예측, 절도범들에 관한 처벌 강도, 절도의 쉬운 정도, 수검자가 개인적으로 절도를 시도했던 빈도, 수검자의 친구들의 절도 빈도, 그리고 수검자의 절도 빈도를 물음으로써 수검자의 태도를 측정한다. **성격 기반 도덕성 검사**는 절도, 잦은 결근, 폭력성과 같은 다양한 비생산적 행동들과 연관되었다고 알려진 다양한 성격 특성들(예, 성실성, 위험 감수 등)을 이용한다. 명시적 도덕성 검사는 절도와 다른 비생산적 행동들을 예측하는 데에 있어서 성격 기반 검사들보다 신뢰도와 타당도가 높다(Ones, Viswesvaran, & Schmidt, 1993).

대부분의 검사 전문가들은 도덕성 검사가 작업 성과, 비생산적 작업 행동, 훈련 성과, 잦은 결근 같은 다양한 직원 행동들을 예측한다고 동의한다. 더 나아가, 도덕성 검사는 소수 민족을 상대로 낮은 정도의 부작용을 불러오는 경향이 있다. 전문가들의 비동의가 이루어지는 부분은 도덕성 검사가 이런 다양한 직원 행동을 얼마나 잘 예측하냐는 부분이다. Ones et al.(1993)이 시행한 이전 메타분석은 최근 Van Iddekinge et al.이 시행한 메타분석(2012)보다 더 높은 타당도 계수를 보인다.

두 메타분석 결과의 차이는 어떤 연구를 포함할 것인지에 대한 기준에 의해서 설명될 수 있을 것이다. Van Iddekinge와 그의 동료들은 **개개 직원 행동**을 예측하는 연구들을 포함한 반면에, Ones와 그녀의 동료들은 거짓말 탐지기 결과, 절도 시인, 상품 손실(가게가 손실한 상품의 양), 준거 집단들(성직자 대 재소자)과 같은 기준에 대한 도덕성 검사를 타당화하는 연구들을 포함했다. 안타깝게도, 실제 절도와 시험 점수의 상관관계를 보여주는 연구 결과는 매우 적다.

유감스럽게도, 이 모든 측정 방법들은 문제가 있다. 만약 거짓말 탐지기 결과가 사용된다면, 연구자는 도덕성 검사 점수와 대부분의 선발 과정에서 정확성의 문제로 불법으로 판정된 거짓말 탐지기에 의한 점수를 비교하는 것이 된다. 만약 절도 시인이 사용된다면, 연구자는 부정직한 사람들이 그들의 범죄경력에 관하여 정직함을 보이기를 기대하는 것이 된다. 만약 **상품손실**이 이용된다면, 연구자들은 어떤 직원이 절도의 책임이 있는지 알지 못하고, 그 이유로 얼마만큼의 감소가 고객 절도 혹은 부수적인 파손이 아닌 직원 절도에 기인하는지 알지 못한다. 실제 직원 절도가 사용된다 하더라도, 이 검사는 절도 행위가 발각되지 않은 직원이 아닌 절도 행위로 검거된 직원에 한해서만 예측이 가능하다. 준거 집단 비교와 관련된 문제들은 6장에서 아주 자세히 논의될 것이다.

도덕성 검사로 실제 절도를 예측하는 것은 어렵다. 모든 절도가 **개인의 절도 경향성**에 따라 일어나는 것이 아니기 때문이다. 대부분의 정직한 사람들은 많은 빚이나 경제적 위기 상황, 또는 **절도가 보편화된** 조직 문화에 기인한 **경제적인 압박**의 이유로 고용주로부터 절도를 행할 것이다. 직원 절도는 해고 또는 직원이 불공정하다고 판단하는 규칙의 변동 같은 **조직 정책에 대한 반응**의 결과일 수 있다. 상황적인 요인에 따른 절도를 줄이기 위해서는 보안 강화, 명백한 정책, 항소 가용성, 그리고 제안 장치 같은 검사 외의 방안들이 필요하다.

비록 지필 형식의 도덕성 검사가 저렴하고 다양한 직원 행동을 예측하는 데에 유용하더라도, 그 검사들도 심각한 부작용이 있다. 가장 중요한 단점은 여성보다 남성이, 나이 든 사람보다 젊은 사람이 더 높은 실패율을 보인다는 것이다. 앞에서 언급된 두 집단에 대한 역효과가 법률적으로 거의 문제가 되지는 않지만 부모에게 그들의 17살 난 아들이 정직성 검사에서 탈락했음을 알리는 것은 좋은 홍보 방법은 아니다. 도덕성 검사를 실패하는 것이 공간 관계 검사를 실패하는 것보다 더 해로운 심리적 영향이 있다. 도덕성 검사의 또 다른 부작용은, 놀랍지 않지만 지원자들이 그들 자신에 대해 높게 평가하지 않는다는 것이다.

조건 추론 검사

자기 보고를 성격 검사나 도덕성 검사의 척도로 사용하는 것의 문제점은 지원자가

상품 손실(shrinkage)
절도, 파손, 혹은 다른 손실의 결과로 조직이 손실한 물품량

정확한 응답을 하지 않을 수도 있다는 것이다. 이 부정확성은 지원자의 정직해 보이기 위한 또는 "더 나은 성격"을 가진 것처럼 보이려는 거짓 답변을 할 경우나 지원자가 본인의 성격이나 가치를 잘 모를 때에 발생한다. James(1998)에 의해 개발된 **조건 추론 검사**는 부정확한 답변을 줄이고 한 개인이 공격적 혹은 비생산적인 행동을 할 경향을 더 정확하게 파악하려고 개발되었다.

조건 추론 검사는 수검자에게 일련의 진술을 제공하고 응답자로 하여금 각각의 진술을 가장 잘 정당화하거나 설명하는 논리를 선택하게 한다. 한 개인이 선택한 논리의 특성에 따라 그 혹은 그녀의 공격적인 성향이나 신념을 볼 수 있다는 개념이다. 공격적인 사람들은 다음의 것들을 믿는 경향이 있다(LeBreton, Barksdale, Robin, & James, 2007).

■ 대부분의 사람들은 그들의 행동 뒤에 해로운 의도를 가지고 있다(적대적인 귀인 편향).
■ 사회 관계에서 힘이나 우월성을 드러내는 것이 중요하다(효능 편향).
■ 부당한 취급을 받았을 경우에는 관계를 유지하는 것보다 보복하는 것이 중요하다(응징 편향).
■ 힘이 있는 자들은 힘없는 사람들을 부당하게 괴롭힐 것이다(희생 편향).
■ 악한 사람들에게는 마땅히 나쁜 일들이 생긴다(대상의 추락 편향).
■ 사회적 관습은 자유 의지를 제한하므로 무시되어야 한다(사회 무가치함 편향).

이러한 편향들의 결과로 공격적인 사람들은 조건 추론 질문들을 공격성이 적은 사람들과는 다르게 답변할 것이다. 예를 들어, 한 피험자에게 다음의 진술이 주어졌다고 해보자. "고위 직원이 신입 사원에게 점심 약속을 제안한다." 이 피험자는 다음의 선택지들 중 고위 직원이 신입 사원에게 왜 점심을 먹자고 하는지에 대해 고를 것이다. (a) 고위 직원은 신입 사원을 더 편안하게 해주려는 것이다. (b) 고위 직원은 이 신입 사원을 다른 사원들이 하기 전에 자신의 편으로 끌어들이려는 것이다. 첫 번째 선택지를 선택하면 이타적 경향성을 보이는 반면, 두 번째 선택지를 선택하면 적대적인 귀인 편향과 더 높은 공격성을 지니고 있다고 보여질 것이다.

Berry, Sackett, and Tobares(2010)에 의한 메타분석은 공격성 조건 추론 검사는 비생산적인 행동($r =.16$)과 근무 성과($r =.14$)를 낮은 수치지만 통계적으로 유의미하게 예측한다고 밝혔다. 조건 추론 검사가 도덕성 검사보다 거짓된 답변을 하기가 어렵다는 점에서 유망하다고 볼 수 있다(LeBreton et al., 2007).

더 많은 연구가 시행되어야 하지만 Bing, Stewart, Davison, Green, McIntyre, and James(2007)에 의한 연구는 조건 추론 검사(내재된 공격성)가 공격 성향 자기 검사(명시된 공격성)와 결합되어 사용되면 비생산 행동을 가장 잘 예측한다고 밝혔다. 다시 말해, 위 여섯 개의 생각을 가진 사람들이 자신들이 공격적인 성격이고 비생산적인 행동 경향성을 보고하면 내재적 혹은 명시적 공격성 중 하나에만 높은 점수를 받은 사람들보다 공격적일 경향이 크다는 것이다.

신용 기록

인적자원관리협회가 시행한 설문조사에 의하면 47%의 고용주들은 최소 몇몇 직업군에서 신용 검토를 사용한다(SHRM, 2012). 이러한 신용 검토는 다음의 두 가지 이유에서 시행된다. (1) 고용주들은 빚을 지고 있는 사람들이 절도나 뇌물 수수의 가능성이 크다고 믿는다. (2) 고용주들은 또한 좋은 신용을 가진 직원들이 더 책임감 있고 성실할 것이라는 측면에서 더 나은 직원일 것이라고 믿는다. 제한된 연구 결과에 따르면 신용 기록을 사용하는 것이 히스패닉계나 아프리카계 미국인 지원자들에게 좋지 않게 작용할 수 있고 상사 평정과($r = .15$) 규율 문제에서($r = .10$) 낮은 수준의 타당도 계수를 보인다. 몇몇의 주들은 고용 목적으로 신용 기록을 사용하는 것을 제한하는 법률을 제정했고 미 의회도 그것을 고려하고 있다.

필적학

직원 선발의 흥미로운 방법 중 하나는 손글씨 분석 혹은 **필적학**이다. 손글씨 분석의 이유는 글씨에서 사람들의 성격이 드러나고, 따라서 그들의 업무 성과를 파악할 수 있을 것이라는 것이다. 일반적인 생각과는 반대로 필적학은 유럽에서 자주 사용되는 선발 도구는 아니다(Bangerter, König, Blatti, & Salvisberg, 2009). 그리고 유럽 직원들은 상대되는 미국인 직원들보다 더 안 좋은 결과를 보인다(Anderson & Witvliet, 2008).

필적학자는 샘플 글을 통해서 볼 수 있는 글의 크기, 기울기, 넓이, 규칙성, 그리고 압력으로 한 개인의 손글씨를 분석한다. 이러한 글씨의 특징들로 기질, 정신적, 사회적, 업무적, 도덕적 특성들에 대한 정보를 수집할 수 있다.

필적학의 한 연구는 흥미로운 결과를 도출했다. 첫째, 필적학자들은 글씨체 특징에 관해서는 일관된 판단을 하지만 그 특징들이 무엇을 의미하는지에 대한 해석은 일관되지 않는다(Driver, Buckley, & Frink, 1996). 둘째, 훈련된 필적학자들의 손글씨 샘플 해석은 훈련되지 않은 학부생(Rafaeli & Klimoski, 1983)이나 심리학자(Ben-Shakhar, Bar-Hillel, Bilu, Ben-Abba, & Flug, 1986)의 해석보다 더 정확하거나 신뢰롭지 않다. 더 중요한 것은, 소수의 과학적인 연구는 필적학이 직원 선발에 유용한 기술이 아니라고 결론짓는다(Simner & Goffin, 2003). 필적학은 글씨 샘플이 자서전의 형식일 때(글쓴이가 자신에 대한 글을 쓴 것) 가장 잘 예측한다. 이것은 필적학자들이 그들의 예측을 손글씨의 질적인 측면보다는 글의 **내용**에 더 기반한다는 것을 의미한다(Simner & Goffin, 2003).

의학적, 심리적 이유에 의한 수행 예측의 한계

3장에서 언급되었듯이, 미국 장애인보호법(ADA)은 종업원이 주요한 업무 기능을 수행하는 것을 제한하는 것에 대해서 의학적, 심리적인 사항들에 기초하는 것을 제한하고 있다.

약물 검사

약물 검사(drug testing) 지원자의 최근 약물 사용 유무를 알려주는 검사

약물 검사는 인사과 직원들에 의해 사용되는 검사 도구 중에 가장 논란이 많은 방법 중 하나다. 이 방법의 사용 빈도 수가 높은 이유는 8.2%의 직원들이 지난 달 약물 사용을 시인하였고(Larson, Eyerman, Foster, & Gfroerer, 2007), 또한 인사과 담당자들이 불법적인 약물 사용이 매우 위험할 뿐만 아니라 많은 직원들이 약물에 취한 상태에서 근무하고 있다고 믿기 때문이다. 그들의 신념은 다양한 연구에 의해서 지지된다. 이 연구는 약물 미사용자와 비교했을 때에, 불법 약물 사용자들은 결근할 가능성이 더 크고(Bahls, 1998; Larson et al., 2007; Normand, Salyards, & Mahoney, 1990) 의료 보험 혜택을 16배로 사용하며(Bahls, 1998), 해고되거나 사직할 가능성이 더 크며, 직장에서 사고당할 가능성이 3.6배만큼 높다(Cadrain, 2003a)고 밝혔다(Larson et al., 2007; Normand et al., 1990). 어느 컨설팅 회사는 약물 남용 직원당 고용주가 지출하는 비용은 생산성 감소, 잦은 결근, 의학적 지출을 감안해서 연간 7,000달러라고 예측한다(Payne, 1997). 비록 매우 적은 수의 연구들은 약물에 대한 양성 반응을 보인 지원자들이 비생산적인 행동에 연루된다고 결론짓지만 어떤 연구자(예, Morgan, 1990)들은 이러한 연구들이 심각한 결함이 있다고 믿는다.

이 같은 통계 수치들 때문에 조직들은 지원자들을 고용하기 전에 약물 검사 시행을 늘리고 있다. Quest Diagnostics 기업의 약물 검사 지수에 따르면 약물 검사 시행의 증가는 더 적은 지원자들이 약물 검사에 양성으로 반응하게 했다. 1988년도에 13.6%였던 수치가 2012년도에는 3.5%가 되었다. 워싱턴 주와 콜로라도 주의 마리화나 합법화와 다른 주들이 합법화를 고려하는 양상으로 봐서 미래에 이 수치가 올라가는 것을 보는 재미가 있을 것이다.

약물 남용과 정신건강 서비스 관리부가 시행한 대규모의 설문조사에 따르면,

- 42.9%의 미국 고용주들이 지원자들의 약물 사용을 검사한다.
- 8.9%의 풀타임 미국 직원들이 그들의 지난 달 약물 사용을 시인했고 29.9%가 최근 알콜 남용을 보고했다.
- 남성, 아프리카계 미국인들, 학사 학위가 없는 사람들, 실업자들, 가석방된 사람들, 낮은 임금을 받는 사람들의 최근 약물 사용 가능성이 더 높다.
- 식품 준비 근무자들(17.4%), 식당 종업원들(15.4%), 공사장 직원들(15.1%),

작가, 운동 선수, 디자이너들(12.4%)이 가장 흔한 약물 사용자들인 반면에 보호서비스(3.4%), 사회서비스(4.0%), 교육직 종사자들(4.1%)이 가장 낮은 약물 사용 수치를 보인다.

일반적으로, 지원자들은 약물 검사를 당연하게 받아들이는 것처럼 보인다(Mastrangelo, 1997; Truxillo, Normandy, & Bauer, 2001). 당연히, 약물을 한 번도 사용하지 않은 사람들과 비교해서 현재 약물 사용자들은 약물 검사가 덜 공정하다고 생각하고 이전 약물 사용자들은 약물 검사가 해고로 이어질 때에는 덜 공정하다고 생각하고 재활로 이어지면 공정하다고 생각한다(Truxillo et al., 2001). 인기와 상관없이 약물 검사는 직원들의 약물 사용을 줄인다(French, Roebuck, & Alexandre, 2004).

약물 검사는 대개 두 가지 단계로 시행된다. 첫 번째 단계에서는 직원 혹은 지원자는 소변, 침, 혹은 머리카락 샘플을 바탕으로 일단계 심사를 받는다. 고용주들은 소변 혹은 침을 통해 몇 초 안에 결과가 나오는 "즉석 검사"를 실시할 수 있고, 또는 그들은 해당 직원으로 하여금 샘플을 약물 검사 연구실로 보내게 할 수도 있다. 머리카락 샘플은 검사를 위해서 반드시 연구실에 보내져야 한다. 비록 머리카락 샘플이 소변이나 침 샘플보다 덜 편하고 더 비싸지만, 그들은 소변이나 침 샘플이 추출 가능한 약물 사용보다 훨씬 더 이전의 약물 사용을 측정할 수 있다는 장점이 있다. 만약 약물 검사의 초기 진단에서 양성이 나오면 초기 결과의 정확성을 확인하기 위해 의료 검토 담당자에 의해서 두 번째 단계 검사가 검사 연구실에서 이루어진다.

두 번의 단계를 거친 검사는 약물의 존재의 유무를 굉장히 정확하게 발견한다. 그러나 약물 검사는 개인이 약물 사용에 의해서 좋지 않은 영향을 받았는지 판단할 수 없다. 한 직원이 토요일에 마리화나를 피고 약물의 영향이 있지 않은 상태인 월요일에 약물 검사에서 양성 반응이 나올 수 있다. 대부분의 약물은 사용 후 이틀이나 삼 일이 지나서도 발견될 수 있다. 예외적인 약물로는 사용 날짜 기준 4주에서 6주까지 발견될 수 있는 벤조디아제핀, 2주에서 4주간 발견될 수 있는 펜타클로로 페놀(PCP), 그리고 마리화나는 일시적 사용자의 경우 최대 8일, 빈번한 사용자의 경우 최대 60일까지 발견될 수 있다. 머리 모낭을 대상으로 실시한 검사는 소변 표본들의 경우보다 더 오래전에 이루어진 약물 사용을 발견할 수 있다. 반면, 피, 침, 땀의 표본을 이용한 검사는 더 짧은 기간에 이루어진 약물 사용을 발견한다. 머리 모낭 검사의 단점은 머리 샘플에서 약물이 발견되기까지 며칠이 걸린다는 것이다. 따라서 이 방법은 이 직원이 현재 약물에 취해 있는가를 발견하고자 할 때에 적합하지 않다.

그러나 공공부문에서 지원자가 고용된 이후에 약물 검사가 실시되면 이는 매우 복잡해진다. 직원을 검사하는 것은 다음의 세 가지 중 하나의 형식으로 진행된다.

1. 모든 직원 혹은 무선으로 선발된 직원은 미리 지정된 시간에 검사를 받는다.

2. 모든 직원 혹은 무선으로 선발된 직원은 임의로 정해진 시간에 검사를 받는다.

3. 사고나 징계에 연루된 적이 있는 직원들은 사건이 일어난 다음에 검사를 받는다.

두 번째 형식이 약물 사용을 처벌하거나 예방하는 데에 가장 효과적인 방법일 것이다. 그러나 세 번째 검사 형식이 법적으로 가장 방어 가능한 방법일 것이다.

심리 검사

공중의 안전과 관련된 직종들(법률 집행, 원자력, 교통수단)에서 고용주가 지원자들에게 조건부 고용을 제안한 이후에 심리 검사을 치르도록 하는 것은 흔한 일이다. 지원자가 시험을 통과하지 못하면 합격은 철회된다. 심리 검사은 주로 임상 심리학자에 의한 면접, 지원자의 일대기에 관한 검사, 그리고 이 장의 앞부분에서 다루어진 심리 검사들 중 하나 이상으로 이루어진다. 이때, 심리 검사가 직원의 수행을 예측하는 도구로 설계된 것이 아니라는 것을 명심해야 한다. 그러므로 심리 검사들은 잠재적 직원이 자기 자신 혹은 타인에게 위험이 될 수 있을지에 대한 것을 판단하는 용도로만 사용되어야 한다.

의료 검사

격렬한 신체 운동을 요하는 직종들에서는 많은 고용주들이 조건부 고용이나 실제 고용이 이루어진 이후에 의료 검사를 필요 조건으로 제시한다. 이런 시험에서는 의료진에게 해당 직종에 대한 설명이 주어지고 직원이 업무를 안전하게 수행을 하는 데에 방해가 될 만한 질병이 있는지 판단하는 업무가 주어진다.

기법 비교

이 장을 읽고 나서 당신은 아마 산업심리학자들이 수년 동안 물어왔던 질문을 할 것이다: 어떤 방법으로 직원을 선발하는 것이 가장 좋은가?

타당도

표 5.2에서 명백하게 볼 수 있듯이 비구조적 면접, 교육, 흥미 검사, 그리고 몇 가지의 성격 특성들은 대부분의 직종에서 종업원의 미래 수행을 예측하는 데에 좋은 도구가 아니다. 능력, 작업 표본, 이력, 그리고 구조화된 면접이 종업원의 미래 수행을 예측하는 데에 비교적 괜찮은 도구라는 것도 명백히 나와있다. 지난 몇 년간, 연구자

표 5.2 선발 도구 타당도

기준/선발 도구	타당도		K	N	메타분석
	관찰된	정정된			
수행					
인지 능력(미국)	.39	.51			Schmidt and Hunter(1998)
이력	.36	.51	22	20,905	Beall(1991)
구조화된 면접	.34	.57	60	6,723	Huffcutt and Arthur(1994)
작업 표본(언어)	.34	.48	58	4,220	Hardison, Kim, and Sackett(2005)
작업 표본(행동)	.31	.43	32	2,256	Hardison et al.(2005)
동작적 기술 면접	.31	.51	22	2,721	Huffcutt et al.(2003)
인지 능력(유럽)	.29	.62	93	9,554	Salgado et al.(2003)
평가 본부	.28	.38	258	83,761	Arthur et al.(2003)
상황 면접	.26	.43	32	2,815	Huffcutt et al.(2003)
작업 표본	.26	.39	54	10,469	Roth et al.(2005)
공간 기계 능력(유럽)	.23	.51	40	3,750	Salgado et al.(2003)
직무 지식 검사	.22	.45	164	19,769	Dye et al.(1993)
경험	.22	.27	44	25,911	Quinones et al.(1995)
범죄 이력	−.21		8	1,982	Aamodt(2014)
성격(성실성)	.21	.26	74	41,939	Judge et al.(2013)
상황 판단 검사	.20	.26	118	24,756	McDaniel et al.(2007)
성격(자기 효능감)	.19	.23	10	1,122	Judge and Bono(2001)
추천서	.18	.29	30	7,419	Aamodt and Williams(2005)
성격(자존감)	.18	.26	40	5,145	Judge and Bono(2001)
서류함	.16	.42	31	3,958	Whetzel et al.(2014)
성격(외향성)	.16	.20	63	19,868	Judge et al.(2013)
성적	.16	.32	71	13,984	Roth et al.(1996)
필적학(자서전체의)	.16	.22	17	1,084	Simner and Goffin(2003)
신용 기록	.15		4	674	Aamodt(2014)
성격(통제 소재)	.14	.22	35	4,310	Judge and Bono(2001)
도덕성 검사	.13	.18	74	13,706	Van Iddekinge et al.(2012)
성격(상냥함)	.13	.17	40	14,321	Judge et al.(2013)
교육	.13	.18	7	1,562	Ng and Feldman(2009)
성격(전체)	.12	.17	97	13,521	Tett et al.(1994)
비구조화된 면접	.11	.20	15	7,308	Huffcutt and Arthur(1994)
흥미 검사	.10	.13			Hunter and Hunter(1984)
필적학(자서전체가 아닌)	.09	.12	6	442	Simner and Goffin(2003)
성격(감정적 안정성)	.08	.10	55	17,274	Judge et al.(2013)
성격(정신 병리)	−.08	−.10	68	10,227	O'Boyle et al.(2012)
성격(권모술수)	−.06	−.07	57	9,297	O'Boyle et al.(2012)
성격(개방성)	.06	.08	47	16,068	Judge et al.(2013)
성격(자기 도취증)	−.02	−.03	18	3,124	O'Boyle et al.(2012)

(계속)

표 5.2 선발 도구 타당도(계속)

기준/선발 도구	타당도		K	N	메타분석
	관찰된	정정된			
비생산적 업무 행동					
성격(자아 도취증)	.35	.43	9	2,708	O'Boyle et al.(2012)
도덕성 검사	.26	.32	65	19,449	Van Iddekinge et al.(2012)
성격(권모술수)	.20	.25	13	2,546	O'Boyle et al.(2012)
신용 기록	.10		8	9,341	Aamodt(2014)
범죄 이력	.07		13	19,844	Aamodt(2014)
성격(정신 병리)	.06	.07	27	6,058	O'Boyle et al.(2012)
재임 기간					
이력	.28		27	70,737	Beall(1991)
추천서	.08		3	2,131	Aamodt and Williams(2005)
도덕성 검사	.07	.09	20	24,808	Van Iddekinge et al.(2012)
훈련 능력					
인지 능력(미국)		.56			Hunter and Hunter(1984)
작업 표본(언어)	.39	.44	50	3,161	Hardison et al.(2005)
작업 표본(행동)	.36	.41	38	7,086	Hardison et al.(2005)
인지 능력(유럽)	.28	.54	97	16,065	Salgado et al.(2003)
직무 지식 검사	.27	.47	338	343,768	Dye et al.(1993)
공간 기계 능력(유럽)	.20	.40	84	15,834	Salgado et al.(2003)
이력		.30			Hunter and Hunter(1984)
성격(외향성)	.15	.26	17	3,101	Barrick and Mount(1991)
성격(개방성)	.14	.25	14	2,700	Barrick and Mount(1991)
도덕성 검사	.13	.16	8	1,530	Van Iddekinge et al.(2012)
성격(성실성)	.13	.23	17	3,585	Barrick and Mount(1991)
추천서		.23			Hunter and Hunter(1984)
교육		.20			Hunter and Hunter(1984)
직업 흥미		.18			Hunter and Hunter(1984)
성격(감정적 안정성)	.04	.07	19	3,283	Barrick and Mount(1991)
성격(상냥함)	.04	.06	19	3,685	Barrick and Mount(1991)

주: 관찰된 = 평균 관찰 타당도, 정정된 = 연구 인위 구조를 위해 정정된 관찰 타당도, k = 메타분석 연구 개수, N = 메타분석 참여자 수

들은 어떤 조합으로 선발 검사를 시행해야 할지에 대해 관심이 있었다. 이 분야에 대해서는 더 활발한 연구가 시행되어야 하지만 가장 타당한 선발 조합은 인지 능력 검사를 포함한 작업 표본, 도덕성 검사 혹은 구조화된 면접이라고 밝혀졌다(Schmidt & Hunter, 1998).

몇몇의 선발 기술들이 다른 기술들보다 더 뛰어나지만 모든 방법들은 직원 선발에 있어서 유용한 도구가 될 잠재력이 있다. 사실, 적절하게 설계된 선발 조합은 직업의 다양한 측면을 다루는 다양한 검사들로 이루어져 있다. 경찰관 직업군을 예로

표 5.3 인종 및 민족 간 선발 도구 점수 차이

선발 도구	d 점수			메타분석
	백인-흑인	백인-히스패닉계	남성-여성	
인지 능력(모든 직종)	.99	.83		Roth et al.(2001)
덜 복잡한 직종	.86			Bobko and Roth(2013)
적장히 복잡한 직종	.72			Bobko and Roth(2013)
학점	.78			Roth and Bobko(2000)
작업 표본				
지원자	.73			Roth et al.(2008)
재임자—민간인	.53			Roth et al.(2008)
재임자—군인	.03			Roth et al.(2008)
평가 본부	.52	.28	−.19	Dean et al.(2008)
직무 표본/직무 지식	.48	.47		Roth, Huffcutt, and Bobko(2003)
상황 판단 검사	.38	.24	−.11	Whetzel, McDaniel, and Nguyen(2008)
이력	.33			Bobko, Roth, and Potosky(1999)
구조화된 면접	.23			Huffcutt and Roth(1998)
성격—외향성	.16	.02		Foldes, Duehr, and Ones(2008)
성격—개방성	.10	.02		Foldes et al.(2008)
성격—감정적 안정성	.09	−.03		Foldes et al.(2008)
추천서	.08		−.01	Aamodt and Williams(2005)
도덕성 검사	.07	−.05		Ones and Viswesvaran(1998)
성격—상냥함	.03	.05		Foldes et al.(2008)
성격—성실성	−.07	−.08		Foldes et al.(2008)

들어 보자. 우리는 인지 능력 검사를 통해 지원자가 경찰학교에서 제공되는 자료를 이해할 수 있는지 알 수 있고, 신체 능력 검사를 통해 지원자가 용의자를 추적하고 자기 자신을 방어할 수 있는 힘과 순발력을 지니고, 상황면접을 통해 지원자의 의사 결정 능력을 보고, 성격 검사를 통해 지원자가 업무에 필요한 특성들을 지녔는지 보고, 신원 조사를 통해 지원자가 반사회적 행동의 이력이 있는지 확인할 수 있다.

법적 문제들

3장에서 다루었듯이, 직원 선발에 사용되는 방법들은 역효과를 불러오거나, 지원자의 사생활을 침범하거나, 업무와의 연관성을 보이지 않을 경우(안면 타당도 결여), 법적 문제에 휘말릴 수 있다. 표 5.3의 도표에서 볼 수 있듯이, 인지 능력과 GPA는 (학과 성적) 가장 높은 수준의 역효과를 가지고 오는 반면에 도덕성 검사, 추천서, 그리고 성격 검사는 가장 낮은 수준의 역효과를 낳는다(이 도표를 보고 1장에서 다룬 d 점수와 효과 크기에 대해 복습하는 것이 좋다). 안면 타당도에 관해서 지원자들은 면접, 작업 표본들/모의, 그리고 이력서를 직업 연관성이 가장 크고 공정하다고 간주하고, 필적학, 도덕성 검사, 그리고 성격 검사들을 직업 연관성이 가장 낮고 불공정하다고 간주한다.

지원자 거절

어느 지원자들을 고용할지 여부에 대한 결정이 나면, 채용되지 않은 지원자들에게 반드시 공지가 되어야 한다. 거절된 지원자들은 잠재 고객이고 조직 내 다른 자리를 채울 수도 있는 잠재 지원자이기 때문에 잘 대우해야 한다(Koprowski, 2004; Waung & Brice, 2003). 실제로 Aamodt와 Peggans(1988)는 "적절하게" 거절된 지원자들은 그 조직의 고객으로 남을 가능성이 더 크고, 또한 그 조직의 다른 자리에 지원할 가능성도 더 크다고 발견했다.

이것의 좋은 예는 인사부에 근무하는 Jim Reitz가 *HR* 잡지의 편집장에게 보낸 편지에서 볼 수 있다. Jim Reitz는 직업 소개소를 통해서 직장에 지원하면서 두 번 부당한 취급을 받은 적이 있었다. 그가 큰 회사의 인사 담당자가 되고 난 후 제일 먼저 한 것들 중 하나는 그 직업 소개소에 연락하여 그가 과거에 지원자 입장에서 받은 대우 때문에 그의 회사는 그 소개소와 같이 일하지 않겠다고 통보하는 일이었다. Reitz는 그의 새 직장은 10억 원 이상의 금액을 임시 직원 고용에 쓰며, 그 직업 소개소는 그 금액의 한 푼도 받지 못할 것이라고 알렸다.

불합격 통지서(rejection letter) 지원자가 직무 제안을 받지 않을 것이라고 조직에서 지원자에게 통보하는 통지서

지원자를 거절하는 최선의 방법은 무엇일까? 내가 본 가장 흥미로운 **불합격 통지서**는 서킷 시티가 약 30년 전에 보낸 것이다. 편지 하단에는 이 불합격 통지서를 서킷 시티 지점에 30일 안에 가져가면 10% 할인을 받을 수 있다고 쓰여져 있었다. 계산원이 지점 송신기를 통해 도움을 청하는 장면을 상상해보라. "불합격된 지원자가 4번 계산대에 계십니다. 매니저 한 분이 오셔서 할인 승인해주실 수 있을까요?"

나는 1978년에 한 대학원으로부터 불합격 통지서를 받은 기억이 있다. 그 편지에는 400명 넘는 사람들이 지원을 했고, 나의 지원서는 전공부서의 행정직원이 통과시킬 수준을 미치지 못했다고 쓰여져 있었다. 그 학교는 나의 미래 진로 성공을 빌어줄 정도로 친절했다.

확실히, 위 두 예는 좋은 관행이 아니다. 그럼 무엇이 좋은 관행일까? Aamodt와 Peggans(1988)는 불합격 통지서가 다음의 답변들을 포함하는 정도에 따라 달라진다고 밝혔다.

- 직접 쓰고 서명한 편지
- 지원자의 지원에 대한 회사의 감사 표시
- 지원자의 자격에 대한 칭찬

- 다른 지원자들의 높은 자격에 대한 언급
- 실제 채용된 자에 대한 정보
- 미래 노력에 대한 행운 기원
- 지원자의 이력서를 파일에 보관하겠다는 약속

이 연구가 불합격 통지서를 작성하는 최선의 방법이 정확히 무엇인지 명시하지 않았지만, 아래 지침들을 따르는 것은 아마 좋은 시작점이 될 것이다.

- 지원자에게 불합격 통지서나 이메일을 보낸다. 비록 대부분의 회사들이 이것을 하지 않지만(Brice & Waung, 1995), 편지나 이메일을 보내지 않은 경우, 지원자가 조직에 대해 부정적으로 생각하게 되는 결과를 초래한다(Waung & Brice, 2000). 지원자들에게 통보할 시간이나 돈이 없다는 핑계는 지원자들이 연락을 받지 않음으로써 느끼는 부정적인 감정을 고려하면 그 정당성을 잃을 것이다.
- 불합격 통보를 바로 하지 말아라. Waung과 Brice(2000)의 뜻밖의 연구 결과는 지원자들이 불합격 통지서를 시간이 조금 지난 후에 받으면 더 긍정적으로 반응한다고 시사한다. 물론, 이 연구 결과는 불합격한 사실을 알면 지원자의 직업 탐색에 도움이 될 것이라는 생각과 상반된다. 하지만 너무 일찍 거절 통보를 하면, 지원자의 지나치게 낮은 역량 때문에 그 조직이 서둘러 떨어뜨렸다고 생각하게 할 여지가 있다(예, 대학원 직원에 의해서 불합격 통지를 받은 나의 경험).
- 최대한 친근하고 구체적으로 편지를 작성해라. 지원자 자동 추적 시스템으로, 각 편지를 개개인 앞으로 보내는 것과, 지원 사실에 대한 감사 표시와, 그리고 합격자들을 고용한 이유와, 그들의 자격사항에 대한 설명을 다소 쉽게 할 수 있다. 일반적으로, 친절한 편지는 회사에 대한 지원자의 보다 우호적인 태도로 나타난다(Aamodt & Peggans, 1988; Feinberg, Meoli-Stanton, & Gable, 1996).
- 최종 합격자에 대한 설명을 포함하면 지원자들의 채용 과정과 해당 기관에 대한 만족도를 둘 다 높일 수 있다(Aamodt & Peggans, 1988; Gilliland et al., 2001).
- 담당자의 이름을 남기지 마라. 놀랍게도, 연구는 그런 정보의 기재는 그 지원자가 미래에 재지원할 가능성이나 그 회사의 상품들을 쓸 가능성을 줄인다고 밝혔다(Waung & Brice, 2000).

아마 불합격 통지서를 작성할 때 정직성을 가장 중요하게 고려해야 할 것이다. 지원자들에게 각각의 채용 공고 자료들이 다시 사용되지 않는다면 지원자들의 이력서가 자료로 남아있다고 말하지 말아라. Adair과 Pollen(1985)은 불합격 통지서가 직무 지원자들을 마치 원치 않는 연인으로 여긴다고 생각했다. 그들은 둘러서 말하거나("자격이 충분한 많은 지원자들이 있었다.") 시간 지연 전술을 사용했다("당신의 이력서를 자료에 남겨놓겠습니다."). Briced와 Waung(1995)의 연구는 대부분의 조직이 지원자를 공식적으로 불합격시키지 않거나, 그럴 경우에도 평균 한 달 뒤에 통보한다고 밝혔다.

| 직무에 대해 | 응용 사례 연구 |

**코네티컷 주
뉴런던 시
경찰서**

코네티컷 주 소재의 뉴런던 시는 경찰관 선발을 위한 체계를 개발하고 있었다. 시가 선택한 검사 중 하나는 이 장에서 언급되었던 인지 능력 검사인 원더릭 인사 평가이다. 원더릭은 각각의 직업에 대해 최소와 최대 점수를 제공한다. 경찰관의 경우에 최소 점수는 20이고 최대 점수는 27이다. Robert J. Jordan은 경찰관 직업에 지원하였으나 33점을(IQ 125에 상응하는 수치) 받는 바람에 면접 기회를 얻지 못했다. 경찰이 되기에는 "너무 뛰어나다"는 것이었다. 뉴런던 시의 논리는 고지능의 경찰관들은 그들의 직무를 지루하게 여기게 될 것이고, 따라서 문제를 일으키거나 사직할 것이라는 것이다. 경찰 서장의 말을 인용하자면, "Bob Jordan은 정확히 우리가 걸러내고 싶은 종류의 사람이다. 경찰 직무는 재미없다. 우리는 매일 밤 총격 사건을 다루지 않는다. 이것은 감당할 수 있는 성격이 있다." 시가 각각의 경찰관이 경찰 학교를 거치는 데 지출한 금액이 약 25,000달러에 달하는 만큼 이직률은 아주 큰 우려이다.

인접 지역 코네티컷 주의 그로튼 시에 있는 경찰서 또한 원더릭을 사용하지만 고득점을 획득한 사람들을 고용하려고 애쓴다. 이 정책은 거의 모든 산업 및 조직 심리학자들이 동의할 만한 정책이다.

뉴런던 시의 정책이 전국적으로 보도되었을 때, 시는 웃음거리가 되었고 해당 정책은 주민들의 부끄러움을 안겨 주었다. 한 주민에 따르면, "난 그들이 직무에 적절한 남성 혹은 여성을 고용하고 계속 인력을 대체하는 것이 20년 동안 같은 얼간이에게 직책을 주는 것보다 낫다고 생각한다." 다른 주민에 의하면, "당신들의 평균적인 멍청이는 새벽 2시에 한 남성과 그의 부인의 싸움을 해결하려고 투입하고 싶은 사람이 아니다." 다른 도시에서 "뉴런던에서 일하기에 너무 똑똑하신가요? 저희에게 지원하십시오."라는 광고를 게재할 만큼 조롱의 강도가 심해졌다. 샌프란시스코 경찰 서장 프레드 라우는 조던이 샌프란시스코 경찰서에 지원하기를 장려했다. 그리고 텔레비전 쇼 호스트 제이 레노는 텔레비전 쇼의 주제가를 "멍청한 경찰들, 멍청한 경찰들, 낮은 IQ로 무엇을 할건가요?"로 각색하였다.

조던은 소송을 제기했지만 패소했다. 판사는, "원고인이 현명하지 않게 자격박탈을 당했을 가능성은 있지만, 평등한 보호를 받지 못한 것은 아니다." 라고 판결을 내렸다.

- 당신은 뉴런던의 "너무 뛰어난"의 논리에 동의하시나요?
- 당신은 뛰어난 지능을 가진 사람을 고용하지 않는 것이 차별 대우가 아니라는 판사에 판결에 동의하시나요? 그렇다면 혹은 그렇지 않다면 이유는 무엇인가요?
- 당신은 이 직무를 위한 인지 능력 필요 조건을 어떻게 결정하였을 것인가요?

이 사례에 대한 정보는 교과서 웹사이트의 해당 링크를 따라가면 볼 수 있다.

이 장에서 당신은 선발 목적의 성격 검사, 특히 일반 성격을 측정하는 검사가, 점진적으로 각광받고 있다는 것을 배웠다. 다른 어느 선발 검사처럼(예, 인지 능력, 신체 능력) 지원자는 직무에 고려되지 않을 위험을 감수하지 않는 이상 검사를 끝마칠 수 밖에 없다. 따라서 지원자들은 그들이 할 수 있는 것과 얼마나 잘할 수 있는지에 대한 정보보다는 그들 자신이 어떤 사람인지에 대해 공유하도록 하는 질문지를 받는다.

이 검사들이 보호 계층을 차별하는 용도로 사용되지 않는 이상 선발 과정에서 그들을 사용하는 것은 불법이 아니다. 하지만 성격 검사 반대파들은 이 검사들이 얼마나 윤리적일지 의문을 품는다. 첫째, 성격 문항은 사생활 침해로 간주될 수 있다. 대다수의 목록들이 개인이 특정한 개념 혹은 상황에 대해 어떤 감정 혹은 생각을 가지는지에 대해 묻는다. 예를 들어, 온라인 정 유형 시험은(www.human-metrics.com) 수험자에게 다음과 같은 질문에 대해서 예혹은 아니오의 응답을 요구한다. 당신은 인류와 인류의 운명에 대하여 자주 생각한다. 당신은 감정보다 논리를 신뢰한다. 당신은 TV 드라마를 볼 때 더 이입된다. 만약 이런 질문들이 개인의 실제 직무와 관련되지 않는다면 회사가 그것에 대한 정보를 왜 알아야 하는가? 성격 검사 찬성파들은 이에 대하여, "이것은 후보자가 내성적 혹은 외향적 성향인지 보여줄 수 있다"고 한다. 그러나 고용주는 지원자가 직무를 잘 수행할 것이라면 후보자가 내성적인지 외향적인지 알 권리가 있는가?

둘째, 특정 직업에서 이런 검사들이 작업 수행을 얼마나 잘 예측하는가? 다시 말해, 만약 당신의 성격 점수가 당신이 창의성 부분이 낮다고 보여주면, 이것은 어느 정도 창의력을 요하는 한 직책에서 형편없는 수행자가 될 것임을 의미하는 것인가?

셋째, 이러한 검사들의 결과들은 수험자의 그날 감정에 영향을 받는다. 만약 수험자가 슬프거나 지쳐있다면 그녀가 다른 사람들 사이에 있는 것을 선호하는 정도는 그녀의 평소 느낌과 다를 수 있다. 따라서 이런 검사들을 중요한 고용 검사 결정에 사용하기보다는 직원 훈련 프로그램이나 상담 목적에서 긴장을 풀어주는 용도로 사용되어야 한다고 비판가들은 주장한다. 제한하는 법률 제정과 규제를 강화하려는 시도는 있었지만 검사 산업과 다른 고용 검사들은 기본적으로 규제하에 있지 않다. 검사 출판 협회는 이러한 검사를 선발 목적에 쓰이는 것을 방지하는 법률 제정에 맞서 싸우고 있다. 이 협회의 주장은 이러하다. 성격 검사를 사용하는 회사들처럼 성격 검사와 다른 선발 도구를 사용하는 것은 선발 과정에서의 타당도를 높인다는 것이다. 면접과 다른 종류의 검사는 지원자가 가진 기술과 지식을 보여준다. 성격 검사는 지원자가 조직 문화에 얼마나 잘 적응하고 다른 사람들과 얼마나 잘 지낼지 보여준다. 이것은 지원자의 다른 능력들만큼 중요하다. 따라서 성격 검사가 선발 과정에 포함되지 않아야 할 이유가 무엇인가?

당신의 생각은 어떻습니까?

- 강의실에서 당신의 교수는 워크북에 수록된 직원 성격 검사를 해보라고 할 것이다. 검사가 끝난 후에, 당신의 직무 수행이 이 검사의 결과를 바탕으로 판단되면 좋을지에 대하여 생각해 보아라. 이 검사가 당신의 특정한 직종에서의 직무 수행 능력을 잘 예측할 것이라고 말할 수 있는가?
- 이 검사가 당신이 조직 문화에 얼마나 잘 적응하고 다른 사람들과 얼마나 잘 지낼지에 대해 정확하게 나타내고 있는가? 만약 정확하게 그리고 있지 않다면, 이 검사를 비윤리적이라고 할 수 있는가?
- 이러한 검사들은 규제되어야 하는가? 회사들이 이 검사들을 선발 과정에 사용하는 것이 옳은가?
- 성격 검사 사용과 관련된 다른 윤리적 문제들이 보이는가?
- 회사가 지원자가 조직 문화에 적응하고 원만한 대인 관계를 가질 수 있을지 결정할 수 있는 더 공정하고 윤리적인 방법이 있는가?

요약

이 장에서 배운 것은 다음과 같다.

- 추천서는 관용, 낮은 신뢰도, 법적 파문에 대한 두려움, 그리고 다양한 외부 요인 때문에 수행의 좋은 예측 도구가 아니다.
- 특정 상황에서 적절한 고용 검사를 선택하기 위해 신뢰도, 타당도, 비용, 그리고 잠재적 법적 문제가 고려되어야 한다.

- 인지 능력 검사, 직무 지식 검사, 이력, 작업 표본, 그리고 평가 본부는 미래 수행을 예측하는 더 좋은 도구들이다. 성격 검사, 흥미 검사, 추천서, 그리고 필적학은 직원 수행과 높은 관련성을 보이지 않는다.
- 약물 검사와 의료 검사는 근무 시작일 이전에 직원들을 걸러내는 용도로 많이 사용된다.
- 잘 설계된 불합격 통지서를 작성하는 것은 중요한 조직적 결과를 가져올 수 있다.

복습을 위한 질문

1. 조직은 이전 직원의 신원보증 정보를 제공해야 하는가? 그렇다면 혹은 그렇지 않다면 이유는 무엇인가?
2. 선발 도구의 선택에서 가장 중요한 요인은 무엇인가? 답을 서술하시오.
3. 어떤 선발 도구가 가장 타당한가?
4. 고용주들은 직원들을 대상으로 약물 검사를 시행해야 하는가? 그렇다면 혹은 그렇지 않다면 이유는 무엇인가?
5. 도덕성 검사는 공정하고 정확한가? 답을 서술하시오.

Chapter 6

선발방법 및 채용결정에 대한 평가
EVALUATING SELECTION TECHNIQUES AND DECISIONS

학습목표

➥ 검사의 신뢰도에 영향을 주는 요인들과 검사의 신뢰도를 어떻게 결정하는지 이해한다.

➥ 검사를 타당화하는 5가지 방법을 이해한다.

➥ 검사들에 대한 정보를 어떻게 찾는지 배운다.

➥ 선발검사의 효용성을 어떻게 결정하는지 이해한다.

➥ 잠재적 법적 문제에 대하여 검토한다.

➥ 인사선발 결정을 위하여 어떻게 검사점수를 사용하는지 이해한다.

효과적인 선발방법의 특징
신뢰도
타당도
비용 효율성

선발도구의 유용성 확립
테일러–러셀 표
정확결정 비율
로쉬 표

브로그덴–크론바흐–글레저 효용성
  공식

검사의 공정성 결정
측정 편향
예측 편향

채용결정
조정하지 않은 점수순 선발

삼배수 규칙
최소 합격점
밴드 설정법

직무에 대해: 응용 사례 연구: Thomas A. Edison의 채용 검사

윤리에 대한 관심: 다양성에 대한 노력

237

3장에서, 많은 법률과 법규가 직원 선발방법에 영향을 준다는 것을 배웠다. 4장과 5장에서는 직원을 모집하고 선발하는 방법에 대하여 배웠다. 본 장에서는 특정 선발방법이 유용한지를 어떻게 결정하는지와 채용결정을 위해 검사점수를 어떻게 사용할지 배우도록 하겠다. 본 장을 통해서 **검사**(*test*)라는 단어를 접하게 될 것이다. 이 단어가 주로 지필검사를 떠올리게 하지만, 산업 및 조직심리학에서 **검사**란 누군가를 평가하는 데 사용되는 방법을 의미한다. 따라서 채용검사는 추천, 인터뷰, 그리고 평가센터와 같은 방법을 포함한다.

효과적인 선발방법의 특징

효과적인 선발방법은 다섯 가지 특징을 가진다. 그것들은 신뢰도, 타당도, 비용 효율성, 공정성, 그리고 법적 방어 가능성이다.

신뢰도

신뢰도(reliability) 검사나 평가에서의 점수가 안정적이고 오차에 대한 염려가 없는 정도

신뢰도는 선발을 위한 측정 점수가 안정적이고 오차에 대한 염려가 없는 정도를 말한다. 만약 측정 점수가 안정적이지 않거나 오차에 대한 염려가 있다면, 그것은 유용하지 않다. 예를 들어, 우리가 자를 이용하여 애완견의 집을 지을 판자의 길이를 측정한다고 가정한다. 우리는 각 판자의 길이가 4피트이길 원하는데, 판자를 잴 때마다 숫자가 달라진다고 해보자. 만약 이 자가 같은 판자를 잴 때마다 다르게 측정된다면, 이 자는 신뢰성이 있다고 말할 수 없고 따라서 쓸모가 없다. 선발방법도 마찬가지이다. 만약 지원자들의 점수가 검사를 할 때마다 다르다면, 우리는 그들의 실제 점수를 신뢰할 수 없게 되며, 이런 점수는 선발에서 가치가 적어질 수밖에 없다. 그러므로 신뢰도는 효과적인 측정의 필수적인 특성이다. 검사 신뢰도는 네 가지 방법으로 결정된다. 검사-재검사 신뢰도, 동형검사 신뢰도, 내적 신뢰도, 그리고 평정자 신뢰도이다.

검사-재검사 신뢰도

검사-재검사 신뢰도 (test-retest reliability) 동일한 검사의 반복 시행으로 비슷한 결과를 얻는 것

시간 안정성(temporal stability) 시간이 흘러도 검사 점수가 일관되게 나타나는 것

검사-재검사 신뢰도 방법은 각각의 사람이 같은 검사를 두 번 치르는 것이다. 첫 번째 검사에서 받은 점수는 두 번째 검사의 점수와 상관을 통해 점수들이 비슷한지 아닌지 결정한다. 만약 두 점수가 비슷하다면, 검사는 **시간 안정성**을 가진다고 할 수 있다. 검사 점수들은 시간에 따라 달라지지 않고, 질병, 피로, 스트레스나 불편한 검사환경과 같은 무작위의 일일 조건에 크게 민감하지 않아야 한다. 두 검사 간 시행 간격에 대해 정해진 기준은 없다. 하지만 시간 간격이 충분히 길어서 특정 검사의 답을 기억할 수 없어야 하고, 충분히 짧아서 검사받는 사람이 크게 변하지 않아야 한다.

예를 들어, 만약 성격검사를 두 번 보는데 3년의 시간이 경과했다면, 두 점수 간에 아주 낮은 상관을 보일 것이다. 하지만 이렇게 낮은 상관이 낮은 신뢰도를 의미하는 것은 아닐 수 있다. 대신, 3년이라는 시간이 흐름에 따라 사람들에게 생긴 성격의 변화 때문일 수 있다(Kaplan & Saccuzzo, 2013). 반대로, 만약 10분 만에 검사를 두 번 받았다면, 두 점수 간 상관은 매우 높게 나타날 것이다. 여기서 높은 상관은 높은 신뢰도를 의미하기보다는 첫 번째 검사에서 답한 내용을 기억해서 두 번째 검사에서 답을 했기 때문에 상관이 높았을 가능성이 더 크다. 일반적으로 두 검사 시행 간 시간 간격은 3일부터 3달까지이다. 보통, 시간 간격이 더 길면, 낮은 신뢰도 계수를 보인다. 조직에서 사용되는 검사의 일반적인 검사–재검사 신뢰도 계수는 .86이다(Hood, 2001).

검사–재검사 신뢰도가 모든 종류의 검사에 대하여 적절한 것은 아니다. 짧은 기간의 기분이나 느낌을 측정하도록 설계된 검사에서 검사–재검사 신뢰도를 측정하는 것은 의미가 없다. 예를 들어, 상태–특성 불안척도(State-Trait Anxiety Inventory)는 두 종류의 불안을 측정한다. **특성 불안**은 사람이 일반적으로 항상 가지는 불안의 정도를 의미한다. **상태 불안**은 사람이 순간 가지는 불안의 정도이다. 검사가 유용하려면, 시간 안정성을 가지기 위해 상태 불안을 측정하는 것이 아니라, 특성 불안을 측정하는 것이 중요하다.

동형검사 신뢰도

동형검사 신뢰도(alternate-forms reliability) 동일한 검사의 두 형태가 비슷한 것

역균형화(counterbalancing) 절반의 표본에게 A형 검사를 먼저 주고 다음으로 B형 검사를 주고, 나머지 절반의 표본에게는 B형 검사를 먼저 주고 다음으로 A형 검사를 주어 순서효과를 제거하는 방법

형태 안정성(form stability) 검사에 대한 두 형태의 점수가 비슷한 것

동형검사 신뢰도 방법은 동일한 검사를 두 가지 형태로 제작해서 구성한다. 표 6.1에서 보이듯, 100명의 표본을 대상으로 두 가지 형태 검사를 모두 시행한다. 절반의 표본은 A형의 검사를 먼저 받고, 나머지 절반의 표본은 B형의 검사를 먼저 받는다. 이러한 검사시행 순서를 **역균형화**하는 것은 한 형태의 검사를 먼저 받는 것이 두 번째 검사의 점수에 어떤 영향을 미치는 것을 제거하기 위한 설계이다.

그다음에 두 검사의 점수들이 비슷한지 결정하기 위해 상관을 계산한다. 만약 두 점수가 비슷하다면, 검사는 **형태 안정성**을 가진다. 왜 이러한 방법을 사용할까? 만약 사람들이 검사에 한 번 이상 응시할 가능성이 높은 상황이라면, 검사를 두 번 보는 사람이 가질 잠재적 이점을 줄이기 위해서 두 가지 형태의 검사가 필요하다. 이런 상황은 경찰 승진시험에서 발생할 수 있다. 대부분의 경찰서에서 경찰관이 승진하기 위해서는 반드시 승진시험을 통과해야 한다. 만약 경찰관이 이 시험에서 어떤 해에 탈락한다면, 경찰관은 다음 해에 재시험을 치를 수 있다. 만약 검사가 한 가지 형태만 존재한다면 경찰관은 7번의 재시험을 치를 수도 있고, 많은 문제를 기억해서 처음 시험을 치르는 경찰관보다 높은 점수를 받을 수도 있다. 비슷하게, 자격인정 시험(예, 변호사 시험이나 인적자원 전문가 인증)에서 탈락한 지원자들도 시험을 다시 치를 수 있다.

표 6.1 전형적 동형검사 연구의 설계

피험자	시행 순서	
	첫 번째	두 번째
1~50	A형 검사	B형 검사
51~100	B형 검사	A형 검사

재시험이 실제로 높은 검사점수를 받게 할 수 있을까? Hausknecht, Halpert, Di Paolo, 그리고 Moriarty Gerard(2007)의 메타분석에 의하면 지원자가 동일한 인지능력 검사를 다시 치른 경우의 상관이($d = .46$) 동형의 인지능력 검사를 다시 치른 경우의 상관($d = .24$)보다 두 배 정도 높게 나타났다. 물론, 두 검사의 시행 간격이 길수록 점수의 증가폭은 줄어 들었다. Hausknecht 등의 메타분석은 인지능력 검사에만 한정된다는 것을 염두에 두어야 한다. 지식검사의 경우에는 재시험이 여전히 검사점수를 높이지만, 두 번째 검사가 동일한 검사이거나 동형검사이거나 같은 정도로 점수가 증가하는 것으로 나타났다(Raymond, Neustel, & Anderson, 2007).

또한, 동형검사는 컨닝 가능성이 있는 응시자 집단에서도 사용될 수 있다. 당신의 교수 중 한 명이 컨닝을 방지하기 위하여 동형검사의 여러 형태를 사용했을 수도 있다. 당신이 운전면허 지필시험을 보았을 때에도 동형검사가 사용되었을 수 있고, 대학에 가기 위해 SAT나 ACT 시험을 보았을 때도 마찬가지다. 이와 같이 동형검사는 매우 흔하게 사용되고 있다.

검사-재검사 신뢰도를 기억해 보면, 두 검사 시행 간의 시간간격은 주로 3일에서 3달 정도이다. 하지만 동형검사 신뢰도는 시간간격이 가능한 짧아야 한다. 만약 두 형태의 검사가 3주의 간격으로 시행되고 낮은 상관을 보이면, 낮은 신뢰도의 원인을 찾기는 어렵다. 검사의 형태 안정성이 부족할 수도 있지만 시간 안정성이 부족할 수도 있기 때문이다. 따라서 동형검사의 신뢰도를 평가하기 위해서는 시간 간격이 짧아야 한다. 업계에서 사용되는 동형검사의 평균 신뢰도는 .89이다(Hood, 2001).

추가적으로, 두 가지 형태의 동형검사는 상관뿐만 아니라 동일한 평균과 표준편차를 가져야 한다(Clause, Mullins, Nee, Pulakos, & Schmitt, 1998). 예를 들어, 표 6.2의 검사는 두 형태의 검사들 간에 완벽한 상관을 보여준다. A형 검사에서 점수를 잘 받은 사람들은 B형 검사에서도 점수를 잘 받았다. 하지만 B형 검사에서 평균점수는 A형 검사보다 2점 더 높았다. 따라서 완벽한 상관은 두 형태의 검사점수가 평행하는 것을 보여줌에도 불구하고, 평균점수에서의 차이는 두 형태의 검사가 동등하지 않다는 것을 보여준다. 이러한 경우 검사는 반드시 개정되거나 검사 결과를 해석하기 위해 다른 기준(규준)을 사용해야 한다.

검사에서의 아주 작은 차이라도 그 검사의 신뢰도, 타당도, 난이도 혹은 세 가지 모두에 변화를 가져온다. 작은 차이란 문항의 순서, 문제에서 사용된 예시, 시행 방법, 그리고 시간제한 등을 포함할 수 있다. 두 가지 형태의 동형검사의 차이가 검사 결과에 영향을 미칠 수 있긴 하지만, 대부분의 연구들은 이런 효과가 거의 없거나 매우 작음을 나타냈다. 예를 들어 메타분석 연구에 따르면, 인지능력검사나 지식검사를 컴퓨터로 시행한 경우(Dwight & Feigelson, 2000; Kingston, 2009) 또는 파워포인트로 시행한 경우(Larson, 2001)에도 이를 지필검사로 시행한 결과와 점수가 동일하다는 것을 밝혔다. 하지만 Ployhart, Weekly, Holtz, 그리고 Kemp(2003)의 유사실험 연구에 따르면, 성격검사와 상황판단검사를 웹에서 시행한 경우가 지필검사로 시행한 경우보다 점수는 더 낮게 나왔고, 내적 신뢰도는 더 높은 것으로 나타났다. 또 다른 흥미로운 연구에서 흑인들은 전통적인 지필검사보다 비디오 기반 검사에서 더 높은 점수를 보이는 반면, 백인들은 차이가 없었다(Chan & Schmitt, 1997).

내적 신뢰도

검사나 인벤토리의 신뢰도를 결정하는 3번째 방법은 응시가가 비슷한 차원이나 구성 개념(예, 성격 특질, 능력, 지식 영역)을 측정하는 문항들에 대한 응답에서 일관성을 보이는지 평가하는 내적 신뢰도(internal reliability) 방법이다. 비슷한 내용의 문항들에 대하여 비슷하게 응답하는 것을 내적 일관성(*internal consisyency*)이라고 하고, 이것은 **문항 안정성**을 측정한다.

문항 안정성(item stability) 동일한 검사 문항에 대한 반응이 일관적인 것

일반적으로, 검사가 길면 내적 일관성은 높아진다. 다양한 검사문항들에 대한 응답에 일치도가 높아지기 때문이다. 예를 들어, 이 수업에 대해 마지막 세 장을 범위

표 6.2 동일하지 않지만 평행하는 두 동형검사의 예시

	검사점수	
피험자	A형 검사	B형 검사
1	6	8
2	9	11
3	11	13
4	12	14
5	12	14
6	17	19
7	18	20
8	19	21
9	21	23
10	24	26
평균 점수	14.9	16.9

로 학기말 시험을 치르는데, 시험문제로 단 3개의 사지선다 문항이 나왔다고 가정해 보자. 이런 경우 만약 당신이 응답할 때 부주의한 실수를 하거나, 해당 문제를 다룬 강의에서 잠이 들었다면 당신의 점수는 낮을 것이다. 하지만 만약 시험에 100개의 문항이 제시되었다면, 하나의 부주의한 실수를 하거나 강의에서 놓친 부분이 있더라도 전체 점수에는 크게 영향을 미치지 않을 것이다.

검사의 내적 신뢰도에 영향을 미치는 또 다른 요인은 **문항 동질성**이다. 모든 문항이 동일한 구성개념을 측정하는가 아니면 다른 구성개념을 측정하는가 하는 문제이다. 검사의 문항들이 동질적일수록 내적 일관성이 높다. 이 개념을 보여주기 위하여, 위의 학기말 시험 예를 다시 들어 보도록 하자.

만약 우리가 학기말 시험 전체의 신뢰도를 계산한다면, 신뢰도는 비교적 낮을 것이다. 왜일까? 시험 문제가 평가하는 내용이 동질적이지 않기 때문이다. 학기말 시험의 전체 문제들이 세 가지 주제 영역(세 장), 두 가지 정보 소스(강의와 교재), 그리고 두 가지 지식 종류(사실적 지시과 개념적 지식) 등 다양하게 구성되기 때문이다. 만약 우리가 각각의 주제, 정보 소스, 지식 종류별로 검사를 나눈다면, 각 검사가 동질적인 문항들로 구성되기 때문에 각각의 검사의 내적 신뢰도는 높을 것이다.

논문이나 검사 매뉴얼 등에서 내적 일관성에 관한 정보를 읽다보면, 내적 일관성을 결정하는 데 사용되는 방법을 의미하는 세 가지 용어를 만나게 된다. 반분법, 알파계수, 그리고 **쿠더−리차드슨 공식 20**이 그것들이다. **반분법**은 검사에서 문항들을 두 집단으로 나누는 것으로 사용하기 가장 쉽다. 주로, 모든 홀수 문항을 한 집단으로 하고 모든 짝수 문항을 다른 집단으로 한다. 그리고 두 집단의 문항들에서 산출된 점수들 간에 상관을 계산하는 방법이다. 검사의 문항 수가 절반으로 줄어들었기 때문에, 연구자는 **스피어만−브라운 예언 공식**을 사용하여 상관을 조정한다.

Cronbach의 **알파계수**(Cronbach, 1951)와 K-R 20(Kuder & Richardson, 1937)은 계산하기가 더 복잡함에도 불구하고, 더 유명하고 내적 신뢰도를 계산하는 정확한 방법이다. 근본적으로, 알파계수와 K-R 20 모두 반분법의 모든 가능한 조합을 계산해서 구하는 신뢰도 계수이다. 둘 간의 차이는 K-R 20은 응답유형이 양분된 문항(예, 네−아니오, 진실−거짓)을 가진 검사에서 사용되고, 알파계수는 양분 척도뿐만 아니라 5점 평정 척도처럼 동간 척도나 비율 척도로 구성된 검사에서도 사용할 수 있다. 연구문헌들에 보고된 내적 신뢰도 계수의 중간 값은 .81이고, 알파계수는 가장 많이 보고되는 내적 신뢰도의 측정치이다(Hogan, Benjamin, & Brezinski, 2003).

채점자 신뢰도

신뢰도를 계산하는 네 번째 방법은 **채점자 신뢰도**이다. 검사나 인벤토리가 동질적인 문항들을 가지고 있고, 동질적인 점수를 내더라도 만약 검사를 채점하는 사람이 실수를 한다면 신뢰도가 낮게 된다. 채점자 신뢰도는 정답이 하나가 아닌 투사검사나

쿠더−리차드슨 공식 20 (Kuder-Richardson formula 20: K-R 20) 양분된 답변(네−아니오, 진실−거짓)을 가지는 문항을 사용하는 검사의 내적 신뢰도를 결정하는 통계 방법

반분법(split-half method) 절반의 문항점수와 나머지 절반의 문항점수를 비교하여 문항 반응의 일관성을 평가하는 내적 신뢰도 방법

스피어만−브라운 예언 공식(Spearman-Brown prophecy formula) 반분법에서 얻은 신뢰도 계수를 교정하는 데 사용하는 공식

알파계수(coefficient alpha) 동간 척도나 비율 척도를 사용하는 검사의 내적 신뢰도를 계산하는 통계적 방법

채점자 신뢰도(scorer reliability) 두 명 이상의 평정자 간에 평점 점수가 일치하는 정도 또는 채점이 정확한 정도

주관식검사에서 특히 더 문제가 되지만, 정답 키가 있는 검사에서도 채점자 실수로 문제가 될 수 있다. 예를 들어, Allard, Butler, Faust, 그리고 Shea(1995)는 수작업으로 채점한 성격검사의 53%가 최소 하나 이상의 채점오류를 가졌고, 19%는 임상적 진단결과를 바꿀 정도의 오류를 가지고 있음을 발견하였다. Goddard, Simons, Patton, 그리고, Sullivan(2004)은 수작업으로 채점한 흥미검사의 12%가 채점 혹은 유형 분류상에 오류가 있었고, 이에 따라 그중 64%는 응시자에게 제공하는 경력 조언 내용이 달라졌음을 발견했다.

한 사람의 수행에 대해 여러 명이 판단하는 상황에 작용하는 채점자 신뢰도는 **평정자 간 신뢰도***(interrater reliability)*라고 한다. 예를 들어, 두 명의 면접관이 한 지원자에게 비슷한 평정을 줄 것인지 혹은 두 명의 관리자가 한 직원에게 비슷한 인사고과 점수를 줄 것인지에 관한 것이다. 만약 당신이 **아메리칸 아이돌**이나 **더 보이스**의 팬이라면, 심사위원들 간의 평정자 간 신뢰도를 어떻게 평가하겠는가?

어떤 검사에 대한 신뢰도 평가

지금까지 검사점수는 신뢰도가 있어야 하고, 일반적으로 신뢰도를 계산하는 네 가지 방법에 대하여 배웠다. 어떤 검사가 충분한 신뢰도를 갖고 있는지 판단하기 위해서는 그 검사의 신뢰도 계수가 얼마인지, 그리고 어떤 사람들이 그 검사를 받는지 두 가지 요인을 반드시 따져 봐야 한다.

한 검사의 신뢰도 계수가 얼마인지에 관한 정보는 개인적 자료, 검사 매뉴얼, 그 검사를 사용했던 논문 또는 본 장의 뒷부분에서 논의될 검사 총괄집 등으로부터 얻을 수 있다. 이렇게 얻은 해당 검사의 신뢰도 계수를 비슷한 종류의 검사들의 신뢰도 계수와 비교해 본다. 예를 들어, 만약 당신이 어떤 성격검사를 구매하려고 하는데 해당 검사의 매뉴얼에 검사-재검사 신뢰도가 .6이라고 나와 있다면, 표 6.3에 제시된 비슷한 검사들의 신뢰도 계수와 비교했을 때 구매를 고려 중인 해당 검사의 신뢰도가 이런 **종류**의 검사에서 일반적으로 나타나는 신뢰도보다 낮다는 것을 알 수 있다.

따져 봐야 할 두 번째 요인은 어떤 사람들이 검사를 받게 되는지이다. 예를 들어, 만약 회사의 관리자들을 위해 어떤 검사를 사용하려고 한다. 검사 매뉴얼에 소개된 신뢰도 계수가 고등학생 표본으로부터 계산된 것이라면, 이 신뢰도 계수가 당신 회사의 관리자들에게 일반화될 수 있을지 자신할 수 없게 된다. 예를 들어, NEO 성격검사의 신뢰도에 대한 메타분석에서 Caruso(2003)는 여성과 성인 표본보다 남성과 학생 표본에서 신뢰도가 낮은 것을 발견하였다. 경력 워크샵 박스에 검사를 평가하는 방법이 소개되어 있다.

타당도

타당도(validity) 검사 점수가 증거에 의하여 정당화된다고 추정되는 정도

타당도는 검사나 평가에서의 점수가 증거에 의해 정당화된다고 추정되는 정도이다.

신뢰도와 마찬가지로 어떤 검사가 사용되기 위해서는 타당도를 갖추어야 한다. 하지만 검사가 신뢰가 된다는 것이 타당하다는 것을 의미하는 것은 아니다. 예를 들어, 타이피스트를 고용하는 데 신장을 기준으로 하는 경우를 가정해 보자. 키를 재는 자는 당연히 신뢰가 되는 척도이다. 대부분의 성인들은 더 이상 키가 자라지 않고, 두 사람이 측정한 지원자의 신장은 매우 비슷할 것이기 때문이다. 하지만 키를 재는 자의 측정 결과가 타이핑을 잘 하는 것과는 별로 관련이 없을 것이다. 따라서 키를 재는 자는 신장에 대한 신뢰성 있는 측정이지만, 타자를 치는 것에 대한 타당한 측정은 아니다.

신뢰도와 타당도는 같은 개념이 아니지만 서로 상관이 있다. 어떤 검사의 잠재적인 타당도는 신뢰도에 의해 제한받기 때문이다. 따라서 만약 어떤 검사의 신뢰도가 나쁘다면, 좋은 타당도를 가질 수 없게 된다. 하지만 앞선 예시에서도 확인했듯이 어떤 검사의 신뢰도가 타당도를 의미하는 것은 아니므로, 신뢰도는 타당도를 위한 필요조건이지 충분조건은 아니다.

검사의 타당도를 조사하는 데에는 일반적으로 다섯 가지 방법이 있다: 내용 타당도, 준거 타당도, 구성 타당도, 안면 타당도, 유명 집단 타당도.

내용 타당도

내용 타당도(content validity) 검사가 측정해야 할 내용들을 충분히 반영한 정도

검사의 타당도를 결정하는 한 가지 방법은 **내용 타당도**의 수준을 보는 것이다. 내용 타당도란 검사의 문항들이 그들이 측정하려고 하는 내용들을 충분히 반영한 정도를 의미한다. 다시 학기말 시험의 예를 들어보자. 어떤 강사가 학생들에게 이번 학기말

표 6.3 전형적 검사들의 신뢰도 계수 비교

| 검사종류 | 신뢰도 종류 | | | 메타분석 |
	혼합	내적	검사–재검사	
인지능력 검사			.83	Salgado 등(2003)
진실성 검사		.81	.85	Ones, Viswesvaran & Schmidt(1993)
명시적 검사		.83		Ones 등(1993)
성격 기반 검사		.72		Ones 등(1993)
흥미검사		.92		Barrick, Mount & Gupta(2003)
성격검사	.76			Barrick & Mount(1991)
개방성		.80	.73	Viswesvaran & Ones(2003)
성실성		.83	.76	Viswesvaran & Ones(2003)
외향성		.81	.78	Viswesvaran & Ones(2003)
친화성		.74	.75	Viswesvaran & Ones(2003)
안정성		.82	.73	Viswesvaran & Ones(2003)
상황판단검사	.80			McDanidel 등(2001)

시험의 범위가 8장, 9장, 10장이라고 정해 주었다. 각 장은 분량이 같았고, 강사는 각 장당 3번의 수업시간을 할당했다. 시험은 60문제다. 이 시험이 내용적으로 타당하기 위해서는 시험 문제들이 세 장의 대표적인 내용들로 구성되어야 한다. 따라서 각 장당 20개 정도의 문제가 있어야 한다. 만약 8장과 9장에 대한 문제가 각각 30개씩 나왔고, 10장에 관한 문제는 하나도 없었다면, 이 시험은 내용적으로 타당하지 않다. 마찬가지로, 만약 4장에 관한 문제들이 나왔다면, 이 시험은 시험범위를 넘어선 지식을 필요로 하므로 내용적으로 타당하지 않다.

산업체에서 어떤 검사가 내용적으로 타당한지 여부는 직무분석에 의해 결정된다. 직무분석에서는 해당 직무에서 하게 되는 과제행동들이 무엇인지, 직무가 수행되는 작업환경 조건이 어떠한지, 그리고 직무수행에 요구되는 KSAO(지식, 기술, 능력, 기타 특성)가 무엇인지 밝히게 된다. 이렇게 직무분석에서 밝혀진 모든 중요한 차원들은 그것들이 현실적으로 정확하게 측정될 수 있는 한 선발 과정의 어디에선가 다루어져야 하며, 직무분석에서 파악되지 않은 내용들은 선발 과정에서 배제되어야 한다.

검사의 내용 타당도를 확인하기 위한 한 가지 방법은 주제전문가들(경험 많은 직원이나 관리자)에게 각 문항의 내용과 난이도가 직무와 얼마나 관련성이 있는지 평정하도록 하는 것이다. 또한 주제전문가들에게 직무의 중요 측면이 검사 문항에서 빠진 부분이 없는지에 대해서도 물어보아야 한다.

검사의 읽기 쉬운 정도(readability) 또한 내용 타당도에 영향을 미칠 수 있다. 예를 들어 어떤 직무에서 성실성이 중요한 요건이라고 가정해 보자. 만약 성실성을 측정하는 어떤 성격검사를 찾았고, 이 검사가 우리가 직무분석에서 확인한 여러 차원을 모두 포함하고 있다면 우리는 이 검사가 내용적으로 타당하다고 확신하게 된다. 그러나 이 검사가 일상적으로 잘 사용하지 않는 어려운 단어들로 구성되어 있고, 지원자들 대부분의 최종학력이 고등학교 졸업이라면 이 검사는 매우 읽기 어려울 것이

경력 워크샵   **검사 평가하기**

산업심리 전문가의 경력을 걷다 보면 한 번쯤 조직에서 사용할 검사나 평가도구를 구입하라는 권유를 받을 수 있다. 어떤 회사는 직원 선발을 위해 성격검사를 사용하길 원하거나 직원들의 태도 설문을 위해 직무만족 검사를 구입하길 원할지도 모른다. 이런 경우 평가도구 판매회사에게 물어봐야 할 중요한 질문들이 아래에 정리되어 있다:

➡ 검사점수의 신뢰도를 증명할 만한 데이터가 있는가? 판매회사는 이러한 정보를 제공할 수 있어야 하며, 신뢰도계수는 .70 이상이어야 한다.

➡ 타당도 연구는 실시하였는가? 구매자는 특정한 직무나 특정한 유형의 조직과 관련된 준거타당도를 확인하고 싶어 하므로 판매회사는 구매자에게 이러한 정보를 제공할 수 있어야 한다.

➡ 검사점수가 여성이나 소수집단에 불리한 효과를 보이지는 않는가? 만약 불리효과를 보인다고 해도 검사를 사용하지 못하는 것은 아니다. 하지만 좋은 타당도를 가진 검사의 필요성이 커지며, 법적인 소송에 휘말릴 수도 있게 된다.

➡ 검사가 소송에 휘말린 적이 있는가? 결과는 어떠하였는가?

다. 그렇다면 이 검사가 내용적으로 타당한 것인가? 그렇지 않다. 읽기 능력은 본 직무에서 중요한 필요 역량차원으로 확인되지 않았는데, 이 검사는 높은 수준의 읽기 능력을 요구하고 있기 때문에 이 검사는 내용적으로 타당하지 않다.

준거 타당도

타당도를 측정하는 다른 방법은 검사점수가 **준거**(준거에 대한 보다 자세한 내용은 7장에서 다룰 것임)라고 불리는 직무수행 측정치와 통계적으로 얼마나 관련돼 있는 가를 알려주는 **준거 타당도**를 확인하는 것이다. 일반적으로 사용되는 준거는 상사의 수행평정, 수행에 대한 객관적 측정치(예, 판매실적, 불만제기수, 체포횟수), 출근율(지각, 결근), 재임기간, 훈련수행(예, 경찰학교 성적), 규율준수 정도 등을 포함한다.

준거 타당도는 동시와 예언, 두 가지 연구 설계 중 하나를 사용하여 확인한다. **동시 타당도** 설계에서는 현재 직무를 수행 중인 직원들에게 검사를 실시하여, 직원들의 검사점수와 직원들의 현재의 직무수행 점수 간에 상관을 계산한다.

예측 타당도 설계에서는 취업지원자들을 대상으로 검사를 실시하여 얻은 검사점수와 그들이 입사한 후 보인 직무수행 점수 간에 상관을 계산한다. 이상적으로는 모든 지원자들이 채용되고, 이들의 직무수행을 평가하는 상사가 이들의 검사점수를 모르는 상황이 예측 타당도를 확인하기에 가장 적절한 상황이다. 왜냐하면, 모든 지원자가 고용되었다면 이들의 검사점수와 직무수행 점수의 범위 값이 모두 클 것이며, 점수의 범위가 크면 클수록 타당도 계수가 커지기 때문이다. 그러나 모든 지원자를 고용하는 일은 현실적으로 거의 없기 때문에 예측 타당도를 분석하기 위한 이상적인 상황은 드물다. 따라서 대부분의 경우에는 동시 타당도 설계를 사용한다.

왜 동시 타당도 설계가 예측 타당도 설계보다 상관이 낮게 나올까? 이는 직무수행 점수의 동질성 때문이다. 동시 타당도는 이미 고용된 직원들을 대상으로 하는데, 이들은 이미 뽑힌 우수한 사람들이므로 극단적인 직무수행 점수를 받는 경우가 드물다. 직무수행 점수가 극단적으로 낮을 만한 사람은 처음부터 고용이 되지 않았거나 이미 해고되었을 것이기 때문이다. 또한 수행 점수가 매우 높은 직원은 이미 승진되었을 확률이 크다. 따라서 직무수행 점수의 **범위축소** 현상으로 인해 동시 타당도 설계에서는 타당도 계수가 낮아지게 된다.

검사의 준거 타당도에 관해 살펴보아야 할 중요한 이슈 중 하나는 **타당도 일반화**에 관한 것이다. 타당도 일반화란 어떤 직무에 대해 한 지역에서 타당하다고 밝혀진 검사가 다른 지역에서도 타당한 정도를 의미한다. 예전에는 어떤 한 회사의 타이피스트 직무는 다른 회사의 타이피스트 직무와 동일하지 않고, 어떤 한 지역의 경찰 직무는 다른 지역의 경찰 직무와 동일하지 않고, 소매점 관리자의 직무는 패스트푸드 식당 관리자의 직무와 동일하지 않다고 생각했다.

하지만 최근 30년 동안의 연구들에 따르면, 어떤 한 조직의 직무에 대해 타당하다고 밝혀진 검사는 다른 조직의 같은 직무에 대해서도 타당하다는 것이 밝혀졌다 (예, Schmidt, Gast-Rosenberg & Hunter, 1980; Schmidt & Hunter, 1998; Schmidt, Hunter, Pearlman & Hirsh, 1985). Schmidt와 Hunter 및 동료들은 수천 명의 직원들을 대상으로 검사하여 이와 같은 결론을 냈다. 예전에 이들이 한 지역에서 타당한 검사가 다른 지역에서 타당하지 않다고 생각했던 이유는 연구에 사용된 표본의 크기가 작아서 표집 오차가 컸기 때문에 나타난 결과였다고 지적했다. 이것은 결국 두 직무의 이름이 같으면 두 직무는 유사한 일을 하는 것이므로 표본의 크기가 충분히 큰 경우에는 한 지역에서 타당하다고 밝혀진 검사는 다른 지역에서도 타당하다는 것을 의미한다.

타당도 일반화는 1장에서 다뤘던 메타분석과 2장에서 다뤘던 직무분석으로 구성된다. 메타분석은 다양한 직무에 대한 검사들의 평균적인 타당도를 결정하기 위해 사용된다. 예를 들어 몇 개의 연구는 인지능력이 경찰의 수행에 좋은 예측변수가 된다는 결과를 보여줬다. 만약 이러한 관계를 연구한 모든 연구에 대해 메타분석을 실시한다면 인지능력이 경찰의 수행을 예측하는 평균적 타당도를 결정할 수 있을 것이다. 만약 타당도 계수가 유의미하다면 경찰과 유사한 부서에서는 그들 스스로 준거 타당도에 관한 연구를 실시하지 않고도 메타분석 결과만으로 이러한 검사를 도입할 수 있다. 이는 특히 준거 타당도 연구를 실시하기에 충분한 인원이 없거나 연구에 필요한 전문가를 고용할 만한 재정적 자원이 없는 작은 부서에 매우 유용할 것이다. 타당도 일반화는 직무분석을 통해 해당 직무가 메타분석에서 사용된 직무들과 유사한 경우에만 사용되어야 한다. 일반적으로 과학계에서는 타당도 일반화를 수용하지만, 연방 계약준수프로그램 사무국(OFCCP)과 같은 정부기관에서는 만약 검사의 불리 효과가 확인되면 한 지역의 타당도 연구에 대한 대안으로 타당도 일반화를 거의 인정하지 않는다.

조합 타당도(synthetic validity) 타당도 일반화 유형 중 하나로, 타당도가 확보된 어떤 직무요소에 대한 검사를 같은 직무요소를 가진 다른 직무에 적용하는 것

타당도 일반화와 유사한 다른 방법은 **조합 타당도**를 확인하는 것이다. 조합 타당도는 한 직무(예, 은행상담원)에서 어떤 요소(예, 고객서비스)를 예측하는 검사는 다른 직무(예, 법률사무소 접수담당자)의 같은 요소를 예측할 것이라는 가정에 기반하고 있다. 따라서 어떤 검사가 고객서비스를 예측하는 것으로 밝혀졌고, 어떤 회사에서 직무분석을 통해 고객서비스가 해당 직무에 중요한 것으로 밝혀졌다면 이 검사를 도입할 수 있다. 타당도 일반화와 조합 타당도의 가장 큰 차이점은 타당도 일반화는 동일한 직무라면 조직과 상관없이 일반화시킬 수 있다는 것을 의미하며, 조합 타당도는 직무는 다르지만 공통된 요소(예, 문제해결, 고객서비스 기술, 기계정비력)에 대해 타당도 연구결과를 일반화시킬 수 있다는 점이다.

구성 타당도(construct validity) 검사가 측정하고자 하는 구성개념을 정말로 측정하였는지에 대한 정도

구성 타당도

구성 타당도는 가장 이론적인 타당도이다. 구성 타당도는 검사가 측정하려고 하는

구성개념을 정말로 측정하는 정도를 의미한다. 앞에서 설명한 내용 타당도가 검사의 내용구성이 정당화될 수 있는지에 관한 추론이라면, 구성 타당도는 검사 점수가 정당화될 수 있는지에 관한 추론이다.

아마도 필자의 대학원 시절 일화가 구성 타당도의 좋은 예시가 될 것이다. 당시 필자는 어떤 작은 마을의 신입 경찰관에 대한 직무분석을 막 완료했고, 이를 통해 도출된 중요 차원 중 하나는 정직성이었다. 거의 모든 경찰관들은 정직한 경찰이 좋은 경찰이라고 주장했다. 그래서 필자는 정직함을 측정하는 검사를 알아봤고, Rieke와 Guastello(1995)의 연구결과를 통해 정직성의 종류가 다양하다는 것을 알 수 있었다. 어떤 정직성 검사는 절도, 부정행위, 도덕적 판단 등을 측정했다. 하지만 경찰관 직무에서 흔히 이야기하는 뇌물을 받지 않기, 지인을 범죄혐의로부터 벗어날 수 있게 도와주지 않기 등의 정직성 개념을 측정한 도구는 없었다. 기존에 찾아본 검사들이 "정직성"이라는 개념을 모두 측정하고 있지만, 정작 필자가 생각했던 구체적인 구성개념을 측정한 검사는 없었다.

구성 타당도는 보통 어떤 검사의 점수와 다른 검사의 점수 간의 상관을 통해 결정된다. 즉, 하나의 검사가 구성 타당도가 있음을 입증하려면, 같은 구성개념을 측정하는 다른 검사와는 상관이 높게 나타나는 수렴 타당도(convergent validity)를 보여야 하고, 이와는 다른 구성개념을 측정하는 어떤 검사와는 상관이 낮게 나타나는 변별 타당도(discriminant validity)를 보여야 한다. 예를 들어, 필자가 심리학 지식을 측정하는 어떤 검사도구를 가지고 있다고 가정하자. 100명의 사람들을 대상으로 필자의 심리학 지식검사, 다른 심리학 지식검사, 독해력검사, 일반지능검사 등 네 가지의 검사를 실시하였다. 만약 필자의 심리학 지식검사가 정말로 심리학 지식이라는 구성개념을 잘 측정하였다면, 다른 심리학 지식검사와의 상관계수는 가장 크게 나와야 하며, 나머지 두 개의 검사와는 상관이 높아서는 안된다. 만약 필자의 검사가 독해력검사와 가장 높은 상관을 보였다면, 필자가 개발한 검사는 내용적으로 타당할지는 몰라도(심리학 문항을 포함하였으므로), 검사점수가 심리학 지식보다는 독해력과 더 큰 관련성을 보이므로 구성 타당도를 확보했다고 할 수 없다.

구성 타당도 측정을 위한 또 다른 방법은 **유명집단 타당도**를 확인하는 것이다 (Hattie & Cooksey, 1984). 이 방법은 자주 사용되지 않으며, 구성 타당도 측정을 위한 방법이 현실적이지 못할 때에만 사용된다. 유명집단 타당도를 구할 때에는 특성이 다른 것으로 널리 "알려진" 두 집단을 대상으로 검사를 실시한다.

예를 들어 새로 개발된 정직성 검사의 타당도를 확인하고 싶다고 가정해 보자. 이를 위한 최고의 방법은 직원들의 검사점수와 절도, 거짓말과 같은 정직하지 않은 행동 간의 상관을 알아보는 준거 타당도 연구일 것이다. 하지만 문제는 누가 절도를 했고 거짓말을 했는지 알 수가 없다는 것이다. 직원들에게 묻는다 해도 정직하지 않은 사람들이 진실을 말할 가능성은 거의 없다. 이런 경우에는 정직하다고 널리 알려

유명집단 타당도(known-group validity) 타당도 유형 중 하나로, 구성개념의 수준이 대조적인 것으로 널리 "알려진" 유명집단 간의 검사점수를 비교함

진 집단(종교인)과 정직하지 않은 것으로 유명한 집단(범죄자)에게 검사를 실시하여 타당화시킬 수 있다.

두 집단에 검사를 실시하면 종교인의 점수가 범죄자들의 점수보다 높다는 것을 확인할 수 있다. 하지만 이를 통해 이 정직성 검사가 반드시 타당하다고 말할 수는 없다. 이 검사에 대해 유명집단 타당도는 확보했다고 말할 수는 있겠지만, 다른 종류의 타당도가 반드시 충족되었다고 할 수는 없다. 이 검사가 직원의 절도행위(준거 타당도)나 정직성(구성 타당도)을 정말로 예측하는 직접 증거는 없다. 이 검사가 실제로는 두 집단의 다른 구성개념(예, 지능)을 측정했을 가능성도 있기 때문이다. 따라서 유명집단 타당도를 해석할 때에는 알려진 집단 간의 검사점수 차이가 없었다면 그 검사는 타당하지 않은 것이고, 만약 점수에 차이가 있었다고 해도 타당도를 확실히 보장하는 것은 아니라고 해석하는 것이 좋다.

유명집단 타당도는 일반적으로 검사의 타당도를 입증하기 위한 방법으로 쓰이지 않지만, 일부 검사 회사는 유명집단 타당도를 통해 본인들의 검사가 타당하다며 판매하는 경우가 있기 때문에 주의해야 한다. 인사전문가인 Jeff Rodgers는 은행원 선발용으로 사용할 검사에 대한 평가를 부탁받은 적이 있다. 그 검사에 관한 연구결과는 "100개가 넘는 타당도 연구를 통해 검증"되었기 때문에 매우 인상적인 것처럼 보였다. 의심스러웠던 Rodgers는 연구의 복사본을 요청하였다. 몇 달간의 "지속적인 연락" 끝에 Rodgers는 타당도 연구 결과를 얻을 수 있었다. 살펴본 결과, 대부분의 연구는 유명집단 방법을 사용하여 종교인과 같은 집단의 점수를 비교하였다. 은행원의 수행을 예측하는 준거 타당도를 검증한 연구는 단 한 개도 없었다. 따라서 검사가 타당하다고 홍보물에 나와 있더라도, 검사의 타당도 연구에 대한 사본을 확보하는 것이 중요하다.

타당도 측정을 위한 방법 선택

타당도 측정을 위해 자주 사용되는 세 가지 방법이 있으므로 어떤 방법이 "최선"의 방법인지 질문을 할 수 있다. 대부분의 심리학 연구에서처럼 정답은 "상황에 따라 다르다"는 것이다. 말 그대로 상황에 따라 다를 수 있으며, 타당도 연구를 통해 얻으려고 하는 것이 무엇인가에 따라 다를 수도 있다. 만약 직원의 수행을 예측하는 데 검사가 유용한가를 알고 싶다면 내용 타당도 연구를 일반적으로 실시하지만, 만약 충분한 직원이 확보된 상태에서 수행을 잘 측정한 데이터가 있다면 준거 타당도 연구 또한 실시할 수 있다.

내용 타당도 검증 단계에서 필자는 조직에게 "옆집 사람 규칙"을 사용할 것을 조언한다. 이것은 "만약 내 옆집 사람이 배심원이고 내가 사용하는 검사의 정당성을 입증해야 한다면, 내용 타당도가 충분한가?"를 스스로에게 묻는 것이다. 예를 들어 어떤 사무직에 대한 직무분석을 통해 타이핑하기, 문서 기록하기, 전화 응대하기가 주요 업무라는 사실을 확인했다고 가정해 보자. 이에 따라 표준화된 타이핑 검사와 문서기록 검사를 구입하였다. 이러한 검사와 사무직원들의 수행 간의 상관은 매우 당연하기 때문에 배심원 설득을 위한 준거 타당도 연구는 따로 필요 없다. 하지만 경찰관의 직무분석을 통해 압박감 속에서 결단을 내리는 것이 중요한 업무 중 하나임을 확인한 후, 이를 위해 간디 비판적 사고 검사(Gandy Critical Thinking Test)를 구입한 경우의 예를 들어 보자. 이 경우에는 이 검사와 압박감 속에서 결단을 내리는 능력 간의 관계가 당연하다고 받아들여지기 어렵기 때문에, 준거 타당도 검증 연구가 필요하다.

왜 준거 타당도 검증 연구를 항상 실시하지 않는 것일까? 유의미한 타당도 계수를 입증하는 것은 중요한 일이다. 하지만 타당도 연구를 실시할 때에는 위험이 존재한다. 만약 준거 타당도 연구를 실시하였는데, 타당도 계수가 유의미하지 못한 상태에서 검사도구가 법정 공방으로까지 이어졌다면 문제가 될 가능성이 크다. 유의미한 타당도 계수를 얻기 위해서는 여러 가지를 해야 한다. 좋은 검사와 좋은 수행 측정치가 필요하고, 충분한 표본 수도 필요하다. 게다가 대부분의 타당도 계수는 작게 나온다(.20~.30). 평가 전문가들은 이러한 작은 상관의 효용성에 대해 이해를 하지만, 배심원이나 정부기관이 상관계수의 범위는 0부터 1까지이며, 계수 값이 .20인 검사는 변량의 4%를 말한다는 것을 설명하면 그들을 설득하는 것이 어려워질 수 있다.

마지막으로, 하나의 검사는 그 자체로서 타당한 경우는 없다. 일반적으로 타당도에 대해 이야기할 때에는 특정 직무와 관련되어 있는 **검사점수**의 타당도에 대해 이야기하는 것이다. 어떤 검사가 상담사의 수행을 예측할 때에는 타당하다고 하더라도, 신발 판매원의 수행을 예측할 때에는 타당하지 못할 수 있다. 따라서 검사가 타당하다는 것은 특정한 직무와 특정한 준거에 대해서만 타당하다는 것을 의미한다. 어떠한 검사도 모든 직무와 모든 준거에 대해 타당할 수는 없다.

안면 타당도

안면 타당도(face validity) 일반인이 보기에 검사가 타당해 보인다고 느끼는 정도

안면 타당도는 **선발절차 공통지침서**(*Uniform Guidelines on Employee Selection Procedures*)에서 밝힌 검사 타당도의 세 가지 주요 방법은 아니지만 여전히 중요한 주제이다. **안면 타당도**란 일반인들이 보기에 해당 검사가 직무와 관련성이 있는 것처럼 보이는가에 대한 것이다. 검사나 검사 문항이 타당하지 않게 보인다면 검사 응시자와 관리자 모두 결과에 대한 확신이 없기 때문에 이러한 인식은 중요하다. 만약 입사지원자가 검사가 직무와 관련성이 별로 없다고 생각한다면, 공정성에 대한 인식이 떨어지고 검사에 잘 응시해야 겠다는 동기 또한 떨어진다(Hausknecht, Day, & Thomas, 2004). 마찬가지로 만약 종업원들을 대상으로 대인관계 향상을 위한 훈련 중 성격검사를 실시했고 결과를 받았는데, 결과에 나온 성격 프로파일이 정확해 보이지 않는다면 이들은 성격검사 점수를 사용하거나 변화해야 되겠다는 동기가 생기지 않을 것

이다.

안면 타당도의 중요성은 다양한 연구를 통해 입증되었다. 예를 들어 Chan, Schmitt, DeShon, Clause, Delbridge(1997)는 안면 타당도는 응시에 대한 동기를 높여서 검사 수행을 높이는 것을 발견하였다. 따라서 안면 타당도는 지원자들에게 해당 검사를 응시해야겠다고 동기부여시킨다. 지원자들에 의해 안면 타당도가 있다고 인식된 검사는 법정 공방으로 이어질 가능성도 적으며(Rynes & Connerley, 1993), 고용 단계에서 지원자의 철회 수도 줄어들고(Thornton, 1993), 지원자가 일자리 제의를 받아들일 가능성도 증가시킨다(Hoff Macan, Avedon & Paese, 1994). 안면 타당도가 있는 검사의 한 가지 단점은 정답이 확연하기 때문에 지원자가 속이려고 시도할 수 있다는 것이다. 예를 들어, 대학원 입시에서 향학열을 측정하는 것으로 보이는 검사를 받는다면, 지원자들은 무조건 학문에 열정적인 사람인 것처럼 응답하려고 할 것이다.

지원자에게 검사와 직무수행이 어떻게 관련되어 있는지 설명해 주거나(Lounsbury, Bobrow & Jensen, 1989), 검사를 멀티미디어 형식으로 실시하면(Richman-Hirsch, Olson-Buchanan & Drasgow, 2000) 안면 타당도와 검사결과에 대한 수용도를 증가시킬 수 있다. 검사 결과에 대한 수용도는 지원자가 검사 수행결과에 대해 정직한 피드백을 받고 검사 관리자로부터 존중을 받았을 때 또한 증가한다(Gilliland, 1993).

하지만 검사가 안면 타당도를 확보했다고 해서 그 검사가 정확하고 유용하다는 것을 의미하는 것은 아니다(Jackson, O'Dell, & Olson, 1982). 예를 들어 별자리에 따른 성격에 대한 책을 읽어보면 당신의 성격에 대한 묘사가 상당히 정확하다고 생각할 수 있다. 그러나 이것이 별자리 예언이 정확하다는 것을 의미하는 것은 아니다. 만약 당신의 별자리가 아닌 다른 별자리에 기반한 성격 묘사를 읽어 봐도, 당신의 별자리 성격 묘사처럼 당신에게 잘 들어 맞음을 알 수 있다. 왜 그럴까? 이는 진술의 내용이 일반적이라서 거의 모든 사람에게 해당되는 **바넘 진술**이기 때문이다(Dickson & Kelly, 1985). 예를 들어 "당신은 때로는 슬픔을 느끼지만, 때로는 성공감을 느끼며, 친한 친구와 어울리지 않을 때도 있습니다"라는 묘사는 매우 정확하게 보일 것이다. 하지만 이런 묘사는 거의 모든 사람들에게 해당된다. 따라서 안면 타당도 자체만으로는 충분하다고 할 수 없다.

바넘 진술(Barnum statements) 별자리 예언과 같이 너무 일반적이라서 거의 모든 사람에게 해당되는 진술문

신뢰도와 타당도 정보 알아내기

앞에서 신뢰도와 타당도를 측정하는 다양한 방법을 논하였다. HR 분야에서 일하면 결국 어떤 방식으로든 검사를 실시하는 업무에 관여하게 될 테지만, 검사의 신뢰도와 타당도를 직접 연구하게 되는 경우는 매우 드물 것이다. 그렇다면 신뢰도와 타당도에 대한 정보는 어디서 얻을 수 있을까? 많은 대학 도서관의 참고문헌 섹션에서 신뢰도와 타당도 정보를 갖춘 우수한 자료를 얻을 수 있다.

검사 정보의 가장 일반적인 출처는 **심리측정연감*(MMY, 제19판)*이다**(Carlson, Geisinger, & Jonson, 2014). 여기에는 2,700건 이상의 심리검사에 대한 정보 및 검사 전문가들의 리뷰를 담고 있다. 아마도 방문하는 도서관에서 *MMY*에 온라인으로 접속할 수 있을 것이다. *Test in Print VIII*(Murphy, Geisinger, Carlson, & Spies, 2011)라는 책에서 또한 우수한 정보를 얻을 수 있다.

비용 효율성

만약 하나 이상의 검사들이 비슷한 타당도를 보인다면 비용을 고려해야 한다. 예를 들어, 경찰관을 선발하려 한다면 Wonderlic Personnel Test나 웩슬러 성인 지능검사(WAIS) 등 인지능력 검사를 사용하는 것이 일반적이다. 두 검사 모두 비슷한 신뢰도와 타당도를 가지지만, Wonderlic 검사의 비용은 지원자당 몇 달러밖에 되지 않으며, 집단 단위로 실행할 수 있고, 12분밖에 소요되지 않는다. WAIS의 경우 개별 피험자 단위로 실행해야 하며, 인당 최소 한 시간이 소요된다. 또한 지원자당 100달러 이상의 비용이 든다. 타당도가 비슷하다는 점을 고려한다면, 무엇이 나은 선택인지를 알아내는 데 산업 및 조직심리학자가 필요하지는 않다. 이 같은 조건이 명확하지 않은 상황이라면 최적의 검사를 선택하기 위해 차후 논의할 효용성 공식을 사용할 수 있다.

일반적으로 검사는 개별 지원자 혹은 지원자들 집단 전체에 시행하기 위해 설계된다. 집단 검사는 보통 개별 검사보다 저렴하고 효율적이나, 집단 검사에서는 중요한 정보가 손실될 수 있다. 예를 들어, 개별적인 인지 검사를 실시하는 이유 중 하나는 개인이 문제를 해결하고 질문에 대답하는 **방식**을 관찰하고자 함이다. 집단 검사를 실시할 경우에는 오직 정답에만 점수를 매길 수 있다.

인터넷이나 원거리의 검사 장소에서 검사를 실행하는 조직이 늘어나고 있다. 컴퓨터 사용 검사를 시행할 경우, 지원자는 온라인으로 검사를 치르게 된다. 컴퓨터가 검사를 채점하고, 즉시 검사 결과와 해석을 볼 수 있다. 온라인 검사가 검사 비용을 낮추고, 피드백 시간을 줄이며, 검사를 치른 사람들이 높이 신뢰하는 결과를 산출하기 때문에, 많은 공공기관 및 사기업에서 이 방법으로 전환하고 있다. 많은 정부 기관에서 지원자들을 멀리 이동시켜 한 장소에서 검사를 치르게 하는 것보다 집에서 컴퓨터로 치르도록 하여 비용을 획기적으로 절약하였다. 이렇게 해서 효율성이 증가했어도 타당도를 감소시키지는 않았다. 앞에서 언급한 것처럼, 컴퓨터로 시행한 검사가 전통적인 지필검사 형태로 시행했을 때와 비슷한 결과를 낳기 때문이다.

컴퓨터 조절검사는 일반적으로 사용되고 있는 컴퓨터 검사의 종류이다. 실제로 미국 수능시험(SAT)이 컴퓨터 조절검사 방식으로 시행된다. 컴퓨터 조절검사에서는 컴퓨터가 응시자의 이전 질문에 대한 응답 결과에 기반하여 다음 질문을 "조절"한다. 예를 들어, 만약 검사 응시자가 세 개의 곱셈 문제를 잇달아 해결하였다면, 컴퓨터는 추가적으로 일곱 개의 곱셈 문제를 내어 시간을 낭비하는 대신 다른 종류의 수학 문제를 출제할 것이다. 컴퓨터 조절검사를 치를 때, 컴퓨터는 중간 난이도의 질문을 먼저 제시한다. 응시자가 초기 문제들에 올바르게 응답하면, 컴퓨터는 보다 어려운 질문을 제시한다. 만약 틀리게 응답할 경우 다시 보다 쉬운 질문을 제시한다. 간단한 질문(예, 덧셈, 뺄셈 등)에 대답할 수 없는 응시자에게 기하학이나 대수학 문제를 출제할 필요는 없다는 것이 컴퓨터 조절검사의 배경 논리이다. 이 방법의 이점은 검사 문항이 적게 필요하며, 적은 시간이 소요되고, 지원자의 능력에 대한 정교한 구분이 가능함은 물론, 응시자가 즉시 피드백을 받을 수 있다는 것이다. 또한 검사 점수는 맞은 문항의 개수로만 해석되는 것이 아니라, 옳게 응답한 질문에 기반하여 해석될 수 있다.

선발도구의 유용성 확립

신뢰도와 타당도를 모두 갖춘 검사라고 해도 꼭 유용하다고 할 수는 없다. 처음에는 이것이 잘 이해되지 않을 수 있다. 패스트푸드 체인점에서 일할 직원을 선발하는 데 타당한 것으로 증명된 검사를 생각해보자. 100개의 자리가 있고, 이 자리에 100명의 구직자가 지원한다고 가정한다면, 회사는 모든 지원자를 고용해야 하기 때문에 타당한 검사라고 해도 쓸모가 없을 것이다.

또 다른 예로, 어떤 회사가 수행을 예측하는 뛰어난 검사를 이미 갖고 있는 경우를 생각해보자. 이 경우 기존의 검사가 훌륭하게 작동하여 현재 직원들이 모두 성공적인 수행을 보이거나 이 회사가 우수한 훈련 프로그램을 갖고 있어서 직원들이 모두 성공적인 수행을 보이고 있다면, 어떤 새로운 검사가 아무리 타당하다고 해도 이를 새롭게 도입해서 써야 할 유용성이 없어진다.

모든 상황에서 검사의 유용성을 가늠하기 위한 공식과 표가 개발되었다. 각 공식과 표는 고용주에게 약간씩 다른 정보를 제공한다. 테일러-러셀 표는 검사를 적용할 경우 성공적인 직원의 비율 추정치를 제공한다(조직 전체의 성공). 기대 **차트**와 **로쉬 표**는 모두 검사 점수에 기반하여 특정 응시자의 성공 확률을 제공한다(개인의 성공). **유용성 공식**을 사용하면 새로운 검사 절차를 도입할 경우 절약할 수 있는 비용을 계산할 수 있다.

테일러-러셀 표

테일러-러셀 표(Taylor & Russell, 1939)는 조직에서 특정 검사를 사용할 경우 성공적으로 직무를 수행할 수 있는 미래 직원의 비율을 추산할 수 있도록 설계되었다. 테

테일러-러셀 표(Taylor-Russell tables) 선발률, 기저율, 검사 타당도에 기반해서, 어떤 검사를 사용했을 때 성공적으로 직무를 수행할 미래 직원의 비율을 추산하는 표

일러-러셀 표의 철학은 (1) 검사가 타당하고, (2) 조직에서 뽑으려는 자리보다 지원자의 수가 많아서 선별적인 선발이 가능하며, (3) 많은 직원들이 현재 잘 수행하고 있지 못할수록 검사의 유용성이 높아진다는 것이다. 테일러-러셀 표를 사용하기 위해서는 위 세 가지 정보를 반드시 얻어야 한다.

첫 번째로 필요한 정보는 **준거 타당도 계수**이다. 이 타당도 계수는 두 가지 방법으로 구할 수 있다. 가장 우수한 방법은 검사점수와 직무수행 측정치 간의 상관을 구해서 준거 타당도 연구를 실제로 실시하는 것이다. 그러나 종종 조직에서는 준거 타당도를 연구하는 데 시간과 비용을 들이기 전에 검사가 유용한지 여부를 알고자 한다. 이런 경우에는 타당도 일반화가 유용하게 쓰일 수 있다. Schmidt와 Hunter(1998) 등 여러 연구자들의 연구결과에 기반하여 우리는 다양한 선발방법들의 전형적인 타당도 계수에 대한 정보를 앞 장의 표 5.2에 제시한 바 있다. 회사에서는 이 정보를 활용하여 타당도 계수를 얻을 수 있다. 이 타당도 계수가 높을수록 검사가 유용할 가능성이 높다.

선발률(selection ratio) 지원자 중에서 합격한 사람의 비율

두 번째로 반드시 얻어야 할 정보는 **선발률**이다. 선발률은 지원자 중에서 합격한 사람의 비율이다. 이 비율은 다음 공식을 통해 결정된다.

$$선발률 = \frac{합격자\ 수}{지원자\ 수}$$

선발률이 낮을수록 검사의 잠재적인 유용성은 높다.

기저율(base rate) 성공적인 직무수행을 보이고 있는 현재 직원의 비율

마지막으로 필요한 정보는 현재 수행 수준에 관한 **기저율**이다. 이는 현재 직무를 수행하고 있는 직원 중 성공적인 직무수행을 보이고 있는 직원의 비율이다. 이 수치는 보통 한두 가지 방법으로 얻을 수 있다. 첫 번째 방법은 가장 간단하지만 가장 정확하지 않은 방법으로, 직원들을 재직기간이나 수행과 같은 준거 점수에 기반하여 두 개의 집단으로 구분한다. 이 방법을 이용하면 직원들의 반을 만족스러운 수준으로 간주하기 때문에 기저율은 항상 .50이 된다.

적절한 사람을 고용하여 실수를 예방하는 것은 조직의 비용을 절감할 수 있다.

표 6.4 테일러-러셀 표

기저율	r	.05	.10	.20	.30	.40	.50	.60	.70	.80	.90	.95
10%	.00	.10	.10	.10	.10	.10	.10	.10	.10	.10	.10	.10
	.10	.14	.13	.13	.12	.12	.11	.11	.11	.11	.10	.10
	.20	.19	.17	.15	.14	.14	.13	.12	.12	.11	.11	.10
	.30	.25	.22	.19	.17	.15	.14	.13	.12	.12	.11	.10
	.40	.31	.27	.22	.19	.17	.16	.14	.13	.12	.11	.10
	.50	.39	.32	.26	.22	.19	.17	.15	.13	.12	.11	.11
	.60	.48	.39	.30	.25	.21	.18	.16	.14	.12	.11	.11
	.70	.58	.47	.35	.27	.22	.19	.16	.14	.12	.11	.11
	.80	.71	.56	.40	.30	.24	.20	.17	.14	.12	.11	.11
	.90	.86	.69	.46	.33	.25	.20	.17	.14	.12	.11	.11
20%	.00	.20	.20	.20	.20	.20	.20	.20	.20	.20	.20	.20
	.10	.26	.25	.24	.23	.23	.22	.22	.21	.21	.21	.20
	.20	.33	.31	.28	.27	.26	.25	.24	.23	.22	.21	.21
	.30	.41	.37	.33	.30	.28	.27	.25	.24	.23	.21	.21
	.40	.49	.44	.38	.34	.31	.29	.27	.25	.23	.22	.21
	.50	.59	.52	.44	.38	.35	.31	.29	.26	.24	.22	.21
	.60	.68	.60	.50	.43	.38	.34	.30	.27	.24	.22	.21
	.70	.79	.69	.56	.48	.41	.36	.31	.28	.25	.22	.21
	.80	.89	.79	.64	.53	.45	.38	.33	.28	.25	.22	.21
	.90	.98	.91	.75	.60	.48	.40	.33	.29	.25	.22	.21
30%	.00	.30	.30	.30	.30	.30	.30	.30	.30	.30	.30	.30
	.10	.38	.36	.35	.34	.33	.33	.32	.32	.31	.31	.30
	.20	.46	.43	.40	.38	.37	.36	.34	.33	.32	.31	.31
	.30	.54	.50	.46	.43	.40	.38	.37	.35	.33	.32	.31
	.40	.63	.58	.51	.47	.44	.41	.39	.37	.34	.32	.31
	.50	.72	.65	.58	.52	.48	.44	.41	.38	.35	.33	.31
	.60	.81	.74	.64	.58	.52	.47	.43	.40	.36	.33	.31
	.70	.89	.62	.72	.63	.57	.51	.46	.41	.37	.33	.32
	.80	.96	.90	.80	.70	.62	.54	.48	.42	.37	.33	.32
	.90	1.00	.98	.90	.79	.68	.58	.49	.43	.37	.33	.32
40%	.00	.40	.40	.40	.40	.40	.40	.40	.40	.40	.40	.40
	.10	.48	.47	.46	.45	.44	.43	.42	.42	.41	.41	.40
	.20	.57	.54	.51	.49	.48	.46	.45	.44	.43	.41	.41
	.30	.65	.61	.57	.54	.51	.49	.47	.46	.44	.42	.41
	.40	.73	.69	.63	.59	.56	.53	.50	.48	.45	.43	.41
	.50	.81	.76	.69	.64	.60	.56	.53	.49	.46	.43	.42
	.60	.89	.83	.75	.69	.64	.60	.55	.51	.48	.44	.42
	.70	.95	.90	.82	.76	.69	.64	.58	.53	.49	.44	.42
	.80	.99	.96	.89	.82	.75	.68	.61	.55	.49	.44	.42
	.90	1.00	1.00	.97	.91	.82	.74	.65	.57	.50	.44	.42
50%	.00	.50	.50	.50	.50	.50	.50	.50	.50	.50	.50	.50
	.10	.58	.57	.56	.55	.54	.53	.53	.52	.51	.51	.50
	.20	.67	.64	.61	.59	.58	.56	.55	.54	.53	.52	.51
	.30	.74	.71	.67	.64	.62	.60	.58	.56	.54	.52	.51
	.40	.82	.78	.73	.69	.66	.63	.61	.58	.56	.53	.52
	.50	.88	.84	.76	.74	.70	.67	.63	.60	.57	.54	.52
	.60	.94	.90	.84	.79	.75	.70	.66	.62	.59	.54	.52

(계속)

표 6.4 테일러-러셀 표(계속)

기저율	r	.05	.10	.20	.30	.40	.50	.60	.70	.80	.90	.95
	.70	.98	.95	.90	.85	.80	.75	.70	.65	.60	.55	.53
	.80	1.00	.99	.95	.90	.85	.80	.73	.67	.61	.55	.53
	.90	1.00	1.00	.99	.97	.92	.86	.78	.70	.62	.56	.53
60%	.00	.60	.60	.60	.60	.60	.60	.60	.60	.60	.60	.60
	.10	.68	.67	.65	.64	.64	.63	.63	.62	.61	.61	.60
	.20	.75	.73	.71	.69	.67	.66	.65	.64	.63	.62	.61
	.30	.82	.79	.76	.73	.71	.69	.68	.66	.64	.62	.61
	.40	.88	.85	.81	.78	.75	.73	.70	.68	.66	.63	.62
	.50	.93	.90	.86	.82	.79	.76	.73	.70	.67	.64	.62
	.60	.96	.94	.90	.87	.83	.80	.76	.73	.69	.65	.63
	.70	.99	.97	.94	.91	.87	.84	.80	.75	.71	.66	.63
	.80	1.00	.99	.98	.95	.92	.88	.83	.78	.72	.66	.63
	.90	1.00	1.00	1.00	.99	.97	.94	.88	.82	.74	.67	.63
70%.	.00	.70	.70	.70	.70	.70	.70	.70	.70	.70	.70	.70
	.10	.77	.76	.75	.74	.73	.73	.72	.72	.71	.71	.70
	.20	.83	.81	.79	.78	.77	.76	.75	.74	.73	.71	.71
	.30	.88	.86	.84	.82	.80	.78	.77	.75	.74	.72	.71
	.40	.93	.91	.88	.85	.83	.81	.79	.77	.75	.73	.72
	.50	.96	.94	.91	.89	.87	.84	.82	.80	.77	.74	.72
	.60	.98	.97	.95	.92	.90	.87	.85	.82	.79	.75	.73
	.70	1.00	.99	.97	.96	.93	.91	.88	.84	.80	.76	.73
	.80	1.00	1.00	.99	.98	.97	.94	.91	.87	.82	.77	.73
	.90	1.00	1.00	1.00	1.00	.99	.98	.95	.91	.85	.78	.74
80%	.00	.80	.80	.80	.80	.80	.80	.80	.80	.80	.80	.80
	.10	.85	.85	.84	.83	.83	.82	.82	.81	.81	.81	.80
	.20	.90	.89	.87	.86	.85	.84	.84	.83	.82	.81	.81
	.30	.94	.92	.90	.89	.88	.87	.86	.84	.83	.82	.81
	.40	.96	.95	.93	.92	.90	.89	.88	.86	.85	.83	.82
	.50	.98	.97	.96	.94	.93	.91	.90	.88	.86	.84	.82
	.60	.99	.99	.98	.96	.95	.94	.92	.90	.87	.84	.83
	.70	1.00	1.00	.99	.98	.97	.96	.94	.92	.89	.85	.83
	.80	1.00	1.00	1.00	1.00	.99	.98	.96	.94	.91	.87	.84
	.90	1.00	1.00	1.00	1.00	1.00	1.00	.99	.97	.94	.88	.84
90%	.00	.90	.90	.90	.90	.90	.90	.90	.90	.90	.90	.90
	.10	.93	.93	.92	.92	.92	.91	.91	.91	.91	.90	.90
	.20	.96	.95	.94	.94	.93	.93	.92	.92	.91	.91	.90
	.30	.98	.97	.96	.95	.95	.94	.94	.93	.92	.91	.91
	.40	.99	.98	.98	.97	.96	.95	.95	.94	.93	.92	.91
	.50	1.00	.99	.99	.98	.97	.97	.96	.95	.94	.92	.92
	.60	1.00	1.00	.99	.99	.99	.98	.97	.96	.95	.93	.92
	.70	1.00	1.00	1.00	1.00	.99	.99	.98	.97	.96	.94	.93
	.80	1.00	1.00	1.00	1.00	1.00	1.00	.99	.99	.97	.95	.93
	.90	1.00	1.00	1.00	1.00	1.00	1.00	1.00	1.00	.99	.97	.94

출처: "The relationship of validity coefficients to the practical effectiveness of tests in selection: Discussion and tables," by H. C. Taylor and J. T. Russell, 1939, *Journal of Applied Psychology*, 23, 565-578.

두 번째 방법은 보다 의미 있는 방법으로, 어떤 준거 점수를 정해서 이보다 위에 있는 직원들을 모두 성공적이라고 보는 방식이다. 예를 들어, 어느 부동산 중개 업체에서 한 직원당 70만 달러 이상은 팔아야만 훈련비과 운영비를 감하고도 업체에 이익을 가져다 준다고 가정해 보자. 그렇다면 70만 달러 이상을 판 직원은 회사에 돈을 벌어다 주는 것이므로 성공적인 직원이라고 간주할 수 있는 반면, 70만 달러보다 적게 판 직원은 실패라고 간주할 수 있다. 직원이 벌어들인 돈보다 회사가 지출한 돈이 더 많기 때문이다. 해당 예에서는 직원의 성패를 가를 수 있는 명료한 준거 점수가 존재한다. 그러나 대부분의 경우에는 이 같은 준거점이 존재하지 않는다. 이러한 경우에는 관리자들이 주관적으로 직원의 성공과 실패를 나누는 준거점을 선택하게 된다.

타당도와 선발률, 기저율을 얻고 나면, 테일러–러셀 표를 참고할 수 있다(표 6.4). 테일러–러셀 표를 사용하는 방법을 이해하기 위해 다음의 예를 살펴보자. 검사 타당도가 .40, 선발률이 .30, 기저율이 .50이라고 할 때, 먼저 차트의 맨 윗부분에서 선발률이 .30인 열을 찾는다. 그다음 차트의 맨 왼쪽에서 기저율 .50에 해당하는 50% 블록을 찾는다. 끝으로, 해당 블록의 왼쪽 첫 번째 열에서 타당도(r) .40인 행을 찾으면 만나는 지점에서 .69를 얻을 수 있다. 이것은 만약 조직이 이 검사를 사용한다면, 미래 직원의 69%가 성공적인 직무수행을 보일 것으로 추정된다는 것을 의미한다. 이 수치는 기존의 기저율인 .50과 비교했을 때, 성공적인 직원 수를 38% 증가시킨 것이다(.69 – .50 – .19; .19 ÷ .50 = .38).

정확결정 비율

정확결정 비율을 얻는 일은 테일러–러셀 표에 비해 쉽지만 정확도가 떨어진다. 정확결정 비율을 얻기 위해서는 오직 직원의 검사점수와 준거점수 정보가 필요하다. 각 직원으로부터 구한 두 점수는 그림 6.1에 제시된 것과 같은 차트에 그래프로 표시된다. y축(준거점수)에 표시된 선은 성공적인 직무수행의 최하점을 표시하는 기준선이며, x축(검사점수)에 표시된 선은 채용된 지원자의 검사점수에서의 최하점(합격점)을 나타낸다. 보이는 것과 같이, 이 선들은 점수들을 사분면으로 나눈다. 일사분면에 위치한 점들은 검사에서 낮은 점수를 받았지만 직무수행이 우수했던 경우이다. 이사분면의 점들은 검사에서 높은 점수를 받았음은 물론 직무수행 또한 우수했던 직원에 해당한다. 삼사분면의 점들은 검사에서 높은 점수를 받았으나 직무수행이 좋지 않았던 직원이다. 마지막으로 사사분면의 점들은 검사에서 낮은 점수를 받았음은 물론, 직무수행 또한 좋지 않았던 직원에 해당한다.

만약 검사가 수행을 잘 예측한다면, 더 많은 점들이 이사분면과 사사분면에 위치할 것이다. 다른 두 사분면에 위치하는 점들은 "예측에서의 실패"를 의미하기 때문이다. 즉, 일사분면과 삼사분면에서는 검사점수와 준거점수가 상응하지 않는다.

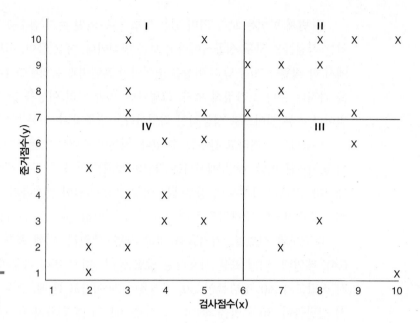

그림 6.1
정확결정 비율 계산하기

검사의 효과성을 계산하기 위해서는 각 사분면에 있는 점들의 수를 더하고, 다음의 공식을 사용한다:

이사분면과 사사분면에 있는 점의 수 ÷ 모든 사분면에 있는 점의 수

여기서 얻은 숫자는 향후 정확한 선발 결정을 내리는 횟수의 비율을 의미한다. 이것이 개선이었는지를 판단하기 위해서 다음 공식을 사용한다:

일사분면과 이사분면에 있는 점의 수 ÷ 모든 사분면에 있는 점의 수

만약 첫 공식에서 얻은 비율이 두 번째 공식에서 얻은 비율보다 높다면, 새로 도입하려는 검사는 선발 정확성을 증가시킬 것이다. 만약 그렇지 않다면, 현재 사용하고 있는 검사를 고수하는 편이 나을 것이다.

일례로, 그림 6.1을 다시 살펴보자. 일사분면에 5개의 점이 있으며, 이사분면에 10개, 삼사분면에 4개, 사사분면에 11개가 있다. 미래에 정확할 것으로 기대하는 횟수의 비율은 다음과 같을 것이다.

$$\frac{\text{II} + \text{IV}}{\text{I} + \text{II} + \text{IV}} = \frac{10 + 11}{5 + 10 + 4 + 11} = \frac{21}{30} = .70$$

이 수치를 기존에 사용하고 있는 선발 검사와 비교하기 위해, 만족할 만한 수행의 기저율을 계산한다.

$$\frac{\text{I} + \text{II}}{\text{I} + \text{II} + \text{III} + \text{IV}} = \frac{5 + 10}{5 + 10 + 4 + 11} = \frac{15}{30} = .50$$

새로운 검사를 사용하는 것은 기존에 사용하던 검사에 비해 선발의 정확성을 40% 증가시키는 결과를 가져올 수 있다(.70 – .50 = .20; .20 ÷ .50 = .40).

로쉬 표

테일러-러셀 표는 어떤 검사의 전체적인 영향력을 평가할 수 있도록 고안되었다. 그러나 종종 **특정 지원자**가 성공적일 확률을 알아야 할 필요가 있다. **로쉬 표**는 정확히 이 점을 해결하기 위해 개발되었다(Lawshe, Bolda, & Auclair, 1958). 로쉬 표를 사용하기 위해서는 세 가지 정보가 필요하다. 테일러-러셀 표에서 사용한 것과 같은 타당도 계수와 기저율이 필요하며, 세 번째 정보는 지원자의 검사 점수이다. 보다 세부적으로, 지원자의 점수가 최상위 20%인지, 차상위 20%인지, 중위 20%인지, 차하위 20%인지, 아니면 최하위 20%에 해당하는지에 대한 정보가 필요하다.

표 6.5 로쉬 개인 예측 표

| 기저율 | r | 선발검사에서의 지원자 점수 | | | | |
		최상위 20%	차상위 20%	중위 20%	차하위 20%	최하위 20%
30%	.20	40	34	29	26	21
	.30	46	35	29	24	16
	.40	51	37	28	21	12
	.50	58	38	27	18	09
	.60	64	40	26	15	05
40%	.20	51	45	40	35	30
	.30	57	46	40	33	24
	.40	63	48	39	31	19
	.50	69	50	39	28	14
	.60	75	53	38	24	10
50%	.20	61	55	50	45	39
	.30	67	57	50	43	33
	.40	73	59	50	41	28
	.50	78	62	50	38	22
	.60	84	65	50	35	16
60%	.20	71	63	60	56	48
	.30	76	66	61	54	44
	.40	81	69	61	52	37
	.50	86	72	62	47	25
	.60	90	76	62	47	25
70%	.20	79	75	70	67	59
	.30	84	78	71	65	54
	.40	88	79	72	63	49
	.50	91	82	73	62	42
	.60	95	85	74	60	36

주: 선발 검사에서 특정 점수대를 받은 지원자가 성공적인 직무수행을 보일 확률

출처: "Expectancy charts II: Their theoretical development," C. H. Lawshe and R. A. Brune, 1958, *Personnel Psychology*, 11, 545–599.

일단 세 정보 모두를 얻고 나면, 표 6.5에 보이는 로쉬 표를 사용하게 된다. 앞선 예에서 기저율은 .50, 타당도는 .40이었다. 어떤 지원자가 10명 중 세 번째로 높은 점수를 받았다고 하자. 이 지원자가 10명 중 세 번째로 높은 점수를 받았으면 차상위 20%에 해당하므로, 먼저 표의 맨 위에서 차상위 20% 열을 찾는다. 다음으로 표의 맨 왼쪽에서 .50의 기저율 블럭을 찾는다. 끝으로 해당 블록의 맨 왼쪽 열에서 타당도(r) 값이 .40과 만나는 지점을 보면 59를 찾을 수 있다. 이것은 해당 지원자가 성공적인 직무수행을 보일 확률이 59%임을 의미한다.

브로그덴–크론바흐–글레저 효용성 공식

주어진 상황에서 검사의 가치를 판단할 수 있는 또 다른 방법은 만약 어떤 검사를 직원을 선발하는 데 사용할 경우 조직이 절약할 수 있는 돈의 액수를 계산하는 것이다. 다행히도, 산업 및 조직심리학자들은 조직이 절약할 수 있는 금액을 비교적 간단하게 추산할 수 있는 **효용성 공식**을 고안한 바 있다. 이 공식을 사용하기 위해서는 다섯 가지 정보를 알아야 한다.

효용성 공식(utility formula) 특정 선발 시스템을 사용했을 때 조직이 얻을 수 있는 이익의 정도를 추정하는 공식

1. 매년 고용되는 직원의 수(n). 이 수치는 쉽게 결정할 수 있다. 이는 단순히 매해 해당 직책에 고용되는 종업원의 수를 말한다.

2. 평균 재직기간(t). 이는 해당 직책의 직원들이 회사에 재직하는 평균 시간이다. 해당 직책의 직원 각각이 회사에 재직하는 시간은 회사의 인사 기록에서 구한다. 각 직원의 **재직기간**을 모두 더한 후, 직원의 총수로 나눈다.

재직기간(tenure) 어떤 직원이 한 회사에서 재직한 시간

3. 검사 타당도(r). 이는 타당도 연구 또는 타당도 일반화를 통해 얻어지는 준거 타당도 계수이다.

4. 달러로 나타낸 직무수행의 표준편차(SD_y). 다년간, 이 수치를 계산하는 데 어려움을 겪었다. 그러나 수행이 정규분포의 형태를 나타내는 직무들에서, 직원들의 평균 수행과 이보다 일 표준편차 정도 더 잘하는 수행 간의 차이를 나타내는 좋은 추정치로서 직원들 연봉의 40% 값을 사용할 수 있다는 점이 밝혀졌다(Hunter & Schmidt, 1982). 이 40% 규칙은 이보다 더 복잡한 방법으로 계산한 값들과 매우 유사한 결과를 도출하였고, 따라서 관리자들은 이 규칙을 더 선호하였다(Hazer & Highhouse, 1997). 이 값을 얻기 위해서는 해당 직책의 종업원들의 전체 연봉을 평균해야 한다,

5. 선발된 지원자들의 표준화시킨 검사점수의 평균값(m). 이 수치는 두 가지 방식 중 하나로 얻어질 수 있다. 첫 번째 방식은 고용된 지원자들과 고용되지 않은 지원자들 모두에게 선발 검사를 실시해서 평균점수를 획득하는 것이다. 고용된 지원자들의 검사점수 평균에서 고용되지 않은 지원자들의 검사점수 평균을 뺀다. 이 차이값을 모든 검사점수들의 표준편차로 나눈다.

예를 들어, 100명의 지원자 집단에게 정신능력 검사를 시행하고, 높은 점수순으로 10명을 고용하기로 했다고 가정하자. 고용된 10명의 지원자들의 검사점수 평균은 34.6이었고, 나머지 탈락한 90명의 지원자들의 검사점수 평균은 28.4였으며, 모든 검사점수의 표준편차는 8.3이었다. 첫 번째 방식을 통해 얻어진 결과는 다음과 같다.

$$\frac{(34.6 - 28.4)}{8.3} = \frac{6.2}{8.3} = .747$$

m을 얻기 위한 두 번째 방식으로 고용된 지원자들의 비율을 계산한 다음, 표 6.6에서 비율을 표준 점수로 환산한 값을 찾는다. 이 방식은 한 회사에서 새로운 검사를 사용하기로 계획하고 있는데, 과거에 고용했던 것을 기반으로 선발률은 알고 있지만 이 새로운 검사는 사용한 적이 없기 때문에 검사점수의 평균값을 알지 못할 때 사용한다. 앞서 설명한 예에서 고용된 지원자들의 비율은 다음과 같다.

$$\frac{\text{고용된 지원자들의 수}}{\text{전체 지원자 수}} = \frac{10}{100} = .10$$

표 6.6에서 선발률 .10과 관련된 표준 점수는 1.76이다. 조직에서 절약할 수 있는 금액을 결정하기 위해 다음과 같은 공식을 사용한다.

절약할 수 있는 금액 (n) (t) (r) (SD_y) (m) – 총검사비용

(지원자 수 × 한 지원자당 소요되는 비용)

예를 들어, 어떤 회사에서 해마다 10명의 감사관을 고용하는데, 이들의 평균 재직기간은 2년이고, 평균 연봉은 30,000달러이며, 이들을 선발할 때 사용한 검사의 타당도 계수는 .30이고, 10개의 자리에 50명이 지원했고, 지원자 1명당 검사비용은 10달러가 들었다고 가정해 보자.

표 6.6 효용성 공식에 따른 선발률 환산표

선발률	m
1.00	.00
.90	.20
.80	.35
.70	.50
.60	.64
.50	.80
.40	.97
.30	1.17
.20	1.40
.10	1.76
.05	2.08

$n = 10$

$t = 2$

$r = .30$

$SD_y = 30{,}000$달러 $\times$ .40 = 12,000달러

$m = 10/50 = .20 = 1.40$(표 6.6에서 선발률 .20은 1.40으로 환산된다)

총검사비용 = 지원자 50명 $\times$ 10달러

위의 공식을 사용하여, 다음과 같은 결과를 얻을 수 있다.

$$(10)\ (2)\ (.30)\ (12{,}000)\ (1.40) - (50)\ (10) = 100{,}300$$달러

이것은 엉터리로 감사관을 선발하는 대신에 이 검사를 사용해서 선발하게 되면, 이 감사관들이 조직에 일반적으로 재직하는 2년 동안 총검사비용을 제외하고도 회사가 100,300달러를 절약할 수 있다는 것을 의미한다. 물론 회사에서 엉터리로 직원들을 선발하는 경우는 거의 없기 때문에, 회사가 현재 사용하고 있는 어떤 선발 방식(인터뷰, 심리검사, 추천서 등)이 있다면 그 선발도구의 타당도를 사용해서 위 공식대로 금액을 계산한 다음에 그 금액을 첫 번째 금액(100,300달러)에서 빼야 한다.

이렇게 추산한 금액은 최고점을 받은 지원자가 합격 통지를 받아들인다는 가정을 기반으로 한 추정치이다. 정확성을 더 높이려면, 변동비, 할인, 법인세율, 전략적 목표의 변화 등의 변수들을 넣고 값을 조정할 필요가 있다(Boudreau, 1983; Russell, Colella, & Bobko, 1993). 흔히 효용성 추정치는 수백만 달러 정도로 나타나기 때문에 관리자들이 추정치 값을 믿지 못한다는 우려가 있었다. 그러나 관리자들이 효용성 추정치들을 긍정적으로 바라보며, 이러한 추정치들이 검사의 효용성을 지지하는 데 사용될 수 있음을 보여주는 연구들도 있다(Carson, Becker, & Henderson, 1998; Hoff, Macan, & Foster, 2004). 직원들이 지속적으로 저조한 직무수행을 보일 때 그것이 초래할 잠재적 비용을 생각해 보면, 이러한 효용성 추정 금액은 그리 놀라운 금액이 아니다. 만약 종업원의 실수까지 고려한다면, 효용성 추정 금액은 더욱 믿을 만하다. 예를 들면 다음과 같다.

- Oxford Organics 회사의 한 직원은 인공적인 바닐라 향료의 라벨을 잘못 붙여서 General Mills로 보냈고, 케이크 설탕 코팅에 150,000달러 상당의 해를 입혔다.
- 미국 해군 정비공은 제트기의 바퀴 부분 안에 5인치 렌치를 두고 나와 3,300만 달러의 비행기가 추락하는 사고의 원인이 되었다.
- 자동차 판매원이 보낸 편지의 오타가 고객들로 하여금 800번 대신에 900번으로 전화를 걸게 만들었다. 이 번호는 음란성 전화로 연결되는 것이었고, 이 대리점은 실수에 대해 사과하고 잘못을 바로잡기 위해 1,000통의 추가 편지

를 발송해야 했다.

그러므로 매일매일 나타나는 저성과자의 저조한 수행 및 이따금씩 일어나는 직원들의 실수를 감안하면, 효용성 추정치가 높게 나오더라도 놀랄 일이 아니다.

효용성 공식이 의사결정에 유용할지라도, 모든 관리자들이 효용성 공식의 결과를 믿는 것은 아니며 검사의 타당도를 설명할 수 있는 추가적인 방법들이 필요하다. 이러한 방법들에는 어떤 회사가 구입하려는 해당 검사가 "베스트 프랙티스"임을 나타내는 벤치마킹 연구, "고객 회사"를 안심시키기 위해서 해당 검사에 대한 지원자 및 직원들의 반응이 호의적이었음(안면 타당도)을 나타내는 연구, 해당 검사를 통해 선발된 사람들이 성공적이었음을 나타내는 데이터(예, 수행평가, 재직기간, 상사의 평가 등), 고용 결정의 결과가 조직의 차별 금지 및 다양성 정책과 일관된다는 것을 나타내는 데이터, 고용 절차가 시기적절하게 유능한 직원을 채용하려는 조직의 목표를 충족시켜 줄 수 있음을 보여주는 데이터 등을 포함한다.

검사의 공정성 결정

일단 한 검사가 신뢰성이 있고 타당한지와 조직에 효용성을 가지는지를 결정했다면, 다음 단계는 그 검사가 공정하고 편파적이 아님을 확인하는 것이다. 검사 공정성의 정의에 관해 산업 및 조직심리학자들 사이에 이견이 있었지만, 대부분의 전문가들은 검사의 내용(측정 편향)과 검사점수가 직무수행을 예측하는 방식(예측 편향) 모두에서 잠재적인 인종, 성별, 장애, 문화 등의 차이를 고려해야 한다는 것에 동의한다 (Meade & Tonidandel, 2010).

측정 편향

측정 편향(measurement bias) 측정되는 구성개념과 관련성이 없는 요소 때문에 검사점수에서 집단 간 차이가 나타나는 것

측정 편향은 검사의 기술적인 측면이다. 어떤 검사가 그것이 측정하는 구성개념과 관련성이 없는 요소 때문에 검사점수에서 집단 간 차이(예, 성별, 인종, 나이)가 있다면 측정 편향이 일어났다고 여겨진다. 예를 들어 만약 어떤 논리력 검사에서 인종 간에 점수 차이가 났는데, 그 이유가 흑인보다 백인이 더 자주 사용하는 단어들 때문에 발생했고 이 단어들이 직무수행에 중요한 것이 아니라면 이 검사는 측정 편향을 갖고 있는 것이다. 따라서 특정 상황에서 공정하지 않은 검사가 된다. 측정 편향을 결정하는 통계적 방법은 매우 복잡하고 이 장에서 다루는 범위를 넘어선다. 그러나 법적인 관점에서 검사 점수의 차이가 한 집단(예, 여성)보다 다른 집단(예, 남성)이 선발될 확률이 유의미하게 높은 결과를 가져왔다면, **불리효과**가 발생했다고 말할 수 있으며 이런 경우에는 해당 검사를 사용한 회사가 그 검사가 타당한지를 입증해야

불리효과(adverse impact) 다수집단의 구성원들에 비해 소수 집단의 구성원들이 높은 비율로 부정적인 영향을 받을 수 있는 고용 관행

할 책임을 지게 된다(불리효과에 대해서는 3장에서 살펴보았다).

예측 편향

예측 편향(predictive bias) 검사 점수에서의 집단 차이가 직무수행 점수에서는 나타나지 않거나 뒤집히는 상황

예측 편향은 검사점수에서의 집단 차이가 직무수행 점수에서는 나타나지 않거나 뒤집히는 상황을 말한다. 즉, 만일 여자보다 남자들이 검사점수에서는 더 높은 점수를 받았지만, 직무수행에서는 둘 간에 차이가 없거나 여자들이 오히려 높았다면 예측 편향이 일어난 것이다.

단일집단 타당도는 예측 편향의 한 형태로, 검사가 한 집단의 수행은 유의미하게 예측하지만 다른 집단의 수행은 유의미하게 예측하지 못하는 것을 의미한다. 예를 들어, 독해능력 검사가 백인 점원의 수행은 예측하는데 흑인 점원의 수행은 예측하지 못하는 경우이다.

단일집단 타당도(single-group validity) 예측 편향의 한 형태로, 어떤 검사가 한 집단의 준거는 유의미하게 예측하지만 다른 집단의 준거는 유의미하게 예측하지 못하는 것

단일집단 타당도를 검증하려면 두 집단 각각에 대해 검사점수와 준거점수 간의 상관을 별도로 계산해야 한다. 만일 두 상관이 모두 유의미하다면, 단일집단 타당도가 나타나지 않은 것이며, 그러면 이 검사는 공정성에 문제가 없게 된다. 그러나 만일 어느 한 집단의 상관이 유의미하지 않다면, 그 검사는 오직 한 집단에서만 타당한 것이 된다.

단일집단 타당도는 매우 드물게 나타나고(O'Connor, Wexley, & Alexander, 1975), 보통 표본 크기가 작거나 방법론적인 문제가 있을 때 나타난다(Schmidt, 1988; Schmidt & Hunter, 1978). 단일집단 타당도가 나타났을 때, 조직은 두 가지 선택을 할 수 있다. 관련 연구들에 의하면, 단일집단 타당도가 우연히 발생될 수도 있으므로 무시해 버릴 수도 있고, 아니면 해당 검사의 사용을 그만둘 수도 있다. 대부분의 산업 및 조직심리학자들은 단일집단 타당도가 대부분 우연히 발생한다고 믿기 때문에, 아마도 가장 적절한 선택은 단일집단 타당도를 무시해 버리는 것이다. 예를 들어, 어떤 검사가 백인과 흑인에 대해 다르게 예측하거나 여성과 남성에 대해 다르게 예측하는 경우가 있다면, 왜 그런지 논리적 근거를 찾을 수 있어야 한다. 즉, 어떤 지능 검사가 여성의 직무수행은 예측하지 못하는데 남성의 직무수행은 잘 예측한다면 왜 그런 것일까? 어떤 성격 검사가 백인의 직무수행은 예측하지 못하는데 흑인의 직무수행은 잘 예측한다면 왜 그런 것일까? 어떤 검사에서의 점수가 두 집단에서 다르게 나타나는 현상에 관해서는 여러 가지 문화적 해석(예, 교육 기회, 사회경제적 지위)이 가능하다. 그러나 이와는 달리 어떤 검사가 두 집단의 준거점수를 다르게 예측하는 이유에 대해서는 논리적인 근거를 찾기가 어렵다.

차별 타당도(differential validity) 예측 편향의 한 형태로, 어떤 검사가 두 집단 모두에서 타당하지만, 한 집단이 다른 집단보다 타당도가 더 높게 나타나는 것

예측 편향의 두 번째 형태는 차별 타당도이다. 차별 타당도란 어떤 검사가 두 집단 모두에서 타당하지만, 한 집단이 다른 집단보다 타당도가 더 높게 나타나는 것을 말한다. 단일집단 타당도와 차별 타당도는 쉽게 혼동될 수 있지만, 둘 사이에는 큰

차이가 있다. 단일집단 타당도에서는 검사가 오직 한 집단에서만 타당도를 보이는 데 반해, 차별 타당도에서는 검사가 두 집단 모두에서 타당도를 보이지만 어느 한 집단의 타당도가 다른 집단의 타당도보다 더 높게 나타난다는 점이 다르다.

단일집단 타당도처럼, 차별 타당도 또한 드물게 나타나는 현상이다(Katzell & Dyer, 1977; Mattern & Patterson, 2013; Schmidt & Hunter, 1981). 차별 타당도는 보통 단일 성별이 우세한 직업에서 발생하며, 우세한 성별에서 검사가 더 타당한 것으로 나타나고, 소수집단의 직무수행을 과대추정하게 된다(Rothstein & McDaniel, 1992; Saad & Sackett, 2002). 차별 타당도가 발생하면, 조직은 두 가지 선택을 할 수 있다. 첫 번째는 해당 검사를 사용하지 않는 것이다. 그러나 이것은 좋은 선택이 아니다. 타당한 검사를 찾는 것은 어려운 일이며, 좋은 검사를 버리는 것은 부끄러운 일이다.

두 번째 옵션은 집단별로 별도의 회귀식을 구해서 다른 검사 점수를 사용하는 것이다. 집단별로 검사점수가 다르게 채점되는지를 지원자들은 알지 못하기 때문에, 분할 검사를 사용한다고 해도 민원이 발생하지는 않는다. 그러나 1991년 민권법은 인종 또는 성별을 기반으로 한 점수 조정을 금지하였다. 결과적으로 별도의 회귀식을 사용하는 방식은 통계적으로 수용되지만 법적으로 방어하는 데에는 문제가 있다.

검사 공정성의 또 다른 중요한 측면은 검사를 받은 지원자들의 공정성 **지각**이다. 즉, 검사가 측정 편향이나 예측 편향을 갖지 않더라도, 지원자들이 검사가 진행되는 방식이나 검사 자체가 공정하지 않다고 지각할 수 있다. 지원자들의 공정성 지각에 영향을 주는 요인들에는 검사의 난이도, 검사를 완료하는 데 걸리는 시간, 검사 문항의 안면 타당도, 검사점수로부터 고용 결정을 내리는 방식(다음 절에서 상세하게 논의될 것임), 재검사에 대한 정책, 장애인들을 위한 별도의 장소 요청에 대응하는 방식 등이 포함된다.

채용결정

지원자들을 대상으로 타당하고 공정한 선발 검사를 시행하고 나면, 어떤 지원자들을 고용할지에 관한 최종 의사결정을 하게 된다. 검사점수가 가장 높은 지원자부터 고용하면 되므로 이것은 매우 쉬운 결정인 것처럼 보이지만, 검사의 수와 다양성이 증가할수록 이 의사결정은 복잡해진다.

다중 회귀(multiple regression) 하나 이상의 준거 타당도 검사로부터 얻어진 점수들에 대해 각 검사점수가 준거를 얼마나 잘 예측하는지에 따라 가중치를 부여하는 통계적 절차

만일 하나 이상의 준거 타당도 검사가 사용되었다면, 각 검사들의 점수는 반드시 합산되어야 한다. 보통 **다중 회귀**로 알려진 통계적 절차를 사용하게 된다. 각각의 검사점수는 준거를 얼마나 잘 예측하는지에 따라 가중치가 부여된다. 이런 식의 고용에 대한 선형적 접근 방법에는 다음의 4가지 방법이 있다; 조정하지 않은 점수순 선

T. R. Lin, Ph.D.
La Mesa-Spring Valley
교육구 인사 본부장

Courtesy of T. R. Lin, Ph.D.

저는 20년 이상의 전문 학교 시스템 인사 부서 경험이 있습니다. 학교를 졸업하고 제 첫 번째 직무는 국내에서 두 번째로 큰 교육구인 로스앤젤레스 통합 교육구의 인사 심사 위원이었습니다. 그곳에서 일하는 동안 전문적인 인적자원 관리와 실무에 관해 배웠고, 선임 인사 위원, 책임 인사 위원, 인사 부장의 단계를 밟아 나갔습니다.

여러 해 동안 채용과 선발 관련 일을 한 후에, 작은 교육구인 바셋 통합 교육구의 인적자원 개발 부서 부교육장으로 옮기기로 결정하였습니다.

인적자원 개발 부서 부교육장으로서, 저는 인사위원회, 교육이사회, 교육구의 교육장들과 함께 일하였습니다. 주요 임무는 직원들을 인증하고 분류하기 위한 인적자원 개발 프로그램과 종합적 능률 시스템의 관리를 감독하는 것이었습니다. 구체적으로, 인사위원회의 비서 역할을 하며, 장단기적인 HR 전략, 정책, 목표, 목적을 개발하고, 공정하고 평등한 고용 기회를 확립하기 위해 적절한 절차들을 확인하고, 공정한 고용 관행 관련 법규의 위반 및 관련 불편사항들을 조사하고 다루는 일을 하였습니다. 또한, 교원 노조 및 직원 노조의 종합적인 의견을 협상하고 관리하는 일을 하였으며, HR 직원들을 선발하고, 배치하며, 훈련시키고, 그들의 수행을 평가 및 감독하는 일을 수행했습니다. 또한, 교육이사회와 인사위원회의 전문 위원이자 교육구의 내각 구성원이

었으며, HR 프로그램의 채용, 선발, 배치, 보상 활동들을 지시하였습니다.

현재, 저는 캘리포니아 남쪽에 있는 La Mesa-Spring Valley 교육구에서 인사 서비스 부서의 본부장을 맡고 있으며, 위에서 언급한 거의 모든 일들을 통합하여 관리하는 역할을 맡고 있습니다.

여러분이 볼 수 있듯이, 최근 저의 두 가지 일은 전형적인 산업 및 조직심리학 책에서 다루는 HR 주제들을 모두 포함하는 것이었습니다. 제가 코넬대에서 노사관계 관련 학부를 졸업했을 때, 외국 학생은 실제 직업을 갖고 일하는 것이 금지되어 있었기 때문에 캠퍼스 밖에서 인턴십 경험이 없었습니다. 그러므로 저는 학교 연구보조원으로 일할 수밖에 없었습니다. 이러한 활동은 저의 연구와 데이터 분석 스킬을 향상시켰지만, 수업에서 배운 것들을 실제 현장에 적용시켜 볼 기회를 가져보진 못했습니다. 제가 로스앤젤레스 통합 교육구에 있었을 때, 저는 지역적 또는 세계적으로 산업 및 조직심리 대학원 프로그램을 통해 50명 이상의 인턴들을 채용했고, 그들을 감독하고 멘토가 되어 주었으며 고용하였습니다. 그들 중 많은 사람들은 HR 시스템에서 성공적으로 경력을 쌓았습니다. 따라서 여러분에게 제가 하고 싶은 말은 대학에 있는 동안 할 수 있는 한 인턴십 경험을 꼭 하시기를 바란다는 점입니다.

발, 삼배수 규칙, 최소 합격점, 밴드 설정법.

조정하지 않은 점수순 선발

점수순 선발(top-down selection) 지원자들의 검사점수를 토대로 가장 높은 점수부터 순서대로 지원자들을 선발하는 것

조정하지 않은 **점수순 선발**에서는 지원자들의 검사 점수를 기반으로 먼저 순위를 매긴다. 그다음에 모든 자리가 채워질 때까지 가장 높은 점수부터 시작하여 아래로 내려오면서 선발이 이루어진다. 예를 들어, 표 6.7의 데이터에서 4개의 자리가 있다면, 가장 높은 점수부터 4명을 골라서 Ferguson, Letterman, Fallon, Kimmel이 고용되는 것이다. 여기서 이 4명이 모두 남자이다. 만일 소수집단 우대정책의 목적으로 두 명의 여성을 반드시 고용하고자 한다면, 점수순 선발은 도움을 주지 못할 것이다.

점수순 선발의 장점은 타당한 검사에서 높은 점수를 받은 사람들을 고용함으로써 조직의 효용성을 높일 수 있다는 것이다(Schmidt, 1991). 이 방법의 단점은 높은 수준의 불리효과를 가져올 수 있고, 추천서나 조직 적합성처럼 검사 이외의 방법을

사용하고자 할 때 조직의 유연성을 감소시킬 수 있다는 것이다.

점수순 선발은 다양한 검사점수들이 사용될 때, 한 검사에서 낮은 점수를 받더라도 다른 검사에서 높은 점수를 받으면 보충이 되기 때문에 일종의 **보충적 접근**이다. 예를 들어, 대학원에 지원한 어떤 학생이 GRE 점수는 낮지만 학부 평균 학점(GPA)이 높다면, GPA 점수가 낮은 GRE 점수를 보충할 수 있다. 한 검사의 점수가 다른 검사의 점수를 보충할 수 있는지를 결정하기 위해 각 검사점수가 준거를 얼마나 잘 예측하는지에 따라 가중치를 부여하는 다중 회귀가 사용된다. 보충적 접근을 사용하고자 할 때에는 한 검사에서의 높은 점수가 실제로 다른 검사의 낮은 점수를 보충할 수 있는지를 반드시 검토해야 한다. 예를 들어 연방 계약준수프로그램 사무국(OFCCP)의 최근 감사에서, OFCCP는 감사를 받은 한 회사에 대해 성격 검사의 높은 점수가 신체능력 검사에서의 낮은 점수를 보충할 수 있게 하라고 권고한 바 있다. OFCCP의 주장은 이렇다. 남성과 여성이 이 회사의 성격 검사에서 유사하게 점수를 받았기 때문에, 이렇게 하면 불리효과가 줄어든다는 것이다. 그러나 이런 주장은 틀린 것이다. 왜냐하면 성격 점수가 높다는 것이 무거운 짐을 들어 올릴 수 있는 신체능력 점수가 낮은 것을 보충할 수는 없기 때문이다.

보충적 접근(compensatory approach) 한 검사에서의 높은 점수가 다른 검사에서의 낮은 점수를 보충하는 방식의 선발 의사결정. 예를 들어, 높은 GPA 점수가 낮은 GRE 점수를 보충할 수 있다.

표 6.7 가상의 검사 결과 정보

지원자	성별	검사 점수
Ferguson	남	99
Letterman	남	98
Fallon	남	91
Kimmel	남	90
Winfrey	여	88
Lopez	남	87
Leno	남	72
Hasselbeck	여	70 최소 합격점
Banks	여	68
Stewart	남	62
Colbert	남	60
Gifford	여	57
Jones	여	54
O'Brien	남	49
Maher	남	31

삼배수 규칙

삼배수 규칙(rule of three) 점수순 선발의 변형된 형태로서, 인사권자에게 최상위 점수를 받은 3명의 후보자를 추천하면, 이들이 3명 중에서 한 명을 최종 선발하는 방식

공공 부문에서 주로 사용하는 방법에 **삼배수 규칙**(혹은 오배수 규칙)이 있다. 이것은 최종 고용 결정을 내리는 사람(예, 경찰청장, HR 본부장)에게 최상위 점수를 받은 3명의 후보자를 추천하면, 이들이 조직의 필요에 따라 3명 중에서 한 명을 최종 선발하는 방식이다. 이 방법은 자격을 충분히 갖춘 사람 중에서 한 명이 고용되도록 하면서도, 점수순 선발에 비해 보다 더 많은 선택권을 제공해 준다.

최소 합격점

최소 합격점(passing score) 허용 가능한 직무수행 수준을 예측할 수 있는 최소한의 검사점수

최소 합격점은 불리효과를 줄이고 유연성을 증가시키기 위한 방법이다. 이 방식을 사용하려면 조직에서는 먼저 허용 가능한 직무수행 수준을 예측할 수 있는 최소한의 검사점수를 결정해야 한다. 예를 들어, 우리는 SAT에서 1,300점을 받은 학생이 800점을 받은 학생보다 대학에서 성적이 더 좋을 것임을 알고 있다. 하지만 대학에서의 여러 수업을 잘 통과해서 성공적으로 졸업을 할 만한 학생이라고 예상되는, 즉 해당 대학에서 허용 가능한 최소한의 SAT 점수는 얼마일까?

점수순 선발과 최소 합격점 선발은 명확한 차이점을 갖고 있다. 점수순 선발에서의 질문은 "향후 **최고**의 수행을 보일 사람들이 누구일까?"이지만, 최소 합격점에서의 질문은 "향후 **허용 가능한 수준**의 수행을 보일 사람들이 누구일까?"이다.

이렇듯, 최소 합격점은 조직에 좀 더 유연성을 제공해 준다. 표 6.7의 예를 다시 사용해 보자. 70점 이상의 점수를 받은 모든 지원자들은 허용 가능한 수준에서 직무를 적절하게 수행할 수 있다고 가정한다면, 즉 70점을 최소 합격점으로 정한다면 70점이 넘는 8명의 지원자 중에서 4명을 선발하게 된다. 미국 소수집단 우대정책에 의해 4명의 합격자 중 2명은 여성을 선택해야 한다면, Winfrey와 Hasselbeck을 고용할 수 있다. 최소 합격점 방식을 사용함으로써 소수집단 우대정책에 맞출 수 있게 되었으며, 이는 점수순 선발에서는 적용할 수 없는 방법이었다. 그러나 점수가 더 낮은 지원자를 고용했기 때문에 점수순 선발 방식에 비해 향후 고용된 종업원의 수행이 낮아질 가능성은 있다(Schmidt, 1991).

최소 합격점 방식이 소수집단 우대정책 목표를 달성하는 데에는 합리적인 방법이지만, 실제 최소 합격점을 결정하는 것은 법적 위험을 가지고 있는 복잡한 문제가 될 수 있다(Biddle, 1993). 최소 합격점을 정하는 가장 보편적인 방법에서는 (예, Angoff와 Nedelsky 방법) 전문가들로 하여금 검사의 각 문항를 읽고 그 문항에 정확하게 답할 수 있는 최소 자격의 종업원 비율을 추정하게 한 후, 각 문항 추정치들의 평균을 최소 합격점으로 정한다. 그러나 선발에서 탈락한 지원자가 이 최소 합격점의 타당성에 관해 소송을 제기하면 법적 문제에 휘말릴 수도 있다.

다중 합격점 방법(multiple-cutoff approach) 지원자가 여러 검사를 받은 후 그중 어느 한 검사에서의 점수가 최소 합격점에 미달하면 탈락하게 되는 방법

만약 최소 합격점을 가진 검사가 하나 이상 있다면, **다중 합격점 방법** 혹은 다단

계 방법을 사용할 것을 고려해야 한다. 이 두 가지 방법은 한 점수가 다른 점수를 보충해 주지 못하거나, 선발 검사와 직무수행 사이의 관계가 선형이 아닐 경우에 사용한다. 다중 합격선 방법의 경우, 지원자들이 한 번에 모든 검사를 받은 후 그중 어느 한 검사에서의 점수가 최소 합격점에 미달하면 탈락하게 된다.

예를 들어, 직무분석을 통해 좋은 경찰관은 지적이고, 자신감이 있어야 하고, 50파운드의 무게를 들 수 있어야 하고, 범죄 경력이 없어야 하고, 학사학위가 있어야 한다고 가정해 보자. 타당도 연구에 의하면, 지능과 자신감은 직무수행과 선형 관계가 있는 것으로 나타났다. 즉, 지적이고 자신감 있는 경찰관일수록 수행이 더 좋았다. 힘과 범죄 기록, 학사학위는 선형 관계를 가지고 있지 않기 때문에 다중 합격점 방법을 사용하기로 하자. 지원자들은 50파운드 무게를 들어 올릴 수 있어야 하고, 신원 조회를 통과해야 하고, 학사학위를 가지고 있어야 한다. 만약 이 세 가지 조건을 모두 통과한다면, 자신감 점수와 인지능력 검사점수에 따라 그들의 고용이 결정될 것이다.

다중 합격선 방법의 문제점 중 하나는 비용 문제이다. 만약 지원자가 4개의 검사 중 3개는 통과했어도 나머지 한 개를 통과하지 못하면 그는 고용되지 못한다. 하지만 조직에서는 지원자에게 4개의 검사를 모두 실시해야만 한다.

지원자들이 한 개 혹은 그 이상의 검사에서 탈락하는 데 발생하는 비용을 줄이기 위해서는 **다단계 방법**이 종종 사용된다. 다단계 방법을 사용하면 지원자는 한 번에 한 개씩 검사를 받게 되며, 보통 가장 적은 금액의 검사를 맨 처음에 받게 된다. 첫 번째 검사에 탈락한 지원자들은 다음 검사 대상에서 제외되므로 두 번째 검사를 받지 않는다. 각 단계마다 검사에 통과한 지원자들은 다음 단계의 검사들을 순차적으로 받게 되며, 실시한 검사들에서 상위 점수를 받은 지원자들이 최종적으로 고용된다.

> **다단계 방법(multiple-hurdle approach)** 한 번에 하나씩 검사를 시행한 후 통과한 지원자만이 다음 단계의 검사를 받을 수 있는 방법

다중 합격점 방법과 다단계 방법의 차이점을 명확히 알기 위해 다음 예시를 살펴보자. 우리는 종업원을 선발하는 데 4개의 합격/불합격 검사를 실시할 것이며, 각 검사의 비용과 불합격율은 다음과 같다.

검사	검사비용	불합격률
신원 조회	$25	10%
심리 검사	$50	10%
건강 검진	$100	10%
체력 검사	$5	10%
지원자별 총비용	$180	

만약 지원자 한 명당 $180의 검사비용이 들고 100명의 지원자가 있다면 다중 합격점 방법은 모든 지원자가 검사를 받는 데 $18,000(100명의 지원자 × 각 $180)의

비용이 발생할 것이다. 그러나 다단계 방법을 사용하면, 100명의 지원자들에게 가장 저렴한 체력 검사를 먼저 실시하게 된다. 이 검사의 불합격률이 지원자의 10%이므로 남은 90명의 지원자에게 그다음으로 저렴한 신원조회를 실시한다. 이런 식으로 모든 검사가 완료될 때까지 계속하면, 아래와 같이 총비용이 $14,100이므로 결과적으로 $3,900을 절감하게 된다.

검사	검사비용	지원자 수	총비용
체력 검사	$5	100	$500
신원 조회	$25	90	$2,250
심리 검사	$50	81	$4,050
건강 검진	$100	73	$7,300
지원자별 총비용	$180		$14,100

다단계 방법이 비용을 절감할 수 있다면, 왜 항상 다중 합격점 방법 대신 다단계 방법이 사용되지 않을까? 첫 번째는 대다수의 검사가 시행하거나 점수를 산출하는 데 많은 시간이 걸리기 때문이다. 예를 들어, 신원 조회를 실시하는 데 몇 주가 걸리거나, 심리 검사를 해석하는 데 며칠이 걸리기도 한다. 이런 식으로 다단계 방법은 몇 번을 거치기 때문에 지원자들이 검사를 받기 위해 몇 번씩 현재 근무하는 회사에서 결근해야 하는 일이 발생한다. 지원자들은 보통 한 회사에 지원하기 위해 몇 번씩 결근하는 것이 쉽지 않기 때문에, 다단계 방식을 사용하면 유능한 지원자가 끝까지 참여하지 못할 수 있다.

두 번째로, 지원서를 낸 후 고용 결정이 이루어지기까지 기간이 길수록 흑인 지원자들은 더 많이 빠져 나간다는 연구결과가 있다(Arvey, Gordon, Massengill, & Mussio, 1975). 흑인들은 백인에 비해 실업 비율이 더 높기 때문에 직장을 빨리 구하기를 원하며, 따라서 시간이 오래 걸리는 다단계 방법을 사용하면 중간에 다른 곳으로 갈 가능성이 더 많다. 결국, 다단계 방법은 뜻하지 않게 불리효과를 야기할 수도 있고, 소수집단 우대정책에 어긋날 수도 있게 된다.

밴드 설정법

이전에 언급한 바와 같이, 점수순 선발의 문제점은 그것이 높은 불리효과를 가져온다는 것이다. 반면에, 최소 합격점을 사용하면 불리효과는 줄여주지만 효용성이 감소한다. 점수순 선발과 최소 합격점 사이의 절충적 방법으로서 **밴드 설정법**은 고득점자들을 고용하면서 동시에 소수집단 우대정책을 고려할 수 있는 유연성을 가지고 있다(Campion et al., 2001).

밴드 설정법은 검사 점수가 갖고 있는 오차를 고려하는 방식이다. 즉, 한 지원자가 다른 지원자보다 점수가 2점 더 높다고 하더라도, 그 2점의 차이는 실제 능력의

밴드 설정법(Banding)
등급제란 측정의 표준오차를 기반으로 비슷한 시험 점수구간을 같은 등급으로 묶는 통계적 기법

차이라기보다는 오차의 결과라고 볼 수 있다. 여기에서 질문은 "두 지원자 사이에 얼마만큼의 점수 차이가 실제 검사점수에서 유의미한 차이라고 말할 수 있는가?"이다.

우리는 이 질문에 대해 **측정의 표준오차**를 사용해서 설명할 수 있다. 이 통계치는 특정 검사의 신뢰도와 표준편차(SD)를 통해 계산하는데, 이 값들은 해당 검사 매뉴얼이나 실제 검사점수로부터 직접 계산을 해서 구할 수 있다. 측정의 표준오차를 구하는 공식은 다음과 같다:

$$SEM = SD\sqrt{1 - 신뢰도}$$

예를 들어, 검사의 신뢰도가 .90이고 표준편차가 13.60이라 가정하면, 표준오차의 계산은 다음과 같다.

$$SEM = 13.60\sqrt{1 - .90}$$
$$SEM = 13.60\sqrt{.10}$$
$$SEM = 13.60 \times .316$$
$$SEM = 4.30$$

이 표준오차 값에 일반적으로 1.96(95%의 신뢰구간에 해당하는 표준점수)을 곱해서 밴드 구간(bandwidth)을 설정한다. 위의 예에서 표준오차가 4.30이므로, 8.4점(4.3 × 1.96) 이내의 검사점수들은 통계적으로 차이가 없는 동일한 점수라고 여겨진다. 이렇게 하면 8.4점이라는 밴드 구간을 사용해서 고용 의사결정을 할 수 있다. 예를 들어, 4.3의 표준오차와 8.4점의 밴드 구간을 사용하여 표 6.7에 나타난 지원자들을 살펴보자. 우리는 4명의 인원을 모집하며, 적어도 2명은 여성을 고용하려 한다. 예시에서 가장 높은 점수를 받은 여성은 88점의 Winfrey이므로, 점수순 선발 방식으로는 여성을 고용할 수 없게 된다. 여기서 밴드 구간을 사용하면, 최고 점수 99점(Ferguson)과 91점(99 − 8.4) 사이의 점수를 받은 누구든 자유롭게 고용할 수 있다. 이렇게 해도, 점수순 선발과 마찬가지로 여성은 고용되지 않는 결과가 나온다. 그러나 순차적으로 밴드를 적용하면, 최고 점수(99점의 Ferguson)에서 시작해서 밴드 구간(8.4)을 순차적으로 빼나가게 된다. 이 경우 99 − 8.4 = 90.6이 되며, 이것은 99점에서 91점 사이의 모든 지원자들은 통계적으로 같은 점수임을 의미한다. 이 구간 안에 여성이 속해 있지 않기 때문에 먼저 최고 점수인 Ferguson을 고용한 후 다음 고득점자인 98점의 Letterman을 고려해 보자. 다음 구간인 98점과 90점(98 − 8.4) 사이에도 역시 여성은 포함되어 있지 않으므로, Letterman을 고용한 후, 다음 고득점자인 91점의 Fallon을 고려해 보자. 91점과 83점 구간 사이에는 4명의 지원자가 포함되는데 그중 하나가 여성이다. 밴드 내에 포함된 누구든 자유롭게 채용할 수 있기 때문에 소수집단 우대정책에 맞추어 Winfrey를 고용할 수 있다. 그리고 4번째 합격자로 Fallon을 선발할 것이다. 밴드 설정법을 사용하면 점수순 선발에서보다 여성 한 명을 더 뽑을수 있다. 하지만 최소 합격점 방식을 사용했을 때와 비교하면 두 명의 여성을 고용하지는 못했다는 사실을 기억하자.

측정의 표준오차(standard error of measurement: SEM) 검사의 신뢰도 때문에 검사 점수에 발생할 수 있는 오차의 정도

밴드 설정법의 개념이 몇몇 법정 소송 사건에서 인정되어 왔지만(*Bridgeport Guardians* 대 *City of Bridgeport*, 1991; *Chicago Firefighters Union Local No. 2* 대 *City of Chicago*, 1999; *Officers for Justice* 대 *Civil Service Commission*, 1992), 밴드 내에서 소수집단만 선택하는 것은 법적으로 인정되지 않는다. 즉, 밴드 내에서 지원자를 선택할 때 소수집단 우대정책 목표는 하나의 요소로만 고려해야 한다. 밴드 설정법을 사용하면 고용에 유연성을 줄 수 있는데, 예를 들어 경찰에서는 스페인어 점수가 낮은 지원자를 고용할 수도 있고, 무조건 고득점자를 선발하기보다는 컴퓨터 능력을 갖고 있는 지원자를 고용할 수도 있게 된다.

밴드 설정법이 점수순 선발과 최소 합격점 사이의 좋은 절충적 방법으로 보이지만(Zedeck, Cascio, Goldstein, & Outtz, 1996), 문제점이 없는 것은 아니다(Campion et al., 2001). 여러 연구에서 밴드 설정법이 점수순 선발보다 효용성이 낮고(Schmidt, 1991), 결코 불리효과를 줄일 수 없으며(Gutman & Christiansen, 1997), 선발률과 소수집단 지원자의 비율에 따라서는 소수집단 우대정책 목표를 달성하는 데 유용하지 못할 수도 있다(Sackett & Roth, 1991).

이보다 더 복잡한 문제가 있는데, 밴드 설정법에서 전통적으로 측정의 표준오차 공식을 사용하는 것은 옳지 않으며, 그 대신 추정치의 표준오차(standard error of estimate: SEE)를 사용해야 한다는 연구 결과가 있다(Gasperson, Bowler, Wuensch, & Bowler, 2013). 만약 이들의 주장이 맞다면, SEE를 사용한 밴드 구간이 SEM을 사용한 밴드보다 값이 적을 것이므로, 불리효과를 줄이는 방법으로 제안된 밴드 설정법의 유용성에 대한 논란이 줄어들 것이다.

직무에 대해   응용 사례 연구

Thomas A. Edison의 채용 검사

1장에서 1920년대 발명가 Thomas Edison이 매니저와 과학자들을 고용하는 데 사용한 163개 항목의 검사를 만들었다는 것에 대해 언급하였다. 모든 지원자들은 2시간 동안 지질학, 과학, 역사 그리고 문학에 대한 기본적인 질문 문항들에 대해 답하였고, 그 후에 지원 분야에 대한 특수 질문들이 이어졌다. Edison은 최고의 직원들을 고용하길 원했고, 대학 졸업자들을 신뢰하지 않았기 때문에 이 검사들을 개발하였다. 이러한 불신은 "대학을 나온 사람들은 놀랄 만큼 무지하다. 그들은 아는 것이 하나도 없어 보인다"라는 그의 말에서 알 수 있다.

선발검사에 통과하기 위해서, 지원자들은 문제의 90% 정도 정답을 맞춰야 하고, 이것은 IQ 180 정도의 수준과 비슷하다(이에 대한 근거는 없지만). Edison에 의하면, 이 시험을 본 718명의 남성 대학 졸업자들 중(당시 여성 지원자는 없었다), 57명(7.9%)만이 최소 70%(대학 합격 점수)의 점수를 받았으며, 오직 32명(4.5%)만이 90% 이상의 점수를 받아 Edison의 합격 점수는 "A급 인재"로 여겨졌다.

어떤 문제들이 있었을까?

- 프랑스와 국경을 맞댄 나라들은 어디인가?
- 품질 좋은 목화가 자라는 곳은 어디인가?
- 미국 내에서 세탁기 제조를 주도하는 도시는 어디인가?
- 그린랜드와 호주 중 어디가 더 큰가?

예상할 수 있듯이, 이 시험은 지원자들에게 익숙하지 않았다. Edison은 시험을 직접 채점하였으며, 지원자들에게 시험 점수를 공유하지 않았을 뿐 아니라 지원자들이 다른 지원자들과 시험문제에 대해 교류하는 것을 금지시켰다. 그러나 두 명의 지원자가 미디어에 시험 결과를 누출시켰으며, 1929년 5월 11일 Charles Hansen이라는 불합격자가 기억해 낸 141개의 문제가 New York Times에 게재되었다(그는 141개의 문제를 그대로 기억해 낼 정도로 꽤 똑똑함에 틀림없다). 언론에서는 Edison에게 그가 고안한 것과 비슷한 문제들을 제시해서 풀어볼 것을 요구하였다. Edison은 이 시험에서 평균 95%의 점수를 받았다. 흥미롭게도, Edison의 아들인 Theodore는 매사추세츠 공과대학(MIT)에서 물리학 학사학위를 받았음에도 시험에 통과하지 못했다.

그의 시험이 사소한 정보의 암기 기억을 너무 강조하고 있다는 비판 때문에, Edison은 1921년 10월 23일 New York Times에 다음과 같이 자기가 개발한 시험을 옹호하였다.

- "만약 어떤 사람이 사물을 잘 기억하지 못한다면, 그는 그것을 향해 나아가거나 그것을 빠르고 효율적으로 찾아내지 못할 것이다. 기억을 하지 않고 연구 방법으로 대체하려는 사람은 위기 상황에서 단호하게 그리고 안전하게 행동하지 못한다."

- "실제 직무를 직접 해 보도록 함으로써 그 사람이 얼마나 훌륭한지 알아내는 방법은 비용이 너무 많이 소요된다."

- "내가 부서장에게 어떤 결정을 요구할 때, 나는 당장 그 결정을 원하는 것이다. 만약 그 부서장의 직원들이 그의 결정을 기다리고 있다면, 그는 빨리 결정을 내려주어야 한다. 결정을 내리려면 관련 데이터를 살펴보아야 하는데, 이때 그 데이터가 어디에 있는지 빨리 기억해 낼 수 있어야 결정을 빨리 내릴 수 있게 된다. 나도 당장 결정 내리길 원하고, 그 부서도 당장 결정을 내리길 원한다. 기다리는 것은 나에게 불편한 일이다."

- Edison 시험의 축약판을 http://www.nps.gov/edis/forteachers/the-edison-test.htm에서 체험해 볼 수 있다.

- Edison의 시험에 대해 어떻게 생각하는가?

- 기억의 중요성에 대한 그의 논리에 대해 당신은 동의하는가?

- 이 시험에 최소 합격점을 어떻게 설정할 수 있는가?

- 이 시험이 오늘날에 사용된다면, 이는 합법적인가? 편향적인가? 공정한가?

다양성에 대한 노력

이 장에서, 우리는 입사 시험이 법률적 규제에 통과되도록 타당하고 공정해야 한다는 것을 배웠다. 우리는 또한 최소 합격점, 삼배수 규칙, 그리고 밴드 설정법과 같은 여러 방법들이 누구를 고용할지에 대한 유연성을 제공할 수 있다는 것을 배웠다—유연성은 종종 불리효과를 감소시킨다. 이 장에서 다룬 거의 대부분의 주제는 이와 관련된 잠재적 윤리 문제들을 가지고 있다. 윤리적 관점에서 고용주들은 불리효과와 같은 문제를 반드시 신경 써야 하는가? 수년 동안 나는 기업이 시험 과정에서 공정성을 충분히 보장하고 있지 않다든지 또는 소수민족과 여성을 너무 우대하고 있다고 생각하는 사람들과 많은 논쟁을 해 왔다.

당신의 생각은 어떻습니까?

- 다양성을 증가시키기 위해서 종업원을 선발할 때 인종과 성별을 하나의 선발요소로 고려하는 것이 종종 합법적이다. 그러나 이것이 합법적이라고 하더라도, 당신은 인종이나 성별이 고용결정을 내리는 한 요소로 작용되는 것이 윤리적이라고 생각하는가? 이러한 규칙이 얼마만큼 적용되어야 할까?

- 어떤 지원자가 검사점수는 낮지만 그의 성격이 조직에 잘 맞을 것이라는 이유로 그 사람을 고용하는 것이 윤리적인 것일까?

- 만약 산업 및 조직심리학자가 히스패닉계를 차별하는 조직에 고용되었다면, 그 조직에서 계속 일하는 것이 윤리적인가? 그의 윤리적 의무는 어디까지일까?

요약

이 장에서 배운 것은 다음과 같다.

- 검사
- 검사의 신뢰도
- 신뢰도를 측정하는 세 가지 방법: (a) 시간 안정성을 측정하는 검사–재검사 방법; (b) 형태 안정성을 측정하는 동형검사 방법; (c) 문항 동질성을 측정하는 내적 일관성 방법(반분법, K-R 20, 그리고 알파계수)
- 검사는 5가지 관점에서 타당도가 있어야 한다: 내용, 준거, 구성, 유명집단, 안면)
- 검사에 대한 정보는 *Mental Measurements Yearbook*과 같은 몇몇 책에서 얻을 수 있다.
- 검사의 효용성은 테일러–러셀 표, 로쉬 표, 정확결정 비율, 그리고 효용성 공식을 사용하여 결정할 수 있다.
- 검사의 공정성은 불리효과, 단일집단 타당도, 그리고 차별 타당도를 검증하여 결정할 수 있다.
- 선발 결정에는 4가지 방법이 있다: 점수순 선발, 삼배수 규칙, 밴드 설정법, 그리고 최소 합격점

복습을 위한 질문

1. 신뢰도와 타당도의 차이점은 무엇인가?
2. 타당도를 입증하는 데 가장 좋은 방법은 무엇인가?
3. 왜 검사의 효용성 개념이 중요한 것인가?
4. 단일집단 타당도와 차별 타당도의 차이점은 무엇인가?
5. 왜 우리는 점수순 선발 이외에 다른 방법을 사용해야 하는가? 결과적으로 우리는 항상 점수가 가장 높은 지원자를 고용할 수는 없는 것인가?

Chapter 7

종업원 수행 평가
EVALUATING EMPLOYEE PERFORMANCE

학습목표

➥ 수행 평가 도구를 개발하는 방법에 대해 살펴본다.

➥ 수행 평가 시스템을 관리하는 방법에 대해 살펴본다.

➥ 수행 평정과 관련된 문제를 이해한다.

➥ 수행 평가 면담을 할 수 있게 된다.

➥ 비생산적인 종업원을 합법적으로 해고하는 방법에 대해 이해한다.

➥ 수행 평가 시스템의 합법성을 검토하는 방법에 대해 배운다.

당신은 공정하지 않다고 생각한 성적을 받아본 적이 있는가? 만약 당신이 시험에서 89.6점을 받았는데 "반올림"해서 A로 올려주지 않았거나, 시험이 수업에서 한 내용이 아닌 질문들을 포함하고 있었다면, 당신은 아마 교수가 당신의 수행을 평가하는 방법에 화가 났을 것이다. 이번 장에서 우리는 학생들의 수행을 평가하는 것과 유사한 종업원들의 수행을 평가하는 과정을 논의할 것이다.

그림 7.1에서 보듯이, 수행 평가 과정은 서로 밀접하게 관련된 10개의 단계로 나눌 수 있다. 각각의 단계들은 이번 장에서 주요 부분으로 다뤄질 것이다.

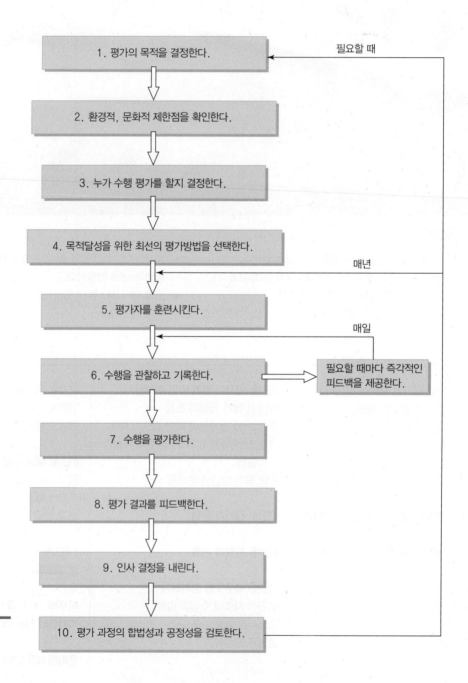

그림 7.1
수행 평가의 과정

1단계: 수행 평가의 목적을 결정하기

수행 평가 과정의 첫 번째 단계는 조직에서 종업원 수행을 평가하려는 목적을 분명하게 결정하는 것이다. 즉, 조직이 평가 결과를 수행 향상을 위해 사용하려는 것인지, 아니면 봉급 인상을 위해 사용하려는 것인지 결정하는 것이다. 이 결정은 여러 가지 수행 평가 기법들이 어떤 목적에는 적합하지만 어떤 목적에는 그렇지 못하기 때문에 중요하다. 예를 들어, 수행 평가 기법 중 **강제선택 평정 척도**는(이 장의 끝에 있는 부록 참조) 보상을 결정하는 데에는 뛰어나지만 훈련 목적에는 최악이다. 유사하게 360도 피드백 방법은 종업원의 수행을 향상시키는 데에는 매우 좋지만, 봉급 인상을 결정하는 데에는 적합하지 않다. 놀랍게도 대부분의 조직은 수행 평가 시스템의 목적을 명확히 설정하고 있지 못하다. 그 결과 몇몇 국가에서의 조사 결과를 보면, 수행 평가 시스템의 대부분이 성공적이지 못하다는 결과가 발견되었다(Coens & Jenkins, 2002).

조직에서 수행 평가를 하는 이유에는 여러 가지가 있는데, 공통적으로 종업원 훈련 및 피드백 제공, 임금 인상 결정, 승진 결정, 해고 결정, 그리고 인사 관련 연구의 시행 등을 위해서 수행 평가를 한다.

강제선택 평정 척도(forced-choice rating scale) 관리자에게 몇 가지 행동들을 제시한 후, 해당 종업원에게 가장 전형적인 행동을 강제로 선택하게 하는 수행 평가 방법

종업원 훈련과 피드백 제공

수행 평가의 가장 중요한 용도는 종업원이 잘하고 있는 것과 그렇지 못한 것에 대해 피드백을 제공함으로써 종업원의 수행을 개선시키는 것이다. 종업원을 훈련시키는 일은 항상 지속되는 과정지만(8장 참조), 반년마다 하는 **수행 평가 리뷰**는 종업원들과 함께 그들의 강점 및 약점을 리뷰하기에 좋은 시간이며, 이 시간에 보다 더 중요한 것은 약점을 어떻게 개선할 것인지에 관해 함께 논의한다는 점이다. 이것은 이 장의 끝에서 더 자세히 다룰 것이다.

수행 평가 리뷰(performance appraisal review) 수행 평가 결과를 논의하기 위한 상사와 부하직원 간의 미팅

임금 인상 결정

2장에서 언급했듯이, 한 직무의 가치는 직무수행에 요구되는 책임감과 교육 수준의 정도 등 여러 가지 요소들로 결정된다. 그러나 같은 직무 내에서 두 사람 사이의 보상 차이는 재직기간 및 직무수행 정도에 따라 달라진다. 즉, 수행을 잘 못하는 종업원에게 잘하는 종업원과 같은 봉급을 주는 건 공정하지 못하다. 따라서 종업원의 수행을 평가하는 중요한 이유는 종업원의 봉급 인상을 결정하기 위한 공정한 근거를 마련하기 위함이다. 만약 수행 평가 결과가 봉급 인상 결정에 사용된다면, 서술형보다는 숫자로 표시된 계량적 방법이 필요할 것이다.

승진 결정

수행 평가를 하는 또 다른 이유는 종업원들의 승진을 결정하기 위함이다. 물론 가장 잘하는 종업원을 승진시키는 것이 가장 공정해 보이지만, 실제로는 그렇지 않은 경우도 많다. 예를 들어, 어떤 회사의 정책은 가장 상급자를 승진시키는 것이다. 이는 종업원들이 노동조합에 속해 있는 조직에서 특히 더 그렇다. 이처럼 종업원들을 수행이나 재임기간을 근거로 승진시키는 것이 공정해 보이더라도, 이것이 항상 좋은 것은 아니다. 한 단계에서 가장 잘하는 종업원이 다음 단계에서도 항상 잘하는 것은 아니기 때문이다. 가장 잘하는 사람 또는 가장 상급자를 승진시키는 것은 종종 **피터의 원리**—종업원의 능력이 최저 수준에 도달할 때까지는 좋은 종업원을 승진시키는 것—라는 결과를 초래한다. 만약 수행평가가 종업원 승진에 사용된다면 종업원이 새로운 직책에서 요구되는 역할과 비슷한 직무차원에서 그동안 좋은 평가를 받았는지 확인하는 것이 중요하다.

예를 들어, 영업사원의 다섯 가지 주요 직무차원은 영업력, 의사소통 기술, 정확한 서류작업, 고객과의 신뢰관계, 책임감 등이다. 반면에, 영업 관리자의 네 가지 주요 직무차원은 의사소통 기술, 정확한 서류작업, 동기부여 능력, 종업원과의 신뢰관계이다. 이 경우엔 의사소통 기술과 정확한 서류작업이 중복되는 차원이므로 이 두 가지 차원에서 높은 점수를 받은 영업사원을 승진에 고려해야 할 것이다. 그러나 영업력 같은 경우는 승진 결정에서 고려해야 할 요인이 아니다.

수행 평가 데이터가 활용되는 또 다른 분야는 8장에서 자세히 다룰 교육 니즈분석이다. 만약 어떤 수행 평가 차원에서 대다수 종업원들이 좋지 않은 점수를 받는다면 모든 종업원들에게 이에 관한 교육을 하거나 교육에 변화가 필요할 것이다. 그러나 소수의 종업원들만 낮은 점수를 받는다면, 개인 수준의 교육을 실시해야 한다. 따라서 수행 평가는 조직의 강점과 약점에 대해 유용한 정보를 제공할 수 있다.

해고 결정

불행하게도, 피드백을 제공하고, 상담하고, 종업원들을 교육하는 것이 항상 수행을 증가시키거나 문제를 줄이는 것은 아니다. 수행을 향상시키려는 회사의 수행 관리 노력이 성공적이지 못할 때에는 수행 피드백 면담 결과 종업원을 해고할 수도 있다. 해고시키는 방법들과 이런 결정을 둘러싼 법적 이슈들은 이 장의 마지막에서 자세히 다룰 것이다.

인사 관련 연구 시행

종업원의 수행을 평가하는 마지막 이유는 인사 관련 연구를 하기 위해서이다. 앞 장에서 논의했듯이, 채용 검사들은 타당해야 하고, 타당도를 확인하는 한 가지 방법은 검사점수와 직무수행 점수 간의 상관을 구하는 것이다. 이를 위해서는 정확하고 신뢰성 있는 직무수행 측정치를 갖고 있어야 한다. 훈련 프로그램들의 효과성을 평가하는 것도 마찬가지다. 훈련의 효과성을 결정하기 위해서는 훈련의 결과로 수행이 증가한 것인지 아닌지를 판단해야 하므로, 직무수행에 대한 정확한 측정이 반드시 있어야 한다.

인사 관련 연구가 종업원 수행 평가의 주된 목적은 아니지만 인사 관련 연구는 여전히 중요하며, 특히 노조에서 수행 평가 결과를 인사 결정에 활용하지 못하도록 금지하는 조항이 있는 회사에서는 더욱 중요하다. 이런 상황에서는 인사 관련 연구가 수행 평가를 하는 주된 목적이 된다.

2단계: 환경적, 문화적 제한점 확인하기

수행 평가 과정의 두 번째 단계는 평가 시스템에 영향을 줄 수 있는 환경적, 문화적 요인들을 규명하는 것이다. 예를 들어 만약 관리자들에게 과중한 업무가 부여되는 환경이라면, 정교하고 시간을 많이 투자하는 수행 평가 시스템은 성공적이지 않을 것이다. 성과급이 없는 환경에서는 숫자적으로 복잡한 시스템을 사용하는 것이 불만스러울 것이고 평가 결과를 심각하게 받아들이지 않을 것이다. 종업원들이 매우 화합이 잘 되는 환경에서는 동료 평가 방식이 이들의 화합을 떨어뜨릴 것이다.

3단계: 누가 수행 평가를 할 것인지 결정하기

전통적으로 종업원에 대한 수행 평가는 관리자들이 해왔다. 그러나 조직들은 관리자들이 종업원 행동의 특정 측면만을 관찰한다는 점을 깨닫게 되었다. 예를 들어 그림 7.2에서 보듯이, 은행의 지점장은 창구 직원 업무행동의 오직 30%만을 관찰하고, 나머지는 고객들, 동료들, 협력 부서의 직원들에 의해 관찰된다. 더구나 창구직원은 다른 사람들과 있을 때보다 상사와 있을 때 매우 다르게 행동할 것이다. 결과적으로 창구 직원의 수행을 보다 정확히 관찰하기 위해서는 다른 출처의 정보들이 반드시 필요하다. 수행 평가를 위해 여러 출처의 정보를 사용하는 것을 **360도 피드백** 또는 **다면평가**라고 한다. 약 34%의 미국 조직들은 다면평가 방식을 사용한다(Mercer Consulting, 2013). 다면평가는 주로 교육이나 종업원 역량개발을 위한 자료로 사용되고, 봉급인상이나 승진, 해고 등의 인사 결정에는 거의 사용되지 않는다는 점이 중요하다. 종업원 수행에 대한 적절한 정보의 출처는 관리자들, 동료들, 부하들, 고객들 그리고 자기 자신이 포함된다. 표 7.1에서 보듯이 평정자들이 누구인지에 따라서 종

360도 피드백(360-degree feedback) 관리자, 부하, 동료, 고객 등 여러 출처로부터 피드백 정보를 얻는 수행 평가 시스템

다면평가(multiplesource feedback) 관리자 혼자 평가하는 것이 아니라, 여러 출처(고객, 부하, 동료 등)로부터 피드백 정보를 얻는 수행 평가 전략

그림 7.2
누가 종업원 수행을
관찰하는가

업원의 어떤 측면을 관찰했는지가 다르기 때문에, 수행 평가 점수의 일치도가 제각
각 다르게 나타날 수 있다. 흥미롭게도, 자기평가와 타인평가가 일치하는 관리자들이
그렇지 않은 관리자들보다 리더십을 더 잘 발휘하는 경향이 있다(Witt,1996).

상사 평가

당연히, 가장 보편적인 수행 평가 방법은 상사가 부하를 평가하는 상사 평가 방식
이다. 2013년 미국 인적자원관리 학회(Society for Human Resource Management:
SHRM)의 서베이에 따르면, 74%의 조직에서 상사 평가 한 가지 방식만 사용하고
있는 것으로 나타났다. 조직에서 상사들은 종업원 행동의 모든 순간을 다 보는 것은
아니지만, 결과물을 보는 입장에 있다. 예를 들어, 은행의 지점장은 창구 직원들이 카
드 발급을 위해 고객과 계약하는 행동을 실제로 보지는 않지만, 그는 매일 직원들의

표 7.1 평정자들 간의 상관

평정자들 간의 일치도	상관계수
두 명의 상사들	.50
두 명의 동료들	.37
두 명의 부하들	.30
상사들과 동료들	.34
상사와 부하들	.22
상사와 자기	.22
동료들과 부하들	.22
동료들과 자기	.19

출처: Adapted from Conway & Huffcutt (1997).

카드 발급 매출 총액을 비교할 것이다. 마찬가지로, 대학 교수는 학생들이 직접 연구하고 과제를 작성하는 것을 보지는 않지만, 완성된 학기말 과제 결과물을 보면서 학생들 수행의 수준을 추론한다.

동료 평가

상사는 종업원들의 수행의 **결과물**을 보는 반면, 동료들은 종종 실제 **행동**을 본다. 동료 평가는 보통 직접 일을 같이 하는 종업원들이 평가하는 것이다. 창구 직원을 다른 창구 직원이 평가하는 것이다. 그러나 종종 협력 부서의 다른 직원들 또한 유용한 정보를 제공할 수 있다. 예를 들어, 창구 직원은 대출지원부서 혹은 카드부서의 직원들에 의해 평가받을 수 있다.

동료 평가는 평가를 하는 동료가 평가를 받는 종업원과 가깝거나 잘 아는 사이일 때만 믿을 만한 것으로 나타났다(Mumford, 1983). 가장 중요한 것은 동료 평가가 상사 평가와 높은 상관을 보이기 때문에, 승진한 종업원의 미래 수행을 성공적으로 예측할 수 있다는 점이다(Cederbloom, 1989).

어떤 종업원은 다른 종업원들보다 동료 평가에서 더 엄격한 경향이 있다. Saavedra and Kwun(1993)은 고성과자들이 저성과자들에 비해 동료 평가를 엄격하게 함을 발견했다. 이런 차이는 동료 평가를 할 때 종업원들이 스스로를 다른 사람과 비교하기 때문일 것이다. 예를 들어, 평균적인 종업원은 고성과자에게는 인상 깊지 않지만 저성과자에게는 인상 깊어 보이는 것 같다. 물론 동료들이 수행에 관해 독특한 관점의 정보를 제공하지만, 종업원들은 전문가보다 동료로부터 받은 부정적인 피드백에 대해서 더 안 좋게 반응하는 경향이 있다(Albright & Levy, 1995). 상대적으로 높은 자존감, 높은 자기감시, 낮은 개인주의 성향을 지닌 종업원들이 동료 평가에 더 호의적이다(Long, Long, & Dobbins, 1998).

부하 평가

부하들은 상사의 행동에 대해 매우 다른 관점을 제공할 수 있기 때문에, 부하 평가(상향 피드백이라고도 불림)는 360도 피드백의 중요한 요소이다. 그러나 학생들이 교수자에 대해서 하는 강의 평가를 제외하면, 공식적인 부하 평가는 흔하지도 않고 관리자들이 잘 고려하지도 않는다(McEvoy, 1988, 1990). 상사에 대해 안 좋은 평가를 했을 때, 특히 부하가 한두 명밖에 없을 때에는 종업원들이 보복을 두려워하기 때문에 부하 평가는 얻기 어려울 수 있다. 예를 들어, 어느 병원에서 부하들이 자기 보스에게 나쁜 점수를 주자 그 보스가 직원들을 한 사람씩 불러서 "질책을 했다"고 하자. 이런 경우, 부하들이 과연 앞으로 그 보스에 대해 솔직하게 평가할 수 있겠는가? 부하 평가는 상사가 부하의 의견에 개방적인 경우(Baumgartner, 1994), 평가가 익명으로 진행되는 경우(Antonioni, 1994), 평가가 역량 개발 목적으로 쓰이는 경우(Avis & Kudisch, 2000), 종업원들이 평가할 만한 능력이 있는 경우, 정직한 평가에 대해 보복이 없다고 느끼는 경우, 솔직한 답변이 조직에 이익을 가져다 준다고 느낄 경우에 효과가 있을 수 있다(Smith & Fortunato, 2008).

다면 피드백이 수행을 높이는 것에 도움을 주는가? 메타분석(Smither, London, & Reilly, 2005)에 따르면, 효과크기는 작더라도 부하 피드백($d = .24$)이 동료 피드백($d = .12$)이나 상사 피드백($d = .14$)보다 수행에 더 많은 변화를 일으킨다고 한다. 다면 피드백은 피드백 내용이 해당 종업원이 행동을 변화시킬 필요가 있음을 시사하는 경우, 종업원이 변화가 실현 가능하다고 지각하는 경우, 건설적 피드백을 받는 것에 열린 마음을 가진 경우에 가장 효과적이었다(Smither et al., 2005). 직속 상사가 피드백을 제공할 때보다는 퍼실리테이터가 시행하는 워크샵에서 피드백을 제공할 때 수행 향상 효과가 더 크게 나타났다(Seifert, Yukl, & McDonald, 2003). 또한 부하 평가가 상사의 수행 향상을 가져오기는 하지만, 그것이 회사의 전체 실적이나 주가 향상에도 영향을 미친다는 증거는 아직 없다(Pfau & Kay, 2002a).

고객 평가

조직에서 고객들에게 종업원에 대한 수행 평가 도구에 직접 응답해 달라고 요구하는 경우는 드물지만, 조직은 고객으로부터의 피드백을 매우 중시한다. 고객들은 관리자에게 어떤 종업원에 대한 불만이나 칭찬을 이야기함으로써 비공식적으로 종업원 수행에 피드백을 제공할 수도 있고, 그림 7.3과 같은 고객 평가 카드를 작성해서 공식적으로 피드백을 제공할 수도 있다.

조직은 또한 비밀 고객(제공받은 서비스에 대해 주기적으로 평가해 달라고 회사로부터 요청받은 고객)에게 요청하는 방법으로 고객 피드백 정보를 수집하기도 한다. 비밀 고객들은 평가의 대가로 약간의 돈을 받고 무료 식사를 한다. 몇 년 동안, 나는 현지 레스토랑에서 식사를 하고 비밀리에 음식과 서비스의 질에 대한 평가를 하려고 국내 마케팅 회사에 "고용된" 적이 있었다. 보상은 오직 5달러와 식사 비용 상환이었지만 즐거운 경험이었다. 선글라스와 트렌치코트만 더 제공해 주었으면 좋았을 것이다.

자기 평가

종업원이 자기 자신의 행동과 수행에 대해 자기 평가하도록 하는 방법은 점점 더 많은 조직에서 사용되고 있다. 2013년 미국 인적자원관리 학회의 조사에 따르면, 72%의 조직이 자기 평가를 시행한다고 답했는데, 비슷한 조사를 2000년에 했을 때에는 그 숫자가 절반 정도에 불과했다. 미국 노스다코타 주의 비스마르크 시에서는 시 공

McBurger Queen 식당

고객님들께:

당사는 귀하와의 거래를 소중히 여기며, 귀하가 방문할 때마다 항상 즐거운 식사를 제공하기 위해 노력하고 있습니다. 당사가 목표를 달성할 수 있도록 본 카드를 작성하여 나가시는 길에 건의함에 넣어주시면 감사하겠습니다.

1. 귀하의 음식이 적절히 조리되었습니까?   Y N
2. 웨이터가 친절하였습니까?   Y N
3. 웨이터가 효율적이었습니까?   Y N
4. 재방문 계획이 있으십니까?   Y N

귀하를 서빙한 웨이터는 누구입니까? _____

기타 의견:
_____
_____
_____
_____
_____

그림 7.3
고객 평가 카드

무원들의 직원 평가점수에 자기 평가가 25%나 반영되고 있다(동료 평가는 25%, 상사 평가는 50% 반영됨).

자기 평가에 대한 연구들에 따르면, 직원들의 자기 평가에는 관대화 경향이 있고 (Beehr, Ivanitskaya, Hansen, Erofeev, & Gudanowski, 2001), 실제 수행과는 중간 정도의 상관을 보이며(Zell & Krizan, 2001), 동료 평가(Conway & Huffcutt, 1997) 및 상사 평가(Beehr 등, 2001)와는 매우 낮은 상관을 보이는 것으로 나타났다. 하지만 평가 기준이 명확하고 사회비교 정보를 활용하는 경우에는 자기 평가와 상사 평가 간의 일치도가 향상되었다(Keeping & Sulsky, 1996; Schrader & Steiner, 1996). 동료 평가가 자기 평가보다 낮으면, 종업원들은 피드백의 정확도를 의심하고 부정적으로 반응한다(Brett & Atwater, 2001).

미국 종업원의 자기 평가에서 발견한 관대화 경향은 다른 나라에 일반화되지 않을 수도 있다. 일본, 한국 그리고 대만 종업원들은 자기 평가에서 관대화보다는 겸손함으로 인해 스스로에게 점수를 낮게 주는 반면에, 미국, 중국, 인도, 싱가폴, 홍콩의 종업원들은 관대화 경향이 나타나서 스스로에게 점수를 높게 주는 경향이 있다 (Barron & Sackett, 2008). 향후 연구들은 이처럼 자기 평가에서의 잠재적인 문화적 차이에 대해 연구할 필요가 있다.

수행에 대한 자기 평가는 봉급 인상이나 승진과 같은 인사 목적으로 사용되지 않을 때 가장 정확한 것으로 보인다(Atwater, 1988). 또한 자기 평가는 종업원이 수행 평가 시스템을 이해하고 있는 경우(Williams & Levy, 1992), 그리고 종업원이 그들의 수행에 대한 객관적인 기록이 존재해서 상사가 자기 평가와 비교해 볼 수 있다고 믿는 경우(Farh & Werbel, 1986) 가장 정확하다.

4단계: 최적의 평가 방법 선택하기

수행 평가 프로세스에서 다음 단계는 평가 시스템에 대한 당신의 목표를 최대한 달성할 수 있는 수행 준거와 평가 방법을 선택하는 것이다. 준거(*criteria*)란 종업원의 성공적인 직무수행을 나타내 주는 것들이다. 예를 들어, 출근율, 업무의 질, 안전사고 등의 세 가지를 성공적인 종업원을 나타내 주는 중요한 준거로 선정했다고 가정하자. 그다음에는 이 준거들을 측정하기 위한 방법을 선택하고 개발해야 한다. 즉, 출근율, 업무의 질, 안전사고를 어떻게 측정할 것인지 정해야 한다.

실제 수행 평가 도구를 개발하기 전에, 두 가지의 중요한 의사결정이 먼저 이루어져야 한다: 수행 평가 차원의 초점, 그리고 평정법을 사용할 것인지 순위법을 사용할 것인지의 여부이다.

표 7.2 수행 평가 차원의 네 가지 초점

역량 초점	과제 초점
보고서 작성 기술	범죄 예방
운전 기술	체포 절차
대중 연설 기술	법정 증언
법에 대한 지식	차량의 사용
의사결정 기술	무전 절차
신체능력 기술	규칙과 규정 준수

목표 초점	특성 초점
범죄 발생 예방하기	정직성
범죄자를 체포/소환하기	공손함
개인적 상해 없이 교대근무 마침	책임감
체포 및 소환자를 법정에 세우기	의존성
시민들의 불만을 최소화하기	자기주장
치안을 유지하기	협조성

결정 1: 평가 차원의 초점

표 7.2에 나타난 바와 같이, 평가 차원은 특성, 역량, 과제 유형 또는 목표 등에 초점을 둘 수 있다.

특성 초점의 평가 차원

특성에 초점을 둔 평가 시스템은 의존성, 정직성, 공손함 등과 같은 종업원의 특성들에 집중한다. 특성 초점의 수행 평가 도구들이 종종 사용되기는 하지만 종업원의 업무 행동에 대한 피드백 정보를 제공해 주지 못하고, 따라서 종업원의 발전과 성장에 도움이 되지 못하기 때문에 좋은 방법이 아니다. 예를 들어, 책임감과 친절함에서 낮은 점수를 받은 종업원에게 상사가 이야기를 해 주는 피드백 미팅 상황을 생각해 보자. 특성은 개인적이기 때문에 방어적으로 나올 가능성이 크다. 더 나아가, 종업원은 상사가 좀 더 구체적인 조언을 해 주기를 원할 텐데 상사 입장에서는 그렇게 하기가 어렵다. 아마도 상사가 할 수 있는 유일한 발전적인 충고는 "더 책임감을 갖고, 친절하게 해라"일 것이다. 이러한 충고는 종업원의 행동을 변화시키기에 충분한 구체적인 정보를 담고 있지 못하다.

역량 초점의 평가 차원

역량에 초점을 둔 평가 차원은 종업원의 특성 대신에 종업원의 지식, 기술 및 능력에 집중한다. 예를 들어, 역량 차원은 보고서 작성 기술, 구두 발표 기술, 운전 기술 등을 포함할 수 있다. 평가 차원을 역량으로 조직화하는 것의 이점은 피드백 제공과 결함 교정에 필요한 단계들을 제안하기가 쉽다는 점이다. 즉, 만약 어떤 종업원이 글쓰기 능력이 낮은 것으로 평가되었다면, 이를 교정하기 위한 당연한 방법은 그 종업원에게 글쓰기 강좌를 듣도록 하는 것이다.

과제 초점의 평가 차원

과제에 초점을 둔 평가 차원은 실제 수행하는 유사한 과제 활동들로 조직화한다. 경찰 직무의 경우, 이러한 차원은 **무전 절차 따르기** 또는 **법정 증언**을 포함할 수 있다. 주의할 점은, 한 개의 과제 초점 차원에는 종종 몇 가지의 역량들이 포함될 수 있다는 점이다. 예를 들어, 경찰관이 **법정 증언** 차원에서 높은 평정을 받기 위해서는 연설 기술, 조직화 능력 및 법에 대한 지식 등의 역량이 필요할 것이다. 이 방법의 이점은 함께 발생하는 과제 행동들에 집중을 해서 종업원의 수행을 상상할 수 있기 때문에, 다른 평가 차원들보다 상사들이 종종 더 쉽게 수행을 평가할 수 있다는 점이다. 단점은 만약 한 종업원이 어떤 평가 차원에서 낮은 점수를 받았을 때 이것을 어떻게 교정해야 하는지에 대한 의견을 제공하기가 더 어렵다는 점이다. 즉, **법정 증언** 차원에서 낮은 점수를 받은 경우, 법률 지식이 부족하기 때문인가 아니면 연설 기술이 부족하기 때문인가?

목표 초점의 평가 차원

네 번째 유형의 평가 차원은 종업원이 달성해야 하는 목표에 초점을 두고 평가를 조직화하는 것이다. 경찰관 예시를 계속 들자면, 목표는 범죄 발생을 예방하는 것, 개인적인 상해를 입지 않고 교대 근무를 마치는 것 그리고 시민의 불만을 최소화하는 것 등을 포함할 수 있다. 목표에 초점을 둔 평가 차원의 이점은 왜 특정 행동들이 기대되는지에 대해 종업원들이 이해하기가 쉽다는 점이다. 예를 들어, 경찰관에게는 안전벨트를 착용하기, 보디 아머를 착용하기 등의 기대 행동들이 있다. 만약 이러한 기대 행동들이 **부서 방침 따르기**라는 목표 차원하에 나열되어 있다면, 경찰관들은 "멍청한 규칙 따위"를 따르기 위해 자기 행동을 변화시키려고 하지 않을 수 있다. 하지만 만약 이러한 두 가지 기대 행동들이 **살아남기**라는 목표 차원하에 나열되어 있다면, 이러한 기대 행동들이 왜 필요한 것인지 보다 더 분명하게 이해할 것이다.

맥락 수행

위에서 논의한 네 가지 수행 차원들은 모두 직무수행의 기술적인 측면들을 다루고 있다. 근래에는 심리학자들이 **맥락 수행**(*contextual performance*)을 연구하기 시작했는데, 이것은 종업원이 동료들과 잘 지내려고 노력하는 것, 회사의 발전을 위해 노력하는 것, 그리고 필요는 하지만 직무 기술서에 공식적으로 기재된 필수사항은 아닌 과제들을 수행하는 것 등을 의미한다. 여러 조직에서 직무의 기술적인 측면과 더불어 맥락적인 측면도 다루는 평정 척도를 개발해서 사용하고 있다. 즉, 조직은 일을 잘하는 효과적인 수행자뿐만 아니라 종업원이 좋은 조직 시민이 되기를 바라는 것이다. 대학에서 보면, 기술적으로는 연구 능력이 뛰어나지만 "타인과 잘 어울리지 못하는" 교수를 종신교수직 심사에서 탈락시키는 경우가 종종 발생한다.

맥락 수행과 같은 친사회적 조직 행동은 조직의 성공에 매우 중요하다. 또한 과제 수행의 차원들은 직무에 따라서 각기 다르지만, 맥락 수행은 직무에 관계없이 모든 직무들에서 비슷하기 때문에 평가에서 매우 중요하다(Borman & Motowildo, 1997). 뿐만 아니라 맥락 수행을 예측하는 검사들(예, 정직성 검사, 성격 검사)은 과제 수행을 예측하는 선발검사들(예, 인지능력 검사, 직무지식 검사)과 동일한 검사가 아니다.

결정 2: 평가 차원에 대한 가중치 부여

평가 차원의 유형을 결정하고 나면, 그 다음에는 어떤 차원이 다른 차원보다 더 중요한 경우 중요한 차원에 대해 가중치를 부여할 것인지를 결정해야 한다. 당신이 대학에서 수강했던 수업에서의 평가 제도는 가중치 차원에 대한 좋은 예시를 제공한다. 예를 들어, 당신은 학기말 시험이 다른 시험에 비해 더 많은 가중치를 가진 수업을 수강한 경험이 있을 것이며, 어떤 프로젝트가 다른 것들에 비해 더 많은 가중치를 가진 수업을 수강한 경험이 있을 것이다.

가중치를 부여하는 것은 한 조직에서 어떤 차원은 다른 차원들보다 더 중요할 수 있다는 철학에 기초한다. 예를 들어, 간호사에게 있어 환자를 간호하는 차원은 전문적인 외모를 유지하는 것보다 훨씬 더 중요할 것이다. 두 가지 모두 간호사에게 중요한 부분이긴 하지만, 환자 간호를 제대로 하지 않은 것이 간호사 복장을 제대로 갖춰 입지 않은 것보다 조직에 미치는 영향이 훨씬 더 크다. 각 차원에 서로 다른 가중치를 부여하는 것의 또 다른 이점은 인종 및 기타 편견들을 감소시킬 수 있다는 점이다 (MaFarland, Wolf, & Nguyen, 2005).

각 차원에 대해 서로 다르게 가중치를 부여하는 것이 이치에 맞고 몇 가지 이점이 있기는 하지만, 종업원에게 설명하기도 쉽고 계산하기도 편하다는 행정적 이유 때문에 대다수의 조직에서는 모든 수행 차원에 동일한 가중치를 부여하는 것을 선호한다.

결정 3: 종업원 비교법, 객관적 측정법, 평정법

일단 평가 차원의 유형이 정해졌으면, 그다음에는 종업원을 서로 비교하는 방식으로 평가할 것인지(서열법), 출근율이나 판매량 같은 객관적 측정법을 사용할 것인지 혹은 상사로 하여금 종업원이 각 차원에서 얼마나 잘 수행하였는지 평가하는 평정법을 사용할 것인지 결정해야 한다.

종업원 비교법

서열법(rank order) 수행 평가의 한 방법으로 종업원들을 최상위부터 최하위로 순위를 매기는 방법

종업원을 척도상에서 평정할 때 발생할 수 있는 관대화 오류를 감소시키기 위해서 종업원들을 서로 비교시키는 여러 가지 방법이 있다. 그중에서 가장 쉽고 보편적인 방법이 **서열법**이다. 이 방법은 각각의 평가 차원에서 종업원들의 수행을 판단하여 순위를 매기는 방법이다. 표 7.3에서 보듯이, 각 차원의 순위는 그 후에 전체적인 서열을 내기 위해 전체 평균을 구한다.

서열법은 순위를 매길 종업원의 수가 적을 때에 용이하게 사용될 수 있지만, 종업원 수가 많아지면 사용하기 어려워진다. 상위권의 몇 명과 하위권의 몇몇 종업원은 상대적으로 쉽게 순위를 매길 수 있지만, 50명의 종업원 중 누가 30위이고, 누가 31위인지 순위를 매기는 것은 매우 어렵기 때문이다.

쌍 비교법(paired comparison) 종업원들을 두 명씩 짝을 지어서 모든 가능한 비교 쌍을 만든 후, 각각의 쌍에서 보다 더 나은 종업원을 선택하여 순위를 매기는 방법

순위 매기는 과정을 쉽게 만들기 위해서 **쌍 비교법**을 사용할 수 있다. 이 방법은 종업원들을 두 명씩 짝을 지어서 모든 가능한 비교 쌍을 만든 후, 각각의 쌍에서 보다 더 나은 종업원을 선택하는 방법이다. 그림 7.4에 하나의 예시가 나타나 있다.

표 7.3 수행 평가의 서열법

종업원	차원			전체 평균
	지식	의존성	질	
Barrino	1	1	1	1.00
Underwood	2	3	2	2.33
Hicks	3	2	3	2.67
Sparks	4	5	4	4.33
Cook	5	4	5	4.67

한 쌍 내에서 한 번에 두 명의 종업원을 비교하는 것이 전체 종업원들을 한꺼번에 놓고 일제히 비교하는 것보다 더 쉽기는 하지만, 이 방법도 나름의 결점이 있다. 종업원의 수가 많아지면 모든 가능한 비교 쌍의 수가 현저히 많아져서 평가가 불가능할 정도로 많은 시간이 소요된다. 예를 들어, 얼마나 많은 비교가 이루어지는지 다

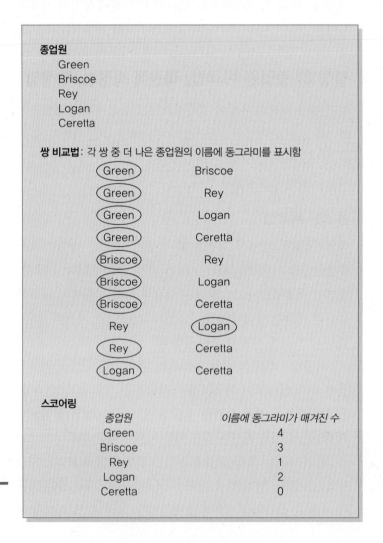

그림 7.4
쌍 비교법의 예시

음의 공식을 통해 알 수 있다.

$$\text{비교 횟수} = \frac{n(n-1)}{2},$$

n = 종업원의 수를 나타낸다. 따라서 만약 우리가 10명의 종업원을 비교한다면 각 평가 차원마다 45번의 비교를 해야 한다.

$$\text{비교 횟수} = \frac{(10)(10-1)}{2} = \frac{(10)(9)}{2} = \frac{90}{2} = 45.$$

이 숫자가 극단적인 숫자는 아니지만, 만약 100명의 종업원을 평가하는 경우에는 4,950번의 비교를 해야 한다! 그리고 평가 차원이 다섯 가지라면, 상사 한 사람이 24,750번의 비교를 해야 한다. 당연히 어떤 상사도 이런 일은 원치 않을 것이다.

강제 배분법(forced dis-tribution method)
미리 비율이 정해져 있는 몇 가지 범주에 종업원들을 배분하는 수행평가 방법

마지막 유형의 종업원 비교 시스템은 **강제 배분법**이라고 불리우는 방법이다. 이 방법은 표 7.4에 나타나 있는 것처럼 미리 비율이 정해져 있는 다섯 가지 범주에 종업원들을 강제로 배분하는 방식이다. 강제 배분 시스템은 상위 1,000대 기업의 20% 이상이(Bates, 2003a) 사용하는 방법이다. 강제 배분법은 "등급을 매겨서 내쫓는" 방법으로 불리기도 하였으며, General Electric의 전 대표인 Jack Welch가 가장 선호했던 방법으로, 그는 관리자들에게 매년 최하위 10% 수행을 보이는 종업원들을 해고하도록 요구하였다. 이러한 시스템이 가혹해 보이기는 하지만, 연구 결과에 따르면 등급을 매겨서 내쫓는 방법이 조직의 생산성을 향상시키는 것으로 나타났고, 특히 이 시스템을 도입한 후 초기 몇 년 동안은 그런 결과가 더 많이 나타난다고 알려졌다(Scullen, Bergey, & Aiman-Smith, 2005). 하지만 종업원들은 수행 평가에 있어서 강제 배분법을 가장 공정하지 않은 방법으로 꼽는다(Roch, Sternburgh, & Caputo, 2007).

강제 배분 시스템은 위에서 언급한 다른 두 가지 종업원 비교법에 비하여 사용하기가 훨씬 더 쉽다는 장점이 있지만 단점도 있다. 이 방법을 사용하려면 종업원의 수행이 정규분포를 이룬다고 가정해야 한다. 즉, 특정 비율의 종업원은 형편없고, 특정 비율의 종업원은 평균이며, 특정 비율의 종업원은 훌륭하다고 가정할 수 있어야 한다. 8장에서 세부사항에 대해 더 논의하겠지만, 종업원의 수행은 아마도 범위 제한 때문에 정규분포하지 않을 것이다. 형편없는 종업원은 아예 채용되지 못했거나 이미

표 7.4 수행 평가의 강제 배분법

Roberts	Portman Kunis	Aniston Stone, Theron Bullock	Lawrence Stewart	Jolie
10%	20%	40%	20%	10%
최하	평균 이하	평균	평균 이상	최상

해고되었을 수 있기 때문에 그 숫자가 매우 적을 수 있다. 마찬가지로, 매우 훌륭한 종업원은 이미 특진해 버려서 그 숫자가 적을 수 있다. 결국, 종업원들의 수행은 정규 분포를 이루지 않을 가능성이 높다.

이 개념이 적용되는 또 다른 예시는 대학 수업에서 성적이 부여되는 방식에서 찾아볼 수 있다. 학생들이 교수자에게 시험을 "상대평가"로 채점해 주길 요구한다면, 이들은 그들의 성적을 정규분포에 강제로 배분하기를 요구하는 것이다. 즉, 대략 10%의 A와 10%의 F가 있을 것이다. (물론, 이 학생들이 정말로 요구하는 것은 종종 추가점수이다.)

당신이 해당 수업의 학생들 중 최하위이기는 하지만, 시험 문제 중 평균 75% 득점을 했다고 가정해 보자. 이런 경우 당신은 F라는 성적을 받아들일 수 있겠는가? 또는 당신이 D 등급의 마지막 학생인데, 그 수업의 한 학생이 2주 남긴 상태에서 전학을 갔다고 가정해 보자. 성적의 정규분포를 유지하기 위해서 만약 당신이 최종적으로 F를 받게 된다면 이것이 공정하다고 생각하는가?

모든 종업원 비교법의 가장 큰 문제점은 종업원이 실제로 얼마나 잘하고 있는가에 대한 정보를 제공해주지 못한다는 점이다. 예를 들어서 생산 공장에 있는 모든 종업원이 우수하게 일을 잘 하고 있다고 하더라도, 누군가는 최하위에 위치하게 될 것이다. 다시 말해, 최하위 점수를 받은 종업원을 포함한 모든 종업원이 실제로는 모두 우수한 수행을 보일지라도, 어떤 종업원은 최하위이기 때문에 수행이 저조한 것으로 평가된다는 것이다.

객관적 측정

수행을 평가하는 두 번째 방법은 객관적 준거(objective criteria) 혹은 경성 준거(hard criteria)를 이용하는 방법이다. 객관적 측정의 일반적인 유형에는 업무량, 업무의 질, 출근율, 안전사고율 등이 포함된다.

양(quantity) 관련 직무 행동이 발생한 수를 셈으로써 직무수행을 측정하는 객관적 준거의 유형

업무의 양. 양의 관점에서 작업자의 수행을 평가하는 것은 관련 직무 행동이 발생한 수를 세는 것으로부터 얻을 수 있다. 예를 들어, 판매사원의 수행은 그가 판매한 물건의 수로 측정할 수 있으며, 생산 조립라인의 작업자의 수행은 그가 용접한 범퍼의 수로, 경찰관의 수행은 범인 체포 횟수로 판단할 수 있을 것이다.

이렇게 양을 측정하는 것을 수행에 대한 객관적인 측정치라고 하지만, 이는 종종 오해의 소지를 낳기도 한다. 그림 7.5에서도 알 수 있듯이, 종업원의 능력이나 수행 정도 이외에도 다른 많은 요인들이 업무의 양을 결정할 수 있기 때문이다. 나아가, 컴퓨터 프로그래머, 의사, 소방관 등과 같은 많은 직무에서는 업무의 양을 측정하는 것 자체가 불가능할 수도 있다.

업무의 질. 수행을 평가하는 또 다른 방법은 수행된 업무의 질을 측정하는 것이다.

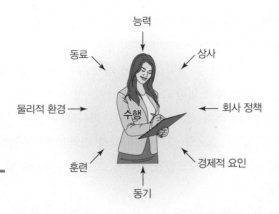

그림 7.5
수행에 영향을 미치는 요인

질(quality) 직무 행동을 어떤 표준과 비교함으로써 직무수행을 측정하는 객관적 준거의 유형

오류(error) 어떤 표준으로부터의 편차; 모든 정보를 처리하지만 일부는 부정확하게 처리하는 것을 포함하는 커뮤니케이션 과부하에 대한 반응의 유형

질은 보통 **오류**의 관점에서 측정되기 때문에, 업무의 질은 어떤 표준으로부터의 편차로 정의된다. 따라서 질을 측정하기 위해서는 종업원의 업무 수행 정도를 비교하기 위한 표준이 반드시 존재해야 한다. 예를 들어, 재봉사가 수행한 작업의 질은 "표준이 되는" 셔츠와 얼마나 비교되는가로 판단할 수 있으며, 비서 업무의 질은 정확하게 단어를 기록한 표준으로부터의 오탈자의 수로 판단할 수 있다. 또한 요리사의 질은 요리사가 만든 어떤 음식이 크기, 온도, 재료의 양 등에서 표준이 되는 요리와 얼마나 비슷한가를 측정함으로써 판단할 수 있다.

예를 들어, Kentucky Fried Chicken은 암행 조사관을 파견하여 각 프랜차이즈 점포의 음식의 질을 평가한다. 이들은 음식이 적절한 표준 온도로 제공되었는지 확인하기 위하여 음식을 구매하고 운전을 해서 주차까지 한 이후에 온도계를 이용하여 음식의 온도를 재기도 하며, 감자튀김이 적당량으로 제공되었는지 확인하기 위하여

여러 직무에 있어서 질(quality)은 관련성이 높은 준거이다.

저울을 이용하여 무게를 재기도 한다.

표준으로부터의 어떤 편차라도 오류의 정의에 포함된다. 심지어 표준보다 더 높은 업무의 질도 오류가 될 수 있다. 이것이 왜 오류가 되는 것일까? 20달러에 판매되는 셔츠를 제조하는 회사가 있다고 가정해 보자. 이 셔츠의 제조 가격을 유지하기 위해서 그 회사는 150달러의 셔츠를 제조하는 회사보다 더 저렴한 재료를 이용하고, 셔츠당 제조 시간을 덜 소요할 것이다. 따라서 만약 어떤 종업원이 인치(inch)당 표준인 10 바느질 대신에 15 바느질을 했다면, 그 회사는 높은 질 때문에 오히려 돈을 잃게 될 것이다!

나는 학창시절 여름에 놀이공원에서 일을 한 경험이 있다. 그 일은 분홍색과 보라색으로 이루어진 유니폼을 입고 피자를 만드는 일이었다. 라지 사이즈의 페퍼로니 피자에는 두 움큼의 치즈와 15장의 페퍼로니가 들어간다. 피자를 좋아하는 사람이라면 이 피자의 토핑이 너무 적다고 생각할 것이다. 이 때문에 그곳의 요리사는 페퍼로니 수를 3배로 늘려서 피자의 질을 높였다. 이에 관리자는 곧장 그 요리사에게 표준을 초과하는 것 또한 수행이 저조한 것으로 평가된다고 설명하면서 그 요리사를 해고했다.

이와 비슷한 상황이 전화기 부품을 생산하는 한 공장에서도 있었다. 이 공장의 대부분의 종업원들은 나이가 많았고, 자신의 업무의 질에 대해서 대단한 자부심을 느끼고 있었다. 실제로 회사에서 그 부품의 오류는 가장 낮은 수준이었다. 그러나 부품의 질이 너무 높아서 그 부품을 너무 오래 쓸 수 있게 됨에 따라 이 회사는 판매량을 늘리기가 점점 더 어려워졌다. 이렇게 질의 오류는 여러 측면에서 이상한 방향으로 발생할 수 있는 것이다!

출근율. 종업원 수행의 한 측면을 객관적으로 측정하는 일반적인 방법 중 하나는 바로 그 종업원의 출근율을 확인하는 것이다(이 부분은 10장에서 보다 상세하게 다룰 것이다). 출근율은 결근, 지각, 재직기간 등의 세 가지 분명한 준거와는 구분된다. 결근과 지각은 둘 다 수행 평가 과정에 분명한 영향력을 가진다. 각각이 전반적인 종업원 평가에 대해서 가지는 가중치는 주로 직무의 특성에 의존한다.

한편, 준거로서의 재직기간은 주로 선발 의사결정의 성공 여부를 평가할 때 연구 목적으로 사용된다. 예를 들어, 맥도날드에서 음식을 준비하는 종업원의 직무에서 각 종업원이 요리하는 햄버거나 감자튀김의 양과 질에는 차이가 거의 없다. 그러나 만약 어떤 종업원이 최소 4개월 이상 근무를 한다면 그 종업원은 "성공적인" 종업원으로 여겨질 것이며, 4개월 이전에 회사를 떠난다면 그 종업원은 "성공적이지 못한" 종업원으로 여겨질 것이다. 실제로도 주요 패스트푸드 음식점이나 편의점의 경우, 최소 6개월 이상 근무하는 장기 근속자에게 보상을 하는 보너스 시스템을 가지고 있다는 점에서 재직기간의 중요성을 확인할 수 있다. 이런 회사는 종업원이 근무하는 시간

만큼씩 일정량의 금액을 계좌에 예치해서 그 종업원이 책이나 교습료 등과 같은 교육 비용을 지출할 수 있도록 하고 있다.

안전사고율. 종업원의 수행 성공을 평가하기 위해 사용되는 또 다른 방법 중 하나는 바로 안전사고율이다. 안전 규칙을 준수하는 종업원이나 안전사고를 일으키지 않은 종업원은 조직에 피해를 주지 않지만, 규정을 어기거나, 장비를 손상시키거나, 자신의 신체를 다치게 하는 종업원들은 조직에 많은 비용을 초래한다. 재직기간과 마찬가지로, 안전은 주로 연구 목적으로 사용되기는 하나, 이 방법은 승진이나 보너스 등과 같은 고용 의사결정 시에도 활용된다.

수행의 평정

가장 흔히 사용되는 수행 평가 방법은 상사가 각 차원에 대한 종업원들의 수행을 평정하는 방법이다. 평정 척도(rating scale)에는 여러 가지 유형이 있는데, 가장 많이 사용되는 두 가지는 도식 평정 척도와 행동 체크리스트이다.

도식 평정 척도(graphic rating scale) 등간척도 혹은 비율척도상에서 종업원의 수행을 평정하는 수행 평가 방법

도식 평정 척도. 도식 평정 척도는 가장 흔히 사용되는 평정 척도이다. 그림 7.5에서 도식 평정 척도의 예를 볼 수 있다. 그림에서 확인할 수 있듯이 이 척도는 매우 간단하며, 각 척도의 끝은 **우수한** 및 **저조한** 등과 같은 단어로 앵커링(anchoring)되어 있고, 보통 5가지 내지 10가지 평가 차원으로 구성된다.

도식 평정 척도는 만들기 쉽고 사용하기 쉽다는 장점이 있지만, 이 장의 후반부에서 다룰 후광 오류나 관대화 오류 같은 평정 오류에 민감하다는 단점이 있다.

행동 체크리스트. 그림 7.6에서 볼 수 있듯, **행동 체크리스트**(*behavioral checklist*)는 각각의 평가 차원에서 전형적으로 요구되는 행동, 기대 혹은 결과물 등의 목록으로 구성된다. 상사는 이 목록을 보고 특정 부하 직원이 목록에 있는 행동을 보이는지 체크하도록 되어 있다.

행동 체크리스트를 만들기 위해서는 먼저 직무 기술서(job description)에 나와 있는 과제(예, "문서를 타이핑하기")를 기대되는 행동의 수행 수준을 나타내는 행동 진술문(예, "문서를 정확하게 타이핑해서 오탈자 및 문법적 오류가 없다")으로 변환한다.

표 7.5 도식 평정 척도의 예

주도성	저조한	1	2	3	4	5	우수한
협동성	저조한	1	2	3	4	5	우수한
의존성	저조한	1	2	3	4	5	우수한
출근율	저조한	1	2	3	4	5	우수한

무전 절차

행동 요소

_____ 정보를 수신할 때 적절한 코드와 신호를 사용한다.
_____ 정보를 발신할 때 코드와 신호를 이해한다.
_____ 정상적인 상황에서 목소리가 분명하고 이해하기 쉽다.
_____ 과다한 스트레스 상황에서도 목소리가 분명하고 이해하기 쉬우며, 당황함을 드러내지 않는다.
_____ 적절한 무전 절차를 준수한다.
_____ 적절한 채널을 모니터한다.
_____ 모든 원거리 경찰관의 위치를 알고 있다.
_____ 무전을 통해 부적절한 정보를 소통하지 않는다.
_____ 현재 상태를 지속적으로 고지한다.
_____ 커뮤니케이션 직원을 존중하고 예의 있게 대한다.

이 차원에 대한 평정

_____ 5 필요 요건을 일관되게 초과 수행하며, 더 이상의 개선이 필요하지 않음
_____ 4 대부분의 필요 요건을 초과 수행함
_____ 3 필요 요건을 대체로 충족시키며, 수용할 만한 수행을 보임
_____ 2 필요 요건을 대체로 충족시키지만, 개선이 필요함
_____ 1 최소한의 필요 요건을 충족시키지 못하며, 당장 집중적인 개선이 필요함

의견

_____
_____
_____
_____

그림 7.6
행동 체크리스트의 예

하나의 평가 차원에는 여러 개의 진술문들이 있는데, 진술문을 개발할 때에는 행동 형태로 진술문을 만들 것인지, 결과물 형태로 진술문을 만들 것인지 정해야 한다. 은행 창구 업무에서 행동기반 진술문의 예를 들어 보면, "고객에게 정중하게 인사를 한다", "고객의 이름을 기억한다", "거래 후에 고객에게 감사함을 표시한다" 등이 포함된다. 행동기반 진술문의 장점은 종업원 개개인에게 줄 수 있는 구체적인 피드백의 양이 증가된다는 점이다.

결과기반 진술문은 종업원의 직무수행 결과로 무엇이 성취되었는지에 초점을 둔다. 결과기반 진술문의 예를 들어 보면, "매달 최소 25개의 카드 가입신청서를 배포했다", "매일 업무 종료 시 출납 금액에 오차가 없었다", "연간 보고서를 제 시간에 완료했다" 등이 이에 해당한다. 결과에 초점을 둔 진술문은 종업원의 직무 행동이 조직에 가시적인 성과를 가져왔는지, 즉 최종 결과에 대한 종업원들의 기여도를 평가하기 때문에 매력적인 방법이다.

결과기반 진술문이 가진 문제는 종업원이 조직에서 요구하는 모든 행동을 다 잘 수행하더라도 통제 불가능한 요인 때문에 긍정적인 결과가 나타나지 못할 수도 있다

오염(contamination)
준거점수가 종업원이 통제 불가능한 요인들에 의해 영향을 받는 상황

는 점이다. 이러한 요인들을 **오염**이라고 부른다. 예를 들어, 한 은행의 이자율이 다른 은행보다 경쟁력이 없는 경우, 그 은행의 창구 직원은 고객에게 은행 카드를 만들게 하는 업무를 성공적으로 수행하지 못할 수 있다. 어떤 경찰관은 자신이 순찰하는 지역에 자동차가 거의 없어서 교통위반 딱지를 많이 떼지 못할 수도 있다. 영업직의 경우에는 담당 지역의 특성에 따라서 판매량이 적을 수도 있다. 서로 다른 지역에서 일하는 두 명의 영업사원이 있다고 가정해 보자. Mary Anderson이라는 종업원은 매달 평균 120대의 업소용 에어컨을 판매하는 반면, Tamika Johnson은 평균 93대를 판매한다. 과연 이 준거는 오염과 관련이 없을까? 답은 명백히 아니오이다.

판매량은 영업사원의 능력뿐만 아니라, 그 판매 지역에 있는 업소의 수, 그 지역의 평균 기온, 이전 영업사원과 업소 주인과의 관계 등과 같은 요인에 의해 영향을 받는다. 따라서 만약 판매량만을 고려한다면 Mary Anderson이 우수 영업사원으로 인정될 수 있다. 그러나 판매량은 그 지역의 업소 수 및 평균 기온에 의해 오염될 수 있으므로 Mary Anderson 담당 지역은 업소가 50개, 평균 기온 93도이고, Tamika Johnson 담당 지역은 업소가 10개, 평균 기온이 80도임을 고려해 보면 이야기가 달라진다. 즉, Mary Anderson은 평균 기온이 93도인 지역에서 업소당 평균 2.4개의 에어컨을 판매한 것이고, Tamika Johnson은 평균 기온이 80도인 지역에서 업소당 평균 9.3개의 에어컨을 판매한 것이다. 해당 지역의 오염 요인을 고려하면 평가가 달라지게 되는 것이다. 이처럼 종업원의 실제 직무수행 이외의 여러 요인들이 준거에 영향을 미칠 수 있다. 따라서 가능한 많은 오염 요인들을 확인한 후, 오염 요인들을 고려해서 수행 평정을 조정할 수 있는 방법을 결정하는 것이 중요하다.

체크리스트에 나와 있는 여러 행동들을 살펴본 후, 상사는 해당 평가 차원에서 종업원의 수행에 대한 전반적인 평정을 하게 된다. 그림 7.7에서 볼 수 있듯이 종업원은 다음의 세 가지 방식으로 평정될 수 있다. 다른 종업원과의 비교, 바람직한 행동의 빈도, 조직의 기대를 충족한 정도 등이 이에 해당한다.

다른 종업원과의 비교. 각 종업원의 수행 수준을 다른 종업원의 수행 수준과 비교함으로써 각 차원에 대한 해당 종업원의 수행을 평정하는 것이다. "평균 이하", "평균", "평균 이상" 등과 같은 척도 기준점(anchor)이 사용되며, 다른 종업원과의 비교 관점에서 해당 종업원의 수행을 평정한다. 이 방식은 관대화 오류나 엄격화 오류를 줄일 수 있지만, 수행을 잘 하고 있는 어떤 종업원을 다른 종업원보다는 나쁘다고 평정하게 되는 위험이 있다.

바람직한 행동의 빈도. 어떤 행동이 발생하는 빈도에 기초해서 평정하는 것이다. 예를 들어, 우리는 생산부서의 종업원이 안전 규칙을 준수하기를 바란다. 이때, 상사는 "항상", "거의 항상", "자주", "거의 하지 않음", "전혀 하지 않음" 등의 척도상에서 특

다른 종업원과의 비교

고객의 의견을 참조함
_____ 다른 출납원보다 훨씬 더 잘함
_____ 다른 출납원보다 더 잘함
_____ 다른 출납원과 같음
_____ 다른 출납원보다 더 못함
_____ 다른 출납원보다 훨씬 더 못함

빈도

고객의 의견을 참조함
_____ 항상
_____ 거의 항상
_____ 자주
_____ 거의 하지 않음
_____ 전혀 하지 않음

조직의 기대를 충족한 정도

고객의 의견을 참조함
_____ 기대 수준 훨씬 이상
_____ 기대 수준 이상
_____ 기대 수준 충족
_____ 기대 수준 이하
_____ 기대 수준 훨씬 이하

그림 7.7
행동을 측정하는 세 가지 척도의 예

정 종업원이 안전 규칙을 얼마나 자주 준수하는지 평가하게 된다. 그러나 여러분도 상상할 수 있듯이, 상사가 "거의 항상"과 "자주" 등과 같은 수준의 차이를 구별해서 판단하는 일이 쉽지 않다는 문제점이 있다.

조직의 기대를 충족한 정도. 아마도 가장 최선의 방법은 종업원의 행동이 조직의 기대를 충족하는 정도를 평정하는 것일 것이다. 이 방식은 높은 수준의 피드백을 가능하게 하며, 종업원 행동의 대부분의 유형에 적용될 수 있다는 장점을 가진다. 그러나 어떤 특정 행동의 경우 이 척도에 적합하지 않을 수도 있다. 경찰관은 언제나 안전벨트를 착용하는 것이 조직의 기대 수준인 경우의 예를 들어 보자. 만약에 그가 항상 안전벨트를 착용한다면, 그는 기대수준 **충족**이므로 이런 척도에서는 3점을 받게 된다. 그러나 그는 이보다 더 자주 안전벨트를 착용할 수는 없으므로, 기대 수준 훨씬 이상이라는 5점을 받을 방법이 없게 된다. 이런 상황이 발생하는 경우에는 그림 7.8과 같이 척도를 조정할 필요가 있다.

그림 7.9에서 7.11까지에서 볼 수 있듯이, 도식 평정 척도와 행동 체크리스트 이외에도 행동기준 평정척도(behaviorally anchored rating scales: BARS), 혼합표준 척도(mixed-standard scales), 강제선택 척도(forced-choice scales) 등과 같은 다양한 방법이 있다. 이런 척도들은 자주 사용되지는 않지만 역사적으로 심리측정학적으로 흥

무기와 차량의 이용

기대를 충족하거나 초과하는 행동들
_____ 추격할 때나 긴급 상황에서 차량을 효과적으로 다뤘다.
_____ 최소한의 요구 사항보다 더 좋은 사격술을 보여줬다.
_____ 무력행사를 결정할 때 올바른 판단력을 보여줬다.
_____ 추격 의사결정을 내릴 때 올바른 판단력을 보여줬다.

기대를 충족만 하는 행동들
_____ 무기 등급이 최신화되어 있고 최소한의 요구 사항들을 충족시킨다.
_____ 무기를 적절한 방식으로 소지하고 있다.
_____ 무기가 사용되었을 때 제 시간에 보고서가 쓰여졌다.
_____ 무기가 사용되었을 때 정확한 정보가 보고서에 쓰여졌다.
_____ 운전할 때 안전벨트를 항상 착용하였다.
_____ 부서에서 발급받거나 승인받은 무기들만 가지고 다녔다.
_____ 무력행사가 정당한 경우에만 무력을 썼다.

이 차원에 대한 평정
_____ 5 필요 요건을 일관되게 초과 수행하며, 더 이상의 개선이 필요하지 않음
_____ 4 대부분의 필요 요건을 초과 수행함
_____ 3 필요 요건을 대체로 충족시키며, 수용할 만한 수행을 보임
_____ 2 필요 요건을 대체로 충족시키지만, 개선이 필요함
_____ 1 최소한의 필요 요건을 충족시키지 못하며, 당장 집중적인 개선이 필요함

그림 7.8
요구 사항들을 그저 충족
하기만 하는 행동들을
평정할 때

미로운 방법들이며, 이 척도들에 대한 정보는 이 장의 부록에 나와 있다.

수행 평가 방법들에 대한 평가

이 장과 부록에서는 종업원의 수행을 평가하는 여러 가지 방법에 대해 알아 보고 있다. 여기서 우리는 다음과 같은 의문점을 가질 수 있다. 과연 이 방법들만이 최선일까? 물론 아닐 것이다. 한 연구는 행동기준 평정척도, 강제선택 척도, 혼합표준 척도 등과 같은 정교한 방법들이 이보다 더 저렴하고 복잡하지 않은 도식 평정 척도보다 더 우수한 경우가 많지 않다는 점을 밝혔다(Murphy, 2008).

행동 체크리스트 방법은 도식 평정 척도에 비해 심리측정학적으로 좀 더 나은 방법이며, 따라서 여러 가지 장점을 가진다. 행동 체크리스트를 개발할 때 종업원들이 직접 관여하기 때문에, 종업원들은 수행 평가 결과가 보다 더 공정하다고 생각하는 경향이 있다. 나아가, 평정을 하는 여러 상사들도 이런 행동적 접근 방법을 더 선호한다(Dickenson & Zellinger, 1980).

마지막으로, 행동기반 진술문을 사용하는 방법은 피드백을 제공하기가 더 쉽고 개선점을 제안하는 데 쓰일 수 있다.

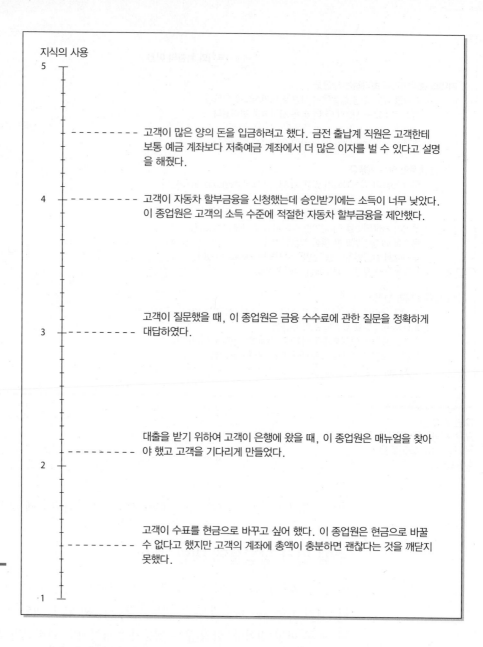

지식의 사용

5

- - - - - - - 고객이 많은 양의 돈을 입금하려고 했다. 금전 출납계 직원은 고객한테
보통 예금 계좌보다 저축예금 계좌에서 더 많은 이자를 벌 수 있다고 설명
을 해줬다.

4 - - - - - - - 고객이 자동차 할부금융을 신청했는데 승인받기에는 소득이 너무 낮았다.
이 종업원은 고객의 소득 수준에 적절한 자동차 할부금융을 제안했다.

3 - - - - - - - 고객이 질문했을 때, 이 종업원은 금융 수수료에 관한 질문을 정확하게
대답하였다.

대출을 받기 위하여 고객이 은행에 왔을 때, 이 종업원은 매뉴얼을 찾아
2 - - - - - - - 야 했고 고객을 기다리게 만들었다.

고객이 수표를 현금으로 바꾸고 싶어 했다. 이 종업원은 현금으로 바꿀
- - - - - - - 수 없다고 했지만 고객의 계좌에 총액이 충분하면 괜찮다는 것을 깨닫지
못했다.

1

그림 7.9
행동기준 평정척도의
예시

여러 가지 수행 평가 방법들은 기술적으로 비슷한 평가 결과를 산출한다. 하지만
조직에서 수행 평가 시스템을 어떻게 운용하느냐에 따라서 종업원들의 신뢰와 만족
도가 달라질 수 있다. Gaby와 Woehr(2005)는 종업원들이 수행 평가 시스템을 공정
하다고 지각할수록 그들의 직무 만족과 조직몰입이 높아진다는 것을 발견하였다.

여러 행동적 방법들은 비슷한 평가 결과를 산출하지만, 주관적 방법과 객관적
방법을 비교할 때는 그렇지 않다. Bommer, Johnson, Rich, Podsakoff와 Mackenzie
(1995)의 메타분석에 따르면, 객관적 방법과 주관적 방법의 결과들은 서로 약간의
상관이($r = .39$) 있는 것으로 나타났다. 흥미롭게도, 업무의 양에 대한 두 방법 간의
상관 관계가($r = .38$) 업무의 질에 대한 두 방법 간의 상관 관계($r = .24$)보다 더 강한

지시문: 각 문항에서 해당 창구 직원을 *가장 잘* 나타낸 것 1개, *가장 잘못* 나타낸 것 1개를 고르시오.

	가장 잘 나타낸 것	가장 잘못 나타낸 것	
1. a)	✔		이 직원은 항상 제 시간에 온다(보통).
b)			이 직원은 매일 업무 종료 시 출납 금액에 오차가 없다(부족).
c)		✔	이 직원은 모든 고객에게 미소를 짓는다(탁월).
2. a)		✔	이 직원은 대체로 여러 가지 상품을 취급한다(탁월).
b)	✔		이 직원은 작업 환경을 깔끔하고 정결하게 해 놓는다(부족).
c)			이 직원은 다른 직원들에게 친절하다(보통).

그림 7.10
강제선택 평정척도의 예시

것으로 나타났다.

법원에서는 수행 평가의 기술적인 측면보다 수행 평가 시스템이 적법한 절차를 따르고 있는지에 더 관심을 가지고 있다. 295개의 순회 재판 사례들(Werner & Bolino, 1997)과 145개의 연방 재판 사례(Foster, Dunleavy, Campion & Steubing, 2008)들에 의하면, 수행 평가가 직무분석에 기반했을 때, 평가자 훈련이 있었고 평가자들이 문서로 된 지시를 받았을 때, 평가자들이 종업원의 수행을 관찰할 기회가 실제로 있었을 때, 평가 기준이 무엇인지 종업원들에게 안내되었을 때, 종업원들이 평가 결과를 검토하고 의견을 제시할 기회가 주어졌을 때, 종업원들이 저조한 수행에 대해 경고를 받은 후 자신들의 수행을 개선할 기회가 주어졌을 때, 여러 평가자들의 평가 결과에 일관성이 있을 때 법적으로 가장 문제의 소지가 적은 것으로 나타났다. 흥미롭게도 항소 법정 사례를 분석해 보면, 보수적인 법정들은(예, Fourth Circuit)

지시문: 창구 직원이 전형적으로 보이는 행동이 진술문보다 더 잘하는 수준이면 "+", 진술문과 동일한 수준이면 "0", 진술문보다 더 못하는 수준이면 "−"라고 답하시오.

평정

1. 이 직원은 다른 종업원들과 자주 다툰다(P). _____
2. 이 직원은 고객들에게 미소를 짓는다(A). _____
3. 이 직원은 고객들의 가족이 어떻게 지내는지 묻는다(E). _____
4. 이 직원은 가능하면 다른 종업원들을 도와 준다(A). _____
5. 이 직원은 다른 종업원들에게 친절하고 대화를 한다(E). _____
6. 이 직원은 고객들이 무엇을 원하는지 물어 본다(P). _____

1, 4, 5문항들은 종업원 관계 차원임
2, 3, 6문항들은 고객 관계 차원임

그림 7.11
혼합표준 척도의 예시

수행 평가 도구의 타당도와 정확도에 기반해서 판결을 내리는 경향이 있고, 진보적인 법정들은(예, Ninth Circuit) 공정성 이슈에 기반해서 판결을 내리는 경향이 있다 (Lee, Havighurst & Rassel, 2004).

5단계: 평가자 훈련

관리자들이 수행 평가를 제대로 할 수 있도록 훈련시키는 것은 방법론적으로나 법적으로 매우 중요한 일이지만, 2010년 ERC 조사에 의하면 이를 위해 시간과 자원을 투입하는 조직은 의외로 많지 않다고 한다. 연구 결과들에 따르면, 관리자들에게 여러 가지 평가 오류 및 이런 오류를 피할 수 있는 방법들을 훈련시키면, 평가의 정확도가 증가하고 실제 평가 오류가 감소되고(Hauenstein, 1998), 평가점수와 상관을 계산하는 검사의 타당도가 증가되고(Pursell, Dossett, & Latham, 1980), 평가에 대한 종업원들의 만족도가 증가되는(Ivancevich, 1982) 것으로 나타났다. 그럼에도 불구하고 평가자 훈련을 하는 기업이 많지 않다는 사실은 놀라운 일이다. 단순히 강의만 듣는 것이 아니라 평가에 대해 토론하고 실습한 후 자신의 평가가 얼마나 정확했는지 피드백을 받는 방식으로 평가자 훈련을 진행하면 효과가 더욱 커지는 것으로 나타났다(Smith, 1986). 그러나 이런 훈련 효과가 지속되려면 한 번의 훈련으로는 부족하고 추가적인 훈련과 피드백이 계속 제공되어야 하며(Noble, 1997), 훈련으로 인해 새로운 오류를 범하게 되면 평가의 정확성이 오히려 떨어질 수 있으므로 충분히 제대로 훈련을 받아야 한다(Bernardin & Pence, 1980).

어떤 방식으로 훈련하는가에 따라서 평가자 훈련의 효과성이 달라진다. **기준 프레임 훈련** 방식은 평가자들에게 직무에 관한 정보를 먼저 제공한 후, 평가에 대해 실습을 하고, 전문가들이 평가한 결과를 예로 제시하고, 전문가가 그렇게 평가한 이유를 설명해 준다(Hauenstein & Foti, 1989). 기준 프레임 훈련의 목적은 조직에서 기대하는 효과적인 수행의 기준이 무엇인지 알려주고, 평가자들로 하여금 오직 이 기준과 관련 있는 행동들에 기초해서 수행 평가를 하도록 요구하는 것이다(Uggerslev & Sulsky, 2008). 기준 프레임 훈련은 평가자들의 정확성을 높이고 평가자 오류를 줄이는 것으로 나타났다(Gorman & Rentsch, 2009; Roch & O'Sulivan, 2003; Roch, Woehr, Mishra, & Kieszczynska, 2012).

평가자들을 훈련시키는 것도 분명히 중요하지만, 평가를 받는 종업원들이 수행 평가 시스템을 잘 이해하도록 설명하는 것 또한 중요하다. 종업원들이 수행 평가 시스템을 더 잘 이해할수록, 평가에 대한 그들의 만족도가 증가한다(Whiting, Kline, & Sulsky, 2008).

기준 프레임 훈련(frame-of-reference training) 평가자들에게 직무에 관한 정보를 먼저 제공한 후, 평가에 대해 실습을 하고, 전문가들이 평가한 결과를 예로 제시하고, 전문가가 그렇게 평가한 이유를 설명해 주는 평가자 훈련의 한 방법

6단계: 관찰과 기록

중요사건(critical incidents) 관리자가 종업원들이 보이는 행동들 중에서 매우 탁월하거나 매우 잘못한 행동을 기록해 두었다가, 이에 근거해서 평가하는 수행 평가 방법이다.

수행 평가 절차의 다음 단계는 관리자가 종업원의 행동을 관찰하면서 **중요사건**들이 발생할 때마다 기록을 하는 것이다. **중요사건**이란 종업원들이 보이는 행동들 중에서 매우 탁월하거나 매우 잘못한 행동을 의미한다. 관리자는 평소에 이런 행동들을 관찰할 때마다 중요사건 일지에 기록해 둔다. 또한 관리자는 중요사건을 관찰했을 때 바로 그것에 관해 종업원과 소통하는 것이 중요하다(피드백 면담에 관해서는 이 장의 뒷부분 및 9장에서 자세히 다루고 있음). 문서에 기록해 두는 것은 다음과 같은 네 가지 이유 때문에 중요하다. 첫째, 문서에 기록하도록 요구함으로써 관리자들이 평가를 할 때 종업원의 성격보다는 업무 행동에 더 집중할 수 있게 만든다.

둘째, 문서에 기록해 두면 관리자들이 수행을 평가할 때 종업원의 과거 행동들을 잘 회상해 내도록 도와준다. 그림 7.12에서 보듯이, 관리자들이 종업원의 모든 행동 또는 적어도 대표적인 표본 행동들을 다 기억할 수는 없기 때문에, 기록해 둔 문서가 없으면 결국 종업원이 한 행동들 중 일부만 기억할 수밖에 없다. 관리자들은 주로 다음과 같은 것들을 기억하는 경향이 있다:

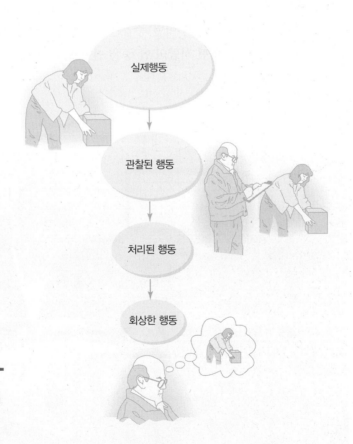

실제행동

관찰된 행동

처리된 행동

회상한 행동

그림 7.12
수행 평가 시스템에서의
정보 손실

- 첫인상: 심리학 분야의 여러 연구들에 의하면, 사람들은 다른 사람의 첫인상을 그가 나중에 하는 행동들보다 더 잘 기억하는 초두 효과(primacy effect)를 보인다. 따라서 초창기의 행동이 종업원의 평소 수행을 대표하지 않음에도 불구하고, 관리자들은 종업원의 첫인상과 일관되는 행동을 더 기억한다. 수행은 **역동적**이어서 어떤 종업원이 한 해에 최고의 수행을 보였다고 해도 다음 해에 그렇지 않을 수 있기 때문에, 관리자들은 이렇게 첫인상이 작용할 수 있음을 주의해야 한다(Reb & Greguras, 2008).

- 최근 행동: 이 밖에도 관리자들은 평가 기간 동안 종업원이 보인 가장 최근의 행동들을 더 기억하는 경향이 있다.

- **특별한 또는 극단적인 행동**: 관리자들은 평소의 일상적 행동들보다 특별한 행동들을 더 기억하는 경향이 있다. 예를 들면, 평범하게 일하던 경찰관이 중요 범죄자를 잡으면 그에 대한 수행 평가가 부적절하게 높아지는 경향이 있다. 마찬가지로, 평소에 아주 잘하던 경찰관이 큰 실수를 하면 부적절하게 낮은 점수를 받을 수 있다.

- 자기 생각과 일관되는 행동: 사람들은 누군가에 대해 의견을 형성하고 나면, 자기 의견을 확증할 수 있는 행동들에 더 주목하게 된다. 만약 관리자가 어떤 종업원을 좋아하면, 자기의 그런 생각과 일치하는 잘했던 행동들만 기억할 것이다. 만약 관리자가 어떤 종업원을 싫어하면, 종업원이 못했던 행동들만 기억할 것이다. 어떤 사람의 안 좋은 면을 보고 나면, 그 생각을 떨쳐 버리기가 어렵다.

수행 리뷰는 수행 평가 절차의 마지막 단계이다.

© Lee Raynes

셋째, 문서에 기록해 두면, 종업원과 피드백 면담을 할 때 종업원이 실제 했던 행동 예시를 사용할 수 있게 된다. 어떤 종업원에게 피드백을 할 때 고객과 다투지 말라고 단순히 말하는 것보다, 기록해 둔 중요사건을 토대로 종업원이 보였던 구체적인 행동이나 문제 행동에 대해서 예를 들어서 언급할 수 있게 된다.

넷째, 문서화된 기록이 있으면, 조직에서 해고되거나 임금인상이나 승진에서 탈락한 종업원이 소송을 제기했을 때 법적으로 방어하는 데 도움이 된다. 이 장의 뒷부분에서 다루겠지만, 법원에서는 인사 결정을 내리는 데 사용된 수행 평가 점수의 정확성에 대해 매우 면밀하게 조사한다. 관리자가 매긴 평정 점수만으로는 판사와 배심원들이 종업원의 낮은 직무수행의 증거라고 인정하지 않는다. 대신에, 관리자가 해당 종업원을 낮게 평가하도록 야기한 행동 증거들을 보고 싶어 한다. 문서화된 기록이 없으면, 회사는 이런 소송에서 거의 이길 수 없게 된다(Foster, 2002). 평가자가 자기가 매긴 점수를 정당화해야 하는 상황일 때 수행 평가가 더 정확했다는 연구 결과(Mero & Motowidlo, 1995)를 보면, 법원에서 문서화된 기록을 중요시하는 이유를 알 수 있다.

중요사건을 문서화해서 활용하려면, 관리자들이 평소에 틈틈이 종업원의 평소 업무수행을 관찰하다가 중요사건 행동이 보일 때마다 일지를 작성해야 한다. 이렇게 기록해 둔 종업원의 중요사건 행동들은 수행 평가 시에 평정 점수를 매길 때 활용된다. 일지에 적힌 내용은 관리자의 기억에 도움을 주고, 관리자가 매긴 점수에 정당성을 부여한다. 이렇게 평소에 작성해 둔 중요사건 일지는 종업원 수행에 관한 탁월한 정보 소스가 되며, 더 정확한 평가 결과를 낳게 된다(Bernardin & Walter, 1977). 특히, 각각의 종업원별로 일지를 따로 정리해 두면, 무작위로 그때 그때 기록해 둔 경우보다 이런 효과가 더 크게 나타난다(DeNisi & Peters, 1996).

수행 평가를 할 때 중요사건들을 활용하는 보다 더 공식적인 방법은 Flanagan과 Burns(1995)가 General Motors에서 쓰려고 개발한 **종업원 수행 기록표**이다. 표 7.6에서 보듯이, 여기에는 각 종업원에 대해 기록표의 왼 쪽에는 잘못한 행동들을, 오른쪽에는 잘한 행동들을 기록하게 되어 있다. 맨 왼쪽 열에는 평가 차원들이 제시되어 있다. 관리자들은 각 종업원에 대해 이런 기록표를 갖고 있고, 하루 일과가 끝난 후 관찰된 중요사건 행동이 있으면 날짜와 함께 기록해 둔다.

이 방법의 장점은 관리자들이 직무와 관련된 행동들만 기록하게 되어 있다는 점이다. 수행 평가 기간이 끝나는 6개월마다, 관리자는 모든 종업원의 직무 관련 행동들에 관해 잘 정리된 기록표를 갖게 된다. 종업원 수행 기록표 방식은 제너럴 모터스에 몇 가지 긍정적인 효과를 가져왔다. 규율 위반에 대한 경고의 수가 줄었고, 회사 제안 박스에 제안 건수들이 늘었고, 생산성이 올라갔다. 처음에 이 기록표 사용이 발표되었을 때 관리자들은 시간이 너무 많이 소요될 것이라며 반대했다. 그러나 중요사건 기록에 실제 소요된 시간은 하루에 고작 5분이었다.

종업원 수행 기록표(Employee Performance Record) General Motors에서 개발된 중요한 사건 기술의 표준화된 사용

표 7.6 종업원 수행 기록표

평가 차원	행동 유형	
	잘못한 행동	잘한 행동
지식	1/17/11 불리효과에 대한 EEOC의 정책에 관한 고객의 질문에 답하지 못함 7/28/11 감사 기간 동안에 틀린 공식을 사용해서 불리효과를 잘못 계산함 11/06/11 고객에게 준거와 내용 타당도의 차이를 설명하지 못함	1/3/11 OFCCP의 정책 변화를 연구해서 그것이 고객에게 미칠 영향에 관해 팀 회의 때 공유함
팀워크	10/12/11 팀의 다른 구성원들이 해 놓은 일에 무임승차함	2/4/11 다른 직원이 일이 많아서 힘들어 할 때 자원해서 도와줌 5/7/11 OFCCP 회계감사를 훌륭하게 마친 팀원들을 격려함 9/2/11 내일까지 분석 보고서를 마쳐야 하는 동료를 늦게까지 남아서 도와줌
고객관계		1/4/11 자신의 모든 고객에게 전화해서 새해 인사를 전하고, OFCCP 정책에 변화가 있음을 알려줌 3/6/11 어떤 고객이 전화를 해서 이 직원이 도움을 많이 주며, 이 직원과 일하는 것이 아주 즐겁다고 칭찬함 8/12/11 어떤 고객이 이메일을 보내서 이 직원이 매우 윤리적이고 태도가 훌륭하다고 칭찬함
업무 정확성	4/12/11 고객에게 보낸 보고서에 오타가 많이 있었음 6/7/11 고객에게 보낸 보고서에 몇 페이지가 빠져 있었음	

7단계: 직무수행 평가하기

객관적 자료의 수집과 검토

종업원에 대해 수행 평가를 하는 기간이 되면, 관리자는 먼저 종업원의 행동과 관련된 객관적인 데이터를 구해서 검토를 해야 한다. 예를 들어, 경찰 관리자는 부하 경찰이 발급한 티켓의 수, 체포 건수, 시민들의 불만 처리 건수 등을 검토한다. 생산직의 관리자는 직원의 결근 횟수, 생산품 개수, 낭비한 원료의 양 등을 검토한다. 이런 객관적 자료는 중요사건 행동 기록과 더불어 직원들의 수행을 평정할 때 견고한 기반이 된다. 이 장의 첫 부분 및 그림 7.5에서 소개한 바와 같이, 객관적 자료를 검토할 때에는 자료의 오염 가능성(예를 들어, 교대근무, 장비, 훈련, 동료, 지리적 여건 등에서의 차이가 영향을 미쳤을 가능성)을 신중하게 고려하는 것이 매우 중요하다.

중요사건 행동 기록 보기

객관적 자료를 구해서 검토한 후, 관리자는 모든 직원에 대해 기록한 중요사건 일지를 살펴보아야 한다. 과거에 기록해 놓은 중요사건 행동들을 다시 살펴봄으로써 초두 효과, 최신 효과, 극단적 행동에 주목하는 효과 등의 평가 오류들을 줄일 수 있다.

평정표 완성하기

객관적 자료 및 중요사건 행동 기록을 검토하고 나면, 관리자는 평정표에 점수를 매길 준비가 다된 것이다. 평정 점수를 부여할 때, 관리자들은 분포 오류, 후광 오류, 근접성 오류, 대비 오류와 같은 평가 오류를 범하지 않도록 조심해야 한다.

분포 오류

분포 오류(distribution errors) 평가자가 종업원의 수행을 평가할 때, 평가 척도에 일정 부분만 사용하는 평정 오류를 말한다.

관대화 오류(leniency error) 평가자가 종업원의 실제 수행과는 상관없이 대부분 높은 점수를 주는 평정 오류이다.

종업원들의 수행을 평가할 때 흔히 나타나는 오류 중 하나는 평정 척도상의 점수 분포와 관련된 **분포 오류**들이다. 분포 오류는 평가자가 평정 척도의 일부 점수 영역만 사용할 때 일어난다. 예를 들어, 어떤 상사는 평가를 할 때 자기 부하들에게 5점 척도상에서 모두 4점 또는 5점을 주는 사람이 있다. 이런 식으로 평가자가 종업원의 실제 수행과 상관없이 대부분 높은 점수를 주는 분포 오류를 **관대화 오류**라고 한다. 위의 예에서, 관리자가 5점 척도에서 모든 부하를 4점이나 5점으로 평정하는 것이 바로 그것이다. 관대화 오류가 발생하는 한 가지 이유는 관리자들이 자기 부하에게 낮은 점수를 주는 것에 불편함을 느끼기 때문이다. 즉, 낮은 점수를 받은 종업원의 반응에 불편함을 느끼는 상사는 이를 편하게 받아들이는 상사에 비해 보다 더 관대하게 점수를 주는 경향이 있다(Canali 등, 2005). 성격이나 인지적 능력과 같은 평가자의 특성은 관대하거나 엄격한 경향과 별로 상관이 없다(Dewberry, Davies-Muir, & Newell, 2013). 관대화 오류가 일어나는 또 다른 이유는 상사가 좋은 수행과 나쁜 수행의 차이를 잘 모르는 경우에는 그냥 좋은 방향으로 점수를 주기 때문이다. 이런 경우에는 기준 프레임 훈련을 받게 해서 관리자들이 좋은 수행과 나쁜 수행의 차이를 명확히 인식하게 하면 관대화 오류를 줄일 수 있게 된다. 공정성 이슈를 추가로 고려해 보면, 만약 어떤 조직이 높은 수행 평가를 받은 직원을 해고시킨다면, 관대화 오류는 법적인 문제를 일으킬 수 있다.

중앙집중 오류(central tendency error) 평가자가 종업원의 실제 수행과는 상관없이 대부분 중간 점수를 주는 평정 오류이다.

엄격화 오류(strictness error) 평가자가 종업원의 실제 수행과는 상관없이 대부분 낮은 점수를 주는 평정 오류이다.

분포오류의 또 한 가지는 **중앙집중 오류**인데, 이것은 모든 종업원에게 대부분 척도의 중간 점수를 주는 오류이다. 예를 들어, 5점 척도에서 어떤 상사가 모든 부하들에게 3점을 주는 경우이다. 또 다른 오류로는 **엄격화 오류**가 있는데, 이것은 모든 종업원에게 대부분 낮은 점수를 주는 오류이다. 예를 들어, 5점 척도에서 상사가 모든 부하에게 1점 또는 2점을 주는 경우이다. 여러분도 아마 대학 수업에서 "점수를 잘 주는" 교수와 "점수를 잘 안 주는" 교수를 경험한 적이 있을 것이다.

이러한 종류의 평정 오류들은 조직에 문제를 일으킬 수 있다. 왜냐하면 두 명의 직원이 비슷하게 일을 하지만 만일 한 명은 관대한 상사에게 평가받고 다른 한 명은 엄격한 상사에게 평가받는다면, 이 두 사람은 서로 다른 평가를 받을 것이기 때문이다. 이 문제는 한 명의 종업원에 대해 여러 사람이 평정을 하면 해소될 수 있지만, 관리자가 한 명밖에 없는 소규모 지점 같은 경우에는 그렇게 할 수 없게 된다. 분포 오류가 공식 또는 비공식 회사 정책 때문에 발생하는 경우도 있다. 예를 들어, 어떤 회사는 임금 인상을 우려해서 또는 "완벽한 직원은 없다"는 문화를 갖고 있어서 직원들에게 높은 평점을 주지 않도록 압박하는 경우도 있다.

후광 오류

후광 오류(*halo error*)는 평가자가 종업원에 대해 알고 있는 어떤 한 가지 특성이나 전반적 인상을 모든 직무수행 차원을 평정할 때 일반화해서 적용하는 것을 말한다. 예를 들어, 어떤 선생님이 한 학생을 상당히 창의적이라고 생각할 수 있다. 그래서 이 선생님은 학생의 성적이 평균 이하임에도 불구하고, 이 학생을 똑똑하고 부지런하다고 평정할 수가 있다. 결국, 선생님이 학생의 창의성에 좋은 인상을 받아서 이 학생의 다른 능력에 대한 판단이 흐려진 것이다. 후광 오류는 평가자가 해당 직무에 대해 잘 모르거나 평가받는 사람에 대해 잘 모를 때 특히 더 많이 발생한다(Kozlowski, Kirsch, & Chao, 1986). 또한 후광 오류는 상사가 부하를 평가할 때보다, 동료들이 서로에 대해 동료 평가할 때 더 자주 발생한다(Viswesvaran, Schmidt, & Ones, 2005).

보통 후광 오류는 한 평가 차원의 평정 점수를 다른 차원의 평정 점수와 상관을 계산해서 통계적으로 확인할 수 있다. 상관 값이 크게 나오면 후광 오류가 작용하고 있는 것이다. 물론 이 상관 값이 크게 나오는 또 다른 이유도 있을 수 있다. 어떤 학자는 서로 다른 차원의 평정 점수들이 일관되게 나오는 것은 후광 오류보다는 종업원의 실제 수행이 여러 차원에서 일관성이 있기 때문이라고 주장한다. 예를 들어, 강의를 잘 하는 선생님이 학생과 상호작용하는 능력도 높고, 관련 지식도 높고, 성적도 공정하게 처리하는 것이 당연한 것 아니냐는 주장이다. 따라서 여러 차원의 평정 점수들에 일관성이 나타나는 이유는 일부는 실제 수행의 일관성 때문이며, 일부는 후광 오류 때문이라는 것이 현재까지의 결론이다(Viswesvaran 등, 2005).

몇년 전, 몽고메리 카운티가 그들의 수행 관리 프로그램을 업데이트하기로 결정했을 때, 나는 그 프로젝트의 책임자를 맡게 되었다. 우리는 여러 부서의 직원들로 팀을 구성해서 몇 달간 임금에 관한 여러 철학을 연구했다(예, 성과기반 임금, 수행기반 임금, 밴드 영역 설정, 보너스 제도, 전통적 대 비전통적 모델, 점수화 대 비점수화 방식, 기념일 및 연중 1회 방식 등).

지금까지 이 카운티에서는 한 쪽짜리 체크리스트를 평가 도구로 사용하고 있었다. 이 체크리스트는 업무의 질, 업무의 양, 다른 사람과의 관계, 업무 습관, 의존성 및 신뢰성 등의 준거 차원을 평가하는 도구였다.

몇 개월의 연구 끝에 우리는 0부터 3까지의 평정 척도로(*개선이 필요함, 유능함, 칭찬할 만함, 매우 탁월함*) 구성된 역량 기반의 평가 프로그램을 단계적으로 도입하기로 결정했다. 단계 1에서는 6개 카운티 공무원들의 핵심 역량을 행동 진술문으로 개발하였다. 카운티 공무원들, 관리자들, 컨설턴트들이 모여서 고객 서비스, 정책과 절차의 준수, 팀워크, 소통 능력, 부서 및 직무에 대한 지식, 훈련 및 자기개발 등의 핵심 역량들을 선정했다.

우리 팀은 평가 시스템의 점수 체계를 개발하고 설계하는 데 많은 시간을 투입했고, 긍정적인 측면에 초점을 맞추었다. 점수 체계 중 부정적인 것은 *개선이 필요함* 한 가지뿐이었다. 우리는 학교 성적 시스템처럼 "평균"으로 연결되지 않는 아주 간단한 시스템을 선택했다. 현재까지 사용해본 결과 이 평가 시스템의 점수들은 정규분포를 이루고 있고, 평가 결과를 임금과 연결시키는 것은 아직 시행하지 않고 있다.

나는 모든 평가자와 직원들에게 새로운 평가 프로그램에 관한 훈련을 실시했다. 이 훈련에는 평가 점수를 평정하는 방법, 평가자 오류를 줄이는 방법, 직책별 역량과 행동 진술문을 작성하는 방법(단계 2를 위한 것임), 중요사건 행동을 문서에 기록하는 방법 등이 포함되었다. 또한 모든 관리자들은 6시간짜리 관리 스킬 훈련을 추가로 받았는데, 이 훈련에는 문서 작성법, 코칭하는 방법, 시간 관리, 권한 위임 등이 포함되었다. 단계 2에서는 본부장, 임원, 관리자들을 대상으로 각각 자신들의 직책에서 요구되는 중요 역량들을 작성하게 했다. 각 직책에서 역량의 개수가 달랐는데, 직책 역량 점수가 총점의 반을 차지하기 때문에 개수가 작을수록 가중치가 많이 부여되는 셈이다. 두 개의 직책이 동일하지만 부서 간에 교차되는 경우에는 각 부서의 특수성에 기초해서 각기 다른 직책 역량을 만들었다.

Karen A. Edmonds,
SPHR, IPMA-CP,
HR 본부장, 몽고메리 카운티,
버지니아 주.

평가 프로그램 개발에는 경력개발 요소들을 포함시켰다. 이 일은 몇몇 경력군에 있는 직원들에게 경력 경로를 마련해 주기 위해서 시작되었다. 개발된 경력 경로의 일관성에 대해 카운티 내의 여러 부서 직원들이 검토하는 과정을 거쳤다. 지방 정부 공무원들의 임금 체계를 항상 상향식으로 설계할 수는 없기 때문에 일정한 임금 범위 내에서 "횡적"으로 이동하는 경력 경로도 개발하였다. 이를 통해 직원들은 카운티 내에서 전문가로 성장할 수 있고, 카운티에서는 이들이 이직하지 않고 계속 남아 있게 할 수 있다.

나는 역동적인 수행관리 시스템이 조직에서 매우 중요하다는 점을 깨달았다. 수행관리 시스템은 조직의 문화와 잘 맞아야 하고, 기대되는 리더십과도 잘 맞아야 한다. 평가의 핵심은 피드백 면담 기회를 통한 소통이다. 수행 평가를 통해 어떤 것이 잘하는 것인지 기준을 파악하지 못하면 직원들은 방황하게 되며, 자기가 어느 위치에 있는지 알지 못하게 된다. 수행 평가가 없으면 여러 가지 가정들이 난무할 것이며, 실망스런 결과를 초래할 것이다. 좋은 수행 평가 시스템의 기본은 다음과 같다고 생각한다.

1. 시스템의 근본 철학이 조직 미션이나 목표를 지지하는 것이어야 한다.
2. 시스템이 일관되게 적용되어야 한다.
3. 시스템이 조직의 리더들로부터 지지를 받을 수 있어야 한다.
4. 시스템이 이해하기 쉽고 관리 가능해야 한다.
5. 시스템이 직원 및 회사 모두에게 유용한 정보를 제공할 수 있어야 한다.

이런 시스템을 개발하는 것이 쉬운 일은 아니지만, 결국은 사람에 관한 일이다. 수행 평가 과정은 시간이 많이 소요되는 일이지만, 그만큼 가치 있는 일이다. 이것은 종업원과 회사 모두를 위한 투자이다. 이것은 우리가 바쁘게 일하는 과정 속에서 무엇에 더 집중해야 할지 알려준다. 수행 평가 과정은 성취를 축하하는 동시에 부족함에 대한 개선 계획을 마련하는 일이다. 수행 평가를 통해 종업원들과 새로운 도전 및 우려에 관해 개방적으로 대화하는 것이 가능하다. 마지막으로, 수행 평가 시스템은 직원들의 성공적 직무수행이 회사에서 최고의 우선순위라는 확신을 갖게 해 준다. 결국, 직원들이 성공적인 직무수행을 보이는 것이 직원과 회사 모두에게 최고의 관심사일 것이다.

그림 7.13은 후광 오류, 관대화 오류, 중앙집중 오류, 그리고 엄격화 오류의 예를 보여 준다.

근접성 오류

근접성 오류(proximity error)는 한 차원에 준 평정 점수가 바로 다음에 이어지는 차원에 대한 평정에 영향을 미치는 것을 말한다. 예를 들어, 어떤 관리자가 첫 번째 차원에서 5점을 주었다고 가정해 보자. 두 번째 차원은 평가 양식에서 **물리적으로** 바로 다음에 **위치하기** 때문에 이 관리자는 첫 번째와 두 번째 차원 둘 다에서 같은 점수를 주는 경향이 있다. 근접성 오류와 후광 오류의 차이는 오류의 원인과 영향받는 차원들의 개수가 다르다는 점이다. 후광 오류에서는 모든 평가 차원이 종업원에 대한 전반적 인상에 따른 영향을 받는다. 근접성 오류에서는 오직 평정 척도상에서 물리적으로 가깝게 위치한 차원만 영향을 받는다. 즉, 오류의 원인이 후광 오류에서는 전반적 인상 때문이지만, 근접성 오류에서는 물리적으로 근접한 위치 때문이다.

대비성 오류

한 사람이 받는 수행 평가는 그 전에 평가받은 사람의 수행으로 인해 영향을 받을 수

관대화 오류

Gil Grissom
협동 1 2 3 4 <u>5</u>
지능 1 2 3 4 <u>5</u>
리더십 1 2 3 4 <u>5</u>

Catherine Willows
협동 1 2 3 4 <u>5</u>
지능 1 2 3 4 <u>5</u>
리더십 1 2 3 4 <u>5</u>

Warrick Brown
협동 1 2 3 4 <u>5</u>
지능 1 2 3 4 <u>5</u>
리더십 1 2 3 4 <u>5</u>

Nick Stokes
협동 1 2 3 4 <u>5</u>
지능 1 2 3 4 <u>5</u>
리더십 1 2 3 4 <u>5</u>

엄격화 오류

Gil Grissom
협동 <u>1</u> 2 3 4 5
지능 <u>1</u> 2 3 4 5
리더십 <u>1</u> 2 3 4 5

Catherine Willows
협동 <u>1</u> 2 3 4 5
지능 <u>1</u> 2 3 4 5
리더십 <u>1</u> 2 3 4 5

Warrick Brown
협동 <u>1</u> 2 3 4 5
지능 <u>1</u> 2 3 4 5
리더십 <u>1</u> 2 3 4 5

Nick Stokes
협동 <u>1</u> 2 3 4 5
지능 <u>1</u> 2 3 4 5
리더십 <u>1</u> 2 3 4 5

중앙집중 오류

Gil Grissom
협동 1 2 <u>3</u> 4 5
지능 1 2 <u>3</u> 4 5
리더십 1 2 <u>3</u> 4 5

Catherine Willows
협동 1 2 <u>3</u> 4 5
지능 1 2 <u>3</u> 4 5
리더십 1 2 <u>3</u> 4 5

Warrick Brown
협동 1 2 <u>3</u> 4 5
지능 1 2 <u>3</u> 4 5
리더십 1 2 <u>3</u> 4 5

Nick Stokes
협동 1 2 <u>3</u> 4 5
지능 1 2 <u>3</u> 4 5
리더십 1 2 <u>3</u> 4 5

후광 오류

Gil Grissom
협동 1 2 3 4 <u>5</u>
지능 1 2 3 4 <u>5</u>
리더십 1 2 3 4 <u>5</u>

Catherine Willows
협동 1 2 <u>3</u> 4 5
지능 1 2 <u>3</u> 4 5
리더십 1 2 <u>3</u> 4 5

Warrick Brown
협동 1 2 3 4 <u>5</u>
지능 1 2 3 4 <u>5</u>
리더십 1 2 3 4 <u>5</u>

Nick Stokes
협동 <u>1</u> 2 3 4 5
지능 <u>1</u> 2 3 4 5
리더십 <u>1</u> 2 3 4 5

그림 7.13
평가 오류의 예시

있는데(Brave & Kravitz, 1996), 이것을 대비성 오류(contrast errors)라고 한다. 예를 들어서, 어떤 은행의 지점장이 1년에 두 번 2월 5일과 9월 5일에 6명의 직원에 대해 수행 평가를 한다고 하자. 이 지점장은 알파벳 순서로 평가를 하는데, John Carr가 첫 번째고 Donna Chan이 두 번째 순서이다. John Carr는 역대 최고의 직원이며, 따라서 이 지점장은 모든 차원에서 최고 점수를 부여했다. 지점장이 두 번째로 Donna Chan을 평가하는데, John과 비교했을 때 Donna는 결코 일을 잘하는 직원이 못된다. 그래서 Donna는 낮은 점수를 받았다. 하지만 이 점수는 그녀가 정상적으로 받을 수 있는 점수보다 더 낮은 점수이다. 이렇게 된 이유는 Donna가 John 바로 다음에 평가를 받았기 때문이다. 여기서 그녀의 수행은 어떤 객관적 기준과 비교된 것이 아니라, John의 수행과 대비가 된 것이다.

이런 대비성 오류는 동일한 사람에 대해 서로 다른 시기에 시행한 독립적인 수행 평가 사이에서도 일어난다. 즉, 어떤 사람이 한 수행 평가에서 받은 점수가 6개월 후 그 사람이 다시 받은 수행 평가 점수에 영향을 미치는 것이다. 예를 들어, 어떤 직원이 상반기 평가에서는 "매우 탁월"하다는 평가를 받았는데, 어떤 사정으로 인해 하반기에는 탁월한 정도까지는 아니고 "우수한" 정도의 성과를 냈다고 가정해 보자. 이 경우 이 직원에 대한 하반기 평가는 무엇일까? Murphy, Gannett, Herr, 그리고 Chen (1986)의 연구에 의하면, 하반기 평가는 "우수함"보다도 아래인 "보통 수준"이 될 가능성이 높다. 상반기에 워낙 탁월하다는 평가를 받았기 때문에, 대비 효과가 나타나서 하반기 평가는 실제보다 더 낮아지게 된다는 것이다. 대비 효과는 평가를 하는 사람이 종업원의 수행을 실제로 관찰한 경우(Smither, Reilly, & Buda, 1988), 그리고 두 번 다 평정을 하는 경우에만(Summer & Knight, 1996) 나타난다.

만일 새로 부임한 관리자가 어떤 종업원의 과거 평가 결과가 탁월했음을 알았는데, 실제 업무수행은 그저 그런 정도로 보이는 경우, 이 관리자는 계속해서 탁월한 점수를 줄 가능성이 높다. Smither와 동료들은 이런 평가 오류를 **동화**라고 부른다.

> **동화(assimilation)** 평정 오류의 한 유형으로, 평가자가 종업원에 대해 이전에 내려졌던 평가를 기반으로 평정하는 오류를 말한다.

평가자들 간의 낮은 신뢰도

표 7.1에 보이듯이, 같은 직원에 대한 수행 평가가 일치하는 경우는 거의 없다(Conway & Huffcut, 1997; Viewesvaran, Ones, & Schmidt, 1996). 이렇게 평가자 간 신뢰도가 낮은 데에는 세 가지 이유가 있다. 첫째, 앞에서 다룬 것처럼 평가자들이 후광 오류 등의 평정 오류를 범하기 때문이다. 만일 한 평가자는 후광 오류를 범하고, 다른 평가자는 대비성 오류를 범한다면, 동일한 직원에 대한 두 사람의 평정 결과는 달라질 수밖에 없다.

둘째, 평가자들이 이상적인 직원의 모습에 대해 서로 다른 기준이나 생각을 가지기 때문이다. 예를 들어, 나는 최근에 경찰서에서 수행 평가 워크샵을 한 적이 있었는데, 어떤 경찰관이 신고전화에 응대하는 비디오를 보여주고 나서 평가를 해 보라고 했더니, 한 경위는 매우 높은 점수로 평정하고 다른 경위는 매우 낮은 점수로 평정하는 것을 본 적이 있다. 각자에게 왜 그렇게 평정했는지 물었더니, 한 경위는 경찰관이라면 상황을 장악하고 공격적으로 대응하는 것이 맞다고 대답한 반면, 다른 경위는 경찰관은 시민 입장에서 응대하는 것이 맞다고 대답하였다. 결국, 이상적인 경찰 행동에 대해 서로 다른 "원형(prototype)"을 갖고 있기 때문에 같은 행동을 놓고 두 사람이 다르게 평정한 것이다.

세 번째 이유는 두 명의 평가자들이 같은 직원의 업무수행을 서로 다른 상황에서 관찰하기 때문이다. 예를 들어, 내근직 경위는 부하 경찰관이 사무실에서 보이는 행정 업무나 보고서 작성 업무를 주로 관찰할 것이며, 외근직 경위는 그가 현장에서 보이는 법집행 행동을 주로 관찰할 것이다. 따라서 두 명의 평가가 다른 이유는 두 사람이 각기 다른 상황에서 부하 경찰관의 업무수행을 관찰했기 때문이다. 앞에서 언급한 것처럼, 평정 오류를 줄이고 신뢰도를 높이기 위해서는 평가를 하는 사람들에게 평가자 훈련을 시키는 것이 중요하다.

표집의 문제

최신 효과. 수행 평가는 보통 일 년에 한두 번 이루어진다. 그래서 지난 6개월 또는 일 년간 종업원이 보인 모든 행동들을 다루도록 설계되어 있다. 그러나 연구 결과에 따르면, 최근에 보인 행동들이 초기 몇 달간 보인 행동들보다 수행 평가에서 훨씬 더 큰 가중치를 갖게 된다. 따라서 평가 기간의 초기에 잘 했다가 나중에 그저 그런 종업원은 과소 평가되고, 초기에는 대충 일하다가 평가 직전에 최고의 성과를 내는 종업원은 과대 평가되는 경향이 있다.

예를 들어, 로스앤젤레스 다저스 야구팀은 한때 정규시즌 초반에 패배를 많이 해서 플레이 오프에 진출하지 못한 경우가 있었다. 이때 몇몇 선수들은 시즌 막바지에 개인 최고 기록을 냈다. 언론에서는 이것을 두고 정규시즌 마지막 한 달간 선수들이 "우승을 위한 시합"을 하지 않고 "연봉을 위한 시합"을 한 것이라고 꼬집었다. 이것은 선수들이 평가에서의 최신 효과(recency effect)를 알고 있었음을 의미한다. 선수들은 계약 직전에 개인 최고 기록을 내면 평가가 좋아져서 내년도 연봉이 올라갈 수 있음을 알고 있었던 것이다. 학생들도 학기 초 시험의 낮은 점수를 보완하기 위해 학기 말 시험 점수의 가중치를 높여 달라고 요청하는 경우가 있는데, 이것도 최신 효과를 알고 있음을 의미한다!

> **낮은 관찰빈도(infrequent observation)** 관리자가 종업원이 업무수행하는 행동을 모두 다 관찰하지 못하는 경우를 말한다.

낮은 관찰빈도. 그림 7.2에 보이듯이, 수행 평가에 영향을 미치는 또 다른 문제는 많은 관리자들이 직원의 행동들을 대표하는 표본을 관찰할 기회가 별로 없다는 것이다. **낮은 관찰빈도**는 두 가지 이유 때문에 발생한다. 첫째, 관리자들은 대개 자신의 업무 때문에 매우 바쁘고, 현장을 다니면서 직원들을 행동을 관찰할 시간이 없다. 대신에, 그들은 완성된 업무의 결과물이나 직원 개개인의 성격 특성에 기초해서 평가를 하기 위한 추론을 한다(Feldman, 1981). 대학 교수가 학생에 관해 추천서를 쓸 때의 예를 들어 보자. 추천서에 보면 보통 학생의 협동심, 대인관계 능력 등을 묻는 항목이 있다. 그런데 교수는 학생이 제출한 보고서와 시험 성적에 의존해서 평가할 수밖에 없다. 교수가 학생의 "협동심"이나 "대인관계"를 관찰할 기회는 거의 없기 때문이다. 이런 경우 학생이 팀 과제를 제시간에 제출하고 시험에서 좋은 성적을 받았으면, 그는 이 학생이 다른 학생들과 잘 지내고 협동심이 있다고 유추하게 된다.

둘째, 관리자가 주변에 있을 때와 없을 때 종업원의 행동은 달라지기 때문에 관리자는 직원의 행동을 대부분 정확히 관찰하기 힘들다. 관리자가 없을 때에는 규칙을 안 지키거나, 지각을 하거나 대충대충 일할 수 있다. 그러나 상사가 눈앞에 있으면, 직원들이 모범 사원이 된다. 상사의 눈에는 어떤 직원이 아주 잘하는 것으로 보이지만, 동료들은 그렇지 않다는 것을 더 잘 알고 있다.

이 장의 앞부분에서 언급한 것처럼, 이 문제는 한 명의 종업원을 여러 사람이 평가하게 함으로써 어느 정도 줄일 수 있다. 또 다른 관리자, 동료들(동료 평가), 그리고 경우에 따라서는 고객들에게도 평가를 받을 수 있다. Conway와 Huffcutt(1997)의 메타분석에 의하면 상사 평가와 동료 평가는 평균적으로 .34의 상관관계가 있다. 즉, 이 두 가지 평가는 어느 정도는 일관성을 보이지만, 완벽하게 일치하는 경우는 없다.

물론, 상사 이외의 여러 사람들로부터 평가를 받을 때에는 상사 혼자 평가를 할 때보다 더 많은 평정 오류가 나타난다. 예를 들어, 어떤 고객은 직원이 정상적인 규정을 따르고 있는데도 불만을 제기할 수 있고, 동료 직원은 자기가 더 높은 봉급 인상을 받기 위해 자기 동료를 낮게 평정할 수 있다. 하지만 이런 문제가 있더라도 여러 사람에게 평가를 받도록 하는 것이 더 좋은 아이디어다.

관찰된 행동에 대한 인지적 처리

행동 관찰. 그림 7.14에 보이듯이, 한 종업원의 행동이 관찰되었다고 해서 직무수행 평가 동안에 그 행동이 제대로 기억되거나 회상되는 것은 아니다. 연구에 따르면, 평가자들은 어느 종업원에 대한 자신들의 전반적 인상과 일치하는 행동들을 잘 회상하며(Cooper, 1981a; Feldman, 1981; Martell, Guzzo, & Willis, 1995), 실제 행동과 수행 평가 간의 시간 간격이 길수록 평정 오류의 발생 가능성이 증가한다(Murphy, Martin, & Garcia, 1982; Nathan & Lord, 1983). 뿐만 아니라 평가되고 있는 직무를 잘 알고 있는 평가자는 그 직무를 잘 모르는 평가자에 비해 수행 평가를 할 때, 자신의 판단을 더 많이 떠올리고 종업원의 행동은 더 적게 떠올린다(Harriman & Kovach, 1987; Hauenstein, 1986). 이처럼 시간이 흐를수록 기억의 정확성이 떨어지는 문제는 평가자를 한 명으로 하지 않고 여러 사람을 평가자로 사용하면 어느 정도 줄일 수 있다(Martell & Borg, 1993).

기억에 기반한 평가는 이렇게 왜곡되는 문제가 있기는 하지만, 업무행동 발생 직후에 바로 평가하는 것보다는 오히려 더 정확하다(Murphy & Balzer, 1986). 후광 오류와 정확도가 이렇게 동시에 증가하는 이유는 아직까지 분명하게 밝혀지지 못했다. 아마도 상사들은 부하의 행동을 관찰하고 평가하기까지 오랜 시간 간격이 있고, 그동안 모든 구체적 행동을 다 기억할 수는 없는 노릇임을 잘 알고 있는 듯하다. 따라서 상사들은 부하에 대해 전반적 인상을 형성한 후, 이것을 고성과자 및 저성과자에 대한 전반적 인상과 비교해서 부하를 평가하는 것 같다.

스트레스(stress)
지각된 심리적 압박

정서 상태. 관리자들이 갖고 있는 **스트레스**의 양 또한 수행 평가에 영향을 미친다. Srinivas와 Motowidlo(1987)는 스트레스가 많은 상황에 놓여 있는 평가자들이 스트레스를 받지 않는 평가자들보다 더 많은 오류들을 발생한다는 것을 밝혔다. 관리자들은 보통 수행 평가를 할 때 자기의 "본래" 업무로 복귀하기 위해 수행 평가를 서둘러서 빨리 실시하는 경향이 있기 때문에, 위의 결과는 중요한 시사점을 준다. 이 문제를 줄이기 위한 방법들은 이 장의 뒷부분에서 다룰 것이다.

감정(affect)
느낌 또는 정서

편향. 자기 부하들을 좋아하는 평가자들은 부하들을 좋아하지도 싫어하지도 않는 평가자들에 비해 더 관대하게 평가하며(Lefkowitz, 2000; Sutton, Baldwin, Wood, & Hoffman, 2013), 따라서 덜 정확한 경향이 있다(Cardy & Dobbins, 1986). 그러나 이것은 상사가 좋아하는 부하는 싫어하는 부하보다 항상 더 높은 점수를 받는다는 뜻은 아니다. 상사는 "공정"하게 평가하기 위해 오히려 과잉보상을 할지도 모른다. 평가자가 부하에 대해 갖고 있는 느낌이나 **감정**은 이처럼 실제 수행 정보의 인지적 처리를 방해할 수 있다.

수행 평가에 인종 편향이 작용하는지에 관한 연구들은 아직까지 결과의 혼재와 논란이 있다. 이에 관해 두 편의 리뷰 논문(Landy, Shankster, & Kohler, 1994; Latham & Wexley, 1994)에서는 인종 편향이 수행 평가에서 중요한 역할을 하지 않는다고 결론을 내렸다. 그러나 Kraiger와 Ford(1985)가 74개의 연구들을 메타분석한 결과에 의하면 백인 평가자는 백인 종업원에게 더 높은 점수를 주고, 흑인 평가자는 흑인 종업원에게 더 높은 점수를 주는 인종 유사성 편향이 나타났다. 재미있는 것은 이러한 편향이 실제 조직에서 실시한 연구들에서만 나타났고, 실험실 연구에서는 수행 평가에 인종 편향이 거의 나타나지 않았다는 점이다. Stauffer와 Buckley(2005)의 연구는 이슈를 더욱 복잡하게 만든다. 이들은 이 분야의 연구들이 방법론적 문제점이 많으며, 반복 측정법과 같은 적절한 방법을 사용하면 수행 평가에 인종 편향이 있는 것으로 나타난다고 주장한다.

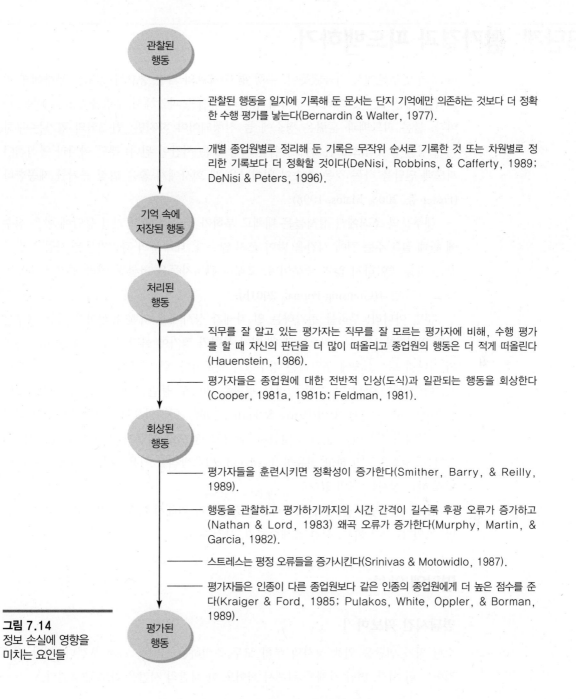

관찰된
행동

———— 관찰된 행동을 일지에 기록해 둔 문서는 단지 기억에만 의존하는 것보다 더 정확한 수행 평가를 낳는다(Bernardin & Walter, 1977).

———— 개별 종업원별로 정리해 둔 기록은 무작위 순서로 기록한 것 또는 차원별로 정리한 기록보다 더 정확할 것이다(DeNisi, Robbins, & Cafferty, 1989; DeNisi & Peters, 1996).

기억 속에
저장된 행동

처리된
행동

———— 직무를 잘 알고 있는 평가자는 직무를 잘 모르는 평가자에 비해, 수행 평가를 할 때 자신의 판단을 더 많이 떠올리고 종업원의 행동은 더 적게 떠올린다(Hauenstein, 1986).

———— 평가자들은 종업원에 대한 전반적 인상(도식)과 일관되는 행동을 회상한다(Cooper, 1981a, 1981b; Feldman, 1981).

회상된
행동

———— 평가자들을 훈련시키면 정확성이 증가한다(Smither, Barry, & Reilly, 1989).

———— 행동을 관찰하고 평가하기까지의 시간 간격이 길수록 후광 오류가 증가하고(Nathan & Lord, 1983) 왜곡 오류가 증가한다(Murphy, Martin, & Garcia, 1982).

———— 스트레스는 평정 오류들을 증가시킨다(Srinivas & Motowidlo, 1987).

———— 평가자들은 인종이 다른 종업원보다 같은 인종의 종업원에게 더 높은 점수를 준다(Kraiger & Ford, 1985; Pulakos, White, Oppler, & Borman, 1989).

평가된
행동

그림 7.14
정보 손실에 영향을
미치는 요인들

　　　Roth, Purvis와 Bobko(2012)의 메타분석, Bowen, Swim와 Jacobs(2000)의 메타분석, 그리고 Church, Rogelberg와 Waclawski(2000)의 360도 피드백에 관한 메타분석에 따르면, 수행 평가에서 성 편향은 별로 이슈가 안 되는 것 같다. 사실, 최근에 보면 수행 평가에서 성차가 줄어들고 있고, 여성의 점수가 약간 더 높은 현상이 있다고 한다(Roth 등, 2012). 또한 메타분석 결과에 의하면, 나이는 수행 평가와 관련이 없다고 한다(Ng & Feldman, 2008).

8단계: 평가결과 피드백하기

이 장의 앞부분에서 기술했듯이, 수행 평가 자료의 가장 중요한 용도는 부하에게 피드백을 제공하는 것 그리고 부하의 강점과 약점을 파악해서 훈련을 받도록 하는 것이다. 물론 피드백과 훈련은 평소에 늘 진행되어야 하지만, 연 2회의 평가는 부하의 수행을 공식적으로 논의하기 위한 가장 좋은 시간이 된다. 뿐만 아니라 공식적인 피드백 면담을 하는 것은 소송이 일어났을 때 회사에게 좋은 법적 근거를 제공한다(Foster 등, 2008, Malos, 1998).

대부분의 조직에서 상사들은 대체로 부하가 최근의 평가 기간 동안에 받은 점수에 관해 말해 주는 것에 시간을 많이 쓰지 않는다. 대부분의 관리자들을 사람을 판단하는 것을 좋아하지 않기 때문이며, 그래서 관리자들은 가급적 빨리 평가를 마무리하고 싶어 한다(Grensing-Pophal, 2001b).

뿐만 아니라, 부하를 평가하는 일 자체가 상사에게 어떤 유익함을 주는 경우는 거의 없다. 최고의 시나리오라고 해 봤자 부하가 평가에 불만이 없는 경우이고, 최악의 시나리오는 소송에 휘말리는 경우이기 때문이다. 한 연구에 의하면, 심지어 부하가 "탁월한"이 아닌 "우수한"이라는 평가를 받아도 불만을 표시하거나 조직몰입이 감소하는 것으로 나타났다(Pearce & Porter, 1986). 마지막으로, 수행 평가 면담 과정에서 부하가 잘못한 부분이 무엇인지 "말하고" 앞으로 어떻게 개선할 수 있는지 "권유하는" 방식, 즉 "말하고 권유하기(tell and sell)" 방식을 사용하면 좋은데, 실제로 이렇게 하는 상사는 거의 없다.

수행 평가 면담을 더욱 효과적으로 진행하기 위해서 다음과 같은 방법들을 활용할 수 있다: 시간 확보, 시간 스케줄하기, 사전준비.

면담에 앞서

면담시간 확보하기

수행 평가 면담을 위해 상사와 부하 모두 준비하는 시간을 가져야 한다. 면담 전에 적어도 한 시간, 면담 자체를 위해서 적어도 한 시간의 시간을 확보해야 한다.

면담시간 스케줄하기

면담 장소는 사생활을 보장하고, 상사와 부하 간의 소통을 가로막는 책상이 없이 서로를 바라볼 수 있는 중립적인 곳이어야 한다. 수행 평가 리뷰 면담은 대부분의 종업원들에게 적어도 6개월에 1번, 새로운 종업원들에게는 이보다 더 자주 이루어져야 한다. 리뷰 면담은 보통 종업원이 조직에서 근무한 지 6개월이 지난 이후에 이루어진다. 만약 이 날짜가 좋지 않은 시간(연휴, 판매점의 바쁜 시기)과 겹치면, 그 면담은 더 편한 시간에 이루어져야 한다. **공식적인 수행 평가 면담은 1년에 1번 또는 2번만** 하지만, 비공식적인 "진도 체크"와 피드백은 1년 내내 수시로 이루어져야 한다.

면담 사전준비

면담을 준비하면서 상사는 부하에게 할당한 점수 및 그 점수를 준 이유를 검토해야 한다. 이 단계는 부하들이 받는 피드백의 질이 전체 수행 평가 과정에 대한 그들의 만족에 영향을 미치기 때문에 이 단계의 준비는 매우 중요하다(Mount, 1983). 뿐만 아니라, 부하들은 상사가 면담을 준비하는 데 사용한 시간이 얼마나 되는지 인식할 수 있으며, 이에 따라 그들의 반응이 달라진다.

종업원들 역시 상사와 동일한 포맷을 사용해서 자신의 수행에 대해 평가해 보아야 한다(Roberts, 2003). 종업원들도 자기가 스스로 평정한 점수의 근거, 그 점수에 해당하는 구체적인 사례 및 스스로의 발전을 위한 아이디어 등을 작성해 두어야 한다.

면담 도중에

평가 면담은 상사와 부하 모두에게 부담이 되는 상황이므로, 긴장된 분위기가 사라지도록 가벼운 이야기로 면담을 시작하는 것이 좋다. 분위기가 편안해지고 나면, 상사는 다음과 같은 내용들을 소통해야 한다: (1) 수행 평가의 역할—봉급 인상이나 해고 등의 인사 관련 결정만을 위한 면담이 아님; (2) 수행 평가가 어떻게 실시되었는지; (3) 평가 과정이 어떻게 이루어졌는지; (4) 평가 면담이 상호적일 것이라는 기대; 그리고 (5) 현재 수행을 이해하고 개선하려는 목표.

먼저, 부하가 스스로에 대한 평정과 그 근거들을 이야기하는 것으로 면담을 시작하는 것이 아마도 최선인 것 같다(Bacal, 2012). 면담이 시작될 때 적극적으로 참여한 종업원들이 면담 결과에 더 만족한다는 연구 결과가 있다(Gilliland & Langdon, 1998; Roberts, 2003).

그다음에 상사는 부하의 평정 및 그렇게 평정한 이유들에 대해 소통한다. 이때 상사는 부하가 지닌 성격 특성이 아니라 부하가 한 행동과 수행에 관해서 소통해야 한다. 물론 부정적인 피드백은 안하는 것이 더 좋은데, 그렇게 해야 부하들이 면담에 더 만족하고 관리자에게 부정적인 태도를 갖지 않기 때문이다(Brett & Atwater, 2001). 그러나 완벽한 종업원은 거의 없으므로 몇 가지 부정적인 피드백은 불가피하다. 이런 경우 긍정적 피드백을 먼저 제공하고, 그 후에 부정적 피드백을 제공하며, 마지막으로 더 긍정적인 피드백을 제공하면서 끝나야 한다. 부정적 피드백이 긍정적 피드백들 사이에 껴있다고 해서, 이러한 과정을 "피드백 샌드위치"라고 일컫는다. 긍정적 피드백을 자주 사용하는 것은 종업원들이 부정적 피드백을 수용하는 데 도움이 되며, 대인 갈등을 피하기 위해 부정적 피드백을 피하는 경향이 있는 상사들에게도 도움이 된다(Waung & Highhouse, 1997). 부하의 자기 평가와 상사의 평가 간의 중요 차이점들은 두 사람 모두 그 차이에 대해 이해할 수 있을 때까지 논의되어야 한다.

다음 단계는 아마도 가장 중요하다. 완벽한 평가를 받는 종업원은 거의 없기 때문에, 종업원의 수행이 완벽하다고 인식되지 않는 이유들을 살펴볼 필요가 있다. 종업원은 직무를 적절히 수행하는 방법에 대한 지식이 부족할 수도 있고, 너무 많은 임무를 부여받았을 수도 있고, 직무수행에 영향을 미치는 외적 요인들이 작용할 수도 있다.

부하의 낮은 수행이 외적 요인 때문일 수도 있음을 상사가 알고 있으면, 부하는 평가 면담에 대한 만족도가 올라가고, 상사의 피드백과 평가가 정확하고 유익하다고 느끼게 된다. 게다가 그것은 부하가 상사를 이해하고 고마워하게 만든다(Bannister, 1986). 피드백은 솔직하고 구체적이어야 하며, 개인적이기보다는 행동적이어야 한다. 사람들은 타인의 실패나 안 좋은 수행을 상황적 요인보다 개인적 요인으로 귀인하는 **기본 귀인 오류**(*fundamental attribution error*) 경향이 있기 때문에, 수행에 영향을 미치는 외적 요인들을 지각하고 인정하는 것은 상사들에게 있어서 특히 중요하다.

문제가 무엇인지 확인되었으면, 그다음 가장 어려운 일은 해결책을 찾는 것이다. 상사는 문제 해결을 돕기 위해 무엇을 할 수 있을까? 조직은 무엇을 할 수 있을까? 종업원은 무엇을 할 수 있을까? 문제에 대한 해결책은 여러 사람들의 협력으로부터 나온다는 점을 주목하자. 직무수행은 사실상 능력, 동기, 회사 정책, 상사의 능력, 동료의 태도 그리고 물리적 환경 등 여러 가지 요인의 영향을 받는 것인데, 사람들은 너

경력 워크샵 | 수행 평가에서 좋은 점수 받기

직무수행을 얼마나 잘 했는지에 의해서만 평가를 받는다면 좋겠지만, 수행 평가는 매우 주관적이어서 상사가 종업원을 얼마나 좋아하는지 또는 얼마나 존중하는지에 의해서도 영향을 받는다. 긍정적인 평가를 받으려면, 당신의 상사가 당신이 가치 있고 팀 작업을 잘 하는 사람임을 반드시 알게 해야 한다. Alan Schonberg (1998)는 상사에게 좋은 점수를 받는 방법에 대해 다음과 같은 조언을 한다.

➡ "시간은 돈이다"라는 것을 기억하라. 업무 시간 동안에 시간을 낭비하지 마라. 당신은 당신의 상사와 만나고 있을 때 점수를 얻어라. 한 업무가 끝나면, 다음 프로젝트로 옮겨 가라.

➡ 전문적인 복장을 갖춰 입어라.

➡ 회의에 참석할 때는 미리 준비를 하고, 일찍 도착하고, 회의에 관심 있게 행동하고, 항상 당신의 상사를 지지하라. (반대는 나중에 개인적으로 할 수 있다.)

➡ 당신이 약속한 것 이상으로 하는 모습을 보여라.

➡ 긍정적으로 생각하라. 공개적으로 다른 사람들을 칭찬하라. 당신의 현재 고용주와 동료들 또는 과거의 고용주들에 대해 불평하지 마라. 누구도 투덜대는 사람을 좋아하지는 않는다!

➡ 당신의 고객들을 최우선으로 생각하고, 그들이 당신에 대해 극찬하도록 만들어라!

➡ 질문을 자주 하고, 실수로부터 배워라.

무나도 자주 저조한 수행을 오직 종업원의 잘못으로 귀인한다.

종업원의 봉급 인상에 관한 평가 결과을 소통하는 것과 종업원의 발전에 관한 피드백을 제공하는 것은 매우 다른 과정이며 종업원에게 다른 시사점을 주기 때문에, 평가 면담 시 이 두 가지를 분리해서 대화하는 것이 좋다. 먼저 평가 결과를 소통한 후 그다음에 수행을 향상시키기 위한 전략들을 논의하면, 종업원도 평가 결과에 대해 생각해 보고 자신의 미래를 위한 방법들에 관해 의논할 수 있게 된다.

면담의 끝부분에서는 상사와 부하가 공동으로 미래의 수행과 행동에 관한 목표를 설정하고, 이 목표들을 어떻게 달성할 수 있을지 서로 이해해야 한다. 목표와 목표 설정은 9장에서 자세히 다룰 것이다. 목표는 구체적이고, 합리적이어야 하며, 부하와 상사가 공동으로 설정해야 한다. 경력 워크샵 박스에 종업원이 수행 평가에서 좋은 평정을 받기 위한 조언들이 제시되어 있다.

9단계: 해고 결정

위에서 언급한 것처럼 수행 평가 결과의 중요 용도는 종업원의 행동에 대해 피드백을 제공하는 것이다. 이 밖에도 수행 평가 결과는 봉급 인상, 승진과 같은 긍정적인 인사 결정을 하는 데 사용되기도 한다. 그러나 불행하게도 관리자가 부하를 해고해야 하는 경우도 있다. 이제부터 종업원을 해고할 때의 법적 이슈에 대해 살펴보자.

임의고용 원칙

임의고용 원칙(employ-ment-at-will doctri-ne) 고용주들이 어떤 특별한 이유가 없어도 마음대로 종업원을 고용하거나 해고할 수 있다는, 미국 대부분의 주에서 사용되는 법적 규정

미국에서는 공공 부문에서 종업원을 해고하는 것과 민간 부문에서 종업원을 해고하는 것 사이에 큰 차이점이 있다. 민간 부문에서는 대부분의 주에서 **임의고용 원칙**을 인정한다. 임의고용 원칙이란 고용주가 아무 이유가 없어도 자유롭게 종업원을 해고할 수 있는 것을 말한다. 공공 부문에서는 반드시 이유가 있어야만 종업원을 해고할 수 있다.

임의고용 원칙에 담긴 철학은 종업원들도 자기 마음대로 회사를 그만둘 수 있으므로, 회사도 마음대로 종업원을 해고할 수 있어야 한다는 것이다. 그러나 미국에서는 임의고용 원칙을 대부분 인정하지만, 프랑스와 같은 나라에서는 정당한 이유가 없이는 종업원을 해고할 수 없도록 법으로 제한하고 있다.

임의고용 원칙에는 몇 자기 제한 사항들이 있다(Falcone, 2002):

- **주법.** 캘리포니아, 몬타나, 그리고 뉴욕 등의 주에서는 특정한 사유가(예를 들어, 회사 규정 위반, 수행에서 무능력을 보이는 것) 있을 때에만 종업원을 해고할 수 있다.

- **연방법 또는 주법의 금지 규정.** 연방법 또는 주법에서 금지하는 사유로는 종업원을 해고할 수 없다. 예를 들어, 종업원이 여성이라서, 임신을 해서, 백인이 아니어서 또는 40세 이상이라고 해서 해고하는 것은 금지되어 있다.

- **공공 정책/공익.** 종업원이 배심원 같은 법적 의무를 다하거나, 위법한 요구를 거절하거나, 직업윤리를 지키기 위한 행동을 했을 때에는 종업원을 해고할 수 없다. 예를 들어, 어떤 대형 저축 은행에서 고객이 대출을 받을 수 있게 하기 위해 자산평가 직원에게 고객의 집에 대한 자산 가치를 높게 평가하라고 지시를 했다. 이 종업원은 연방 법규 및 직업 윤리에 입각해서 자산 가치를 부풀리라는 지시를 거부했다. 해고를 당하고 나서 이 종업원은 자신이 법과 직업 윤리를 지키려다가 해고당했음을 주장하는 소송을 제기해서 승소했다(이 회사는 종업원들이 제기한 소송이 200개가 넘었음).

- **계약.** 종업원이 특정 고용 기간을 명시한 고용계약서에 서명했다면, 회사는 사유 없이 그 종업원을 해고할 수 없다. 마찬가지로, 노동조합에서는 임의고용 원칙을 제한하거나 무효화하는 조항을 단체교섭 합의 사항에 요구하기도 한다.

- **묵시적 계약.** 만일 고용주가 종업원에게 "평생직장"을 시사하거나 오직 특정 사유로만 해고될 것임을 시사한 경우에는 임의고용 원칙은 무효화된다. 예를 들어, 만약 고용주가 지원자에게 "우리 회사에서는 나쁜 짓만 하지 않으면 회사를 계속 다닐 수 있습니다"라고 말했다면, 고용주는 사소한 규정 위반이나 낮은 성과 때문에 그 직원을 해고할 수 없다.

- **신의 성실과 공정 거래에 관한 약속.** 고용주가 임의로 직원들을 자유롭게 고용하고 해고할 수 있다고 해도, 법원에서는 고용주가 직원들과 신의 성실과 공정 거래 원칙에 입각해서 행동해야 한다고 전제하고 있다. 이것은 "모든 계약에는 그 계약의 수행이나 집행에 있어 신의 성실의 책임이 부과된다"는 미국 **상법** 조항에 근거하며, 법원에서는 고용 결정도 일종의 계약으로 간주한다.

임의고용에 관한 회사의 권리를 보호하기 위해, 대부분의 회사들은 지원자 및 직원 안내서에 그림 7.15과 같은 **임의고용 진술서**를 제시해서 서명을 받는다. 이러한 진술서는 일반적으로 법원에서 인정된다.

임의고용 진술서(empl-oyment-at-will state-ments) 지원서 및 직원 매뉴얼에 적혀 있는 진술서로, 회사가 임의로 고용하고 해고할 수 있는 권리를 재확인하기 위한 것이다.

적법한 해고 사유

임의고용 원칙이 별도로 없는 상황에서는 오직 네 가지 사유에 의해서만 종업원을 적법하게 해고할 수 있다: 견습기간, 회사 규정 위반, 직무능력 미달, 불경기 인력 감축.

견습기간

대부분의 직무에서 종업원들은 보통 자신이 직무수행을 잘 할 수 있음을 증명하는 견습기간을 거치게 된다. 대체로 견습기간은 3개월에서 6개월 동안 진행되지만, 경찰 공무원의 견습기간은 보통 1년 동안 진행되고, 정교수가 되기 위한 견습기간은 6년 동안 진행된다! 어떤 기간보다 견습기간 동안에는 종업원이 쉽게 해고될 수 있다.

회사 규정 위반

법원에서는 회사 규정 위반으로 인한 해고 결정의 적법성을 결정하기 위해 다섯 가지 요인을 고려한다. 첫 번째 요인은 특정 행동을 금지하는 명백한 규정이 있어야 한다는 점이다. 겉으로 보기에는 명백한 것 같지만, 조직에서는 종종 "문서화되지 않은" 규정으로 직원들의 행동을 통제하는 경우가 있다. 그러나 이렇게 문서화되지 않은 규정은 법원에서 인정되지 않는다. 예를 들어, 어떤 제조회사에서 한 종업원이 근무지에서 총을 차고 있었다는 이유로 그 직원을 해고했다. 물론, "상식적으로" 근무지에 총을 가져와서는 안되지만, 회사에는 이를 금지하는 명백한 규정이 없었기 때문에 이 종업원은 소송을 제기해서 승소했다.

만약 규정이 존재한다면, 회사는 그 직원이 그 규정을 알고 있었음을 증명해야 한다. 규정은 직원 오리엔테이션이나 직원 회의 때 구두로 커뮤니케이션할 수도 있고, 핸드북, 뉴스레터, 게시판 혹은 홍보물을 통해 서면으로 커뮤니케이션할 수도 있다. 핸드북을 통해 규정에 대해 커뮤니케이션하는 것이 법적으로 방어하기에는 가장 좋다. 직원이 어떤 규정에 대해 알고 있다는 것을 입증하기 위해 조직은 직원들에게 그 규정에 대한 정보를 받았고, 그 규정을 읽었으며, 그 규정에 대해 이해하고 있다는 진술문에 서명하도록 요구할 수 있다.

세 번째 요인은 직원이 실제로 그 규정을 위반했다는 것을 고용주가 증명할 수 있는 능력이다. 증거들은 증인, 비디오 녹음 및 직무 표본과 같은 방법을 통해 얻을 수 있다. 규정 위반을 증명하는 것은 종종 어려운 문제이기 때문에, 인적 자원 전문가들은 거의 탐정이 되어야 한다. 예를 들어, 두 명의 상사가 어떤 직원이 근무지에 비틀거리면서 들어왔고 그 직원에게서 알코올 냄새가 난다는 것을 느꼈다고 해보자. 이 직원은 음주를 금지하는 사내 규정 위반으로 해고되었다. 이 직원은 소송을 제기했고, 재판에서 자기가 감기에 걸렸기 때문에 비틀거리며 걸어왔고 상사들이 맡은 냄새는 알코올 냄새가 아니라 감기약 시럽 냄새라고 주장했다. 재판 결과, 이 직원은

내가 만약 고용된다면 나는 소르디 산업과 고용계약을 중단할 권리를 가지고 있음을 이해합니다. 마찬가지로, 소르디 산업과 나와의 고용관계에는 정해진 기간이 따로 없으며, 소르디 산업이 이유가 있든 없든, 공지를 주든 안 주든 나와의 고용관계를 끝낼 권리를 가지고 있음을 이해합니다. 나는 소르디 산업의 어떤 대표자도 나와 종신 고용을 위한 계약을 체결할 수 없음을 이해합니다.

그림 7.15
임의고용 진술서의 예

승소했다. 이 재판 이후에, 이 회사는 직장 내에 간호사들을 두고 있고, 알코올을 섭취한 것으로 의심되는 직원들에게 음주측정기로 검사를 실시하고 있다.

법원에서 고려하는 네 번째 요인은 해당 규정이 동등하게 적용되어 온 정도이다. 즉, 만약 어떤 직원은 규정을 위반해도 해고되지 않았다면, 동일한 규정을 위반했다는 이유로 어떤 직원을 해고하는 것은 적법하지 않을 수 있다(*Huske* 대 *Honeywell International*, 2004; *Pineda* 대 *United Parcel Service*, 2003). 많은 회사가 이런 요인 때문에 딜레마에 빠지는 경우가 있다. 법원에서는 일관성을 추구하기 때문에, 변호사들은 보통 규정을 위반한 직원을 해고시키라고 조언한다. 규정 위반자를 해고시키지 않으면 전례가 생기게 되고, 그러면 미래에도 규정을 위반한 사람들을 해고하기가 어려워진다. 일을 잘하는 좋은 직원이 규정을 위반하는 상황도 종종 발생할 수 있으며, 이런 경우 원래는 그 직원을 해고해야 한다. 하지만 그 직원이 실제로 높은 가치가 있는 경우에는, 회사 입장에서는 그 직원을 해고하고 싶지 않은 딜레마가 생긴다.

이런 상황이 어떤 은행에서 일어났다. 어떤 은행 직원이 회사 규정을 위반하여, 위조지폐로 판명된 현찰을 낸 고객의 신분증을 확인하지 않았다. 이 은행은 어떻게 해야 할지 쉽게 결정하지 못했다. 그 직원은 가장 우수한 직원 중 하나였기 때문에, 은행은 그녀를 해고하고 싶지 않았다. 그러나 만약 이 직원을 해고하지 않으면, 미래에 똑같은 행동을 한 다른 직원을 해고하기 위한 법적 소송에서 패할 확률이 증가하게 된다. 결국, 이 은행은 특이하게도 그 직원을 해고한 후, 다른 은행에게 상황을 설명하고 이 직원을 고용하도록 추천했다. 다행히 다른 은행에서 이 직원을 고용했다.

네 번째 요인과 다섯 번째 요인은 범죄에 적합한 처벌이 주어진 정도이다. 견습기간(일반적으로 처음 6개월)에 있는 직원들은 규정 위반으로 즉시 해고할 수 있다. 그러나 근속기간이 더 긴 직원의 경우, 조직은 **단계적 처벌**을 통해 직원의 행동을 변화시키려는 합당한 조치를 취해야 한다. 어떤 직원이 조직에서 근무한 기간이 길면 길수록 그 직원의 행동을 교정하는 데 더 많은 절차가 필요해진다. 단계적 처벌은 상담이나 구두경고와 같은 간단한 것부터 시작해서, 서면 경고나 일시 정직으로 강도가 높아지고, 급여삭감, 강등 및 해고와 같은 절차로 끝날 수 있다.

몇몇 규정 위반에 대해서는 단계적 처벌이 항상 필수적인 것은 아니다. 절도를 하거나 누군가에게 총을 쏜 직원은 즉시 해고하는 것이 더 안전할 수 있다.

직무능력 미달

직원들의 직무수행 능력이 미달되는 경우에는 해고할 수 있다. 그러나 이렇게 하려면 회사가 해당 직원이 직무를 수행할 수 없다는 것과 직원의 수행이 향상될 기회를 제공하기 위해 단계적 처벌을 취했음을 입증해야 한다. 고용주가 낮은 수행을 보이는 직원을 해고하는 경우 직면하는 법정에서의 도전에서 살아남으려면, 합리적인 수행 기준이 무엇인지에 대해 직원들과 커뮤니케이션했음을 제시해야 한다. 그 다음에

단계적 처벌(progressive discipline) 직원들의 행동을 변화시키기 위해 필요한 만큼 점차적으로 더 가혹한 처벌을 주는 것을 의미한다.

해당 직원이 이 수행기준에 미치지 못했음을 증명하는 공식적인 문서를 제시해야 한다. 여기서 공식적인 문서는 중요사건 기록 기록이나 업무 샘플(예, 비서가 잘못 타이핑한 편지, 재단사가 잘못해서 짧게 재단한 바지) 등을 말한다.

적절하게 설계된 수행 평가 시스템은 직원들을 적법하게 해고할 수 있는 중요한 도구가 된다(Martin, Bartol, & Kehoe, 2000). 법적인 수행 평가 시스템은(Smith, 1993)

- 직무분석에 기반한다.
- 직원들에게 커뮤니케이션한 구체적인 수행 기준을 가지고 있다.
- 수행을 측정하는 다양한 행동 측정도구들을 가지고 있다.
- 훈련을 받은 여러 평가자들이 평가를 한다.
- 표준화되어 있고 공식적이다.
- 직원들에게 불만을 호소할 기회를 제공한다.

불경기 인력 감축

인력을 감축하는 것이 회사에 경제적으로 가장 적절하다고 판단되는 경우에도 직원들을 해고할 수 있다. 일반적으로 해고라고 불리는 인력감축은 지난 수십 년간 포춘 500대 기업에 속하는 대부분의 기업들이 활용해왔다. 대규모 해고나 공장 폐쇄의 경우, 근로자 적응 및 재훈련 통지법에서는 회사가 근로자에게 최소 60일 전에 통지를 할 것을 요구하고 있다. 해고는 자금손실을 줄이려는 목적으로 설계되었지만, 연구 결과에 따르면 인력 감축은 직원들에게 부정적인 영향을 끼칠 뿐만 아니라(Leana & Feldman, 1992), 인력 감축이 추구했던 재정적 절약도 종종 달성하지 못하는 것으로 나타났다(Cascio, 2002). 해고는 14장에서 더 자세히 다룰 것이다.

해고 면담

면담 전

일단 직원에 대한 해고 결정이 내려지면, 그 직원에게 해고 결정에 대해 커뮤니케이션하는 회의를 준비하기 위한 여러 단계의 조치를 취해야 한다. 첫 번째 단계는 법적인 소송 과정이 뒤따를 수 있음에 대비하는 것이다. 예를 들어, 만약 어떤 조직이 규정 위반으로 한 직원을 해고하려고 한다면, 그 규정이 실제로 존재하고 있고, 그 직원이 해당 규정에 대해 알고 있었고, 규정을 위반했다는 증거를 조직이 가지고 있고, 단계적 처벌이 사전에 시행되었고, 그 규정이 모든 직원에게 동등하게 적용되었음을 확실하게 해야 한다. 인사 담당자에게 중요한 능력은 해고 결정이 법적으로 방어 가능한지를 확실하게 하는 것이다.

다음 단계는 조직이 그 직원에게 어느 정도 도움을 주고 싶은지를 결정하는 단계이다. 도움을 주는 방법은 추천서, 퇴직금 및 새로운 일자리를 찾을 수 있게 지원해 주는 방법 등이 있다. 대체로, 회사에 소송을 제기하지 않고 해고 결정에 동의서를 작성한 직원들에게 더 많은 도움을 제공한다.

마지막 단계는 면담 진행을 위한 적절한 장소와 시간을 결정하는 단계이다. 면담은 중립적이고 개인적인 장소에서 진행되어야 한다. 해고 결정에는 적대적인 반응이 나타날 수 있으므로, 이로 인한 잠재적 손실을 피하기 위해서 면담은 상사의 사무실에서 진행되어서는 안 된다. 일반적으로 직원이 조언을 구할 기회를 주고 회사가 직원과 이야기할 기회를 갖기 위해서, 금요일 늦은 오후보다는 월요일이나 화요일에 진행하는 것이 좋다(Karl & Hancock, 1999; McHeffey, 2011). 만약 해고가 금요일 오후에 이루어진다면, 그 직원은 주말 동안 도움을 받기 위해 누구와도 연락할 수 없게 된다. 또한 해고된 직원은 자신의 억울한 입장에 대해 전화로 다른 직원들에게 이야기하면서 주말을 보낼 것이다. 반면에, 회사는 그 소문에 대해 반박하기 위해 월요일까지 기다려야만 한다.

면담 중

면담 중에 상사는 직원에 대한 해고 결정이 내려진 사실을 바로 전달해야 한다. 직원들은 대체로 상사가 자기를 왜 불렀는지 알고 있으므로, 불필요하게 고통을 연장시킬 이유가 없다. 상사는 해고 결정에 대해 논리적으로 말해야 하고, 직원의 노력에 대해 감사를 표시해야 하며, 조직이 제공할 수 있는 어떤 도움이든 제공해야 한다. 사무실 열쇠 반납이나 서류작업과 같은 행정 업무는 그 이후에 이루어진다. 마지막으로, 그 직원에게 개인 물품들을 챙기도록 요청하고 정문까지 바래다준다.

이상의 조언들이 다소 냉정하게 들릴 수 있다. 하지만 직원을 해고하는 것은 어려운 업무이고, 즐거운 마음으로 할 수 있는 일이 거의 없다. 만약 당신이 로맨틱한 관계를 끝낸 적이 있다면, 나는 당신이 직원을 해고시키는 것이 어떤 기분인지 이해할 것이라고 생각한다. 직원을 해고하는 것은 감정적인 시간이다. 핵심은 간결함과 전문성에 있다.

면담 후

면담이 끝나면, 상사가 느끼는 자연스러운 반응은 죄책감이다. 이러한 죄책감을 덜기 위해서 상사는 몇몇 사실들을 리뷰할 필요가 있다—자신이 해당 직원에게 개선할 수 있는 기회를 주었지만, 그 직원이 그렇게 하지 않았다. Valleydale Foods의 인사담당자는 직원들에게 다음과 같이 말한다: "당신 스스로의 행동이 당신을 해고시킨 것입니다. 저는 단지 서류작업만 했을 뿐입니다."

어떤 직원이 해고될 때, 다른 직원들은 긴장하게 된다. 결국, 다른 직원들에게 무엇이 일어났는지에 대해 솔직하게 설명하는 것이 중요하다. 동시에, 해고된 직원의 성격에 대해 부정적인 말을 하는 것은 피해야 한다.

10단계: 평가 시스템의 공정성 및 적법성 검토하기

수행 평가 시스템은 채용 검사 및 다른 인사 결정과 동일한 법적 기준의 영향을 받는다. 따라서 성별, 인종/민족 및 나이에 따라 차이가 있는지를 판단하기 위해서 매 평정 시기마다 수행 평정 점수들을 분석해야 한다. 만약 그러한 차이가 있다면 회사는 그 차이가 경험과 같은 요인들로 정당화될 수 있는지, 아니면 그 차이가 차별 때문인지를 판단해야 한다. 마찬가지로, 평정 점수에 따른 급여인상, 보너스, 승진 및 해고 등의 인사 결정에 차별이 없었음을 증명하기 위해 수행 평가의 평정 점수들에 대한 분석이 필요하다. 검토 과정에서 조직이 점검해야 할 질문들은 다음과 같다:

- 조직이 상사들에게 어떻게 수행을 평가할지, 평가 결과를 어떻게 커뮤니케이션할지, 저성과자들에게 어떤 멘토링을 제공할지, 평가 결과에 기반해 어떻게 결정을 내려야 할지에 관해 교육을 실시했는가?

- 수행 평정 결과에 성별, 인종, 민족, 장애 혹은 나이에 따른 차이가 있는가? 만약 그렇다면, 그러한 차이들이 실제 수행에서의 차이 때문인가?

- 서로 비슷한 수행 평정을 받은 직원들이 급여인상, 승진, 처벌 및 훈련에 대해 비슷한 결과를 받았는가(*Russell* 대 *Principi*, 2001)?

- 수행 개선을 위해 주어진 기회가 성별, 인종, 민족, 장애 및 나이에 따라 달랐는가? (*Johnson* 대 *Kroger*, 2003; *Mayer* 대 *Nextel*, 2003) 즉, 만약 낮은 평정을 받은 아시아인 직원이 개선을 위한 기회를 부여받았다면, 비슷한 상황에 있는 히스패닉 직원도 똑같은 기회를 받았는가?

- 높은 평정을 받다가 갑자기 낮은 평정을 받은 직원이 있는가(*Shackelford* 대 *Deloitte & Touche*, 1999)? 만약 그렇다면, 평정점수가 떨어진 원인이 실제 수행이 떨어졌기 때문인가? 아니면 잠재적인 차별 때문인가?

직무에 대해	응용 사례 연구

Kohl's 백화점의 직원 해고

버지니아 주 메카닉스빌에 있는 Kohl's 백화점에서 세 명의 직원이 쿠폰 사용과 관련된 규정위반으로 해고되었다. 이 지점에서는 각 직원에게 "친구 및 가족" 세일의 일부분으로 11장의 15% 할인 쿠폰을 보냈다: 1장

의 쿠폰은 직원을 위한 것이고, 다른 10장의 쿠폰은 친구와 가족에게 보낸 것이다. 많은 여분의 쿠폰이 있었기 때문에, 토요일에 18살인 Rikki Groves, Rebecca Hagan 및 Katie Kombacher는 쿠폰을 가지고 있지

않은 고객들에게 그 쿠폰을 주었다. 그들은 그 쿠폰들이 지점에서 사용되는 다른 세일 쿠폰과 비슷한 것이라고 생각했고, 판매대 직원들이 이 쿠폰을 가지고 있지 않았던 고객들을 위해 이미 사용된 쿠폰을 스캔할 수 있을 거라고 생각했다. 콜스에서 3개월 동안 일한 Groves에 의하면, 그 쿠폰이 매일 처리되는 다른 쿠폰들과 다르다는 것을 어떤 매니저도 말해주지 않았다. 그 사건 몇 일 후, 지점의 보안 책임자가 Groves의 교대시간이 끝나기 몇 시간 전에 Groves를 비공개 회의에 불렀다. 그는 먼저 지점의 카메라를 통해 그녀가 그 쿠폰들을 사용하는 것을 봤다고 말하고, 그녀가 고객에게 준 쿠폰 값 1,000달러를 직접 지불하거나 그렇지 않으면 경찰을 불러 그녀를 횡령혐의로 체포할 것이라고 말하며 Groves를 심문했다. 그리고 나서 그는 그녀의 사진을 찍었고 그녀에게 내년에 지점에 돌아오는 것을 금지하는 문서에 서명하게 했다. Groves는 회사에 1,000달러를 분납하기 시작했고, 이 이야기는 지역신문에 게재되었다. 분노한 시민들은 Kohl's의 신용카드 사용을 중단하고, 다시는 Kohl's에 가지 않을 것이라며 불평하고 위협했다. 그러자 회사에서는 Groves의 돈을 돌려주었고, 그 돈을 다시 지불할 필요가 없다고 이야기했다. 이 세 여성들은 다시 고용되지 못했고 사과도 받지 못했다. 지역 경찰서의 대변인은 Groves가 범죄를 저지르지 않았으며, 이 사건은 내부 규정의 문제이기 때문에 회사 측의 체포위협은 적절한 것이 아니었다는 의견을 제시했다.

- 어떻게 하면 이 지점이 해고 관련 상황들을 더 잘 처리할 수 있었을까? 세 직원들은 해고를 당해야 했을까?
- 애초에 이런 상황을 막기 위해 Kohl's 백화점 측은 어떻게 해야 했을까?
- 그 직원들은 무엇을 다르게 했어야 할까?

임의고용 원칙과 윤리

이번 장에서 언급했듯이, 임의고용의 원칙은 오랫동안 존재해왔다. 이 원칙은 업무가 있을 때와 업무가 없을 때 모두 고용기간을 1년으로 추정한다는 18세기 영국의 보통법에 기초한다. 뉴욕 주의 조약 작성자인 Horace Gay Wood는 그의 책 주인과 하인에서 특정 기한을 정하지 않고 고용하는 것이 임의고용이라고 제시하며 이 원칙에 대해 설명한다. 즉, 주인과 하인 모두가 특정 기한에 노동이 끝날 것이라고 동의하지 않는다면, 무기한의 고용이 고려되어야 하고, 그가 해고되는 것은 하인에게 달려있다는 것이다. 그 후, "우즈의 법칙"에서 미국 고용법에 대한 해석이 다음과 같이 이루어졌다: 고용주는 이유가 있든지 없든 개인들을 자유롭게 해고시킬 수 있고, 종업원들도 어떤 이유에서든 언제나 자유롭게 일을 그만둘 수 있다.

이 원칙의 윤리성 또는 공정성에 대해서 수년간 많은 논쟁이 있었다. 이 원칙이 종업원들의 삶보다 경영자들에게 너무 많은 권력을 준다는 비판이 있다. 좋은 직원이라도 언제든 무슨 이유로든 기업이 해고할 수 있게 허용하는 규정은 불공정하고 비윤리적이라는 것이다. 이 원칙으로는 열심히 일하고 높은 성과를 내는 직원들을 보호할 수가 없다. 또한 임의고용의 원칙을 사용하는 기업에서는 직무 안정성이 거의 없다. 이론적으로, 직원들은 상사가 그들을 좋아하지 않거나 옷을 잘 차려입지 않았다는 이유만으로 해고될 수 있다. 임의고용의 원칙하에 해고되는 직원들에게 기업이 종종 하는 변명은 "당신은 이 회사에 적합하지 않다"이다. 무장 수송차 운수가 누군가의 생명을 구하기 위해 자기 위치를 이탈했음에도 그 이유로 해고당한 사례도 존재한다(*Gardner 대 Loomis Armored, Inc.*, 1996년 4월 4일).

이 원칙에 반대하는 사람들은 경영의 관점에서도 이 원칙이 열심히 일하는 직원들에게 도움이 되지 않음을 지적한다. 만약 직원들이 아무리 열심히 일을 해도 아무 때나 해고될 수 있다면, 무엇 때문에 열심히 노력을 하겠는가? 만약 직원들이 "두려움" 속에서 자기 직무를 수행한다면, 동기 또한 하락할 것이다. 결국, 임의고용의 원칙하에 있는 직원들은 "근거가 있어야만 해고되는" 직원들과 다른 대우를 받는 것이므로, 비평가들은 이 원칙이 미국 연방 수정헌법 제14조를 위반하는 불공정하고 차별적인 규정이라고 주장한다. 또한, 직원들이 언제든 해고될 수 있다고 두려워하면 동기가 하락할 것이다.

지지자 측에서는 이 원칙이 해고와 관련해서 고용주와 직원 모두에게 동등한 공정성을 제공한다고 주장한다. 이들은 만약 어떤 직원이 자신의 고용관계를 언제든지 끝낼 수 있다면, 고용주도 똑같은 권리를 가지고 있어야 공정하다고 주장한다. 이들은 이 장에서 소개된 임의고용 원칙의 제한 규정들이 종업원들을 추가로 보호하고 있다고 주장한다. 지지자들은 여기서 제시한 *Gardner* 사례에서 피고 측이 승리했듯이, 이 원칙이 있다고 해서 회사가 모든 소송에서 이기는 것은 아님을 강조한다. 또한, 지원자들은 만약 그들이 임의고용 원칙이 불공정하다고 생각하면 임의고용 원칙을 적용하는 기업에서 요구하는 임의고용 진술서에 서명하거나 그 회사에서 일할 필요가 없고, 다른 회사를 알아볼 권리가 있다는 점을 강조한다.

당신의 생각은 어떻습니까?

- 임의고용 원칙에 어떤 윤리적인 딜레마가 있는가?
- 이 원칙의 비평가들과 지지자들의 주장 중 어느 주장에 동의하는가?
- 이 책에서 제시한 제한 규정 이외에, 이 원칙을 보다 더 윤리적이고 공정하게 만들기 위해 어떤 다른 제한 규정들을 만들 수 있을까?
- 공기업 직원들과 사기업의 직원들에게 다른 법률을 적용하는 것(임의고용 대 원인고용)이 공정하다는 것에 대해 동의하는가?

요약

이 장에서 배운 것은 다음과 같다.

- 수행 평가 시스템을 만들기 위해서는 10단계를 거쳐야 한다: (1) 수행 평가의 목적을 결정하기, (2) 수행 평가의 성공에 영향을 미치는 환경적 및 문화적 한계점들을 확인하기, (3) 누가 수행 평가를 할 것인지 결정하기, (4) 수행 평가 도구들을 제작하기, (5) 수행 평가 시스템을 사용할 사람에게 그 시스템에 대해 설명하기, (6) 수행을 관찰하고 문서화하기, (7) 종업원의 수행을 평가하기, (8) 수행 평가 결과를 리뷰하기, (9) 급여인상 및 직원 해고와 같은 인사 결정을 하기, (10) 공정성과 법적 수용성 측면에서 수행 평가 시스템을 점검하기.
- 관대화, 중앙집중, 엄격화, 후광효과, 근접성, 대비효과, 최신효과, 낮은 관찰 빈도 등의 평정 오류들은 수행 평가의 정확성을 떨어뜨린다.
- 수행 평가 리뷰의 중요한 성공 요인들은 방해요인을 최소화하고 없애기 위한 스케줄링을 하는 것, 직원들에게 자신의 느낌이나 생각에 대해 의논하게 하는 것, 미래 수행의 개선을 위해 상호 목표를 설정하는 것 등을 포함한다.
- 임의고용 원칙의 적용을 받지 않는 조직에서는 회사 규정 위반, 직무능력 미달, 불경기 인력감축에 의해서만 종업원을 해고할 수 있다.

복습을 위한 질문

1. 수행 평가의 가장 중요한 목적이 무엇이라고 생각하는가? 왜 그렇게 생각하는가?
2. 360도 피드백 시스템을 사용할 때 어떤 문제점들이 일어날까?
3. 이번 장은 수행을 측정하는 다양한 방법들에 대해 제시하고 있다. 어떤 방법이 최고의 방법이라고 생각하는가? 왜 그렇게 생각하는가?
4. 직원들에게 수행 평가에 대해 커뮤니케이션할 수 있는 최고의 방법은 무엇이라

고 생각하는가?

5. 임의고용 원칙이 좋은 생각인가? 왜 그렇게 생각하는가? 혹은 왜 그렇지 않다고
   생각하는가?

부록   다른 유형의 평정 척도

행동 기준 평정 척도

도식 평정 척도와 관련된 평정 오류들을 줄이기 위해, Smith와 Kendall(1963)은 행동 기준 평정 척도(behaviorally anchored rating scale: BARS)를 개발했다. 그림 7.9에 제시되어 있듯이, BARS는 평정 척도의 숫자들에 공식적인 의미를 부여하기 위해 중요사건들(행동 표본들)을 사용한다. 행동 기준 평정 척도는 개발하는 데 시간이 많이 걸리지만, 그 과정이 많이 복잡한 것은 아니다.

BARS 제작하기

직무 차원 선정

BARS 제작의 첫 번째 단계에서는 직무 관련 차원들의 개수와 속성이 결정된다. 만약 직무분석이 이미 시행되었다면, 직무분석 보고서를 통해 그 차원들은 얻을 수 있다. 만약 어떤 이유로 직무분석이 시행되지 않았다면, 20명의 직무 전문가(직원)로 구성된 패널을 구성한다. 이 패널이 직원의 수행을 평가하기 위한 중요 차원들을 결정한다. 만약 15명에서 20명의 직원들로 패널을 구성할 수 없으면, 몇 명의 상사들이 만나서 그룹으로 직무 차원들을 개발할 수 있다(Shapira & Shirom, 1980). 일반적으로 5개에서 10개의 차원이 산출된다(Schwab 등, 1975).

중요사건 행동 수집

직무 관련 차원들을 정하고 나면, 직원들에게 그들이 각 차원에서 보일 수 있는 좋은 행동, 평균적인 행동, 나쁜 행동의 예시들을 작성하게 한다. 따라서 만약 다섯 개의 차원이 정해졌으면, 직원 한 사람당 5개 차원 각각에 대해 좋은 사건, 평균적인 사건, 나쁜 사건을 작성해서 총 15개의 중요사건들을 만들어 내게 한다. 만약 조직이 매우 작다면, 직원 한 사람당 각 차원에 대한 3가지 타입의 행동을 하나 이상씩 만들게 할 수도 있다.

중요사건 행동 분류

각 직무 차원에 대해 이렇게 수집한 중요사건들이 실제로 그 차원에 해당하는 행동 예시가 맞는지 확실하게 하기 위해, 세 명의 직무 전문가들이 독립적으로 각 사건들을 직무 차원에 분류하는 작업을 한다. 각각의 중요사건 행동은 세 명의 분류자들에 의해 어느 차원에 속한다고 분류되었는지 조사된다. 만약 최소 두 명의 분류자가 어떤 사건을 같은 차원으로 분류했다면, 그 사건은 그 차원에 해당하는 것으로 인정한다. 그러나 만약 각각의 분류자가 어떤 사건을 서로 다른 차원으로 분류했다면, 그 사건은 소속 차원이 애매하다고 간주하여 제거한다.

세 명의 분류자가 분류하는 것은 100명의 분류자가 분류하는 것과 비슷한 결과를 보인다(2장). 그러나 BARS를 개발할 때는 보통 많은 직원들이 척도 개발 과정에 참여할 수 있도록 가능한 한 많은 분류자들을 사용한다. 만약 많은 직원들이 참여한다면, 분류자들 간의 60% 수준의 일치도가 그 사건이 어떤 차원의 일부가 될지를 결정하는 기준이 된다.

중요사건 행동 평정

이렇게 분류된 중요사건들을 다른 직무분석가 그룹에게 제시해서 각각의 사건들이 나타내는 직무수행 수준을 5점 척도상에(9점 척도까지도 사용함) 평정하게 한다(Bernardin, LaShells, Smith, & Alveres, 1976). 각 사건에 대해서 평정자들의 평정 점수의 평균과 표준편차를 계산한다(일반적으로 컴퓨터를 통해 계산한다).

중요사건 행동 선정

이 단계의 목적은 각 평가 차원에서 척도 점수를 잘 나타내는 사건들을 찾는 것이다. 이를 위해 척도상의 각 점수와 평균이 가장 가깝고 표준편차가 가장 작은 사건들을 선정하게 된다(Maiorca, 1997). 이 절차를 거치면 일반적으로 사건들 중 50% 이하의 사건만 남게 된다(Green, Sauser, Fagg, & Champion, 1981).

척도 제작

이전 단계에서 선택된 사건들을 그림 7.9에 제시된 것과 같은 수직 눈금에 배치한다. 각 사건의 평균값이 척도 점수에 정확히 위치하지는 않기 때문에, 사건들이 때로는 점수들 사이에 위치되기도 한다. 이렇게 표시된 위치가 평가자들에게 평정의 기준점(anchor)으로 사용된다.

BARS 사용하기

수행 평가에 이 척도를 사용하려면, 상사는 평소에 기록해 둔 부하의 중요사건 행동을 이 척도에 제시된 사건들과 비교해 본다. 비교하는 데에는 두 가지 방법이 있다. 가장 정확한 방법은(시간이 많이 소모됨) 기록해 둔 각각의 중요사건 행동들을 척도상의 기준점에 묘사된 행동들과 비교해서 가장 비슷한 기준점 척도값을 취하는 것이다. 이 작업을 기록해 둔 모든 사건에 대해 실시한다. 각 사건에 부여한 척도값을 모두 더해서 해당 차원에 기록된 총 사건 수로 나누어서 평균을 구한다. 이 평균값이 특정 직무 차원에서 부하가 받은 평정 점수가 된다.

두 번째 방법은(더 쉽지만, 덜 정확함) 상사가 평소에 기록해 둔 부하의 모든 중요사건 행동들을 읽어보고, 해당 차원에서 부하에 대한 전반적 인상을 형성하게 한다. 이렇게 형성한 전반적 인상을 척도의 기준점에 묘사된 행동과 비교한다. 전반적 인상과 가장 비슷한 기준점의 척도값이 해당 차원에서 부하가 받은 평정 점수가 된다.

BARS를 사용하는 세 번째 방법은(가장 추천되지 않음) 평소에 기록해 둔 부하의 중요사건 행동이 없는 경우, 직원들을 평정하기 위해 BARS에 포함된 사건들을 사용하는 것이다. 이 경우 BARS는 5점 척도상에 척도값을 제공하는 의미만 갖는다.

강제 선택형 평정 척도

BARS의 문제 중 하나는 상사들이 종종 직원들을 평가할 때 기준점을 사용하지 않는다는 점이다. 대신, 그들은 척도의 점수들을 선택하고 어떤 기준이 그 점수와 관련되어 있는지만 빠르게 읽어본다. 이러한 경향 때문에 BARS는 종종 평정의 관대화 오류를 줄이지 못한다.

이 문제를 극복하기 위해, **강제 선택형 평정 척도**(*forced-choice rating scale*)가 개발되었다. 이 척도는 BARS와 같이 중요사건 행동들을 사용하지만, 이 척도의 점수들은 숨겨져 있다. 강제 선택형 척도의 예시는 그림 7.10과 같다.

직원들의 수행을 평가하기 위해 강제 선택형 평정 척도를 사용할 때, 상사는 각 문항에 제시된 행동들 중에서 부하가 가장 전형적으로 보이는 행동을 선택한다. 그 후 인사 부서의 멤버가 상사가 선택한 행동이 몇 점짜리 행동인지 확인해서 각 차원에 대한 직원의 평정 점수를 산출한다. 각 차원의 점수들은 총점을 구하기 위해 더해질 수 있다.

강제 선택형 평정 척도의 개발은 길고 복잡한 과정이기 때문에 일반적으로 잘 사용되지 않는다. 그러나 이 평가 방법은 장점들을 가지고 있다. 예를 들어, 상사가 척도값이 얼마인지 "열쇠"를 알지 못한 상태에서 행동을 선택해야 하기 때문에, 관대화 효과나 후광 효과와 같은 일반적인 평정 오류들이 줄어들게 된다. 결국, 수행 평가가 더 정확해진다.

강제 선택형 평정 척도 제작하기

강제 선택형 평정 척도를 제작하기 위한 첫 번째 단계는 BARS 제작을 위한 첫 번째 단계와 유사하다: 중요 사건들 및 관련 직무 행동들을 생성한다. 물론, 이러한 사건들은 직무분석이 실시되었을 때에만 만들어질 수 있다.

두 번째 단계에서 직원들은 만약 모든 행동에 탁월한 직원이라면 각각의 행동을 얼마나 할지에 대해 평정한다. 그리고 나서 약 한 달 뒤에 그 직원들은 다시 그 행동들을 평정한다. 그러나 이번에는 만약 나쁜 직원이라면 그 행동들을 얼마나 할지에 대해 평정한다. 마지막으로, 한 달이 더 지난 후 직원들은 각각의 행동들의 사회적 바람직성(social desirability)이 어느 정도인지에 대해 평정한다.

세 번째 단계에서는 평정 척도에 사용할 실제 문항들을 제작한다. 이를 위해 좋은 직원을 묘사하는 각각의 행동에 주어진 평균 점수에서 나쁜 직원을 묘사하는 각각의 행동에 주어진 평균 점수를 빼서 각각의 행동의 가치를 계산한다. 높은 (+) 값을 가지는 행동들은 좋은 직원을 나쁜 직원으로부터 구별해내는 행동이 되며, 높은 (−) 값을 가지는 행동들은 나쁜 직원을 좋은 직원으로부터 구별해내는 행동이 된다. 그리고 (0)에 가까운 값을 가진 행동들은 중립적인 행동이 된다.

척도 문항들을 제작하기 위한 다음 단계는 비슷한 바람직성을 가지고 있는 좋은 행동, 나쁜 행동, 중립적인 행동들을 고르는 것이다. 따라서 각각의 평정 문항에는 세 가지 행동들이 보기로 제시된다: 좋은 성과를 나타내는 문항, 나쁜 성과를 나타내는 문항, 그리고 좋지도 나쁘지도 않은 성과를 나타내는 문항. 또한 어떤 문항에 제시된 행동들은 같은 수준의 바람직성을 지니고 있다. 이런 식으로 하나의 직무 차원에 대해 여러 개의 문항들을 구성한다.

강제 선택형 척도의 단점들은 아마 장점들보다 더 큰 문제일 수 있다. 첫 번째로, 강제 선택형 척도의 평가에는 "거짓 반응(faking)"이 나타날 수 있다. 어떤 직원에게 높은 평정 점수를 주기를 원하는 상사는 그 직원을 평가할 때 좋은 직원의 모습에 대해서만 생각하면서 평정하면 된다. 두 번째로, 각 보기의 점수가 얼마인지 알려주지 않기 때문에, 상사들은 종종 강제 선택형 평정 척도를 사용하기를 원하지 않는다. 각 보기의 점수를 비밀로 하는 것은 평정 과정에 대한 상사의 통제권을 빼앗는 것이다. 또한 이렇게 비밀로 하는 것은 상사들로 하여금 회사가 그들의 직원 평가능력을 신뢰하지 않는다고 느끼게 만들 수 있다. 그러나 가장 중요한 점은 각 보기의 점수를 비밀로 유지해야 하기 때문에, 강제 선택형 평정 척도를 통해서 직원들에게 피드백을 주는 것이 불가능하다는 점이다. 따라서 이 척도는 수행 평가 시스템의 주요한 목적이 승진과 급여 인상을 위한 정확한 직원 평가일 때에만 사용되어야 한다.

혼합표준 척도

강제 선택형 평정 척도의 몇 가지 문제점들을 극복하기 위해서, Blanz와 Ghiselli(1972)는 혼합표준 척도(mixed-standard scale)를 개발했다. 이 척도의 예시는 그림 7.11에 제시되어 있다.

표 7.7   혼합표준 척도의 초기 채점 체계

진술문 유형			
좋음	평균	나쁨	차원 점수
+	+	+	7
0	+	+	6
−	+	+	5
−	0	+	4
−	−	+	3
−	−	0	2
−	−	−	1

혼합표준 척도는 종업원들에게 여러 가지 직무 행동과 중요사건들에 대해서 각각이 어느 정도 수준의 직무수행을 나타내는지 그 정도를 평정하게 해서 개발한다. 각 직무 차원에 대해, 훌륭한 성과, 평균적인 성과, 나쁜 성과를 나타내는 사건이나 행동들을 선택한다. 이렇게 선정한 행동들은 무작위로 섞어서 그림 7.11과 같은 척도를 만든다.

상사는 각 행동을 읽고 부하의 행동이 척도에 제시된 행동보다 나을 경우에는 + 표시를 하고, 부하의 행동이 제시된 행동과 비슷할 경우에는 0 표시, 부하의 행동이 제시된 행동보다 나쁠 경우에는 − 표시를 해서 부하를 평가하게 된다. 각 척도상에서 부하가 받을 점수를 산출하기 위해, 상사는 표 7.7에 제시된 것과 같은 차트를 사용한다. 전체 점수는 각 척도에 있는 점수들을 합산해서 구하게 된다.

혼합표준 척도는 강제 선택형 평정 척도보다 덜 복잡하지만, 혼합표준 척도 또한 몇 가지 단점을 가지고 있다. 가장 중요한 단점은 상사가 종종 "논리적 평정 오류"를 범한다는 점이다. 예를 들어, 상사가 어떤 종업원에 대해 훌륭한 성과 행동보다 높다고 평정했는데, 동시에 나쁜 성과의 행동보다 낮다고 평정하는 경우 이것은 논리상 맞지 않는다. 그러나 이러한 종류의 오류가 흔히 발생한다. 논리적 평정 오류는 Saal(1979)(표 7.8)이 개발한 수정된 채점 방법을 사용해서 채점할 수 있지만, 그 오류의 존재만으로도 전체 수행 평가의 정확성을 의심할 수밖에 없게 된다.

행동관찰 척도

Latham과 Wexley(1977)가 개발한 행동관찰 척도(behavioral observation scale: BOS)는 바람직한 행동들의 빈도를 측정하는 더욱 정교한 방법이다. 비록 BOS가 BARS보다 더 나은 심리측정학적인 장점을 가지고 있지는 않지만(Bernardin & Kane, 1980), BOS는 더 제작하기 간단하고 사용하기 쉽다(Latham, Fay, & Saari, 1979). 또한

표 7.8 혼합표준 척도의 수정된 채점 체계

진술문 유형			
좋은	평균	나쁜	차원 점수
+	+	+	7
0	+	+	6
+	+	0	6
+	0	+	6
−	+	+	5
+	+	−	5
+	0	0	5
+	−	+	5
0	+	0	5
−	+	+	5
−	0	+	4
+	0	−	4
+	−	0	4
0	−	−	4
0	0	0	4
0		−	4
−	+	0	4
−	−	+	4
+	−	−	3
0	0	−	3
0	−	0	3
	+	−	3
−		+	3
−	0	0	3
−		0	2
0	−	−	2
−	0	−	2
−	−	−	1

BOS는 높은 수준의 피드백을 제공하고 단순한 평정 척도보다 직원들이 그들의 행동을 바꾸도록 동기화하는 데에 보다 더 유용하다(Tziner, Kopelman, & Livnech, 1993).

BOS의 개발은 비교적 직관적이다. 처음 몇 가지 단계들은 BARS의 제작 단계와 같다: 직원들로부터 중요사건과 행동들을 얻기, 사건들을 카테고리로 분류하기, 각 사건이 나타내는 직무수행 수준을 평정하기.

표 7.9 BOS의 예시

직무 지식

1. _____ 는 현재 금리를 알고 있다.
2. _____ 는 고객에게 어떻게 제일 많은 이익을 얻을 수 있는지 제안을 한다.
3. _____ 는 개인 퇴직 계좌를 전환하기 위한 다양한 전략들을 알고 있다.

직원 관계

1. _____ 는 자신의 업무가 없을 때 다른 직원들을 도와준다.
2. _____ 는 다른 직원들이 잘하고 있을 때 그들을 칭찬한다.

그 후 이 행동들을 표 7.9에 제시된 것처럼 목록으로 나열한다. 상사는 목록에 있는 각 행동들을 읽고 부하가 각각의 행동을 얼마나 자주 보였는지 행동빈도를 평정한다. 이때 다음과 같은 척도를 활용한다.

1 = 직원이 평가 기간 중 65%보다 낮은 빈도로 이 행동을 보임

2 = 직원이 평가 기간 중 65%에서 74%의 빈도로 이 행동을 보임

3 = 직원이 평가 기간 중 75%에서 84%의 빈도로 이 행동을 보임

4 = 직원이 평가 기간 중 85%에서 94%의 빈도로 이 행동을 보임

5 = 직원이 평가 기간 중 95%에서 100%의 빈도로 이 행동을 보임

각 행동에 대해 부하를 평정한 후에는 동일한 차원에 속한 문항들의 점수들을 더해서 해당 차원의 점수를 산출한다. 전체 총점은 각 차원의 점수들을 더해서 구한다. BOS의 가장 큰 장점은 상사가 직원들이 현재 올바르게 하고 있는 행동들이 무엇인지 보여줄 수 있고, 더 높은 수행 평가를 받기 위해 **해야 하는 행동**이 무엇인지 알려줄 수 있다는 점이다.

상사들은 6개월마다 한 번씩만 평가를 시행하기 때문에, BOS는 행동의 실제 **관찰**을 측정한다기보다는 부하들 행동에 대한 **회상**만을 측정한다는 비판을 받는다 (Murphy 등, 1982). 일정한 시간이 지나면 사람들은 모든 행동을 회상하지 못하고, 그 대신 부하의 특성이나 원형(prototype)과 일치하는 행동들을 "회상"한다는 연구 결과(Feldman, 1981)가 있으므로, 회상과 실제 관찰을 구분하는 것은 매우 중요하다. 즉, 우리는 직원들에게 어떤 특성이나 원형을 부여하고, 6개월 후에 그 특성이나 원형과 일치하는 행동들을 회상하는 경향이 있다. 어떤 직원의 행동이 그 원형과 가까울수록 수행 평가가 더 정확하다고 느껴지게 된다(Mount & Thompson, 1987). 따라서 BOS가 객관적이고 행동적인 것처럼 보이지만, 이 척도는 인지적 처리의 왜곡 때문에 처음에 믿었던 것만큼 정확하지 않을 수도 있다.

Chapter

8

훈련시스템 설계 및 평가
DESIGNING AND EVALUATING TRAINING SYSTEMS

학습목표

➡ 훈련 필요성 분석 실시 방법을 안다.

➡ 다양한 훈련 방법들에 대해서 안다.

➡ 훈련 프로그램 실시방법을 안다.

➡ 성공적 훈련의 바탕이 되는 심리학 이론을 이해한다.

➡ 훈련 프로그램 효과를 평가할 수 있다.

사원의 직무수행은 다양한 방식으로 향상될 수 있다. 4장과 5장에서 직무에서 필요한 지식과 기술을 지닌 사원을 선발하는 것이 고성과 사원을 확보하는 한 가지 방법이라는 것을 배웠다. 사원의 수행수준을 향상시키는 또 다른 방법은 직무 수행 능력을 지녔지만 직무수행에 필요한 **지식, 기술, 동기** 등을 지니지 못한 사원을 훈련시키는 것이다.

훈련은 "직무수행을 향상시킬 기술, 규율, 개념, 또는 태도를 체계적으로 획득하는 것"이다(Goldstein & Ford, 2002).

훈련은 사원들이 직무를 수행하는 데 필요한 지식과 기술을 얻도록 보장하기 때문에 조직에는 기본적인 것이다. 어떤 사례에서는 조직이 직무 수행에 필요한 지식과 기술을 지닌 지원자들을 채용하는 데 어려움이 있어서 기술이나 지식의 결여가 초래된다. 그러므로 훈련은 바람직한 지원자들을 선발하기 어려운 것을 보상해 준다. 예를 들어, 미사일 추진체를 제작하는 제조업체 중 하나인 ATK는 적소 분야의 지식과 경험을 갖춘 뛰어난 기술자를 채용하는 것이 거의 불가능에 가깝다는 것을 알았기 때문에, 뛰어난 기술자들을 채용한 후에 전문 영역에서 그들을 훈련시켰다. 또 다른 사례에서는, 어떤 종업원이 채용될 당시에는 직무 수행에 필요한 기술과 지식을 지니고 있었지만, (시간이 지나면서) 직무, 기술, 그리고 관련 법률에서 변화가 있을 수 있다. 그러므로 사원들은 채용된 일 년 동안에는 직무수행에 필요한 지식과 기술을 지니고 있을지 모르지만, 다음 해에는 부족할 수 있다.

진취적인 조직에서는 훈련을 이용하여 현재로서는 필요하지 않지만 장차 필요할 지식과 기술을 가르친다. 예를 들어 AT&T는 직무들 가운데 하나를 분석해서 그 분야가 심하게 변화해서 앞으로 5년 내에 그 직무를 수행하는 데 필요한 기술을 지닌 자체 사원이 거의 없다는 것을 알아냈다. 그 결과, AT&T는 사원들이 다가오는 기술 변화에 대비하도록 훈련 프로그램을 제공했다.

종합적으로 말하자면, 조직들은 매년 164억 달러 이상을 지불함으로써 훈련의 중요성을 실감하고 있다(ASTD, 2013). 대부분 조직들은 평균적으로 사원 급료의 2.14%(사원당 1,195달러)를 훈련에 지출한다. 스코틀랜드의 인버네스에 위치한 Palace Hotel을 포함하는 일부 조직에서는 사원 훈련이 호텔의 사명에 언급될 만큼 훈련이 가치 있는 것으로 간주되고 있다.

대부분의 조직들이 조직이 후원하는 훈련에 가치를 두고 훈련을 제공하지만, Netflix는 그렇게 하지 않는 조직의 예이다. 그 조직에서는 사원들이 자신의 훈련과 전문성 개발에 대한 책임을 스스로 져야한다고 믿고 있어서, 사원들이 스스로 자신을 개발하도록 맡겨진다(Grossman, 2010). Netflix가 이렇게 할 수 있는 이유들 중의 하나는 신규 대졸 사원들을 채용하기보다는 이미 높은 수준의 기술과 자기-동기를 지니고 있는 경험 있는 사원들을 채용하는 경향이 있기 때문이다.

훈련 필요성 결정

훈련 필요성 분석(needs analysis) 조직 수준의 훈련 필요성 결정과정

훈련 필요성 분석 실시는 사원 훈련 시스템 개발의 첫 단계이다(Noe, 2013). 훈련 필요성 분석의 목적은 어떤 훈련이 조직목표를 얼마나 달성하는 실무적인 수단인가뿐만 아니라 만일 있다면 그 조직에서 필요한 훈련 유형을 결정하는 것이다. 훈련 필요성 평가의 중요성은 훈련 프로그램의 준거에 대한 평가보다 훈련 필요성에 대한 평가가 선행될 때 훈련효과가 증가되었다는 것을 보여주는 메타분석에 의해서 드러났다(Arthur, Bennett, Edens, & Bell, 2003). 그림 8.1에서 보듯이, 전형적으로 세 가지 유형의 훈련 필요성 분석이 실시된다: 조직 수준 분석, 과제 수준 분석, 그리고 개인 수준 분석이다.

조직 분석

조직 분석(organizational analysis) 훈련 효율성을 촉진 또는 저해할 요인들을 결정하는 과정

조직 분석의 목적은 훈련 효율성을 촉진하거나 저해하는 조직 요인들을 결정하는 것이다. 예를 들어, 회사는 훈련을 중요한 것으로 간주하지만 훈련 프로그램에 투자할 자금이 없거나, 훈련받을 일로부터 멀리 떨어져 있는 사원에게 시간을 제공할 수 없거나, 또는 사원들이 짧은 기간 안에 회사를 떠나기 때문에 훈련에 돈을 지출하기 원하지 않을 수도 있다. 훈련 필요성에 대해서 제대로 실시된 조직수준의 분석은 조직이 성취하기를 원하는 목표, 훈련이 목표 달성에 도움이 되는 정도, 조직이 훈련을 실시할 수 있는 능력(예, 재정, 물리적 공간, 시간), 그리고 사원들이 기꺼이 훈련을 받으려는 의지와 능력(예, 능력, 몰입, 동기, 스트레스)에 초점을 둘 것이다(McCabe, 2001).

훈련 필요성에 대한 조직 분석의 중요성을 보여주는 좋은 예를 앞에 언급한

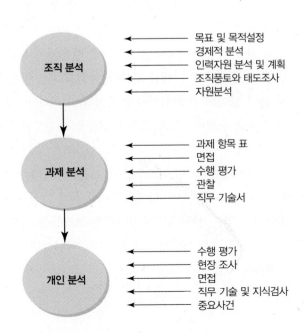

그림 8.1
훈련 필요성 평가과정

AT&T 비즈니스 센터에서 볼 수 있다. 센터의 사원들은 새로운 기술이 추가되고 고객 서비스에 대한 회사의 새로워진 관심 때문에 훈련을 필요로 했다. 그러나 최근 정리해고와 비즈니스의 증가 때문에 관리자들은 사원들이 "근무 중"에 훈련받는 것을 거부했다. 결과적으로, 새로 개발된 비싼 훈련 프로그램은 실행되지 않고 방치되었다.

조직 분석에서는 훈련을 위한 사원의 준비도 조사를 포함해야 한다. 예를 들면, 최근 들어 대기업들은 몇 차례에 걸쳐 정리해고를 했고 3년 동안 사원들의 임금도 인상하지 않았다. 회사가 새로운 훈련 프로그램을 도입했는데 놀랍게도 사원들이 회사에 대해서 너무 화가 나서 "훈련받을 기분이 아니라면" 그 훈련 프로그램은 실패할 것이다. 그러므로 회사가 훈련을 지원하는 풍토를 마련하고, 효과적인 훈련 프로그램을 제공할 수 있으며, 사원들이 학습하기를 원하고, 훈련 프로그램 목표가 회사의 목표와 일치될 때 훈련은 효과적일 것이다(Broadwell, 1993).

훈련 필요성에 대한 과제 분석

만일 조직 분석 결과들이 조직 풍토가 훈련의 필요하다는 것을 지지한다는 것을 보여준다면 그 다음 단계는 과제 분석을 실시하는 것이다. 과제 분석의 목적은 2장에서 논의하였던 직무분석법을 사용하여 각 사원들이 수행하는 과제, 이 과제들을 수행하기 위한 조건들, 그리고 그 확인된 조건에서 과제수행에 필요한 역량들(지식·기술·태도)을 찾아내는 것이다. 이 목적을 위해서 가장 일반적으로 사용하는 직무분석법은 인터뷰, 관찰, 그리고 (및) 과제 항목표이다. 만약 조직이 이미 구체적이면서 현재 사용되고 있는 직무 기술서를 갖고 있다면, 과제 분석 과정은 매우 수월하고 많은 시간이 소요되지 않을 것이다.

어떤 직무의 과제들과 역량이 확인되면, 다음 단계는 사원들이 각 과제를 수행하거나 역량을 획득하기 위해서 학습하는 방법을 결정하는 것이다. 예를 들면, 엄격한 사원 선발 과정을 사용하면 사원들을 채용할 당시부터 사원들이 많은 과제들을 수행할 수 있을 것으로 기대할 것이다. 어떤 과제들은 단순해서 사전 경험이나 채용 이후의 훈련 없이도 수행이 가능할 것이다. 그러나 또 다른 과제들에서는 각 사원들에게 그 과제를 수행하도록 필요한 역량들을 공식적인 훈련 프로그램을 통해서 가르쳐야 할 것이다.

그림 8.2에서 보는 것과 같이, 보통 첫 번째 열에는 과제들 그리고 두 번째 열에는 과제 학습법을 각각 나열함으로써 과제 분석 과정이 실시된다. 보다시피, 우리가 가상하고 있는 은행에서는 까다로운 고객들을 다루고 끼워 팔기(교차판매)를 잘 하도록 훈련과정을 개발할 필요가 있다. 왜냐하면 이런 역량들은 현형 은행훈련 프로그램에서 학습할 수 없을 뿐만 아니라 선발과정에서도 다루고 있지 않기 때문이다.

과제	과제 학습방법
이자율에 대한 고객의 질문에 답하기	매일 이율표
고객의 거래 과정을 처리하는 것	창구직원 기본 교육
화난 고객 진정시키기	
정확성을 위해 대출신청서 확인하기	대출 처리과정
고객이 비자신청을 완료하도록 요청하기	
고객 거래 컴퓨터 입력하기	창구직원 기본 교육
서비스에 대한 고객의 질문에 답하기	창구직원 기본 교육

그림 8.2
과제 분석 결과와 훈련
프로그램 비교

개인 분석에서의 훈련 필요성

개인 분석(person analysis) 훈련이 필요한 사원이 누구이고, 각 사원에게 필요한 훈련 영역이 무엇인가를 결정하는 과정

요구 분석 과정에서의 세 번째, 그리고 마지막 단계는 종업원들이 훈련을 필요다고 여기는 것과 그것을 실시하는 영역을 결정하는 것이다. **개인 분석**의 근거는 수행된 모든 과제에 대해서 모든 사원들이 계속 훈련을 받을 필요는 없다는 것이다. 예를 들어 식당 Applebee에서는 훈련담당자들이 관리직 훈련생들을 기본적 실무 과제에서 검사한다. 훈련생들이 과제에서 충분히 숙련되었을 때 그 훈련은 끝난다. 그러므로 일부 훈련생들은 다른 훈련생들에 비해서 관리직 훈련 프로그램을 절반의 시간 안에 완수한다. 그리고 개인 분석은 사원의 훈련 준비수준 평가도 포함해야 한다. 그 사원이 훈련을 성공적으로 완수할 능력과 동기를 지니고 있을까?

개인 분석에서는 각 사원의 개인적 훈련 필요성을 결정하기 위해서 수행 평가 점수, 조사, 면접, 기술 및 지식 검사, 그리고 중요사건법 등을 이용한다.

수행평가 점수

수행평가 점수(performance appraisal score) 사원의 작업수행의 어떤 측면을 나타내는 평정

가장 쉬운 요구분석방법은 사원의 **수행평가 점수**를 이용하는 것이다. 대부분의 사원들이 특정한 차원에서 낮은 평정치를 보인다면 그 차원에서 추가적인 훈련이 필요하다는 것을 나타낸다. 반대로 대부분의 사원들(이) 특정 차원에서 높은 점수를 보인다면, 훈련에 시간을 투자할 필요가 거의 없을 것이다. 표 8.1에서 보듯이, 전체 은행원들에게 대출과정이나 데이터 입력 훈련은 거의 필요 없다. 그렇지만 교차 판매, 고객관계, 그리고 수표 발급인들이 정확성을 유지하기 위한 훈련은 더욱 필요하다. 대부분의 사원들이 대출을 정확하게 처리할 수 있음에도 불구하고 Fernandez는 이 분야에서 더 많은 훈련을 필요로 한다: 반면 Abbott와 Harrigan 두 사람은 모두 수표발행을 정확하게 하는 훈련을 건너뛸 수 있다.

비록 수행평가 점수 사용이 훈련 필요를 사정하는 방법으로서 비교적 수월한 것이기는 하지만, 이들의 사용을 방해하는 세 가지 문제들이 있다. 첫째, 이전 장에서 논의한 것처럼, 몇 가지 유형의 평정오류가 수행평가 점수의 정확성을 떨어뜨릴 수 있다. 관대화 오류와 엄격화 오류가 가장 관련성이 크다. 관대화 오류 때문에 수행평가 점수들이 일관성 있게 높으면 인적 자원 전문가는 사원들이 특정 분야에서는 유

표 8.1 훈련 필요성 평가를 위해서 수행평가 점수 사용하기

수행 차원	사원					평균
	Abbot	Finch	Osterman	Fernandez	Harrigan	
교차 판매	2	1	2	5	1	2.2
대출절차 처리	5	5	5	1	4	4.0
정보 입력 정확성	5	5	5	5	5	5.0
고객 관계	2	2	2	2	2	2.0
어음 발행 정확성	5	3	1	2	5	3.2
평균	3.8	3.2	3.8	3.0	3.4	

능하기 때문에 훈련이 필요 없다고 잘못된 결론을 내릴 수 있다. 마찬가지로 일관성 있는 낮은 점수들은 실제로 낮은 점수들의 원인이 평정자 오류임에도 불구하고 훈련이 필요한 것으로 해석될 수 있을 것이다.

두 번째 문제는 모든 사원들이 하나의 차원에서 모두 점수가 높거나 또는 낮은 상황은 매우 드물다는 것이다. 실제로는 매우 소수의 사원들이 저조한 점수를 받는 것이 더 일반적이다. 이런 경우에 수행평가 점수들의 평균을 검토하는 사람은 특정 분야에서의 훈련이 불필요하다고 결론을 내릴 수 있다. 그렇지만 그런 결론은 부분적으로만 옳을 수 있다. 사실 모든 사람에게 훈련이 필요한 것은 아니지만 그렇다고 훈련을 실행할 필요가 없다고 결론 내리는 것은 잘못일 수 있다. 그 차원에서 낮은 점수를 얻은 소수의 사원들에게 훈련이 필요하다고 해석하는 것이 옳은 것이다.

셋째, 현재의 수행평가 체계는 훈련 필요성 분석을 실행하는 데 필요한 정보 유형을 제공하지는 못할 것이다. 7장에서 논의된 것처럼 수행평가시스템은 구체적이어야 유용할 것이다.

조사

훈련 필요성을 결정하는 또 다른 일반적 접근방법은 앞으로의 훈련에 포함되어야 한다고 믿는 지식과 기술들이 무엇인지 사원들에게 물어보는 조사를 설계하고 실시하는 것이다. **조사**의 장단점 첫째, 조사는 앞에서 논의된 수행평정 오류의 문제들을 제거한다. 둘째, 사원들은 자신의 약점과 강점을 가장 잘 알고 있다. 그러므로 자신에게 필요한 것이 무엇인지 알아내기 위해서 사원들에게 물어보아야 한다. 마지막으로, 조직이 효과적인 수행평가 체계나 직무 기술서를 설계하기 위해서 이전에 어떤 노력을 하지 않았더라도 조사를 이용하여 훈련 필요성을 결정할 수 있다. 조사의 주요한 단점은 질문지에 응답하는 사원들이 정직하지 않을 수 있고, 사원들이 제안한 훈련을 조직이 제공하지 못할 수 있다는 점이다.

조사(surveys) 자신이 훈련의 필요성을 느끼는 분야에 대해서 사원에게 질문지를 이용해서 묻는 것

조사의 이런 유형과 같이, 훈련 필요성 조사들은 다양한 방법들로 실행될 수 있다. 가장 일반적인 방법은 질문지를 통해서 사원들에게 자신들이 장차 받고 싶은 훈련 영역을 열거하게 하는 것이다. 이것보다는 직무관련 과제들과 지식 요소들을 리스트로 나열하고 사원들이 각각에 대해서 훈련의 필요성을 얼마나 느끼는지 평정하게 하는 것이 더 나은 방법일 것이다. 이러한 평정결과는 상사에게 제공되고 그들이 결과의 "타당성을 검토"한다. 이러한 과정은 상사가 자기 부하들의 지각(인식)에 동의하는지 여부와 훈련 필요성의 우선순위를 정하는 데 사용된다.

면접

훈련 필요성을 분석하는 세 번째 방법은 면접이다. 면접은 일반적으로 사원 중에서 일정한 수를 선택해서 실시된다. 면접은 조사만큼 광범위하게 사용되지는 않지만, 훈련 필요성을 묻는 질문들에 대해서 보다 더 심층적인 대답을 얻어낼 수 있다(Patton & Pratt, 2002). 조사법에 비교해서 면접의 장점은 면접 대상이 된 사원의 정서와 태도들이 더 분명하게 드러난다는 것이다. 인터뷰의 주요 단점은 인터뷰 자료가 종종 수량화하거나 분석하기가 어렵다는 것이다(Brown, 2002).

기술 및 지식검사

기술검사(skill test)
이 검사는 일부 직무 관련 기술에서 사원의 수준을 측정한다.

지식검사(knowledge test) 이 검사는 직무 관련 주제에 대한 사원의 지식 수준을 측정한다.

훈련 필요성을 결정하는 네 번째 방법은 **기술검사**나 **지식검사**이다. 훈련 필요성을 알아내기 위해서 검증되어야 할 영역의 예로 대출 담당 임원에게는 대출관련 법에 대한 지식, 신입사원에게는 회사 정책에 대한 지식, 농구 선수들에게는 자유투에 대한 지식, 그리고 대학생에게는 공포의 중간고사에 대한 지식 등이 포함된다.

만약 이 검사들에서 모든 사원들의 점수가 형편없이 낮다면, 이것은 훈련이 조직 전체에서 필요하다는 것을 가리키는 것이다. 훈련 필요성을 결정하는 방법으로서 검사를 사용하는 것의 가장 큰 문제는 이러한 목적을 위해서 사용할 만한 검사들이 별로 없다는 것이다. 이러한 방법을 사용하기 원하는 조직은 아마 자체적으로 검사를 제작해야 할 것이고, 이렇게 검사를 제작하는 데에는 많은 시간과 비용이 소요될 것이다.

중요사건법

훈련 필요성을 결정하기 위한 다섯 번째 방법은 2, 4, 7장에서 논의한 중요사건 기법이다. 비록 일반적으로 사용되는 방법은 아니지만, 여기서 논하는 이유는 특히 적절한 직무분석이 가능하다면 사용하기에 비교적 수월하기 때문이다. 2장에서 논의한 대로, 훈련 필요성을 평가할 때 중요사건들은 차원들로 분류되고 고성과와 저성과의 예들로 분리된다. 저성과로 분류된 많은 사건 예들을 포함하는 차원들은 많은 사원들이 낮은 수준의 수행을 보여서 추가적인 훈련이 필요한 것으로 간주된다.

목표와 목적 설정

일단 훈련 필요성 분석이 실행되면, 훈련 프로그램 개발의 다음 단계는 훈련의 목표와 목적을 설정하는 것이다. 훈련 목표는 훈련에 배당될 자원들, 훈련 진행에 사용될 방법, 그리고 훈련의 성공여부를 평가할 방법을 결정하기 때문에 그 중요성은 아무리 강조해도 충분하지 않다. 목표를 설정할 때, 훈련에 할당할 시간과 자원들의 범위 내에서 조직이 성취하기 원하는 것이 무엇인가를 먼저 결정하는 것이 중요하다. 예를 들어, 만약 훈련 필요성에 대한 조직 수준의 분석 결과가 자금과 시간 제약 때문에 상사들에게 갈등관리 기술을 가르치는 데 조직이 제공할 수 있는 것이 4시간 분 훈련 회기가 전부임에도 불구하고, 상사들이 부하들 간의 갈등을 중재할 수 있어야 한다는 것을 훈련 목표로 설정한다면 이것은 비합리적이다. 그보다는 오히려, 4시간 훈련을 마치면 상사가 부하들 사이에서 발생하는 갈등의 일반적인 원인을 알아낼 수 있을 것(지식)이라는 목표가 더 합리적이다. 조직이 며칠 동안의 훈련을 제공할 수 있을 때에야, 상사는 부하들 간의 갈등을 중재하는 기술을 획득하는 목표를 더 달성할 수 있을 것이다.

훈련목표와 목적은 다음과 같이 사항들을 구체적으로 진술해야 한다(Mager, 1997):

- 학습자들이 활동할 것으로 예상되는 것
- 학습자들이 그런 행동을 할 것으로 기대되는 조건들
- 학습자들이 행동할 것으로 기대되는 수준

즉, "더 나은 영업사원이 될 것이다"와 같은 막연한 훈련 목적은 고객 접촉률 10% 증가와 신규 계정 5% 증가와 같은 구체적인 것으로 바뀌어야 한다. 목표 진술문들은 일반적으로 활동어, 항목, 조건, 그리고 표준 등을 포함한다. 예를 들어,

- 이 훈련 회기가 끝나면 당신은 타인에게 묻지 않고도(조건) 대출 금리율(항목)에 대한 고객 질문의 90%(표준)에 대답(활동어)할 수 있을 것이다.
- 훈련 회기가 끝나면 당신은 도움 없이도(조건) 오류 없이 30분 안에(표준) 금전 출납부(항목) 대차대조를 마칠 수(활동어) 있을 것이다.
- 훈련 회기가 끝나면, 당신은 엑셀을 사용해서(조건) 오류 없이(표준) 적자 효과 수준(항목)을 계산(활동어)할 수 있을 것이다.

최상의 훈련방법 선택하기

훈련 목표와 목적이 설정되면, 훈련 프로그램 개발의 다음 단계는 표 8.2에서 제시

표 8.2 유용한 훈련방법들의 예

강의실 교육
   강의
   사례연구
   시뮬레이션
   역할연기
   행동 모델링
   Video/DVD
원격 학습
   인쇄 자료
   Video/DVD
   대화형 비디오
   팟캐스트
   웹세미나
   웹케스트
직업학습 현장 학습
   모델링
   직무 훈련
   도제교육
   코칭
   멘토링
   수행 평가

된 것들과 같은 목표와 목적을 가장 잘 달성할 수 있는 훈련방법을 선택하는 것이다. 예를 들어, 만약 사원들이 활동 기술을 학습하는 것이 목표라면, 역할연기나 시뮬레이션과 같은 실습 훈련 유형이 필요할 것이다. 대부분의 훈련 프로그램들이 복합적인 목표와 목적들을 가지고 있기 때문에, 최선의 훈련 프로그램은 다양한 방법들을 사용하게 됨으로써 사원들은 직무를 수행하는 이유와 방법, 그리고 직무가 수행되는 상황을 이해할 것이다(Lawson, 2000). 이제 몇 가지 훈련방법들을 논할 것이다.

지식 제공을 위한 강의법 사용

사원들이 지식을 얻는 것이 목표라면 강의는 좋은 훈련법이지만 기술을 가르칠 때 시뮬레이션이나 역할 연기와 같은 기법들을 함께 사용하지 않는다면 일반적으로 효과적이지는 않다.

   강의 기반 훈련 프로그램을 준비하는 데는 많은 시간이 필요하다. 주제에 대한 조사, 훈련개요 개발, ppt 슬라이드와 같은 시각적 자료 제작, 배포할 인쇄물 제작, DVD나 역할연기 실습과 같은 학습보조 자료를 얻거나 제작해야 한다. 어떤 저자(Zemke, 1997)는 4시간 분량의 훈련을 준비하는 데 약 30시간, 또 다른 저자(Diekmann, 2001)는 50시간을 사용하는 것으로 추정하지만, 필자는 새로운 훈련을 준비하는 데 매 시간당 16시간을 사용하는 것으로 추정한다. 물론, 훈련 세미나를 개발하는데 필요한 실제 시간은 훈련가의 주제에 대한 지식, 훈련가가 수행에서 예상되는 것을 말하는 양, 주제와 관련된 역할 연기, 과제, DVD들의 사용 준비의 함수이다.

어떤 훈련발표이든 중요한 부분의 하나는 청중에게 나누어줄 유인물이다. 유인물의 목적은 훈련생들이 자신의 직무로 가져가서 이용할 수 있는 자료를 제공하는 것이다. 일단 교육장을 떠나면 교육 내용의 절반은 잊어버리고, 48시간 안에 또 다시 25%를 잊어버리기 때문에 포괄적인 원고를 제공하는 것은 중요하다(Nichols & Stevens, 1957). 유인물은 다음과 같은 내용을 포함해야 한다:

- 훈련이 실시되는 일시, 장소뿐 아니라 훈련 프로그램 제목이 들어 있는 표지
- 훈련 목표 및 목적 리스트
- 휴식, 마치는 시각 등을 포함하는 훈련 시간표
- 강사 약력
- 개요, 본문, 또는 PPT 슬라이드 복사물 등의 자료들
- 성격 항목표, 자유 메모지, 또는 집단활동 안내 등과 같은 활동지
- 참고 문헌 및 더 읽을거리
- 훈련 프로그램의 질을 평가하는 양식

환경보호뿐만 아니라 재정적인 이유 때문에 이제는 많은 조직들이 유인물을 담은 메모리 카드를 제공하거나 또는 접근 가능한 웹사이트로 이들을 전송한다. 비록 실무적으로 이것은 재정, 환경 보호, 그리고 저장의 장점을 가지고 있지만, 만약에 훈련생이 훈련 프로그램에 노트북이나 아이패드를 가져 오지 않는다면 메모하기가 더 어려울 것이다.

사례연구를 이용하여 지식 적용하기

강의를 통해서 필요한 정보를 얻으면, 사원들이 학습한 것을 적용할 수 있는 것이 중요하다. 그렇게 할 수 있는 한 가지 방법은 **사례연구**를 이용하는 것이다. 사례연구는 이미 5장에서 논의된 바 있는 리더 없는 집단토의와 상황면접 문제들과 유사하다. 그리고 분석, 통합 및 평가기술을 개발하기 위한 훌륭한 자원으로 간주된다(Noe, 2013). 이 방법을 이용하여, 소집단 구성원은 각자 직무에서 직면하는 실제 상황이거나 또는 가상적인 전형적 상황인 사례를 읽는다. 그런 다음에 집단은 그 사례에 대해

사례연구(case study)
일반적으로 집단 속에서 사원들에게 작업장에서 일어나는 실제 또는 가상적 문제들을 제시하면서 가장 최선의 해결책을 내도록 요구한다.

서 논의하고, 가능한 해결책을 찾아내고, 각 해결책의 장점과 단점을 평가하고, 그 문제의 대해서 최선이라고 생각하는 해결책을 선택한다.

사례 연구가 대부분 성공하기 위해서, 사례들은 실제 현상에서 표집되어야 한다. 사례연구가 최고로 성공하기 위해서는 사례들이 실제 상황에서 얻어져야 한다. 예를 들어서 사례연구를 더욱 사실적으로 만들기 위해서 뉴욕에 있는 GE의 사원들은 그 회사 안에서 일어난 문제에 관한 실제 정보를 이용한다. 교육생들은 그 문제에 대해서 논의할 뿐만 아니라 더 많은 정보들을 수집하기 위해서 사원들을 면접했다. 이처럼 **실제 사례**를 사용하는 것은 연구에 더 가까운 실제 상황을 기반으로 한 전형적인 사례에 비해서 더 우수한 것으로 밝혀졌다. 그 문제는 관련성이 있을 뿐만 아니라 그 해결책은 현장에서 실제로 사용되어서 훈련생들이 훈련문제를 진지하게 받아들이도록 인센티브를 제공하는 것이다. 그러나 실제 사례 연구의 결점은 훈련생들이 그 문제를 해결할 수 있는 최선의 개인이 되지 않을 수도 있다는 것이다.

그리고 사례연구가 사실적으로 되기 위해서는 흥미로워야 한다. 사례들은 이야기 형식으로 작성되고 등장인물들 간에 대화가 있고, 사실적인 세부사항을 사용하며, 설명이 잘되어 따라하기 수월하고, 문제를 해결하는 데 필요한 모든 정보를 포함하고, 도전감을 느낄 정도로 충분히 어려울 때 가장 좋다(Owenby, 1992).

사례연구의 효과를 증가시키기 위해서는 우선 훈련생들이 특정 유형의 문제를 해결하는 데 관련되어 있는 원리들을 배워야 한다. 그리고 사례를 논의하면서 이런 원리들을 사용하도록 도움을 받고, 사례연구를 읽은 후에 그 원리들이 강화되어야 한다. 만일 중요한 원리들을 배우지도 못하고 강화도 안 된다면, 훈련생들은 장차 문제를 해결하기 위해서 노력할 때 중요한 원리들을 사용하기 보다는 특정한 사례 연구의 내용 자체에만 지나치게 집중할 것이다(Allen & Connelly, 2005).

시뮬레이션 연습을 이용한 새로운 기술 실습

사례연구는 지식을 적용하고 문제해결 기술을 학습하는 데 효과적인 반면, **시뮬레이션** 연습으로 훈련생들이 새롭게 학습한 기술을 연습할 수 있다. 시뮬레이션은 훈련생들이 연속적인 실수 없이 실제 작업조건에서 장비를 이용하여 작업할 수 있게 하는 이점이 있다. 예를 들어, 금전 등록기를 사용하거나 고객의 주문을 받는 것은 쉽게 학습할 수 있다. 그러나 민감한 동료들이나 길게 늘어진 줄 때문에 화가 난 고객들을 다루기는 보다 더 어려운 일이다. 시뮬레이션 연습은 실제로는 조직수행에 영향을 주지 않으면서 훈련생들이 그러한 압박을 느낄 수 있게 한다.

모든 훈련 방법들과 마찬가지로 시뮬레이션 연습에는 다양한 형태들이 있다. 비행 시뮬레이터와 같은 시뮬레이션 연습은 사용하기에 매우 비용이 많이 들고 복잡하다. 그렇지만 식당 계산원 시뮬레이션과 같은 또 다른 것들은 상대적으로 저렴하다.

실제 사례(living case)
가설적인 것보다는 현실 상황을 기반으로 한 사례 연구

시뮬레이션(simulation)
지원자들을 직무에서 만나게 될 것과 유사한 상황에 배치하기 위해서 계획된 연습

예를 들어 매사추세츠 주 캠브리지시에 있는 Salamander 레스토랑에서는 매 주마다 응급 의료 및 컴퓨터 고장 등의 상황에서 역할연기를 실시한다. 저렴한 시뮬레이션 연습의 또 다른 좋은 예는 간호사들에 의해 사용되는 것인데, 이는 당뇨병 환자가 오렌지에 물을 주입하는 것을 연습함으로써 환자 스스로 인슐린 주사를 어떻게 관리하는지를 가르치는 것이다.

어떤 방법을 사용하든지, 시뮬레이션 연습은 실제 직무조건을 신체적이고도 심리적으로 시뮬레이션 하는 경우에만 효과적일 수 있다. 예를 들어, 인형 시뮬레이터는 미국 적십자에서 제공하는 심폐 소생술(CPR) 훈련의 표준화된 부분이다. 사람들은 인간의 몸을 시뮬레이션하고 또한 흉부 압박의 강도와 위치에 대한 피드백을 제공하는 인형에게 심폐 소생술 시행을 연습한다. 비록 이러한 심폐소생술 시뮬레이터의 사용이 아마도 강의만 하는 것보다는 더 낫겠지만, 인형은 인간 흉부의 느낌을 적절히 시뮬레이터 하지 못한다는 우려가 있다. 더 안 좋은 것은 동료 직원들이 보는 앞에서 인형에게 심폐 소생술을 실시하는 것은 실제 응급상황에서 자주 당면하는 압박이나 환경과 동일하지 않다.

비록 대부분의 시뮬레이터가 실제의 물리적 그리고 심리적 직무조건을 정확하게 모사하지는 않지만, 그들은 강의나 행동 연습만을 이용하는 방법보다는 여전히 더 낫다. Sitzmann(2011)의 메타분석에 의하면 시뮬레이션으로 학습한 사원들은 강의나 읽기 등과 같은 기법을 이용하여 훈련받은 사원들보다 학습과 기억 수준이 모두 우수했다. 그뿐 아니라 비행기 조종사를 시뮬레이터로 훈련시키면 제트 여객기로 훈련하는 것보다 훨씬 더 저렴하고, 실제 환자보다는 실습용 돼지를 이용하여 의대생들을 훈련시키는 것이 인간에게 훨씬 더 안전하다. 가상 현실 기술의 빠른 발전은 훈련가에게 엄청난 가능성을 지닌다(Zielinski, 2010). 가상현실은 군인, 외과 수술 의사, 교통 관제사 그리고 경찰들 훈련에 이미 사용되고 있다. 우리가 실제 작업조건을 정확히 시뮬레이터 할 수 있는 날이 멀지 않았다.

역할-연기로 대인관계 기술 연습하기

역할-연기(role-play)
종업원들이 역할을 시뮬레이터 하는 훈련기술

시뮬레이션은 새로운 장비나 소프트웨어 프로그램 사용법을 학습하는 데 효과적인 반면, **역할-연기**는 훈련생들이 모의 역할을 수행함으로써 직무에 필요한 대인관계 기술들을 수행하도록 한다. 예를 들어, 갈등 중재 세미나가 진행할 때, 컨설턴트인 Bobbie Raynes는 미리 정해진 상황에 자신의 청중들이 연기자로 참여하게 한다. 갈등 상황에 있는 참가자들에게 그 갈등을 중재하도록 학습한 것을 이용하라고 지시한다. 심장판막 제조업체인 Medtronic이 DVD 기반의 데모 사용법을 영업 팀에게 가르치기로 결심했을 때, 한 시간 정도의 강의실 훈련부터 시작한 후 역할-연기를 이용하여 영업사원들이 그들의 새로운 발표 기술을 연습할 수 있었다.

역할-연기는 상사가 수행 평가를 검토하는 것으로부터 판매사원이 고객의 주문을 받는 것 까지 많은 유형의 훈련 상황에서 이용되고 있다. 역할-연기 연습의 흥미로운 한 형태는 사원이 "타인인 상대방"의 역할을 하는 것이다. 예를 들어 상사가 부하직원의 역할을 수행하거나 판매원이 최근에 구매한 상품 때문에 좌절을 경험한 고객의 역할을 하는 것이다. 이런 식으로, 사원은 자신이 일하면서 만났던 상대방의 행동 이유 및 감정을 보다 더 잘 이해할 수 있다.

역할-연기는 사원들이 배운 것을 연습할 수 있도록 하지만, 모든 사람들에게 그런 것은 아니다. 많은 종업원들이 실행에 대한 요청을 받는 것에 대해 불편함과 당혹감을 느낀다. 많은 사원들은 "행동하도록" 요청을 받으면 불편함과 당혹감을 느낀다. 이러한 머뭇거림은 사전 연습이나 사원들이 역할-연기에 참여한 후 칭찬을 받는다면 어느 정도까지 줄어들 수 있다.

Farber(1994)에 의하면 역할-연기는 "사실적 연기"로 대체되어야 한다고 생각한다. 사실적 연기에서 사원들은 실제 고객들에게 자신의 (대인관계) 기술을 실습한다. 예를 들어서 판매사원은 판매 관계자들이 회의 테이블에 둘러 앉아 있는 상황에서 실제 고객 또는 잠재적 고객에게 전화하는 훈련을 받는다. 그건 후에 집단은 그 판매사원이 전화하는 기법에 대해서 논의한다.

행동 모델링으로 대인관계 기술 증가시키기

행동 모델링(behavior modeling) 사원들이 올바른 행동을 관찰하고 그 행동을 연습한 후에 연습 후에 자신들의 수행에 대해서 피드백받는 훈련 기법

그동안 **행동 모델링**은 가장 성공적인 훈련방법들 중 하나가 되어왔다(Taylor, Russ-Eft, & Chan, 2005). 행동 모델링은 훈련생들이 일반적으로 수행하는 행동보다는 이상적인 행동을 역할-연기하는 것만 제외하고는 역할-연기와 유사하다. 행동 모델링 기법은 문제에 대한 논의로부터 시작하여 문제의 발생 원인, 그리고 문제해결에 필요한 사원의 행동에 대해서 논의한다. 이 행동들은 **학습요점**이라고 하며, 문제해결 과정에서 따라야 할 기본적인 규칙들이다. 다음으로 훈련생들은 올바르거나 또는 올바르지 않은 문제해결을 보여주는 비디오를 시청한다. 훈련생들은 비디오 시청을 하면서 필기하고 질문할 수 있는 기회를 갖는다.

비디오를 시청한 후에 훈련생들은 비디오의 사원이 문제를 해결한 방법대로 문제해결방안을 마음속으로 반복 암송한다. 마지막으로 사원들은 행동적 반복암송 상황에서 역할-연기를 하고 자신들의 수행에 대한 피드백을 받는다. 사원들은 또한 "타인" 역할을 수행할 수 있는 기회도 얻어서 역할-연기 훈련을 통해서 얻을 수 있는 것과 동일한 통찰을 얻을 수 있을 것이다. 그런 후에 사원들은 자신들이 배운 새로운 기술들을 직무에 적용하는 방법들을 논의한다. 이런 과정을 통해서 사원들은 자신들이 직무에서 동일한 상황에 직면했을 때 적절한 방법으로 문제를 다룰 수 있는 경험을 이미 지니게 될 것이다. 다시 말해서 학습의 긍정적 전이가 발생할 것이다.

행동 모델링이 성공하려면 일반적으로 직면하는 문제들과 상황들을 비디오에서 제시함으로써 완벽한 직무분석의 중요성을 보여주어야 한다. 사원들을 인터뷰하고 관찰하여 중요사건들을 수집함으로써 필요한 문제들과 상황들을 얻을 수 있다. 중요하고도 관련된 문제는 사원들이 특정한 상황적 기술들을 훈련받아야 하는가 아니면 어떠한 상황이라도 다룰 수 있는 일반적인 기술을 훈련 받아야 하는가이다. 부도수표 때문에 화가 난 은행 고객을 대하는 것이 특정한 상황적 기술의 예가 될 것이다. **상황**에 상관없이 화난 고객을 진정시키는 것이 관련된 일반적 기술의 예가 된다. 명백히 일반적 기술들은 가르치기 더 어렵고 다양한 많은 상황에서 발생하는 많은 유형의 행동들에 대한 모델링을 요구한다.

또 다른 주제는 훈련 비디오에서 보여주는 모델의 수와 유형에 관련되어 있다. Russ-Eft와 Zucchelli(1987)는 California의 Cupertino에 있는 Zenger-Miller사에서 연구를 실행했는데, 이 비디오에서 사원들은 하나 또는 두 개의 모델을 보았다. 만약 사원들이 두 개의 모델을 보았다면, 두 모델이 모두 올바른 행동을 수행하는 비디오이거나 아니면 한 모델은 올바르게 수행하는 반면에 다른 모델은 잘못된 수행을 하는 비디오를 보았다. 연구 결과에 의하면, 하나의 모델을 보는 것보다는 두 개의 모델을 볼 때 훈련수행이 더 증가했다. 그러나 정적인 두 모델만 보는 것에 비해서 정적인 모델에 부적인 모델 하나를 더 추가할 때는 훈련수행이 더 이상 증가하지 않았다. 메타분석 결과들에 의하면, 적절한 절차들을 따른다면 행동모델링은 사원의 수행을 유의미하게 증가시킬 수 있다(Taylor, Russ Eft, & Chan, 2005).

사원이 훈련에 참여하도록 동기화하기

훈련 프로그램을 개발하면, 다음 단계는 사원들이 훈련에 참여하도록 동기화하는 것이다. 사원들이 훈련에 참가하도록 "동기화"하는 가장 분명한 방법은 그들에서 "정시"에 훈련에 참가하도록 요구하는 것이다. 그러나 대부분의 훈련기회는 선택사항이며, 훈련 기회들의 10%는 사원의 개인 시간을 사용하는 것이다(Galvin, 2003). 사원들이 훈련에 참여하도록 동기화하는 다음과 같은 전략들이 있다:

- 훈련을 사원의 머지않은 장래의 직무와 관련시켜라. 훈련에서 다루는 내용들이 자신의 머지않은 장래의 직무수행에 직접적으로 영향을 미친다면, 사원들은 훈련에 더 참여할 것이다. 예를 들면 회사에서 두 주 후부터 컴퓨터 프로그램을 사용할 예정이라면 사원들은 "사무자동화 미래 동향" 훈련보다는 컴퓨터 프로그램에 관한 훈련에 참여하려고 더 동기화될 것이다. 그러므로 훈련은 "~하는 경우에"보다는 "~ 하는 바로 그때" 제공되어야 한다.

- 훈련을 흥미롭게 만들어라. 사원들은 훈련을 통해서 유용한 것을 배울 뿐 아니라 좋은 시간을 갖게 될 것이라는 것을 알고 있을 때 훈련에 더 참여하려고 할 것이다.

© Photo courtesy of Lee Raynes

상식은 훈련될 수 있을까?

- 사원의 선택권을 증가시켜라. 훈련유형을 선택하고 계획하는 역할을 할 때 사원들이 훈련에 참여할 가능성이 더 크다. Baldwin, Magjuka 그리고 Loher(1991)은 훈련 프로그램에 대한 선택권이 있는 사원들이 그렇지 않은 사원들 보다 훈련에 참여하려는 동기수준이 더 높다는 것을 알아냈다. 훈련 프로그램 선택권은 있지만 그 후 자신이 선택한 훈련 프로그램에 참가하지 못하면, 사원들은 동기가 가장 덜 일어날 것이다.

- 인센티브를 제공하라 훈련에 참가시키기 위한 일반적인 인센티브로는 자격증, 금전적 보상, 승진 기회, 그리고 대학의 학점 등이 있다. Microsoft는 "준비, 설정, 실행"이라는 프로그램을 만들어서 훈련에 자발적으로 참여하는 사원들을 2,000% 증가시켰다. 이 프로그램에서 자발적 훈련에 참여한 사원들은 상품, 여행, 선물 교환권 등으로 교환할 수 있는 점수를 받았다(Renk, 2004).

- 음식 제공하기. 버지니아 주 세일럼에 위치한 Medeco Security Locks는 선택적 월간 훈련을 운영했다. 이 훈련에서는 사원들이 회사에서 제공하는 점심식사를 하는 동안 주제가 제시되었다. 컨설턴트인 Bobbie Raynes와 GeGe Beall 은 점심이나 저녁식사 시간에 짧은 훈련 회기에 참석하는 사원들에게는 인센티브로 공짜 피자를 제공했다.

- 훈련 참가로 인한 스트레스를 줄여라. 사원들은 훈련에 참석하기를 원하지만 일정상의 임무를 수행할 시간을 감당할 수 없기 때문에 그렇게 하지 못하는 경우가 자주 있다. 사원들의 훈련 참여를 격려하기 위해서 회사는 작업량을 줄여주거나 업무 보조를 제공해야 한다.

훈련 프로그램의 이행

훈련 프로그램이 완성된 후에 훈련을 이행하는 데는 크게 3가지 방법이 있다: 교실 내 교육, 원격 학습, 그리고 직무 현장 훈련이다.

교실 내 훈련 실시

초기 결정

교실 내 훈련을 실시하기 이전에 조직은 몇 가지 결정을 할 필요가 있다.

누가 훈련을 실시하나?   훈련 세미나는 회사 사원인 내부 훈련가, 회사와 계약한 외부 훈련가, 비디오, 그리고 지역 대학 등을 포함하는 다양한 자원들에 의해서 실시될 수 있다. 훈련 프로그램이 너무 빈번해서 외부 훈련가들의 비용을 정당하게 표시할 수 없을 때나 훈련 주제가 조직에 너무 특정해서 외부 훈련가들이 찾기 어려울 때 사용된다. 훈련 프로그램이 너무 자주 있어서 외부 훈련가를 이용하기에는 비용이 적정하지 않거나 훈련 주제가 회사에 너무 특수하기 때문에 외부 훈련가를 구하기 어려울 때는 회사 내부 훈련가들은 이용한다.

특정한 주제에 대한 조직 내부 훈련가들의 전문성이 부족하거나 회사가 자체적으로 훈련 프로그램을 개발하는 데 드는 비용이 외부 훈련가들과 계약하는 것보다 더 많을 때는 외부 훈련가들을 이용한다. 예를 들어서 커뮤니케이션 기술 훈련에 2일이 필요한 조직은 훈련 프로그램을 자체 개발하는 데 25,000달러를 사용하기보다는 하루에 2,500달러로 외부 강사를 이용하는 것이 더 나을 것이다. 그러나 2년 동안 매주 2번씩 훈련 프로그램을 제공한다면 그 회사는 회사 내부 훈련가를 이용하는 편이 훨씬 더 나을 것이다.

미국에서는 전국적으로 수만 명의 컨설턴트들이 산업체를 위한 세미나를 제공한다. 그렇지만 반드시 필요성 분석을 이용하여 각 세미나들이 실제로 필요한가를 결정해야 한다. 인적자원 전문가들이 다양한 훈련 세미나를 광고하는 이 메일을 일주일에 수십 개씩 받는 것은 흔한 일이다. 어떤 세미나가 흥미롭게 들릴 수도 있지만, 그것이 직무의 일부 측면이나 그 직무를 수행하는 사람과 직접적으로 관련되어 있을 때만 사용될 수 있다. 예를 들어 의사소통 기술에 관한 세미나가 흥미롭게 들리기는 하지만 그것은 전기제품 조립공의 수행 수준을 향상시키지 못할 것이다. 반면에 전기제품에 관한 세미나는 전기제품 조립공의 수행 수준을 높일 수 있을 것이다. 마찬가지로 개인 금전관리에 관한 세미나가 조립공 직무와 관련되지 않을 수 있지만, 그것이 직무수행이나 출근에 영향을 주는 외부 문제들을 해결할 수만 있다면 유용할 것이다.

많은 조직들은 실제 훈련가들을 사용하기보다는 훈련 프로그램의 일부분으로서 비디오를 이용한다. 훈련회기가 많은 시간 반복될 때는 강의법에 비해서 비디오가 분명히 경제적 이점이 있다. 조직들은 훈련용 비디오를 전문으로 하는 많은 업자들로부터 "주문용" 비디오를 다운 받거나 비디오 복제품을 구입하는 선택을 한다.

많은 조직들은 훈련 요구를 충족하기 위해서 지역의 대학이나 대학교를 이용한다. 지역 대학이나 대학교를 이용하면 적은 비용, 좋은 훈련시설 접근성, 유명 교수 접근성 그리고 훈련을 완수한 사원들이 대학 학점을 얻을 수 있는 이점이 있다(Martyka, 2001). 지역 대학들은 전형적으로 기술(전자제품, 컴퓨터 프로그래밍 등)과 리더십 훈련을 위해서 이용되며, 제한된 시간에 소수의 사원들에게 훈련이 필요할 때 그리고 훈련 교실 설립 비용이 제한되어 있을 때 가장 적절하다. 조직이 다양한 훈련 선택사항들을 사용하는 좋은 예는 AT&T의 제조공장에서 볼 수 있다. 문제해결에 관한 세미나들은 훈련 진행요원들, 의사소통 기술에 관한 세미나들은 외부 훈련가들, 그리고 전자제품 원리에 대한 강의는 지역 대학에서 제공된다.

훈련 장소는? 훈련은 호텔이나 대학 또는 회의센터와 같이 현지 또는 외부 지역에서 열릴 수 있다. 현지에서 훈련을 실시한다면 명백한 이점은 적은 비용이다. 그러나 많은 조직들은 현지 훈련에 필요한 공간이나 시설을 갖추고 있지 않다. 외부에서 훈련을 실시하면 사원들이 직장에서 분리되어서 훈련에 집중할 수 있다는 이점이 있다. 사원들이 훈련에 참석하게 만드는 인센티브 또는 작업수행을 잘한 것에 대한 보상으로서 Las Vegas, Miami, San Diego 등이 외부 훈련장소로 선정된다.

훈련 소요 시간은? 훈련 회기의 소요시간을 결정하는 것은 흥미로운 딜레마이다. 비용-효율성이라는 관점에서 보면, 반나절짜리 훈련회기를 한 달 동안에 걸쳐서 10회기로 나누어 실시하기보다는 일주일간 훈련회기를 진행하는 것이 훨씬 더 낫다. 그러나 흥미의 관점에서 볼 때, 일주일에 40시간의 훈련에 참석하는 것을 즐길 사원은 아무도 없다.

최고 수준의 학습을 위해서 훈련자료는 한 번에 모두 학습(집중학습)되기보다는 학습 기간에 걸쳐 작고도 쉽게 기억될 수 있는 청크(단위)로 나뉘어서 제시(분산학습)되어야 한다. Donovan과 Radosevich(1999)의 메타분석에서 밝혀졌듯이, 훈련이 한 번에 너무 많이 시행되면 훈련생들이 학습해야 할 모든 것에 주의를 집중하기 어렵거나 그들이 집중했던 것을 기억해 낼 수 없을 것이다. 결론적으로, 훈련 수행은 분산되는 것보다 전체일 때, 효과가 적을 것이다. 결론적으로 훈련이 분산될 때 보다는 집중될 때 훈련수행 수준이 더 낮아질 것이다.

분산연습 대 **집중연습 원리**의 가장 좋은 예는 시험준비 공부과정이다. 만일 읽을 거리를 며칠간에 걸쳐 나누어서 **분산**시키면 자료들을 학습하기는 비교적 쉽다. 그러나 시험 전날 밤이 되어서야 그때부터 세 장을 읽어야 한다면—즉, **집중**해서 읽어야

집중연습 원리(massed practice) 짧은 시간 안에 학습 집중하기

나는 인적자원(HR) 위기관리를 전문으로 하는 HR 컨설팅과 소프트웨어 개발 회사인 DCI 컨설팅의 사장이다. 우리는 연방고용법의 준수를 보장하는 고객들과 함께 일하면서 그들이 고용차별 문제의 잠재적 책임을 알아내고 방지하도록 돕는 일을 한다. 우리의 업무 분야는 차별수정 조치를 포함합니다; 채용, 승진, 고용 종료, 임금 지불 등에서의 차별 금지; 순행 훈련; 급여 형평성 분석; 그리고 기타 다른 많은 것들. 우리의 직무는 고객들이 노동부나 고용기회균등위원회의 개입으로 조사를 받고 있을 때 그들을 도울 뿐 아니라 그 문제에서 벗어나게 하는 것이다.

나의 많은 역할들 중의 하나인 회사 사장으로서 나는 인적자원 위기관리에 관한 훈련 세미나와 연설을 한다. 훈련 세미나는 고도로 기술적이고 통계적인 문제로부터 그 내용이 보다 가벼운 비기술적인 주제에 이르기까지 다양하다. 나의 직무 중에서 훈련이 가장 흥미롭고 도전해볼 만한 측면들 중의 하나라는 것을 발견한다. 훈련 프로그램을 진행할 때마다 참가자들과 조직문화를 기반으로 새롭고 다른 무엇이 난다.

지난 몇 년간 배운 한 가지 사실은 모든 사람들이 다 효율적인 훈련자로 태어나는 것은 아니라는 것이다. 그러나 당신이 따를 수 있는 팁이 있는데, 그것은 연습을 하면 훈련자로서 당신의 수행을 촉진시킬 수 있다는 사실있다. 여기에 당신이 좋은 훈련자가 되도록 돕는 최고의 10가지 목록이 있다.

기술훈련과 비기술 훈련에는 차이가 있다

소프트 스킬 훈련과 기술 훈련은 매우 다른 유형의 훈련이다 (소프트 스킬: 커뮤니케이션, 협상, 팀워크, 리더십 등의 스킬). 나는 소프트 스킬 자료를 제시하는 것은 기술 자료를 제시하는 것보다 더 어렵다는 것을 알았다. 8시간 동안 통계 훈련

David
Cohen, M.S.
President, DCI Consulting
Group Inc.

을 한다면 매우 지루할 수 있다. 연습, 사례연구, 그리고 기타 다른 것들을 사용하여 사람이 집중하게 할 수 있다. 이런저런 농담도 역시 도움이 된다. 훈련에서의 기술적 자료를 알고 그에 따라서 계획해야 한다.

훈련자는 시간이 지남에 따라 맛이 더 좋아지는 와인과 같다

많은 시간과 경험을 가질수록 진정으로 좋은 훈련자가 될 수 있다. 인내하라. 당신이 훌륭하게 수행하지 못할 때, 필요한 더 많은 경험을 얻을 수 있을 것이다. 첫 번째 훈련 프로그램에서는 거울 앞에서 연습을 시작하고, 그런 다음에 친구나 가족 앞에서 동작을 보여주고, 마침내 첫 훈련에 돌입해라. 당신은 더 많은 경험과 연습을 통해 이를 쉽게 얻을 것이다.

훈련에 들어가기 전에 청중(훈련생들)에 대해서 알아라

누가 훈련을 받을 것인지 분명하게 이해하는 것이 매우 중요하다. 훈련에 앞서 참가자의 지식수준, 참가자의 수, 세미나에 참석하는 참가자들의 태도, 조직문화, 훈련과 연관될 수 있는 회사 내부의 화제 등에 대해서 알아내라. 이것은 그 회사와 참가자들을 이해하는 데 도움이 될 것이고, 이들의 요구 및 기술 수준에 맞추어서 훈련을 준비할 수 있게 할 것이다.

훈련자료에 대해서 알아라

자료들을 제시하기 전에 그것들에 대해서 철저히 이해하는 것이 매우 중요하다. 나는 훈련자가 훈련과정 내내 앉아서 노트만 읽었기 때문에 낭패를 당했던 훈련에 참가한 적이 있다. 이러한 세미나에 참석하는 것보다 더 최악의 세미나는 없다. 그러므로 훈련에 들어가기 전에 그 내용을 훤히 알 때까지 자료

한다면—시험시간에 많은 내용들을 전혀 기억하지 못할 것이다.

강의실 훈련 준비하기

청중 조절하기. 강의실 훈련에서 수강생들의 특징은 훈련 프로그램 개발에 중요한 역할을 한다. 강사는 수강생들의 규모, 인구통계적 특성, 능력 등을 반드시 고려해야 한다. 예를 들어 수강생들이 대규모일 때, 강사는 마이크를 사용할 필요가 있을 뿐만 아니라 역할-연기, 시뮬레이션, 집단토의와 같은 실습을 통한 강의자료 제공이 어려울 것이다. 여자 수강생은 어떤 예들과 실습 유형에 대해서 남자 수강생과 다르게 반응할 것이다. 마찬가지로 젊은 수강생을 위해서 사용한 예들이 나이 든 수강생에게

를 검토하라. 하나는 자료를 이해하는 것이고, 다른 하나는 실제로 그것을 가르치고 제시하는 것이다. 자면서도 그것을 할 수 있을 때까지 계속 연습하라.

섣부르게 답변을 하지 말라

당신이 옳지 않은 답변을 내 놓으면, 훈련생들로부터 빠르게 신뢰를 잃을 것이다. 당신이 확실히 알지 못하는 질문이 올 수 있으며, 교육생에게 그 질문에 대한 답을 모른다고 말할 수도 있지만, 그것을 주의 깊게 살펴보고 질문을 한 그 훈련생에게 되물을 수 있을 것이다. 아니면 항상 그 질문을 청중에게 되돌려서 그들 가운데 누가 대답할 수 있는지 찾아낼 수 있다. 절대로 질문에 답하는 바로 그 자리에서 대답하려고 하지 말라. 이것이 오히려 당신을 계속 괴롭힐 것이다.

훈련을 진행하는 동안 다양한 구성을 사용하라

나는 훈련을 진행할 때 다양한 구성을 사용하려고 노력한다. 다양성은 전체 훈련 프로그램을 진행하는 동안 훈련생들이 계속 흥미를 느끼고 열의를 갖게 한다. 8시간 동안 강의만 하는 세미나에 참석하기를 좋아하는 사람은 아무도 없다. 파워포인트, 집단활동, 비디오, 집단 연습, 원탁 회의, 웹 데모, 그리고 사례연구와 같은 방법들을 사용하라. 이것은 훈련 프로그램을 더 재미있게 할 뿐만 아니라 교육생들이 훈련 자료들을 학습하는 데 도움이 될 것이다.

좋은 신발을 신어라

우습게 들리겠지만 이것은 사실이다. 나는 훈련 프로그램을 시작하기 전에 싸구려 신발을 샀는데, 등의 통증과 목이 아픈 고통을 치렀다. 당신은 훈련을 진행하는 긴 시간 동안 내내 서있어야 한다는 것을 기억하라. 싸구려 신발은 훈련 경험을 매우 불편하게 만들 것이다.

준비하라

문을 나서기 전, 항상 당신의 자료와 정보들을 모두 갖고 가는지 확인하라. 나는 훈련에 앞서 내게 필요한 모든 것들을 체크리스트로 만들어 사용하려고 노력한다.

이야기와 경험담을 활용하라

당신이 훈련 자료를 제시할 때, 사람들은 다른 전쟁 이야기나 경험담을 듣고 싶어 한다. 훈련자료들을 제시하면서 그것을 실생활 장면에 적용하는 것이 도움이 된다. 나는 고용차별에 관한 훈련 프로그램을 진행할 때 관련되었던 실제 사례들과 그 결과들에 대해서 훈련생들과 공유한다. 이것은 내가 훈련 자료의 중요성을 이해하는 데 도움이 된다.

유머는 도움이 된다

한번은 내 동료에게 무엇이 그를 그렇게 훌륭한 훈련자로 만들었는지 물어 본 적이 있다. 그가 대답하기를 "내가 세상에서 가장 똑똑한 사람이 아닐 수 있지만, 사람들은 나에게서 재미를 찾을 수 있어." 그가 말하는 것의 요지는 사람들의 마음을 사로잡으라는 것이다. 훈련에 참가할 때 훈련생들은 재밌고 즐겁기를 원한다. 유머는 효과적으로 사용하여 훈련생들이 열성을 내고 즐겁게 할 수 있는 훌륭한 방법이다. 유머는 훈련시간의 단조로움을 깨는 데 도움이 된다.

오, 그래. 좋은 충고 한마디 더하겠다. 훈련생들에게 언제나 맛있는 과자와 음료를 제공하라. 카페인은 훈련생들을 각성시키고 음식은 그들을 행복하게 할 것이다.

당신이 진행하는 모든 교육 과정은 매번 다를 수 있다. 그때마다 훈련생들이 다르기 때문에 경험도 달라진다. 이것은 오히려 훈련을 재밌게 만든다. 학습 환경을 촉진하는 가장 좋은 방법은 훈련생들을 즐겁게 하면서 동시에 교육하는 것임을 기억하라. 당신의 훈련생들은 그것으로 당신을 기억할 것이다.

는 적절하지 않을 수도 있다.

수강생들의 능력 수준은 또 다른 중요한 요인이다. 만약 수강생들이 경험이 적고 능력 수준도 낮다면 경험이 더 많고 기술 수준도 더 높은 수강생들에 비해서 훈련 진행속도가 더 느려야 할 것이다. 강사에게 가장 어려운 상황은 능력 수준이 다양할 수강생들이 섞여있을 때이다. 만일 강사가 능력 수준이 낮은 수강생을 돕기 위해서 강의 속도를 늦춘다면, 능력 수준이 높은 수강생들은 지루해질 것이다. 만일 강사가 능력 수준이 높은 수강생들에 맞춘다면, 능력 수준이 낮은 나머지 수강생들은 뒤로 물러나 있게 된다. 이러한 이유 때문에 대부분의 강사들은 중간 정도 속도로 강의 자료를 제시한다. 당연하지만 명백한 연구 증거에 의하면 훈련수행이 좋은 사원들은 총명하고, 자신이 훌륭하게 수행할 수 있다고 믿어서 높은 수준의 자기-효능감을 갖고 있으며, 동기화되어 있고 목표 지향적이다(Salas & Cannon-Bowers, 2001).

훈련 프로그램 진행

강사 및 훈련회기 소개. 훈련 회기는 보통 강사 소개로부터 시작된다. 이때 강사가 스스로 자신을 소개하거나 다른 사람이 강사를 소개하게 된다. 강사 소개는 가능한 짧아야 하며 훈련생들에게 신뢰를 주어야 한다. 강사를 소개하는 시간의 길이는 훈련시간과 훈련생이 강사를 이미 알고 있는 정도에 따라서 달라진다. 필요하다면 강사에 대한 더 상세한 인적사항을 훈련 자료집에 포함시켜서 강사가 스스로 자랑하지 않더라도 훈련생들이 강사를 신뢰하게 할 수 있다.

강사 소개 후, 훈련 세미나의 목적, 훈련 일정(예, 시작 시간, 쉬는 시간, 식사 시간, 종료시간 등), 그리고 세미나 규칙(예, 휴대폰 끄기, 금연, 타인 비평하지 않기 등)을 알린다. 가능하다면 매 시간마다 마지막 10분의 휴식시간 그리고 점심식사 시간은 한 시간 30분 정도가 되도록 훈련 일정을 정하는 것이 좋다.

경력 워크샵 박스를 읽어보라. 훈련생들이 지켜야 할 예절요령들이 제시되어 있다.

서먹한 분위기 깨고 활력 불어 넣기. 강사 소개가 끝나면 대부분의 훈련 프로그램에서는 서먹한 분위기를 깨고 활력을 불어 넣는 활동들이 시작된다. 훈련이 시작되기 전에 서먹한 분위기를 바꾸는 방법에는 다음과 같은 것들이 있다:

- 각 훈련생들이 바로 옆 사람에게 자기를 소개하거나, 훈련생에게 질문이 들어 있는 목록(예, "누가 야구를 좋아하지?", "딸이 있는 사람은 누군가?" 등)을 주고 그 질문에 대한 답을 얻기 위해서 다른 훈련생들과 어울려서 탐문하고 답을 찾아내는 scavenger hunter 게임을 한다.
- 농담이나 이야기하기
- 훈련생들이 개인으로 또는 소집단으로 질문이나 해결할 문제를 받는 활동들
- 훈련생들의 반응과 토론을 촉진하는 개방형 질문들
- 훈련생들에게 주제를 주고 그것에 대해서 자유롭게 답을 쓰게 하는 활동
- 예를 들어 성희롱에 관한 훈련 세미나에서, 훈련생들에게 자신이 성희롱을 당했거나 타인이 성희롱 당하는 것을 목격한 횟수를 쓰게 한다.
- 까다로운 고객 대하기 훈련 세미나에서는 훈련생들에게 그들이 상대했던 화가 난 고객과 그 상황에서 자신이 어떻게 대처했는가에 대해서 글을 쓰게 한다.

어색한 분위기를 전환하기 위한 방법들을 선택할 때 세 가지 고려사항이 있다. 어색한 분위기 전환의 목표, 훈련 회기의 소요 시간, 그리고 훈련생들의 특징이다.

당신이 강의실에 있든 아니면 훈련 워크샵에 참석하든, 훈련생으로서 당신의 행동은 훈련 진행자와 다른 훈련생들에게 영향을 줄 뿐만 아니라 다른 사람에게 비친 전문 직업인으로서의 당신 인상에도 영향을 준다. 컨설턴트이자 훈련가인 Bobbie Raynes는 몇 가지 조언을 하고 있다.

➡ 다른 교육생들이나 워크샵 진행자를 방해하지 않도록 제 시간에 도착하라. 일찍 도착하면 좋은 자리를 차지하고 좋아하는 간식을 얻어 이득이 있다는 것은 좋은 생각이다.

➡ 준비를 하라. 필요할 경우에 메모를 할 수 있도록 펜과 메모지를 지참하라.

➡ 간식은 당신의 몫만큼만 취하라. 다른 훈련생들을 위해서 그들의 몫을 남겨두라.

➡ 휴대전화의 전원을 끄라(또는 최소한 진동으로 바꾸라). 전화를 받아야 한다면 훈련 장소 밖으로 나가서 통화해라.

➡ 필기를 하기 위해서 노트북을 사용하지 마라. 자판기 키 두드리는 소리가 다른 훈련생들과 훈련 진행자 모두를 산만하게 만든다. 필기를 하고 싶다면 옛날 방식대로 펜과 종이를 사용하라.

➡ 불필요한 소음을 내지 않도록 하라(예를 들어, 껌을 씹거나 의자를 앞뒤로 흔들거나 볼펜을 계속 딸깍거리는 등을 삼가하라). 훈련생들이 다른 사람의 소음에 대해서 얼마나 많은 불평을 했는지 말로 다할 수 없다.

➡ 깨어 있어라! 잠이 온다고 생각되면 조용히 훈련장을 떠나라.

➡ 훈련 진행자는 당신이 머리를 끄덕이고, 눈을 마주치고, 질문하는 것을 통해서 당신이 훈련에 귀 기울이는지 알 수 있다. 훈련생들의 이런 반응들은 위크샵 진행자에게 중요한 피드백을 제공한다. 훈련생들의 반응에 따라서 진행자는 그들의 요구를 충족시키기 위해서 자신의 훈련 진행방식을 바꿀 수 있다.

➡ 질문이 있으면 손을 들어서 질문한다. 훈련자는 질문받는 것을 좋아하기 때문에 질문하는 것을 전혀 부끄럽게 여기지 마라. 만일 당신이 훈련과정을 따라가기 어렵다면, 다른 훈련생들도 역시 마찬가지로 그럴 것이다.

➡ 다른 훈련생들에게 정중하고 그들이 질문하는 것도 허용하라. 모든 것을 말하지 마라!

➡ 만일 훈련 진행자의 말에 동의하지 않더라도 정중하게 추가설명을 요구하라. 그래도 여전히 동의하지 못할 경우에는 워크샵 마친 이후에 그와 대화하라.

➡ 다른 훈련생들의 의견을 판단하지 말고 경청하라. 다른 훈련생들의 의견에 반응할 수는 있지만 그들의 아이디어와 생각을 비난하는 것은 좋지 않다.

➡ 워크샵이 끝날 무렵에 위크샵 진행자에게 자신을 소개하라. 워크샵이 즐거웠다면 그렇다고 말하라.

➡ 워크샵이 끝난 후 진행자가 당신에게 평가를 요청하면 그렇게 하라. 평가는 진행자가 앞으로 바꾸거나 변화시킬 것이 무엇인지 알 수 있는 유일한 방법이다. 워크샵에 대해서 언급할 여지가 있다면 어째서 좋고 싫은지 간략하게 설명하라. 구체적으로 말할수록 훈련을 평가하는 데 더욱 도움이 된다.

➡ 워크샵이 진행되면서 쌓인 당신의 커피 컵, 음료 캔 또는 다른 쓰레기들을 버려라.

어색한 분위기 전환이 성공하려면 그 목표를 반드시 성취해야 한다. 어색한 분위기 전환의 가장 일반적인 목표는 훈련생들이 서로를 알게 되고, 서로 대화하고, 훈련 상황에 주의를 기울이고, 훈련 주제에 대해서 생각하게 하는 것이다. 예를 들어, 훈련생들이 서로에 대해서 아는 것이 중요한 목표일 때는 훈련생들에 대한 소개가 그 목표를 가장 잘 성취한다. 훈련생들이 훈련 주제에 대해서 생각할 수 있도록 하는 것이 목표일 때는 자유 기록(free writes)이 목표 달성에 적합하다. 어색한 분위기 전환 그 자체를 위해서 그런 활동을 갖는 것은 좋은 생각이 아니다.

만약 훈련이 단지 몇 시간 동안만 운영된다면, 어색한 분위기 전환은 짧게 사용되어야 한다. 만약 훈련이 일주일 동안 지속된다면, 훈련생 소개와 "집단형성" 활동에 시간이 사용되어야 한다.

어색한 분위기를 깨기 위한 활동들 중 어떤 유형들은 다른 훈련생에 비해서 어떤 훈련생들에게 더 효과가 있다. 예를 들어서 훈련생들이 자기 이름과 그 이름의 첫 글자로 시작하는 특성을 이용해서 자기 소개하게 하는 것(예, Friendly Fred, Timid Temea, Zany Zach 등)은 사회복지사 집단과 비교해서 경찰집단에서 더 잘 될 것 같지는 않다.

발표훈련 실시. 그것이 비록 대중 연설문은 아니지만 발표 훈련에서 유용한 몇 가지 요령이 있다.

- 청중과 눈을 맞추라.
- 제스처를 효과적으로 사용하라. 요점을 분명히 하는 데 도움이 되지 않는다면 손을 흔들거나 또는 다른 제스처들을 사용하지 말라.
- 당신이 발표하는 내용을 그대로 읽지 말라. 당신의 발표를 도와줄 ppt 슬라이드와 같은 시각 자료를 사용하라. 만약 자료를 알고 있다 하더라도 발표 연습을 하라. 화면의 ppt 슬라이드를 슬쩍 보는 것만으로도 필요한 모든 것을 기억할 수 있다.
- 단상 뒤에 숨지마라.
- 자연스런 대화 형식을 취하라. 발표 훈련은 연설, 강의 또는 설교가 아니다. 당신의 **청중들과 이야기**하라.
- 확신을 가져라. 습관적인 쓸데없는 군말을 피하고, 적절한 크기로 이야기하며, 자기 자랑하지 말라. 만약 당신이 자신의 재능을 알고 있다면, 당신이 청중들에게 말하지 않더라도 그들은 당신이 얼마나 멋진 사람인지 알 수 있을 것이다.
- 말하는 속도를 너무 빠르거나 너무 느리지 않게 하라.
- 상스런 욕, 저속한 농담 또는 불쾌한 발언을 피하고 타인, 집단, 조직을 비난하지 말라
- 흥미 있게 발표하라. 유머나 이야기와 같이 재밋거리 또는 강의, 비디오, 토론 등과 같은 다양한 활동들을 사용하거나, 발표자의 걸음이나 청중활동 등을 통한 활력 불어넣기, 그리도 청중들이 자신들의 의견, 이야기, 전문성을 나누게 함으로써 발표에 대한 흥미유발이 가능하다.
- 억지스런 유머를 사용하지 마라. 만약 당신이 재미있는 사람이라면 그것은 자연스럽게 드러날 것이다. 유머를 사용할 때는 발표 요지를 드러내거나 주제에 대한 청중들의 지루함을 깨서 주의를 집중하게 하는 등의 목적을 확실하게 충족할 수 있어야 한다. 그렇지 않고 단지 유머를 위한 유머는 발표에 방해가 될 수 있다. 유머로 다른 사람이 희생되어서는 결코 안 된다. 오직 당

신 자신이 유머의 유일하고 안전한 표적이다.

■ 청중의 질문에 답할 때, 강의실이 크다면 그 질문을 반복하라. 만약 질문에 대해서 확신이 없다면, 청중에게 다시 한번 그 질문을 하도록 요청하거나 또는 그 질문을 다른 말로 바꾸도록 하라(예, "당신이 질문하는 것이 …입니까?") 질문에 대답한 후에는 당신의 대답이 충분했는가 물어보아라. 질문에 대한 답을 모르면서 허세 부리지 마라. 청중들 가운데 누가 그 답을 알고 있는지 물을 수 있다. 아마 10번 중 9번 정도는 그 답을 아는 사람이 있다.

대학 강의와 마찬가지로, 세미나에서도 강의, 비디오 사용, 토론, 그리고 질의-응답을 포함한 많은 활동들이 발생할 수 있다. 다시 말하자면 활동들을 선택하는 것은 배워야 할 과제나 기술에 달려 있다. 만일 배워야 할 기술이 기계 조작이나 화난 고객을 대하는 것처럼 복잡하다면 강의 하나만으로 충분하지 않을 것이다. 세미나 역시 실습이나 역할-연기 등을 포함한다. 만일 정보가 복잡하지는 않지만 건물 위치, 작업 흐름도, 또는 도표, 시각 자료 등을 포함한다면 강의에 시각적 보조물들이 추가되어야 한다. 만약 준비된 자료가 포괄적이지 않거나 재료들에 대한 사원들이 느낌이 중요하다면, 토론이 포함되어야 한다. 토론은 더 깊게 학습할 수 있도록 도와줄 뿐만 아니라 사원들은 자신들의 의견이 중요하다는 것을 느낄 수 있다.

원격학습을 통해서 훈련 실시하기

전통적인 강의실 수업의 한 가지 단점은 모든 사원들이 반드시 같은 장소에서 같은 속도로 배워야 한다는 것이다. 이것은 불행한 일이다. 어떤 사원들은 다른 사원들보다 더 똑똑하거나 또는 더 경험이 많기 때문에 만약 훈련 세미나 진행이 너무 느려진다면 이들은 곧 지루해질 것이다. 그러나 다른 사원들은 세미나 진행 속도가 너무 빨라지면 좌절할 것이다. 많은 조직에서는 편리한 시간과 장소에서 사원들이 자신의 속도에 맞춰 자료를 학습할 수 있도록 원격 학습을 이용하고 있다.

원격학습 기술은 일반적으로 **비동시성 기술**과 **동시성 기술**의 커다란 두 범주 중의 하나로 분류된다. 비동시성 기술을 사용하여 사원들은 자신이 선택한 시간과 자신의 속도에 따라서 훈련을 마칠 수 있다. 반면에, 동시성 기술은 사원들이 물리적으로는 다른 지역에 있더라도 같은 시간에 같은 속도로 훈련을 마치도록 요구한다.

비동시성 원격학습

프로그램 학습에서는 사원들에게 내용을 학습하기 위한 매체 자료들뿐 아니라 학습한 것을 측정하는 일련의 시험들도 제공한다. 만약 사원들이 각 단원의 마지막에 시험을 통과하지 못하면 그 자료들을 다시 읽고 통과할 때까지 재시험을 치른다. 이런 식으로 사원들은 자신의 속도에 따라서 공부하고 자료들을 이해했는지 확인하기 위

비동시성 기술(asynch-ronous technologies) 사원들 자신이 선택한 시간에 자신의 속도로 훈련을 완수하도록 요구하는 원격학습 프로그램

동시성 기술(synchr-on-ous technologies) 사원들이 물리적으로 다른 지역에 있더라도 같은 시간에 동일한 속도로 훈련을 완수하도록 요구하는 원격학습 프로그램

해서 시험을 치른다. 비동시성 원격학습에서는 인쇄 자료, 비디오 영상, DVD, 웹 기반 프로그램을 포함한 다양한 방법으로 사원들에게 정보를 제공한다. 이러한 프로그램들의 효율성을 높이고 상호적이 가능하게 만들기 위해서, 훈련생들은 이메일, 채팅룸, 메시지 보드 등을 통해서 강사 또는 다른 훈련생들에게 접근할 수 있다.

그 좋은 예가 Life of Virginia에서 사용한 훈련 프로그램이다. 그 회사가 직면한 한 가지 문제는 1,000개 이상의 판매 대리점이 전국의 140개 이상의 사무실로 분산된 것이다. 그러므로, 효율적이고도 실무적인 훈련 프로그램을 실시하기 위해서, Life of Virginia 회사는 판매 전문가들을 이용해서 7가지 훈련모듈을 만들어 냈다; 마케팅과 구직자 추천 요청, 예약 전화, 인터뷰, 보험 추천 준비, 추천서 제출, 보험증권 전달, 그리고 주기적 검토. 각 모듈은 5에서 10페이지에 이르는 읽을거리 과제, 읽을거리에 관한 서면 연습, 적절한 행동들을 수행하는 모델을 보여주는 비디오 영상, 상황 문제, 그리고 각 보험 직원이 대답해야 할 질문들을 포함한다. 보험 직원들은 모듈당 2주와 주 사이에 걸쳐 자신의 속도에 따라서 공부한다. 이 훈련 프로그램으로 연 판매량은 25% 증가시키고, 이직률은 10% 줄어드는 결과를 가져왔다.

The H. E. Butt Grocery Company는 집단훈련을 위해서 사원들의 일정을 조정하기가 어려웠기 때문에 각 식료품 상점에서 상호작용 비디오 영상을 이용하기로 결정했다. **상호작용 비디오 영상**을 통해서 사원들은 TV, 컴퓨터 화면 또는 iPod에서 녹화된 상황을 볼 수 있다. 각 상황을 보고 난 후, 사원들은 그 상황에 대한 자신의 반응을 선택하고, 컴퓨터는 그 사원의 반응에 따라서 발생할 것을 보여주는 비디오 영상을 선정한다. Butt의 첫 번째 상호작용 비디오 영상훈련은 식품안전 실습에 초점이 맞추어졌고, 훈련생이 컴퓨터에 메모할 수 있는 가상 메모장과 박테리아 성장 시뮬레이터(당신은 그들 중 하나에 걸리기를 원하지 않는가?)와 같은 기능들(features)을 포함했다.

Captain D's Seafood Kitchen 해산물 식당은 컴퓨터 기반 훈련 프로그램을 성공적으로 이용한 회사의 또 다른 예이다. Captain D는 자체 훈련 프로그램 개발에 2백만 달러를 사용했고, 350개 각 식당마다 컴퓨터를 설치했다. 이 훈련의 결과로 **미스테리 쇼퍼** 율이 4% 증가했다(Maurer, 2001).

FedEx에서도 유사한 성공을 볼 수 있었다. FedEx는 700개 이상의 지역을 보유하고 있기 때문에 각 지역에 훈련자들을 보내는 데 비용이 많이 든다. 이러한 고 비용 문제를 해결하기 위해서 FedEx는 700개 지역에 1,200대 이상의 상호작용 비디오 세트를 설치했다. 세미나로부터 상호작용 비디오에 이르기까지의 이러한 변화는 훈련 비용을 줄였고, 고객 접촉 훈련 시간을 32시간에서 8시간까지 줄였다. 그리고 회사로부터 혁신적 프로그램에 대한 여러 가지 상을 받았다(Wilson, 1994).

공공부문에서 많은 법집행 기관들은 인터넷을 통해 제공되는 훈련 프로그램을 사용하고 있다. 예를 들어 연방 법집행 훈련센터(Federal Law Enforcement Training

상호작용 비디오 영상 (interactive video)
사원들에게 녹화된 상황을 제시하고 그 상황에 반응하도록 요구한 후에 그 반응에 대한 피드백을 주는 훈련 기술

미스테리 쇼퍼(programmed instruction)
손님으로 가장해 매장 직원을 감시하는 사람

Center)는 이러닝(e-learning)을 통해서 1,700개 이상의 교육과정을 제공하고 있다. US. Capitol Police(미국 국회 경찰)는 경찰관들이 접근할 수 있는 2,100개 이상의 웹 기반 훈련과정을 제공한다. 플로리다에 있는 두 개의 법 집행기관은 전자 학습을 통해 1년에 여행과 관련된 비용을 296,000달러를 절약했다. 전자학습 훈련 프로그램 개발은 비싸기 때문에, 대부분의 조직들은 다양한 전자 과정을 보유하고 있는 웹사이트인 학습 포탈과 계약한다. 예를 들어 TrainSeek.com은 2,000개 이상의 전자과정을 보유하고 있는 학습포탈이다.

대부분의 비동시성 원격학습훈련은 **프로그램 강의** 개념의 이점을 가진다. 프로그램 강의는 몇 가지 중요한 학습원리의 장점을 갖고 있기 때문에 효과적이다 (Goldstein & Ford, 2002). 첫째, 각 **훈련생들은 스스로** 자신의 속도에 맞추어서 학습을 진행할 수 있다. 당신은 이제까지는 강사가 너무 빠르게 또는 너무 느리게 진행하는 강의실에서 훈련을 받아왔을 것이다. 자료제시 속도가 학습자의 이해 속도와 동일하지 않으면 좌절이 발생하고 자료는 생각대로 학습되지 않을 것이다.

둘째, 각 훈련생들이 학습에 **적극적으로 관여**한다. 이것은 강의법과 크게 대조적이다. 강의법에서는 사원이 적극인 관여 없이 강의 2시간 동안 앉아있어야 한다. 당신이 가장 좋아하는 강의실을 생각하라: 아마 강사는 당신이 관여하고 실제로 행동할 수 있도록 허락했을 것이다. (그것이 바로 이 책의 여러 장들이 그렇게 상세한 이유이다. 텍스트를 완전하고 포괄적으로 제작함으로써 강사는 계속 강의만 하는 것이 아니라 대신에 강의 시간을 과제에 사용할 수 있다.)

마지막으로, 프로그램 강의에서는 정보를 **작은 단위**로 제시한다. 왜냐하면 소량의 자료를 학습하는 것은 많은 양을 학습하는 것보다 더 쉽기 때문이다. 이것을 증명하기 위해서, 교실에서의 시험을 생각해보라. 만일 매 주마다 1장(chapter)씩 읽고 나중에 종합정리를 한다면 시험 점수가 더 올라갈까? 아니면 시험 치기 전 밤까지 한꺼번에 5개의 장(chapter)을 읽으면 점수가 더 올라갈까? 답은 명백하다. 그리고 당신이 자신의 경험에 의해서 그 질문에 대답하지는 않았을 것이기를 바란다. Manson(1989)은 메타분석 결과로 프로그램 강의가 상대적으로 적은 비용으로 수행을 향상시킨다는 결론을 내렸다. Allen, Mabry, Mattrey, Bourhis, Titsworth와 Burrell(2004)의 메타분석에서는 원격학습반 학생들의 시험점수가 전통적 과정반 학생들의 점수와 차이가 없다는 사실을 알아냈다.

동시성 원격학습

원격학습을 위해서 복사 또는 사전 기록된 자료를 이용하기보다는, 훈련자가 전화를 능가하는 인터넷이나 위성 TV를 통해서 "참여하는" 훈련생들과 전화상으로 의사소통하는 많은 훈련 프로그램들이 실시간으로 진행되고 있다.

동시적 원격학습의 **빠른 성장** 자원으로는 화상회의, 웹 세미나, 웹케스트 등이

프로그램 강의(progra-mmed instruction)
사원들이 자신의 속도에 맞춰 정보를 학습하는 훈련 방법

Webinar 짧은 웹 세미나로서 훈련이 인터넷을 통해서 전송되는 상호작용식 훈련방법이다.

Webcast 비-상호작용식 훈련방법이며, 훈련자는 인터넷을 통해서 훈련 정보를 전송한다.

Blog 독자들이 반응할 수 있는 주제에 대해서 주인이 정기적으로 논평을 게시하는 웹사이트

Wiki 이용자들이 주제에 대해 페이지를 만들 수 있고, 독자들이 자유롭게 그 페이지를 수정(편집)할 수 있는 웹페이지 모음

Listserv 공통 관심사를 지닌 집단에게 이메일 메시지를 자동으로 전송하는 프로그램

있다. 웹 기반 세미나(web-based seminar)의 줄임말인 **webinar**와 **webcast**는 웹 수준을 넘어 전송되는 훈련 프로그램들이다. Webinar는 상호작용적인 반면에 webcast는 훈련자로부터 일방적인 의사소통이 진행된다는 점이 둘 사이의 차이점이다. 화상회의에서는 훈련자가 폰을 통해서 오디오 부분의 훈련을 실행하는 동안에 훈련생들은 자신의 컴퓨터 화면을 통해서 PPT 발표자료를 전송받아 볼 수 있다. 웹 세미나와 마찬가지로, 화상 회의는 본래 상호작용이 가능하다.

그 외에도 빠르게 성장하고 있는 동시성 원격학습 자원은 **blog**, **wiki**와 **listserv**와 같은 상호작용적 온라인 학습공동체들이다. 사원들은 연차 회의나 계획된 훈련 프로그램을 기다리기보다는 이런 훈련 방법들을 이용하여 질문할 수 있고, 즉시 대답을 얻고, 의견을 게시하고, 유사한 분야의 다른 사람들과 정보를 공유할 수 있다.

메타분석 결과에 의하면, 원격학습 기술들은 최소한 교실 훈련만큼 효과적이며, 학습자가 학습 속도를 조절하고, 학습 진행에 대한 피드백을 얻을 수 있을 때 그 효과성은 증가한다(Sitzmann, Kraiger, Stewart, & Wisher, 2006).

현장훈련의 실시

지금까지 사원들이 강의실 장면과 원격학습을 통해서 어떻게 훈련받을 수 있는지 논의했다. 이제부터는 사원들이 직무 현장에서 어떻게 학습하는지 논의할 것이다. 여러 조사연구자들이 사원훈련의 60% 이상이 현장훈련(OJT)이라고 추정할 정도로 현장훈련은 중요한 주제이다(DeRouin, Parrish, & Salas, 2005). OJT가 무엇으로 구성되었는지에 대해서는 약간의 의견차이가 있지만, 정의를 내리자면 OJT는 **직무를 수행하는 중에 경험 있는 동료와 상사에 의해서 이루어지는 비공식 훈련이다**(DeRouin et al., 2005). OJT는 학습을 위해서 감독이 필요하고, 반복함으로써 가장 잘 학습되고, 역할 모델링으로 잘 학습되는 기술을 가르치기에 가장 적합하다(Gallup & Beauchemin, 2000).

타인 모방학습

모델링(modeling) 타인의 행동을 관찰하고 그 행동을 모방하는 것을 통한 학습.

사회학습이라고도 불리는 **모델링**은 조직에서 훈련을 위한 매우 중요한 학습방법이다. 이름에서 알 수 있듯이, 사원들은 다른 사람들이 어떻게 일을 수행하는지 행동을 관찰하거나 모방함으로써 학습한다.

학습기법으로서 모델링은 놀라울 정도로 널리 만연되어 있고, 이미 앞에서 논의한 행동 모델링 학습방법의 기반이다. 당신이 야구와 같은 운동을 처음에 어떻게 배웠는지 생각해보라. 아마 당신이 가장 좋아하는 선수를 보면서 타격자세를 배웠을 것이다. 당신이 옷을 입는 방식은 또 어떠한가? 대부분 당신의 우상이나 동료가 입는 방식을 모방했을 것이다. 우리가 어떻게 행동하는지 확신할 수 없을 때 모델링을 통해서 배울 가능성이 가장 크다. 예를 들어 새 직장에 출근한 첫날에는 다른 사람들

이 어떻게 행동하는지 관찰한다. 그들은 지정된 시간만 휴식을 취하는가? 고객을 정중하게 대하는가? 그들은 자신의 직무에 집중하는가? 우리는 직장에서 타인들을 관찰해서 그에 맞추어서 행동하는 방법을 학습한다. 10장에서 논의될 직무만족 이론에서는 우리의 직무만족 수준과 타인들이 보여 준 직무만족 수준을 일치시켜서 우리가 직무에서 얼마나 만족할 것인지를 결정한다고 가정한다.

모델링은 특정 조건하에서 가장 효과적이다. 그런 조건은 주로 행동모방의 대상이 되는 사원들의 특성과 그 행동을 모방하려는 사람의 특성이 관련되어 있다.

모델의 특성. 물론 우리는 모두 타인들의 행동을 모델로 삼지는 않는다. 대신에 우리와 비슷하거나 성공했거나 지위를 갖고 있는 사람의 행동을 모방하려고 한다. 예를 들면 새 옷을 사려고 결정할 때 누구를 모델로 생각할까? 만약 남성이라면 Barbara Walters나 또는 Joe Biden을 선택할까? 무엇보다도 이 두 사람은 성공한 위치에 있다. 그렇지 않으면 성별과 나이가 우리와 더 비슷한 사람을 찾을 것이다.

마찬가지로 누군가를 따라서 골프스윙을 모방하려고 한다면, 그는 누구일까? 거의 확실하게 그(혹은 그녀)의 지위와 성공 때문에 프로골프투어에 있는 누군가를 선택할 것이다. 하지만 어떤 선수가 모델이 될까? 투어에서 성적이 가장 부진한 골퍼 중의 한 사람이 되지는 않을 것이다. 대신에 Tiger Woods, Annika Sörenstam 또는 박세리 같이 성공한 골퍼들을 선택할 것이다. 마지막으로, 성공한 골퍼들 중에서도 누구를 선택할 것인가? 성공한 골퍼 중에서도 인종, 성별, 머리색, 고향, 스타일 등에서 우리와 가장 유사한 골퍼가 선택될 것이다.

이것은 산업에서 (역할)모델에 대한 중요한 논점을 유발한다. 우리는 우리와 유사한 모델을 찾는 경향이 있다. 모델링이 효과적이기 위해서는, 사원들을 위한 적절한 역할모델은 중요한 측면에서 그들과 유사해야 한다. 그것은 기본적으로 학교 교직원에는 소수민족과 여교사들 모두가 있고, 어느 조직에나 소수민족 출신의 관리자와 여성 관리자가 있고, 텔레비전에서는 다양한 직업의 모든 유형의 사람들을 보여 주는 이유이다.

관찰자 특성. 종업원이 타인의 행동을 모방하기 위해서 세 가지 조건이 필요하다 (Bandura, 1977). 첫째, 사원은 반드시 타인의 행동에 주의를 보여야 한다. 만약 사원이 역할모델에 주의를 기울이지 않는다면 세상에 있는 모든 역할모델들은 사원의 행동변화에 영향을 미치지 못할 것이다.

두 번째로 종업원은 모델링이 되는 정보를 유지할 수 있어야 한다. 둘째, 사원은 모방되고 있는 정보를 유지할 수 있어야 한다. 춤을 추고 있는 사람을 본 후에 나중에 스스로 춤을 추려고 시도해 본적이 있는가? 우리들 대부분은 만일 기억하기 위한 단계들이 많다면, 그렇게 하는 것은 어렵다(우리들 중에 일부는 기억하는 데 단지 두 단계밖에 없더라도 그렇게 하기 어렵다). 비록 세심한 주의를 기울이고 있다 하더라도, 회상하거나 유지해야 할 행동들이 너무 많다. 이런 이유 때문에 훈련기법으로 모델링을 사용할 때는 한 번에 소수의 행동에만 주의를 집중한다.

마지막으로 사원들은 관찰했던 그 행동을 **재생**할 수 있는 능력이나 기술을 지녀야 한다. 예를 들어 신입사원이 코일 감는 노련한 사원을 관찰하고 있다고 가정해보자. 신입사원이 적절한 손의 민첩성이 없다면, 기술만으로는 신입사원이 노련한 사원만큼 성공적으로 코일을 감을 수 없을 것이다. 그러므로 관찰하는 사원이 재생할 수 있는 기술수준으로 모방행동 범위를 제한하는 것이 중요하다.

직무순환을 통한 학습

직무순환(job rotation) 사원들에게 조직 내 여러 다른 직무들을 수행할 기회를 제공하는 시스템

현장훈련의 또 다른 훌륭한 방법은 사원이 조직 내의 여러 직무를 수행하는 **직무순환**이다. 직무순환은 특히 관리직 훈련에서 일반적인데, 그 이유는 관리직 훈련생이 그의 부하들이 수행할 조직 내의 전부는 아니지만 대부분의 직무에 대한 경험과 이해를 할 수 있도록 허용하기 때문이다.

Kroger와 Walmart는 보조관리자가 관리자로 승진하기 이전에 그들을 점원, 재고관리자 및 포장하는 직원으로서 훈련시킨다. Allstate는 관리직 훈련생들이 몇 개월 간 판매, 보험, 인사, 현금관리, 마케팅 직무를 수행하도록 하는 비슷한 방식으로 훈련시킨다. 직무순환을 이용하는 조직은 관리자들이 각 사원들의 직무수행 방법을 보다 분명하게 이해함으로써 일을 더 잘할 것으로 믿는다. Apple-bee's restaurants에서는 임원들이 레스토랑 종업원과 직위를 바꿈으로써 그들이 일상적인 문제들에 대해서 감을 잃지 않도록 한다. 시카고의 Levy Restaurants에서는 관리자가 되기를 희망하는 20~40명의 선발된 사원들이 4일 동안은 자신의 일상적 직무를 수행하고 하루는 레스토랑의 새로운 분야에서 일을 했다: 그 결과로 75%가 승진했다. 또한 Levy Restaurants의 주방장 훈련생들은 첫 일주일은 다이닝룸, 다음 4주일은 주방, 그리고 1주일은 행정적 과제를 수행했다.

직무순환은 보통 비관리직 사원을 훈련하는 데도 이용된다. 사원의 자각을 일깨우는 것 이외에도, 직무순환의 큰 장점은 조직 내에서 수평적 전환과 결근한 작업자를 대체하는 데 유연성을 확대하는 것이 허용된다는 것이다. 예를 들어 만약 2명의 은행 창구직원이 아픈 경우에 대출승인 사원 한 사람이 임시로 창구업무를 맡아서 할 수 있다. 작업 팀이 증가하면서 직무순환 혹은 **교차훈련**의 사용이 더욱 보편화되고 있다.

교차훈련(cross-training) 사원들에게 다른 사원들이 전통적으로 수행하는 과제 수행 방법을 가르치는 것

10장에서 더 자세히 논의하겠지만 직무순환의 또 다른 장점은 직무순환은 과제가 반복되는 직무에서 자주 나타나는 권태감을 감소시킴으로써 직무만족을 향상시킬 수 있다는 것이다. 직무순환은 훈련생이 직무를 순환하는 동안에 기업의 훈련자가 그들을 감독하도록 지정되었을 때 가장 효과적일 것이다. 이러한 상황은 훈련생이 순환하는 각 직무마다 감독자가 달라지는 것보다는 훨씬 더 안정적이다.

흥미롭게 발전된 직무순환은 조직 외부에서 직무순환 훈련이 이루어지고 사원

들이 자애롭고 비영리적인 조직을 위해서 자원봉사를 하도록 격려하는 것이다. 예를 들어 Newell Rubbermaid는 Global Day of Service를 개최하여 사원들이 Habitat for Humanity의 사랑의 집짓기 봉사를 했다. Horizon Blue Cross Blue Shield of New Jersey의 사원들은 Day of Caring에 참여하여 Island Beach State Park의 청소를 도왔다. The United Way는 "Loaned Executive" 프로그램을 통해서 기업 자원봉사의 혜택을 얻고 있다. 이 프로그램에서 많은 조직들은 기금조성을 돕기 위해서 임원들을 United Way에 "대여"한다.

사원들의 보고에 의하면 자원봉사로 의사소통, 시간관리, 기획 기술이 향상될 뿐만 아니라 사기도 증진된다. 추가적으로 다양성, 자존감, 사회적 의무감에 대한 관점이 향상되는 이득이 있다(Caudron, 1994).

도제 훈련을 통한 학습

도제 훈련(apprentice training) 기능직과 건축 직업분야에서 일반적으로 볼 수 있는 도제 훈련에서는 사원들의 공식적인 교육과정을 현장 직무 훈련과 결합한다.

미국에서는 매년 35만 명 이상의 사람들을 대상으로 **도제 훈련**이 사용되며, 일반적으로 건축, 제조 및 배관 공사 등과 같은 기능직과 소매업에서 주로 볼 수 있다. 도제 훈련을 받은 개인은 매년 최소 114시간 정규수업을 받고, 특정 사업을 학습하기 위해서 전문가와 몇 년(보통 4년)간 함께 일하며, 노동조합에 가입할 자격을 갖출 수 있다. 비록 도제제도가 일반적으로 노사 간의 공식적인 합의사항이고 주의 기관들뿐만 아니라 미 연방정부의 노동부 도제제도 및 훈련국(U.S. Department of Labor's Bureau of Apprenticeship and Training)에 의해서도 조정이 되지만, 도제제도는 덜 공식적일 수도 있다.

예를 들어 배관공과 함께 일하는 견습생이 처음에는 자재를 나르고, 공급자로부터 부품을 받아 오고, 도구를 드는 것 등을 통해서 배관공을 도울 것이다. 그러나 시간이 지나면서 견습생은 배관에 필요한 지식과 기술을 배운다. 견습기간이 종료되면 견습생은 자신의 일을 시작할 수 있다.

도제제도는 견습생과 조직 모두에게 이득이 된다. 견습생은 유익한 직업기술을 학습하고, 조직은 사람을 채우기 힘든 직위에 고도로 훈련된 사원들을 확보할 것임에 틀림이 없다. 이런 사원들은 도제제도가 끝난 후에도 오랫동안 고용주와 함께 남아있는 경향이 있다(Tyler, 2013). 예를 들어 버지니아 주 블랙스버그에 있는 Moog Components Group은 기계공을 육성하기 위한 도제제도 프로그램을 개발했다. 프로그램을 마치려면 견습생들은 반드시 8,000시간의 현장훈련을 받아야 하며, 그 지역의 대학에서 운영하는 7개 강좌를 들어야 한다. 34명의 견습생들에게 보다 많은 편의를 제공하기 위해서 대학은 Moog 시설에서 강좌를 열었다(Jackson, 2008).

현재 도제제도는 미국에서 더욱 중요해졌다. 중등학교는 대학진학 수업을 직업기술 수업으로 대체했다(Tyler, 2013). 이러한 인기에도 불구하고 도제제도 프로그램은 두 가지의 중요한 이유로 비판을 받아왔다. 첫째, 견습 기간 동안 견습생에게 새로운 것을 가르치기보다는 작업생산을 강조했다. 둘째, 노조가 도제제도를 자신들의 직업분야 진입을 제한하는 데 이용했다. 그 결과 높은 수요 때문에 임금이 상승하고 노동자 공급은 하락했다. 그리고 소수집단 고용이 불공정해졌다. 고용주는 견습생이 경쟁자가 되거나 경쟁회사에 입사하는 것이 두려워 도제제도를 피했다.

코칭과 메토링 학습

코칭. 코칭은 신입사원을 훈련시키는 또 하나의 인기 있는 훈련방법이다. 코칭은 전형적으로 두 가지 유형 중 하나를 취한다: 경험 많은 사원이 신입사원과 함께 일하는 유형과 전문 코치가 모든 사원들과 함께 일하는 유형이 있다.

경험 많은 사원 코치. 이 유형의 코칭에서 신입사원은 "아이에게 요령을 가르쳐라"고 지시받은 경험 많은 사원에게 배당된다. 코칭은 신입사원에게 직무 전문가로부터 배울 수 있는 기회를 갖도록 허용함으로써 매우 효과적일 수 있다. 결국엔 몇 년 동안 마스터한(숙련된) 사람보다 직무를 더 잘 아는 사람이 누가 있겠는가? 코칭은 많은 유형의 훈련보다 적시 훈련, 유연한 일정, 맞춤형 교육, 적은 비용을 제공한다 (Leeds, 1996).

그렇지만 코칭은 자체의 문제점들을 갖고 있다. 첫째, 좋은 작업자가 꼭 좋은 훈련자는 아니며, 좋은 훈련자가 반드시 좋은 작업자도 아니다. 직무를 수행할 수 있는 것과 그것을 설명하는 것은 같지 않다. 예를 들어 훌륭한 무용수에게 댄스 스텝을 보여달라고 요청했지만 그들이 춤을 어떻게 추는지 설명하지 못하는 것을 본 적이 있는가? 스포츠에서 종종 최고의 코치들이 과거에는 최악의 선수들이었다. 물론 뛰어난 사원이나 선수가 결코 훌륭한 교사나 코치가 될 수 없다는 말은 아니다. 예를 들어, 스포츠계에서 Doc Rivers, Larry Bird, 작고한 John Wooden 같은 훌륭한 농구선수가 훌륭한 코치가 되는 것을 보았다. 교육 분야에서도 성공한 사람들이 산업현장을 떠나 좋은 교육자가 되는 것을 본다. 열쇠는 장차 좋은 코치 또는 훈련자가 될 작업자를 알아내는 방법을 찾는 것이다. 한 가지 해결책은 "훈련자 훈련" 프로그램을 만드는 것이다. 즉 장차의 훈련자 또는 코치는 다른 사원들을 훈련시키는 데 필요할 기술을 배우는 것이다.

둘째, 전문가의 생산성이 감소한다는 것이다(Wexley & Latham, 2002). 즉, 전문가가 신입사원에게 직무수행 방법을 보여주는 동안 자신의 생산성은 감소한다. 만약 그가 보너스 체계의 적용을 받는다면, 생산성이 감소하는 만큼 봉급은 줄어들 것이고, 경험 많은 사원이 탁월한 작업자라면 조직도 생산성이 감소할 것이다. 이 문제를 해결하는 한 가지 방안은 신입사원을 잘 훈련시키는 작업자를 보상하는 것이다.

Pitney-Bowes와 같은 많은 조직들도 **통과 프로그램**을 갖고 있다. 이 프로그램에서는 경험 많은 작업자를 훈련 부서에 한시적으로 배정한다. 이 작업자들은 훈련기술을 배우고 자신의 이전 직무를 다시 시작하기 전 수개월 동안 신입사원을 훈련한다.

통과 프로그램(pass-through programs) 공식적인 코칭 법. 우수한 사원들은 훈련기술을 학습하고 사원을 훈련시키는 훈련부서에서 일정 기간을 보낸다.

전문코치. 여기서 언급된 문제를 극복하기 위해서 많은 조직들은 "기업 코치"를 이용한다. 기업 코치는 컨설턴트와 유사하지만 오히려 조직 전체에 대해서 일하기보다는 일반적으로 관리자인 특정한 사원을 코치하도록 고용된다. 기업코치의 직무는 사원의 강점과 약점을 찾아내고 목표를 설정하며 문제를 해결하도록 도와주기 때문에 전통적인 훈련을 넘어선다. Daimler AG는 콜센터에서 코치를 이용하는 고용주의 한 예이다. 각 콜 센터에는 사원들과 관리자들과 함께 일하는 전문 코치가 있다. 예를 들어 고객을 잘못 대하는 사원과 함께 일하는 관리자는 문제를 가질 수 있다. 그 결과 관리자는 도움을 구하기 위해 코치에게로 간다. 코치는 먼저 사원의 통화내용 중 일부를 듣고, 사원에게 피드백하는 방법에 대해서 관리자와 함께 일했다. 코치는 관리자가 사원에게 말하는 동안 듣고 있다가 관리자에게 추가적인 피드백을 제공한다.

멘토링. 멘토링은 최근에 많은 관심을 받고 있는 코칭의 한 형태이다. **멘토**는 신입사원에게 특별한 관심을 갖고 그가 직무에 적응하는 것뿐만 아니라 조직 내에서의 발전하도록 돕는 조직의 베테랑이다. 전형적으로 멘토는 멘티보다 나이가 더 많고 적어도 직위가 한 수준 이상 더 높다. American Cytec 농산물은 멘토링을 사용하는 조직의 좋은 사례이다. 이전의 Cytec에서는 판매 훈련생들이 강의실에서 6개월을 보냈으나, 강의실 훈련을 3개월까지 축소했고, 이제는 멘티들을 멘토 역할을 하는 31명의 "숙련 담당자" 중의 한 명이 있는 현장으로 투입한다. 시간이 지나면서 멘티들은 자신들에게 걸려온 전화를 마침내 처리할 수 있을 때까지 더 큰 책임감을 키운다. 멘토링으로 인한 이런 변화는 상당한 판매 증가로 신뢰를 얻고 있다.

코칭과 마찬가지로 모든 사원들이 모두 좋은 멘토가 되는 것은 아니다; 따라서 멘토와 멘티 모두 짝을 맺을 때 신중하게 선택되어야 한다. 그러나 메타분석의 결과에 따르면 일반적으로 멘토를 얻는 것은 사원의 경력에서 이득이 된다(Eby, Allen, Evans, Ng, & DuBois, 2008; Kammeyer-Mueller & Judge, 2008). 흥미롭게도 609쌍의 멘토링 관계에 관한 연구에서는 공식 관계보다는 비공식 관계일 때 멘토링이 더 효과적이라는 것이 밝혀졌다(Ragins & Cotton, 1999).

수행 평가. 7장에서 논의했듯이 사원 수행평가의 주요 용도 중 하나는 훈련이다. 한 가지 훌륭한 현장훈련 방법은 감독이 사원의 직무상 강점과 약점을 갖고 그와 논의하기 의해서 만나는 것이다. 만일 약점이 확인되면, 감독과 사원은 직무 관련 지식이나 기술을 향상시키는 데 가장 도움이 되는 훈련방법을 결정할 수 있다.

그러나 훈련과 임금인상 및 승진결정 모두를 위해서 수행평가를 이용하는 것은 어려울 수 있다. Kirkpatrick(1986)이 지적한 바와 같이 세 가지 요인이 그 어려움을 설명한다. 첫째, 급여 관리의 초점은 과거 행동에 있다. 반면에 훈련의 초점은 미래 행동에 있다. 둘째로, 급여 관리를 위한 수행평가는 주관적이고 정서적인

멘토(mentor) 신입사원에게 조언하고 보살펴주는 경험이 많은 사원

반면에 훈련을 위한 평가는 객관적이고 비정서적이다. 마지막으로 급여관리는 전반적인 수행을 고려하지만 훈련은 구체적인 수행을 검토한다. 이러한 차이 때문에 Kirkpatrick(1986)은 한 조직에서 급여관리와 훈련을 위한 별도의 두 가지 수행평가 체계를 사용할 것을 제안했다.

훈련 중 사원이 학습하도록 동기화하기

학습하는 사원을 위해서 인센티브를 제공

학습하는 사원을 위해서 인센티브를 제공하는 것(Providing Incentives for Learning Employees)은 동기화가 덜 된 사원보다 훈련수행을 더 잘하려고 학습하도록 동기화시킨다(Mathieu, Tannenbaum, & Salas, 1992). 이러한 학습동기는 인센티브(봉급인상 또는 직무 향상)에 대한 지각과 연관된다. 전자학 과정을 수강하는 전자 조립공은 그 지식이 자신의 수행을 향상시켜서 봉급 인상이나 승진 기회와 같은 바람직한 성과를 얻을 수 있다는 것을 알기 전까지는 연구나 학습을 하지 않을 것이다. 학습하도록 동기화하는 데 사용할 수 있는 인센티브에는 금전, 직무 안전, 자기–향상, 발전, 흥미(흥미로운 훈련 프로그램), 새로운 경력에 들어갈 수 있는 기회 등이 포함된다. 인센티브는 훈련과정 수료, 새 지식 및 새 기술의 표출, 실제 작업수행 증가 등과 같은 다양한 요인들과 연계될 수 있다.

기술–기반 보수(skill-based pay) 특정 직무–관련 기술을 향상시키도록 설계된 훈련 프로그램에 참여한 사원을 보상하는 것

보편적 금전적 인센티브 방법은 대부분의 미국 조직들 중 14%가 사용하고 있는 **기술–기반 보수**이다(Mercer Consulting, 2009). 기술–기반 보수를 이용하면, 사원은 승진이나 보수 인상하는 데 필요한 특정 기술을 증가시키도록 설계된 훈련 프로그램에 참여한다. 예를 들어, 현재 프린터2의 직위에 있는 사원은 프린터3으로 승진하기 위해서는 그 전에 자신의 유형을 설정하도록 학습해야 한다. 사원은 훈련과정에 단순히 참석하기보다는 새롭게 배운 기술의 완성을 보여주어야 한다. 마찬가지로 승진이 불가능한 상황에서는 새 기술을 완수한 사원들에게 보수만 인상해 준다. 일반적인 4가지 기술–기반 보상계획이 있다. **수직적 기술 계획**은 단일 직무에서 사용되는 기술에 알맞고, **수평적 기술 계획**은 여러 직무들에 걸쳐서 사용되는 기술에 초점을 두며, **심층적 기술 계획**은 전문화된 기술을 학습하는 사원을 보상하고, **기본적 기술 계획**은 수학, 영어와 같은 기본 기술에 초점을 둔다(Recardo & Pricone, 1996).

FedEx에서는 매년마다 사원들이 소비자와의 접촉에 관한 훈련용 상호작용 비디오를 8시간씩 시청하게 한다. 사원들은 통과하려면 이 자료에 관한 시험에서 반드시 90% 점수를 얻어야 한다. 이 시험 점수직원 10%가 직무수행 검토(급여 인상)에 반영된다.

기술–기반 보수는 훈련을 성공적으로 완수하도록 사원들에게 인센티브를 제공

할 뿐만 아니라 조직을 위해서도 증진된 절감효과를 가져온다. 예를 들어 캔자스 주 General Foods 공장에서 기술-기반 보수 프로그램을 도입한 이후에 품질 불합격율이 92% 감소했고 고정 간접비용이 33% 감소했다.

흥미

훈련 프로그램이 흥미 있을 때 사원들이 학습하려는 동기가 더 강할 것이다. 그 결과 효율적인 발표자가 아닌 훈련자들은 오래 가지 못한다. 어떤 훈련주제는 원래 흥미롭기 때문에 훈련자가 훈련 재료에 많은 흥미 요소를 첨가할 필요가 없다. 예를 들어, 속임수를 찾아내는 주제는 대부분의 사람들에게 그 자체가 흥미롭지만 수행평가 주제는 그렇지 않다. 주제를 사원들의 일상생활과 관련시키고, 활동하도록 하고, 다양한 훈련기법을 사용하고, 유머를 사용하고, 훈련생들의 참여를 극대화함으로써 흥미를 더할 수 있다.

피드백

피드백(feedback) 사원들이 과제(들)을 얼마나 잘 수행하는지에 대해서 구체적인 정보를 제공하는 것

사원이 학습하도록 동기화하는 또 다른 기본적 측면은 **피드백**을 제공하는 것이다. 어떤 과제에서는 피드백이 자연스럽게 일어난다. 예를 들어 야구에서 타자는 자신의 스윙이 얼마나 경직되어 있고 날아오는 공의 궤도에서 얼마나 멀어져 있는지를 봄으로써 자신의 스윙에 대해서 피드백을 받는다. 그러나 다른 과제에서 피드백 없이는 행동의 정확성을 판단하기 어렵다. 예를 들어 당신이 이 과목의 중간고사에서 C를 받았다면, 이 답안지에서 잘된 것과 잘못된 것에 대한 피드백을 받지 않고는 기말고사에서 더 이상의 향상이 없을 것이다.

산업훈련에서도 역시 마찬가지다. 전기기술자는 (코일의) 감기가 충분히 단단하게 잘 되었는지, 코일을 쉽게 감는 방법이 있는지, 코일을 일정한 간격으로 잘 감았는지 등을 알기 위해서 훈련과정 초기에 피드백을 받을 필요가 있다. 그러나 피드백을 지나치게 많이 주는 것과 너무 작게 주는 것 간의 균형이 유지되어야 한다. 그림 8.3에서 보는 것과 같이 사원들에게 피드백을 너무 적게 주면 학습을 하지 않게 된다. 그렇지만 너무 많거나 지나치게 상세한 피드백은 좌절을 야기하며, 사원은 적정 수준에서 학습하지 않게 된다.

부적 피드백(negative feedback) 사원들에게 그들의 과제 수행을 향상시키기 위해서 그들이 잘못 수행하고 있는 것을 말해주는 것

피드백에서 마지막으로 어떤 유형의 피드백을 제공할 것인가를 고려해야 한다. 사원이 훈련 중에 과제를 올바르게 수행할 때 정적 피드백을 주어야 한다는 것은 연구와 상식이 모두 동의한다. 칭찬은 올바른 행동을 유지하게 하는 인센티브를 제공한다. 그러나 사원이 과제를 올바르게 수행하지 않을 때는 반드시 **부적 피드백**을 주어야 하는가? 부적 피드백은 정적 피드백보다 더 복잡하기는 하지만 아마도 그럴 것이다. 부적 피드백은 사원이 수행을 어떻게 향상시킬 수 있는가에 대한 구체적인 제안과 함께 제공되어야 할 것이다.

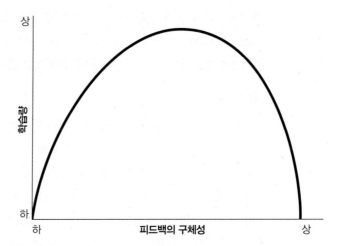

그림 8.3
피드백 구체성과 학습 간
의 관계

(세로축: 학습량, 상/하)
(가로축: 피드백의 구체성, 하/상)

출처: Adapted from Blum and Naylor (1968).

효과적인 훈련 전이

훈련의 전이(transfer of training) 훈련에서 배운 행동들이 직무에서 수행될 수 있는 정도

조직이 훈련에 시간과 비용을 들이면 지식과 기술이 직무로 전이될 것으로 기대한다. 그러나 불행하게도 때때로 이것은 사실이 아니다(Broad, 2000). 직업현장에서 **훈련의 전이**를 증가시키기 위한 몇 가지 전략들이 있다.

사실적 훈련 프로그램 사용

학습 연구에 의하면 훈련상황이 실제 직무상황과 유사할수록 훈련이 더 효과적일 것이다. 이 원리는 훈련 프로그램을 선택하고 설계할 때 매우 중요하다. 예를 들어 레스토랑에서 종업원을 테이블에 대기하도록 훈련할 때, 그 종업원이 실제로 일할 때 발생하는 것과 유사한 환경에서 실습한다면 훈련은 더욱 효과적일 것이다. 이러한 현실적인 상황으로는 "고객"이 불평하고 주문을 바꾸는 것까지도 포함한다.

훈련상황을 더욱 사실에 가깝게 만드는 우수한 사례를 프랑스 경찰에서 볼 수 있다. Contournet(2004)이 경찰관들의 무력 사용을 살펴 본 결과에 의하면 경찰관들이 많은 시간을 이동한 후에 피곤하면 야간 근무시간에 무기를 가장 자주 사용하는 것을 알아냈다. 그렇지만 무기를 사용하는 훈련은 경찰학교 생도들이 하루 일과를 시작하는 아침에 이루어졌다. 훈련 전이가 더 잘 일어나도록 하기 위해서, 지금은 사격훈련 상황은 낮과 저녁시간 모두에 실시되고 있다.

만일 훈련 프로그램이 훈련생들 사이에서 효과적이고 유용하다는 평판을 얻게되면, 사원들은 자신들이 훈련에서 배운 것을 현장에 적용하려고 동기화될 것이다(Switzer, Nagy, & Mullins, 2005). 사원들은 훈련에 대해서 타인들과 대화해서 훈련프로그램이 유용하다(또는 그렇지 않다)는 것을 알게 되면, 그 정보를 또 다른 사원

들에게 전달할 것이 분명하다.

훈련기간 동안 작업-관련 행동을 연습할 기회를 가져라

훈련생이 바라는 행동을 가능한 최대한으로 연습함으로써 훈련 전이는 증가한다. 이러한 연습은 특히 훈련이 완료된 이후에도 매일 연습하지 않으면 일정한 기준으로 수행이 되지 않을 과제에서 특히 중요하다. 예를 들면, 소방관이 심폐소생술을 수행하는 학습을 하고 있다면, 그는 지속적인 연습을 통해서 과학습을 해야만 한다. 소방관이 학습한 것을 실천하는 것이 몇 개월 후일 수도 있기 때문에 이러한 과학습은 필수적이다. 반면에, 전자제품 조립공이 훈련기간 동안에 어떤 과제를 학습하고 나면, 이제 그는 또 다른 과제로 이동할 때가 된다. 코일을 감는 일에는 **과학습**이 꼭 필요한 것은 아니다. 왜냐하면 훈련생은 훈련이 종료된 이후에도 그 과제를 매시간 반복해서 수행할 것이기 때문이다.

> **과학습(overlearning)**
> 과제를 숙달한 이후에도
> 학습을 유지하기 위해서
> 과제를 연습하는 것

대부분 대학캠퍼스와 달리 훈련에서는 **과학습**이라는 용어가 같은 의미로 사용되지 않는다. 훈련에서 과학습은 학습이 성공적으로 이루어진 이후에도 그 과제를 연습한다는 뜻이다. 그러나 많은 학생들은 과학습이 "너무 열심히 공부하는 것"의 부정적 결과라고 생각한다. 일반적으로 매우 열심히 공부해서 자료들을 과학습한다고 믿지만, 연구들은 이런 유형의 과학습이 발생하거나 또는 부정적 결과를 가져온다는 결론을 지지하지 않는다. 그러므로 아무도 좀 더 오래 공부한다고 해서 해가되지는 않을 것이다. 사실 Driskell, Willis, Copper(1992)에 의한 메타분석 연구는 과잉학습이 훈련내용을 유지하고 증가시키는 데 유의하다고 시사한다.

마지막으로, 훈련전이가 더 일어나기 위해서는 가능한 많은 다양한 상황에서 연습이 제공되어야 한다. 예를 들어 전기제품 조립공에게 코일을 가능한 빨리 감거나, 천천히 감거나. 다양한 크기로 감게 할 수 있을 것이다. 이런 식으로 훈련받은 사원들은 직무에서 발생하는 어떠한 변화에도 더 잘 대처할 수 있을 것이다.

사원에게 훈련을 적용할 수 있는 기회 제공

훈련에서 학습한 내용을 직무행동에 전이시키기 위해서는 사원들에게 그들이 배운 것을 적용할 수 있는 기회를 주고 격려해야 한다(Broad, 2000; Ford, Quinones, Sego, & Sorra, 1992; Tracey, Tannenbaum, & Kavanagh, 1995). 상사가 사원들을 유능하다고 인식하고 조직풍토가 지원적이라면, 사원들은 자신들이 배운 것을 수행할 수 있는 기회를 더 많이 갖게 될 것이다. 당연한 것으로 보이지만 연구에 의하면 특별히 사원들이 학위를 위해서 학교에 다니는 형태의 훈련일 경우에 많은 고용자들은 이를 지원하고 사원들이 학습한 것을 적용할 충분한 기회를 주지 않는 것으로 나타났다. 기회의 부족은 부적인 결과를 낳는다: 9,000명 이상의 사원들을 대상으로 한 연구(Benson, Finegold와 Mohrman, 2004)에서는 학위를 받은 후에 승진해서 자신들이 배운 새로운 지식을 적용할 기회를 얻은 사원들이 학위를 땄지만 승진을 하지 못한 사원들보다 이직을 훨씬 덜했다는 사실을 알아냈다.

사원들이 훈련에서 학습한 것을 적용하게 하는 또 다른 방법은 하나의 작업 영역(팀)에서 모든 사원들을 동시에 훈련시키는 것이다. 이것의 장점은 모든 사원들이 훈련을 받았기 때문에 서로를 돕고 격려할 수 있다는 점이다. 만약 어느 사원이 과제를 적절하게 수행하지 못하고 있다면, 다른 사원이 그를 코치할 수 있다. 더욱이 모든 사원들이 학습한 것을 적용하고 있다면, 이것은 옛날 방식으로 되돌아가서 일하려고 하는 사원뿐만 아니라 신입사원에게도 적절한 분위기를 제공하는 것이다.

훈련에 대한 경영진의 지원

훈련을 적용하고자 하는 사원의 동기에서 중요한 요인은 경영진이 설정한 분위기이다. 만일 사원들이 훈련을 통해서 학습한 새 지식과 기술을 적용하는 것을 상사가 격려하고 보상한다면 사원들이 그렇게 할 가능성은 가장 클 것이다.

경영진의 지원이 중요하다는 것을 보여주는 좋은 예는 특정한 패스트푸드 식당에서 찾아볼 수 있다. 한 회사 소유의 두 레스토랑 사원들이 고객서비스 훈련을 받았다. 한 레스토랑은 고객불만이 낮아지고 비밀고객 점수도 높아서 분명한 훈련효과가 있었다. 다른 레스토랑은 고객불만과 비밀고객 점수에 변함이 없었다. 무엇이 이런 차이를 만들었을까? 한 레스토랑의 상사는 목표를 설정하고, 사원에게 피드백을 주고, 그들이 훈련받은 것을 사용하도록 격려하고, 자신이 훈련에서 배우는 행동모델이 되었다. 다른 레스토랑의 상사는 서류로만 일하고, 훈련 중에 강조한 것이 무엇이든 상관없이 고객 서비스는 상사에게 별로 중요하지 않다는 신호를 사원들에게 보냈다.

사원의 목표설정

사원들이 목표를 설정하게 하는 것 역시 그들이 훈련에서 배운 지식과 기술을 사용하도록 격려하는 것이다. 예를 들어 신용조합 창구직원은 신제품 교차판매에 관해서 이틀간 훈련을 받았다. 이 훈련에는 신규대출 및 대출금리, 퇴직계좌의 유형, 대체 저축계획, 그리고 새로운 "프리미엄" 신용카드 사용의 장점에 대한 정보가 포함되어 있다. 조합원들이 새 상품들 중 하나에 대한 정보를 원하는지 여부를 매일 4명의 조합원들에게 물어보는 것을 각 창구직원들의 목표로 설정해야 했다. 각 사원이 개인적으로 목표를 설정하고, 모호하기보다는 구체적일 때, 그리고 불가능하지는 않지만 도전해 볼 만할 정도로 충분히 높은 수준으로 어려울 목표를 설정할 때 목표설정효과가 있었다. 목표설정에 대한 더욱 포괄적인 논의는 이 책의 9장에서 볼 수 있다.

총정리

이 장에서는 훈련 프로그램의 성공에 영향을 미치는 많은 요인들을 배웠다. 훈련 프로그램의 성공을 평가하는 방법을 논의하기 전에 배운 것을 정리해 보자. 그림 8.4에서 보듯이, 훈련이 적절한 문제 해결책인가를 가장 먼저 고려해야 한다. 만일 사원들이 필요한 기술과 지식을 이미 지니고 있지만 수행을 잘 하지 못한다면, 문제는 훈련 부족이라기보다는 동기, 의사소통, 또는 작업설계 중의 하나일 것이다.

만약 문제를 해결하는 바람직한 중재가 훈련이라면, 성공적인 훈련에는 몇 가지 요인들이 영향을 미칠 것이다.

- 사원들은 훈련을 성공적으로 마칠 수 있는 기술과 능력을 가져야 한다. 예를 들어, 어떤 사원이 컴퓨터 프로그램을 배울 만큼 똑똑하지 않거나, 복잡한 전자부품 조립을 수행할 손의 민첩성이 없다면, 아무리 훈련을 해도 그의 직무수행은 향상되지 않을 것이다.
- 직장문제나 또는 가정문제 등 최소한의 외부 요인들도 그 사원을 방해하고 훈련 프로그램에 집중하지 못하게 방해할 것이다.
- 사원들이 학습하려고 동기화되어야 한다. 훈련이 필요하고, 훈련 프로그램이 자신들의 기대를 충족시키고, 훈련을 마칠 수 있는 능력을 갖고 있고(자기 효능감), 수행을 잘하면 보상(예를 들면 보수, 경력 진전 등)이 있을 것이라는 것을 알고 있어야 한다.
- 훈련방법(예를 들어, 프로그램 교육, 행동 모델링, 강의)은 사원들의 학습방식, 능력, 그리고 성격과 잘 맞아야 한다.
- 훈련방법은 학습자료 유형(예를 들어, 지식 대 신체적 기술)과 잘 맞아야 한다.
- 훈련 프로그램은 목표를 설정, 정적 피드백, 분산학습, 과학습, 그리고 연습과 학습된 자료의 적용(학습전이) 기회가 있어야 한다.
- 직장에서 새롭게 얻은 지식을 사용할 수 있는 기회와 격려가 있어야 한다.

훈련결과 평가

1장에서 설명한 바와 같이, 산업심리학의 한 가지 중요한 특징은 연구에 대한 신뢰이다. 훈련결과를 평가하는 것은 신뢰의 좋은 예이다. 훈련 프로그램은 많은 시간과 비용을 지불하기 때문에, 훈련이 수행을 향상시킬 수 있는지, 훈련을 계속해야 하는지, 수행을 유의미하게 증진시키는지 또는 행동에 긍정적 변화를 가져오는지 알아보기 위해서 평가해야 한다.

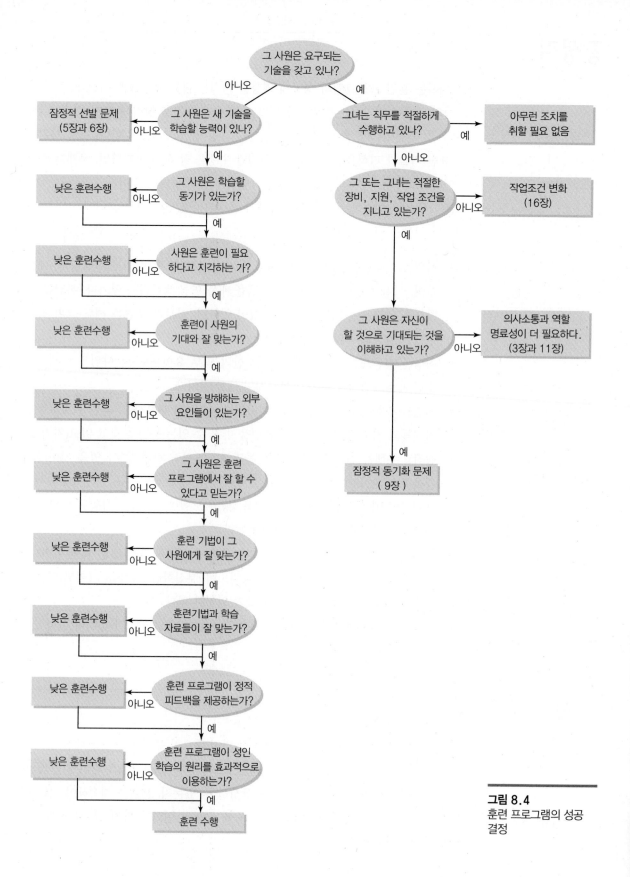

그림 8.4
훈련 프로그램의 성공
결정

평가를 위한 연구 설계

훈련 프로그램 효과를 평가하는 방법들은 많으며, 두 요인에 따라서 그 방법들을 구분한다. 첫째는 **실용성**에 관련되고 둘째는 **실험적 엄격성**과 관련이 있다. 과학적으로 엄격한 연구설계가 선호되지만, 이것이 항상 가능한 것은 아니다. 그러나 과학적 엄격성이 없는 실용적 연구설계는 연구결과에 대한 확신을 얻을 수 없다.

가장 간단하고 실용적인 연구설계는 훈련 프로그램을 시행한 후에 직무에 대한 지식을 수행할 때 의미 있는 변화가 있는지를 결정하는 것이다. 이 방법을 사용하려면, 수행 또는 직무지식을 두 번 측정하여야 한다. 첫 번째 측정인 **사전검사**는 훈련 프로그램이 시작되기 전에 한다. 두 번째 측정인 **사후검사**는 훈련 프로그램이 끝난 후에 한다. 사전-사후검사 설계의 간단한 도식은 다음과 같다.

사전검사 → 훈련 → 사후검사

이 방법은 매우 간단하지만, 그 결과를 비교할 수 있는 통제집단이 없기 때문에 해석하기 어렵다. 즉, 수행에서의 유의한 차이는 사전검사와 사후검사 간의 차이에서 추정할 수 있다. 훈련 프로그램이 두 검사 사이에서 실시되었다면, 두 검사 간 수행에서 증가된 차이는 훈련으로 인한 것으로 설명될 수 있을 것이다. 그러나 그 증가는 어쩌면 기계의 교체, 비훈련 요인으로 인한 동기, 또는 경영 방식이나 철학과 같은 다른 요인들에 의한 결과일지도 모른다.

마찬가지로, 사전검사와 사후검사 간에서 수행 증가가 유의하지 않은 결과도 관찰된다. 이 경우에 당연히 훈련 프로그램 효과가 없다고 결론지을 것이다. 그러나 통제집단을 설정하지 않고 이러한 해석을 하는 것은 반드시 옳지는 않다. 왜냐하면 위에서 언급된 수행 증가에 대한 동일한 변화가 통제집단을 설정하지 않은 이 두 번째 사례에서는 오히려 수행을 감소시켰을지도 모른다. 그러므로 훈련 프로그램이 실제로 수행을 증가시킬 수 있지만, 다른 요인들이 훈련을 통한 수행에서 순수한 이득을 얻지 못하게 하는 결과를 초래하여 수행을 감소시켰을 수도 있다.

이러한 문제를 극복하기 위하여 통제집단을 사용하여야 한다. 훈련 목적을 위해서, 통제집단은 훈련을 받지 않는 것을 제외하고는 실험집단과 동일한 방식으로 사전검사와 사후 검사를 받게 될 사원들로 구성된다. 통제집단은 훈련을 받는 실험집단과 동일한 정책, 기계, 경제조건들을 적용받게 될 것이다. 사전-사후검사 통제집단 설정 실험설계 도식은 다음과 같다.

실험집단: 사전검사 → 훈련 → 사후검사
통제집단: 사전검사 →   사후검사

이 설계의 큰 장점은 연구자가 가외변인을 통제한 후 훈련효과를 볼 수 있다는 것이다. 예를 들어, 훈련 프로그램을 실시한 후에 RR Donnelley & Sons의 사원들은 연간 수수료가 22,000달러 증가했고, 회사는 340,000달러의 이익이 증가했다. 회

사전 검사(pretest) 훈련 프로그램을 실행하기 전의 직무수행이나 지식의 측정

사후 검사(posttest) 훈련 프로그램을 마친 후의 직무수행이나 지식의 측정

사는 분명 기뻐하였지만, 또한 수행의 향상이 훈련이 아닌 다른 요인에 의한 것일지도 모른다고 걱정했다. 그래서 훈련을 받지 않은 사원들로 구성된 통제집단과 그 결과를 비교했다. 통제집단 사원들의 수수료는 같은 기간 동안 7,000달러 증가했다. 따라서 훈련의 순수효과는 여전히 1인당 15,000달러이기는 하지만 원래 생각했던 22,000달러 만큼 높지는 않았다. 회사는 통제집단의 판매 대리인 경험의 증가나 회사의 새로운 판촉과 같은 요인들을 통제할 수 있었다(Montebello & Haga, 1994).

이러한 설계는 통제집단을 설정하지 않은 첫 번째 것보다는 개선되었지만, 여전히 큰 단점이 있다. 첫째, 훈련 조작을 제외하고는, 통제집단을 실험집단과 동일하게 처치하는 것은 거의 불가능하다. 통제집단은 종종 다른 공장의 작업자들로 구성되거나 아니면 같은 공장의 다른 교대근무자들로 구성된다. 종종 다른 대안이 없기 때문에 그런 집단들이 이용된다. 그렇지만 실험집단과 통제집단이 서로 다른 환경에 있다는 사실은 연구결과에 대한 확신을 감소시킨다.

같은 공장의 같은 교대조의 사원들을 통제집단과 실험집단으로 각각 나누어 무작위로 배정하더라도 문제는 여전히 존재한다. 여기서의 가장 분명한 사실은 두 집단이 서로 가깝기 때문에 실험집단의 훈련효과가 통제집단으로 파급될 가능성이 있다는 것이다. 통제집단의 사원들은 아마 훈련에 선택되지 못해서 억울해 할 수 있다. 이러한 억울해하는 것만으로도 통제집단 사원들의 수행은 저하될 수 있다. 마지막으로, 훈련을 받지 않은 사원들이 새롭게 훈련받은 사원들에게 "옛날 방식"대로 일하도록 되돌리려고 압박할 가능성이 있다.

**Solomon의 네 집단 설계
(Solomon four-grou-
ps design)** 훈련 효과
를 평가하기 위해서 사전
검사, 사후검사, 실험집
단과 통제집단을 사용하
는 광범위한 방법

이상의 설계 모두에서는 사전검사 자체에 문제가 있다. 단순히 사전 검사를 받은 그 자체가 수행의 증가로 이어질 수 있다. 이 때문에 **Solomon의 네 집단 설계**라는 다소 복잡한 방법을 사용할 수 있다(Campbell & Stanley, 1963). Solomon의 네 집단 설계에서는 한 집단에게는 사전검사를 하지 않고 훈련을 실시하고, 두 번째 집단은 사전검사를 하고 훈련도 실시한다. 세 번째 집단은 사전 검사만 하고 훈련은 실시하지 않고, 네 번째 집단은 사전검사와 훈련을 모두 실시하지 않는다. 그리고 네 집단 모두에게 사후 검사를 한다. 이 설계를 도식으로 나타내면 다음과 같다.

집단 1   X   →   훈련   →   사후검사

집단 2   사전검사 →   훈련   →   사후검사

집단 3   사전검사 →   X   →   사후검사

집단 4   X   →   X   →   사후검사

이 설계에서는 연구자가 가외효과뿐만 아니라 사전검사 효과도 통제할 수 있게 한다. Solomon의 이 설계는 훈련효과 평가를 위해서 사용된 연구 설계 중에서 가장 과학적으로 엄격하지만, 실용적이지 않다는 심각한 단점이 있다. 훈련을 받지 못한 두 집단을 포함해서 모두 네 집단의 사원들을 사용해야 한다는 점이다. 따라서 어느 한 조직 또는 공장에서 이 설계를 사용하려면, 이상적으로는 비교적 많은 수의 사원들

이 있어야 하고 훈련받은 집단과 받지 못한 집단이 상호작용하는 것을 막아야 한다.

평가 준거

이전 절에서는 훈련평가를 위한 연구설계를 설명하였다. 각 설계에는 사전검사와 사후검사가 포함되었다. 이 절에서는 사전검사와 사후검사에서 사용될 수 있는 준거의 유형을 설명할 것이다. 교육효과는 여섯 수준에 따라서 측정할 수 있다: 내용 타당도, 훈련생의 반응, 훈련생의 학습 정도, 훈련의 적용, 사업에 미치는 영향, 그리고 투자 수익율이다(Phillips & Stone, 2002).

내용 타당도

때때로 훈련을 평가하는 유일한 방법은 훈련내용을 직무수행에 필요한 지식, 기술, 그리고 능력과 비교하는 것이다. 즉, 훈련의 **내용 타당도**를 검증하는 것이다. 예를 들어, 직무분석 결과 전자회로에 대한 지식이 직무를 수행하는 데 필요하다고 드러났다면, 이러한 지식을 가르치도록 설계된 세미나는 내용 타당도를 갖는다. 비록 내용 분석이 훈련 프로그램과 직무의 관련성을 시사할 수는 있겠지만, 이는 여전히 특정 훈련방법이 효과적인가를 나타내지는 못한다. 그러나 훈련 프로그램 내용이 타당하고 다른 회사에서 그 방법으로 이전에 성공한 경험이 있는 전문 강사가 훈련을 진행한다면, 안심하고 이 훈련 프로그램이 성공할 것이라고 가정할 수 있을 것이다. 적절한 평가를 하기에 훈련생 수가 너무 적거나 또는 적절한 평가를 하기에 금전적이거나 정책적인 제약이 있어서 훈련효과를 실제로 평가하는 것이 불가능할 때만 이런 가정을 받아들일 수 있다는 사실을 명심해야 한다.

훈련생 반응

훈련생 반응(employee reactions) 훈련 프로그램에 대해서 훈련생에게 의견을 묻는 훈련평가 방법

훈련평가를 위해서 가장 일반적으로 사용된 방법은 훈련에 대한 **훈련생 반응**을 측정하는 것이다(Sitzmann, Brown, Casper, Ely, & Zimmerman, 2008). 훈련생 반응은 훈련이 재미있었는지 그리고 훈련을 통해서 배웠는지 묻는 것을 포함한다. 이러한 평가는 강사의 유형과 훈련 프로그램에서 상호작용의 정도에 의해서 가장 크게 영향을 받는 경향이 있을 뿐만 아니라, 훈련에 대한 회사의 지원에 대한 훈련생들의 지각과 훈련 전 훈련생들의 동기에 의해서도 영향을 받는다(Sitzmann et al., 2008). 만약에 훈련생들이 훈련 과정을 좋아하지 않으면 훈련에 대한 확신도 없고 훈련받은 것을 사용할 동기도 일어나지 않기 때문에 훈련생들의 반응은 중요하다. 훈련이 성공하기 위해서 훈련생들의 긍정적인 반응이 필요함에도 불구하고, 훈련생들의 긍정적인 반응이 지식과 수행의 변화로 이어질 것이라는 것을 의미하는 것은 아니다(Pfau & Kay, 2002b).

왜냐하면 훈련생 반응은 훈련평가에서 가장 낮은 수준의 준거이기 때문에 종

표 8.3 훈련평가 준거들 간의 상관

	훈련생 반응		학습 측정			훈련 응용
	E	U	IR	LTR	SD	AT
훈련생 반응						
훈련 즐기기(E)	(.82)	.34	.02		.03	.07
훈련은 유익하다고 생각한다(U)		(.86)	.26		.03	.18
학습 측정						
즉각적인 파지(IR)			(.77)	.35	.18	.11
장기적 파지(LTR)				(.58)	.14	.08
기술 시연(SD)					(.85)	.18
훈련 응용(AT)						(.86)

주: 대각선 괄호 안은 신뢰도

출처: Adapted from the meta-analysis by Alliger et al. (1997).

종 오해의 소지가 있다. 예를 들어, 외부 컨설턴트가 진행한 대부분의 세미나는 유익한 정보를 훌륭하게 잘 제공하기 때문에 실제로는 그 훈련이 지식이나 미래의 수행에 영향을 주지 않더라도 훈련생들의 반응은 거의 항상 긍정적이다. 예를 들어서, 표 8.3에서 보듯이 메타분석(Alliger, Tannen-baum, Bennett, Traver, Shotland, 1997)에 의하면 훈련생 반응은 학습과 훈련의 적용과 낮은 상관을 가진다.

훈련생 학습 정도

훈련생 학습 정도(emp-loyee learning) 훈련생들이 훈련에서 얼마나 학습하였는지를 측정함으로써 훈련 프로그램 효과를 평가하는 것

훈련수행을 평가하는 준거로서 훈련생 반응을 사용하는 대신에 실제 **훈련생의 학습 정도**를 측정할 수 있다. 만약에 훈련 프로그램이 훈련생의 의사소통 기법의 지식을 향상시키기 위해서 설계되었다면, 훈련생이 실제로 학습했는지 알아낼 수 있는 검사를 제작하는 것이 가능하다. 이 검사는 훈련이 시작되기 전에 실시되고, 훈련을 마친 후에 다시 실시될 것이다. 사전검사와 사후검사로 사용될 이 측정치는 선발검사처럼 신뢰할 수 있고 타당해야 한다. 그러므로 훈련 프로그램의 목적이 직무 지식의 향상이라면, 적절한 직무지식검사를 자체적으로 제작하거나 아니면 구매해야 한다. 훈련자는 훈련 프로그램을 마들고 그 효과성을 평가하는 데 많은 시간을 사용할 수 있지만, 만일 훈련 효과를 평가하는 데 사용된 그 측정치가 좋지 않으면 전반적인 훈련을 위해서 쏟은 노력은 낭비가 될 것이다.

레스토랑 산업은 훈련생 학습 준거를 사용해서 훈련효과를 평가한 많은 사례를 제공한다. Claim Jumper Restaurants에서 웨이터는 훈련을 마치기 전에 100가지 메뉴에 관한 검사를 통과해야만 한다. Rock Bottom Restaurants에서는 신입사원들에게 새로운 임무를 숙달한 정도를 확인하는 동료들이 작성한 서면 진술문을 얻어 올 것

을 요구해서 그들의 학습 정도를 측정했다: 20%는 요구된 검증을 얻어 올 만큼 충분히 수행을 하지는 못했다. Bugaboo Creek Steak Houses에서는 검사과정을 더 재밌게 하려고 훈련생들이 모든 것들의 위치를 알고 있는지 확인하기 위해서 보물찾기를 개최했다(Zuber, 1996).

때때로 신뢰 있고 타당한 훈련 효율성 측정치를 얻는 것은 어려운 일이다. 아마 그 좋은 예는 훈련 프로그램에 공통적인 인간관계 세미나에서 볼 수 있다. 전형적으로 외부 컨설턴트는 "더 나은 의사소통 기술" 혹은 "화난 고객 진정시키기"와 같은 주제로 세미나를 진행한다. 세미나는 두 시간에서부터 이틀에 이르기까지 진행될 수 있다. 그러나 일단 세미나가 종료되면 그 훈련의 효율성을 측정하는 것이 중요하다.

훈련의 적용

훈련의 적용(application of training) 사원들이 훈련 프로그램에서 배운 내용을 적용하는 정도를 알아내서 훈련 효율성을 측정한다.

훈련 효율성을 평가하는 또 다른 준거는 **훈련의 적용** 또는 사원들이 실제로 학습한 내용을 사용할 수 있는 정도이다. 훈련의 적용은 새로운 자료들을 학습하고 기억하는 것과는 다른 것이다. 예를 들어, 화가 난 고객을 어떻게 대하는지 학습한 사원들이 실제로 일하는 동안에 화가 난 고객을 대하는 방법을 관찰함으로써 학습한 것을 적용하는 능력을 측정할 수 있다. 훈련의 적용은 흔히 상사의 평가나 7장에서 논의된 비밀 구매자를 이용해서 측정된다.

사업에 미치는 영향

사업에 미치는 영향(business impact) 훈련목표가 달성된 정도를 알아냄으로써 훈련 효율성을 평가하는 방법

훈련 프로그램의 효율성을 평가하는 데 사용할 수 있는 다섯 번째 준거는 **사업에 미치는 영향**이다. 사업에 미치는 영향은 훈련목표가 달성되었는지를 평가함으로써 결정된다. 예를 들어, Buffalo Wild Wings와 같은 레스토랑은 최고급 주류 판매를 증가시키기 위한 훈련 프로그램을 진행한다. 훈련을 마친 일주일 후, Knob Creek 버본과 Absolut 보드카와 같은 고급 주류 판매가 증가하고, Pepe Lopez 데킬라와 Aristocrat 보드카와 같은 보통의 주류 판매는 감소하였다면, 이는 사업에 대해서 원하는 영향을 보였기에 훈련은 성공적인 것으로 간주된다.

투자 수익률

투자 수익률(return on-investment: ROI) 훈련이나 다른 중재활동의 원가를 제외하고 조직이 벌어들인 총금액

훈련 프로그램의 성공을 평가하는 여섯 번째 준거는 **투자 수익률(ROI)**이다. 이것은 훈련비용을 고려한 후에도 조직이 실제로 수익을 올린 금액이 있는가? 이다. 예를 들어, 은행이 창구직원에게 비자카드 교차판매에 대해서 훈련시키는 것을 상상해보자. 창구직원들은 훈련이 즐거웠던 정도로 평가했고(훈련생 반응 준거), 모든 사원들이 판매 기법 시험에서 통과했고(지식), 판매 **시도**는 30%가 증가했다(적용). 투자수익 접근에서는 "창구직원들 훈련에 5,000달러를 지불했다면, 그 훈련결과로 어느 정도로 더 많은 수익이 발생했는가?"를 물을 것이다. 그 질문에 대한 대답이 훈련에 지불한 이상이라면, 그 훈련 프로그램은 성공적인 것으로 간주될 것이다. 예를 들어,

Parry(2000)는 Southwest Industries에서 사원들에게 효과적인 회의법을 훈련시키는 데 15,538달러를 지출했지만 회사는 훈련 후 첫해에 820,776달러를 벌었다는 것을 보여 주었다.

응용 사례 연구

Pal's Sudden Service에서의 훈련

테네시 주 킹즈포트에 본사를 둔 Pal's Sudden Service는 25개 이상의 지역에 체인을 갖추고 있는 퀵-서비스 레스토랑이다. Pal's의 첫 번째 가맹점은 1956년 네 개의 품목들로 개장했다: Sauceburgers, Frenchie Fries, milk shakes, 그리고 Coke. 이 당시 고객들은 주문하고 받기 위해서 외부 카운터로 걸어 올라왔다. Pal's는 1985년에 고객이 차에 탄 채로 주문하고 받아가는 첫 번째 매장을 개점했다. 비록 McDonald나 Burger King 가맹점처럼 규모가 크지는 않지만, Pal's는 유명한 Malcolm Baldrige National Quality Award를 받은 첫 번째 레스토랑이며 Tennessee Excellence Award를 두 번 이상 수상한 회사가 되는 훌륭한 기록을 갖고 있다. 고품질에 대한 Pal's의 집념은 얼음이 서서히 녹아들어서 아이스티가 하루 종일 시원하게 유지되게 하는 Hoshizaki ice cube(얼음 조각)를 사용하는 것으로 잘 드러난다. Pal's는 실수 없이 고객에게 신속하게 주문을 받는 것에 큰 자부심을 갖고 있다. 이것은 빠른 속도를 요구하는 사업에서는 어려운 과제이다. Pal's는 독특한 훈련 프로그램을 만들어서 직원들의 오류를 450회 일 처리당 1회의 오류에서 3,360회 처리당 1회의 실수로까지 줄였다. 더 나아가서, 서비스 시간을 23초에서 18초로 줄였다. Pal's는 어떻게 그런 과정을 만들어냈을까? 무엇보다도

그것은 훈련, 평가, 그리고 피드백이다. 모든 시간급 직원은 120시간의 훈련을 받았다. 이런 집중훈련은 직원들을 세 개의 직위 중 어느 하나에 배치해서 가장 필요로 하는 곳에서 수월하게 일할 수 있도록 허용했다. 훈련 프로그램은 이러닝뿐 아니라 일대일 개별 대면 훈련도 포함하고 있다. 훈련생들은 각자의 학습진도에 따라서 평가받고 만일 훈련시험에서 충분히 높은 점수를 받지 못하면 추가훈련을 받는다. 훈련은 초기 훈련기간 이후에도 끝나지 않고 계속된다. 매장 관리자는 계속해서 직원들을 코치하고 모든 직원들에게 교대근무를 시작할 때 2~3개의 짧은 퀴즈를 낸다. 교대근무 마지막에 그 퀴즈에 대한 답을 제출하고, 직원들은 다른 동료들에게 묻고 정보를 얻을 수 있다. 만일 만점이 안 되면, 그 직원은 추가훈련을 받는다.

- 만일 당신이 훈련의 책임을 맡게 된다면, 일 처리에서 오류를 줄일 수 있는 훈련 프로그램을 어떻게 개발할 수 있을까?
- 당신이 개발한 훈련 프로그램의 성공 여부를 어떻게 평가할 수 있을까?

Pal's가 이 사례를 어떻게 관리했는지 알려면 교재의 웹사이트에 접속하라. Pal's의 독특한 조직 풍토에 대해서 더 읽기를 원한다면 웹사이트 www.palsweb.com으로 방문하라.

사원훈련에서 역할-연기 사용의 윤리적 문제

이 장에서 배운 것처럼, 역할-연기는 사원들에게 소위 작업장의 "연성기술"을 훈련시킬 때 훌륭한 훈련도구이다. "연성기술"이란 대인관계기술이며, 갈등 관리, 스트레스 관리, 고객 서비스 기술, 의사소통 기술, 그리고 중재기술 등과 같은 영역에 관련되는 기술들을 포함한다.

역할-연기의 배후에 깔린 철학은 역할-연기는 작업장에서 일어날 수 있는 실제 상황에 대한 "사전 연습"이 된다는 것이다. 훈련생에게 어떤 상황을 주고 타 훈련생들 앞에

서 그것들을 행동하도록 요구한다. 때로는 선정된 참여자들이 잘못된 방식으로 행동하는 예를 보여주고, 그 후에 올바른 방식으로 다시 행동하도록 한다. "잘못된" 방식으로 상황이 진행된 후에, 참가자들은 무엇이 잘못되었으며 그 상황에서 자신들은 어떻게 달리 처리할 것인지 질문을 받는다. 그렇게 하면 다음에는 똑같은 상황에서 오직 올바른 방식으로만 행동할 것이다.

때때로 역할-연기는 그 상황에서 훈련생 자신이 생각하기에 옳다고 보는 바에 따라서 연기하도록 구성된다. 예를 들면, 사원이 갈등관리법을 훈련받을 때, 훈련자는 갈등을 관리하기 위해서 취할 단계들에 관하여 강의하는 데 어느 정도의 시간을 사용할 것이다. 그런 다음에, 훈련생들에게 역할-연기 시나리오를 주고 그들이 배운 것을 그 시나리오 상황에 적용하도록 요구한다. 역할-연기가 끝난 후, 역할-연기자가 얼마나 잘 했는지 그리고 역할 연기자가 이전에 비해서 향상되었는지 훈련생들이 평가하게 한다. 이런 방식의 역할-연기에 깔려있는 아이디어는 사람들이 현실상황에서 실제로 그 기술을 사용하기 전에, 안전한 환경에서 자신이 학습한 것을 연습할 기회를 제공한다는 것이다. 역할-연기는 실제 상황에서 역할-연기자의 수행을 향상시킬 연습 및 타인들로부터의 즉각적인 피드백을 제공한다.

역할-연기를 사용하는 데 따르는 윤리적인 관심사는 다음과 같다: 많은 훈련프로그램에서 역할-연기에 참가하는 것은 강제적이다. 즉, 훈련생은 "나는 그렇게 하기를 원하지 않아요."라고 말할 수 없다. 훈련이 단지 몇 명만의 참가자들로만 구성되어 있다면, 보통 모든 참가자들에게 타인들이 보는 앞에서 시나리오를 연기하라고 요구한다. 많은 사람들은 역할-연기에 참가하는 것이 불안하고 때로는 무섭기 때문에 역할-연기에 참가하지 않으려고 한다. 그렇기 때문에 비평가들은 이렇게 물을 것이다: 그런 부정적인 영향을 주는 어떤 것에 사람들은 몰아넣는 것이 윤리적인가?

또 다른 윤리적인 관심은 역할-연기가 때로는 상당히 도발적이라는 것이다. 예를 들면, 어느 대학의 교수가 경영학 강의시간에 훈련하면서 자신은 액취 문제가 있는 사원이라고 가정했다. 이것은 많은 직장에서 일어나는 상황이다! 그런 다음에 학생들에게 만일 자신이 이 사람의 상사라면 이 사람에게 그의 액취와 그것이 직장의 다른 사원들에게 미치는 영향에 대해서 어떻게 말할 것인지 역할-연기라고 요구했다. 이 상황을 보다 더 현실적으로 만들기 위해서 교수는 때로는 고함을 칠 것이며 심지어는 화를 내면서 그 학생을 신체적으로 밀칠 것이다. 그 교수의 생각은 이런 유형의 평가를 받아서 사원들이 매우 불안정한 경우들이 매우 많은 것이라는 것이다. 많은 학생들은 그 역할-연기는 걱정되고 심지어는 무섭다고 했다. 이런 유형의 역할-연기를 이용하는 훈련자들은 사람들이 연성기술을 이용하여 편안함을 얻으려면 그들은 조직에서 실제로 일어나며 그들이 일할 직장에서도 일어날 수 있는 시나리오들에 직면해야 한다고 주장한다.

역할-연기 옹호론자들은 훈련생들이 이런 기술들을 사용하기 전에 이것을 연습하지 못하게 하는 것이 과연 윤리적인가를 묻는다. 강의실에 앉아서 단순히 듣기만 하는 것과 연습하는 것만으로는 훈련생들이 실제 상황에서 직면하게 될 것들을 적절하게 준비하기에는 충분하지 않다. 예를 들면, 까다로운 고객을 대하는 방법을 그저 읽거나 듣기만 한다면, 훈련이 끝난 후 그 훈련생이 이런 기술들을 현실에 적용할 수 있을 것인지 보장할 수 없다. 그러나 만일 역할-연기를 통해서 이 기술들을 연습시킨다면, 훈련생들이 그 상황을 대처할 수 있을 것이라는 확신을 더 갖게 될 것이다.

당신의 생각은 어떻습니까?

- 기술을 가르치기 위해서 역할-연기를 사용하는 것에 대한 또 다른 윤리적 관심사들은 무엇인가?
- 당신은 훈련을 실시할 때 훈련자들이 사용할 수 있는 유형의 전략들에 관해서 조직이 정책들을 수행해야 한다고 생각하는가?
- 역할-연기는 훈련의 강제적인 부분이 되어야 하는가?

요약

이 장에서 배운 것은 다음과 같다.

- 훈련과정의 첫 단계는 훈련 필요성을 평가하는 것이다. 이것은 조직 분석, 과제 분석, 그리고 개인 분석을 포함한다.
- 훈련방법의 형식은 매우 많다. 강의실 학습기법은 세미나, 시청각 보조 학습, 프로그램학습, 사례연구, 그리고 중요사건 등을 포함한다. 표본 직무수행 기법에는

시뮬레이션, 역할–연기, 행동 모델링, 그리고 직무교대 등이 있다. 비공식 훈련기법은 도제훈련, 코칭, 그리고 수행평가를 포함한다.

■ 훈련프로그램을 실시할 때, 모델링, 분산연습, 그리고 훈련전이 등과 같은 심리학적 원리들을 고려해야 한다.

■ 훈련생 태도, 지식, 새롭게 학습한 자료들을 응용하는 능력, 그리고 직무수행의 향상 등을 측정함으로써 훈련의 성공을 평가하는 것이 중요하다.

복습을 위한 질문

1. 어떤 유형의 상황에서 훈련이 가장 유용한가? 또는 가장 덜 유용한가?

2. 훈련기간 동안에 사원들이 학습하도록 동기화하는 요인은?

3. 컴퓨터 기술을 가르치기에 가장 훌륭한 훈련기법은? 고객서비스기술 훈련에 가장 유용한 훈련기법은?

4. 모든 신입사원들은 보다 경험이 많은 사원들의 행동을 모방하는가? 그렇다면 그 이유는 무엇이고 만일 그렇지 않다면 그 이유는 무엇인가?

5. 훈련프로그램에 대한 사원들의 태도는 왜 측정해야 하고, 실제 학습에 대한 측정치는 왜 차이가 나는가?

학습목표

➡ 동기부여가 용이한 사람들의 유형을 이해한다.

➡ 목표설정을 통해 동기부여시키는 방법을 이해한다.

➡ 피드백 제공의 중요성 이해한다.

➡ 동기부여시키기 위한 조작적 조건형성의 원리 활용한다.

➡ 종업원들을 공정하게 다루는 것의 중요성에 대해 이해한다.

➡ 종업원 동기를 극대화시키기 위한 개인 및 집단에 대한 인센티브 유형에 대해 이해한다.

동기(motivation) 종업원들이 직무수행을 잘할 수 있게 하는 힘

조직에서 직원들을 선발하고 교육하는 경우에 직원들의 동기부여와 직무만족은 중요한 것이다. 산업심리학자들은 **동기**를 종업원들이 행동을 하게 하는 내적인 힘뿐만 아니라 외적인 요소를 포함하여 정의한다(Locke & Latham, 2002). 능력과 기술은 종업원들이 자신이 하는 직무를 할 수 있다는 것과 관련되는 반면, 동기는 종업원들이 직무상에서 보여주는 의지와 관련되는 것이다.

왜냐하면 기본 능력들은 한 순간에 변화하기 어렵기 때문에 직무상에서 종업원들의 행동변화는 이들이 직무에 투입하는 노력의 양에 의해 결정된다. 따라서 직무동기에 대해서 이야기하자면 어떤 사람이 자신의 노력을 직무에 투입하는 것을 말하는 것이다. 마찬가지로 특정 개인의 전반적 직무동기 수준은 변화하지 않고, 직무상에서 수행하는 다양한 과업에 투입하는 노력이 변화하는 것이다. 다시 말해서, 특정 년도에 어떤 교수는 가을학기에 강의에 초점을 두어 강의준비를 열심히 하는 반면, 봄 학기에는 연구에 초점을 두어 연구에 전념하게 된다. 이 장에서 다루는 이론들은 어떤 종업원들이 다른 종업원과 비교해서 직무상에서 최선을 다하는 이유와 특정 과업을 수행하는 경우 더 열심히 일하는 이유에 대한 설명을 제시하고자 한다.

표 9.1 동기를 추론할 수 있는 직무행동들

높은 성과 수준
    탁월한 상사 평가점수
    높은 생산량
    높은 질적 수준
    낮은 자원 낭비 수준
    봉급
    승진 횟수
모범적인 출석
    출근율
    직장에 일찍 도착하기
    늦게까지 일하기
조직시민 행동
    추가적 임무에 자발적 지원
    동료에 대한 도움행동
    조직발전을 위한 제안하기
    임무 달성을 위해 식사 거르기
자기 개발 노력
    자발적인 교육 참여
    교육참여 시 적극적인 행동
    성과 피드백에 대한 수용

여러분이 추측하듯이 동기수준을 측정하는 것은 어려운 일이다. 이러한 이유로 학자들은 동기를 측정할 때 직접 동기부여 수준을 물어보지 않고 표 9.1에 제시된 행동들을 기초해서 동기부여 수준을 추론한다. 물론 이러한 행동들이 정확히 개인의 동기수준을 반영하는 것은 아닐 수 있다. 예를 들어 어떤 종업원들은 상당히 높은 수준의 동기부여 수준을 보이지만 자신이 맡은 직무를 수행하는 데 요구되는 능력이 부족해서 성과가 낮을 수 있다. 마찬가지로 어떤 종업원들은 출근을 하려고 많은 노력을 기울이지만 지병이 있어서 출근을 하는 데 어려움을 겪을 수 있다.

비록 동기와 성과 간의 관계성에 대한 실제적인 검증이 어렵기는 하지만 심리학자들은 직무동기가 증가하면 직무성과가 증가된다는 사실에는 일치된 견해를 보인다.

이 장에서 종업원들이 자신이 맡은 직무에서 동기부여 되는 이유를 설명하기 위한 여러 이론들을 살펴볼 것이다. 이들 이론들 중 어떤 이론은 동기를 완벽하게 설명하지 못하고 있지만, 각각의 이론들은 직무성과 증진과 관련된다는 측면에서 충분히 고려할 가치가 있다. 다양한 이론들은 다음과 같은 조건들에서 종업원들의 동기부여 수준이 높아진다고 제시하고 있다.

- 특정 성격특성을 가진 사람들이 동기부여된다.
- 자신이 가진 기대와 부합할 때 동기부여된다.
- 자신이 가진 가치와 직무 및 조직이 가진 가치와 부합할 때 동기부여된다.
- 자신에게 달성 가능한 목표가 주어진 경우에 동기부여된다.
- 목표달성 여부에 대한 피드백이 주어진 경우에 동기부여된다.
- 목표달성에 대한 조직 차원의 보상이 주어진 경우에 동기부여된다.
- 자신이 공정한 대접을 받았다고 생각하는 경우에 동기부여된다.
- 동료들이 높은 동기부여 수준을 나타낼 때 동기부여된다.

동기부여와 관련된 특정 성향이 있는가?

심리학자들은 어떤 사람들은 동기부여가 잘 되는 성향을 가지고 있다고 가정한다. 다시 말해서 어떤 종업원들은 다른 종업원에 비해 대부분의 일을 열심히 하는 반면에 어떤 사람들은 언제나 동기부여가 되지 않는다. 아마도 당신은 주변에서 언제나 열심히 하는 사람도 알고 있을 것이고, 아무리 많은 보상을 주어도 동기부여가 되지 않는 사람들도 알고 있을 것이다. 연구자들은 직무 동기와 관련해서 4가지 개인차를 제시하고 있다: 성격, 자존감, 내적동기 성향, 성취동기.

표 9.2   성격 5요인과 동기를 반영하는 행동과의 관계성

차원	동기에 대한 측정치						
	직무성과	봉급	승진	출근	조직시민 행동	학업 성취도	목표 설정
정서적 안정성	0.15[b]	0.12[d]	0.11[d]	−0.04[c]	.12[e]	.02[f]	.29[a]
외향성	0.09[b]	0.10[d]	0.18[d]	−0.08[c]		−0.1[f]	.15[a]
경험에 대한 개방성	0.06[b]	0.04[d]	0.01[d]	0.00[c]		.12[f]	.18[a]
호감성	0.12[b]	−0.10[d]	−0.05[d]	−0.04[c]	.13[e]	.07[f]	−.29[a]
성실성	0.24[b]	0.07[d]	0.06[d]	0.06[c]	.18[e]	.22[f]	.22[a]

[a]Judge and Ilies (2002).
[b]Hurtz and Donovan (2000).
[c]Salgado (2002).
[d]Ng, Eby, Sorenson, and Feldman (2005).
[e]Lodi-Smith and Roberts (2007).
[f]Poropat (2009).

성격

5장에서 살펴보았듯이 대부분의 심리학자들은 인간의 성격은 5가지 차원(경험에 대한 개방성, 성실성, 외향성, 호감성, 정서적 안정성)으로 구성된다는 점에 동의하고 있다. 표 9.2에 제시된 메타분석 결과에서 보는 바와 같이, 성격의 5가지 차원은 높은 수준의 동기를 나타내는 행동들과 관련됨을 알 수 있다. 성실성은 직무성과, **조직시민 행동** 및 학업 성취도를 가장 잘 예측해 주며, 정서적 안정성은 봉급과 목표설정을 예측해주며, 외향성은 승진 횟수와 높은 관련성을 보인다.

자존감

자존감은 한 개인이 스스로를 가치있게 바라보는 정도를 말한다. 1970년대 Korman (1970, 1976)은 자존감이 높은 종업원은 자존감이 낮은 종업원에 비해 동기부여 및 직무성과가 높을 것이라고 주장하였다. Korman은 **일관성 이론**에 기반하여 자존감과 직무성과 간에는 정적인 상관관계가 나타남을 밝혔다. 다시 말해서 자신에 대해서 좋은 감정을 가진 종업원들은 자신에 대해서 가치 있다고 느끼지 못하는 종업원들에 비해 일을 더 잘 하려고 동기부여된다는 것이다. 더 나아가 일관성 이론은 자존감이 높은 사람들은 높은 성과수준을 보이려는 동기를 가지는 반면, 자존감이 낮은 사람들은 낮은 성과 수준을 보이려는 동기를 갖는다고 제안한다. 다시 말해서 사람들이 보이는 성과는 자신에 대해서 생각하는 자존감 수준과 일치되게 나타난다는 것이다. 일관성 이론은 낮은 수준의 자존감을 가진 종업원들이 낮은 성과를 내는 것이 자신의

조직시민 행동(organizational citizenship behaviors: OCBs) 종업원들의 직무에 포함되어 있지는 않지만 조직을 더 나은 작업장으로 만드는데 기여하는 행동 (예, 동료를 돕는 행동, 늦게까지 남아서 일을 마무리 하는 것)

자존감(self-esteem) 한 개인이 스스로를 가치 있게 여기는 정도

일관성 이론(consistency theory) 사람들은 자신이 가지고 있는 자존감 수준과 일치될 때 성과를 내기 위해 동기부여 된다고 주장한 콜만의 이론

실제 능력과 성과를 과소평가하는 것 때문이라는 설명을 제시한다(Linderman, Sundvik, & Rouhiainen, 1995). 따라서 낮은 자존감 수준을 가진 종업원들은 자신의 능력에 비추어 낮은 수준의 성과를 보여려는 동기를 갖게 된다.

이 이론은 좀 더 세분화되어 3가지 유형의 자존감을 제시하는 방향으로 발전하였다. **기질적 자존감**은 자신에 대해 갖는 전반적인 평가를 말한다. 반면 자기효능감이라고 불리기도 하는 **상황적 자존감**은 특정 상황에서 자신에 대한 평가를 말한다. 특정 기계를 조작하거나 타인과 대화를 나누는 것. **사회적 자존감**은 타인 기대에 기초한 평가를 말한다. 이러한 세 유형의 자존감은 모두 직무수행을 예측하는 데 있어 중요하다. 예를 들어 기질적 자존감은 낮지만 상황적 자존감이 매우 높은 사람을 생각해보자. 다시 말해서 어떤 컴퓨터 프로그래머가 자신을 아무도 좋아하지 않는다(낮은 기질적 자존감)라는 생각을 가지고 있지만, 자신이 누구보다도 컴퓨터 프로그램을 잘 다룬다(높은 상황적 자존감)고 가정해보자.

만약 일관성 이론이 맞다면, 높은 수준의 자존감을 가진 종업원들이 낮은 수준의 자존감을 가진 종업원보다 동기부여 수준이 높고, 더 나은 직무성과를 나타내고 결과적으로 성과평가를 잘 받을 것이라 예상할 수 있다. 연구결과들은 이러한 주장을 지지해 주고 있다. Ilardi, Leone, Kasser과 Ryan(1993)은 자존감과 동기수준 간에 통계적으로 유의미한 관계성이 있음을 밝혔고, 이러한 결과는 Judge와 Bono(2001)는 메타분석를 통해 자존감과 직무성과 간에 .26 (p = .26)의 관계성이 있음이 검증되었다.

일관성 이론에 기초하여 종업원들의 자존감을 증가시켜 성과개선을 해야 한다. 실제 연구에서 43개 연구를 통합한 메타분석에서 자존감 또는 자기 효능감을 증가시키는 훈련을 통해 직무성과가 상당히 개선됨을 보여 주었다(McNatt, Campbell, & Hirxchfield, 2005). 조직은 이론적으로 이러한 작업을 3가지 방식으로 할 수 있다: 자존감 워크샵, 성공체험 경험, 감독행동.

자존감 워크샵

자존감 증진을 위해 조직 구성원들은 자신이 가진 장점에 대한 통찰을 얻기 위해 워크샵에 참가할 수 있다. 이 과정에서 참가자들은 자신이 많은 강점을 가지고 있으며 괜찮은 사람이라는 통찰을 증가시킬 수 있다. 다음의 예를 보자. 참가자들은 **뉴질랜드 정신**이라는 요트를 타고 10일간 훈련을 받았다. 이 프로그램은 10일간의 항해를 통해 배를 운전하는 기술뿐 아니라 학습, 팀워크, 성공, 긍정적 강화를 경험할 수 있는 기회를 제공할 수 있게 설계되었다. 결과는 이 프로그램에 참가하지 않은 사람들보다 참가자들은 자존감이 증진되었으며, 이러한 효과는 12개월 후에도 지속되었다(Hunter et al., 2013).

아웃도어 훈련은 자존감을 증진시키는 또 다른 접근법이다. 험난한 "산악훈련"과 같은 훈련 프로그램을 통해 사람들은 도전에 직면한 경우에 성공적으로 극복할 만큼 정신적으로나 신체적으로 강해졌음을 알게 된다. 이러한 프로그램의 효과성에 대한 메타분석 결과는 이런 프로그램을 통해 자존감 및 자기 효능감이 증가되었음을 보여 준다(Gillis & Speelman, 2008).

성공체험 경험

성공체험 경험과 같은 접근법은 조직 구성원들에게 난이도가 매우 낮은 과제를 부여하여 성공경험을 가지게 하는 방법이다. 이러한 성공경험을 통해 자존감이 증진되고 자존감 증진은 성과를 증가시키고, 성과의 증가는 자존감을 증가시키는 선순환적인 구조를 가정한다. 이 방식은 약하게나마 **자기 충족 예언**에 기초하고 있다. 자기 충족 예언에 따르면 사람들은 자신이 어떤 과제를 수행할 수 있을지에 대한 기대에 따라 잘하기도 하고 못하기도 한다고 가정한다. 다시 말해서 만약 사람이 자기가 머리가 좋다고 생각하면 어떤 과제에서 성과가 좋을 것이라는 것이다. 반면 자신이 멍청하다고 생각하면 결코 좋은 성과를 낼 수 없다. 따라서 항상 실패만 한다고 믿고 있는 종업원을 개선시키기 위해서는 특정 과제에서 성공경험을 하게 하여 이러한 악순환의 구조를 깨주어야 한다. 자기에 대한 기대와 성과 간의 관계성은 **갈라테아 효과**라고 불린다.

감독행동

자존감을 증가시키는 또 다른 방법은 종업원과 소통 시에 자신감을 가지고 할 수 있게 관리자를 훈련시키는 것이다. 이는 만약 종업원들이 자신의 상사가 자신감을 가지고 있는 경우 자존감이 증가되고, 결과적으로 성과 또한 증가할 것이라는 것이다. 이는 **피그말리온 효과**라고 알려져 있는데 학교장면, 직업장면, 법정 및 군대와 같이 다양한 분야에서 효과가 입증되었다(Rosenthal, 2002). 피그말리온 효과는 *My Fair Lady*와 *Trading Places*와 같은 영화를 보면 잘 알 수 있다. 반면 **골렘 효과**는 사람에 대한 부정적인 기대를 가지는 경우 성과가 낮아진다는 것으로 피그말리온 효과와 반대되는 것이다(Babad, Inbar, & Rosenthal, 1982; Davidson & Eden, 2000).

2개의 메타분석를 통해 피그말리온 효과가 성과증진에 중요함이 밝혀졌다. McNatt(2000)에서는 전체 효과 크기가 1.13 그리고 Kierein과 Gold(2001)의 연구에서는 0.81로 나타났다. 1장에서 살펴본 바와 같이 이 크기는 상당히 큰 효과로 볼 수 있다. 피그말리온 효과와 골렘효과는 타인의 성과에 대한 우리가 가지는 기대는 타인들을 다른 방식으로 대한다는 것으로 설명될 수 있다(Rosenthal, 1994). 다시 말해서 만약 타인이 잘못할 것이라는 기대를 가지게 되면 우리는 이 사람을 그러한 방식으로 대할 것이라는 것이다. 만약 어떤 관리자가 특정 부하가 내적으로 동기부여 되어있다고 생각한다면 이 부하를 대할 때 자율성을 부여할 것이다. 결과적으로 이 부하는 더 내적으로 동기부여된 행동을 나타내게 된다(Pelletier & Vallerand, 1996). 따라서 부하들은 상사의 기대에 대해서 인식하게 되고 자신의 행동을 상사의 기대에 맞추게 되어 결과적으로 상사의 기대에 일치되는 행동을 보일 것이다(Oz & Eden, 1994; Tierney, 1998).

비록 피그말리온 효과가 사실이지만 관리자들에게 긍정적인 기대를 가지고 소통하는 것을 교육하는 방식을 통한 결과는 성공적이지 않았다. 7개의 현장연구 결과에 기초해서 Eden(1998)은 "피그말리온 리더십 스타일"이 가정하고 있는 관리자가 종업원에 대한 기대를 변화시켜 부하들의 자존감 증진을 가져오자는 명제는 지지되지 않았다.

일관성 이론에 대한 연구결과들이 어느 정도 이론을 지지하는 것으로 밝혀졌다면 다음으로 우리가 관심을 기울일 부분은 어떻게 종업원의 성과를 증진시키는 데 활용할지를 밝히는 것이다. 만약 종업원들이 관리자의 기대에 부응한다면 자신의 부하에 대해 긍정적이며 낙관적인 기대를 하는 관리자가 부하들을 동기부여 시켜 높은 성과를 나타낼 것으로 생각할 수 있다. 이러한 관리 행동에 대한 좋은 예는 4개의 회계관련 기업에 종사하는 회계사를 대상으로 한 연구이다(McNatt & Judge, 2004). 연구에 참여한 회계사 집단을 2집단으로 나누어 실험집단에게는 상당히 힘든 경쟁과정을 통해 입사한 것을 축하하며 이들의 능력과 경험에 대해서 인정한다고 회사 대표가 말해주었고 통제집단에게는 아무런 말을 해주지 않았다. 연구 결과, 이러한 긍정적인 소통은 실험집단에 대해 자존감, 직무동기 및 성과를 증가시켰지만 이러한 효과는 3개월 후에는 나타나지 않았다.

내적동기

내적동기(intrinsic motivation) 보상, 승진 및 동료와 같은 외적인 요인들이 없는 상태에서 동기부여

사람들이 **내적으로 동기부여**된 경우, 실제 하고 있는 일 자체에 대해 즐거움을 가지거나 일을 하면서 느끼는 도전감을 경험하기 때문에 더 열심히 하려고 한다. 반면 외적으로 동기부여 된 경우, 자신이 하는 일에 대해서는 즐거움을 느끼지 않을 수 있지만, 어떤 보상을 받거나 부정적인 결과를 피하기 위해서 일을 잘 하려고 노력하게 된다(Deci & Ryan, 1985). 내적으로 동기부여 된 사람들은 금전 또는 칭찬과 같은 외적인 보상을 필요로 하지 않는다. 사실상 자신이 즐거워 하는 것에 대해 어떤 대가를 받는 것은 만족과 내적동기를 저해시킬 수 있다(Deci, Koestner, & Ryan, 1999).

외적동기(extrinsic motivation) 보상, 동료 및 승진기회와 같은 비개인적인 요소를 통한 동기부여

작업 선호 설문(Work-Preference Inventory: WPI) 외적 및 내적 동기부여에 대한 개인적 지향성을 측정하기 위한 설문

보상이 내적동기를 저해한다는 입장과 그렇지 않다는 입장을 취하는 연구자들 간의 흥미로운 논쟁이 있다. Cameron과 Pierce(1994)는 보상이 내적동기를 감소시킨다는 결과는 사실이 아니라는 메타분석를 제시하였다. 하지만 Ryan과 Deci(1996)는 이들의 연구결과는 분석오류에 따른 결과이며 보상이 내적동기를 감소시킨다고 주장한다. 따라서 보상유무와 내적동기 간의 논쟁은 계속되는 실정이다.

내적 및 **외적동기**에 대한 개인의 지향성은 **작업 선호 설문**을 사용해 측정될 수 있다(Amabile, Hill, Hennessey, & Tighe, 1994). WPI는 두 차원의 내적동기 요인들

(즐거움, 도전감) 및 두 차원의 외적동기 요인들(보상, 외적지향)에 대한 점수를 제시한다.

성취 및 권력욕구

McClelland(1961)에 의해 제시된 이 이론은 사람들은 성취, 유친 및 권력에 있어서 욕구에 차이가 있다고 가정하고 있다. 강한 **성취욕구**를 가진 종업원들은 도전적이고 통제감을 제공하는 직무에 동기부여되는 반면, 최소수준의 성취욕구를 가진 종업원들은 직무가 도전감이 거의 없고 높은 성공확률을 가지고 있을 때 동기부여된다. 반면, 높은 수준의 **유친욕구**를 가진 사람들은 타인과 함께 일하고 도움을 줄 수 있는 직무에 동기부여 된다. 마지막으로 높은 수준의 **권력욕구**를 가진 사람들은 타인에게 영향을 줄 수 있는 직무에 동기부여된다.

종업원들은 자기 조절행동을 효과적으로 보이는가?

앞에서도 언급했듯이 사람들은 일반적인 동기와 에너지 수준에 있어서 차이가 있다. 사람들이 가지고 있는 동기수준은 논외로 하더라도 어떤 개인이 에너지와 노력을 투입할지 말지 결정하는 과정은 무엇인가? 즉 어떤 종업원들은 하루에 12시간을 일하려 하는 반면, 어떤 종업원들은 정확히 5시만 되면 퇴근하는 것인가? 왜 어떤 사람은 시간이 남을 때 지역사회 봉사를 하는 데 시간을 투입하는 반면, 어떤 사람들은 스포츠를 즐기면서 시간을 보내는 것인가?

많은 심리학자들은 **자기 조절**과정을 통해 이러한 질문에 대한 해답을 찾으려는 노력을 해왔다. 자기 조절이라는 것은 변화하는 환경에 적응하기 위해 목표를 선택하고, 설정하고, 변화시키는 능력을 말한다. 자기 조절은 다음의 4단계 과정을 거친다.

1. 목표를 선택하고 각 목표에 대한 수준을 결정한다.
2. 목표를 달성하기 위한 계획을 세운다.
3. 목표 달성을 위해 행동을 한다.
4. 목표달성 여부에 대한 진도를 살펴보고 목표를 유지하거나 조정하거나 포기하는 행동을 한다.

예를 들어 어떤 사람이 2주 안에 100페이지 보고서를 완성해야 하는 목표를 세웠다고 하자. 만약 2주 동안 10일을 일한다고 하면 하루에 10페이지를 완성해야 한다. 이틀이 지난 후 그때까지 완성한 보고서 페이지를 확인하고 이를 이틀 동안 해야 하는 분량(20페이지)과 비교하는 과정을 거친다. 만약 10페이지만 완성했다면 선택을 해야 하는 상황에 접하게 된다. 예를 들어, 보고서를 완성하는 데 시간을 더 들일 것인지 아니면 보고서 길이를 줄일 것인지에 대한 선택 또는 다른 해야 할 일을 멈추고 이 보고서를 작성하는 데 시간을 들일지 또는 타인의 도움을 요청할지에 대한 선택을 해야 하는 것이다.

비록 위의 예가 특정 과업(보고서 작성)에 대한 자기 조절에 대해서 설명해주고 있지만, 종업원들은 분명히 많은 목표를 가지고 있고 이 중 일부는 복잡하고 어떤 목표달성은 다른 목표달성과 양립되기 어려운 경우가 많다. 예를 들어 어떤 종업원들은 자신의 직무지식 증가에 대한 목표(학습목표 지향), 높은 수준의 목표달성(성과목표 지향), 돈을 많이 버는 것, 조직에서의 승진, 사회적 관계를 충분히 유지하는 것, 가족과 많은 시간을 보내는 것과 같은 다양한 목표를 가지고 있다. 만약 이 사람이 자신의 지식증진을 위해 일주일간 세미나에 참석하기를 원한다면 자신의 가족과 시간을 보내는 것은 포기해야 하는가? 복잡하고 다양한 목표가 주어지는 경우에 자기 조절은 더 복잡해지게 되어, 사람들은 자신의 목표에 대해 인식하고 목표를 향한 진행상황에 대해서 모니터링해야 하며 우선순위를 정해서 다양하고 복잡한 목표상황을 해결해야만 한다.

이러한 상황을 성공적으로 관리하기 위해서는 현명하게 목표를 선택하고 목표를 설정하는 능력뿐 아니라 목표를 향한 진행사항에 대해 점검하고 목표를 수정하는 능력이 요구된다. 다음의 내용들은 사람들의 자기조절 과정에 영향을 미치는 다양한 이론들에 대해 논의하려고 한다.

종업원들의 가치와 기대가 충족되었는가?

작업목표가 설정된 이후 설정된 목표를 달성하기 위한 노력은 종업원들이 원하는 것, 가치 및 기대와 직무가 실제적으로 제공하고 있는 것 간의 차이에 의해서 영향을 받는다. 예를 들어 만약 당신이 타인과 함께 일하는 것을 좋아하는 사람인데 현재 하고 있는 일이 자료를 다루는 일이라면 직무를 수행하는 데 있어서 만족도나 동기는 높지 않게 나타날 것이다. 마찬가지로 당신이 타인을 돕는 데 가치를 두고 있는 사람인데 현재 하고 있는 일이 사람들이 실제로 필요하지 않는 물건을 팔고 있다면 동기부여도 안되고 결과적으로 성과도 좋지 않을 것이다.

종업원들이 실제로 원하는 것과 직무가 제공하는 것 간의 잠재적인 차이는 종업원들의 동기부여와 직무만족에 영향을 미친다(Knoop, 1994). 예를 들어 영희는 돈에 가치를 두고 있고 철수는 자율성에 가치를 두고 있다고 하자. 모두 직장에서 많은 급여를 받고 있지만 표준화된 일을 하고 있어 자율성이 없는 환경에서 일을 하고 있다. 영희와 철수 모두 같은 직장에서 같은 업무를 하고 있지만 영희는 동기부여되어 있을 것이고 철수는 그렇지 않을 것이다.

왜냐하면 개인의 가치는 시간에 따라 변화하기 때문에 특정 시기에 동기부여되었던 어떤 종업원이 다른 시기에 동기부여되지 않는 현상은 놀라운 일이 아니다. 예를 들어 결혼하지 않은 커플은 돈에 가치를 두고 있기 때문에 야근하는 것에 대해서 신경을 쓰지 않지만, 일단 결혼을 해서 가족을 이루면 가치가 가족을 중시하는 쪽으로 변화하여 안정성과 가족을 위해 시간을 들이는 쪽으로 변화하게 된다.

직무 기대

종업원들이 특정 직무에 대해 기대하는 바와 실제 특정 직무가 가지고 있는 속성 간의 차이는 종업원들의 동기와 만족에 영향을 미친다. 예를 들어 채용 담당자가 지원자에게 모집회사가 상당히 분위기도 좋고 "잠재력을 충분히 발휘할 수 있는" 직장이라고 소개했다고 하자. 하지만 3개월 후 그 지원자는 채용 담당자가 말한 분위기와 승진 가능성을 경험하지 못했다. 왜냐하면 실제 직장의 분위기는 지원자가 기대한 바와 달랐고 이로 인해 동기부여 될 수 없었기 때문이었다.

종업원들은 조직이 자신에게 약속한 것(예, 컴퓨터를 제공하는 것, 계속 학습을 지원하는 것)과 실제 조직에서 경험한 것을 비교한다. 만약 조직이 약속한 것을 충족시켜 주지 못하면 종업원들의 동기부여 수준은 낮아지고 최선을 다하지 않는 행동을 보여 조직에 자신도 약속을 지키지 않는 행동으로 보복한다(Morrison & Robinson, 1997).

이러한 예에서 알 수 있듯이, 지원자들에게 **현실적 직무소개(RJP)**을 제시하는 것이 중요하다(4장에서 제시된 개념). 특정 직무의 부정적인 측면에 대해 솔직하게 알려주는 것은 전체 지원자 풀을 줄이는 부작용도 있지만 입사한 후 낮은 동기 및 만족도 수준을 나타내는 지원자를 줄일 수 있는 장점이 있다.

다음에 제시되는 공공 정신 건강 조직이 좋은 예이다. 지원자는 현 직무에 종사하기 전 약 10년간 공공부분의 다양한 행정직무를 경험하였다. 지원자는 새롭게 공고된 자리가 개인의 성장을 위해 좋은 기회라고 생각하였다. 하지만 1년 후 현재 직무가 사무직이며 승진 기회가 없음을 알게 되었고, 자신이 하는 업무 중 가장 중요한 업무는 팀원 미팅에 피자를 주문할지 아니면 샌드위치를 주문할지를 결정하는 것임을 알게 되었다. 설상가상으로 이렇게 음식을 주문하는 일이 임원회의뿐 아니라 관리자 직급 회의에도 확대되었다. 아마 여러분도 상상할 수 있듯이 이 직원은 상당히 실망하고 자신의 과거 결정에 대해서 분노하고 있다. 왜냐하면 경제적인 이유로 현재 하고 있는 일을 그만 둘 수 없으며 현재 자신의 분노를 임원 및 관리자 미팅에 오래된 도넛을 사오거나 차가운 커피를 제공하는 것으로 풀고 있다.

현실적 직무소개(realistic job preview: RJP)
지원자에게 특정 직무의 긍정 및 부정적인 측면에 대해 알려주는 채용 방식

직무특성들

직무특성 이론에 따르면 종업원들은 직무를 통해 **의미감**을 경험하고 자신이 한 일에 대해 책임감을 경험할 수 있으며(**자율성**), 자신의 노력에 대해 **피드백**을 받기를 원한다고 제시한다(Hackman & Oldham, 1976). 만약 종업원들이 원하는 욕구를 직무가 충족시키지 못하는 경우 동기부여 되지 않을 것이라는 가정을 한다.

직무특성 이론에 따르면, 직무가 종업원들을 **동기부여시키기** 위해서는 직무수행 과정에서 종업원들이 다양한 기술을 사용할 수 있어야 하고(**기술 다양성**), 자신이 들이 노력이 결과와 관련됨(**과업 정체성**)을 알 수 있어 의미감을 경험할 수 있어야 하고, 동료뿐 아니라 타인들이 자신이 한 일의 가치에 대해서 인정해 줄 수 있어야 한다(**과업 중요성**)는 것이다. 예를 들어 공장에서 셔츠에 회사로고를 박음질하는 종업원을 생각해보자. 이 종업원이 하는 일은 단순히 다른 사람이 디자인한 로고를 셔츠에 박음질 하는 것이며 셔츠 및 박음질의 질에 대한 평가는 품질관리를 담당하는 부서에서 검사하고 있다. 이 직무는 다양한 기술을 필요로 하지 않으며(기술 다양성 부족), 타인이 자신의 일에 대한 검수(피드백의 부재, 낮은 과업 정체성), 셔츠에 로고를 붙이는 것에 대한 가치에 대한 불인정(낮은 과업 중요성), 그리고 자신이 하는 일에 대해서 밀착 감독(낮은 자율성)이 특성이다. 따라서 이 직무는 낮은 직무동기를 갖는다. 표 9.3에 제시된 메타분석 결과는 높은 동기부여 잠재력 점수가 높은 수준의 직무만족, 직무성과 및 낮은 수준의 결근과 관련됨을 보여준다(Fried & Ferris, 1987).

욕구, 가치 및 요구

종업원의 욕구, 가치 및 요구와 직무가 제공하는 것 간의 차이는 또한 낮은 수준의 동기와 만족을 일으킨다(Morris & Campion, 2003). 세 개의 이론이 종업원의 요구와 가

표 9.3 Fried와 Ferris(1987) 메타분석 결과

직무특성	직무만족	직무성	결근
기술 다양성	.45	.09	−.24
과업 정체성	.26	.13	−.15
과업 중요성	.35	.14	.14
직무 자율성	.48	.18	−.29
직무 피드백	.43	.22	−.19
동기부여 잠재력 점수	.63	.22	−.32

출처: Fried, Y., & Ferris, G. R. (1987). The validity of the job characteristics model: A review and meta-analysis. *Personnel Psychology*, 40, 287 – 322.

치에 초점을 맞추고 있다: 마슬로우의 욕구 위계이론, ERG(존재, 관계성 및 성장) 이론, 2요인 이론

마슬로우 욕구 위계 이론

아마도 동기 이론 중 가장 잘 알려진 이론은 Abraham Maslow(1954, 1970)에 의해 제안되었다. Maslow는 종업원들은 특정 시점에서 특정 욕구가 직무상에서 충족될 경우에 동기부여 될 것이라고 믿었다. 표 9.4에 제시된 바와 같이 Maslow는 다섯 가지의 주요 욕구가 존재하며 이들은 위계적으로 구성되어 있다고 제시하였다. 즉 한 개인이 다음 단계의 욕구에 초점을 두기 위해서는 낮은 단계의 욕구가 충족되어야 한다는 것이다. **위계**에 대해서 쉽게 이해하려면 정상에 오르기 위해 한 계단씩 올라가야 하는 구조를 생각하면 된다. 마슬로우의 위계도 마찬가지다. 한 시점에서는 한 단계의 욕구만 충족되며 하위 욕구가 만족되어지지 않으며 상위욕구에 대한 충족은 이루어지지 않는다. 마슬로우의 5가지 주요 욕구는 다음에 논의될 것이다.

기본적 생리적 욕구들. Maslow는 사람들은 처음 단계로 음식, 공기, 물, 피난처와 같은 **기본 생리욕구** 충족을 추구한다고 생각하였다. 실제로 집도 없고 거의 굶어죽기 직전인 실업자는 이러한 기본 욕구를 충족시킬 수 있는 어떤 직업이라도 가지고 있으면 만족할 것이다. 이들에게 현재 하고 있는 일을 얼마나 좋아하느냐고 물으면 "나는 불평하지 않습니다. 돈을 벌 수 있거든요"하고 답할 것이다.

안전 욕구. 기본 생리적 욕구가 만족된 후에 단순히 음식과 피난처를 제공해주는 직업은 더 이상 만족스럽지 않을 것이다. 다음 단계로 사람들은 자신이 가지고 있는 **안전 욕구**를 충족시키려는 데 관심을 가지게 된다. 다시 말해서, 가족의 생존을 위해 충분한 돈을 벌기 위해 위험한 광산에서 일하지만 일단 가족이 음식과 피난처를 확보한 이후에는 자신이 일하는 작업장 환경이 안전한 경우에 자신이 하는 일에 만족하게 된다.

위계(hierarchy) 순위를 매길 수 있게 만들어진 시스템

기본 생리욕구(basic biological needs) 마슬로우의 욕구 위계의 가장 첫 단계로 음식, 공기, 물과 같은 생존욕구와 관련

안전 욕구(safety needs) 마슬로우의 욕구 위계의 두 번째 단계로 안전, 안정성 및 육체적 안전의 욕구와 관련

표 9.4 마슬로우, ERG, 허쯔버그 이론의 비교

마슬로우	ERG	허쯔버그
자아 실현	성장	동기요인
자아		
사회적	관계	위생요인
안전	존재	
생리적		

안전 욕구는 물리적인 것뿐 아니라 심리적인 것도 포함하는 것이다. 종종 직무 안정성으로 불리는 심리적 안전은 분명히 직무동기에 영향을 미친다. 예를 들어 공공영역에서 일하는 종업원들은 자신이 하는 일의 주요한 장점이라고 말하며 이러한 이유로 봉급수준은 높지만 직무 안정성이 떨어지는 사기업에 가지 않고 현재의 직장에 다니는 것이다.

종업원들이 가장 중요하게 생각하는 직무상의 요인이 무엇인지에 대한 2012년 조사에서 안전 욕구의 중요성이 나타났다. 비록 가장 중요한 요인으로 기술/능력의 활용기회가 가장 중요한 요인으로 나타났지만, 세 가지 안전 욕구 요인들은 10위권 안에 들었다(2위: 직업 안정성, 7위: 직장의 재무적 안정성, 10위: 작업환경에 대한 안전성, SHRM, 2012).

사회적 욕구. 앞에서 제시한 2가지 욕구가 충족되면 종업원들은 사회적 욕구가 충족되는 경우에 동기부여 수준을 유지할 수 있다. **사회적 욕구**는 함께 일하는 사람들, 친교관계 형성, 외로움의 충족을 포함하는 것이다. 조직은 다양한 방식으로 조직 구성원들의 사회적 욕구를 충족시키기 위한 노력을 한다. 회사 식당은 특정 공간을 제공하거나 회사 단체 야유회, 스포츠 동아리 활동에 대한 지원을 통해 직원들 간의 화합을 도모한다.

조직은 특정 직무가 사회적 활동을 하는 데 어려움이 있는 경우에 사회적 욕구를 충족시키는 데 의식적인 노력을 기울여야 한다. 예를 들어, 경비원 및 야간 방범 근무자들은 직무수행 시 타인을 접촉할 기회가 거의 없다. 따라서 새로운 친구를 사귈 기회는 희박하다.

현재 글쓰기 작가로서 집에서 일하는 나의 친한 친구는 규모가 큰 공공조직에서 근무했다. 집에서 일하기 전에 그녀는 파티나 모임에 참석하라는 초대를 거의 수락하지 않았다. 그녀의 말을 빌리자면 "일단 퇴근하면 누구도 만나고 싶지 않았다". 그렇지만 집에서 일하는 동안 애완견과 일방적인 대화만을 했기에, 그녀는 가능한 모든 타인과의 만남에 참여하고 있다.

자아 욕구. 사회적 욕구가 충족되면 종업원들은 자신의 **자아 욕구**를 충족시키는 데 관심을 가지게 된다. 이는 인정과 성공에 대한 욕구인데 조직은 칭찬, 상장, 승진, 급여인상 등 여러 방식을 통해 이러한 욕구를 만족시키려는 노력을 한다. 예를 들어 전임 **투나잇쇼** 진행자인 Johnny Carson은 NBC 방송국에서 근무 시 가장 영예로운 것은 텔레비전 스타로서 받는 많은 봉급보다는 자신의 전용 주차공간이었다고 한다. 마찬가지로 많은 조직들은 가구를 자아욕구 충족의 수단으로 활용한다. 종업원의 직급이 높을수록 더 좋은 사무용 가구를 지급한다. 유사하게 켄터키 주 루이빌에 있는 엔지니어링 회사는 자신의 직무와 관련된 전문자격증을 취득하기 전에는 자신의 졸

사회적 욕구(social needs) 마슬로우의 욕구 위계의 세 번째 단계로 타인과 상호작용하는 욕구와 관련

자아 욕구(ego needs) 마슬로우의 욕구 위계의 네 번째 단계로 인정과 성공을 원하는 욕구와 관련

업장이나 상장을 벽에 걸어놓지 못하게 한다. 내가 근무하는 대학은 일반교수, 학과장, 학장, 부총장과 같이 "직급에 맞추어" 가구를 차별적으로 제공한다. 아마도 이는 내 사무실에 있는 카드 책상과 접이의자가 여기에 해당할 것이다.

자아 실현 욕구. 심지어 종업원이 많은 친구를 가지고 있고, 상장도 받고, 상대적으로 높은 급여를 받는다고 해도 자신이 하는 직무에 완전히 동기부여 되지 않는다. 그 이유는 **자아 실현 욕구**가 아직 충족되지 않았기 때문이다. 이는 마슬로우의 욕구 위계의 최상위에 위치하는 것이다(표 9.4의 가장 위). 자아 실현은 미국 육군의 모집 슬로건인 "당신이 할 수 있는 모든 것이 될 수 있다"에 잘 나타난다. 자아 실현을 위해 노력하는 종업원들은 모든 과업 수행 시에 자신의 잠재력을 최대한 활용하려 한다. 따라서 20년 동안 같은 기계만을 다루며 살아온 종업원들은 자신의 직무에 대해 불만족하게 되고 동기부여 수준이 떨어지게 된다. 이들은 이 기계를 가지고 할 수 있는 것은 다해봤기에 새로운 도전적인 것을 찾으려고 한다. 만약 도전적인 점을 찾지 못했다면 이들은 불만족하게 되고 동기부여 수준이 낮아지게 된다.

어떤 직무는 자아 실현 욕구 충족이 쉬운 경우도 있다. 예를 들어 대학교수는 항상 새로운 연구를 수행하고, 새로운 학생들을 교육하고 새로운 기업에 자문을 할 기회가 있다. 따라서 다양한 과업 및 새롭게 직면한 문제들은 지속적인 도전감을 주며 결국에는 높은 동기부여를 시키게 된다.

하지만 다른 직무는 자아 실현 욕구 충족이 쉽지 않은 경우도 있다. 하나의 좋은 예가 조립라인에서 납땜일을 하는 경우이다. 하루에 8시간씩 일주일에 40시간을 한 가지 작업만 한다. 직무수행하면서 지루함과 이 직무는 처음에 시작할 때와 전혀 변함이 없음을 알게 된다. 이러한 일을 하는 사람들은 점차 불만족하게 되고 동기부여 수준이 낮아지는 것은 당연한 일이다.

마슬로우 이론에 대한 평가

비록 마슬로우의 **욕구이론**이 직관적으로 그럴 듯하고 관리자와 마케팅 분석가들 사이에 유행했지만 2000년에 개정이 이루어지기 전에는 학문영역에서는 중요하게 다루어지지 않았다(Latham & Pinder, 2005). 그 이유는 욕구이론이 3가지의 잠재적 문제점을 가지고 있었기 때문이다. 첫 번째 문제점은 Maslow가 제시한 5단계가 너무 많다는 것으로 실제적으로 둘 또는 세 단계라는 것이다(Alderfer, 1972). 그러나 최근 연구는 5단계가 옳다는 주장도 있다(Ronen, 2001).

두 번째 문제점은 어떤 사람들은 Maslow가 제안한 것처럼 위계상에서 움직이지 않는다는 것이다. 다시 말해서 대부분의 사람들은 가장 하위욕구인 생리적 욕구에서 출발해 바로 상위욕구 단계로 이동하지만 어떤 사람들은 단계를 건너뛰기도 한다는 것이다. 예를 들어 번지점프를 즐기는 사람들은 분명히 안전 욕구를 건너뛰고 자아

자아 실현 욕구(self-actualization needs)
마슬로우의 욕구 위계의 다섯 번째 단계로 개인이 가지고 있는 잠재력을 알아차리는 욕구와 관련

욕구이론(needs theory)
종업원들은 개인의 욕구를 충족시켜주는 직무에 만족한다는 이론

욕구를 충족시키려 하는 것이다. 따라서 위계적 구조에 예외가 발생하면 이 이론은 문제가 생기는 것이다.

다른 문제점은 한 수준의 욕구가 충족되면 다음 단계의 욕구가 가장 중요해진다고 가정한다. 하지만 연구결과는 반드시 그런 것은 아님을 제시해 준다(Salancik & Pfeffer, 1977).

비록 마슬로우 이론이 학문세계에서는 지지되지 않지만 현실에서는 유용한 것처럼 보인다. 이론에서 제시하고 있는 몇몇 구체적인 주장은 사실이 아니지만 조직에서 종업원의 만족과 동기부여 측면에서 참고할 만한 지침을 제공한다. 종업원들을 인정하고 직무를 자기개발에 도움을 줄 수 있게 설정하고 안전한 작업장을 만드는 것은 종업원을 동기부여 시킨다. 바로 이러한 이유로 학자나 연구자들이 지나치게 단순하다는 이유로 선호하지 않음에도 불구하고 HR 전문가들 사이에서는 여전히 광범위하게 사용하고 있다.

어떤 유명 대학에서 발생한 상황이 Maslow가 제시한 일반원칙들이 실제로 적용된 예이다. 수년간 대학평판과 등록률에서 상승추세였던 한 대학이 불미스러운 사건으로 인해 등록률 감소, 재정압박 및 직원들의 사기저하가 일어나는 상황에 직면하였다. 이러한 문제를 해결하기 위해 새로운 총장이 부임하였다. 신임 총장이 부임하여 처음으로 보인 행동은 매주 금요일 자유로운 복장을 허용하고 대학에서 다양성이 중요함을 강조하며, 새로운 운동부를 창설하려는 행동을 보였다. 하지만 직원 및 교수의 만족도 및 동기수준은 계속 저하하여, 많은 교수들이 타 대학으로 이직하였으며, 예산의 상당부분이 깎이는 결과를 가져왔다. 도대체 무엇이 문제였던 것인가? 여러 가지 이유가 있겠지만 신임 총장이 제시한 내용은 Maslow가 제시한 3단계 또는 이보다 상위수준의 욕구와 관련된 반면, 조직 구성원들의 욕구는 2단계 욕구, 다시 말해서 "우리 학교가 망하지 않을까?" 또는 "내가 내년에도 근무할 수 있을까?"였던 것이다.

ERG 이론

마슬로우 이론이 너무 많은 위계를 가정하고 있다는 문제에 대한 비판으로 Alderfer (1972)는 3수준으로 단순화된 욕구이론을 제시하였다. 표 9.4에 제시된 바와 같이 세 수준은 존재, 관계 및 성장으로 영어의 첫 자를 따서 **ERG 이론**으로 명명되었다.

ERG 이론(ERG theory) 존재, 관계 및 성장 차원이 만족을 가정한 아들러의 욕구 이론

욕구 수준에서의 차이 이외에 마슬로우 욕구 이론과의 차이점은 어떤 사람은 욕구 단계를 건너뛸 수 있다는 점을 가정하고 있다. 이러한 가정을 함으로써 Alderfer는 마슬로우 이론이 갖는 가장 큰 문제점을 해소하였다.

더 나아가 ERG 이론은 하위수준의 욕구가 충족되었음에도 불구하고 상위 수준의 욕구가 중요해지지 않는 것에 대한 설명을 제시하였다. 그 이유는 많은 조직에서 직무는 회사정책 또는 직무 자체가 가지는 본질적인 특성과 같은 요인 때문에 욕

구 위계상 상위수준으로 올라가는 것이 어렵다고 가정한다. 따라서 상위수준 욕구를 경험하는 길이 막혀 좌절감을 경험하여 이전 수준의 욕구를 중요하게 느낀다는 것이다. 아마도 이는 왜 다수의 노조들이 직무확충보다는 더 많은 돈과 이익을 요구하는지에 대한 이유가 될 것이다. 노조 관계자들은 일을, 지겨운 것이고 개선해도 좋아질 것이 없는 것이라고 생각할 것이다. 따라서 하위 수준의 욕구가 더 중요해지는 것이다. 이러한 주장은 몇몇 경험적 연구에서 지지되었다(Hall & Nougaim, 1968; Salancik & Pfeffer, 1977).

2요인 이론

표 9.4와 9.5에 제시된 바와 같이 Herzberg(1966)는 직무 관련 요인들을 위생요인과 동기요인의 2차원으로 구분될 수 있음을 제시하였다. 이러한 이유로 이 이론은 **2요인 이론**이라고 불린다. **위생요인**은 직무 자체가 가지고 있기보다는 직무를 수행함으로써 부수적으로 발생하는 직무관련 요소들을 나타낸다. 예를 들어 보상과 이익금은 일한 결과 발생하는 것이지 일 자체가 가진 속성은 아니다. 유사하게 새로운 친구를 사귀는 것은 출근해서 발생하는 결과일 뿐 자신이 하는 과업이나 임무와 직접적으로 관련된 것은 아니다.

동기요인은 실제적인 과업 및 임무와 관련된 직무요소들이다. 동기요인의 예는 책임감 수준, 통제감 수준 및 흥미수준과 같은 것들이다. Herzberg는 위생요인은 직무만족과 동기부여를 위한 필요조건일 뿐 충분조건은 아니라고 주장한다. 다시 말해서 어떤 위생요인이 충분히 제공되지 않으면(예, 낮은 봉급수준) 종업원들은 불만족하고 동기부여 되지 않을 것이다. 하지만 모든 위생요인이 충족된다고 해도 종업원의 만족도와 동기부여 수준은 단순히 중간 정도 수준으로밖에 나타나지 않는다. 동기요인과 위생요인이 함께 제시되어야 직무만족과 동기부여를 증가시킬 수 있다.

2요인 이론(two-factor theory) 직무만족과 관련된 2개의 요인 (위생요인, 동기요인)을 가정한 허쯔버그의 욕구이론

위생요인(hygiene factors) 직무 자체가 가지고 있기보다는 직무를 수행함으로써 부수적으로 발생하는 직무 관련 요소

동기요인(motivators) 직무가 포함하고 있는 실제적인 과업 및 임무와 관련된 직무 관련 요소

표 9.5 허쯔버그 2요인 이론 예

위생 요인	동기 요인
급여	책임감
직업 안정성	성장
동료	도전
작업환경	자극
회사정책	독립성
작업 스케줄	다양성
상사	성취감
	통제감
	일에 대한 흥미

따라서 급여수준은 높지만 직무수행 시 통제감과 책임감을 갖지 못하는 종업원들은 동기부여 되지도 않고 그렇다고 동기부여 수준이 떨어지지도 않는다. 하지만 어떤 종업원이 높은 수준의 통제감과 책임감을 경험하지만 급여가 적다면 동기부여 되지 않을 것이다. 마지막으로 어떤 종업원이 급여도 많이 받고 직무수행 시 통제감과 책임감을 경험하며 동기부여 될 것이다.

허쯔버그 이론 또한 그럴듯해 보이지만 학문적으로는 강한 지지를 받지 못했다. 일반적으로 연구자들은 이 이론이 연구에 사용된 방법론 상의 문제점으로 인해 급여와 같은 요인이 위생요인 및 동기요인에 공통으로 해당함에도 잘못 분류되었으며 실제 반복연구 시 재입증이 되지 않는다는 점을 들어 비판하고 있다(Rynes, Gerhart, & Parks, 2005).

종업원들은 달성 가능한 목표들을 가지고 있는가?

목표설정(goal setting)
종업원들에게 구체적인 성과 목표를 부여하여 성과를 향상시키는 방법

동기를 증가시키기 위해 목표설정은 사용되어야 한다. **목표설정**에 대해 말하자면, 모든 종업원들은 출근율을 증가시키기, 더 많은 제품을 생산하기, 보고서에서 문법적인 오류를 줄이기와 같이 하나의 목표를 부여받는다. 산업 및 조직심리학자에 의해 수행된 최초의 목표설정 연구는 Latham과 Blades(1975)에 의해 수행되었다. 이들의 연구는 제재소에서 일하는 트럭 운전자에 관한 연구인데 트럭에 벌목된 나무를 싣는데 있어 빈 공간이 많이 있어 최적의 적재량을 맞추지 못해 회사에 불이익이 생기는 문제가 있었다. 이러한 문제를 해결하기 위해 회사에서는 적재량을 구체적으로 지정해주고 목표달성 여부와 관련해서 보상이나 처벌을 주지 않겠다고 알려주었다. 결과적으로 한 트럭당 적재량에 있어 많은 개선이 있었다. 이 연구를 계기로 목표설정은 다양한 상황에서 적용되는 효과적인 방법임이 제시되었다.

목표설정이 성공적으로 작동하려면 SMART(구체적, 측정 가능, 달성 가능한, 관련되는, 시간적 제약이 있는)라고 불리는 조건들이 충족되어져야 한다(Rubin, 2002).

구체적(specific)

적절하게 설정된 목표들은 분명하고 구체적이다(Locke & Latham, 2002). "내가 할 수 있는 만큼 최대한 생산하겠다"는 "내년에 500페이지를 쓰겠다"만큼 효과적인 것은 아니다. 목표가 구체적일수록 생산성이 증가하게 된다. 이 점을 강조하기 위해 팔굽혀펴기를 예로 들겠다. 만약 어떤 사람이 최대한 많은 팔굽혀펴기를 하겠다고 하면 최대한이라는 의미가 더 이상 할 수 없을 때까지인지, 땀이 날 때까지인지 아니면 이전에 했던 양만큼인지 알 수 없다. 이러한 목표의 문제는 모호성과 구체성이 부족하다는 것이다.

구체적인 목표를 설정하는 것이 상식적으로 보이지만 언제나 쉬운 것만은 아니다. Microsoft사에서 종업원들이 성과 계획의 일부로 제시한 목표설정의 거의 25%는 구체적이지 않은 것으로 나타났다(Shaw, 2004). 이러한 결과의 원인을 밝히기 위한 집단 심층면접을 통해 나타난 결과는 종업원들은 계속적으로 변화하는 환경에서 설정한 목표도 계속해서 수정이 되어야 하기 때문에 구체적인 목표를 설정하는 것은 어려운 일이라고 인식하고 있음이 밝혀졌다.

측정 가능한(measurable)

적절하게 설정된 목표들은 측정 가능해야 한다. 다시 말해서 만약 개인의 목표가 성과를 증진시킨다거나 고객 서비스를 증진시킨다고 하면 성과 또는 고객 서비스는 측정될 수 있는가? 앞에서 제시한 Microsoft사의 예를 보면 설정된 목표 중 단지 40%만이 측정 가능한 형태로 나타났다(Shaw, 2004).

어렵지만 달성 가능한(attainable)

적절하게 설정된 목표들은 어렵지만 달성 가능해야 한다(Locke & Latham, 1990). 만약 어떤 종업원이 평균적으로 한 시간 동안 5,000페이지를 인쇄한다고 하는 경우 4,000페이지를 목표로 설정하면 성과 측면에서 도움이 되지 않는다. 반대로, 20,000페이지를 인쇄하겠다고 하는 경우도 마찬가지로 효과적이지 않다. 왜냐하면 이러한 목표는 달성이 불가능하여 종업원들은 이를 알아채고 곧 중단하게 될 것이기 때문이다.

이러한 현상의 좋은 예는 한 대학에서 실시된 학업성취도 증가 프로그램이다. 이 프로그램은 대학에서 학습하는 데 어려움을 가지고 있어 평균학점이 대학생활을 계속하는 데 어려움을 겪는 학생들을 위한 프로그램이다. 프로그램의 내용은 튜터링, 학습방법 개선 및 목표설정으로 이루어져 있다. 하지만 많은 참여학생들이 실질적인 개선효과를 보지 못했다. 그 이유 중 하나는 목표설정인데, 평균학점이 1.0인 학생에게 학점 4.0을 목표로 설정한 것이다. 두말할 필요도 없이 어떤 학생도 이 목표를 달성하지 못했다. 또한, 목표를 4.0으로 설정하다보니 중간고사에서 성적이 좋지 않은 학생들은 4.0을 달성할 수 있는 확률이 없음을 깨닫고 더 이상 열심히 하려는 노력을 기울이지 않게 되는 부작용이 발생했다.

비록 낮은 목표를 설정하는 것보다 높은 목표를 설정하는 것이 일반적으로 더 나은 성과를 나타내지만 사람들이 가지는 목표에 대한 몰입도 수준은 어려운 목표를 달성해야 하는 경우에 중요한 역할을 한다(Klein, Wesson, Hollenbeck, & Alge, 1999; Locke & Latham, 2002). 예를 들어, 고위직 경찰이 부하 경찰들에게 조서 쓰는 양을 늘리는 어려운 목표를 부여한 경우, 부하 경찰들이 이 목표에 몰입하지 않는 경우에는 조서 쓰는 양은 늘어나지 않는다. 다시 말해서, 어려운 목표가 달성되기 위

조직개발 담당자로서 종업원들을 개발하기 위해 다양한 포괄적인 기법들을 적용해왔고 동시에 종업원들의 성과에 대해 미시적인 부분에 대한 개발노력도 병행해 왔다. 또한 고위관리자들과도 일을 하면서 이들이 하는 행동과 의사결정이 조직의 하위 근로자들에게 미치는 영향에 대해 알려주었다. 성과를 개선하기 위해 필요한 조치에 대해 종업원들의 수용성을 증가시키기 위해서는 이들의 동의가 필요하기 때문에 좋은 관계를 유지하는 것은 필수적이다. 이러한 관계들은 조직에서 변화를 일으키는 데 필요조건인 것이다.

많은 현대 조직에서 종업원 동기부여와 관련해서 중요하게 다루어지는 주제 중 하나는 종업원 열의에 대한 개념이다. 점점 많은 조직들이 종업원 열의 수준을 기존의 직무만족 조사에 대한 대체물로 사용하고 있다. 종업원 열의에 대해 다양한 정의가 있지만, 대부분 공통적으로 종업원들이 조직 내에서 직무 또는 사람에 대해 몰입하는 정도를 측정하고 있으며, 열의가 높은 종업원들은 열심히 일하고 조직에 오래 남아있을 것을 가정하고 있다. 이러한 긍정적인 결과들을 감안한다면 리더십 개발과 팀 효과성 프로그램의 역할이 중요해진다. 또한 전사적인 측면에서 체계적인 동기관리를 위한 개입의 유형과 범위가 확대되어야 한다.

나는 포춘 500 기업에서 작은 스타트업 기업까지 다양한 조직에서 일한 경험을 가지고 있다. 중소기업의 경우 중간관리자들은 종업원 개발기회와 관련하여 가장 관심을 못 받는 직급이다. 하지만 중간관리자들은 가장 중요한 조직내 계층이다. 왜냐하면 고위 경영진의 전략적 계획이 뿌리내리는 데 중요한 연결고리를 담당하기 때문이다. 관리자에 대한 훈련은 종업원들에게 새로운 기술을 적용하게 하고 성과에 대한 개선을 위해 기술개발을 할 수 있도록 동기부여 차원에서 중요하다. 새로운 기술 또는 행동을 훈련시키는 것은 도전적인 것이고 특히 오랜 시간 종업원들에게 습관으로 되어 있던 것에 대한 완전한 변화를 요구할 때 더욱 그러하다. 이런 점에서 관리와 리더십 개발의 역할은 그 어느 때보다 중요해지고 있다. 앞으로 10~15년은 중요한 시기인데 그 이유는 이전의 관리자들이 은퇴하고 새로운 세대로 교체되는 시기이기 때문이다. 따라서 조직개발 담당 관리자들은 새로운 리더들을 성장시켜야 하는 막중한 책무를 완수하기 위한 전략을 가지고 있어야 한다.

Armand Spoto, M.S.
Senior Training Specialist, PointRoll

나는 새로운 훈련 프로그램을 개발할 때 새롭게 교육되어져야 하는 프로그램뿐만 아니라 현업에서 현재 사용하고 있는 기술을 모두 고려하고 있다. 훈련과정에서 기대이론을 적용하여 새로운 기술이 현업에서 얼마나 도움이 될지를 깨닫게 해주는 것이다. 예를 들면 다음과 같은 질문에 대해 생각해 보도록 하는 것이다.

- 현업에서 얼마나 도움이 될까?
- 현재 하고 있는 것보다 어떤 이점이 있는가?
- 어떤 활동이 대체될 수 있는가?
- 장기적인 이점과 비교하여 단기적인 이점은 무엇인가?
- 현재 하고 있는 것과 비교해서 어떻게 다른가?

이는 또한 "What In It For Me" (WIIFM)라고 불린다. 모든 교육을 할 때 교육담당자들은 특정 교육이 종업원들에게 자신이 일을 할 때 더 빠르고 적은 노력으로 성과를 낼 수 있다는 논리적인 설명을 할 수 있어야 한다. 교육 참가자들을 동기부여 시키기 위해서는 이들의 욕구를 파악하고 새롭게 교육하는 것이 도움이 된다는 것을 인식시켜야 한다.

개인적 경험에 비추어 보면 행동변화를 하게 하는 쉬운 방법은 목표설정을 현재 수행관리 시스템에 연계시키는 것이다. 나는 프로그램을 진행할 때 관리자들에게 자신의 직업적 및 개인적 목표가 무엇인지를 설정하도록 한다. 이러한 목표들이 설정된 후 각 팀 구성원들에게 이 장에서 제시된 SMART 방법을 적용해서 목표를 평가해 보도록 한다.

나는 조직개발 분야에서 일하는 것이 정말 즐겁다. 이 분야는 산업 및 조직심리학으로 경력을 쌓으려는 사람들에게 기회가 있는 분야이다. 이 분야에서 경력을 개발하고자 하는 사람들을 위해 2가지를 권고하고자 한다. 첫째, 훈련프로그램의 개발, 관리자 코칭, TF팀 조정과 같이 변화를 일으키는 작업을 최대한 많이 경험해 보라는 것이다. 조직개발을 위한 프로그램을 설계하고 적용하는 데 있어 가장 좋은 방법은 실제 조직에서 지식을 습득하는 것이다. 둘째, 관계형성을 잘 하라는 것이다. 이 분야에서 일하려면 조직의 모든 직급에서의 참여를 유도하는 것이 중요한 것인데 가능하면 많은 조직 구성원들이 참여할 수 있는 방법을 고민하는 것이 필요하다. 여러분이 어떤 방향으로 경력개발을 하건 간에 타인과 좋은 관계를 유지하는 것은 성공의 중요한 열쇠이다.

해서는 목표에 대한 몰입이 중요한 요소인데, 이를 위해서는 목표가 달성 가능해야 하고, 제시한 목표가 가치있다고 여겨져야 하며, 목표 달성 시 보상이 수반되어야 한다는 것이다.

흥미롭게도 지나치게 달성하기 어려운 목표를 제시하는 것은 성과에 대한 감소 뿐만 아니라 비윤리적인 행동을 증가시킨다. 조직 구성원들이 목표가 지나치게 달성하기 어렵다고 느낄 때, 목표 달성을 위해 비윤리적 행동을 하거나 "편법을 동원해" 목표가 달성된 것처럼 보이려는 행동을 하게 된다(Schweitzer, Ordóñez, & Douma, 2004).

당연하게 목표수준을 설정하는 데 있어서 개인차가 존재한다. 낙관주의자들은 비관주의자보다 높은 목표를 설정한다(Ladd, Jagacinski, & Stolzenberg,1997). 성격 5요인의 틀에서 살펴보면 성실성, 외향성, 경험에 대한 개방성이 높은 사람과 호감성 및 신경증이 낮은 사람들이 높은 목표를 설정하는 경향이 있다(Judge & Ilies, 2002).

관련된(relevant)

적절하게 설정된 목표들은 관련된 것이다. 공적인 연설기술을 증진시키는 것과 관련된 목표를 설정하는 것은 법정에서 가끔 증언을 해야 하는 경찰관들을 동기부여 시킬 수는 있지만 벌목장에서 일하는 벌목공들을 동기부여 시키기는 어려운 것이다.

시간적 제약이 있는(time-bound)

목표는 완성해야 하는 시점이 제시되는 경우에 가장 효과적이다. 예를 들어, 사무실을 청소해야 하는 목표는 언제까지 청소가 끝나야 하는 마감일이 정해져 있는 경우에 그렇지 않은 경우보다 효과적이다.

종업원 참여

최근까지도 목표가 생산성 증가에 기여하기 위해서는 목표설정 과정에 종업원들이 참여하는 것이 필요하다고 주장되어 왔다. 다시 말해서 비록 상사가 부하의 목표를 설정하는 경우도 성과향상에 기여하지만 부하가 목표설정에 참여하는 경우 성과향상의 효과가 더 크다는 것이다. 하지만 몇몇 메타분석 결과들은 목표설정에 대한 참여는 성과를 증가시키지 않는다고 밝혀졌다(Mento, Steel, & Karren, 1987; Tubbs, 1986; Zetik & Stuhlmacher, 2002). 하지만 한 개의 메타분석 결과는 목표설정에 종업원을 참여시키는 것은 목표달성에 대한 몰입도를 증가시키는 것으로 나타났다 (Klein et al., 1999).

직장생활 동안 동료, 부하 등에게 피드백을 주는 경험을 많이 하게 된다. 다음은 효과적인 피드백을 주기 위한 몇 가지 방법들이다.

➡ 특정인의 성격보다도 행동을 파악하고 여기에 초점을 맞춰라. 예를 들어 만약 어떤 직원이 자주 지각을 한다면 상사는 "당신은 책임감이 없어"라고 말하기보다는 "2주 동안 5번이나 지각했어"라고 말해야 한다.

➡ 특정 행동이 다른 사람에게 어떻게 영향을 미치는지 설명하라. 예를 들어 "어떤 직원이 10분 지각을 했을 때 고객은 적절한 서비스를 제공받지 못해 화낼수도 있고 다른 직원이 응대한다고 하더라도 이 직원의 점심시간이 줄어들 수 있으며, 경우에 따라서는 정시에 퇴근하지 못한다"라고 피드백을 주는 것이다.

➡ 행동을 변화시킬 수 있는 방법을 제시하라. 만약 부하가 아무것도 제안하지 않으면 상사가 뭔가를 제안할 수 있다. 다음의 예를 보라.

직원: 저도 지각하면 안 되는 것은 알지만 아침에 너무 피곤해서 알람이 울리는 소리도 못들었어요

관리자: 아침에 피곤하지 않을 방법이 없을까요?

직원: 저도 일찍 잠자리에 들고 싶지만 재밌는 TV프로그램이 있어서요...

관리자: 혹시 보고 싶은 프로그램을 녹화해서 집에 가자마자 보면 안 될까요?

직원: 그렇게 해 볼께요.

➡ 해결책에 대해 공유하고 관리자와 직원은 구체적인 목표를 설정하였다. 예를 들어 다음 주에는 늦지 않고 정시에 출근하자는 것이다.

1주일이 지난 후 관리자와 직원은 만나서 이 목표가 달성되었는지 살펴보고 새로운 목표를 설정하였다.

조직 구성원들은 자신의 목표성취도에 따른 피드백을 받는가?

목표설정의 효과성을 증가시키기 위해 자신의 목표달성에 대한 진척도에 대한 정보 제공으로 피드백은 제시되어야 한다(Locke & Latham, 2002; Stajkovic & Luthans, 2003). IT회사의 서베이에서 종업원들의 80%가 효과적인 피드백으로 인해 자신이 조직을 떠나지 않는다는 반응을 보였다는 것으로 피드백은 중요한 것이다(Johnson, 2001). 불행하게도 자신의 성과에 대해 단지 42%만이 정례적인 피드백을 받는다는 보고도 있다(Bates, 2003b). 피드백은 다양한 방식으로 제공될 수 있는데 이러한 방법은 구두로 전달해 주는 것, 성과에 대해 게시하는 것, 미소짓기, 등 두드려주기와 같은 비언어적 방법들을 포함한다. 피드백은 부정적이고 통제적이기보다는 긍정적이고 정보를 제공하는 경우에 가장 효과적이다(Zhou, 1998). 부하들의 피드백 추구행동을 증가시키려면 상사는 자신이 기꺼이 피드백을 제공할 의사가 있음을 알게 하고 이러한 행동을 하는 부하들을 격려하는 것이다(Williams, Miller, Steelman, & Levy, 1999).

피드백은 목표달성에 대해 긍정적으로 주어질 때, 긍정행동에 대해 강화를 시키는 경우에 건설적인 것으로 작용한다. 피드백이 효과적이기 위해서는 조직 구성원이 실수를 했을 경우뿐만 아니라 적합한 행동을 했을 때 주어져야 한다. 효과적인 피드백을 제시하기 위한 몇 가지 조언이 경력 워크샵 박스에 제시되어 있다.

종업원들은 달성한 목표에 대해서 보상받는가?

종업원 동기부여에 있어서 핵심적인 전략은 조직목표를 달성하는 경우 보상을 지급하는 것이다. 결과적으로 조직은 종업원들이 보이는 다양한 행동에 대해 보상을 주는데 이러한 행동의 예는 초과근무, 휴일근무, 정책제안, 장기근속(서비스기간에 대한 보상), coming to work(근속기간에 대한 보상), 무사고 및 높은 성과 등이다. 이러한 보상 시스템의 기본은 **조작적 조건형성** 원리인데, 이는 종업원들은 보상받을 행동을 하고 처벌받을 행동은 하지 않는다는 것이다. 따라서 만약 종업원들이 실수를 저지르지 않는 것에 대해 보상을 받는다면 질적인 면에서 높은 수준의 성과를 보일 가능성이 커진다. 만약 종업원들이 단위시간당 생산량 증가에 대해서 보상을 받는다면 직무수행 시 질적인 면보다 양적인 측면에 집중하게 된다. 마지막으로 만약 종업원들이 어떤 행동에 대해서도 보상을 받지 못한다면 보상 받을 수 있는 행동을 찾으려고 할 것이다. 불행하게도 이러한 행동은 평일에 낚시를 핑계로 결근하는 것 또는 가까운 친구들과 시간을 보내며 회사일을 등한시하는 부정적인 것으로 나타난다.

> **조작적 조건형성(operant conditioning)** 사람들이 긍정적인 결과를 나타내는 행동에 대해서 학습하고 부정적인 결과를 유발하는 행동을 학습하지 않는다는 사실에 근거한 학습유형

다양한 연구결과들이 강화의 효과성에 관해 다루어왔다. 예를 들어

- Slowiak(2014)은 병원에서 과제 분류, 목표설정, 피드백과 보상을 적절히 조합한 방식이 고객 만족도가 38% 상승하는 효과를 발견하였고 이 경우에 병원 근로자들은 적절한 인사말과 목소리를 사용하는 것으로 나타났다.
- Myers, McSween, Medina, Rost와 Alvero(2010)는 종업원 몰입, 피드백과 인정을 조합한 방식이 석유시추 플랫폼에서 사고율을 81% 감소시키는 것을 발견하였다.
- Austin, Kessler, Riccobono와 Bailey(1996)는 지붕공사를 하는 인부들에게 매일 성과에 대한 피드백을 주고 한 주당 금전적 보상을 주었다. 결과적으로 64%의 인건비 절약 및 80%의 안전도 개선을 달성하였다.
- Kortick과 OBrien(1996)은 뉴욕에 있는 포장 택배 회사에서 "World Series of Quality Control"을 도입하였다. 104명의 종업원들이 각 8명씩 13개 팀으로 나누어 배송의 양과 정확성을 기준으로 경쟁하였다. 성과에 대한 정보 및 팀 순위가 매주 공시되었고 1등한 팀은 피자를 부상으로 받게 되었다. 또한 매달 말 1등한 팀에게 지역 식당에서 저녁식사를 제공하였다. 결과적으로 이러한 방식의 프로그램은 배송 정확도를 높이는 결과를 가져왔다.

연구결과들은 종업원에게 보상하는 것은 동기부여 및 성과 향상과 관련되며 다음의 6가지 조건들이 함께 고려되어져야 함을 제시한다.

1. 인센티브 타이밍
2. 결과의 일치성(contingency)

3. 인센티브
4. 개인 및 집단 보상
5. 긍정적 인센티브(보상) 및 부정적 인센티브(처벌)
6. 인센티브 시스템의 공정성(형평성)

인센티브 타이밍

연구결과들은 보상과 처벌이 특정 행동이 발생한 직후 주어지는 것이 가장 효과적임을 제시해준다. 불행하게도 만약 보상의 타이밍이 너무 길다면, 성과개선이라는 측면에서 인센티브의 효과성을 방해받게 된다. 예를 들어 레스토랑에서 일하는 종업원은 고객을 응대할 때 다양한 서비스 관련 행동을 하고 고객은 이러한 서비스 행동에 대한 보답으로 팁을 주는 것이 일반적이다. 그렇지만 많은 팁을 받거나 적은 팁을 받을 때 레스토랑 종업원은 어떤 행동이 고객을 기분좋게 하거나 불쾌하게 했는지를 알 수 없다. 왜냐하면 레스토랑 종업원은 서비스를 제공하는 동안 다양한 행동을 하지만 고객의 팁은 다양한 행동이 종료되는 시점에서 제공되기 때문이다.

결과의 일치성

특정 행동에 대해 즉각적인 보상과 처벌을 주는 것은 어렵지만, 최소한 종업원은 특정 행동이 보상 또는 처벌을 일으킨다는 것을 알고 있어야 한다. 앞에서 제시된 레스토랑 종업원의 예에서 만약 종업원이 팁을 많이 또는 적게 받는 이유를 안다면 행동을 변화시킬 것이다. "당신은 서비스가 형편없어도 많은 팁을 준적이 있는가"라는 질문에 아마도 많은 사람들이 그런 적이 있다고 답할 것이다. 이런 상황에서 종업원들은 형편없는 서비스 제공행동에 강화되어 자신의 행동을 개선시키려 하지 않을 것이다. 마찬가지로 종업원이 최상의 서비스를 제공했더라도 적은 팁을 받는다면 계속해서 최상의 서비스를 제공할 가능성은 낮아지게 된다. 게다가 팁을 공동으로 관리하여 전체적으로 관리하여 개별 종업원들이 똑같이 나누어 갖는다면 개별 종업원의 행동과 보상의 일치성을 기대하기 어렵게 된다.

이러한 예가 보여주는 핵심은 보상과 처벌은 수행과 일치되어야 한다는 것이며 종업원들을 동기부여 시키기 위해서는 행동과 보상의 일치성이 중요하다는 것이다 (Podsakoff, Bommer, Podsakoff, & Mac-Kenzie, 2006). 만약 보상과 처벌이 즉시 제공되기 어렵다면 종업원들에게 행동과 결과의 관계성에 대해서 분명하게 인식시켜야 한다.

인센티브 유형

분명히 직무상에서 긍정적인 행동에 대해 보상을 주는 것은 중요하다. 그러나 마슬로우 위계에 대한 논의 부분에서 제시되었듯이 종업원들은 서로 다른 가치를 가지고 있고 이는 상사가 서로 다른 강화물에 접근 가능해야 하며, 활용할 수 있게 훈련되어져야 하는 이유가 된다. 예를 들어 어떤 종업원은 칭찬을 선호하지만 다른 종업원들은 직무상에서의 흥미 또는 금전적 보상을 선호한다. 실제적으로 Stajkovic과 Latham(1997)이 수행한 메타분석은 금전적, 비금전적 및 사회적 보상 모두 직무성과 수준 향상에 기여함을 제시하였다. 종업원들이 무엇을 원하는지에 대한 정례화된 조사가 중요한데 그 이유는 종종 상사와 부하 간에 원하는 것과 중요하게 생각하는 것 간에 차이가 존재하기 때문이다(Babcock, 2005).

다양한 유형의 인센티브 사용의 좋은 예는 La Porte 병원 사례이다. "Caught You Caring" 프로그램의 일환으로 La Porte 병원은 환자를 잘 돌본 직원들에게 공식적인 칭찬, 기프트 카드 및 작은 선물 등 다양한 유형의 인센티브를 제공하였다. 이러한 보상의 사용은 La Porte 병원의 이직률은 4%에 그치고 있어 이는 다른 유사한 병원의 이직률이 18%임을 감안하면 상당히 낮은 수치이다(Renk, 2004).

다양한 유형의 보상 제공의 효과성 정도는 처벌의 경우에도 적용된다. 3일 동안 회사에 나오지 못하게 하는 것은 돈이 필요한 사람에게 효과적이고, 면전에서 소리를 지르는 것은 이러한 행동을 두려워하는 사람에게 효과적이며, 승진을 안 시키겠다고 위협하는 것은 승진을 열망하는 사람에게 효과적인 것이다.

프리맥 원리

조직 구성원의 개별적인 요구를 충족시키기 위한 인센티브를 제공하는 흥미로운 방식은 **프리맥 원리**에 기반한 것이다(Premack, 1963). 이 원리는 보상은 상대적인 것이므로 상사는 강화물로 나타나지 않은 표면적인 것을 활용하여 부하들을 강화시킬 수 있다는 것이다. 이 원리를 설명하는 가장 좋은 방법은 **강화위계** 구조를 통한 것인데, 이는 조직 구성원들이 선호하는 다양한 강화물들은 위계적으로 구조화된다는 것이다.

그림 9.1에 제시된 바와 같이, 예를 들어 어떤 조직의 구성원들이 가장 원하는 것이 금전과 휴가인 반면, 가장 피하고 싶어하는 것은 청소하기와 정리하기이다. 종업

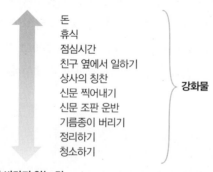

그림 9.1
프리맥 원리

원들은 만약 적절하게 청소하는 작업을 잘 끝내는 경우에 금전적 보상을 주면 일을 잘하게 될 것이지만 이는 비용이 많이 수반되게 된다. 따라서 프리맥 원리에 따르면 청소하기보다 조금 선호도가 높은 활동을 할 수 있게 허용해 줌으로써 청소하는 활동을 열심히 하게 할 수 있다고 제안한다. 어떤 사람의 강화위계를 보면 기름종이를 버리는 것을 더 좋아하는 것으로 나타났는데 그 이유는 기름종이를 소각장에 버리러 가면서 신선한 공기를 마실 수 있기 때문이다. 따라서 이 사람에게는 기름종이를 버리러 가는 것을 강화로 사용하면 된다.

프리맥 원리는 조금 이상해 보이지만 여러분이 스스로 공부할 때 사용했던 경험을 생각해보면 이해할 수 있다. 목표했던 양을 학습한 후에 물을 마실 수 있게 되는 경우, 비록 물을 마시는 것이 그렇게 여러분을 행복하게 만들지는 않지만 공부하는 것보다는 행복한 것이기게 학습을 마치고 물을 마시는 것을 허용하는 것을 학습을 증가시킬 것이다.

저자의 경우에도 고등학교 학생일 때 증권사 보고서를 인쇄하는 인쇄소에서 일한 적이 있다. 모든 신입직원들은 완성된 책자를 운반하는 일을 해야 하는데 500권의 책을 일정한 장소로 이동시키는 일이었다. 여러분이 예상할 수 있듯이 이 일은 매우 지루한 것이다. 종업원들을 동기부여 시키기 위해 감독자는 빨리 일을 마친 사람은 쓰레기를 치우거나 점심을 나르는 일 또는 완성된 책자를 카트에 실어 나르는 일을 할 수 있게 해 주었다. 나는 인쇄소 일을 그만 둔 후 10년이 지나도록 감독자가 매우 지루한 일에 보상을 주어 이보다 덜 지루한 일을 하게 하는 프리맥 원리를 사용했는지 알아채지 못하고 있었다.

또 다른 예는 프리맥 원리 사용의 달인인 학과장이다. 봉급인상의 양과 확률 모두 낮은 상태에서 금전적 보상을 통해 교수들을 동기부여 시키기는 매우 어려운 실정이었다. 대신에 학과장은 동기부여를 위해 바람직한 행동을 보이는 교수에게 강의 스케줄, 강의 선택권을 우선적으로 부여하였다. 이러한 방식은 나의 입장에서는 금전적 보상보다 더 나은 강화물이었다.

물론 학과장은 프리맥 원리를 성공적으로 활용하였다. 왜냐하면 그는 모든 학과 교수들의 강화위계에 대해서 잘 알고 있었기 때문이다. 예를 들어 나는 행정업무를 맡는 것을 싫어하지만 다른 나의 동료는 학교 행정업무 하는 것을 좋아한다. 따라서 학과장은 나의 동료에게는 행정일을 맡도록 하고 나에게는 내가 가치를 두고 있는 연구를 하게 하였다. 마찬가지로 어떤 교수들은 아침강의를 좋아하는 반면 다른 교수들은 저녁 강의를 선호한다.

프리맥 원리의 효과성을 지지해주는 연구결과가 Welsh, Bernstein과 Luthans (1992)에 의해 제시되었다. 패스트푸드 레스토랑에서 일하는 직원들을 대상으로 한 연구에서 직원들에게 특정 기간 동안 실수를 하지 않은 직원들에게는 원하는 직무선택권을 주겠다(예, 프렌치 프라이를 조리하는 것, 버거를 뒤짚는 것)고 하여 직원들의 업무상 실수를 감소시켰다.

비록 조작적 조건형성과 프리맥 원리가 사람들의 동기부여와 성과개선에 도움이 되는 것으로 나타났지만, 사람 및 직무에 따라 내재적으로 동기부여 될 수 있음을 주장하는 Deci(1972)는 프리맥 원리 적용에 대해 주의해야 한다고 제안하였다. 다시말해서, 사람들이 동기부여 되는 이유는 보상을 받기 때문이 아니라 일 자체를 좋아하기 때문이라고 주장하였다. 많은 연구들(이들 중 많은 부분이 Deci에 의해 수행됨)이 자신이 수행한 일의 양에 의해서 사람들에게 보상하는 것은 일 자체에 대한 즐거움을 감소시킴을 제시하고 있다. 따라서 금전적 보상의 사용이 불가능하다면 보상이 사용되었을 경우보다 동기부여 수준이 떨어질 것이라는 결론을 제시한다. 비록 Deci의 결론이 흥미롭기는 하지만 어떤 연구자들(예, Dickinson, 1989)은 외적인 보상이 내적인 동기를 감소시킨다는 결론은 문제가 있음을 지적한다.

금전적 보상

금전적 보상은 종업원 보상에 있어서 차등적인 금액을 지급하거나 특정 목표를 달성한 것에 대해서 "보너스"를 지급하는 금전적 보상을 통해 일을 잘하는 종업원들을 동기부여 시키기 위해 사용될 수 있다. 그림 9.2에 제시된 바와 같이 보상계획은 종업원들에게 안전감을 주기 위해 기본급과 성과급을 모두 포함하여 설계되어야 한다. 이러한 안전감의 요소는 원하지 않은 근무 순환 및 지역별로 차이나는 생활비와 같은 요소들이다. 비록 인센티브 시스템이 더 높은 수준의 성과를 나타내기도 하지만, 잘못 설계된 경우에는 스트레스 증가와 성과 감소와 같은 부정적인 결과도 유발시킬 수 있다.

또한 보너스나 상금과 같은 형태의 금전적 인센티브도 종업원을 동기부여 시킬 수 있다. 예를 들어 McDonald's에는 종업원에 대해서 장학금 지급 프로그램을 운영하고 있다. 버지니아에 있는 Banker Steel은 생산성에 대해 보너스를 지급하며 Abuelo라는 맥시코 식당 체인은 특별한 성과를 보인 직원에게 "가상 머니"를 지급하는데 이는 회사소유 상점에서 물건을 구입할 때 활용할 수 있다.

인정

금전적 인센티브를 지급하기보다는 많은 조직들은 인정 프로그램을 통해 조직 구성원의 행동에 대해 보상을 제공한다. 예를 들어

- United Airlines은 매해 서비스를 잘 한 직원에 대해서 배지를 수여하고 특별한 축하행사를 한다.
- 세인트 루이스에 위치한 수퍼마켓 체인인 Dierbergs에서는 Extra Step이라는 동기부여 프로그램을 통해 고객의 요구를 만족시킨 직원을 격려해준다. 5년간 시행결과 이 프로그램을 통해 이직률이 47%에서 25%로 감소하는 결과를 가져왔다.

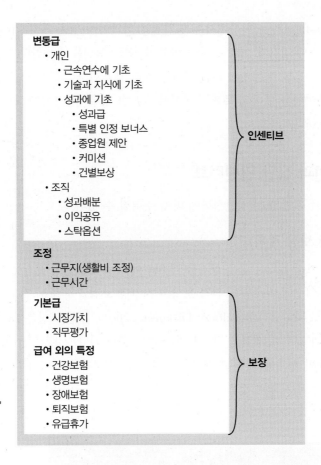

그림 9.2
보상 계획

■ 대부분의 대학들이 부교수 직함을 가진 교수들을 대상으로 서비스와 연구에 대해서 인정해주는 상을 수여한다.

■ Best Buy, Kohl's와 Helen Keller 병원과 같은 회사에서는 1달 동안 개인 주차 공간을 사용할 수 있는 권한을 부여한다.

몇몇 조직에서는 인정에 대한 결정을 동료들이 한다. 예를 들어 노스 캐롤라이나의 Angus Barn 레스토랑에서는 "고객의 선택"이라는 상을 동료들이 선정하도록 하게 하고 있으며 네브라스카의 Oakland Mercy 병원에서도 동료가 최고의 직원을 선정하도록 하고 있다.

사회적 인정이라고 불리는 비공식적인 인정 프로그램은 종업원 동기부여에 상당히 중요한 역할을 하고 있음이 밝혀졌다. 사회적 인정은 개인적 주목, 동의의 표시(예, 미소, 고개 끄덕거림)와 감사 표현으로 이루어진다(Stajkovic & Luthans, 2001)

사회적 인정(social recognition) 개인적 주목, 동의표시, 감사표현과 같은 방법을 포함한 동기부여 기법

여행

많은 조직들이 금전적 보상보다 여행을 보상으로 사용한다. 예를 들어 McDonald's의 모든 임원들은 하와이, 플로리다, 네바다의 타호호수에 있는 회사소유의 콘도에 고성과자 종업원을 1주일 휴가를 줄 수 있게 추천할 수 있는 권한을 가지고 있다.

Chick-fill A라는 회사에서는 영업팀이 하와이 여행을 가기 위해 경쟁한다. Motorola 에서는 관리자가 여행 보상을 받을 수 있는 직원을 추천한다. 다소 여행 보상을 특이 하게 적용한 예는 Just Born이라는 캔디 제조회사로 회사 매출이 4% 증가하면 하와 이로 여행을 보내고 목표를 달성하지 못한 경우에는 1월에 노스 다코타 파고로 여행 을 보낸다.

개인과 집단 인센티브

보상은 개인 또는 집단성과에 따라 주어질 수 있다.

개인 보상 계획

개인 보상 계획은 높은 성과를 낸 사람에게 많은 금전적 보상을 주는 것으로 설계되었 으며 연구에 따르면 금전적 보상은 시간당 고정급을 주는 것보다 성과를 증가시키는 것으로 나타났다(Bucklin & Dickinson, 2001). 개인 보상은 13장에서 논의된 사회적 태만과 같은 문제점을 감소시키는 데 도움이 된다. 시행하는 데 있어 가장 어려운 점 은 개인 성과에 대한 측정이다. 객관적인 측정치를 개발하는 것뿐 아니라 상사들은 부하를 평가하는 것을 싫어하기 때문이다. 특히 자신이 내린 결정이 종업원의 봉급

이달의 종업원에게 지정 주차공간을 제공하는 것은 가치 있는 종업원을 인정해주는 많은 방법 중 하나이다.

© Photo courtesy of Lee Raynes

에 영향을 미치는 경우에는 더욱 그러한 것으로 나타났다(Schster & Zingeim, 1992).

다른 문제점은 개인 보상 계획이 종업원 간의 경쟁을 유발하기 때문이다. 경쟁이 항상 부정적인 것은 아니지만 이것은 현재 추세인 팀제와는 맞지 않는다. 그렇지만 적절히 적용된다면 팀 환경과 개인 보상 프로그램은 공존하게 되어 높은 성과를 나타낼 수 있다는 연구결과도 있다(Steers & Porter, 1991). 세 번째 문제점은 보상 계획이 종업원들을 동기부여 시키기 위해서는 종업원들이 보상 시스템에 대해서 잘 알고 있어야 한다는 것이다. 놀랍게도 단지 40%의 종업원들만이 자신의 봉급이 어떻게 결정되는지에 대해 이해하고 있다는 보고가 있다(Grensing-Pophal, 2003).

가장 잘 알려진 개인보상 계획은 **성과별 지급 프로그램**과 **업적급**이다.

성과별 지급 프로그램. EAR(*earning at risk*)라고도 불리는 성과별 지급 프로그램은 개인이 얼마나 많은 생산을 하였는가에 의해 보상을 지급하는 것이다. 가장 단순한 성과별 지급 프로그램은 커미션(판매량에 대한 보상)과 건별보상(일한 분량에 따른 보상)이다.

복잡한 성과별 지급 프로그램을 설계하는 데 있어 첫 번째 단계는 평균생산량을 결정하는 것이다. 예를 들어 우체국에서 편지를 정리하는 사람이 시간당 300통 정도한다고 하는 것과 같은 것이다. 다음 단계는 바람직한 평균 급여를 결정하는 것이다. 예를 들어 편지 정리하는 사람이 시간당 12달러를 받는다고 결정하는 것이다. 다음 단계는 시간당 봉급을 시간당 생산량으로 나누어(12/300) 한 단위 급여를 계산 (.04)하는 것이다. 따라서 우체국의 예에서 1개 편지를 정리하는 가격은 4센트가 된다. 만약 어떤 사람이 시간당 400통을 정리하면 시간당 16달러를 받게 된다. 만약 200통밖에 정리하지 못했다면 8달러를 받게 된다. 근로자들에 대한 안전망으로 최소 임금법은 최악의 종업원이라고 해도 최소한 생활할 수 있는 수준의 소득을 보장해 준다. 그림 9.2에 제시된 바와 같이 대부분의 조직은 기본적인 금전적 보상을 받을 수 있게 보장해주고 있다. 사실상 연구결과에 따르면 기본급에 성과급을 더해서 받는 급여와 단위당 생산량에 따라 받는 급여에는 차이가 없는 것으로 나타났다(Dickinson & Gillette, 1993).

성과별 프로그램에 대한 좋은 예가 아리조나주 피닉스에 위치한 법원 기록 관리센터의 예이다(Huish, 1997). 센터에서는 종업원의 급여수준이 증가할수록 생산성이 떨어진다는($r = -.49$) 사실에 기초해서 성과별 지급 프로그램을 도입하였다. 프로그램의 핵심은 각 종업원들은 시간당 7달러 20센트의 기본급을 받고 업무실적의 양과 질에 따라 추가적인 인센티브를 받을 수 있게 설계되었다. 이 프로그램을 통해 종업원 보상은 시간당 2달러 60센트 증가하였고 단위 비용이 39센트에서 21센트로 절약(한 단위는 마이크로 필름으로 전송된 법원 문서 1페이지)되었고 저장공간도 감소시키는 효과를 가져왔다.

노스 다코다 파고에 있는 Tharaldson Enterprises는 300개 호텔체인에 근무하는 청소부들의 급여체계에 변화를 주었다. 시간당 급여를 주기보다는 자신이 청소한 방의 개수에 따라 급여를 주는 방식으로 바꾼 것이다. 이러한 변화를 통해 회사에 연간 200만 달러의 비용 절감효과가 있었으며 청소부들에게는 과거 시스템보다 더 적은 시간 일하고 더 많은 급여를 받을 수 있는 효과를 가져왔다(Tulgan, 2001).

아칸소 주에 있는 리틀락에 위치한 Union National 은행은 은행원들에게 응대한 고객 수, 신규통장 가입 고객 수 등을 기준으로 성과별 보상 프로그램을 적용한 결과 은행원들은 평균 25%의 급여증가와 은행이익은 거의 2배로 증가하였다.

비록 성과별 보상 프로그램이 종업원과 조직 모두에 이익이 되는 것처럼 보이지만 몇몇 연구에서는 종업원들이 이러한 프로그램에 대해 불만족한다고 보고하고 있다(Brown & Huber, 1992).

업적급. 업적급과 성과별 프로그램의 가장 큰 차이점은 업적급은 인센티브에 대해 판매량과 생산량과 같은 객관적인 측정치보다는 성과 평과 점수에 기초해 지급된다는 것이다. 따라서 업적급은 성과에 대해 측정하기 어려운 직무에 적용하는 데 유용한 기법이다.

미국의 경우 성과평가 점수와 업적급 간의 실제적인 관계는 조직에 따라 차이가 큰 것으로 나타났다. 정신 건강센터와 같은 비영리 조직에서는 각각의 종업원에 대한 성과평가 평점은 가능한 전체 성과 점수로 나누어 비율점수를 구한 후에 이 점수를 최대 3%의 업적을 곱해서 종업원이 개별적으로 받을 수 있는 봉급을 결정하였다. 이 시스템을 통해 종업원은 최고점을 받아야 3%를 받을 수 있었고, 대부분의 종업원들이 2%에서 2.5% 사이를 받았다.

캘리포니아 공공 교통 시스템에서 사용한 업적급 시스템은 업적급 인상이 다음해의 기본급과 연동된다는 점만 제외하고는 정신 건강센터의 경우가 같다. 따라서 정신 건강센터같이 매해 독립적으로 계산되는 것과는 다르게 봉급에 지속적인 영향을 미치는 것이다. 노스 다코타의 Bismarck라는 회사에서는 종업원의 업적급을 컴퓨터 프로그램화해서 자기 평가(25%), 동료평가(25%), 상사평가(50%)를 반영하고 있다. Bismarck에서는 생활비 또는 매해 자동인상은 봉급에 반영하지 않는다.

업적급에 대한 종업업들의 반응에 대한 연구결과는 일관적이지 않다. 어떤 연구에서는 종업원들이 업적급 체계를 좋아한다고 하지만 다른 연구에서는 부정적인 반응을 보였으며 체계가 공정하지 않다는 반응을 보였다(Siegall & Worth, 2001). 당연한 이야기지만, 종업원들은 만약 자신이 현재 시스템을 개발하는 데 참여한 경우에는 가장 만족도가 높게 나타났다(Gilchrist & White, 1990).

업적급이 가지는 가장 큰 문제점은 급여상승이 주관적인 성과평가에 기초하고 있다는 것이다. 이 점을 알고, 어떤 상사들은 성과평가 점수를 실제보다 높게 부여하여 부하의 봉급을 올려주어 부하들로부터 인기를 얻으려 한다. 또한 관리자들은 특정 직무에서 기본급이 지나치게 낮게 책정된 경우에 성과평가 점수를 실제보다 높게 부여하는 행동을 한다.

업적급이 가지는 또 다른 문제점은 업적급으로 지급할 수 있는 총액이 매년 변화한다는 것이다. 어떤 해에는 높은 수준의 성과를 보여 많은 보너스를 받을 수 있지만 다른 해에는 한 푼의 보너스도 받지 못할 수 있다. 이러한 현상은 공공 영역에서 더욱 그렇다. 업적급 체계가 성공적으로 운영되기 위해서는 동기부여 시키기 위한 수준(약 7%) 정도의 기금이 지속적으로 활용 가능해야 한다(Bhakta & Nagy, 2005; Heneman & Coyne, 2007).

집단 보상 계획

집단기반 또는 조직기반 보상계획의 기본적인 아이디어는 조직의 성공과 실패에 종업원들을 참여시키자는 것이다. 개별적인 경쟁을 부추기기보다는 이는 집단목표 달성에 대해 종업원들에게 보상을 주는 것이다. 집단보상이 가진 문제점은 사회적 태만을 유발할 수 있으며 종업원들에게 복잡한 절차에 대한 설명을 제시하기 어렵다는 데 있다. 이러한 문제점에도 불구하고 메타분석 결과는 팀 기반 인센티브 프로그램(d = 1.40)이 개인 기반 인센티브 프로그램(d = .55)보다 더 좋은 성과를 나타낸다는 것을 보여준다(Condly, Clark, & Stolovitch, 2003).

이익공유. 이익공유는 1794년 미국에서 Albert Callatin에 의해 제안된 방법이다(Henderson, 2006). 이름에서 알 수 있듯이 이익공유 프로그램은 특정 금액을 넘어서는 이익을 종업원들에게 나누어주는 것이다. 예를 들어 종업원들에게 기본급 외에 회사가 6%이상 수익을 낸 경우 이익금의 50%에 대해서 배분을 받을 수 있다. 이 경우 조직은 연구 개발에 이익금을 투자해야 하기 때문에 5%까지는 이익금을 분배하지 않는 안전장치를 가지고 있다. 분배해야 하는 이익금은 보너스로 종업원들에게 직접 지급되거나 연금펀드에 적립된다. 이익공유는 종업원들이 성과와 이익 간의 관계성에 대해서 이해하고 회사가 이익을 낼 수 있는 확률이 높다고 지작할 때 조직 구성원의 동기부여에 효과가 있다. 또한 이익공유는 종업원 몰입도 증진에 기여한다는 연구결과도 제시되었다(Fitzgibbons, 1997; Bayo-Moriones & Larraza-Kintana, 2009).

성과배분제. 전체 조직의 약 11%에서 적용하는(Mercer Consulting, 2005), **성과배분제**는 조직 전체의 금전적 인센티브를 조직 성과개선과 연결시키는 것이다. 비록 1935년 밀워키 주의 Nunn Bush Shoe 회사에서 최초로 시작되었지만 1970년대 이후에 많은 조직에 적용하게 되었다(Gowen, 1990). 성과배분제는 세 가지 중요한 요소들을 가지고 있다(협력적 관리철학, 개선에 기반한 보상, 집단 기반 보너스,

성과배분제(gainsharing) 집단성과 개선에 기반하여 보너스를 결정하는 집단보상 체계

Gomez-Mejia, Welbourne, & Wiseman, 2000; Hanlon & Taylor, 1992).

전형적인 성과배분 프로그램은 다음과 같이 작동된다. 첫째, 회사는 **기저선**을 설정하기 위해 일정기간 동안 성과 측정치에 대해 종업원의 성과에 대해 모니터링해야 한다. 이후 기저선 이상의 성과목표가 설정되고 성과목표가 달성되었을 경우 매분기 보너스를 받게 될 것이라고 종업원들에게 알려준다. 목표설정을 더 효과적으로 하기 위해 현재 성과가 목표와 어떤 관련성이 있는지에 대한 지속적인 피드백이 제시되어야 한다. 각 분기 말에 종업원이 속한 팀의 성과에 기반해 보너스가 지급된다.

성과배분 프로그램을 성공적으로 적용한 예는 오하이오 주의 Dona Corporation Spicer Heavy Division facility이다. Dona 공장의 종업원들은 생산량이 설정된 기저선을 넘어선 경우 금전적인 보너스를 받았다. 성과배분 프로그램은 종업원들의 제안 수, 생산량 및 생산성을 획기적으로 개선시키는 효과를 나타냈다. 매달 평균급여의 평균 14%가 종업원들에게 초과 지급되었으며 이 수준은 연간 총 급여의 11~16% 수준이었다.

또 다른 예는 Southern California Edison의 예로 종업원들은 기본급의 5%를 감액하는 데 동의하였다. 대신에 성과배분 프로그램을 통해 10~15%를 초과로 받을 수 있는 기회를 부여받았다. 1995년 한 해에만 9,600만 달러의 이익을 내 4,000만 달러가 종업원들에게 분배되었다.

일반적으로 성과배분 계획은 효과적으로 보인다. 성과배분 프로그램에 대한 연구는 성과배분 프로그램이 성과개선, 종업원들의 만족도 향상, 결근율 감소에 기여하는 것으로 나타났다(Gowen, 1990). 다른 인센티브 계획과 마찬가지로 성과배분 프로그램은 종업원들이 공식적으로 프로그램의 설계와 운영에 관여하고(Bullock & Tubbs, 1990), 성과와 금전적 지급 간의 시간적인 간격이 길지 않을 경우에 효과적인 것으로 나타났다(Mawhinney & Gowen, 1990).

스톡옵션. 비록 **스톡옵션**이 가장 복잡한 조직에서 제공하는 인센티브 계획이지만 2010년 딜로이트에서 수행한 조사결과에 따르면 민간회사 중 25% 이상이 이 제도를 운영하고 있는 것으로 나타났다. 스톡옵션을 통해 종업원들은 미래에 현재의 가격으로 주식을 살 수 있는 기회를 가지게 된다. 일반적으로 스톡옵션은 행사할 수 있는 기간이 정해져 있다. 이러한 아이디어는 회사의 실적이 좋아서 미래에 주식 가치가 상승하면 종업원들이 이익을 볼 수 있다는 것이다. 예를 들어 특정 시점에서 AT & T의 주식이 주당 55달러라고 하면 회사는 향후 10년 동안 종업원에게 주당 55달러로 주식을 매입할 수 있는 권한을 부여한다. 10년 후에 주식이 주당 75달러가 된다면 각 주당 20달러의 이익을 볼 수 있다. 하지만 주식 가치가 하락하여 45달러가 된다면 종업원은 55달러로 주식을 구입할 권리를 포기할 수 있다.

스톡옵션은 종업원에게 조직의 장기적인 성공에 대해서 공유할 수 있게 한다. 사실상 스톡옵션 제도에 대해 GTE, United Airlines, Home Depot, Foldcraft Company 는 종업원들이 금전적인 이익뿐 아니라 조직의 생산성 향상에도 기여한다고 보고하고 있다. 종종 스톡옵션은 조직 구성원들이 주식시장 및 인센티브와 성과에 대한 이해가 부족하여 동기부여로서의 효과가 별로 없다는 생각을 할 수 있다. 하지만 회사에 대한 부분적인 소유권을 가지는 것은 성과를 증진시킬 수 있다. 예를 들어, 호텔 관리자들을 대상으로 한 연구에서 Qian(1996)은 관리자의 소유권의 정도와 호텔의 이익 간에 통계적으로 유의한 상관이 있음을 발견하였다.

기대이론

이 장에서 논의된 많은 요인들을 통합한 하나의 영향력 있는 동기이론은 Vroom (1964)에 의해 처음 제안되고 후에 Porter와 Lawler(1968)에 의해 수정된 **기대이론**이다. 이 이론은 3가지 구성요소를 제안하고 있는데 연구자들에 따라 정의에 있어서 다소 차이가 있다. 다음에 제시되는 3가지 요인에 대한 정의들은 여러 이론가들이 제안한 개념을 통합한 것이며 쉽게 이해할 수 있게 제시하였다.

> **기대이론(expectancy theory)** 동기는 기대, 도구성 및 유인가에 의해 결정된다는 Vroom의 이론

- **기대(E)**: 종업원이 들인 노력의 양과 결과 간의 지각된 관계성
- **도구성(I)**: 종업원의 성과가 특정한 결과를 나타낼 수 있는지에 대한 정도
- **유인가(V)**: 특정한 결과에 대해 종업원이 부여하는 가치의 정도

종업원의 동기수준을 예측하기 위해서는 3가지 구성요소들을 포함한 다음의 공식에 따르게 된다.

$$동기 = E (I \times V)$$

따라서 괄호 안에 있는 I와 V의 곱이 먼저 계산되고, 다음에 괄호 밖에 있는 E가 곱해져 특정 행동의 모든 가능한 결과들이 결정된다. 이 공식에서 볼 수 있듯이 각각 요소들의 값이 클수록 한 개인의 동기부여 수준은 증가하게 된다. 이를 좀 더 상세히 설명하기 위해 각각의 요소들에 대해 좀 더 상세히 살펴보기로 하자.

기대에 대해서 말하자면 만약 어떤 사람이 자신이 얼마나 열심히 하든 간에 결코 요구되는 수준의 성과를 낼 수 없다고 하면 동기는 낮아질 것이다. **도구성**에 대해서 말하자면 사람들이 동기부여 되기 위해서는 자신의 행동이 어떤 구체적인 결과를 낼 수 있어야 할 것이다. 다시 말해서 만약 어떤 사람이 초과근무를 한다면 이 사람은 보상을 받을 것을 기대하며, 만약 무단 결근을 하는 경우에는 처벌받을 것을 예상하게 된다. 어떤 행동이 원하는 결과를 일으키기 위해서는 2가지 사건이 반드시 일어나야 한다. 첫째, 어떤 개인의 행동이 알려져야 한다. 만약 종업원이 과업에서 원하는 특정 수준의 성과를 낼 수 있지만 이 성과가 알려지지 않는다고 지각하면 동기부여 수준은 낮을 것이다. 둘째, 알려진 행동은 보상받아야 한다. 만약 보상이라는 것이 없

다면 동기부여 수준은 낮을 것이다. 이 장에서 논의하였듯이 만약 적절한 행동이 긍정적인 결과를 유발하지 않거나 부적절한 행동이 부정적인 결과를 일으키지 않는다면 부정적인 행동을 계속할 가능성은 증가하게 되고 긍정적인 행동을 계속할 가능성은 감소하게 된다.

도구성에 대해 살펴보면 만약 사람이 보상받으면 그 보상은 자신에게 가치있어야 한다는 것이다. 만약 좋은 성과에 대해 상을 받았다면 자신이 받은 상이 사람에게 가치있다고 여겨져야만 동기부여 된다. 마찬가지로 어떤 종업원에 대해 정직이라는 벌을 내린 경우에 그 종업원이 금전적인 요구가 있는 경우에만 정직은 효과적인 처벌이다. 만약 벌을 받은 직원이 자신이 하는 일을 좋아하지 않아 정직 기간 동안 여행을 떠날 기회를 갖는다면 정직이라는 처벌은 결코 효과적인 것이 아니다. 현장연구에서 Fox, Scott과 Donohue(1993)는 성과에 대한 금전적 보상이 주어지는 환경에서 금전적 보상은 돈에 대해 높은 가치를 두고 있는 사람에게만 효과적임을 밝혔다. 또한 버지니아의 한 은행에서는 은행 창구직원이 평균적으로 매달 단 3건의 신규 비자카드를 개설하는 부진한 실적을 개선하기 위해 관리자들은 이를 향상시킬 수 있는 방법에 고민하였다. 신용카드 신규고객 수 증가를 위해 창구직원들에게 매달 25명의 신규고객을 유치하면 5달러의 보상을 주겠다는 보상프로그램을 실시하였다.

관리자들은 의아해 했지만 이 보상 프로그램은 실패로 끝났다. 하지만 산업 및 조직심리학자들은 기대이론을 적용하여 실패의 원인을 분석하였다. 첫째, 기대이론의 구성요소들을 살펴보자. 만약 창구직원이 매달 3명의 신용카드 신규고객을 유치하였다면 자신이 아무리 열심히 해도 25명의 신규고객을 유치하는 것은 불가능하다고 지각했을 것이다. 따라서 이 프로그램에 대한 기대확률은 낮다고 할 수 있다.

둘째, 대부분의 창구직원들은 매달 5달러의 추가보상을 받는 것에 대해 가치를 두고 있지 않기에 5달러가 주는 유인가는 낮다고 할 수 있다. 따라서 기대이론에서 제시하고 있는 3가지 요소 중 2가지가 낮기 때문에 이 프로그램은 실패할 수 밖에 없다. 후에 이 은행은 신규카드 고객 수를 25명에서 10명으로 낮추고 보상을 5달러에서 20달러로 올리게 된다. 이러한 단순한 변화가 신용카드 신규 고객 수를 증가시키는 결과를 가져오게 되었다.

종업원의 동기를 예측하는 것 이외에 기대이론은 과속운전과 시험시간에 부정행위를 하는 것에 적용될 수 있다. 예를 들어 시험시간에 부정행위를 하는 것을 설명하자면, 일반적으로 시험을 보는 상황을 생각해보자.

첫째, 기대이론의 구성요소를 보면 부정행위를 하고 잡힐 확률을 생각할 수 있을 것이다. 부정행위를 하는 학생들은 잡힐 확률이 매우 낮다고 믿는다. 다음으로 도구성 요소를 생각해보면 부정행위를 함으로써 잡혔을 때 발생하는 부정적인 결과에 대한 확률이라고 할 수 있다. 많은 대학에서 이러한 확률은 낮다. 학생이 부정행위를 했다고 증명하기 어려울 뿐 아니라 학생이 처음 부정행위를 한 경우에 겨우 며칠 동안의 정학으로 처리된다.

마지막으로 유인가 요소를 고려해 보자. 부정행위한 학생이 잡혀서 정학을 받은 경우라 할지라도 그것이 그렇게 치명적인가? 많은 학생에게는 며칠 동안의 휴식이 그렇게 나쁜 것은 아니다. 따라서 세 가지 요소를 고려한다면 부정행위가 자주 발생하는 것은 놀라운 일은 아니다.

또한 기대이론은 종업원 동기를 변화시키는 방법에 활용될 수 있다. 은행의 예에서 보듯이 성과 기준을 받아들일 수 있게 만들고 보상이 가지는 가치를 증가시킴으로 인해 동기부여가 증가함을 알 수 있었다. 유사하게, 만약 이 이론을 부정행위 감소에 적용한다면, 부정행위를 하는 학생을 더 쉽게 잡아낼 수 있게 만들고 부정행위에 대한 처벌을 더 강하게 한다면 부정행위를 줄일 수 있다.

비록 기대이론이 종업원의 동기를 예측하고 증가시키는 흥미롭고 유용한 방법이기는 하지만 몇몇 연구자들은 비판적인 관점을 취한다. 주요한 비판은 기대이론에서 제시한 모든 요소들이 곱해져서 동기가 결정된다는 공식에 관한 것이다. Schmidt (1973)는 동기부여는 각각의 요소들의 곱보다는 합산에 의해 결정되는 것이 더 타당함을 주장한다. 왜냐하면 곱으로서 공식을 정의하면 다른 요소들의 값이 크더라도 하나의 요소가 0인 경우에는 동기부여 수준이 0으로 나타나기 때문이다.

다른 비판은 각각의 요소에 부여되는 값과 관련된다(Ilgen, Nebeker, & Pritchard, 1981). 비록 유인가와 도구성이 쉽게 측정될 수 있음에도 불구하고(Mitchell, 1974), 이 이론은 사람들이 이성적으로 행동하는 경우에 가장 예측력이 높지만(Stahl & Harrell, 1981), 실제로 어떤 사람이 **내적 통제위치**를 가진 경우(Lied & Pritchard, 1976)에는 예측력이 떨어진다고 주장한다. 이러한 공식에서의 문제점에도 불구하고 이 이론은 종업원 행동을 예측하는 데 있어서 가장 유용한 이론 중 하나이다.

내적 통제위치(internal locus of control) 사람들이 인생에서 성공 또는 실패에 대해서 책임감과 통제감을 가지고 있는 정도를 나타내는 개념

보상과 처벌

바람직한 행동에 대한 보상 외에 바람직하지 않은 행동에 대한 처벌을 통해 종업원 행동을 바꿀 수 있다. 다시 말해서 결근하지 않은 종업원들을 보상하기보다는 결근한 종업원들에 대해 처벌할 수 있다. 또한 높은 성과에 대해 금전적 보상을 주는 대신에 낮은 성과에 대해 승진을 시키지 않는 행동을 할 수 있다. 비록 많은 심리학자들이 처벌에 대해 부정적인 입장을 취하고 있지만, 관리자들은 일반적으로 처벌 또한 효과적인 것이라고 믿고 있다(Butterfield, Trevino, & Ball, 1996).

처벌이 적절히 사용된다면 특정 종업원의 바람직하지 않은 행동을 감소시키며 다른 종업원들에게는 하나의 규범을 제공하는 기능을 한다. 처벌에 대한 반대 주장은 처벌을 일시적인 행동변화만 일으키고 적절한 행동이 무엇인지를 가르치지 못하고 분노를 유발한다고 제시한다. 또한 처벌은 규칙위반을 하면 안 된다는 것을 학습

시키기보다는 규칙위반을 할 수 있는 새로운 방법을 모색하게 만든다고 주장한다. 리더가 보여주는 보상과 처벌행동을 비교한 메타분석에 따르면 보상과 처벌 행동 모두 종업원의 태도와 행동에 영향을 주지만 효과의 크기 면에서 보상이 더 효과적이라는 결과를 제시하였다(Podsakoff, Bommer, Podsakoff, & MacKenzie, 2006).

처벌이 효과적이기 위해서는 조직 구성원들에게 처벌받는 이유를 알게 하고 다른 방식으로 행동하면 원하는 보상을 받을 수 있음을 인식시켜야 한다. 또한 처벌은 지은 "죄에 합당"해야 한다. 만약 처벌이 죄에 비해 지나치다면 분노를 유발할 것이며, 지나치게 가볍다면 행동변화에 대한 동기를 일으킬 수 없다. 우리가 상상할 수 있듯이 처벌은 공개적으로 이루어지기보다는 개별적으로 이루어져야 한다.

보상과 자원이 공정하게 배분되는가?

형평이론(equity theory) 직무만족에 대한 이론으로 종업원들은 자신의 노력과 보상에 대한 비율이 타인의 노력과 보상에 대한 비율과 유사한 경우에 만족함을 가정

동기와 직무만족과 관련된 다른 요인은 종업원들이 공정하게 다루어지는가에 대한 지각의 정도이다. 이 주제와 관련된 최초의 이론은 형평이론이다(Adams, 1965). **형평이론**은 사람들의 동기와 직무만족의 수준은 타인과 비교해서 얼마나 공정하게 대우를 받는 것에 의해 결정된다고 주장한다. 만약 우리가 불공정한 대우를 받는다고 지각하면 상황 자체가 공정하게 될 때까지 우리의 신념 또는 행동을 바꾸려는 시도를 하게 된다. 3가지 요소들이 공정성 지각에 개입하게 되는데 이는 투입, 산출, 투입과 산출 비율이다.

투입(inputs) 종업원들이 직무수행에서 투입하는 요소

투입은 직무를 수행하면서 우리가 들이는 개인적 요소이다. 분명한 요소는 시간, 노력, 교육 및 경험을 말한다. 다소 불분명한 요소는 육아비용과 직장으로부터 거리와 같은 것이다.

산출(outputs) 종업원들이 직무수행한 결과 획득하는 요소

산출은 직무를 수행함으로써 획득하는 요소들이다. 분명한 요소는 급여, 상여금, 도전감 및 책임감이다. 다소 불분명한 요소는 친구와 사무실 가구와 같은 것이다.

투입대비 산출비율(input/output ratio) 종업원들이 직무수행 시 자신이 투입한 요소와 직무수행 결과 획득한 요소에 대한 비율

이 이론에 따르면 사람들은 무의식적으로 모든 투입과 산출에 대해서 고려하고 산출값을 투입값과 비교해 **투입 대비 산출비율**을 계산한다고 가정한다. 단순히 산출한 비율 자체는 특별히 중요한 것이 아니며 투입 대비 산출값을 자신의 동료 및 자신의 과거 경험과 비교하는 과정을 거치게 된다. 예를 들어 종합병원에서 일하는 Brad라는 직원이 40,000달러를 번다고 가정하자. Brad는 일주일에 40시간 일하고 대부분이 저녁근무와 주말근무로 이루어져 있다. 또한 경력 15년차로 병원에서 가장 기술이 뛰어난 간호사이며, 이러한 이유로 가장 다루기 힘든 환자에 배정되었다고 생각한다. Tom 또한 종합병원에서 일하는 간호사로 40,000달러를 번다. 9시부터 5시까지 근무하며 10년의 경력을 가지고 있다. 투입과 산출을 비교할 때 Brad는 Tom과 동일한 월급을 받고 있지만 더 많은 투입(나쁜 근무시간, 많은 경력)을 하고 있음을 알

게 되었다. 따라서 Brad의 투입 대비 산출비율은 Tom보다 낮게 나타난다. 이런 상황에서 Brad는 어떻게 행동할까? 형평이론에 따르면 어떤 종업원의 산출비율이 다른 종업원보다 낮은 경우에 불만족을 경험하며 여러 방식으로 비율을 동일하게 만들려고 한다고 주장한다.

첫째, 종업원은 승진 또는 더 많은 책임을 요구하는 방식으로 더 높은 산출을 추구하는 행동을 보인다. 둘째, 종업원은 자신의 투입을 줄이는 방식으로 비율을 공정하게 맞추려는 노력을 보인다. 따라서 일을 열심히 하지 않거나 출근율을 줄이는 행동을 나타낸다.

가장 현실적이지 않은 방식이 타인의 비율을 변화시켜 균형을 맞추는 경우일 것이다. 예를 들어 타인을 더 열심히 일하도록 만들어서 타인의 투입을 증가시키는 것이다. 또는 타인의 친구관계를 깨거나 타인의 보너스를 줄일 수 있는 방식을 통해 타인의 산출을 줄이는 것이다. 하지만 다행스럽게도 타인의 산출을 줄이는 방식을 통한 투입 대비 산출율을 조절하는 것은 잘 나타나지 않는다. 또한 종업원들은 투입 대비 산출율을 조절하는 방식으로 비교 타인을 바꾸거나 조직을 떠나는 행동을 나타낸다.

일반적으로 투입과 산출 비율이 타인에 비해 낮은 경우에는 동기가 감소한다는 사실은 지지된다(Feight, Ferguson, Rodriguez, & Simmons, 2006). 예를 들어 메이저리그 야구선수에 대한 연구(Hauenstein & Lord, 1989; Lord & Hohenfeld, 1979)에서 데뷔 첫해에 연봉이 삭감된 경우에는 다음 해에 좋은 성적을 나타내지 못했다. 따라서 자신이 받은 **산출**(연봉)이 너무 낮다고 지각되면 **투입**(성적)을 줄이는 행동을 나타내게 된다는 것이다. 또한 프로농구 선수에 대한 연구에서 Harder(1992)는 자신의 실력보다 더 많은 연봉을 받는 선수는 더 높은 팀지향적 행동(예, 패스하기, 리바운드 잡기)을 보이는 반면, 더 적은 연봉을 받는 선수들은 더 이기적인 행동(예, 슈팅하기)을 나타내는 것으로 밝혀졌다.

한 가지 흥미로운 연구가 O'Reilly와 Puffer(1989)에 의해 제시되었는데 함께 일하는 동료가 자신의 행동에 대해 적절한 제재를 받을 때 동기수준이 증가된다는 것이다. 다시 말해서 높은 성과를 나타내는 집단의 구성원이 보상을 받거나 낮은 성과를 나타내는 집단의 구성원이 처벌을 받을 때 집단의 만족도와 동기가 증가한다는 것이다.

종업원이 과소지급 받을 때 경험하는 불형평감의 정도는 종업원들이 과소지급 상황에서의 행동 선택권에 의해 결정된다(Cropanzano & Folger, 1989). 다시 말해서 만약 동일한 봉급을 받는 사람보다 더 열심히 하는 것을 스스로 선택하면 속았다는 느낌을 가지지 않지만, 더 열심히 하는 행동을 강요받으면 불만을 가지게 된다는 것이다.

이 이론이 제시하는 하나의 흥미로운 예측은 종업원의 투입/산출 비율이 타인과 비교해서 **높았을** 경우이다. 왜냐하면 이 이론은 형평성에 기반하기 때문에 예측은 동

표 9.6 형평이론 연구

종업원의 투입이 산출보다 높을 때(과소지급), 종업원은

- 열심히 일하지 않는다(Hauenstein & Lord, 1989)
- 이기적이 된다(Harder, 1992)
- 직무만족도가 낮아진다(Carr, McLoughlin, Hodgson, & MacLachlan, 1996; Griffeth & Gaertner, 2001)

종업원의 산출이 투입보다 높을 때(과대지급), 종업원은

- 덜 받는 동료에 의해 설득되지 않는다(Stewart & Moore, 1992)
- 죄책감을 느끼지 않는다(Lapidus & Pinkerton, 1995)
- 더 열심히 일한다(Adams & Rosenbaum, 1962; Pritchard, Dunnette, & Jorgenson, 1972)
- 더 많은 팀지향적인 행동을 보인다(Harder, 1992)

등한 비율을 만들기 위해 투입을 증가시키거나 산출을 감소시키는 행동을 하게 된다. 다시 말해서 더 열심히 일하거나 봉급삭감을 요구하는 것이다. 실제 연구결과는 "과대지급" 받은 종업원들은 죄책감을 느끼거나(Lapidus & Pinkerton, 1995), 더 열심히 일하는 행동(Adams & Rosenbaum, 1962; Pritchard, Dunnette, & Jorgenson, 1972)을 보인다고 제시한다. 하지만 "과대지급"으로 경험하는 불형평감은 오래 지속되지 않고 장기적인 행동변화를 유발하지 않는다(Carrell & Dittrich, 1978).

> **조직 공정성(organizational justice)** 종업원들이 공정하게 다루어졌다고 생각하면 직무만족과 동기부여에 효과적이라는 것을 가정하는 이론

비록 형평이론이 몇 가지 이론적인 문제점을 가지고 있지만 **조직 공정성** 연구의 기초가 되었다. 비록 이 주제가 10장에서 상세히 다루어지지는 않았지만, 조직 공정성의 핵심 아이디어는 만약 종업원들이 공정하게 대접 받으면 만족도와 동기부여 수준이 높아진다는 것이다. 비록 형평이론이 급여와 승진과 같은 결과에 한정되어 적용되지만 조직 공정성 이론은 의사결정 **과정**(절차 공정성), **결과**에 대한 의사결정 (분배 공정성), 조직 구성원들과 정보에 대해 **의사소통**하는 것(상호작용 공정성)과 같은 다양한 측면에 적용된다. 표 9.6은 형평이론에 대한 연구결과를 요약한 것이다.

다른 직원들도 동기부여 되는가?

종업원들은 다른 종업원들의 동기와 만족수준을 관찰하고 자신의 동기와 만족수준에 대한 모델로 삼는다. 따라서 조직의 고참들이 열심히 일하고 자신의 직무 및 고용주에 대해서 긍정적으로 평가한다면 신참자들은 이러한 행동을 모델링하여 자신이 하는 직무에 대해 동기부여 되고 만족하게 된다. 반대의 경우 또한 발생할 수 있다. 만약 고참들이 게으르게 일하고 자신의 직무에 대해 불평을 늘어놓으면 신참자들도

이러한 행동을 모방하고 비슷한 행동을 보이게 된다. 이러한 유형의 모델링의 중요성은 187명의 조직 구성원들을 대상으로 한 연구에서 조직내 다른 조직 구성원들이 반사회적 하는 행동을 하는 것을 관찰한 후 유사한 행동을 보이는 경험적인 연구가 있다(Robinson & O'Leary-Kelly, 1998).

동기이론들의 통합

그림 9.3에 제시된 바와 같이 사람들은 동기에 대한 성향을 가지고 직무에 임한다. 다시 말해서, 예를 들어 높은 자존감을 가진 사람은 그렇지 않은 사람보다 더 동기부

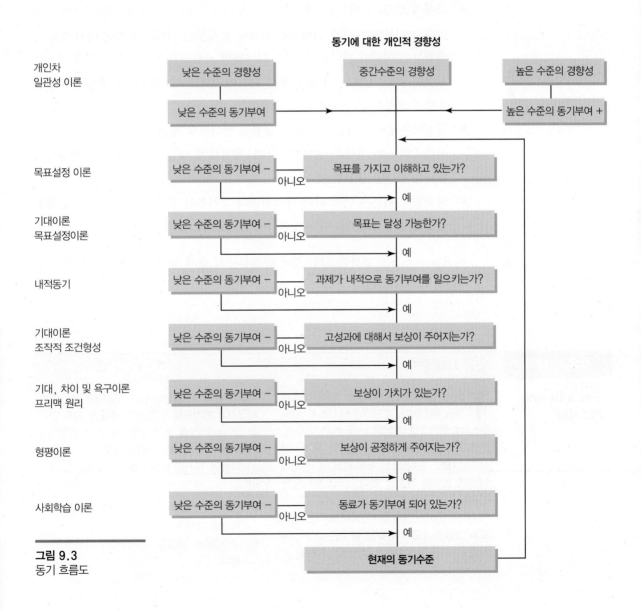

그림 9.3
동기 흐름도

여 된다. 이 장에서 작업동기에 대한 많은 이론들을 다루었다. 지금까지 학습한 내용을 요약하면 다음과 같다.

- 차이와 욕구 이론에서 사람들은 직무와 조직이 우리의 기대 및 가치와 일치하고, 욕구를 만족시킬 때 직무상에서 동기부여 되는 것이다.
- 목표설정이론에서 사람들이 목표를 가지고 있고, 이해하고, 목표에 대해 수긍할 때 목표가 없거나 불확실한 목표를 가진 경우보다 동기부여 된다는 것이다.
- 기대이론과 목표설정이론에서 목표는 도전적이지만 달성 가능한 경우에 동기부여 된다는 것이다.
- 조작적 학습과 기대이론에서 외적으로 동기부여된 사람들은 자신이 한 행동으로 보상을 받을 수 있어 더 동기부여 된다는 것이다.
- 조작적 학습, 기대이론, 차이이론, 욕구이론 그리고 프리맥의 원리에서 사람들을 동기부여 시키기 위해서는 보상이 동기부여 시키고자 하는 사람에게 가치있는 것이어야 한다는 것이다. 왜냐하면 사람들은 자신이 가치있게 여기는 보상에 대한 선호의 차이가 있기 때문에 동기부여 시키기 위해서는 다양한 유형의 보상이 존재해야 한다.
- 형평이론에서 가치있는 보상은 공평한 방식으로 주어질 때 동기부여로서 가치가 있다. 이 장에서 살펴보았듯이, 형평감에 대한 **지각**은 **실제로** 형평성이 있다는 것만큼 중요한 것이다.
- 사회영향 이론은 만약 다른 종업원들이 동기부여 된다면 우리는 그들의 행동을 모델링하고 동기부여될 가능성이 증가한다는 것을 말해준다.

이러한 요소들의 결과를 합한 것이 종업원들의 현재 동기 수준을 나타내는 것이다. 상황이 변함에 따라 동기 수준도 변하게 된다.

직무에 대해 | **응용 사례 연구**

Taco Bueno 레스토랑

Taco Bueno는 멕시코 요리 패스트 푸드 체인이다. 1967년 텍사스주 Abilene에 처음으로 개점한 이래 현재 텍사스, 오클라호마, 네브라스카, 미주리, 루이지에나, 캔사스, 인디애나, 뉴멕시코, 아칸소에 185개 점포를 가지고 있다. 타코 부에노는 신선하고, 저렴하고, 신속하다는 점을 강조한다. 이미 준비된 음식을 제공하기보다는 샐러드와 양념된 소고기와 같은 품목은 신선도 유지를 위해 각 지역에서 공급받는다. 메뉴는 브리또, 타코, 무차코스, 나초, 토스타다스, 퀘사딜라와 샐러드로 구성된다. 주문은 점포 안과 drive-thru를 통해 모두 가능하고 결재는 현금과 신용카드 모두 사용 가능하다.

다음에 제시된 5가지 원칙이 부에노 방식이다.

- 정직성: 우리가 하는 말과 행동은 높은 정직성에 기초한다.
- 고객중심: 100% 고객만족을 위해 노력한다.

- 팀워크: 우리는 하나이며 소통을 중시하며 다양성을 추구한다.
- 책임감: 우리는 관찰하고, 소유하며, 책임을 진다.
- 정신: 즐겁게 일하고 성취에 대해 기뻐하며 성공은 함께 나눈다.

이 레스토랑의 목표는 60초 내에 고객으로부터 주문을 받는 것이다. 이를 달성하기 위해 185개 레스토랑 점포의 drive-thru에 대한 개선작업을 통해 14초 정도의 시간을 줄일 수 있었다. 레스토랑에서 제시한 이유는 빠른 배송 시간은 한 시간에 서비스를 제공할 수 있는 평균적인 자동차 수뿐 아니라 길게 늘어선 줄, 느리게 움직이는 차를 보고 레스토랑에 들어오지 않는 고객의 수를 감소시키기 때문이라고 설명하였다.

동기와 관련된 이 장에서 학습한 내용을 기초하여 당신은 Taco Bueno에서 drive-throu 속도를 개선시키기 위해 종업원들을 어떻게 동기부여 시키겠는가? 어떻게 Taco Bueno에서 14초 이상 drive-throu 속도를 개선하고 최고의 판매실적을 달성했는지에 대한 내용을 교재 웹사이트에서 참고하라.

동기부여 전략으로서의 윤리

2001년 플로리다의 파나마 시티 해안의 Hooters 체인은 4월 한 달 동안 최대 판매량을 달성하기 위한 종업원 동기부여 방법으로 맥주판매 콘테스트를 개최하였다. 각 지역에서 가장 판매량이 높은 웨이트리스는 이름이 벽에 걸리게 되고 상품으로 신형 Toyota 자동차를 받게 된다. 이 콘테스트는 성공적으로 끝났다. 이 지역의 Hooters 지점들의 맥주 판매량이 증가하였기 때문이다.

콘테스트 결과 조디 베리라는 웨이트리스가 1등을 하였다. 1등으로 선정된 날 Jodee Berry는 매우 기뻐하고 레스토랑 주차장으로 달려갔다. 하지만 Jodee가 발견한 것은 신형 Toyota 자동차 대신에 스타워즈 요다 장난감이었다. 레스토랑 안으로 들어오자 관리자와 동료들은 크게 웃고 있었다.

Berry는 결코 즐겁지 않았다. 그녀는 1등을 해서 신형 Toyota 자동차를 받기 위해 열심히 노력했었기 때문이다. 그녀는 고용주를 계약불이행으로 법원에 고소하였으며 후에 얼마인지는 알려지지 않았지만 보상을 받게 되었다.

이 장에서 알 수 있듯이 조직은 종업원들을 동기부여 시켜 일을 열심히 하게 하고 안전하게 일하게 하며, 비용을 줄일 수 있게 하는 창의적인 방식에 대해 고민하고 있다. 그러나 여기서 발생하는 문제는 사용하는 동기부여 전략에 있어서 어떤 한계는 없는가? 원하는 결과만 달성한다면 어떤 동기부여 전략을 사용해도 괜찮은 것인가?이다.

다른 창의적인 동기부여 전략의 예는 한 회사에서 종이를 사용하는 것을 절감하기 위해 관리자는 분재를 사다놓고 매달 종이를 가장 적게 사용한 직원에게 분재를 상으로 주는 컨테스트를 실시한 결과, 매달 가장 종이를 적게 사용한 10명은 다음 달에 전시되어야 할 분재를 상으로 받았다. 이는 속임수였다. 회사의 종이 사용에 대한 낭비가 줄어들게 되었다. 분명히 분재는 종업원들에게 매력적으로 보였

다. 모든 사람들이 원하는 것이었다.

다른 회사에서는 열심히 일한 직원을 위해서 고급 레스토랑에서 스테이크를 대접하는 것이다. 열심히 일한 직원에 선발되지 못한 종업원들도 함께 레스토랑에 가지만 스테이크 대신에 콩을 먹게 된다. 저녁식사 후 열심히 일한 직원들은 그렇지 못한 직원들이 셔츠를 벗겼다. 위에서 제시한 모든 동기부여 전략들은 성공적이었다.

한 작은 대학의 교수는 학생들을 동기부여 시키기 위해 각 시험에서 최고점을 받은 학생에게 100달러를 상금으로 줄 것을 약속하였다. 만약 최고점이 여러 명일 경우 100달러를 나누게 된다는 규칙 또한 제시하였다. 학기에는 3번의 시험이 실시되었다. 이론상으로는 한 학생이 최대 300달러를 받을 수 있다. 다른 대학의 교수는 최고점을 받은 학생에게 다양한 상점과 레스토랑에서 사용 가능한 기프트 카드를 경품으로 내걸었다. 이러한 동기부여 전략의 가정은 학생들을 더 열심히 공부하게 만들려는 것이다.

이러한 동기부여 기법들의 핵심은 경쟁이 동기부여를 시키고 원하는 결과를 가져오게 한다는 것이다. 이에 대한 비판자들은 이러한 유형의 경쟁은 비윤리적이다라고 하는데, 그 이유는 종업원들을 서로 적대적으로 만들고 경쟁에서 이기기 위해 속임수, 안전하지 않은 방법 및 타인을 협박하는 방식을 사용하게 만든다는 것이다. 또한 이러한 방식은 회사에서 설정한 목표를 달성하기 위해 부정직한 방법을 사용하는 것을 강화해준다는 것이다. 이를 통해 종업원들이 직무상에서 더 열심히 하는 행동을 보이지는 않는 것이며, 결과적으로 사람들을 불공정하게 다루게 된다.

당신의 생각은 어떻습니까?

- 비록 Hooters가 행한 행동이 법률적인 결과를 가져왔지

만 웨이트리스에게 한 행동이 비윤리적이라고 생각하는가?
- 당신은 웨이트리스가 속았다고 생각하는가? 그렇다면 조직 구성원에게 거짓말하는 것이 비윤리적이라고 생각하는가?
- 동기부여 전략으로 다른 종업원의 셔츠를 벗기는 것이 허용된다고 생각하는가? 이러한 행동이 윤리적으로 다른 종업원들을 모욕하는 것으로 생각하는가?

- 학생들을 열심히 공부하게 만들기 위해 금전적 보상을 약속하는 것이 윤리적이라고 생각하는가? 만약 열심히 한 학생이 상을 받지 못하고 운이 좋거나 머리가 좋은 사람이 상을 받는 경우에 대해서 어떻게 생각하는가? 열심히 한 것을 기준으로 보상을 주는 것이 타당하다고 생각하는가?
- 판매량을 늘리거나 종이사용을 감소시키기 위한 동기부여 전략이 가져올 수 있는 부정적인 결과는 무엇인가?

요약

이 장에서 배운 것은 다음과 같다.

- 높은 수준의 자존감, 높은 성취동기 및 내적 동기 및 타인으로부터 잘할 것이라는 기대를 받는 종업원들은 그렇지 않은 종업원들에 비해서 동기부여 수준이 높다.
- 목표가 구체성을 가지고 있어야 하고, 달성 가능한 정도의 난이도를 가지고 있어야 하며, 종업원 스스로 설정하는 경우에 효과적이다.
- 목표에 대한 수용 및 성과 수준에 대해 피드백을 제공하는 것은 성과를 증가시킨다.
- 조작적 조건형성원리는 종업원을 동기부여시키는 데 적용될 수 있다.
- 종업원들을 공정하게 대우하는 것은 중요하다.
- 개인 보상계획의 대표적인 방법은 성과별 지급 프로그램과 업적급이다.
- 집단 보상계획의 대표적인 방법은 이익공유, 성과배분제 및 스톡옵션이다.

복습을 위한 질문

1. 어떤 사람이 즐기면서 하고 있는 일에 대해서 보상을 주는 것이 내적 동기를 감소시키는가? 왜 그렇다고 생각하는가? 아니면 왜 그렇지 않다고 생각하는가?
2. 만약 적절한 방법이 사용된다면 모든 사람이 성과를 잘 낼 수 있게 동기부여될 수 있다고 생각하는가? 왜 그렇게 생각하는가?
3. 어떤 개인 보상계획이 가장 좋다고 생각하는가? 그 이유는 무엇인가?
4. 이 장에서 다룬 이론들 중 관리자에게 가장 유용한 이론은 무엇이라고 생각하는가? 그 이유는 무엇인가?
5. 처벌을 통한 위협이 동기부여에 효과적이라고 생각하는가? 왜 그렇다고 생각하는가? 아니면 왜 그렇지 않다고 생각하는가?

Chapter 10

직원 만족과 몰입
EMPLOYEE SATISFACTION AND COMMITMENT

학습목표

➡ 고용주가 직무만족과 조직몰입에 대해 왜 신경을 써야 하는지를 이해한다.

➡ 만족하는 기질에서의 개인차이를 구분할 수 있다.

➡ 직원 만족과 몰입을 향상시키는 방법을 배운다.

➡ 직무만족을 측정하는 방법을 이해한다.

➡ 직원들이 결근하는 이유와 결근을 감소시키는 방법에 대해 이해한다.

➡ 직원들이 직무를 그만두는 이유와 이직을 감소시키는 방법에 대해 이해한다.

우리는 왜 직원의 태도에 대해 신경을 써야 하는가?

직원들이 직무에 만족하고 몰입하게 하는 원인은 무엇인가?

어떤 개인차이가 직무만족에 영향을 미치는가?

직원들은 삶의 다른 측면에 만족하는가?

직원들의 직무기대가 충족되는가?

직원은 직무 및 조직과 좋은 부합을 보이는가?

과업이 즐거운가?

직원들은 상사 및 동료들과 함께 일하는 것을 즐기는가?

동료들은 눈에 띄게 불행한가?

보상과 자원은 공평하게 분배되는가?

성장과 도전을 위한 기회가 존재하는가?

여러 가지 이론의 통합

직무만족과 몰입 측정하기

보편적으로 사용되는 표준 도구들

맞춤형 도구들

불만족과 다른 부정적 작업 태도의 결과

결근

이직

반생산적 행동

조직시민행동의 결핍

직무에 대해: 응용 사례 연구: Bubba Gump Shrimp Co.에서의 이직 감소

윤리에 대한 관심: 윤리와 조직몰입

다음의 상황들을 상상해 보라.

- Jean Davis와 Maria McDuffie는 지난 2년 동안 Fuller Tech-nologies에서 고객 서비스 대표로 일을 했다. Jean은 그녀의 직업을 매우 좋아했고, 10년 뒤 은퇴할 때까지 Fuller에 머물기를 원했다. Maria는 그녀의 직업을 싫어했고, 쓸 수 있는 모든 병가를 사용하였으며, 월급이 그만큼 좋은 다른 직업을 찾을 수 있다면 매우 좋아하며 일을 그만둘 것이다.

- Rhonda Beall은 최근에 다른 인생 경로를 보여주는 경력 조언자(career advisor)를 만났다. Rhonda는 현재의 직업을 싫어하며, 여태까지 가졌던 모든 직업을 싫어했다. 그녀는 경력 조언자가 자신에게 꼭 맞는 "직업"을 찾아주기를 바란다.

- David Spoto는 그의 직업을 매우 좋아하고, 아침에 일어나서 일하러 가는 것을 학수고대한다. 그는 일하는 것이 즐겁고, 현재의 직업을 좋아하고, 여태 가졌던 모든 직업을 좋아했다.

- Simmons Enterprises의 인사관리(human resources: HR) 부장인 Darnell Johnson은 회사의 이직률이 지역에서 가장 높다는 사실에 고민 중이다. 더욱 걱정스러운 것은, 직원들이 Simmons에서는 경험을 쌓기 위한 최소한의 기간 동안에만 머문 후, 더 적은 월급을 주는 동일 지역의 Raynes Manufacturing로 옮긴다는 점이다.

같은 직업인데, 왜 Jean Davis는 그녀의 직업을 매우 좋아하는 데 반해, Maria McDuffie는 싫어하는가? Rhonda Beall과 David Spoto가 직업과 경력에 대해서 각기 다른 태도를 가지는 이유는 무엇인가? 왜 Raynes가 Simmons보다 더 선호되는가? 본 장은 **직무만족**—직무에 대한 직원들의 태도—및 **조직몰입**—직원들이 조직과 동일시하고 조직에 관여하는 정도—과 관련된 이와 같은 질문에 대한 답을 구하는 데 도움을 줄 것이다.

직무만족(job satisfaction) 직무를 향한 직원의 태도

조직몰입(organizational commitment) 한 직원이 조직과 동일시하고 조직에 관여하는 정도

우리는 왜 직원의 태도에 대해 신경을 써야 하는가?

심리학자들이 직무와 관련된 여러 가지 태도들을 연구해 왔지만, 직무만족과 조직몰입이 가장 보편적으로 연구되고 있다. 비록 직무만족과 조직몰입이 서로 다른 직무 관련 태도이기는 하지만, 서로 상관이 높고 비슷한 직원 행동을 야기하기 때문에, 본 장에서는 함께 다루어질 것이다. 표 10.1에 나타난 것과 같이, 만족한 직원은 조직에 더 몰입하는 경향이 있고(Cooper-Hakim & Viswesvaran, 2005), 만족하고 몰입한 직원들이 그렇지 않은 직원들에 비해 작업에 더 잘 참여하며(Hackett, 1989), 조

표 10.1 직무만족, 수행, 이직, 몰입, 그리고 결근 간 관계에 대한 메타분석 결과

	수행	이직	결근		몰입		내적동기	지각	직무만족	직무관여	반생산적 행동
			빈도	기간	조직	직업					
직무만족 측면											
임금	.05[s]	-.17[s]	.08[b]	-.07[b]	.34[h]	.23[d]	.29[i]	-.22[i]		.09[m]	
감독	.19[a]	-.13[e]	-.13[b]	-.08[b]	.45[h]		.39[i]			.22[m]	
동료	.12[a]	-.13[e]	-.07[b]	-.07[b]		.23[d]		-.16[i]		.17[m]	
일	.21[a]		-.21[b]	-.14[b]		.53[d]				.42[m]	
승진	.15[a]		-.09[b]	-.07[b]						.19[m]	
유형											
내적	.23[a]		-.25[b]	-.01[b]							
외적	.18[a]		-.24[b]	-.21[b]							
전반적 만족	.30[c]	.22[e]	-.15[b]	-.23[b]	.59[i]	.44[d]	.59[i]	.11[i]		.37[m]	-.37[n]
이직											
이직의도	-.12[r]	.45[e]			-.57[i]	-.62[d]		.46[i]		-.10[m]	
직업적						-.30[d]				-.24[m]	
조직적						-.21[d]					
실제이직	-.19[e]								-.22[e]		
결근		.21[e]			-.23[i]			.07[i]			
지각	-.29[i]	.06[e]			-.23[g]			.40[i]			
근태	-.21[i]				-.29[i]				-.11[i]		
수행											
상사 평가			-.32[f]	-.26[f]	.17[i]				.30[c]	.07[m]	
수행 측정			-.22[f]	-.28[f]			.25[b]	-.21[i]		.07[m]	
스트레스											
역할모호성	-.21[p]	-.24[e]							-.34[q]		
역할명확성		.12[e]									
역할과부하		.22[e]									
역할갈등	-.07[p]	.16[e]									
전체 스트레스											
내적 동기					.67[h]						
직무관여					.42[m]						
조직시민행동	.74[t]				.25[o]				.24[k]	.04[n]	-.32[n]
반생산적 행동					-.36[n]				-.37[n]	-.01[m]	

[a]Iaffaldano and Muchinsky (1985), [b]Hackett (1989), [c]Judge, Thoresen, Bono, and Patton (2001), [d]Lee, Carswell, and Allen (2000), [e]Griffeth, Hom, and Gaertner (2000), [f]Farrell and Stamm (1988), [g]Mathieu and Zajac (1990), [h]Oldham, Hackman, and Stepina (1979), [i]Koslowsky, Sagie, Krausz, and Singer (1997), [j]LePine, Erez, and Johnson (2002), [k]Cooper-Hakim and Viswesvaran (2005), [m]Brown (1996), [n]Dalal (2005), [o]Riketta (2002), [p]Tubre and Collins (2000), [q]Abramis (1994), [r]Darnold and Zimmerman (2006), [s]Williams, McDaniel, and Nguyen (2006), [t]Hoffman, Blair, Meriac, and Woehr (2006).

직에 오래 머무르고(Griffeth, Hom, & Caertner, 2000), 정시에 출근하며(Koslowsky, Sagie, Krausz, & Singer, 1997), 수행을 잘 하고(Judge, Thoresen, Bono, & Patton, 2001), 조직에 도움이 되는 행동을 더 잘 하고(LePine, Erez, & Johnson, 2002), 반생산적인 방법으로 행동하지 않고(Dalal, 2005), 윤리적인 행동에 더 몰두한다는(Kish-Gephart, Harrison, & Treviño, 2010) 메타분석 결과들이 있다.

직무만족과 수행(performance) 간 관계는 사람이나 직무에 따라 일관되지 않게 나타난다. 예를 들어, 복잡성(complexity)이 낮거나 중간 정도인 직무에서보다 복잡한 직무에서 직무만족과 수행 간 관계가 더 강했다(Judge et al., 2001). 또한, 직무만족과 관련된 태도가 잘 발달되지 않은 직원들에 비해, 직무만족의 수준과 관련된 강하고 일관된 신념(정서-인지 일관성; *affective-cognitive consistency*)을 가지고 있는 직원들에게서 직무만족과 수행 간 관계가 더 강했다(Schleicher, Watt, & Greguras, 2004).

직무만족과 조직몰입이 출근(attendance), 수행, 지각(tardiness), 그리고 이직(turnover)과 갖는 관계가 기대만큼 강하지는 않지만, 작업 행동에 영향을 미치는 다른 많은 요인들이 있음(Judge et al., 2001)을 주지할 필요가 있다. 예를 들어, 만족하지 않은 직원은 직무를 그만두기를 원하면서도 다른 대안이 없어서 그만둘 수 없을지도 모른다. 비슷하게, 불만족스러운 직원이 결근하기를 원하면서도 그러면 임금을 잃을까봐 그러지 못할 수도 있다. 따라서 직무만족과 조직몰입은 실제로 이직하고, 결근하고, 노력을 감소하는 것보다는 그러고자 하는 **바람**(*desire*)과 더 관련됨을 종종 발견한다.

직원들이 직무에 만족하고 몰입하게 하는 원인은 무엇인가?

본 장은 왜 근로자가 직무에 만족하고 몰입하는지를 설명하는 몇 가지 이론들을 탐색하지만, 어떤 이론도 이들 직무 관련 태도들에 대해 완전하게 설명하지는 않는다. 그렇지만 각 이론이 직원 만족과 몰입을 증가시키는 방법을 제안하기 때문에 모두 가치가 있다. 따라서 하나의 이론이 그 자체로는 연구에 의해 완전하게 지지되지 않는다고 할지라도, 이론의 결과에서 나오는 제안점들은 일반적으로 수행을 증가시키거나 근속기간(tenure)을 연장시켜 준다.

여러 가지 이론들을 논의하기 전에, 이 두 작업 관련 태도들이 모두 다측면(multifaceted)으로 이루어져 있다는 점을 주지해야 한다. 즉, 직원들은 작업(work)의 한 측면(예를 들어, 임금)에 만족하더라도 다른 측면(예를 들어, 동료)에는 만족하지 않을 지도 모른다. 직무만족의 측면 중에 가장 보편적으로 연구되는 측면들은 임금,

상사(supervision), 동료, 작업, 그리고 승진기회(promotion opportunity)이다. 장비(equipment), 작업시설(work facility), 회사정책(company policy) 등과 같은 다른 측면들 역시 중요하기는 하지만, 연구에 의해 많은 주목을 받지는 못했다.

조직몰입에는 세 가지 동기적(motivational) 측면들이 있다고(Meyer & Allen, 1997) 생각되어 왔다. **정서적 몰입**은 직원이 조직에 남고자 하고, 조직에 대해 걱정하며 조직을 위해 노력을 행사하고자 하는 정도이다. 예를 들어, 적십자의 한 직원이 동료와 상사를 좋아하고, 조직의 이타적 목표를 공유하며, 더 좋은 조직 수행을 야기하기 위한 노력을 실천할 수 있다.

지속적 몰입은 직원이 조직에 이미 들인 시간, 비용, 노력이나 다른 직업을 찾는 데 드는 어려움으로 인해 조직에 남아 있어야만 한다고 믿는 정도를 의미한다. 한 상공회의소의 책임자가 거래를 성사시키고, 새 건물을 위한 자금을 조달하고, 지역 시의회의 신임을 얻는 데 10년이 걸렸다고 생각해 보자. 만약 그녀가 다른 도시의 상공회의소에서 새로운 직업을 얻을 수 있다고 하더라도, 그녀가 이미 얻은 이익을 쌓기 위해 또 다른 10년을 보내야 할 것이다. 또 다른 예로는, 한 직원이 직무를 싫어하고 떠나고 싶어 하지만, 어떤 조직도 그녀를 고용하고자 하지 않거나 그녀가 원하는 급여를 주지 않을 것이라는 점을 깨달을 수도 있다.

규범적 몰입은 한 직원이 조직에 느끼는 의무감과 이 의무감으로 인해 조직에 남아 있어야만 한다고 느끼는 정도를 의미한다. 규범적 몰입의 좋은 예는 한 조직에서 첫 직업을 얻고, 그녀의 관리자를 멘토로 삼고, 조직으로부터 막대한 훈련비용을 제공받은 직원이 될 수 있다. 이 직원은 조직이 그녀에게 투자한 막대한 비용을 생각할 때 조직에 남아있는 것이 윤리적으로 옳다고 느낄 수 있다.

정서적 몰입(affective commitment) 한 직원이 조직에 남기를 원하고 조직에 신경 쓰는 정도

지속적 몰입(continuance commitment) 조직에 이미 투입한 시간, 비용, 그리고 노력 때문에 직원들이 조직에 남아야만 한다고 믿는 정도

규범적 몰입(normative commitment) 직원들이 조직에 남아 있을 의무감을 느끼는 정도

어떤 개인차이가 직무만족에 영향을 미치는가?

그림 10.1에 나타난 것과 같이, 직무만족과 몰입의 수준에 영향을 미치는 요인(선행요인; antecedent)들 중 하나는 만족하는 개인의 기질(predisposition)이다. 본 장의 서두에서 언급한 예로 돌아가서, David Spoto가 직업을 좋아하고 Rhonda Beall이 직업을 싫어하는 이유를 어떻게 설명할 것인가? 개인차이(individual difference)와 관련된 이론에 의하면, 이 물음에 대한 답은 David는 그가 가졌던 모든 직업에 만족한 데 반해, Rhonda는 어떤 직무에도 만족한 적이 없었다는 것이다. 개인차이이론(*individual difference theory*)은 직무만족에서의 변산성(variability) 일부가 상황을 즐기는 개인적 경향성(personal tendency)에 기인한다고 주장한다. 따라서 어떤 유형의 사람들은 직무의 유형과 관계없이 일반적으로 만족하고 고무될 수 있다. 이러한 주장은 직관적으로도 이해가 된다. 우리 모두는 자신이 가진 모든 직무에 대해서 계속해서 불평불만을 쏟아 놓는 사람을 알고 있고, 모든 직무와 과업에 동기 부여되고 열성적인 사람

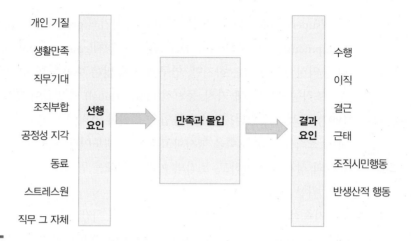

그림 10.1
직무만족과 조직몰입의
선행요인과 결과요인

을 알고 있다.

　개인차이이론이 참이기 위해서는, 직무만족이 시간과 상황에 관계없이 일관적이어야 한다. 이것은 연구에 의해 지지되는데, 한 메타분석 결과는 평균 3년에 걸쳐 측정된 직무만족 수준 간 상관의 평균이 .50이라고 보고하였다(Dormann & Zapf, 2001).

　직무만족에 있어 시간과 직무를 초월하는 일관성이 존재하는 것으로 보이기 때문에, 이 다음 질문은 어떤 유형의 사람들이 일관적으로 직무에 만족하는지와 관련이 된다. 이 분야의 연구들은 유전적 기질(genetic predisposition; Lykken & Tellegen, 1996), 핵심자기평가(core self-evaluation; Judge, Locke, Durham, & Kluger, 1998), 그리고 생활만족(life satisfaction; Tait, Padgett, & Baldwin, 1989)에 초점을 맞춰 왔다.

유전적 기질

흥미롭고도 논쟁적인 일련의 연구들(Arvey, Bouchard, Segal, & Abraham, 1989; Arvey, McCall, Bouchard, Taubman, & Cavanaugh, 1994; Keller, Bouchard, Arvey, Segal, & Dawis, 1992)은 직무만족이 직무와 관계없이 안정적일 뿐만 아니라 부분적이나마 유전적으로 결정된다고 제안하였다. Arvey와 동료들은 생애 초기에 서로 분리된 일란성 쌍둥이 34쌍의 직무만족 수준을 비교함으로써 이와 같은 결론에 도달하였다. 만약 직무만족이 순수하게 환경에 의해 결정된다면, 서로 다른 환경에서 양육되고 다른 유형의 직업에서 일하고 있는 일란성 쌍둥이들의 직무만족 수준 간 상관이 유의하지 않아야 한다. 하지만 떨어져서 양육되고 다른 직업에서 일하고 있음에도 불구하고 일란성 쌍둥이들의 직무만족 수준이 비슷하다면, 직무만족의 유전적 기질이 있을 수 있다.

Arvey와 동료들은 세 개의 연구를 바탕으로 직무만족의 대략 30%가 유전적 요인에 의해 설명 가능해 보인다는 것을 밝혔다. 물론, 이런 결과가 "직무만족 유전자"가 있다는 것을 의미하지는 않는다. 대신, 부정정서(negative affectivity; 두려움, 적대감, 화와 같은 부정적인 감정을 가지는 경향)와 같이 물려받은 성격 특질이 직무에 만족하는 경향성과 관련이 있다(Ilies & Judge, 2003).

이러한 결과들이 가지는 함의는 무엇인가? 누군가는 어떤 직무에든 만족하지 않을지도 모르고, 이러한 직원들이 행복하거나 고무되지 않는다는 사실에 상사들은 잠을 설칠지도 모른다. 나아가, 조직에서 직무만족의 전반적 수준을 향상시키는 하나의 방법은 전반적 직무만족과 생활만족의 수준이 높은 지원자들만 고용하는 것이다. 이러한 결과들은 논쟁적이고 비판을 받기 때문에(Cropanzano & James, 1990), 확고한 결론을 도출하기 전에 더 많은 연구가 필요하다.

핵심자기평가

직무만족에서의 일관성이 유전적 요인에 기인하거나 혹은 환경적 요인에 기인하거나와 상관없이, 일련의 성격 변인들이 직무만족과 관련이 있는 것으로 보인다. 즉, 특정 유형의 성격들이 한 개인이 직무에 만족하거나 불만족하는 경향성과 관련이 있다. Judge, Locke, 그리고 Durham(1997)은 네 개의 성격변인들이 삶 및 직무에 만족하는 개인의 기질과 관련이 있다고 주장하였다. 이들 변인들은 정서적 안정성(emotional stability), 자존감(self-esteem), 자기효능감(self-efficacy; 환경을 숙달하는 능력), 그리고 **내적 통제감**(환경을 통제하는 능력)이다. 즉, 일반적으로 자신의 직무 및 삶에 만족하는 사람들은 높은 자존감을 가지고 있고, 유능하다고 느끼며, 정서적으로 안정적이고, 그들의 삶, 그중에서도 직장 생활을 통제할 수 있다고 믿는다. 이러한 관점은 여러 가지 메타분석과 연구들에 의해 지지되었다.

표 10.2에 나타난 것과 같이, Judge와 Bono(2001)의 메타분석 연구는 이들 네 변인들이 직무만족과 직무수행에 관련이 있다는 것을 발견하였다.

> **내적 통제감(internal locus of control)** 인생의 성공이나 실패에 책임이 있다고 믿는 정도

- Judge, Locke, Durham, 그리고 Kluger(1998)는 네 변인들의 합산이 직무만족 ($r = .41$) 및 생활만족($r = .41$)과 유의한 상관을 가진다는 것을 밝혔다.
- Connolly와 Viswesvaran(2000)의 메타분석과 Bowling, Hendricks, 그리고 Wagner(2008)의 메타분석은 직무만족의 각기 다른 측면뿐 아니라 전반적 직무만족이 정서(affectivity)와 관련이 있다는 것을 보여 주었다. 즉, 긍정적 정서를 보이는 경향(긍정정서; positive affectivity)의 사람들은 부정적 정서(부정정서)를 보이는 경향의 사람들보다 직무에 더 만족하였다.
- Judge, Heller, 그리고 Mount(2002)의 메타분석은 정서적 안정성과 외향성 (extraversion)이 직무 및 생활만족과 유의하게 연관된다고 결론지었다.

표 10.2 개인차이 변인과 만족 및 일 행동 간 상관

개인차이	만족	수행	이직	결근	OCB	CWB	공격성
정서							
긍정	.49[a]	.16[b]	.05[b]		.23[b]	.34[l]	
부정	−.33[a]	−.13[b]	−.16[b]		−.10[b]	.25[b]	.29[c]
핵심자기평가							
자존감	.26[d]	.26[d]				−.13[e]	
자기효능감	.45[d]	.23[d]					
내적 통제감	.32[d]	.22[d]					
일반적 통제감	.22[f]						
일 통제감	.34[f]						
성격							
개방성	.02[g]	.06[h]	.10[i]	.00j	17[k]	.14[j]	
성실성	.26[g]	.24[h]	−.22[i]	−.06j	.22[k]	−.26[j]	
외향성	.25[g]	.09[h]	−.04[i]	.08j	.11[k]	.01[j]	
우호성	.17[g]	.12[h]	−.27[i]	.04j	.15[k]	−.20[j]	
안정성	.29[g]	.15[h]	−.20[i]	.04j	17[k]	−.06[j]	

[a]Connolly and Viswesvaran (2000), [b]Kaplan et al. (2009), , [c]Hershcovis et al. (2007), [d]Judge and Bono (2001), [e]Whelpley and McDaniel (2011), [f]Wang, Bowling, and Eschleman (2010), [g]Judge, Heller, and Mount (2002), [h]Hurtz and Donovan (2000), [i]Zimmerman (2008), [j]Salgado (2002), [k]Chiaburu et al. (2011), [l]Shockley, Ispas, Rossi, & Levine (2012)

문화

표 10.3에 나타난 것과 같이, 다른 국가의 근로자들은 다른 직무만족 수준을 보인다. Randstad의 2013년 작업감시 글로벌 언론 보고서(Randstad Workmonitor Global Press Report)는 32개국 중 덴마크, 노르웨이, 그리고 멕시코의 직원들이 가장 많이 만족하고, 홍콩, 헝가리, 그리고 일본의 직원들이 가장 적게 만족한다고 밝혔다. 이 조사에서 미국의 직원들은 11위를 차지하였고, 영국의 직원들은 23위를 차지하였다.

지능

코네티컷 주 뉴런딘의 경찰청은 1997년에 "너무 똑똑한" 지원자는 고용하지 않겠다고 발표하여 논쟁의 대상이 되었다(5장의 직무에 대해 박스 참조). 경찰청장의 논리는 정말로 똑똑한 사람들은 직무에 지루해 하고 만족을 안 한다는 것이다. 이 주제에 대한 연구가 많지는 않지만, Ganzach(1998)의 연구는 총명한 사람들은 덜 지적인 사람들에 비해 덜 복잡한 직무에 약간 덜 만족한다고 제안하였다. 복잡한 직무에서는 지능과 만족 간 관계가 별로 없었다. 일곱 개의 연구를 이용하여 Griffeth, Hom, 그리고 Gaertner(2000)가 실시한 메타분석은 지능과 이직이 유의하게 연관되지 않았다는 것을 발견하였다.

표 10.3 2013년에 직원의 직무만족 비율에서의 국가 간 차이
(Randstad Survey)

국가	만족 %
덴마크	80
노르웨이	79
멕시코	78
인도	78
룩셈부르크	77
스위스	77
말레이시아	76
네덜란드	76
캐나다	75
벨기에	75
미국	71
스웨덴	71
뉴질랜드	70
독일	70
호주	69
스페인	69
브라질	68
폴란드	68
아르헨티나	66
프랑스	66
터키	66
체코	66
영국	65
이탈리아	64
칠레	61
슬로바키아	60
싱가포르	59
그리스	57
중국	54
홍콩	48
헝가리	48
일본	39

직원들은 삶의 다른 측면에 만족하는가?

Judge 등(1998), Judge와 Watanabe(1993), 그리고 Tait 등(1989)은 직무만족이 시간에 관계없이 일관적일 뿐만 아니라 한 개인이 삶의 모든 측면(예를 들어, 결혼, 친구, 직무, 가정, 그리고 지리적 위치)에 만족하는 정도 역시 일관적이라고 주장하였다. 나아가, 직무에 만족하는 사람들은 삶에도 만족하는 경향이 있다. 이들의 자료는 직무만족이 생활만족과 유의한 상관이 있음을 지시하기 때문에 자신들의 이론이 지지되었음을 발견하였다. 따라서 삶에서 행복한 사람들은 직무에서 행복한 경향이 있고, 직무에서 행복한 사람들은 삶에서도 행복한 경향이 있다.

한 흥미로운 연구에서, Judge와 Watanabe(1994)는 참가자의 약 2/3가 생활만족이 높을 때 직무만족도 높았다는 것을 알아냈다. 다시 말하면, 직무에서의 만족은 삶의 다른 측면으로 "전이(spill-over)"되고, 삶의 다른 측면에서의 만족은 직무만족으로 전이된다. 남은 인구의 약 30%는 생활만족과 직무만족 간 관계가 없거나 부적인 관계가 있었다.

대부분의 사람들에게서 생활만족이 직무만족에 영향을 미칠 수 있다는 것은 중요한 결과이다. 21세기의 관리자들은 최악의 직무(표 10.4의 디스커버리 채널 리얼리티 쇼인 **더러운 직업들**에서 담아내고 있는 직무 목록 참고—한국어 프로그램명과 달리 원제는 *Dirty Jobs*로 "궂은 직무들"이 더 적합함)도 만족스럽게 만드는 기적을 일으키기를 요구받는다. 조금 더 현실적인 접근은 본 저자가 "존 트라볼타(John Travolta) 방법"이라고 하는 것일지 모른다. 고전 영화인 **토요일 밤의 열기**나 **도시의 카우보이**를 떠올린다면, John Travolta는 지루한 직무들(**토요일 밤의 열기**에서는 페인트 가게 직원이었고, **도시의 카우보이**에서는 정유소 직원)에 종사했지만, 춤을 통해 그의 삶을 의미 있게 만들었다. 여기에서 본 저자가 디스코와 라인댄스가 인생 문제에 대한 해결책이라고 주장하는 것은 아니다(좋은 출발점은 될 수 있다). 대신, 한 직원의 욕구는 취미나 봉사 활동과 같은 여러 종류의 비직무 활동을 통해 충족될 수 있다는 것이다. 우리가 수년간 해 왔던 실수는 하나의 직무가 한 개인의 욕구 모두를 충족시켜야만 한다고 가정해 온 것이다. 대신에, 조직은 직원들이 다른 욕구들을 충족시킬 수 있는 대안들을 찾을 수 있도록 도울 수 있고, 또 도와야 한다.

Judge(1993)가 수행한 흥미로운 연구 하나는 개인차이의 중요성을 증명하였다. Judge는 한 병원의 간호사 200명 이상에게 일상생활에서 일어나는 여러 가지 일들에 불평하는 성향과 직무만족에 대한 설문지를 완료하게 하였다. 그런 다음 Judge는 간호사의 직무만족 수준과 열 달 후 퇴사 여부를 비교하였다. 이 연구의 결과는 매사에 불평하는 사람들에게는, 만족과 이직 간 유의한 상관이 없었다는 것을 나타내었다(r = .05). 그러나 만성적인 불평을 하지 않는 간호사들에게는 만족이 이직과 유의한 상관을 보였다(r = .39). 다시 말하면, 일상생활과 직무에서 불행한 사람들은 불행한 것

표 10.4 궂은 직무들: 이런 직무들에 만족하겠는가?

하수관 조사원	상어-방어복 검사원
비둘기 배설물 청소원	연어 사체 계산원
병아리 감별사	덤프트럭 청소원
폐기물 재생 처리원	악취 처리원
벌레 사육사	부엉이 구토 수집가

에 익숙하기 때문에 이직을 하지 않는다. 그러나 일상생활에서 보통 행복한 사람들이 직무에서 불행할 때는 그것이 또 다른 직무를 찾는 이유가 된다.

직원들의 직무기대가 충족되는가?

앞서 9장에서 논의된 것과 같이, 직원들은 특정한 욕구, 가치, 그리고 기대를 가지고 직장에 온다. 이러한 욕구, 가치, 그리고 기대와 직무의 현실 사이에 차이가 난다면, 직원들은 불만족하게 되고, 동기가 저하될 것이다. 이러한 **차이이론**(*discrepancy theory*)에 대한 한 검정에서, Wanous, Poland, Premack, 그리고 Davis(1992)의 메타분석은 직원의 기대가 충족되지 않을 때, 직무만족이 낮아지고($r = .39$), 조직몰입이 낮아지고($r = .39$), 그리고 조직을 떠나려는 의도가 증가한다($r = .29$)고 결론지었다. 이러한 결과들은 지원자들이 현실적인 직무기대를 갖도록 하는 것의 중요성을 지지한다. 비록 메타분석 결과들이 "충족된 기대"이론("met expectations" theory)을 지지하기는 했지만, Irving과 Meyer(1994)는 메타분석에 포함된 연구들을 비판하였다. 자신들의 연구에서 Irving과 Meyer는 직무에 대한 직원들의 경험이 직무만족과 가장 관련이 있고, 기대와 경험 간 **차이**는 직무만족과 단지 최소한으로 관련이 있을 뿐이라는 것을 발견하였다. 이러한 논점을 명확히 하기 위해서는, Irving과 Meyer의 방법과 비슷한 방법을 사용한 연구들이 더 필요하다.

관련된 또 다른 메타분석에서, Zhao, Wayne, Glibkowski, 그리고 Bravo(2007)는 조직이 직원들에 대한 약속과 의무(심리적 계약이라고 불리는)를 지키지 않는다고 지각할 때 나타나는 효과를 조사하였다. 그런 심리적 계약 위반이 발생할 때, 직무만족과 조직몰입이 떨어지고, 조직을 떠나려는 의도가 증가한다. 이들 두 메타분석의 결과들은 지원자가 현실적인 직무기대를 갖도록 하는 것뿐만 아니라, 직원들과 맺은 약속은 어떤 것이라도 유지되도록 하는 것의 중요성을 지지한다.

직원은 직무 및 조직과 좋은 부합을 보이는가?

직원들이 직무나 조직이 그들과 얼마나 "적합"한지를 고려할 때, 자신들의 가치, 흥미, 성격, 생활방식, 그리고 기술이 그들의 **직업**(예를 들어, 간호, 법률 집행 혹은 심리학과 같은 경력), **직무**(특정 과업들), **조직**, **동료**, 그리고 **상사**와 일치하는 정도를 고려한다(Kristof-Brown, Zimmerman, & Johnson, 2005). 이들 다섯 가지 측면의 부합에 더해, Cable과 DeRue(2002)는 요구-공급 부합(needs-supplies fit) 역시 중요하다고 믿는다. 요구-공급 부합은 직원이 받는 보상, 급여, 그리고 복지혜택이 그들의 노력 및 수행과 일치한다고 지각하는 정도이다.

표 10.5에 나타난 것과 같이, Kristof-Brown 등(2005)의 메타분석은 부합의 중요성을 명백하게 증명하였다. 조직, 직무, 동료, 그리고 상사와 좋은 부합을 지각하는 직원들은 직무에 만족하고, 조직과 동일시하고, 조직에 남으려고 하고, 수행을 더 잘하고, 조직시민행동(organizational citizenship behaviors: OCBs)에 몰두하는 경향이 있다.

직무만족 및 몰입과 관련을 보인 또 다른 "부합" 요인은 직원들이 바라는 특정 작업 일정(예를 들어, 교대시간, 근무시간)이 실제 일정과 일치하는 정도이다. 누구나 예측할 수 있듯이, 직원들이 바라는 일정과 실제 일정 간 부합이 좋으면 좋을수록, 직무만족, 조직몰입, 수행, 그리고 조직에 남으려는 경향이 더 크다(Holtom, Lee, & Tidd, 2002).

Branham(2012)은 조직이 주목해야만 하는 개인-직무 불일치를 나타내는 징표가 있다고 한다. 이들 징표의 몇 개는, 직원이

- 처음 고용되거나 직무에 배정되었을 때 흥미를 보이지 않는 것,
- 다른 직원들에게 주어지는 과업에 대해서 묻기 시작하는 것,
- 조직 내 다른 직무에 지원하는 것,
- 새로운 프로젝트를 묻기 시작하는 것,
- 지루하거나 도전받지 않게 보이는 것이다.

표 10.5 메타분석 결과

태도나 행동	직원 부합			
	조직	집단	상사	직무
직무만족	.44	.31	.44	.56
몰입	.51	.19	.09	.47
수행	.07	.19	.18	.20
실제이직	−.14			−.08
이직의도	−.35			−.46
결근	−.05			

출처: Kristof-Brown, Zimmerman, and Johnson (2005)

과업이 즐거운가?

세계적인 인적자원관리학회인 SHRM에서 실시한 2014년도 직원 직무만족과 열의 (engagement) 조사(SHRM 2014 Employee Job Satisfaction and Engagement survey) 는 직원들의 51%가 작업 그 자체(work itself)의 본질이 직무만족 수준에 있어서 매우 중요한 요인이라고 꼽았음을 발견하였다. 작업 그 자체의 본질은 가장 중요한 요인 7위에 랭크된 것을 감안했을 때, 고용주들은 작업을 더 흥미롭게 만들기 위해 혁신적인 단계를 밟아야 할 것이다. 상위 3개 요인은 무엇이었냐 하면, 기술과 능력을 사용할 기회, 고용안정(job security), 그리고 보상/급여로 나타났다.

직원들은 상사 및 동료들과 함께 일하는 것을 즐기는가?

상사 및 동료와 일하는 것을 즐기는 사람들은 직무에 더 만족할 것이라는 연구들이 있다(Mossholder, Settoon, & Henagan, 2005; Repetti & Cosmas, 1991). 이런 결과들은 확실히 이해가 쉽다. 우리 모두는 우리의 직무를 참을 수 없게 만드는 동료 및 상사와 일해 본 적이 있고, 우리의 직무를 재밌게 만드는 동료 및 상사와 일해본 적이 있다. 의류제조공장에서 일하는 500명의 직원들을 대상으로 한 연구에서, Bishop과 Scott(1997)은 상사와 동료에 대한 만족은 조직과 팀몰입과 연관이 되고, 이는 다시 더 높은 생산성, 더 낮은 이직의도, 그리고 더 많은 협력의지(willingness to help)를 야기한다는 것을 발견하였다.

동료들은 눈에 띄게 불행한가?

사회학습이론(social learning theory) 직원들이 다른 직원들로부터 만족과 동기 수준을 본받는다는 이론

사회정보처리이론(social information processing theory) 직원들이 다른 직원들로부터 만족과 동기 수준을 본받는다는 이론

사회학습이론이라고도 불리는 **사회정보처리이론**은 직원들이 다른 직원들의 동기 수준과 만족 수준을 관찰한 후 그 수준들을 본뜬다고 주장한다(Salancik & Pfeffer, 1977). 따라서 만약 한 조직의 선임 직원들이 열심히 일하고 직무와 고용주에 대해서 긍정적으로 말한다면, 신임 직원들이 그 행동을 본떠서 생산적이고 만족한다는 것이다. 그 반대 역시 참이다. 만약 선임 직원들이 느리게 일하고 직무에 대해서 불평한다면, 신임들도 그렇다.

이 이론을 검정하기 위해서, Weiss과 Shaw(1979)는 참가자들로 하여금 조립라인 근무자들이 직무에 대해서 긍정적이거나 부정적인 의견을 말하는 훈련 비디오를 보게 하였다. 비디오를 본 후, 각 참가자는 그 직무를 수행할 기회가 주어졌다. 이 연구는 긍정적인 비디오를 봤던 참가자들은 부정적인 비디오를 시청했던 참가자보다 과제를 더 즐겼다는 것을 밝혔다. Mirolli, Henderson, 그리고 Hills(1998)가 시행한 비슷한 연구에서, 참가자들은 다른 참가자로 가장한 두 명의 실험자(공모자)들과 함께 하나의 과제를 수행하였다. 한 조건에서 공모자들은 과제에 대한 긍정적인 언급을 했다(예를 들어, "우와, 이거 재밌네"). 다른 조건에서는 공모자들이 과제에 대한 부

동료들이 직무만족에
영향을 미칠 수 있다.

정적인 언급을 했다(예를 들어, "이거 진짜 이상하다"). 통제 집단에서는 공모자들이
아무런 언급을 하지 않았다. 사회정보처리이론과 일치하게, 공모자들의 긍정적인 언
급에 노출되었던 실제 참가자들은 부정적인 언급에 노출되었던 참가자들에 비해 과
제가 더 즐거웠다고 평가하였다.

일반적으로, 사회정보처리이론에 대한 연구는 사회 환경이 직원들의 태도와 행
동에 영향을 미친다는 주장을 지지한다(Pollock, Whitbred, & Contractor, 2000;
Robinson & O'Leary-Kelly, 1998). 본 장에서 논의하는 모든 이론과 더불어, 이 이론
역시 직무만족을 설명하는 데 하나의 역할을 수행하지만, 유일한 역할을 하지는 않
는다. 사회정보처리이론의 장점 중 하나는 이 이론이 직관적으로 이해가 된다는 것
이다. 한 학생이 다른 학생들보다 참여를 더 많이 하는 수업을 생각해 보라. 시간이
더 흐르면, 그 학생의 참여율 역시 다른 학생들과 일치하게 감소될 것이다. 학교와
마찬가지로 직장에서도, 사회적 압력은, 비록 개인적으로는 다르게 믿을지라도, 사람
들로 하여금 규범과 일치하는 방향으로 행동하게 한다.

독일의 한 IT 기업인 Nutzwerk은 이 이론을 강력하게 믿는 나머지, 신임 직원들
로 하여금 불평불만을 하지 않는다는 데 동의하도록 계약서에 서명을 하게 만든다.
이 정책은 직원들이 불평하는 한 여성에 대해 불평하기 시작하면서 만들어졌다. 지
금까지 두 명의 직원들이 지나친 불평으로 인해 해고되었다.

보상과 자원은 공평하게 분배되는가?

직무만족과 직원의 동기 모두에 관련이 있는 한 요인은 자신들이 공정하게 대우받고

형평 이론(equity theory) 노력 대비 보상의 비율이 다른 직원들의 비율과 비슷하다면 직원들이 만족할 것이라는 직무만족 이론

있다고 직원들이 지각하는 정도이다. 아마도 9장으로부터 회상할 수 있겠지만, **형평 이론**은 직무만족과 동기 수준이 우리가 다른 사람들과 비교하여 얼마나 공정하게 대우받고 있는지 믿는 정도와 관련이 있다는 전제를 기반으로 한다. 만약 우리가 불공평하게 대우받고 있다고 믿는다면, 우리는 상황이 공정하게 보일 때까지 우리의 신념이나 행동을 수정하려고 노력할 것이다.

형평 및 공정성(justice) 이론들과 관련한 가장 큰 문제 중 하나는, 이론들이 이성적으로는 말이 됨에도 불구하고 시행하기 어렵다는 것이다. 즉, 형평 및 공정성 이론들에 기초하면 직원 만족을 유지하는 가장 좋은 방법은 직원 모두를 공정하게 대우하는 것이고, 그것은 가장 많이 공헌한 직원들에게 가장 많이 지불하는 것을 수반한다. 이런 접근에 동의하지 않는 사람들은 거의 없음에도 불구하고, 몇 가지 이유들로 인해 시행하기는 어렵다.

첫째로, **실현 가능성**(*practicality*)이다. 조직은 급여, 근무시간, 그리고 복지혜택 등과 같은 변인들을 통제할 수 있지만, 직원들이 직장에서 어느 정도 거리에 사는지, 혹은 직장에서 만든 친구들이 몇 명인지 등의 다른 변인들은 쉽게 통제할 수 없다.

형평이 성취되기 어려운 두 번째 이유는 **실제 투입과 산출이 아니라 투입과 산출에 대한 직원들의 지각**이 형평을 결정한다는 것이다. 예를 들어, 동등한 능력을 지난 두 학생이 한 시험에서 같은 학점을 받았다. 한 학생은 자신이 시험을 위해 10시간 동안 공부했다는 것을 알지만, 도서관에서 다른 학생을 결코 보지 못했다. 그녀는 열심히 공부했지만 공부하는 것을 보지 못한 학생과 같은 학점을 받음으로써 점수가 불공평하다고 느낄지 모른다. 물론, 다른 학생이 집에서 20시간을 공부했을지 모르지만, 그녀는 그것을 모를 것이다. 이 경우, 투입 수준에 대한 학생의 지각은 현실과 일치하지 않는다.

직원이 판단을 함에 있어 사실 정보에 기초하는 것은 중요하다. 물론, 말이 쉽지 하는 것은 어려울지 모른다. 두 개의 전국적 조사에서, 직원들의 40%만이 임금이 어떻게 결정되는지 이해한다고 진술했다(Grensing-Pophal, 2003). 또 다른 조사에서는 임금이 어떻게 결정되는지 이해하는 직원의 74%가 직무에 만족한 것에 비해, 임금의 기초를 이해하지 못하는 직원의 42%만이 직무에 만족했기 때문에, 이것은 중요한 발견이다(Grensing-Pophal, 2003). 이들 조사의 결과는, 형평 지각을 증가시키기 위해서는 조직이 보상 체계(compensation system)를 더 잘 설명할 필요가 있다는 것을 암시한다.

형평 지각을 증가시키는 또 다른 방법은 직원들이 다른 직원들의 급여 정보에 접속하는 것을 허용하는 것이다. 대부분의 공공기관들이 급여 정보를 홍보하기 위해 남달리 애쓰는 것은 아니지만, 공공 부문에서 직원 급여에 대한 정보는 대중에게 접근 가능하다. 민간 부문에서, 대부분의 조직들은 그런 정보를 기밀로 유지하고, 어떤 조직들은 직원들끼리 서로 급여를 누설하는 것을 금지한다는 진술을 직원 수칙에 포

함하기도 한다. 그렇지만 그런 정책들은, 직원들로 하여금 다른 사람들은 얼마나 버는지 추측하도록 만들기도 한다. 이러한 추측은 종종 최악의 경우를 생각하고 다른 사람들이 더 많이 번다고 믿는 결과를 낳는다. 그런 정보가 공개되기 전에 각 직원들의 허가를 얻어야 하겠지만, 아마도 급여와 수행 정보를 모든 직원들에게 접근 가능하도록 하는 것이 조직의 이익을 위해 가장 좋을 것이다.

만약 조직이 내적 형평(internal equity)을 완벽하게 유지할 수 있다고 해도, 직원들은 다른 조직의 직원들과 비교할 것이다. 그런 비교의 문제는 한 조직이 다른 조직의 정책을 통제할 수는 없다는 것이다. 나아가, 다른 조직에서의 임금과 복지혜택에 대한 지각은 내부 조직에 대한 지각보다 더 왜곡될 가능성이 많다. 그래서 형평 이론이 완벽하게 정확하다고 해도, 직원 만족을 높은 수준으로 유지하는 것은 여전히 어렵다.

형평 이론은 역사적으로 흥미로운데, 공정성 논점에 대한 더 유용한 접근은 **조직 공정성**의 세 가지 측면인 분배 공정성, 절차 공정성, 그리고 상호작용 공정성에 대한 연구이다. **분배 공정성**은 조직 내에서 도출되는 실제 결정에 대한 지각된 공정성이다. 예를 들어, 한 관리자가 다른 관리자보다 예산을 더 많이 받았는가? 한 직원이 받은 높은 봉급이 정당화될 수 있는가? 승진해야 할 직원이 승진했는가? **절차 공정성**은 그러한 결정에 도달하는 데 사용된 방법에 대한 지각된 공정성이다. 예를 들어, 한 직원이 규칙을 어겨서 해고되었지만, 어떤 일이 일어난 것인지 설명할 기회가 주어지지 않은 상황을 생각해 보라. 혹은, 훌륭한 직원이 승진했지만, 어떤 직원도 승진을 위해 함께 경쟁하도록 허용되지 않은 상황을 상상해 보라. 이 두 상황 모두, 직원들이 **결과**에 대해서 동의하지 않은 것은 아닐지라도, **과정**에 대해서는 화가 날 수 있다.

상호작용 공정성은 직원들이 받은 대인 관계적 대우에 대한 지각된 공정성이다. 즉, 한 상사가 몇몇 직원과는 함께 얘기하고, 조언을 해 주고, 사교하는 데 실질적인 시간을 쓰지만, 다른 직원들은 철저히 무시할지 모른다. 상호작용 공정성과 관련된 문제에 대한 흥미로운 예는, 어떤 지역 담당자가 판매에 대해 논의하기 위해 여성 지점장들과는 맥도날드에서 아침을 사줬으면서, 남성 지점장들은 괜찮은 레스토랑에서 저녁을 샀던 것이다. 레스토랑의 질도 확실히 논쟁거리이지만, 에그 맥머핀을 먹으면서 여성 지점장들과 시간을 보낸 30분은, 스테이크를 먹고 클럽(실제로 지역 담당자가 남성 지점장들을 데리고 간)에서 술을 마시면서 보낸 것과 같은 양적 혹은 질적 상호작용을 제공하지 않는다.

표 10.6에 나타난 것과 같이, 메타분석 결과들은 지각된 공정성이 직무만족, 조직몰입, 수행, 신뢰(trust), 이직이나 결근과 같은 철회(withdrawal), 그리고 절도나 태업(sabotage)과 같은 부정적 직원 반응을 포함한 중요한 요인들에 관련이 있다는 것을 나타낸다. 공정성에 대한 지각과 직원 태도 및 행동 간 관계는 굉장히 강력해서,

조직 공정성(organizational justice) 공평하게 대우받는다고 지각한다면, 직무에 만족하고 잘 하고자 고무될 가능성이 더 커진다는 이론

분배 공정성(distributive justice) 조직에서 만들어진 결정이 공평하다고 지각

절차 공정성(procedural justice) 조직이 의사를 결정하는 데 사용한 방법이 공평하다는 지각

상호작용 공정성(interactional justice) 직원들이 조직에서 받는 대인관계 대우가 공정하다는 지각

표 10.6 조직 공정성 메타분석 결과들: 교정된 상관

	조직 공정성 차원		
	절차	분배	상호작용
직무만족	.62[a]	.56[a]	
몰입			
조직	.57[a]	.51[a]	
정서적	.38[b]	.40[b]	.50[b]
규범적	.31[b]	.31[b]	.52[b]
지속적	−.14[b]	−.06[b]	−.16[b]
수행—직원 수준	.36[a]	.15[a]	
수행—단위 수준	.32[c]	.50[c]	.34[c]
태도—단위 수준	.41[c]	.55[c]	.64[c]
결근	−.46[a]	−.50[a]	
공격성	−.20[d]	−.13[d]	
반생산적 일 행동	−.31[a]	−.30[a]	

[a]Colquitt et al.(2001), [b]Meyer et al.(2002), [c]Whitman, Caleo, Carpenter, Horner, and Bernerth(2012), [d]Hershcovis et al.(2007)

어떻게 결정이 내려지는가에 대해 직원들에게 공개하고 공정한 절차를 개발하는 데 시간을 할애하고, 결정 과정에 직원들을 참여시키고, 결정에 대해 별로 좋아하지 않는 직원들에게 피드백을 제공하고, 결정에 호소할 수 있는 절차를 허용하는 것은 필수적이다.

성장과 도전을 위한 기회가 존재하는가?

많은 직원들에게 직무만족은 도전과 성장을 위한 기회에 의해 영향 받는다. 앞의 9장에서 논의된 것과 같이, Maslow는 자신이 **자기실현**(*self-actualization*)이라고 명명한, 성장과 도전을 위한 욕구는 안전이나 사회적 욕구와 같은 낮은 수준의 욕구가 충족된 후에야 중요하다고 생각하였다. 직원들이 자기실현 욕구를 충족시키는 것을 돕기 위해서, 조직은 많은 일들을 할 수 있다. 가장 편하면서 보편적인 방법들은 **직무 순환**, **직무 확대**, 그리고 **직무 확충**이다. 직무 순환과 직무 확대를 통해서, 직원들은 각기 다른 기계를 사용하는 방법을 배운다거나 혹은 한 조직 내 각기 다른 과업들을 시행하는 방법을 배운다. 직무 순환에서는 직원들이 한 번에 할 과업의 숫자는 똑같지만, 과업들이 시시각각 변한다. 직무 확대에서는 한 번에 할 과업의 숫자가 더 증가한다.

　직무는 사용할 지식과 수행할 과업 두 가지 방법으로 확대될 수 있다. 지식 확대(knowledge enlargement)는 직원이 더 복잡한 의사결정을 하도록 허용된다. 과업 확

직무 순환(job rotation) 한 조직에서 여러 가지 다른 직무를 수행할 기회가 주어지는 체계

직무 확대(job enlargement) 동시에 수행할 과업이 더 많이 주어지는 체계

직무 확충(job enrichment) 과업과 직무 관련 결정에 대한 책임이 더 많이 주어지는 체계

대(task enlargement)는 난이도는 동일하지만 수행할 과업을 더 많이 부여받는다. 추측했을 수 있듯이, 만족은 지식 확대에서는 증가하지만, 과업 확대에서는 감소한다(Campion & McClelland, 1993).

직무 순환과 직무 확대는 두 가지 주요 목적을 성취한다. 첫째, 직원들이 여러 가지의 기계를 작동하는 방법을 배우거나 각기 다른 과업을 수행하는 방법을 배우도록 요구함으로써 직원에게 도전 의식을 북돋는다. 일단 직원이 한 과업이나 기계를 숙달하면, 다른 것을 숙달하도록 할 수 있다.

둘째로, 직무 순환은 직원이 과업을 바꾸도록 함으로써 지루함을 경감시키는 데 도움을 준다. 만약 한 직원이 하루는 부품들을 용접하고, 다른 날에는 범퍼를 조립하며, 셋째 날에는 나사를 조인다면, 매일 동일한 과업을 수행함으로써 생기는 지루함이 감소될 것이다.

아마도 자기실현 욕구를 충족시키는 더 좋은 방법 중 하나는 직무 확충을 통해서일 것이다. 직무 순환과 직무 확충 간 주요한 차이는 직무 순환은 직원이 다른 과업들을 수행하고, 직무 확충은 직원이 과업을 넘어서는 더 많은 책임을 맡는다는 것이다.

직무특성이론(job characteristics theory)
Hackman과 Oldham에 의해 제안된 이론으로, 한 직무의 특징들이 작업자의 특정 요구에 따라 직무를 더 혹은 덜 만족스럽게 만든다고 진술

직무진단조사(Job Diagnostic Survey: JDS)
한 직무가 성장, 자율성, 그리고 의미에 대한 기회를 제공하는 정도를 측정하는 도구

앞의 9장에서 논의된 **직무특성이론**에서 Hackman과 Oldham(1975, 1976)은 확충된 직무들은 만족스럽다고 주장하였다. 확충된 직무들은 사용되는 기술이 다양하고, 직원들이 과업의 부분들보다는 전체 과업(예를 들어, 대출 지원을 처음부터 끝까지 처리하기)을 완성하게 하며, 의미가 있거나 중요한 과업과 연관되고, 직원들이 의사결정을 하도록 하며, 수행에 대한 피드백을 제공한다. Hackman과 Oldham은 주어진 직무에서 이러한 특성들이 얼마나 존재하는지를 측정하는 **직무진단조사**를 개발하였다.

대학 교수의 직무를 다시 들여다보면, 직무 확충은 명백하게 직무의 내재적 부분이다. 즉, 교수는 어떤 연구를 할지, 그리고 어떤 과목에서 무엇을 가르칠지 결정한다. 자신의 작업에 대한 이러한 결정 권한은 더 높은 직무만족으로 이어진다.

그러나 조립라인의 근무자는 직무가 행해지는 방법에 대한 최소한의 통제만을 가지고 있기 때문에, 책임은 부수적인 것이다. 결국, 범퍼는 각 시기마다 동일한 방법으로 조립되어야만 하고 같은 곳에 용접되어야 한다. 그렇다면 전형적인 공장 근로자의 직무가 어떻게 확충될 수 있는가?

한 가지 방법은 근로자들에게 직무에 대한 더 많은 책임을 주는 것이다. 예를 들어, 직원이 한 기업을 위해 처음 일하기 시작했을 때, 그녀의 작업은 품질관리(quality control) 조사원에 의해 확인을 받는다. 그녀가 하위 네 개의 욕구가 충족될 만큼 오래 그 기업에서 일한 후에, 그녀는 스스로 품질을 확인할 책임을 부여받는다. 비슷하게, 어디에서 언제 점심을 먹고, 언제 휴가를 가고, 혹은 얼마나 빨리 작업을 끝마쳐야 하는지에 대한 통제권을 더 많이 부여받을 수 있다. 예를 들어, 한 카이저(Kaiser) 알루미늄 생산 공장에서는, 시간기록계를 없애고 근로자들이 자신의 시간을 기록하

여 수행에 더 많은 책임을 맡도록 하였다.

의사결정 책임을 증가시키는 것이 가능하지 않을 때라도, 직무 확충의 발상은 여전히 시행될 수 있다. 예를 들어, 많은 조직들은 신용위원회와 이사회가 기업 직원들로 구성된 신용조합(credit union)을 가지고 있거나 신용조합과 함께 일한다. 이들 위원회와 이사회는 그 결정들이 직무와 직접적으로 연관이 되는 것은 아닐지라도 직원들의 의사결정력을 증가시키는 아주 좋은 기회를 제공한다.

직무 확충의 수준을 증가시키는 또 다른 방법은 직원에게 그들의 직무가 의미 있고, 그들이 작업을 통해 가치 있는 목표를 성취하고 있다는 것을 보여주는 것이다(Hackman & Oldham, 1975). 예를 들어, 어떤 자동차 공장들에서는 직원들이 차를 만들기 위해 팀으로 일하면서 이것이 성취된다. 한 명의 직원이 하루 종일 단일한 과업만 하는 대신 여러 가지 과업을 하고, 집단에 속한 다른 직원들 역시 여러 가지 과업을 한다. 결국, 그 직원은 자신이 만드는 데 주요 역할을 담당했었던 완성된 차를 볼 수 있다.

변압기를 제조하는 한 공장이 또 다른 예를 제공한다. 훈련부서는 직원들이 상품을 제조하는 데 하루 8시간을 소요함에도 불구하고, 상품이 어떻게 쓰이는지, 누가 사용하는지, 그리고 제대로 제조되지 않았을 때 어떤 일이 발생할지를 이해하는 사람은 거의 없다는 것을 깨달았다. 이 문제를 바로잡기 위해, 직원들은 그 변압기가 어떻게 사용되고, 누가 사용하고, 불량품의 결과가 무엇인지를 보여주는 훈련 세션에 참가하였다.

여기에서 논의할, 직원들의 자기실현 욕구를 증가시키는 마지막 방법은 **자기주도 팀** 혹은 **품질분임조**의 사용이다. 품질분임조에서는 직원들이 집단으로 모여서 작업과 관련된 문제에 대해 토론하고 제안을 한다. 문제의 범위는 작업장에서 트는 음악과 같이 사소한 것에서부터 폐기물을 줄이거나 생산성을 향상시키는 것과 같이 중요한 것까지 다양하다. 메타분석 결과, 품질분임조는 민간 부문에서는 직원들의 직무만족과($d = .25$) 몰입($d = .22$)을 증가시켰으나, 공공 부문에서는 그렇지 않았다(Pereira & Osburn, 2007).

한 대규모의 문헌고찰 연구에서, Wagner(1994)는 직원들로 하여금 의사결정에 참여하도록 허용하는 것은 수행과 직무만족에서 작지만 유의한 향상을 야기한다고 결론지었다. Arthur(1994)는 통제적인 스타일의 제철소보다 직원들이 스스로 결정을 내리도록 하는 제철소에서 이직이 더 낮았다는 것을 발견하였다. 조금 더 최근의 연구에서, Rentsch와 Steel(1998)은 직무 확충이 결근을 줄인다는 것을 알아냈다.

팀 접근이 인기가 있지만, 팀 접근의 효과성에 대해서는 상당한 논쟁이 있다. 팀 접근을 사용하는 대부분의 품질 향상 프로그램들은 바람직한 결과를 제공하는 데 실패한다(Zemke, 1993).

자기주도 팀(self-directed team) 품질분임조 참조

품질분임조(quality circle) 직원 집단이 생산성과 작업의 질을 향상시킬 변화를 제안하기 위해 모임

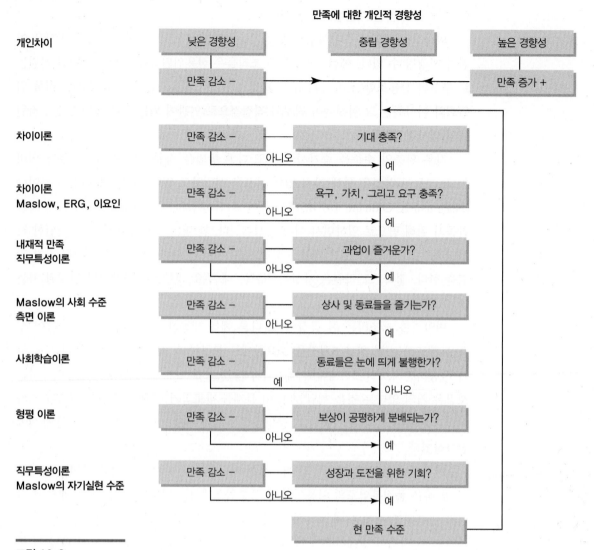

개인차이	낮은 경향성	중립 경향성	높은 경향성

만족 감소 − ← ← 만족 증가 +

차이이론 — 만족 감소 − — 기대 충족? — 아니오 / 예

차이이론
Maslow, ERG, 이요인 — 만족 감소 − — 욕구, 가치, 그리고 요구 충족? — 아니오 / 예

내재적 만족
직무특성이론 — 만족 감소 − — 과업이 즐거운가? — 아니오 / 예

Maslow의 사회 수준
측면 이론 — 만족 감소 − — 상사 및 동료들을 즐기는가? — 아니오 / 예

사회학습이론 — 만족 감소 − — 동료들은 눈에 띄게 불행한가? — 예 / 아니오

형평 이론 — 만족 감소 − — 보상이 공평하게 분배되는가? — 아니오 / 예

직무특성이론
Maslow의 자기실현 수준 — 만족 감소 − — 성장과 도전을 위한 기회? — 아니오 / 예

현 만족 수준

그림 10.2
만족 순서도

여러 가지 이론의 통합

본 장에서는 직무만족의 다양한 이론들에 대해 논의하였다. 꼭 물어야 하는 질문은 ("이 장이 언제 끝날 것인가?" 말고), "그러면 어떻게 우리가 직원들을 만족시킬 것인가?"이다. 불행히도 이 질문에 대한 답은 복잡하고 여러 가지 요인에 의존한다. 그렇더라도 우리는 전형적인 풍토보다 동기와 만족에 더 좋은 조직 풍토(organizational climate)를 설계하기 위해 이론들을 이용할 수 있다.

그림 10.2에 나타난 것과 같이, 개인차이이론들은 우리 각자가 삶, 그리고 일과 같은 삶의 여러 가지 측면에 만족하는 초기 경향을 직무에 가지고 온다고 한다. 만족에 대한 경향이 낮은 사람은 가상의 만족 점수가 단지 6점으로 시작할 수 있고, 중립적인 경향을 가진 사람은 10점으로 시작하고, 경향이 높은 사람은 14점을 가지고 올수 있다.

예를 들어, 유전자에 더해, 성실성, 정서적 안정성, 외향성(Judge, Heller, & Mount, 2002), 내적 통제감(Judge & Bono, 2001), A유형 행동 양식, 끈기/참을성(Bluen, Barling, & Burns, 1990), 그리고 사회적 신뢰(Liou, Sylvia, & Brunk, 1990)와 같은 특질들은 일에 만족하는 경향성과 관련이 있다. 인구학적으로, 남성과 여성은 일에 동일하게 만족하고, 백인이 흑인보다 더 만족하고, 나이가 젊은 근로자보다는 중장년 근로자가 약간 더 만족하고 몰입한다(Ng & Feldman, 2010).

Surrette과 Harlow(1992)는 그 직무가 유일한 선택권인 것보다 다른 대안으로부터 직무를 고를 선택권을 가지고 있을 때 가장 직무에 만족할 것이라고 하였다. 그러나 일단 사람들이 한 직무에 고용되면, 다른 경력 대안이 없을 때 가장 만족한다(Pond & Geyer, 1987).

우리가 일하는 동안, 특정 상황과 조건들이 발생해서 개인적 기질로 인해 나타난 초기 만족 수준을 증가시키거나 감소시킬 수 있다.

차이이론에 따르면, 직무가 우리의 다양한 욕구, 바람, 기대, 그리고 가치를 충족시킨다면 우리는 직무에 계속해서 만족할 것이다. 앞서 언급한 것과 같이, 개인이 성취, 지위, 안전, 그리고 사회적 교류 등에서 가지고 있는 욕구는 매우 다르다. 따라서 모든 직무가 매 순간 모든 직원들의 욕구를 충족시킬 수는 없다. 그러나 직원 욕구를 알아챔으로써, 욕구가 직무의 요구 및 특성들과 일치하는 직원들을 선발할 수 있다. 경력 워크숍은 직무에 만족하지 않는 사람들을 위한 몇 가지 전략들을 제공한다.

내재적(intrinsic) 만족 이론과 직무특성이론에 따르면, 우리는 과업들 자체가 수행하기에 즐거울 때 직무에 더 만족한다. 무엇이 과업을 즐겁게 하는지는 개인마다 다르다. 누군가에게는 컴퓨터 작업이 즐거운 반면, 다른 이들에게는 매우 지루할 수 있다. 많은 사람들이 의사결정을 하고, 갈등을 해결하고, 한 프로젝트를 처음부터 끝까지 해내는 것을 즐거워하지만, 다른 사람들은 그렇지 않다.

전반적(overall) 만족은 직무의 개별 측면에 대한 만족에 의해 영향을 받을 수 있다. 예를 들어, 무능한 상사, 끔찍한 동료, 낮은 임금, 혹은 승진 기회의 제한은 전반적 직무만족을 감소시킬 수 있다. 심지어 사소한 것조차 직무만족을 감소시킬 수 있다. 한때 본 저자는 자판기가 작동하지 않고 종이와 펜과 같은 용품들이 공급되지 않는 직무에서 일한 적이 있다. 이런 요인들은 대부분의 직원들에게—직무만족을 줄이기에는 충분하지만, 직무에 불만족하게 하기에는 부족한—짜증이 된다. 사회학습이론에 따르면, 우리는 동료들이 만족할 때 더 만족할 것이다. 다른 모든 사람들이 불평불만을 한다면, 직무를 사랑하는 직장 내 유일한 사람이 되기 어렵다.

우리가 우리의 직업을 얼마나 내재적으로 좋아하는지와 관계없이, 형평과 공정성 이론들은 보상, 처벌, 사회적 상호작용이 동등하게 주어지지 않는다면 우리가 불만족하게 된다고 예측한다. 만약 동료보다 더 열심히 일하지만 동료가 더 높은 봉급을 받는다면, 일하는 이유가 돈이 아니라고 하더라도 만족하기 힘들 것이다.

직무특성이론과 Maslow의 자기실현 수준에 기초하여, 성장, 도전, 다양성, 자율성, 그리고 승진 기회의 부족은 많은 사람들에게 만족을 감소시킬 것이다.

이런 요인들의 결과는 합해서 직원들의 현 만족 수준을 나타낸다. 조건들이 변한다면 만족 수준도 변할 것이다.

직무만족과 몰입 측정하기

지금까지 본 장에서는 직무만족과 몰입을 설명하기 위해 노력하는 여러 가지 이론들을 논의했다. 그러나 남아 있는 한 가지 중요한 논점은 직원들의 직무만족이나 몰입 수준을 어떻게 측정하느냐 하는 것이다. 일반적으로, 직무만족은 표준 직무만족 도구들(standard job satisfaction inventories)이나 맞춤형(custom-designed) 직무만족 도구

당신의 직무에 대해 전반적으로 어떻게 느끼는지를 나타내는 표정 아래 체크해 주십시오.

그림 10.3
직무만족의 안면척도
시뮬레이션

들, 두 가지 방법 중 하나로 측정된다. 몰입은 주로 표준 몰입 도구들(standard commitment inventories)로 측정된다.

보편적으로 사용되는 표준 도구들

직무만족의 측정

직무만족을 측정하는 초기 방법 중 하나는 Kunin(1955)에 의해 개발된 것으로, **안면 척도**라고 불린다(그림 10.3에 나와 있다). 이 척도는 사용하기 쉽지만, 충분한 세부사항이 부족하고, 구성타당도가 부족하고, 몇몇 직원들은 이 척도가 너무 단순해서 품위가 떨어진다고 믿기 때문에, 더 이상 보편적으로 사용되지는 않는다.

요새 가장 보편적으로 사용되는 척도는 **직무기술지표**이다. Smith, Kendall, 그리고 Hulin이 1969년에 개발한, 그리고 가장 최근에는 2009년에 수정된 JDI는 직원들이 평가하는 72개의 직무관련 형용사들과 진술들로 구성되어 있다. 이 척도들은 상사, 보수, 승진 기회, 동료, 그리고 작업 그 자체의 다섯 가지 차원에서 직무만족의 점수를 산출한다.

비슷한 직무만족 측정도구로, Weiss, Dawis, England, 그리고 Lofquist(1967)가 개발한 **미네소타 만족 설문지**가 있다. MSQ는 100개의 문항을 포함하고, 20개의 하위척도에서 점수가 산출된다. 만족 도구에 대해서 더 경험하기 위해서는 그림 10.4의 단축형 MSQ를 풀어보라.

JDI는 다섯 개의 하위척도로 이루어져 있고 MSQ는 20개의 하위척도로 이루어져 있다는 사실은 직무만족을 측정하는 것이 쉽지 않다는 점을 강조한다. 이것은 직원들의 JDI에 대한 반응이 MSQ에 대한 반응과 상관이 그리 높지 않다는 것을 고려할 때 더 두드러진다(Gillet & Schwab, 1975). JDI와 MSQ 둘 다 직무만족의 특정 측면을 측정하기 때문에, Ironson, Smith, Brannick, Gibson, 그리고 Paul(1989)은 **전반적 직무만족 척도**를 개발했다. JIG는 조직이 특정 측면보다 직무만족의 전반적 수준을 측정하고자 할 때 유용하다. JIG와 JDI는 둘 다 https://webapp.bgsu.edu/jdi에서 무료로 사용 가능하다.

Nagy(1996)는 이들 척도들이 직원이 직무의 특정 측면에 만족하는지만을 측정하고 그 직무 측면이 그들에게 얼마나 중요한지를 묻지 않기 때문에, 많은 직무만족

다음은 귀하의 직무에 관하여 여러 가지 측면을 나열한 것입니다. 직무의 각 측면에 대해 귀하께서
얼마나 **만족하는지를** 표시해 주십시오.

매우 만족: 이 측면에 매우 만족한다.
만족: 이 측면에 만족한다.
잘 모르겠다: 만족과 불만족 중에 결정을 내릴 수 없다.
불만족: 이 측면에 불만족한다.
매우 불만족: 이 측면에 매우 불만족한다.

현재 직업에서 다음 사항에 대해 당신은 어느 정도 만족하십니까?	매우 불만족	불만족	잘 모르겠다	만족	매우 만족
1. 나에게 부여되는 업무량에 대해	☐	☐	☐	☐	☐
2. 혼자 독립적으로 일할 수 있다는 것에 대해	☐	☐	☐	☐	☐
3. 때때로 반복되지 않는 다양한 일들을 할 수 있다는 것에 대해	☐	☐	☐	☐	☐
4. 직장에서 "중요한 인물"(알아주는 사람)이 될 수 있는 기회에 대해	☐	☐	☐	☐	☐
5. 상사가 부하직원들을 대하는 방식에 대해	☐	☐	☐	☐	☐
6. 상사의 의사결정능력에 대해	☐	☐	☐	☐	☐
7. 나의 양심에 위배되지 않는 일을 할 수 있다는 것에 대해	☐	☐	☐	☐	☐
8. 내 직업의 안정성에 대해	☐	☐	☐	☐	☐
9. 다른 사람들을 위해 무언가를 해줄 수 있다는 것에 대해	☐	☐	☐	☐	☐
10. 다른 사람들에게 일을 지시할 수 있다는 것에 대해	☐	☐	☐	☐	☐
11. 내 능력을 활용해서 일할 수 있다는 것에 대해	☐	☐	☐	☐	☐
12. 사내(학교) 정책을 시행하는 방식에 대해	☐	☐	☐	☐	☐
13. 내 업무량에 비한 급여수준에 대해	☐	☐	☐	☐	☐
14. 승진 기회에 대해	☐	☐	☐	☐	☐
15. 나 스스로 판단할 수 있는 자율권에 대해	☐	☐	☐	☐	☐
16. 내 자신의 방식대로 업무 수행을 할 수 있는 기회에 대해	☐	☐	☐	☐	☐
17. 직업 환경에 대해	☐	☐	☐	☐	☐
18. 직장 동료들 사이의 관계에 대해	☐	☐	☐	☐	☐
19. 나의 업무 수행능력을 인정받는 정도에 대해	☐	☐	☐	☐	☐
20. 일을 통해 얻는 성취감에 대해	☐	☐	☐	☐	☐
	매우 불만족	불만족	잘 모르겠다	만족	매우 만족

출처: 박아이린 (2005). MSQ 직무만족도 검사의 문항 및 척도 타당성 분석. 서울대학교 대학원 석사학위논문.
원출처: *Minnesota Satisfaction Questionnaire* (short form), copyright © 1967. Vocational Psychological Research, University of Minnesota. Used with permission.

그림 10.4
단축형 미네소타 만족
설문지(MSQ)

의 표준 도구들을 비판한다. 중요하게 생각하는 것은 사람마다 다르다는 차이이론에 대한 논의를 회상해 보라. 이것을 염두에 두고, Sally와 Temea는 둘 다 급여가 받아야 하는 것보다 낮다고 생각한다고 하자. Sally는 현실적인 출세주의자이고 보수가 한 사람의 지위를 나타낸다고 생각한다. 그러나 Temea는 많은 돈을 상속받았고, 바쁘게 지내는 것이 좋아서 일을 한다. 비록 Sally와 Temea가 둘 다 보수가 낮다고 생각하지만, Nagy(1996)는 Sally만이 불만족할 것이라고 주장한다. 이 차이를 이해하기 위해서, Nagy(1995)는 한 측면(facet)당 두 개의 질문을 포함하는 Nagy 직무만족척도를 만들었다: 한 문항은 그 측면이 얼마나 중요한지를 측정하고, 다른 문항은 그 측면에 얼마나 만족하는지를 측정한다.

몰입의 측정

대부분의 조직몰입 측정도구들은 상대적으로 짧고, 이전에 언급된 세 유형의 몰입, 즉, 정서적 몰입, 지속적 몰입, 그리고 규범적 몰입과 비슷한 측면을 잰다. 아마도 가장 보편적으로 사용되는 조직몰입 측정도구는 Allen과 Meyer(1990)에 의해 개발된 척도일 것이다. Allen과 Meyer의 설문은 정서적, 지속적, 그리고 규범적 몰입의 세 요인 각각을 8개씩으로 하여 총 24개 문항으로 구성되어 있다. 문항의 예는 다음과 같다.

정서적 몰입
- 이 조직에서 남은 경력을 모두 보낸다면 나는 매우 행복할 것이다.
- 나는 이 조직의 문제를 진정 나 자신의 문제로 느낀다.

지속적 몰입
- 내가 원한다고 해도, 지금 당장 이 조직을 떠나는 것은 매우 어렵다.
- 이 조직을 떠나는 것을 고려하기에는 선택권이 별로 없다.

규범적 몰입
- 지금 우리 조직을 떠난다면 죄책감을 느낄 것이다.
- 나는 이 조직에 충실해야 한다.

다른 도구들은 다음을 포함한다:

- **조직몰입설문(Organizational Commitment Questionnaire: OCQ)**: Mowday, Steers, 그리고 Porter(1979)가 개발한 15개의 문항으로 구성된 척도로, 조직의 가치와 목표 수용(acceptance of the organization's values and goals), 조직을 돕고자 하는 의지(willingness to work to help the organization), 그리고 조직에 남으려는 바람(a desire to remain with the organization)의 세 요인을 측정한다. 세 가지 요인을 재기는 하지만, 대부분은 요인을 합쳐서 하나의 전반적인 몰입 점수를 산출하여 사용한다(Kacmar, Carlson, & Brymer, 1999).

Foster Consulting은 인재관리(talent management)의 모든 측면을 전문적으로 다룬다. 우리는 조직이 사업 결과를 최대화하기 위해 필요한 인재를 유인하고, 고용하고, 관여하게 만들고, 유지하는 것을 돕는다. 우리는 전략개발과 시행, 조직 연구, 역량개발, 평가센터, 고용선발, 직무분석, 그리고 360도 피드백/코칭을 포함하는 다양한 서비스를 제공한다.

Heather King Foster, M.A.
President, Foster Consulting, Inc.

© Courtesy of Heather King Foster

우리 일의 대부분은 조사, 초점집단, 혹은 면접을 사용하는 일종의 연구와도 관련된다. 이 자료들은 투입을 산출하고, 인식을 이해하고, 수행을 향상시키고, 매입을 하기 위한 여러 가지 방법으로 사용된다. 우리의 연구는 일반적으로 조직이 이직을 줄이고, 직원 열의(engagement)나 만족을 높이고, 의사소통이나 생산성을 향상시키기 위해서 사용된다.

우리는 어떤 연구 방법이나 연구 방법들의 조합이 고객의 예산, 일정, 그리고 전체 프로젝트 욕구에 가장 잘 맞을 것인지를 결정하기 위해 고객과 함께 일한다. 몇몇 프로젝트에서 우리는 고객이 단순히 일회의 직원 조사나 여러 번의 초점집단을 시행하도록 제안한다. 다른 프로젝트에서는 고객이 핵심 간부도 면담하고, 변화가 시행되는 시기 동안에 계속해서 자료를 수집하여 피드백의 진행 사항을 반영하는 것이 가능하도록 추천한다.

전 범위의 직원 연구를 수행하려고 결정한 조직은 핵심 이해당사자들과 관련된 통합 계획을 세울 수 있다. 이 통합적 접근은 전형적으로 고위 간부들을 인터뷰함으로써 시작된다. 우리는 고객 팀과 함께 짝지어 일하는데, 고객 팀은 보통, 면접에 사용할 안내지침서를 개발하기 위해서, 변화, 의사소통, 인적자원, 복지혜택, 그리고 보상과 같은 사업 분야를 대표한다. 이 안내지침서의 질문들은 간부들의 다음 측면을 탐색한다.

- 사업에 대한 인식과 직원들이 사업 성공에 할 수 있는 역할
- 보상과 다른 인적자원 프로그램에 대한 철학—무엇을 하기 위해 혹은 무엇을 하지 않기 위해 고안되어야 하는가; 예를 들어, 보상 프로그램이 직원이 조직에 몸담을 결정을 하는 데 한 요인이 되어야 하는가? 한 조직에 머무르기 위해서? 일에 전적으로 매진하기 위해서?
- 조직과 지원에 가해진 주요 변화의 영향 평가
- 그 조직의 프로그램들이 다른 조직에 비해서 어디에 위치해야 하는지에 대한 관점
- 현 프로젝트 팀과 성공의 측정방식에 대한 안내

간부들로부터 수집된 자료는 보통 프로젝트에 대한 방향을 설정하는 데 사용되고, 다른 집단으로부터 수집된 산출은 이들 자료들과 비교된다.

종종 연구의 대상이 되는 또 다른 핵심 집단은 일선의 관리자들이다. 이 지도자들은 직원에게 가장 가깝기 마련이고, 직원이 전달받는 의사소통에 가장 큰 영향을 미친다. 보통은 초점 집단을 통해 관리자들을 이 과정의 초반부터 개입시킴으로써, 우리는 관리자로서의 그들의 욕구와 어려움, 관리자들이 직원들을 유인하고, 유지하고, 관여하게 하는 데 있어 보상과 다른 인적자원 프로그램들이 행하는 역할, 그리고 그들의 관점이 간부들의 관점과 잘 맞는지에 대한 이해를 얻는다.

직원들은 종종 설문조사를 통해 주요 변화에 참여한다. 간부 면담과 관리자 초점집단으로부터 온 정보는 설문지를 만들기 위해 직원들의 초점집단을 통해 수집된 자료들과 결합된다. 그 후 설문조사는 전체 직원이나 일부 직원들에게 실시된다. 변화가 민감하고 영향력이 있을수록, 고객은 모든 직원들에게 참가 기회가 제공되기를 원할 가능성이 더 크다. 우리는 웹, 이메일, 그리고 전화 등 여러 가지 방법을 사용하여 설문조사를 실시한다. 일단 설문조사가 시행되고 자료가 모아지면, 우리는 자료를 이해하기 위해서 여러 가지 통계분석을 실시한다. 우리는 인구통계학적 집단에 따른 차이를 보고, 직원 인식의 "추동요인"을 이해하기 위한 항목 지표를 만들고, 자료에서의 일반적 트렌드를 찾는다. 그런 후 분석을 사용하여 결과에 대한 상세 보고서를 쓰고, 보고서에 그 프로젝트를 위해 수집된 모든 자료들을 한데 모은다. 우리는 간부, 관리자, 직원들의 관점을 설명하고, 여러 가지 사항에 대한 그들의 지각을 비교 대조한다.

종종, 직원 설문조사에 뒤이어 초점집단을 다룬다. 이들 초점집단들은 설문조사에서 확인된 문제들을 더 탐색하기 위해 사용되고, 변화에 대한 생각을 검정하거나 직원들과 의사소통하기 위해 사용된다. 직원들로부터 추가적인 자료를 수집하는 또 다른 방법은 맥박/동향조사(pulse survey)를 통한 것이다. 이런 조사들은 종종 직원 표본 한 개에 온라인으로 시행되고 본질적으로 짧다. 맥박조사는, 도입된 변화와 전달메세지에 대한 직원 인식과 이해를 가능하기 위해 "실시간" 자료를 빨리 수집하는 것을 가능하게 한다. 이 결과들은 주요 변화의 결과로서 조직 내 시행되고 있는 진행사항을 검토하기 위해 장시간에 거쳐 추적된다.

어떤 유형의 조사이든 가장 중요한 요소는 자료를 사용하고자 하는 고객의 의지이다. 가장 모범적인 조직들은 직원들에게 피드백을 규칙적으로 요청하고, 자료를 수집하기 위한 좋은 추적 기록을 갖고, 직원들에게 지속적으로 자료의 사용에 대한 정보를 제공한다.

- **조직몰입척도(Organizational Commitment Scale: OCS)**: Balfour과 Wechsler(1996)가 개발한 아홉 문항 척도로, 동일시(identification), 교환(exchange), 그리고 소속(affiliation)으로 이루어진 세 측면을 측정한다. 예시 문항으로는 "나는 이 조직의 가족인 것처럼 느낀다."와 "이 조직이 상징하는 것은 나에게 중요하다."가 있다.

맞춤형 도구들

직무만족에 대한 대부분의 연구가 이전에 언급된 표준 도구들을 이용하여 행해지지만, 대부분의 조직들은 맞춤형 도구들을 이용해서 직원의 직무만족 수준을 측정한다. 맞춤형 도구들의 장점은 조직이 직원들에게 조직에 특정적인 질문들을 할 수 있다는 것이다. 예를 들어, 지역의 한 대리점이 최근에 많은 직무를 재구성하였고, 직원들이 변화에 얼마나 만족하는지 알고 싶었다. 이를 위해, 구체적으로 그 변화에 대한 직원들의 생각과 느낌을 측정할 수 있는 문항들을 설계한 컨설턴트를 고용하였다. 표준 도구들 중 하나를 사용한다면, 요구된 정보를 제공하지 못할 것이다. 맞춤형 설문에 대해 더 배우고자 한다면, Heather King의 고용 프로필을 읽어라.

불만족과 다른 부정적 작업 태도의 결과

결근

앞서 논의되고 그림 10.1에 나타난 것과 같이, 직원들이 불만족하거나 조직에 몰입하지 않을 때, 결근을 하거나 떠날 가능성이 만족하거나 몰입한 직원들보다 더 크다. 본 장의 남은 두 절에서는 결근과 이직이 논의되고 이런 부정적 직원 행동을 감소시킬 방법을 소개하겠다.

　　노동부의 통계 자료에 의하면, 2013년에 미국 근로자들은 근무 시간의 1.5%를 빠졌는데, 이것은 일 년에 대략 3.9일에 해당한다. 비교할 만한 국제 자료를 얻기는 힘들지만, 영국 산업 연합은 2012년에 영국 근로자들이 평균 5.3일 결근하였다고 한다. 캐나다 연합회의 자료는 평균적인 캐나다 직원은 2011년에 9.3일 결근하였다고 지시한다. 조합원들이 가장 많이 결근하였고(13.2일), 그 다음으로 공공 부문 직원들(12.9일), 그리고 비조합원들(7.5일) 순이었다. 여성(11.4일)이 남성(7.7일)보다 더 결근하였고, 나이가 많은 직원들(13.2일)이 적은 직원들(5.9일)보다 더 결근하였다. 명절, 병가, 그리고 양육 휴가에 의한 결근까지 포함하면, 스웨덴의 평균적인 직원들은 2004년에 17주를 결근하였다(OECD, 2005)! 많은 국가가 고용주들에게 유급휴가를 의무화하는 반면, 미국은 그런 법이 없기 때문에, 미국의 결근율을 다른 나라들과 비교하는 것은 어려울 수 있다. 사실 미국 노동부의 자료는 보수가 낮거나 시간근무제인 직원의 80%는 유급휴가를 하루도 쓸 수 없다는 것을 보여 준다.

국제적인 식료품 공급 업체인 Nutreco는 결근에 있어서 국가 차이에 대한 좋은 예시를 보여준다. Nutreco의 2003년 전반적 결근율은 3.7%였으나, 국가에 따라 비율이 매우 다르다. 캐나다 공장에서 결근이 가장 낮았고(0.5%), 아일랜드(2.1%)와 영국(2.6%)이 뒤따랐으며, 벨기에 공장에서 가장 높았고(7.4%), 네덜란드(6.7%)와 스페인(5.5%)이 뒤를 이었다. 칠레(2.7%), 프랑스(3.4%), 그리고 노르웨이(4.7%)의 결근율이 중간이었다. 높은 금전적 비용뿐만 아니라 결근이 이직과 어느 정도 상관이 있어서(ρ = .25; Berry, Lelchook, & Clark, 2012) 이직의도의 경고가 될 수 있기 때문에, 전 세계에 거쳐 조직들은 결근에 신경을 쓴다.

결근과 이직의 높은 비용 때문에, 조직은 미리 조정되지 않은 결근 일자를 줄이기 위해 막대한 노력을 한다. 이런 노력이 효과적이기 위해서, 왜 직원들이 결근을 하는지 이해하는 것이 중요하다. 즉, 처벌은 직원들이 출근을 의식적으로 결정할 때에만 결근을 줄일 것이다. 비슷하게, 건강증진프로그램(wellness program)들은 결석이 대부분 아프기 때문일 때에만 출근을 증가시킬 것이다. 표 10.7에서 볼 수 있는 것과 같이, 갑작스런 결근에 대한 가장 최근의 CCH 조사에서는 결근의 65%가 병이 아닌 다른 이유 때문이었다. CareerBuilder.com에서 3,484명의 직원들을 대상으로 실시한 2013년 조사에서는 직원의 32%가 아프지 않을 때에도 매년 적어도 하루의 "병가"를 낸다고 인정했다. 휴가를 내는 상위 세 개의 이유는 일하러 갈 기분이 아니라서, 휴식이 필요해서, 그리고 밀린 잠을 자기 위해서였다. 조금 더 창의적인 변명의 예시는 눈이 계속 눈두덩에서 떨어져서, 혀를 깨물어 말을 할 수 없어서, 그리고 누군가 문과 창문을 풀로 붙여놔서 집을 나설 수가 없어서였다.

결근을 결과에 연결하기

출근을 보상하고 결근을 처벌하는 근거는 직원들이 매일 출근할지 안 할지에 대해서 결정을 한다는 것이다. 비록 그 의사결정 과정이 명백하게 밝혀지지는 않지만, 아마도 결근(결석)의 결과와 출근(출석)의 결과를 저울질하는 것을 포함할 것이다. 예를 들어, 아침 여덟 시에 수업이 있고, 출석을 할지 말지 결정하고 있다고 치자. 결석을 함으로써, 몇 시간 더 자고, 아침 방송을 보고, 비를 피할 수 있을 것이다. 출석을 함으로써, 책에는 없지만 시험에 나올 노트 내용을 얻고, 강사의 끔찍한 유머를 듣고, 당신에게 관심이 있는 매우 근사한 외모의 학생 옆에 앉을 기회를 얻을 수 있다. 만약 성적과 데이트 기회가 당신에게 가장 중요하다면, 출석을 할 것이다. 만약 잠이 가장 중요하다면, 결석을 할 것이다.

직원들이 출근을 할지 의식적인 결정을 한다면, 실제로 출석을 보상하고, 결석을 훈육하고, 정확한 출석을 기록하는 등 몇 가지 방법으로 출석을 증가시킬 수 있다.

출석에 대한 보상

출석은 금전적 장려(financial incentives), 휴가(time off), 그리고 표창(recognition) 프로그램들을 통해 향상시킬 수 있다.

금전적 장려. 금전적 장려 프로그램들은 일정 수준의 출근을 한 직원들을 보상하기 위해 돈을 사용한다. 이런 프로그램들 중의 하나인 **웰페이**는 미사용 병가만큼 직원에게 급료로 지불하는 것이다. 어떤 고용주들은 일당에 해당하는 급료로 보상하기도 하고, 다른 고용주들은 일당의 반액에 해당하는 급료로 보상하기도 한다. 메타분석들은 웰페이 프로그램이 결근을 줄이는 가장 좋은 방법임을 알아냈다.

두 번째 방법은 **금전적 상여금**을 일정 수준의 출근을 한 직원들에게 제공한다. 이 방법을 사용하면, 일 년 동안 한 번도 결근을 하지 않은 직원은 1,000달러의 상여금을 받고, 열흘을 결근한 직원은 아무 것도 받지 않을 수 있다. 예를 들어, 미국 테네시(Tennessee) 주의 멤피스(Memphis)와 채터누가(Chattanooga) 도시의 Steel Warehouse라는 기업에서는 직원들이 한 번도 결근하지 않으면 일 년에 700달러를 벌 수 있다. United Airlines에서는 6개월 동안 결근을 하지 않은 직원들은 18개의 새 차 중 하나를 받을 수 있는 기회를 위해 제비를 뽑을 수 있다(Woodward, 2013).

세 번째 금전적 장려 방법은 출근을 한 직원들을 보상하기 위해 **게임**을 사용하는 것이다. 여기에는 많은 예시들이 있다. 한 기업은 출근을 한 직원들에게 매일 카드

> **웰페이(well pay)** 사용하지 않은 병가만큼 돈을 지불함으로써 결근을 통제하는 방법

> **금전적 상여금(financial bonus)** 출근 기준을 충족하는 직원들에게 현금 보상을 함으로써 결근을 통제하는 방법

> **게임(game)** 직원 출근을 보상하기 위해 포커와 빙고 같은 게임을 사용하는 결근 통제 방법

표 10.7 결근율과 사람들이 결근을 하는 이유에 대한 트렌드

	연도								
	1999	2000	2001	2002	2003	2004	2005	2006	2007
결근율(미국)									
CCH 조사 자료	2.70	2.10	2.20	2.10	1.90	2.40	2.30	2.50	2.30
BNA 자료	1.70	1.70	1.70	1.60	1.60	1.40	1.50		
직원당 연 비용	$602	$610	$755	$789	$645	$610	$660		
결근 이유(%)									
질병	21	40	32	33	36	38	35	35	34
스트레스	19	5	19	12	11	11	12	12	13
개인사정	20	20	11	21	18	18	18	18	18
가족문제	21	21	21	24	22	23	21	24	22
특권의식	19	14	9	10	13	10	14	11	13
기타(예를 들어, 악천후)			**8**						

출처: CCH 예정에 없던 결근에 대한 연례 조사

한 개씩을 주면서 포커를 게임으로 사용한다. 그 주말에, 다섯 개의 카드를 가진 직원들은 그 가치들을 비교하고, 이긴 직원은 바비큐 음식점 등 그 지역에서 가장 좋은 레스토랑에서 둘이 저녁 식사를 할 수 있는 상품권 등이 주어진다. 이런 게임을 사용하는 것이 성공적이라는 연구 기록들이 있으나, Wagner(1990)가 행한 메타분석에 의하면 게임의 평균 효과크기는 0에 가깝다.

유급휴가프로그램(paid-time off program: PTO) 유급인 방학, 병가, 명절 등등이 결합된 출근 정책

휴가.   또 다른 접근은 **유급휴가프로그램**, 혹은 유급휴가은행(paid-leave bank: PLB)이다. 이런 양식의 프로그램에서는, 휴가, 개인시간, 명절, 그리고 병가가 한 가지 범주의 유급휴가로 통합된다. 예를 들어, 전통적 체계에서, 직원은 10일의 휴가, 3일의 개인시간, 5일의 명절, 그리고 10일의 병가가 주어져서 총 28일의 휴가가 주어질 수 있다. PTO 프로그램에서는, 직원이 일 년 동안 총 26일의 휴가가 주어진다. PTO 프로그램을 채택한 기업들은 보통 원래 체계에서보다 더 적은 휴가를 제공한다(Frase, 2010). 병가를 별로 사용하지 않은 직원은 휴가를 더 많이 사용할 수 있고, 장기간 아플 때 보호받으며, 그 조직은 조정되지 않은 결근의 전체 숫자를 줄이면서 금액을 절감한다. 표 10.8에 나타난 것과 같이, 인사(human resources: HR) 부장들은 환급(buy-back) 프로그램들, 유급휴가은행, 그리고 훈육을 가장 효과적인 결근 통제 방법으로 평가한다.

    PTO 프로그램들의 37%에서, 직원은 나중에 사용하기 위해 휴가를 "예금"할 수 있고, PTO 프로그램을 사용하는 조직들의 17%는 직원들이 사용하지 않은 휴가를 암과 같이 재앙적인 질병으로 고생하는 직원들을 위해 기부하는 것을 허용한다(CCH, 2004). 본 저자의 이웃은 직원이 휴가를 예금할 수 있는 PTO의 훌륭한 예시를 제공한다. 그녀는 한 병원에서 일을 하는데, 5년 동안 한 번도 결근을 하지 않았다. 결과적으로, 그녀는 현재 3개월의 추가 휴가를 사용할 수 있고, 갓 태어난 아들을 위해 사용할 계획이다.

표창 프로그램.   출근을 더 보람되게 만들 수 있는 또 다른 방법은 표창과 칭찬이다. 공식적인 표창 프로그램들은 직원들에게 무결근 증명서, 머그잔, 명판, 옷깃 핀, 시계 등을 제공한다. 표 10.8에 나타난 것과 같이, HR 부장들은 이런 프로그램들이 다른 프로그램들만큼 효과적이라고 지각하지 않는다. 장려 프로그램들이 출근을 증가시키는 효과적인 방법일 수 있지만, 그런 프로그램들이 가족의료휴가법(Family Medical Leave Act)에 저촉될 수 있어서 많은 조직들이 무결근 장려 정책들을 신경 쓰지 않는다(Tyler, 2001).

결석에 대한 훈육

결근은 작업에 빠진 직원들을 처벌하거나 훈육함으로써 줄일 수 있다. 훈육은 경고를 하거나 비인기 작업을 배당하는 것에서부터 해고하는 것까지 다양하다. 표 10.8

표 10.8　결근통제정책에 대한 CCH 조사

결근통제정책	사용 백분율					효과성 평가				
	2000	2004	2005	2006	2007	2000	2004	2005	2006	2007
징계 처분	88	91	90	90	89	3.5	3.5	3.4	3.3	3.4
수행 평가	58	79	79	82	82	3.2	3.0	3.0	2.9	2.9
질병 입증		76	76	79	74		3.0	3.2	2.9	3.2
유급휴가은행	21	63	67	70	60	3.9	3.5	3.5	3.7	3.6
개별 표창	62	59	66	68	57	3.1	2.6	2.6	2.7	2.6
무과실시스템	31	59	63	67	59	3.7	2.9	3.0	2.8	2.9
보너스 프로그램	21	49	57	61	51	3.1	3.2	3.3	3.3	3.3
환급 프로그램	17	48	58	59	53	3.4	3.3	3.5	3.4	3.4

출처: CCH 예정에 없던 결근에 대한 연례 조사

에 나타난 것과 같이, 훈육은 상당히 효과가 있고, 특히 출근에 대한 다른 정적 강화와 결합했을 때 효과적이다.

명확한 정책과 정확한 기록 유지

결근으로 인해 받는 부정적 결과를 증가시키는 또 다른 방법은 정책과 기록 유지이다. 대부분의 조직들은 결근한 날의 숫자, 즉 빈도(*frequency*)를 세는 식으로 결근을 측정한다. 아마도 더 나은 방법은 일수보다 결근의 경우(*instance*)의 숫자를 기록하는 방법일 것이다. 예를 들어, 직원들에게 12일의 병가를 주는 대신에, 3번이나 4번의 결근 상황을 허용하는 것이다. 하루나 3일 연속해서 빠지는 것은 각각 한 번의 결근으로 계산된다.

그림 10.5에 나타난 것과 같이, 결근의 일수와 결근의 경우는 종종 다른 결과를 도출한다. 한 사람이 결근하는 횟수를 줄임으로써, 직원이 실제 질병 때문에만 병가를 사용할 가능성이 증가된다. 이러한 가능성들은 연속해서 며칠의 결근이 필요한지 의사의 소견서를 요구함으로써 더 증가될 수 있다.

결근은 출근 목표를 세우고 직원들이 그 목표를 얼마나 잘 달성하는지에 대한 피드백을 제공함으로써 감소될 수 있다. Harrison과 Shaffer(1994)의 흥미로운 연구는 거의 90%의 직원들이 자신들의 출근율이 평균 이상이고 동료들의 전형적인 결근이 실제 수치보다 두 배 높은 수준이라고 추정한다는 것을 밝혔다. Johns(1994)도 비슷한 결과를 찾았다. 따라서 직원들이 결근을 하는 한 가지 이유는 그들이 자신들의 출근이 동료보다 높다고 부정확하게 믿기 때문이다. 직원들에게 그들의 결근 수준에 대한 피드백을 제공하는 것은 결근을 줄이는 한 가지 방법이 될 수 있다.

직원 스트레스를 감소시킴으로써 출근을 증가시키기

결근은 직원들이 직장에 가는 것과 연관시키는 부정적 요인들을 제거함으로써 줄일 수 있다. 이런 요인들 가운데 가장 중요한 것 중 하나는 **스트레스**(*stress*)이다. 직무 스트레스가 크면 클수록, 직무만족과 몰입이 낮아지고, 대부분의 사람들이 직장을 빼먹기를 원할 확률이 커진다. 뒤에 나올 15장에서 더 자세하게 논의될 예정이지만, 직장에는 물리적 위험, 지루함, 과부하, 갈등, 그리고 부실 경영 관행을 포함하여 많은 스트레스의 원천들이 존재한다.

출근을 향상시키기 위하여, 부정적 요인들은 반드시 제거되어야 한다. 제거하기 위한 첫 번째 단계는, 물론 직원들을 괴롭히는 부정적인 요인들을 인지하는 것이다. 이것은 상사에게 묻거나 직원들에게 설문지를 배포함으로써 결정될 수 있다. 일단 문제가 알려지면, 경영진들이 확인된 문제들을 직장에서 제거하기 위해 부지런히 일하는 것이 중요하다. 이 역시 15장에서 논의될 것이지만, 고용주들은 가정과 개인사에서 오는 스트레스뿐 아니라 직무 관련 스트레스를 줄이기 위해 고안된 여러 가지 프로그램들에 관여한다. 메타분석 결과는 이런 프로그램들이 직원들의 스트레스 수준을 줄이는 데 효과적이지만, 결근을 줄이는 데는 단지 미비한 효과만 있다는 것을 보여준다(Richardson & Rothstein, 2008).

직원들이 스트레스와 개인적 문제들에 대처하는 것을 돕기 위해, 고용주들의 74%는 근로자지원프로그램(employee assistance program: EAP)을 제공한다(SHRM, 2014). EAP는 직원들의 문제를 다루기 위해 전문 상담자들을 사용한다. 문제가 있는

빈도 방법

Patricia Austin   결근 일수 = 8일

결근 일수:			경우 = 8번
	3월	4일	
	4월	9일	
	5월	2일	
	5월	30일	
	6월	7일	
	7월	2일	
	9월	3일	
	11월	24일	

경우 방법

Christine Evert   결근 일수 = 8일

결근 일수:			경우 = 3번
	4월	3일	
	4월	4일	
	4월	5일	
	7월	15일	
	7월	16일	
	12월	2일	
	12월	3일	
	12월	4일	

그림 10.5
결근을 측정하는 빈도와 경우 방법

직원은 스스로 상담자를 볼 것을 선택하거나 상사의 의해 추천될 수 있다. 몇몇 대기업들은 내부에 EAP 상담자들을 갖추고 있지만, 대부분은 사설 기관을 이용하고, 사설 기관들은 종종 지역 병원과 연계해 운영된다.

EAP를 제공하는 동기는 좋을지 모르지만, 경험적 증거는 효과를 거의 지지하지 않는다. 그러나 많은 조직들이 EAP를 사용해 왔고, EAP의 사용에 상당히 흡족해 왔다. 독립적으로 운영되는 EAP는 향상된 생산성과 감소된 결근 및 이직을 통해 보통 수익 대 투자 비율이 미화로 3대 1이라고 한다.

질병을 감소시켜서 출근을 증가시키기

표 10.7에 나타난 것과 같이, 결근의 약 35%는 질병에 기인한다—이 비율은 대학생들이 결석을 하는 비율을 반영한다. Kovach, Surrette, 그리고 Whitcomb(1988)은 500명 이상의 일반 심리학 학생들에게 결석을 한 이유에 대한 이유를 무기명으로 제공할 것을 요청하였다. 질병이 이유인 경우는 결석의 30% 미만이었다.

질병과 관련된 결근을 줄이기 위해서, 조직들은 여러 가지 건강증진프로그램들을 시행하고 있다. SHRM의 2014년도 직원 복지혜택 설문(Employee Benefits Survey)에 따르면(SHRM, 2014):

- 62%는 건강증진프로그램이 있다.
- 58%는 사내 독감 예방주사를 제공한다.
- 47%는 사내 건강 검진(예, 혈압, 콜레스테롤)을 실시한다.
- 42%는 금연 프로그램이 있다.
- 32%는 체중 감소 프로그램을 제공한다.
- 34%는 외부 헬스클럽 회비를 보조한다.
- 20%는 사내 신체 단련장이 있다.
- 7%는 사내 의료 센터가 있다.
- 3%는 사내 스트레스 감소 프로그램을 제공한다.

결근과 건강관리비용을 모두 줄이기 위해서, 많은 고용주들이 체질량지수, 콜레스테롤 수치, 그리고 혈압수치가 정상 범위에 있는 직원들에게 보상을 한다(Cornwell, 2007). 보통, 보상은 해당 직원의 매월 건강관리 보험료 감소라는 형태로 나온다. 다른 조직들은 조금 더 처벌적인 접근을 사용하고, 건강하지 않은 직원들의 보험료를 증가시킨다. 예를 들어, 인디애나 주 인디애나폴리스(Indianapolis)의 Clarian Health라는 기관은 2009년 초반부터 체질량지수가 29.9보다 큰 직원들을 대상으로 급료당 10달러를 줄여서 지불하기 시작했다.

두 개의 메타분석 연구들은 사내 신체 단련장이 **결근**을 감소하는 데 작지만 유의한 효과가 있다고 한다. Parks와 Steelman(2008)에 의한 11개 연구의 메타분석은

−.30의 효과크기를 보고하였고, Wolkove와 Layman(2006)에 의한 메타분석은 −.37의 효과크기를 보고하였다. 나아가, Parks와 Steelman은 건강증진 프로그램이 직무만족을 증가시켰다(d = .42)고 한다. Erfurt, Foote, 그리고 Heirich(1992)에 의한 결과는 건강 문제를 감소시키는 데 있어 건강증진 프로그램의 효과성을 지지하지 않았다.

"결근하기 쉬운" 직원들을 고용하지 않음으로써 결근을 줄이기

결근에 대한 흥미로운 이론 하나는 사람들이 결근하는 한 가지 이유가 그들이 소유하고 있는 특정 성격 특질의 결과라고 주장한다. 즉, 특정 유형의 사람들은 다른 유형들보다 더 결근하기 쉽다. 실제로 한 연구에서, 직원들의 25%만이 불가피한 결근 모두에 책임이 있었다(Dalton & Mesch, 1991).

이 이론을 검정한 연구는 거의 없지만, 두 개의 메타분석 연구들이 상충되는 결과를 도출했다. Salgado(2002)는 성격과 결근 사이에 매우 낮은 상관을 보고했지만, Ones, Viswesvaran, 그리고 Schmidt(2003)는 성격에 기초한 도덕성(integrity)검사 —성실성, 우호성, 그리고 정서적 안정성의 결합으로 측정한 것으로 보이는(Ones, 1993)—에서의 점수가 직원 결근을 유의하게 예측했다고 한다. 왜 이 두 메타분석 간 차이가 발생하는가? Ones와 동료들은, 정직성 검사들이 직원 행동을 예측하도록 고안된 반면, Salgado(2002)의 메타분석에 포함된 성격 도구들은 그렇지 않다는 것이 그 이유를 부분적으로 설명한다고 한다. 만약 더 많은 연구들이 Ones 등의 결과를 지지한다면, 직원 출근을 증가시키는 새로운 전략은 선발 단계에서 "결근하기 쉬운 사람들"을 차단하는 것이 될지 모른다.

특별한 상황에 의한 통제 불가능한 결근

많은 경우, 개인은 경영진의 통제를 벗어난 사건이나 상황 때문에 결근을 한다. 한 연구는 결근의 40%가 불가피하다고 추정했다(Dalton & Mesch, 1991). 예를 들어, 결근이 남쪽 지방보다 북동부에서 더 많은 이유 중 하나가 악천후이다. 조직이 기후를 통제하기 위해 할 수 있는 일은 거의 없음에도 불구하고, 공장이나 사무실이 어디에 위치할지 결정하는 데 접근 가능성이 고려될 수 있다. 실제로, 지난 몇십 년간 많은 조직들이 소위 말하는 선벨트(Sunbelt)에서 시작하거나 선벨트로 이사하는 이유 중 하나이다. 기후뿐 아니라 직원들의 자동차 결함으로 인한 문제들을 피하기 위해 조직이 셔틀 서비스를 제공할 수도 있다.

악천후는 확실히 직원이 결근하는 합법적 이유가 될 수 있지만, 한 연구는 직무만족이 날씨가 안 좋아도 출근할지를 가장 잘 예측한다는 것을 발견했다. 즉, 날씨가 좋으면 대부분의 직원들은 출근을 했지만, 기후가 험악하면 직무만족이 높은 직원들만 출근을 했다. 따라서 직원이 직무를 얼마나 좋아하는지 그 정도가 악천후에서도 출근을 결정하는 것을 돕는다. 고인이 된 산업심리학자인 Dan Johnson이 한때 "왜 날씨가 나빠서 직원이 출근할 수 없거나 학생이 출석할 수 없다는 얘기는 들으면서 직원이나 학생이 날씨가 나빠서 집에 가지 못했다는 얘기는 듣지 못하는가?"라고 질문하였다. 이것은 확실히 생각해봐야 한다.

이직

이직의 비용

표 10.1에서 묘사된 것과 같이, 직무만족과 조직몰입이 낮은 직원들은 높은 직원들에 비해 일을 그만두고 직업을 바꿀 가능성이 더 크다. 이직률이 매년 변동하지만, 한 조직 내 직원들의 대략 1.4%는 매달 떠난다(매년 16.8%). 몇몇 자료는 이직의 비용이 그 직원 연봉 100%를 넘길 수 있다고 추정함에도 불구하고(Allen, Bryant, & Vardaman, 2010; Bliss, 2001; Cascio, 2013), 30개 사례 연구의 문헌 고찰 연구 하나는 실제 비용은 아마도 그 직위 연봉의 20%에 가깝다고 제안한다(Boushey & Glynn, 2012). 이 추정에는 눈에 보이는 비용과 보이지 않는 비용 둘 다 포함한다. 이직의 눈에 보이는 비용은 광고, 채용 회사 비용, 내부 직원 추천(referral) 보너스, 모집 출장비용, 떠나는 직원이 지원서를 내고 면접을 진행하기 위해 쓰는 시간과 관련된 급료와 혜택, 그리고 새 직원을 위한 재배치 비용이 포함된다. 숨겨진 비용은 직원이 떠나는 것과 결부된 생산성의 손실—다른 직원들이 추가 근무를 해야 하고, 공석으로 발생하는 미생산—그리고 새 직원을 훈련시켜야 함으로써 발생하는 생산성 감소가 포함된다. 추가적인 숨겨진 비용은 공석을 메우기 위한 초과 근무와 후임자 훈련이 포함된다. 어떤 직위의 이직과 관련된 실제 비용은 교재 웹사이트에서 찾을 수 있는 공식을 사용해서 보다 정확하게 계산할 수 있다.

한 조직 내에서의 이직과 관련해서 안전, 생산성, 이익과 같은 요인들에 미치는 수행의 효과에 대한 네 가지 관점이 존재한다:

- 부적 상관이 있어서 높은 이직률이 낮은 조직 수행을 야기할 것이다.
- 조직에 도움이 되는 이직도 있기 때문에, 이직과 수행 간에는 이직이 매우 낮거나 매우 높을 경우 조직 수행이 낮아지지만, 중간 정도의 이직은 수행이 높아지는 U자형 관계가 있다.
- 이직의 부정적 효과는 조직의 이직률이 낮을 때 가장 강하고, 이직률이 증가함에 따라 이러한 효과는 점차 감소한다.
- 이직이 조직 수행에 미치는 효과는 조직의 HR 노력의 강도에 의해 변한다. 이직은 직원들에게 투자하지 않는 조직에 가장 강하게 영향을 미칠 것이고, 직원들을 개발하기 위해 시간과 비용을 사용하는 조직에 가장 적게 영향을 미칠 것이다.

네 가지 이론들이 모두 합당함에도 불구하고, 연구는 조직의 월 이직률이 낮을 때 조직을 떠나는 직원이 조직 수행에 미치는 영향이 가장 강하고, 이직률이 높을 때 수행에 미치는 영향이 줄어든다는 주장을 지지한다(Shaw, Gupta, & Delery, 2005).

이직을 줄이기

이직을 줄이는 첫 번째 단계는 직원이 떠나는 이유를 찾아내는 것이다. 이것은 보통 현재 직원들에게 태도 조사를 실시하고 떠나는 직원들에게 퇴직 면접을 실시함으로써 행해진다. 급여 조사(salary survey) 역시 조직의 급여와 복지혜택 시행방식을 다른 조직과 비교하게 하기 때문에 유용할 수 있다. 설문조사는 관리자들이 생각하는 직원들이 떠나는 이유와 실제 이유 사이에 차이가 있는 것으로 보이기 때문에 중요하다. 관리자들의 89%는 직원들이 더 많은 돈 때문에 이직을 한다고 믿고 있지만, 직원들의 88%는 다른 이유들 때문에 떠난다고 말한다(Branham, 2012).

직원 이직은 몇 날, 몇 주, 몇 달이 걸릴 수 있는 조직으로부터의 이탈 과정이라는 것을 이해하는 것이 중요하다(Branham, 2012). 즉, 직원들은 어느 날 깨어나서 그냥 떠나기를 결정하지 않는다. 대신, 직원들은 일정 기간 동안 그것에 대해서 생각해보고 있는 것이고, 이것은 직원들과 관리자 사이의 원활한 의사소통이 이직이라는 궁극적 결정을 예방할 수도 있다는 것을 의미한다. 직원들은 보통 불가피한 이유, 승진, 충족되지 않은 욕구, 탈출, 그리고 충족되지 않은 기대, 이들 다섯 가지 이유들 중 하나로 인해 이직을 한다.

불가피한 이유. 불가피한 이직은 개강(예, 여름 아르바이트를 그만두기) 혹은 졸업(예, 졸업을 하고 이사를 가기 때문에 시간제 접수원을 그만두기), 배우자의 직무 전환, 직원의 질병이나 사망, 혹은 가족 문제(예, 양육이나 부모 봉양으로 집에 머무르기)와 같은 이유들을 포함한다. 직원들이 가족 문제로 인한 이직을 감소시키기 위한 단계를 밟는다고 해도, 조직이 다른 이유들로 인한 이직을 예방하기 위해 할 수 있는 일은 거의 없다.

승진. 직원들은 종종 승진이나 더 나은 급료를 추구하기 위해 조직을 떠난다. 한 조직에서 승진 기회가 별로 없을 때, 승진을 추구하는 직원들을 위해 이직을 줄일 수 있는 방법은 거의 없다. 제한된 승진 기회를 가진 경찰 부서들이 점차 사용하고 있는 한 가지 해결 방법은 많은 경험과 기술을 가진 순경들이 경장과 같은 직위로 승진할 수 있도록 하는 것이다. 이런 직위들은 감독의 책임은 없지만, 보수와 지위에 있어서 향상을 가져 온다.

가끔씩, 고용주들은 더 많은 보수를 제안함으로써 이직을 줄일 수 있다. 하지만 이것은 보상이 낮거나 복지혜택이 적절하지 않은 것이 직원들이 조직을 떠나는 주된 이유일 경우에만 효과가 있다. 나아가, 보수의 증가분이 의미 있는 양이어야만 한다.

즉, 한 조직이 3,000달러를 인상할 때 다른 조직들은 6,000달러를 더 지급하고 있다면, 그러한 인상은 이직을 감소시킬 확률이 매우 낮다.

충족되지 않은 욕구. 욕구가 충족되지 않은 직원들은 불만족하게 되고 아마도 조직을 떠날 것이다. 예를 들어, 만약 한 직원이 매우 높은 사회적 욕구를 가지고 있는데, 직무가 사람들과의 접촉을 거의 하지 않는다면, 혹은 한 직원이 감사와 인정에 대한 욕구가 있는데 조직에 의해 충족되지 않는다면, 그 직원은 사회적 욕구가 충족될 수 있는 직무를 찾아 떠날지 모른다. 충족되지 않은 욕구에 의해 야기되는 이직을 줄이기 위해서는, 조직이 직원을 선발할 때 **개인−조직 부합**을 고려하는 것이 중요하다. 즉, 지원자가 체계와 엄중한 감독에 대한 욕구를 가지고 있으나 조직 문화는 독립적이고 "자유로운 영혼"으로 가득 차 있다면, 직원의 욕구와 조직 사이의 부합이 좋지 않을 것이기 때문에 그 직원은 고용되어서는 안 된다.

탈출. 직원들이 조직을 떠나는 흔한 이유는 사람, 작업 조건, 그리고 스트레스로부터의 탈출이다. 직원과 상사, 동료, 혹은 고객 간 갈등이 참을 수 없을 때, 그 직원은 조직을 떠나는 것 외에는 다른 선택권이 없다고 생각할지 모른다. 그러므로 갈등이 발생할 때 효과적으로 다루는 것은 중요하다(13장에서 자세히 다룸). 비슷하게, 만약 작업 조건이 안전하지 않고, 비위생적이고, 너무 힘들거나 너무 스트레스가 많다면, 그 직원이 더 나은 작업 조건을 가지고 있는 조직에서의 고용을 탐색할 가능성이 증가한다. 그 직원이 작업장의 문제에 대처하는 데 도움을 주는 멘토를 제공하고(Payne & Huffman, 2005), 조정(mediation)과 같은 공식적 분쟁해결(dispute resolution) 프로그램을 보유하고 있는 것은(Heavy, Holwerda, & Hausknecht, 2013) 이직을 줄이는 데 도움이 될 수 있다.

충족되지 않은 기대. 직원들은 급료, 작업 조건, 승진 기회, 그리고 조직 문화와 같은 여러 가지 사항들에 대한 일정한 기대를 가지고 조직으로 들어온다. 현실이 이런 기대와 일치하지 않을 때, 직원들은 덜 만족하게 되고, 결과적으로 조직을 떠난 확률이 커진다(Griffeth et al., 2000). 앞의 5장에서 논의된 것과 같이, 충족되지 않은 기대로 인한 이직은 지원자들에게 현실적 직무소개(realistic job preview)를 제공함으로써 감소될 수 있다.

요컨대, 조직은 다음과 같은 방법으로 이직을 줄일 수 있다:

- 모집 단계에서 현실적 직무소개를 한다.
- 현 직원들에 의해 추천되고, 이 조직에서 일하는 친구나 가족이 있고, 단기간 내에 이전 직장을 떠나지 않은 직원들을 선발한다(Barrick & Zimmerman, 2005).

개인−조직 부합(person-organization fit)
직원들의 성격, 가치, 태도, 철학, 그리고 기술이 조직의 성격, 가치, 태도, 철학, 그리고 기술과 일치하는 정도

- 선발 면접에서 개인–조직 부합이 좋은 직원을 찾는다.
- 직원들의 욕구(예, 안전, 사회, 성장)를 충족시킨다.
- 직원과 동료, 상사, 그리고 고객 사이의 갈등을 조정한다.
- 좋은 작업 환경을 제공한다.
- 경쟁적인 급료와 복지혜택을 제공한다.
- 승진과 성장 기회를 제공한다.

이직하기 쉬운 직무 특성에도 불구하고 직원들이 조직에 남아 있는 경우가 많다. Lee, Mitchell, Sablynski, Burton, 그리고 Holtom(2004)은 직원이 조직이나 지역사회에 배태되어 있는 정도가 이런 현상을 설명할지 모른다고 제안한다. **배태성**은 직원들이 직무와 지역사회에 연결되어 있는 정도, 이 연결의 중요성, 그리고 이 연결이 깨지고 다른 곳에서 다시 설립될 수 있는 용이성으로 기술된다. 즉, 만약 어떤 직원이 직장이나 지역사회에 많은 친구가 있고, 조직 공동체에 활발히 참여하며, 배우자 역시 훌륭한 직무를 가지고 있다면, 유일한 대안이 또 다른 공동체로 옮겨 가는 것일 때, 조직을 떠나기 힘들 것이다. Ramesh와 Gelfand(2010)는 배태성의 개념을 직원이 조직과 지역사회의 문화와 잘 맞고, 직원이 조직 및 지역사회 내 사람들과 연결된 정도, 그리고 조직이나 지역사회를 떠날 때 감수해야 하는 희생을 포함하도록 확장하였다. 예상하는 것과 같이, Jiang, Liu, McKay, Lee, 그리고 Mitchell(2012)의 메타분석은 배태성의 수준이 높으면 직원 이직이 감소한다는 것을 발견했다.

배태성(embeddedness) 직원들이 직무 및 지역사회에 연계하는 정도, 그 연계의 중요성, 그리고 그 연계가 깨질 수 있고 다른 직무로 대체될 수 있는 용이성

반생산적 행동

이전에 언급된 것과 같이, 직무에 불만족하는 직원들은, 직무에 만족하고 조직에 몰입하는 직원보다 높은 비율로 결근을 하고, 지각을 하고, 직무를 그만둔다. 불만족하는 직원들, 특히 직무를 바꿀 수 없는 직원들은 조직 내 다양한 종류의 다른 반생산적 행동에도 관여한다. 이러한 반생산적 행동은, 개인을 향한 행동과 조직 자체를 향한 행동, 두 가지 유형으로 나뉠 수 있다(Berry, Ones, & Sackett, 2007). 개인을 향한 행동에는 험담(gossip), 부정적인 정치 행동(playing negative politics), 희롱(harassment), 무례(incivility), 직장 내 폭력(workplace violence), 그리고 괴롭힘(bullying)을 포함한다. 조직을 향한 행동에는 절도(theft)와 태업(sabotage)을 포함한다. 그런 행동들이 불만족하는 직원들에만 국한된 것은 아님에도 불구하고, 그런 행동들은 직원들이 불행에 책임이 있다고 믿는 조직이나 동료에 "보복"할 방법을 제공한다.

예를 들어, Cropanzano와 Greenberg(1997)는 상사에게 받는 대접에 불만족하는 직원들은 고용주로부터 무언가를 훔칠 가능성이 증가한다는 것을 발견했다. 이 연구의 흥미로운 결과는 직원들이 조직에는 가치가 있지만, 자신에게는 가치가 없는 물

불만족스러운 직원들은 종종 항의의 행동을 취한다.

건을 훔치는 경향이 있다는 것이다. 즉, 직원들은 그 물품을 원하기 때문에 훔친 것이 아니라, 조직에 해를 가하기 원하기 때문에 훔쳤다.

조직시민행동의 결핍

조직시민행동(organizational citizenship behavior: OCB) 직무의 일부는 아니지만, 조직을 일하기 더 좋은 곳으로 만들기 위한 행동(예, 다른 사람들을 돕기, 늦게까지 일하기)

조직시민행동을 하는 직원들은 꼭 해야 하지 않아도 되는 "작은 일들"을 함으로써 조직이나 동료를 돕고자 고무되어 있다. OCB의 예시는 프로젝트를 마무리 하기 위해 늦게까지 직장에 남아 있고, 일에 뒤쳐진 동료를 돕고, 신입을 멘토링하고, 위원회에 자원하고, 일등석을 탈 수 있을지라도 일반석으로 여행을 하는 것을 포함한다.

예측할 수 있는 것과 같이, 메타분석은 직무만족이 OCB와 관련이 된다는 것을 보여주었다. 즉, 직무에 만족하고 조직에 몰입하는 직원들은 직무에 불만족하는 직원들보다 "특별히 애를 쓸(go the extra mile)" 가능성이 더 크다(LePine et al., 2002). 당연하게도, 메타분석은 OCB와 반생산적 행동 사이에는 부적 상관이 있다는 것을 보여준다(Dalal, 2005).

Bubba Gump Shrimp Co.에서의 이직 감소

영화 포레스트 검프의 성공 후에, Bubba Gump Shrimp Company가 캘리포니아 주 몬테레이의 Cannery Row가에 1996년 처음으로 레스토랑을 열었다. 오늘날 이 회사는 성장하여 전 세계 30개 이상의 지점을 가지고 있다. 이 레스토랑 체인점에서 직원 관계의 중요성은, 2005년 직원 고용, 훈련, 유지, 그리고 개발에서의 탁월함에 대한 *Nation's Restaurant News*의 NRAEF 정신상(Spirit Award), 2006년 *Chain Leader's*의 최고의 직장(Best Places to Work)상, *OC Metro Magazine*에 "2006년 오렌지 카운티 최고의 기업"으로 언급 등과 같은 수상으로 증명된다. 그 명칭으로 상상할 수 있듯이, Bubba Gump는 새우 전문이지만, 피시앤드칩스, 마히마히, 그리고 갈비 등과 같은 메뉴도 갖고 있다. 각 레스토랑은 또한 고객들이 집에서 먹을 수 있는 해산물과 기념품을 구매할 수 있는 상점이 포함되어 있다.

전통적인 복지혜택에 더해, 주방 직원들은 각 교대 시간에 무료 식사를 제공받고, 모든 직원들은 일하지 않을 때 자신과 3명까지의 손님 식사에 50%의 할인을 받는다. 관리자들은 시작할 때는 2주의 휴가를 받고, 10년 후에는 4주를 받는다. 관리자들은 또한 보너스 프로그램의 일환으로 월급의 200%까지 벌 수 있다. 이 회사는 회사의 임금과 보너스 패키지가 경쟁적이라는 것을 확인하기 위해 급여 조사를 실시한다.

Bubba Gump Shrimp Company의 회장은 성공에 대한 비결 중 하나가 관리자 이직을 최소화하는 것이라고 믿는다. 실제로, 이직에 초점을 맞춘 것은 굉장히 성공적이어서, 3년 동안 일반 관리자 이직이 없었으며, 관리자 이직을 2년 동안 36%에서 16%로 감소시켰다. 그가 어떻게 이것을 달성했는지에 대해 읽기 전에, 아래 질문들에 대답을 해봐라.

- 이 장에서 배운 것을 바탕으로, 관리자 이직을 줄이기 위해서 어떤 개입을 하겠는가?
- 비관리자 이직을 줄이려고 한다면, 이들 개입들은 어떻게 다를 것인가?

Bubba Gump Shrimp Company가 어떻게 이직을 줄였는지 알아보기 위해서, 교재 웹페이지에 있는 링크를 사용해라.

버지니아 주 한 작은 시골 학군에서, 학교 이사회의 지지를 받은 교육감이 선생님들에 대한 출근 보상 프로그램을 채택했다. 결근이 없는 선생님들은 매 학년 말 500달러의 보너스를 받았다. 단 하루 결근한 선생님들은 250달러를 받았다. 그 교육감은 이 프로그램이 일에 빠지지 않는 것을 보상함으로써 학생, 학부모, 그리고 지역사회에 대한 선생님들의 몰입을 증진시킬 것이라고 믿는다.

이 장은 낮은 몰입과 직무불만족의 결과 중 하나가 높은 결근이라고 논의하였다. 위에 언급된 학교에서, 결근은 지난 몇 년간 상당히 증가하였다. 그 교육감은 이러한 증가가 선생님들의 몰입 부족 때문이라고 믿었다. 결국, 선생님들이 몰입한다면, 학교를 빠지지 않기 위해 더 노력할 것이다. "매년 말 병가 일수를 잃을 수 있다는 것을 안다면, 아프지 않을 때라도 며칠 쉬는 것은 인간 본성이다. 출근을 보상함으로써, 학교는 선생님으로부터의 몰입을 증가시킬 수 있고, 결과적으로 결근을 줄일 수 있다."라고 그는 말하였다. 그러나 만약 선생님들과 대화를 한다면, 많은 선생님들은 학교가, 애초에 선생님들이 왜 결근하는지를 확인하고 고치기보다 출근을 "사려고" 한다고 말할 것이다. 선생님들이 결근을 한 것은, 비윤리적인 관리 시행과 행정적으로 부실한 대우에 대한 반응이었다.

그런 장려(incentive)에 대한 비판가들은 몰입을 "사는 것"이 비윤리적이라고 말한다. 그들은 지도자들이 자신이 해야만 하는 것, 즉, 직원들을 대우하는 법을 변화시키지 않는 것에 대한 변명일 뿐이라고 믿는다. 많은 사람들이 조직몰입과 충성은 직원들이 조직의 목표, 미션, 그리고 지도자들과 얼마나 동일시하는지로부터 온다고 믿는다. 또한 그것은 일의 다양성, 의사결정의 자유, 그리고 직업을 잃지 않고 실수를 할 수 있는 자유로부터 온다. 직원들의 몰입이 감소할 때는, 직원들이 관리자가 하고 있는 것을 믿지 않거나, 혹은 관리자들이 자신들을 부당하게 대우한다고 느낄 때이다. 이런 비판가들은 또한, 보너스, 장려, 혹은 임금 증가로 직원들에게 단순히 "뇌물"을 줌으로써 몰입을 되찾을 수는 없다고 말한다. 비판가들이 말하기를, 오늘날의 지도자들은 직원들에게 더 많은 결정의 자유를 주기를 원하지 않는다. 더 잘 수행할 수 있도록 추가적인 훈련을 제공하는 것보다 실수하는 직원들을 해고하는 것이 더 쉽다. 또한 지도자들은 돈이 들기 때문에, 더 좋은 관리 기법을 학습하기 위한 시간을 갖는 것을 원하지 않는다.

그런 장려에 대한 지지자들은 조직몰입의 일부는 직원들의 수행을 향상시키고, 결근을 줄이고, 이직을 줄이는 것이라고 말한다. 그들은 직원들이 일을 잘 하고, 출근을 하고, 사무실에 머무르는 것에 대해 직원들을 보상하는 것에는 어떠한 잘못도 없다고 본다. 궁극적으로, 이러한 장려는 의도했던 목적을 달성한다. 따라서 그런 장려가 효과가 있다면, 왜 사용하지 않겠는가? 지지자들은, 장려가 직원들을 더 잘 대우하는 한 가지 방법이라고 주장함으로써, 관리자들이 직원들을 더 잘 대우하기 위한 방법 대신에 장려를

이용한다는 주장을 반박한다.

당신의 생각은 어떻습니까?

- 장려가 뇌물의 한 유형이라고 생각하는가? 만약 그렇다면, 기업이 장려를 사용하는 것이 비윤리적이라고 생각하는가?
- 한 기업에 더 오래 있게 하는 요인은 무엇인가? 출근 보상 프로그램이나 연말 보너스와 같은 장려가 이직을 하는 데 있어서 차이를 만드는가?
- 그런 장려를 사용하는 것이 지도자들이 직원들에게 더 좋은 환경을 만들어 주기 위해 해야만 하는 일을 무시하는 것이라고 생각하는가?
- 몰입이나 직무만족을 증가시키기 위해 장려를 제공함으로써 발생할 수 있는 또 다른 윤리적 딜레마에는 어떤 것들이 있는가?

요약

이 장에서 배운 것은 다음과 같다.

- 만족하고 몰입한 직원들은, 수행을 더 잘 하고 이직이 더 낮고 결근이 더 적고 더 고무되고 조직시민행동을 더 행사할 가능성이 크고, 반생산적 일 행동을 행사할 가능성이 더 적다.
- 자신들의 욕구와 직무 및 조직이 제공하는 것 사이의 부합이 좋으면, 공정하게 대우받으면, 동료들이 만족하면, 그리고 직무에 스트레스가 없으면, 직원들은 더 만족하는 경향이 있다.
- 결근은 미국과 다른 국가에서 모두 문제이다.
- 결근은 금전적 장려와 표창 프로그램을 사용하여, 직무 관련 스트레스를 줄여서, 명확한 정책을 갖춰서, 결근하는 직원을 훈육하여, 그리고 질병을 줄이는 건강증진프로그램을 사용해서 줄일 수 있다.
- 승진기회가 부족하거나, 충족되지 못한 욕구나 기대가 있거나, 불공평하게 대우받거나, 혹은 부정적 작업 환경을 탈출하기를 원하면, 직원들은 조직을 떠날 가능성이 더 크다.

복습을 위한 질문

1. 어떤 직원들이 직무에 항상 불만족할 "운명"에 있는가? 그 이유는 무엇인가?
2. 직원들이 직업에서 가장 가치 있게 생각하고 필요로 하는 것은 무엇인가?
3. 모든 직원들을 공평하게 대우하는 것이 가능한가? 그 이유는 무엇인가?

Chapter

11

조직의 의사소통
ORGANIZATIONAL COMMUNICATION

학습목표

➡ 조직의 의사소통 유형에 대하여 이해한다.

➡ 대인관계에서 의사소통이 효과적이지 않은 이유에 대하여 이해한다.

➡ 효과적으로 듣는 방법에 대하여 배운다.

➡ 의사소통 기술을 향상시킬 수 있는 방법에 대하여 배운다.

다음과 같은 상황을 상상해 보아라.

- 남성 직원의 경우 여성들을 가르켜 "사무실의 계집애들"이라고 한 것에 대하여 왜 질책을 받아야 하는지 이해하지 못한다.
- 직장 내 상사는 그녀의 부하직원들과 소통하기 위하여 모든 부분에 있어서 최선을 다하였지만 계속해서 소통이 잘 이루어지고 있지 않다는 느낌을 받는다.
- 소비자들은 Shelia가 차갑고 냉정한 사람으로 보여 Shelia를 별로 좋아하지 않는다. 하지만 사실 그녀는 매우 살가운 사람이다.
- 어떤 직장 내 상사는 그녀의 부하직원들이 휴게실에 있는 게시판의 공지내용을 매번 읽지 않아 불만이다.

위의 모든 상황은 종종 일어나는 의사소통의 문제점에 대해서 이야기한다. 이번 장에서는 직원들이 조직 내에서 의사소통하는 방법들을 살펴보고, 의사소통 과정에서의 문제점과 의사소통을 개선시킬 수 있는 방법들에 대하여 살펴보고자 한다. 여러분들 자신의 의사소통에 관한 생각들을 알아보려면 워크북의 연습문제 11.1을 풀어보기 바란다.

조직의 의사소통의 유형
(types of organizational communication)

성공적인 조직원, 매니저, 클라이언트 혹은 컨설턴트가 되기 위해서 다른 사람들과 효과적으로 의사소통하는 것은 필수이다. 아무리 좋은 아이디어나 지식 또는 의견이 있다고 해도 그 개념에 대하여 다른 사람들과 소통하지 못한다면 무용지물이다. 조직 내에서 일어나는 의사소통은 4가지 유형(상향적 의사소통, 하향적 의사소통, 비즈니스 의사소통, 비공식적인 의사소통)으로 나뉠 수 있다.

상향적 의사소통

상향적 의사소통(upward communication) 조직 내에서 일어나는 의사소통으로 의사전달의 방향이 직원에서 관리자로 향하는 의사소통

상향적 의사소통이란 부하직원이 상사에게 메시지를 전달하는 방식으로 직원이 관리자에게 전달하는 의사소통이다. 당연히 가장 이상적인 의사소통은 "의사소통 장려"라는 방침 아래 직원들이 관리자들에게 직접 이야기할 수 있는 방식이다. 실제로 상향적 의사전달의 질은 직원들의 직무 만족도를 예측하는 매우 중요한 변인이다 (Miles, Patrick, & King 1996). 하지만 위에서 언급한 "의사소통 장려"라는 방침은 여러 가지 이유로 그리 현실적이지 못하다—가장 중요한 이유를 꼽는다면 만약에 모든 직원들이 어떤 특정한 관리자와 소통하기 원한다면 그 관리자가 맡아야 할 의사소통의 양은 실로 어마어마 할 것이다. 직접적인 상향적 의사소통은 실제로 적용되

지 않을 수 있는데 이는 직원들이 종종 관리자들을 두려워하고 또한 나쁜 소식이나 불만에 대해서 터놓고 이야기하는 것을 원치 않을 수 있기 때문이다.

많은 사람들이 고위 관리자와 직접 소통하는 횟수를 줄이기 위해서 회사나 단체들은 **직렬 의사소통**을 사용한다. 직렬 의사소통 방식은 직원이 전달하고자 하는 메시지를 바로 위의 직속 상사에게 전달하고 직속 상사는 다시 자신의 직속상사에게 전달하는 방식으로 최고위층의 관리자에게 전달될 때까지 메시지를 전달하는 것이다. 이와 같은 상향적 의사전달 방식은 최고위층 관리자들의 의사소통에 대한 지나친 부담을 줄일 수는 있으나 이와 같은 방식 또한 몇 가지 또 다른 심각한 문제들을 야기시킨다.

첫 번째 문제는 메시지가 몇몇 사람들을 거쳐서 전달되므로 메시지의 원 내용이나 전달하고자 했던 메시지의 분위기가 바뀔 수 있다는 것이다. 이 장 뒷부분에서 다루겠지만 메시지가 사람들을 통해 입으로 계속 전달되다 보면 처음 전달하고자 했던 분위기와 다르게 받아들여질 수 있다.

두 번째 직렬 의사소통 방식의 문제는 안 좋은 소식을 전달할 때 함께 수반되는 스트레스로 인하여 나쁜 소식이나 불만들은 잘 전달되지 않는다는 것이다(McKee & Ptacek, 2001). Rosen과 Tesser(1970)는 나쁜 소식을 전달할 때 주저하게 되는 현상을 **MUM**(내키지 않은 메시지를 최소화시키기) **효과**라고 지칭하였다. MUM 효과에 의하면 중요한 정보는 고위층 관리자들에게 전달되지 않으므로 조직에 부정적인 영향을 끼친다. 하지만 조직원들에게 MUM 효과는 그 누구도 나쁜 소식을 전달하는 전달자가 되지 않음으로써 조직에 살아남는 매우 탁월한 전략이 될 수 있다. 나쁜 소식을 상사에게 전해야만 할 때 조직원들은 나쁜 소식을 좀 더 완화시키기 위하여 종종 평소보다 더 정중한 태도를 취하는 경향이 있다(Lee, 1993). 흥미롭게도 조직의 문화가 대체적으로 부정적인 경우, 사람들은 나쁜 소식을 동료들에게 전할 때 전혀 문제로 여기지 않는다(Heath, 1996).

직렬 의사소통의 세 번째 문제는 특히 격식에 얽매이지 않는 **의사소통의 채널**을 사용하고 두 사람이 육체적으로 멀리 떨어져 있는 경우 덜 효과적이라는 것이다. 다시 말하면 어떤 관리자가 다른 관리자와 육체적 **거리감**을 가까이 느낄 때 메시지를 전달하려는 가능성이 높다는 것이다. 그러므로 애틀란타에 위치한 사무실 직원으로부터 시작된 일상적인 메시지는 피닉스에 위치한 사무실에 있는 직원에게 전달될 가능성이 낮다는 것이다. 따라서 육체적 거리감의 중요성을 강조하지 않을 수 없다. 실제로 권력의 주된 요인은 육체적으로 가까이에 있는 임원들로부터 나오기 때문이다. 오랫동안 임원이었던 사람들이 자신들이 권력을 함부로 행사할 가능성이 있기에 신임 임원들의 사무실로부터 멀리 떨어진 곳에 자신들의 사무실을 배치한다고 알려져 있다. "남자들끼리만" 점심 식사를 하러 간다는 것은 새로운 정보를 얻거나 권력을 얻기 위한 행동이라고 오랫동안 여겨져 왔다.

직렬 의사소통(serial communication) 한 사람이 다른 사람에게 연속적으로 전달하는 의사소통 방식

MUM(minimizeunpleasant message) 효과 대다수의 사람들이 기분 좋지 않은 정보는 다른 사람에게 전달하기를 원치 않으므로, 결과적으로 중요한 정보가 항상 전달되지 않는 현상

의사소통의 채널(communication channel) 의사소통이 전해지는 매체

거리감(proximity) 사람들 간의 육체적인 거리

이미 눈치챘겠지만 거리감은 이메일을 통하여 온라인으로 메시지를 전달할 때는 크게 영향을 끼치지 않는다(Valacich, Parantia, George, & Nunamaker, 1993). 따라서 격식을 차려서 메시지를 전달해야 하는 경우 이메일을 사용하면 거리감에 의한 권력을 줄일 수 있는 장점이 있다.

직렬 의사소통의 위와 같은 문제점 때문에 상향적 의사전달을 용이하게 하기 위해 많은 조직들은 태도관련 설문조사(attitude surveys), 포커스 그룹(focus group), 제안 상자(suggestion boxes), 또는 제3자(third parties) 개입과 같은 다른 방법을 사용한다.

태도관련 설문조사

태도관련 설문조사(att-itude survey) 상향적 의사소통의 한 방법으로 조직에 대한 직원들의 태도를 분석하기 위해 설문조사를 실시하는 방법

태도관련 설문조사는 보통 매년 실시하는데 외부 컨설턴트한테 의뢰하여 급여 만족도, 직무 환경, 상사에 대한 직원들의 의견을 알아보기 위하여 설문조사를 실시하는 것이다. 직원들은 관리자들에게 하고 싶은 제안이나 불만들에 대해서도 목소리를 낼 수 있는 기회를 갖기도 한다. 직원들과 면담 후 컨설턴트는 모든 응답과 보고서를 표로 만들어 관리자들에게 보고한다.

예를 들면, 오피스디포 같은 경우 모든 직원들에게 매년 설문조사를 한다. 설문조사지는 48문항으로 구성되어 온라인으로 실시되고 오피스디포에서 가장 많이 사용하는 8가지 언어로 작성한다. 설문조사를 실시하고 4주 내로 설문조사의 결과를 사내 인트라넷을 통하여 공지하고 관리자들은 자신들이 속한 부서의 설문조사 결과를 볼 수 있다. 이러한 결과를 참고로 하여 관리자들은 다음 해에 실행할 계획들을 작성한다(Robb, 2004).

태도관련 설문조사가 대체적으로 많이 사용됨에도 불구하고, 회사가 설문조사 결과를 진지하게 받아들이지 않으면 무용지물이다. 직원들이 불편해 하거나 문제가 있다고 건의한 부분에 대해서 별로 주의 깊에 생각하지 않는다면 설문조사의 결과는 그닥 유용하지 않을 것이다. 한발 더 나아가 신뢰를 향상시키기 위해 회사는 직원들과 설문조사 결과를 공유해야만 한다.

만약 설문조사 결과를 공유하기로 한다면 관리자는 반드시 **모든** 내용을 공유해야 한다. 내가 지역 내 경찰서에 처음 프로젝트를 제안했을 때 고위계층 경찰관들이 상당히 적대적인 태도로 나를 대하였다. 진실을 파헤쳐 보니 경찰관들은 몇 해 전 그들이 종사하는 도시를 어떻게 생각하는지에 관한 태도관련 설문조사에 참여하였다고 고백했다. 몇 달 후 설문조사 결과가 공개되었다. 그 도시는 경찰관들이 털어놓았던 다섯 가지 주된 불만들에 대해서 언급하였고 그 문제들을 해결하기 위해서 조치를 취하겠다고 약속하였다. 경찰관들은 그 소식을 듣고 기뻐하였으나 결과 보고서에는 그들이 언급했던 급여관련이나 직무환경에 관한 불만들은 전혀 포함되지 않고 무시된 것을 알게 되었다. 이 일이 있은 후 경찰관들은 컨설턴트나 관리자들에게 분개

제안 상자는 상향적
의사소통의 보편적인
형식이다.

하였고 깊은 불신이 생겼을 뿐만 아니라 향후 어떠한 프로젝트에도 참여하지 않겠다
고 맹세하게 되었다고 했다.

Focus Groups와 출구 인터뷰

두 번째 상향적 의사소통의 방법은 외부 자문위원을 고용하여 자문위원이 직원들을
만나서 그들의 의견과 제안을 받는 형식의 Focus Groups을 이용하는 것이다. Focus
Groups에서 직원들이 내놓은 의견과 제안은 관리자들에게 전달된다. 직원들의 솔직
한 의견을 독려하기 위하여 자문위원은 Focus Groups에 속했던 조직원들의 의견을
익명으로 전달하고 누가 낸 의견인지 알 수 있는 직접적인 인용은 피하도록 한다. 자
신의 의지에 따라 퇴사하는 조직원들의 출구 인터뷰(Exit interviews) 또한 조직에 대
한 생각과 정보를 얻기에 매우 훌륭한 자료(source)가 된다. 이러한 인터뷰들은 정서
적으로는 힘들 수도 있으나 조직을 떠나고자 하는 "솔직한" 이유를 들음으로써 많은
것을 배우게 된다. 예를 들면, Netscape라는 회사에서 조직을 떠나는 직원들에게 출
구 인터뷰를 실시하여 직원들이 회사를 떠나는 주된 두 가지 이유를 알게 되었는데,
하나는 그들은 관리자들이 몹시 싫어서 떠난다는 것과 그들이 더 이상 새로운 기술
을 배운다고 생각하지 않아서 떠나는 것이라는 것을 알게 되었다(Horowitz, 2014).

제안 상자

세 번째 상향적 의사전달을 가능케 하는 방법은 **제안 상자**와 **불만 상자**를 사용하는

제안 상자(suggestion-box) 상향적 의사전달의 한 방법으로 직원들에게 그들의 제안사항을 상자에 넣도록 하는 방법

불만 상자(complaint-box) 상향적 의사전달의 한 방법으로 직원들에게 그들의 불만사항을 상자에 넣도록 하는 방법

것이다. 이론적으로 두 상자는 같은 것이어야 하나, 제안을 하도록 만든 상자에 불만 상자라고 명시되어 있다면 제안을 하기란 어려운 일이다. 반대로도 마찬가지이다. 이러한 상자들의 가장 큰 이점은 직원들이 즉각적으로 그들의 감정에 대해서 익명으로 소통할 수 있다는 것이다. 제안 상자는 부하직원이나 소비자들이 안전하게 그들의 목소리를 낼 수 있도록 하고, 또한 조직에 꼭 필요한 피드백을 받을 수 있도록 한다. 한 발 더 나아가 제안 상자는 직원들에게 조직이 그들의 의견을 듣고 있다는 느낌을 주어 직원들이 조직에 참여하도록 돕는다.

이와 같은 상자들을 사용한 방법이 효과를 보기 위해서 관리자들은 직원들의 제안이나 불만을 수시로 체크하고 반응을 해주어야 한다. 제안 상자나 불만 상자보다 효과적으로 제안과 불만을 받기 위해서 큰 규모의 많은 회사들은 Vetter나 Suggestion Box 같은 웹 기반으로 한 소프트웨어를 사용한다. 이러한 소프트웨어를 통하여 제안사항이나 불만사항을 온라인으로 제출하고 관리자들에게 전달되면 관리자들에게 메시지가 전달되었음을 알려주고 또한 처리 과정이나 제안사항 처리결과에 대해서도 계속해서 알려준다.

어떤 회사들은 제안 사항을 매우 진지하게 받아들이고 유용한 아이디어를 제안한 직원들에게 포상을 주기도 한다. 예를 들면, 달라스에 있는 Texas 제조업 회사는 조직원 월급의 20%에 상응하는 보너스를 주기도 하고, IBM의 경우 아이디어를 통해서 절감된 부분의 25%에 해당하는 금액을 상으로 주기도 한다. 또한 Ingersoll-Rand의 경우 회사의 비용을 절감하는 아이디어가 채택되면 제시한 직원들에게 상패를 주기도 한다. 직원들이 많은 제안을 할 수 있도록 돕는 기관인 Employee Involvement Association에 의하면 30% 이상의 직원들이 적어도 한 번 이상 아이디어를 냈으며 이 중에 대략 37%의 아이디어가 채택되었고 직원들의 제안으로 인해 회사의 이익은 제안을 한 사람에게 보상을 하는 것보다 10배 이상의 효과를 가져왔다.

제3의 조력자(third-party facilitators)

조력자(liaison) 직원들과 관리자들 사이의 중개자 또는 직원들 중에 발 빠르게 손문을 듣고 소문을 전달하는 역할을 하는 사람

옴부즈맨(ombudsperson) 직원들의 불만을 듣고 문제를 해결해 주기 위한 사람

조력자나 **옴부즈맨** 같은 제3자를 사용하는 것도 상향적 의사소통을 향상시킬 수 있는 또 다른 방법이다. 두 방법 모두 직원들의 불만이나 제안을 듣고 개인적으로 관리자들과 소통하여 해결책을 찾는 방법이다. 옴부즈맨 방법을 사용할 때의 장점은 중립적인 입장에서 직원들과 관리자들 모두가 받아들일 수 있는 해결책을 모색한다는 점이다. 또한 옴부즈맨 같은 경우 대체로 부사장 정도되는 높은 직급의 사람의 지시를 받기에 적극적으로 해결책을 모색한다고 해서 해고당할 걱정을 하지 않아도 된다는 것이다.

불행히도 옴부즈맨 방법은 자주 사용되지 않는데 이는 많은 회사들이 "이익을 창출하지 않는" 직원들에게 비용을 쓰고 싶어 하지 않아서이다. 이러한 문제를 해결하기위해 알칸사 주의 스프링데일에 있는 Moore Tool 회사는 "빨간 셔츠" 프로그램을

Amy Podurgal, M.S.
President, Square Peg Consulting, Inc.

나는 직원들의 훈련 프로그램 개발과 관련된 Square Peg 컨설팅 회사의 대표이사이자 사장이다. 나의 기본적인 목표는 고객 회사들의 효과성 증진이다. 나는 조직 개발을 위해 통합적인 방법을 사용하고 조직의 연계성이 조직의 효과성에 가장 중요하기에 이 부분에 초점을 맞춘다. 이와 같은 접근 방법을 사용하는 것은 조직은 살아있는 생물체로 외부적인 요소와 내부적인 요소들에 의해 영향을 받는다고 본다. 각 요소들은 원인과 결과 관계이고 모든 시스템이 잘 연계될 때 조직이 가장 효과적으로 운영된다. 나의 접근방법은 조직이 잘 굴러가게 하기 위해 연계성이 부족한 부분과 연계가 가능한 기회를 파악하여 자원과 시스템과 모든 과정이 잘 연계될 수 있는 방안을 제안하고 개발시키는 것이다. 이와 같은 방법으로 조직을 좋은 위치에 올려 놓아 궁극적으로는 훌륭한 비즈니스 결과를 가져올 수 있도록 하는 것이다. 조직은 자연적인 조직의 생활주기에 따라 계속 성장하고 발달하기에 최대의 효율과 효과를 내기 위해 모든 노력이 한 방향으로 모아지도록 지속적으로 변화하고 연계하는 것이 매우 중요하다.

조직의 효과성을 고려할 때 가장 중요한 요소는 의사소통이다. 조직을 진단하는 관점에서 보면 조직 내에서 어떤 메시지가 어떻게 전달되는지를 파악하면 조직문화에 대해서 많은 것을 알 수 있다. 예를 들면, 어떤 조직이 "권한 분산"의 문화를 갖기로 했지만 아직 직원들이 이와 같은 조직의 목표나 비전을 알고 있지 못하다면 리더의 의도와 직원들이 느끼는 현실에 틈이 있을 수 있다. 결과적으로 제대로 기능을 하지 않는 행동들이 나타나고, 서로 신뢰하지 못하고, 조직의 성과가 매우 저조할 것이다.

조직이 지지하고자 하는 문화가 의사전달하는 방법이나 조직을 이끌고 가는 방향과 일치하지 않을 때 직원들은 많은 혼란을 겪게 되고 직무에 있어서 만족하지 않는 결과가 나타난다. 예를 들어, 회사는 *직원들이 자신들이 하고 있는 일에 많은 관심과 애정이 있기를* 바라지만 직원들에게 회사의 재정적인 성과에 대해 아무런 정보를 주지 않는다면 직원들은 회사를 냉소적으로 볼 것이다. 회사가 *직원들을 신뢰하고 권한을 준다고* 하면서 권위의 위임을 제한하면 직원들은 자신들이 속해 있는 조직이 솔직하지 못하다고 생각할 것이다.

회사의 의사전달 전략을 세 개의 다리가 있는 의자로 생각해 보아라. 한 개의 의자다리는 외부 의사소통 전략이다—회사의 제품이나 서비스, 다른 경쟁사와 구분되는 것을 포함하여, 마켓에서 차지하는 위치, 재정적 능력과 관련하여 세상에 전하는 메시지이다. 이러한 내용을 어떻게 전달하느냐에 따라 현재와 미래의 고객들과 주주들, 신입 지원자들이 생각하는 회사 이미지가 달라질 수 있다. 이는 회사 외부 웹사이트나, 마케팅 자료, 미디어 관련 활동들이 포함된다.

두 번째 다리는 *조직 내 의사소통* 전략을 의미한다. 이러한 의사소통 전략은 직원들에게 회사의 성과와 정책이나 규정의 변경과 관련된 중요한 사항을 전달하고, 직원들과 팀의 성과를 치하하는 수단이 될 수 있다. 회사 내 신문, 인트라넷 사이트, 직원 회의를 준비하는 과정 등이 모두 내부 의사소통 전략의 요소들이다.

세 번째 다리는 *조직의 연계* 전략으로 이는 조직의 전략과 조직의 정리된 계략을 직원들에게 전달하는 방법이다. 이는 조직의 우선순위를 세우고 직원들에게 나아가야 할 방향을 제시해준다. 대개 이는 목표와 경영성과를 정하고 전략과 실행방안이 조직의 목표와 맞도록 할 수 있다. 조직이 효과적으로 운영되기 위해서 의사소통의 세 개의 다리는 반드시 전략적으로 연계되어야 하고 함께 나아가야 한다.

조직은 시스템과 구조가 목표를 이루기 위해 살아있는 유기체이다. 공개적인 회사의 목표는 주주의 가치를 높일 수 있고, 스포츠 팀의 목표는 게임에서 이기는 것이 목표이고, 심포니 오케스트라의 목표는 음악 한 곡은 완성하는 것이다. 효과적인 의사소통 전략을 짜기 위해서 나의 조언은 각 파트에서 필요한 정보를 모두 고려하는 것이다.

시작하였는데, 이는 고위계층의 직원들을 골라 빨간 셔츠를 입게 하고 이로서 이들이 옴부즈맨이라는 것을 알리고 이들에게 도움을 요청하는 프로그램이다. 만약에 어떤 직원에게 문제가 생겼다면 해결책을 찾아 줄 수 있는 옴부즈맨한테 도움을 요청할 수 있다. 이와 같은 시스템은 의사소통의 채널을 열어줄 뿐만 아니라 일을 따분히 여기는 직원에게 더 다양한 일을 할 수 있는 기회를 만들어 줄 수 있다.

노동조합이 직원들을 대표하는 조직인 경우, 옴부즈맨은 일반적으로 **노동조합**

노동조합 대표(union steward) 직원 중의 한 명으로 노동조합에 가입한 직원들과 관리자들 사이에서 중개자 역할을 하는 사람

대표인 경우가 있다. 하지만 관리자들과 노동조합과의 관계는 종종 적대적이고, 노동조합 대표를 관리자들이나 노동조합원들이 중립적으로 지각하지 않기에 노동조합 대표는 문제를 해결하는 데 어려움을 겪는다.

하향적 의사전달

하향적 의사전달(down-ward communication) 조직 내에서 일어나는 의사전달로 의사전달의 방향이 관리자에서 직원으로 향하는 의사전달

하향적 의사전달이란 높은 자리에 있는 사람이 아래 사람들에게 또는 관리자가 직원들에게 의사전달을 하는 것이다. 하향적 의사전달은 지난 몇 년 사이에 눈에 띄게 변화하였다. 본래 하향적 의사전달은 직원들의 의욕을 고취시키기 위하여 긍정적인 이벤트를(예를 들면 출산 소식, 생일, 야구경기 점수) 알리는 소식지 같은 것이었다. 하지만 현재 하향적 의사전달은 주요 핵심적인 방법으로 직원들에게 정보를 알려주는 역할뿐만 아니라 직원들이 일을 수행하는 데 필요한 매우 중요한 정보를 나누는 것이다. 이러한 의사전달은 안내 게시판이나 정책 안내서, 사내신문, 또는 내부 전산망 등을 통해 다양한 방법으로 이루어진다.

안내 게시판

안내 게시판(bulletin-board) 하향적 의사전달의 방법으로 일상생활 정보나 비교적 덜 중요한 정보를 적어서 공공장소에 공지하는 방법

다음에 어떤 회사를 방문할 기회가 있다면 **안내 게시판**을 찾아보기 바란다. 아마 어느 곳에서든지 찾아볼 수 있을 것이다. 그러나 안내 게시판을 사용하는 주된 이유는 장학금, 회의 공지, 벼룩시장 등과 같은 일과 직접적으로 관련되지 않은 정보에 대한 공유이다. 회사의 정책이나 절차 변경 같은 공지를 하기에 안내 게시판은 적합하지 않으므로 중요한 정보를 안내 게시판에서 보긴 어렵다. 하지만 여전히 안내 게시판은 가격이 저렴하고 직원들과 방문자들에게 많이 노출된다는 장점이 있다. 이는 사람들이 많이 오고가는 장소, 예를 들면 화장실 밖이나 식당 또는 출퇴근 시간 기록계가 있는 곳에 놔둘 때 특히 효과가 있다. 전자 안내 게시판은 **사내 공지 네트워크** (*in-house message network*)라고도 불리는데 최근의 정보를 공지하는 데 보다 효과적이다.

정책 매뉴얼

정책 매뉴얼(policy manual) 하향적 의사전달의 공식적인 방법으로 조직의 규율이나 절차 등에 대해서 적어 놓은 안내서로 법적인 효력이 있음

정책 매뉴얼은 정책이나 절차 등과 같은 중요한 변경 사항에 대해서 직원들에게 알리는 책자이다. 이와 같은 정책 매뉴얼은 직원들이 반드시 따라야 하는 모든 법칙에 관하여 명시하고 있다. 직원들이 매뉴얼을 읽도록 장려하고 쉽게 이해할 수 있도록 전문용어들 사용을 지양하고 있음에도 불구하고 대부분의 매뉴얼은 수준 높은 전문용어로 씌여져 있다. 또한 매뉴얼의 내용은 법적인 효력이 있으므로 매번 정책이 변경될 시 반드시 업데이트를 해야 한다.

대개는 매뉴얼의 업데이트된 내용을 직원들에게 보내서 기존 매뉴얼에 있던 내용을 업데이트된 내용으로 대체하게 하면서 매뉴얼의 내용을 업데이트시킨다. 이러

한 과정을 손쉽게 하기 위한 많은 회사들은 바인더(binder)에 구멍을 뚫는 형식으로 하여 새로운 내용이 담긴 페이지를 대체하는 데 용이하도록 한다. Sosnin(2001)은 정책 매뉴얼은 아래 6가지의 권리 포기각서를 반드시 포함해야 한다고 제안하였다.

1. 회사의 임의고용의 원칙을 따른다(임의고용의 원칙에 대해 7장을 참조하기 바란다).
2. 매뉴얼은 계약에 대해서 언급하거나 암시하는 것을 의미하는 것은 아니다.
3. 매뉴얼은 가이드라인을 명시하고 있지만 모든 것이 포함된 것은 아니다.
4. 현재 매뉴얼에 있는 내용은 기존의 매뉴얼에 있던 내용을 대체한다.
5. 매뉴얼은 조직 대표의 서면으로만 변경될 수 있으며, 일방적으로 언제든지 변경 가능하다.
6. 직원들은 매뉴얼 내용의 규정 개정, 규정 삭제, 또는 규정 변경 사항을 숙지해야 한다.

보통 회사의 매뉴얼은 몇백 페이지가 될 정도로 분량이 많기 때문에 많은 직원들이 매뉴얼을 읽기 싫어한다는 것은 놀라운 일이 아니다. 매뉴얼의 분량을 줄이기 위해 대부분의 회사들은 두 가지 종류의 회사 매뉴얼을 가지고 있다. 첫 번째 매뉴얼은 **정책 매뉴얼**이라고 불리며 매우 자세하고 내용이 길며 회사가 따르는 모든 정책과 규정이 담겨져 있다. 두 번째 매뉴얼은 **직원 핸드북**이라고 알려져 있으며 매우 짧고 꼭 필요한 정책과 규정에 대해서만 언급하고 덜 중요한 규정에 대해서는 전반적으로 요약한 내용이 들어 있다.

두 가지 매뉴얼이 필요하다는 주장을 뒷받침하는 근거는 어떤 생산공장의 보안요원에 관한 예시에서 찾아볼 수 있다. 보안요원들은 최저임금을 받고 그들의 근속개월은 보통 평균 3개월 정도이다. 이 회사는 두 가지 부분에서 고민하기 시작했다. 첫째, 3개월이란 시간은 보안요원이 300페이지나 되는 긴급 처리 과정과 관련한 모든 정책이 담긴 매뉴얼을 숙지하기에 충분한 시간이 아니다. 두 번째, 매뉴얼은 엔지니어들에 의해서 쓰여졌기에 보안 요원들이 쉽게 이해할 수 있는 내용이 아니다. 그래서 많은 회사들은 산업 및 조직심리학을 공부하는 대학원생들에게 짧고, 하루나 이틀 안에 읽고 이해하기 쉬운 매뉴얼을 만드는 인터십 기회를 제공하곤 한다. 매뉴얼을 효과적으로 작성하는 데 적용할 만한 유용한 정보는 표 11.1에 나와있다.

사내 신문

사내 신문(newsletters)
하향적 의사소통의 한 방법으로 주로 조직 차원의 피드백이나 직원들의 성과를 축하하는 의사소통 방법

앞서 언급했듯이, **사내 신문**은 직원들의 의욕을 고취시키기 위하여 긍정적인 이벤트를(예들 들면 출산 소식, 생일, 야구경기 점수) 알리기 위한 것이다. 사내 신문은 직원들의 성공을 축하한다거나, 우리 조직이 얼마나 잘 하고 있는지에 대한 피드백, 새로운 직원 소개, 조직 변화에 대한 정보 제공을 하기에 매우 좋은 자료이다. 많은 회

표 11.1 효과적인 글쓰기를 위한 팁

이렇게 하기보다는	이렇게 시도하여라
단어실력으로 다른 사람들에게 깊은 인상을 심어주려고 하기보다는	보다 일상적인 대화체를 사용하여라.
고용인	직원들
활용하다	사용하다
대도시의 대량수송수단	버스
인식하고 있는	알고 있는
일반적으로 쓰기보다는	당신이 의미하는 바를 써라.
나는 그리 오래 비우지 않았다.	나는 5분 동안 자리를 비웠다.
설문조사에서 나타나길 대다수의 우리 직원들이...	설문조사에서 나타나길 54%의 우리 직원들이...
전체 관용구를 사용하기보다는	단수를 사용하여라.
동봉된 내용 안에서...	동봉된 내용은...
동기란 다음과 같은 아이디어로...	동기란...
당신에게 일어난다면...	만약에 당신이...

사들이 종이로 된 사내 신문을 배포하기도 하지만 요즘의 트렌드는 전자우편이나 사내 인트라넷을 통하여 온라인으로 보내기도 한다. 이러한 온라인 출판물들은 인쇄하는 비용을 절감하고 정보를 빠르게 전달하며, 변경사항이나 업데이트된 정보를 빠르게 전달되도록 한다.

인트라넷

안내 게시판이나 사내 신문, 회사 매뉴얼 등을 배포하기 위해 **인트라넷**—조직 내의 인터넷—사용이 증가하고 있다. 앞으로 인트라넷 사용의 증가 여부에 대해서 언급하는 것은 시기상조이지만, 현재 공통적으로 많이 사용하는 부분은

- 온라인 직원 핸드북
- 종종 하는 질문들(FAQ)에 관한 답변들
- 직원 행사 스케줄
- 온라인 작성 문서
- 직무 기술서나 수행 평가서 작성을 위한 프로그램
- 구인 공지
- 온라인 복지 정보
- 교육 과정
- 보상이나 인센티브 정보(Grensing-Pophal, 2001a)

인트라넷(intranet) 오직 회사 내에서 직원들 간의 의사소통을 위한 컴퓨터를 기반으로 한 네트워크

비지니스 의사소통

비지니스 의사소통은 직원들, 관리자들 또는 소비자들 간에 업무와 관련된 정보를 전달하는 것이다. 비지니스 의사소통 방법은 메모, 전화 통화, 이메일, 또는 음성 메일이 있다.

메모

비지니스 의사소통의 가장 보편적인 방법 중 하나는 메모(*memo*)를 사용하는 것이다. 메모는 짧은 시간 내 많은 사람들에게 세부적인 정보를 제공한다는 장점이 있다. 대부분의 직원들이 메모를 매우 자주 받기 때문에 모든 메모를 읽지 않고, 메모를 사용하는 빈도 또한 이메일을 사용함에 따라 현저히 줄어들었다.

전화 통화

비지니스 의사소통의 또 다른 방법은 전화 통화(*telephone call*)이다. 전화 통화가 메모나 이메일 또는 문자보다 더 좋은 점은 두 사람이 동시에 상대방의 목소리의 억양을 들음으로써 메시지가 의미하는 바를 더 쉽게 이해할 수 있다는 점이다. 10년 전만 해도 자연스럽게 수화기를 들고 동료직원들에게 전화를 거는 것은 보편적이었으나 현재의 트렌드는 이메일이나 문자를 보내서 의사소통을 하고 또는 전화를 걸기 전에 통화하기 편한 시간을 알기 위해 이메일이나 문자를 보내기도 한다.

전화 통화의 한 가지 단점은 말로 할 수 없는 신호를 전달하기에 불가능하다는 것이다. 그래서 주된 메시지의 내용은 종종 전화로 전달하지 않는다. 그러나 중요한 사항을 전달하는 경우 비디오를 사용한 화상회의(영상회의)를 사용할 수 있다. 사실

경력 워크샵 | 전화 예절

핸드폰과 의사소통의 기술적인 발달로 예의에 어긋나는 전화 매너의 빈도는 증가하는 추세이다. 다음과 같은 조언을 고려해보아라:

➡ 스피커폰을 적절하게 사용하여라. 다른 사람과 사무실을 같이 쓰고, 다른 사람도 들을 수 있다면 스피커폰을 사용하지 말아야 한다. 만약에 당신이 스피커폰을 사용하기 원한다면 발신자에게 허락을 받고 사무실에 통화 내용을 듣는 다른 사람들이 있다는 것을 미리 말해주어야 한다.

➡ 공공장소에서 단순한 대화를 위한 핸드폰 사용을 자제하여라. 만약 대화를 꼭 해야 한다면 방을 나가서 한적한 곳에 가서 하면 된다.

➡ 회의에 참석 중이거나 공공장소(식당, 교회, 영화관)에 있다면 벨이 울릴 수 있는 것의 모든 전원을 꺼두어라.

➡ 당신의 사무실에 다른 방문자가 있을 때 전화를 받지 말아라. 이는 당신의 방문자에게 그들이 중요하지 않다는 메시지를 전달하는 것이다. 만약에 당신이 중요한 전화를 기다리고 있다면 상대방에게 미리 대화 도중 전화를 받을 수 있음을 알리고 사과하여라.

➡ 비지니스 대화에서 통화 중 대기보다는 음성 메일을 사용하여라. 다른 사람들을 대기상태에 놔두고 다른 전화를 받는다는 것은 상대방과 하는 대화가 중요하지 않다는 메시지를 전달한다. 앞서 얘기했듯이 만약 당신이 중요한 전화를 기다리고 있다면 상대방에게 대화 도중 전화를 받을 수 있음을 미리 이야기하고 대화가 중간에 끊기는 것에 사과를 해야 한다.

많은 회사들이 면접 비용을 줄이기 위해서 회사에서 멀리 있는 지원자들과는 서로 볼 수 있는 화상회의를 하기도 한다. 두 번째 전화 통화의 단점은 대화내용이 문서화되지 않는다는 것이다. 예를 들면, 어떤 부서에서 최근에 전화나 회의에서 계속해서 잘못된 정보를 제공하는 관리자 때문에 문제가 생겼으나 그 관리자는 자신이 그랬다는 것을 부인하고 잘못된 정보 때문에 초래된 부정적인 결과를 계속해서 다른 부서를 탓했던 경우가 있다. 이러한 문제를 방지하기 위해 직원들은 그 관리자에게 전화로 이야기하는 것을 중지하고 모든 "대화내용"이 문서화될 수 있는 이메일만 사용했다. 적절한 전화 예절에 관한 조언은 경력 워크샵 박스 안에 언급하였다.

이메일과 음성 메일

대부분의 메모나 전화통화는 이메일, 문자, 또는 음성 메일(*email, texting, and voice mail*)로 대체되고 있다. 이러한 방법은 전달하는 메시지의 내용이 일반적이거나 시간에 민감한 정보를 교환하거나 질문을 할 때 주로 사용된다. 하지만 중요한 의사소통을 대신할 수 있다는 의미는 아니다. 이메일과 음성 메일의 장점은 문서 사용을 줄이고 전화를 하게 되면 발생할 수 있는 "불필요한 잡담"을 안하게 되므로 시간을 절약할 수 있다.

부정적인 점으로 이메일, 문자 그리고 음성 메일은 개인적인 컨택의 기회를 줄인다는 것이다. 실제로 Carilion Clinic에서는 음성 메시지 시스템을 없애 버렸는데 이는 직원들이나 고객들이 자동응답기에 진절머리가 났고 "실제 사람"과 이야기를 나누고 싶어 했기 때문이다. 음성메일 시스템을 간단한 작업으로 제한하고, 메뉴선택을 짧게 하고, 전화 건 사람이 원하면 언제든지 실제 사람과 이야기할 수 있도록 하면 음성 메일의 장점이 부각될 수 있다.

이메일은 쉽게 문서를 주고받을 수 있고, 한 번에 많은 사람들과 의사소통할 수 있는 기회를 제공하고, 특히 간단한 메시지가 사용될 시 빠르게 응답할 가능성이 있기에 음성 메일보다 많은 장점이 있다. 이메일의 단점은 몸짓이나 표정으로 전달할 수 있는 언어가 제한되어 오해를 불러일으킬 수 있고, 격식을 차리지 않게 되기도 하고, 직접 만나서 대화할 때는 표출하지 않을 부정적인 감정("짜증나는")을 표출할 가능성이 높으며, 메시지를 검토하지 않고 보내는 경향이 있다는 점이다.

이메일로 메시지를 보낼 경우 이메일이 적절한 의사소통 채널인지 체크할 필요가 있다. 이메일은 회의를 잡거나, 일반적인 뉴스에 대해서 나누거나, 메모를 전달하거나, 대화 내용을 요약하기에 적절한 방법이다(Poe, 2011). 이메일은 위에서 언급한 요소들, 보디랭귀지나 메시지의 톤이 배제되기 때문에 이메일에 담긴 의미를 오해하기 쉽다.

경험상 가장 좋은 방법은 당신이 공개되는 걸 원치 않는 내용은 절대 이메일에 쓰지 않는 것이다. 예를 들어 다른 사람에 대한 이야기라든지, 불만, 공격적인 농담 등은 차라리 보내지 않는게 더 낫다. 이메일을 제대로 사용할 때도 있지만 제대로 사용하지 않을 때도 있기에 많은 회사들은 직원들을 이메일 워크샵에 보내기도 한다. Casperson(2002)과 Poe(2001)는 워크샵에서 종종 제공하는 이메일 예절에 대해 아래와 같이 명시하였다.

- 첫인사(예, "안녕. 철수")와 끝인사(예, "잘 지내세요")를 포함한다.
- 구체적인 메일 제목을 쓴다.
- 모든 것을 대문자로 쓰지 않는다. 읽기 어려울 뿐 아니라 마치 당신이 소리를 지르는 것처럼 느낀다.
- 당신이 받은 이메일을 전달하는 것이라면, 원래의 메일 제목을 바꾸고, 이전 메일의 긴 내용이나 원래 메일을 받았던 수신자들의 이름을 지운다.
- 공식적인 메모를 쓸 때처럼 메일 내용을 쓸 때 주의한다(예, 철자나 문법)
- 회사에서 허락한 것이 아니라면 업무시간에 개인적인 이메일은 보내지 않는다.
- 수신자가 회신을 할 때까지 충분한 시간을 준다, 모든 사람들이 이메일에 즉각적으로 답해야 한다고 생각하지 않는다.

다른 사람에게 음성 메시지를 남길때, 아래와 같은 가이드라인을 따르기 바란다.

- 천천히 이야기한다.
- 처음 메시지를 남길 때 당신의 이름을 남기고 메시지를 마칠 때도 똑같이 반복한다.
- 메시지 수신자가 당신과 친분이 없거나 당신의 이름이 어렵다면 당신의 이름의 철자를 알려준다.
- 메시지 수신자가 당신의 전화번호를 알고 있다고 생각하더라도 당신의 전화번호를 남긴다.
- 서로 계속해서 연락을 주고받아야 할 상황이면 당신이 전화받기에 좋은 시간을 남긴다.
- 횡설수설하지 않는다. 실제 사람과 이야기하는 것이 아니라 음성 메시지에 남기는 것임을 알고, 간단 메시지를 미리 준비한다.
- 다른 사람들이 알기 원하지 않는 정보는 남기지 않는다.

비지니스 회의

구체적인 내용에 대해서는 13장에서 다루겠지만, 비지니스 회의(business meetings)의 흔한 타입은 귀찮은 위원회 회의들이 많다. 연구에 의하면 대부분의 직원들은 일주일에 3.34회 회의에 참석하고, 평균 4.35시간을 회의에 쏟는다(Rogelberg, Leach,

Warr, & Burnfield, 2006). 관리자들은 더 많은 회의에 참석하고(5회), 더 많은 시간을 보낸다(6.6시간). 이메일이나 메모, 전화통화보다 회의가 여러 가지 장점이 있지만, 직원들이 시간적으로 시달리기에 직원들의 부정적인 태도를 유발하기도 한다(Rogelber et al, 2006).

사무실 디자인

직원들의 의사소통을 용이하게 하기 위해 70%의 회사들은 공식적으로는 "개방된" 또는 "넓은"이라고 불리고 비공식적으로는 "여러 개의 칸막이로 구획된 사무실"이라고 불리는 사무실 디자인(office design)을 채택하고 있다(Grossman, 2002). 본래 이러한 디자인은 독일 서부 지역에 있는 가구 제조 회사에 의해 개발된 것으로, 벽이 없고, 넓고 개방된 사무실 디자인이다. 개인의 업무공간은 화분이나 책장, 책상 그리고 칸막이와 비슷한 걸로 구분된다. 이러한 디자인의 숨겨진 아이디어는 실제 가로막는 벽이 없기에 직원들 간의 의사소통을 원활하게 하고, 관리를 하거나 직원들이 도움받기가 수월하게 하려는 것에 있다(Poe, 2000). Allinal Health System이라는 회사에서 많은 사무실을 미니애폴리스에 있는 본사로 모두 모으고, CEO조차 칸막이 사무실이 개방된 업무 환경이라는 아이디어로 매우 잘 알려졌다.

개방된 또는 넓은 사무실에는 세 가지 공통된 디자인이 있다(Martinez, 1990). **독립된 디자인**(또한 **야구장 디자인**으로도 알려진)은 모든 책상들이 완전하게 개방된 곳에 위치해 있다. **획일적인 디자인** 같은 경우 책상들이 균일한 거리를 두고 배치되어 있고 유리판으로 구분된 사무공간이 있다. **자유형식의 업무공간**은 직원들의 서로 다른 필요가 반영될 수 있도록 여러 디자인을 결합한 디자인이다.

두 가지 흥미로운 사무실 디자인은 "도로"라고 불리는 이동이 쉬운 사무실이다. 도로 디자인은 여러 부서를 통과하는 넓은 복도가 특징이다. 도로 디자인의 넓은 복도는 직원들의 즉각적인 의사소통을 가능케 하고, 원형이 아닌 쭉뻗은 길은 부서들 간의 상호작용을 장려한다. 개방된 또는 넓은 업무 환경은 사생활의 보호가 안 되기에 많은 회사들은 사적인 공간이 필요한 직원은 자신의 컴퓨터 및 서류가 담긴 "이동식 사무실"을 사용하여 벽으로 막혀 있거나 구분된 공간으로 이동할 수 있다.

넓은 업무 공간은 끌릴 수도 있으나 일반적으로 연구결과가 긍정적인 결과를 뒷받침 해주진 않는다. 넓은 사무실 직원들은 직원들의 접촉과 의사소통을 증가시키고, 일반적인 사무실에 비해 비용이 적게 들지만 생산성이 떨어지고 직무 만족도 또한 낮아진다(Brennan, Chugh, & Kline, 2002). 14개의 회사에서 500명 이상을 대상으로 한 연구에서 O'Neill(1994)은 직무환경과 관련된 만족도를 예측하는 변인들로 창고 공간 제공, 자신의 업무 공간을 바꾸거나 통제할 수 있는 자율성이 가장 직무 만족도를 높게 예측하는 것으로 나타났다. 파티션 타입, 유리판 높이, 입구 공간 같은 변인들은 만족도나 수행 성과와는 관련이 없는 것으로 나타났다.

비공식적인 의사전달

비공식적인 의사전달(informal communication) 회사 내 직원들의 의사소통으로 업무와 직접적으로 관련이 없는 의사소통

포도덩굴(grapevine) 비공식적이고 일상적인 의사전달 네트워크

회사 내 흥미로운 의사전달 유형의 하나는 **비공식적인 의사전달**이다. 비공식적인 정보는 **포도덩굴**을 통해서 종종 전달되는데, 포도덩굴이라는 명칭은 미국 남부 전쟁 때로 거슬러 올라가서 정보가 퍼지는 경로가 늘어뜨려져 있는 전선 줄과 닮았다는 데서 비롯됐다. 실제로 이러한 전선을 통해서 전해진 정보들은 종종 왜곡되었다. 직원들의 비공식적인 의사전달 또한 종종 왜곡되어 전해지는 경우가 많았기에 포도덩굴이라는 명칭이 비공식적인 의사전달 네트워크와 동의어가 되었다(Davis, 1977). 포도덩굴 정보는 직원들에게 정보도 제공하고, 권력을 부여하기도 하고 또는 재미를 주기에 흔하게 일어난다(Kurland & Pelled, 2000). 이메일, 문자, 그리고 소셜 미디어의 보급으로 인하여 포도덩굴 정보의 중요성이 높아진 것은 놀라운 일이 아니다.

Davis(1953)는 포도덩굴 정보에 대해서 연구하고 4가지 포도덩굴 정보의 패턴을 (한줄기 가닥, 소문, 개연성, 무리들) 제시하였다. 그림 11.1에서 보여지듯이, **한 줄기 가닥의 유형**은 Jones가 Smith에게 메시지를 전달하고, Smith가 Brown에게 전달하면서, 이 과정이 모든 사람들에게 전달되거나 어느 한 사람이 이 "줄기를 끊기 전까지" 계속 된다는 것이다. 이러한 패턴은 아이들의 "전화" 놀이와 비슷한 것이다. **소문 유형**에서는 Jones는 선택된 사람들에게만 메시지를 전달한다. 이러한 패턴에서 알아야 두어야 할 것은 단지 한 사람이 메시지를 전달하고, 모든 사람들 메시지를 받거나 앞으로 받을 기회가 있지 않다는 것이다. **개연성 유형**에서는 Jones가 몇 명의 다른 직원들에게 메시지를 전달하고, 메시지를 받은 사람들이 무작위로 선택한 직원들에게 이야기하는 방식이다. **무리 유형**에서는 Jones는 선택된 몇 명에게만 전달하고 또 그 선택된 몇 명이 다른 몇 명을 선택해서 전달하는 것이다.

포도덩굴 정보와 관련된 연구들은 Davis(1953)의 몇 가지 결과를 지지하는 것으로 나타났다. Sutton과 Porter(1968)는 주(state) 세금 사무실에서 일하는 79명의 직원들을 대상으로 한 연구에서 몇 가지 흥미로운 결론을 도출해 내었다. 그들이 알게 된 것은 직원들을 세 가지 유형 중 하나로 분류할 수 있다는 것이다. 첫째 유형인 **고립된 자들**은 약 50% 정도의 정보를 받는 직원들이고, 두 번째 유형인 조력자들은 대부분의 정보를 받고 다른 사람들에게 전달하는 직원들이고, 그리고 마지막 유형인 **최후 종결자**는 대부분의 정보를 듣기는 하나 다른 사람들에게 잘 전달하지 않는 직원들이다.

관리자들은 보통 조력자로 간주되는데 이들은 97%의 포도덩굴 정보를 듣고 대부분의 정보를 전달한다. 관리자가 아닌 직원들은 56%의 포도덩굴 정보를 듣지만 잘 전달하지는 않는다. 비관리자들 중 단지 10%만이 연락담당자들이고; 57%는 최후 종결자이며, 33%는 고립된 자들이다.

대부분의 사람들이 포도덩굴 정보는 사실이 아니라고 생각하지만, 연구에 의하

한 줄기 가닥 유형(single-strand grapevine) 포도덩굴의 의사전달 패턴 중의 하나로 메시지가 줄기 형태로 전달되고 줄기가 끊어지기 전까지 한 사람이 다음 사람에게 전달하는 의사전달 방식

소문 유형(gossip grapevine) 포도덩굴의 의사전달 패턴 중의 하나로 메시지가 선택된 사람들에게만 전달되는 방식

개연성 유형(probability grapevine) 포도덩굴의 의사전달 패턴 중의 하나로 메시지가 무작위로 선택된 몇 명에게 전달되는 방식

무리 유형(cluster grapevine) 포도덩굴의 의사전달 패턴 중의 하나로 메시지가 선택된 몇 명에게만 전달되고 또 그 선택된 몇 명이 다른 몇 명을 선택해서 전달하는 방식

고립된 자들(isolate) 직원들 중 포도덩굴의 정보 중 50% 미만으로 듣는 자들

최후 종결자(dead-enders) 직원들 중 대부분의 정보를 듣기는 하나 다른 사람들에게 잘 전달하지 않는 자들

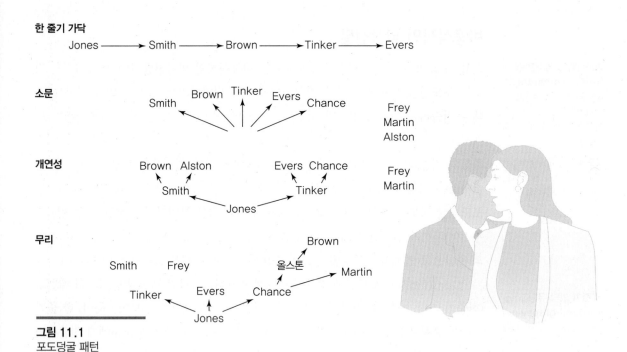

그림 11.1
포도덩굴 패턴

면 포도덩굴 정보는 미완성 부분이 많기는 하지만 종종 많은 부분이 사실이다. 조직 내 소문을 분석해보면 조직 내 80%의 소문은 맞다(DiFonzo & Bordia, 2006). 하지만 이와 같은 통계분석은 오해를 불러일으킬 수 있다. 다음과 같은 가상의 상황을 생각해 보자: "인사관리 부서장이 월요일 오전 9시에 25명의 직원들을 해고(fire)할 것이다"라는 메시지가 포도덩굴을 통해 돌아다닌다. 하지만 사실은 그 인사관리 부서장은 월요일 오전 9시에 25명을 고용(hire)할 것이다. 이렇듯 5가지 중 4가지(80%)의 정보가 사실이라고 해도 포도덩굴을 통해서 전해지는 메시지는 현실과 꽤 다른 모습을 그린다.

포도덩굴은 두 유형의 정보(험담과 소문)를 가지고 있다. 험담과 소문은 모두 입증되지 않은 정보이지만 **험담**은 주로 개인에 관한 것이며 메시지의 내용은 험담하는 사람들에게는 그리 의미 있는 것은 아니다. 반면에 **소문**은 메시지를 주고받는 자들에게 특별한 의미가 있는 정보를 담고 있으며 개인에 관한 것이나 어떤 주제에 관한 것이다(DiFonzo & Bordia, 2006). 대개 소문은 흥미롭거나 애매한 정보가 있는 상황에서 발생한다. 따라서 소문은 애매한 정보를 상식적으로 이해가 되도록 돕거나, 앞으로 발생할 가능성이 있는 위험을 관리하는 데 도움을 주는 기능을 하지만 험담은 사회적 정보를 제공하거나 재미를 주는 데 있다(DiFonzo & Bordia, 2007). 소문의 가장 흔한 주제는 개인 사생활의 변화, 직업 안정, 그리고 회사의 외부 평판에 관한 것이다(DiFonzo & Bordia, 2007). 소문과 험담은 직원들이 스트레스 푸는 방식이고 이를 통해 분노를 진정시키기도 하며, 덜 공격적인 방법으로 조직의 잘못된 점에 대해 반응하는 방식이기도 하며, 통제권이 있다는 느낌을 갖도록 해주기도 하고, 조

험담(gossip) 입증되지 않은 정보로 주로 개인에 관한 그다지 중요하지 않은 정보

소문(rumor) 입증되지 않은 정보로 포도덩굴에 의해 전달되는 정보

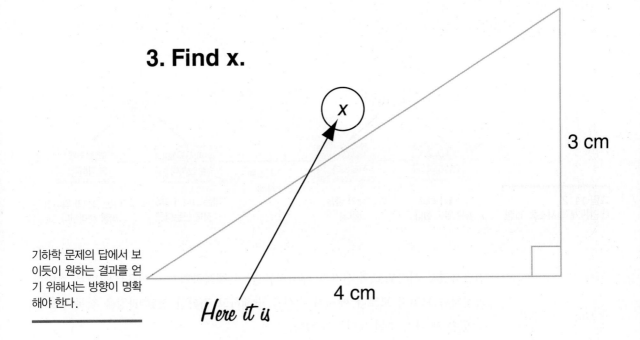

3. Find x.

3 cm

4 cm

Here it is

기하학 문제의 답에서 보이듯이 원하는 결과를 얻기 위해서는 방향이 명확해야 한다.

직 내에 권력을 키우는 방법이기도 하다(DiFonzo & Bordai, 2006, 2007; Kurland & Pelled, 2000).

물론 수평적인 모든 의사소통이 비공식적인 것은 아니다. 같은 직급에 있는 직원들도 고객들이나 소비자들에 관련된 정보, 프로젝트의 진행상황에 대한 정보, 그리고 어떤 특정한 업무를 마무리하기 위한 정보들을 종종 교환한다. 업무와 관련된 수평적 의사소통의 양을 증가시키기 위해서 많은 조직들은 자율적인 작업 그룹 실천을 하도록 하고 있다.

예를 들면, Houston에 있는 Columbia Gas 개발 회사는 12명으로 구성된 자율적 작업 그룹을 만들었다. 이와 같은 팀은 지질학자, 엔지니어들, 또한 이전에 다른 부서에 있었던 다른 멤버들 간의 의사소통을 현저히 높였다. 또 다른 예시로 Indianapolis에 있는 Meridian 보험회사는 자율적 작업 그룹을 통하여 의사소통이 매우 증가했고 이전에는 29단계를 거쳐야 했던 서류작업이 4단계로 줄어들 정도로 자율적 작업 그룹이 효과적이었다.

대인관계 의사소통

대인관계 의사소통(inte-rpersonal communi c-ation) 두 사람 간의 의사소통

대인관계 의사소통은 의사소통 채널을 통해서 한 사람이 다른 사람과 메시지를 교환하는 것을 의미한다. 그림 11.2에서 보이듯이 대인관계 의사소통은 의사소통 채널(예, 메모나 구두 또는 구두로 전해지지 않는)을 통해 발신자가 메시지를 입력하고

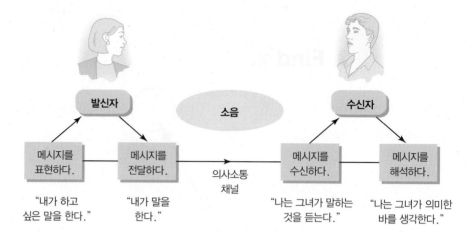

그림 11.2
대인관계 의사소통 과정

발신자   소음   수신자

메시지를 표현하다.   메시지를 전달하다.   의사소통 채널   메시지를 수신하다.   메시지를 해석하다.

"내가 하고 싶은 말을 한다."   "내가 말을 한다."   "나는 그녀가 말하는 것을 듣는다."   "나는 그녀가 의미한 바를 생각한다."

전달하면서 시작되고 수신자가 메시지를 받고 해석하면서 끝이 난다. 매우 간단한 과정처럼 보일지 모르나 메시지 수신을 방해하고 정확한 전달 과정을 잘못되게 할 수 있는 세 가지 주된 요인들이 있다.

문제 1: 의도한 메시지 대(對) 전달된 메시지

효과적인 의사소통을 위해서 발신자는 무슨 이야기를 하고 싶은지, 어떻게 하고 싶은 이야기를 전할지 반드시 알아야 한다. 대인관계 의사소통의 문제는 메시지를 보내는 자가 자신이 의도한 대로 메시지를 보내지 않을 때 발생할 수 있다. 이와 같은 문제를 해결하기 위해 세 가지 해결책이 있다: 당신이 전달하고자 하는 내용이 무엇인지 생각하기, 자신이 전달하기 원하는 것을 연습하기, 더 나은 의사소통의 기술에 대해서 배우기.

당신이 전달하고자 하는 내용이 무엇인지 생각하기

우리는 우리가 뜻하지 않은 말을 종종 하는 이유는 우리 자신이 어떤 말을 하기 원하는지 확실치 않아서이다. 예를 들면, 패스트푸드 음식점의 드라이브스루를 사용한다고 생각해 보라. 당신은 당신이 미처 메뉴판을 다 읽기도 전에 차를 멈추자마자 "무엇을 도와드릴까요?" 하는 목소리를 들은 적이 있을 것이다. 그러면 당신은 다음과 같이 대답할 것이다 "어어어어어어.. 잠시만 기다려 주실래요? 그리고 나서 심적으로 압박이 가해짐에 따라 재빨리 주문을 할 것이다. 운전을 하고 나오면서 당신은 당신이 정말 원하는 것을 주문하지 않았다는 것을 알게 된다.

위와 같은 시나리오가 익숙하게 들리는가? 만약 그렇다면 당신 혼자만 그렇게 느끼는 것이 아니다. Foster와 그의 동료들(1988)은 패스트푸드 음식점의 많은 고객들이 자신이 무엇을 주문할지 고민할 시간이 매우 부족해서 주문 시 실수를 한다는 것을 알아냈다. 그들은 메뉴판을 주문하는 창구보다 앞쪽에 설치하여 소비자들에게 자신이 무엇을 주문할지 미리 생각할 시간을 줌으로써 평균 주문시간이 28초에서 6초로 줄어들고, 주문 실수가 29%에서 4%로 줄었다는 것을 알아냈다.

또 다른 예시로, 친구한테 전화를 걸었는데 예상치 못하게 음성 메시지를 남겨야 한다고 생각해보라. 처음 몇 문장을 논리적으로 남긴 적이 있는가? 처음 문장은 또 다시 "어……어….'로 시작하지는 않았는가? 아니면 실제 사람이 전화를 받을 거라는 생각 대신 음성 메시지가 응답할 거라고 생각한 적이 있는가? 이러한 예시들은 당신이 원하는 의사전달을 하기 위해서 전달할 메시지를 미리 생각하는 것이 얼마나 중요한지 보여준다.

자신이 전달하고자 하는 것을 연습하기

당신이 전달하고자 하는 것을 알고 있음에도 불구하고 당신이 뜻한 얘기를 실제로 하지 않으면 의사전달에 오류가 생긴다. 그러므로 의사전달이 중요할 경우, 반드시 연습을 해야 한다. 컨설턴트가 교육과정을 진행하기 전에 연습하듯이, 그리고 배우들이 연극을 올리기 전에 리허설을 하듯이, 당신 또한 중요한 상황인 경우 연습을 해야 한다. 당신이 처음 데이트를 신청할 때 연습했던 것을 기억해보면, 당신은 당신의 목소리 톤을 바꾸고, 처음 문장을 다듬고, 자연스럽게 보이기 위해서 대화 가능한 주제를 생각했을 것이다.

더 나은 의사소통의 기술에 대해서 배우기

당신이 전달하고자 하는 메시지를 알고, 어떻게 전달하는지 안다고 해도 당신이 제대로 된 의사소통의 기술을 익히지 않으면 의사소통의 오류는 여전히 생긴다. 효과적으로 메시지 전달을 하기 위해 공식 석상에서의 스피치, 글쓰기, 대인관계 의사소통에 관한 강의를 듣는 것은 매우 필수적이다. 의사소통 기술이 중요하기 때문에 많은 회사들은 직원들을 위하여 다양한 의사소통 훈련 프로그램을 제공한다.

문제 2: 전달된 메시지 대(對) 받은 메시지

어떤 사람이 자신이 어떤 메시지를 전달하기를 원하는지 알고, 또 생각한 대로 전달했다고 하더라도 그림 11.3에서 보이는 것처럼 다른 많은 요소들이 메시지가 받아들여지는 과정에 영향을 끼친다.

실제로 사용한 단어

어떤 특정 단어는 한 상황에서 한 가지 의미가 있을 수 있으나 다른 상황에서는 다른 의미를 지닐 수 있다. "괜찮다(fine)"라는 단어로 예를 들어보자. 내가 만약 당신에게 "괜찮은 보석"이라고 말했다면 당신은 아마도 칭찬으로 받아들였을 것이다. 또한 "괜찮다"라는 단어가 날씨를 묘사하기 위해 사용되었다면—"여기 캘리포니아의 날씨는 괜찮아"와 같이 여전히 긍정적인 의미가 있다. 하지만, 배우자한테 "내가 만든 저녁 어땠어?" 또는 "우리 로맨틱한 저녁 어땠어?"라고 물었을때 대답이 "괜찮아"였다면 아마도 그는 매우 외로운 저녁을 보내게 될 것이다.

어떤 특정 단어는 어느 한 사람에게는 한 가지 의미가 있을 수 있으나 다른 사람에게 다른 의미가 될 수 있다. 예를 들면, 시골에서 자란 80세 되는 노인의 **계집애**라는 표현은 **여자**라는 의미로 동일하게 사용될 수 있다. 아마도 그는 일터에서 여자들을 향해 "사무실의 계집애들"이라는 표현을 썼을 때 그들이 왜 화를 내는지 이해할 수 없을 것이다. 내가 경찰관들을 훈련하는 세션을 진행할때, 우리는 **소년, 아들, 예쁘고 작은 숙녀** 같은 단어들이 감정적으로 북받치게 할 수 있기에 이와 같은 단어는 피해야 함에 대해서 토론한다.

같은 영어를 쓰는 나라에서조차도 어떤 특정 단어는 다른 의미를 지닐 수 있다. 예를 들어 어떤 사람이 이렇게 이야기했다고 해보자, "그는 화가 났다(pissed)." 미국에서는 그 사람이 화가 났다고 해석하지만, 아일랜드에 있는 사람들은 그 사람은 술에 취했다고 해석한다. 만약에 아일랜드에 있는 사람이 "크랙(crack)은 어디 있나요?"라고 하면 그들은 파티를 하는 장소를 물어본 거지, 마약이 어디 있는지 물어본 것은 아니다.

단어들이나 어휘가 모호하면 문제를 일으킬 수 있다. 예를 들어, 당신이 퇴근할 때까지 데이터가 필요해서 당신의 비서에게 지금 당장 데이터가 필요하다고 이야기했다. 그러나 퇴근 시까지 데이터는 준비되지 않았다. 다음 날 아침 그 비서는 "채 하루도 걸리지 않아" 자신이 데이터를 편집해왔다고 자랑스럽게 당신에게 가져오면서 왜 당신이 화가 났는지 혼라스러워 했다. 이 예시에서, 당신은 "나는 오후 5시까지 필

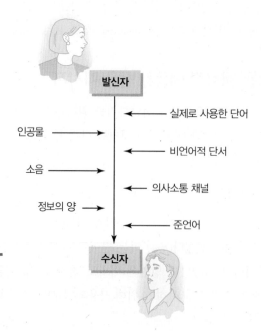

그림 11.3
의도한 메시지 대(對)
전달된 메시지에 영향을
끼치는 요소들

요하다"라는 의미를 내포하고 있었지만 당신이 전달한 메시지는 "나는 지금 당장 필요하다"고 했을 때 그 비서는 "내일까지 필요하구나"라고 해석했다.

만약에 다른 사람이 "나는 오랫동안 가 있진 않을 거야" 이렇게 말했다면, 당신은 언제 그녀가 돌아오리라 기대하는가? 내가 이와 같은 질문을 내 학생들이나 세미나 참석자들에게 물어보았을 때 그들의 답변은 대개 10분에서 3시간이었다. 흥미롭게도 내가 진행한 세미나에서 어떤 여성이 대답하기를 그녀의 남편은 이 어휘를 사용하고 4일 후 돌아왔다고 했다.

이와 같은 예제들이 보여주듯이 우리가 사용하는 단어에 대해 구체적인 것이 중요하다. 그런데 우리는 왜 의사전달 방법이 종종 모호한 걸까? 한 가지 이유는 우리는 직면하는 것을 피하기 위해서이다. 만약에 남편이 그의 배우자에게 그가 4일 동안 가 있을 거라고 한다면 그는 그녀가 이의를 제기할 것을 알고 있을 것이다. 모호하게 하므로 그는 초기 상황에 맞아야 할 직면을 피하고 그가 실제로 얼마나 오랫동안 가 있을지 모르기를 바란다. 이는 남자들이 종종 사용하는 술책이지만 성공한 적이 거의 없다.

모호성을 띄는 또 다른 이유는 "미리 상황을 살피는" 기회를 주어 실제로 내가 하고 싶은 말을 하기 전에 상대방이 어떻게 반응하는지 볼 수 있기 때문이다. 데이트를 신청하는 장면이 완벽한 예시이다. 직설적으로 이야기하는 대신 "이번 주 금요일에 나가서 놀래?"라고 하고, 우리는 종종 "이번 주 주말에는 뭐해?"라고 물어본다. 그래서 반응이 긍정적이면 조금 더 용감해 진다.

성별은 특정단어 사용유무와 관련된 또 다른 요소이다. 그림 11.4에서 보여지듯이 Deborah Tannen(1995, 2001)은 남자와 여자는 매우 다른 언어를 사용하고 다른 의사소통 유형으로 말한다고 한다. 일터나 가정에서 이러한 다른 점을 이해함으로써 의사소통이 눈에 띄게 개선될 수 있다.

의사소통은 우리가 주의 깊게 단어를 선택하고 "내가 말할 때 상대방이 어떻게 해석을 할까" 스스로에게 물어본다면 개선될 수 있다. 내가 만약 **계집애**라는 단어를 사용한다면 화내는 누군가가 있을까? 만약 그렇다면 더 나은 단어는 어떤 단어가 있을까?

남자	여자
주로 세계적인 쟁점에 대해 이야기한다.	일상생활에 대해 이야기한다.
주된 논점을 말한다.	세부사항을 말한다.
좀 더 직접적이다.	좀 더 간접적이다.
동의할 때 "아하"라는 표현을 사용한다.	듣고 있다는 표현을 할 때 "아하"를 사용한다.
침묵에 좀 더 편안한다.	침묵에 불편함을 느낀다.
말한 단어들에 집중한다.	메시지가 내포하는 의미에 집중한다.
즐겁지 않은 주제는 피하려 한다.	즐겁지 않은 주제가 초점이다.

그림 11.4
의사소통의 남녀차이

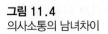

의사소통 채널

의사소통의 문제는 메시지가 전달되는 의사소통 채널 때문에 일어날 수 있다. 정보는 구두나 비표현적 언어, 다른 사람을 통해서, 또는 편지나 메모 같은 서면과 같이 여러 다양한 방법을 통해서 전달될 수 있다. 의사전달 시 사용하는 채널에 따라서 같은 메시지도 다르게 해석될 수 있다. 예를 들면, 어떤 직원이 메모나 이메일을 통해서 질책을 받았다면 얼굴을 보고 질책을 받았을 때와 매우 다르게 메시지를 받아들일 것이다. 약간 짜증이 난 어떤 직원이 그가 동료를 냉정하게 대하면 그는 동료에게 소리를 치거나 아니면 그와 조용히 화가 난 이유를 나눴을 때와 다른 반응을 보게 될 것이다.

채널의 중요성을 나타내는 또 다른 예시는 상사가 다른 직원들이 있는 데서 어떤 직원을 혼을 낼 때이다. 그 직원은 아마도 매우 당황하고 화가 나서 메시지의 내용은 듣지 않을 것이다. 다시 말하자면, 적절하지 않은 채널을 통해 전달된 메시지는 그 의미나 정확한 해석을 하는 데 어려움을 줄 수 있다.

종종 의사소통 채널은 메시지 그 자체이다. 예를 들면 만약에 최고위의 관리자가 "잡심부름꾼"에게 메시지를 전달한다면, 메시지나 수신자가 그닥 중요하지 않은 의사소통이다. 다른 대학의 어떤 동료가 자신의 전 상사는 언제나 개인적으로 긍정적인 소식(예, 승진, 월급 인상) 또는 금요일 도너츠 데이 같은 정보를 전달한다. 그러나 직급이 낮은 관리자는 항상 직원들을 화가 나게 할 수 있는 나쁜 소식을 전달한다.

가장 최악으로 선택된 의사전달 채널은 2006년에 일어난 사건을 꼽을 수 있는데 Texas, Fort Worth의 Radio Shack 본사에서 400명의 직원들에게 그들이 직업을 잃게 된다는 사실을 이메일로 전달했다. 의사전달 채널보다 더 최악은 의사전달 시 사용됐던 실제 단어들이다. "현재 인력 감축을 알리는 공지를 하고 있다. 안타깝게도 당신이 자리를 정리해야 되는 사람 중 한 명이다." 이러한 직원들에게 자신들의 물건들을 담을 수 있는 상자와 봉투가 주어졌고 정리할 수 있는 30분이라는 시간이 주어졌다. 당신은 어떤 메시지가 직원들에게 전달되었다고 생각하는가?

소음

소음이란 전달되는 채널의 배경 소리로 메시지가 수신되는 방향에 영향을 끼칠 수 있다. 또한 **소음**은 메시지가 적절하게 수신되는 것을 방해하는 그 어떤 것으로 정의되기도 한다. 분명한 예시는 대화를 방해하는 지하철 소리나 고가철도 소리이다. 다른 예시들은 채널의 적절성, 메시지를 보내는 자의 평판 그리고 동시에 전달되는 다른 정보들이다.

비언어적 단서

우리가 소통하는 많은 부분은 비언어적 단서를 통해 전달된다. 우리가 사용하는 단어는 종종 한 가지를 이야기하지만 우리의 행동은 또 다른 이야기를 한다. 예를 들면 어떤 상사는 직원에게 그녀의 의견을 듣고 싶다고 말하면서 동시에 얼굴을 찌푸리고 창문 밖을 본다던지, 아이폰으로 문자를 보내기도 한다. 상사가 말로 전달한 메시지는 "나는 관심있다"이지만 비언어적 단서는 "나는 지겹다."이다. 직원들은 어떤 메시지에 더 주의를 기울일까? 비록 비언어적 단서가 종종 정확하지 않은 결과를 나타내지만 아마도 대다수가 비언어적 단서라고 할 것이다. 비언언적 단서는 5가지 유형으로 나눌 수 있다: 보디랭귀지, 표정으로 전달되는 준 언어, 공간 사용하기, 시간 사용하기, 그리고 인공물

보디랭귀지. 우리가 어떻게 움직이고, 몸은 어떻게 사용하는지—보디랭귀지—는 다른 사람에게 많은 정보를 전달한다. 예를 들면:

- 우리 몸이 다른 사람을 향하면 그것은 좋아한다는 표현으로 해석되고, 우리가 몸을 돌린다면 이는 싫어하거나 관심없다는 표현으로 해석된다.
- 우월하다는 것은 다른 사람을 중간에 방해하거나, 의자에 기대고 앉거나, 상대방에게 가까이 다가가거나, 상대방이 서 있을 때 앉아 있는 식으로 표현된다.
- 눈 맞춤은 좋아한다는 의미를 내포하고 있다. 일상적인 대화에서 눈 맞춤은 관심의 표현으로 해석될 수 있으나, 바에서는 유혹하는 신호일 수 있으며, 미식축구장에서는 공격적이다라는 신호로 해석될 수 있다. 눈 맞춤을 안 한다는 것은 무관심, 불편함, 당황스러움과 같은 많은 의미를 가질 수 있다. 들을 때는 눈 맞춤을 하지 않으면서 자신이 말할 때 눈 맞춤을 하는 사람은 권위적이거나 지배적으로 종종 인지된다.
- 머리나 어깨를 올리는 것은 우월성을 나타낼 수 있고 내리는 것은 열등감을 나타내는 것일 수 있다.
- 다른 사람을 만지는 것은 보통 호감, 우정 또는 배려를 나타낸다. 사실은 여러 연구에 의하면 종업원들이 고객에게 신체적 접촉을 할 때 그렇지 않은 종업원보다 더 많은 팁을 받는다고 나타났다(Azar, 2007). 또 다른 연구는 도서관에서 일하는 직원이 책을 고객에게 건네줄 때 신체적 접촉이 살짝 있는 직원이 그렇지 않은 직원들보다 더 나은 직원으로 나타났다고 밝혔다(Fisher, Rytting, & Helin, 1976). 남자들이 여자들보다 접촉을 먼저 시도한다(Major, Schmidlin, & Williams, 1990).
- DePaulo와 그의 동료들(2003)의 메타분석 연구에 의하면 사람들이 거짓말을 할 때 입술을 오므리고, 턱을 들고, 꼼지락거리며, 긴장한 모습을 보이는 경향이 거짓말하지 않을 때보다 더 높다고 한다.

이미 알고 있듯이 비언어적 단서에서도 남녀차이는 나타난다. 예를 들면, Dolin과 Booth-Butterfield(1993)는 여자는 남자들에 비해 이야기를 듣고 있다는 표시로 고개를 끄덕이는 비언어적 단서를 더 자주 사용한다고 한다. 사회적 상황에서, 여자는 남자들보다 더 자주 신체적 접촉을 하고, 미소를 지으며, 눈 맞춤을 한다(DePaulo, 1992).

비언어적 단서에도 문화의 차이가 많이 있다는 것은 놀라운 사실이 아니다. 여기 몇 가지 예시가 있다:

- 미국에서 엄지손가락을 치켜드는 것은 동의를 의미한다. 호주에서 이는 버릇 없는 제스처로 인식된다.
- 일본에서는 악수보다 고개숙인 인사를 더 선호한다.
- 미국에서 어떤 물건을 가리킬 때 검지손가락을 사용한다. 독일 사람들은 새끼 손가락을 사용하고, 일본 사람들은 손 전체를 사용한다. 일본과 중동에서 검지손가락을 사용하여 가리키는 것은 무례한 행동이다.
- 미국에서 발바닥을 보이는 일은 종종 있으나 태국과 사우디아라비아에서는 공격적으로 받아들인다.
- 미국에서 다리를 꼬고 앉는 것은 편하게 있다는 의미이나 가나와 터키에서는 공격적으로 받아들인다.
- 아랍문화에서 계속해서 눈을 맞추는 것은 일반적인 것이나, 아프리카, 라틴아메리카, 카리브 해 지역의 문화는 존경심이 부족한 것으로 생각한다.
- 라틴이나 중동 나라에서 다른 사람을 만지는 것은 일반적이나, 북유럽이나 아시아 나라들은 아니다.

연구에 의하면 보디랭귀지는 직원들의 행동에 영향을 끼칠 수 있다고 한다. 예를 들면, Barrick, Shaffer, 그리고 DeGrassi(2009)의 메타분석에서 적절한 비언어적 의사소통은 인터뷰 점수와 강한 상관이 있다고 나타났다.

보디랭귀지는 정보를 이해하는 데 유용한 자료이지만 같은 비언어적 단서라도 다른 상황과 문화에서 다른 의미를 지닐 수 있다는 것을 이해하는 것은 매우 중요하다. 그러므로 어떤 특정한 비언어적 단서를 읽는 데 시간을 많이 할애하지 않도록 조심해야 한다.

공간사용. 사람들이 공간을 사용하는 방법 또한 그들의 느낌이나 성격에 대한 비언어적 단서를 제공한다. 지배적이거나 어떤 권한을 갖고 있는 사람은 더 큰 공간을 갖고, 동시에 다른 사람들의 공간을 차지한다. 예를 들면, 최고위직이나 경찰들(심지어 대학 교수들)로부터 멀리 떨어져서 서고 그러한 사람들의 사무실 안으로 들어가기보다는 사무실 문 입구에서 서 있는다. 그러나 같은 직급에 있는 사람들은 자신의 권력을 나타내기 위해 점점 더 가까이 간다. 경찰관들은 사람들 가까이 가는 것이 위협하는 방법 중 하나라고 배운다.

　　반면에 높은 자리에 있는 사람들은 자신과 자신이 대하는 사람들이 다르다는 것을 알려주기 위해 거리를 늘린다. 이러한 거리를 사용하는 것의 흔한 예는 회사 임원들이 자신과 다른 사람들 사이에 책상을 두는 것이다. 어떤 스포츠 에이전트가 뉴욕 양키스의 소유주인 George Steinbrenner와 선수의 계약 협상을 하면서 생긴 흥미로운 이야기가 있다. 그 에이전트가 Steinbrenner의 사무실에 도착했을 때, 그는 Steinbrenner가 긴 책상의 끝쪽에 앉았다는 걸 알아차렸다. 다른 끝쪽에는 에이전트가 앉도록 작은 의자가 있었다. 이러한 공간 배치가 권력다툼이라는 걸 알아차리고 그 에이전트는 그의 의자를 Steinbrenner 옆으로 옮겼다. 이야기가 계속 되면서, 양키스의 소유주는 이러한 계략에 당황하였고 그 에이전트는 그의 선수에게 최고의 계약으로 협상할 수 있었다.

　　미국에선 다음과 같은 4가지 주된 공간 거리의 구역을 정의하였다: 친밀한 공간, 개인적 공간, 사회적 공간 그리고 공공의 공간.

　　친밀한 공간이란 다른 사람으로부터 신체적 접촉이 18인치 정도 떨어진 공간으로부터 확장된 개념으로 대개 연인이나 배우자, 가족처럼 친밀한 관계에게 허락된 공간이다. 이러한 공간에 복잡한 엘리베이터 같은 곳에서는 외부인이 들어오기도 하는데, 그러면 우리는 일반적으로 불편함을 느끼고 긴장한다. **개인적 공간**은 다른 사람으로부터 18인치에서 4feet 정도 떨어진 공간이고 이러한 거리는 대개 친구 간이나 아는 사람들 간의 거리이다. **사회적 공간**은 4feet에서 12feet 정도 떨어진 거리로, 이러한 거리는 보통 업무상 사람을 대할 때나 잘 모르는 사람을 대할 때 나타난다. 마지막으로 **공공의 공간**은 12feet에서 25feet 정도로 강의실이나 세미나에서 큰 무리를 나타나는 특성이다.

　　사무실을 어떻게 배치했냐 또한 그 사람에 대해 많은 정보를 드러낸다. 앞서 언급한 바와 같이 특정한 책상의 위치는 개방성과 권력을 나타낸다; 방문자나 부하직원들은 보호벽 같이 책이 쭉 쌓여있는 앞쪽에는 앉기를 원치 않는다(Davis, 1984). 사무실이 정돈되지 않은 사람들은 바쁘다는 인상을 주고, 사무실에 화초가 있는 사람들은 다른 사람들을 배려하고 보살핀다는 인상을 준다.

시간 사용. 사람들이 시간을 어떻게 사용하는지 이해하는 것도 또 다른 비어언적 의사소통의 요인이다. 예를 들어 어떤 직원이 그의 상사와 1시에 만나기로 했는데 상사가 1시 10분에 나타났다면, 그 상사는 직원에 대한 태도나 그 만남의 중요도 혹은 둘 다에 대해서 의사표시를 하는 것이다. 늦는다는 것은 낮은 지위에 있는 사람들보다 높은 지위에 있는 사람들에게 더 잘 허용된다. North Carolina 주립대의 유명한 농구 팀의 코치였던 Dean Smith는 단 1분이라도 훈련에 늦는 선수에게 징계를 내렸

친밀한 공간(intimacy-zone) 다른 사람으로부터 신체적 접촉이 18인치 정도 떨어진 공간으로 친밀한 관계의 사람들에게만 허락되는 공간

개인적 공간(personal-distance zone) 다른 사람으로부터 18인치에서 4feet 정도 떨어진 공간이고 이러한 거리는 대개 친구 간이나 아는 사람들에게 허락되는 공간

사회적 공간(social distance zone) 다른 사람들로부터 4feet에서 12feet 정도 떨어진 거리로, 이러한 거리는 보통 업무상 사람을 대할 때나 잘 모르는 사람을 대할 때 나타남

공공의 공간(public distance zone) 다른 사람으로부터 12feet 이상 되는 거리로 큰 강의실 같은 곳의 상호작용에 허락된 대인관계와 관련된 공간

는데, 왜냐하면 그는 늦는다는 것은 오만하다는 것이고 팀이라는 컨셉에 반하는 행동이라고 믿었기 때문이다.

이와 비슷한 예시로 상사가 30분 회의를 위해 그 시간을 따로 떼어두고 다른 사람들에게 그는 회의 중이니 방해하지 말라고 말한다고 하자. 여기서 명확한 메시지를 알 수 있는데, 그는 걸려 오는 전화들이나 아니면 문이 열려 있으면 오며 가며 인사하는 사람들에 의해서 종종 방해를 받는다는 것이다.

다른 사람이 시간을 어떻게 쓰는지 고려하고자 할 때 약속 시간에 늦거나 아니면 스케줄대로 움직이거나 하는 것은 문화의 차이가 매우 크기에 반드시 배려를 해야 한다. 예를 들면, 미국, 오스트리아, 캐나다 또는 일본에서는 시간을 엄수하는 것은 중요하나 브라질, 프랑스, 멕시코, 사우디아라비아 같은 나라에서는 시간엄수를 가장 우선 순위로 고려해야 하는 것은 아니다(Olofsson, 2004).

준언어

준언어(paralanguage)
말하는 톤이나 박자, 크기, 말하는 속도에 의해서 전달되는 의사소통

준언어란 우리가 말할 때 톤이나 박자, 크기, 잠시 멈추는 횟수나 길이, 말하는 속도와 관련된 변수이다. 빠른 속도로 메시지가 전달되면 천천히 이야기할 때와는 다른 인상을 준다. 사실 연구에 의하면 말을 빨리하는 사람은 말을 천천히 하는 사람보다 지적이고, 우호적이며, 열정적으로 보인다고 한다(Hecht & LaFrance, 1995). 사람들 중에 "음..", "어.." 그리고 "아.."를 자주 사용하는 사람은 덜 지적으로 보인다. 높은 톤을 가진 남자는 약하게 보이지만 높은 톤을 가진 여자는 호감가는 인상을 준다. 사람들이 거짓말을 할 때면 사실을 말할 때보다 말을 적게 하고, 세부적인 정보가 적으며, 단어나 구절을 더 자주 반복하고, 목소리에서 불확실함과 긴장감이 느껴지고, 높은 톤으로 말한다.

의사전달 시 간단한 톤의 차이도 메시지 전체 의미를 바꿀 수 있다. 이를 보여주기 위해서 다음 문장을 생각해보라: "나는 Bill이 당신의 차를 훔쳤다고 말하지 않았

문장의 굴절	의미
나는 Bill이 당신의 차를 훔쳤다고 말하지 않았다.	**다른 누군가**가 Bill이 당신의 차를 훔쳤다고 말했다.
나는 Bill이 당신의 차를 훔쳤다고 말하지 **않았다.**	나는 내가 Bill이 당신의 차를 훔쳤다는 것을 **부정한다.**
나는 Bill이 당신의 차를 훔쳤다고 **말하지** 않았다.	나는 Bill이 당신의 차를 훔쳤다는 것을 **은연중에 나타냈다.**
나는 **Bill**이 당신의 차를 훔쳤다고 말하지 않았다.	**다른 누군가**가 당신의 차를 훔쳤다.
나는 Bill이 당신의 차를 **훔쳤다고** 말하지 않았다.	그는 당신의 차를 **빌렸다.**
나는 Bill이 **당신의** 차를 훔쳤다고 말하지 않았다.	Bill이 **다른 누군가**의 차를 훔쳤다.
나는 Bill이 당신의 **차**를 훔쳤다고 말하지 않았다.	Bill이 당신의 **다른 무언가**를 훔쳤다.

그림 11.5
억양의 변화와 의미

다.” 처음 읽었을 때 특이하게 느껴지지 않았을 것이나 사실 이것이 의미하는 것은 무엇인가?” 그림 11.5에서 보이듯이 우리가 처음 단어, 나는을 강조했다면 **다른 사람**이 “Bill이 당신의 차를 훔쳤다”라고 이야기했다는게 된다. 하지만 우리가 *Bill*을 강조했다면, 의미가 “다른 누군가 당신의 차를 훔쳤다.”로 달라진다. 다른 단어들도 마찬가지이다. 같은 메시지가 쓰였더라도 7가지 다른 방식으로 해석될 수 있다. 당신이 알 수 있듯이, 구두로 메시지를 전달할 때 메모나 이메일보다 더 의사소통이 잘 된다.

인공물

마지막 비언어적 단서의 요인은 사물이나 사람들의 옷 또는 그가 둘러싸여 있는 배경과 같은 **인공물**과 관련된 것이다. 밝은색이나 화려한 색의 옷을 입은 사람은 보수적인 흰색이나 회색 옷을 입은 사람과 다른 인상을 준다. 비슷한 예로, 사무실 벽에 자신이 받은 모든 상장을 걸어 놓은 관리자나 크고 비싼 의자를 사용하는 회사 임원, 책가방 대신 서류가방을 들고 다니는 학생, 모두 자신에 대해서 비언어적인 표현을 하는 것이다.

그리 놀라운 발견은 아니지만 연구에 의하면 방문자들이 인식하는 사무실의 특징은 몇 가지 흥미로운 사실을 나타냈다. 연구 중의 한 줄기로 방문객들이 개방된 책상배열과 폐쇄적인 책상배열에 대한 인식에 대하여 조사하였다. **개방된 책상배열**이란 책상이 벽을 보고 놓여져 있어 방문객들이 책상에 앉아 있는 사람 옆에 앉을 수 있는 구조이다. **폐쇄적인 책상배열**은 방문객들이 책상을 사이에 두고 앉는 구조이다.

폐쇄된 책상배열보다 개방된 책상배열을 사용할 때 방문객들이 좀 더 편안한 게 느끼고, 사무실 직원들을 친근하고 더 신뢰할 만하다고 여기며, 그들이 개방적이고 외향적으로 인식한다(Campbell, 1979; Knapp, Hall, & Horgan, 2014, McElory, Morrow, & Wall, 1983). 방문객들은 사무실이 지저분한 사람들은 활동적이고 바쁘다고 생각하고, 사무실이 깨끗한 사람들은 체계적이고 내성적인 사람으로 인식하고, 잘 정돈된 사무실(많은 페이퍼가 잘 쌓여져 있는)의 사람들은 적극적이고 성취지향적이라고 생각한다(McElroy et al, 1983; Morrow & McElory, 1981). 마지막으로 화초와 그림이 있는 사무실이 그렇지 않은 사무실보다 더 편안하고, 더 방문하고 싶고, 환대하는 듯 하다고 여긴다(Campbell, 1979).

최근에는 사무실 책상의 배치에 대한 생각이 방문객들의 반응처럼 간단한 개념보다 한 발 더 나아갔다. 사무실 인테리어의 전문가(예, Too, 2009)는 *feng shui*(풍수)—중국의 배치와 디자인에 관한 예술—개념을 사용하여 방의 기운을 적절하게 사용하기 위해 책상의 위치와 관련하여 다음과 같은 조언을 했다.

- 통로를 가로질러 놓으면 안 된다.
- 항상 벽을 등지고 있어야 한다.
- 방 한가운데 놓으면 안 된다.

인공물(artifacts) 사람을 둘러싸고 있는 사물들(옷, 보석, 사무실 물건, 자동차 등)로 그 사람에 대한 정보를 제공하는 의사소통

개방된 책상배열(open-desk arrangement) 책상에 앉아 있는 사람과 책상을 사이에 두고 앉는 것이 아니라 바로 옆에 앉을 수 있는 사무실 구조

폐쇄된 책상배열(closed-desk arrangement) 책상에 앉아 있는 사람과 책상을 사이에 두고 앉아야만 하는 사무실 구조

사무실 디자인에 관한 연구는 흥미로울 뿐 아니라 매우 중요하기까지 하다. 지저분한 사무실에 폐쇄적인 책상배치를 한 상사는 간섭받기 싫다는 메시지를 준다. 그가 의도한 메시지가 아닐지라도, 부하직원은 그렇게 인식한다. 그러므로 상사가 그의 직원들과 좀 더 터놓고 소통하고 의사소통을 개선하고 싶다면 그의 사무실 겉모습부터 바꾸기 시작해야 한다.

실제로 사람들은 다른 사람들의 사무실을 보고 그 사람들을 평가하고 그 다음 각각 오피스의 다른 분위기처럼 사람들의 성격이 정말 다른지 판단한다. 제한적인 결과이기는 하지만 연구에 따르면 실제로 사무실의 겉모습은 그 사무실을 사용하는 사람의 성격을 이해할 수 있는 단서를 제공한다고 한다.

McElory, Morrow와 Ackerman(1983)은 개방형 책상배치와 폐쇄형 책상배치를 사용한 교수들의 성격에 대해서 살펴보았는데 개방형 책상배치의 교수들이 그렇지 않은 교수들보다 더 외향적이고 "사람들을 중요시"한다고 발견하였다. 한발 더 나아가 개방형으로 책상배치를 하는 교수들은 외부에 통제 소재가 있다고 믿는 경향이 덜 했으며(12장에서 다루겠지만) 동료들이 선호하는 사람이라고 여겨졌다.

또 다른 연구에서 Zweigenhaft(1976)는 책상 배치와 관련하여 몇 가지 변수들을 비교하였는데 나이든 교수일수록, 높은 직위에 있는 교수일수록 젊은 사람들보다 폐쇄형으로 책상배치를 하였다. 더 흥미로운 사실은 폐쇄형으로 책상배치를 하는 교수들은 강의실에서도 학생들에게 덜 호의적으로 평가되었다. 따라서 책상 배치는 교수들의 성과를 어느 정도 예측했으며, 성격 유형에 따라 그들의 사무실 또한 다르게 배치한다는 것을 지지하는 것을 보여준다.

인사과 관리자들에 관한 연구에서 Cochran, Kopitzke, 그리고 Miller(1984)는 관리자들이 사용하는 사무실의 특징과 그들의 성격을 비교하였다. 권위적이고, 성취 지향적인 관리자들은 기본적인 가구 외에 사무실을 어떤 것으로도 꾸미지 않고; 좀 더 외향적인 관리자들은 사무실에 행복했던 시간을 떠올릴 수 있는 사진을 걸고, 언제 하루 일과를 마치는지 알려주는 시계는 반면; 내성적인 관리자들은 사무실을 집처럼 느낄 수 있도록 화분과 그림을 걸고; 체계적인 관리자들은 사무실이 잘 정돈되어 있고 강박적인 관리자는 자신도 유머감각이 있다는 걸 보여주기 위해 만화를 걸어 둔다는 것을 알아냈다.

창문의 여부는 사무실이 어떻게 꾸며지느냐에 영향을 끼치는 또 다른 요소이다. Heerwagen과 Orians(1986)는 창문이 있는 사무실과 창문이 없는 사무실을 꾸미는 방법에 대해 조사하였는데 창문이 없는 사무실을 사용하는 직원들은 포스터나, 사진이나, 그림 같은 소품들을 두 배로 더 많이 사용하는 것을 알 수 있었다. 놀랍진 않지만 창문이 없는 사무실은 창문이 있는 사무실보다 대체로 풍경이 있는 포스터를 사용하고 도시경관의 사진은 덜 사용하는 경향이 있다.

정보의 양

메시지 정보의 양 또한 메시지가 받아들여지는 정확도에 영향을 끼친다. 메시지 내용에 우리가 기억할 수 있는 양보다 더 많은 정보가 있다면 덜 중요한 정보는 삭제되고, 민감한 정보만 전달되며 정보가 수정된다. 예를 들어 친구가 전화로 아래와 같은 메시지를 말했다고 하자:

*John Atoms*는 *Detroit*에 있는 자동차 제조 회사인 *General Floater Corporation*에서 일했다. 그는 화요일에 일하러 올 때 갈색 셔츠와 격자무늬 바지, 하얀 양말, 그리고 어두운 색의 신발을 신었다. 그는 갑자기 앞으로 숙이더니 온 바닥에 구토를 하고 의식을 잃었다. 그는 분명히 취해 있었다. 그는 회사를 위하여 13년이나 일하였기에 회사는 그를 해고시키길 원치 않았지만 회사는 어떤 조치를 해야만 했다. 회사는 그에게 며칠 동안 징계를 내렸다. 회사는 특히 그의 문제에 관해 매우 민감했는데 왜냐하면 그는 8번째 결혼을 했기 때문이다.

만약에 당신이 친구에게 위의 내용을 전달한다면 어떤 이야기처럼 들리겠는가? 당신이 몇 가지 **정보**를 **삭제**한다면 그 말은 중요하지 않은 정보는 삭제한다는 것이다. 예를 들면 그 직원의 셔츠나 양말 색상 같은 정보는 다음 사람에게 전달되지 않을 것이다. 당신이 **정보**를 **민감**하게 만든다는 것은 흥미롭고 특이한 정보 위주로 전달하는 것이다. 위와 같은 이야기를 예로 든다면 그가 "토했다"는 것과 8번째 결혼이라는 사실 위주로 당신의 친구에게 전달할 것이다. 당신이 **정보**를 **수정**한다는 것은 당신이 이미 가지고 있던 신념과 지식에 맞도록 정보를 변화시킨다는 것이다. 대부분의 우리들은 아마도 Atoms라는 성을 들어본 적이 없을 것이지만 우리는 "Adams"라는 이름을 가진 사람은 알 것이다. 이와 마찬가지로 "General Floater"는 General Motors로 전달될 수 있다. 그리고 당신은 아마도 **취했다**라는 단어 대신에 인사불성이라는 단어를 쓸 것이다.

의사전달 과부화에 대한 반응

많은 업무에 시달리면서 직원들은 그가 처리할 수 있는 양보다 더 많은 양의 의사전달을 해야 되면 의사전달 과부하가 일어날 수 있다. 직원이 과부하를 느끼면 그는 스트레스를 줄이는 방법으로 다음과 같은 전략을 사용하면서 자신을 조율해 나가야 한다: 누락, 오류, 줄 세우기, 탈출, 문지기 사용, 또는 다양한 채널 사용.

누락. 의사전달의 과부하를 관리하는 하나의 방법은 **누락**시키는 것이다: 어떤 특정 유형의 정보는 처리하지 않는다는 의식적인 결정이다. 예를 들어 바쁜 관리자는 그가 하고 있던 서류처리 일을 마무리하기 위하여 전화가 울려도 받지 않기로 할 수 있다. 이 과부하 상태가 일시적인 것이라면 이와 같은 행동은 효과적일 수 있으나 만약에 중요한 의사전달을 놓치게 되면 그리 효과적이지 않다.

오류. 오류는 사람들이 그가 받는 모든 메시지를 처리하려고 하면서 생기는 현상이다. 이와 같이 함으로써, 처리된 각각의 메시지는 오류를 포함한다. 오류는 의도한 것은 아니나 처리가 가능한 메시지보다 더 많은 양을 처리하면서 생겨난 결과이다.

아마도 이와 관련된 좋은 예시는 시험을 위해 네 챕터를 2시간 안에 공부하는 학생일 것이다. 오류를 사용하는 학생은 네 챕터를 모두 읽고 외우기를 2시간 안에 하려고 한다. 그녀가 전부 읽었다고 해도 대다수를 외우지 못했다거나 잘못 외운 증거는 그녀의 점수에서 나타낼 것이다.

오류가 나타날 확률은 2가지 방법을 사용하면 줄어들 수 있다. 첫째, 메시지를 **필요치 않게** 만드는 것이다. 다시 말해 전화통화를 통해 중요한 정보를 나누었다면 다른 사람에게 대화의 주된 포인트를 요약하여 메모로 전달하는 것이다. 한발 더 나아가 중요한 메모를 보낸 다음에는 수신자에게 전화를 걸어 메시지를 받기만 한 것이 아니라 읽었다는 것을 확인한다면 더 좋을 것이다.

두 번째로 수신자에게 메시지를 **확인하여** 오류를 줄일 수 있다. 메시지를 다시 이야기해 달라고 하거나 그녀가 읽고 이해했다는 내용을 확인해달라고 수신자에게 요청할 수 있다. 예를 들어, 패스트푸드 식당에서 소비자가 드라이브스루를 통해 주문한 후, 식당 직원은 소비자가 주문한 것을 제대로 들었는지 반복한다(물론 이와 같은 장소에서의 인터콤 질이 좋지 않다면 대부분의 사람들은 여전히 그 직원이 하는 말을 잘 이해할 수 없을 것이다).

줄 세우기. 의사전달의 과부하를 줄일 수 있는 또 다른 방법은 **줄 세우기**—해야 하는 일의 **리스트**를 만들거나 대기 순서에 올리는 것이다. 줄 세우기의 순서는 메시지의 중요도나, 적절한 시기, 또는 수신자와 같은 변수에 따라 정할 수 있다. 예를 들어 긴급한 전화메시지처럼 회사의 사장이 보낸 메모는 아마도 줄 세우기의 가장 앞쪽이나 앞쪽 근처에 놓여질 것이다. 반면에 세일즈맨의 회신해달라는 메시지는 아마도 줄 세우기의 맨 뒤로 갈 가능성이 높다.

이와 같은 의사전달의 과부하를 대처하는 방법으로 모든 일들은 대개 처리될 것이다. 그러나 줄 세우기는 의사전달의 과부하가 일시적인 경우에만 효과적이다. 계속해서 과부하가 걸리면, 그녀는 줄 세우기의 마지막에 있는 메시지까지는 처리하지 못할 것이다.

탈출. 의사소통의 과부하가 지속되면 직원들의 흔한 반응은 잦은 결근이나 궁극적으론 퇴직과 같은 **탈출**이다. 이와 같은 반응은 회사에는 유익하지 않지만 직원들에게는 스트레스로부터 벗어나서 정신적 또는 육체적 건강을 보호할 수 있다는 점에서 유익하다.

탈출의 예시는 대학교에서 중퇴하는 학생들에게 종종 나타난다. 어떤 학생이 6 과목을 신청하고 두 달 후 6과목에서 요구하는 리딩과 글쓰기를 하기에 충분한 시간이 없다고 생각했다. 어떤 방법을 택해도 낮은 점수를 받기에 오류나 누락의 전략을 택하기보다는 그녀의 과부하를 줄이기 위해 그녀는 1과목을 철회할 것이다.

문지기(gatekeeper) 다른 사람을 위해 잠재적인 정보를 모니터하고 중요한 정보만 전달하는 사람

문지기 사용. 많은 임원들이 사용하는 의사소통의 과부하를 대처하는 방법으로 잠재적인 정보를 모니터하고 중요한 정보만 전달하는 사람인 **문지기** 사용이 있다. 접수 담당자와 비서들이 가장 확실한 문지기들이다.

다양한 채널(multiple channels) 의사소통 과부하를 대처하는 전략으로 회사 내에서 한 사람에게 집중되는 의사전달이 다른 사람에게도 가도록 의사전달 양을 줄이는 전략

다양한 채널 사용. 마지막으로 의사소통 과부하를 대처하는 반응은 **다양한 채널** 사용이다. 이와 같은 전략으로 회사는 한 사람에게 집중되는 의사전달이 다른 사람에게도 가도록 의사전달 양을 줄일 수 있다. 예를 들면 작은 식당 같은 경우 고객, 직원, 회계 담당자들, 판매원들과 관련한 모든 문제들은 식당 사장이 처리한다. 그러나 비즈니스가 커질수록 사장이 모든 의사전달을 처리할 수 없으며 그러므로 회계와 관련된 일을 처리하는 사람(회계장부 담당자)과 판매 담당자(부 관리자) 같은 다른 사람을 고용할 것이다.

이와 같은 의사소통 과부하에 대한 반응의 목록을 알고 이해하는 것은 중요하다. 의사소통 과부하가 생겼을 경우 직원들은 계속해서 늘어나는 스트레스를 줄일 수 있는 방법으로 대처할 것이다. 몇 가지 전략(누락, 오류, 탈출)은 회사에 부정적인 결과를 초래할 것이다. 그러므로 회사는 직원들에게 과부하가 생길 수 있음을 반드시 인식하고 이를 해결하기 위해 가능한 전략을 공격적으로 채택해야 한다.

문제 3: 받은 메시지 대(對) 해석된 메시지

어떤 사람이 자신이 무엇을 이야기하려고 하는지 알고 원하는 방식대로 이야기한다

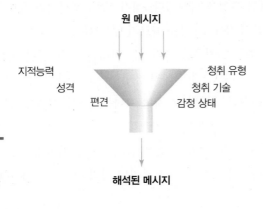

그림 11.6
받은 메시지 대(對) 해석된 메시지에 영향을 끼치는 요소

고 해도, 또한 상대방이 의도한 대로 메시지를 전달받았다고 해도 수신자가 메시지를 해석하는 방식에 따라 의미는 달라질 수 있다. 그림 11.6에서 보이듯이, 해석은 청취 기술, 듣는 유형, 감정 상태, 인지 능력, 개인의 선입견 등과 같은 여러 요인들에 의해 영향을 받는다.

청취 기술

청취 기술은 아마도 관리자들이 반드시 익혀야 할 가장 중요한 의사소통의 기술이다. 관리자들과 관련된 연구에서 Nichols과 Stevens(1957)은 사무직의 70% 근무시간은 의사소통을 하는 데 소비한다고 한다. 이 중의 9%는 글쓰기, 16%는 읽기, 30%는 말하기, 45%는 듣기이다. 그러므로 관리자들은 다른 어떤 활동보다 듣는 것에 더 많은 시간을 쏟는다. 이는 두 가지 이유에서 매우 중요한 쟁점이다.

첫째, 청취하는 것은 기술이지만 고등학교와 대학교의 정식적인 교과 과정에서 의사소통을 위해 필요한 기술을 준비시키지 않는다(Burley-Allen, 2001). 우리는 독해와 작문 실력을 개선시키기 위해 영어 수업을 필수로 듣고 구두로 하는 의사전달 기술을 향상시키기 위해 발표 수업을 듣곤 하지만, 만약에 한다면 매우 적은 시간을 청취 기술을 배우는 데 쓴다. 따라서 다양한 유형의 의사소통을 배우기 위해서 소비하는 시간은 관리자들이 일터에서 실제로 소비하는 시간과 부적인 관계가 있다.

둘째, 효과적인 청취는 매우 잘 안되고 있다. 회의 직후, 우리는 우리가 들은 약 50%의 정보만 기억하고 그리고 48시간 후에는 오직 25% 정보만 기억한다고 추정된다(Nichols & Steven, 1957). 이와 같은 정보 상실의 많은 부분은 기억력 훈련이 제대로 되지 않아서 일 수도 있지만, 어느 정도는 듣는 습관이 안 된 결과이다.

청취 유형

청취 태도의 프로파일 (Attitudinal Listening Profile) Geier와 Downey에 의해 개발된 개인의 청취 유형을 측정하기 위한 척도

레저 유형 청취(leisure listening) 청취 유형의 하나로 흥미로운 정보에만 관심을 보이는 사람

포괄적인 유형 청취(inclusive listening) 청취 유형의 하나로 주된 논의에만 관심을 보이는 사람

효과적인 청취 기술을 향상시키기 위해서 무엇을 할 수 있을까? 어쩌면 우리가 가장 중요하게 할 수 있는 것은 모든 사람들에게 의사소통의 여과 장치 역할을 하는 특유의 "청취 유형"이 있다는 것을 인정하는 것이다. Geier와 Downey(1980)는 직원들의 청취 유형을 측정하기 위해 **청취 태도의 프로파일**이라는 척도를 개발하였다. 그들의 이론은 6가지 청취 유형을 나타냈다: 레저 유형, 포괄적인 유형, 스타일리스틱 유형, 기술적 유형, 공감적 유형, 규범을 따르지 않는 유형

레저 유형 청취는 즐거움을 나타내는 단어만 듣는 "좋은 시간" 사람들이 주로 사용한다. 예를 들어, 어떤 학생이 레저 유형이라고 한다면 그는 선생님이 재미있고 농담을 할 때만 집중한다. 직원으로 치면 그녀는 직원들이 야근 근무를 해야 한다고 할 때 마지막으로 "듣는" 사람이다.

포괄적인 유형 청취는 의사소통에 숨겨진 주된 내용을 듣는 사람이다. 약 한 시간 정도 세세한 정보와 매출 하락과 관련된 여러 가지 사실에 대해 나눈 어떤 회의에

서, 이들은 논의의 주된 골자였던 매출 하락과 이를 개선하기 위한 방안에 대해서만 "들을" 것이다. 이와 같은 청취 유형은 얽히고 섥힌 세부사항 중에서 요점만 파악한다는 장점이지만 세부사항이 중요할 때는 단점이 될 수도 있다.

스타일리스틱 유형 청취 (stylistic listening) 청취 유형의 하나로 말이 전달되는 형식에 관심을 보이는 사람

　　스타일리스틱 유형 청취는 의사소통이 존재하는 방식대로 듣는 유형의 사람이다. 스타일리스틱 유형은 말하는 사람의 스타일이 적절하거나 "역할이나 직책에 알맞아 보이거나" 아니면 둘 다가 아니면 듣지 않는다. 예를 들면, 스타일리스틱 유형의 사람들은 전달자가 투자에 대해서 강연할 때 전달자가 좋은 정장을 입고 있다면 집중을 할 것이다. 결국에 이와 같은 듣는 유형의 사람들은 만약에 강연자가 자신조차 좋은 옷을 사입을 수 없다면 투자에 대한 그녀의 강연을 왜 들어야 하지라는 의문을 가질 것이다. 비슷하게, 만약 직원이 관리자에게 아프다고 전화한다면 그 관리자가 스타일리스틱 유형일 경우 아픈 "목소리"로 전화를 전화를 해야 한다.

기술적 유형 청취(technical listening) 청취 유형의 하나로 사실과 세부정보에만 관심을 보이는 사람

　　기술적 유형 청취의 사람들은 "Jack Webbs"의 듣는 세상의 사람들이 사용하는 유형으로 이러한 사람들은 "오직 사실만"을 원한다. 기술적 유형의 사람들은 많은 양의 상세한 부분을 듣고 기억하지만 상세한 부분의 의미를 듣지는 않는다. 매출 하락과 관련된 앞선 예시에서 기술적 유형 사람은 올해에 비해 작년의 매출이 12.3%가 높았고, 순이익은 21%가 낮아졌으며 6명의 직원이 해고될 것이라는 사실을 듣고 기억할 수 있으나 매출이 높아지지 않으면 자신 또한 그 6명 중에 한 명이 될 수 있다는 사실을 놓칠 것이다.

공감적 유형 청취(empathic listening) 청취 유형의 하나로 주로 말하는 자의 감정에 관심을 보이는 사람

　　공감적 유형 청취는 말하는 사람의 감정에 맞추어 듣고 6가지 듣는 유형 중에서 비언어적 단서에 집중하는 경향이 가장 높다. 따라서 공감적 유형 사람들은 직원들이 그의 상사에 대해 불평하는 것을 들을 것이고 6가지 듣는 유형 중에서 직원의 불평에 대해 집중할 뿐 아니라 그 불평이 의미하는 실제 갈등과 어려운 점을 이해하는 유일한 유형이다.

규범을 따르지 않는 유형 청취(nonconforming listening) 청취 유형의 하나로 자신이 생각한 바와 일치한 정보에만 관심을 보이는 사람

　　규범을 따르지 않는 유형 청취는 자신이 생각한 바와 일치하는 정보에만 집중하는 사람들이 사용하는 유형이다. 만약에 이와 같은 사람들은 말하는 사람의 의견에 동의하지 않을 경우 강연자가 말하는 것을 듣지 않을 것이다. 한발 더 나아가, 규범을 따르지 않는 유형은 강해 보이는 사람이나 권위가 있는 사람들이 말할 때만 집중할 것이다.

어떻게 청취 유형이 의사소통에 영향을 끼치는가

다음과 같은 예시는 일터에서 6가지 듣는 유형의 중요성에 대해서 이야기한다. 예를 들어 어떤 직원이 그녀의 상사에게 다가가서 지금 현재 자신의 체온이 41도라고 말했다고 가정해보자. 각 6가지 유형은 어떻게 반응할까?

　　레저 유형은 아프다는 것은 당연히 즐겁지 않은 것이고, 즐겁지 않는 것에 대해 듣고 싶지 않아 하므로 그 직원에게 집중하지 않을 것이다. 포괄적인 유형은 고열에

관한 대화의 주제를 생각하며 자신도 고열이 있었을 때 이야기를 할 것이다. 당신의 친구들 중 대화와 관련이 없는 이야기를 하는 사람들이 아마도 있을 것이다; 이와 같은 예시가 말해 주듯이 그들은 아마도 포괄적인 유형으로 대화의 주제를 오해하고 있을 것이다. 이와 같은 경우 그 직원은 그녀가 아프다는 이야기를 하는 것인지 "내가 경험했던 고열"에 대해 토론을 하고 있는 것이 아니다.

스타일리스틱 유형은 그 직원이 아픈 것처럼 보이고 아픈 것처럼 들릴 때만 집중할 것이다. 당신은 약속을 취소하거나 데이트를 취소하기 위해서 교수님한테나 남자 또는 여자친구에게 아픈 목소리로 전화해본 적이 아마 있을 것이다. 실제로 아프더라도 단지 몇몇 사람에게만 실제로 아픈 것처럼 들릴 수 있음을 알고 우리는 듣는 유형이 중요함을 이해하고 이에 맞게 행동해야 한다.

기술적 유형은 모든 단어들을 들을 것이나 아마도 그것들의 의미에 대해서는 인식하지 못할 것이다. 그 말인즉슨 10분 후 다른 직원이 Sue가 아프냐고 물어본다면 그 상사는 대답하기를 "그녀가 아무말도 하지 않았다. 그녀가 열이 41도라고 했는데 그녀가 어떤지는 모르겠다"고 할 것이다.

규범을 따르지 않는 유형은 그 직원에게 관심을 보이지 않을 것이다. 결국엔 만약에 그녀가 정말 열이 41도였다면, 그녀는 이미 죽었을 것이고, 그녀는 죽지 않았기 때문에 그녀는 분명히 거짓말을 하는 것이다. 물론 그 직원은 자신이 아프다는 것을 강조하려고 체온에 대해서 과장했을 수 있다. 그러나 규범을 따르지 않는 유형은 첫 문장이 사실이 아니라는 것을 안 순간 더 이상 "들으려고" 하지 않았다.

이와 같은 예시에서 공감적인 유형만이 의사소통의 실제 쟁점을 이해할 것이다. 그 직원이 자신의 체온에 대해서 이야기한 것은 그녀가 아프기 때문에 집에 가고 싶다는 이야기를 하기 위한 것이었다.

각 6가지 유형을 이해한다면 의사소통이 두 가지 부분에서 효과적이 될 수 있다. 첫째는 당신 자신이 어떤 유형인지 아는 것은 당신이 다른 사람의 이야기를 들을 때 어떤 여과장치를 사용하는지에 대해 이해할 수 있도록 해준다. 예를 들어 어떤 학생이 레저 유형이라면 그녀가 강의 내용 중에서 흥미로운 사실만 듣고 중요한 많은 정보들은 놓친다는 것을 인식할 필요가 있다. 그녀는 강의가 지겹더라도 어떻게 하면 집중할 수 있을까에 대해 알기 원할 수도 있다. 둘째로 6가지 유형을 알면 다른 사람들과의 의사소통을 더 원활하게 할 수 있다. 예를 들면 우리가 포괄적인 유형에게 말한다면, 반드시 상대방이 기억해야 할 정보를 적거나 상세한 정보를 반복해야 한다. 그렇지 않으면 포괄적인 유형은 "오늘 밤에 파티가 있다는 것은 알지만 언제 어디서 하는지는 확실히 모르겠다."라는 식의 주된 포인트만 기억할 것이다: 반면에 기술적인 유형과 대화를 나누면, 세부사항의 의미가 어떤 의미인지 이야기 해주는 게 중요하다. 예를 들면, 만약에 당신이 기술적 유형과 대화를 한다면 파티가 당신의 집에서 목요일 저녁 8시에 있다고 얘기해주고, 상대방도 와도 좋다는 메시지를 포함시키지 않으면 그녀는 파티가 있는데 초대받지 못해다고 이해할 것이다.

물론 백만 불짜리 질문은 "우리의 청중들이 어떤 유형의 청취자들인지 이야기 나누어 보면 어떨까?"이다. 그리고 가장 좋은 방법은 청중들에게 앞서 언급한 청취 태도의 프로파일 척도를 하게 하는 것이 겠지만 이것은 현실적으로 매우 어렵다. 가장 현실적인 방법은 상대방이 **말하는** 유형은 듣는 유형을 나타내는 것으로 사용하는 것이다. 만약에 상대방이 종종 그녀가 어떻게 느끼는지에 대해서 이야기한다면 그녀는 아마도 공감적 유형일 것이나, 만약에 그녀가 매우 상세한 부분에 대해서 얘기한다면 그녀는 아마도 기술적 유형일 것이다.

어떤 사람이 여러 사람에게 이야기할 때에 물론 모든 유형을 반드시 고려해야 한다. 가장 좋은 의사소통은 모든 유형을 조금씩 사용하는 것이다. 좋은 강연자는 레저 유형을 위해 농담과 재미있는 이야기를 하고 포괄적 유형을 위해 내용을 요약해서 주된 생각을 전달하고, 기술적 유형을 위해 세세한 사실과 상세한 부분을 이야기 하고, 공감적 유형을 위해 주제에 대해 그녀의 기분에 대해서 논의하고, 스타일리스틱 유형을 위해 좋은 연설 기술과 격식에 맞는 옷을 입고, 규범을 따르지 않는 사람들을 위해 자신감 있고 정확하게 전달한다.

효과적으로 듣기 위한 조언

어떻게 당신의 청취 유형이 여과장치 역할을 할 수 있는지 이해함과 더불어 다른 여러 가지 방법으로 당신의 청취력을 효과적으로 향상시킬 수 있다. 다음은 여러 가지 자료를 바탕으로 뽑은 조언을 요약한 것이다.

- 그만 이야기해라.
- 상대방의 말이 끝날 때까지 기다려라.
- 상대방이 얼마나 말을 잘 하는지, 내가 다음에 어떻게 반응해야 하는지, 점심을 무엇을 먹을지 생각하는 대신에 상대방이 무엇을 이야기하는지 집중하여라. 상대방이 무엇을 이야기하려고 **노력하는지** 이해하려고 노력해라.
- 상대방의 요점을 제대로 이해하기 위해서 질문을 해라. 하지만 상대방에게 방해가 되도록 너무 많은 질문은 하지 말아라.
- 열린 마음을 계속 갖고 인내해라. 만약에 당신이 동의하지 않으면 상대방이 말을 마친 다음에 언제든지 그렇게 해도 된다.
- 눈 맞춤이나 고개를 끄덕이는 것과 같은 비언어적인 단서를 사용하여 상대방에게 당신이 이야기를 계속 듣고 싶다는 것을 보여줘라.
- 당신이 상대방의 이야기를 듣는 것을 방해하는 요인들을 제거하여라.
- 상대방이 이야기를 마친 후에는 몇 초간 침묵해라. 이는 상대방이 계속 이야기해도 된다는 생각을 고무시키고, 상대방이 이야기가 끝났는지 확인할 수도 있으며 당신이 침착하게 반응할 시간을 벌어줄 것이다.

감정 상태

메시지의 해석은 수신자의 감정 상태가 어떠냐에 당연히 영향을 받는다. 우리가 화가 나거나, 불안한거나, 우울하거나, 행복하거나, 짜증이 난 상태이면 우리는 우리의 감정이 보통일 때만큼 분명하게 생각을 할 수 없다. 마지막으로 당신이 다른 사람과 논쟁을 했을 때를 생각해 보라. 당신의 대화가 얼마나 논리적이고 지적이었는가? 논쟁이 끝난 다음, 둘 다 모두 뭐라고 했는지 똑같이 기억할 수 있는가?

이와 마찬가지로, 당신이 다른 생각으로 가득 차 있을 때 수업을 들은 적이 있는가? 내가 추측하기론 당신의 주의지속 시간이나 주제에 관한 당신의 이해력은 평소만큼 높지 않았을 것이다.

지적 능력

지적 능력은 전달된 메시지가 어떻게 해석되는지에 영향을 끼치는 또 하나의 요소이다. 이것은 상대방이 보낸 대로 메시지를 받을 수는 있으나 그것을 이해할 수 있을 정도로 똑똑하지 않을 수 있다. 예를 들어, 교수가 도대체 무엇을 이야기하고 있는지 알아들을 수 없는 수업을 들은 적이 있는가? 당신은 그녀가 얘기하는 단어들, 도표들을 보았지만 당신은 메시지를 알아들을 수 없었다. 이처럼 당신은 맨 마지막에 있는 사람이 농담을 알아듣지 못할거라고 생각하여 재치있는 말 전달 장난을 해 본적이 있는가? 만약 그렇다면, 당신은 지적능력이 정보를 해석하는 데 어떤 영향을 끼치는지 이해하기 위한 직접적인 경험을 해본 것이다.

편견

우리가 가지고 있는 편견은 우리가 받은 정보를 해석하는 능력에 영향을 끼친다. 예를 들면, 우리가 어떤 정치 후보자를 매우 싫어한다면 우리는 그녀에 대해서 들은 긍정적인 정보를 처리하기를 거부할 것이다. 하지만 우리는 우리의 의견과 일치하는 모든 정보들은 처리할 것이다.

직원들의 의사소통 기술 향상
(Improving Employee Communication Skills)

회사는 항상 매우 훌륭한 의사소통 기술을 지닌 직원들을 찾고 있다. 이러한 직원들을 찾는 어려움은 보험회사가 최근에 겪은 경험이 전형적인 예가 되었다. 그 회사는 고객들의 불만을 응대하는 자리의 직원들을 찾는 데 어려움을 겪고 있다. 그 회사는 매우 비싼 컨설턴트를 고용하여 직원들에게 효과적인 편지 쓰기를 가르쳤으나 업무 능력은 향상되지 않았다. 그래서 그 회사는 고객들의 불만이 적은 샘플 편지를 읽게

좋은 의사소통의 예시가
될 수 있을까?

© Lee Raynes

하고, 표준 양식의 답변을 찾고, 개인적으로 고객에게 하고 싶은 이야기를 몇 줄 더 적으라고 했다. 그러나 이것마저도 잘 되지 않았다. 결국에 그 회사는 직원들을 뽑을 때 표준 글쓰기 시험치기를 사용하려고 하였다. 그 시험은 African American의 수행능력을 유의미하게 예측한다고 보여졌지만, 백인 직원들의 수행능력을 예측하지는 않았다. 이 한 집단에서만 나타나는 타당도는 그 시험을 사용하는 게 위험한 것임을 나타냈다. 그러므로 아직 질문은 남아있다: 어떻게 회사는 직원들의 의사소통 기술을 향상시킬 수 있을까?

대인관계에서의 의사소통 기술

대인관계에서 의사소통 기술을 향상시키기 위해 가장 흔하게 사용하는 방법은 외부 컨설턴트나 회사 내 교육 담당자가 진행하는 워크샵 훈련이다. 이러한 워크샵에서 직원들은 이 장에서 논의한 많은 주제들에 대해 배운다. 비록 많은 컨설턴트들이 의사소통 워크샵을 진행한다 해도 이런 워크샵은 종종 단기간의 기술향상만 가져올 뿐이다.

글로 표현된 의사소통 기술

글쓰기 의사소통의 질을 향상시키기 위해서 주로 시도한 방법은 두 가지이다. 하나는 글쓰는 사람의 기술을 향상시키는 데 집중한 접근 방법이고, 다른 하나는 읽기 쉽도록 만드는데 집중한 접근 방법이다.

글쓰기 향상

비공식적인 이메일과 문자 사용이 증가함에 따라 효과적인 글쓰기 기술은 예전보다 매우 중요해졌다. 회사의 난제는 직원들의 글쓰기 훈련이 부족한 것을(나쁜 글쓰기 습관을 고치는 것이나) 극복해야 하는 것이다. 직원들에게 글쓰는 데 있어서 가장 중요한 개념을 가르치는 여러 컨설팅 회사는 직원들의 글쓰기를 향상시키는 데 전문화되어 있다. 예를 들면, Broadbent(1997)는 글쓰는 사람이 그들이 글을 쓰는 가치를 느끼고, 개인적인 기준과 목표를 세우고(예, 고등학교 3학년이 읽을 수 있는 수준의 단어 사용, 문법 실수 안하기, 매번 글쓸 때 두 번씩 교정하기), 자신 스스로 자신의 글을 교정 보거나 다른 사람들이 자신의 글을 교정해주는 데 어느 정도 시간을 들이면 글쓰기가 향상될 수 있다고 조언했다. 직원들은 그들의 독자를 분석할 필요가 있다: 서면으로 하는 의사소통이 육체 노동자들을 대상으로 쓴 것이라면 반드시 가독성이 간단해야 한다. 만약에 의도한 독자가 바쁜 임원들이라면, 메시지는 반드시 짧아야 한다.

가독성

특정 자료들이 많은 직원들이 읽기에 매우 어렵다면 서면으로 하는 의사소통은 질이 매우 떨어질 수 있다. 아래 몇 가지 예시가 있다:

- 미국 연방항공국의 규정과 많은 항공사 기장들의 협회 협정은 기장들이 읽기에 매우 어렵다(Blumenfeld, 1985).
- 기업의 연차보고서는 대부분의 어른들이 이해하기에 매우 어렵다(Courtis, 1995).
- 직위분석설문지는 대부분의 재임자들이 읽기에 매우 어렵다(Ash & Edgell, 1975).

따라서 직원들에게 읽기를 권하는 중요한 자료를 제공한다면 직원들이 내용을 이해할 수 있을 때만 효과적인 의사전달이 된다. 레스토랑 체인점에서 서면 의사전달과 관련한 연구에서 Smith와 Christensen(2007)은 직원들에게 서면 자료를 주었을 때 가독성 수준이 매우 다양하다는 것을 발견하였다. 대부분의 의사전달 내용은 9학년 수준으로 작성되었지만 음식할 때의 메모는 4학년 수준이었고, 직장 내 성희롱 방침은 내용을 이해하려면 전문대 학생(14학년)의 수준이 요구되었다. 대부분의 직원이 고등학교 졸업자인 것을 감안했을 때 아마도 많은 사람들이 직장 내 성희롱 방침 내용을 이해하지 못했을 것이다.

워싱턴 주 직원들이 쓴 복잡한 독해력 수준의 문제를 해결하기 위해 2004년에 주지자 Chris Gregoire는 일반 대중들이 이해할 수 있는 수준으로 문서를 쓰게 하는 "평범하게 말하기" 규정을 착수하였다.

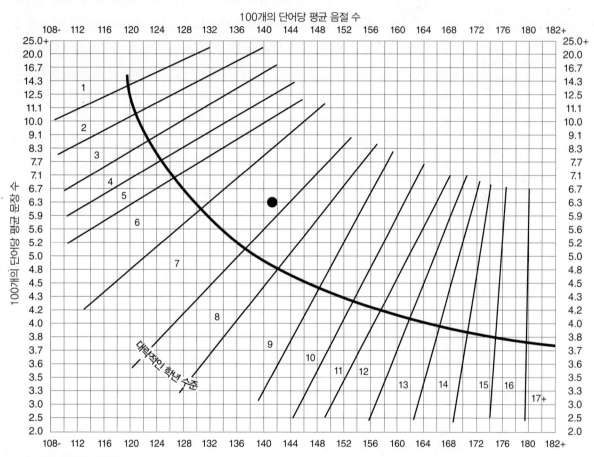

가독성 그래프 활용의 세부적 지침서

1. 3가지 예시 절을 무작위로 고른 후 문장의 처음을 시작으로 정확하게 100단어씩 세어보아라. 고유 명사, 약어로 표시된 것들, 숫자도 세어라.

2. 100단어 안에 문장이 몇 개인지 세어보고, 마지막 문장은 소수 첫째자리 근사값으로 추정하여라.

3. 100단어 절에 음절을 모두 세어보아라. 만약에 핸드 카운터가 없다면 단순하게 각 단어의 매 음절 위에 표시를 하여라. 그리고 나서 절의 맨 마지막 부분에 이르면, 표시한 것을 세고 100을 더하여라. 숫자를 세기 위해서 셀 때마다 숫자 1을 누르고 세면서 각 단어나 음절을 셀 때마다 + 표시를 누르는 방법으로 계산기 사용이 가능하다.

4. 문자 길이의 평균과 음절 수의 평균을 그래프에 넣어라; 두 선이 만나는 교차점에 점을 찍어라. 점이 표시된 부분이 당신의 대략 학년이다.

5. 만약에 음절 수나 문장 수에서 큰 편차가 있다면 평균에 샘플을 더 포함시키는 것도 좋다.

6. 단어로 간주되기 위해서는 앞뒤로 띄어쓰기가 있어야 한다; 따라서 조, *IRA*, *1945*, 그리고 &는 독립된 한 개의 단어이다.

7. 음절은 음소의 음절이다. 일반적으로 모음이 음절이 많다. 예를 들면 *stopped* 경우 음절이 1개 이고 *wanted*의 경우 음절이 2개이다. 숫자나 약어 같은 경우 음절을 셀 때 각 부호당 한 음절로 세어라. 예를 들면, *1945*는 4음절이고, *IRA*는 3음절이고, &은 한 음절이다.

그림 11.7
가독성 예측 그래프

Fry 가독성 그래프(Fry Readability Graph) 기록된 문서의 가독성 수준을 결정하는 방법으로 문장 길이와 한 단어당 평균 음절 수를 분석하는 방법

Flesch 지수(Flesch Index) 기록된 문서의 가독성 수준을 결정하는 방법으로 문장 길이 평균과 100단어당 음절 수를 분석하는 방법

FOG 지수(FOG Index) 기록된 문서의 가독성 수준을 결정하는 방법으로 문장 길이와 3음절 단어 수를 분석하는 방법[이와 같은 용어는 독자가 있는 곳의 "안개"를 측정한다는 의미 또는 까다로운 표현의 빈도(frequency of gobbledygook)의 두문자어로 해석될 수 있다]

Dale-Chall 지수(Dale-Chall Index) 기록된 문서의 가독성 수준을 결정하는 방법으로 많이 알려진 단어의 개수로 분석하는 방법

직원들이 서면 자료들을 확실하게 이해할 수 있도록 돕기 위해 몇 가지 가독성 지수가 있다. 이러한 지수를 사용할 때 회사는 읽어야 하는 자료를 분석하고, 그 자료를 읽게 되는 직원과 비슷한 교육 수준을 가진 자들과 가독성 수준을 비교한다. 예를 들면, 대부분의 직원들은 고등학교를 졸업했지만 대학교육을 받지 않았을 경우, 문서는 12학년 이하의 수준으로 작성되어야 한다.

각각의 지수는 조금씩 다른 수식이나 방법을 사용한다. 예를 들면 **Fry 가독성 그래프**(Fry, 1977)는 가독성을 결정하기 위해 한 단어당 평균 음절 수와 문자 길이의 평균을 사용한다(그림 11.7). **Flesch 지수**(Flesch, 1948)—microsoft사의 워드에 포함된 가독성 지수—는 문장 길이 평균과 100단어당 음절 수를 사용하고; **FOG 지수**(Gunnin, 1964)는 각 문장당 단어 수와 각 100단어당 3음절의 단어 수를 사용하고; **Dale-Chall 지수**(Dale & Chall, 1948)는 단어 목록 중에서 4학년 학생의 80%가 모르는 단어가 몇 개 포함되어 있나를 기준으로 사용한다.

모든 가독성 지수는 어느 정도 수준 이상의 신뢰도를 나타내고 서로 강한 상관관계가 있다(Blumenfeld & Justice, 1975)(몇 가지 선택된 출판물의 가독성 수준은 표 11.2에 나타나 있다). 이러한 지수에서 우리가 알 수 있듯이 쉽게 있을 수 있는 자료는 짧은 문장과 복잡한 단어보다는 심플한 단어를 사용하고 특이한 단어보다는 흔한 단어를 사용한다.

표 11.2 출판물의 가독성 수준

출판물	가독성 수준
FAA 규정	대학원생
직위분석 설문지	대학생
하버드 법대 리뷰	대학생
항공사 조종사 매거진	대학생
값의 연구	고등학교 3학년
타임 매거진	고등학교 2학년
뉴스위크	고등학교 2학년
Otis 고용 시험	중학교 3학년
레이디스 홈 저널	중학교 2학년
리더스다이제스트	중학교 2학년
미네소타 다면적 인성 검사	중학교 2학년
만화책	초등학교 6학년

응용 사례 연구

Hardee's와 McDonald's에서의 순서오류 줄이기

이번 장에서 언급하였듯이 순서오류는 Hardee's와 McDonald's, Burger King, Wendy's와 같은 패스트푸드 음식점의 드라이브스루 창구에서 흔하게 일어난다. 이와 같은 오류가 발생하는 한 가지 이유는 주문을 받는 사람들이 다른 요인들의 방해로 인하여 제대로 듣지 못하기 때문이다. 이들은 한 손님의 주문을 받고, 동시에 다른 손님에게 돈을 받고 잔돈을 거슬러 주고, 음료수를 채우고, 주문한 음식을 봉투에 담는다. 또 다른 이유는 어떤 손님은 주문을 받는 사람과 같은 언어를 사용하지 않기 때문이다.

- 이 장에서 당신이 배운 것은 무엇이며 주문을 정확하게 받기 위해 패스트푸드 음식점이 할 수 있는 것은 무엇인가?
- 당신의 제시한 제안의 장단점은 무엇인가?

McDonald's와 Hardee's가 순서오류를 줄이기 위해서 어떻게 했는지 구체적으로 알기 원하면 교과서 웹사이트에 있는 링크를 접속하여라.

윤리적인 의사소통

일과 가정과 관련된 이슈에서 직원과 관리자가 터놓고 솔직하게 의사소통할 때 투명한 의사소통이라고 한다. 그러나 회사와 직원들 모두에게 부정적인 영향을 끼치는 상황에서 회사가 얼마나 투명하게 정보를 다루어야 할까?

예를 들면, 메릴랜드에 있는 큰 보험회사는 매우 어려운 시간을 겪고 있었다. 그 회사는 2~3년 동안 재정을 관리하지 못했다. 그 결과 관리자들은 다가오는 해에 정리해고에 대해서 고민하게 되었다.

관리자들이 상사들에게 직원들의 해고 가능성에 대해서 언급해야 하는지 물어봤을 때 그 상사들은 언급하지 말아달라고 하였다. 그 이유는 두 가지에서였다: 관리자들은 정리해고가 정말 꼭 필요한지 확신이 없었고, 만약에 직원들이 그런 소식을 듣는다면 당황하기 시작할 것이기 때문이다. 이렇게 당황하면 몇몇 직원들은 다른 회사에 자리가 있나 알아보고 떠나는 분위기가 장려될 수 있다. 관리자들은 좋은 직원들을 한 사람이라도 놓치고 싶어 하지 않았다. 관리자들은 또한 이와 같은 정보를 전달하지 않는 것이 일어나지도 않을 일에 대한 걱정으로 인한 불필요한 스트레스로부터 직원들을 "보호"하려고 한다고 말했다. 관리자들은 정리해고를 확실히 결정하기 전까지 이러한 소식을 전하지 않는 게 더 윤리적이라고 느낀다.

하지만 이와 같은 정보를 전달하지 않는 것은 직원들을 "보호"하는 대신에 몇 가지 문제를 야기시킬 수 있다. 집을 산다거나 차를 사거나 휴가에 많은 지출을 하는 등 재정과 관련된 결정을 하려던 직원들은 가까운 시일에 그들이 해고를 당할 수 있다는 것을 알게 되면 전혀 다른 결정을 할 수도 있다. 또한 다른 회사에서 이미 제안을 받아서 현재 회사에 있을지 아니면 떠날지 결정을 해야 하는 직원들도 현재 회사에서 정리해고에 관한 결정을 곧 한다는 것을 안다면 다른 결정을 내릴 것이다.

2008년 Deloitte에서 시행한 윤리와 일터 관련한 설문조사에서 독자적인 컨설팅 회사인 LLP의 84% 직원이 참여했고 그들이 말하기를 투명한 의사소통이 더 윤리적인 일터를 만든다고 하였다. 이들은 직원들이 일어나지 않을 일에 대해 걱정을 하는 스트레스로부터 보호하려고 하는 것보다 정리해고의 가능성에 대해 이야기 나누는 것이 더 윤리적이라고 믿었다.

투명한 의사소통을 위해 고려해야 할 또 다른 부분은 직원들은 자신과 관련된 어떤 특정한 정보를 상사에게 전달해야 하는 윤리적 책임감이 있다. 예를 들면, 직원들이 이직에 대해서 알아보고 있을 경우이다. 대개 그들은 상사에게 알리지 않고 다른 직장을 찾곤 한다. 이렇게 하는 이유는 만약 상사가 알게 되면 그나 그녀가 화를 내고 그 직원에게 복수할 수 있기 때문이다. 만약 직원이 다른 일자리를 갖게 되면 대개 현재 관리자에게 2주 전에는 알려야 한다.

어떤 회사들은 다른 회사로 떠난 직원을 대체하는 사람을 뽑는 데 시간이 많이 걸리고 매우 어렵다. 만약 관리자들이 그들의 직원이 다른 직장을 찾고 있는 것을 미리 안다면 회사 측에서는 대체할 사람을 찾는 채용 과정을 미리 시작 할 수 있다. 현재 직원이 결국에 떠나지 않게 되더라도 회사측에서는 앞으로 빈자리가 생길 경우 가능한 지원자의 명단은 가지고 있을 수 있다. 그러나 회사 측에서 메꾸기 매우 어려운 자리의 직원이 떠나는 것을 모르고 있다가 2주 전에 그가 그만둔다는 것을 알게 되면 적합한 사람을 찾는 데 몇 달이 걸릴 수 있다. 이는 회사에게 재정적인 어려움을 가져다 줄 수 있고 다른 직원들이 빈자리의 역할까지 감당해야 하기에 업무가 과중될 수 있다.

당신의 생각은 어떻습니까?

- 회사가 직원들과 관련된 모든 정보는 전달해야 한다는 데 동의하는가?
- 직원들에게 알리지 않는 게 더 윤리적인 상황이 있을까?
- 만약에 당신이 보험회사의 직원이라면, 윤리적으로 어떤 단계를 고려하겠는가: 직원들에게 정리해고 가능성

에 대해서 미리 알릴 것인가? 아니면 회사 측에서 확실하게 해고를 한다고 결정하기까지 정보를 유보하겠는가?
- 정리해고와 같은 안 좋은 소식을 전달하는 채널로 가장 윤리적인 채널은 무엇이겠는가?
- 당신이 다른 직장을 찾고 있다는 것을 상사에게 알리지 않는 것이 윤리적이지 않다고 생각하는가? 어떤 상황에서 직원들이 윤리적인 책임감을 가지고 이와 같은 정보를 관리자나 상사에게 알려야 하는가?

요약

이 장에서 배운 것은 다음과 같다.

- 조직 내 의사소통은 3가지 유형이 있다: 상향적, 하향적, 수평적 의사소통
- 대인관계의 의사소통은 3가지 주된 문제점이 있다: 의도한 메시지 대 실제로 전달된 메시지, 전달된 메시지 대 받은 메시지, 받은 메시지 대 해석된 메시지
- 대인관계 의사소통은 보다 효과적인 청취 기술, 6가지 다른 청취 유형의 이해(레저 유형, 포괄적인 유형, 스타일리스틱한 유형, 기술적인 유형, 공감적인 유형, 규범을 따르지 않는 유형), 그리고 감정 상태, 인지 능력, 그리고 수신자와 발신자의 개인적인 선입견을 고려하면 향상될 수 있다.
- 글로 하는 의사소통은 글쓰기 기술을 배우고 조직 내 대부분의 직원들의 가독성과 비슷한 수준으로 문서를 작성하면 향상시킬 수 있다.

복습을 위한 질문

1. 나쁜 소식을 전달하는 것을 사람들이 왜 싫어하는가?
2. 어느 상황에서 이메일은 적절하지 않은 의사소통 방식인가?
3. 소문을 잠재울 수 있는 가장 좋은 방법은 무엇인가?
4. 다음 중 무엇이 가장 중요한가: 비언어적 단서, 준언어, 의사전달을 위해 실제로 선택된 단어? 왜 그러한가?
5. 효과적인 청취자가 되는 것을 배울 수 있는가? 당신의 답변을 설명해 보아라

Chapter 12

리더십
LEADERSHIP

학습목표

➡ 어떤 유형의 사람이 좋은 리더가 되는지 이해한다.

➡ 상황에 맞게 자신의 행동을 맞추는 리더의 행동의 중요성을 이해한다.

➡ 효과적인 리더십에 필수적인 기술을 이해한다.

➡ 리더십 이론에 대해 이해한다.

➡ 리더가 권한을 사용하고 영향을 주는 방법에 대해 이해한다.

수천 명의 직원이 종사하는 회사가 과거 5년간 실적이 좋지 않아 사장이 물러나고 새로운 사장이 취임한 회사를 상상해보자. 수년 후 그 회사는 이익을 내고 모든 직원들이 실적개선을 했다는 이유로 새로운 사장을 극찬하고 있다.

이제 과거 10년간 좋은 성적을 거둔 풋볼 팀을 상상해보자. 팀의 감독이 다른 학교로 자리를 옮기고 다음 시즌에 거의 모든 경기에서 패배를 하였다.

두 가지 예의 공통점은 모두 리더가 바뀌었다는 것이다. 첫 번째 예에서는 조직이 성공적으로 바뀌었지만, 두 번째 예에서는 팀이 부진의 늪에 빠졌다. 조직의 성과에 대해서 얼마나 리더의 탓으로 생각할 수 있는가? 만약 리더가 중요한 원인이라면 왜 어떤 리더는 성공하고 다른 리더는 실패하게 되는가? 이러한 질문들이 이 장에서 다루어질 것이다.

리더십에 대한 개관

지난 수십 년간 리더십에 관한 많은 이론들이 제시되어 왔다. 비록 어떤 이론도 리더십에 대해 "모든 것을 말해"주지는 않지만 각각의 이론들은 부분적으로 타당하다고 인정되어 왔다. 리더십에 관한 이론과 연구를 이해하는 것은 회사경영진들이 어떻게 관리자들을 선발하고 교육하는 점을 결정한다는 점에서 중요한 것이다.

예를 들어 만약 어떤 사람이 개인적인 특성, 욕구 또는 지향성을 가지고 있기 때문에 "타고난 리더"라고 생각한다면 관리자들을 선발할 때 어떤 검사를 시행하여 이러한 속성이 높은 사람들을 선발하는 데 초점을 둘 것이다. 그러나 만약 리더십이 특정한 기술 또는 행동들로 이루어졌다고 믿는다면 누구라도 교육훈련을 통해서 훌륭한 리더로 성장시키는 데 초점을 둘 것이다. 만약 좋은 리더십은 특정 유형의 행동과 특정 환경 간의 상호작용에 의해 결정된다고 믿는다면 특정 시점에 특정 유형의 리더를 선발하거나 리더에게 환경에 맞게 자신의 행동을 적응시키는 방법을 교육시킬 것이다.

앞으로 가장 잘 알려진 리더십 이론들에 대해서 간단한 설명을 제시할 것이다. 각각의 이론들에 대해 읽을 때 조직에서 리더를 선발하고 교육하는 점에 대한 시사점을 생각하길 바란다. 또한 당신은 어떤 리더가 되고 싶은지 생각해 보길 바란다.

리더십과 관련된 개인적 특성들

과거 100년 동안, 리더의 출현 및 리더의 성과와 관련된 개인적 성격 특성들을 파악하기 위한 많은 노력이 이루어져 왔다.

리더의 출현

리더의 출현은 리더가 되는 사람은 리더가 되지 못한 사람과 구분되는 특질 또는 특성을 가지고 있다는 관점이다. 즉, George W. Bush, Barack H. Obama와 같은 리더들은 공통되는 특징을 공유하는데 이는 보통사람들은 가지지 못하는 것이다. 예들 들어 학교에서 학생회 학생들은 리더십 활동에 참여하지 않은 학생들과는 차이가 있을 것으로 예측할 수 있다. 사실상 연구결과에 의하면 리더십에서 타고난 성향은 17%(Ilies, Gerhardt, & Le, 2004)에서 30%(Arvey, Rotundo, Johnson, Zhang, & McGue, 2006)로 유전적인 기반이라고 말할 수 있다.

그럼 리더의 출현에 영향을 주는 "리더십 유전자"가 존재한다는 것인가? 아마도 그렇지는 않은 것 같다. 대신에 특정한 특질과 능력이 우리가 리더라고 생각하는 데 영향을 미치는 것 같다. 비록 특질과 리더의 출현과의 관계성에 대해 표 12.1에 제시된 내용으로 볼 때 매우 강한 관계는 아닌 것으로 나타났지만, 최근의 연구들은 다음과 같이 제안하고 있다.

- 경험에 대한 개방성, 성실성, 외향성, 남성성, 창의성 및 권위주의 성향이 강한 사람 및 신경증이 낮은 사람들은 그렇지 않은 사람들보다 리더라고 보여질 가능성이 크다(Ensari, Riggio, Christian, & Carslaw, 2011; Judge, Bono, Ilies, & Gerhardt, 2002).
- 자기감시가 높은 사람(사회적 상황에 맞게 자신의 행동을 잘 바꾸는 사람)은 자기감시가 낮은 사람(Day & Schleicher, 2006; Day, Schleicher, Unckless, & Hiller, 2002)보다 리더로 보여질 가능성이 크다.
- 지능이 높은 사람이 그렇지 않은 사람들보다 리더로 보여질 가능성이 크다(Ensari et al., 2011; Judge, Colbert, & Ilies, 2004).
- 능력과 성격특성의 패턴을 살펴보는 것이 단순한 능력과 특성을 사용하는 것보다 더 유용하다(Foti & Hauenstein, 2007).

특정 특성들이 리더 출현과 거의 관련이 없다는 몇몇 연구자들의 주장은 우리를 상당히 당혹스럽게 하는데, 이에 대한 반박으로 개별적인 연구에서 리더십 행동은 어느 정도 안정성을 가지고 있음이 증명되었기 때문이다(Law, 1996). 이러한 점을 증명하기 위해 리더라고 생각되는 친구 한 명을 떠올려 보라. 확률적으로 이 사람은 여러가지 상황에서도 리더일 것이다. 다시 말해서, 그는 어떤 영화를 볼지, 언제 저녁 모임시간을 가질지를 결정하고, 스포츠 활동에서 "책임 있는 자리를 맡고" 있을 것이다. 반대로, 리더역할을 한 번도 맡지 않은 친구를 떠올려 보라. 그러면 쉽게 이해될 것이다. 따라서 어떤 사람들은 계속적으로 여러 상황에서 리더가 되고 어떤 사람들은 결코 그런 적이 없다.

표 12.1   리더 출현과 성과 간의 메타분석에 대한 요약

특성	리더 출현		리더 성과		메타분석
	K	p	K	p	
성격					
신경증	30	−.24	18	−.22	Judge et al.(2002)
외향성	37	.33	23	.24	Judge et al.(2002)
경험에 대한 개방성	20	.24	17	.24	Judge et al.(2002)
호감성	23	.05	19	.21	Judge et al.(2002)
성실성	17	.33	18	.16	Judge et al.(2002)
자기감시	23	.21			Day et al.(2002)
지능	65	.25	151	.27	Judge et al.(2004)
성취동기			11	.23	Argus and Zajack(2008)

정서적 정체성 동기(aff-ective identity moti-vation) 책임지는 것과 타인을 이끄는 것에 기반한 동기

비계산적 동기(noncal-culative motivation) 개인적인 이익이 있기 때문에 리더십 포지션을 추구

사회적−규준적 동기(so-cial-normative moti-vation) 책임감 또는 의무감에 기반한 동기

아마도 리더의 출현과 관련된 특성들에 대해 의견에 차이가 있는 것은 타인을 이끌려는 동기가 우리가 일반적으로 생각하는 것보다 훨씬 복잡하다는 것을 의미한다. 대단위 국제적 표본을 대상으로 한 연구에서 Chan과 Drasgow(2001)는 타인을 이끌려는 동기는 3개의 요인(정서적 정체성, 비계산적인 동기 및 사회적−규준적 동기)으로 구성되어 있다고 주장하였다. **정서적 정체성 동기**를 가진 사람들은 이들이 책임지는 것과 타인을 이끄는 것을 좋아하기 때문에 리더가 된다는 것이다. 세 가지 리더십 동기 요소들 중 이 점수가 높은 사람들은 리더십 경험을 가장 많이 하고 타인에게 리더십 잠재력이 높다고 평가된다. **비계산적 동기**를 가진 사람들은 리더십 포지션이 개인적인 이익이 있는 있을 때 리더십 포지션을 추구하는 행동을 나타낸다. 예를 들어 리더가 되는 것이 지위 또는 봉급의 상승이 있는 경우이다. **사회적−규준적 동기**는 책임감에서 비롯된 것이다. 예를 들어 스포츠 클럽의 회원이 다음이 "자신의 차례"이기 때문에 회장직을 맡는 경우와 교수가 대학에서 자신이 속한 대학에 대한 책임감으로 위원회를 맡을 것을 수락하는 경우이다.

높은 리더십 동기를 가진 사람은 리더십 경험을 할 가능성이 크고 자신의 리더십 스킬에 대해 자신감을 가지고 있다(Chan & Drasgow, 2001). 따라서 리더십은 인생 동안 일관적으로 나타난다는 점을 고려하면, Bruce(1997)의 결론은 타당하다고 생각한다. Bruce(1997)는 CEO를 선발할 때 가장 좋은 방법은 후보자의 리더십 역량(예, 위험 감수, 혁신, 비전) 및 초기 경력에서의 성공을 고려해야 함을 주장하였다. 이에 대한 예시로 Bruce는 다음의 예를 제시하고 있다.

- United Technologies의 전 CEO인 Harry Gray는 경력 초기부터 비전, 위험감수 및 혁신을 보여주었다.

- FMC Corporation의 전 사장 Ray Tower는 자신의 첫 직장에서 직무 기술서에는 나와 있지 않은 독창적인 세일즈 교육 훈련을 고안하였다. 초기에는 경영층이 주목하지 않았지만 계속해서 자신의 아이디어를 추구하였다.
- Ford와 Chrysler 전 회장인 Lee Iacocca는 새로운 방식의 자동차 할부제도를 제안하였다. 이 방식은 1956년 모델 Ford 자동차를 한 달에 56달러를 내면 살 수 있다는 슬로건(56달러로 56년산 자동차를 구입하자)을 통해 판매량을 꼴찌에서 1위로 전환시켰다. 더욱 놀라운 것은 자신이 계획을 실행시킬 수 있는 권한을 가지고 있지 않음에도 불구하고 결국 성공적으로 실행했다는 것이다.

리더출현과 관련해서 성별의 역할은 복잡하다. 메타분석 결과 남성과 여성은 리더 없는 집단토론에서 리더가 되는데 차이가 없으며(Benjamin, 1996), 남성은 단기적 목표달성을 위한 집단 및 사회적 상호작용이 별로 요구되지 않는 직무에서 리더가 되기 쉬우며(Eagly & Karau, 1991), 여성은 사회적 상호작용이 많은 집단에서 리더가 되기 쉽다(Eagly & Karau , 1991)는 결과가 밝혀졌다. 비록 여성들이 리더로 부각되기는 하지만, 역사적으로 볼 때 정치와 기업에서 최고의 리더십 포지션에 오른 경우는 많지 않다. 따라서 리더십과 관리에서의 여성에 대한 "유리천정"이 존재한다고 알려져 있다. 이러한 유리천정은 1990년 이후 다수의 여성리더들이 최고위 자리에 오름으로 인해 점차 깨지고 있는 실정이다(Carli & Eagly, 2001). 예를 들어 2012년 포춘 500기업의 신규임원의 21%가 여성이 임명되었는데 이는 1980년대의 6%에 비교하면 상당히 개선되었다고 할 수 있다(Ernst & Young, 2012).

리더 성과

리더 성과(leader performance) 특정유형의 사람이 다른 유형의 사람보다 더 좋은 리더가 될 수 있다는 가정을 하는 특성이론의 한 종류

어떤 사람이 리더가 **될 가능성**이 큰가에 관심을 가지는 리더의 출현과 다르게, **리더 수행**은 성과를 내는 리더가 그렇지 않은 리더와 비교해서 어떤 특성을 가지고 있는가를 다룬다. 예를 들어 뛰어난 리더는 지능이 높고 자기 주장이 강하고 협력적이며 독립적인 반면, 무능한 리더는 부끄럼이 많고, 무관심하고 조용하다. 개인 특성과 리더 성과 간의 관계성에 대한 연구들은 다음의 세 가지 영역(특성, 욕구 및 지향성)에 초점을 맞추고 있다.

특성들

표 12.1에 제시된 바와 같이 Judge 등(2002)의 메타분석은 외향성, 경험에 대한 개방성, 호감성 및 성실성이 리더 성과와 정적으로 관련되고 신경증이 부적으로 관련됨을 제시하였다. 또한 Youngjohn과 Woehr(2001)의 메타분석은 관리, 의사결정 및 구두 의사소통 기술이 리더십 효과성과 강한 관련성이 있음을 제시하였다.

리더 출현의 경우와 마찬가지로 높은 자기감시 수준을 가진 사람이 낮은 감시 수준을 가진 사람보다 더 좋은 리더로 나타났다(Day & Schleicher, 2006; Day et al., 2002). **자기감시** 개념은 특히 흥미로운데 그 이유는 리더가 하는 행동에 초점을 두고 있기 때문이다. 예를 들어 어떤 리더가 자기감시 수준은 높지만 부끄러움이 많아 실은 다른 사람들과 소통하는 것을 즐기기 않는다고 하자. 그렇지만 이 리더는 타인과 소통하는 것이 자신의 일의 일부임을 알고 있어서 사무실에 도착했을 때 부하직원들에게 아침인사를 하고 적어도 한 번 부하들과 이야기를 나눈다. 따라서 이 리더는 기질적으로 수줍어하지만 외향적이고 자신감이 있는 것처럼 보이기 위해 이러한 행동을 의도적으로 하는 것이다.

자기감시(self-monito-ring) 자신의 행동을 특정 사회적 상황에 적합하게 적응하는 경향을 나타내는 성격특성

리더 성과에 대한 특질 이론은 특정 기질이 탁월한 리더십을 보이는데 필요조건이기는 하지만 특정 기질이 있다고 해서 반드시 탁월한 성과를 보장하지는 못한다는 것을 말한다(Simonton, 1987). 대신에 탁월한 리더십은 적절한 시기, 장소, 사람이 적합하게 조합되어야 나타나는 것이다. 특정 특질을 가진 사람이 탁월한 리더가 되지만 같은 특질을 가진 사람이 시기가 맞지 않은 경우 같은 효과를 내기 힘들다.

예를 들어 Lyndon Johnson과 Martin Luther King, Jr.는 인권을 향상시켰다는 점에서 성공적인 리더로 간주된다. 1960년대 전에 다른 사람들도 Johnson, King과 같은 사고, 야망 및 기술을 가지고 있었지만 성공적인 인권운동가가 되지 못했다. 이는 아마 시기가 맞지 않은 탓으로 생각된다.

인지적 능력

Judge 등(2004)이 151개 연구를 대상으로 한 메타분석 결과, 인지능력과 리더십 성과 간에 중간 정도지만 통계적으로 유의한 관계성($p = .27$)이 나타났다. 또한 같은 연구에서 리더가 가진 인지적 능력이 중요한 경우는 리더가 스트레스적 상황에 노출되지 않을 때, 리더가 지시적 리더십 스타일을 사용하는 경우로 나타났다. 미국 대통령 직무수행에 대한 연구에서 역사가들이 성공적인 대통령이었다고 평가하는 사람은 스마트하고 개방성이 높고, 높은 목표를 설정하고, 흥미롭게도 진실을 왜곡하는 능력을 가진 사람으로 나타났다(Dingfelder, 2004; Rubenzer & Faschingbauer, 2004). Sternberg(2007)는 인지능력의 중요성을 확장하면서, 효과적인 리더십의 핵심은 지혜, 지능(학문적 및 실용적) 및 창의성이라는 세 가지 개념의 조합으로 이론화하였다.

욕구

권력욕구(need for power) 어떤 사람이 타인을 통제하는 정도를 나타내는 욕구

성취욕구(need for achievement) 어떤 사람이 성공에 대해서 바라는 정도를 나타내는 욕구

유친욕구(need for affiliation) 어떤 사람이 타인과 함께 지내려는 정도를 나타내는 욕구

개인특성으로 리더가 가진 속성으로 여겨지는 것은 리더의 **권력욕구**, **성취욕구**, **유친욕구**이다. 실제로 표 12.1에 제시된 바와 같이 Angus와 Zajack(2008)의 메타분석 결과에 따르면 성취욕구와 리더성과와 유의미한 관련성이 있음이 밝혀졌다.

McClelland와 Burnham(1976), McClelland와 Boyatzis(1982)는 높은 성과를 보이는 관리자가 보여주는 **리더십 동기 패턴**이 존재하는데 이는 높은 권력욕구와 낮은 유친욕구로 구성됨을 제시하였다. 여기서 권력욕구는 개인적인 권력이 아닌 조직에 대한 권력을 나타낸다.

이러한 욕구 패턴은 중요하게 여겨지는데 그 이유는 효과적인 리더는 타인으로부터 얻는 인기보다는 결과를 더 고려해야 하기 때문이다. 부하들에게 인기 있는 리더는 의사결정을 하는 데 힘들어 한다. 예를 들어 부하들을 초과근무 시키는 것은 조직의 생존을 위해 필요한 것일 수 있지만 부하들은 싫어하는 것이다. 초과근무를 해야 하는 상황에서 높은 유친욕구를 가진 리더는 성공적으로 업무를 수행하는 것보다 자신의 인기가 중요하다고 생각하기 때문에 의사결정 시 갈등하게 된다.

또한 이 이론은 왜 내부 승진이 성공적이지 않은 이유를 설명해 준다. 6년 동안 관리자로서 일한 한 사람의 예를 살펴보자. 이 관리자와 10명의 부하들은 과거에 함께 회식하고 주말을 함께 보냈다. 그러던 어느 날 이 사람은 관리자로 승진하게 되었고 과거에 동료로 일했던 사람들을 부하로 두게 되었다. 이러한 친교관계와 계속 잘 지내고 싶은 욕구가 부하들에게 지시하고 관리하는 행동을 하는 데 장애물이 되었다. 다시 말해서 이 관리자는 과거의 동료로서 역할에서 벗어나 관리자로서의 역할을 하려고 하지만 이는 현실적으로 어려운 것이고, 특별한 해결방안도 가지고 있지 못하게 된다는 것이 이 이론의 설명이다.

이러한 예가 리더는 친절해서는 안되고 부하들을 배려해서는 안된다는 의미는 아니다. 성공적인 리더는 조직목표보다 자신의 인기를 우선순위로 두어서는 안된다는 것이다. Richard Nixon 대통령은 높은 유친욕구를 가진 사람이다. 어려운 결정을 내리고 이것에 대해서 사과하는 행동을 보였는데 대통령은 대중과 기자들 모두에게 사랑받고 싶어 했다.

권력욕구, 성취욕구 및 유친욕구는 다양한 심리검사를 통해 측정될 수 있다. 가장 잘 알려진 검사는 **주제통각 검사**이다. 주제통각 검사는 투사검사로 피검자가 여러 장의 그림을 본 후 각 그림에 대한 줄거리를 말하게 하고, 이를 훈련된 심리학자가 피검자가 제시한 줄거리를 분석하여 최종적으로 개인이 가진 요구를 판단하는 검사이다. 분명히 이 검사 기법은 시간이 많이 걸리고 해석하기 위해서는 높은 수준의 훈련과정을 필요로 한다.

다른 범용검사는 Stahl과 Harrell(1982)에 의해 개발된 **직무선택 검사**이다. 직무선택 검사에서 피검자는 다양한 정도의 권력, 성취, 유친욕구를 가진 직무들에 대해 자신의 선호도를 표시한다. 이렇게 표시된 선호도는 회귀분석을 통해 세 가지 욕구 범주로 분리된다.

리더의 욕구를 파악하기 위한 다른 방법은 이들이 작성한 원고와 연설문 주제를 분석하는 것이다. 이 방법을 사용해서 Franklin Roosevelt, Kennedy와 Reagan 대통령은 권력욕구가 높고, Harding, Truman 및 Nixon 대통령은 유친욕구가 높고 Wilson, Hoover, Carter 대통령은 성취욕구가 높음이 밝혀졌다(Winter, 1988).

성차

모든 연구를 종합해 보면 남성과 여성 간에 리더십 효과성에 있어 차이가 없는 것으로 나타났다(Eagly, Karau, & Makhijuni, 1995). 그렇지만 남성은 일반적으로 말하는 남성적 문화 및 부하들의 다수가 남성인 경우에 여성보다 효과적인 것으로 나타났다. 비록 남성과 여성이 리더로서 효과성에 있어서 차이는 없지만, 리더십 스타일에 대한 메타분석은 여성이 남성보다 인기가 있으며 높은 수준의 리더십 행동을 보인다는 연구가 제시되었다(Eagly, Johannesen-Schmidt, & van Engen, 2003).

과제 vs 사람 지향성

과거 55년 동안 3가지 주요 이론들[오하이오 연구(Fleishman, Harris, & Burtt, 1955), X이론(McGregor, 1960), **경영격자**(Blake & Mouton, 1984)]은 리더의 성과에서의 차이는 리더가 과제 및 사람 지향적인가의 차이에 의해 발생한다고 가정한다. 그림 12.1에 제시된 바와 같이 비록 3가지 주요이론들이 각각 개념에 대해 다르게 명명하고 있지만 거의 유사한 개념들이다.

컨추리 클럽리더와 같은 사람 지향형 리더, Y이론 리더 및 따뜻하고 지원적인 태도로 높은 배려를 하는 리더는 자신의 부하들에게 관심을 갖는다. 사람 지향형 리더는 조직구성원들은 내재적으로 동기부여가 될 수 있으며, 책임감을 추구하고, 자기통제를 할 수 있으며, 자신이 하는 일을 싫어할 이유가 없다고 믿는다. 이러한 이유로 사람 지향형 리더는 의사결정 상황에서 부하와 상의하고 부하의 입장에 대해 칭찬하고 부하의 가정사와 같은 사적인 일에 관심을 가지며 무시하지 않고 부하들에게 "맡겨놓는" 리더십을 보인다. 압박을 받는 상황에서 사람 지향형 리더는 사회적으로 위축된 행동을 보인다(Bond, 1995).

과업 중심적 리더, X이론 리더 및 높은 **구조 지향적 리더**와 같은 과업 지향형 리더는 자신의 역할을 구조화하고 집단의 공식적 목표에 부하들을 도달하게 하는 데 관심을 갖는다. 과업 지향형 리더는 부하들이 게으르고, 외적인 조건에 의해 동기부여되며, 안정 지향적이며, 훈련이 되어 있지 않고, 책임을 회피한다고 믿는다. 이러한 이유로 과업 지향형 리더는 지시를 하고, 목표를 설정하고, 부하들과 상의없이 의사결정을 내리는 행동을 한다. 압박을 받는 상황에서 이들은 걱정이 많아지고, 방어적이며, 지배적인 행동을 나타낸다(Bond, 1995). 흥미롭게도 과업 지향적 리더는 유머를 사용하는 경향(예, 농담과 만담을 하는 것)이 있는 반면, 사람 지향형 리더는 유머를 듣는 경향(예, 타인의 농담을 듣는 것)을 나타낸다(Philbrick, 1989). 그림 12.2

경영격자(Managerial-Grid) 특정 리더를 다섯 유형 중 하나로 분류하기 위한 리더십 진단검사

과업 중심적 리더(task-centered leaders) 자신의 역할과 부하의 역할을 정의하고 구조화하는 리더

X이론 리더(Theory X-leaders) 부하들이 외적으로 동기부여되어 있기 때문에 지시와 목표설정을 통해 이끌어야 한다고 믿는 리더

구조 지향적 리더(initiating structure) 자신의 역할과 부하의 역할을 정의하고 구조화하는 정도

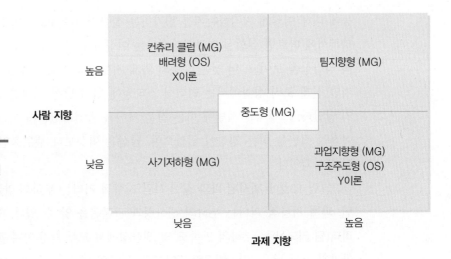

그림 12.1 경영격자 (MG) 이론, X 이론 및 오하이오주 (OS) 이론

에 제시된 바와 같이 가장 좋은 리더(**팀**)는 과업 지향성과 관계 지향성을 모두 갖춰야 하는 반면, 최악의 리더(**사기를 저하시키는**)는 두 가지 모두 결여된 경우이다. 어떤 리더(**중도**)들은 두 가지 지향성 모두에서 중간수준을 나타낸다.

Judge, Piccolo와 Ilies(2004)와 DeRue, Nahrgang, Wellman과 Humphrey(2011)의 메타분석에서 배려 또는 구조주도성에서 높은 점수를 나타낸 리더가 부하만족과 집단성과 같은 긍정적 리더십 준거와 관련되어 있음이 밝혀졌다. 사람 지향(배려)적 리더십과 부하만족도, 부하동기 부여수준, 리더십 효과성에 대한 평정 간의 관련성이 과업 지향(구조)적 리더에서보다 더 강하게 나타났다. 아마도 과업 지향적 리더십과의 관련성이 약하게 나타난 이유는 부하들이 상사로부터 어느 정도의 구조주도적 행동을 부여받고 이를 "넘어선" 경우 부정적 정서를 경험하는 반면, 배려적인 행동의 경우에는 다소 과도하더라도 화가 나는 행동과 같은 부정정서 경험이 나타나지 않는 것으로 해석될 수 있다(Lambert, Tepper, Carr, Holt, & Barelka, 2012).

리더의 과업 또는 사람 지향성은 다양한 도구에 의해 측정되는데, 이들 중 2가지는 **리더십 의견 설문지**와 **리더행동 기술 설문지**이다. LOQ는 자신의 리더십 스타일을 알고 싶어 하는 리더가 사용하는 설문지이다. LBDQ는 부하들이 자신의 리더 행

팀 리더십(team leadership) 생산성뿐 아니라 종업원의 복지에도 관심을 갖는 리더십 스타일

사기를 저하시키는 리더십(impoverished leadership) 생산성뿐 아니라 종업원의 복지에 관심을 갖지 않는 리더십 스타일

중도형 리더십(middle-of-the-road leadership) 사람과 과업 간의 균형된 관점을 가지는 리더십 스타일

리더십 의견 설문지(Leadership Opinion Questionnaire: LOQ) 리더십 스타일을 평가하기 위해 리더가 사용하는 검사

리더행동 기술 설문지 (Leader Behavior Description Questionnaire: LBDQ) 리더십 스타일을 평가하기 위해 리더의 부하가 사용하는 검사

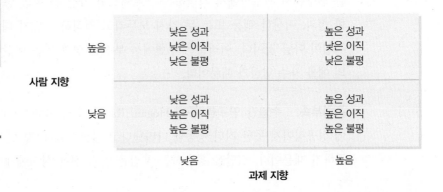

그림 12.2 리더 지향성 결과

동에 대해 어떻게 지각하는지를 평가하는 설문지이다. Ealgly와 Johnson(1990)의 메타분석에 따르면 실험실 연구상황에서는 여성이 남성보다 더 높은 수준의 사람 지향적 리더십을 보이고, 더 낮은 수준의 과제 지향적 리더십을 보인다고 제시하였다. 하지만 실제 조직 상황에서는 리더십 스타일에 있어 남성과 여성 간에 차이가 나타나지 않았다. 그렇지만 성별에 따른 작은 차이를 발견하였는데 여성이 남성보다 더 참여적인 접근을 하는 경향이 있었으며, 남성은 여성보다 권위적인 접근을 하는 경향이 제시되었다.

그림 12.2에 제시된 바와 같이 사람 지향적 리더는 부하의 만족도와 관련되는 반면, 과제 지향적 리더는 부하의 생산성과 관련됨을 알 수 있다. 양차원이 모두 높은 리더(팀 리더십)는 부하의 만족도 및 생산성에서 모두 높은 점수를 이끌어내는 반면, 양차원 모두 낮은 리더(빈곤한 리더십)는 부하의 만족도 및 생산성에서 모두 낮은 점수를 나타낸다(Fleishman & Harris, 1962; Hutchison, Valentino, & Kirkner, 1998; Korman, 1966; Pool, 1997).

비록 이런 예측이 당연하게 보이지만 Judge와 동료들(2004)은 배려점수(사람 지향성)가 구조주도점수(과업 지향성)보다 부하의 만족도와 부하의 동기 및 리더십 효과성에 대한 평가에 있어 높은 관련성이 있음을 밝혔다. 집단 성과와의 관련성에 있어서는 배려 및 구조주도 모두 비슷한 정도의 관련성을 나타냈다.

사람과 과업 지향성 간의 관계성은 우리가 생각한 것보다 복잡하다. 많은 연구들이 리더 경험과 지식, 과업의 중요성 및 시간 압박과 같은 외적 요인들이 사람 지향점수와 만족도, 과업 지향점수와 부하성과 간의 관계에 있어 조절 변수 역할을 한다고 제안하고 있다.

성공적이지 못한 리더

성공적이지 못한 리더의 특성과 행동은 반드시 성공적인 리더의 특성과 행동과 반대되는 것은 아니다(Hackman & Wageman, 2007). 성공적인 리더의 특성에 대한 연구는 Hogan(1989)에 의해 시작되었는데 그는 성공적이지 못한 리더의 특성을 밝히려는 노력을 하였다. 성공적인 리더보다 성공적이지 못한 리더에 초점을 둔 이유는 많은 연구에서 직무상에서 경험하는 스트레스의 가장 큰 원인 중 하나는 상사의 부진한 성과, 이상한 행동 또는 두 가지 모두라고 지적하고 있기 때문이다. 이는 놀라운 사실이 아닐 것이다. 여러분은 주변에서 부진한 성과 또는 이상한 행동을 하는 리더의 예를 자주 접하기 때문이다.

훈련부족.　수년간 연구를 통해 Hogan, Raskin과 Fazzini(1990)는 3가지 원인 때문에 성공적이지 못한 리더 행동을 나타낸다고 결론지었다. 첫 번째는 **리더십 훈련이 부족**하기 때문이다. 집단을 통솔하는 책임을 맡기 전에 상사에게 리더십 훈련 이수를 필수로 하는 조직은 군대를 제외하고는 많지 않다. 대부분 조직은 조직 내부 사람을 승진시키거나 외부 영입을 통해 리더십을 발휘해야 하는 자리에 배치한다. 훈련이 이루어진다고 해도 시점상 배치되기 전이 아닌 배치된 이후이다. 이러한 훈련부족은 수련받지 않고 수술하는 의사, 운전교육을 받지 않고 운전하는 트럭 운전수를 생각하면 얼마나 심각한 문제인지 알 수 있을 것이다.

인지적 결핍. 리더십 부족의 두 번째 원인은 **인지적 결핍** 때문이다. Hogan 등 (1990)은 무능한 리더는 경험으로부터 학습하지 못하고 전략적으로 사고하지 못해 같은 실수를 반복하고 문제 발생 전에 계획을 세우지 못함을 발견하였다. 이는 Judge 등(2004)이 인지적 능력과 리더 성과 간의 관련성이 있다는 메타분석에 의해 지지되었다.

이러한 예가 지역 편의점 관리자인데 이 관리자는 자신의 실수로부터 학습하지 못한다. 이 관리자는 부하에게 근무날짜에 대한 스케줄을 미리 알려주지 않아 부하들은 개인적인 약속이나 일정을 조정할 수 없다는 불만이 팽배하게 되었다. 이러한 행동이 반복적으로 발생하자 편의점에서 일하는 대부분의 직원들은 그만두게 되었다. 불행하게도 8년이 지난 후에도 여전히 이러한 행동을 보이고 있다고 한다.

성격. 리더십 결핍의 가장 중요한 원인은 리더의 **성격특성**과 관련된다. Hogan 등 (1990)은 많은 성공적이지 못한 리더들은 세 가지 성격유형으로 분류될 수 있다고 주장하였다(편집증 또는 수동적 공격형, 인기만 추구하는 리더, 자기애주의자).

편집증, 수동적 공격형 또는 양자 모두가 가지는 불안의 원천은 자신이 배신당할지도 모른다는 생각을 하는 것이다. 이러한 **편집증/수동적 공격형** 리더에게는 뿌리깊은 어쩌면 무의식적인 분노가 자리잡고 있다. 표면적으로는 이들은 매력적이고 부하와 동료를 칭찬하는 행동을 보인다. 하지만 타인의 성공에 대해서 분노라고 수동적 공격형 방식으로 부하에게 부정적인 행동을 나타낸다. 다시 말해서 표면적으로는 상당히 협조적으로 보이지만 동시에 타인에게 "복수하려는" 생각을 가지고 있다는 것이다.

결코 문제를 일으키지 않고 문제를 제기하지 않는 유형의 리더는 **인기만 추구하는 리더**라고 할 수 있다. 이러한 사람은 집단 구성원들과 좋은 유대관계를 맺으며, 타인에게 친근하며, 타인의 의견에 결코 반대하지 않는다. 따라서 많은 친구가 있으며 적이 없다. 이러한 사람이 적이 없는 이유는 이슈를 제기하지 않고, 타인에 대해 반대하지 않기 때문이다. 이러한 리더는 심지어 특별한 업적이 없는데도 많은 사람들이 좋아하기 때문에 승진을 잘 하고 해고되지 않는다. 이러한 리더의 부하들은 사기는 높지만 상대적으로 낮은 성과를 나타낸다.

자기애주의자는 지나친 자신감을 통해 불안을 극복하려고 한다. 이들은 관심을 받으려하고 자신의 성취를 자랑하며, 집단의 성공을 자기 탓으로 돌리지만 실패에 대한 책임은 지지 않으려는 행동을 보인다.

개인이 가진 특질에 초점을 두기보다는 Rasch, Shen, Davies와 Bono(2008)는 비효과적인 리더가 보이는 **행동**의 중요사건을 수집했고, 이러한 행동들이 10개의 기본적 차원에 포함됨을 제시하였다.

- 불법적이고 비윤리적인 행동하기
- 갈등과 인간관계 문제를 회피하기
- 부적절한 감정관리(예, 고함지르기)
- 지나치게 간섭하기(예, 세부적 관리)
- 부진한 성과
- 부진한 기획, 조직화 및 의사소통
- 루머를 퍼뜨리고 비밀정보에 대해 공유하기
- 의사결정을 미루고 시간준수하지 않는 것
- 부하의 개별적 니즈를 파악하지 않는 것
- 부하의 능력을 개발하거나 관리하지 않는 것

리더와 환경의 상호작용

앞에서 제시하였듯이 리더의 효과성은 개인이 가진 특성뿐만 아니라 리더가 처한 특수한 상황에 의해 결정된다(Hackman & Wageman, 2007). 과거 수십 년 동안 다양한 이론들이 리더가 처한 상황의 본질을 설명하기 위한 노력이 계속되었다.

상황적 호의성

피들러의 상황모델(Fiedler's contingency-model) 리더십 효과성은 리더와 상황 간의 상호작용에 의해 결정된다는 가정을 하는 리더십 이론

가장 선호하지 않는 동료 [Least-Preferred Coworker (LPC) Scale] 리더십 스타일과 효과성 간의 관련성을 밝히기 위한 피들러의 상황모델을 검증하기 위한 검사

가장 많이 알려진 전통적 상황이론은 1960년대 중반 Fred Fiedler에 의해 제시되었다(Fiedler, 1967). Fiedler는 개인의 리더십 스타일은 리더의 생활경험이 반영된 결과이며, 따라서 바꾸는 것이 거의 불가능하다고 보았다. **피들러의 상황이론**은 특정 개인의 리더십 스타일은 특정 상황에서 효과적임을 주장하였다. 따라서 Fiedler는 리더십 교육이 리더십 스타일을 변화시키는 것보다 사람들에게 자신의 리더십 스타일이 무엇인지 알게 해주고, 상황을 자신의 리더십 스타일에 맞게 변화시키는 것에 초점을 두어야 한다고 주장하였다. Fiedler는 **가장 선호하지 않는 동료 척도**를 개발하였다.

LPC 척도를 작성할 때, 리더는 동료 또는 부하 중 가장 같이 일하기 싫은 사람을 선정한다. 그리고 선정된 사람에 대해 **좋은-나쁜, 친절한-불친절한**과 같은 몇 가지 의미미분 척도에 평정한다. 리더가 가장 선호하기 않는 동료라고 평정할수록 LPC

점수는 높게 나타난다. 다음으로 이 점수는 리더의 효과성을 결정하기 위해 상황 호의성과 비교하게 된다. 낮은 LPC 점수를 받은 리더는 과업 지향적인 반면, 높은 LPC 점수 관계 지향형임을 나타낸다(DuBrin, 2013; Fiedler, 1978). 높은 LPC 리더는 그림 12.1에 제시된 바와 같이 X이론과 구조주도형임을 나타낸다. 낮은 LPC 리더는 그림 12.1에 제시된 바와 같이 Y이론과 배려형임을 나타낸다.

환경의 호의성은 다음에 제시된 3가지 변수에 의해 결정된다. 첫째, **과업 구조화**는 과업 자체가 목표가 분명하게 제시되어 문제를 해결하는 방식이 비교적 정해져 있는 것을 말한다. 과제가 구조화되어 있을수록 호의적인 상황을 나타낸다.

둘째, **리더 지위권한**이다. 리더가 가진 지위 또는 지위권한이 높을수록 호의적인 상황임을 나타낸다. 따라서 집단 또는 조직 내에 정해진 리더가 존재하지 않는 것은 호의적인 상황이 아니다. 셋째, **상사-부하 관계**이다. 부하들이 자신의 리더를 좋아할수록 호의적인 상황임을 나타낸다. 상사-부하 관계는 제시한 세 가지 변수 중 가장 중요하다.

그림 12.3에 제시된 바와 같이 LPC 점수와 조직성과의 관계성은 단순하지 않다. 기본적으로 LPC 점수가 낮은 리더는 호의적이거나 비호의적인 상황에서 가장 효과적인 반면, LPC 점수가 높은 리더는 중간 정도의 호의성 수준에서 가장 효과적이다.

LPC 척도의 심리측정적 문제점(Kennedy, Houston, Korsgaard, & Gallo, 1987; Stewart & Latham, 1986)에도 불구하고 대체로 연구결과들은 피들러 이론을 지지한다. Stube와 Garcia(1981)는 피들러의 모델을 검증한 145개의 개별연구 및 Fiedler 자신이 수행한 33개 연구에 대한 메타분석을 한 결과 피들러의 모델이 타당함을 밝혔다. 또한 Schriesheim, Tepper와 Tetrault(1994)는 리더행동의 예측력에 있어 구체적인 수준에서는 다소 문제가 있지만 전반적인 예측력은 타당함을 밝혔다.

Fiedler가 제안한 훈련 프로그램인 **Leader Match** 또한 연구에 의해 타당함이 밝혀졌다(Strube & Garcia, 1981). 이 프로그램은 개인의 리더십 스타일은 쉽게 바뀌지 않는다는 Fiedler의 주장에 기반한 것이다. 따라서 리더의 능력을 개선시키기 위해서는 리더가 4시간 동안의 워크샵을 통해 상황을 판단하는 법을 배우고 자신의 리더십

과업 구조화(task structuredness) 피들러의 상황모델에 제시된 한 변수로 과업이 목표가 분명하고 문제가 해결 가능한지를 나타내는 정도

리더 지위 권한(leader position power) 피들러의 상황모델에 제시된 한 변수로 리더가 상벌 권한을 사용할 수 있는 정도

상사부하 관계(leader-member relations) 피들러의 상황모델에 제시된 한 변수로 부하들이 리더를 좋아하는 정도

Leader Match 리더십 스타일에 맞게 환경을 변화시키는 방법을 교육하는 교육 프로그램

그림 12.3
LPC 점수와 집단 성공간의 관계

	낮음	중간	높음
높은 LPC 점수	낮은 성과	높은 성과	낮은 성과
낮은 LPC 점수	높은 성과	낮은 성과	높은 성과

상황적 호의성

스타일에 맞게 상황을 변화시키는 것이다(Csoka & Bons, 1981). Leader Match는 리더를 변화시키는 것이 아닌 환경을 변화시키는 데 초점을 맞춘 유일한 프로그램이라고 할 수 있다.

조직 분위기

IMPACT 이론(IMPACT theory) 6가지 유형의 리더십 스타일(정보적, 사람을 강하게 끄는, 지위, 친애적, 강압적, 전략적)을 가정하고 각각의 리더십 스타일은 6가지 조직 분위기 중 하나에서 효과적으로 작동한다는 리더십 이론

또 하나의 상황이론은 **IMPACT 이론**이라고 불리는 것으로, 리더는 6개의 행동 스타일(정보적, 사람을 강하게 끄는, 지위, 친애적, 강압적 및 전략적)중 하나를 가지고 있다는 것으로 Geier, Downey와 Johnson(1980)에 의해 제시되었다. 각각의 스타일은 연구자들이 조직 분위기라고 부르는 특정상황에서만 효과적이라는 것이다. 표 12.2에 제시된 바와 같이 6가지 스타일은 오래전에 French와 Raven(1959; Raven, 1965)이 제시한 권력에 대한 5가지 기반과 유사하다.

정보가 부재한 분위기에서 정보적 스타일

정보적 스타일(informational style) 리더는 지식과 정보를 통해 이끌어간다는 것으로 가장 효과적인 상황은 정보가 부재한 분위기임을 주장

정보의 부재(ignorance) 중요한 정보가 부재한 조직 분위기

정보적 스타일을 가진 리더는 집단 내에 중요한 **정보의 부재** 분위기에서 정보를 제공한다. 예를 들어 만약 자동차 안에 4명의 대학교수가 타고 있는 경우에 차가 고장났다고 하면 누가 리더가 될 것인가? 이 경우에는 기계공학과 교수가 리더가 될 수 있다. 왜냐하면 그 상황에서의 문제를 해결하는 데 있어서 가장 많은 지식과 정보를 가지고 있기 때문이다.

John Warner는 미국 상원에서 오랫동안 가장 영향력 있고 존경받는 리더 중의 한 사람이다. 이 사람이 영향력을 가지게 된 이유는 국방문제 전문가이기 때문인데, 이 분야는 매우 중요한 부분이고 의회 내에 전문적인 지식을 가진 사람이 매우 드물기 때문이다. 따라서 John Warner는 정보가 부재한 상태에서 정보적 스타일을 사용하여 영향력 있는 지도자가 되었다.

표 12.2 IMPACT 스타일과 권력 기반

IMPACT 스타일[a]	권력기반[b]
정보적	전문적
사람을 강하게 끄는	참조적
권위적	합법적
친애적	
강압적	강압적/보상적
전술적	

[a]Geier et al. (1980); [b]French & Raven (1959).
IMPACT 정보적(informational), 사람을 강하게 이끄는(magnetic), 권위적(position), 친애적(affiliation), 강압적(coercive), 전술적(tactical).
출처: Geier, J. G., Downey, D. E., & Johnson, J. B. (1980). Climate impact profile. Minneapolis, MN: Performax Systems International; French, J. R. P., & Raven, B. H. (1959). The bases of social power. In D. Cartwright (Ed.), Studies in social power (pp. 150-167). Ann Arbor: University of Michigan Press.

절망적인 분위기에서 사람을 강하게 끄는 스타일

사람을 강하게 끄는 스타일(magnetic style) 리더는 자신이 가진 카리스마적 성격을 통해 이끌어간다는 것으로 가장 효과적인 상황은 절망적인 분위기 임을 주장

절망(despair) 낮은 사기를 보이는 조직 분위기

사람을 강하게 끄는 스타일의 리더는 에너지와 낙관성을 통해 리더십을 발휘하는데 이러한 스타일은 조직 구성원의 **사기가 낮은** 경우에만 효과적이다. Ronald Reagan은 사람을 강하게 끄는 스타일의 리더 중 대표적인 예이다. 대통령으로서 긍정적인 특성을 가지고 있으며 심지어 정치적으로 반대편에 있는 사람들에게도 인기가 있었다. Reagan이 대통령으로 선출된 시기에는 높은 인플레이션, 실업률과 이란 인질 사건으로 인해 국민들의 사기가 떨어진 상황이었다. 이러한 전반적으로 절망적인 분위기에는 사람을 강하게 끄는 카리스마적인 리더십이 요구되고 효과적으로 작동하는 상황이다(Latham, 1983).

불안정한 상황에서 권위적인 스타일

권위적인 스타일(position style) 리더는 자신이 가지고 있는 합법적인 지위에 의해 이끌어간다는 것으로 가장 효과적인 상황은 불안정한 분위기임을 주장

불안정성(instability) 조직구성원들이 무엇을 해야 하는지 확신이 없는 조직 분위기

권위적인 스타일의 리더는 자신이 가지고 있는 지위에 기반하여 리더십을 발휘한다. 이러한 리더들은 "상관으로서 명령하는 것이다."와 "나는 너의 어머니와 같다. 그러니 따르라." 같은 언어를 통해 사람들을 이끌어간다. 권위적인 스타일 리더는 **불안정**한 상황에서만 효과적이다. 이러한 스타일은 인수합병 시기에 사람들이 어떤 행동을 해야 할지 모르는 경우에 특히 효과적이다. 하지만 리더의 합법적인 권한의 범위에 대해서 종종 의문이 있을 수 있다(Yukl, 2012).

불안한 상황에서 친애적 스타일

친애적 스타일(affiliation style) 리더는 타인에 대한 배려를 통해 이끌어간다는 것으로 가장 효과적인 상황은 불안한 분위기임을 주장

불안(anxiety) 걱정이 지배하는 조직 분위기

강압적 스타일(coercive style) 리더는 상벌을 통제함으로써 이끌어 간다는 것으로 가장 효과적인 상황은 위기상황이 팽배한 분위기임을 주장

위기상황(crisis) 특정 의사결정이 극단적인 결과를 야기하는 조직 분위기

친애적 스타일의 리더는 타인에 대한 배려와 호감을 통해 리더십을 발휘한다. 이러한 리더는 이전에 논의한 사람 지향적 리더와 유사하다. 친애를 사용하는 리더는 **불안**한 상황 또는 걱정이 지배하는 상황에서 가장 효과적이다. 이러한 스타일의 대표적인 예가 Jimmy Carter 대통령이다. Carter는 워터게이트 사건이 발생한 직후 대통령에 당선되었는데 이 당시 많은 유권자들이 정치인과 정부에 대한 불신이 팽배해 있던 시기였다. Carter는 선거운동 기간 중에 "나는 당신들을 잘 돌봐줄 것이며 워싱턴에 있는 정치인과는 다르다"라는 구호를 성공적으로 사용하였다.

위기상황에서 강압적 스타일

강압적 스타일의 리더는 상벌에 대해 통제를 통해 리더십을 발휘한다. 이러한 리더십 스타일은 **위기상황**에서 가장 효과적이다. 주로 "실행하라. 그렇지 않으면 해고될 것이다" 또는 "시간 안에 일을 마치면 보상을 주겠다"와 같은 말을 자주 사용한다. 이러한 스타일은 전쟁 중에 전형적으로 나타난다. 만약 병사들이 명령을 거부하면 즉결심판을 내릴 수 있다. 반대로 병사가 용감한 행동을 보이는 경우에는 훈장과 승진으로 보상할 수 있다.

Mulder, de Jong, Koppelaar과 Verhage(1986)는 강압적 리더십 스타일에 적합한 상황을 밝히는 연구결과를 제시하였다. 이 연구에서 영향 분석 질문지를 통해 은행가의 리더십 스타일을 측정하였다. Mulder와 동료들은 은행가들이 위기상황에서 위기상황이 아닌 경우에서보다 공식적이고 강압적인 유형의 권력을 더 자주 사용하는 경향이 있음을 밝혔다.

리더가 사용하는 보상과 처벌의 중요성에 대해 Komaki(1998)가 수행한 일련의 연구에 의해 증명되었다. Komaki와 동료들은 경사 계급의 경찰관, 보트 조종사, 건설 현장의 감독자 및 투자 은행가를 포함한 다양한 관리자와 리더에 대한 연구를 통해 가장 효과적인 리더는 성과를 내는 부하들에 대해 상을 주고 부진한 부하들에게 벌을 내리는 리더라고 결론지었다. 아마도 가장 중요한 발견은 가장 효과적인 리더는 부하들의 성과정보를 수집하는 데 상당한 시간을 들이고 때때로 "어떻게 되가고 있냐?"와 같은 질문을 하는 리더라는 것을 제시하였다.

조직화가 안 된 상황에서 전술적인 스타일

전술적 스타일의 리더는 전략을 통해 리더십을 발휘하며, 가장 효과적인 상황은 **조직화가 결여**된 상황이다. 가장 좋은 예는 하나의 과업을 완수하기 위해 한 반이 작은 집단으로 쪼개져 있는 상황이다. 이상적으로 모든 학생들은 과업을 완수하기에 충분한 정보를 가지고 있지만, 일반적으로 시간이 부족하고 해야 할 일이 많은 상황에 접하게 된다. 이러한 상황에서 리더가 되는 사람은 집단을 잘 조직화할 수 있는 사람이다.

IMPACT 이론에 따른 효과적인 리더 되기

만약 IMPACT 이론이 맞다면 표 12.3에 제시된 4개 중 하나의 방법을 통해 효과적인 리더가 될 수 있다. 첫째, 자신의 행동 스타일과 일치되는 풍토를 발견하는 것이다. 하지만 이 방식은 상당한 운이 따르거나 인내를 필요로 한다. 왜냐하면 리더가 적절한 시기에 적절한 장소에 있어야 하기 때문이다.

두 번째 방식은 리더가 특정 풍토에 맞게 자신의 스타일을 변화시키는 것이다. 다시 말해서 만약 정보가 부재한 조직 풍토라면 개인은 자신의 행동을 바꾸고 리더십을 발휘하기 위해 정보를 사용해야 한다. 반면 사기가 낮은 조직 풍토라면 개인은 긍정적이고 쾌활해져야 한다. 따라서 자신의 행동을 환경에 맞게 적응시켜 6가지 리

표 12.3 4가지 리더십 전략

- 당신의 리더십 스타일과 일치하는 조직풍토를 발견해라.
- 당신의 리더십 스타일을 조직풍토에 맞게 변화시켜라.
- 부하의 조직풍토에 대한 지각을 변화시켜라.
- 실제 조직풍토를 변화시켜라.

더십 스타일에 "숙달"되어야 효과적인 리더가 될 수 있다.

비록 특정개인이 리더로 훈련될 수 있는가에는 계속적인 논쟁이 있지만, Collins 와 Holton(2004)의 메타분석은 리더십 훈련의 효과성에 대해 지지해주는 결과를 제시한다. 따라서 다른 리더십 스타일을 사용하려는 사람은 훈련 프로그램을 통해 필요한 기술화 행동을 학습할 수 있다.

효과적인 리더가 되기 위한 세 번째 방법은 부하들의 조직풍토에 대한 지각에 변화를 주어 리더의 행동 스타일에 맞추도록 하는 것이다. 이 전술은 정치에서 일반적인 것으로 각 후보자들이 유권자들에게 자신이 선출되는 자리에 가장 적합하다는 확신을 갖게 만드는 것이다.

효과적인 리더가 되기 위한 네 번째 방법은 조직 분위기에 대한 부하의 인식을 바꾸기보다는 실제적으로 조직풍토를 바꾸는 것이다. 분명히 이것은 어려운 일이지만 피들러의 Leader Match 훈련에서 효과가 밝혀졌다. 이러한 전략은 어렵지만 성공할 수 있다.

부하능력

리더 효과성에 중요한 영향을 미치는 요인은 부하의 능력과 태도이며 리더가 가진 리더십 스타일과 이러한 능력과 태도는 상호작용한다(Hollander & Offermann, 1990). House(1971)는 리더의 행동은 부하들이 자신의 목표설정에 도움이 된다고 지각하는 정도에 의해 수용될 것이라고 제안하였다. 따라서 부하들이 리더가 특정 목표달성을 위해 자신들을 위해서 일하고 자신에게 긍정적인 결과를 가져올 것이라 지각할 때 리더는 성공할 수 있다고 주장하였다.

왜냐하면 부하의 욕구는 상황에 따라 변화하여 리더는 부하의 욕구에 맞게 자신의 행동을 변화시켜야 하기 때문이다. 즉 어떤 상황에서는 부하들이 리더에게 지시적이며 목표를 설정할 것을 요구하는 반면, 다른 상황에서는 무엇을 해야 하는지 이미 알고 있기 때문에 정서적 지원을 필요로 한다. 부하의 요구에 맞게 자신의 행동을 바꾸는 리더는 한 가지 리더십 스타일만 고집하는 리더보다 효과적이다(Foster, 1999).

하우스의 **경로-목표 이론**에 따르면 상황에 대처하기 위해 4가지 행동적 리더십 스타일(도구적, 지원적, 참여적, 성취 지향적) 중 1가지를 선택할 수 있음을 보여준다.

도구적 스타일 리더는 부하의 활동에 대해 계획, 조직화 및 통제를 요구한다. **지원적 스타일** 리더는 부하들에 대한 염려를 하며, **참여적 스타일** 리더는 부하와 정보를 공유하며 의사결정에 참여하는 것을 허용한다. **성취 지향적 스타일**은 도전적 목표를 설정하고 성과개선에 대해 보상하는 행동을 보인다.

각각의 스타일은 단지 특정상황에서 효과적이며 부하의 능력과 과업의 구조화

경로-목표 이론(path-goal theory) 리더가 보여주는 행동이 부하들의 목표달성에 도움을 주는 경우에 효과적인 리더가 될 수 있음을 가정하는 리더십 이론

도구적 스타일(instrumental style) 경로 목표 이론에 제시된 리더가 부하의 행동을 계획하고 조직화하는 리더십 스타일

지원적 스타일(supportive style) 경로 목표 이론에 제시된 리더가 부하에 대해서 배려를 보여주는 리더십 스타일

참여적 스타일(participative style) 경로 목표 이론에 제시된 리더가 부하들을 의사결정에 참여시키는 리더십 스타일

성취 지향적 스타일(achievement-oriented style) 경로 목표 이론에 제시된 리더가 도전적 목표를 설정하고 보상을 주는 리더십 스타일

그림 12.4
부하의 능력과 의지에
기반한 적합한 상황적
리더십 스타일

정도에 의해 효과성이 달라진다. 일반적으로 부하의 능력수준이 높을수록 지시적인 리더는 효과적이지 않다. 반면 상황이 구조화되지 않았을 경우 리더는 지시적인 스타일을 보여야 한다(Schriesheim & DeNisi, 1981).

House와 Mitchell(1972)은 리더십 효과성을 위해 다음과 같은 추가적인 조언들을 제시하고 있다.

- 부하의 욕구를 확인하고 이러한 욕구를 만족시키기 위한 노력을 한다.
- 목표를 달성한 부하에게 보상한다.
- 부하에게 특정 목표를 달성하기 위한 최적의 방법을 파악하고
- 목표달성을 위한 명확한 방법을 제시한다.

경로-목표 이론은 관리자들에게 특정상황에서 어떻게 행동해야 하는지에 대한 직접적인 조언을 제시하기에 직관적으로 설득력이 있다. 또한 특성에 기초한 이론이 아니라 행동에 기반한 이론이기에 이를 교육훈련 장면에 활용할 수 있다. 하지만 경로-목표 이론에 대한 메타분석 결과는 이론을 지지해 주지 않는다(Wofford & Liska, 1993). 따라서 경로-목표 이론이 현실에 적용되기 위해서는 추가적인 연구가 필요하다.

리더와 부하 간의 관계성에 초점을 둔 다른 이론은 Hersey와 Blanchard(1988)에 의해 제안된 **상황적 리더십 이론**으로 리더는 4가지 행동 스타일(위임, 지시, 지원, 코칭) 중 하나를 사용한다고 가정한다. Hersey와 Blanchard는 가장 중요한 부하특성으로 부하 준비도 또는 특정 과업을 수행하기 위한 능력 및 의지로 개념화하였다. 부하 준비도는 Hersey와 Blanchard가 개발한 상사 평가 또는 자기 평가 설문에 의해 측정된다. 이 설문에서 나타난 점수를 근거로 부하들은 다음의 4가지 범주 또는 준비도 (R) 수준에 배치된다.

R1: 부하들의 능력이 부족하고 의지가 부족하거나 불안정한 상황
R2: 부하들의 능력이 부족하지만 의지가 있거나 자신감이 있는 상황
R3: 부하들이 능력은 있지만 의지가 부족하거나 불안정한 상황
R4: 부하들이 능력이 있고 의지가 있거나 자신감이 있는 상황

상황적 리더십 이론(sit-uational leadership theory) 효과적인 리더는 자신의 리더십 스타일을 상황 및 부하 모두에 맞게 적용해야 함을 가정하는 리더십 이론

그림 12.4에 제시된 바와 같이 R1 부하유형에 대해 가장 효과적인 리더행동은 지시적인 접근을 하는 것이다. 즉 리더가 부하에게 무엇을 해야 하고 어떻게 해야 하는지에 대해 지시하는 것이다. **코칭적인 접근법**은 R2 부하들에게 효과적인데 그 이유는 부하들이 하려는 의지는 가지고 있지만 **어떻게 하는지**를 모르기 때문이다. 이 접근법을 사용하는 리더는 어떻게 업무를 완수할 수 있는지 분명하게 설명하는 것이 중요하다. R3 부하 유형은 많은 정서적 지원 및 쌍방 의사소통을 받게 된다. 왜냐하면 이 유형의 부하들은 무엇을 해야 하는지 알고 있지만 자신이 해야 할 의지에 대해 불확실성을 가지고 있기 때문에 이를 개선하는 데 효과적이다. R4 부하유형들에게는 위임하는 리더십 스타일이 효과적이다. 이러한 유형은 이미 과업수행에 필요한 동기와 능력 모두를 가지고 있다. 따라서 리더가 해야 할 일은 부하에게 구체적인 과업을 위임해주고 관리와 감독을 최소화하여 목표달성을 순조롭게 해주는 것이 필요하다.

이 이론에 따르면 효과적인 리더는 먼저 목표와 과업에 대한 부하의 역량과 동기수준을 파악하고, 부하의 수준에 맞게 리더십 스타일을 적용해야 한다는 것이다. 부하들이 성장함에 따라서 리더는 스타일에 변화를 주어 덜 지시적으로 바뀌어야 함을 말해준다. 중요한 점은 부하들과의 소통을 통해 자신이 왜 부하들을 특별한 스타일로 다루었는지에 대한 이해를 하게 만들어야 한다는 점이다(Blanchard, Zigarmi, & Zigarmi, 2013).

다른 리더십 이론과 마찬가지로 상황적 리더십 이론은 실제 조직에 성공적으로 적용이 되기도(Gumpert & Hambleton, 1979) 하지만 그렇지 않은 경우도 있다 (Goodson, McGee, & Cashman, 1989; Norris & Vecchio, 1992). 하지만 일반적으로 Shilobod, McMullen과 Raymark(2003)와 Day 등(2002)은 리더 적응력과 자기감시 및 리더십 성과 간에 관계가 있음을 밝혀 이론을 지지해 주고 있다.

부하와의 관계

상사−부하 교환 이론[leader-member exchange (LMX) theory] 리더와 부하 간의 상호작용에 초점을 둔 리더십 이론

수직적 쌍 연결[vertical dyad linkage (VDL) theory] 리더와 부하 간의 상호작용에 초점을 둔 리더십 이론

상사−부하 교환 이론은 Dansereau, Grean과 Haga (1975)에 의해 제안되었으며, 원래는 **수직 쌍 연결 이론**이라고 명명되었다. LMX 이론은 독특한 상황이론으로 직관적으로 그럴 듯해 보이는 이론이다. 앞에서 살펴본 상황이론들은 리더와 환경 및 리더와 다양한 능력수준을 가진 종업원과의 상호작용에 초점을 두고 있다. 하지만 LMX 이론은 리더와 부하간의 **상호작용**에 초점을 둔 이론이다. 이러한 상호작용을 상사−부하 교환이라고 한다. 원래 이 이론은 두 사람 간 관계성(쌍), 부하 위에 있는 상사(수직적), 상사와 부하 간의 서로 영향을 주고 받는 행동(연결)에 기반하여 이름이 붙여졌다.

LMX 이론은 리더가 부하와 서로 다른 역할과 관계성을 발전시키며 각각의 부하들에게 서로 다른 행동을 나타낸다는 것이다. Dansereau와 동료들은 부하들은 관계

성 면에서 높은 수준을 가지는 내집단과 낮은 수준을 가지는 외집단 중 하나에 속한 다고 가정하였다.

　　내집단 구성원들은 리더와 신뢰를 형성하고 우호적인 관계를 형성하게 된다. 결과적으로 내집단 구성원들에게 의사결정에 참여할 기회를 주거나 교육기회를 부여하게 된다. 반면 외집단 구성원들은 내집단 구성원들과 다르게 다루어지는데, 이들에게는 지시적인 행동을 보이고 의사결정이 이루어지는 과정에 대한 설명은 제시되지 않는 경우가 많다(Grean & Uhl-Bien, 1995). 모두가 예측한 바와 같이, 높은 수준의 LMX를 가진 부하들은 낮은 수준의 LMX를 가진 부하들에 비해서 자신이 하고 있는 직무에 대해 더 만족하며, 높은 수준의 성과를 내며, 낮은 수준의 이직의도를 보이며, 높은 수준의 조직시민 행동을 나타낸다(Colella & Varma, 2001; Griffeth, Hom, & Gaertner, 2000; Ilies, Nahrgang, & Morgeson, 2007). 이러한 결과들은 인도, 중국, 한국과 같은 집단주의 문화권에 속하는 국가들에 비해 미국, 캐나다, 독일과 같은 개인주의 문화권에서 강하게 나타나지만 모든 국가들에 일반적으로 나타나는 현상이다(Rockstuhl, Dulebohn, Ang, & Shore, 2012).

　　내집단 구성원이 되기 위해서 종업원들은 종종 리더에 대해서 칭찬하는 아첨행동을 보인다. 이러한 아첨행동의 정도는 관리해야 하는 부하의 숫자(Schriesheim, Castro, & Yammarino, 2000) 및 부하들의 장애 여부에 따라서 달라지게 된다(Colella & Varma, 2001)

　　일반적으로 많은 연구들이 LMX 이론을 지지해준다(Erdogan & Enders, 2007). 비록 내집단 구성원들이 종종 외집단 구성원들에 비해 높은 성과평가를 받지만 성과와 LMX 간의 관계성은 복잡한 관계성이 있다. 때때로 상사와 부하는 상사-부하 교환관계에 대해 다른 관점을 가지고 있으며, LMX와 성과 간의 관계에 있어서 상사가 거느린 부하의 숫자 및 부하들이 보여주는 인상관리 시도와 같은 변수들이 조절변수로서 작용한다(Schriesheim et al., 2000).

　　보다 복잡한 것은 상사 자신이 직속상사와 관계가 좋은 경우에만 내집단 구성원들을 도울 수 있다는 것이다. 다시 말해서 상사의 직속상사가 상사를 좋아하고 조직의 지원을 받는 경우에 자신의 부하들을 돕거나 상처를 줄 수 있다는 것이다(Erdogan & Enders, 2007; Tangirala, Green, & Ramanujam, 2007).

구체적 리더 기술들

리더십에 대한 다른 관점은 뛰어난 리더는 특별한 기술들을 보유하고 있거나 열등한 리더가 가지고 있지 않은 행동을 한다는 것이다. 수많은 상황에서 많은 리더들을 관찰한 결과, Yukl(1982), Carter(1952), Hemphill and Coons(1950), and Gibbs(1969)

는 행동적 "이론"을 제안하였다. 이들에 따르면 리더는 다음과 같은 행동을 한다는 것이다.

1. 아이디어를 제안한다.
2. 부하들과 비공식적으로 상호작용한다.
3. 부하들을 지원한다.
4. 책임을 진다.
5. 집단 분위기를 조성한다.
6. 일을 조직화하고 구조화한다.
7. 부하들과 공식적인 의사소통을 한다.
8. 부하들에게 상을 주고 처벌한다.
9. 목표를 설정한다.
10. 의사결정을 한다.
11. 부하들의 기술을 개발하고 훈련시킨다.
12. 문제를 해결한다.
13. 열정을 이끌어낸다.

매릴랜드 주 교통국에서 실시한 일선관리자에 대한 직무분석 결과, Cooper, Kaufman과 Hughes(1996)는 다음과 같은 기술들이 핵심적인 것임을 밝혀냈다.

- 구조화
- 분석 및 의사결정
- 계획
- 의사소통(서면, 구두)
- 위임
- 업무습관(높은 업무 수행의 질)
- 주의력
- 대인관계 기술
- 직무 지식
- 조직에 대한 지식
- 강인함
- 도덕성
- 타인에 대한 육성
- 경청

이 이론이 특별히 흥미롭지도 않고 많은 교재에서 인용하고 있지는 않지만 실제 조직에서 나타나는 현상을 나타낸 것으로 이해하면 될 것이다. 만약 이 이론이 사실이라면 리더십과 관리는 경험을 통해서 학습 가능한 것이다(McCall, 2010). 따라서 만약 효과적인 리더가 되기 위해 위에서 밝혀진 특정한 기술과 행동이 중요하다면 많은 사람들이 훈련을 통해 효과적인 리더가 될 수 있을 것이다. 특히 충분한 학습경험이 있는 경우에는 더 그러할 것이다.

경험을 통한 리더십 기술에 대한 학습 이외에 많은 리더십 기술들은 훈련 프로그램을 통해 학습될 수 있다. 샌디에고 시는 자신만의 리더십 아카데미를 통해 관리자에게 요구되는 필수적인 기술들을 가르치고 있다. 야간과 주말과정을 통해 시 근무자들은 언어적 의사소통, 보고서 작성법, 의사결정, 갈등관리 및 성과평가에 대한 교육을 받는다. 최종적으로 이러한 내용에 대해 교육받고 시험을 통과한 후 자격증을 받게 된다. 비록 이러한 과정을 이수했다고 관리자의 자격이 충분하다고는 할 수 없지만 이를 이수한 사람들이 승진하는 경우가 많다.

만약 당신이 리더십 컨퍼런스에 참여한 적이 있다면 교육내용이 시간관리, 목표설정, 설득 및 의사소통과 같이 구체적인 리더십 기술이라는 것을 알 것이다. 이는 리더십이 특정한 학습 가능한 기술과 행동으로 구성되어 있음을 말해준다.

표 12.4　리더십 훈련 프로그램을 통한 구체적인 교육행동

구체적 행동	교재의 해당 챕터
소통기술	11
갈등관리	13
의사결정 기술	14
위임	
훈육	7, 10
동기부여	9
설득	
기획력과 조직화	
문제해결	
성과에 대한 피드백 제공	7
공개발표, 구두 의사소통	8
보상과 처벌	9
회의 진행방법	
지원과 지지	9
스트레스 관리	15
팀빌딩	13, 14
시간 관리	15
교육과 멘토링	8
사람에 대한 이해	
글쓰기	

표 12.4에 제시된 행동과 기술 각각에 대해 논의하는 것은 이 장에서 다루고자 하는 범위를 넘어서는 것이지만 이 책 전반에 걸쳐 각각의 내용을 다루고 있다. 몇 가지 추가적인 기술이 다음에 제시되었다.

의사결정을 통한 리더십

Vroom-Yetton 모델 (Vroom-Yetton Model) 리더가 내리는 의사결정의 방법에 초점을 둔 리더십 이론

의사결정은 리더가 가지고 있어야 하는 중요한 구체적인 행동 또는 기술이다. 하지만 Vroom과 Yetton(1973)은 기존의 연구에서 리더가 혼자 의사결정을 내려야 최고의 의사결정을 내리는 상황과 부하 및 동료들을 참여시켜야 최고의 의사결정을 내리는 상황이 있음을 발견하였다. 이러한 의사결정에 영향을 주는 상황적 측면에 대한 고려 때문에 Vroom-Yetton은 리더 성과는 더 나은 의사결정자가 되도록 훈련시키면 개선이 가능하다고 믿었다. 이 과정에 대해서 좀 더 상세하게 설명하기 위해 Vroom-Yetton은 의사결정 시 자신이 혼자 내려야 할 때 타인의 도움을 받아야 할 때를 결정하기 위한 의사결정 순서도를 개발하였다. 물론 개발된 순서도를 따른다고 해도 모든 상황에서 리더가 어떤 행동을 해야 할지를 결정하는 것은 불가능한 것이다. 하지만 **Vroom-Yetton 모델**은 특정 상황에서 리더가 내리는 의사결정의 과정에 대한 순서도를 제시하였다. 이 이론은 14장에서보다 상세하게 다루어질 것이다.

© Keith Brofsky/PhotoDisc/Getty Images

부하의 욕구에 부합하는 것이 리더십의 핵심요소

Avon에서는 리더십을 4가지 구성요소를 가진 역량으로 보고 있다. 첫 번째 요소는 자신에 대해서 이해하고 성공적으로 관리하며 타인과의 관계를 얼마나 잘 할 수 있는지 여부이다. 효과적인 리더는 자기 인식과 자기 조절을 위해 노력한다. 개인이 성공적으로 이러한 역량을 나타내기 위해서는 타인과 건설적인 업무적인 관계를 형성해야 하며, 자신의 성과와 발전에 대해서 책임감을 가져야 하며, 타인에 대해 열려 있고 수용적인 태도를 가져야 한다. 성공적인 리더는 서로의 이해를 증진시키고 현재 및 잠재적 고객과 시장에 자신을 잘 표현할 수 있어야 한다.

두 번째 요소는 결과에 대해 무한한 책임감을 느끼며 동시에 기업윤리와 변화에 대해 수용할 수 있어야 한다. 리더는 어려운 결정을 내릴 수 있는 용기를 가져야 하며 높은 기대를 일으킬 수 있는 환경을 조성해야 하며 사실에 기반하여 단호하게 행동할 수 있어야 한다. Avon의 효과적인 리더는 장애물이 존재함에도 불구하고 성과 지향적인 자세로 성공을 이끌어낸다. 이들은 시의 적절하며 타당한 의사결정을 내리며 자원을 효과적으로 관리한다. 이들은 타인의 경력개발과 생산성과 같은 문제에 관심을 갖는다. 최고의 의사결정을 내리기 위해 Avon의 리더들은 의사결정을 내리기 전에 자료를 파악하고 분석하는 방법을 교육받는다. 성공적인 결과 도출을 위해 리더는 자신의 목표를 달성하기 위한

Deven Bryan, M. A.
Seior Manager, Human Resources, Avon Products, Inc.

© Devon Bryan

실행계획과 일정을 제시해야 한다.

세 번째 요소는 부하를 성장시키는 능력이다. 다시 말해서 올바른 사람은 적절한 시기에 적절한 자리에 배치하는 것을 말한다. Avon의 효과적인 리더는 결과를 내고, 재능을 개발하고, 차별성을 갖는 사람들을 승진시켜 차세대 리더로 성장시키는 데 초점을 둔다. 리더들은 개인의 니즈를 파악하고 성공할 수 있도록 관련된 교육을 제공하고 코칭을 시킨다. 이들은 도움이 되는 경력 기회를 가질 수 있게 도움을 준다. 신뢰를 통해 조직에 대한 몰입을 증진시켜 부하들이 실행을 하는 데 영감을 부여한다.

마지막 요소는 장애물을 세부적으로 분석하여 매트릭스 관계를 관리한다. 효과적인 리더는 전략적 사고를 하며 다양한 관점을 통합하여 행동 지향적 실행을 하는 사람이다. 이들은 세계 어느 곳에서도 일할 수 있고 관련된 비즈니스 파트너들과 좋은 관계를 맺을 수 있다. 이들은 다양한 배경과 관점을 가진 사람들을 이해하고 잘 지낼 수 있는 능력을 가지고 있다. 비록 Avon에서 효과적인 리더가 되기 위해 다양한 핵심역량을 가지고 있어야 하겠지만, 개인적 생각으로는 리더십이 조직이 개발해야 하는 핵심적인 역량이라고 생각한다. 진정한 리더 없이 조직은 혁신할 수 없다. 대신에 모방만 할 뿐 새로운 것을 만들어낼 수 없다.

접촉을 통한 리더십: 접촉에 의한 관리

접촉에 의한 관리(management by walking around)는 또 다른 구체적인 행동이론이다. 이 이론은 리더가 사무실을 벗어나 부하 및 고객과 직접 접하며 이들의 니즈에 대해 소통할 때 가장 효과적이라고 주장한다. 월마트의 고 샘월튼은 이 방식을 사용하여 커다란 성공을 거두었다. 접촉에 의한 관리는 소통을 증가시키고 부하들과 관계를 증진시키며 종업원 참여증진에 효과적이라고 밝혀졌다(Streshly, Gray, & Frase, 2012).

Komaki와 동료들(Komaki, 1986; Komaki, Zlotnick, & Jensen, 1986)의 효과적인 은행관리자와 비효과적인 은행관리자의 행동차이에 대한 흥미로운 일련의 연구에서, 효과적인 관리자는 사무실에서 벗어나 돌아다니며 자신의 부하들과 소통하며 행동과 성과에 대해 피드백을 주는 행동을 한다고 제시하였다. 따라서 현장에서도 접촉을 통한 관리가 적용됨을 보여준다.

권력을 통한 리더십

리더가 사용하는 다른 전략은 권력을 사용한 관리이다. 권력은 타인에게 영향을 미칠 수 있기 때문에 리더에게 중요한 것이다(Nesler, Aguinis, Quigley, Lee, & Tedeschi, 1999). 권력을 가진 리더는 권력이 없거나 적게 소유한 리더보다 더 많은 자원과 강압하는 수단을 가지고 있다.

이 장의 초반에서 French와 Raven의 권력의 기초는 Geier 등이 제안한 IMPACT 이론과 일맥상통하는 측면이 있다. 이들은(French & Raven, 1959; Raven, 2008) 5가지의 기본적 권력 유형에 대해서 제시하고 있다: 전문성, 합법성, 보상, 강압 그리고 참조.

전문성 권력

전문적 권력(expert power) 특정 개인이 가진 지식에 근거한 권력

이 장의 초반에서 언급하였듯이 특정상황에서 뭔가 유용한 것을 아는 다시 말해서 전문적 지식을 가진 리더는 권력을 가지게 될 것이다. 그러나 **전문성 권력**에는 2가지 전제조건이 있다. 첫째, 리더가 가지고 있는 지식이 조직 내에 다른 사람이 필요로 하는 것이어야 한다. 대학의 심리학과에서 통계처리에 대한 지식을 가지고 있는 교수는 그렇지 않은 교수보다 권력이 있다. 유사하게 군대조직의 권력구조에 대해서 잘 알고 있는 군인은 단순히 잘 설정된 절차만을 아는 군인과 비교해서 권력을 가진다.

둘째, 다른 조직 구성원들이 특정 리더가 무언가를 알고 있다고 인식하고 있어야 한다. 정보라는 것은 다른 사람들이 특정 리더가 무언가에 대해 잘 알고 그것을 사용할 수 있다는 것을 인식하는 경우에만 권력이 될 수 있다.

합법적 권력

합법적 권력(legitimate power) 특정 개인이 선출되거나 임명됨에 근거한 권력

리더는 자신의 지위에 기반하여 **합법적 권력**을 가진다. 예를 들어, 하사관은 일반병사보다, 부사장은 부장보다, 그리고 코치는 선수보다 권력을 가지고 있다. 합법적 권력을 가진 리더들은 자신이 내린 명령을 따르게 할 수 있으나(Rahim & Afza, 1993) 높은 만족을 이끌어내지는 않는다(Rahim, 1989).

보상과 강압 권력

보상 권력(reward power) 특정 개인이 보상을 줄 수 있는 능력과 권위를 가진 정도에 근거한 권력

강압적 권력(coercive power) 특정 개인이 처벌을 줄 수 있는 능력을 가진 정도에 근거한 권력

리더는 또한 타인에게 상을 주거나 처벌할 수 있는 한 권력을 가진다. **보상 권한**은 봉급인상, 보너스 지급, 승진과 같은 금전적 보상 및 칭찬 또는 보다 나은 직무에 배치와 같은 비금전적 보상에 대해서 통제권을 갖는 것을 말한다(Ward, 2001).

다른 사람들이 리더가 타인을 실제로 처벌할 수 있다고 믿을 때 **강압적 권력**은 중요하게 작용한다. 만약 처벌 권한을 사용하지 않는다고 생각하면 강압적 권력을 유지하기 어렵게 된다. 처벌은 해고를 시키거나 승진을 시키지 않는 명백한 행동부

터 타인에 대해 관심을 가지지 않고 무시하는 모호한 행동을 모두 포함하는 것이다.

참조적 권한

리더가 가진 다른 권한의 원천은 다른 사람들이 리더에 대해서 가지는 긍정적인 감정에 기인하는 것이다. 타인에게 인기가 있는 리더는 심지어 보상과 강제적 권력이 없어도 타인에게 영향을 미칠 수 있다. 리더는 이러한 **참조적 권한**을 타인을 칭찬하거나 호의를 배풀거나 친화적인 태도를 취함으로 얻을 수 있다(Raven, 2008). 부하들이 참조적 권한을 가진 리더와 함께하는 경우에 조직몰입 및 직무만족이 증가되는 현상을 보이게 된다(Rahim & Afza, 1993).

비전을 통한 리더십: 변혁적 리더십

과거 20년 동안, 리더십 스타일은 크게 거래적 리더십과 변혁적 리더십의 2가지 유형으로 구분되어 정리되어 왔다. **거래적 리더십**은 이 장에서 언급하고 있는 목표설정, 성과에 대한 모니터링, 피드백 제공과 같은 다양한 과업 지향적 행동을 포함하는 것이다. 거래적 리더십은 상황적 보상, 능동적인 형태의 예외에 의한 관리와 수동적인 형태의 예외에 의한 관리와 같은 3개 차원으로 구성된다. 상황적 보상차원은 리더가 바람직한 행동을 하는 부하에 대한 보상을 주는 것을 말한다. 능동적인 형태의 예외에 의한 관리는 리더가 능동적으로 부하의 수행수준을 모니터링하고 필요한 경우에 조치를 취하는 것을 말한다. 수동적인 형태의 예외에 의한 관리는 리더가 능동적으로 부하의 행동을 모니터링하지 않고 문제가 심각해졌을 경우에만 필요한 조치를 취하는 것을 의미한다.

    변혁적 리더십은 타인의 목표, 가치, 윤리, 기준 및 성과에 대해 변화를 일으키는 것에 초점을 두고 있다(Northouse, 2013). 변혁적인 리더는 "비전을 제시하는", "카리스마 있는" "영감을 부여하는"의 단어로 표현된다. 이들은 비전을 제시하고, 조직을 비전에 맞게 변화시키고, 조직 구성원들을 비전 또는 장기목표를 달성할 수 있게 동기부여시킨다. 변혁적인 리더는 자신감 있고 타인에게 영향을 주려는 동기를 가지고 있으며, 자신의 신념과 생각이 옳다는 강한 태도를 가지고 있다(Bryman, 1992). 또한 변혁적인 리더는 혁신적이며, 기존의 관습에 도전하고, 사람에 초점을 맞추고, 유연하며, 미래지향적이며, 문제에 대해 치밀하게 분석하고, 도덕적으로 행동하며, 자신의 조직에 신뢰를 가지고 있다(Avolio & Yammarino, 2013; Bass & Riggio, 2006; Yukl, 1994). 거래적 리더십은 성격차원 중 외향성과 가장 큰 관련성을 나타냈으며 호감성, 성실성 및 경험에 대한 개방성과 정적인 관련성을 가지며 신경증과는 부적인 관련성을 가짐이 밝혀졌다(Bono & Judge, 2004).

    3가지 개념들이 변혁적 리더십과 높은 관련성이 있음이 제시되었다. 이들 개념은 카리스마(이상화된 영향력, 영감적 동기부여), 지적인 자극 및 개인적 배려이다.

카리스마는 부하들에게 높은 도덕적 기준을 바탕으로 강한 비전을 제시하여 어디로 나아갈 바를 제시하고, 부하들을 동기부여시키기 위한 열정을 가진 리더를 말한다. **지적인 자극**은 변화와 열린 사고를 가질 것을 주문하고, 관습에 대해 도전하고 다양성에 대해서 인정하는 리더를 말한다. **개인적 배려**는 부하의 성장을 도와주고 자신의 시간을 할애하여 멘토링과 코칭행동을 하는 것을 말한다.

변혁적 리더의 좋은 예는 Southwest Airlines을 굴지의 항공사의 반열에 올려놓은 Herb Kelleher 회장이다. Kelleher는 팔씨름 대회를 하거나 Elvis Presley 복장으로 일을 하는 행동과 같은 카리스마적 리더십을 보였으며, 고객보다 자신의 부하들을 우선시하는 종업원 지향적인 행동을 보였고, 저가 항공 정책을 통한 비전을 제시하고 많은 사람들을 동기부여시켰다.

흥미롭게도, Eagly 등(2003)이 수행한 메타분석 결과는 남성 리더들보다 여성 리더들이 카리스마적 행동을 좀 더 높게 보임을 제시하였다. 남성 리더들이 일반적으로 여성 리더에 비해서 거래적 및 자유방임적 리더십 행동을 나타내는 반면, 여성 리더들은 보상을 부하들을 동기부여시키는 수단으로 더 적절히 활용하고 있음이 밝혀졌다.

Yukl(1994)은 변혁적 리더가 되기 위한 다음의 지침을 제시하였다.

- 분명하고 설득력 있는 비전개발
- 비전을 달성하기 위한 전략개발
- 비전을 명료하게 제시하는 것
- 자신감 있고 낙관적으로 행동하는 것
- 부하들에게 자신감을 표현하는 것
- 자신감을 가지게 하기 위해 초반에 성공사례를 남기는 것
- 성공에 대해 축하하는 것
- 핵심 가치를 강조하기 위한 드라마틱하고 상징적인 행동을 사용하는 것
- 좋은 사례를 이끌어 내는 것
- 상징, 슬로건과 의식과 같은 문화를 창조하고, 수정하고, 제거하는 것

변혁적 리더십에 관한 연구는 긍정적인 결과를 나타낸다. Judge 등(2004)의 메타분석은 변혁적 리더십과 부하들의 만족, 동기수준 및 집단 수행과 같은 리더 효과성을 나타내는 다양한 요소들과 강한 관련성이 있음을 제시하였다. 또한 변혁적 리더십은 모든 국가에 적용될 수 있으며 종업원들에게 인기가 있음이 밝혀졌다(Bass, 1997).

성공과 실패한 다양한 리더들에 대해 분석한 Hunt와 Laing(1997)의 연구에서 리더에 대해 "변혁적이다" 또는 "카리스마적이다"라는 이름을 붙이는 데 너무 많은 노력을 기울여 왔다고 결론지었다. 대신에 이들 연구자들은 뛰어난 리더십은 실제 예

로서 정의되어야 함을 강조하였는데, 다시 말해서 어떤 리더가 성공적인 리더와 유사한지와 성공하지 못한 리더와 차이점이 있는지에 대한 것을 보는 것이 중요하다고 제시하였다. 이는 Judge 등(2004)의 메타분석과 맥락을 같이 하는 데 변혁적 리더십의 효과성이 지지되기는 하였지만, 실제로 유사한 결과가 거래적 리더십의 경우에도 나타난다는 사실이 발견되엇다.

자신들의 연구결과를 기초로 Hunt와 Laing(1997)은 좋은 리더는 다섯 가지의 특징(비전, 차별화, 가치, 비전과 가치 전달, 결점)을 가지고 있는데 이는 나쁜 리더들과 차별적인 것이라고 제안하였다.

비전

변혁적 리더십의 개념과 일치되게 좋은 리더는 조직이 나아갈 방향과 목표달성에 대한 지침을 제시한다. Hunt와 Laing(1997)은 부하들은 자신의 리더가 비전을 가졌는가에 대한 인식에 있어 고성과 리더에 대해서는 72%가, 저성과 리더에 대해서는 34%만이 비전을 가지고 있다고 인식하고 있음을 발견하였다.

차별성

성공적인 리더는 부하들과 다르다. 이는 성격일 수도 있고 카리스마, 지식 또는 기술일 수 있다. 비록 성공적인 리더가 부하와 다른 점도 있지만 공통점도 있다. 이러한 좋은 예가 대통령 선거이다. 전국 유세기간 동안 후보자는 지역주민들과 동질감을 위해 그 지역 특성에 맞는 옷을 입는다(예, 텍사스에서는 카우보이 복장, 아이오와에서는 John Deere 모자 착용). 그렇지만 여전히 일반사람들과는 다른 "대통령감으로 보이려는" 노력을 한다.

가치

성공적인 리더는 강한 가치를 가지고 있다. 예를 들어 Walmart 설립자인 Sam Walton은 고객서비스에 강한 가치를 부여하는 반면, 전 Southwest Airlines CEO인 Herb Kellerher는 종업원과의 관계에 강한 가치를 가지고 있다.

비전과 가치 전달

성공적인 리더는 비전과 가치를 타인에게 전달할 수 있다. 미국 대통령 연설문에 대한 연구에서 내용에 기초한 수사를 사용한 대통령보다 이미지를 사용한 메시지를 전달한 대통령이 보다 카리스마 있고 "훌륭하다"는 평가를 받았다(Emrich, Brower, Feldman, & Garland, 2001).

결점

흥미롭게도 훌륭한 리더들은 일반적으로 중요한 결점을 가지고 있으며 자신들도 알고 있다. 이러한 결점은 리더를 더 인간적으로 다가오게 하며, 부하들이 리더에 대해 실망할 경우 공격 포인트가 된다. 이러한 결점은 몇몇 대통령의 예에서 알 수 있다.

지미 카터의 애정이 동반되지 않은 성욕, 레이건 대통령은 건망증, 빌 클린턴은 불륜사건, 조시부시는 영어발음, 버락 오바마는 숨어서 담배를 피는 행동이 있었다. 우리는 이러한 결정에 지나치게 집중해서 정작 중요한 문제들(예, 윤리성, 경제, 대외 정책)에 대해서는 간과하는 경향이 있다.

진정성을 통한 리더십

2003년, 전 Medtronic CEO Bill George는 리더십에 대한 한 권의 책을 출판하면서 특정 리더십 스타일을 **이미지화**해 투사하고 특정 환경에 맞게 리더십 스타일을 변화시키는 것에 대해 비판하면서 **진성 리더십**을 주장하였다(George, 2003). 핵심적인 주장은 리더는 타인의 리더십 스타일을 흉내 내거나 긍정적인 환경을 조성하기 위해 윤리, 신념, 가치관이 있는 것처럼 행동하는 것이 아니라 자신의 윤리, 핵심적인 신념 및 가치를 나타내야 한다는 것이다. 진성 리더는 자신의 명성이나 이익을 목적으로 하지 않고, 타인에게 봉사하며 타인에게 권한을 위임해주는 행동을 보여야 한다는 것이다. 전 EEOC 총재 Cari Dominguez는 이러한 스타일을 "마음으로 이끄는 리더십"(Dominguez & Sotherlund, 2010)이라고 칭했으며, Whitney와 Trosten-Bloom(2012)은 "감사하는 리더십"이라고 명명하였다.

진성 리더십의 중요한 측면은 자기 인식이다. 성공적인 리더가 되기 위해서는 자신이 누구인지 이해해야 하고, 약점에 대해 인식하고 수용하며, 이러한 약점을 보완하기 위한 노력을 해야 한다는 것이다. 진성 리더는 높은 자존감을 가지고 있으며, 이는 용기 있고 정의로운 행동을 하게 하며, 비판에 대해서 수용할 수 있게 하며 필요하다면 자신이 변화할 수 있게 만든다.

진성 리더십(authentic-leadership) 리더가 자신의 이익보다는 정직, 개방 및 타인에 대한 봉사를 통해 리더십을 발휘해야 한다는 이론

리더십에서의 문화차이: GLOBE 프로젝트

과거 수년 동안 대략 150명의 연구자들이 참여한 범국가적인 프로젝트가 리더십에 대한 문화적 차이를 주제로 광범위하게 수행되었다. 이 프로젝트는 GLOBE(Global Leadership and Organizational Behavior Effectiveness)라고 명명되었으며, 다음의 두 가지 목표를 가지고 진행되었다. 첫째, 문화 간 차이와 유사성을 파악 둘째, 문화 간에 차이가 발생하는 이유 파악(House, Javidan, Hanges, & Dorfman, 2002). GLOBE 프로젝트에 참여한 연구자들은 문화는 다음에 제시된 9개의 차원에서의 차이로 분류될 수 있다고 결론지었다.

- **불확실성에 대한 회피**: 특정문화가 사회적 규범 및 의식을 통해 불확실성을 회피하는 정도

리더십에 문화적 차이가
존재하는가?

- **권력거리**: 권력이 불균형하게 공유되는 정도
- **사회적 집단주의**: 특정문화가 자원에 대해 집단적으로 분배하는 것을 권장하는 정도
- **내집단 집단주의**: 개인이 자신이 속한 조직 및 가족에 대해서 자부심을 표시하는 정도
- **성별 박애주의**: 특정문화가 성역할에서 차이를 최소화시키고 차별을 금지하는 정도
- **주장성**: 특정문화의 개인이 사회적 관계에서 주장적이고 도전적인 정도
- **미래 지향성**: 특정문화가 미래에 대해서 계획을 세우고 투자하는 정도
- **수행 지향성**: 특정문화가 성과에서 향상이 있는 경우에 격려하고 보상하는 정도
- **인간 지향성**: 특정문화가 공정성, 돌봄 및 기부하는 행위에 대해서 격려하고 보상하는 정도

61개 국가에서 수집된 자료를 비교분석한 결과 각 국가들은 10개 범주 중 하나에 속하는 것으로 나타났다(Gupta, Hanges, & Dorfman, 2002). 이들 범주들은 표 12.5에 제시되었다.

또한 GLOBE 프로젝트는 6개의 주요 리더십 스타일이 문화를 분류하는 것으로 나타났다(카리스마적, 자기 방어적, 인간적, 팀 지향적, 참여적 및 자발적 리더십 스타일, Den Hartog, House, Hanges, Ruiz-Quintanilla, & Dorfman, 1999). 카리스마적 스타일은 비전, 영감, 정직성 및 성과지향성을 포함한다. 자기 방어적 스타일은 절

표 12.5 GLOBE 프로젝트: 리더십에서의 문화차

	리더십 스타일 원점수					
	카리스마	팀	자기방어적	참여적	인간적	자율적
국가						
평균	5.83	5.76	3.45	5.35	4.77	3.86
표준편차	0.33	0.26	0.41	0.41	0.38	0.45
라틴 유럽(이스라엘, 포르투갈, 스페인, 프랑스, 프랑스어를 사용하는 스위스지역)	5.74	5.83	3.19	5.48	4.24	3.70
동부 유럽(헝가리, 러시아, 그리스, 폴란드, 조지아, 슬로베니아, 알바니아, 카자흐스탄)	5.73	5.50	3.67	5.09	4.75	4.18
독일권 유럽(오스트리아, 스위스, 네덜란드, 독일)	5.93	5.62	3.03	5.85	4.71	4.16
아랍문화(카타르, 모로코, 터키, 이집트, 쿠웨이트)	5.35	5.55	3.79	4.98	4.80	3.69
앵글로 문화[미국, 영국, 호주, 캐나다, 뉴질랜드, 아일랜드, 남아공(백인표본)]	6.04	5.74	3.82	5.72	5.08	3.82
남아시아(인도, 인도네시아, 필리핀, 말레이시아, 태국, 이란)	5.97	5.86	3.82	5.06	5.68	3.99
라틴 아메리카(아르헨티나, 볼리비아, 브라질, 콜롬비아, 코스타리카, 에콰도르, 엘살바도르, 과테말라, 멕시코, 베네수엘라)	5.91	5.91	3.65	5.25	4.85	3.68
사하라 지역 아프리카[나미비아, 잠비아, 짐바브웨, 나이지리아, 남아공(흑인표본)]	5.63	5.57	3.74	5.19	5.22	3.69
유교문화권 아시아(대만, 싱가포르, 홍콩, 한국, 중국, 일본)	5.64	5.62	3.73	4.99	5.04	4.03
북유럽(덴마크, 핀란드, 스웨덴)	5.88	5.76	2.77	5.64	4.59	3.97

	리더십 스타일 표준점수					
문화범주	카리스마	팀	자기방어적	참여적	인간적	자율적
라틴 유럽	−0.27	0.27	−0.63	0.32	−1.39	−0.36
동부 유럽	−0.30	−1.00	0.54	−0.63	−0.05	0.71
독일권 유럽	0.30	−0.54	−1.02	1.22	−0.16	0.67
아랍문화	−1.45	−0.81	0.83	−0.90	0.08	−0.38
앵글로 문화	0.64	−0.08	0.90	0.90	0.82	−0.09
남아시아	0.42	0.38	0.90	−0.71	2.39	0.29
라틴 아메리카	0.24	0.58	0.49	−0.24	0.21	−0.40
사하라 지역 아프리카	−0.61	−0.73	0.71	−0.39	1.18	−0.38
유교문화권 아시아	−0.58	−0.54	0.68	−0.88	0.71	0.38
북유럽	0.15	0.00	−1.66	0.71	−0.47	0.24

© Cengage Learning®

GLOBE = Global Leadership and Organizational Behavior Effectiveness.

차를 준수하고, 지위 차를 강조하고, 자기 중심적이며, 체면유지를 포함한다. 인간적 스타일은 겸손 및 타인에 대한 도움을 포함한다. **팀 지향적** 스타일은 협력, 팀빌딩, 민주적인 것을 포함한다. **참여적** 스타일은 의견수렴, 타인에 대한 도움을 포함한다. **자발적** 스타일은 독립적, 개인적 및 스스로 의사결정하기를 포함한다.

GLOBE 프로젝트 참여 연구자들은 6개의 리더십 차원에 따라 10개의 문화범주에 있어 차이가 있음을 밝혔다. 예를 들어 다른 문화범주와 비교해서 앵글로 범주에 속한 리더들은 자기 방어적 및 참여적인 면에서 더 높은 수준을 보였고, 노르딕 유럽 범주의 리더들은 더 참여적인 반면 덜 자기 방어적으로 나타났으며, 남부 아시아 범주의 리더들은 인간적이지만 덜 참여적인 것으로 나타났다.

리더십: 현 위치는 어디인가?

이 장의 대부분은 리더십 이론들을 기술하고 있다. 물론 여러 가지 이론들이 같은 주제를 다루고 있어서 "그럼 어떤 이론이 맞는 것이냐,"는 의문이 들 수 있다. 가능한 답변은 각각의 이론들이 부분적인 정답을 제시하고 있기 때문에 최적의 "이론"은 이러한 개별이론의 조합이라고 할 수 있다.

그림 12.5에서 볼 수 있듯이, 이 장에 제시된 모든 이론을 조합하면 리더십은 리더의 특성과 기술 간의 조합, 상황의 요구와 특성 간의 조합 및 부하의 니즈와 특성 간의 조합에 상호작용하는 하나의 세트라고 표현할 수 있다. 만약 리더의 특성과 기술의 관점을 기준으로 본다면 성공적인 리더가 되려면 다음과 같은 사항들이 충족되어야 한다.

- 리더십 훈련을 이수하여 표 12.4에 제시된 기술들을 습득하게 되는 것
- 높은 자기감시 수준을 가지는 것
- 과업 및 사람 지향성을 모두 높게 가지는 것
- 리더십 동기 패턴을 가지는 것(높은 권력지향, 낮은 친화욕구)
- 높은 지능 수준
- 높은 정서적 안정성(인기만 추구하는 사람, 자기애주의자 및 수동적 공격성을 가진 사람이 가진 문제 있는 성격특성을 가지지 않는 것)
- 변혁적 리더가 되기 위한 기술과 성격

만약 한 개인이 이러한 기술과 특성을 가지고 있다면 리더십 성과는 상황특성에 의해 결정된다. 따라서 그림 12.6에 제시된 바와 같이 어떤 사람은 특정 유형의 사람들이 부하로 있을 때 특정상황에서 효과적인 리더가 될 수 있다. 예를 들어, 합법적 권한과 참조적 권한을 가진 리더(리더에게 상당히 호의적인 환경)가 처한 상황이 구

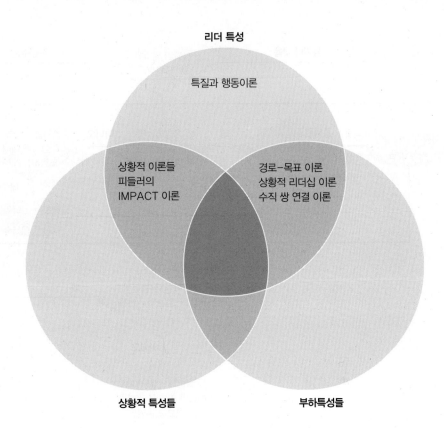

리더 특성

특질과 행동이론

상황적 이론들
피들러의
IMPACT 이론

경로–목표 이론
상황적 리더십 이론
수직 쌍 연결 이론

상황적 특성들　　　　　　　　부하특성들

그림 12.5
효과적 리더십: 리더,
상황 및 부하특성의
상호작용

조화된 경우, 낮은 LPC 리더가 높은 LPC 리더보다 더 나은 성과를 보인다. 만약 부하들이 특정 과제를 수행할 능력과 동기가 부족한 경우, 지시적 리더십 스타일이 지원적 리더십 스타일보다 효과적이다. 조직의 상황이 절망적이고 리더가 참조적 권한을 가진 경우, 사람을 강하게 끄는 리더십 스타일이 정보를 제시하는 리더십 스타일보다 효과적이다. 불행하게도 현재까지 어떤 상황에서 만능으로 작용하는 리더십은 밝혀내지 못했다. 그러나 다음의 가정들을 기억하는 것이 도움이 된다.

첫째, 상황에 따라 상이한 리더십 스타일과 기술을 필요로 하기 때문에 관련되는 다양한 기술을 가진 사람이 다양한 상황에서 효과적인 리더십 스타일을 나타낼 수 있다. 다시 말해서, 단순히 높은 수준의 기획능력을 가진 사람은 기획능력을 요구하는 상황에서만 효과적인 리더라는 것이다. 하지만 어떤 리더가 기획력과 설득력, 목표설정 및 동기부여 능력을 가지고 있다면 다양한 상황에서 효과적인 리더가 될 수 있다.

이러한 점은 표 12.6에 분명하게 나타나는데 효과적인 리더가 되기를 원하는 사람은 최대한 많은 수의 리더십 기술을 가지고 있어야 한다. 이러한 리더십 기술은 리더십 컨퍼런스에 참석하거나 대학 강의를 수강하거나 하는 다양한 방식으로 습득할 수 있다. 경력 워크샵 박스에 전반적인 전략이 포함되어 있다.

둘째, 사람들은 다양한 니즈와 성격을 가지고 있기 때문에 이러한 사람들의 니즈

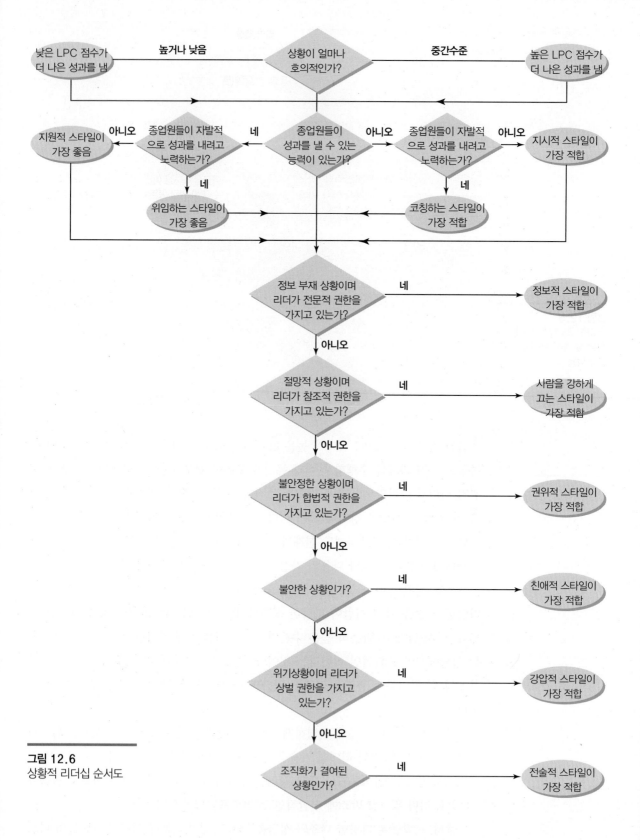

그림 12.6
상황적 리더십 순서도

표 12.6 효과적인 리더십 기술들

리더십 기술	상황/부하의 필수요소				
	정보	방향성	공감/지원	동기부여	설득
의사 결정		X			
목표 설정		X			
설득	X	X		X	X
팀 빌딩			X	X	
스트레스 관리			X		
친밀감			X	X	
공감			X		
에너지				X	
시간 관리		X			
기술적 지식	X				
지능	X	X			

에 부합하고 적응적인 행동을 보이는 대인관계적 리더십 스타일을 가진 리더는 하나의 스타일을 고집하는 리더보다 효과적이다. 적응하는 데 있어 리더가 부하들에 니즈에 부합하는 행동을 보이는 것이 서로 다른 니즈를 가진 개인이 리더의 니즈와 스타일에 맞추는 것보다 쉬운 일이다.

마지막으로, 리더는 다양한 특성을 가진 상황과 부하에 맞게 행동해야 하기 때문에 상황 및 부하의 요구를 명확히 이해하고 이에 상응하는 행동을 해야 한다. 따라서 상황과 부하의 니즈를 명확하게 파악하는 리더는 그렇지 못한 리더들보다 효과적이다.

왜 리더십에 대한 연구가 중요한가? 연구결과들에 따르면 리더의 성과가 조직성과에 직접적인 영향을 미치기 때문이다. 또한 부하들이 리더에 대한 신뢰가 있을 때, 부하들은 더 나은 성과를 내고 직무에 만족하고, 조직에 몰입하며, 낮은 이직을 보이며, 조직시민 행동을 나타내는 것으로 밝혀졌다(Dirks & Ferrin, 2002).

경력 워크샵　　**리더십 기술 습득하기**

당신은 인생을 통하여 리더가 될 수 있는 많은 기회를 가질 수 있다. 예를 들어 부모, 코치, 감독자 및 어떤 집단의 대표자로서 이러한 기회를 가질 수 있다. 효과적인 리더가 되기 위해서 다음에 제시하는 조언을 참고하길 바란다.

대학 재학 중

➥ 성공적인 리더가 되기 위해 필요한 기술이 무엇이지를

파악하라. 이 장을 읽는 것은 좋은 출발점이 된다. 인터넷, 도서관, 책, 비디오를 통해서 추가적인 정보를 찾아보라. 다음으로 대학 내 클럽의 운영자가 됨으로써 이러한 기술을 실제 실습해 볼 수 있는 기회를 잡아라. 리더십 기술을 사용하면 할수록 기술은 점점 더 늘게 될 것이다.

➥ 당신에게 부족한 기술이 무엇인지를 발견하고 인정하

라. 성공적인 리더는 자신의 약점에 대해서 인정하고 개선하려는 노력을 보인다. 만약 당신이 개선해야 하는 방법에 대해서 잘 모르겠으면 당신이 신뢰할 수 있는 사람에게 솔직하게 말해 달라고 요청하라.

➡ 많은 대학들은 리더십에 대해 초청연사의 강의를 열거나 리더십 워크샵을 제공한다. 이러한 프로그램이 언제 열리는지 알고 있다가 참석하라.

➡ 감독 역할을 빠른 시간에 할 수 있는 맥도날드와 같은 곳에서 임시직으로 경험을 쌓아라. 인명 구조원과 같은 일은 더 재미있을 수 있지만 리더십 경험을 쌓을 수 있는 직업은 훨씬 더 이득이 될 것이다.

➡ 대학 또는 대학 외부에 개설되는 갈등관리 프로그램에 등록하라. 성공적인 리더가 되기 위해 필요한 중요한 기술은 갈등관리를 훌륭히 해내는 방법을 아는 것이다.

➡ 학교 또는 일을 하면서 당신이 성공적인 리더라고 생각하는 사람과 동일시하라. 이 사람의 행동을 관찰하고 이러한 행동에 타인이 어떻게 반응하는지 살펴보라. 이러한 행동이 당신이 배우고 싶어하는 것인가? 아니면 사용하면 안 되는 것으로 생각되는가? 리더에게 무엇을 생각하고 왜 그렇게 행동했는지 물어보라.

➡ 만약 당신이 어떤 주제에 대해서 특별히 잘 알고 있다고 생각되면 다른 학생들을 돕는 튜터로 활동하라. 이는 당신의 코칭 기술을 향상에 도움이 된다.

졸업 후

➡ 당신이 첫 직장에 들어갔을 때 성공적인 리더라고 생각되는 사람을 동일시하라. 대학에 다닐 때처럼 이들의 행동을 관찰하고 질문해라

➡ 리더십 개발 세미나에 참여하라. 아마도 회사가 이 비용을 지불해줄 것이다.

➡ 전문가 집단에 가입하고 위원회에 자발적으로 참여하라. 결과적으로 위원장과 같은 리더십 자리를 맡게 될 것이다.

➡ 위원회에 자발적으로 참여하라. 여기서 사람들을 조직화하는 방법, 전략적 계획을 설정하는 방법, 공적인 장소에서 말하는 방법, 갈등을 조정하는 방법, 동기부여 및 팀에서 일하는 방법을 배울 수 있다.

➡ 새로운 일을 하는 데 자원하는 것은 새로운 기술을 배울 수 있다. 다른 사람들은 당신이 주도성을 가지고 있다고 여길 것이고 당신은 새로운 정보와 기술을 배울 수 있다.

➡ 함께 일하는 동료들에게 솔직해져라. 성공적인 리더십의 가장 중요한 요소 중의 하나는 타인으로부터 신뢰들 받는 능력이다.

응용 사례 연구

Claim Jumper 레스토랑에서의 리더개발

모든 레스토랑의 중요한 성공요인은 레스토랑을 운영하는 일하는 관리자들의 질적인 수준이다. 자신이 하고 있는 일을 좋아해야 하고 전문가이어야 하며 레스토랑에서 일하는 직원들을 관리하는 리더십을 갖추어야만 한다. Claim Jumper 레스토랑은 캘리포니아 지역의 레스토랑 체인으로 레스토랑 관리자를 선발하고 교육하는 데 있어서 흥미로운 프로그램을 운영하고 있다.

Claim Jumper 1호점은 1977년 로스엔젤레스에 처음 점포를 개설하였으며 현재 37개 점포를 가지고 있으며, 대부분이 미국 서부에 위치하고 있다. 모든 레스토랑은 미국의 "골드러시 시대"를 모티브로 삼아 이 당시의 건물들을 모방하였다.

점심과 저녁시간 모두 영업을 하며 다양한 메뉴를 제공한다.

이 레스토랑 체인은 관리자를 채용하는 데 2가지 전략(외부영입 및 내부승진)을 사용한다. 2001년 내부 승진자들을 선발하고 교육하는 데 있어서 새로운 프로그램을 개발하였다. 관리자 자리에 관심이 있는 내부직원들에 대해 이들이 역량을 가지고 있는지에 대한 1차 스크리닝을 실시하고, 만약 역량이 있다고 판단되면, 관리기술과 관리경험을 가지게 하기 위해 Expeditor 프로그램에 참여시킨다. 만약 이 프로그램에서 부적합하다고 판단되면 이들에게 개선해야 할 사항에 대한 피드백을 제공한다.

Expeditor 프로그램에 참여한 종업원들은 "Expeditor"라고 불리며, 레스토랑 관리자 옆에서 일을 하며 관리자들에게 관리기술과 경험에 대해서 전수받도록 하고, 관리자들은 이들의 발전속도에 대해서 피드백을 제공한다.

■ 만약 당신이 Claim Jumper 레스토랑에서 관리자들 선발하고 교육하는 책임자라면 어떤 역량과 경험에 대해 초점을 두겠는가?

■ 이 장에서 학습한 것에 기초해서 현재 종업원들을 교육하여 좋은 리더로 만드는 것과는 반대로 적합한 역량을 가진 인재를 선발하는 데 초점을 두겠는가?

Claim Jumper 프로그램에 대해서 더 자세한 사항을 알고 싶으면 교재 웹페이지에 접속해보라.

윤리에 대한 관심   윤리와 리더십

다음의 네 가지 상황에 대해 상상해보라:

■ 한 학기에 6번 이상 결석한 학생에게 F학점을 주는 교수가 6번 이상 결석한 세 명의 학생 중 2명에게는 F학점을 주고 한 명의 학생에게는 F학점을 주지 않기로 결정했다. 왜냐하면 자신이 이 학생에게 F학점을 주면 졸업을 못하기 때문이었다. 이 학생의 경우에는 졸업이 안 되는 경우에 가을로 예정되어 있는 석사과정에 입학할 수가 없는 상황이었다.

■ 정신건강 기관의 책임자는 작년 자신이 소속한 기관에 방문한 환자 수를 부풀려 보고했다. 이 기관은 주정부로부터 매해 방문한 환자 수를 기준으로 지원금을 받고 있다. 이 책임자는 솔직한 보고를 한 경우에 다음 해에 운용할 수 있는 지원금이 상당히 줄어들게 되어 직원들을 해고해야 하며, 결과적으로 돌봐야 하는 환자 수도 줄어들게 된다는 생각을 하였다.

■ 한 감독자는 자신이 부하에게 회사 정책인 30분 동안의 점심시간을 어기고 1시간의 점심시간을 허용하였다. 이 감독자가 생각하기에는 직원들이 자신이 해야 할 일을 완결지으면 점심시간이 30분이든 1시간이든 괜찮다고 생각했다.

■ 정직이 가장 중요하다고 믿어온 오빠가 여동생이 새 드레스를 입은 모습에 대해서 실제로는 전혀 예쁘지 않았음에도 불구하고 매우 예쁘다고 말해주었다.

위에서 제시한 예는 리더십 자리에 있는 사람들이 겪는 것들이다. 리더는 다른 사람들이 존경하고 기꺼이 따르려는 사람이다. 리더는 다른 사람들이 목표를 달성하게 만들 수 있고, 타인의 행동과 직업적 및 개인적 인생에 지침을 제시하고 영향을 준다. 리더는 완전한 사람이다. 리더에 대한 이러한 정의에 비추어 본다면, 누구나 리더가 될 수 있으며, 리더로서 살아왔으며, 한 번쯤은 리더의 역할을 해 보았다. 교수는 교실에서 리더이며, 책임자는 기관에서 리더이며, 감독자는 자신이 소속된 부서에서 리더이며, 오빠는 동생에게 리더이다.

위에서 제시된 리더의 공통점은 규칙을 바꾸고 있다는 것이다. 규칙을 바꾸는 것은 자신이 설정하던 그렇지 않든 간에 규정과 정책에 반하는 행동을 한 것이다. 예를 들어 6번 결석에 대한 F학점 부여 및 점심시간 30분과 같은 것이다. "규칙을 바꾸는 것"에 대한 2가지 생각을 해볼 수 있다. 하나는 이것이 비윤리적인가이며 다른 하나는 필요한가이다. 규칙을 바꾸는 것이 필요하다는 사람은 모든 규칙은 깨어지게 되어 있다는 믿음을 가지고 있다.

요약

이 장에서 배운 것은 다음과 같다.

■ 지능, 대인관계 적응, 자기감시, 리더십 동기유형(높은 권력욕구, 낮은 유친욕구) 및 특정과업과 개인의 지향성 간의 조합은 높은 수준의 리더십 성과와 관련된다.

■ 또한 리더십 효과성은 리더와 상황 간의 상호작용의 함수이다. 상황적 호의성(피들러 이론), 조직 풍토(IMPACT 이론), 부하의 능력(경로–목표 이론, 상황적 리더십 이론) 및 리더와 부하 간의 관계(수직 쌍 연결 이론, LMX 이론)와 같은 것들이 중요한 상황에 포함된다.

■ 효과적인 리더는 설득, 동기부여, 의사결정과 같은 구체적인 기술을 소유하고 있으며, 효과적이지 않은 리더는 이러한 기술을 가지고 있지 않다.

복습을 위한 질문

1. 리더십 역할을 추구하는 사람들, 리더로 부각된 사람들 및 성공적인 리더들 간에 유사한 특성을 가지고 있는가?
2. 여러 상황 이론 중 성공적인 리더십을 가장 잘 설명해주는 이론은 무엇이라고 생각되는가?
3. 호간은 성공하지 못한 리더십에 대한 3가지 주요 요인들을 제시하였다. 이 밖에도 다른 요인들이 있는가?
4. 효과적인 리더십은 학습될 수 있는가?
5. 리더가 설득적으로 보이기 위해서는 어떻게 해야 하는가?

Chapter 13

집단 행동, 팀, 갈등
GROUP BEHAVIOR, TEAMS, AND CONFLICT

학습목표

➜ 집단과 팀이 무엇으로 구성되었는지 이해한다.

➜ 사람들이 왜 집단에 참여하는지 배운다.

➜ 집단의 수행능력을 향상시키는 법을 이해한다.

➜ 팀이 어떻게 운영되는지 배운다.

➜ 언제 집단의 수행이 개인의 수행보다 뛰어난지 이해할 수 있다.

➜ 팀 접근법이 항상 최선책은 아님을 이해한다.

➜ 집단과 팀 내 갈등의 발생원인을 이해한다.

➜ 집단과 팀 내 갈등을 줄이는 방법을 이해한다.

545

이례적인 경우를 제외하고, 대부분 직원들은 직장 내에서 집단이나 팀에 속하여 생활한다. 소방관들은 화제를 진압하기 위해서 함께 일하고, 관리자들은 위원회 회의에서 함께 결정을 내리며, 은행 직원들은 고객을 상대하기 위해 함께 일한다. 직원들은 집단 혹은 팀에 속하여 주로 일하기 때문에 관리자나 리더가 집단 역학 (group dynamics)을 이해하는 것은 중요하다. 또한 특히, 회사가 팀을 지속적으로 이용하는 것을 고려할 때 집단 역학에 대한 이해는 중요하다(Lawler, 2001).

집단 역학

집단의 정의

집단 역학과 관련된 문헌들을 살펴보면, 합의된 집단의 정의(definition of a group)가 없다는 사실을 금새 알 수 있다. 몇몇 전문가들은 두 명 이상의 사람들이 그들을 집단으로 인지(*perceive*)하고 어떤 식으로든 **상호작용**(*interact*)하는 것이라는 집단의 일반적인 정의를 사용한다. 다른 정의들은 집단이 반드시 일정 수준의 구조(structure)와 영속성(permanency)이 있어야 한다는 내용을 포함한다. 나는 Gordon(2011)의 정의를 선호하는데, 그는 집단을 사람들의 무리로 불렀으며 다음의 4가지 기준이 부합되어야 한다고 주장했다: (a) 집단의 구성원들은 반드시 자신들을 하나의 단위로 인식해야 한다; (b) 집단은 구성원 개개인에게 반드시 보상을 제공해야 한다; (c) 한 명의 구성원에게 발생한 사건은 집단의 다른 모든 구성원들에게 영향을 준다; (d) 집단의 구성원들은 반드시 공통된 목표를 가지고 있어야 한다.

자신들을 하나의 단위로 인식하는 여러 구성원들(multiple members who perceive themselves as a unit)

첫 번째 기준은 집단이 반드시 여러 구성원들로 구성되어야 한다는 것이다. 확실히, 한 사람은 집단을 구성할 수 없다(그가 다중인격자라고 해도 말이다!). 따라서 최소한 두 명의 사람들이 집단을 구성하는 데 필수적이다. 우리는 일반적으로 두 사람을 한 쌍(*Dyad*), 세 사람을 삼인조(*traid*), 그리고 4~20명에 정도의 사람들을 소집단(*small group*)이라고 한다(Forsyth, 2013). 집단으로 간주되려면, 2명 또는 그 이상의 사람들이 자신들을 하나의 단위로 바라보아야만 한다. 그러므로 산책을 하고 있는 3명의 사람들이 서로를 알고 있고 함께라고 인식할 때만이 그들을 집단으로 볼 수 있다. 상점에서 쇼핑을 하고 있는 8명 각각의 고객들은 집단으로 간주되지 않을 것이다.

집단 보상(group rewards)

집단에 대한 두 번째 기준은 집단의 일원이 되는 것 자체가 집단에 속하는 각 개인들이 보상을 받는다는 것이다. 다음으로 우리는 사람들이 집단에 참여하려는 이유에 대해서 배울 것이다. 하지만 지금은 사람들이 집단으로부터 어떤 형태의 보상이 제공될 때만 집단에 합류하거나 집단을 형성한다는 것을 기억하는 것이 중요하다.

이러한 요점을 설명하기 위해서 4명의 학생이 시험 공부를 한다고 가정해보자. 만일 4명이 분리된 방에서 각자 공부하고 서로 정보를 교환하지 않는다면 그들은 집단이 아니다. 마찬가지로 이번에는 그들이 도서관에서 한 책상에 함께 앉아 있다고 생각해보자. 만일 각자가 책을 개별적으로 공부하고 나머지 3명과 소통하지 않는다면, 이들 4명은 집단으로 볼 수 없다. 왜냐하면 어느 누구도 다른 이들로부터 보상을 받고 있지 않기 때문이다. 하지만 만일 반대로 어느 누구도 독립적으로 공부하지 않고 함께 공부한다면 이들은 집단으로 간주될 것이다. 왜냐하면 이들에게는 함께 공부하는 것이 보상이 되기 때문이다. 그들이 도서관에서 공부하는 시간 동안 서로 말을 하지 않았다 할지라도, 서로 함께 있다는 사실은 각자가 공부를 하는 데 시너지 효과를 일으켰을 것이다.

상응 효과

집단에 대한 세 번째 기준은 집단의 한 구성원에게 영향을 끼치는 사건은 집단의 전체 구성원들에게 영향을 준다는 것이다. 즉, 만일 어떤 중대한 사건이 한 사람에게 발생하였는데 그와 함께하는 다른 사람들에게 전혀 영향이 없다면, 이러한 사람들의 집합은 집단이라고 할 수 없다. 집단이 가져야할 이러한 조건을 **상응 효과**라고 한다. 예를 들어, 5명의 은행 창구 직원들이 있는데, 이들 중 한 명이 병가를 내고 퇴근을 했다고 가정해보자. 만일 병가를 낸 사람으로 인해 나머지 4명의 은행 창구 직원들 행동에 변화가 있다면 이들 5명은 집단이라 할 수 있다. 하지만 병가를 낸 사람이 은행을 떠난 후 나머지 4명의 행동에 변화가 없다면 이들을 집단으로 간주할 수 없다.

공동 목표

집단에 대한 네 번째 기준은 모든 구성원들은 반드시 **공동 목표**를 가져야 한다는 것이다. 앞의 은행 창구 직원들 예를 다시 들어보자. 만일 한 명의 직원의 목표가 오직 젊고 독신인 고객들을 상대하는 것인데 반하여 나머지 직원들의 목표는 가능한 많은 고객을 상대하는 것이면, 이들은 일하는 방식과 이유가 서로 다르기 때문에 하나의 집단으로 볼 수 없다.

우리는 어떤 이유로 사람들의 모임이 집단의 기술적 정의를 따르는지에 관심을 가지는 것일까? 그 이유는 당신이 직원들의 수행(performance)을 변화시킬 수 있는 능력 때문이다. 당신은 이 장 전체를 통해서 집단 수행(group performance)에 영향을 주는 다양한 요인들을 배우게 될 것이다. 만일 당신이 배운 것을 적용한다면, 당신은 개인들의 집합이 사실상 **집단**일 때만 효과적으로 수행에 변화를 줄 수 있을 것이다.

집단에 참여하는 이유(reasons for joining groups)

배치

직원들이 직장에서 집단에 합류하는 가장 흔한 이유는 집단에 배치(assignment)되기 때문이다. 이를테면, 신입 사원은 5명의 다른 사원들이 있는 부서에 배치될 수 있다. 또한 5명의 사원들은 어떤 위원회의 일원으로서 배치되어 일하게 될 수도 있고, 10명의 사원들은 교육 프로그램에 참여가 예정되었을 수 있다.

물리적 근접성

사람들이 특정 집단에 합류하는 가장 큰 이유중의 하나는, 만일 그 집단이 비공식적인 경우라면, 물리적 근접성(physical proximity) 때문일 것이다(Forsyth, 2013). 즉, 사람들은 가까운 위치에 살거나 일하는 사람들과 집단을 형성하는 경향이 있다. 당신의 학교 안에 있는 여러 팀들을 생각해 보자. 대부분의 팀들은 같은 기숙사를 사는 사람들 혹은 수업을 같이 듣는 사람들로 구성되어 있다. 직장에서 직원들은 같은 지역에서 일하는 사람들과 팀을 구성하려는 경향이 있다. 그리고 몇몇 직원들은 엘리트 집단에 속하기 위해서 권력이 있는 사람들로부터 물리적으로 가까이에 있는 것을 선호한다.

"Bomber wing"은 물리적 근접성이 어떻게 예상 밖의 집단을 형성하는지 보여주는 흥미로운 사례이다. Bomber wing은 콜로라도 주 플로렌스에 위치한 최고 수준의 보안을 유지하는 연방 교도소의 한 부분으로, 1999년에는 Ted Kaczynski(연쇄소포테러범), Ramzi Yousef(세계무역센터 테러범), 그리고 Timothy McVeigh(오클라호마시티 테러범)가 수용되어 있었다. 이 세 명은 불과 한 주에 2시간 정도 접근할 수 있었고, 대화를 하기 위해서는 복도를 가로질러 들릴 만큼 소리를 질러야만 했음에도 불구하고, 상당한 사회 집단을 형성하였다. 이러한 물리적 근접성이 없었더라면, 세 명이 같은 집단에 합류하는 일은 발생하지 않았을 것이다(Chua-Eoan, 1999).

소속

소속(affiliation) 다른 사람들에게 관심을 가지고 보살피는 리더십 유형은 불안한 분위기가 조성된 상태에서 가장 효과적임

소속은 다른 사람들과 함께해야 할 우리의 욕구를 수반한다. 사람들이 집단에 합류하는 하나의 이유는 다른 사람들과 가까워지고 싶고 대화하고 싶기 때문이다. 많은 연구들은 소속에 대한 인간의 욕구가 매우 강하다는 것을 입증하고 있다.

한 섬유 공장의 종업원들을 대상으로 실시한 Mayo(1946)의 연구에 따르면, 다른

종업원들과 분리되어 일한 직원들의 직무 만족도는 같은 공장에서 일하면서 다른 종업원들과 함께 일할 수 있었던 종업원들의 직무 만족도만큼 높지 않았다. 이와 비슷하게, McLaughlin과 Cheatham(1977)은 다른 동료들로부터 고립되어 일을 하는 "외근(outside)" 은행 직원들의 직무만족도는 "내근(inside)"을 하는 직원들에 비해 상대적으로 낮다는 것을 발견하였다.

아마도 사람들의 소속 욕구의 강도와 관련된 가장 흥미로운 설명들은 Schein(1956)과 Naughton(1975)의 연구들을 통해 볼 수 있다. 이 연구자들은 2차 세계대전에 참전한 미군 전쟁포로들의 행동이 한국전쟁과 베트남전쟁의 미군 전쟁포로들과 매우 달랐다는 것에 흥미가 있었다. 2차 세계대전의 전쟁포로들은 한국전쟁과 베트남 전쟁의 포로들보다 더 많은 탈출 시도, 더 적은 희생자, 그리고 적군들에게 더 적은 정보를 제공하였다. 미국 대중들은 2차 세계대전의 전쟁포로들과 한국전쟁, 베트남전쟁의 포로들의 행동 차이가 전후 나약해진 미국인들의 성격에 원인이 있다고 보았지만(Hampton, Summer, & Webber, 1978), Schein과 Nauhton은 그러한 차이들을 집단 역학의 관점에 주목하였다. 2차 세계대전 당시의 포로들은 장기간 집단으로 수용되었다. 이로 인해 그들은 다른 동료들로부터 정서적 지지를 받을 수 있었고, 협력을 통해 탈출 계획을 수립할 수 있었으며, 동료들이 적군들에게 어떤 말을 하였는지 알 수 있었고, 적군에게 정보 누설을 하지 않아야 한다는 강력한 집단 규범을 인지하고 있었으며 이를 지키려고 노력하였다. 이와는 대조적으로 아시아 전선에 있었던 두 수용소의 상황은 이와 완전히 달랐다. 아시아 전선의 수용소에서 포로들은 집단으로 수감되기보다는 격리수용되었으며, 다른 이들과 의사소통하는 것이 허용되지 않았다. Naughton(1975)의 연구에 따르면 아시아 전선의 포로들은 벽을 긁는 소리를 통해서 타인과 일상적인 접촉과 소통을 할 정도로 다른 사람과의 접촉과 소통에 목말라 있었다고 한다. 이러한 포로들의 행동은 베이루트와 시리아에 잡혀 있었던 포로들의 행동과 유사했다.

만일 사람들이 소속에 대한 기회를 박탈당한다면, 그들은 최소한의 접촉을 하려고 노력할 것이다. 최소한의 접촉까지 불가능하게 된다면 의욕을 잃을 뿐 아니라 심지어 삶에 대한 의지까지 잃게 될 것이다. 이러한 문제에 대한 우려는 수감기간 동안 폭력적으로 행동한 수감자들을 수용할 새로운 최고보안등급 교도소의 건립 과정에서 드러나게 되었다. 이러한 교도소에서, 수감자들은 에어컨 없이 콘크리트 방에서 하루 23시간을 혼자서 지내야 한다. 책, 잡지, 텔레비전 없이 오로지 간수와 최소한의 접촉만 하게 된다. 하루 중 남은 1시간 동안, 수감자들은 18×20(foot)크기의 케이지(cage)에서 혼자 쇠로 된 농구 골대를 가지고 농구를 할 수 있다. 누구나 상상할 수 있듯이, 수감자들의 권리 옹호자들은 이러한 장기간 격리의 악영향을 염려하고 있다. 2003년 2월, 관타나모 수용소에 수감되어 있는 알카에다(al-Qaeda) 테러리스트들의 자살 시도가 있은 후 이와 비슷한 염려들이 표출되고 있다.

개개인마다 사람들 속에 속하려하는 욕구나 필요의 정도는 다르기 때문에(Ray & Hall, 1995) 재택근무자와 주재원(expatriates)과 같은 외부환경으로부터 고립된 환경에서 일을 하는 사람들의 소속의 욕구와 고립으로 인한 부정적인 결과에 대하여 관심을 가지고 지켜볼 필요가 있다.

동일시

동일시(identification)
자신을 타인, 집단, 대상들로부터 투사된 이미지와 결부시키려는 욕구

우리가 집단에 합류하려는 또 다른 이유는 어떤 집단 혹은 조직에 **동일시**하려는 우리의 욕구에 있다. 여러 예시들을 통하여 사람들이 다른 이들과 동일시하려는 욕구를 볼 수 있다. 1960~70년대에, 젊은 남성들은 머리를 길렀다. 몇몇은 긴 머리가 매력적이고 편하고 생각했기 때문에 머리를 길렀지만, 대다수의 남성들은 그들 세대의 다른 남성들과 동일시되고 이전 세대의 어른 남성들과 구별되는 데 도움이 되었기 때문에 머리를 길렀다. 아직도 많은 이들이 1960, 70년대 유행을 따라 긴 머리를 하고 그 시대 속에 살고 있다. 1980, 90년대에는 소위 펑크, 그런지(grunge) 스타일로 불리는 머리와 옷이 학생들 사이에서 유행하였다. 이러한 머리와 옷 스타일은 1960년대에 유행했던 긴 머리와 홀치기 염색이 된 셔츠와 유사하였다. 최근 10년간은 문신과 피어싱이 하나의 표현방식인 것으로 보인다. 각 세대에서 "특이한" 자기 표현의 목적은 아마도 자신을 기성세대와 구별하고 새롭고 "더 나은" 그 다음 세대와 자신을 동일시하기 위함일 것이다.

우리는 학교 주변에서 각종 로고나 메시지가 새겨진 티셔츠를 입은 많은 학생들을 발견할 수 있다. 스포츠 팀의 이름, 소속 학부 이름, 행사 이름 등이 새겨진 셔츠들은 모두 특정 집단과 동일시하는 것이며, 자신들을 나타내는 표현들을 담고 있다.

옷이 동일시의 수단으로 어떻게 사용되는지에 대한 흥미로운 연구가 있다. Cialdini와 그의 동료들은(1976) 여러 학교를 대상으로 월요일에 열리는 미식축구 경기 이후 학교와 관련된 티셔츠와 운동복 상의를 입은 학생들을 관찰하였다. 자신의 팀(학교)이 승리한 뒤에 학생들은 패배한 뒤보다 더 많이 학교와 관련된 티셔츠를 착용하였다. 두 번째 연구로, Cialdini와 그의 동료들은 학생들에게 누가 경기에서 이겼는지 물어보았다. 우리가 예상한 대로, 미식축구 팀이 이겼을 때, 학생들은 "우리가 이겼다"고 대답했다. 반면, 팀이 졌을 때, 학생들은 "그들이 졌다"고 대답했다. 이 두 연구를 기반으로, Cialdinis는 이러한 동일시 과정을 "후광효과 누리기(basking in reflected glory)"로 명명하였다.

또 다른 동일시 과정에 대한 예는 버지니아에 위치한 한 제조 업체 공장에서 찾아 볼 수 있다. 노조 협상이 시작되기 몇 달 전, 회사는 종업원들에게 회사 이름이 앞에 새겨진 멋진 셔츠를 제공하였다. 회사가 이렇게 한 이유는 종업원들이 협상이 시작되기 몇 달 전부터 노조 모자와 셔츠를 입었다는 것을 발견하였기 때문이다. 회사는 노조 모자와 셔츠를 착용하는 것이 노조와 동일시하는 수준을 향상시킨다고 믿었

다. 이러한 효과를 억제하는 차원에서, 회사는 회사 이름이 적힌 셔츠를 나눠주었고 이것이 협상의 과정에 영향을 주기를 기대하였다. 우리는 회사의 전략이 효과적인지 정확히 판단할 수 없지만, 회사 셔츠를 나눠준 해가 십 년 만에 처음으로 노조 구성원들이 파업을 하지 않은 해가 되었다.

정서적 지지

우리는 또한 정서적 지지(emotional support)를 얻기 위해 집단에 합류한다. 알코올 중독자들의 모임(Alcoholics Anonymous), 도박 중독자들 모임(Gamblers Anonymous), 체중관리 모임(Weight Watchers) 등은 집단이 집단 구성원들에게 정서적 지지를 주는 좋은 예시이다. 지역 신문의 광고를 속독해보거나 인터넷을 간단히 검색해 보면 수백 가지 종류의 서포트 그룹(support group)가 존재한다는 것을 볼 수 있는 것처럼, 우리는 이러한 정서적 지지에 대한 중요성을 확인할 수 있다. 서바이버(*Survivor*)라는 쇼에서 참가자들은 동맹을 형성하여 자신이 탈락되지 않을 확률을 높일 수 있다.

지원 혹은 도움

사람들은 흔히 지원을 받거나 도움(assistance or help)을 얻기 위해 집단에 합류한다. 이를테면, 대수학 수업에서 어려움을 겪는 학생들은 스터디그룹을 만들 수 있다. 또는 서바이버 쇼에서, 참가자들은 자신이 투표에서 탈락하여 섬에서 쫓겨나지 않기 위해 다른 이들과 동맹을 형성할 수 있다.

공통 관심사

사람들은 흔히 공통 관심사(common interest)를 공유하고 있기 때문에 집단에 합류한다. 학교에서 지질학 학회에 소속된 학생들은 지질학에 대한 관심을 공유할 것이고, 남학생 사교 클럽(fraternity)에 가입하는 학생은 사교에 대한 관심을 공유할 것이고, 사회봉사 동아리에 소속된 학생들은 사람들을 돕는 것에 대한 관심을 공유할 것이다.

흥미로운 여담으로 캠퍼스의 동아리 중에서 학문에 대한 공통 관심사가 있는 대부분의 학회(예, 외국어 학회, 심리학 학회)들은 다른 동아리보다 더 작고 덜 활동적이다. 분명한 것은, 대학생들은 다양한 욕구가 있고, 학문에 대한 공통 관심사는 사교 집단에서 충족되는 사회적 욕구보다 강하지 않다는 것이다. 예를 들어, Radford 대학의 사회봉사 동아리는 신입 회원을 모집하는 데 애를 먹고 있으며, 몇몇 동아리 임원들은 동아리의 사교 활동을 증가시켜 사회봉사와 사회적 관계에 대한 욕구를 모두 가진 학생들을 끌어들이는 방법을 제안하였다. 이러한 제안을 반영하여 동아리 활동에 변화를 준 결과, 동아리 회원수가 15명에서 45명으로 증가하였다.

캘리포니아 주 팔로알토에 위치한 Genecor라는 생명공학 회사는 종업원들의 공통 관심사의 중요성을 이해하고 있는 회사의 좋은 예이다. 이 회사는 요가 동호회,

요리 동호회, 스키 동호회 등 종업원들의 다양한 동호회 활동을 지원하고 있다. 동호회 활동은 자발적으로 참여하는 것이지만, 모든 종업원들이 최소 한 개 이상의 동호회에 소속되어있다. 이러한 동호회 활동들은 Genecor가 2011년 가장 일하기 좋은 회사 11위에 선정된 이유 중 하나라 할 수 있다.

공동 목표

정치적 정당에 가입한 사람들은 공동 목표(common goal)를 추구하는 것의 전형적인 예이다. 이러한 사람들은 공통 관심사(common interests)를 공유하고 있을 수 있지만, 그들의 주된 목표는 정당에 소속된 특정 사람 혹은 구성원들이 당선되어 정권을 잡는 것이다.

집단 수행에 영향을 주는 요인들(Factors Affecting Group Performance)

집단 응집력

집단 응집력(group co-hesiveness) 집단 구성원들이 서로 좋아하고 신뢰하는 정도

집단 응집력이란 집단 구성원들이 서로를 좋아하고 믿는 정도를 말하며, 팀의 목표를 성취하기 위해 헌신하는 정도, 그리고 집단 자부심을 공유하는 정도를 말한다(Beale, Cohen, Burke, & McLendon, 2003). 일반적으로 응집력이 높은 집단일수록 다음과 같은 결과들이 높아진다.

- 수행(performance)(Castaño, Watts, & Tekleab, 2013);
- 결정의 질(decision quality)(Mullen, Anthony, Salas, & Driskell, 1994);
- 구성원 만족도(member satisfaction)(Brawley, Carron, & Widmeyer, 1993; Deluga & Winters, 1991)
- 구성원 상호작용(member interaction)(Shaw &Shaw, 1962);
- 종업원 예의(employee courtesy)(Kidwell, Mossholder, & Bennett, 1997)

1989년 Pittston Coal 회사에 대항하여 파업을 하였던 미국 석탄 노동자 노조는 독특한 전략을 사용하면서 응집력과 동일시 욕구가 중요하다는 것을 깨달았다. 통일성(unity)의 표시로서 각 노조원 뿐 아니라 그의 가족들과 친구들까지 위장 셔츠와 작업복을 입었다. 노동자들이 주위를 둘러볼 때마다 그들은 자신과 비슷하게 입은 사람들을 볼 수 있었다. 따라서 노조 구성원들은 일치감과 응집 의식을 제고할 수 있었으며, 이러한 의식은 긴 파업을 지속시키는 데 도움이 되었다. 보이스카웃이나 가디언 엔젤(Guardian Angels, 전 세계적으로 활동하고 있는 방범 순찰 집단)과 같은

집단들 또한 집단 응집력을 향상시키기 위해 유니폼을 착용한다.

하지만 집단 응집력은 특히 직업 장면에서 집단 수행을 저하시키기도 한다 (Forsyth, 2013). 직원들끼리 너무 강하게 응집하게 되면 그들은 자주 조직의 목표를 잊어버린다. 예를 들어, 식당 종업원들은 다른 동료들의 요구를 손님들의 요구보다 우선순위에 두기도 한다. 이와 유사하게, 경찰국은 경찰들끼리만 너무 강하게 응집하는 경향이 있다. 그들은 자신들끼리의 응집력이 너무 강한 나머지 경찰이 아닌 사람을 외부인으로 취급하는데, 이것은 공동체 관계를 어렵게 한다.

대다수의 연구들이 응집력은 더 나은 직무 수행을 가능하게 한다는 것을 뒷받침할지라도, 궁극적인 집단 성공을 위해서 항상 꼭 필요한 것은 아니다. 이를테면, 1970년대 미국의 Oakland A's(야구팀)과 2002년의 LA 레이커스(농구팀)는 선수들 간의 지속적인 갈등에도 불구하고 우승을 차지하였다.

또한 여러 연구에 따르면 응집된 집단의 직원들은 충분히 높은 수행을 할 수 있음에도 불구하고 생산을 저하시키는 규범에 순종한다(Forsyth, 2013). 이러한 집단 규범에 대한 순응의 좋은 예를 1980년대 초반 LA 경찰국 할리우드 관할서에서 찾아볼 수 있다. 대부분의 관할서 경찰관들과 형사들은 재산 범죄에 심각한 수준으로 개입되어 있었다. 그들은 여러 소매점을 침입하여 도난 경보기가 울렸다고 무전을 하였다. 신고 후 그들은 훔친 물건들을 그들의 자동차 트렁크에 싣고, 마치 도난 사건을 조사하는 것처럼 행동했다. 이들은 훔친 물건을 숨기거나 되팔기 위해 특정 장소에서 다시 만났다. 이러한 범죄에 가담하지 않은 경찰관들은 도난 물품임을 알았고 동료 경찰들이 부패한 경찰임를 알고 있었지만 범죄 가담자들을 신고하지 않았다. 그들은 범죄에 가담한 동료에 대한 충성심을 도시와 경찰서에 대한 충성심보다 우선순위에 두었다.

집단 동질성

> **동질 집단(homogeneous groups)** 구성원들이 같은 특성들을 공유하는 집단
>
> **이질 집단(heterogeneous groups)** 구성원들 간의 유사성이 거의 없는 집단

집단 동질성(group homogeneity)은 집단 구성원들이 유사한 정도를 말한다. **동질 집단**은 어느 정도 혹은 대부분에서 유사한 구성원들이 존재한다. 반면, **이질 집단**은 같은 것보다 다른 것이 더 많은 구성원들을 포함한다. 집단의 동질성을 결정하는 것의 어려움은 당연히 사람들이 여러모로 다르다는 것에서부터 비롯된다. 집단 구성원들이 인구통계학적(예, 나이, 성별, 인종) 특성으로 보기에는 유사하지만 성격, 태도, 가치, 그리고 능력에서는 매우 다를 수 있다.

집단을 구성하고자 할 때 리더가 고려해야 할 중요한 질문은 "어떤 구성(동질 집단 혹은 이질 집단)의 집단이 가장 뛰어난 집단 수행을 이끌어 내는가?"이다. 많은 연구들이 이 질문에 대한 답을 찾으려고 노력하였지만 상반된 결과들이 발견되었다. 몇몇 연구들은 동질 집단이 가장 효과적이라고 하지만 다른 연구들은 이질 집단이 가장 효과적이라고 하였다(Bowers, Pharmer, & Salas, 2000).

Aamodt, Kimbrough, 그리고 Alexander(1983)는 이전 연구들에서 엇갈린 결과들이 도출된 이유가 최고의 수행을 하는 집단들의 구성이 사실상 완전히 동질적이거나 완전히 이질적인 것의 사이에 있기 때문일 것이라는 가설을 세웠다. 이 연구자들은 그러한 집단들을 **약간 이질적인 집단**이라고 명명하였다. 예를 들어, 다섯 명으로 구성된 집단이 있다고 할 때, 다섯 명 모두가 남성이라면 동질적인 집단으로 볼 수 있다. 세 명의 남성과 두 명의 여성으로 구성된 집단은 이질적인 것으로, 네 명의 남성과 한 명의 여성으로 구성된 집단은 약간 이질적인 것으로 판단된다. Mascio, Rainey, 그리고 Zinda(2008)의 메타분석은 약간 이질적인 집단의 우월성을 일부분 지지해주었다. 약간 이질적인 집단은 동질 집단(d = .17) 그리고 이질 집단(d = .12)보다 약간 더 나은 수행을 보여주었다.

따라서 가장 효율적인 집단은 주로 비슷한 사람들로 구성되었지만 적당한 긴장과 함께 다른 관점을 제공하는 이질적인 사람도 포함되어 있는 것으로 보인다. 하지만 아직 집단의 구성을 결정하는 측면에서 가장 중요하게 고려해야 할 변수가 어떤 것인지는 분명히 밝혀지지 않았다. 이를테면, 인종의 측면에서는 동질적인 집단으로 볼 수 있지만, 성별에 있어서는 이질적으로 볼 수 있다. 연구자들은 인종, 성별, 성격, 지능, 태도, 그리고 배경에 관한 연구를 하였지만 집단의 동질성에 대한 쟁점을 명확히 하기 위해서는 더 많은 연구가 필요하다. 하지만 메타분석을 통한 연구들은 동질 집단이 더 높은 구성원들의 만족도, 높은 수준의 의사소통과 교류, 그리고 이직률을 낮추게 한다는 것을 보여준다(Nolan, Lee, & Allen, 1997; Roberson & Colquitt, 2005).

약간 이질적인 집단은 최고의 집단 수행을 보여주지만, 그 집단에서 "이질적(different)(예, 혼자 여성인 경우, 혼자 흑인일 경우, 혼자 내향적인 경우)"인 구성원은 다른 구성원들과 같은 수준의 만족도를 가지기는 어려울 수 있다. 사실, 255,000명의 배달음식점 종업원들을 대상으로 한 연구에 따르면 인종, 성별, 또는 나이 면에서 통계적으로 소수에 해당하는 종업원들은 통계적으로 다수에 해당하는 종업원들보다 조직을 떠날 가능성이 더 높은 것으로 나타났다(Sacco & Schmitt, 2005).

구성원들의 안정성(stability of membership)

집단의 **안정성**이 높을수록, 집단의 응집력(cohesiveness)은 높다. 따라서 구성원들이 장기간 유지되는 집단은 이직이 흔한 집단보다 더 응집하고, 더 높은 수준의 수행능력을 보인다(Bell, 2005). 그리고 이전부터 함께 일한 구성들이 있는 집단은 서로 친밀하지 않은 집단보다 더 뛰어난 수행을 보여준다(Harrison, Mohammed, McGrath, Florey, & Vanerstoep, 2003).

대학교 캠퍼스에서 이와 관련된 좋은 예시를 찾을 수 있다. 대부분의 대학교에서 사교 목적의 동아리는 보통 가장 높은 인기와 활발한 활동을 보이는 조직이다. 이와

약간 이질적인 집단(slightly heterogeneous groups) 일부의 구성원들이 다른 구성원들과 다른 특성을 가지고 있는 집단

안정성(stability) 집단의 구성원들이 일정 기간 이상 집단에 잔류하는 정도

는 대조적으로 학술적인 활동을 하는 학회는 가장 덜 활동적이다(이것은 미국의 예시이기 때문에 한국 대학의 학술모임과는 다를 수 있다). 학술모임에 속한 학생들은 사교 목적의 동아리 회원들보다 더 높은 IQ를 가지고 있는 것을 보았을 때 구성원들의 능력 때문에 이러한 조직들의 활동성 차이가 나타나는 것은 아니라는 것을 알 수 있다(미국에서는 학업능력이 우수한 사람들이 학회에 들어가기 때문에 이런 결과가 나온 것이다). 대신에, 사교 목적 동아리가 더 활발한 까닭은 집단의 안정성 때문일 것이다. 학생들은 보통 1, 2학년 때 사교 활동을 목적으로 하는 동아리에 가입한다. 반면에, 학회는 보통 3, 4학년 때 입사지원서나 대학원 지원서에 쓸 스펙을 쌓기 위해 가입한다. 따라서 사교 목적 동아리가 다른 조직들보다 더 안정적인 구성원들을 가지게 되는 것이다.

고립

고립(isolation) 다른 집단으로부터 물리적으로 떨어진 정도를 말한다.

물리적 **고립**은 집단의 응집력을 향상시키는 경향이 있는 변수이다. 다른 집단으로부터 고립되어 있거나, 멀리 떨어져 있는 집단은 응집력이 강하다.

외압

외압(outside pressure) 외부의 다른 집단으로부터 받는 심리적 압박의 정도

외부로부터 압력을 받는 집단은 강한 응집력을 가지는 경향이 있다. **외압**에 대한 반응을 어느 정도는 **심리적 반발심**(*psychological reactance*)으로 설명할 수 있다(Brehm, 1966). 누군가가 의도적으로 우리에게 특정 행동을 하도록 영향을 가할 때, 우리는 흔히 그 의도에 정반대로 행동한다. 예를 들어, 십대인 남학생과 여학생이 데이트를 한다고 생각해보자. 문신을 한 남자가 오토바이를 타고 여자 아이를 데리러 온 광경을 여자의 아버지가 목격하였고 그는 딸에게 그 남자를 만나지 못하게 하였다. 사실 아버지가 그 남자를 만나지 못하게 하기 전까지 여자는 그 남자에게 별 관심이 없었다. 하지만 아버지가 데이트를 하지 못하게 하자 그녀는 그 불량스러워 보이는 남자를 더 좋아하게 된다.

심리적 반발심에 대한 흥미로운 예를 Ruback과 Juieng(1997)의 연구에서 살펴볼 수 있다. 이들은 쇼핑몰에서 운전자가 자신의 차를 가지고 나오는 것을 관찰하였는데, 연구에서 4가지 조건을 설정하였다. 연구자들은 통제조건으로 다른 차들이 나타나지 않았을 때 사람들이 차의 문을 연 시점부터 주차 공간을 빠져 나오는 데까지 걸린 시간을 측정하였다. 혼란 조건(distraction condition)으로, 다른 차가 실험대상자의 차가 주차된 공간 앞을 그냥 지나갈 때, 차를 빼는 시간이 얼마나 걸리는지 측정하였다. 낮은 수준의 개입 조건으로, 연구진은 실험대상자들의 주차 중인 차 바로 앞에 다른 차가 주차하기를 기다리는 것처럼 조치하였다. 높은 수준의 개입 조건으로, 주차를 기다리는 차가 실험대상자에게 경적을 울리도록 하였다. 심리적 반발심이 잘 나타나는 결과로, 주차를 기다리는 차가 경적을 울렸을 때 실험대상자가 차를 가지

고 주차장을 벗어나는 데 42.75초가 소요되었다. 반면, 기다리는 차가 없는 조건, 즉 통제 조건인 경우 26.47초가 소요되었으며, 실험대상자의 주차 공간 앞에 차가 그냥 지나간 조건, 즉 혼란 조건인 경우에는 31.09초가 소요되었다.

좀 더 규모가 큰 경우를 살펴보면, 이러한 심리적 반발심은 노사관계의 교섭장면에서 흔히 관찰된다. 회사 경영진과 노조는 서로 반대하고 비난하는 경향이 있다. 하지만 이러한 비난은 역효과를 불러일으킨다. 왜냐하면 다른 집단을 공격하는 것은 그 집단을 더 결속시키는 데 도움을 줄 수 있기 때문이다. 사실 만일 회사 또는 집단이 구성원들의 응집력을 향상시키고 싶다면, 인위적으로 압력을 만들고 그것을 외부 집단의 탓으로 돌리면 된다. 이러한 전략은 실제로는 존재하지 않지만 내가 속한 집단을 비방하는 것처럼 보이게 하는 **허수아비 만들기**(building a *straw man*) 전략을 포함한다.

집단 크기

집단 크기(group size)
집단을 구성하는 구성원들의 수

집단은 **집단 크기**가 작을 때 가장 응집되고 최고의 수행을 해낸다. 연구들은 대규모 집단이 소규모 집단보다 생산성(Mullen, Johnson, & Drake, 1987), 조화, 사기(Frank & Anderson, 1971), 적극성(Indik, 1965), 응집성(Carron, 1990) 등이 떨어지며, 더 비판적(Valacich, Dennis, & Nunamaker, 1992)이라는 것을 보여준다. 실제 연구들은 집단 구성의 대략 5명일 때 최고의 집단수행(Kaplan, 2002; Manners, 1975)을 보이고 가장 이상적인 집단 만족도(Hackman & Vidmar, 1970)를 보여준다. 따라서 큰 조직은 소규모 집단이나 위원회로 나뉘고 그 나뉜 집단이 대략 5명으로 이루어졌을 때 최고의 기량을 발휘할 수 있을 것이다.

가산적 업무(additive-tasks) 집단의 수행이 집단 구성들 각자의 수행 총합과 같은 업무

하지만 항상 소규모 집단이 최고라는 것은 아니다. 보통 소규모 집단에서 응집력이 향상될지라도 특정 유형의 과업에서만 높은 수행능력을 보이는 것을 발견할 수 있다. **가산적 업무**는 집단의 수행이 집단 구성원 각자의 수행 총합과 같은 경우를 말한다. 가산적 업무를 수행하는 집단의 예로는 볼링팀, 타이핑 인력들(typing pool)이 있다. 가산적 업무를 수행하는 집단에서는 구성원 개개인의 헌신이 중요하고 대규모 집단이 소규모 집단보다 유리할 수 있다. **연결적 업무**의 수행에서는 집단의 수행이 수행능력이 가장 떨어지는 구성원에게 달려있다(체인의 강한 정도는 체인의 가장 약한 부분의 정도라는 것을 생각해보자). 연결적 업무의 예로는 생산 라인과 친구끼리 등

연결적 업무(conjunctive tasks) 집단의 수행이 집단 구성원 중 가장 비효과적인 구성원에게 달려 있는 경우

단절적 업무(disjunctive tasks) 집단의 수행이 집단에서 가장 뛰어난 구성원에게 달려 있는 경우

산을 간 것을 들 수 있다(친구끼리 등산에 갔을 경우 등산 속도는 가장 느린 친구에 맞춰지게 된다). 연결적 업무의 성공은 수행능력이 가장 떨어지는 구성원에 의해 제한되기 때문에 보통은 소규모 집단이 최선의 선택이다. **단절적 업무**의 수행에서는 집단의 수행이 집단에서 수행능력이 가장 뛰어난 구성원에게 달려 있다. 단절적 업무의 예로는 문제 해결, 브레인스토밍(brainstorming), 등이 있다. 가산적 업무처럼, 대규모 집단이 소규모 집단보다 단절적 업무에서 더 유리할 수도 있다.

사회충격이론(social im-pact theory) 집단의 구성원을 증원하는 것은 집단의 크기가 작을 때 최고의 효과를 가져온다는 이론

집단의 구성원을 증원하는 것은 집단의 크기가 작을 때 최고의 효과를 가져온다. Latane(1981)은 **사회충격이론**을 고안하면서 처음으로 집단의 구성원 증원의 효과에 대해 연구하였다. 직장에서의 안전 문제를 연구하고 있는 네 명의 위원들이 있다고 가정해보자. 만일 이 집단이 안정적이고 강한 응집력을 가지고 있다면, 한 사람을 더 추가하는 것은 그들에게 방해가 될 수도 있다. 하지만 3,000명의 직원이 있는 공장에서 한 명의 직원을 더 고용하는 것은 이 공장의 양상을 바꾸지 못할 것이다. 이것은 스포츠 전문가들이 아주 유능한 선수 한 명이 못하는 농구팀을 변화시키는 것—이를 테면 Bill Walton과 Portland Trailblazers 팀, Daivd Robinson과 San Antonio Spurs 팀, Jason Kidd와 New Jersey Nets 팀, 그리고 Steve Nash와 Phoenix Suns 팀(이는 미국의 사례지만 한국의 농구팀에서도 한 명의 뛰어난 용병 선수가 팀을 변화시키는 것을 흔히 볼 수 있다)—은 흔히 보아왔지만 축구팀이나 야구팀에서는 이런 사례를 본 적이 없는 이유를 설명해준다.

컴퓨터를 통해서 일하는 집단은 얼굴을 보고 일하는 집단과 다르게 행동한다는 것을 연구는 보여준다. 컴퓨터가 사용될 때, 대규모 집단은 최고의 수행을 보이며 구성원들은 더할 나위 없이 만족한다(Dennis & Williams, 2007; Dennis, Valacich, & Nunamaker, 1990; Valacich, Dennis, & Connolly, 1994; Valacich et al., 1992). 흥미롭게도, 집단이 컴퓨터를 통해서 일할 때 소수의 의견을 가진 사람들이 면 대 면(face to face)으로 일할 때보다 더 의견을 표현할 수 있는 확률이 높은 것으로 나타났다. 하지만 이렇게 소수의견을 가진 사람들은 면 대 면으로 만날 때 더 설득적인 것으로 나타났다(McLeod, Baron, Marti, & Yoon, 1997).

집단 지위

집단 지위(group status) 집단이 내부 구성원이 아닌 다른 사람들로부터 받는 존경

집단의 지위가 높을수록, 집단의 응집력은 더 높다. 이것은 **집단 지위**를 향상시킴으로써 집단의 응집력을 향상시킬 수 있다는 점에서 중요하다. 집단이 실질적으로 높은 지위를 소유할 필요는 없지만, 집단 구성원들이 높은 지위를 가지고 있다고 **믿는** 것이 중요하다.

다시 한번, 학교를 둘러보면 다양한 집단들이 인위적으로 그들의 지위를 높이기 위한 방법들을 사용하는 것을 볼 수 있다. 교내의 동아리들은 자신들의 동아리를 "포르쉐 동아리" 또는 "특별한 동아리"라고 부르며 홍보를 하기도 한다. 대부분 조직의 실제 지위와 수행 간의 차이는 당연히 거의 없다. 효과적인 리더는 집단이 높은 지위에 있다는 것을 주장하며 집단의 응집력을 향상시키려고 시도한다—그리고 이러한 노력은 효과가 있는 것처럼 보인다.

리더가 집단의 지위를 향상시키기 위해 사용하는 한 가지 방법은 그 집단에 소속되는 것이 쉽지 않다는 인식을 높이는 것이다. 하지만 한 번 집단에 소속되게 되면 구성원들은 그 집단의 활동들이 특별하다고 생각하게 된다. 대부분의 고등학교에서

는 미식축구 연습을 시작하기 일주일 전에 "하루에 둘"이라는 훈련을 한다. 특히 이들은 "지옥의 일주일(hell weeks)"이라고 불리는 고통의 기간을 보내는데, 이 기간에 집단은 지위를 향상시키고 나아가 응집력과 수행을 높여준다. 분명한 것은 이 기간 동안 선수들의 체력이 더 좋아지는 것은 아니다. 따라서 "지옥의 일주일"의 목적은 훈련이라기 보다는 이 기간에 낙오되지 않고 생존한 선수들의 지위를 높여주는 것에 있다. 해병대에서도 이와 비슷한 훈련방식을 택한다. 따라서 신병들은 아무나 해병이 될 수 없다는 것을 느끼게 되고, 사람들은 해병대를 "소수정예(few good man)" 부대로 인식한다.

캠퍼스 내의 남학생과 여학생 사교클럽은 정식 멤버가 되는 기간 동안 신고식으로 악명이 높다. "신고식"의 불법성과 잔인함은 우선 제쳐두고, 이러한 굶리기는 예비 구성원이 가입하기 위해 요구되는 노력을 더 하게 하고, 더 나아가 집단의 응집력과 지위를 향상시킨다. 신고식이 있는 미식축구 선수들, 해병대의 구성원들 또는 남학생 여학생 사교클럽 멤버들은 그 집단에 들어가기 위해 너무 힘든 과정을 겪었기 때문에 쉽게 그 집단을 이탈하지 않는다.

집단 능력과 확신(group ability and confidence)

수행능력이 높은 구성원들로 구성된 집단이 수행능력이 낮은 구성원들로 구성된 집단을 능가하는 수행을 보인다는 것은 전혀 놀라운 일이 아니다(Devine & Philips, 2001). 더 나아가, 팀이 특정 과업을 잘한다고 믿고(높은 팀 효능감) 일반적인 과업 역시 성공적으로 할 수 있다는 믿음(높은 팀 잠재력)이 있는 구성원들로 구성된 집단은 그렇지 않은 집단보다 높은 수행능력을 보인다(Gully, Incalcaterra, Joshi, & Beaubien, 2002).

집단 구성원들의 성격

집단 구성원들의 성격(personality of the group members)은 집단 수행에 영향을 미치는 중요한 요소이다. 메타분석을 통한 연구 결과에 따르면, 일반적으로 업무 관련 경험(task-related experience), 높은 수준의 경험에 대한 개방성(openness to experience), 그리고 높은 수준의 정서적 안정성(emotional stability)을 가진 사람들로 구성된 집단이 이러한 성격들을 가진 사람들로 구성되지 않은 집단보다 수행을 더 잘한다고 한다(Bell, 2007). 게다가, 만일 집단 구성원들이 똑똑하다면, 지적인 업무(intellectual tasks)와 관련한 수행을 더 잘 할 것이다. 그리고 만일 집단 구성원들이 성격 차원 중 성실성(conscientiousness), 외향성(extraversion), 그리고 친화성(agreeableness)의 점수가 높다면 육체적 업무(physical tasks)를 더 잘 수행할 것이다(Bell, 2005).

Willson(2007)은 집단 구성원들 성격의 중요성을 입증하는 대단히 흥미로운 연구를 발표하는데 그 연구 대상은 바로 닭들이었다. 한 양계 업체는 닭들을 작은 새장 안에 함께 가두어두면서 달걀 생산량을 증가시키는 방법들을 알아내기 위한 시도를 하였고, 이와 관련된 두 가지 사육 전략을 탐구했다. 하나의 전략은 각 새장에서 가장 알을 잘 낳는 닭 한 마리를 여섯 세대 동안 새끼를 낳도록하는 것이다. 다른 전략은 가장 알을 잘 낳는 집단을 만들어 새끼를 낳도록 하는 것이다. 첫 번째 전략에서 개별적인 새장에서 추출된 9마리의 닭에서 태어난 새끼들로 집단을 만들었을 때, 이 닭들은 공격적으로 변했고 그중 6마리가 죽었다. 개별적으로 사육된 닭들이 생산성이 높았던 이유는 생산성이 높은 닭 한 마리가 다른 닭들의 생산성을 저하시키면서 자신의 생산성을 높였기 때문으로 보인다. 반면에, 두 번째 전략에서 집단으로 추출된 닭들의 새끼들은 공격적이지 않았고 높은 비율로 알을 생산하였다. 따라서 효과적인 집단 구성원이 되기 위한 유전적 원인이 있는 것으로 보인다.

의사소통 구조

의사소통 구조(commu-nication structure) 집단 구성원들이 서로 소통하는 태도 혹은 방식

집단의 수행에 영향을 끼치는 또 다른 변수는 집단의 **의사소통 구조** 또는 네트워크이다. 집단이 성공적으로 수행하기 위해서는 구성원들 간의 좋은 의사소통이 필수적이다. 그림 13.1에서 볼 수 있듯이, 다양한 종류의 의사소통 네트워크가 소규모 집단에 의해서 사용될 수 있으며, 심지어 더 복잡한 네트워크들은 더 대규모 집단에서 활용될 수 있다. 각각의 네트워크는 장점과 단점을 가지고 있지만, 최고의 네트워크는 집단의 상황과 목표에 따라 다르다. 이를테면, 사교 동아리(예, 싱글들을 위한 여행 동아리)의 목적이 구성원들이 서로를 알아가는 것을 독려하는 것에 있다면, 집중화된 의사소통 구조(centralized structure)는 완전히 개방(completely open)된 의사소통 구조보다 덜 효과적일 것이다. 반대로, 만일 집단의 목표가 어떤 문제를 최대한 신속히 해결하는 것이라면 집중화된 구조가 가장 유용한 의사소통 구조일 것이다. 좋은

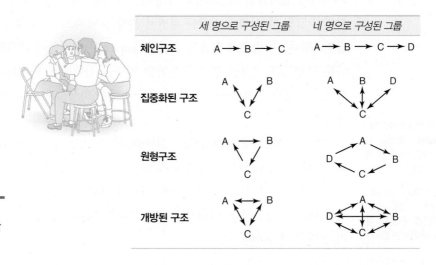

그림 13.1
소규모 집단에서 가능한 의사소통 네트워크들

리더는 집단의 목적에 부합하는 의사 소통 네트워크를 신중히 선택해야 한다.

집단 역할(group roles)

집단의 수행에 영향을 미치는 또 다른 요인은 집단 구성원들이 상이한 역할의 정도이다. 집단이 성공하기 위해서는 집단 구성원들의 역할이 반드시 두 개의 범주 중 하나와 맞아 떨어져야 한다—두 개의 범주는 과제 지향형(task-oriented)과 사회 지향형(social oriented)이다(Stewart, Fulmer, & Barrick, 2005). 과제 지향형 역할(*task-oriented roles*)은 새로운 아이디어의 제공, 활동 조정, 그리고 새로운 정보 탐색과 같은 행동들을 포함한다. 사회 지향형 역할(*social oriented roles*)은 집단의 응집력과 구성원들의 참여를 향상시키기 것과 같은 행동을 포함한다.

세 번째 범주는 개인적 역할(individual role)인데, 집단 활동들 저지하기, 스스로 주의를 환기시키기, 그리고 집단 상호작용 거부하기 등의 행동을 포함한다. 개인적 역할은 좀처럼 높은 집단 생산성으로 나타나지 않는다.

집단 구성원들은 흔히 이러한 역할들을 자신들의 개인적 성격 그리고 경험을 바탕으로 자연스럽게 맡을 것이다. 예를 들어, 성실성이 높은 사람들은 과제 지향적 역할을 하고, 친화성이 높은 사람들은 사회 지향적 역할을 맡는 경향이 있다(Stewart et al., 2005). 구성원들이 자연스럽게 역할을 맡지 않을 때, 리더는 특정 구성원에게 역할을 배정해야만 한다. 이를테면, 만일 모든 구성원들이 과제 지향적 역할을 맡고 있다는 것을 리더가 알게 되면, 리더는 새로운 구성원을 선발하거나 현재 구성원이 사회적 역할을 감당하도록 배치할 수 있다.

타인의 존재: 사회적 촉진과 제약(presence of others: social facilitation and inhabitation)

19세기에 접어들면서, Norman Triplett(1898)은 자전거 선수들이 다른 사람과 경쟁하면서 달릴 때 시계로 시간을 재면서 혼자 달릴 때보다 더 빠른 기록을 낸다는 것을 발견하였다. 이 발견에 영감을 받아서, Triplett은 학생들이 과제를 혼자 할 경우 혹은 다른 학생들과 경쟁한 경우를 실험한 연구를 진행하였다. Triplett의 예상대로 다른 학생들과 경쟁한 학생들이 혼자 과제를 수행한 학생들보다 더 빠르게 과제를 완수하였다.

이 첫 번째 연구를 시작으로, 심리학자들은 지금 우리가 일컫는 **사회적 촉진과 사회적 제약**을 연구하였다. **사회적 촉진**은 다른 사람의 존재가 개인의 행동에 미치는 긍정적인 효과를 의미한다. 반면에, **사회적 제약**은 다른 사람의 존재가 부정적인 효과를 미치는 경우이다. 사회적 촉진과 사회적 제약은 관중 효과와 동일 행동으로 추가 설명이 가능하다.

사회적 촉진(social facilitation) 타인이 있는 데서 작업을 수행할 때 발생하는 긍정적인 효과

사회적 제약(social inhibition) 타인이 있는 데서 작업을 수행할 때 발생하는 부정적인 효과

관중 효과(audience effects) 한 명 이상의 사람들이 다른 사람의 행동을 바라볼 때 그 사람의 행동에 영향을 주는 효과

관중 효과. **관중 효과**는 집단 단위의 사람들이 수동적으로 사람을 바라볼 때 생긴다. 경기장에서 열리는 스포츠 경기를 예로 들 수 있다.

관중 효과가 일어나는 강도는 최소 세 가지 요인들의 작용으로 결정된다(Latane, 1981). 이 세 가지 요인은 관중의 크기, 관중과 대상(사람 혹은 집단)의 물리적 거리, 관중의 지위이다. 따라서 집단은 집단과 물리적 거리가 가까운 대규모의 전문가들에게 가장 큰 영향을 받을 수 있다. 이와 마찬가지로 메타분석 연구결과에 따르면 타인의 존재가 외향적이고 자존감이 높은 사람들의 수행은 향상시켰지만 낮은 자존감과 높은 신경증 점수를 가진 사람들의 수행은 저하시켰다(Uziel, 2007).

동일 행동(coaction) 두 명 이상의 사람들이 같은 작업을 서로가 있는 데서 같은 작업을 수행할 때 행동에 영향을 주는 효과

동일 행동. 두 명 이상의 사람들이 같은 작업을 서로가 있는 데서 같은 직업을 수행할 때 행동에 영향을 주는 효과를 **동일 행동**이라고 한다. 관중 없이 두 명의 달리기 선수가 서로 경쟁하는 것 또는 같은 방에서 두 명의 집배원이 우편물을 분류하는 것이 예가 될 수 있다. Shalley(1995)는 동일 행동이 창조성과 생산성을 저하시킨다는 것을 발견하였다. 동일 행동에 영향을 받은 행동의 흥미로운 예들을 여러 연구들을 통해 볼 수 있다.

■ Rockloff와 Dyer(2007)는 혼자 도박을 할 때보다 다른 사람들과 도박을 할 때가 더 많은 돈을 걸고 잃는다는 것을 밝혔다.

■ Sommer, Wynes와 Brinkley(1992)는 사람들이 여러 사람과 함께 쇼핑을 할 때가 혼자 쇼핑할 때보다 더 많은 시간을 상점에서 보내고 더 많은 상품을 구매하는 것을 발견하였다.

■ De Castro와 Brewer(1992)는 밥을 여러 사람들과 함께 먹을 때가 혼자 먹을 때보다 75% 더 먹는다는 것을 발견하였다.

사회적 촉진 효과 설명하기(Explaining social facilitation effects). 200개 이상의 사회적 촉진에 관한 연구들에 따르면 다른 사람들의 존재가 항상 수행을 향상시키는 것은 아니다. 수행은 작업 자체가 쉽거나 작업에 대해서 잘 훈련되었을 때만 향상된다; 반면, 작업이 어렵거나 잘 훈련되지 않았을 경우에는 수행이 저하된다(Bond & Titus, 1983; Platania & Moran, 2001). 사회적 촉진과 동일 행동 효과는 사람들뿐만 아니라 바퀴벌레들이 미로를 찾을 때(Zajonic, Heingartner, & Herman, 1969), 닭들이 모이를 먹을 때(Tolman, 1968), 그리고 개미들이 집을 지을 때(Chen, 1937)도 나타난다. 표 13.1을 보면 몇몇 연구 예시들을 확인할 수 있다.

단순 존재(mere presence) 다른 사람들이 단지 존재한다는 사실이 자연스럽게 각성을 일으키기 때문에 수행에 영향을 줄 수 있다는 이론

위 연구 결과들의 정확한 이유에 대해서 연구자들은 동의하지 않지만, 아래 네 가지의 설명들은 어느 정도 경험적인 지지를 받고 있다. 첫 번째 설명은 다른 것들의 **단순 존재**가 자연스럽게 각성을 일으킨다는 것이다(Zajonc, 1980). 이러한 각성 혹

새로운 것을 배울 때 평가를 받고 있다는 것을 인지하면 수행이 저하될 수 있다.

비교(comparison) 일을 할 때 자신의 수행을 자신과 같은 일을 하고 있는 다른 사람의 수행과 비교할 때 나타나는 효과

평가 불안(evaluation-apprehension) 자신의 수행이 타인으로부터 평가받는 것을 신경 쓰면 사람은 업무를 수행할 때 각성된다는 이론

은 증가된 에너지는 숙련된(well-learned) 작업을 수행하는 데는 도움이 되지만 미숙한 작업을 수행하는 것은 방해한다.

두 번째 설명은 동일한 수행을 하는 타인은 **비교**의 수단이 된다. 만일 개인이 다른 사람과 함께 작업할 때, 그는 직접적으로 그의 수행을 다른 사람의 수행과 비교할 수 있다. 몇몇 직업에서 이러한 비교 효과는 경쟁을 증가시키고 생산량을 향상시킬 수도 있다. 하지만 다른 직업에서는 비교 효과가 직원들이 서로의 영향으로 인해 작업 속도를 늦추는 것을 초래할 수도 있다.

세 번째 설명은 **평가 불안**이다. 다른 사람들의 판단은 사회적 촉진의 차별적 효과를 초래한다는 것이다(Cottrell, 1972). 즉, 사람들은 타인들의 존재가 보상이 될 수도(관중들의 환호) 처벌이 될 수도(관중들의 야유) 있다는 것을 알고 있다. 숙련된 작업에 대해서 사람들은 보통 수행을 잘 하기 때문에 타인들이 있을 때 보상적 경험을 기대한다. 하지만 숙련되지 못한 작업을 할 때, 사람들은 수행을 잘 하지 못할 것이라고 생각하며 어려움을 겪을 것이라고 생각할 수 있다. 따라서 혼자일 때보다 더 수행을 못하게 되는 것이다.

이런 현상의 한 예는 Michaels, Blommel, Brocato, Linkous, 그리고 Rowe(1982)의 실험에서 찾아 볼 수 있다. 그들은 학생 사격 대회를 관찰하였는데, 사격을 잘 하는 선수들은 관중이 지켜보았을 때 명중률이 71%에서 80%로 향상되었다. 하지만 못하는 선수들은 관중이 지켜보았을 때 명중률이 36%에서 25%로 떨어졌다. Thombs, Beck, 그리고 Mahoney(1993)는 흔히 술꾼으로 불리는 술을 많이 마시는 사람들이 술을 잘 마시지 않는 사람보다 사회적 상황에서 술을 더 많이 마시는 것을 발견하였다.

표 13.1 법적으로 허용된 소음 최대 노출

기술 수준	촉진: 수행 향상	제약: 수행 저하
숙련된 자	자전거 경주	
	포켓볼 치기	
	단순 계산	
	쇼핑	
	먹기	
	조깅	
초보자		포켓볼 치기
		무의미한 철자 배우기
		미로 찾기
		복잡한 계산
		운전면허 시험을 보는 초보자

평가 불안(evaluation-apprehension) 설명은 산업 또는 직업훈련 장면에서 특별한 적용이 가능하다. 5개의 접시를 테이블로 가져가야만 하는 웨이터를 상상해보자. 신입 웨이터에게는 이 작업이 숙련된 업무가 아닐 것이다. 그리고 손님들이 있을 때 그는 더 불안할 수 있다. 접시를 나르는 것에 대한 연습이 부족하고 손님들이 식당에 붐빌 때 사고가 일어날 확률은 증가한다. 그렇다면 해결책은 무엇일까? 식당이 열기 전 접시를 나르는 연습을 여러 번 해보는 것이다. 평가 불안은 또한 관찰자가 사람이 아닌 전자 기기에 의해서 감시될 때도 나타난다(Davidson & Henderson, 2000). 따라서, 멀리서 컴퓨터로 종업원을 감시하는 관리자들은 이러한 관찰이 수행에 미치는 잠재적인 효과를 인지하고 있어야 한다.

네 번째 설명은 다른 이들이 있는 것이 업무를 수행하려고 시도하는 사람의 **주의를 분산**시킨다는 것이다(Sanders, 1981). 숙련된 업무를 수행할 때 거의 자동적으로 수행이 이루어지기 때문에 종업원은 주의 분산에도 불구하고 수행이 가능하다. 하지만 새롭거나 복잡한 업무일 때에는 다른 사람들이 있음으로 인해 발생하는 주의 분산으로 종업원이 집중하거나 업무를 배우는 것을 저하시킬 수 있다. 예를 들어 Baxter, Manstead, Stradling, 그리고 Campbell(1990)의 연구에서는 승객이 탑승한 채로 운전하는 운전자가 그렇지 않은 운전자 보다 방향지시등을 덜 키는 것으로 나타났다. 또한 Caird, Willness, Steel, 그리고 Scialfa(2008)의 메타분석 연구에서는 휴대폰을 사용하는 운전자가 휴대폰을 사용하지 않는 운전자보다 자동차 운행 중 반응 시간이 느린 것으로 나타났다.

아이들에게 스포츠를 가르치는 것은 평가 불안과 주의 분산 이론의 효과를 강조하는 예이다. 어린이 야구 리그 연습에서 전형적으로 코치는 8살의 타자가 어떻게 타

주의 분산(distracting) 다른 사람들의 존재가 주의를 분산시켜 집중을 방해하는 사회적 제약

격을 해야 하는지 10명의 다른 어린 선수들이 그 어린 타자가 공을 치기를 기다리는 와중에 가르쳐야만 한다. 매번 타자가 타석에서 안타를 치는 것을 실패할 때마다 다른 어린이들은 타자를 놀린다. 잠시 뒤, 기다리던 어린이들은 지겨워지고 돌을 던지기 시작하며 서로 잡담을 나누게 된다. 과연 이런 상황에서 코치가 성공적으로 타자가 안타를 칠 수 있도록 가르치는 것이 가능할까? 성공적으로 타자를 가르치기 위해서 그는 반드시 타자를 다른 선수들로부터 분리하여 타자가 혼자인 상태에서 가르쳐야 한다.

사회적 촉진의 효과는 스포츠 팀이 홈 경기에서 더 이점이 있다는 것을 연구함으로써 또 한번 검증되었다. 홈 관중이 팀이나 레슬링 선수와 같은 개인 종목 선수를 응원할 때 승률은 올라간다(Jamieson, 2010; McAndrew, 1993).

사회적 태만.   사회적 촉진과 사회적 제약 이론은 다른 사람들이 있을 때, 다른 사람들이 보고 있을 때, 그리고 다른 사람과 함께 일할 때 수행의 향상과 저하를 설명하였던 반면, **사회적 태만** 이론은 사람들이 업무를 함께 할 때 수행에 미치는 효과를 고려한다. 사회적 태만은 Ringleman(Moede, 1927)에 의해서 처음 연구되었는데, 그는 연구에서 실험 참가자들이 혼자 로프를 최대한 강하게 당길 때 발휘되는 힘을 측정하였다. 그 다음으로 그는 실험 참가자들을 둘씩 짝을 지었다. 그는 한 쌍의 실험 참가자들이 발휘하는 힘이 개인 혼자서 발휘하는 힘의 정확히 2배가 될 것이라고 예측하였다. 하지만 한 쌍의 실험 참가자가 발휘하는 힘은 개인 혼자 발휘하는 힘보다 작다는 사실의 발견에 놀랐다.

더 최근에 진행된 연구는 Ringleman의 연구를 지지하였으며 사회적 태만이 많은 업무에서 일어나고 있음을 발견하였다(Karau & Williams, 1993). 이를테면, Parrett(2006)은 식당 고객들이 여러 명과 함께 식사를 할 때보다 혼자 식사를 할 때 팁을 더 많이 주는 것으로 나타났다. 이것은 6명 이상의 사람들이 함께 식사를 할 경우 팁이 자동적으로 계산서에 포함되는 이유를 설명해준다.

사회적 태만이 형편없는 종업원에게서 특히 잘 나타난다는 것이 명백하다 할지라도(Hardy & Crace, 1991), 왜 사회적 태만이 일어나는 것인지는 분명하지 않다. 사회적 태만이 일어나는 것에 대한 하나의 이론에 따르면, 집단 구성원들은 개인의 노력이 주목받지 못하여 개인적 보상에 대한 기회가 거의 없기 때문에 사회적 태만이 발행한다고 한다. 두 번째 이론은 **무임승차이론**(*free-rider theory*)으로 불리는데(Kerr & Bruun, 1983), 일이 잘 되어갈 때 집단 구성원은 자신의 노력이 반드시 필요하지 않다는 것을 인지하기 때문에 혼자 일할 때 들이는 노력의 정도로 열심히 일하지 않는다는 것이다. 사람들이 자신이 투입한 노력이나 시간이 고유한 것이고 다른 집단 구성원에 의해서 수행될 수 없는 것일 때 사회적 태만을 하지 않는다는 메타분석의 연구결과는 무임승차 이론을 지지한다(Karau & Williams, 1993).

세 번째 이론은 일명 "남만큼 하기 효과" 혹은 **얼간이 효과**(*sucker effect*)라 불린다

(Kerr, 1983). "남만큼 하기 효과"는 다른 구성원들이 열심히 일하지 않는다는 것을 눈치채면 자기만 열심히 하는 멍청이가 되기 때문에 사회적 태만이 일어난다고 가정한다. 자기만 열심히 하는 멍청이가 되는 상황을 벗어나기 위해, 사람들은 다른 사람들과 수행 수준을 맞추기 위한 목적으로 일을 덜 하게 된다.

다른 이들과 함께 일하는 것이 수행을 향상시키는 것(사회적 촉진) 그리고 수행을 저하시키는 것(사회적 태만, 사회적 제약) 모두 가능하다는 것을 고려할 때, 관리자는 직원들을 집단으로 배치해야 하는지 혹은 혼자 일하게 해야 하는지 어떻게 결정할 수 있을까? 만일 업무가 복잡하고 숙련되지 않은 것이라면 혼자 일하게 하는 것이 바람직한 답으로 보인다. 반면, 만일 업무가 쉽고 숙련된 것이고 각 개인의 수행이 인정받을 수 있다면 집단으로 일하는 것이 최선일 것이다(Aiello & Douthitt, 2001). 사회적 태만은 집단에 대한 개인의 공헌을 평가하기(Karau & Williams, 1993), 수행 결과를 공지하기(Lount & Wilk, 2014), 개인의 노력과 집단의 수행의 관계를 설명하기(Shepperd & Taylor, 1999), 그리고 성과를 거둔 개인을 보상하기(George, 1995; Shepperd, 1993)와 같은 방법들을 통하여 감소시킬 수 있다. 사회적 태만을 자행하는 자들을 처벌하는 것은 예측할 수 없는 효과를 야기한다. 때때로 효과적이지만, 때때로는 효과적이지 않다(George, 1995; Miles & Greenberg, 1993).

개인적 권위

개인적 권위(individual dominance) 집단의 구성원 하나가 집단 전체를 통제하는 경우

집단 수행에 영향을 미치는 또 다른 변수는 리더 혹은 집단의 한 구성원에 의한 **개인적 권위**이다. 만일 리더나 집단 구성원이 집단이 해결해야 하는 문제에 대해 명확한 해결책을 가지고 있으면, 집단은 아마도 높은 수준의 수행이 가능할 것이다. 하지만 리더나 집단 구성원이 명확하지 않은 해결책을 가지고 있다면 집단은 길을 헤매게 되고 저조한 수행을 보일 것이다. 예를 들어, LePine, Hollenbeck, Ilgen, 그리고 Hedlund(1997)의 연구는 지능이 높은 사람들로 구성된 집단은 리더의 지능이 높지 않을 경우 저조한 수행을 보인다는 것을 발견했다. 이와 같은 양상은 성실성 성격 변수에서도 나타났다. 집단의 리더가 성실하지 않은 경우 집단 구성원들이 성실하여도 집단의 수행은 저조하였다.

집단 사고

집단 사고(groupthink) 집단의 응집력을 너무 고려하여 다른 중요한 정보를 무시하는 상태

집단 사고는 Janis(1982)가 1961년 발생한 피그스 만 침공에 관한 연구를 한 후 처음으로 사용한 용어다. 피그스 만(The bay of Pigs)은 Fidel Castro 정권을 전복시키려는 1,400명의 쿠바 망명자들이 착륙할 장소였다. 미 해군과 공군의 작전 계획은 은밀히 침략자(쿠바 망명자)들과 이들을 지원하는 선박들을 보호하는 것이었다. 하지만 이 침략자들은 예상치 못하게 20,000명의 쿠바 군을 만나 단시간에 사살되거나 생포되

었다. 약속된 미군의 도움은 전혀 나타나지 않았다. Janis(1972)는 국가에서 가장 똑똑하다는 사람들이 이런 잘못된 계획을 만들어낼 수 있었는지 설명하기 위하여 집단 사고 개념을 제안하였다.

집단 사고를 하면 구성원들은 너무 응집되고 생각이 비슷해져 다른 합리적인 제안을 할 수 있는 반대되는 정보가 있음에도 불구하고 좋지 않은 결정을 내린다. 집단 사고는 흔히 집단이 다음과 같은 상태일 때 자주 발생한다.

- 응집력이 높을 때
- 전문적 지식이 있는 외부인들로부터 고립되어 있을 때
- 안전 또는 절대적 무과실 혹은 둘 다에 대한 환상에 사로잡혀 있을 때,
- 상대방보다 도덕적 우위에 있다고 믿을 때
- 집단의 다른 구성원들과 같은 생각을 하도록 강한 압박을 받을 때
- 자신의 좋아하는 해결책을 촉진하는 리더가 있을 때
- 다른 집단 구성원들에서 나온 정보를 차단하는 사람들이 있을 때

집단 사고는 다양한 방법을 통하여 줄일 수 있다. 첫 번째로, 집단 리더는 자신의 입장이나 생각을 의사 결정 과정의 후반까지 나타내서는 안된다. 두 번째로, 리더는 열린 토론을 장려하고 집단 구성원들이 발언할 수 있도록 격려해야 한다. 세 번째로, 집단 또는 위원회와 같이 하위 집단으로 분리되면 의견불일치가 발생할 확률이 높아진다. 마지막으로, 집단 구성원 중 한 명이 **악마의 변호인**—집단에 의문을 던지고 반대를 하는 사람—역할을 담당하는 것이다.

악마의 변호인(devil's advocate) 의도적으로 리더나 집단 다수의 사람들이 제시한 의견에 반대 의견을 표명하는 사람

대부분의 심리학에서 다루어지는 것들과 마찬가지로, 집단 사고의 잠재 요인들은 복잡한 결과를 나타낸다. 강한 리더를 가진 응집된 집단은 흔히 집단 사고를 하게 되지만, 어떤 상황에서는 이 두 요인(강력한 리더십과 응집된 집단)이 높은 수준의 집단 수행을 야기하기도 한다(Kerr & Tinsdale, 2004).

개인 수행 대(對) 집단 수행(Individual versus Group Performance)

명목 집단(nominal group) 개인들이 만든 결과들이 모이기는 하지만 서로 상호작용을 하지 않는 집단

상호작용 집단(interacting group) 업무를 수행하기 위해 함께 일하는 개인들의 집합

여러 사람이 어떤 문제에 대하여 각자 일하고 서로 소통하지 않을 때, 이들을 **명목 집단**이라고 한다. 여러 개인들이 어떤 문제를 해결하기 위해 소통하면, 이들을 **상호 작용 집단**이라고 한다. 리더가 내려야 할 중요한 결정은 업무를 배정할 때 개인들, 명목 집단, 상호작용 집단 중 누구에게 업무를 배정해야 하는 것이다. 수십 년간 집단 효과성에 대한 연구 이후에, 상호작용 집단의 수행이 일반적으로 한 개인의 수행은 능가하지만, 명목 집단의 수행을 능가하지는 못한다는 사실에 합의가 도출되었다

(Kerr & Tinsdale, 2004)

    명목 집단과 상호작용 집단의 중요한 차이가 Liden과 그의 동료들(1999)이 참여한 흥미로운 연구에서 발견되었다. Liden과 그의 동료들은 관리자들과 명목 집단의 종업원들, 그리고 상호작용 집단의 종업원들에게 저조한 수행을 보이는 집단 구성원에 관한 시나리오를 읽게 하였다. 그런 뒤에 시나리오에 나온 구성원을 어떻게 교육시켜야 할지 결정하라고 하였다. 상호작용 집단과 관리자들은 명목 집단보다 더 혹독한 수준의 교육을 해야 한다고 나타났다.

    만일 업무에서 아이디어를 만들어내야 하는 일이 포함되면, 종업원들은 독립적으로 아이디어를 **창조**할 수 있도록 부탁 받아야 하며, 그런 다음에 집단으로 모여야 한다. **브레인스토밍**이 일반적으로 사용되는 방법일지라도 효과적인 방법은 아니다. 브레인스토밍에서 집단 구성원들은 떠오르는 어떠한 생각이든지 이야기하도록 격려받게 되며 모든 사람들이 생각을 말할 때까지 지적은 허락되지 않는다. 브레인스토밍을 하는 집단의 창조성과 개인의 창조성을 비교한 연구에 따르면, 브레인스토밍을 한 집단이 거의 항상 더 창조적이다. 하지만 브레인스토밍 시간 동안 명목 집단의 아이디어들의 수와 질을 상호작용 집단의 아이디어들의 수와 질과 비교했을 때 명목 집단의 아이디어가 상호작용 집단의 것보다 더 창조적이었고 질이 높았다(Kerr & Tinsdale, 2004). 부분적으로 이러한 차이는 상호작용 집단이 개인들보다 더 낮은 목표를 설정하였기 때문일 수 있다(Larey & Paulus, 1995).

    이동에 대한 비용이 늘어나고 있는 것으로 인해 집단이 면 대 면 방식보다 온라인으로 "만나는 것"(예, 원격 회의)이 점점 일반화되고 있다. 회의에 참석하기 위해

> **브레인스토밍(brainst-orming)** 사람들이 집단으로 모여 아이디어를 생산해 내는 기법

회사 유니폼을 입은 종업원들은 집단 동일성(group identification)을 높일 수 있다.

© Lee Raynes

비행기를 타고 회사로 가는 일은 아주 드물다; 거의 모든 일들은 메일과 원격 회의를 통해서 처리된다. DeRosa, Smith, 그리고 Hantula(2007)의 메타분석 연구와 Dennis 와 Williams(2007)의 연구에서는 이메일 또는 화상 회의와 같은 방법들은 저비용일 뿐만 아니라 면 대 면으로 상호작용하는 집단보다 더 효과적인 수행을 야기하는 것을 보여준다. DeRosa와 그의 동료들의 연구(2007)에서 전자기기를 통해 브레인스토밍하는 집단의 수행이 면 대 면 상호작용 집단의 수행보다 더 높다는 것을 발견하였다. 명목 집단과의 비교는 좀 더 복잡하다. 전반적으로, 소규모 집단일 때, 전자기기를 통해 브레인스토밍하는 집단과 명목 집단은 같은 수준의 수행을 보인다. 하지만 대규모 집단일 때는 전자적인 집단이 더 우월하다.

상호작용 집단에 대한 명목 집단의 우월성은 업무의 종류에 따라 다를 수 있다. Brophy(1996)는 하나의 문제를 가지고 브레인스토밍을 할 때는 명목 집단이 가장 효과적이고, 복잡한 문제에 있어서는 상호작용 집단이 가장 효과적이라는 것을 발견하였다. 이와 비슷한 결과가 Davis와 Harless(1996)의 연구에서 또한 보고되었다. 이들은 상호작용 집단이 피드백과 학습의 이점을 이용하면서 명목 집단을 능가한다는 것을 발견하였다.

상호작용 집단의 흥미로운 양상은 개인 구성원들보다 더 극단적인 입장을 취하는 경향이 있다는 것이다. 이러한 경향을 집단 극화(group polarization)라고 부른다. 이는 집단 구성원들이 이미 개인적으로 믿고 있는 것을 좀 더 극단적인 형태로 이행시키는 것을 말한다. 즉, 만일 집단 구성원 개인이 위험성이 높은 견해를 가지고 있다면 집단은 이보다 더 위험한 결정을 내릴 수 있다는 것이다. 하지만 만일 개인 구성원이 보수적이거나 조심스럽다면, 집단 전체는 극단적으로 조심스러워질 수 있다(Isenberg, 1986).

Cromwell, Marks, Olson, 그리고 Avary(1991)의 연구에서는 더 위험한 결정을 내리는 경향을 입증하는 흥미로운 부분이 제시되어 있다. 이들은 도둑들이 개인으로 움직일 때보다 집단의 일원으로서 범행을 저지를 때 더 심각한 범죄를 저지른다는 것을 발견하였다. 증가된 집단 위험성의 또 다른 예를 중개 회사에서 찾을 수 있다. 중개 회사는 회사에 소속된 브로커들로 하여금 더 위험하지만 수익률이 높은 투자를 하도록 만드는 것에 관심이 있다. 컨설팅 회사들은 중개 회사로부터 이런 위험성을 감수할 만한 브로커들을 선발할 수 있는 방법을 개발해달라는 요청을 받았다. 컨설팅 회사는 집단 역동에 대한 지식을 활용하여, 중개 회사에게 브로커들이 개인적으로 결정하기보다 집단 속에서 투자 결정을 하도록 하면 더 좋은 결과를 얻을 수 있다고 자문해주었다. 컨설팅 회사의 이러한 자문을 실행한 중개 회사는 실제 브로커들이 더 위험한 투자를 했다는 것을 보고하였다.

이전의 연구들에 따르면 상호작용 집단이 명목 집단보다 높은 수행을 하지 못하는 것으로 보인다. 하지만 Wilson(2007)은 이러한 연구들의 결과가 대부분의 집단 가치를 입증하는 진화론적 연구에 위배되기 때문에 이전 연구에 대하여 비판하고 있다. 그의 논지는 이전 집단 연구들의 대상이 되는 업무가 매우 쉬운 성격의 업무였다는 것이다. 따라서 그는 연구에서의 업무가 실질적으로 더 어렵다면, 상호작용 집단이 명목 집단보다 우월한 수행능력을 보일 것이라 주장한다.

팀(Teams)

이제 당신은 집단 역동에 대해 충분히 이해할 수 있을 것이다. 이제는 작업 팀에서 발생하는 특정 집단 행동 유형에 대해 집중적으로 살펴보도록 하자. 작업 팀에 대한 개념은 수십 년간 존재하였다(1970년대에는 "품질 분임조"라고 종종 불렸다). 하지만 팀의 사용은 1990년대에 들어와서 증가하였다. 한 설문조사는 포춘 1,000대 기업의 72%가 팀을 활용한다는 것을 보여준다(Lawler, 2001).

팀 사용의 증가는 안타깝지만 주로 조직을 발전시키기 위한 전략적으로 계획된 방법이라기보다 "남에게 뒤쳐지지 않기 위해 애쓰는" 것의 결과라는 것이다. 여느 종류의 조직적 개입과 마찬가지로, 항상 그런 것은 아니지만 몇몇 상황에서 팀은 수행을 향상시킬 수 있다. 팀은 다음과 같은 상황에서 가장 효과적이다. (a) 높은 수준의 종업원 간 상호작용을 요구하는 일일 때, (b) 팀 접근이 일을 단순화할 때, (c) 개인이 할 수 없는 일을 팀이 할 수 있을 때, (d) 팀을 만들 수 있는 시간이 충분히 주어지고 적절히 팀원들을 교육시킬 수 있을 때가 바로 그 상황이다(Kriegel & Brandt, 1996).

작업 팀이란?(what is a work team?)

Devine, Clayton, Philips, Dunford, 그리고 Melner(1999)의 연구에 따르면, 작업 팀이란 "집약적으로 상호작용하여 조직의 생산, 계획, 결정, 또는 서비스를 제공하는 세 명 이상의 모임"이다(p. 681). 때때로, 직원들을 팀에 속하게 하는 것은 실패하게 되는데, 여기서 팀은 진짜 팀이기 보다는 "집단" 또는 "위원회"이기 때문이다. 실제로, 팀과 함께 일하는 사람들을 대상으로 실시한 설문조사에 따르면, 48%의 집단만이 공식적인 팀으로 분류되었다(Offermann & Spiros, 2001). 개인들의 집단을 팀으로 부르기 전에, 이와 관련된 여러 요인들에 대해 고려해 보아야 한다(Donnellon, 1996).

동일시

동일시(identification)는 집단 구성원이 다른 집단보다 팀과 동일시하는 정도이다. 이를테면, 5개의 부서(예, 회계, 엔지니어, 인사)에서 한 명의 대표를 뽑아 위원회를 만들었다고 가정해보자. 회의 시간 동안, 위원회 구성원들은 다음과 같은 말들을 할 것이다. "우리 부서에서는 동의하지 않을 거예요.", "이 위원회는 엔지니어 부서에서 온 우리를 달가워하지 않는군요." 또는 "우리는 이 위원회에 절대 오고 싶어 하지 않았어요." 여기서 우리는 해당 위원회를 지칭하는 것이 아니라 각 개인이 속한 부서를 지칭한다는 것을 주목해보자. Donnellon(1996)에 따르면, 이 위원회가 팀으로 여겨지려면, 우리라는 표현이 위원회를 의미하는 단어로 사용되는 것이 필요하다. 예를 들어, "우리가 어떻게 회계 부서를 설득시킬 수 있을까요?" 또는 "우리 해결책은 아주 좋은 해결책입니다."와 같은 표현을 사용하는 것이다.

상호의존성

상호의존성(interdependence) 팀원들이 다른 팀원을 필요로 하고 의지하는 정도

팀에서 팀원들은 다른 팀원의 도움, 전문지식, 그리고 의견을 필요로 한다. 만일 팀원이 다른 팀원의 도움 없이 개인의 일을 수행할 수 있다면 그 팀은 팀의 정의를 충족시키지 못한다(482쪽을 참조). 예를 들어, 병원의 외과 수술 팀과 같은 몇몇 팀들에서는, 한 팀원의 행동이 다른 팀원에게 큰 영향을 준다는 점에서 상당히 높은 업무 **상호의존성**을 가지고 있다. 다른 팀들은(대부분의 위원회) 각 팀원들이 업무를 완료하고 개별적으로 완료된 부분을 엮는다는 점에서 낮은 업무 상호의존성을 가지고 있다. 각 부분이 최종 생산물을 완성하는 데 중요하지만, 각 부분을 완성하는 것은 다른 팀원들에게 의존하지 않아도 된다. 업무 상호의존성의 중요성은 Liden, Wayne, 그리고 Bradway(1996)의 연구를 통해 살펴 볼 수 있다. 그들은 업무 상호의존성이 높은 팀(예, 팀원들은 다른 팀원으로부터 정보를 얻어야만 하거나, 프로젝트에서 함께 일해야 하는 팀)에서 권한 위임(empowerment)은 수행을 높이지만, 업무 상호의존성이 낮은 팀(예, 각자 일하고 서로에게 의지하지 않는 팀)에서 권한 위임은 수행을 저하시킨다는 것을 발견했다.

권력 차별화

권력 차별화(power differentiation) 팀원들이 같은 수준의 권력을 소유하고 존중을 받는 정도

팀에서, 팀원들은 다른 이들을 동등하게 대하고 평등을 보장하기 위한 조치를 함으로써 **권력 차별화**를 줄이고자 노력한다. 팀이 아닌 집단에서 구성원들은 서로 공격하고, 지적하고, 간섭하고, 명령하고, 비꼰다. 예를 들어, 나는 "행정 팀"이 있는 조직에서 일한 적이 있었다. 내가 그 조직에서 발견한 것은 팀에서 한 개인이 다르게 대우받고, 권한이 적었으며, 그리고 투표 권한이 주어지지 않았다는 것이다. 결론적으로, 그들은 "팀"이라기보다 "위원회"였다.

팀에서 팀원들은 자기 권한의 선을 넘은 것에 대해 사과하고, 도전을 피하기 위하여 간접적으로 질문하고, 서로에 대한 예의를 갖춘다(Donnellon, 1996). 예를 들어, 팀에서 팀원은 "제가 당신 분야에 대해 당신처럼 잘 알지 못하지만 우리가 이런 시도를 해보는 건…"과 같은 말을 하면서 다른 사람에게 반대 의견을 제시할 수 있다; 반면에, 팀이 아닐 경우, 구성원은 "너 바보냐, 내가 어떻게 하면 되는지 알려줄

게."와 같은 말을 하면서 상대방에 반대할 수 있다.

사회적 거리

팀에서 팀원들은 자유로운 분위기 만들기, 별명으로 부르기, 그리고 취향, 공감, 공통 시각을 표현하면서 **사회적 거리**를 줄이기 위한 시도를 한다. 팀 같지 않은 팀 (nonteam)의 구성원은 격식을 차린 언어를 사용하고, 직함을 부르며, 과도하게 정중하고 인간미 없는 대화를 사용한다. 예를 들어, 팀원들은 "이봐, 잘 지내?", "고맙다, 친구", "그것에 대한 너의 감정을 나도 잘 알아." 같은 문장을 사용한다. 하지만 팀 같지 않은 팀의 구성원은 다른 사람을 부를 때 "민호야"보다는 "민호 씨"라고 부른다. 또한 다른 사람에 동의할 때 "나도 네 편이야"라고 하기보다 "당신의 의견에 따르겠습니다."라고 한다.

사회적 거리(social distance) 팀원들이 서로를 친근하고 편안하게 대하는 정도

갈등 관리 전술(conflict management tactics)

팀원들은 협력하면서 갈등에 대응한다. 반면에 팀 같지 않은 팀의 구성원은 강제성을 띠거나 순응(강제와 순응은 이 책의 뒷부분에서 다루어 질 것이다)하면서 갈등에 대응한다. 팀 같지 않은 팀에서는 구성원들을 협박하거나, 직접적으로 표현하거나, 굴복하면서 갈등에 대응한다. 팀에서 팀원들은 다른 사람의 견해를 이해하려고 노력하며, 타협을 시도하고, 위협적이지 않은 톤을 사용한다(Donnellon, 1996).

협상 과정(negotiation process)

팀에서, 팀원들은 모든 사람들이 이득을 볼 수 있는 윈-윈(win-win) 방식으로 협상을 한다. 팀이 아닌 집단에서, 구성원들은 그들이 이기고 다른 구성원은 패배시키기 위해 협상을 한다.

지금까지 논의한 6가지 요인들을 기반으로 Donnellon(1996)은 팀이 5가지 범주 중 하나에 들어간다고 보았다. 5가지 범주의 팀은 협력 팀(collaborative teams), 신생 팀(emergent teams), 적대적 팀(adversarial teams), 명목 팀(nominal teams), 그리고 망한 팀(doomed team)이다. 협력 팀과 신생 팀은 이전에 언급했던 진정한 의미의 팀으로 볼 수 있다. 반면에, 명목 팀과 망한 팀은 이전에 언급했던 팀 같지 않은 팀이다. 적대적 팀(adversarial teams)은 진정한 팀과 팀 같지 않은 팀 사이에 어딘가에 있다.

팀은 두 가지 다른 기준에 따라 달라진다. 첫 번째로 팀은 **영속성**에 따라 달라진다. 즉, 몇몇 팀은 영속적으로 함께 일하기 위해 고안되지만, 다른 팀은 특정 문제를 해결한 뒤 해체될 것을 예상하고 만들어지기도 한다. 예를 들어, 나는 대학교 학생들이 교직원을 평가하는 데 사용할 새로운 체계를 구축하는 프로젝트 팀에 임명된 적이 있다. 체계가 구축된 이후 우리 팀은 해산되었다.

영속성(permanency) 과업이 완수된 이후에 팀이 유지되거나 해산되는 것

두 번째로 팀은 팀원들간의 **근접성**에 따라 달라질 수 있다. 외과 수술 팀, 야구 팀, 브로드웨이 연극 팀의 팀원들은 상호의존적으로 업무를 할 뿐만 아니라 물리적

근접성(proximity) 사람들 간의 물리적인 거리

으로도 서로 가깝게 일을 한다. 하지만 다양한 사례에서 팀원들은 여러 도시, 도, 국가를 건너 멀리 떨어져 있을 수 있다. 이렇게 물리적으로 멀리 떨어져 존재하는 팀원들을 한 곳에 모이게 하는 것은 비용이 소요되기 때문에 IBM, Google, 그리고 Intel과 같은 기업은 **가상 팀**을 활용한다. 가상 팀이란 이메일, 전자 통신, 화상 회의 등을 통해서 팀원들이 팀 기능을 수행할 수 있도록 하는 팀을 말한다(Lepsinger & DeRosa, 2010). 가상 팀이 분명히 생산적일 수는 있지만 가상 팀은 신뢰를 쌓는 것, 시너지 효과를 내는 것, 고립감을 이겨내는 것에 있어서 어려움을 겪는 경향이 있다(Kirkman, Rosen, Gibson, Tesluk, & McPherson, 2002).

> **가상 팀(virtual teams)**
> 면 대 면보다는 이메일이나 전자기기를 통하여 의사소통을 하는 팀

팀의 유형(types of teams)

이 장의 초반부에서 논의된 여러 요인들을 기반으로 팀은 다양한 형태와 크기로 존재한다는 것을 살펴보았다. 예를 들어 Devine과 그의 동료들(1999)은 여러 조직들을 조사하였고 팀이 두 가지 특징에 따라 달라진다고 하였다. 이 두 가지 특징은 시간적 지속성(특별 팀 vs 상시 팀)과 생산 유형(프로젝트 vs 제작)이다. 이 장에서 팀은 Cohen과 Bailey(1997)가 제안한 4가지 범주—작업 팀, 병행 팀, 프로젝트 팀, 관리 팀—에 의해 구분된다.

작업 팀

> **작업 팀(work teams)**
> 자체적인 관리, 업무 할당 및 계획, 근무 시간 계획, 업무 관련 결정, 업무 관련 문제 해결 등을 하는 직원들의 팀

작업 팀은 자체적인 관리, 업무 할당 및 계획, 근무 시간 계획, 업무 관련 결정, 업무 관련 문제 해결 등을 하는 직원들의 집단이다(Kirkman & Shapiro, 2001). 작업 팀은 전형적으로 제품을 생산하고, 서비스를 제공하고, 품질을 개선하고, 제품과 시스템의 비용 효율성(cost-effectiveness)을 향상시키기 위하여 만들어진다. 작업 팀의 예는 다음과 같다.

- 오하이오 주의 데이턴 시에 위치한 Monarch Marking Systems 회사는 배송기간 지연을 70% 낮췄고 생산성은 2배 향상시켰다.
- 달라스에 위치한 GTE Directories 회사는 전화번호부의 생산량을 158% 향상시켰고, 불량품 발생률은 48% 낮췄으며, 고객 불만 대응 시간을 18.8일에서 2.9일로 단축시켰다.
- 뉴욕 주 웹스터 시에 위치한 Xerox는 제품의 높은 불량 발생률을 야기하는 원인을 발견하여 266,000 달러를 아꼈다.

그림 13.2와 같이 제품을 생산하는 전통적인 방식은 종업원들을 하나의 특정 업무를 수행하는 것에 특화시키는 것이다. 이를테면 회사에는 관리자, 분류하는 사람, 납땜하는 사람, 품질 검사하는 사람이 있다. 분류하는 사람을 조립라인에 부품을 배열하고, 조립하는 사람은 부품들을 조립하고, 납땜하는 사람은 땜질을 하고, 품질을

검사하는 사람은 부품들이 제대로 조립되었는지 검사한다.

팀으로 접근하면, 관리자는 필요 없다. 각 생산 노동자들은 "팀원"이라고 불리며 모든 업무를 수행할 수 있도록 교차교육(cross-trained)을 받는다. 이런 방식으로 만일 부품들이 빨리 조립되었다면 납땜을 해야 하는 단계가 될 것인데, 분류하는 사람은 분류하거나 기다리기보다 납땜을 할 수 있다. 팀은 팀이 만든 제품의 질을 검사할 책임을 가지고 있고, 생산노동자 중 한 명은 아마도 팀 리더로 지명될 것이다. 생산 팀 (production team)을 사용하는 것은 관리 계층을 없애고 팀이 생산한 것에 대한 책임을 지도록 하면서 비용을 절약한다.

고객 서비스 팀(customer service team)은 보통 식당이나 소매점에서 발견할 수 있다. 식당의 전통적인 고객 서비스 모형에서 각 종업원은 특정 구역의 특정 업무(예, 서빙, 조리, 테이블 정리 담당)로 배치된다. 팀 관점에서는 각 종업원은 주요 업무와 특정 구역에 배치될 수는 있지만, 고객 만족을 위해서 "어떤 것이든 할 수 있을 것"으로 예상된다. 예를 들어, 한 사람이 손님으로 붐비는 음식점에서 당신을 담당하는 A라는 직원이라고 가정해보자. 당신은 음료를 추가로 주문하고 싶다. 하지만 A는 다른 테이블에서 주문을 받고 있다. 당신과 지금 가장 가까운 곳에 있는 직원은 테이블을 정리하고 있는 B이다. 전통적인 시스템에서는 B에게 우유를 주문을 하면 그녀는 "전 테이블 정리만 해요. 서빙하는 사람이 올 때까지 기다리세요."와 같은 대답을 들을 것이다. 하지만 팀 접근에서 B는 음료를 서빙하는 교차교육을 받았을 것이므로 당신의 주문을 받을 수 있을 것이다.

Webber와 Klimoski(2004)는 모든 작업 팀이 유사하지 않으며 중요한 작업 팀의 유형은 조 혹은 반(*crew*)이라고 주장한다. 조는 "숙련된 전문가(expert specialist)" 집단이다. 숙련된 전문가 집단은 특정한 역할의 지위를 가지고 있고, 다른 동시에 발생하는 간단한 일을 수행하고, 이런 간단한 일들을 다른 환경적 조건에서 반복한다 (Webber and Kilmoski, 2004, p. 265). 조의 예로 소방관 집단, 비행 승무원(기장, 항법사, 승무원, 등) 그리고 영화제작자들(감독, 카메라맨, 장비 담당자 등)이 있다. 조는 고도로 훈련된 전문가들을 포함하고 주로 기술에 의존하기 때문에 다른 작업 팀에 비해 구성원이 바뀌는 것에 영향을 덜 받는다.

병행 팀

병행 팀은 **다기능 팀**으로도 불리며 조직 안에있는 다양한 부서들의 대표들로 구성된다(Keller, 2001). 예를 들어, 운송 시간을 줄이기 위한 팀의 구성에는 영업부, 운송부, 생산부, 그리고 고객 서비스부의 사람들이 포함될 수 있다. 다기능 팀이 성공하기 위해서는 명확한 목표를 확립하고, 각 기능 영역에서 지원하며 위원회 구성원들의 신뢰 수준을 향상시킬 조치를 수행하는 것이 중요하다. 팀원들은 흔히 그들 각 부서의 이익을 대변하는 것과 조직 전체의 최선을 위해 행동하는 것 사이에 있기 때문에 다

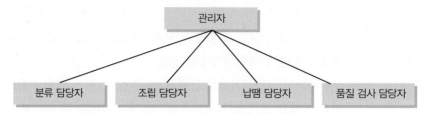

전통적 접근

관리자

분류 담당자   조립 담당자   납땜 담당자   품질 검사 담당자

팀 접근

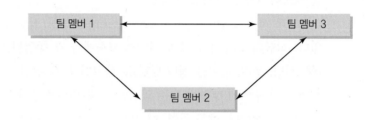

팀 멤버 1   팀 멤버 3

팀 멤버 2

그림 13.2
전통적 접근 vs 팀 접근

기능 팀 안에서 신뢰를 쌓는 것은 특히 중요하다.

프로젝트팀

프로젝트 팀(project te-ams) 새로운 제품을 만드는 것, 새로운 소프트웨어 시스템을 설치하는 것, 또는 신입 사원을 선발하는 것과 같은 일회적인 산출물을 생산하기 위해 만들어진 팀

프로젝트 팀은 새로운 제품을 생산하는 것, 새로운 소프트웨어 시스템을 설치하는 것, 또는 신입 사원을 선발하는 것과 같은 일회적인 산출물을 생산하기 위해 만들어진 팀이다. 팀의 목표가 성취되고 나면 팀은 해체된다. 프로젝트 팀의 일시적인 성격은 병행 팀 그리고 작업 팀과 구별된다. 환경 자문 회사인 Camp Dresser and Mckee는 프로젝트 팀의 훌륭한 예시이다. 이 회사는 3,500명 종업원들의 고용 정보를 추적하는 인적자원 정보 시스템(HRIS)의 교체가 필요했다. 이러한 인적자원 정보 시스템은 다양한 부서에서 활용되고 있기 때문에, Camp Dresser and Mckee는 40명의 팀을 구성하여 새로운 시스템을 선택하고 시행하였다. 시스템이 구축된 이후 이 팀은 해체되었다(Jossi, 2001b).

관리 팀

관리 팀(management-teams) 조직하고, 관리하고, 자문하고, 직원들과 다른 팀들을 총괄하는 팀

관리 팀은 조직하고, 관리하고, 자문하고, 직원들과 다른 팀들을 총괄한다. 작업 팀, 병행 팀, 프로젝트 팀들은 특정 목표 완수에 대한 책임을 가지는 반면, 관리 팀은 전반적인 방향 제시와 다양한 팀들을 지원하는 것에 책임이 있다.

팀 발달 단계(how teams develop)

Tuckman(1965)의 이론은 팀 발달의 영향력 있는 이론으로 팀은 전형적으로 4단계의 발달 국면을 거친다고 주장하였다. 이 4단계의 양상은 **형성, 격동, 규범,** 그리고 **성**

형성기(forming stage)
팀 발달 단계의 첫 단계로 팀의 컨셉에 대한 의견을 타진하고 서로에게 좋은 인상을 심어주려는 단계

과이다. **형성기**에서 팀원들은 서로를 알아가며 각자 어떤 역할을 할지 결정한다. 형성기 초기에 팀원들은 다른 팀원들에게 좋은 인상을 남기고 서로 알아가기 위해서 성숙한 태도를 보인다. 팀원들은 흔히 어떤 것을 성취하는 것에 대한 잠재성에 흥분하지만 팀에서 다른 사람과 함께 일하는 것에 불안해하기도 한다. 형성기의 후반부에는 팀의 임무를 명확히 하고, 성취하고자 하는 것을 결정하고, 목표를 성취하기 위해서 해야 하는 업무들을 결정하고, 규칙과 절차를 만들며 목표를 이루기 위한 행동의 대안 경로를 개발한다(Marks, Mathieu, & Zaccaro, 2001). Salas, Mullen, Rozell, 그리고 Driskell(1997)에 의한 메타분석 연구에 따르면 역할 명확성에 초점을 맞춘 팀 빌딩은 팀 수행을 향상시킬 것이라고 한다.

격동기(storming stage)
팀 발달 단계의 두 번째 단계로 구성원들의 각자의 역할에 동의하지 않고 저항하는 단계

　　격동기에는 형성기 때 나타났던 성숙한 행동은 사라진다. 개인 수준에서 팀원들은 흔히 그들의 역할에 대해 실망하게 되고, 그들의 이전 직무들과 팀의 새로운 책임들 간의 균형을 맞추는 것에 스트레스를 받는다. 그리고 그들이 형성기에 설정했던 목표들을 성취할 수 있는 능력이 그들에게 있는지 의문을 가진다. 대인관계에서 팀원들은 서로에게 반대하기 시작하고 다른 사람들의 생각에 도전한다. 흔히 이러한 긴장과 갈등은 나중 단계에서 팀이 수행을 잘하게 하는 에너지의 원천이 되기도 한다.

규범기(norming stage)
팀 발달 단계의 세 번째 단계로 팀의 역할을 정립하고 규범과 절차를 결정하는 단계

성과기(performing stage) 팀 발달 단계의 네 번째 단계로 팀의 목표를 달성하기 위해 일하는 단계

　　규범기에서 팀은 격동기에 형성된 서로 간의 긴장을 이완하기 위해 노력한다. 팀원들은 팀 리더를 인정하고 문제를 해결하기 위해 다른 팀원들과 직접적으로 함께 일하면서 팀의 현실을 받아들인다. 이 시기에 팀원들은 그들의 처음 역할을 받아들이던지 그들에게 더 잘 맞는 역할에 적응한다.

　　성과기에서 팀원들은 팀의 목표를 성취하기 시작한다. 팀원들은 혁신적인 제안을 하고 다른 사람에게 방어기제 없이 도전하고, 높은 참여율을 보인다. 이 단계에서, 팀은 목표를 향해 가는 과정을 지속적으로 관찰하고, 필요한 추가 자원을 결정하고, 팀원들에게 자문과 피드백을 제공하며 필요하다면 전략에 수정을 가한다(Marks et al., 2001).

　　이러한 팀 발달에 관한 이론은 일반적으로 사용되지만 특정 팀이 발달할 수 있는 방법은 무수히 많다. 대안적 이론으로, **단속평형이론**(*punctuated equilibrium*)이 있다. 단속평형이론은 팀이 단계를 거쳐 발달하는 것으로 보지 않는다. 이 이론에서는 팀이 첫 번째 모임에서 방향과 전략을 개발하고, 이 방향을 일정 기간 동안 따라가고, 꽤 시간이 흐른 뒤 급진적으로 전략을 수정한다고 주장한다(Gersick, 1988).

팀이 항상 효과적이지 않은 이유(why teams don't always work)

팀이 개인보다 아주 가끔 더 효과적이라는 것을 주장하는 과학적 연구를 고려해 볼 때(Allen & Hecht, 2004), 성공적인 팀을 만드는 방법에 대한 매우 많은 양의 조언들을 문헌에서 찾아볼 수 있다. Hyatt와 Ruddy(1997)는 성공적인 팀을 만드는 조언을

제공하는 연구에서 고객 서비스 팀이 가장 효과적인 경우가 어떤 경우인지를 발견하였다. 연구에 따르면 고객 서비스 팀은 관리 부서로부터 필요한 지원(예, 정보, 기술, 훈련)을 받을 때; 업무를 완수할 수 있는 능력이 있다는 확신이 있을 때; 고객 지향적일 때; 개방적, 지지적 그리고 전문적 의사소통 방식을 보일 때; 적절한 목표를 세울 때; 의견이 합일된 과정을 따를 때 가장 효과적이다. Moran, Musselwhite, 그리고 Zenger(1996)는 팀들이 직면하는 12가지 흔한 문제를 확인하였다. 그중에서 가장 중요한 6가지에 대해 살펴보자.

그런 팀은 팀이 아니야(the team is not a team)

이전에 논의한 내용과 일관되게, 팀들은 흔히 성공적이지 못한다. 왜냐하면 이름만 팀이기 때문이다.

과도한 회의(excessive meeting requirements)

팀이 가지고 있는 흔한 문제는 너무 회의를 안하거나 또는 너무 자주 하여 시간을 낭비한다는 것이다. 성공적인 팀 회의 비결은 주제를 제한적으로 토론하는 것이다. 그리고 팀 전체의 의견이 필요할 경우에만 회의를 하는 것이다. 더 나아가 사람들은 반드시 해야만 하는 일에 대한 시간은 적게 할지라도, 팀들은 흔히 정해진 회의시간을 다 채워야만 한다는 생각을 한다. 이렇게 회의 시간을 "늘리는(stretch)" 경향은 팀의 동기와 열정을 감소할 수 있다.

자주 회의를 하려는 경향의 예시로서, 나는 우리 학교가 직면한 특정 문제들을 고심하는 것이 업무인 여러 팀 중 한 팀을 예로 들고자 한다. 우리 팀 리더(위원장)는 매주 오후 2시부터 업무가 완료될 때까지 모여 회의하기를 원한다. 우리 업무의 특성상, 일주일이 지나도 회의에 이렇다 할 진전된 결과를 낳지 못하게 된다. 그러나 우리는 매주 수요일 모인다. 이렇게 4주를 반복하니 회의 참석자의 50%가 불참하게 되었다. 화난 팀 리더가 팀원들을 만났을 때, 그녀는 팀원들이 한 말에 충격을 받았다. 팀원들은 "매주 하는 이 회의는 시간 낭비입니다." 그리고 "전 항상 중요한 회의를 참석합니다. 이런 쓸데없는 회의 말고요."라고 하였다.

나는 회의 시간을 질질 끄는 경향을 보이는 또 다른 위원회에 속해 있었다. 그 위원회는 25명의 사람들로 구성되어 있었고, 한 달에 한 번 금요일 오후 3시에서 4시 30분까지 모임을 가졌다. 학부장이 회의를 주관할 때면, 회의는 정확히 4시 30분에 끝났다. 학부장이 공석일 경우에는 위원회의 부의장이 회의를 주관하였는데, 부의장은 회의를 시작할 때 "빨리 해치우고 여기서 벗어납시다."라고 하였다. 부의장이 회의를 주관하는 경우, 우리는 절대 3시 45분을 넘어서까지 회의를 해본 적이 없다.

권한 부족(lack of empowerment)

많은 팀들이 문제를 해결하기 위해 형성되지만 일을 수행할 때 필요한 충분한 권한은 주어지지 않는다. Moran과 그의 동료들(1996)의 연구에 따르면 관리자들이 생각하기에 팀들은 일을 정확하게 처리하지 않을 것이고, 너무 성급하게 움직이며, 자신들의 경계를 넘어서 조직의 다른 부분에도 영향을 줄 것이기 때문에 팀에게 충분한 권한을 주지 않는다고 한다. 관리자들의 마지막 걱정은 특히 중요한 것인데 왜냐하면 팀이 문제 해결을 위해 일하면서 제시하는 해결책에는 대개 많은 타 부서들이 포함되기 때문이다. 팀에게 적절한 권한이 주어지지 않으면, 그들로부터 영향을 받는 각 부서들의 정치적 저항을 이겨낼 권위가 부족하게 될 것이다.

권한이 대부분 팀의 성공에 필수적인 것일지라도, 팀원들이 권한 있는 지위를 거절하는 것이 흔하게 일어난다. 결국, 권한의 유리한 점이 실수를 만들 위험을 낳고 다른 사람들을 화나게 할 수 있다. 많은 직원들에게 이러한 위험은 권한의 이점을 무시하게 한다.

기술 부족(lack of skill)

우리는 팀에 배치된 사람들이 효과적으로 업무를 수행할 기술을 가지고 있다고 가정한다. 하지만 불행히도 이러한 가정은 빈번하게 무너진다(Yandrick, 2001a). 팀원들에게 일반적으로 가장 부족한 것은 팀에서 일하는 데 필요한 기술(예, 의사소통, 문제 해결)이거나 문제 자체를 해결하기 위한 전문 기술이다. 예를 들어, 대학교의 위원회는 보통 다양한 단과 대학의 대표(예, 예술 과학, 교육)들과 학과 대표(예, 역사, 심리, 경제)들로 구성된다. 만일 사안에 대해 학과 간의 의견이 다르다면 이러한 모임 구성은 합리적이다. 즉, 위원회가 필수 교양 교육 선정 혹은 계절 학기 개설을 결정해야 한다면 각 학과의 대표들이 참석해야만 한다. 하지만 위원회가 기금 모음 전략을 개발하기 위해 만들어졌다면, 역사와 음악 전공 교직원들보다 마케팅과 심리학을 전공한 교직원들로 위원회를 구성하는 것이 더 바람직할 것이다.

팀 구성원들의 개인적 성격에 관한 연구가 이와 관련된 흥미로운 결과를 보여주었다. 팀원들이 밝고, 성실하고, 외향적이고, 정서적으로 안정된 팀은 그렇지 않은 팀보다 더 나은 수행을 보인다(Barrick, Stewart, Neubert, & Mount, 1998; Devine & Philips, 2001).

팀 과정에 대한 불신(distrust of the team process)

많은 팀들은 관리자가 팀의 개념을 신뢰하지 못함으로 인해 실패한다. 자문 회사 Zenger-Miller의 연구에 따르면, 최고 경영진이 팀 접근으로 일하는 것에 대한 열의가 없으면 팀들의 49%만이 만족할 만한 진전을 보였다. 하지만 경영진으로부터 지지를 받은 팀의 경우, 84%의 팀이 만족할 만한 진전을 보였다(Moran et al., 1996). 이러한 불신의 일정 부분은 어떤 권한도 포기하려 하지 않는 경영진으로부터 비롯된다. 만일 팀 개념이 계속 생존하려면, 경영진도 팀 과정(team process) 안에서 교육 받을 필요가 있다.

또한 팀원들은 팀 과정에 수용적이어야만 한다. 연구는 직무 만족(job satisfaction)과 조직 몰입도(organizational commitment)가 구성원들이 팀 과정에 수용적이지 않을 때 감소하는 것을 보여준다(Kirkman & Shapiro, 2001). 팀 불신에 대한 또 다른 원인은 모든 업무가 팀에게 적합하지 않다는 데 있다(Drexler & Forrester, 1998). 즉, 일부 업무(예, 타이핑)는 혼자 하는 것이 더 적절하다. 하지만 다른 경우, 이를테면 많은 고객을 상대해야 하는 경우, 다른 사람의 도움이 있을 경우 더 잘 할 수 있다.

불명확한 목표들(unclear objectives)

팀들은 왜 자기들이 구성되었고, 무엇을 달성해야 하고, 언제까지 끝내야 하는지를 알 때 가장 효과적일 수 있다. 이런 것들이 당연해 보이고 잘 이뤄질 것 같지만, 당신은 많은 팀들이 자신들이 해야 할 일을 모르고 헤매고 있다는 사실에 놀랄 것이다. 예를 들어, 나는 대학교에서 일명 "학생 평가 위원회"라는 위원회에서 활동한 경험이 있다. 우리는 모임 초반의 대부분 시간을 다음과 같은 질문들의 답을 찾는 데 썼다. "우리는 무엇을 해야 하는가?", "우리가 새로운 평가 도구를 만들어야 하는가?", "우리가 결정을 내릴 수 있는 것인가 아니면 조언만 하면 되는 것인가?" 등의 질문을 가지고 우리는 고심했다. 우리는 이러한 질문에 대한 대답을 명확히 하는 데 한 달이 걸렸고, 그 기간 동안 일은 진전되지 못하였으며, 이에 지친 위원들은 위원회에 참석하지 않았다.

집단 갈등(Group Conflict)

갈등(conflict) 다른 사람이 당신의 목표 성취를 방해한다거나, 당신이 특정 방식으로 행동하는 것을 제약한다거나, 관계를 망치고 있다고 느낄 때 나타나는 심리적, 신체적 반응

개인이 집단이나 공식적인 팀과 함께 일을 할 때 항상 갈등이 발생할 가능성은 잠재해 있다. 실제 한 조사에 따르면, 85%의 종업원들은 직장에서 갈등을 경험하였고 22%의 종업원은 갈등으로 인해 직장을 잃었다고 응답했다(Tyler, 2010). **갈등**은 다른 사람이 당신의 목표 성취를 방해하거나 당신이 특정 방식으로 행동하는 것에 제약을 가한다거나, 관계를 망치고 있다고 느낄 때 나타나는 심리적, 신체적 반응이다. 이를테면, Bob은 Lakisha가 승진을 위해 노력하는 것이 자신의 승진을 방해한다고 느낄 수 있다(자신의 목표 성취를 방해). 또한 Andrea는 John이 그녀에게 특정 지원자를 채용하도록 압박하는 것에 제약을 느낄 수 있다(특정 방식으로 행동하는 것을 제약). Carlos는 Jill이 그녀의 남자 동료와 점심을 먹으러 가는 것이 다른 사람과는 데이트하지 않기로 한 자신들의 약속을 어기는 것이라고 생각할 수 있다(관계를 망치는 것).

갈등의 주된 요소 중 하나가 **지각**(*perception*)임을 아는 것은 중요하다. 예를 들어, 두 사람이 같은 목표를 공유하고 있다고 하자. 그런데 만일 한 사람이 그들의 목표가 상이하다고 지각하면 갈등이 일어날 확률은 높아진다. 따라서 갈등은 흔히 한 사람이 다른 사람의 목표, 의도, 또는 행동을 오인한 결과이다. 갈등이 오해로 인해 발생될 수 있기 때문에 갈등 해결의 중요한 부분을 차지하는 것은 서로가 지각하고 있는 상황에 대하여 논의하는 것이다.

갈등의 정도는 목표, 행동, 또는 관계의 중요성이 어느 정도 작용하는지에 따라 달라진다. 즉, A의 행동이 B의 행동을 강제로 하게 할 때, 만일 그 변화가 B에게 중요한 것이 아니라면(예, 줄을 서서 몇 분 기다리는 정도) 변화가 B에게 중요한 경우(예, 승진 혹은 평판)보다 갈등은 훨씬 덜 심각할 것이다.

De Dreu와 Weingart(2003)의 메타분석 연구를 기반으로 우리는 갈등이 팀 수행과 구성원의 만족도를 저하시킨다고 어느 정도 확실히 말할 수 있다. 이런 **역기능적 갈등**은 서로 협력하는 것을 방해하고, 생산성을 저하시키며, 다른 영역으로 점점 더 확산되며, 이직을 증가시킨다. 역기능적 갈등은 보통 다른 당사자의 행동 때문에 하나 또는 두 당사자 모두 통제력을 상실했다고 느낄 때 발생한다. 그리고 역기능적 갈등은 복잡한 업무를 할 때 팀 수행에 가장 큰 영향을 미친다. 대부분의 갈등이 역기능적이지만, 갈등이 어느 정도 더 나은 수행을 가능하게 하는 경우도 있다. 이런 경우를 **기능적 갈등**이라고 부른다. 적당한 수준의 갈등은 새로운 아이디어를 자극하고, 우호적인 경쟁을 증가시키며, 팀 효과성을 증진시킨다(Jehn & Mannix, 2001; Jeong, 2008). 더 나아가, 적당한 갈등은 훨씬 더 큰 갈등의 위험을 감소시켜 준다.

갈등의 유형(types of conflict)

대인 갈등

대인 갈등은 두 사람 사이에서 발생한다. 직장에서 대인 갈등은 두 종업원, 상사와 부하, 종업원과 고객, 종업원과 판매 회사 사이에서 일어날 수 있다.

개인-집단 갈등

갈등은 두 사람 사이에서 쉽게 발생한 것처럼 개인과 집단 사이에서도 발생할 수 있다. **개인-집단 갈등**은 보통 개인의 요구가 집단의 요구와 다를 경우 발생한다. 이를테면, 해병은 군이 허락하는 것보다 더 많은 독립적인 활동을 요구할 수 있고, 농구 선수는 팀이 요구하는 세트 플레이보다 슛을 원할 수 있고, 학교는 교수가 저술활동에 매진하길 원하지만 교수는 수업하는 것에 더 흥미가 있을 수 있고, 가게는 점원이 판매에 집중을 하기 바라지만 점원은 고객 관계에 더 집중할 수 있다.

역기능적 갈등(dysfunctional conflict) 협력하여 일하는 것을 방해하고, 생산성을 저하시키고, 다른 영역으로 확산되며, 이직을 증가시키는 갈등

기능적 갈등(functional conflict) 수행을 향상시키거나 대인 관계를 향상시켜 주는 갈등

대인 갈등(interpersonal conflict) 두 사람 사이에서의 갈등

개인-집단 갈등(individual-group conflict) 개인과 집단의 다른 구성원들 간의 갈등

집단-집단 갈등

집단-집단 갈등(group-group conflict) 두 개 이상의 집단 사이의 갈등

갈등의 세 번째 유형은 두 개 이상의 집단 사이에서 발생하는 갈등이다. 학교에서 그런 **집단-집단 갈등**은 연례 행사처럼 자주 발생한다. 각 학부는 예산과 공간 할당을 가지고 매년 갈등한다. 직업 현장에서도 각 부서는 희소 자원을 두고 갈등한다. 같은 은행의 두 지점이 같은 도시에 위치 함으로 인해서 두 지점간의 발생하는 갈등은 집단-집단 갈등의 좋은 예이다. 설상가상으로 두 지점이 합병되게 되면 은행 직원들은 더 심각한 갈등에 직면하게 된다. 합병되어 새롭게 개설된 지점에 누가 지점장이 될 것인가를 이야기하기 시작하면서 갈등은 발생한다.

갈등의 원인(causes of conflict)

자원을 얻기 위한 경쟁

시장경제에서 고객의 수요가 재화의 공급을 초과할 경우 가격은 상승한다. 이와 비슷하게 집단에서도 자원에 대한 수요가 공급을 초과할 경우 갈등이 발생한다. 조직에서 자원으로 인한 갈등은 실제 자주 일어나는데 특히 자금, 공간, 인원, 또는 모든 사람과 집단의 요구를 충족시킬 만한 자원이 부족한 경우 갈등이 발생한다.

자원을 얻기 위한 경쟁(competition for resources) 자원에 대한 수요가 사용 가능한 자원보다 클 경우 생기는 갈등

    자원 부족으로 인한 갈등의 원인의 좋은 예는 **자원을 얻기 위한 경쟁**으로 의회가 매년 말 국가 예산을 결정할 때 발생한다. 한정된 세금을 가지고 여러 가지 항목으로 분배하려면 어려운 결정들을 내려야만 한다. 하지만 흔히 국가의 문제를 해결하기 위해 우리의 국회의원들은 협력하기보다 각자의 지역구 예산을 더 책정하기 위해 갈등을 한다.

    희소한 재화로 인한 갈등의 또 다른 예를 대학교에서도 찾아 볼 수 있다. 주차장과 연구실 공간이 부족하지 않은 대학교는 대단히 드물다. 교직원과 학생들은 누가 주차 공간을 더 차지할 것인지 논쟁하고, 학생들은 교직원들보다 상대적으로 더 비싼 주차 비용과 좁은 주차공간을 두고 논쟁한다.

    나는 초기에 갈등이 없었던 조직에 속해 있었다. 왜냐하면 갈등할 만한 자원 자체가 없었기 때문이다. 남는 사무실은 없었고, 장비도 없었고, 어떤 지원도 없었다. 조직 구성원들은 심지어 인쇄 용지까지 사비로 구매해야 했다. 하지만 몇 년이 지난 뒤, 조직은 엄청난 양의 자금을 받게 되었고 공간이 충분한 새로운 빌딩을 제공받았다. 예상대로 갈등은 증가하였다. 모든 직원들은 더 많은 공간과 각자만의 장비 등을 원했다. 매우 응집되어 있던 집단은 새로운 자원에 대한 경쟁 때문에 갈등하는 조직으로 변하였다.

업무 상호의존성(task interdependence) 한 사람의 업무 완료가 다른 사람의 업무 완료에 영향을 미칠 때, 생기는 잠재적인 갈등

업무 상호의존성

다른 갈등의 원인으로 **업무 상호의존성**이 있다. 업무 상호의존성은 어떤 집단의 수

행이 다른 집단 구성원들의 수행과 관련이 있을 때 발생한다. 예를 들어, 대학교에서 학생들이 흔히 경험하는 조별 발표를 예로 들어보자. 발표용 자료를 만드는 학생은 다른 학생이 자료 조사를 완료하지 않으면 자료를 만들 수 없다. 결론 부분을 작성하기로 한 학생은 서론과 중간 부분을 다른 학생이 작성한 후에야 작성이 가능하다. 따라서 모든 구성원이 자신이 맡은 역할을 완수하기 전까지 조별 발표를 준비하는 모든 학생의 과제는 끝나지 않는다.

업무 상호의존성에 의해 발생한 갈등은 특히 상충되는 목표를 가지고 있는 두 집단이 서로 의존할 때 발생할 확률이 높다. 이를테면 공장의 생산 부서에서는 다량의 제품을 생산하길 원하지만, 품질 관리 부서는 양질의 제품을 생산하길 원한다. 어느 부서도 서로의 협조 없이는 일을 할 수 없지만 다량 제품 생산 목표를 가지고 있는 생산 부서는 양질 제품 생산 목표를 추구하는 품질 관리 부서보다 낮은 품질 기준을 가질 수 있다. 높은 품질을 강조하면서 품질 관리 부서는 생산 부서에게 생산 속도를 늦추도록 강요한다. 이런 일이 벌어지면 갈등은 당연히 발생할 수 밖에 없다.

관할권의 모호성

관할권의 모호성(jurisdictional ambiguity) 지리적 경계 혹은 권한의 경계가 모호한 경우 생기는 갈등

세 번째 갈등 원인은, **관할권의 모호성**이다. 관할권의 모호성은 지리적 경계 혹은 권한의 경계가 분명하지 않을 때 발생한다. 예를 들어 두 명의 종업원은 우편물을 수령하는 것이 누구의 일인지를 가지고 논쟁할 수 있고, 두 명의 관리자는 부사장 공백시에 누가 대리 역할을 해야 하는지를 놓고 논쟁할 수 있고, 두 명의 비서들은 누가 회의실을 관리해야 하는지 놓고 동의하지 않을 수 있다. 권한의 경계가 분명하지 않을 때 갈등은 새로운 상황이나 관계가 전개될 경우 발생할 확률이 가장 높다. 따라서 어느 정도는 명확한 직무 기술서와 최신의 조직관리 체계를 통해서 영역 다툼을 피할 수 있다.

국제적인 수준에서는 관할권의 모호성이 전쟁과 갈등의 원인이 된다. 예를 들어 2014년 러시아는 분쟁 영토인 크림 반도를 침공하였다. 1990년 초반 이라크는 쿠에이트가 사실상 이라크에 속한다는 미명 아래 쿠웨이트를 침공하였다. 그리고 1980년경 영국과 아르헨티나는 포크랜드 제도(Falkland Islands)의 소유권을 놓고 싸웠다. 또한 도시에서는 관할권의 모호성이 자주 갱단들의 전쟁의 원인 된다.

의사소통 장벽

의사소통 장벽(communication barriers) 원활한 의사소통을 방해하고 갈등의 원인을 만드는 물리적, 문화적, 심리적 장애물

의사소통 장벽은 갈등의 네 번째 원인이다. 대인 간의 의사소통 장벽은 **물리적**(*physical*)(예, 다른 층이나 건물과 같은 떨어진 위치), **문화적**(*cultural*)(예, 다른 언어 혹은 다른 관습), **심리적**(*psychological*)(예, 다른 성향 또는 성격)인 것일 수 있다. 의사소통 과정에 관한 심도 깊은 논의는 11장에서 살펴볼 수 있다.

신뢰

다섯 번째 갈등의 원인은 개인과 집단의 신뢰(beliefs) 체계이다. 개인 혹은 집단 구성원들이 다음과 같은 생각을 가지고 있을 때 갈등은 발생할 수 있다.

- 자신들은 다른 사람 혹은 집단보다 우월하다;
- 다른 사람에 의해서 부당한 대우를 받고 있다;
- 다른 사람으로부터 상처받기 쉽고 어려운 환경에 처해 있다;
- 다른 사람들은 믿을 만하지 못하다;
- 자신들은 무력하고 힘이 없다(Eidelson & Eidelson, 2003).

성격

성격(personality) 개인이 가지고 있는 비교적 안정적인 기질

여섯 번째 갈등의 원인은 사람들이 가지고 있는 **성격**에서 찾아 볼 수 있다. 함께 일해야만 하는 사람과 성격이 완전히 다른 것은 갈등을 자주 야기한다. 예를 들어, 품질을 매우 중요하게 생각하는 사람은 생산량을 중요하게 생각하는 사람과 갈등을 일으킬 수 있다. 이와 비슷하게 "숲"을 보는 사람은 "나무"를 보는 사람과 갈등할 수 있다.

성격으로 비롯된 대부분의 갈등이 성격의 양립 불가능 때문이라는 것이 사실이긴 하지만, 어떤 사람들과 일반적으로 협업하는 것이 다른 사람보다 더 힘들다는 것 역시 분명한 사실이다. 이를테면 독단적이고, 권위적이고, 자존감(self-esteem)이 낮은 사람들이 개방적이고 자신에게 좋은 감정을 가지고 있는 사람들보다 갈등에 더 연루된다(Bramson, 1981; Brinkman & Kirschner, 2012). 갈등을 가장 잘 일으키는 "까탈스러운 사람들(difficult people)"에 대한 연구는 거의 없었지만, 이 주제에 대한 충분한 양의 연구가 유명 언론에 기고되었다. 예를 들어 Bernstein과 Rozen(1992)은 "직장 내의 원시인(Neanderthals at work)" 세 종류(반역자, 추종자, 경쟁자)를 상세하게 묘사하였다. 그리고 각 종류의 인간이 발생시키는 갈등을 관리하는 법을 소개하였다.

가장 일반적으로 언급되는 까탈스러운 사람들의 유형은 Bramson(1981)이 주장하였고 Brinkman과 Kirschner(2012) 의해서 발전되었다. 이 둘은 비정상적으로 높은 통제, 완벽, 인정, 관심의 욕구가 꼬인 성격의 기초를 형성한다는 것을 상정하였다.

높은 **통제**(*control*) 욕구를 가진 사람은 업무를 끝내는 것에 집착하고 일을 **빨리** 끝내는 것에 대단한 자부심을 느낀다. 그런 성격 유형을 가진 사람 중에는 **탱크형**(the *Tank*), **저격수형**(the *Sniper*), 그리고 **아는 체형**(the *Know-it-all*) 인간이 있다. 탱크형은 명령을 내리고 일을 빨리 끝내고, 지나치게 밀어붙이며, 고함을 지르고, 때로는 매우 공격적으로 행동한다. 저격수형은 상대를 비꼬고, 곤란하게 만들며, 모욕을 주면서 조정한다. 그리고 아는 체형은 대화를 지배하고, 다른 사람의 생각을 듣지 않고, 자신

과 반대되는 의견은 배척하면서 상대를 조정한다.

높은 **완벽**(*perfection*) 욕구를 가진 사람은 **정확하게 일을 끝내는 것**에 집착한다. 이들은 다른 사람의 아이디어에 대해 만족하는 것처럼 보이는 법이 없다. 이런 성격 유형으로는 **불평형**(the *Whiner*), **반대형**(the *No person*), 그리고, **아무것도 안하는형**(the *Nothing person*)이 있다. 불평형은 상황에 대해 끊임없이 불평하지만 이런 상황을 변화시키려고 노력한다. 반대형은 아무것도 소용없을 것이라고 믿기 때문에 모든 제안 또는 견해에 반대한다. 아무것도 안하는형은 어려운 상황에 아무것도 말하지 않고 어떤 행동도 하지 않는 것으로 대응한다. 이들은 쉽게 포기하거나 도망친다.

높은 **인정**(*approval*) 욕구를 가진 사람은 **환영받는 것**에 집착한다. 이들의 행동은 흔히 업무를 정확하게 혹은 신속하게 끝내는 것보다 자신이 좋은 사람으로 평가받는 데 집착한다. 이런 성격 유형으로는 **예스맨형**(the *Yes Person*) 그리고 **회색분자형**(the *Maybe Person*)이 있다. 예스맨형 사람들은 모든 것에 동의한다. 그 결과, 지속적으로 헌신할 수 없는 일을 하는 것에도 쉽게 동의한다. 예스맨 유형은 다른 사람에게 피드백을 거의 주지 않는데, 이는 다른 사람을 화나게 하는 것을 두려워하기 때문이다. 회색분자형은 갈등을 피하기 위해 어떤 쟁점에 대해 절대 자신의 입장을 드러내지 않는다. 이 유형의 사람은 결정을 연기하고, 의견을 피력을 거의 하지 않으며 어떤 행동 방침에도 전념하지 않는다.

관심(*attention*) 욕구가 높은 사람은 **인정받는 것**에 집착한다. 이들은 사람들이 자신들을 알아볼 수 있도록 행동한다. 이런 성격 유형으로 **수류탄형**(the *Grenade*), **친절한 저격수형**(the *Friendly Sniper*), **과시형**(the *Think-They-Know-It-All*)이 있다. 사람들에게서 주목받지 못하고 있다고 느끼면 수류탄형은 짜증을 부린다. 수류탄형은 소리지르기, 욕하기, 큰소리로 불평하기, 악 쓰기를 하면서 짜증을 낸다. 친절한 저격수형은 다른 사람을 조롱하며 주목을 받는다. 저격수형과 다르게, 친절한 저격수는 상대를 조정하는 것보다 자신이 관심받는 것에 목적을 둔다. 과시형은 관심받기 위해서 과장하고, 거짓말하고 상대가 원치 않는 조언을 한다.

이런 유형의 사람들을 본 적이 있는가? 까탈스러운 사람의 각 유형에 대하여 어떻게 대응해야 하는지 요약된 내용이 표 13.2에 나와있다. 까탈스러운 사람들에 대한 초기 문헌들에서는 그들의 행동이 낮은 자존감 또는 높은 통제 욕구 때문이라고 주장하였지만, Raynes(2001)의 연구에 따르면 까탈스러운 사람들의 행동 원인은 초기 연구에서 언급한 것 보다 훨씬 더 복잡하다. 이를테면 Raynes는 높은 자존감과 자신감은 과시형, 반대형과 관련이 있다는 것을 발견했다. 외향성(extraversion)은 험담과 관련이 있었고, 높은 수준의 일의 흥미는 예스맨형과 정적으로 관련이 있었고 불평형과 부적인 상관관계가 있었다. 좋은 집단 구성원이 되는 법에 대한 조언은 경력 워크샵 박스에 나와있다.

표 13.2 까탈스러운 사람의 유형

유형	욕구	집착	행동 특징	최상의 관리법
탱크형	통제	업무 완료	강압, 고함, 명령, 겁주기	반격하거나 핑계를 대지 않고, 물러나지 않는다.
저격수형	통제	업무 완료	비꼬기, 비판하기, 모욕하기	비꼬는 것을 지적하고 비꼬는 것 뒤에 진짜 하고 싶은 말이 무엇인지 설명하게 한다.
아는 체형	통제	업무 완료	대화 지배하기, 듣지않기	지식을 인정해주고, 그들도 동의한 것처럼 나의 의견을 제시한다.
불평형	완벽	업무 질	끊임없이 불평하기	그들이 불평하는 세부사항과 해결책에 집중해준다.
반대형	완벽	업무 질	모든 것에 반대하기	서두르거나 논쟁하지 말고 그들의 좋은 의도를 인정한다.
아무것도 안하는형	완벽	업무 질	아무것도 안하기	인내심을 가지고 그들에게 개방형의 질문을 던진다.
예스맨형	인정	환영받는 것	모든 것에 동의하기	솔직하게 말하고 그들에게 반대를 하더라도 안전하다는 것을 알려준다.
회색분자형	인정	환영받는 것	전념하지 않거나 결정 머뭇거리기	의사결정시스템을 배울 수 있도록 도와준 뒤 그들이 내린 결정에 안심할 수 있도록 해준다.
수류탄형	관심	인정받는 것	짜증 내기	화를 표출하지 않고, 그들의 불만을 인정해준다. 그리고 그들에게 화를 식힐 수 있는 기회를 제공한다.
친절한 저격수형	관심	인정받는 것	농담으로 다른 사람 괴롭히기	그들이 다른 사람을 비방하거나 조롱하지 않을 때 관심을 준다.
과시형	관심	인정받는 것	과장, 거짓말, 원치 않는 조언하기	관심을 주고 세부사항에 대하여 물어본다. 단 그들을 부끄럽게 하지 않는다.

갈등 방식(conflict styles)

일반적으로 대부분의 사람들이 갈등을 직면했을 때 특정한 방식을 사용하는 것으로 생각하였다. 이런 방식들에 대한 다양한 명칭이 있지만, 다음 다섯 가지 방식이 전문가들 사이에서 공통적으로 합의된 방식이다. 다섯 가지 방식은 피하기, 순응하기, 강요하기, 협력하기, 타협하기이다(Wilmot & Hocker, 2013).

피하기 방식

피하기 방식(avoiding style) 갈등에 대해 아무 일도 일어나지 않은 것처럼 행동하는 갈등 방식

철수(withdrawal) 갈등을 처리하는 방식으로, 갈등을 피하기 위해서 갈등의 상황에서 벗어나는 것

직원들이 **피하기 방식**을 선택하는 이유는 갈등을 무시하거나, 갈등이 저절로 해결되기 바라기 때문이다. 갈등이 사소하거나 드물 때, 이 방식은 괜찮을 수 있다. 하지만 이 방식이 모든 유형의 갈등을 대처하는 데 최선의 방식은 아니다. 갈등이 발생했을 때 그 상황으로부터 **철수**하는 것이 그 상황을 다루는 데 가장 쉬운 방법이다. 이혼을 함으로써 어려운 결혼 생활을 청산할 수 있고, 직원은 조직을 떠남으로써 업무 갈등을 피할 수 있다. 또한 관리자는 다른 관리자에게 양보함으로써 세력 다툼을 피할 수 있다. 일반적인 철수 행동은 갈등의 근원을 피하기, 그만두기, 다른 사람 뒤에서 험담

하기, 그리고 다른 이들과 동맹을 형성하기를 포함한다(Martin & Bergmann, 1996). 철수하는 것이 기분을 좀 더 나아지게 할 수 있지만, 철수는 갈등을 예방하기보다 지연시키는 것에 불과하다.

회피의 흥미로운 형태로 **삼각관계 만들기**라는 것이 있다. 삼각관계 만들기는 종업원이 동료나 관리자와 같은 제3자에게 갈등에 대해 의논하는 것을 말한다. 이렇게 제3자에게 자신의 갈등을 말하면서 직원은 제3자가 자신과 갈등을 가지고 있는 대상에게 말을 해주기를 기대한다. 그리고 자신이 직접 갈등하고 있는 대상을 만날 필요 없이 갈등이 해결되는 것을 희망한다. 삼각관계 만들기가 일어나면, 관리자는 갈등 당사자들을 만나게 하여 문제를 해결하던지 공식적인 제3자로서 중재하는 방법이 바람직하다(Bobbie Raynes가 제 3자 중재를 어떻게 처리하였는지에 대한 조언을 고용 프로필 박스에서 확인해 보자.)

순응하기 방식

갈등을 해결하는 목적으로 굴복하거나 자신이 피해를 입는 것을 감수하는 방식을 **순응하기 방식**이라 한다. 위험성이 높을 때 순응하기 방식을 사용하는 사람은 보통 협조적이지만 약한 사람으로 보여진다. 순응하기 방식의 예를 셀프 주유소에서 본 적이 있다. 두 명의 운전자가 거의 동시에 같은 주유기 앞에 차를 세웠다. 두 운전자는 차에서 나와 동시에 같은 주유기에 도착했다. 확실히, 한 운전자는 갈등을 피하기 위해 양보하고 5분 이상을 기다려야만 하는 상황이었다. 그러나 한 운전자가 재빠르게 다른 운전자에게 "먼저 하세요."라고 하였다. 왜 이 운전자는 그토록 빠르게 다른 사람한테 순응하였을까? 아마도 잠재적인 갈등에 대한 순응적인 반응 때문일 것이다. 그리고 이 경우에는 위험성이 낮았기 때문이다.

강요하기 방식

강요하기 방식을 사용하는 사람은 갈등을 이기거나 지는 방식(win-lose fashion)으로 처리하고, 이기기 위해서 어떤 것이든지 하며 다른 사람에 대한 배려를 거의 하지 않는다. 강요하기 방식은 긴급한 상황 혹은 상대방이 당신의 제안에 동의 하지 않는 것이 정책적, 윤리적, 법적 근거에 대한 위반이 잠재되어 있을 경우 적절하다. 이 방식이 이기는 데 효과적일 수는 있을지라도 관계를 망쳐서 다른 갈등을 야기할 수도 있다. 특히, **승리지상주의** 전략은 자기편은 옳다고 여기고 상대편은 옳지 않은 적이라고 여길 때 사용된다. 이 전략은 승리를 쟁취해야 하거나 지위를 유지해야 할 때 주로 사용된다. 노사 갈등은 이러한 지위 유지에 대한 욕구를 잘 보여주는 사례이다. 노조가 살아남기 위해 노조원들은 노조가 유익한 존재임을 인식해야만 한다. 따라서 계약 협상 기간 동안 노조 지도층은 관리자에게 "굴복"을 강요하거나 노조와 노조원들의 지위를 잃을 위험을 감수해야만 한다.

당신이 팀 또는 위원회의 위원이든지, 또는 단지 회사원이든지, 다음의 조언들은 당신이 더 좋은 집단의 구성원이 되는 것에 도움이 될 것이다.

➡ 다른 사람 뒤에서 험담을 하거나 다른 사람에 대해 이야기하는 대화에 참여하지 마라. 즉, 다른 직원이 당신에게 와서 다른 사람의 루머나 불만을 늘어놓는다면, 다른 사람 뒤에서 그 사람의 험담을 하는 것이 불편하다고 정중하게 말하라. 또한 타인에 대한 걱정을 늘어 놓는 사람이 있다면, 뒤에서 그 사람과 함께 이야기하기보다 당사자와 염려되는 부분을 직접적으로 말하는 것이 가장 바람직하다. 존중받는 것은 좋은 집단 또는 팀의 구성원이 되는 데 매우 중요하다. 이 방법들이 존중하는데 가장 좋은 방법들이다.

➡ 만일 당신의 팀에 과제나 프로젝트가 주어졌다면 과제의 목표가 무엇이고 당신에게 무엇을 기대하고 있는지 확실히 이해해야 한다는 것을 명심하라. 명확한 이해를 위해서 당신은 관리자 혹은 동료들을 찾아가 명확한 설명을 듣도록 하라. 목표가 무엇이고 나에 대해 어떤 기대를 가지고 있는지 명확히 물어봐라. 당신과 당신 팀은 정보를 모으고 제출하기만 하면 되는가? 당신은 자문단으로서 일해야 하며, 조언이나 제안을 해야 하는가? 또는 프로젝트나 과제에 대해 당신은 모든 결정을 내릴 수 있는 완전한 권한이 있는가?

➡ 갈등을 피하지 마라. 그저 기다리면서 "언젠가는 지나가겠지"하지 마라. 다른 사람에 대한 우려가 있다면 그 사람에게 당신이 어떤 감정을 가지고 있는지 말하라. 비난하지 마라. 당신이 상황을 어떻게 해석하는지 설명한 뒤, 다른 사람과 당신이 문제를 어떻게 해결할 것인지 물어보라. 만일 필요하다면 중재 요청을 기꺼이 시도하라. 집단이나 팀에서 두 명 이상이 갈등할 경우 모두가 피해를 본다. 그리고 당신은 좋지 않은 팀의 구성원이라는 나쁜 평판을 받을 수 있다.

➡ 사무실 또는 팀에서 당신의 역할이 무엇인지 확실히 이해하라. 잘 작성된 직무 기술서가 이때 도움이 된다. 당신이 동료나 팀원들의 업무 범위를 "침범"할 때 당신은 그들에게 나쁜 평판을 듣는 지름길을 가고 있는 것이다. 다시 말하지만 당신의 해야 할 업무가 무엇인지 확실하지 않다면 다른 사람의 영역을 침범하기 전에 꼭 물어봐라.

➡ 당신의 사생활을 타인과 나눌 필요는 없다. 당신은 팀원 중 한 명쯤은 당신의 사생활에 대해 듣기 원한다는

것을 알고 있다. 하지만 대부분의 팀원들은 당신의 사생활을 듣고 싶어 하지 않는다. 또한 당신은 "비밀로 간직하고 싶은" 자신만의 정보가 남에게 알려짐으로써 곤경에 처할 수 있다.

➡ 집단 활동에 크게 불편하지 않다면 참여하도록 하라. 즉, 만일 직원들이 단체로 생일 파티를 한다면 같이 돕도록 하라. 이런 활동을 통해 당신이 좋은 팀 구성이 되고 싶어하는 모습이 드러나게 된다.

➡ 경청하라. 험담하는 대화에 동참할 필요는 없지만 다른 사람이 "하소연하는" 경우가 있을 것이다. 그들에게 비밀을 지켜줄 것이며 당신에게 말해도 안전하다는 것을 보여줘라. 위에서 언급한 것처럼, 만일 동료가 타인에 대하여 하소연하면, 그 하소연을 느끼는 대상과 대화를 해보라고 권하라. 좋은 경청 방법은 눈을 잘 마주치고, 질문을 하고 머리를 끄덕이면서 당신이 잘 듣고 있다는 것을 표현하고, 개방형 질문을 던지는 것이다.

➡ 회의에서 모두가 적극적으로 견해를 제시해야 할 때 당신도 적극적으로 생각을 말하라. 그냥 가만히 앉아서 입을 닫고 있거나 토론하는 것을 거부하지 마라. 이런 행동은 당신을 빠른 시간 안에 "까탈스러운 팀원 혹은 직원"으로 만들 것이다. 반대로 잘못된 일에 대해 불평하거나, 당신의 불만으로 전체 회의를 독점하려 하지 마라. 그리고 당신이 잘 났다는 것을 자랑하지 마라. 칭찬받아야 마땅한 것에는 칭찬을 하도록 해라. 당신의 동료가 좋은 제안을 하거나 성공적으로 프로젝트를 완료했을 경우 반드시 칭찬하라.

➡ 당신의 기분이 좋지 않을 때 기분이 안 좋다는 것을 인식하라. 당신이 느끼는 안 좋은 감정을 다른 사람에게 드러내지 마라. 만일 당신의 팀원 중에 믿을 만한 사람이 있다면, 그 사람에게는 당신의 감정을 나누어도 좋다. 그 동료가 당신의 하루를 더 밝게 만들어줄 것이다.

➡ 당신의 전문성 혹은 지식 덕분에 당신이 리더 역할을 하게 되는 경우가 있을 것이다. 또는 당신이 사무실 또는 팀에서 갈등 관리 능력을 가진 유일한 사람일 수 있다. 기꺼이 당신의 본래 역할에서 벗어나 팀이 필요로 하는 역할을 감당해라. 다른 팀원들이 본래 하던 일을 관두고 새로운 책임을 감당하도록 내버려 두지 마라. 만일 필요하다면 팀을 더 잘 이끌 수 있는 법 혹은 갈등을 더 잘 관리하는 법과 관련된 워크샵에 참석하라. 이런 활동들이 당신에 대한 신뢰, 믿음, 그리고 존경을 높여줄 것이다.

하지만 지위를 위태롭게 하는 것의 문제는 갈등 해결이 다시 매우 어려운 상황으로 되돌아 갈 수 있다는 것이다. 갈등이 악화될수록, 각 진영은 "단호한" 태도를 취하고 서로 타협하려는 의지는 약해진다. 한 편이 확실히 이길 수 있는 지략이 없다면, 승리지상주의 방식은 갈등을 연장시킬 가능성이 있다. 따라서 승리지상주의 전략은 지위를 점유하고 있는 쪽이 실제로 옳고 미래의 관계를 망치는 한이 있더라도 갈등에서 이기는 것이 실제로 더 중요할 때만 적절한 전략이다.

협력하기 방식

협력하기 방식을 채택한 사람은 자신이 승리하는 것을 원하지만 상대방 또한 승리하는 것을 원한다. 이러한 사람들은 윈-윈(win-win) 해결책—양쪽 모두가 원하는 것을 얻는 것—을 추구한다. 비록 이런 방식이 언제든지 가능하기만 하다면 가장 좋은 방식일 수 있겠지만, 많은 시간을 필요로 하기 때문에 급박한 상황에서는 적절하지 않을 수 있다(예, 심근경색이 있는 환자에게 가장 효과적인 치료를 결정해야 하는 상황).

타협하기 방식

마지막 전략은 **타협하기 방식**이다. 이 방식을 사용하는 사람은 자신들이 원하는 것을 다 가질 수는 없지만 어느 정도 자신들이 원하는 것을 얻을 수 있는 주고받기(give-and-take) 전술을 택한다. 대부분의 갈등은 양측 모두에게 이익이 되는 해결책이 나오도록 일정 형태의 타협을 통해 해소된다. 타협은 보통 많은 **협상과 흥정**을 수반한다. 협상 과정은 양측이 실제 원하는 것보다 더 많은 것을 요구하는 것으로 시작한다. 예를 들어, 노조 임원들이 시간 당 20달러를 요구하는 반면, 경영진들은 시간 당 10달러를 요구할 수 있다. 양측은 상대의 의도를 간파하여 노조는 18달러로 제안 금액을 낮추고 경영진은 12달러로 제안 금액을 올릴 것이다. 이런 과정은 타협에 도달할 때까지 계속된다.

수용 가능한 타협(*acceptable compromise*)은 양측 모두가 합의할 수 있는 범위 내에서 이루어진다(Acuff, 2008). Acuff에 따르면 합의 범위는 양측의 **최소 수용 가능한 결과**와 **최대 지지하는 결과** 사이라고 한다. 최소 수용 가능한 결과는 개인이 수용하려고 하는 합의 범위 중 가장 낮은 것이다. 최소 수용 가능한 결과는 반드시 현실적이어야 하며 개인의 실제 요구를 충족시켜야 한다. 최대 지지하는 결과는 개인이 찾을 수 있는 가장 최선의 해결책이지만 이는 여전히 사실과 논리를 통해 합리적으로 뒷받침되는 것이다. 최대 지지하는 결과는 보통 협상자의 최초 제안이 된다. 즉석 요리 조리사가 시간당 40달러를 요구하는 것은 사회 통념상 너무 과하기 때문에 적절한 최대 지지하는 결과가 될 수 없다.

시간 강사와 컨설턴트로서의 직업 외에도 나는 갈등 관리와 직장 중재에 관한 워크샵을 한다. 만일 갈등이 인정되고 신속하게 다루어진다면, 법적 소송으로 발전할 가능성이 훨씬 낮아지고 종업원의 사기와 생산성은 용인될 수 있는 수준에서 유지될 것이다. 내가 다루었던 최소한 90%의 갈등 상황은 중재를 통하여 해결할 수 있었다.

중재는 거의 모든 유형의 직장 갈등에서 적용 가능하다. 이를테면 관리자와 종업원, 동료들 간의 갈등에서 적용할 수 있다. 하지만 중재가 성공적이려면 다음과 같은 특정 기준들이 충족되어야 한다. 첫째, 모든 당사자가 중재 과정을 시도하려는 의지가 있어야 한다. 둘째, 소송 없이 문제를 해결하려는 의지가 있어야 한다. 셋째, 중재를 할 수 있는 충분한 시간이 보장되어야 한다(왜냐하면 중재는 여러 회기가 걸릴 수 있기 때문이다). 중재자의 역할은 중립적이어야 하며 누가 맞고 틀린지 판단해서는 안된다. 중재자는 단지 각 당사자들 사이에서 의사소통 과정이 촉진될 수 있도록 하는 것이다. 만일 당사자들이 진퇴양난 상황에 빠지고 갈등에 대한 해결책을 생각해낼 수 없을 때 중재자는 당사자들이 시도해보고 싶어 할 만한 방법을 제공할 수 있다. 하지만 궁극적으로 어떤 방법을 사용할 것인가는 중재자가 정하는 것이 아니라 당사자들의 동의에 달려있다.

직장에서 중재가 어떻게 성공적으로 이루어질 수 있는지 보여주는 좋은 사례가 있다. 내가 다루었던 두 명의 동료의 경우가 바로 이 좋은 사례이다. 이들 중 한 직원은 신입이었고 새로운 아이디어를 내려고 노력하였으며 외향적인 성격의 사람이었다. 다른 동료는 10년 동안 이 회사에서 일했고 조용하고 변화를 거부하는 사람이었다. 또한 신입 직원은 다른 직원들이 시도하길 거부하는 변화를 이행하려고 시도하였다. 왜냐하면 어떤 변화가 이루어지지 않으면 자신의 노력을 발휘하는 것이 허락되지 않는 상황이었기 때문이다. 중재 기간 동안 위의 두 사람은 서로에 대한 기대에 대한 합의에 도달했다. 즉, 서로의 직무 기술서(job description)에 대한 이해가 높아졌다. 이들은 또한 매주 한 번씩 회의를 하기로 동의하여 연장자인 동료가 신입 직원이 제출한 새로운 아이디어에 대해 의견을 제시하기로 하였다.

나는 조직 안에서 어떤 변화로 인해 발생하는 갈등을 자주 목격한다. 우리 중 대부분은 변화가 가져올 미지수에 대한 두려움을 느끼기 때문에 아무것도 시도하지 않는 것이 편하다고

© Bobblic Raynes

Bobbie Raynes, M.S.
Virginia State Supreme
Court Certified Mediator

생각한다. 이러한 두려움을 극복하는 것의 핵심은 대화를 하는 것이다. 개인들이 가지고 있는 두려움이 무엇인지, 그리고 그러한 두려움이 실재하는 것인지, 만일 두려움이 실재한다면 어떻게 극복할 것인지에 대하여 대화를 해야 한다.

방금 전에 소개하였던 두 직원들 사이에서의 중재는 매우 성공적이었다. 왜냐하면 둘 모두 좋은 업무 관계를 유지하고 싶어 했기 때문이다. 사이가 좋지 않은 사람과 같이 일하는 것은 매우 성가신 일이다. 중재는 사람들에게 서로의 차이와 그 차이들을 해결하는 방법을 논의하기 위한 안전한 자리를 마련해주며, 엄청난 양의 스트레스를 줄여준다. 중재는 삶에 영향을 줄 수 있는 결정들에 통제력을 가지고 있다고 느끼도록 하는 데 도움을 준다. 왜냐하면 각 당사자가 어떻게 문제를 다루어야 하는지 지시받는 대신 그들 스스로 해법을 찾기 때문이다.

중재자가 되는 것은 매우 힘든 일이다. 하지만 보람 있는 직업이다. 내가 사람들이 관계를 유지하고 차이점들을 해결하는데 중요한 역할을 했다는 것을 생각해보면, 내가 중재자가 되기 위해 거쳤던 힘든 과정과 시간들은 의미 있는 것들이었다.

만일 누군가 당신에게 중재를 요청한다면, 아래의 팁을 확인하면 도움이 될 것이다.

- 첫째로 갈등 관리 훈련부터 참여하도록 하라.
- 갈등에 연루된 각 개인들과 개별적으로 대화하도록 해라. 그 상황에 중재가 효과적이라는 것을 확실히 하라.
- 모두가 중재를 원하고 있다는 것을 확실히 하라.
- 모든 당사자들이 당신이 중립이고 모든 과정을 비밀로 한다는 것을 확실히 믿을 수 있도록 하라.
- 당신의 적극적인 "경청" 기술을 사용하고 다른 사람들이 당신에게 잘 듣고 있다는 것을 인지시켜라.
- 갈등 당사자들이 갈등을 해결할 수 있는 아이디어가 발현될 수 있도록 하라.

나는 더 많은 인적 자원 전문가들이 이 분야의 훈련을 추구하는 것을 지켜보았다. 결과적으로 그들은 조직에서의 일상적인 갈등을 더 잘 관리할 수 있게 되었다. 만일 당신이 이러한 분야에 관심이 있다면, 여러 대학에서 제공하는 중재와 관련된 교과 과정과 다른 형태의 갈등 해결 대안을 참고할 수 있을 것이다.

그림 13.3과 같이 협상은 양측이 제시하는 최대 지지하는 결과를 공개 입찰로 시작하는 것이 일반적이다. 현실적인 협상 범위는 양측의 최소 수용 가능한 결과의 사이 영역이다. 양측은 각자의 최대 지지하는 결과와 상대의 최소 수용 가능한 결과에 가장 근접한 합의를 위해 흥정한다. 최종 합의는 각 협상자의 기술뿐만 아니라 시간 압박의 함수 관계에 의해 결정된다. 시간 압박과 같은 압력은 협상을 기다리지 못하는 고객 혹은 장기간 협상을 금전적으로 감당할 수 없는 노조원들에게 발생할 수 있다.

협상의 결과에 중요한 영향을 끼치는 것은 소위 **최고의 협상 대안**(best alternative to a negotiated agreement: BATNA)이다. 최고의 협상 대안은 협상에 임하는 사람들이 협의에 이르지 못하였을 경우에 택할 수 있는 최고의 대안을 의미한다. 예를 들어 새로운 차를 구입하려는 상황에서 이미 한 딜러로부터 26,500달러의 제안을 받았었고 이것은 최고의 협상 대안이 된다. 다시 말하면, 또 다른 딜러와 협의를 하는 과정에서 내가 할 수 있는 최고의 제안은 나의 최고의 협상 대안인 26,500달러이 되는 것이다. 만약 새로운 딜러가 더 낮은 금액을 제시하지 않는다면, 나는 기존에 최고의 대안을 제시했던 딜러와 거래를 할 수 있다. 만약 딜러가 나의 최고의 협상 대안에 대해서 알고 있다면, 그는 더 낮은 금액을 제시할 수 밖에 없을 것이다. 왜냐하면 나의 최고의 협상 대안보다 높은 금액을 제시하는 것이 효과가 없음을 알기 때문이다 (Buelens & Van Poucke, 2004).

Seltz와 Modica(1980)는 협상이 마무리 단계로 가고 있고 협상의 주체인 양측 모두 최종 제안을 준비해야 함을 알리는 4가지의 지표를 제시하였다.

1. 반론의 횟수가 줄어든다.
2. 협상의 주체인 양측의 입장이 서로에게 가까워짐을 느낀다.
3. 협상을 진행하는 양측 중 한 측에서 최종 합의에 대한 언급을 한다.
4. 협상을 진행하는 양측 중 한 측에서 협상내용을 서면으로 작성하기 시작한다.

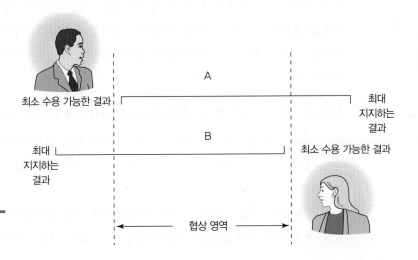

그림 13.3
협상 영역과 갈등 해결

이와 같은 갈등에 대응하는 해결 전략들이 매우 훌륭해 보이긴 하지만 항상 그런 것은 아니다. 종종 타협의 결과가 나쁜 해결책으로 나타나기도 한다. 예를 들어 만약 의회는 80억 달러의 연방 자금을 새로운 원자력 발전소의 건립 자금으로 사용하려 하지만 대통령은 그것의 절반 수준인 40억 달러를 사용하려고 할 때, 양측은 두 금액의 중앙값인 60억 달러로 합의할 가능성이 높을 것이다. 하지만 새로운 원자력 발전소는 80억 달러 이하의 금액으로는 건립이 불가능할 때 그 의회와 대통령의 합의는 다른 곳에 쓰일 수 있는 수십억 달러의 세금을 낭비하게 되는 것이다.

조직 역시 개인과 마찬가지로 특정한 갈등해결 방식을 가지고 있다. Gelfand, Leslie, Keller, 그리고 de Dreu(2012)는 97개의 은행 지점들을 대상으로 연구를 진행하였다. 각각의 은행 지점들은 협력, 지배, 그리고 회피의 가지 전략 중 하나를 택하여 갈등상황을 해결하였다. 협력적인 전략을 사용하는 지점에서는 지배적이거나 회피적인 전략을 사용하는 지점들에 비해서 긍정적인 수행 결과를 보이는 것으로 나타났다.

갈등해결 전략 택하기(determining conflict styles)

한 사람이 회사에서 갈등을 해결하는 방법은 Rahim 조직 갈등 척도 II(Rahim & Magner, 1995) 또는 Cohen 갈등 반응 척도(Cohen, 1997)를 통해서 알아볼 수 있다.

갈등 해결책(resolving conflict)

갈등 발생 이전(prior to conflict occurring)

한 조직은 반드시 어떻게 갈등을 다룰 것인가와 관련된 공신적인 정책을 가지고 있어야 한다. 대개 이러한 정책은 갈등을 해결하기 위해 우선적으로 직원 개인이 나서서 해결을 위해 노력하고 그것이 성공적이지 못할 경우에 제3자의 개입을 이용할 수 있다고 제시한다. 직원들은 갈등의 원인, 갈등을 미연에 방지할 수 있는 방법, 갈등을 해소할 수 있는 방법 등과 같이 갈등상황과 관련된 교육을 반드시 받아야 한다. 예를 들어 버지니아에 위치한 Timken 공장의 모든 직원들은 갈등상황과 관련된 역할극 활동을 포함하여 12시간 이상 진행되는 교육을 이수한다. 이와 비슷하게 텍사스에 위치한 City of Plano는 직원들에게 40시간의 갈등 중재와 소통과 관련된 교육을 선택적으로 이수하도록 권유한다.

갈등이 처음 발생하였을 때(When Conflict First Occurs)

동료들 간 또는 상사와 부하직원 사이에 갈등이 처음 발생하였을 때, 갈등의 양측은 각자 자신의 위치에 맞는 갈등 해소 전략 또는 기술을 시도해 보아야만 한다. 협력의 여지가 있음을 표현하기, 먼저 칭찬하기, 부정적인 상호관계를 피하기, 공통적인 부분을 강조하기, 공통의 목표가 있음을 확인하기 등과 같은 기술들이 선택할 수 있는 갈등 해소 전략에 해당한다. 갈등을 해소할 수 있는 가장 중요한 측면은 서로 간의 긴장감을 해소하고 신뢰관계를 증진시키는 것이다. 긴장을 해소할 의도가 있음을 시인하고, 공개적으로 긴장을 해소하기 위해 해야 할 다음 방법에 대해서 의논하며 처음의 제안이 모호하지 않았음을 서로 확인하는 과정을 통하여 긴장관계를 해소할 수 있다. 이러한 단계를 거치면서 갈등의 작은 부분들은 자연스럽고 빠르게 해결되고 심각한 갈등원인의 경우 협상과정을 통해서 해결할 수 있다.

두 사람이 서로 간의 문제에 대한 대화의 자리를 가지기 위해 만났다. 만남이 이루어지기 이전 두 사람은 서로 간의 문제에 대해서 일절 대화를 나누지 않았다. 실제로 만남이 주선된 공간에 앉아 대화를 시작할 때, 대화의 자리를 먼저 주선한 직원은 문제에 대해 자신이 가지고 있는 관점, 문제가 발생한 시점, 그리고 문제로 인해 자신이 받게 된 영향(예, 불안, 분노, 우울, 낮은 생산성)에 대해 상대방에게 설명했다. 예를 들어 그 직원은 이와 같은 말을 하였을 것이다. "지난 주 점심식사 시간에 내 어색한 발음에 대해서 놀렸을 때, 당신의 그런 행동이 내 기분을 상하게 만들었고 당신이 나에 대한 예의가 없다는 생각이 들었어요." 또는 한 직원은 자신의 상사에게 "승진기회가 제가 아닌 동료에게 주어졌을 때, 그 이유가 단순히 제가 여자라서 기회를 박탈 당했다는 생각이 들었어요." 문제에 대한 논의를 하는 자리에서 문제의 원인이 상대방의 성격, 가치기준, 능력이 아니라 상대방의 행동에 있다고 말하는 것은 중요하다. 예를 들면 "승진기회를 제가 아닌 동료에게 준 것은 당신이 인종차별주의자이기 때문인 것 같아요." 다시 말하면 문제에 대한 대화의 논점을 상대방의 가치판단적인 측면에 두는 것이 아니라 상대방이 한 행동 자체에 두는 것이 바람직하다.

대화를 주선한 측의 설명을 듣게 된 상대방이 이에 동의를 한다면 그는 자신의 잘못된 행동에 대해서 정중히 사과하고 그러한 행동을 자제하는 것에 동의할 것이다. 하지만 문제에 대해서 동의를 하지 않는다면 문제에 대한 자신의 입장에 대해서 설명할 것이다. 어떻게 서로 간의 갈등을 해결할 것인지에 대한 해결책을 마련할 때까지 두 사람은 서로가 가지고 있는 문제에 대해서 대화를 이어나갈 것이다. 두 사람이 끝까지 해결점에 이르지 못할 경우 이러한 갈등은 **분쟁**으로 분류되며, 분쟁을 중재해 줄 수 있는 제3자에게 도움을 요청해야 한다.

갈등을 해결해 나가는 과정을 **협력적 문제해결**이라 한다. 이것의 예시로는 한 조직의 대표가 조직 전체에 영향을 줄 수 있는 문제의 해결책을 마련하기 위해 이와 관련된 모든 부서장들로 구성된 위원회 또는 프로젝트 팀을 구성하는 과정에서 볼 수 있다. 모든 부서의 부서장들은 해결해야 할 문제를 분명히 하고, 문제를 해결할 수 있는 방법들을 고안하여 그중 최선의 해결책을 찾아낼 수 있다.

이러한 문제해결 과정이 항상 순조롭게 진행되는 것은 아니다. 하지만 문제를 직면한 직원들은 제3자의 도움을 개입시켜 문제를 해결하려 하기에 앞서 자신이 할 수 있는 선에서의 해결책을 먼저 찾아보아야 할 것이다. 갈등과 문제 등을 스스로 해결하는 직원들은 제3자의 도움을 구하는 직원들보다 자신들의 해결책을 신뢰하는 경향

분쟁(dispute) 갈등을 겪고 있는 양측이 서로 타협점에 이르지 못한 상황

협력적 문제해결(cooperative problem solving) 갈등을 해결하는 방법 중 하나로 양측이 모여 문제에 대한 의논을 함으로써 타협에 이르는 과정

이 있다. 게다가 문제해결을 위해 상사를 개입시키는 경우 해결이 더 어려워지는 경우가 발생하기도 한다. 물론 모든 문제들을 직원 스스로가 해결해야 하는 것은 아니다. 양측의 감정이 고조되었거나, 음주 또는 약물이 문제의 원인일 때, 한쪽이 다른 쪽으로부터 심리적 또는 물리적 위협을 느낄 때와 같은 상황에는 제3자의 적절한 개입이 필요하다.

제3자의 중재

제3자의 중재(third pa-rty intervention) 갈등을 해결하는 것을 돕기 위해 중립적인 입장의 제3자가 개입하는 경우

조정(mediation) 갈등을 해결하는 방법으로 중립적 위치에 있는 제3자에게 도움을 요청하고, 제3자가 양측 모두가 상호 간에 합의할 수 있도록 도달하게 하는 방법

양측의 노력을 통해서 갈등을 해결하지 못하였을 경우, **제3자의 중재**와 같은 도움을 요청하는 것은 문제해결의 좋은 방법 중 하나 일 수 있다. 보통 이러한 제3자는 갈등이 있는 양측 사이에서 조정을 통해 해결을 하려 하지만, 이것이 여의치 않을 경우 중재를 하게 된다.

조정. 조정의 경우, 갈등을 겪는 양측에 중립적 위치에 있는 제3자에게 도움을 요청하고 양측 모두가 상호 간에 합의할 수 있는 문제해결점에 도달하게 된다. 조정자(mediators)는 결정을 내리는 위치에 있는 것이 아니다. 그 대신에, 조정자의 역할은 갈등을 겪는 양측이 안전하고 공정한 대화를 통해 해결점에 도달할 수 있는 환경을 제공하는 것이다. 해당 조직에 속한 팀 리더, 상사, 인사 관리자 등이 조정자의 역할을 할 수 있으며, 여러 조직들에서 전문적으로 조정을 위해 일을 하는 전문가 역시 조정자의 역할을 할 수 있다. 조정자는 갈등을 겪는 양측이 서로에 대한 신뢰를 가지고 있지 않을 때 가장 성공적인 성과를 거두며(Ross & Wieland, 1996), 양측이 조정자에 대해서 능력있고 신뢰감이 있다고 느끼는 경우 최고의 결과를 이끌어 낸다. 성공적인 조정과정을 위해서 갈등을 가지고 있는 양측은 반드시 갈등이 있음을 인정하고 서로의 노력을 통해서 갈등을 해결할 수 있다고 믿어야 한다.

조정은 아주 심각한 수준의 갈등을 해결하는 데에도 효과적이다. 예를 들어 2012년 고용기회평등 위원회에 청구된 76.6%의 고용차별 청구가 조정에 의해 해결되었다. 게다가 조정 기간으로 100일 정도가 소요되었는데, 이는 일반적인 소송기간보다 상당히 짧은 기간이었다.

Lovenheim과 Guerin(2004)의 연구에 따르면, 아래와 같은 상황들에서 조정은 소송보다 효과적이라고 한다.

- 관계가 단절되지 않고 싶은 사람과의 갈등을 해결하고자 하는 경우(예, 동료, 상사, 이웃)
- 당신의 갈등이 신문 등을 통해서 공개적으로 알려지는 것을 원하지 않는 경우
- 변호사비 등의 소송과 관련된 비용을 아끼고 싶은 경우
- 즉시 분쟁에 대한 합의를 보고 싶은 경우

중재(arbitration) 갈등을 해결하는 한 가지 방법으로, 갈등의 양측이 중립적인 제3자에게 요청하여 어느 쪽의 말이 맞는 것인지 가려내는 방법

중재. 중재의 경우, 중립적 위치에 있는 제3자가 양측의 주장을 들은 뒤 결정을 내리게 된다. 조직 내에서는 갈등을 겪고 있는 두 직원의 관리자가 중재자 역할을 하게 된다. 하지만 관리자가 중재자의 역할을 수행할 경우에는 인사관리 부서의 관리자가 중재자 역할을 하는 것이 효과적이다.

여러 기업들에서 차별과 관련된 직원들의 청구를 해결하기 위한 방법으로 외부 중재자를 고용하는 사례가 점점 늘어나고 있다. 이러한 외부 전문 중재자의 고용의 증가 추이는 부정적인 언론의 관심을 피하고 장기간의 소송과정에 드는 비용을 피하려는 의도일 것이다. 지난 2001년 미국 대법원은 고용주들이 고용인들에게 소송이 아닌 중재를 요구할 수 있다는 판결을 내린 바 있다(*Circuit City Stores v. Adams*, 2001). 그러나 중재는 강요가 아닌 선택의 기회로 제공될 때 가장 효과적이다.

의무적인 중재가 효과적일 수 있긴 하지만, 중재는 조정에 비해 많은 비용이 소요된다. 의무적인 중재와 관련된 규정은 직원들로 하여금 정식적인 절차를 통한 분쟁을 할 의욕을 저하시키고 경제적인 어려움을 야기할 수 있다(Armour, 2001).

중재로 내려진 결정은 강제성을 띠는 경우(*binding*)와 강제성을 띠지 않는 경우(*nonbinding*)로 구분할 수 있다. 만약 중재로 내려진 결정이 강제성을 띠는 경우, 양측은 중재자가 내린 결정이 아무리 마음에 들지 않더라도 그 결정에 따라야 한다. 만약 중재로 내려진 결정에 강제성이 없는 경우, 한측 또는 양측이 중재로 내려진 결정에 이의가 있는 경우 이를 따르지 않을 수 있다. 중재로 인해 빠른 시간 내에 갈등이 해소되었다 하더라도, 양측은 스스로가 분쟁을 해결할 수 있다고 생각했을 수 있기에 양측 모두가 중재결과에 대해 보통 만족하지 않는다. 직원들은 갈등이 상대방의 의도성 있는 행동으로 인해 발생했다고 생각할 경우, 갈등의 해결책이 업무에 중요한 영향을 주는 경우, 그리고 갈등을 겪는 양측이 동일한 정도의 권력을 가지고 있는 경우 강력하게 중재를 요청한다(Arnold & Carnevale, 1997).

몇몇 연구들을 의하면 중재의 결과로 인해 직원들의 수행능력이 감소하거나(Shirreffs & Sommers, 2006; Sommers, 1993), 이직을 더 많이 한다(Bretz & Thomas, 1992)는 결과를 볼 수 있다. 당신의 생각과 같이 개인 직원의 수행은 중재로 인해 패했을 경우 떨어지게 되고, 승리했을 경우 올라가게 된다(Hauenstein & Lord, 1989).

직장에서의 갈등

비영리 단체의 관리자는 당신에게 도움을 요청하였다. 그에게는 13명의 직원들이 있는데 그들간의 문제들로 인해 갈등이 생기게 되었고 고객들에게까지 부정적인 영향을 끼친다고 하였다. 그는 그들간의 긴장감을 느낄 수 있었고 직원들이 단체회의 자리에 참석하기를 꺼리는 것을 발견하였다. 그들이 회의에 참석한 자리에서 그는 긴장감과 분노를 느낄 수 있었다.

- 무엇이 이러한 문제의 원인이 될 수 있을까?
- 이러한 갈등을 해소하기 위해 당신이 할 수 있는 일은 무엇인가?

중재 전문가가 이러한 문제를 어떻게 해결했는지 알아보려면, 교과서에 나와있는 링크를 참고하라.

윤리에 대한 관심   신고식

신입직원이 15분 동안 냉동창고에 갇히게 되었다. 신입 소방관의 저녁식사에 본인이 모르게 개 사료가 섞여있었다. 감옥에 새로 들어온 신참에게 인터폰을 통해서 비정상적인 행동을 하라고 하였다. 이러한 예시들이 일상적인 농담의 예시인가? 또는 그 이상인가?

직장 내에서 가장 은밀하게 이루어지는 것 중 하나는 바로 직장 내 신고식(group hazing)과 관련된 것이다. 이에 대해 반대하는 자들은 위와 같은 행동들을 신고식으로 비롯된 행동이라 비난한다. 이러한 신고식은 한 개인에게 의도적으로 굴욕감을 느끼게 하려는 행동이며 직장 내에서 자신들의 위치를 보여주려는 의도 외에는 아무런 이유가 없기 때문에 비윤리적인 행동이라고 비난하며, 심지어 이러한 행동이 위험을 야기할 수 있다고 경고한다. 대학에서 하는 신고식을 예로 들면 재미로 시작한 일로 인해 흔히 목숨을 잃는 경우를 볼 수 있다. 냉동창고에 갇힌 신입직원이 너무 오랜 시간 동안 냉동창고 갇히게 된다면 어떤 일이 있어나겠는가? 자신도 모르게 개 사료를 먹게 된 신입 소방관이 개 사료에 들어있는 특정 성분에 대한 알레르기(allegy) 반응이 나타난다면 어떻게 되겠는가? 이러한 일이 발생하더라도 여전히 이러한 행동이 단순히 무해한 장난 또는 단순한 신고식으로 여겨질 수 있을까?

이러한 단순한 장난(antics)을 지지하는 사람들은 이러한 행동이 비윤리적인 신고식이 아니라 자신들도 직장에 속할 당시 경험했던 무해하고 일상적인 장난이라 주장한다. 또한 이러한 행동은 특정한 목적과 효과가 있다고 주장한다. 그들에 따르면, 신입직원이 그룹에 오게 되었을 때 신입직원은 그룹의 새로운 룰에 대한 이해가 필요하고 기존 그룹의 구성원에게 역시 신입직원과 신뢰관계를 가지는 데 시간이 필요하다. 그래서 이러한 일상적인 장난을 통해서 응집력을 단시간 내에 만들 수 있다는 것이다.

이번 장에서 우리는 그룹이 효과적으로 일하기 위해서는 높은 응집력이 있어야 한다고 배운 바 있다. 교과서를 통해서 강한 응집력을 형성할 수 있는 여러 방법들을 확인할 수 있다. 직장 내에서의 신고식을 지지하는 사람들은 그러한 일상적인 장난이 그룹의 응집력을 기르는 데 도움이 된다고 한다. 그런 행동을 통해서 서로에 대해서 더 잘 알 수 있는 계기가 되며 공유할 수 있는 공통점을 만들 수 있다는 것이다. 샌 디에고 주립대의 Natasha Josefowitz와 캘리포니아 샌 디에고 대학의 Herman Gadon은 신입들이 그러한 장난을 통해서 그룹에 대한 규칙을 배울 수 있다고 설명한다. 그들은 신입들이 그룹에 속하는 소속감을 특권의식으로 여길 수 있다고 설명한다. 신입직원이 일상적 장난, 신고식을 성공적으로 경험했을 때, 해당 그룹에 속할 수 있는 권리를 가지게 된다. 그러한 과정이 없다면 신입직원이 그룹의 구성원으로 인정받는 데 더 긴 시간이 필요할 것이며, 완전한 그룹의 구성원으로 인정받기 어려울 것이다. 따라서 위에서 언급한 행동들은 신입에게 긍정적인 영향을 끼친다고 할 수 있다.

신고식에 비판적인 시각을 가진 사람들은 이러한 행동들은 장난을 치는 사람들에게만 이득이 있다고 생각한다. 신고식을 통해서 그룹의 기존 구성원들은 위계를 확고히 할 수 있고, 누가 그룹 내에서 가장 큰 권력을 가지고 있는지 확인할 수 있다. 신고식은 우세함과 두려움을 야기한다. 그리고 관리자가 그러한 신고식이 계속되는 것을 알고 있지만 아무런 저지도 하지 않을 때, 신입직원에 대한 심리적 또는 물리적 방식의 장난은 더욱 비윤리적인 형태로 변하게 된다.

당신의 생각은 어떻습니까?

- 당신은 위에서 묘사된 신입직원들에게 가해진 행동들에 대해서 무해한 장난과 심각한 신고식 중 어느 쪽에 가깝다고 생각하는가? 만약 심각한 신고식이라 생각할 경우, 그 사람들은 비윤리적인가?
- 일상적 장난이 관행으로서 조직 내에서 용인될 수 있다

고 생각하는가?
- 당신은 이러한 일상적인 장난이 직원들의 관리 차원에서 윤리적이라고 생각하는가?

- 신입에게 당신이 일상적인 장난의 대상이 될 수 있다고 경고하지 않은 관리자에 대해서 당신은 윤리적이지 않다고 생각하는가?

요약

이 장에서 배운 것은 다음과 같다.
- 그룹은 다수의 사람들로 구성되며, 구성원들은 서로를 하나의 단위로 인식하고 공통적인 목표를 공유한다.
- 사람들은 소속감에 대한 욕구, 동일시에 대한 욕구, 정서적 지지에 대한 욕구, 지원에 대한 욕구, 공통 목표, 물리적 근접성, 배치 등의 이유들로 인해서 그룹에 속하게 된다.
- 그룹의 성공에 영향을 미치는 요인들로는 응집력의 정도, 그룹 구성원들의 구성과 안정성, 그리고 그룹의 크기, 지위, 의사소통 구조 등이 있다.
- 팀은 다음과 같은 네 가지 발달 단계를 거치게 된다: 형성기, 격동기, 규범기, 성과기.
- 팀을 통한 접근이 항상 성공적인 것은 아니다.
- 갈등은 대개 자원에 대한 경쟁, 업무 상호의존성, 관할권의 모호성, 의사소통 장벽, 그리고 성격으로 인해 발생한다.
- 사람들은 갈등을 해결하기 위해 갈등 자체를 의식하지 않거나, 전력으로 이기기 위해 노력하거나, 상대방을 설득하여 갈등을 해결하려 하거나, 합의를 통해 해결점에 도달하거나, 제3자의 도움을 요청한다.

복습을 위한 질문

1. 사람들이 그룹에 속하려 하는 이유들과 관련된 지식을 통해서 어떻게 그룹의 효율성을 높일 수 있을까?
2. 어떤 상황에서 상호작용 집단이 명목 집단 또는 개인보다 나은가?
3. 어떤 이유로 타인들의 존재가 어떤 특정 상황에서는 수행능력을 높이지만 다른 상황에서는 수행능력을 낮게 하는가?
4. 어떤 상황에서 그룹은 너무 응집하여 나쁜 결과를 초래하는가?
5. 우리는 어떤 방법으로 효과적인 팀을 구성할 수 있는가?
6. 조정과 중재는 어떤 측면에서 다른가?

Chapter

14

조직 개발
ORGANIZATION DEVELOPMENT

학습목표

➥ 조직변화의 방법과 이유를 안다.

➥ 변화에 대한 사원들의 수용을 증가시키는 방법을 이해한다.

➥ 조직문화의 중요성을 이해한다.

➥ 변화관리법을 안다.

➥ 사원들에게 권한을 위임하는 것이 언제가 좋은지 안다.

➥ 사원들의 투입 수준을 이해한다.

➥ 탄력 근무제의 유형에 대해서 이해한다.

➥ 해고를 피하는 방법을 안다.

➥ 적절하게 해고하는 방법을 안다.

➥ 해고가 희생자, 생존자, 회사, 그리고 지역사회에 미치는 영향을 이해한다.

8장에서는 훈련을 통한 개인 사원의 기술 향상에 대해서 배웠다. 이 장에서는 개인보다는 조직 전체를 변화시켜서 **조직의 수행**을 향상시키는 과정인 조직 개발에 대해서 배울 것이다(Burke, 2014). 조직 개발에는 많은 측면이 있지만, 이 장에서는 네 가지 주요 주제들을 다룰 것이다: 변화 관리, 사원에게 권한 위임, 혁신적 작업 일정 운용, 그리고 인원 감축.

변화관리

조직에서, 변화는 여러 가지 이유로 발생하고, 여러 형태로 나타난다. 일부 변화들은 인원 감축, 조직 개편, 또는 팀제 도입과 같은 조직 개발 노력에 의해서 일어난다. 어떤 변화들은 관리의료나 새로운 정부규제와 같은 외적 요구의 결과이다. 또 다른 변화들은 새로운 리더십 혹은 새로운 인사정책 때문에 일어난다.

신성한 소 사냥

신성한 소 사냥(sacred cow hunt) 조직변화의 첫 단계로서, 사원들은 시간을 낭비하고 역효과를 낳는 실무와 정책들을 추구한다(찾는다).

Kriegel과 Brandt(1996)는 조직변화를 향한 첫 단계를 **신성한 소 사냥**이라고 불렀다. 조직의 신성한 소는 오랜 시간 동안 유지되어 오면서 보이지 않게 생산성을 감소시킨 관행들이다. 그러므로 신성한 소 사냥은 쓸모없는 목적에 기여하는 관행을 제거하기 위한 조직 차원의 시도이다. Merck Pharmaceutical and Tractor Supply Stores는 정기적인 신성한 소 사냥을 해 왔다. 신성한 소가 발견되면 카우 벨이 울리고, 매달마다 신성한 소 바비큐 파티를 개최하고, 신성한 소를 발견한 사원들은 보상과 상금을 받는다. 신성한 소 사냥에서 조직은 자체의 모든 관행과 정책들을 살펴보고 다음과 같은 질문을 한다.

- 우리는 왜 그것을 하지? 그것은 가치, 품질, 서비스, 생산성을 더해주나?
- 만일 그것이 없었다면, 무슨 일이 있었을까?
- 그것이 이미 다른 누군가에 의해 진행되고 있을까?
- 어떻게 그리고 언제 그것이 시작되었지?
- 다른 사람, 다른 부서, 또는 다른 회사에서 더 잘 행해질 수 있었나?

Kriegel과 Brandt에 따르면, 일반적인 유형의 신성한 소는 서류 소, 회의 소, 그리고 속도 소를 포함한다.

서류 소

서류 소는 일반적으로 서류 양식과 보고서들과 같은 불필요한 문서작업이다. 이들은 조직이 준비하고 배포하고 읽는 데 비용을 지불하게 만드는 것들이다. 무엇이 서류 소인지 알아내려면 문서작업이 어느 정도나 효율성, 생산성 또는 품질을 향상시키는 지 고려해야 한다. 누군가에게 그가 실제로 서류를 읽는지 물어보자. 한 회사에서 사원들이 시도했던 고유한 전략은 수년간 배포되어오던 월간보고서 보내기를 멈춘 것이다. 그 사원들은 만일 그 보고서가 실제로 필요하다면 자신들이 항의를 받을 것이라고 생각했다. 그런데 월간보고서가 나가지 않은 석 달 동안 아무도 이에 대해서 항의하지 않았다.

Goldman Sachs의 임원인 Steve Kerr는 서류 소와 전쟁하는 재미있는 예를 들었다. 조직은 관리자들에게 만일 받은 보고서가 자신에게 필요하지 않다면 "왜 내가 이 것을 받아야 하지?"라고 쓰인 고무도장을 사용하도록 했다. 그런 후에 그 보고서를 관리자들에게 보낸 그 사람은 얼마나 많은 관리자가 실제로 보고서를 이용했는지 피드백을 받았다. 어느 한 상황에서는, 모든 보고서 표지에 "내가 왜 이것을 받아야 하지?" 도장이 찍혀서 반송되었다(Kerr, 2009).

Kerr는 보고서 작성자가 보고서를 작성하는 데 소요한 시간을 지표로 나타내야만 하는 관행도 있음을 상기시켰다. 어느 회사의 CEO는 자신이 요구했던 사소한 보고서 작성에 1,015시간 이상이 소요된 것을 알고는 곧 바로 이러한 보고서를 요구하는 자신의 관행을 바꾸었다.

좋은 연례적인 관행은 모든 서류양식과 보고서를 검토하고 이들이 여전히 필요한지, 만일 그렇다면 지금과 같은 양식이 필요한지를 결정하는 것이다. 이 관행의 중요성을 보여주기 위해서, 대학이나 조직에서 사용된 서류양식을 검토해보라. 그들 중에서 이러한 관행이 한 페이지당 3분의 1 또는 4분의 1이 되는 것들이 얼마나 되는가? 아마 없을 것이다. 페이지의 맨 끝에 도달할 때까지 모든 서류양식은 질문을 하는 것이 불문율인 것 같다. 나는 최근 대학원 조교직을 위한 계약서를 준비하고 있었는데, 이 과정에서 학사학위, 학부에서의 평점, 그리고 직업경력을 얻은 대학교에 대한 질문을 받았다. 주목할 점은 이들은 지원서가 아니라 이런 정보들이 이미 포함되어 있는 계약서라는 점이다. 그래서 나는 신성한 소 사냥 정신으로 왜 이런 정보가 필요한지 묻기 위해서 대학원에 전화했다. 그들의 대답은? 아무도 그 이유를 몰랐다. 실제로 이 정보가 필요했나? 아니다. 내년에는 서류 양식을 바꿀 것인가? 아니다. 이는 신성한 소 사냥이지만 신성한 소 바비큐 파티는 아니다.

회의 소

또 다른 변화해야 할 적절한(때가 된) 영역은 회의의 횟수와 소요 시간이다. 당신이 최근에 참석했던 회의에 대해서 생각해 보라. 그 회의에서 사교가 아니라 사업을 위해서 어느 정도의 시간을 썼는가? 그 회의가 정말 필요했는가? 회의의 횟수와 소요 시간을 줄이기 위해서, 어떤 조직들은 회의를 소집한 사람에게 회의비를 산출하고 (예를 들어, 각 참가자의 시급, 회의 장소 사용료, 다과 및 소모품 비용) 그 비용이 잠재적 이익을 초과하는지 고려하도록 요구했다. 이 조직들 가운데 일부에서는 회의가 시작되는 시점에 실제로 회의비가 공개된다. 말할 필요도 없이 사람들에게 비용에 대한 회의의 이익을 고려하게 하면 대부분의 회의는 열리지 않을 것이다.

속도 소

불필요한 마감 시간은 잠재적 변화를 필요로 하는 또 다른 요인이다. 때로는 "바로 내일까지" 작업하도록 요청하는 것이 필요할 때가 있다. 그러나 불필요한 마감시간은 사원들이 최적의 속도 이상으로 일하도록 만들고, 그 결과로 품질이 저하되고, 스트레스는 증가하고, 건강 문제도 증가한다.

　Kriegel과 Brandt(1996)는 신성한 소 사냥에 더하여 다음과 같은 전략을 사용하여 효과적인 변화를 장려할 수 있다고 제안했다:

- 초보자처럼 생각하라: 바보같이 질문하고, 항상 일이 "왜" 그런 식으로 되었는지 질문하고, 무엇이든지 합리적이라고 가정하지 마라.
- 잘 되어가고 있는 것에 안주하지 마라. 향상시킬 방법, 진입할 새로운 시장, 내놓을 새 상품을 항상 추구하라.
- 타인들의 규칙에 따르기보다는 자신의 규칙을 만들어라. Domino's Pizza가 이런 생각 유형의 가장 좋은 예이다. 다른 모든 피자 체인점은 고객의 숫자를 늘리는 방법으로 경쟁하지만, Domino의 결정은 고객이 식당으로 찾아오게 하는 대신에 식당이 고객에게로 가도록(즉, 배달하도록) 규칙을 바꾸었다.
- 실수를 처벌하기보다는 변화를 시도하거나 새로운 것에 도전하는 사원들을 보상하라.

변화에 대한 사원의 수용

변화는 조직에 도움이 될 수 있지만 때때로 사원들은 처음에 변화를 꺼려한다. 사업들은 기존의 방식을 편안해 하기 때문에 이러한 거부감은 이해할 수 있다. 그들은 변화가 전보다 덜 호의적인 작업조건과 경제적 성과를 가져올 것을 두려워할 것이다. 그리고 사원들은 장차 자신들의 기술이 더 이상 가치가 없어질 것을 두려워하며 그들이 새로운 변화에 과연 적응할 수 있을까 걱정할 수도 있을 것이다.

단계

과거 70년 동안, 변화과정에 대한 많은 이론들이 쏟아져 나왔다. 대부분의 이론들은 초점을 조직(Lewin, 1958), 변화의 주체(Lippitt et al., 1958) 또는 사원(Carnall, 2008)에 두는 것에 따라서 변화가 3개(Lewin, 1958) 그리고 7개(Lippitt, Watson, &

Westley, 1958)의 단계나 과정들로 진행된다고 가정한다. 단계(段階; stage)는 시기가 구분되는 반면에 기(期; phase)는 서로 겹칠 수 있다는 점에서 차이가 있다(Burke, 2014).

Lewin(1958)의 이론에 의하면 조직은 해빙(unfreezing), 변화(moving), 재동결(refreezing)의 세 단계를 거친다. 해빙단계에서 조직은 사원들과 다른 이권자들(예를 들면, 주주, 지역사회)을 상대로 현 상황을 그대로 받아들이기 어렵고 변화가 필요하다는 사실을 이해시켜야 한다. 변화 단계에서 조직은 바람직한 상태로 변화시키기 위한 단계(예를 들어서 훈련, 새로운 작업 과정)를 시작한다. 재동결 단계에서 조직은 새 정책을 공식화하고 새로운 변화에 부합하는 방식으로 행동하는 사원을 보상하는 등의 새로운 변화를 유지하는 방법을 곳곳에서 개발한다.

Carnall(2008)은 조직의 주요 변화가 일어나는 동안에 사원들은 전형적으로 다음의 다섯 단계를 거친다고 제안한다: 거부(denial), 방어(defense), 폐기(discarding), 적응(adaptation), 내면화(internalization).

1단계: 거부. 초기 단계에서, 종업원들은 어떠한 변화가 실제로 일어날 것을 부정하고, 기존 방식이 작동하고 있다는 것을 스스로에게 설득하고, 제안된 변화가 작동하지 않을 이유를 만들어낸다(예를 들어, "우리가 전에도 시도해봤지만 그것은 작동하지 않았어. 어떤 회사에서 작동하지 않았던 그런 것은 우리 회사에서도 마찬가지야").

2단계: 방어. 변화가 실제로 일어날 것이라고 사원들이 믿기 시작할 때, 그들은 방어적이 되고 자신의 입장과 일하는 방식을 정당화하려고 시도한다. 여기서 생각할 점은 만일 조직이 사원들의 작업 수행방식을 변경한다면 그것은 사원들이 전에 일해 왔던 방식이 잘못되었다는 근본적인 비판이 있다는 것이다.

3단계: 폐기. 어떤 시점에서 사원들은 조직만이 변화하는 게 아니라 사원들도 변해야 한다는 것을 깨닫기 시작한다. 즉 변화는 불가피하고, 기존 방식을 버리고 변화를 새로운 현실로서 받아들이는 것이 사원들에게 최선의 이익이란 것이다.

4단계: 적응. 이 단계에서 사원들은 새로운 체계를 검사하고, 그것이 어떻게 작동하는지 배우고, 그들의 작업수행 방식에 적응하기 시작한다. 사원들은 이 단계에서 엄청난 에너지를 소모하고 때로는 좌절하거나 분노할 수 있다.

5단계: 내면화. 마지막 단계에서 사원들은 새 문화에 빠져들게 되고 새로운 체계에 익숙해져서 새로운 동료들과 작업환경을 받아들인다.

중요 요인들

사원들이 변화를 기꺼이 받아들이고 대처하는 정도는 변화 이면의 이유, 변화를 만드는 리더, 그리고 변화되는 개인의 성격에 달려있다.

변화 유형. 조직변화 전문가인 Warner Burke(2014)는 변화를 두 유형으로 구분한다: 진화와 혁신. 대부분의 변화는 **진화적**이다. 이것은 업그레이드 또는 과정 개선의 연속적인 과정이다: 예를 들어, 윈도우 XP에서 Vista 윈도우 7에서 윈도우 8로의 인기 없는 변화, 보고할 상사의 변화, 또는 상환받기 위한 여행 영수증 제출 방법에서의 변화. Burke는 혁신적 변화란 일하는 방식을 과감하게 바꾸는 "시스템의 진정한 충격"이라고 정의한다. 예를 들면 완전히 다른 기술 세트를 요구하는 신제품 생산 라인 개발, 조직구조의 완전한 변화, 또는 조직의 윤리정책과 행동을 완전한 변화시키도록 하는 조직의 부당경영[예를 들어, 분식회계(Enron), 장부조작(Adelphia), 뇌물수수(Arthur Andersen)]을 포함할 수 있다. 분명히, 혁신적 변화는 진화적 변화보다 더욱 어렵다.

변화 이면에 숨겨진 이유. 변화에 대한 사원의 수용은 때로는 변화의 이면에 숨겨진 이유의 영향을 받는다. 예를 들어 사원들은 반드시 좋아하는 것은 아니지만 재정적 문제, 외부 요구 또는 조직을 개선하려는 시도에 의한 변화를 이해한다. 사원들이 조직 경영철학에서의 변화를 인식할 때, 변화를 만든 사람의 변덕("야, 이제 팀으로 일하자"), 또는 다른 사람들이 변화하기 때문에 해야 하는 변화("다들 팀으로 일하고 있으니, 우리도 뒤처지기 전에 바로 팀을 만들어야지")일 때 수용 수준이 낮다. 사원들은 변화의 이면에 감추어진 이유를 이해하지 못하거나 또는 설명을 듣지 못했을 때, 그 변화를 거의 수용하지 않는다.

변화를 만드는 사람. 변화에 대한 사원의 수용에 영향을 미치는 또 다른 요인은 변화를 만들거나 제안하는 사람이다. 놀랍지 않게도, 변화의 근원이 외부가 아닌 작업집단 내부에 있을 때 작업자들은 변화에 대해서 보다 더 긍정적이다(Griffin, Rafferty & Mason, 2004). 사랑받고 존경받고 성공적인 경력을 가진 리더에 의해 제안된 변화는 그 동기가 수상쩍은 리더에 의해 제안된 변화보다 더욱 잘 수용된다. 매우 다른 두 가지 예가 있다.

- 첫 번째 예로, 어느 작은 컨설팅 회사 대표는 훈련 세미나 실시로부터 회사가 전통적인 수직적 조직 접근방법에서 팀에 기반한 수평적 조직 접근방법으로 전환하는 것을 도우며 사업의 초점을 바꾸기로 결정했다. 사원들은 초점변화에 우려가 있었지만, 그 컨설턴트는 지식 때문에 존경받고, 사원들을 가족처럼 대하고, 회사의 초점을 바꾼 이전의 경우가 있었기 때문에, 사원들은 그

변화를 신속하게 수용하였고, 그 결과로 수익이 30% 향상되었다.

■ 두 번째 사례에서는, 재정과 규제의 이유로 지역 정신건강 기관이 현재 건물에서 새로운 지역으로 120명의 사원들을 강제로 이전시켜야 했다. 새 건물 위치를 결정하기 위해 관리위원회가 구성되었다. 새로운 위치를 발표하자 사원들은 매우 당혹했다. 새 건물은 비싸고, 매우 혼잡한 교통정체 지역에 있고, 대부분의 고객들로부터 먼 곳이었다. 종업원의 비애는 다른 지역으로의 이전이 아니라 건물 위치의 선택에 기인하였다. 그냥 이해되지 않았다. 여러 사원들이 새 건물 위치가 그것을 결정한 위원들이 사는 곳에서 불과 5분 거리에 있다는 사실을 알기 전까지는 그것이 이해되지 않았다. 동기의 중요성을 이해하기 위해서는 그 이야기를 여기서 끝낼 수 없다.

두 이야기에는 분명한 차이가 있다. 첫째, 사원들은 변화를 만드는 사람을 신뢰하기 때문에 빠르게 변화를 수용했다. 둘째, 의사결정자가 존경스럽지 않고 대다수 사원들의 복지와 부합되지 않는 방식으로 행동했기 때문에 사원들은 그 변화를 수용하지 않았다.

어떤 유형이든 조직변화가 작동하기 위해서는 사원들이 변화를 만드는 특정한 개인뿐 아니라 전체로서의 조직을 신뢰하는 것이 기본이다. 사우스다코타 주의 수폴스에 소재한 Viking Glass는 더 많은 사원의 참여를 촉진하기 위해서 조직변화를 결정하였을 때 신뢰의 중요성을 실감했다. Viking Glass는 사원들의 회사 신뢰를 증진시키기 위한 기반을 마련하는 데 1년 이상을 보냈다. 사원들의 신뢰를 확보한 이후에 회사는 사원 권한 위임 수준을 성공적으로 향상시켰다.

변화되는 사람. 상상할 수 있듯이 사람이 변화를 부추기거나 반응하는 방식은 상당한 다양하다. **변화 실행자**는 변화를 즐기고 때로는 단지 변화 그 자체만을 목적으로 변화를 추구하는 사람이다. 변화 실행자를 가장 잘 나타내는 표어는 "변화되지 않으면, 되게 하라."이다. 많은 사람들이 스스로를 변화 실행자라고 말하고 싶어 하지만, 그것은 칭찬이 아닐 수도 있다. 즉, 합리적인 변화는 좋지만, 변화 그 자체를 위한 변화는 오히려 파멸적이다.

그 예를 들어 보자. 30살쯤 되었을 무렵, 나는 지역 Kiwanis 클럽 회장이었다. 자, 이것으로 당신이 너무 감명을 받기에는 이르다. 당시에 나는 회원들 가운데 아직까지 회장을 해 본 적이 없는 유일한 사람이었고, 60살이 안 된 대여섯 명 가운데 한 명이었기 때문에 회장직을 요청받은 것이었다. 회장으로서 내가 첫 번째로 한 행위는 위원회의 모든 것을 구조조정하고 이런 변화들을 묘사하는 인상적으로 보이는 행렬표를 만들어낸 것이다. 내가 이러한 행렬표를 이사회에서 발표하였을 때, 마침내 그 중 한 명이 "Mike, 당신이 위원회를 바꿀 수는 없습니다. 이것은 국가 조례입니다."

라고 말하기 전까지 이미 몇 명은 졸고 있었고 각 구성원들은 나를 그냥 응시하고만 있었다. 이에 대해서 나는 "이런, 실수(oops)!"라고 반응했고 다음 주제로 넘어갔다. 이 이야기는 좋은 리더십 기술의 예는 아니지만, 변화 실행자가 되는 것의 완벽한 예다. 어쨌든, 어느 정도 성숙과 더불어, 나는 변화분석가가 되기를 희망했다.

변화분석가는 변화를 두려워하지는 않지만, 변화가 조직을 향상시킬 수 있을 때에만 변화를 원한다. 그들의 표어는 아마도 "변화 안 되면, 그대로 내버려 두어라. 만일 변화되면, 진행시켜라."이다. 변화분석가는 "왜 우리가 이것을 하는가?"와 "우리가 이것을 하는 더 좋은 방법이 있는가?"와 같은 질문을 지속적으로 제기하는 사람이다. 그러나 변화 실행자들과 다르게 그들은 변화에 대한 욕구에 의해서 지속적으로 동기화되지는 않는다.

수용적 변화자들은 변화를 부추기지는 않지만 기꺼이 변화하고자 하는 사람들이다. 그들의 표어는 "해결이 가능하다면, 나는 도울 것이다."이다. 수용적 변화자들은 전형적으로 자존감이 높고, 낙관적인 성격을 갖고 있으며 자신의 삶을 스스로 통제할 수 있다고 믿는다(Wanberg & Banas, 2000). 어떤 주요한 조직변화가 성공적이기 위해서는 기본적으로 수용적 변화자들이 있어야 한다.

주저하는 변화자들은 확실히 변화를 부추기거나 변화를 반기지는 않지만, 필요할 경우에는 변화할 것이다. 그들의 표어는 "당신은 정말로 그렇게 될 것이라고 확신해?"이다. 변화 저항자들은 변화를 싫어하고, 변화를 두려워하며, 변화가 일어나는 것을 막기 위해서 무엇이든 할 것이다. 그들의 표어는 "변화가 일어나겠지만, 여전히 알 수 없는 것보다는 더 낫다."는 것이다.

변화의 실행

변화에 대한 사원의 수용에서 또 다른 중요한 요인은 변화를 실행시키는 방식이다. 즉, 언제 어떻게 세부사항들이 전달될 것인가? 변화가 실행되는 데 얼마나 시간이 걸릴까? 조직은 변화에 적합한 인사 전략을 지니고 있는가? 조직은 어떤 종류의 훈련을 필요로 하고 있는가?

조직이 변화를 계획할 때, 그 변화가 완료될 때까지 1단계에서 2단계로, 그리고 계속 다음 단계로 변화과정을 연속적으로 진행하려고 의도한다. 전형적으로 각 단계별로 시작하는 일정표가 있다. 변화 실행에 대한 다음 "단계들"을 읽으면서, 변화과정은 거의 (어쩌면 전혀) 계획대로 진행되지 않으며, 차질이 발생할 것이고, 필요에 따라서는 변화과정을 수정해야 하는 결과를 초래한다는 것을 이해하는 것이 중요하다(Burke, 2014).

변화 분위기 조성하기

조직변화의 첫 단계 중 하나는 적절한 분위기를 만드는 것이다(Denton, 1996). 이 과정은 현 체계에 대한 불만을 만드는 것으로부터 시작한다. 사원들이 현 체계에 얼마나 만족하는가를 알아내려면 이들을 대상으로 조사를 실시해야 한다. 일반적으로 설문조사 결과들은 많은 사원들이 현재 일이 이루어지는 방식에 불행하고 개선을 위한 제안을 갖고 있음을 보여줄 것이다. 이러한 결과들을 사원들과 공유하면 사원들이 "좋았던 시절"을 회상함으로써 변화에 반발하는 것을 막을 수 있다. 오히려 사원들은 "나빴던 시절"에 초점을 두게 되고, 보다 더 기꺼이 변화하게 된다.

이에 대한 좋은 예로는 몇 년 동안 만났던 내 친구들을 들 수 있다. 지난 몇 개월 동안 그들과의 관계에서 2명의 친구가 각각 나에게 개인적으로 말하기를, 그들 관계가 악화되었고 이제는 변화가 필요한 때라고 했다. Jill은 그 관계를 끝내기로 결정했고, 그녀는 자신의 그 결정을 그 다음 주 금요일 밤에 Jack에게 말했다. Jill은 격정적이고 흥분하였고, 새로운 사람들과의 만남을 얘기하며 심지어 나에게 멋진 싱글 남자를 알고 있는지 물어보았다. 하지만 Jack은 그동안 자신과 Jill이 얼마나 좋은 관계였는지, 그래서 자신이 그렇게 사랑할 수 있는 다른 여자를 결코 찾을 수 없을 것이라고 일주일 내내 칭얼댔다. 이처럼 그들의 태도에서 급격한 차이를 나타내는 것은 무엇일까? Jill은 관계를 끝내기 위한 결정을 내렸을 때 "나빴던 시절"을 마음속에 두고 있었고, Jack은 관계가 끝난 뒤에도 오로지 "좋았던 시절"만을 기억했다.

좋았던 옛 시절에 대한 이런 갈망들은 피할 수 없는 듯하다. 내 동료는 수년 동안 학장에 대해서 불평을 해오고 있다. 그 학장은 결국 해고되고 많은 이상한 변화를 만들어낸 학장으로 교체되었다. 내 동료는 자신이 전 상사를 얼마나 이해하지 못했는지 한탄하는 데 1년도 걸리지 않았다. 그가 자신의 상사에 대해서 나에게 해준 끔직한 이야기들 중의 아주 몇 가지 기억만으로도 이 한탄을 그만두는 데 충분했다.

Denton(1996)은 현 상황에 대한 불만이 형성된 이후에, 조직은 사원들을 정서적으로 지지해주고, 자신들의 감정을 배출하고 그 감정에 대해서 논의하도록 허용하며, 과도기 동안에는 실수를 허용하는 안전망을 제공함으로써 변화에 대한 두려움을 감소시키는 데 많은 노력을 해야 한다고 조언한다. 또한 조직 내에 변화의 이익을 설명하는 누군가가 있음으로써 변화에 대한 두려움이 감소될 수 있다.

세부사항에 대한 의사소통

사원들은 정보를 잘 알고 있을 때 변화에 가장 잘 반응한다(Wanberg & Banas, 2000). 만일 보안(예, 기업 합병)의 필요성이 없다면, 사원들은 변화의 초기 계획으로부터 실행의 마지막까지 변화의 모든 과정을 알고 있고, 그 과정에 관여해야 할 것이다. 만일 변화가 끝나도록 사원들이 아무것도 알 수 없다면, 그들은 일반적으로 나쁜 일이 일어나는 것이 아닌지 의심한다. 이것은 우리가 무엇인지 알지 못할 때 최악을 생각하는 인간의 본성인 듯하다. 주요 구조조정을 진행한 후, 뉴저지 주 프린스턴의 Educational Testing Service(ETS) 직원은 그 변화 과정에서 직면했던 많은 어려움들은 빈약한 의사소통에 원인이 있었다고 보고했다(Wild, Horney & Koonce, 1996). 구조조정을 하는 동안 ETS는 다음과 같은 중요한 교훈을 배웠다.

1. **의사소통 변화는 힘든 일이다.** 변화의 초기 단계에서 ETS는 구조조정의 이유와 그 세부사항에 대해서 의사소통이 훌륭하게 잘 되었다고 생각했다. 그러나 ETS가 사원들을 대상으로 실시한 변화 준비 조사에서는 많은 사원들이 변화를 이해하지 못하거나 여전히 변화에 저항하고 있는 것으로 드러났다. 조사 결과는 ETS가 사원들에게 중요한 정보를 전달하기에는 아직도 갈 길이 멀다고 말해주었다.

2. **훈련이 필요하다.** 변화를 전달할 책임이 있는 사원들이 변화에 대한 적개심과 저항을 지닌 사원을 대하는 것과 같은 분야에서 적절한 훈련을 받아오지 못했다.

3. **양방향 의사소통이 필수적이다.** 사원들은 변화를 만드는 사람에게 피드백을 제공할 수 있는 기회를 가져야 한다.

4. **정직은 최선의 정책이다.** 사원들에게 정직하고, 변화의 전 과정이 끝날 때까지 기다리기보다는 그것이 발생할 때마다 그들에게 정보를 알려주어라.

시간 틀

가장 성공적인 조직변화는 시기적절할 때 발생한다. 변화과정이 길수록, 잘못될 가능성이 더 커지고 사원들이 환멸을 느낄 가능성도 더 커진다. 많은 컨설턴트들은 조직들이 "변화모드"를 2년 이상 넘기면 안 된다고 조언한다.

훈련 필요성

조직이 주요한 변화를 가진 후에는 사원들을 훈련시키는 것이 자주 필요하다. 예를 들어, 만일 어느 조직이 새로운 컴퓨터 시스템으로 변화된다면, 모든 사원들은 그 새로운 시스템 사용에 관한 훈련을 받을 필요가 있을 것이다. 마찬가지로, 어느 조직이 자기-주도적 팀 환경으로 변화된다면, 사원들은 목표설정, 팀워크, 발표 기술, 그리고 품질 분석과 같은 분야에 관한 훈련을 받을 필요가 있을 것이다.

조직문화

조직문화(organizational culture) 한 조직에서 개인들 사이에 존재하는 공유된 가치, 신념 그리고 전통

조직변화에서 중요한 또 다른 고려사항은 조직문화이다. 때로는 **협동문화** 또는 협조적 풍토라고도 하는데, **조직문화**는 조직 구성원들 사이에 존재하는 공유된 가치, 신념 그리고 전통으로 구성되어 있다(Anderson, 2015). 이 문화는 직장에서의 적절한 행동규범을 세우고, 종업원들과 관리자가 서로에게 가지고 있는 기대와 역할을 정의

조직변화는 사원들에게 외상을 줄 수도 있지만, 다른 한편으로 그것은 흥미롭고도 충분한 새로운 기회가 될 수도 있다. 조직변화 전문가인 Price Pritchett (2008)은 조직변화에 연루되어 있는 시원들에게 다음과 같은 조언을 했다. 이 조언은 관리자들에 의해서 조직 전체에 걸쳐서 다른 사원들에게 전달될 수 있다.

속도를 올려라

➥ 새로운 상황에 직면한 사람들이 조심하고 행동을 천천히 취하려는 것은 자연스러운 것이다(Kotter & Cohen, 2002). 그러나 Pritchett은 사원들에게 자신의 직무에 관여하고, 작업속도를 높이고, 뒤처지지 않도록 조언한다. 이 조언은 카누를 조정하는 것에 비유할 수 있다: 만약에 물의 흐름보다 더 빠르게 노를 젓는다면 가고 싶은 곳으로 카누를 통제할 수 있다. 그러나 노를 젓는 것이 물의 흐름보다 느려지거나 같은 속도를 유지한다면, 물의 흐름이 당신을 데려가는 대로 쓸려갈 것이다.

주도하라

➥ 다른 사람의 지시와 당신이 할 일을 말해주기를 기다리는 대신에 스스로 갈 길을 정하라. 주도성을 보여주고, 문제해결을 위해서 도전하고 제안하라. 모험과 실수를 두려워 말라. 하키 스타 Wayne Gretzky가 말한 것처럼 "슛을 하지 않는다면 당신은 그 슛의 100%를 놓치는 것"이다.

문제해결에 전력을 쏟아라

➥ 변화에 불평하고 저항하는 데 힘쓰기보다는 변화를 받아들이고 문제해결에 전력을 다해서 새로운 체계를 작동시켜라. 작동하지 않는 체계는 고치고 그것이 향상될 수 있는 방법을 제안하는 데 책임을 다하라.

심리학자들은 변화 관련 스트레스를 제거하기 위해서 조직 작업을 더 재미있게 만들도록 혁신적인 일들을 하라고 제안한다. 컨설턴트인 Matt Weinstein은 경영자들에게 다음과 같이 제안한다:

➥ 경영자의 유아시절 사진들을 붙여서 사원들이 그것을 보고 웃을 수 있게 하라. 그렇게 하면 변화를 시도하는 사람이 항상 강력한 위치에만 있었던 것이 아니라는 것을 실감하게 만든다.

➥ 잠시나마 사원들이 긴장을 해소할 수 있는 스트레스 없는 지역을 만들어라. 미시간 주에 있는 The Brookstar Corporation은 사원들이 좌절했을 때 서로에게 화풀이하기 보다는 펀칭 백을 쳐서 좌절을 해소할 수 있는 방을 마련해 주었다.

➥ 사원들에게 깜짝 휴식시간을 제공하라, Crate & Barrel의 매장 관리자는 매주마다 한 명의 사원에게 오락, 쇼핑 또는 낮잠을 잘 수 있도록 1시간을 허용한다.

➥ 또 다른 제안들로는 넥타이를 가장 못 맨 사원을 선정하는 대회를 개최, 사원이 싫어하는 동물 선물하기, 그리고 개인별 점재 과자 만들기 등이 있다.

비록 이런 기법들 중에서 어떤 것이 효과가 있을 것이라는 과학적 근거는 없지만, 이런 아이디어들은 변화에는 스트레스가 따르고 그 스트레스를 줄일 수 있는 창의적인 수단을 택할 수 있다는 것을 관리자들이 실감하게 한다.

한다(Nwachukwu & Vitell, 1997; Sackman, 1991). 대부분의 문화들은 하위문화를 가진다. 예를 들어, 당신이 자란 환경은 미국문화라는 더 큰 문화의 하위문화이다.

조직에서, 각 부서 또는 사무실은 전체 조직의 문화와는 다른 행동규범을 지닌 하위문화가 될 수 있다. 각 부서가 변화에 반응하는 방법은 하위문화의 결과이다. 경영철학들을 변화시키는 것과 같은 매우 중요한 변화는 전체 조직에 걸친 새로운 아이디어를 구현하는 것을 지원하도록 조직문화 및 하위문화의 변화를 요구할 것이다. 이것은 이 장의 후반부에서 더 자세히 논의할 것이다.

대학을 그 나름대로의 문화를 지닌 조직과 하위문화를 가지고 있는 교실로 생각해보라. 당신의 대학은 아마 각 학생들이 명예를 준수할 것으로 기대되는 명예와 신뢰의 문화를 창출해 왔을 것이다. 그 문화를 강요하거나 유지하기 위해서는 당신이 부정행위를 하거나 또는 다른 규칙을 위반한다면 상벌위원회(the Judicial Board)에 출석시키는 것과 같은 제재를 사용한다.

교실 수업 첫날부터 출석과 수업 참여와 같은 규범들이 형성되어 왔고 하위문화가 만들어 지고 있다. 이러한 규범들은 아마도 교수가 구두로 전달하거나 강의계획서에 적힌 규칙들에 의해서 형성되었을 것이다. 만일 교실 문화에서는 읽을 자료에 대해서 논의할 것이 기대되는 것을 알고 있다면 매주 수업 시간 전에 교재를 읽을 가능성이 더 클 것이다. 교수는 아마 수업 참여에 점수를 주는 것과 같은 특정한 보상들이나 점수를 깎는 제제를 사용함으로써 그런 문화를 유지할지도 모른다. 결국 교수의 기대를 포함하는 이 문화는 그 시점에서부터 그 문화의 구성원이 되기를 원하는지 여부를 결정하려는 다른 학생들에게 전달된다. 다시 말해서 만일 수업과 기대가 너무 힘들다면, 학생들은 보다 편안한 문화를 가진 다른 수업을 신청할 것이다.

문화와 규범 역시 타인들의 행동을 관찰하거나 모델링한 결과이다. 수년간에 걸쳐서 당신에게 큰 영향을 준 부모, 목사, 친구들과 같은 역할모델들을 포함하고 있는 당신 개인의 성격문화와 마찬가지로, 조직문화 역시 당신의 작업행동에 영향을 주고 행동규범을 가르치는 역할모델들을 갖고 있다(Nwachukwu & Vitell, 1997). 다시 교실의 예로 돌아가 보자. 만일 교수가 강의 시간마다 늦게 오거나 몇몇 동료학생들이 계속 지각하거나 또는 강의시간 중에 강의실에서 나가더라도 경고나 처벌과 같은 부정적 결과가 없다는 것을 관찰한다면, 이것은 책임지지 않는 무책임한 문화를 생성하기 시작할 것이다. 이 문화가 "규범"으로 수용된 결과로 결국 당신은 출석률이 낮은 학생들 중 하나가 될 것이다. 무책임한 문화를 책임지는 문화로 변화시키기 위해서, 리더(교수)는 보다 나은 문화를 유지하기 위해서 적절한 행동 모델과 지각을 하면 점수를 깎는 것과 같은 어떤 전략을 사용할 필요가 있다.

당신이 알 수 있듯이 조직문화는 사원들이 최적의 행동을 하도록 도움을 줄 수 있다. 그러나 조직문화는 비윤리적인 의사결정과 같이 바람직하지 않은 많은 행동들에 기여하는 요인이 될 수도 있다. 예를 들어, 만일 조직의 최고 관리자가 지속적으로 비윤리적으로 행동하고 의사결정을 한다면, 사원들이 이 규범들을 배우고 그것을 직업 가치체계로 취합해서 그에 따라서 행동하게 될 것이다(Chen, Sawyers, & Williams, 1997). 그러한 행동을 변화시키기 위해, 변화를 방해하는 문화규범들(예를 들어, 비윤리적인 상사들, 비윤리적 행동에 따르는 금전적 보상과 같은 긍정적 결과)은 반드시 제거되어야 한다.

그것이 중요한 만큼, 조직문화는 구조조정과 다른 변화 기간 동안에는 전통적으로 무시되어 왔다. 이것은 문화는 변화될 수 없다는 일반적인 신념이나 또는 많은 조직들이 그들의 문화를 변화시키는 방법을 알지 못하기 때문이다. 실제로 500개 기업을 대상으로 한 조사에서, 70%는 문화적 주제들을 다룰 만한 지식을 갖고 있지 않다고 진술했다(Sherriton & Stern, 1997). 그러한 지식 없이는 기업운영 방식의 변화와 나는 Virginia 커뮤니티 서비스국에서 일하고 있다. 서비스국은 Virginia 커뮤니티에서 정신건강, 정신지체, 그리고 물질남용을 취급하는 커뮤니티 기반 서비스를 기획하고 운영하는 40개의 부서들 가운데 하나이다. 서비스국에는 정규직과 비정규직을 포함하여 모두 약 270명의 직원들이 있다. 인적자원부는 1988년에 개설되었고, 그 이후로 서비스국의 직원은 현재 약 270명에 이르기까지 성장해왔다. 인적자원부는 나와 두 명의 인적자원 보좌를 포함하여 세 명의 직원으로까지 성장했다.

Courtesy of the author

Susan Hurst, SPHR
인적자원관리자,
New River Valley
커뮤니티 서비스국

인적자원부는 사원 중심이 되기에 전력을 다하고 있다. 우리의 미션은 스스로에게 매일 다음과 같이 묻는 것이다: "서비스국의 직원들에게 보다 더 나은 직장을 만들어주기 위하여 우리가 할 일은 무엇인가?" 이러한 우리의 미션은 서비스국의 인간중심 철학과 일치한다.

우리 부서는 매우 바쁘게 돌아간다. 나는 직원들을 위한 오리엔테이션과 퇴직자 면접 모두를 수행한다. 그들은 회사에 들어올 때와 나갈 때 모두 나를 만난다. 나는 부가급부를 개발하고 실행하는 책임도 맡고 있고 이 일로 보험회사와 자주 접촉한다. 게다가 인사 관련 전무이사와 감독관들이 고용법을 준수할 수 있도록 보조하고 조언할 수 있다. 그리고 면허 요건을 잘 따르도록 인사기록 및 파일 유지를 감독한다.

나의 가장 중요한 책무는 사원들이 진출할 안전한 장소를 제공하는 것이다. 이 일은 특별히 지난 수년 동안에 걸쳐서 유용했다. 최근 몇 년 동안, 우리 서비스국은 주요한 구조조정을 진행해오고 있다. 다른 조직에서와 마찬가지로, 정도에 상관없이 사원들의 스트레스 수준은 증가했다. 나는 사원들이 이 어려운 시간을 통과하도록 도움을 주기 위해서 공감해 주고 안내한다. 그들이 스트레스 수준은 주로 변화 자체와 다르게 변화에 대한 생각 때문에 증가했다. 다시 말하자면, 그들은 알 수 없다는 것을 두려워했다. 사원들의 많은 관심거리들과 의문들을 알아내기 위해서, 우리는 의사소통팀을 운영하여 사원들 간의 긍정적인 연결 및 각종 루머와 두려움에 대해서 대답할 자원을 제공했다.

우리는 이 구조조정의 처음부터 사원들에게 관여했다. 우리는 그들의 통찰과 투입이 성공적인 구조조정의 기본 요인이라고 믿었다. 변화가 시행되기 1년 전에 모든 수준의 사원들을

포함하는 초점집단이 만들어졌다. 초점집단으로부터 행동단계들이 개발되고 모두에게 설명되었다. 그 결과 그들은 아직도 어떤 일이 되어져야 하는지 알 수 있었다. 구조조정으로의 변환은 서서히 그리고 어렵지만 이익이 되는 과정으로 진행되었다. "공식적인" 구조조정이 끝난 이후에도, 그 과정에 대한 정교한 조정이 있었다.

구조조정을 위한 핵심적인 개념은 팀 개발이었다. 이 과정은 7개 지역에서 촉진팀 개발과 함께 수년 전부터 시작되었다. 모든 관여된 사원들에게는 그들의 팀에서의 역할과 책임에 관한 훈련이 제공되었다. 추가적으로 우리는 그들이 사용할 수 있는 효과적인 의사소통 및 갈등해결 기술 등을 검토했다.

여전히 이런 변화들에 대해서 관리자와 사원들 모두에게는 조정 이슈들이 남아 있었다. 예를 들면, 촉진팀 사원들은 서비스의 질뿐 만 아니라 청결하고 안전한 작업환경의 지속적 유지를 보장할 시설운영의 구체적인 분야에 대한 새로운 책임을 갖게 되었다. 이 팀들은 또한 그들의 시설예산 부분에 대한 책임도 있다. 이런 수준의 책임과 의사결정은 새로운 것이고, 우리는 사원들이 이 분야에서의 기술을 개발하도록 도와야만 했다. 예를 들면, 우리는 그들에게 예산안을 읽는 방법뿐만 아니라 예산을 관리하고 이해하는 방법을 가르쳐야 했다.

서비스국이 더욱 팀 개념으로 옮겨가면서 우리는 계속해서 성공적인 변화를 이루도록 사원들을 지원하고 돕는 창의적인 방법들을 찾을 것이다. 나는 계속해서 최선의 서비스를 제공하고 열심히 일하는 민감한 직원들을 지원하기 위해서 노력하고 있다. 나의 목표는 변화하는 욕구들을 예측하고 이런 욕구들을 충족시킬 사원개발 훈련프로그램 및 기타 방법들과 같은 프로그램과 계획을 적극적으로 설정하는 것이다.

인적자원 분야에서 전문적인 경력을 쌓고자 고려하는 학생들에게 나는 이런 충고를 하고자 한다. 당신은 변화의 대행자가 될 필요가 있다. 변화는 피할 수 없지만 두려운 것이다. 서비스국의 약동은 인적자원 부서를 통해서 얻어지기도 한다. 그리고 만일 직원이 관심사를 표현하도록 그 부서와 계약하는 것에 편안함을 느끼는 분위기를 성공적으로 만든다면, 당신은 그들의 두려움을 가라앉히고 긍정적인 태도 모형을 만들 수 있을 것이다. 웃음을 잃지 말라. 그것이 최선이다!

그에 따른 사원들 행동방식의 변화는 오래 가지 못할 것이다. 결과적으로, 조직이 문화를 변화과정에 어떻게 포함시키는지 그 방법을 아는 것이 중요하다.

문화 바꾸기

조직변화가 반드시 기존 문화의 모든 것이 변화해야만 하는 것을 의미하는 것은 아니다. 한 관리자에 따르면 "변화과정은 현재 문화의 성공적인 요소들을 유지하는 것과 중요한 새로운 요소들을 추가하는 것을 포함한다(Laabs, 1996, p. 56)." 따라서 문화를 변화시키는 첫 단계는 변화하는 데 필요한 것들을 결정하기 위해서 바라는 문화를 평가하고 기존의 문화와 비교하는 것이다. 두 번째 단계는 새로운 문화에 대한 지지를 얻어내기 위해서 현재의 문화에 대한 불만을 만들어 내고 새로운 문화를 유지한다.

새로운 문화 평가하기

새로운 문화에 대한 평가는 많은 토론과 분석을 포함하며 다음의 단계들을 거쳐야 한다(Sherriton & Stern, 1997).

1단계: 필요성 평가. 기존 문화의 부분들이 실제로는 어떤 조직변화를 지지할 것이기 때문에, 어떤 변화가 필요한지 결정하기 위해서 현재의 문화는 분석되고 바라는 문화와 비교되어야 한다. 예를 들어, 만약 어느 조직이 전통적인 위계적 경영철학으로부터 사원들이 의사결정에 대한 책임을 공유하는 권한 위임적인 조직으로 변화되기를 원한다면, 새로운 문화를 충분히 지지하도록 체계, 절차, 그리고 정책들이 변화되어야 할 것이다. 역할기대, 새로운 의사결정 책임성들을 규명하는 직무 기술서, 책임, 보상 그리고 사원 선발체계 등과 같은 영역들은 반드시 검토되어야 한다. 분석을 위한 자료들은 일반적으로 관찰, 기존 기록의 검토, 그리고 사원 면담과 변화에 대한 잠재적 건의 등을 묻는 질문들로 구성된 조사 등을 통해서 수집된다.

2단계: 집행방향 결정. 경영진은 그 문화를 강화할 의사결정이나 행동을 결정하고 어떤 변화의 가능성을 평가하기 위해서 필요성 평가 분석을 해야 한다. 앞의 예를 사용하면, 만약 조직의 상사들과 관리자들 대부분이 의사결정에서의 권한을 나눌 의사가 없다면 진정한 "권한 위임" 문화는 유지될 수 없다. 결과적으로, 그 문화에 의해서는 강화될 수 없는 변화가 될 것이다. 실제로 연구에 따르면, 그것은 권한 위임 철학 이행에 대한 최고 관리자의 전폭적인 지지를 필요로 한다(Schuster 등, 1997). 변화과정 동안에 문화변화의 잠정적인 방해요인을 찾아내는 것은 보통 의도하지 않은 결과를 최소화할 수 있다.

3단계: 변화 수행 중 고려할 사항들. 이 분야는 새로운 문화가 수행되는 방법을 다룬다. 변화를 수행하기 위해서 위원회나 특수 집단을 만들 것인가? 아니면 경영진이 그 변화를 실행할 것인가? 만약 조직이 원하는 문화가 사원들이 기여하는 것을 격려하는 것을 포함한다면, 새로운 문화를 지원하기 위해서 권한을 위임하는 조직 실행에 사원들의 참여가 허용될 것이다.

4단계: 훈련. 문화 변화는 철학의 변화를 의미하고, 궁극적으로 다른 역할기대를 의미한다. 새 기술의 발전에서와 마찬가지로, 새 조직문화가 번창하고 오래 지속되기 위해서 조직의 모든 구성원들은 새로운 철학으로 훈련받아야 한다. 이것이 때로는 구성원들이 함께 의사결정하도록 이제는 권한을 위임받아야 한다고 선언해왔던 조직에서 가장 큰 장벽이 되어 왔다. 경영진과 하위직 모두에서 사원들은 일반적으로 그것이 의미하는 것을 훈련받지 않는다. 이 장 이후에 설명된 대로, 경영진과 사원들은 권한 위임 문화가 의미하는 것과 그것을 어떻게 실행하는가에 대해서 서로 다른 해석을 하고 있다. 훈련을 통해서 그런 모호성과 혼란을 줄일 수 있다.

5단계: 새로운 문화에 대한 평가. 어느 변화에서나 마찬가지로 새로운 문화를 검토하기 위해서 반드시 평가 기제가 설정되어야 한다. 실제로 변화가 일어났는가 아니면 옛 규범과 과정들이 여전히 존재하고 있는가와 같은 주제들이 제기되어야 한다. 만약 변화가 일어나지 않았다면 새 문화를 형성하고 지지할 추가적인 전략들이 확인되어야 한다.

이제 이상적인 문화가 결정되었다면 다음 단계는 그것을 실행하는 것이다. 이것은 기존의 문화에 대한 불만을 만들어 냄으로써 실행된다.

기존 문화에 대한 불만 만들기

일반적으로 변화를 촉진하고 사원들이 새로운 문화를 수용하는 데 현 상태에 불만을 만드는 것이 필수적이며, 이때 기존 문화와 현 상태는 "불편해진다". 이것은 "평소와 같이 사업을" 지속하기 위한 미래의 영향요인에 대해서 사원들에게 의사소통하는 것을 의미한다. 예를 들어, 많은 조직들은 기술발전의 추세와 회사의 재정적 성과를 보여주는 데이터를 사원들과 공유한다. 만일 사원들이 보기에 이 정보가 자신이나 전체 조직에게 부정적인 영향을 미치는 것이라면, 이것은 현 상태에 대해서 필수적으로 불쾌함을 만들고 새로운 사업전략 개발을 위한 촉매제가 될 수 있다.

불만을 유발시키는 또 다른 방법은 사람들에게 조직목표에 얼마나 만족하는가 그리고 변화를 위한 아이디어를 제안하도록 질문하는 태도조사를 실시하는 것이다. 조사결과들이 전 조직에 배포되면 사람들은 불만족 수준을 알 수 있고 새 문화와 타 조직의 변화를 받아들이기 시작할 것이다.

여기서 핵심은 그 과정에서 사원들로부터 투입 노력을 찾는 것이다. 문화 변화가 성공하기 위해서는 조직의 모든 수준에서의 몰입을 요구한다. 사원들이 변화의 실질적 부분이 될 기회를 가진다면 그들은 변화에 더욱 몰입하게 될 것이다. 일단 당신이 변화과정을 시작했다면 그것을 유지하는 것이 중요하다.

새 문화 유지하기

만일 새로운 문화가 지속될 것으로 기대한다면 새로운 보상체계와 선발방법이 개발될 것이다. 새로운 체계에 대한 성공적인 참여와 협조에 대해서 사원들을 보상하는 것은 꼭 필요한 것이다(Kotter & Cohen, 2002). 이러한 보상들은 새 문화 또는 다른 변화들 때문에 책임이 증가한 직무에서의 수행에 대한 봉급을 포함할 수 있다. 그러나 그들은 또한 재정적 보상들을 넘어서 사원의 인정 및 의미 있는 작업을 포함할 수 있다.

사원 선발

미래의 사원들은 그들이 새로운 문화에 얼마나 잘 맞는가에 근거해서 선발되어야 한다. 예를 들어 팀으로 의사결정하는 것이 새로운 문화라면 신입사원은 능력뿐만 아니라 그런 환경에서 직무를 수행할 수 있는 의지와 성격을 지니고 있어야 한다. 현직자들이 신입 사원들로 교체되면서 새로운 문화는 그 리더십에 의해서 선택된 바람직한 체계로 "동결"될 수 있다(Lewin, 1951). 그러나 보다 구조화된 경영철학을 선호하고 혼자서 일을 더 잘하는 사원들을 계속 고용한다면, 결국 조직은 옛 문화로 복귀하게 될 것이다.

조직사회화(organizational socialization) 신입사원이 조직에서 성공하기 위해서 필요한 행동과 태도를 배우는 과정

마지막으로, 신입사원의 사회화 과정은 반드시 새 문화를 강화시켜야 한다. **조직사회화**는 신입사원들이 조직에서 성공하기 위해서 필요한 행동과 태도를 학습하는 과정이다. 조직사회화는 또한 조직에 새로 들어오는 어떤 사람들이든 그 위치에서 자신의 역할과 기대되는 것을 결정하도록 돕는다(Marrison, 1993). 공식적 전략과 비공식적 전략은 모두 조직사회화 과정에 도움이 될 수 있다. 사회화의 비공식적 전략은 서로 다른 여러 사원들이 반복해서 말하는 동일한 이야기들을 듣는 것과 같은 일을 포함한다. 예를 들어, 당신은 아마 정수기나 복사기 근처에서 최고의 이야기를 알게 된 것에 대해서 말하는 작업자들의 이야기를 들어왔을 것이다. 일반적으로는 "잘못된 의사결정"에 대한 이야기가 논의된다. 일관되게 반복되는 이야기를 들은 신입사원들은 조직이 갖고 있는 문화 유형에 대해서 이해하게 될 것이다. 만일 논의가 부정적이라면, 신입사원들은 조직이 무능하고, 사원들을 잘못 대하며, 또는 비윤리적이라고 믿기 시작할 것이다.

의식(rituals) 집단의 일원이 되기 위해서 사원들이 참여하는 과정들

그리고 조직이 사회화 과정에 영향을 미칠 수 있는 공식적 방법들도 있다. 한 가지 방법은 형성하는 의식을 통과하는 것이다. 그 **의식**은 신입사원이 "집단의 일원"이 되기 위해서 참여하는 과정이다. 연말 시상, 연회, 또는 직원 야유회 등과 같은 활동들은 "배려하는 조직"이라는 인상을 강화하는 의식들이다. 다른 의식은 모든 신입사원들이 정규사원으로 간주되기 전에 수습기간을 통과하기를 요구하는 것이다.

상징(symbols) 사원들에게 메시지를 전달하는 조직행동 또는 실행

마지막으로 조직의 특정한 태도들을 나타내는 상징들이 사용될 수 있다. **상징**들은 조직이 사원들에게 특정 메시지를 전달하기 위한 의사소통 도구들이다. 예를 들

어, 현지 웰빙센터 설립은 사원들의 건강에 대한 조직의 관심을 전달한다. 이에 더해서 사명과 가치를 진술하는 등의 의사소통 기법들은 신입사원이 환경에 동화하는 데 도움을 줄 수 있다.

권한 위임

10장에서 논의한 것과 같이, 만일 사원들이 자신이 하는 일에 대해서 통제권을 갖고 있다고 느낀다면 직무에 더욱 만족할 것이다. 그 결과, 많은 조직들은 사원들이 의사결정과정에 참여하고 결정하도록 "권한을 위임"한다. 다음 페이지에서 볼 수 있듯이, 사원에게 권한을 위임하는 범위는 그들의 의견을 묻는 것으로부터 그들에게 완전한 의사결정 통제권을 주는 것에까지 이른다. 그러나 사원들에게 권한 위임하는 방법을 논하기 전에("사원의 투입 수준"을 증가시키기 위해서 나는 어느 방법을 선호하는지), 왜 그리고 언제 사원들이 의사결정에 개입해야 하는지를 먼저 논하는 것이 가장 좋을 것 같다.

권한 위임을 위한 의사결정

권한 위임을 위한 의사결정 요인들

의사결정의 질이 중요하고, 그 결정이 사원들에게 영향을 미치며, 상사가 의사결정할 지식을 지니고 있지 않고, 또는 사원들이 상사를 신뢰하지 못하는 상황에서는 사원들이 의사결정에 관여할 필요가 있다. 그림 14.1에서 보이는 것처럼, Vroom과 Yetton(1973)은 사원들이 의사결정에 참여해야 할 때를 결정하는 데 도움이 되는 흐름도를 개발했다. 흐름도는 다음에 논의된 7가지 요인들을 이용한다.

의사결정 질의 중요도.   의사결정에서 고려할 첫 번째 요인은 한 결정이 다른 것보다 더 나은가이다. 예를 들어, 만약 상사가 편지에 파란 잉크로 서명할지 아니면 검은 잉크로 서명할지 결정하려고 한다면, 그의 결정은 아마도 그 조직에 어떤 차이도 만들지 않을 것이다. 그러므로 의사결정 질의 중요도는 낮고 결정하는 데 시간과 노력이 거의 소요되지 않을 것이다.

문제 분야에 대한 리더의 지식.   의사결정에서 두 번째 요인은 리더가 혼자서 의사결정하기에 충분한 정보를 지니고 있는 정도와 관련된다. 만일 리더의 지식이 충분하다고 하더라도 리더가 부하들이 의사결정에 관여되어 있다고 느끼기를 원하는 경우에만 부하들의 자문이 요구된다. 만일 리더들이 의사결정을 하기 위한 충분한 지식이 부족하다면, 부하들로부터의 자문이 필수적이다. 예를 들어, 관리자들이 사원들에

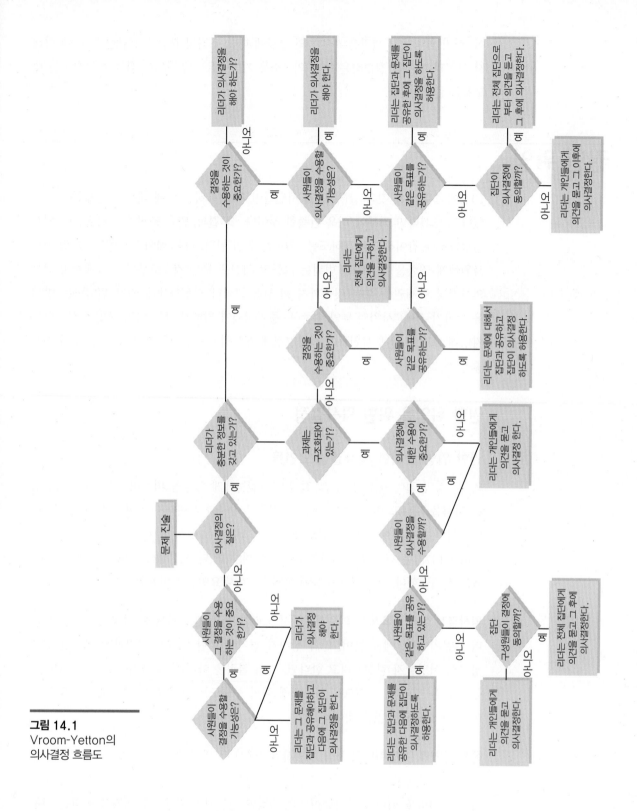

그림 14.1
Vroom-Yetton의
의사결정 흐름도

게 그들에게 필요한 유형의 부가급부를 먼저 물어보지 않고 부가급부패키지를 선택하는 것은 어려울 것이다.

문제의 구조.   의사결정에 관한 세 번째 요인은 리더가 필요한 정보와 그 정보를 얻는 방법인 문제의 구조를 알고 있는 정도이다. 만약 리더가 이 정보들을 얻는 방법을 모른다면, 의사결정과정은 다른 사람들을 요구할 것이고 의사결정하는 데 더 오랜 시간이 걸릴 것이다.

결정에 대한 수용의 중요도.   의사결정의 네 번째 요인은 다른 사람들에 의해 수용되는 결정의 중요성 정도와 관련되어 있다. 예를 들어 상사가 각 사원이 일할 시간을 결정한다면, 사원들이 동의하고 그 의사결정과정에 영향을 미치는 것이 중요하다. 그러나 만일 상사가 점심으로 무엇을 먹을지 결정한다면, 다른 사람들이 동의하는지 또는 결정에 의견을 반영할 수 있는지는 중요하지 않다(물론 양파 아니면 마늘 중에 하나를 선택하는 경우가 아니라면).

결정 수용 가능성.   다섯 번째 의사결정 요인은 부하들이 결정을 수용하는 것이다. 만약 리더가 스스로 의사결정을 할 수도 있지만, 결정에 대한 수용이 중요하다고 느끼면, 부하들이 그것을 수용할 것인지를 결정해야 한다. 만일 리더가 평판이 좋고 능력이 있는 것처럼 보인다면, 그의 부하들은 아마도 그 결정을 수용하고 따를 것이다. 비록 리더가 스스로 의사결정할 능력을 지니고 있더라도 평판이 좋지 않고 강력하거나 유능하지도 않다면, 그는 의사결정할 때 부하들과 동료들로부터 도움을 원하게 될 것이다. 이것이 리더가 부하들과 동료들에게 의견을 요청하는 이유이다. 리더는 이미 그가 결정할 것을 알고 있을지 모르지만, 부하들로부터 의견과 조언을 이끌어냄으로써 그들로부터 지지를 얻는 것은 리더가 결정을 발표할 때 부하들이 그것을 수용할 기회를 증가시킨다.

어떤 동료가 나에게 부하들의 수용을 얻기 위해서 필요한 배려의 중요성을 보여주는 예를 이야기해주었다. 그녀의 대학시절에 그 대학원은 대학원생 조교제 시행과 조교 장학금을 주는 방법을 변경했다. 부학장이 새로운 체계를 개발하고 시행하는 책임을 맡게 되었다. 학기 종강 일주일 전에 새로운 체계가 발표되자 대학원 교수진은 흥분했다. 조교 임용이 너무 늦어서 학생들을 모집할 수 없었고, 새로운 지원서 양식은 학과에서 의사결정하는 데 필요한 정보를 제공하지 못했다. 그리고 서류 마감은 학생들이나 학과가 아니라 대학원의 편의대로 결정되었다.

무엇이 잘못 되었는가? Vroom-Yetton의 의사결정 흐름도 모형을 본다면 두 가지 문제가 눈에 띈다. 첫째, 부학장은 의사결정에 필요한 정보를 가지고 있지 않았다. 그녀는 대학원생을 가르치거나 대학원에 다닌 적이 없었고 금융지원 과정에 관여해 본 적도 없었다. 경험과 정보의 부족에도 불구하고 의사결정에 따라서 영향을 받을 이해관계자들(예를 들어, 교수진, 학과장, 대학원생들) 누구로부터도 자문을 얻지 않았다. 둘째, 의사결정에 대한 수용이 확실히 중요함에도 불구하고 그녀는 의사결정의 이유를 학과에 전달하거나 또는 결정에 대한 수용도를 높이기 위한 노력을 하지 않았다. 더 나아가서, 교수들에게 대학원 운영진은 무능하고 신뢰 있어 보이지 못했으며, 의사결정은 학장의 경력에 도움이 되겠지만, 학생, 교수진 또는 대학 전체의 이익에 항상 최선은 아니다.

부하의 신뢰와 동기. 의사결정과정의 6번째 요인은 부하들이 조직목표를 성취하도록 동기화되어 있고 조직에 도움이 될 의사결정을 신뢰하는 정도이다. 예를 들어 시장조사 결과에 의하면, 은행이 토요일에 영업한다면 고객들의 매력을 더 많이 끌 것이라는 것이 드러났다고 가정해보자. 만일 지점장이 토요일에 은행 문을 열 것인지에 대해서 은행원들이 결정할 수 있도록 허용한다면, 지점장은 은행원들이 자신들에게 가장 좋은 것이 아니라 은행과 고객을 위해서 무엇이 최선인지의 기준에 의해서 의사결정할 것이라고 믿을 수 있을까? 만일 그 대답이 믿을 수 없다라면 지점장은 은행원들로부터 의견을 수렴한 후에 인기 없는 결정을 할 필요가 있을 것이다.

부하들의 갈등 가능성. 의사결정과정에서 마지막으로 고려해야 할 요인은 문제에 대한 다양한 해법들이 고려될 때 부하들 사이에 나타나기 쉬운 갈등의 정도에 관련 있다. 만일 가능한 해법이 많고 사원들이 어느 것이 최선의 해법인지에 대해서 동의하지 않을 가능성이 있다면, 리더는 사원들로부터 정보를 수집하는 것이 최선이며, 앞 상황에서처럼 스스로 의사결정해야 한다.

모형을 이용한 의사결정 전략들

그림 14.1의 의사결정 흐름도에서 질문들에 대답해 가면 가능한 5가지 의사결정 전략들 중의 하나에 도달하게 된다: 독재 I, 독재 II, 자문 I, 자문 II 또는 집단 I이다.

독재 I 전략에서, 리더는 부하들의 의견 없이 의사결정을 하기 위해서 가능한 정보를 사용한다. 이것은 리더가 필요한 정보를 가지고 있고, 집단이 의사결정을 수용하는 것이 중요하지 않거나 또는 의사결정과 상관없이 수용될 때 효과적인 전략이다.

독재 II 전략에서는 리더가 부하들로부터 필요한 정보를 얻은 후에 자신이 스스로 의사결정한다. 리더는 문제의 본질에 대해서 부하들에게 말해 주거나 또는 그렇지 않을 수 있다. 의사결정에 대한 집단의 수용이 중요하지는 않지만 의사결정하기 위해서 리더가 정보를 얻는 것이 이 전략의 목적이다.

자문 III 전략을 사용하는 리더들은 부하들 중의 일부 또는 전체와 개별적으로 문제를 공유한다. 그 문제에 대한 부하들의 의견을 수렴한 후에, 리더는 집단의 의견과 일치하거나 또는 일치하지 않는 의사결정을 한다. 이 전략은 집단이 의사결정을 수용하는 것이 중요하지만 집단 구성원들이 최선의 결정에 대해서 동의하지 않을 수도 있는 상황에서 특별히 유용하다.

자문 II 전략을 사용하는 리더들은 전체 집단으로서의 부하들과 문제를 공유한다. 집단의 의견을 수렴한 후에, 리더는 집단이 수용하거나 또는 그렇지 않을 수도 있는 의사결정을 한다. 이 전략과 자문 I 전략의 중요 차이점은 자문 II 전략에서는 전체 집단이 관여하는 반면에 자문 I 전략은 단지 소수의 구성원들에게만 의견을 묻는다. 이 전략은 의사결정에 대한 집단의 수용이 중요하고 집단의 개별 구성원들이 최선의 해결책에 대해서 다른 구성원들과 동의할 가능성이 있을 때 사용한다.

집단 I 전략에서 리더는 집단과 함께 문제를 공유하고 집단이 문제해결에 도달하도록 한다. 의사결정과정에서 리더의 역할은 단순히 집단을 지원하는 것이다. 이 전략은 의사결정에 대해서 집단이 수용하는 것이 중요하고, 집단이 조직의 목표와 일치하는 의사결정을 할 것이라고 신뢰할 수 있을 때 효과적이다.

비록 Vroom-Yetton 모형에 대한 연구가 상대적으로 거의 없지만, 몇 개의 연구 결과들은 고무적이다(Bass & Bass, 2008). 예를 들어, Field와 House(1990) 그리고 Jago와 Vroom(1977)은 모형이 추천하는 의사결정 전략을 사용한 관리자들이 그렇지 않은 의사결정 전략들을 사용한 관리자들보다 질적으로 더 나은 의사결정을 한다는 것을 발견했다.

사원들의 투입 수준

사원들에게 "권한 위임"하는 것을 말할 때, 고용자들은 사원들에게 조직에 영향을 미치는 모든 의사결정을 하도록 허용하려는 의도는 거의 없다. 그보다는 대체로 일상적인 활동에서 사원들이 "좀 더 많이 말할 수 있는" 기회를 주기를 원한다. 불행하게도 사원들은 그들에게 "권한이 위임되었다"는 말을 들었을 때 자주 그 말에 고용자가 의도한 것과는 다른 의미를 부여한다. 실제로 변화를 진행 중인 한 조직에서는 그 조직에서의 **권한 위임**이 어떤 의미인가를 결론내기 위해서 사원들과 두 차례의 전체 회의를 가졌다. 그러므로 **권한 위임**이라는 단어를 사용하기보다는 오히려 사원들의 투입과 통제수준이라고 말하는 것이 유용할 수 있다. **권한 위임**보다 투입 수준이 더 나은 용어 선택일 수도 있다는 것을 보여주는 두 가지 예를 소개하고자 한다.

몇 년 전 나는 사원들에게 권한을 위임하는 체계를 설계하는 데 돕기 위해서 어느 대규모 가금류 회사에 채용되었다. 그런 상황에서 나의 첫 번째 질문은 항상 "당신은 왜 사원들에게 권한 위임하기를 원하는가?"이다. 이 경우에 대답은 그들은 전사적 품질관리(TQM) 체계를 실행하고 있으며 이때가 직원들에게 권한을 위임해야 할 단계라는 것이었다. 다시 말해서 그 조직은 실제로 무엇인가 잘못된 것이 진행되고 있기 때문이 아니라 관리자들이 "그것을 해야 할 것 같다"고 가정했기 때문에 변화를 추구하고 있었다. 내가 그들에게 실제로 부하들이 자신들의 직무에 관련된 대부

분의 결정을 하도록 "권한 위임"하기를 원하는 지 물었을 때 그 회사는 그렇지 않다고 대답했다. 권한 위임이 무엇을 의미하는지 물었을 때, 그들의 대답은 분명하지 않았다. 나는 훈련 워크샵을 열어서 권한 위임의 개념과 다음 문단에서 다룬 사원들의 투입 수준에 대해서 논의했다. 워크샵 마지막에 그들이 배운 것에 대해서 논의하고 그들이 원하는 사원 투입 수준에 대해서 결정하도록 요청했다. 관리자들이 사원들에게 원하는 자문 수준에 대한 합의에 이르기까지는 매우 짧은 시간이 걸렸다. 그들이 보기에 사원들은 이미 전국에서 최선의 제안/자문 체계 중 하나를 갖고 있으며, 이제 실제로 더 이상 변화의 필요성이 없었다. 다시 말해서 그 조직은 이미 사원들에게 특정 산업에서 최적수준으로 "권한을 위임"하고 있었다.

두 번째로는 하계강좌, 학생 모집, 그리고 현 체계를 향상시킬 변화를 하도록 위원회에 "권한 위임"하는 등의 문제들을 연구하도록 많은 위원회에 지시한 한 어느 대학의 신임총장의 예이다. 그 위원회들은 몇 달 동안 열심히 일해서 총장에게 새로운 체계를 보고했다. 일주일 동안의 심사숙고 끝에, 총장은 위원회들에게 감사를 표하면서 그들의 열성적인 노력을 높이 평가하지만 그들이 추천한 어떤 것도 따르지 않기로 했다고 말했다. 위원회 위원들은 신임 총장의 이러한 반응에 충격을 받았다. 왜냐하면 그들에게 "권한 위임되었다"는 것은 그들이 최종적으로 결정하며 그것이 새로

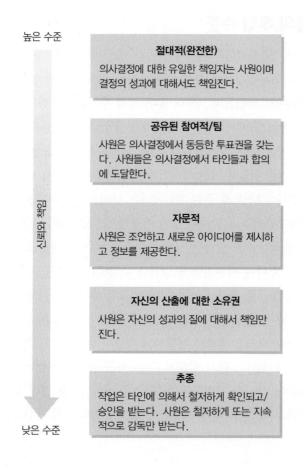

그림 14.2
사원들의 투입 수준

높은 수준

낮은 수준

절대적(완전한)
의사결정에 대한 유일한 책임자는 사원이며 결정의 성과에 대해서도 책임진다.

공유된 참여적/팀
사원은 의사결정에서 동등한 투표권을 갖는다. 사원들은 의사결정에서 타인들과 합의에 도달한다.

자문적
사원은 조언하고 새로운 아이디어를 제시하고 정보를 제공한다.

자신의 산출에 대한 소유권
사원은 자신의 성과의 질에 대해서 책임만 진다.

추종
작업은 타인에 의해서 철저하게 확인되고/승인을 받는다. 사원은 철저하게 또는 지속적으로 감독만 받는다.

운 정책이 된다는 것을 의미하는 것이기 때문이다. 신임총장은 그가 위원회에 권한 위임한다는 것은 그 문제들에 대해서 위원회가 "연구"해서 "건의"하라는 의미로 말한 것이라고 반응했다. 그러므로 그의 의도는 위원회가 최종 결정을 하도록 허용한 것이 결코 아니었다.

이 두 가지 예들이 보여주는 듯이, 권한 위임은 사람들마다 다른 의미로 사용된다. 그림 14.2에서 보듯이, 사원 투입과 통제에는 주요한 5개 수준이 있다.

추종

추종 수준에서 사원들은 자신의 직무에 대한 실제적인 통제를 할 수 없다. 사원들은 그들이 무엇, 언제, 그리고 어떻게 해야 하는지에 대해서 지시를 받는다. 게다가 그들의 직무는 때때로 다른 사원들(예, 품질 관리)이나 상사들에 의해서 확인된다. 추종 수준의 사원들은 수행하는 작업에 신참이거나 비숙련자, 아니면 의사결정 기술이 취약한 자들일 것이다.

자기 제품에 대한 주인의식

이 수준에서 사원들은 여전히 무엇을 해야 하는지 지시를 받지만, 자신의 제품 품질에 대해서 전적으로 책임진다. 예를 들어, 조립라인에서 일하는 사원은 제품을 조립하는 일련의 절차를 따라야 하지만, 조립된 제품의 품질이 충분히 좋은지에 대한 결정을 해야 한다. 마찬가지로, 비서는 상사의 지시에 따라서 보고서를 타이핑할 수 있지만 문장에서 문법적 오류가 없다는 것을 보증하는 책임을 져야 한다.

기본적으로 이 수준은 심리학자 Rick Jacobs(1997)이 "중복 체계"라고 부르는 것을 제거한다. 중복된 인간 체계에서는 모든 사람들의 작업이 다른 사람들에 의해서 점검을 받는다. 어떤 조직들에서는 단일 작업부분조차도 여러 타인들에 의해서 점검 받아야 한다. 중복체계에 숨어있는 논리는 한 사람 이상이 품질을 점검하면 저 품질 상품이 소비자에게 전달되는 기회가 적어진다는 것이다. 게다가 많은 경우에 사원은 자신의 작업을 점검하는 데 필요한 기술 수준을 갖추지 못할 수 있다. 예를 들어 의료비서는 처방요청 준비를 훌륭하게 할 수 있지만, 의사의 악필에 의해서 발생하는 표기 오류를 잡아낼 만큼 조제 의약품에 대한 지식을 충분히 갖추지 못 할 수도 있다.

많은 경우에 중복 체계는 이해할 수 있지만, 그들은 단점을 갖고 있다. 이 장에서 가장 관련된 중복 체계의 단점은 타인들이 우리의 작업을 점검하면 만족, 동기 그리고 수행 수준이 낮아질 수 있다는 것이다. 좋은 예를 소개하겠다. 내가 대학을 다닐 때 대학원생들은 2년의 재학기간 동안에 수강하기로 마음먹은 과정과 관련되는 연구 프로그램을 이수해야 한다. 그 학생은 프로그램 신청서를 작성하고 서명한 후에 조언자의 서명을 받는다. 조언자는 반드시 그 신청서에 학과장의 서명을 받아야 하고, 학과장은 대학원장의 서명을 받아야 한다. 12개 수강반 중에서 11개가 신청을 받았고 이는 모든 산업 및 조직심리학 대학원생들을 위한 표준을 충족시켰기 때문에 이론적으로는 이들이 과정을 선택하는 데는 오류의 여지가 거의 없다. 그러나 자문가로서 나는 학생들의 실수를 자주 목격한다. 그 학생들은 내가 그들의 실수를 알아차릴 수 있다고 생각했기 때문에 카탈로그를 읽지 않았다고 말했다. 문제는 신청서에 어떤 오류라도 있다면 학과장이 그것을 찾아낼 것이라고 생각하기 때문에 내가 신청서를 잘 읽지 않는다는 것이다. 반면에 대학원장이 신청서에서 오류를 찾아낼 것이라고 생각하기 때문에 학과장도 결코 신청서를 읽지 않는다. 그러므로 오류를 방지하기 위해 설계된 바로 그 중복 체계가 실제로 오류의 원인이다.

누구나 상상하듯이, 사원이 자신의 산출물에 대해서 책임을 지게 하는 것은 여러 가지 기능을 한다. 그것은 사원들이 자신의 직업을 보다 신중하게 점검하도록 동기화하고, 자신이 생산한 제품에 대한 "주인의식"을 갖게 하며, 넓은 의미의 자율감과 독립감을 느끼게 한다. General Motors의 전 Saturn 부서(인공위성 담당부서)에서는 사원들에게 특정 집단의 사원들이 조립한 자동차를 타게 된 운전자들이 겪는 문제들에 대해서 피드백을 주었다. 이 피드백은 사원들이 자신들의 품질관리 노력을 측정하는데 도움이 되었고, 그들이 받는 보너스의 수준에도 영향을 미쳤다.

조언(자문)

조직의 다양한 관심사에 대해서 조언 수준에서 사원들에게 피드백, 제안, 그리고 투입하도록 요청한다. 이 수준에서의 핵심은 조직이 사원들의 조언을 그대로 따른다는 보장이 없다는 것이다; 유일한 보장은 조직이 사원들의 조언을 신중하게 고려한다는 것이다.

이 수준의 배경이 되는 아이디어는 사원들은 자신들의 직무에 대해서 최고의 지식을 갖고 있어서 그들로부터 투입을 얻는 것은 사업상 매우 합리적이라는 것이다. 앞에서 논의된 바와 같이 사원들이 의사결정할 수 있는 지식을 지니고 있기는 하지만, 그들을 의사결정을 조언하는 수준에 두는 이유는 그들이 최선의 결정하기 위한 "동기"를 지니고 있지 않을 수도 있기 때문이다. 이러한 상황에서 조직은 사원들의 입장을 더 잘 이해하기 위해서 사원들의 의견과 선호하는 것을 요청할 것이지만 그것은 실제 의사결정을 하는 권리는 유보할 것이다.

공유/참여/팀

네 번째 수준의 사원 투입과 통제는 사원이 의사결정하는 것을 허용한다. 그러나 이 결정은 집단 수준에서 이루어진다. 예를 들어, 어느 조직은 프로젝트를 판매하기 더 나은 방안을 찾거나 또는 사원들이 받을 부가급부 정책 유형을 결정하기 위해서 팀으로 함께 투입해야 할 것이다. 이 수준은 조언 수준과는 다르게 팀 의사결정이 실현되지 않는 매우 드문 경우이다. 이 수준에서 사원들은 반드시 의사결정 훈련을 잘 받아야 할 뿐만 아니라 의사결정에 대한 책임을 감수해야 한다.

완전한

사원 투입 및 통제의 마지막 수준은 사원들에게 감독의 승인이나 집단의 합의 없이 스스로 의사결정하도록 절대 권한을 부여하는 것이다. 그렇지만 또한 결정의 결과에 대해서 그에게 책임이 있다는 것을 지적하는 것이 중요하다. 따라서 그는 잘못된 결정을 하게 된다면, 징계 또는 해고될 수 있다. 그러므로 그가 잘못된 결정을 한다면 징계를 받거나 해고될 수도 있다. 이러한 잠재적인 결과 때문에 많은 사원들은 자신에게 절대 권력이 부여되는 것을 의심한다. 그러므로 많은 상황에서 부적 제재의 잠재성을 제거하는 것이 중요하다.

예를 들어 Four Seasons Hotels and Resorts에서는 각 사원들이 고객 만족에 필요한 합리적인 어떤 수단이든지 사용할 수 있도록 권한을 위임하고 있다. 이러한 결정으로 불만족스러워하는 고객이 관리자를 거치기보다는 즉각적으로 문제를 해결할 수 있다. 만약에 고객이 자신의 객실에 수건이 충분하지 않은 것을 객실담당직원에게 불평할 경우, 그 직원은 이 문제를 스스로 해결할 수 있는 권한을 갖고 있다. 객실담당 직원은 고객에게 사과하든가 아니면 당일 숙박료에서 25달러를 할인해주어야 할 것이다. 객실 타월이 부족해서 불평인 고객 10명에게 각각 당일 숙박료에서 "보상"하거나 또는 무료로 제공하는 어떤 객실담당 직원을 상상해보도록 하자. 관리자는 이런 결정은 과도하게 비용이 든다고 생각하여 그 직원을 해고한다. 해고는 향후 사원의 결정에 어떠한 영향을 미칠 것인가?

사원들이 의사결정에 대한 권한을 위임받으면 우선 의사결정 방법에 대해서 훈련받아야 한다. 좋지 않은 결정을 내린 사원을 처벌하기보다는 회사와 그 사원이 어떤 결정이 더 나은 것이었는지에 대해서 의논하고 그 사원의 결정이 부적절한 이유를 설명하는 것이 더 나은 방법이다. 이러한 훈련과 코칭이 없다면 사원들은 그들에게 새롭게 권한이 부여되는 지위를 적극적으로 받아들일 가능성이 없으며, 특히 그들의 새로운 수준의 권한이 급여의 증가로 이어지지 않을 경우에 그러하다.

권한 위임 도표

조직에서는 모든 사원들에게 적용되는 사원 투입 및 통제가 단지 한 수준만 있는 것이 아니다. 오히려 과제뿐만 아니라 사원들에 따라서 수준이 달라진다. 예를 들어 은행 창구직원은 그녀가 언제 휴식을 취할 것인지 결정할 때는 **완전한** 수준, 신입사원을 언제 채용할 것인지를 결정할 때는 **조언** 수준, 그리고 수표발행 수수료 면제를 결정할 때는 **추종** 수준에 위치할 것이다. 혼란을 줄이기 위해서는 회사가 각 사원의 개별 권한 위임 도표를 개발하는 것이 좋은 생각이다. 표 14.3은 이러한 개별 **권한 위임 도표**의 예이다.

도표는 각 과제별로 통제/투입이 허용되는 범위를 알려준다. 예를 들어 신규계

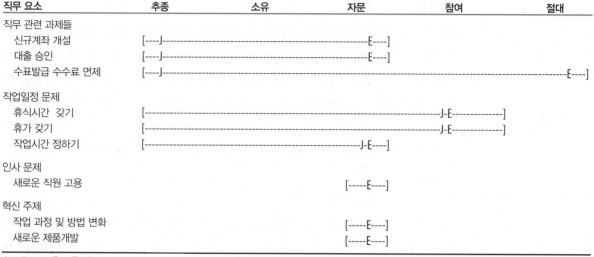

직무 요소	추종	소유	자문	참여	절대
직무 관련 과제들					
신규계좌 개설	[----J--E----]				
대출 승인	[----J--E----]				
수표발급 수수료 면제	[----J--E----]				
작업일정 문제					
휴식시간 갖기	[--J-E--------------]				
휴가 갖기	[--J-E--------------]				
작업시간 정하기	[--J-E----]				
인사 문제					
새로운 직원 고용			[-----E----]		
혁신 주제					
작업 과정 및 방법 변화			[-----E----]		
새로운 제품개발			[-----E----]		

J = Jane, E = Emily

그림 14.3
사원 권한위임 도표의 예

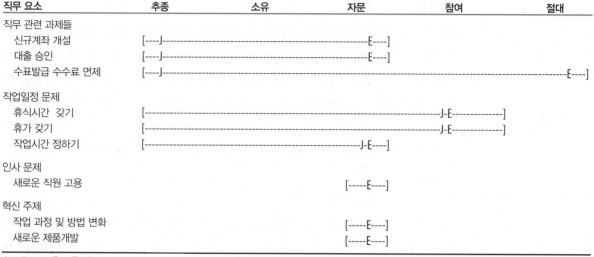

좌 개설 과제는 **추종**, 주인의식, 또는 **자문** 수준에서 수행될 수 있다. 경력 있는 창구 직원 Emily(E)는 자문 수준인 반면에 신입사원인 Jane(J)은 **추종** 수준에 있다. 대부분의 조직에서 신입사원은 숙련된 과제 수행을 보여주기 전까지는 대부분 **추종** 수준에 있을 것이다. 사원 개인별 권한 위임 도표는 혼란을 줄여주고 사원의 기술과 경험이 증가됨에 따라서 그들에게 보다 많은 자율성을 제공할 체계적 계획을 마련해 준다.

권한 위임 도표(empowerment chart) 각 사원별로 그가 자신의 과제에 대해서 지니고 있는 투입 수준을 보여주는 도표

권한 위임의 결과

표 14.1에서 보듯이, 높은 수준의 통제/투입은 많은 긍정적 측면들을 지닌다. 예를 들어 조사에 의하면 인도를 제외한 미국, 멕시코, 폴란드 사원들은 전형적으로 권한 위임이 증가한 결과로 직무만족 수준이 높아졌다(Robert, Probst, Martocchio, Drasgow, & Lawler, 2000). 책임감 증가의 결과로 기술 수준이 높아졌고, 이는 다시 임금 수준, 직무 안정성, 그리고 다른 직장을 얻을 가능성을 높였다. 그러나 권한 위임은 그 자체의 단점도 갖고 있다. 책임감이 증가하면서 스트레스가 증가된다. 의사결정 권한은 좋지 않은 결정을 할 위기를 불러오며, 그로 인해서 해고되거나 승진이 거부될 수 있다. 그러므로 일부 사원들이 자신 또는 자신들의 팀에 권한 위임되는 것에 저항하는 것도 놀랍지 않다(Maynard, Mathieu, Marsh, & Ruddy, 2007).

인생 전반을 통해서 사실인 것들 중의 하나는 사람들은 모두 다르며, 어느 것도 모든 사람들에게 같은 방식으로 영향을 미치지는 않는다는 것이다. 예를 들어, 패스트푸드 식당에서 서비스가 늦어지거나 음식이 좋지 않을 때 고객에게 음료수나 음식을 보상해 주거나 손님이 다른 것으로 교환하도록 허용하는 것을 모든 직원들이 **절대**

표 14.1 권한 위임의 결과들

개인

1. 대부분 개인들의 직무만족 증가
2. 스트레스
   a. 증가된 통제로 인한 스트레스 감소
   b. 책임증가로 인한 스트레스 증가

재정

1. 보너스
2. 급여 증가

경력

1. 고용안정 증가
2. 승진
3. 시장성 증가
4. 해고 가능성 증가

적 수준의 의사결정 수준에서 할 수 있다고 상상해 보자. 상사로부터 허락받는 시간을 줄여주고 직원에게 권력감을 줄 수 있기 때문에, 이런 권한은 많은 직원들에게 환영받을 것이다. 그러나 어떤 직원들에게는 허용 가능한 의사결정을 해야 하는 스트레스 증가가 소위 권한 위임의 감정을 훨씬 능가한다.

탄력 근무제

인기 있는 조직 개발 개입은 사원들에게 작업시간의 유연성을 제공하는 것이다. 표 14.2에서 보는 대로, 이러한 유연성은 근무시간 수, 그 시간으로 작업이 이루어진 횟수, 또는 작업이 수행되는 장소 등과 관련된다. 탄력 근무제를 허용한 고용주는 일반적으로 결근과 이직률이 낮아지고, 생산성과 사원 만족 수준이 높아지는 등의 긍정적 성과들을 볼 수 있다(Bakes, Briggs, Huff, Wright, & Neuman, 1999). 그뿐 아니라 사원들 스스로 더 나아진 일과 삶의 균형, 통근비용 절약의 혜택도 누린다.

탄력 근무제와 간련된 개입은 일반적으로 네 가지 전략들 가운데 하나를 허용한다: 실제 근무시간을 선택한 사원들의 전일제 근무, 5일 내로 압축된 전일제 근무, 시간제 근무, 그리고 전일제 또는 시간제 재택근무.

전략 1: 전일제 탄력 근무

탄력 근무제(flextime)
사원들이 자신의 근무시간을 선택할 수 있도록 허용하는 작업 일정

사원들의 가정생활 및 개인의 기호에 부응하기 위해서 미국 내 조직의 52%는 사원들이 작업 시간에 어느 정도 유연성을 갖는 **탄력 근무제**를 제공한다(SHRM; 미국

표 14.2 유연작업일정은 올바른 조건에서는 긍정적인 성과를 낸다

유연작업일정		긍정적 성과들		사원이 원하는 유연작업
탄력 근무제 근무시간 자유 선택제				
집중근무제		낮은 결근율		
단축근무제		낮은 이직률		경영진이 지원적이라면,
파트–타임 작업		높은 생산성		직무 자체가
피크–타임 지급	**결과**	높은 직무만족	**만일,**	유연작업을 허용한다면
		일–생활의 질 향상		
캐주얼 작업				
직무공유(일자리 나누기)		통근비용 감소		
재택근무				

인적자원관리협회, 2014). 영국에서는 6세 미만의 자녀 또는 18세 미만의 장애아를 가진 사원들은 탄력 근무시간을 요구할 법적 권리가 있고 조직은 반드시 이런 요구를 신중하게 고려해야 한다. 2004년, 영국 사원들의 14%가 탄력 근무시간을 요청했고, 이들 중 81%가 인정되었다(Holt & Grainger, 2005). 비록 전형적으로 가족문제가 오늘날 탄력 근무제 이용을 추진시키고 있지만, 사실은 근무시간 시차를 둠으로써 교통문제를 완화시키는 방법으로 원래 독일에서 탄력 근무제가 시작되었다. 그리고 이 계획은 1970년대 중반에 북미로 퍼져나가 처음에는 캐나다 그리고 이어서 미국에서 이용되었다.

탄력 근무제로 사원들은 자신의 근무시간에 대한 더 많은 통제력을 갖게 되었다. 통제 및 유연성의 증가는 사원들에게 많은 이점이 있다. 첫째, 사원은 병원에 가거나 자녀를 데리러 학교에 가거나 심지어 잠을 설친 이후 수면을 취하는 것과 같이 개인적인 일을 볼 수 있다. 이에 더해서 통제력이 증가하면 사원의 직무가 질적으로 확충되어서 이론적으로 그 결과로 직무만족이 증가한다(10장 참조).

탄력 근무제는 다양한 방법으로 마련될 수 있지만, 모두 동일한 세 가지 기본 요소를 지닌다: 대역폭, 핵심 작업시간, 그리고 **탄력 근무시간**. 표 14.3에서 보듯이, **대역폭**은 하루 작업 가능한 잠재적 총시간이다. 예를 들어, 사원들은 오전 6시에서 오후 6시 사이의 12시간의 대역폭에서 언제든지 8시간 동안 근무할 수 있다. 덴버에 있는 마케팅 회사인 PRO Group은 사원들이 오전 6시 30분 또는 7시 30분에 일을 시작해서 오후 3시 30분 또는 4시 30분에 마치도록 선택할 수 있는 10시간의 대역폭을 가지고 있다. 이러한 10시간의 대역폭(조직들 가운데 45%가 사용)은 12시간 대역폭 다음으로 가장 일반적이다(Clark, 2001).

핵심 작업시간은 모든 사원들이 근무해야 하고 이 시간은 전형적으로 조직이 외부와의 접촉으로 가장 바쁜 시간이다. 예를 들어, 레스토랑은 오전 11시에서 오후

대역폭(bandwidth) 매일 가능한 잠재적 전체 작업시간 수

핵심 작업시간(core hours) 탄력 근무 중 모든 사원들이 일하고 있어야 하는 시간

표 14.3 은행 탄력근무 프로그램 도표

					시간							
수					핵심 작업			탄력 근무			핵심작업	
6	7	8	9	10	11	12	1	2	3	4	5	6

A.M.　　　　　　　　　　　　　　　　P.M.

12시간 대역 폭

탄력 근무시간(flexible hours) 탄력 근무제의 일부분으로서 사원들이 근무할 시간을 선택할 수 있다.

활주시간(gliding time) 사원이 사전 통지나 예정 없이도 자신의 시간을 선택할 수 있는 탄력 근무 일정

탄력적 순회(flexitour) 사원들이 스케줄의 유연성을 갖고 있지만, 적어도 미리 일주일에 한 번 사전에 자신의 근무시간을 예약해야 하는 탄력 근무 일정

수정된 탄력적 순회(modified flexitour) 사원들이 스케줄의 유연성을 갖고 있지만 미리 하루 전에 자신의 근무시간을 예약해야 하는 탄력 근무 일정

1시의 점심시간이 핵심시간임에 비해서 은행은 정오에서 오후 1시까지와 오후 5시에서 6시까지가 고객 수가 가장 많은 핵심 시간이다. 위의 PRO Group 예에서 핵심 시간은 오전 7시 30분부터 오후 3시 30분 사이에 있을 것이다.

마지막으로 **탄력 근무시간**은 대역폭 내에 있고 사원은 그 시간 안에서 자신의 근무시간을 선택한다. 예를 들어 대역폭이 오전 6시부터 오후 6시까지 12시간이고, 핵심 작업시간이 오전 11시에서 오후 1시까지라면, 사원은 핵심 시간인 오전 11시에서 오후 1시를 반드시 포함하고, 오전 6시에서 오전 10시 사이와 오후 2시부터 오후 6시 사이에서 어디서든 6시간(점심시간 포함) 근무일정을 계획할 수 있다. 이 시간이 실제로 탄력적으로 운영되는 정도는 조직에서 사용하는 특정한 탄력 근무제 프로그램에 달려 있다.

이러한 일정의 가장 유연한 시간을 **활주시간**이라고 한다. 이 시스템에 의해서 사원은 사전 통보나 예약 없이도 자신의 근무시간을 선택할 수 있다. 사원은 하루 8시간씩 매주 40시간을 자신이 원하는 대로 출퇴근 할 수 있다. 활주시간에서는 핵심 작업시간이 없다. 예를 들어 뉴욕의 5W Public Relations에서는 사원들이 오전 7시에서 오후 11시 사이에 언제든지 근무할 수 있다. 그렇지만 이러한 탄력적 스케줄은 타이핑이나 회계업무와 같이 사원이 항상 일하는 것이 필요하지 않은 곳에서만 가능할 것이다. 소매상점이나 레스토랑과 같은 조직에서의 이러한 시스템은 일정한 시간에 사원들 중 어느 누구도 거기에 있지 않을 수 있다는 것을 의미한다. 물론 이런 시스템이 이런 유형의 사업을 운영하기에 최선의 방법은 아닐 것이다.

대부분의 탄력 근무제는 **탄력적 순회** 또는 **수정된 탄력적 순회**로 분류된다. 여기서는 비록 사전에 시간이 설정되어야 하지만 사원들은 작업시간을 가장 탄력적으로 즐길 수 있다. 탄력 순회 시스템에서는 조직에 따라서 사원은 매주, 격주, 혹은 월 단위로 작업 일정을 제출해야 한다. 수정된 탄력 순회 시스템에서는 사원이 사전에 자신의 작업 시간을 계획해야 하지만 사전 고지를 통해서 일일 단위로 작업 시간을 변경할 수 있다.

탄력적 작업 스케줄은 사원들에게 인기 있고 조직에게도 유익하다. 많은 사원들이 하루의 보다 이른 시간에 작업을 시작하고 더 일찍 퇴근해서 교통체증을 피하

고 자녀들과 더 많은 시간을 보낼 수 있도록 시간을 선택한다. 앞서 언급한 바와 같이 Estes(1990)와 Baltes 등(1999)의 메타분석에 의하면 탄력 근무제 실시 결과로 결근율 감소, 초과 근무 감소, 높은 직무만족, 역할갈등 감소, 그리고 생산성이 증가했다. 탄력 근무제가 일-가정 갈등에 미치는 효과는 보다 복잡하다. Allen, Johnson, Kiburz, 그리고 Schockley(2013)의 메타분석에 의하면, 탄력 근무제로 가정에 의한 일에서의 간섭 감소 효과는 작지만 통계적으로 유의했으나 일에 의한 가정생활 간섭 감소 효과는 없었다.

흥미롭게도 탄력 근무제로 사원들이 더 일찍 근무를 시작함에 따라서 Burger King과 Starbucks 같은 레스토랑이 이른 출근 시간에 맞추어서 더 일찍 개점한다. 도시지역에서는 많은 대중교통 시스템들 역시 더 이른 아침에 운행서비스를 시작하거나 승객 수가 정점을 이룬다(Armour, 2004).

혁신적인 탄력 근무제의 한 방법은 세무회사 RSM McGladrey, Inc.와 McGladrey & Pullen LLP에서 마련한 FlexYear(연간자유근무제)이다. 탄력 근무시간을 하루의 부분으로 이용하기보다는, FlexYear을 인가받은 사원들은 그해의 어떤 부분은 일하고 나머지 기간은 근무를 하지 않는다. 이러한 일정은 종종 여름방학을 갖는 교사에게는 일반적이지만 산업체에서는 매우 드물다.

전략 2: 집중근무제

대부분의 사람들은 여전히 하루 8시간씩 주당 5일간 근무한다. 그렇지만 하루에 8시간보다 더 많은 시간을 일하면서 주당 5일보다 적은 일수를 작업하는 경향이 나타나고 있다. 전형적인 주 5일근무로 부터의 이러한 변형을 **집중근무제**라고 한다. 일반적으로 하루 10시간씩 4일 근무하거나 또는 하루 12시간씩 3일 근무하는 형태이다.

집중근무제(compressed workweeks) 전통적인 주 5일보다 적은 일수에 주 40시간을 근무하는 작업일정

공식적인 집중근무제는 1940년에 처음 이용되었다. Mobil Oil과 Gulf Oil에서 트럭 운전기사들이 하루 10시간씩 4일 근무하고 나머지 3일은 쉬었다. Riva Poor(1970)가 이 주제에 관한 첫 번째 서적을 출간한 후, 1970년대 초에 집중근무제를 이용하는 조직이 "폭발적으로" 증가했다. 2014년에는 인적자원관리학회(Society for Human Resource Managemen: SHRM)가 조사한 조직의 29%가 집중근무제를 이용하는 것으로 밝혀졌다(SHIRM, 2014).

사원들의 입장에서 볼 때, 집중근무제의 잠재적 장점은 명백하다. 그들은 더 많은 휴가를 얻어서 가족들과 더 많은 시간을 보낼 수 있고, 부업의 기회가 증가하고, 출퇴근 시간과 교통비를 줄일 수 있다. 더구나 부모가 별도의 집중근무제를 이용할 수 있다면 양육비용이 크게 감소한다.

집중근무제로 작업자의 일하지 않는 시간과 관련된 생활의 향상이 분명하게 드러나기 때문에 중요한 의문이 들게 된다. "집중근무제가 직장에서 사원의 직무 수행

에 영향을 미칠까?" 대부분의 사람들은 집중근무제로 작업자는 더 피로해지고 그 결과 실수와 사고가 더 많아질 것이라고 대답한다.

그러나 연구에 의하면 그러한 추측은 지지를 얻지 못한다. 연구에 의하면 집중근무제가 채택되면 작업자들이 좀 더 피로함을 느끼기는 하지만, 일반적으로 그들의 작업행동과 태도는 향상된다. 두 개의 메타분석(Baltes et al., 1999; Moores, 1990) 결과에 의하면 일반적으로 집중근무제에 의해서 결근율이 어느 정도 감소하고, 생산성은 소폭 증가하며, 직무만족은 크게 증가하고, 작업자의 피로는 어느 정도 증가한다. 더 나아가서 여섯 개의 연구들에서 3,800명으로부터 얻은 자료를 근거로 Moores(1990)는 집중근무제로 일한 작업자의 거의 90%가 만족스러워했다는 결론을 얻었다.

Williamson, Gower, 그리고 Clarke(1994)는 작업자 건강과 관련해서 12시간 교대근무한 작업자들이 8시간 교대근무한 작업자들보다 더 건강하다는 것을 알아냈다. 그러나 생산성이나 이직에서는 아무런 차이가 없었다. Duchon, Keran, 그리고 Smith(1994)는 심지어 지하 광산에서 일하는 작업자들에게서 보다 더 긍정적인 결과를 발견했다. 8시간에서 12시간 교대근무로 바뀐 광산 작업자들은 더 만족했고, 수면도 좋아졌으며, 건강 및 수행에서 부정적인 변화가 없었다.

작업자들에 대한 이러한 경험적으로 입증된 이점 이외에도, 집중근무제를 채택한 직장에서는 또 다른 이점들이 있을 것이다. 회사가 얻을 수 있는 이점들 가운데 가장 큰 것은 많은 직무들과 연계되어 있는 시작과 마무리 시간의 절약일 것이다 예를 들어서, 작업을 시작하기 전에 인쇄공은 인쇄기에 잉크를 넣고 인쇄기를 준비하는 데 많은 시간을 사용한다. 하루의 작업을 마치고 인쇄공은 또 다시 인쇄기를 청소하고 보조 장치들을 분리해서 정리하는 데 시간을 써야 한다. 만일 시작과 마무리하는 작업행동에 모두 한 시간이 소요된다면, 인쇄공이 5일이 아니라 4일 만 작업할 경우에는 적어도 일주일에 한 시간이 절약될 것이다. 이러한 집중근무제가 일 년간 확장 운영되어서 회사의 사원 수만큼 계산하면 절약되는 정도가 상당할 것이다.

교대시간의 길이와 관련해서 한 가지 주의할 점이 있다. 12시간 교대로 인해서 작업자들이 어려움을 거의 갖지 않는다 하더라도 교대시간 길이의 상한선이 있을 것이다. 예를 들면 Knauth, Keller, Schindele, 그리고 Totterdell(1995)에 의하면 소방관에게 14시간 교대근무는 너무나 긴 시간이다.

장시간 근무와 관련된 피로를 줄이기 위해서 대부분의 조직에서는 작업시간 중에 20~40분의 휴식시간을 제공한다. 연구에 의하면 9분간 휴식을 4회 제공하는 것이 15분간 휴식을 2회 또는 3분간 휴식을 12회 제공하는 것보다 더 효과적이다(Dababneh, Swanson, & Shell, 2001). 흥미롭게도 고용자들의 3%는 작업자들이 잠깐의 수면을 취할 수 있는 장소를 제공한다(SHRM, 2014). 예를 들면, Google은 사원들이 이용할 수 있는 작은 수면공간인 "napping pod"를 제공한다. Arizona에 기반을 둔 기술회사인 Jawa는 사원들이 두 개의 수면방을 이용하도록 허용한다. 하나에는 작은 수면공간인 napping pod이 있고 다른 하나에는 침상(couch)이 있다. 그러한 실행은 훌륭한 아이디어이다. 왜냐하면 이탈리아 경찰에 관한 연구에서 Garbarino (2004)는 야간 교대근무를 시작하기 전에 적절하게 계획된 잠깐 동안의 수면은 자동차 사고의 28%를 감소시키는 결과를 가져왔다.

Barnes와 Wagner(2009)의 연구는 수면결핍과 관련된 부정적 효과의 또 다른 좋은 예를 보여준다. 낮 시간 비번으로 바뀐 바로 다음 월요일에는 다른 요일들에 비해서 작업장에서의 상해가 더 많았다. 더구나 작업자들은 다른 때보다 그날 밤에는 잠을 40분 덜 잤다고 보고했다.

당연히 수면결핍은 많은 인지적 과제들에서 수행을 저하시킨다. Lim과 Dinges (2010)의 메타분석에 의하면 단기 수면박탈은 주의 수준을 낮추며, 인지반응 시간을 저하시키고, 기억을 감소시킨다.

전략 3: 작업시간 감축

작업자 유연성을 증가시키는 세 번째 전략은 그들의 작업시간을 줄이는 것이다. 파트–타임 작업(part-time work)은 오랫동안 보편적이었지만, 피크–타임 지급제(peak-time pay)와 직무공유(일자리 나누기; job-sharing)의 두 가지 프로그램이 파트–타임 작업의 전략적 사용의 예가된다.

피크–타임 지급제

피크–타임 지급제에서, 어떤 작업자들은 단지 부분적인 시간이지만 정규직으로 일하는 작업자보다 시간당 높은 시간급을 받으면서 일할 수 있다. 그러므로 피크–타임으로 지급받는 작업자는 정규직 작업자보다 일당으로는 덜 받지만 시간당으로는 더 많은 보수를 받을 것이다.

피크–타임 지급제의 개념은 독특한 문제에 직면한 은행과 패스트푸드 산업으로부터 유래했다. 양쪽 조직 모두 하루 종일 영업을 해야 하지만 한창 바쁜 시간은 하루에 거의 네 시간 정도밖에 되지 않는다. 예를 들면, McDonald는 손님이 몰려드는 점심시간에는 20명의 직원이 필요하지만 오후 2시 이후부터 오후 5시 사이에는 단지 5명만 필요하다. 오후 5시가 되어야 저녁 손님들이 몰려들어 또 다른 두 시간 정도의 피크–타임이 시작된다. 하루 종일 대부분을 일거리 없이 빈둥대는 20명의 직원에게 급여를 지급하기보다는, 피크–타임 동안 하루 세 시간 15명이 일하고 단지 5명만 하루 종일 일하게 하는 편이 더 낫다.

불행하게도, 시간당 9달러를 받고 하루 세 시간만 일하기를 원하는 사람은 거의 없다. 그리고 그렇게 일할 의사는 있지만 학생과 같은 사람들은 때로는 매장이 가장 바쁜 시간에 일할 수 없다. 그러므로 피크–타임 지급제에서 15명은 단지 세 시간의 피크-타임에만 일하면서 시간당 13~14달러를 받을 수 있을 것이다. 그러므로 사원은 일당 적절한 수준의 보수를 받고, 회사는 사원들이 하루 8시간 일하게 했을 때 지급하는 것에 비해서 금전적으로 절약할 수 있다.

캐주얼 작업(casual w-ork) 작업자가 불규칙하게 또는 필요에 따라서 일하는 작업일정

피크-타임 지급제와 관련된 것으로 **캐주얼 작업**이 있다. 캐주얼 작업에서는 사원이 불규칙하게 또는 원하는 시간에 일한다. 예를 들면, 어느 테마파크는 여름철 세 달 동안만 사원들을 고용하거나, 공연장에서는 공연이 있는 야간시간에만 경비원과 관리인을 고용할 것이다. 회사는 결원이 있을 경우에만 이를 채우기 위해서 캐주얼 사원을 이용할 수 있다. 예를 들어 어느 병원에서는 정해진 금요일 야간에만 일할 두 명의 추가적인 공인간호사(RN)가 필요하다. 그 병원은 캐주얼 RN 풀에 두 명의 교대 가능성을 전달한다. 그 풀에서 응답한 최초의 두 명이 그 교대조에 배정된다. 이러한 제도는 사원들에게는 많은 유연성을 제공하고 고용주가 항상 경험 많은 작업자들로 필요를 채울 수 있다는 것을 확신시켜준다. 피크-타임 작업처럼 캐주얼 작업자는 정규직원들에 비해서 더 많은 시간급을 받는다.

직무공유(일자리 나누기)

직무공유(일자리 나누기) (job sharing) 두 명의 작업자가 작업시간을 나누어서 한 가지 직무를 공유하는 작업일정

조직의 9%가 **직무공유**를 제공하며(SHRM, 2014) 이는 작업시간을 두 명의 작업자가 나누어서 공유하는 것이다. 한 명이 일주일에 40시간을 일하기보다는 두 명이 함께 합쳐서 전체 40시간을 일하는 것이다. 얼핏 보기에 직무공유가 파트-타임 작업과 거의 같은 것으로 보인다. 그러나 관리차원에서는 아닐지 모르지만 이 둘 사이에는 심리적인 차이가 있다.

첫째, 일반적으로 파트-타임 작업은 소매상이나 레스토랑 산업에서 볼 수 있는 낮은 수준의 직무들과 관련되어 있다. 반면에 직무공유는 교사와 회계사와 같은 복합적 직업에 있는 사람들에게 보다 적은 근무 시간으로 혜택을 즐길 수 있도록 허용한다.

둘째, 파트-타임 근무에서 한 사원의 작업수행은 다른 작업자의 수행에 거의 영향을 미치지 않는다. 즉, 두 명의 파트-타임 사원이 각각 수행한 작업은 별개의 두 직무들의 결과이다. 그러나 직무공유에서의 작업은 하나의 직무 명칭과 하나의 직위를 공유하는 두 명의 각 사원들에 의해서 이루어질 것이다. 한 명의 작업의 질이 낮으면 이것은 다른 작업자에 의해서 교정되어야 한다.

심리학적인 관점에서 볼 때, 직무공유와 파트-타임 간의 주된 차이는 조직과 타 작업자 모두에 대한 한 작업자의 몰입수준이다. 직무공유 프로그램은 연대적 책임감을 지닌 작업자들을 표적으로 하고 있다. 그러므로 조직은 매우 자질이 뛰어나지만 전일제로 일할 수 없는 작업자에게 매력적이다.

그리고 비슷한 전문직을 갖고 있는 남편과 아내가 동일한 직위를 공유하는 것이 흔하다. 그러한 한 가지 상황이 최근에 고등학교 교사직에서 발생했다. 남편 교사가

그들의 두 아이를 돌보는 동안에 부인이 아침반 세 학급을 가르친다. 그런 다음에 부인이 아이들을 돌보는 동안에 남편 교사가 오후반 세 학급을 가르친다.

전략 4: 재택근무

어떤 작업자들은 회사가 아니라 집에서 근무하도록 자신의 작업일정을 설정한다. 최근에 재택근무에 대한 관심이 증가하고 있지만 그것이 새로운 개념인가는 불분명하다. 한 세기 훨씬 전에 여성들은 집에서 옷 바느질을 해서 능률급 가격으로 공장에 팔았다. 오늘날도 기술의 발전으로 또 다른 형태의 가정 내 작업이 가능해졌다. 중앙 사무실이나 공장과의 접촉을 거의 하지 않고도 많은 형태의 가정 내 작업들이 이루어지고 있다. 그러나 **원격통신**으로 일하는 작업자는 컴퓨터나 전자매체를 이용하여 중앙 사무실과 상호작용한다. 원격통신에 대해서 일반적으로 사용하는 또 다른 용어는 원격작업과 이동근무(*mobile working*)다. 원격통신은 컴퓨터 프로그래밍, 데이터 입력, 통신판매 등과 같은 과제들에서 이상적이다. 원격통신의 빈도에 대한 많은 추정치들이 있지만, 미국의 어느 조사에 의하면 조직의 59%가 어떤 형태이든 원격통신을 제공한다(SHRM, 2014). 원격통신에 관한 메타분석에 의하면 원격통신 근무를 하지 않는 동료들에 비해서 원격통신 작업자들은 일-가정 갈등이 덜하고, 상사들과의 관계도 더 좋고, 직무만족 수준도 높으며, 역할갈등도 덜하고, 전직하려는 의도가 덜하고, 작업수행 수준도 더 높다(Gajendran & Harrison, 2007). 그런 점에서 상대적으로 이처럼 높은 비율은 놀라운 것이 아니다.

원격통신에서 점차적으로 증가하는 보편적인 개념은 인근지역 "원격사업센터"이다. 이 센터에서는 다양한 조직의 직원들이 집에서 가깝지만 자신들 각자의 조직들과 전자매체로 접촉할 수 있는 사무실 공간을 공유한다.

재택근무는 사원이나 고용주 모두에게 많은 이점이 있다. 사원들에게 재택근무는 일하는 조건의 유연성과 편익을 허용하는 대신에 자녀 양육과 통신비용을 최소화하거나 피할 수 있는 기회를 준다. 고용주에게는 사무실 공간과 시설에 드는 비용을 절약하게 해준다.

그러나 그런 이점은 또 다른 약점을 가져온다. 이 약점들 때문에 많은 노조가 재택근무를 반대한다. 첫째, 작업자들이 많은 지역으로 흩어져 있으면 노조가 그들을 조직화하기 어렵다. 둘째, 작업자들이 중심지역에 있지 않으면 정부가 안전과 공정한 대우에 관한 표준을 집행할 수 없다. 셋째, 작업자들이 집에서 근무하면 그들을 쉽게 감독할 수 없다. 마지막으로, 가정생활로부터 일을 분리하기가 어렵게 되었다. 불행하게도, 원격통신 혜택의 실질적인 평가는 보다 많은 연구가 이루어질 때까지 기다려야 한다. 작업자들의 안전과 공정한 처우 보장이 통제되고 감시 가능할 때 재택근무가 희망적인 생각처럼 들릴 것이다.

원격통신(telecommuting) 사무실이 아니라 가정에서 관리자와 동료 작업자들과 전화, 컴퓨터, 팩스, 그리고 기타의 원격매체를 이용하여 의사소통함으로써 작업하는 것

많은 사원들은 일과 가정의 요구들 간의 균형을 꾀하기 위해서 재택 근무를 한다.

인원 감축

조직을 구조조정하면 그 결과로 종종 인력이 감축된다(그림 14.4). 예를 들어, 2011년 우주왕복선 프로그램이 중단된 결과로 United Space Alliance에서는 2,600명의 일자리가 줄어들었다. 이러한 인원 감축은 경제적 어려움, 대규모 계약의 상실, 신속한 이익을 위한 주주들의 압박, 기업 합병, 인간을 대체하는 신기술, 그리고 사원 권한 위임 프로그램으로 인한 관리자 필요성의 감소 등 다양한 요인들의 결과이다. 흥미롭게도, 인원 감축 조직의 81%는 감축하기 전 해에 수익성이 있었다(Cascio, 1995). 따라서 경제적 요인이 항상 인원 감축의 주요 원인이 되진 않는다. 예를 들어, 2001년과 2002년 정리해고의 수는 주로 2001년 9월 11일 테러리스트의 공격과 Enron and WorldCom.의 회계 스캔들의 여파에 의해서 엄청나게 증가했다.

일시 해고(laid off)	재구조화(restructured)	해고되다(fired)
인원감축(downsized)	실직(dejobbed)	해고되다(separated)
규모적정화(rightsized)	해고되다(terminated)	해고되다(canned)
해고되다(wrongsized)	해고당하다(axed)	해고되다(given the boot)
(일시)해고되다	해고되다(furloughed)	해고되다(RIFfed, reduc-
(reengineered)		tion in force)

그림 14.4
한마디로 무엇인가?
무엇이라 하든 상관없이
직장을 잃는 것은
고통스런 것이다.

인원 감축의 영향 완화하기

문제의 징후

재앙까지는 아니더라도, 조직은 일반적으로 인원 감축의 필요가 임박하다는 것을 보여주는 경고들을 갖고 있다. 이 시기에 취한 단계들은 미래의 인원 감축 필요성이나 그 크기를 크게 줄일 수 있다(Cascio, 2002).

이 단계에서 많은 조직들이 취한 전략은 새로운 정규직원 채용을 동결하고 사직이나 퇴직으로 인한 공석을 채우지 않거나 **비정규직 사원**으로 채우는 것이다. 전형적으로 비정규직 사원은 Kelly, Olsten, Bright Services, 또는 Manpower와 같은 임시 고용 대행업체를 통해서 채용된다. 임시 대행업체를 이용하는 이점은 회사 비정규직 사원은 그 회사의 사원으로 간주되지 않기 때문에 그 회사에 대해서 미래에 대한 기대를 갖지 않는다는 것이다. 만일 사업이 잘 안되면, 회사는 임시 대행업체와의 계약을 취소할 수 있다. 만일 사업이 잘 되면, 비정규직 사원은 회사에 남는다.

만약 비정규직 사원이 오랫동안 조직에 머물 경우, 이들을 다른 직원들과 동일하게 대우해 주는 것이 기본적이다. 즉, 그들에게 적절한 훈련을 제공하고, 우수한 수행에 대해서 인센티브를 주고, 직무를 수행하는 데 필요한 것들을 지급하고, 점심식사나 결혼 피로연 등과 같은 비공식 활동에 참석하도록 초대해야 한다(Vines, 1997).

80% 이상의 조직이 사용한 관련된 전략이 **아웃소싱**이다. 이 전략은 이전에는 회사 내부적으로 수행하던 서비스를 외부 업체를 통해 제공하는 것이다. 예를 들어 많은 조직들은 5명의 자료 처리 정규직 사원을 고용하기보다는 자료처리 체계를 관리하는 외부 업체를 이용하는 것이 비용으로 볼 때 더 효율적이고 생산적인 것을 발견하였다. 일반적으로 외주업체 기능은 사원 지원/웰빙 프로그램, 부가급부 그리고 급여 관리, 훈련, 자료 처리, 시설관리와 조경 등을 포함한다.

이 단계에서 취할 수 있는 또 다른 전략은 사원들의 경력변화를 격려하고 이들이 경력변화 하는 데 도움이 되는 기술을 학습하도록 돕는 것이다. 소위 Alliance for Employee Development and Growth는 이 전략의 우수한 사례이다. 이것은 AT&T와 노조 CWA(Communication Workers of America) 간의 합작투자로 1980년대에 개발되었다. 1980년대와 1990년대, AT&T는 많은 사원들을 해고해야 할 필요가 있다

비정규직 사원(temporary employees) 소위 "임시직"―임시 고용 대행업체를 통해 고용된 사원

아웃소싱(outsourcing) 조직의 사원이 아닌 외부 공급 업체에 의해 조직의 특정 기능을 수행하는 과정

는 사실을 실감했다. 해고자의 수를 줄이기 위해서 사원들이 그들의 미래를 살펴보고 자신들이 또 다른 경력에서 행복할 수 있는지 결정하고, 그런 다음에 경력변화를 향한 다음 단계를 취하도록 격려하기 위해서 협회(the Alliance)가 만들어졌다. 사원들의 경력변화를 돕기 위해서 협회는 현직자들이 다른 합법적인 경력분야를 준비하기 위해서 학원을 다니거나 훈련을 받을 수 있도록 연간 2,250달러를 제공했다. 따라서 조립라인 노동자는 미용사, 준 법률가 또는 프로그래머가 되기 위해서 학습할 자금을 받을 수 있었다. 협회는 AT&T가 연간 1,500만달러를 지불하게 했지만, 사원들이 자발적으로 퇴사하여 인원 감축 비용이 줄어듦으로써 그 비용이 쉽게 회복되었고 또는 보다 더 훈련된 작업집단으로 인해서 생산성이 증가되는 결과를 얻었다.

정리해고의 필요성을 감소시키기 위한 네 번째 전략은 조기 퇴직을 제안하는 것이다. 이 전략의 발상은 계획보다 일찍 퇴직하는 사원에게 더 큰 금전적 가치를 제공하는 것이다. 예를 들어, 2009년에 Chrysler는 최소한 10년 이상 근무했거나 적어도 60살 이상인 생산직 작업자들에게 현금 50,000달러와 신형 Chrysler 차량을 구매할 수 있는 25,000달러 쿠폰을 제공하였다. 공공부문에서 2014년 피츠버그 시는 장기 근속자들에게 그들이 은퇴하기로 합의하는 경우 근무한 매년마다 2.5주치의 급여를 제공할 것을 제안하였다.

정리해고의 다섯 번째 선택 전략은 사원들에게 임금 삭감이나 동결을 요청하는 것이다. 이 전략은 대부분의 경기 침체가 일 년 안으로 끝난다는 발상에 기초한다. 조직이 상당수의 사원을 해고하는 경우 경제가 회복되더라도 다시 정상적인 생산성으로 회복하는 데 수년이 걸릴 수 있다. 임금 삭감에 대한 사원들의 동의를 얻기 위해서 많은 조직들은 삭감보다는 더 가치 있는 회사 주식을 제공한다. 경제가 회복되었을 때, 사원들은 재정적으로 더 나아지고 회사는 조직의 성공에 더욱 많이 몰입된 사원들을 얻게 된다. 알겠지만, 사원들은 임금 삭감 요청받기를 좋아하지 않는다. 지난 수년 동안 항공업계는 항공사의 생존을 위해 사원들에게 임금삭감을 요구했다. 대부분의 항공사 사원들이 동의했지만, Northwest 항공사는 임금삭감 대신 파업에 들어갔고, 임금 삭감을 받아들인 일부 항공사 사원들은 승객들에게 언짢은 태도를 보이며 분풀이했다.

마지막 전략은 작업일정 조정과 관련된다. 많은 조직들은 초과근무 제한, 직무공유 시행, 재택근무 장려, 무급 휴가나 단축 근무 시행, 그리고 사원급여 삭감 등으로 해고를 피하려고 노력했다.

사원들도 조직의 경제적 건전 상태를 감시하여 인원 감축의 효과를 줄일 수 있다. Beyer, Pike, 그리고 McGovern(1993)에 따르면, 앞서 언급한 인력감축 전략들의 사용을 포함해서 일어날 수 있는 문제의 징후로는 기업 인수 및 합병 소문, 주요 계약의 손실, 그리고 "비밀" 경영 회의의 수가 증가하는 등이 있다.

Beyer 등(1993)도 해고당하는 것이 얼마나 상처가 되는지 알기 위해서 직업에서 그들의 개인적 위치를 사원들이 평가하도록 조언한다. 사원들이 스스로에게 물어봐야 할 몇 가지 중요한 질문들은 다음과 같다.

- 나는 최근의 기술 변화를 잘 따라가고 있었나? 나는 그때마다 따라서 변화했나?
- 나는 훌륭한 수행평가를 받은 적이 있나? 나는 실제로 조직에 기여하는가? 나는 아무것도 하지 않는 정체된 시간을 많이 보내고 있나?
- 나는 내 직무를 싫어하는가? 나는 불만족을 겉으로 드러내는가? 그것이 나의 수행에 영향을 미치는가?
- 남들은 나를 좋아하나? 다른 사람들 특히 나의 상사는 사소한 결정과 중요한 결정에 나를 포함시키는가? 상사가 나를 배제시키는 것이 정서상 어려울 만큼 나는 충분히 좋은 태도를 유지하는가?

해고대상 사원들 선정

만일 위의 조치들이 충분치 않고 해고가 불가피하다면, 그 다음 단계는 조직을 떠날 사원들을 선정하는 것이다. 이 결정에 사용할 준거는 연공서열, 수행, 급여 수준, 그리고 조직 요구 등이 포함될 것이다. 법적 문제의 가능성을 줄이기 위해서 위원회는 해고대상을 인종, 성별, 그리고 연령 등으로 다양하게 고려하여 결정해야 한다(Segal, 2001). 위원회의 결정은 보호집단(인종, 성별)에 대한 차별 효과 또는 고령 근로자에 대한 의도적 차별 가능성이 있는지 알아보기 위해서 분석되어야 한다.

해고 발표

해고를 발표하는 방식은 사원을 돕기 위해서 설계된 장치의 프로그램 성공에 영향을 미칠 수 있다. 해고 발표는 개인적으로 통보하는 것이 가장 좋다. 어떤 조직들은 일반적인 통보를 선택하는 반면, 또 다른 조직들은 상사가 그들의 부하에게 일대일로 통보하는 것을 선호한다. 이때 사원이 구체적인 정보를 받도록 하는 것이 기본이다. 많은 조직들이 저지르는 실수는 인원 감축을 발표하지만 이에 뒤따르는 수백 명 사원들의 질문과 우려에 답변을 하지 않는 것이다. 사원들은 이와 같은 질문에 답변이 필요하다(사원들은 다음과 같은 질문에 대한 답변이 필요하다).

- 왜 해고가 필요한가?
- 다른 대안이 없는가?
- 언제 해고가 일어날 것인가?
- 누가 해고될 것인가?

- 가능한 재정적 지원은 어떤 것들이 있는가?
- 우리의 이력서 작성에 도움을 받을 수 있는가?
- 이것이 나의 연금에 어떤 영향을 미칠 것인가?

사원들의 질문에 대한 답변되지 유용하지 않을 때, 사원들은 불안하고, 분노하고, 원망에 빠지고 그들 자신의 답(소문)을 발전시키는 경향이 있다.

전직 알선 프로그램

해고 희생자들이 그들의 삶을 살아가도록 돕기 위해서 많은 조직들은 그들을 해고하기 전에 몇 가지 유형의 전직 알선 프로그램을 운영하고 있다(Weinberg, Sutherland, & Cooper, 2010). 이 프로그램들은 전형적으로 정서 상담, 재정 상담, 경력 평가 및 지도, 직무 탐색훈련을 포함한다.

정서 상담. 해고를 통보받은 뒤 사원들은 변화 단계에서와 유사한 네 단계를 겪게 된다: 거부, 분노, 공포, 그리고 수용단계. **거부 단계**에서 사원들은 해고가 실제로 발생할 것을 부인한다. 그들은 "회사가 정신 차릴 것으로 믿어.", "회사가 나와 같은 연공서열에 있는 사람을 해고할 방법은 없어." 또는 "이건 있을 수 없는 일이야!"라고 말한다. 어떤 사원들에게 이 단계는 단지 몇 시간 동안만 지속되지만 또 다른 사람들에게서는 그들이 더 이상 일하지 않는 때까지 지속될 수도 있다. 거부 단계에서 사원들은 이력서 작성이나 면접 기술 등과 같은 자신들에게 도움이 될 노력에 참여하지 않을 것이다. 왜냐하면 그들에게 일어나지 않을 것들에 참여할 필요가 없다고 보기 때문이다.

분노 단계에서 사원들은 그들이 일자리를 잃을 것임을 실감한다. 그리고 조직과 상사, 심지어 동료들, 특히 일자리를 잃지 않을 사람들에게 분노를 느낀다. 이 단계에서는 사원들에게 분노와 좌절감을 배출할 수 있는 적절한 수단을 제공하는 것이 중요하다. 해고 희생자들이 "지원 집단"을 갖는 것은 특별한 일은 아니며, 이 집단의 초기 몇 번의 만남에서는 일반적으로 이러한 감정을 배출하는 데 시간이 소요된다.

분노가 가라앉은 후에 사원들은 **공포 단계**로 넘어간다. 세 번째 단계에서 사원들은 어떻게 돈을 벌고, 가족들을 부양하고, 새로운 직업을 찾을 것인지 걱정하기 시작한다. 이 단계에서 정서적 상담은 경청의 단계에서 보다 더 공감하고 진정시키는 단계로 이동한다.

해고 희생자들은 해고기간 동안 대부분 공포에 머무르지만, 그들은 결국 **수용 단계**로 넘어간다. 이 단계에서 희생자들은 해고가 일어날 것임을 받아들이고 그들의 미래를 대비하기 위해서 준비한다. 이 마지막 단계에서 사원들은 구체적인 지원 제공을 준비한다.

거부 단계(denial stage) 변화 또는 해고에 대한 정서반응의 첫 단계로서, 사원들은 조직 변화 또는 해고가 있을 것이라는 것을 부인한다.

분노 단계(anger stage) 인원 감축에 대한 정서반응 두 번째 단계에서 사원들은 조직에 대한 분노가 일기 시작한다.

공포 단계(fear stage) 해고가 발표된 후에 뒤따르는 세 번째 정서반응단계에서 사원들이 자신들이 재정적으로 어떻게 살아갈지 걱정한다.

수용 단계(acceptance stage) 인원 감축에 대한 마지막 네 번째 정서반응 단계에서 사원들은 해고가 일어날 것임을 수용하고 자신의 미래를 위해서 대비할 준비를 한다.

재정 상담. 해고 희생자가 공포 단계에서 수용 단계로 넘어감에 따라서 재정 상담이 필요해진다. 그들은 임대, 저당, 대출 상환, 그리고 공공요금, 보험, 식비, 수업료, 그리고 의료 및 치과 비용을 어떻게 지불할 것인지에 대한 걱정으로 엄청난 스트레스를 받는다. 대부분의 은행과 신용조합은 이러한 문제를 지닌 사람들을 돕기 위해서 잘 훈련된 공인 금융상담가를 갖고 있다. 금융상담 과정은 퇴직금, 실업보험, 의료보험, 그리고 해고 희생자를 돕는 데 사용할 수 있는 특별 프로그램을 포함하여야 한다.

경력평가 및 지도. 많은 해고 희생자들은 자신이 떠난 직무와 비슷한 일을 찾으려 할 것이지만, 많은 사람들은 다른 경력을 고려해야 한다. 이 과정에 참여한 심리학자들은 개인의 기본 능력(예, 수학, 문법), 이전 가능한 기술(예, 목공, 타이핑), 직업 흥미, 그리고 직업관(예, 지위, 독립심, 리더십) 등을 알아내는 종합 검사들을 실시할 것이다. 잠재적 경력에 관한 논의에서, 재정적 요구, 시간 제약(예, "난 학위를 위해 4년이나 투자할 수 없어."), 지리적 제약(예, "내 가족 근처에 있고 싶어." 또는 "내 배우자가 좋은 직업을 갖고 있어서 당장은 이곳을 떠날 수 없어.")과 같은 삶의 현실적 문제를 고려해야 한다. 특정지역에 제한되어 있고 재훈련받을 수 없거나 의지가 없는 사원들과 달리, 직장을 위해서 이주하거나 학교로 되돌아가려는 의자와 능력이 있는 사원들에게는 새 직업을 찾는 것이 어렵지 않다.

이 과정에서 나타나는 주요 문제는 해고 희생자들이 새로운 훈련을 받기 위한 능력이다. 21세기의 직무들은 이전의 작업자들에게 요구했던 것보다 더 높은 수준의 기술을 요구한다. 그렇기 때문에 새로운 직무를 얻기 위해서 때로는 재훈련이 필요하다. 그러나 자금 마련과 근무시간 중 자녀 양육 문제와 같은 장애요인들, 관련된 훈련 사이트의 부재, 그리고 다시 학교로 돌아가는 것에 대한 두려움 등은 해고 희생자들이 절실하게 필요로 하는 새로운 훈련을 받는 데 방해가 될 수 있다.

해고 희생자들이 새로운 일자리를 찾도록 돕기 위해서 직업 시장의 이해, 잠재적 직업 탐색, 이력서 작성, 채용면접 잘 치르기, 그리고 구인에 관한 의사결정과 같은 주제들을 다루는 워크샵을 실시한다.

인원 감축의 효과

희생자

직장을 잃는 것은 많은 부정적 결과들이 있다는 명백한 연구가 있다. 건강의 관점에서 볼 때, 인원 감축의 **희생자**들은 두통, 복통, 수면문제, 콜레스테롤 수치, 신체 질환, 입원율, 심장질환, 고혈압, 궤양, 시력 문제 그리고 호흡곤란의 증가를 보고한다. 정서적으로 희생자들은 높은 수준의 스트레스, 약물과 알코올 남용의 증가, 결혼 문

희생자(victims) 해고로 인해 직장을 잃은 사원들

제, 우울, 불행, 분노, 좌절감, 그리고 삶의 불만족을 보고한다. 사회적으로 희생자들은 친구들과 그들의 감정을 공유하는 것을 꺼려하고, 당혹스러움과 수치심 때문에 친구들과 가족들을 회피하고, 돈이 드는 유흥과 사회적 상황도 회피한다.

인원 감축의 효과를 줄이기 위해서 Beyer와 그의 동료들(1993)은 해고 희생자들에게 다음과 같은 조언을 한다.

1. 즉시, 가족들에게 말하라.
2. 직장을 잃은 이유를 평가하라. 즉, 조직의 문제 때문에 실직이 불가피한 것인지 혹은 수행이 더 나았거나, 보다 더 최신 기술을 지녔거나, 보다 바람직한 태도를 지녔다면 직장을 지킬 수 있었을까?
3. 해고에 수반되는 감정들(예, 분노, 불신, 죄책감, 수치심)을 다루고 필요한 경우에는 도움을 받아라.
4. 신용조회처를 확보하고, 퇴직금을 협상하고, 재취업의 기회를 활용하는 등을 수행함으로써 출발을 위해 준비하라.
5. 새로운 여정을 준비하는 데 도움이 되는 휴가 또는 짧은 휴식 기간을 가져라.
6. 새로운 행동과정을 계획하고 자신감을 갖고 전진하라.

생존자

생존자(survivors) 인원 감축 결과로 직업을 유지한 사원들

처음에는 해고당하지 않은 사원들인 **생존자**들에 대해서 조직이 걱정할 필요는 없다고 생각할지 모른다. 인원 감축에서도 결국에는 여전히 그들의 직업을 가진 사람들이 남아있다. 그러나 연구에 의하면 생존자들은 심리적 외상으로 고통을 당할 뿐만 아니라 그들의 향후 생산성은 인원 감축 과정 동안 그들과 운이 좋지 않은 희생자들이 취급받았던 방식과 관련 있다. 연구(Cascio, 2002; Marks, 2003)에 의하면,

- 생존자들이 위험 감수를 두려워하게 되고 더 많이 우려하고 마음이 편협해진다;
- 그들은 더 많은 스트레스를 받으며, 불안해하고, 비밀스러워지며, 의심이 많아지고, 냉소적이며 불신이 깊어진다;
- 그들은 역할 갈등이 더욱 커지고 역할 모호성을 겪는다;
- 그들은 자신과 관리에 자신감을 잃는다;
- 사기가 떨어지고 직무 만족 수준도 낮아진다;
- 그리고 통제력 상실을 느낀다.

만일 생존자들이 의사결정에 참여하고 제안을 하도록 허용하고, 어느 정도의 직업 안정이 보장되고, 상사와 조직이 지원해주고, 인원 감축 희생자들을 잘 처우해 준다면, 그들은 보다 생산적이고 안정감을 얻을 것이다. 조직이 해고 희생자에 대해서

긍정적으로 말하고, 생존자들과 쌍방향 의사소통을 유지하고, 생존자들에게 회사의 비전을 소통하는 것은 중요하다. 생존자들에게 미치는 부적 효과를 줄이기 위해서, 조직은 해고를 결정하는 데 사용한 절차가 공정하고 희생자와 생존자 모두에게 명백하게 소통된다는 것을 반드시 보장해야 한다(Sadri, 1996).

지역 사회

비록 자주 고려되는 것은 아니지만 해고와 공장폐쇄는 지역사회에 막대한 영향을 미친다. 지방자치단체들은 세금기반과 수익이 줄어들고, the United Way와 같은 지역 자선단체들은 기부금은 적어지고 서비스에 대한 요구는 증가하며, 소매업은 사업 손실이 발생하고 은행은 엄청난 부채 불이행 사태를 맞게 되고, 범죄율이 증가하고, 음주나 이혼 등과 같은 사회적 문제도 증가한다. 긍정적인 측면에서 보면, 해고는 가능한 인력의 질을 증가시키는 결과를 초래한다. 이러한 노동력의 질적 향상은 다른 고용자들을 도와서 새로운 산업에 매력을 갖는 결과를 가져올지도 모른다.

조직

비록 많은 조직들이 계속해서 인원 감축을 하고 있지만, 인원 감축이 요구되는 조직 효율성의 향상을 가져오는지는 분명하지 않다. 예를 들어:

- Cascio(2002)의 보고에 의하면 1982년에서 2000년 사이에 인원을 감축한 조직들은 재정적 성공을 증진시키지 못했다.
- Henkoff(1990)은 인원을 감축한 1,500개 조직을 조사해서 그 절반이 생산성 감소를 보고했음을 알아냈다.
- A Wyatt Company(1993)의 조사결과에 의하면, 인원을 감축한 조직의 46%만이 비용을 줄였고, 22%에서는 생산성이 증가했고, 9%는 질적인 향상을 결과로 얻었다.
- De Meuse, Bergmann, Vanderheiden, 그리고 Roraff(2004)는 Fortune 100대 기업은 인원 감축 후 첫 2년 동안은 인원 감축하지 않는 기업보다 직무수행이 더 낮았음을 발견했다. 그로부터 2년 후에 두 집단 간에는 유의한 차이는 없었다.

응용 사례연구

Carlson Restaurants에서의 변화관리하기

Carlson Restaurants은 TGI Fridays를 본점으로 세계적인 체인을 갖고 있는 레스토랑이다. Richard Snead가 CEO로 취임했을 때, 사업 다각화 문제에 집중하기를 원했고, 다각화를 Carlson Restaurants 문화의 중요한 부분으로 만들었다. Snead에게 그러한 관심은 새로운 것이 아니었다. 왜냐하면 그는 Carlson에 오기 전에 이미 LensCrafters와 Burger King에서 다각화를 성공적으로 수행했었다. Snead는 회사가 외국과 문화가 다른 도시와 주에 레스토랑을 진출시키려면 다각화는 기본이라고 강하게 믿었다.

다각화 노력은 세 가지 별개 분야에 주력했다: 채용, 훈련, 그리고 직원 개발. 수행단계는 욕구와 문화평가 실시, 사원들과 관리자들로부터의 투입을 추구하는 고도의 다각화 팀 형성, 그리고 다각화 노력과 성공을 지표로 해서 각 지역과 관리자 평가하는 것을 포함했다.

- 조직문화 변화를 수행할 때 당신은 CEO에게 어떤 요인을 고려하라고 조언할 것인가?
- 사원들의 변화에 대한 수용을 증가시키기 위해서 그는 무엇을 해야 할까?

Snead가 조직문화 변화관리를 어떻게 했는지 알려면, 교재 웹페이지의 링크를 이용하라.

변화관리

오늘날 사업계에서 변화는 불가피하다. 기술변화는 거의 매일 일어난다(또는 그렇게 보인다). 보다 새롭고 더 나은 회사들이 생겨나고, 다른 조직들은 보다 더 경쟁력을 키우기 위해서 그들이 어떤 방식으로 사업하고 반드시 할 일이 무엇인지를 평가하는 데 집중한다. 그리고 경제적인 동요는 변화를 야기한다. 왜냐하면 회사들은 이윤 감소에 대처할 방법을 찾기 때문이다. 이것은 합병, 인원 감축, 재구조화 또는 심지어 파산을 의미할 것이다. 변화의 원인이 무엇이든 이 장에서 이미 읽은 것처럼 변화가 윤리적이고 성공적으로 되기 위해서는 계획과 관리 및 실행이 잘 되어야 한다.

변화를 결정할 때 많은 회사들은 "목적이 수단을 정당화할 것"이라는 철학 아래 운영된다. "목적"은 회사가 변화를 통해서 얻으려는 결과들이다. "수단"은 이런 결과들을 얻기 위해서 취한 행위들이다. 비평가들은 이 철학에 대해 좋은 결과가 그것을 얻기 위해서 관여한 어떤 잘못이라도 용서한다는 것을 제시한다고 해석한다. 그들에 의하면 이것은 비윤리적이다. 왜냐하면 어느 잘못에든 관여하는 것을 수용할 만한 용서란 없기 때문이다. 동물들에게 새로운 약물을 처음 시험하는 논란이 있는 상황에서, 비평가들은 그 목적이 수단을 정당화할 수 없다고 말한다. 그것이 인간이든 동물이든 상관없이 생명체에게 해를 가하는 것은 잘못이다.

그러나 동물시험을 주장하는 사람들은 조직에서 어떠한 변화를 시도할 때는 그 결과에 대한 비용에 더 가중치를 두어야 한다고 주장한다. 때때로 사회의 이익을 위해서 소수가 손해를 보아야 한다. 동물에 대한 약물시험이 예에서, 그 철학을 주장하는 사람들은 목적이 수단을 정당화한다고

말할 것이다. 왜냐하면 그것은 사회의 이익을 위한 것이기 때문이다. 생명을 구하는 중요한 약물을 성공적으로 개발하는 것은 동물에게 그 약물을 시험하는 것을 정당화한다.

다음에 두 가지 상황이 있다. 그것을 읽고 질문에 답하라. "당신은 어떻게 생각하는가?"

상황 A: 어느 작은 컨설팅 회사가 9/11 사태 이후로 살아남기 위해 고군분투하고 있었다. 그 회사는 대부분의 수입을 감독자 훈련과 인적자원 컨설팅을 통해서 얻고 있었다. 거의 대부분의 미국 국내 및 해외 조직들은 9/11 사태로 재정적 영향을 받았다. 회사들이 첫 번째로 삭감하는 부분의 하나는 훈련비용을 축소하는 것이다. 그래서 그 컨설팅 회사는 그렇게 하지 않으면 파산에 이르고 많은 사람들이 실직하기 때문에 생존하기 위해서 변화를 추진해야만 했다. 그 회사는 "목적은 수단을 정당화한다."는 철학으로 운영되었다. 그들의 목표는 수익을 증진시키는 것이고, 그렇게 하기 위해서 그들은 일부 사원들에게는 부정적인 영향을 미치는 변화를 시도해야만 했다. 그들이 한 것은 이렇다. 사원들은 더 이상 여비수당을 받을 수 없었다. 컨설팅 서비스를 제공하기 위해서는 아무리 멀더라도 가야만 한다. 사원들은 다른 주나 외국으로 여행을 가야 한다면 자신의 항공료를 스스로 지불해야 한다. 봉급을 받든 임금을 받든 상관없이 모든 사원은 일주일은 무임금으로 쉬어야 한다. 그 회사에는 모든 사원을 위해서 회비를 지급하는 건강 프로그램이 있었다. 이제 회사는 더 이상 이를 지급하지 않았다. 만일 사원이 이를 계속 원한다면, 사원들 스스로 자신들의 회비를 지불해야 한다.

이 단계까지 이르자 회사는 다음 몇 년 동안 상당한 예

산을 감축할 수 있었다. 지난 2년 동안, 그들은 사원들에게 소폭의 봉급 인상을 할 수 있었다.

상황 B: 어느 대규모 제조업체가 이직을 줄이고 생산성과 이윤을 높이기 위해서 중대한 조직변화를 시도하기로 결정했다. 회사는 의사결정을 분산화하려고 했다. 의사결정 분산화는 각 부서의 제품, 서비스 및 예산을 스스로 의사결정하도록 허용하는 것이다. 의사결정이 집중화되었을 때는 CEO와 관리자들이 모든 의사결정을 했다. 부서들은 많은 서류작업을 해야 하고 때로는 특정 직위 지원자를 채용하는 것과 같이 간단한 일에 대한 결정이 될 때까지 수 주일을 기다려야 했다. 이것은 많은 스트레스와 나쁜 감정을 유발했다. 스트레스와 나쁜 감정들은 관리자와 사원들이 사직하고 때로는 사전 연락 없이 무단결근하는 결과를 초래했다. 이제 의사결정을 분산화함으로써 부서들은 모집, 면접 및 인사선발을 자체적으로 할 수 있게 되었다. 매년 예산을 준비할 수 있고, 부서나 부서원들을 위한 구매를 결정할 수도 있게 되었다. 그리고 CEO나 관리자의 확인 없이도 징계 조치 등 모든 것을 하게 되었다. 그 회사는 이처럼 의사결정력이 증가하면 관리자와 사원들이 보다 더 회사에 남아 있으려는 의지를 증가시킬 것이라고 생각했다. 그리고 다시 이것은 이익을 증가시킬 것이다.

어느 한 관리자는 이러한 관리유형 변화에 고무되었다. 그녀는 마침내 자신이 생각하기에 자기 부서의 이익을 증가시키고 실질적으로 회사의 이익을 증가시키는 데 도움이 될 어떤 일들을 할 수 있었다. 그녀는 회사에 이익이 될수록 모든 사원들에게도 이익이 될 것이라고 느꼈다. 그래서 그녀가 보다 더 많은 의사결정을 할 수 있도록 권한을 위임받

은 후에 부서의 비서를 해고하기로 결정했다. 그 비서는 8년 동안을 그 회사와 함께하면서 훌륭하게 일해 왔지만, 그 관리자의 의견은 그녀의 매력이 충분하지 않다는 것이었다. 비서의 의무 가운데 하나는 사무실에 들어오는 잠재 고객에게 회사 제품에 대해서 판매권유를 하고 그 제품에 대해서 물어보는 것이었다. 관리자는 고객이 기다리는 동안 매력 없는 비서보다는 매력 있는 비서가 제품에 대한 판매 권유를 하면 고객들이 더 경청하기 때문에 부서는 더 많은 고객을 확보할 수 있다고 믿었다.

당신의 생각은 어떻습니까?

- 상황 A에서 당신은 어떤 윤리적인 문제들을 보았는가? 만일 그렇다면, 그것들은 무엇이고 당신은 왜 그렇다고 말하는가? 만일 당신이 그 리더와 같은 상황에 직면한다면, 당신은 어떻게 달리 행동할 것인가?
- 이 사례에서 "목적"은 무엇이고 "수단"은 무엇이었나? 즉, 회사가 원하는 변화는 무엇이고 변화를 위해서 취한 단계들은 무엇인가?
- 상황 B에서 윤리적인 문제가 있었나? 만일 그렇다면 그것은 무엇이고, 당신은 왜 그렇게 생각하는가?
- 상황 B에서 "목적"은 무엇이고 "수단"은 무엇이었나? 회사가 원하는 변화는 무엇이고 그들이 취한 실행단계는 무엇인가? 그 목적은 수단을 정당화하는가? 당신이 이 상황에 처했다면 어떻게 행동했을까?
- 부서관리자가 원했던 변화는 무엇이고 그녀는 변화를 위해서 무엇을 했는가? 목적이 수단을 정당화했는가?

요약

이 장에서 배운 것은 다음과 같다.

- 사원들은 거부, 방어, 폐기, 적응, 그리고 마지막으로 내재화 단계를 거치면서 변화에 반응한다.
- 변화에 숨겨진 이유가 합리적이고 변화를 시도하는 사람이 믿을 만하고 존경스럽다면, 사원들은 변화를 가장 잘 수용한다.
- 변화를 위한 분위기를 만들고, 구체적인 내용들을 의사소통하고, 변화가 적절한 시간 동안에 이루어지고, 사원들을 훈련시킴으로써 변화가 가장 잘 수행된다.
- 사원 투입의 다섯 수준은 다음과 같다: 추종, 자기 제품에 대한 주인의식, 자문, 공유, 그리고 절대적 투자 수준이다.
- 비정규직 사원들, 아웃소싱, 조기퇴직 프로그램, 그리고 대안적인 작업일정 창출을 이용하여 해고를 피할 수 있다.

- 해고를 집행하는 적절한 방안들이 있다.
- 해고는 희생자, 생존자, 조직, 그리고 지역사회 모두에 부정적 영향을 미친다.
- 집중근무제와 탄력근무시간제는 직무만족은 증가시키고 결근은 감소시킨다.

복습을 위한 질문

1. 사원들은 변화에 왜 저항하는가?
2. 조직개발에서 조직문화가 얼마나 중요한가?
3. 조직이 "사원들에게 권한을 위임한다"고 언급할 때, 실제로 그것이 의미하는 것은 무엇인가?
4. 인원감축은 훌륭한 생각인가? 왜 그런가? 아니면 왜 그렇지 않은가?
5. 탄력 근무제의 효과를 결정하는 요인들은 무엇인가?

학습목표

➡ 스트레스(stress)의 정의를 배운다.

➡ 보편적인 스트레스원(stressor)들을 명명할 수 있다.

➡ 스트레스의 보편적인 결과(스트레인, strain)들을 배운다.

➡ 스트레스가 행동에 미치는 효과를 이해한다.

➡ 스트레스를 줄이는 방법을 배운다.

➡ 자녀양육과 노인부양 프로그램의 중요성을 익힌다.

➡ 스트레스가 어떻게 직장 내 폭력을 야기할 수 있는지 배운다.

행동에 영향을 주고, 직장에서 타인과의 관계에 영향을 주는 한 요인이 스트레스 (stress)이다. 미국 근로자 70% 이상이 자신들의 직업 스트레스가 많다고 생각한다(Clay, 2011). 스트레스는 대인관계 양식에 영향을 줄 뿐만 아니라, 적절하게 관리되지 않는다면 심각한 건강 문제를 일으킬 수도 있다. 스트레스를 적절하게 관리하기 위해서, 첫째로 스트레스를 야기하는 것을 확인하고 이해해야만 하고, 그런 후에 스트레스를 다루는 방법을 배워야 한다. 이 장은 스트레스의 원천 몇 가지를 확인하고 스트레스를 성공적으로 다루는 방법을 제안할 것이다.

스트레스 정의

심리학자들이 **스트레스**라는 단어에 대한 한 가지 정의에 동의하지 않지만(Greenberg, 2013; Sulsky & Smigh, 2005), 본 장의 목적을 위해서 스트레스를 특정 생활 사건이나 상황에 대한 심리적이고 신체적인 반응으로 정의할 것이다. 스트레스 과정은 스트레스를 야기하는 생활 사건이나 상황들로부터 시작된다. 이들 생활 사건들은 **스트레스원**(*stressor*)으로 불리고, 결혼, 채용 면접, 치과 예약, 농구 시합, 마감일자, 그리고 교통체증과 같은 일들을 포함한다. 만약 이런 사건들이 스트레스를 불러일으킨다고 지각한다면, 우리의 신체는 다양한 방법으로 반응하며 여기에는 혈압 상승, 심박수 증가, 근육 긴장, 그리고 땀분비가 포함된다. 이런 반응들은 스트레스 반응(stress reactivity)이라고 불린다. 만약 이런 신체 반응이 우리의 신체가 견딜 수 있는 것보다 오래 지속된다면, 부정적인 신체 결과와 심리적 결과가 발생할 수 있다(Greenberg, 2013). 이런 결과들이 **스트레인**(*strain*)이라고 불린다.

살면서 이미 깨달았을 수도 있지만, 한 사람에게 스트레스원이 되는 사건이 다른 사람에게는 그렇지 않을 수 있다. 예를 들어, 한 인사관리(HR) 이사는 본 저자에게 면접관들이 고안한 스트레스 면접을 겪은 한 지원자의 이야기를 해 주었다. 면접관들이 통계 분석, 고용법, 그리고 직무분석에 대한 주제로 그 지원자를 두 시간 동안 괴롭혔다. 면접의 후반기에 한 면접관이 그 지원자에게 "지금 즐기고 있나요?"라고 물으니, 그 지원자는 "재밌어요. 우리 아직 끝난 것 아니죠?"라고 응답했다. 이전 지원자들은 그 면접에 떨고, 울고, 땀 흘리면서 반응을 했기 때문에 그 대답은 면접관들을 망연자실하게 했다. 이 지원자는 면접 내내 웃고 있었다. 이 이야기가 증명하는 것은 무엇인가? 대중적인 믿음과 달리 스트레스가 모두 나쁜 것은 아니다.

유스트레스(eu-는 "좋은" 혹은 "적절한"이라는 뜻의 어근)는 스트레스원이 도전이나 성취감—긍정적인 에너지로 전환되고 실제로 동기를 불어 넣어주는 감정—을 일으킬 때 발생한다. 이것은 스트레스의 바람직한 결과라고 생각될 수 있다. 긍정적인 스트레스의 한 예는 시험 전에 느끼는 불안이다. 만약 전혀 불안하지 않으면, 시

유스트레스(eustress)
긍정적인 에너지와 수행 및 건강 증진을 유발하는 스트레스

험 전에 필요한 만큼 충분히 공부할 동기와 에너지를 갖지 못할 것이다. 그래서 이런 상황에서 약간의 스트레스는 아마도 도움이 될 것이다. 그렇지만 너무 스트레스를 많이 받으면 수행이 쇠퇴할 것이다. 이것은 **각성의 적정 수준**(*optimal level of arousal*) 또는 역U이론(inverted-U theory)이라고 알려진 것이다. 그림 15.1에 나타난 것과 같이 역U이론에 따르면 각성이 거의 안 되거나 각성이 너무 많이 된다면 수행이 낮아지는 반면, 중간 수준의 각성은 최고 수준의 수행을 도출한다(Muse, Harris, & Field, 2003). 물론, 최적의 각성 수준은 사람마다 다르다.

디스트레스로 알려진, 나쁜 혹은 부정적 스트레스는, 스트레스가 너무 많고 그 효과를 제거하거나, 줄이거나 혹은 대응하기 위해 할 수 있는 일이 아무것도 없을 때 발생한다. 디스트레스는 대체로 높은 중요성을 부여하고, 요구가 많고, 통제가 힘들거나 할 수 없다고 지각하는 상황이나 사건(예를 들어, 직무 채용)에서 발생한다. 예를 들어, 강의 신청을 취소하거나 추가 신청을 하기 위해서 줄을 서서 기다리는 것은 짜증날 수 있지만, 디스트레스를 야기할 정도는 아니다. 그러나 재정적 이유로 인해 정말로 필요한 새 직장이나 직위를 위해 면접을 하는 것은 큰 스트레스의 원인이 될 수 있고, 직장을 구하는 것에 대한 통제권이 거의 없을 때 특히 그렇다. 단순하게 말해서, 부정적인 스트레스는 요구(스트레스원)와 요구를 충족시키기 위한 능력 사이에 불균형을 지각할 때 생긴다.

유스트레스와 디스트레스의 구분은 직원들이 스트레스를 받고 있다고 보고할 때 수행이 필연적으로 줄어드는 것은 아니기 때문에 중요하다. 예를 들어, 1,800명 이상의 미국 관리자들을 대상으로 한 연구에서 [연구자들에 의해 도전 스트레스원(challenge stressor)이라고 불리는] 유스트레스의 양이 직무만족이나 조직을 떠나려는 시도와 관계가 없었다. 하지만 디스트레스의 수준[방해 스트레스원(hindrance stressor)]이 높으면, 디스트레스가 수준이 낮을 때에 비해 직무에 덜 만족했고, 더 자주 이직

디스트레스(distress)
부정적인 에너지와 수행 및 건강 감소를 유발하는 스트레스

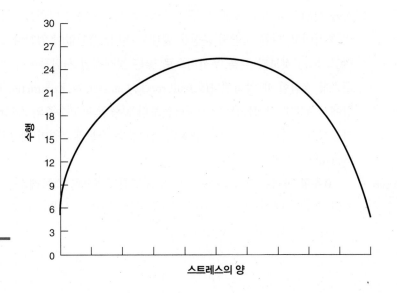

그림 15.1
각성의 적정 수준

했으며, 새로운 직업을 찾으려는 시도를 더 많이 했다(Cavanaugh, Boswell, Roehling, & Boudreau, 2000). 비슷한 결과가 Podsakoff, LePine, 그리고 LePine(2007)에 의한 메타분석에도 보고되었다.

스트레스 소인

사람들이 스트레스에 민감하거나 스트레스원을 인내하는 소인에 있어 개인차가 있다. 예를 들어, 스트레스에 의해 악화되는 관상 동맥성 심장 질환의 비율은 기혼자들보다 이혼한 사람들에게 더 높다. 기혼자들은 미혼자들에 비해 만족이 더 높고 스트레스가 더 낮다고 보고한다. 기업의 최고위 간부들은 2급 간부들보다 사망률이 더 낮았다. 교외에서 사는 사람들은 시골에 사는 사람들보다 스트레스 관련 질병이 더 많았다. 이런 개인 내성은 다음의 요인들에 의해 설명될 수 있다.

스트레스 취약성

어떤 성격은 다른 성격보다 스트레스원에 부정적으로 반응하기 더 쉽다. 이런 성격에는 A유형 성격과 신경증이 포함된다.

A유형 성격

당신이나 당신이 아는 어떤 사람이 빠르게 말하고 걷고, 쉽게 초조해 하며, 항상 서두르는 것 같은가? 그렇다면 당신이나 당신이 아는 그 사람이 **A유형 성격**을 가지고 있을 가능성이 크다. A유형 개인은 업적 추구, 초조함과 시간 압박, 그리고 분노와 적대감으로 특징지어진다. 그들은 한번에 많은 일들을 하는 경향이 있다(다중작업, *multitasking*). 예를 들어, A유형 개인은 점심을 먹으면서 신문을 보고, 다른 사람과 전화 통화를 하면서 컴퓨터 자판을 두드리고, 출근을 하면서 아침을 먹는다. A유형들은 빨리 움직이고, 다른 사람의 문장을 끝내고, 항상 끊임없이 일한다. 그들은 성취 지향적이고, 노는 것보다 일을 우선적으로 놓는 경쟁적인 사람들이다. 이런 특징들은 스트레스를 경험할 때 악화된다(Schaubroeck, Ganster, & Kemmerer, 1994). 스트레스 상황에서 A유형 직원들은 다른 사람들보다 고혈압과 고수준의 스트레스 호르몬을 보일 가능성이 더 많다. 추가로, A유형의 사람들은 스트레스원이 제거된 후 회복도 느리다(Schaubroeck et al., 1994).

B유형 성격은 더 느긋해 보인다. 즉, 잠재적으로 스트레스를 유발할 수 있는 사건이 발생할 때, 대처하기 위해 더 바람직한 방법을 사용하고 더 잘 관망할 수 있다. 그들은 더 여유 있고 우호적이다.

A유형 성격(Type A personality) 경쟁적이고, 참을성 없고, 급한, 스트레스에 취약한 개인

B유형 성격(Type B personality) 느긋하고 상냥한, 스트레스에 취약하지 않은 개인

신경증

신경증(neuroticism)
불안, 분노, 긴장, 그리고 우울과 같은 부정적 정서를 경험하는 경향성을 나타내는 성격 특질

몇 년간의 연구들은 스트레스와 관련한 개인의 성격 특질(예를 들어, 회의주의, 부정 정서, 강인성 감소, 자존감 감소)을 확인했으나, 이런 개인 특질들은 일반적으로 **신경증**에 속한다. 신경증적인 사람들은 불안해하고, 종종 우울해 하고, 회의적이며, 희망이 적다. 그들은 정서적으로 안정적인 사람들보다 사건을 스트레스로 지각할 확률이 더 많고, 스트레스적인 사건에 부정적인 반응을 할 가능성이 더 크다(Conard & Matthews, 2008).

성별, 민족, 그리고 인종

성별과 스트레스에 대한 연구는 상충된다. 많은 연구들이 여성이 남성보다 더 스트레스가 많고 여성에게서 우울이 2배로 더 많이 나타난다고 시사한다. 다른 연구들은 성별은 스트레스의 공헌자가 아니라고 주장한다. 현재, 성과 스트레스에 대한 연구의 가장 좋은 해석은 아마도 여성이 남성보다 특정 스트레스원(예를 들어, 성희롱, 일-가정 갈등)을 더 자주 경험하고, 남성과 여성이 특정 스트레스원에 다르게 반응할지 모른다는 것이다(Sulsky & Smith, 2005).

이 주제에 대한 연구가 그리 많지 않음에도 불구하고 소수집단의 구성원들이 그렇지 않은 사람들보다 더 높은 수준의 스트레스를 가지고 있는 것으로 나타났으나, 이 차이는 연령, 교육, 수입과 같은 인구통계학적 변인을 통제한 후에는 유의하지 않았다(Cohen & Janicki-Deverts, 2012). 나아가, 인종과 민족 차이는 대부분 스트레스에 대한 신체적 반응과 관련이 있다. 예를 들어, 다양한 생리적 요인(예, 비타민 D3 부족, 제2형 당뇨병)과 생활방식 요인(예, 소금 섭취, 흡연, 스트레스)에 의해 아프리카계 미국인들이 다른 민족 집단보다 고혈압을 더 높은 비율로 경험한다(Walker, 2011).

스트레스 민감성

생애 전반에 걸쳐 경험하는 스트레스의 양은 장래 스트레스를 다루는 방식에 영향을 미치는 것으로 보인다. 예를 들어, 오랜 기간 동안 (학대와 같은) 높은 수준의 스트레스에 노출된다면, 잠재적으로 스트레스를 유발하는 상황에 더 빨리 그리고 더 부정적으로 반응할 가능성이 있다고 연구들은 시사한다. 어떤 면에서는 그런 방식으로 반응하도록 "훈련"되기 때문이다. 즉, 이전에 경험했던 스트레스 때문에 조마조마한 것에 익숙하다면, 이후의 스트레스에 그런 방식으로 반응하기 쉽다는 것이다. 이것은 물론 미래의 건강과 스트레스 행동에 함의가 있다. 스트레스를 다루는 새로운 행동을 학습하고 과거의 스트레스에 대한 감정을 다뤄준다면 둔감화가 일어날 수 있다.

스트레스 원천

많은 사건과 요인들이 스트레스원으로 고려될 수 있고, 앞에서 언급한 것과 같이 한 사람에게 스트레스를 유발하는 것이 다른 사람에게는 그렇지 않을 수도 있다. 어떤 것이 스트레스원이 될지를 결정하는 요인은 그 요인의 중요성과 지각된 통제력에 상당 부분 의존한다. 스트레스원들은 크게 두 가지 범주, 개인적 스트레스원과 직업적 스트레스원으로 나뉠 수 있다. 표 15.1에 스트레스의 보편적 원천을 나열하였다.

개인적 스트레스원

스트레스의 개인적 원천은 가족이나 친밀한 관계, 결혼, 이혼, 건강 문제, 재정 문제, 그리고 자녀 양육과 같이 일과 관련이 없는 문제를 다룬다. 까다롭고 화를 잘 내는 사람들 역시 갈등을 일으키기 때문에 스트레스의 원천이 된다. 나아가, 삶의 변화에 대처하는 것도 매우 큰 스트레스의 원천이 될 수 있다. 사실 많은 스트레스원들이 이사, 새로운 관계의 시작이나 끝, 그리고 우리 자신의 변화와 같이 변화에 대한 우리의 반응으로 고려될 수 있다.

두려움

자발적으로든 비자발적으로든 익숙하고 예측 가능한 생애 단계를 떠나야 할 때, 우리는 어떤 일이 일어날지 모르는 또 다른 단계에 들어서게 된다. 변화로부터 오는 도전과 잠재적 흥미는 예측 불가능성을 즐기는 사람들에게 유스트레스를 만들 수 있다. 그러나 우리들 중 많은 이들에게 미지에 대한 두려움은 부정적인 스트레스를 유발한다. 예를 들어, 고등학교 졸업반일 때 미래가 어떨지 많이 생각했는가? 둥지를 벗어나 자신만의 둥지를 틀기 열망하지만, 많은 학생들은 앞으로 무슨 일이 일어날

표 15.1 가장 보편적인 스트레스의 원인

1. 돈
2. 일
3. 경제
4. 가족 의무
5. 대인관계
6. 개인 건강에 대한 걱정
7. 주택자금
8. 직무 안정성
9. 가족 건강에 대한 걱정
10. 개인 안전

출처: Clay (2011).

지 무섭다고 한다. 이들 학생들은 자신들이 인생에서 성공할지 알지 못한다. 그들은 자신을 부양할 수 있는 직업을 가질 수 있는지조차 확신이 없다. 그들은 대학에 떨어질 것이라고 확신하고, 이는 곧 인생에서의 실패라고 느낀다!

다른 학생들은 그들이 이사를 가서 새로운 삶을 시도하는 생각에 "들뜬다"고 한다! 변화에 도전받기보다 두려워하는 사람들은, "미지에 대한 두려움"을 다루는 핵심은 변화가 당신이 생각했던 것만큼 괴물은 아니라는 것을 알아채는 것임을 아마도 이미 알 것이다. 다시 말해, 미래에 대한 두려움에 대처하는 것은 대부분의 변화가 처음 생각했던 것처럼 그렇게 나쁘게 끝나지는 않음을 깨닫는 것을 의미한다.

저항

직면하자면, 우리들 중 몇몇은 알려진 안정적인 구조를 떠나기를 원하지 않는다. 지루할지라도, 우리는 예측할 수 있는 삶을 좋아한다. 우리는 하루하루 무슨 일이 일어날지 알고, 일상을 바꿔야만 하는 것은 소용돌이 속에 던져지는 것이라고 말해 주기를 원한다. 치약 브랜드를 바꾸는 것과 같이 사소한 것도 감당하기 너무 버거워서 아무것도 바꾸지 않는다! 변화에 대한 저항의 좋은 예시는 더 이상 실현 가능하지 않은 오래된 전통을 고수하는 것이다. 예를 들어, 본 저자는 학회에서 한 남자를 만났는데, 그 사람은 이혼 후 몇 년 동안 여전히 전 처가댁에서 함께 크리스마스를 보내기를 기대했다고 말했다! 이것은 그에게 15년 이상 동안 전통이었고, 그는 단순히 이제 법적으로 가족의 일원이 아니라고 해서 왜 그 전통을 멈춰야 하는지를 이해하지 못했다. 그는 이혼 후 몇 번의 크리스마스 동안 계속해서 전 부인에게 전화를 해 자신도 축제에 참여해도 되는지 물었다. 물론 그는 거절당했고, 이 거절로부터의 계속된 스트레스와 변화에 대한 거부는 결국 상담을 찾도록 했다. 현재 그는 나아졌고, 심지어 명절을 새로운 여성과 함께 보내는 새로운 전통을 시작하고자 하고 있었다. 변화에 대한 저항은 불가피한 변화에 대처하지 못하도록 한다. 이러한 저항은 스트레스를 유발한다.

분개

마지막으로, 우리에게 강요되는 변화는 특히 우리가 통제력을 가지고 있지 않다고 느끼는 변화는 분개를 야기할 수 있다. 만약 우리가 변화를 원하지 않고, 왜 변화해야 하는지 이해하지 못하고, 변화가 우리에게 어떤 감정(예를 들어, 두려워하고 혼란스러워하는)을 느끼게 할지 좋아하지 않는다면 분개를 일으킨다. 이 장의 끝에 삶의 변화에 어떻게 대처해야 하는지 더 논의할 것이다.

직업적 스트레스원

직업적 스트레스원은 크게 직무특성(job characteristics)과 조직특성(organizational characteristics)의 두 가지 범주로 나눌 수 있다(Cordes & Dougherty, 1993).

직무특성

스트레스를 야기하는 세 가지 주요 직무특성으로 역할갈등, 역할모호성, 그리고 역할 과부하가 있다.

역할갈등은 일에 대해서 우리가 기대하는 것과 해야 한다고 생각하는 것이 실제 하고 있는 일과 일치하지 않을 때 일어난다. 예를 들어, 한 특정 조직의 최고경영 인의 보조로 고용된 한 여성은 고용 당시에 정책개발과 같은 행정 업무를 담당하고, 관리회의에 평등한 동업자로 참가하며, 최고경영자와 대중 사이의 연락담당자로 일 할 것이라고 공지를 받았다. 하지만 직무를 맡고 한참 후, 그녀는 자신이 최고경영자 뿐 아니라 다른 부서장들에 의해서도 "비서"로 언급되는 것을 들었다. 사실, 그녀가 한 일은 주로 다양한 회의의 회의록을 작성하고, 회의에 음식을 준비하고, 전화를 받 고 부서 간 우편을 나르는 등의 다른 일상적인 사무 업무를 하는 것으로 구성되었다. 그녀가 이 직위에서 기대했던 것이 그녀가 실제로 하도록 요구받는 일과 양립하지 않았다. 이러한 역할 갈등은 그녀에게 막대한 스트레스를 야기했고, 역할갈등의 효 과에 대한 연구와 일치하게(예를 들어, Griffeth, Hom, & Gaertner, 2000; Rahim & Psenicka, 1996) 결국은 직업을 그만뒀다.

역할갈등은 또한 직원이 상충되는 역할이나 모순적인 역할을 맡을 때에도 발생 할 수 있다. 예를 들어, 관리자로서의 역할은 토요일에도 일하도록 요구할 수 있지만, 엄마로서의 역할은 같은 날에 딸의 축구시합에 참석하도록 요구할 수 있다.

역할모호성은 한 개인의 직무책임과 수행기대가 명확하게 정의되지 않을 때 발생한다. 바로 앞의 예시에서, 그 여성은 역할갈등뿐 아니라 역할모호성도 경험하였 다. 왜냐하면, 그녀의 상사가 그녀에게 기대하는 것이 다른 직원들이 기대하는 것과 달랐기 때문이다. 그녀의 상사가 그녀를 특정 책무를 명시하고 있는 직명인 "비서"라 고 호칭함에도 불구하고, 상사는 그녀가 조직에 영향을 주는 특정 결정에 평등하게 의견을 가져야만 한다고 느꼈다. 하지만 다른 부서장들은 그녀를 자신들의 동료로 간주하지 않았고, 그들이 가진 것과 동일한 권력이나 권한을 가져서는 안 된다고 느 꼈다. 그녀가 거기에서 일한 4년 동안 부서장이 그 사항에 대해 전혀 해결하지 않았 기 때문에, 그녀는 자신이 위원회의에서 어떻게 행동해야 하는지 확신할 수 없었다. 말할 필요도 없이, 매일매일 그녀는 자신의 직무 책임이 무엇인지를 알아내기 위해 그녀 혼자서 더 많은 스트레스와 싸워야 했다. Frone, Russel, 그리고 Cooper(1995) 의 연구와 일치하게 이러한 역할모호성으로 인한 스트레스는 그녀를 우울하게 했고, Abramis(1994)의 메타분석과 일치하게 직무만족이 감소하였다.

역할과부하는 개인이 과업을 완성하기 위한 기술이나 직장 내 자원이 부족하다 고 느끼거나 요구된 시간 내에 과업을 완성할 수 없다고 느낄 때 발달한다. 당연하게도, 역할과부하는 스트레스(Bolino & Turnley, 2005) 및 부정적인 건강변인(Shultz, Wang, & Olson, 2010)과 높은 상관이 있고, 특히 이것은 직원들이 직무에 대한 통제권이 별로 없을 때(Karasek & Theorell, 1990; Parker & Sprigg, 1999) 더 그렇다. 나아가, 역할과부하, 역할모호성 혹은 역할갈등을 지각하는 직원들은 조직시민행동을 덜 하는 경향이 있다(Eatough, Chang, Miloslavic, & Johnson, 2011).

역할갈등, 모호성, 그리고 과부하로부터 오는 스트레스를 최소화하는 핵심은 직무 책임을 명확히 하는 것이다. 고용될 때 직무 기술서(job description)를 받더라도, 상사와 함께 앉아 상사가 바라는 것이 무엇인지 확인해야 한다. 사실, 고용 전에 직무 기술서의 특정내용들을 논의하는 것이 현명하고, 그렇게 함으로써 업무 기대에 대해서 명확히 할 수 있다. 당신이 이해하지 못하거나 완성할 수 없다고 느끼는 프로젝트에 할당되었을 때는 고용주가 그 사실을 알게 하라. 나아가, 가능하다면 그 프로젝트를 완성하도록 도울 수 있는 훈련에 참가하도록 부탁하는 것이 좋다. 마지막으로, 당신의 상사가 당신의 직무 책임에 대해서 다른 직원들에게 설명하는 것도 가끔은 도움이 된다. 이러한 설명은 조직 내 당신의 역할에 대한 오해를 줄일 것이다.

조직적 스트레스원

스트레스를 야기하기 쉬운 조직적 특성에는 개인-조직 부합, 조직규칙과 정책(organizational rules and policies), 상사와의 관계(supervisory relationships), 그리고 조직변화(organizational change)와 같은 요인들을 포함한다.

개인-조직 부합

개인-조직 부합(person-organization fit)
한 직원의 성격, 가치, 태도, 철학, 그리고 기술이 조직의 성격, 가치, 태도, 철학, 그리고 기술과 일치하는 정도

개인-조직 부합이라는 용어는 기술, 지식, 능력, 기대, 성격, 가치, 태도 같은 요인들이 조직의 기술, 지식, 능력, 기대, 성격, 가치, 태도 등과 얼마나 잘 일치하는지를 일컫는다. 일찍이 조직은 지원자들이 특정 직무를 수행하는 데 필요한 기술과 지식을 갖추고 있는지만 관심을 가졌다. 근로자와 더불어 근래 조직은, 직원이 조직에 잘 "부합"하고 수행을 잘 하기 위해 양립 가능성(compatibility)이 매우 중요한 분야가 따로 있다는 것을 깨달았다. 예를 들어, 임신 중절에 반대하는 개인은 가족계획연맹(Planned Parenthood)과 같은 조직에서는 일을 잘 하지 못할 수도 있고, 금연가는 Philip Morris와 같은 회사에서 편안한 마음으로 일하지 못할 수도 있으며, 환경에 신경 쓰는 사람은 Exxon을 위해 일하는 것이 불행할지도 모른다. 개인과 조직의 철학이 같지 않기 때문이다. 표 15.2에 나타난 것과 같이, 메타분석 결과는 철학과 가치에서의 양립 불가능성이 스트레스, 낮은 직무만족, 그리고 높은 이직을 야기할 수 있다는 것을 나타낸다(Kristof-Brown, Zimmerman, & Johnson, 2005).

한 조직의 관리 철학은 몇몇 개인의 기대를 충족하지 못할 수도 있다. 모든 사람

표 15.2 직원 스트레스와의 상관

	교정 상관	메타분석
원인		
조직정책	.45	Miller, Rutherform, and Kolodinsky(2008)
직무불안정	.19	Sverke, Hellgren, and Naswall(2002)
부합 부족(lack of fit)		
개인-직무	.28	Kristof-Brown et al.(2005)
개인-조직	.27	Kristof-Brown et al.(2005)
지지 부족(lack of support)		
동료	.18	Viswesvaran, Sanchez, and Fisher(1999)
상사	.24	Viswesvaran et al.(1999)
결과		
수행	−.13	Podsakoff et al.(2007)
결근		
이직		
실제(actual)	.13	Podsakoff et al.(2007)
의도(intended)	.41	Podsakoff et al.(2007)
조직시민행동	−.16	Chang, Johnson, and Yang(2007)
만족	−.34	Podsakoff et al.(2007)
몰입	−.31	Podsakoff et al.(2007)

들이 일련의 지시를 따라야만 하는 매우 구조화된 환경(예를 들어, 군대)에 최적화된 개인은 근로자들이 정책을 만들고 시행할 기회를 갖는 팀지향 환경에서는 일을 잘하지 못할 수도 있다. 개인과 관리 철학 간 양립 불가능성은 곧 스트레스원이 될 수 있다. 다른 스트레스원들은 상사와 직원 간 관계를 포함한다. 그 관계에 대한 직원의 기대가 상사의 기대와 다르다면, 스트레스가 야기될 뿐만 아니라 양자 간 갈등이 불가피하게 일어난다.

변화

앞의 14장에서 논의한 것과 같이, 조직 내 스트레스의 가장 큰 원인 제공자는 변화이고, 변화는 대부분 인원감축(downsizing)과 구조조정(restructuring)으로부터 일어난다(Robinson & Griffiths, 2005). 조직은 변화와 동반하는 스트레스의 양을 깨닫고, 직원들에게 변화에 대처하고 스트레스를 관리하는 법을 가르치는 프로그램을 제공하는 직장 내 건강증진(workplace wellness)을 강조하고 있다.

다른 사람들과의 관계

동료와 고객들은 작업장 스트레스의 주요 원천일 수 있다(13장 참조). 이전 장에서 학습했던 자료를 재탕할 생각은 없지만, 스트레스가 갈등, 까다로운 사람과의 작업, 화난 고객 응대, 그리고 공정하게 대우받지 못한다는 느낌과 관련이 있다는 것을 이해하는 것은 중요하다. 한 조직에서 만났던 직원은 이러한 스트레스의 좋은 예시를 제공한다. 그 직원은 자신이 즐기는 직무를 했고, 개인 삶은 예전에 의해 더 충족되었다. 직무와 삶의 긍정적인 면에도 불구하고, 그녀는 불면증을 앓았고 에너지가 부족했으며 우울했다. 이러한 스트레인의 원천은 무엇인가? 한 까다로운 동료가 지속적으로 소리를 질렀고, 냉소적으로 비꼬고, 모든 사람들을 무시했다. 이런 이야기는 그리 드물지 않고, 대인관계가 스트레스 야기에 중요한 역할을 할 수 있다는 것을 증명한다. 실제로 4년 이상의 기간 동안 15,000명 이상의 직원을 대상으로 한 연구는, 직장에서의 대인관계 갈등으로부터 오는 스트레스가 여러 가지 심각한 정신적 문제를 야기한다는 것을 밝혔다(Romanov, Appelberg, Honkasalo, & Koskenvuo, 1996).

조직정치

Chang, Rosen, 그리고 Levy(2009)와 Miller 등(2008)의 메타분석은, 직원 스트레스의 중요한 원천이 조직정치의 지각된 이용이라는 것을 밝혔다. 조직정치는 직원이 조직 내에서 긍정적인 결과를 얻을 확률을 높이기 위해 사용하는 자기위주행동(self-serving behavior)이다. **긍정적 정치**(*positive politics*)는 정치적으로 행동하는 개인과 조직 모두를 위해 다른 사람들에게 영향을 끼치려는 행위이다(Holden, 1998; Horan & Seldman, 2012). 긍정적인 정치의 예로는 전문적인 이미지를 표상하고, 자신의 성취물을 홍보하고, 자원봉사를 하며, 다른 사람들을 칭찬하는 것을 포함한다. **부정적 정치**(*negative politics*)는 다른 사람과 조직을 이용하여 개인적 이득을 얻으려는 조종적(manipulative) 행위이다(Holden, 1998). 부정적 정치의 예로는 뒤에서 험담하기, 중요한 정보를 혼자만 알고 있는 것, 유머를 퍼뜨리는 것 등을 포함한다. 부정적 조직정치는 스트레스를 증가시키는 것에 더해 수행과 직무만족의 수준을 감소시키고 이직을 증가시킨다(Chang et al., 2009; Miller et al., 2008).

물리적 작업 환경에서의 스트레스원

소음

만약 당신이 일하고 있는 동안 누군가 스테레오를 너무 크게 켜놔서 화가 났던 경험이 있다면, 심리학자들이 왜 작업장 소음이 직원 스트레스에 미치는 영향에 관심이 있는지 이해할 수 있을 것이다. 만약 "이 뻔한 것"이 진실이라면, 높은 수준의 소음이 스트레스를 증가시키고, 수행을 감소시키고, 직원들을 불행하게 만든다고 진술함으로써 소음에 관한 논의를 시작하고 끝낼 수 있을지 모른다. 그러나 그림 15.2에 나타난 것과 같이, 소음과 직원 행동 간 관계는 우리가 처음 생각한 것보다 훨씬 더 복잡하다.

이 관계를 이해하기 위해서, 우선 우리는 모든 소음이 다 똑같지는 않다는 것을 깨달아야만 한다. 크기가 같은 두 음향의 진동(frequency)이 다를 수 있다. 예를 들어, 예인선 경적의 음향은 기차 경적보다 진동이 더 낮다. 더 낮은 진동은 높은 진동만큼 수행에 영향을 주지 않는다.

나아가 같은 진동, 강도, 그리고 크기가 같은 음향이 쾌감(pleasantness)에서 다를 수 있다. 예를 들어, 락(rock) 콘서트와 나이트클럽의 소음 수준은 크지만, 몇몇 사람들은 돈을 지불하고 음향을 들을 만큼 즐긴다. 우리는 아마도 락 콘서트와 같은 음향 수준을 만드는 제트엔진을 듣기 위해 돈을 지불하지는 않을 것이다. 이런 차이는 왜 소음의 정의가 원하지 않는 음향인지에 대한 훌륭한 예시를 제공한다(Smith, 2013).

이 효과는 직장에서 헤드폰을 통해 음악을 듣는 직원에게 나타날 수 있다. 음악의 소음 수준은 종종 환경에서 기계의 소음 수준보다 더 크지만, 더 기분 좋은 것으로 생각된다. 음악이 기계 소음보다 더 흥미로울지 모름에도 불구하고, 소음 수준은 잠재적으로 동일한 효과를 가진다는 것을 명심해야 한다. 즉, 청력 상실은 공장 소음만큼이나 음악을 통해서도 쉽게 일어날 수 있다.

또한 소음은 지속적인가 간헐적인가에 있어서 다르다(Szalma & Hancock, 2011). 지속적 소음은 직원 행동에 효과가 덜해서, 꾸준한 소음이 있는 환경은 소음 진동이나 강도가 변하는 환경만큼 방해가 되지 않는다.

소음과 직원 행동 간 관계에 영향을 미치는 또 다른 요인은 **과업 유형**(*type of the task*)이다. 소음은 지각과 관련된 과업보다 인지적 기술이나 의사소통과 관련된 과업에 영향을 끼친다(Szalma & Hancock, 2011).

사람들의 **개인차이**(*individual differences*)는 소음이 수행에 영향을 미치는 정도 또

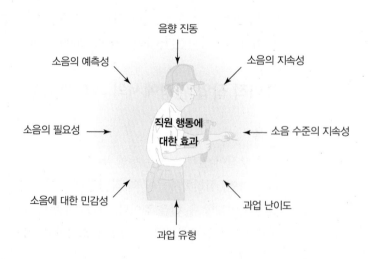

그림 15.2
가능한 소음 효과를
결정하는 요인들

한 결정한다. 각성이 잘 안 되는 경향이 있는 외향적인 사람은 각성이 잘 되는 경향이 있는 내향적인 사람보다 소음에 덜 영향 받는다(Smith, 2013). Weinstein(1978)은 대학생들을 대상으로 소음 민감성에 있어서의 개인차이에 대해서 조사하여, 소음에 민감한 학생들은 소음에 덜 민감한 학생들에 비해 학업 성과가 더 낮았고, 다른 사람의 존재에 덜 편안해 했고, 더 방해를 받았다는 것을 알아냈다. Melamed, Harari, 그리고 Green(1993)은 A유형 성격을 가진 사람들의 혈압과 심박동수가 높은 소음 조건에서는 증가하였지만, 낮은 소음 조건에서는 그렇지 않았다는 것을 밝혔다.

소음의 효과는 또한 소음의 **필요성**(*necessity*)과 **익숙함**(*familiarity*)에 따라 달라진다. 특정 소음—예를 들어, 제조 공장에서의 기계 음향처럼—이 불가피할 때, 직원이 너무 크게 말한다거나 룸메이트가 스테레오를 최대 볼륨으로 켜 놓는 것과 같이 불필요한 소음보다 덜 신경이 쓰인다(Kjellberg, Landstrom, Tesarz, & Soderberg, 1996).

비슷하게, 익숙한 소음은 두 가지 이유로 익숙하지 않은 소음보다 덜 신경이 쓰인다. 첫째로, 익숙한 소음은 처음 듣는 소음보다 덜 방해가 되고 덜 의미를 갖는다. 예를 들어, 사무실 밖으로 기차가 정기적으로 지나가는 것은 갑자기 떨어진 유리잔보다 덜 방해가 된다. 기차가 더 시끄럽더라도, 기차는 예측되고 익숙해서 그리 방해가 되지 않는다. 전쟁 경험이 있는 군인들은 종종 대포 폭파 시에도 잘 수 있었지만, 잔가지가 부러지는 소리나 가까운 발소리에는 즉각적으로 깨어났다고 보고하였다.

또한 익숙한 음향은 청각이 민감성을 잃었기 때문에 덜 방해가 될지도 모른다. 예를 들어, 공장에 처음 들어서면 소음 수준은 매우 높고 방해가 된다. 하지만 몇 분 후 한시적으로 덜 민감해 지기 때문에 소음이 덜 뚜렷해진다.

마지막으로, 소음이 직원 행동의 **유형**마다 다르게 영향을 미친다. 소음은 수행의 양보다 **질**을 더 줄이고(Szalma & Hancock, 2011), 더 빨리 걷고 눈 맞춤을 덜하게 하며(Korte & Grant, 1980), 직무만족을 줄이고(Sundstrom, Town, Rice, Osborn, & Brill, 1994), 그리고 인지적 과업에 대한 수행을 줄이는(Smith & Jones, 1992) 경향이 있다. 그러나 소음의 가장 큰 효과는 아마도 수행보다는 직원 건강과 사기에 있을 것이다.

그림 15.3에 나타난 것과 같이, 연구들은 높은 수준의 소음(데시벨로 측정된)에 지속적으로 노출되는 것은 복잡한 직무를 수행하는 직원의 혈압을 높일 수 있고(Melamed, Fried, & Froom, 2001), 직장인 질병을 증가시키고(Cohen, 1972), 사람들을 덜 돕게 하고(Fisher, Bell, & Baum, 1984), 공격성과 짜증을 증가시킨다(Quigley, Leonard, & Collins, 2003)고 한다. 심지어 낮은 수준의 사무실 소음조차도 직원 스트레스를 증가시키고 과업 동기를 감소시키는 것으로 나타났다(Evans & Johnson, 2000).

소음은 또한 사람들로 하여금 주의초점을 좁혀서 가장 중요한 자극 한 가지에

소음의 원인	소음 크기(데시벨)	소음의 효과
로케트 발사	180	
	170	
	160	
	150	
총 발사	140	
제트기 이륙	130	짧은 노출이 영구난청을 야기할 수 있음 (Tranhiotis & Robinson, 1979)
	125	
디스코텍	120	
리벳기	115	법적 최대 소음 노출
잔디깎기	110	이 수준에서는 대화가 이루어지지 않음
	105	
평직기	100	혈압증가(Burns, 1979)
믹서기	95	인지수행 감소(Hockey, 1979)
		질병과 신체불만증가(Cohen, 1972)
	93	화난 사람들의 공격성 증가 (Donnerstein & Wilson, 1976) 운전 수행 감소(Finkelman, Zeitlin, Filippi, & Friend, 1977)
교통체증	90	8시간 지속되는 소음의 법적 허용 수준(OSHA 지침)
컴퓨터 카드 검공기	85	도움 행동 감소(Matthews & Canon, 1975)
기차(100피트 거리)	80	반응 시간 3% 감소(Lahtela, Niemi, Kunsela, & Hypen, 1986)
차	75	
시끄러운 음식점	70	전화통화 어려움
	68	교정 시 문법 오류의 탐지 감소(Weinstein, 1977)
	65	민감한 사람에게 청각 손실 발생
보통의 연설	60	
	50	
보통 가정 소음	40	
작은 속삭임	30	
	20	
	10	
호흡	0	

그림 15.3
다른 수준에서의 소음 효과

OSHA = 미국 산업안전보건공단

만 집중하게 한다. 한 실험에서, Korte와 Grant(198)는 특이한 물체(예, 가로등 기둥에 묶인 밝은 색의 풍선)와 사람(큰 핑크 모자를 쓴 한 여성)을 분주한 쇼핑가 인도를 따라 놓았다. Korte와 Grant는 그 후 쇼핑객에게 특이한 것을 보았는지 묻고, 그들이 보았을 수 있는 특이한 사람과 물체의 목록을 읽어 주었다. 교통 소음이 높았을 때, 쇼핑객들의 35%만이 그 항목들을 알아챈 반면, 소음이 낮았을 때는 50% 이상이 알아챘다. 주의가 그렇게 좁아지는 것은 많은 자극을 신경 써야 하는 직업인들(예를 들어, 경찰관이나 안전 조사관)의 수행 수준을 감소시킬 수 있지만, 단지 몇 개의 다른 자극에만 집중할 필요가 있는 직원의 수행에는 도움이 될 수도 있다(Broadbent, 1971).

소음감소. 소음이 직원 사기, 건강, 그리고 수행에도 영향을 미친다는 것을 감안

표 15.3 법적으로 허용된 소음 최대 노출

노출 시간	최대 소음 수준(데시벨)	
	OSHA 제한	NIOSH 권고
8	90	85
7	91	
6	92	
5	93	
4	95	88
3	97	
2	100	91
1.5	102	
1	105	94
0.5	110	97
0.25	115	100

OSHA = 미국 산업안전보건공단; NIOSH = 미국립직업안전건강연구소(미질병관리본부)

하여, 고용주들은 다양한 방법들을 사용하여 소음 문제를 해결하거나 최소화하려고 시도해 왔다. 그중 한 가지는 각기 다른 데시벨 수준에서 소음에 노출되는 시간을 법적으로 제한하는 것이다. 표 15.3에서 보는 것과 같이, 미국 산업안전보건공단(Occupational Safety and Health Administration: OSHA)에서 정한 법적 제한은 미국 국립직업안전건강연구소(National Institute for Occupational Safety and Health: NIOSH)에서 권고하는 제한처럼 엄격하지 않다.

두 번째 방법은 카펫을 깔고 음향장치를 한 천장을 이용하여 환경을 바꾸는 것이다(Sundstrom et al., 1994).

세 번째 방법은 직원에게 들리는 원하지 않는 소음의 양을 줄이는 것이다. 예로는, 직원들이 보호 귀마개와 이어머프를 착용하거나 소음의 진원지로부터 멀리 떨어진 방음 지역에서 일하는 것을 포함한다. 한 연구에서, 시끄러운 공장에서 청력보호장비를 사용하는 것은 직원의 적대적 행동을 줄였다(Rabinowitz, Melamed, Feiner, & Weisberg, 1996). 이러한 방법들이 직원 건강에 미치는 효과를 제한할지 모르지만, 이들은 또한 특정 유형의 소음에 주의를 기울이거나 특정 유형의 소음을 탐지해야 하는 직무에서의 수행을 줄일 수도 있다(Mershon & Lin, 1987).

소음 문제를 제한하기 위해 사용하는 또 다른 방법은 공학기술을 통하는 것이다. 즉, 발산되는 소음의 실제 양을 줄이는 것이다. 예를 들어, 기계의 고무 패드는 진동을 줄임으로써 소음을 줄이고, 기어 대신에 벨트 구동을 사용하는 것은 여러 가지 기계 소음을 줄인다. 한 연구에서, 사무실 소음을 가리기 위해 백색소음(white noise)을 사용하는 것은 인지 과업에서의 수행을 증가시켰다. 그러나 백색소음집단은 여전히 소음이 없는 집단보다 수행이 떨어졌다(Loewen & Suedfeld, 1992). 사무실에서는, 통풍 체계를 통한 기류(airflow)가 백색소음의 원천으로 작용할 수 있다.

이 논의는 소음의 잠재적 폐해에 초점을 맞췄으나, 소음은 작업 환경에 이로울 수도 있으며, 특히 경고의 방법으로 이로울 수 있다. 예를 들어, 큰 소음은 작업자들에게 지게차가 후진하고 있음을, 큰 호각소리는 인부들에게 집에 갈 시간임을, 경보음은 기계가 오작동한다는 것을 알린다.

온도

작업장 환경과 관련된 또 다른 중요한 쟁점은 기온이 직원 스트레스, 수행, 그리고 건강에 미치는 효과이다. 건설업과 철강업에서의 직무와 같은 많은 직무들은 뜨거운 열을 받으며 일하고, 인명구조와 정육과 같은 다른 직무들은 극한의 환경에서 일한다.

아마도 온도의 효과에 대한 가장 좋은 시작은 어떻게 신체가 이상적인 체온을 유지하는가를 기술하는 것이 아닌가 한다. 체온이 정상보다 높을 때, 우리는 두 가지 중 한 가지 방법으로 식힌다. 한 가지는 과한 열을 신체로부터 방사하는 **발열**을 통한 것이다. 두 번째는 과한 열을 땀으로 배출하는 **발산**을 통한 것이다.

체온이 정상보다 낮을 때 혈관이 수축한다. 이 과정은 추위에 대항하여 보온을 돕지만, 혈액순환을 저하시켜 마비를 일으키기도 한다. 그렇기 때문에 추울 때 감각을 잃는 첫 신체부위가 우리의 발과 손인 것이다. 순찰을 도는 경찰관들이 혈액순환을 자극하기 위해 추운 날씨에서 발을 동동 구르는 것을 자주 볼 수 있다.

다음으로 우리는 다양한 요인들이 **유효온도**에 어떻게 영향을 미치는지, 즉, 우리가 환경을 얼마나 뜨겁거나 차갑게 느끼는지를 이해해야 한다. 이론적으로, 유효온도는 기온, 습기, 기류, 그리고 존재하는 물체의 온도, 네 가지 구성요인을 가진다. 그러나 보통은 기온과 습기만을 고려하여 계산된다. 유효온도는 단순한 기온 이상이라는 것을 주지해야 한다. 네바다 주 사막에서의 화씨 90도는 조지아 주 습지에서의 90도

> **발열(radiation)** 열을 방사하여 정상 체온을 유지하기 위한 한 가지 방법
>
> **발산(evaporation)** 과도한 열을 땀 분비로 줄여서 체온을 유지하는 한 가지 방법
>
> **유효온도(effective temperature)** 환경이 얼마나 덥거나 춥게 느껴지는지를 결정하는 기온, 습기, 기류, 그리고 발열의 조합

표 15.4 기온과 습기의 기능에 따른 유효온도

습기(%)	기온(℉)					
	41	50	59	68	77	86
100	41	52	64	78	96	120
80	41	52	63	75	90	111
60	40	51	62	73	86	102
40	40	51	61	72	83	96
20	39	50	60	70	81	91
0	39	50	59	69	77	86

보다 더 시원하게 느껴진다. 표 15.4와 같이, 습기가 더 높으면 기온이 더 덥게 느껴지고 유효온도도 더 올라간다.

습기에 더해 기류 역시 중요하다. 호수나 바다로부터 오는 산들바람에 안도감을 느꼈던 기억이 있을 것이다. 기온은 아마도 변함없었을 것이지만, 유효온도를 따라 불쾌함도 줄었을 것이다. 비슷하게, 겨울을 더 춥도록 만든 "칼바람"도 기억할 수 있을 것이다.

마지막으로, 유효온도는 환경에 존재하는 다른 물체로부터 방사되는 열에 의해 영향을 받는다. 예를 들어, 인조잔디를 사용하는 실외체육관의 경기장 온도는 관중석의 기온보다 보통은 훨씬 높은데, 이는 인조잔디가 방출하는 열 때문이다. 이런 발열 효과의 다른 예로는 혼자 앉아 있는 것보다 다른 사람들과 함께 앉아 있을 때 훨씬 더 덥게 느껴진다거나, 해변에 앉아 있을 때보다 누워 있을 때 훨씬 더 덥게 느껴지는 것을 포함한다.

본 저자는 기온이 벌써 화씨 100도를 웃돌 때, 인도로부터 방출되는 열이 15도를 더해 걷기조차 힘들었던 수많은 LA에서의 나날들을 기억할 수 있다. 마찬가지로, 야외 판매원이 화씨 85도의 온도에서 괜찮을 것이라고 생각하는 관리자 역시 발열에 의한 유효온도를 고려해야만 한다. 콘크리트 인도 위의 화씨 85도의 기온은 비포장도로 위의 화씨 85도와 동일하지 않다.

기온과 습기 둘 다 발열과 발산을 통해 온도를 낮추는 신체 능력과 상호작용한다. 기온이 체온보다 높을 때 우리는 발열할 수 없다. 습기가 높을 때, 발산을 통해 열을 내리는 것이 더 어렵다. 따라서 고온과 고습은 신체의 "자연냉각시스템"을 덜 효과적으로 만든다.

여기에서 연관된 질문은, 물론, 작업환경에서 유효온도가 낮거나 높을 때 무슨 일이 일어나는가이다. 그림 15.4에 나타난 것과 같이, 대답은 수행이 보통 악화된다는 것이다. 그러나 악화의 정도는 과업 유형, 작업부하(workload), 그리고 허용된 휴식 기간의 숫자와 빈도를 포함한 여러 가지 요인에 의해 결정된다.

과업에 미치는 영향. 연구는 극단적으로 높거나 낮은 온도는 인지, 신체, 지각 과업에서의 수행에 영향을 미칠 수 있음을 지시한다. Pilcher, Nadler, 그리고 Busch(2002)의 메타분석에 의하면, 온도가 화씨 90도를 초과하여 상승할 때 수행이 13.9% 하락하고, 온도가 화씨 50도 미만으로 떨어질 때 14.9%로 하락하였다. 고온은 반응시간과 주의, 지각, 그리고 수학 과제에서의 수행에 가장 큰 효과를 가졌다. 저온은 추리, 암기, 그리고 학습 과제에서 가장 큰 효과를 가졌다. 흥미롭게도, 극단적인 온도는 과제에 쓴 시간이 적을 때 가장 큰 효과가 있는 것으로 보였다. 그래서 우리는 극단적으로 낮은 온도에 결국 적응하여 정상 수준에 가까운 수행을 할 수 있는 것으로 보인다.

직원의 편안과 수행도 중요하지만, 열은 기계와 장비의 수행에도 영향을 미칠 수

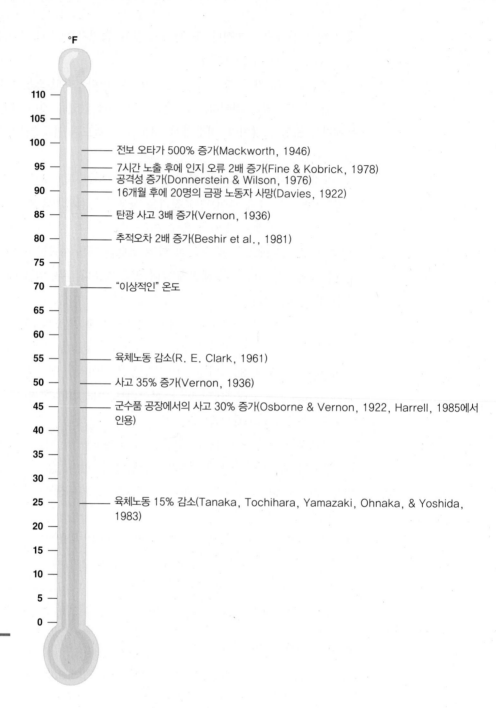

°F

110 —
105 —
100 — ——— 전보 오타가 500% 증가(Mackworth, 1946)
95 — ——— 7시간 노출 후에 인지 오류 2배 증가(Fine & Kobrick, 1978)
——— 공격성 증가(Donnerstein & Wilson, 1976)
90 — ——— 16개월 후에 20명의 금광 노동자 사망(Davies, 1922)
85 — ——— 탄광 사고 3배 증가(Vernon, 1936)
80 — ——— 추적오차 2배 증가(Beshir et al., 1981)
75 —
70 — ——— "이상적인" 온도
65 —
60 —
55 — ——— 육체노동 감소(R. E. Clark, 1961)
50 — ——— 사고 35% 증가(Vernon, 1936)
45 — ——— 군수품 공장에서의 사고 30% 증가(Osborne & Vernon, 1922, Harrell, 1985에서
40 —   인용)
35 —
30 —
25 — ——— 육체노동 15% 감소(Tanaka, Tochihara, Yamazaki, Ohnaka, & Yoshida,
20 —   1983)
15 —
10 —
5 —
0 —

그림 15.4
직원 행동에 미치는
다양한 효과

있다. 예를 들어, 캘리포니아의 한 인쇄 및 제본 회사는 공장 중 한 곳에서 기류와 관
련한 흥미로운 문제에 봉착했다. 그 시설은 접착제를 녹여야 하는 제본기와 함께 다
양한 유형의 인쇄기들을 많이 보유하고 있었다. 여름철 공기로부터 오는 열과 제본
기와 직원 신체들은 결합하여 작업 조건을 불편하게 만들었다.

　　이 문제를 해결하기 위하여, 관리자들은 공장 문과 창문을 열어서 해양 미풍이
공장을 식히게 하여 기류를 증가시키고자 했다. 불행히도, 증가된 기류는 공장을 식

히고 직원들이 더 안락하게 만들었을 뿐만 아니라 자동 제본기를 오작동시켰다. 이 기계들은 종이가 너무 적거나 많게 집어졌을 때 조작자들에게 경고하는 감지기를 사용한다. 미풍은 종이 묶음이 펄럭이게 했고, 이로 인해 감지기를 작동시켰다. 기류 증가가 직원들이 더 안락하고 생산적이게 만들었을지는 모르지만, 장비의 생산성을 감소시킨 것이다. 제본기의 잠재적 결과물이 직원 개인의 결과물보다 훨씬 더 크기 때문에 창문들은 닫혔다. 결과적으로, 직원들은 짜증이 났지만 전반적인 생산성은 증가하였다.

비슷한 경우가 한 직조기에서도 발생했는데, 그 소유주들은 습도가 낮을 때 실이 뜯기는 경향이 있다는 것을 발견했다. 따라서 공기를 건조시키기 위한 노력을 하지 않았다. 불행히도, 공장노동자들에게는 높은 습도가 작업 조건을 불편하게 만들었다. 따라서 실이 뜯기지 않으면서도, 직원들을 행복하고 생산적이게 만드는 이상적인 습도를 만들기 위한 결정을 해야 했다. 그래서 습도는 약간 낮춰졌다.

기온의 다양한 효과에 대한 마지막 예는 야구이다. 기온이 높을 때 선수들은 불편하고, 투수들은 기온이 적당할 때보다 더 빨리 지친다. 그렇지만 높은 온도는 야구공이 맞았을 때 더 멀리 날아가도록 하고, 종종 더 많은 홈런이 나온다. 이런 식으로 높은 기온은 투수들에게는 부정적인 영향을 끼치지만, 타자에게는 긍정적인 영향을 끼친다. 이것이 메이저리그의 투수들이 같은 편 동료가 상대편 타자가 친 공에 의해 맞았을 때 보복하는 경향이 기온이 낮을 때보다는 높을 때 더 쉽게 나타나는 것을 설명할지 모른다(Larrick, Timmerman, Carton, & Abrevaya, 2011).

작업부하와 관련된 효과. 고온은 작업부하가 심할 때 작업 수행에 명백히 가장 큰 영향을 미친다. 즉, 화씨 95도의 유효온도는 큰 망치를 사용하는 사람에게는 빨리 영향을 미치지만, 잡초를 뽑고 있는 사람에게 영향을 미치는 시간은 더 걸린다. 그러나 중간 수준의 열에 노출된다고 해도, "가벼운" 반복적인 동작의 작업을 수행하는 동안에는 위험할 수 있다. 여성 세탁작업자들을 대상으로 한 연구에서, Brabant(1992)는 불편과 심장 압박의 증가를 발견했다. 이러한 결과는 즉각적으로 위험하지는 않았지만, 미래 건강 문제에 잠재적인 영향을 끼쳤다.

휴식 기간. 온도는 작업 활동이 계속적일 때 수행에 가장 큰 효과를 가질 것이다. 잠깐의 휴식으로 열이나 추위가 미치는 효과는 상당히 줄어들 수 있다. 예를 들어, 대부분의 사람들은 화씨 90도에서 대략 120분 동안 수행에 손상없이 작업할 수 있다. 그러나 화씨 100도에서는 지속적 수행의 최고 시간은 대략 30분이다. 그 시간이 지나면 수행은 떨어지게 된다(Wing, 1965). 그래서 화씨 90도의 온도에서 최대 두 시간 간격으로 편성된 휴식 시간은 수행이 (그리고 직원들이) 악화되는 것을 막는 데 도움을 줄 것이다. 화씨 100도에서는 휴식 시간이 30분보다 더 짧은 간격으로 나타나야 한다.

한 흥미로운 문제가 직원들이 여름 볕에 노출되었을 때 대형 놀이공원에서 발생하였다. 그 공원에는 테마 의상(공원의 명예를 위해 "난쟁이"로 부르겠다)을 입은 여러 명의 직원들이 있었다. 두껍고 무거운 난쟁이 의상을 기온이 거의 항상 화씨 90도에서 100도로 올라가는 여름에도 입었다. 의상을 입은 각 직원의 임무는 공원을 돌아다니면서 고객, 특히 어린이들에게 인사를 하는 것이었다. 그러나 문제는 아이들이 난쟁이들을 때리고 넘어뜨렸을 때 시작되었다(구르는 난쟁이들은 실제로 재밌는 광경이다). 정상적으로 난쟁이들은 유머감각을 유지하고 웃지만, 화씨 100도에서 의상 안에서 한 시간을 보낸 후에는 유머감각을 잃고 똑같이 때리기 시작했다. 아이들을 때리지 않을 때는 열로 인해 기절을 했다. 명백하게 조치가 필요했다.

이 문제를 해결하기 위해 공원 관리자는 난쟁이들이 8시간 대신 4시간 교대 임무를 하도록 했다. 이전의 논의에서 추측할 수 있는 것과 같이 이 해결책은 효과가 없었다. 이유는 외부 기온이 화씨 100도였고, 의상 내 유효온도는 적어도 20도 더 높았기 때문이다. 그렇게 높은 온도에서는 지속적 활동이 30분 내로 수행을 감소시킨다. 효과가 있었던 해결책은, 휴식의 빈도뿐 아니라 열 노출 제한에 대한 지식을 이용하여 난쟁이들이 20분간 일한 후에 에어컨이 작동되는 방에서 잠깐 휴식을 취하도록 한 것이었다.

극단적인 온도에 대한 흥미로운 적응은 스웨덴의 북극권 위에 위치한 얼음호텔에서 찾을 수 있다. 얼음호텔은 벽, 바닥, 침대, 의자, 심지어 샹들리에까지도 온전히 얼음으로 만든 매혹적인 구조물이다. 겨울 동안 호텔 밖 기온은 −30도로 떨어지고, 내부 기온은 일관되게 화씨 30도로 유지된다. 직원들과 고객들이 어떻게 이런 온도를 견디는가? 내부에 있는 동안 방한복, 장갑, 그리고 모자를 착용함으로써 모두들 따끈따끈하게 유지한다. 안내 데스크의 사람들은 누군가 문을 열 때마다 매서운 바깥 날씨에 노출되기 때문에, 접수원들은 안내 데스크에서 30분간 일하고, 교대하여 호텔의 "더 따뜻한" 지역에서 30분을 보낸 후, 다시 30분간 안내 데스크에서 일한다. 적절한 의복과 휴식 기간을 통해 얼음호텔은 직원들의 안전과 생산성을 유지할 수 있다.

작업 일정으로 야기되는 스트레스

교대근무

대부분의 사람들이 오전 8시 또는 9시부터 오후 5시까지 일하지만, 고용인들의 대략 20%는 경제와 안전 요인으로 인해 저녁이나 밤교대로 일한다. 경찰관과 간호사들은, 범죄나 질병이 오후 5시에 멈추는 것은 아니기 때문에 24시간 내내 일해야 한다. 상점 직원들은 저녁 늦게만 쇼핑을 할 수 있는 사람들을 위해 늦게까지 일해야만 한다. 공장 직원들은 공장이 24시간 내내 작동할 때 3배 더 생산적이기 때문에 교대로 일한다.

교대근무가 필수적이고 모든 종업원의 25% 정도에 영향을 미치기 때문에, 연구들은 교대근무의 효과와 부정적일 수 있는 효과를 줄일 수 있는 방법을 찾기 위해 시도하였다. 교대근무에 대한 개관 연구 하나는(Smith, Folkard, Tucker, & Evans, 2011) 저녁과 밤교대 작업이 많은 작업과 건강 관련 부정적 효과를 가진다는 것을 지시한다. 여기에는 다음이 포함된다.

- 수면 문제
- 만성피로
- 사고와 상해
- 위장장애(예를 들어, 변비, 속쓰림, 방귀)
- 심혈관 장애
- 암 위험 증가
- 직장 결근 증가(Jamal, 1981)
- 직무만족 감소(Jamal, 1981)
- 직무수행 감소(Smith, Totterdell, & Folkard, 1995)
- 사회문제와 가족문제 증가(Jamal, 1981; Presser, 2000)

일주기 리듬(circadian rhythm) 모든 사람들이 생리 기능을 유지하는 24시간 순환

이렇게 부정적인 효과의 상당수가, 각 개인에 의해 유지되는 생리 기능의 24시간 순환인 **일주기 리듬**에서의 교란 때문에 발생한다고 생각된다. 예를 들어, 대부분의 사람들은 밤에 자고 아침, 점심, 저녁에 먹는다. 각 기능(먹거나 자는)을 위한 정확한 시간에는 개인차가 있겠지만, 사람들은 일반적으로 똑같은 양상을 따른다. 저녁과 늦은 밤에 교대근무를 하는 것은 이 양상을 교란하고, 종종 소화, 식욕, 수면, 그리고 다른 건강 문제를 야기한다(Price, 2011). 불행히도 우리는 교대근무에 "익숙해"지지 않고, 밤교대에 지속적으로 노출된다면 이러한 효과들은 악화된다(Folkard, 2008; Kaliterna, Vidacek, Prizmic, & Radosevic-Vidacek, 1995). 예를 들어, Garbarino(2004)는 교대근무를 하는 이탈리아의 경찰이 교대근무를 하지 않는 작업자들보다 더 많은 수면 장애를 보이고, 교대근무를 하는 기간이 길어질수록 수면 장애가 더 심해진다는 것을 밝혔다.

교대근무의 심리적 그리고 사회적 효과들 중 상당수는 직원의 일정과 다른 사람들의 일정이 양립할 수 없다는 것에서 기인한다. 즉, 밤에 일하고 아침에 자는 사람은 오후에야 사람들과 친교를 할 준비가 될지 모른다. 불행히도 그때는 주변에 있는 사람들이 별로 없다. 가족들이 활발할 때 그 직원은 자고 있고, 따라서 조용히 해야 한다.

그림 15.5에 나타난 것과 같이, 많은 요인들이 교대근무가 한 직원에 영향을 미

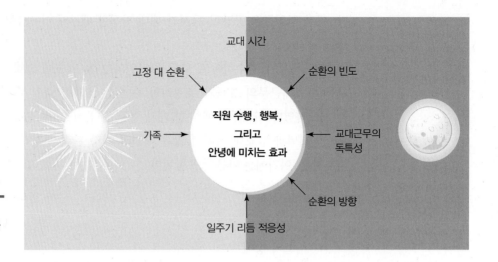

그림 15.5
교대근무 효과에 영향을
미치는 요인들

치는 정도를 결정한다. 예를 들어, 가족과 함께 사는 직원들은 수면 일정을 가정 내다른 사람들의 수면 일정에 맞춰야 하기 때문에, 혼자 사는 직원들보다 더 많은 영향을 받을 것이다(Smith & Folkard, 1993). 다른 중요한 요인들은 교대의 독특성, 교대가 고정되어 있는지 순환하는지, 순환의 빈도, 그리고 개인차이이다.

교대의 독특성.   교대근무의 사회적 효과는 만약 같은 지역의 다른 조직들도 교대시간을 사용한다면 상당히 줄어들 수 있다. 교대를 하는 조직의 비율이 높을수록 저녁에 여는 상점과 식당의 숫자가 더 늘어나고, 만날 수 있는 다른 사람들의 숫자도 더 늘어난다.

고정 대 순환교대.   교대는 고정되거나 순환될 수 있다. 고정교대는 직원 집단이 분리되어 있어서 영구적으로 일부는 주간교대로 일하고, 일부는 오후교대로 일하고, 나머지는 야간교대로 일한다. 순환교대는 한 직원이 세 교대 모두를 순환하여 한 동안 주간교대로 일하고, 그 후 오후교대로 바꾸고, 그 후 야간교대로 일한다. 교대를 사용하는 미국과 캐나다 623개 기업을 대상으로 한 조사에서 66%가 고정교대보다는 순환교대를 사용하였다(Circadian Technologies, 2002).

순환교대의 원리는 각 직원이 주간교대로 일할 수 있도록 허용된다면 오후와 야간교대로 일하는 부정적 효과가 줄어들 수 있다는 것이다. 고정교대는 전체 직원의 2/3가 일주기 리듬과 맞지 않는 시간대에 일함에도 불구하고, 영구적으로 동일교대에 있는 것이 교대를 변화시키는 것보다 신체적으로 더 잘 적응할 수 있도록 한다는 것이다. 이는 각 교대 변화에 적응하기 위해서는 이틀이 필요하다는 것을 고려하면 더욱 그렇다.

교대 순환에 대한 연구는 고정교대가 순환교대보다 수행, 신체적과 심리적 문제에서 더 적은 문제를 도출한다고 제시한다(Buddhavarapu, Borys, Hormant, &

Baltes, 2002; Frese & Okonek, 1984; Jamal & Jamal, 1982; Verhaegen, Cober, de Smedt, & Dirkx, 1987). 예를 들어, Jamal(1981)은 고정교대를 하는 직원들이 순환교대를 하는 직원들보다, 결근과 지각이 더 적었고, 직무만족과 사회 참여가 더 많았으며, 정신 건강이 더 좋았다고 보고하였다. 메타분석(Buddhavarapu et al., 2002)과 전통적 문헌 고찰(Wilkinson, 1992)의 결과들은 고정교대가 순환교대보다 우월하고, 특히 산업 노동자에게 그랬다고 결론지었다.

순환의 빈도. 고정교대가 순환교대보다는 개인에게 더 좋지만, 오후와 야간교대에 갇혀 있다고 느끼는 직원들이 주간에 일할 기회를 갖기를 주장하기 때문에, 때로는 교대가 순환되어야 한다. 그런 상황에서는, 교대 순환의 빈도가 반드시 고려되어야 한다. 즉, 교대가 매일, 매주, 매달 일어나야 하는가? 2002년의 교대근무 시행 조사 (Shiftwork Practices Survey; Circadian Technologies, 2002)는 교대 순환을 하는 조직의 47%가 교대를 매주 순환하고, 15%가 2주에 한 번씩, 그리고 10%가 매달 순환한다고 보고하였다.

메타분석 결과들은 고정교대가 순환교대보다 수면 문제가 더 적고, 순환교대가 느린 것이 빠른 순환교대보다 수면 문제가 더 적다고 지시하였다(Pilcher, Lambert, & Huffcutt, 2000). 만약 교대가 순환된다면, 순환이 시계 방향으로 일어나야 한다 (Circadian Technologies, 2002). 즉, 아침 교대자들은 시작 시간이 더 늦어져야 한다 (Barton & Folkard, 1993; Knauth, 1996). 교대 순환 사이의 휴식 기간은 적어도 이틀이어야 순환의 부정적 효과를 줄일 수 있다(Totterdell, Spelten, Smith, Barton, & Folkard, 1995).

개인차이. 교대근무의 효과와 관련된 마지막 요인은 직원들의 개인차이이다. 신체 시계에서의 차이로 인해 모든 직원들이 교대근무에 동일하게 반응하지 않을 것이라는 것이 자명하다. 실제로, 우리 모두는 "올빼기형 인간" 혹은 "아침형 인간"이라고 주장하는 사람들을 알 것이다. 시간 선호에 있어서의 이런 개인차이는 아침형 인간인지 저녁형 인간인지를 결정하는 **일주기성 인자**(*chronotypes*)라고 불린다.

소위 말하는 아침형 인간과 저녁형 인간을 구분하기 위해서 여러 설문지가 개발되었다. 이들 가운데 가장 좋은 설문지는 아마도 Smith, Reilly, 그리고 Midkiff(1988)가 개발한 것이다. 이 척도는 다른 세 개의 척도들로부터 가장 신뢰성이 있는 타당한 문항들 13개를 추출하여 구성하였다(Reilly & Smith, 1988). 이런 척도는 직원을 채용하여 그들에 맞는 최적의 교대에 배치하는 데 사용될 수 있다. 외향적인 사람들은 내향적인 사람들에 비해 저녁형 인간이 많다(Schröeder, 2010). 남자들은 여자들보다 교대근무에 더 잘 적응하고, 교대근무는 젊은 직원들보다 나이든 직원들에게 더 영향을 미친다(Oginska, Pokorski, & Oginski, 1993).

야간부업

야간부업(moonlighting) 한 개를 초과하는 직무에서 일하는 것

이전에 언급한 것과 같이, 압축주간노동일수(compressed workweek)에 대한 염려 중 하나는 직원 피로의 가능성이다. 동일한 염려가 직업이 하나보다 더 많은, 즉, **야간부업**을 하는 직원들에게 적용된다. 예를 들어, 한 직원이 Ford Motor Company에서 기계 조작원으로서 주간교대로 일하고, 7-Eleven 편의점에서 점원으로서 야간교대 일을 할지 모른다. 사람들은 보통 여분의 금전을 원하거나 요해서 야간부업을 한다. Alboher(2007) 돈을 더 벌기 위해 부업을 하는 사람들과 겸업(예를 들어, 변호사/조경사)을 하는 사람들을 구분한다. 겸업을 하는 사람들은 돈이 더 필요해서가 아니라 두 번째 경력을 즐기기 때문에 또 다른 직업을 갖는다. 최근의 조사에 의하면, 미국 근로자의 5%에서 7%가 두 개 이상의 직업을 갖고 있다(Krell, 2010). 부업을 하는 사람들과 겸업을 하는 사람들 모두 초과 노동이 주업에서의 수행과 결근에 미치는 영향에 대한 염려를 불러일으킨다.

야간부업의 효과를 조사한 연구는 많지 않다. Jamal(1981) 및 Jamal과 Crawford(1984)는 여섯 개의 조직에 근무하는 직원 400명 이상을 조사하여, 정신건강, 삶의 질, 직무수행, 그리고 조직으로부터의 이직의도에 있어서 부업을 하는 사람들과 하지 않는 사람들 사이에 차이가 없다는 것을 밝혔다. 그러나 부업을 하는 사람들은 그렇지 않은 사람들보다 일 년간 하루 정도를 더 결근하였다.

Arcuri와 Lester(1990), Miller와 Sniderman(1974), 그리고 Mott, Mann, McLoughlin, 및 Warwick(1965)은 부업에 대한 어떠한 부정적인 효과도 찾지 못했다. 실제로 Mott과 동료들(1965)은 부업을 하는 사람들이 그렇지 않은 사람들에 비해 지역사회에 더 잘 적응하고 더 활발하게 활동한다고 보고하였다. 부업으로 인한 부정적 효과가 거의 없는 것으로 보이기 때문에, 부업을 금지하는 조직은 별로 없다. 사실 대부분의 주에서는 금지하는 것이 불법이다. 대신, 대부분의 조직들은 이해관계의 갈등이 있을 수 있는 부업(예를 들어, 경쟁사에서 일하는 것)을 하거나, 다른 직업에서 회사 장비를 사용하거나, 직무 시간에 다른 직업을 수행해야 하는 부업을 금지하는 정책을 가지고 있다.

스트레스의 다른 원천들

사소한 좌절

사소한 좌절은 우리가 매일 만나는 스트레스이고, 여기에는 교통체증이나 도서관에서 필요한 정보를 얻지 못하는 것과 같은 짜증이 포함된다. 사소한 좌절은 우리의 인내를 시험하지만, 그 자체로는 문제가 아니며 보통은 한두 시간 정도로 길게 지속되지 않는다. 그렇지만 만약 우리가 좌절을 건강하게 표출하지 못한다면, 좌절은 천천히 쌓

여 우리를 통제한다. 그러면 이런 단기적 좌절들이 다음 날, 또 그다음 날로 넘어가게 되고, 마침내 장기적 스트레스원이 된다.

사소한 좌절은 조망수용을 통해 관리할 수 있다. **조망수용**은 좌절을 1점부터 10점까지의 척도로 평가하는 것을 의미하며, 10점이 높은 수준의 짜증을 의미한다. 저자의 친구 중 한 명은 모든 것을 삶과 죽음의 저울로 달았다. 그는 잠재적으로 스트레스를 유발하는 상황에서, 자신에게 "이것이 죽음만큼 나쁜가?"하고 질문을 한다고 한다. 그는 베트남에 참전했었고, 그곳에서 자주 죽음을 직면했으며, 많은 동료들이 죽는 것을 보았기 때문에, 그가 대면하는 대부분의 상황들은 매우 낮은 점수를 받았다. 결과적으로, 그는 매우 평화롭고 느긋한 사람이 되었다. 우리 대부분은 죽음에 가까운 경험을 해 보지 못했기 때문에 생활 사건들을 죽음과 관련해서 생각할 수 없다. 그러지만 우리 역시 스스로에게 "그 사건이 얼마나 중요한가? 하루를 망치거나, 심장발작의 위험을 높이거나 혹은 그것을 위해 죽을 정도로 중요한가?"를 질문할 수 있다. 조망수용이 어떻게 작동하는지 보라. "침소봉대"는 스트레스의 장기적 효과에 대처하는 것을 방해할 수 있다는 것을 명심해야 한다.

예견하기

예견하기로부터 오는 스트레스는 미래에 대해 끊임없이 걱정하고 "만약?"에 대해 시간과 에너지를 낭비하는 것에서 발달된다. 우리가 통제할 수 없는 사건(외계인으로 인한 세상의 종말과 같은!) 혹은 절대로 일어나지 않을 사건에 대한 지속적인 안달, 초조는 우리를 정신적으로 쇠약하게 할 뿐만 아니라 정서적으로나 신체적으로도 매우 소모적일 수 있다. 예견하기는, 우리가 계속해서 정신과 신체를 두렵고 불안한 상태로 유지하기 때문에 매우 빠르게 장기적 스트레스가 된다. 통제할 수 없는 부분이 있다는 것을 인지하고 그것에 대한 걱정을 멈추는 것이 예측하기로부터 오는 스트레스를 제거하는 핵심이다.

잔여스트레스

잔여스트레스는 우리가 "보내기"를 거부하는 이전의 스트레스 상황으로부터 전이된 스트레스이다. 사소한 좌절은, 우리가 그런 일상의 문제를 효과적으로 다루지 못하고 계속해서 되새긴다면 잔여스트레스가 될 수 있다. 많은 사람들은, 그들을 지속적인 스트레스 상태로 유지하게 하는 과적의 상황으로부터 오는 유감, 상처 혹은 분노를 계속해서 가지고 있다. 예를 들어, 갑자기 끝나버린 연애를 해 본 적이 있는가? 당신이 그 관계가 끝나기를 원하지 않았다면, 당신은 매우 상처를 받고 화가 났을 수도 있다. 그렇다면 그 상황에 대해 생각할 때마다 당신은 다시 화나고 상처받는다. 많은 사람들은 관계가 끝나고 오랫동안 그런 나쁜 감정들을 계속해서 들추어낸다. 그러면 스트레스 과정이 재순환되는 것이다. 잔여스트레스는 거의 항상 장기적이다. 만약 해결되지 않

조망수용(perspective taking) 모든 조건을 고려하거나 최악의 상황을 고려하여 하나의 잠재적 스트레스원이 얼마나 나쁜지를 평가하는 것

예견하기(forecasting) 미래에 대한 끊임없는 걱정

잔여스트레스(residual stress) 이전의 스트레스 상황으로부터 전이된 스트레스

는다면 그것은 우리의 신체적 정신적 건강을 갉아 먹고 마침내 우리는 그것의 노예가 된다. 이런 유형의 스트레스는 과거의 부정적 경험에 대처하기 위해 용서와 같은 긍정적 방식을 배우는 치료와 상담을 받게 한다.

스트레스 결과

개인적 결과

우리가 스트레스에 반응하는 방식은 황폐한 결과를 가져올 수 있다. 예를 들어, 화나 격노로 반응하는 것은 가족원이 상처받게 하고, 실직을 하고, 법적인 문제를 일으킬 수도 있다. 술이나 약물을 이용하여 대처하는 것은 중독, 관계 손상, 그리고 심지어 죽음도 이끌 수 있다. 스트레스하에서 우리가 만드는 손상된 결정은 재정적으로도 부정적 결과를 가져올 수 있다. 한 흥미로운 연구에서, Repetti와 Wood(1997)는 작업 스트레스가 30명의 일하는 엄마와 미취학 아동 사이의 관계에 미치는 효과를 조사하였다. 이 연구의 결과, 스트레스가 높았던 근무일에는 엄마가 아동에게 덜 자주

스트레스원	스트레인	행동
개인적	**심리적**	**건강**
결혼문제	우울	흡연
가족문제	불안	음주
건강문제	분노	약물 남용
재정문제	수면문제	
일상의 귀찮은 일들(hassles)		**작업 관련**
잔여스트레스	**신체적**	이직
직업적	질병	생산성 저하
직무특성	심혈관 문제	작업장 폭력
역할갈등	두통	역할
역할모호성	관절 통증	
과부하		
조직적 특성		
개인-조직 부합		
작업 환경		
변화		
다른 사람들과의 관계		
동료문제		
상사문제		
어려움과 분노		
고객		
권한행사 감소		
성격/습관		
A유형		
회의주의		
예견하는 경향		
식이조절		
운동		

그림 15.6
스트레스 과정

말을 걸고, 애정을 덜 표현하는 것으로 나타났다.

　　그림 15.6에 보이는 것과 같이, 스트레스에 대한 수많은 신체적 반응이 있다. 어떤 사람들은 극한의 스트레스하에서 땀을 흘린다. 예를 들어, 많은 사람들이 채용 면접이 매우 힘들고 땀을 흘리게 한다고 한다. 두통과 신체 통증 또한 스트레스의 증상이다. 편두통을 앓는 경향이 있다면 스트레스 상황에서는 더 자주 나타난다는 발견을 할지 모른다. 종종 신체 통증은 스트레스하에서 긴장을 한 결과이다. 많은 사람들은 아침에 일어날 때, 등, 목, 어깨, 그리고 두 다리가 매우 아프다고 보고하는데, 이는 수면 중의 긴장에 기인할 수 있다. 스트레스에 대한 극단적인 신체적 반응에는 탈모를 포함한다. 우리는 하루에 50에서 100가닥의 머리카락을 잃고, 이들은 새 모발로 대체된다. 그렇지만 뭉텅이로 빠지는 모발은 종종 고도의 스트레스를 알리는 신체 반응일 수 있다.

　　스트레스는 "조용한 살인자"로 불리는데, 그 이유는 이미 읽은 것과 같이 스트레스가 우리의 면역체계를 조용히 갉아 먹어서 질병을 예방하거나 질병에 대항하는 신체능력을 약화시킬 수 있기 때문이다. 스트레스는 종종 혈압, 심장 발작, 뇌졸중 혹은 그보다 더한 죽음을 상승시키는 원인이 된다. 스트레스는 또한 스트레스에 대한 반응으로 분비된 호르몬이 관절을 붓게 할 수 있기 때문에, 류머티스성 관절염의 증상을 증가시킬 수도 있다(Carpi, 1996). 실제로, 연구는 관상동맥 심장병과 같은 질병의 50%에서 70%가 적어도 부분적으로는 스트레스에 기인할 수 있다고 제안한다. 감기재발과 같은 사소한 우환조차도 최근의 스트레스 사건에 기인할 수 있다

　　우울은 스트레스와 연관된 또 다른 건강문제이다. 우리 대부분은 때때로 우울의 일종을 경험한다. 보통, 양질의 밤잠이나 친구와 가족과 함께하는 것이 그러한 우울을 떨쳐낼 것이다. 때로는, 우리의 감정을 정리하고 사건을 조망할 수 있게 도와주는 상담가를 몇 번 방문하는 것이 도움이 된다. 그러나 장기적 스트레스는 궁극적으로 임상적 우울을 유발할 수 있고, 이에는 종종 의학적 치료가 요구된다. 추가적으로, 오래 끄는 우울은 긴장항진(hypertension)과 같은 건강 문제와 연관이 된다(Meng, Chen, Yang, Sheng, & Hui, 2012). 우울을 조기 진단하고 치료하는 것이 관리의 핵심이다. 만약 우울로부터 고생하고 있다고 느껴진다면, 대학의 상담센터에서 상담받기를 원할 수 있다. 혹은 만약 동네에 공공 정신건강 센터가 있다면, 그들에게 연락해라. 상담가에 대한 어떤 방문이라도 비밀이 보장된다.

조직적 결과

직무수행

연구들은 일반적으로 높은 수준의 스트레스가 여러 과업에서의 수행을 줄인다고 한다. 그러나 이전에도 언급한 것과 같이, 스트레스와 직무수행 간의 비선형 관계가 존

재할 수 있는데, 이는 중간 수준의 스트레스가 실제로 생산성을 향상시키고, 에너지 수준을 증가시키고, 창조성을 고양한다는 점에서 그렇다(Muse et al., 2003).

탈진

탈진(burnout) 스트레스에 압도된 심리적 상태

스트레스에 압도된 상태인 **탈진**은, 보통 동기가 높은 전문직 종사자가 많은 직무요구를 직면하면 경험된다. 탈진의 초기 연구는, 직원들이 탈진을 경험하기 가장 쉬운 건강 관련 분야의 종사자들을 대상으로 하였다. 그러나 시간이 지나면서 정의가 확장되어, 정서적으로 소진되고, 더 이상 다른 사람이나 직무에 긍정적인 영향을 미칠 수 없다고 느끼는 다른 직종의 종사자들을 포함하였다. 탈진을 느끼는 사람들은 에너지가 부족하고 좌절과 긴장으로 가득 차 있다. 탈진의 정서적 증상들은 일에 대한 흥미 상실, 직무수행 감소, 무기력감, 그리고 수면 문제를 포함한다. 표 15.5에 나타난 것과 같이, 행동적 증상들은 동료, 고객, 그리고 조직에 대한 냉소(cynicism)를 포함한다. 탈진한 사람들은 함께 일하는 다른 사람들(예를 들어, 고객)에 대한 분리(detachment)를 보인다. 궁극적으로 그들은 우울해지고, 결근, 이직, 그리고 수행 감소로 탈진에 반응한다(Parker & Kulik, 1995).

결근과 이직

생산성 감소와 그로 인한 수익 감소를 야기하는 결근과 이직은 직원들이 신체적 및 정서적 질환에 대항하고자 하기 때문에, 탈진과 스트레스의 시기에 가장 잦다. 미국 노동력의 약 2.3%가 매일 결근을 하고, 결근의 13%는 스트레스에 기인한다(Commerce Clearing House, 2007). 이것을 염두에 두면, "이렇게 질병에 기인한 결근이 스트레스 때문에 생기는 것인가? 아니면 직원들이 스트레스로부터 자유롭기 위해서 일을 빠지는 "정신건강의 날"을 대표하는가?" 하는 질문이 따라온다. Heaney와 Clemans(1995)에 의한 연구가, 스트레스–질병 관계가 결근을 가장 잘 설명하는 것으로 보인다. 그런 결근은 고용주로 하여금 생산성 감소로 인해 한 해 몇 십억의 비용을 들게 하고 의도된 이직의 경고 신호로 사료된다(Berry, Lelchook, & Clark, 2012).

흥미롭게도 직원들이 "정신건강의 날"을 갖는다고 해도 이런 전략은 그리 효과

표 15.5 탈진의 증후

- 에너지 감소
- 생산성 감소
- 잦은 지각
- 불만과 부정정서
- 의기소침
- 긴장과 좌절

- 무기력
- 출근 걱정
- 동료나 조직에 대한 무기력
- 집중 감소
- 건망증

적이지 않다. 병원 간호자를 대상으로 한 연구에서, Hackett과 Bycio(1996)는 스트레스는 결근한 바로 다음 날에는 즉각적으로 줄어들지만, 하루 빠지는 것이 장기적 효과는 없다는 것을 발견했다.

약물과 음주 남용

불행히도, 스트레스 수준이 증가하고 분노가 증가함에 따라 약물과 음주 남용도 종종 증가한다. 대부분의 가정 폭력과 다른 유형의 폭력들은 한 개인이 음주를 하고 있거나 약물을 사용한 후에 발생한다. 이것이 폭력자의 행위를 정당화하지는 못하지만, 약물과 음주가 화 및 격노와 갖는 관계를 나타낸다. 또한 작업장에서 발생하는 폭력에 대한 뉴스 보도가 증가하고 있다. 그런 폭력 사건 중에 많은 것들이 약물이나 음주를 남용한 직원들에 의해 이루어졌다.

조직 내에서 약물과 음주 남용의 문제가 증가하고 있기 때문에, 많은 기업들은 우울과 다른 문제를 경험하고 있는 사람들뿐만 아니라 약물이나 음주 남용이 의심되는 직원들을 보낼, 근로자지원프로그램(employee assistance program: EAP)들을 마련해 놓았다. EAP는 직원 문제를 해결하기 위해서 전문 상담가를 이용한다. 몇몇 대기업들은 자체 EAP 상담가를 보유하고 있지만, 대부분은 사설 기관을 이용하고 이들 기관들은 종종 지역 병원을 통해 운영된다.

많은 조직들은 또한 사람들이 스트레스에 대처하는 방식을 배우는 것을 돕는 스트레스관리 프로그램도 제공한다. 스트레스와 그로부터의 문제를 위한 긍정적 출구가 될 수 있는 조직 프로그램을 보유하고 있는 것은 종종 직원들이 자신들의 삶에 대한 통제권을 다시 얻는 데 도움이 될 수 있다.

스트레스에 대한 우리의 행동적 반응 중 많은 수가 학습된 것이기 때문에, 부정적인 행동들은 고의로 학습을 되돌릴 수 있다. 스트레스관리는 우리에게 긍정적이고 건강한 행동적 반응들을 가르친다. 그 핵심은 우리가 파괴적인 방법을 사용하는 경우들을 인식하고 그것들을 교정할 수 있는 대책을 강구하는 것이다. 그렇게 하지 않는다면 부적절하게 다뤄진 스트레스로부터 오는 결과들을 좋아하지 않을 것이다.

조직들은 스트레스의 결과를 인식하고 있기 때문에, 그에 대한 더 나은 예방책을 마련하기 시작하였다. 예를 들어, 많은 조직들이 정서나 훈육 문제를 보이는, 특히 해고되거나 권고 사직된 모든 직원들이 무료 자원 상담을 이용할 수 있게 한다.

건강관리 비용

스트레스의 개인적 결과와 더불어, 조직적 결과 중 하나는 의료 보험료의 증가이다. 스트레스로 야기된 질병으로 고생하는 사람들에 의한 의료 기관 및 다른 선택권에 대한 높은 사용 때문에, 한때 의료 보험 혜택의 전체 비용을 지불했던 조직들은 증가분을 직원들에게 넘기고 있다. 어떤 직원들에게는 이러한 추가적인 재정 부담이 스트레스의 새로운 원천이 될 수 있다! 해답은 스트레스를 야기하는 질환의 숫자를 줄이고, 그리하여 의학적 도움을 추구할 필요를 줄이는 것이다.

스트레스관리

스트레스를 관리하거나, 나아가 행동을 바꾸어 스트레스에 건강하게 반응하는 것은 스트레스 전, 동안, 후에 나타나야 한다(Tyler, 2003a). 스트레스 발생 전에 관리를 하는 것은, 스트레스의 효과를 다루기 위한 정신과 신체를 준비하는 일상의 실천(예를 들어, 운동)을 통합하는 것을 의미한다. 스트레스가 일어나고 있는 동안 다른 관리 기법을 통합하는 것뿐만 아니라(카페인을 줄이는 것과 같이) 스트레스 전 관리 기법들을 지속시켜야 한다. 마지막으로, (가능하다면) 스트레스원이 제거된 후 스트레스를 계속해서 주도적으로 관리해야 한다. 추가적으로, 고려해야 할 또 다른 것들이 있다. 스트레스 전, 중간, 후를 위한 몇 가지 기법들을 조사해 보자.

스트레스에 대한 계획

스트레스를 주도적으로 줄이기 위해 제안된 기법들 중 몇 가지는 스트레스를 실제로 받고 있는 기간 동안에도 고려될 수 있다. 이것들은 다음 절에서 논의된다.

운동

운동은 심장을 스트레스의 효과에 잘 견딜 수 있게 강하게 유지할 뿐만 아니라 특정 스트레스 상황 동안 스트레스 수준을 줄이는 것도 돕는다. 적어도 일주일에 3번이나 4번 20분 동안 어떤 유형의 운동 프로그램을 삶에 포함하는 것은 좋은 생각이다. 산책, 수영, 달리기, 운동 시합 혹은 계단 오르기는 심혈관계를 강하게 하고, 스트레스 효과에 더 저항적이게 만들기 때문에 훌륭한 혜택을 거둘 수 있다. 잔디를 깎고, 진공청소기를 돌리고, 차를 닦는 것과 같은 집안일조차도 심혈관계를 도울 수 있다. 좋은 소식은 모든 운동이 격렬할 필요는 없다는 것이다. (이 절 후반부에 설명될) 좋은 스트레스 전 이완 기법은 스트레스 동안과 후에도 사용될 수 있다.

　한 운동 프로그램을 시작하기 위해서는 "아기걸음"으로 시작해라. 예를 들어, 직장이나 학교에서 엘리베이터를 타기보다는 계단으로 걸어라. 혹은 완벽한 주차 공간을 확보하기 위해서 주차장을 20바퀴 도는 것을 멈추고, 대신 의식적으로 멀리 주차하여 그 거리를 걸어라. 이런 아가걸음들로부터 조금 더 심각한 일상의 운동 규칙으로 전환해라. 당신에게 잘 맞는 운동을 골라야지 친구가 하고 있다고 고르면 안 된다. 달리는 것을 싫어한다면 하지 말라. 참을 수 없는 운동을 선택해서 스트레스를 더할 필요는 없다. 좋은 예로 저자의 대학원생들 중 많은 이들은 스트레스를 줄이기 위해서 역기를 든다. 그들이 계속해서 내게 함께하자고 요청해오고 있지만, "아침에 복근을 위해 한 시간 동안 운동하고, 저녁에 어깨를 위해 한 시간 동안 운동하는" 그들의 계획은 A형 성격인 본 저자에게는 너무 많은 시간이 드는 것임을 잘 알기 때문에 거절한다. 대신 1970년대에 구입한 믿음직한 운동기기인 정적인 근육운동 도구(Bullworker)를 고수한다.

조직들은 스트레스의 효과를 관리하기 위해서는 운동이 얼마나 중요한가를 깨달았고, 이는 지난 15년 동안 작업장 신체단련 및 건강 프로그램의 증가로 증명된다. 연구는 운동이 혈압과 콜레스테롤을 낮춤으로써 관동맥성 심장 질환을 줄일 수 있다는 것을 보여준다(Pattyn, Cornelissen, Eshghi, & Vanhess, 2013). 나아가 메타분석 결과는 운동을 포함하기도 하는 직원건강증진프로그램(employee wellness program)이 결근 수준을 낮추고 수행 수준을 높인다고 한다(DeGroot & Kiker, 2003).

건강증진프로그램의 효과성에 대한 한 선례는, 북캐롤라이나 주 카토바 군(Catawba County)에 있는 응급의료센터(Emergency Medical Services: EMS)에서 찾을 수 있다. 건강증진프로그램의 설치 이전에, 그 EMS는 직업 관련 상해로 인해 일 년에 평균 2명의 의료보조원을 잃었다. 건강을 증진시키기 위해 EMS는 의료 심사를 실시하여 지역 헬스클럽에 회원권을 제공하였다. 일 년 후에, 결근은 직원 한 명당 평균 78시간에서 57시간으로 떨어졌고, 두 명의 직원이 금연을 하였으며, 직원들의 47%가 체지방을 감량하였다(Bradley, 2004).

웃음

유머는 여러 가지 방법으로 스트레스를 완화한다고 알려져 있다(Deshpande, 2012; Singer, 2000). 첫째, 그것은 스트레스 상황에 대한 새로운 관점을 갖는 데 일조할 수 있다. 아마도 죽음에 대한 많은 농담을 들어봤을 것인데, 그런 농담 중 많은 수가 경찰관, 의사, 그리고 장의사가 말하는 것이다. 그런 농담들의 목적은 감정을 상하게 하거나 무감각을 보이는 것이 아니라, 우리 모두가 조만간 직면해야만 하는 불편한 주제를 더 잘 다루고자 하는 것이다. 우리가 통제할 수 없는 것을 곱씹는 것보다는 그것을 놀리는 것이 더 낫다. 그러나 그런 농담을 할 때는 조심해야 한다. 모든 사람이 그런 유머를 받아들이는 것은 아니기 때문에, 농담을 공유하기 전에 민감성과 상식을 갖춰야 한다.

둘째, 당신이 속상하고 어려운 상황에 있는 것 같이 보일 때, 재밌는 영화를 보거나, 코미디언이 하는 이야기를 듣거나, 혹은 웃기는 텔레비전 프로그램을 보는 것이 그 문제에 대해 다시 합리적으로 생각하기 시작할 만큼 차분해 질 때까지 상황과의 거리를 유지하는 데 도움이 된다.

신체적으로, 웃음은 혈압을 낮출 수 있다. 연구들은 웃기는 영화를 통한 웃음이 심혈관 건강을 증가시킬 수 있다고 한다(Sugawara, Tarumi, & Tanaka, 2010). 그러니 다음에 웃기는 영화를 보러 갈 기회가 있다면 가라! 아니면 일주일에 한 번 이상 방영하는 좋아하는 코미디 쇼가 있다면, 가능한 한 많은 회를 보기를 권한다(그러나 이 수업을 위해 공부하는 것을 잊지는 말아라).

비록 유머가 스트레스를 감소시키는 잠재적 혜택에 대한 많은 글들이 있지만, Martin(2001)의 질적 문헌 개관은 유머가 생각만큼 유용한지 결정하기 위해서는 더 많은 연구가 필요하다고 제안한다. Martin의 개관은 유머가 유용하지 않다고 결론지은 것이 아니라, 판단이 아직 유보되었다는 것이다.

식이조절

스트레스의 효과를 상쇄시키는 것으로 나타난 음식에는 신선한 과일과 야채, 미정제 곡물, 무지방 요구르트를 포함하는데, 이들은 높은 스트레스 기간에 상실하는 것으로 알려진 비타민 B를 함유하고 있다(Posner & Hlivka, 2009). 이들을 하루에 한두 번 섭취하는 것은 스트레스에 주시하는 것에 도움이 될 수 있다! 스트레스의 효과를 줄이는 것을 돕기 위해서, 많은 조직들이 자판기에 더 건강한 물품을 포함하고 있다.

물을 마시는 것은 신체에 수분을 유지하고 일상의 스트레스원에 대처할 수 있게 하는 데 도움이 된다(아마도 화장실로 달려가는 것 역시 스트레스를 줄이고 날씬하게 유지하는 데 추가적인 보너스가 될 것이다!). 카페인은 식단에서 점차적으로 제거되어야 한다. 만약 카페인을 제거할 수 없다면, 적어도 하루 섭취량을 줄이라. 조금의 변화라도 아무런 변화가 없는 것보다는 낫다. 카페인을 얼마나 섭취하고 있는지 인지해라. 생각하는 것보다 더 많이 섭취하고 있을지 모른다. 카페인을 함유하고 있는 것은 콜라나 커피 제품만이 아니다. 초콜릿과 여러 유형의 약품과 다른 음식들도 카페인을 가지고 있다. 만약 식단에서 카페인을 제거하기로 결정했다면, 점진적으로 해라. 매일 대량의 카페인에 익숙한 대부분의 사람들이 갑작스런 중단을 한다면, 메스꺼움, 심각한 두통, 그리고 피로와 같은 금단증상들을 경험한다.

흡연 감소

많은 흡연가들이 흡연이 스트레스로 인한 감정을 줄여준다고 말하지만, 연구는 흡연이 스트레스와 관련된 신체 특징들을 증가시킨다고 보고한다(Kassel, Stroud, & Paronis, 2003). 이것은 연구가 또한 흡연가들이 스트레스를 느낄 때 흡연을 더한다는 것을 보여주기 때문에(McCann & Lester, 1996) 매우 중요한 발견이다. 그리하여 사람들이 흡연을 하는 데 있어, 스트레스를 받고 그 후 흡연을 하면서 더 스트레스를 받기 때문에, 흡연과 스트레스는 악순환이 된다.

수면

인간에게 수면이 절대적으로 얼마나 필요한지를 말하는 연구는 없다. 연구들이 보여주는 것은 수면 박탈이나 부족이 짜증, 피로, 집중력 부족, 그리고 심지어 우울과 같은 부정적인 행동을 야기할 수 있다는 것이다. 음주는 자는 데 도움을 주는 것처럼 보일지 모르지만, 수면에 심각한 영향을 미칠 수 있다. 연구들에서는 자기 전에 두 잔 정도로 가볍게 마신 사람들이 잘 때 밤에 몇 번씩 깬다는 것을 보여준다. 추가로, 자기 전 최소 여섯 시간 동안은 카페인을 멀리해라.

지지 네트워크

가족원이나 친구와 같이 누군가 말할 사람이 있는 사람들이 스트레스를 더 잘 관리할 수 있다고 한다. 당신이 벌써 이것을 경험했을지 모른다. 수업에 갈 기분이 아닐 때, 누군가에게 감정에 대해 말하는가? 그러고 나면 기분이 나아지는가? 때로는, 우리가 믿는 누군가에게 말하는 것이 사물을 조망하는 데 도움이 된다. 따라서 좋은 지지체계가 없다면 하나를 찾아라. 이것은 사람들을 만날 수 있는 대학교 내 특정 집단에 가입하는 것을 의미할지 모른다. 친구들을 만나는 것이 가능한 캠퍼스 강의에 참여해라. 그리고 극단적인 상황에서 스트레스 시기 동안 필요한 지지를 제공할 수 있는 캠퍼스 내외에서 이용 가능한 전문적 도움에 친숙해져라.

자기-권한위임

앞의 14장에서 권한위임에 대해서 배웠다. 권한위임에 대한 문헌 대부분은 조직적, 관리적 관점에서 접근한다. 즉, 그 문헌들은 관리자들이 직원들에게 어떻게 그들의 삶에 영향을 주는 중요한 결정에 대한 통제권을 더 부여함으로써 권한을 위임하는지를 설명한다. 이는 우리에게 영향을 주는 일에 어떠한 조치도 할 수 없는 것이 스트레스의 큰 원천이 될 수 있기 때문에 조직에 중요하다.

　대부분의 문헌이 논의하지 않는 것은 직원들이 어떻게 스스로 권한위임을 학습할 수 있고 학습할 필요가 있는지 하는 것이다. 고용인들의 90%는 고용주들이 스트레스를 줄이기 위해 행동을 취해야 한다고 생각한다. 그러나 조직이 하는 것을 직원들이 통제할 수 없기 때문에, 직원들이 스트레스를 줄이는 자신들만의 방법을 찾는 것이 더 중요하다. 이것은 또 다른 유형의 자기-권한위임이다. 추가적으로, 조직의 의사 결정에 왜 참여할 수 없는지 불평하는 대신에, 직원들은 위원회나 집단 프로젝트에 자발적으로 참여하는 주도권을 가질 필요가 있다. 이것이 상실했다고 지각했던 통제권을 조금이나마 다시 가져오는 한 가지 방법이다.

　개인들은 또한 사적인 삶에서 스스로 권한을 부여할 수 있다. 삶이 자신만 골라 잡아서 비열한 계략을 쓴다고 믿으며 피해자인 척 청승을 떨기보다는, 개인들은 그들이 통제할 수 있는 상황들에 대한 통제권을 얻는 방법을 찾아 학습해야 한다. 이것은 왜 어떤 것이 원했던 방향대로 되지 않았는지를 알고, 그런 일이 다시 일어나는 것을 방지하기 위해 변화를 만드는 데 있어 적극적인 역할을 해야 함을 의미한다. 모두가 당신을 불공평하게 대우한다고 만성적으로 불평하는 것은, 대부분의 사람들에게 삶의 통제권 부족으로 지각되는 것에 대한 행동적 반응이다. 대부분의 피해자 행세는 가족 구성원, 친구, 동료, 심지어 뉴스에 나오는 것과 같이 우리가 모르는 사람들로부터 본보기를 삼은 학습된 행동이다. 그런 행동을 깨기 위해서, 단호함과 의사결정에 대한 워크숍에 참여하는 것이 도움이 될 수 있다. 이런 유형의 워크숍들은 대학, 교회, 지역사회 집단을 통해 종종 제공된다. 만약 그런 훈련에 참여하는 것에 관심이 있다면, 당신의 학교에 무엇이 제공되고 있는지 확인해라.

대처방안

대처기술을 향상시키는 것은 종종 갈등에 대처하는 법을 배우는 것을 의미한다. 이것은 또한 바꿀 수 없는 것을 수용하는 방법을 배우는 것을 의미한다. 저자는 종종 스트레스관리 강의에 참여하는 직장인들에게 조직이 규모를 축소하거나 구조조정을 하는 것이 오늘날 기업의 트렌드라는 사실은 바꿀 수 없다고 말한다. 그것에 대해 걱정하거나 화를 내는 데 시간과 에너지를 쏟는 것은 시간 낭비이다. 그들을 위한 최선의 해결책은 조직의 변화를 충족시키기 위해 그들이 통제할 수 있는 분야를 찾는 것이다. 이것은 해고되어야만 한다면 시장에 적합하게 하기 위해 대학으로 돌아가거나 기술 훈련을 받는 것을 포함한다.

이것은 대학 학생에게도 좋은 조언이다. 학점 4.0으로 졸업할지 걱정하는 것은 정서적으로도 신체적으로도 스트레스이다. 높은 성취 목표를 세우는 것은 존경할 만하지만, 대학에 있는 4년 내내 그것에 대해 걱정하는 것은 생산적이지 않다. 간단한 이완 전략을 위해 경력 워크샵 박스를 확인해라.

삶/일과 관련된 스트레스 감소 개입

표 15.6에 나타난 것과 같이, 맞벌이와 한부모 가족의 증가, 좁은 고용시장, 그리고 길어지는 근무일의 조합으로 인해, 많은 조직들은 직원들이 일과 개인 생활 간 균형을 유지하도록 노력하고 있다. 그런 노력들은 중요한데, 이는 연구가 일-가정 갈등 (work-family conflict)을 겪는 직원들이 그런 갈등이 없는 직원에 비해 몇 배 더 많은 기분, 불안, 그리고 물질남용 장애로 고생하기 쉽다는 것을 보여주기 때문이다 (Frone, 2000). 개인 생활-일 갈등을 줄이려는 조직적 노력은 직원의 스트레스 수준을 감소시키고 정신과 신체 건강을 증진시키는 것을 돕고자 고안되었음에도 불구하고, 자녀양육과 노인부양과 같은 외부 걱정을 가진 직원들이 그런 염려가 없는 직원들보다 결근이 더 많고 생산성이 더 떨어진다는 사실에 의해서도 고무된다. 메타분석 결과는, 일-가족지지 정책을 제공하는 고용주들이 그런 정책이 없는 조직에 비해 더 만족하고, 조직에 더 몰입하고, 조직을 떠날 확률이 더 적은 직원들을 보유할 것이라고 제안한다(Butts, Casper, & Yang, 2013).

이 장에서는 스트레스가 여러 가지 부정적인 효과를 가질 수 있다는 것을 배웠다. 다음은 스트레스를 다루기 위한 몇 가지 조언이다.

이완 기법 사용

복식호흡은 정서적 안정에 특히 도움이 된다. 이것은 앉거나 등을 대고 눕는 편안한 자세로 앉아야 한다. 눈을 감고 왼손을 복부에 오른손을 가슴에 올려놓는다. 평소대로 숨을 쉬고, 코로 숨을 들이마시면서 1부터 4까지 머리로 센다. 둘을 세며 잠깐 쉰다. 그런 후 입을 벌리고 입으로 숨을 내쉬면서 머리로 1부터 6까지 센다. 느리고 규칙적인 호흡을 몇 분간 한 후, 복부는 숨을 쉴 때마다 자유롭게 들어가고 나오면서, 두 손을 천천히 옆구리로 옮긴다. 끝나면 눈을 뜨고 조용히 앉는다.

점진적 근육이완은 신체를 이완시키기 위해 사용된다. 앉거나 엎드린 자세로, 눈을 감고 손과 팔, 얼굴, 목과 어깨, 위와 배, 엉덩이와 허벅지, 종아리, 그리고 발의 근육들을 긴장시킨다. 평소대로 숨을 쉬면서, 몇 분간 각 근육 부위를 각각 긴장시킨다. 긴장된 근육과 이완된 근육의 기분좋은 대조에 초점을 맞추면서 긴장을 천천히 푼다.

명상은 복잡한 마음을 진정시키는 데 도움이 된다. 편안한 자세로 앉아서 두 눈을 감는다. 천천히 복식 호흡을 한다. 마음속으로 한 단어(예를 들어, *차분한*), 문구("평화, 사랑, 기쁨"), 혹은 소리("음")에 초점을 맞춘다. 선택한 것을 머릿속으로 계속해서 반복한다. 그 과정에 수동적인 태도를 채택한다. 자연스럽게 침입적인 생각이 든다면, 천천히 부드럽게 다시 반복적인 음으로 마음을 돌린다. 그리고 15분에서 20분 후에 천천히 눈을 뜬다.

지역 도서관과 병원이 이완 방법에 대한 추가적인 정보를 갖고 있다. 더 알고 싶다면 이들 정보를 이용하면 좋다.

시간관리

시간에 쫓기는 느낌은 스트레스의 큰 원천이 될 수 있기 때문에, 스트레스 전과 스트레스 동안에 시간관리 기법을 사용하는 것은 도움이 될 수 있다(Jex & Elacqua, 1999). 여기에 Mayer(1990)가 제안한 다양한 시간관리 기법 중 일부가 있다.

➡ 오랜 시간에 거쳐 책상을 치운다. 저자는 매학기 말 책상과 사무실을 하루 종일 치운다. 정돈된 2~3주 동안은 훨씬 더 느긋하고, 방문객들도 그렇다.

➡ 당신의 시간에 금액을 부여하고 어떤 활동이 그 정도의 가치가 있는지 생각한다. 예를 들어, 당신의 한 시간이 미화 100달러에 해당한다고 생각하고 매일 아침 동료와 안 좋은 소문을 이야기하는 데 30분을 쓴다면, 자신에게 "그 대화가 미화 50달러의 가치가 있는가?"라고 묻는다. 만약 그렇지 않다면 그 대화는 시간 낭비이다.

➡ "해야 할 일"을 목록으로 만들고, 성취되면 하나씩 지운다.

➡ 약속 일정에 대해 매일 기록하고, 심지어 자신과의 약속도 기록으로 남긴다. 예를 들어, 오전 10시부터 11시까지 전화를 회신하거나 메일을 읽을 일정이 있다고 치자. 이런 자신과의 약속을 다른 회의와 마찬가지로 취급하고, 사람들이 당신을 방해하게 만들지 않는다.

➡ 줄을 서서 기다리는 것을 피하기 위해서, 아무도 그런 일을 하지 않을 때 한다. 예를 들어, 정오에 점심 식사를 하기보다는 오전 11시에 식사를 하거나, 금요일에 은행을 가기보다는 주중에 은행을 가고, 혹은 퇴근 직후에 장을 보기보다는 저녁이나 토요일 아침에 장을 본다.

이런 제안들 중 많은 것들이 합리적으로 보이지만, 실제로 목록을 만드는 것과 같은 시간관리 기법들이 스트레스 감소의 효과가 있는지에 대한 경험적 자료는 명확하지 않다(Adams & Jex, 1999).

자녀양육의 부담 감소

노동부통계(Bureau of Labor Statistics: BLS) 자료는 노동력에 속한 직원들의 40% 이상이 18세 미만의 자녀가 있고, 따라서 여러 가지 자녀양육의 욕구를 가지고 있다고 시사한다. 직원들이 이런 욕구를 충족하도록 돕기 위해서, 자녀양육 문제에 신경 쓰는 조직들이 증가하고 있다. 이러한 증가는 부분적으로 연구가 정기적인 자녀양육 선택권의 부족이 직원들로 하여금 매년 8일의 추가적인 결근을 야기하고, 노동 시간의 상실은 250명 규모의 조직이 매년 평균 미화 75,000달러의 비용을 들이

표 15.6 스트레스 감소 방안을 제공하는 고용주 비율

스트레스 감소 방안	2014 SHRM 조사
대안 작업 일정 제공	
재택근무	59
유연근무제	52
압축주간노동일수	59
직무분담(job sharing)	9
자녀양육 도움	
사내 수유방	28
긴급 시 아이를 직장에 데려오는 것 허용	26
육아 알선 서비스 제공	10
육아 비용 보조	3
노인부양 도움	
노인부양 알선 서비스 제공	11
긴급 노인부양 서비스 제공	<1
직원건강 증진	
근로자지원프로그램(EAP) 제공	74
건강 정보 제공	79
건강 검진 프로그램 제공	47
금연 프로그램 제공	42
헬스클럽 비용 보조	34
체중감소 프로그램 제공	32
사내 헬스클럽 제공	20
스포츠 팀 후원	12
스트레스 감소 프로그램 제공	3
가사 도움	
법률 보조	21
드라이클리닝 서비스 제공	9
컨시어지(concierge) 서비스 제공	2
집에 가져갈 음식 제공	2

출처: Society for Human Resource Management(SHRM) 2014 복지혜택 조사.

게 한다는 것을 증명하기 때문이다(Reed & Clark, 2004; Woodward, 1999). 조직의 자녀양육 프로그램들은 보통, 사내 육아, 상품권(voucher) 체계, 그리고 알선(referral) 서비스의 세 범주 중 하나에 속한다. 첫 번째 범주에서, Aflac Insurance, Discovery Communications, SAS Institute, 그리고 Meridian Health와 같은 조직들은 **사내 육아시설**을 건립했다. 미국에서는 1% 미만의 조직들이 사내 육아센터를 가지고 있고, 3%가 외부 프로그램을 보조하며, 10%가 육아 알선 서비스를 제공한다(SHRM,

사내 육아시설(on-site child-care facility) 부모 중 한 명을 고용한 조직 내 위치한 육아센터

2014). 미국 기업의 1% 미만이 사내 육아센터를 보유하고 있지만, 2012년에 *Money*라는 잡지에서 선정한 일할 만한 100대 기업에 선정된 기업들의 1/3가량이 사내 육아센터를 보유하고 있었다.

다른 조직들은 직원들에게 "실비"를 청구하는 데 반해, 몇몇 조직들은 육아의 전 비용을 지원한다. 아이 한 명의 시설 등록비 전체를 지불하는 것은 조직과 직원 둘 다에게 이득이 있다. 예를 들어, 육아 비용이 복지혜택으로 사용될 수 있고, 그것은 직원이나 조직이 그 비용에 해당하는 세금을 지불할 필요가 없다는 뜻이 된다. 물론, 세법이 나중에 상황을 변화시킬 수도 있지만, 그전까지는 육아를 직원 복지혜택으로 계산하는 것은 직원과 조직 모두에 재정적으로 보상이 된다.

그런 사내 프로그램에 대한 직원들의 반응이 압도적으로 긍정적임에도 불구하고, 사내 센터들은 시작하고 유지하는 비용이 비싸다. 그런 고비용 때문에, 센터들이 직원 이직 및 결근과 같은 문제들을 감소시킴으로써 "수지 타산"이 맞는지를 결정하는 것이 중요하다. Scarr(1998)에 따르면, 안정적인 육아는 결근과 지각의 수준을 감소시킨다. 긍정적인 증거가 여섯 개의 자료로부터 제시된다.

- 텍사스 주 프리포트(Freeport)에 있는 Intermedics라는 기업은 이직과 결근이 23% 감소했다고 한다.
- 뉴저지 주 뉴왁(Newark)의 Prudential Insurance은 육아센터로 인해 매년 미화 80,000달러를 절약한다.
- Bristol-Myers Squibb라는 제약회사는 사내 육아센터의 이용자들이 그렇지 않은 직원들보다 회사를 떠날 의도가 더 적다는 것을 발견했다.
- 시카고의 Banc One Corporation은 사내 육아센터의 사용자들이 비사용자들보다 결근 일수가 7일 더 적었다고 한다.
- Scott과 Markham(1982)의 연구는 사내 센터를 건립한 조직의 결근이 평균 19% 감소했다고 보고하였다.
- 매사추세츠 주 폴리버(Fall River)의 Tioga Sportswear 기업은 이직이 50% 감소했다고 한다.

상상할 수 있는 것과 같이, 사내 육아센터의 효과에 대한 제대로 된 통제 연구를 시행하는 것은 어렵다. 그러기 위해서는 연구자들이 육아센터 시행 전후의 결근, 이직 등에 대한 측정을 해야 하고, 육아센터의 이용자들과 비교할 통제 집단도 있어야 하기 때문이다. 불행히도, 그런 연구는 거의 없다. 더욱 불행한 것은, 겨우 몇 개 있는 이러한 연구들이 사내 육아센터가 결근을 줄이거나 수행을 높이지 않았다고 하는 것이다(예, Goff, Mount, & Jamison, 1990; Miller, 1984).

육아와 관련하여 선택할 수 있는 두 번째 방안은, 특히 영국에서 인기가 있는데, 직원들에게 사설 보육원에 사용할 수 있는 **상품권**(*voucher*)을 제공하는 것이다. 조직의 관점에서는, **상품권 체계**는 사내 센터와 관련된 고가의 개시와 책임보험 비용 둘 다를 줄인다. 직원의 관점에서는, 이러한 접근이 사설 육아 비용을 줄인다.

불행히도, 이러한 접근은 몇 가지 이유로 인해 직원 이직이나 결근을 줄이지 않을 확률이 있다. 첫째, 직원은 여전히 아픈 아동을 방문하거나 학부모 모임에 참석하기 위해서 일터를 떠나야 한다. 비록, 3장에서 논의한 미국의 가족의료휴가법(Family and Medical Leave Act: FMLA)이 아픈 가족구성원을 돌보기 위해 12주까지 무급 휴가를 허용하고 있지만, 가족을 돌보기 위해 일터를 떠난 직원들의 빈자리를 채우는 것은 어려울 수 있다. 나아가, 단지 19%의 조직만이 유급 가족휴가를 제공하기 때문에(SHRM, 2014), 재정적 손실은 그 직원에게 막대한 스트레스와 고난을 만들 수 있다. 사외 육아시설이 최적이 아닌 두 번째 이유는, 대부분의 사립 육아센터가 오전 7시부터 오후 6시까지 운영된다는 것이다. 따라서 새벽이나 밤교대로 일하는 직원들은 도움을 받을 수 없다. 마지막으로, 많은 지역에는 양질의 육아 시설이 부족하다. 아칸소 주 페이엣빌에 있는 Levi Strauss 회사의 지점과 같은 몇몇 기업들은 운영 시간이나 서비스를 확장하기 위해 지역 육아센터에 고액을 기부한다. Time Warner나 SunTrust Bank와 같은 다른 기업들은 아픈 아이들을 위해 긴급 육아 서비스를 제공하는 외부 업체와 계약을 한다. 아픈 아이들을 맡아 줄 육아센터를 찾는 것이 어려울 수 있기 때문에, 아이오와 주 디모인(Des Moines) 시의 Principal Financial Group과 같은 고용주들은 직원들의 아픈 아이들을 위해서 재택 돌봄을 제공하는 지역 건강 서비스 업체와 계약을 하였다. 조직들의 26%가 육아가 가능하지 않는 긴급 상황에서 아이들을 직장에 데려 오는 것을 허용한다(SHRM, 2014).

조직이 택한 마지막 방법은 질 좋은 육아센터에 대한 **알선 서비스**의 제공이다. 이 접근은 IBM과 Digital Corporation이 택하였다. 이것이 확실히 유용한 서비스이기는 하지만, 결근이나 이직을 줄이지는 않는다.

Hallmark Cards, Inc.는 진보적인 육아와 가족 복지혜택을 가진 회사의 훌륭한 예이다. Hallmark는 직원들이 무급 출산휴가와 남편육아휴가를 6개월까지 쓸 수 있고, 아이를 입양하면 최대 미화 5,000달러까지 지원하며, 자녀와 노부모의 돌봄 서비스를 찾는 것을 돕고, 가볍게 아픈 아이들을 돌봐주고, 양육 세미나를 열고, 명절, 악천후 또는 선생님 근무 시간 동안에 학교 밖에 있는 아이들을 위해 대안적 육아를 주선한다.

노인부양의 부담 감소

2012년에 미국 인구의 13.4%가 65세 이상이었고, 이 비율은 2034년까지 23%로 증가할 것이라고 예상된다. 노인 숫자가 증가함에 따라, 노인부양의 요구 또한 증가한다. American Time Use의 조사에 의하면, 2013년에 3,900만 명이 넘는 직원들이 친척을 위해 노인부양을 제공하고, 노인부양을 제공하고 있는 사람들의 64%가 전임이나 파트타임 직업을 가지고 있으며, 41%가 육아도 하고 있다(O'Toole & Ferry, 2002). 미국 국가노화연구위원회(National Council on Aging)가 발행한 통계에 따르면, 노인 친척을 부양하고 있는 직원들의 50%가 그 친척들을 돌보기 위해 결근, 지각 혹은 조퇴를 했다. 직원의 6%는 노인부양에 필요한 시간이 필요해서 일을 그만두었다. 일하면서 노인부양을 하는 것이 정서적 건강에 미치는 부정적 효과를 감안할 때(Lee, Walker, & Shoup, 2001), 그런 통계는 놀랍지 않다.

노인부양 욕구가 막대함에도 불구하고, 이에 대한 조직의 노력은 육아노력에 비해 뒤쳐져 있다. 인적자원관리학회(Society for Human Resource Management: SHRM, 2014)의 한 조사에 의하면, 조직의 5%만이 노인부양알선 서비스를 제공하고 있고, 1% 미만이 기업-후원이나 사내 노인부양 시설을 제공한다. 고용주가 제공하는 가장 흔한 노인부양 프로그램은 유연근무제, 정보와 알선 프로그램, 장기 돌봄 보험, FMLA의 확장, 부양가족을 위한 유연한 소비계좌(flexible spending account), 노인 일일 부양, 세미나, 지지 집단 등이 포함된다. AstraZeneca, Freddie Mac, Raytheon, Nike, 그리고 Intel 같은 회사들은 직원들에게 노인 친척을 돌보는 방법과 그와 관련된 스트레스를 다루는 방법을 가르치는 세미나를 제공한다. "패니 매(Fannie Mae)"라고 알려진 미연방 국가 모기지 협회(Federal National Mortgage Association)는 노인부양의 잠재적 위험을 이해하는 고용주의 훌륭한 예이다. 직원들의 70%가 5년 이내에 노인부양 책임을 맡을 것이라고 기대한다는 조사 이후에, 패니 매는 자격증을 보유한 임상사회복지사를 고용하여 직원들이 노인부양을 조정하는 것을 돕도록 했다. 패니 매은 노인부양프로그램에 사용된 매 1달러마다 결근과 이직 비용 1.5달러가 절감된다고 추정한다. 가장 중요하게는, 직원들의 28%가 기업이 제공하는 도움이 없었다면 직업을 그만 두었을 것이라고 말했다(Wells, 2000).

가사 부담 감소

일, 육아, 노인부양의 책임을 가지고 있는 많은 직원들이 치과에 가고, 차를 점검하고, 세탁물을 찾는 것과 같은 기본적인 가사를 완료하는 것이 갈수록 어려움을 알게된다. 결과적으로, 조직들은 이러한 부담을 덜어줄 수 있는 여러 가지 전략들을 시행하고 있다. 이들 중 인기가 있는 것은, 유연근무시간의 사용의 증가, 유급 연차 일수 증가, 필수적 서비스의 사내 제공이다.

필수적 서비스를 사내에서 제공함으로써, 고용주들은 직원들이 더 많은 시간을 일할 것이라고 가정한다. 왜냐하면, 보편적인 가사를 완료하기 위해 직장을 벗어날 필요가 없기 때문이다. 예를 들어, 펜실베이니아 주 엑손의 Analytical Graphics라는 회사는 직원들에게 무료 아침, 점심, 저녁 식사를 제공하여, 먹기 위해 건물을 떠날 필요가 없도록 한다. 직원들은 이에 대해 고마워하고 돈을 절약할 수 있을 뿐만 아니라, 직원들이 일하는 동안 먹을 수 있기 때문에 매일 30분에서 45분의 추가적인 노동을 얻는다.

일상의 가사부담을 줄이기 위해, 조직의 3%는 직원들에게 컨시어지(concierge) 서비스를 제공한다(SHRM, 2014). 레스토랑 예약을 하고, 꽃을 주문하고, 음식을 배달하고, 차 수리 일정을 잡고, 드라이클리닝을 찾고, 기구를 고치거나 다른 일을 위해 집에서 사람을 기다리는 등의 일을 하는 데 매년 직원 한 명당 미화 30달러에서 1000달러 사이의 비용이 든다(Taylor, 2000). 컨시어지 서비스의 업체의 예로는 Les Concierges, Best Upon Request, Circles, 그리고 Time Savers가 포함된다(고용 프로필 참조).

직원들의 쇼핑을 쉽게 하기 위해서, Microsoft, 3M, 그리고 Northwest Airlines는 직원들이 할인된 상품과 서비스를 살 수 있도록 직장에서 컴퓨터를 사용하는 것을 허용한다. 그리하여 직원들은 식료품, 영화표 등과 같은 여러 가지 상품들을 사무실을 떠나지 않고 구입할 수 있다. 직원들은 낮은 가격으로 쇼핑을 쉽게 할 수 있는 혜택을 받고, 고용주들은 직원들이 더 오랫동안 일을 하는 혜택을 받는다.

유급휴가 제공

직원스트레스의 주된 원인 중 하나는 오랜 근무시간으로, 미국의 가족과 일 연구소(Family and Work Institute)에 의한 2013년 조사는 미국 직원들의 1/3이 초과근무를 하는 것으로 느끼고, 54%가 지난 한 달간 적어도 한 번 일에 의해 압도되었다고 한다. 이렇게 오랜 시간들은, Right Management에 의한 2012년 조사에 따르면, 직원들의 28%가 점심시간을 위한 시간을 거의 내지 못하고, 또 다른 39%는 책상에서 점심을 먹는다는 사실과도 혼합된다. 비슷하게, 미국심리학회(American Psychological Association: APA)의 2013년 조사는 직원들의 44%가 휴가 중에 일 관련 이메일과 전화 메시지를 확인한다고 한다.

직원들이 사생활과 일의 균형을 맞추는 데 도움을 주기 위하여, 고용주들의 대다수는 휴가, 명절, 병가, 그리고 휴식 기간 등의 형태로 유급휴가를 제공한다. 휴가 일자의 양은 조직에 따라 다양하고, 몇몇 조직들은 시급 직원에게는 유급 휴가를 제공하지 않는다. 조직이 유급 휴가를 제공하는 것이 법적으로 규정되지 않은 미국과는 대조적으로, 많은 국가들에서는 법적으로 규정되어 있다. 예를 들어, 휴가 날짜의 법적 최소 기준은 오스트리아, 스웨덴, 스페인, 그리고 프랑스에서는 25일이고, 오스트레일리아, 아일랜드, 이탈리아, 그리고 영국에서는 20일, 그리고 캐나다와 일본에서는 10일이다.

내 경력은 전부 인적 자원이었다. 그러나 몇 년 전, 나는 모험을 하여 Time Savers, Inc.라는 새로운 기업을 만들었다. Time Savers는 컨시어지/심부름 서비스 기업이다. 나는 사람들에게 가장 인기 있는 상품 중 하나인 시간을 제공하려는 요구가 증가되는 것에 반응하여 이 기업을 시작할 결정을 했다. 나는 내 자신을 포함하여, 모든 일을 하기에는 시간이 절대적으로 부족한, 과로하고 스트레스 받은 직원들을 끊임없이 봐왔다. 나는 세탁소에 몇 주 동안 있는 세탁물들을 찾거나 당일 부쳐야 하는 생일 선물을 사는 일들을 돌볼 개인 비서가 있는 꿈을 수많은 날들 동안 꾸었다. 이제 나는 다른 사람들을 위해 이런 일들을 한다.

Lori Hurley, M.S.
Time Savers, Inc.
기업의 회장

Courtesy of the author

가족과 일 연구소(Family and Work Institute)의 최근 연구에 의하면, 직원들이 직무에 매주 평균 44시간을 할애하고 있고, 직원들의 45%가 집에 가면 매일 해야 할 가족의 책무를 가지고 있다. 기혼 종업원들의 78%는 맞벌이다. 그러면 모든 이들이 쉬는 날에는 무엇을 하는가? 휴식? 아니다. 그들은 심부름을 한다. 고용주들은 많은 고용인들이 회사 시간에 개인적인 일을 완수하기 위해 사용한다는 것도 발견했다. 여가 시간은 없고 스트레스는 많다. 바쁜 사람들은 긴장을 풀기 위해 더 많은 시간이 필요하고, 컨시어지/심부름 서비스들이 그것을 도울 수 있다. 우리는 바쁜 사람들이 해야 할 항목 중 상당수를 해 주고, 가족과 함께 시간을 보내거나, 운동을 하거나, 친구들과 저녁을 먹으러 나가는 것과 같이 중요한 일을 할 시간을 돌려준다.

컨시어지 아이디어는 호텔 산업에서는 오랫동안 존재해 왔다. 최근, 그것이 기업과 사적 영역에 나타나기 시작했다. 나는 직원들을 위한 사내 컨시어지 서비스를 갖고 있는 지역의 한 회사를 방문한 후 이 사업을 시작할 생각을 하였다. 나는 이 개념에 매우 감명받았다. 오늘날 기업들은 좋은 직원들을 유인하고 유지할 방법들을 찾고 있다. 컨시어지 서비스는 기업의 복지혜택 목록에 나타나기 시작했다. 나는 이 최신 트렌드의 일부가 되기를 원했다.

그래서 이 회사를 시작하기 위해 무엇을 했는가? 첫째로 해야 했던 것은 연구이다. 이것이 할 만한 사업인가? 많은 시간을 인터넷, 독서, 기존 컨시어지 사업을 하고 있는 다른 사람들과 대화, 변호사와 논의, 회계사와 상의, 그리고 컨시어지 서비스를 사용했던 친구들과 지인들의 생각에 대한 질의에 할애했다. 결과는 긍정적이었고, 따라서 그 기회를 잡을 결정을 했다.

다음 몇 달간 사업 계획을 설립하고 개발하고, 로고를 만들고, 사무실을 준비하고, 특허를 받고, 가격 전략을 짜고, 대상이 되는 시장을 확인하고, 책자와 홍보물을 고안하는 절차를 겪었다. 마지막으로 광고를 할 준비가 되었다.

첫 달에 첫 번째 고객이 왔다. 나는 황홀했다. 그녀는 다른 주에서 통근하는 미혼의 간부였다. 나는 미국 교통부에서 줄을 서는 것에서부터, 세탁물을 맡기고, 콘택트렌즈를 가져오고, 개인적인 쇼핑을 하는 것에 이르는 다양한 심부름을 요청받았다. 이 고객은 정기적인 고객이 되었다. 다른 고객들이 이어졌다. 나는 메일을 찾고, 식료품을 사고, 판매업체를 확인하고, 수리할 물품들을 맡기는 등의 서비스를 하였다.

고객 요청을 충족시키기 위해 보내는 시간 외에는, 시장 자료를 만들고, 판매 계약서를 만들고, 재정을 다루고, 미래를 위한 계획을 세웠다. 내 전 경력보다 그 몇 달간 사업에 대해 더 많은 것을 배웠다.

고객들이 더 만족스러운 삶을 사는 데 어떤 식으로든 돕고 있다는 것을 아는 것은 매우 기뻤다. 고객을 위한 한계는 없었고, 이 사업의 가능성 역시 그랬다. 내가 제공할 수 있는 최상의 조언은 당신이 가장 즐길 수 있는 일을 할 수 있는 경력을 찾으라는 것이다. 밖에는 수많은 기회가 있기 때문에 좋아하지도 않는 일에 갇혀 있을 필요가 전혀 없다.

표 15.7 자기보고 스트레스 질문지에 나타난 문항의 예시

- 자주 화나 짜증이 납니까?
- 직장에서의 책무가 너무 많습니까?
- 나는 밤에 자는 데 문제가 있다. (참/거짓)
- 나는 긴장을 느끼고 초조하다. (참/거짓)
- 많이 슬프고 이유를 모릅니까?
- 약속을 잊어버리거나 물건을 잃어버리는 등 자주 까먹습니까?
- 나는 빨리 중요한 판단이나 결정을 해야 한다. (참/거짓)
- 내 직무에서 일어나는 일에 대해서 나와 상의를 하지 않는다. (참/거짓)

스트레스 측정

이 장에서 우리는 스트레스의 여러 가지 원인과 결과에 대해 논의했다. 그 뒤를 따를 논리적인 질문은 한 개인이 스트레스를 받고 있다는 것을 어떻게 아는가이다. 연구에서 가장 보편적인 스트레스 측정 방법은 사람들이 현재의 스트레스 수준에 대한 일련의 질문들을 받는 자기보고식 설문(self-report questionnaire)이다. 보편적으로 사용되는 일–관련 스트레스와 스트레인의 측정도구에는 직업스트레스검사(Occupational Stress Inventory), 직무스트레스검사(Job Stress Inventory), 탈진검사(Maslach Burnout Inventory), 직장대인갈등척도(Interpersonal Conflict at Work Scale), 조직제약척도(Organizational Constraints Scale), 양적 작업부하 검사(Quantitative Workload Inventory), 그리고 신체증상검사(Physical Symptoms Inventory)를 포함한다. 스트레스 질문지에 나타난 문항들의 예는 표 15.7에서 찾을 수 있다.

자기보고의 문제는, 물론, 사람들이 자신이 스트레스를 받고 있는지 모르거나 대답을 진실하지 않게 할지 모른다는 것이다. 따라서 자기보고 검사에 추가적으로, 스트레스에 대한 생리적이고 생화학적인 측정도구들도 사용된다. 생리적인 측정도구에는 혈압, 땀, 심박, 그리고 근육긴장이 포함되고, 생화학 측정도구에는 코티솔과 카테콜아민 수준이 포함된다(Sulsky & Smith, 2005).

직장 내 폭력

지난 20년간 직장 내 폭력(workplace violence)의 문제가 심리학자들과 HR 전문가로부터 상당한 관심을 받아 왔다. 이러한 관심은 부분적으로 아래와 같은 통계에 의해 박차가 가해졌다.

- 2012년에 463명의 직원들이 직장에서 살해당했다.
- 2012년에 미국 내 치명적인 산재의 11%가 살인의 결과였다.
- 2009년 미국에서는 대략 572,000건의 직장 내 폭력이 보고되었다. 이 숫자는 실제 사건을 과소평가한 것으로, OSHA는 한 해 거의 200만 건으로 추정하고 있다.
- 폭력 범죄의 15%가 희생자가 직장에 있을 때 발생한다.
- 영국 근로자의 25%가 지난 5년 동안 직장 내 괴롭힘(bullying)의 희생자였다.

직장 내 폭력 문제가 상당한 관심을 받아 왔음에도 불구하고, 직장 내 폭력의 속도가 1993년 1,068건에서 2012년 463건으로 꾸준히 감소하고 있다. 이런 통계에서 흥미로운 점은 다른 원인들로부터 오는 치사율이 더 적어지고 있기 때문에, 직장 내 폭력의 비율에서 직장 내 살인이 이전보다 더 높게 나타난다는 것이다. 즉, 직장은 점차 안전해 지고 있다.

2012년 직장 내 살인 희생자의 78% 이상이 남자였으나, 이는 남성의 치명적 산재의 가장 흔한 원인 중 네 번째에 지나지 않고(첫 세 가지는 교통사고, 실족, 그리고 물체에 의한 압사이다), 여성의 경우 살인이 가장 흔한 치명적 산재의 원인이다. 직장 내 폭력에서의 성차는 운전과 건설 사고와 같은 다른 수단에 의해 야기되는 치사율이 높은 채광처럼 고위험군 직업에 전통적으로 남자가 근무했다는 사실로 설명될 수 있다.

이런 숫자들이 확실히 주목을 얻지만, 상대적으로 낮은 비율의 살인이 현재나 예전의 직원들에 의해 일어나기 때문에, HR의 관점에서 이런 숫자들은 호도할 수 있다. 직장 내 폭력 사건은 세 가지 범주 중 하나에 속할 수 있다. 첫 번째 범주는, 직무–관련 살인의 70%를 대표하는데, 직원이 **범죄**의 대상이 되어 나타나는 폭력이다. 가장 흔한 예시는 강도가 발생되는 동안 직원이 공격을 당하는 것이다. 실제로, 택시 운전사들과 편의점 직원들은 직장 내 폭력에 가장 노출되어 있는 두 직군이다.

두 번째 범주는 직무–관련 살인의 19%를 대표하는데, **임무 중**에 있는 법집행관(예를 들어, 경찰관, 보안관, FBI 요원)이나 보안요원에 대한 폭력이다. 법집행관들은 100,000명당 9.3의 비율로 살해당하고, 보안요원은 100,000명당 3.6의 비율로 살해당한다. 전체 직장인의 경우 평균 100,000명당 0.7이다.

세 번째 범주는 직무–관련 살인의 11%에 해당하는데, 또 다른 직원, 고객, 친척 혹은 시기하는 연인에 의해 **분노**나 **복수**의 행동으로서 직원이나 상사에게 행해지는 폭력이다. 이 범주의 폭력이 바로 HR 전문가들과 가장 관련이 깊고, 여론의 상상을 사로잡는다. 이 범주의 살인 중에 44%는 현 직원에 의해 저질러지고, 23%는 전 직원에 의해 저질러지며, 21%는 가정폭력이고, 12%는 다른 원인에 의한다(Grossman, 2002).

다른 직원에 대한 직원 폭력은 보통 대인관계 불일치의 결과이다. 예를 들어, 2011년 플로리다 주 마이애미의 Fast Cuts 이발소의 한 직원은 직장 내에서 다툼 후에 동료를 살해했다. 2011년에 또 다른 이발소의 총격으로, 버지니아 주 알렉산드리아의 Belle View 이발소의 이전 직원이 고용되었을 당시에 말다툼을 하였던 전 직장 동료를 살해하였다.

그러나 상사에 대한 분노로 동료가 공격당할 수도 있다. 직장 내 폭력 사건들의 13%는, 해고, 정리해고, 또는 다른 종류의 부정적 인사 발령의 결과로서 상사에 대한 복수와 관련된다. 여기에 몇 가지 예시가 있다.

- 코네티컷 주 복권의 한 직원은 상사가 "그의 말을 안 듣는 것"이 속상해서 네 명의 동료들을 살해하고 자살했다. 직장 내 폭력을 저지르는 직원들의 36%가 자살을 한다.
- 오클라호마 주 털사에 있는 Wendy's의 한 직원은 상사가 일찍 출근하라고 하자 화가 나서 .380 구경의 권총 12발을 쏘아 상사와 다른 다섯 명의 직원들에게 부상을 입혔다.
- 샌프란시스코의 Conrad House Community Services 센터의 전직 사례관리자인 Gregory Gray는 해고된 것에 화가 나서 전 동료를 살해했다. 그레이는 전 직장에 권총, 엽총, 그리고 도끼를 가져왔다. 만약 권총이 막히지 않았다면 더 많은 사람들이 죽었을 것이다.
- 해고될 것이라는 통지를 받은 후에, 오하이오 주립 대학의 관리인인 Nathaniel Brown은 상사를 죽이고 또 다른 사람에게 부상을 입힌 후 자신에게 치명적인 상처를 냈다.
- Omar Thornton은, 코네티컷 주의 Hartford Distributor로부터 맥주를 훔쳤다고 고소당한 징계청문회 직후에 여덟 명의 직원들을 죽이고 자살을 했다.
- 필라델피아 주 Kraft Foods 식료품사에서 정직된 후, Yvonne Hiller는 돌아와서 두 명의 직원을 죽이고 다른 한 명에게 부상을 입혔다.

최근, 심리학자들은 **집단따돌림**(*mobbing*)과 **괴롭힘**(*bullying*)으로 일컫는 행위를 포함하여 직장 내 폭력에 대한 연구를 확장하였다. 집단따돌림과 괴롭힘은 직원들 사이에서의 적대적이고, 소외하고, 비윤리적인 행위로 구성된다. 그런 행동의 예시로는 한 사람을 위협하고, 어떤 사람을 사회적으로 배제하거나 따돌리고, 진실이 아닌 악의적인 험담을 퍼뜨리고, 소리 지르고, 불경한 말을 하고, 개인의 의견이나 일을 비하하는 것을 포함한다. 연구는, 미국, 영국, 호주, 그리고 캐나다에서 직원 다섯 명 중 대략 한 명이 괴롭힘의 희생자로 보고된다고 한다. 캐나다 산업안전보건공단(Centre for Occupational Health and Safety)은 이렇게 확장된 직장 내 폭력의 정의를 채택하여, 다음과 같은 행동들을 직장 내 폭력의 정의에 포함하였다.

- 위협적 행동
- 신체적 공격
- 언어적 공격
- 언어적 혹은 서면 위협
- 희롱(한 사람을 비하하거나, 당황시키고, 창피하게 하고, 불편하게 하고, 놀라게 하거나, 언어적으로 공격하는 모든 행동)

직장 내 폭력의 가해자

많은 유형의 사람들이 직장 내 폭력을 저지르지만, 직장 내 폭력을 행사하는 전형적인 직원은 다음과 같은 프로필을 갖는다(Glotz & Ruotolo, 2006; Turner & Gelles, 2003).

- 20세에서 50세 사이(보통 40대)의 남성(80%)이다(그러나 미국 역사상 두 번째로 많은 사상자를 낸 직장 내 총기 사건은 2006년 1월 남부 캘리포니아 주의 한 여성에 의한 것이었다).
- 자존감을 직무와 연결하고 무시당하거나 불공평한 대우를 받았다고 지각한다.
- 폭력 외의 부당한 대우를 해결할 다른 방법이 없다고 느낀다.
- 최근 직장 내 문제 행동 패턴(결근 증가, 회사 정책 위반, 동료에 대한 언어적 위협, 외모와 개인 위생에 대한 주의 감소)을 보인다.
- 위협하고, 괴롭히고, 겁을 주고, 소리 지르고, 고충과 소송을 제기한다고 협박함으로써 자신의 딜레마를 다른 사람들이 심각하게 받아들이게 하려고 노력한다.
- 피해망상적인 사고, 학대 망상, 그리고 괴상한 사고 패턴과 같은 증상을 보인다.
- 소외되고 위축된다.
- 총에 대한 접근이 쉽다.

직장 내 폭력 줄이기

직장 내 폭력 행동은 완전하게 제거될 수는 없지만, 경비 도구, 직원 검사, 그리고 관리 인식을 통해 줄어들 수 있다.

경비 도구

경비 도구를 증강하는 것은 직장 내 폭력의 가능성을 낮출 수 있다(Fowler, 2013). 이런 도구들은 감시 카메라, 무음 경보, 밝은 외부 전등, 방탄벽, 정밀한 잠금장치, 그리고 보안요원을 추가하고, 고위험 지역이 더 잘 보이게 만들고, 금고를 사용하고 제한된 현금만 허용된다는 표지를 붙이는 것과 같은 물리적 변화를 포함한다. 직원 변화는 당번인 직원의 수를 늘리고, 고위험의 늦은 밤과 이른 아침에는 문을 닫고, 직원에게 강도, 갈등, 그리고 화난 고객을 다루는 법을 훈련시키는 것을 포함할 수 있다.

직원 검사

여기에 언급된 경비 도구들이 강도와 같이 다른 범죄의 결과로 일어나는 직장 내 폭력을 줄이는 것이 일차적인 목적이지만, 전직과 현직 직원들에 의해 야기되는 폭력역시 줄일 수 있다. 전직과 현직 직원들에 의해 발생하는 폭력을 줄이는 또 다른 방법은 지원자들의 잠재적인 폭력을 검사하기 위해 심리검사(psychological test), 추천서 확인(reference check), 그리고 신원조사(background check)를 하는 것이다.

신원과 추천서 확인은 지원자의 폭력 전력에 대한 정보를 제공할 수 있다. 이러한 확인들은, 직장 내 폭력을 행사하는 직원들이 만성적으로 기분이 언짢고, 문제를 야기하는 전력이 있고, 직업을 자주 바꾸기 때문에 중요하다. Dietz(1994)는 두 가지 흥미로운 예시를 제공한다. 캘리포니아의 한 유지보수 회사의 지원자는 가정 폭력과 절도 전과의 이력에도 불구하고 고용되었다. 그는 후에 그에게 수표를 지급하지 않으려는 회계담당자에게 불을 질렀다. 또 다른 조직은 동료를 살해했던 직원이 전과자 고용의 일환으로 동일한 회사에 재고용되어서 고소를 당했다. 재고용된 후 얼마 지나지 않아, 그 직원은 또 다른 동료를 살해했다.

전과자들이 단정적으로 고용이 거부될 수는 없다는 것을 주지하는 것은 중요하다. 조직은 범죄가 발생한 후 지난 기간, 범죄의 심각성, 그리고 범죄와 직무와의 연관성을 고려해야만 한다.

미네소타 다면적 인성검사(Minnesota Multiphasic Personality Inventory: MMPI-2)와 5장에서 논의한 다양한 도덕성검사(integrity test)와 같은 심리검사들은 폭력 이력이 없는 사람들의 잠재적 폭력성을 예측할 수 있다. 그러나 이들 검사에서의 점수와 직장 내 폭력 간 경험적 관계는 아직 확정적이지 않다(Tonowski, 1993). 부분적으로 이는 예측된 폭력 사건이 보통 채용 전 검사가 실시되고 수년 후에 발생하기 때문이다. 나아가, 직장 내 폭력 사건들은 고위험 직원, 그 직원이 일하는 조직의 관리 소홀, 그리고 직원이 조직의 탓으로 돌리는 스트레스 사건 간 상호작용이다(Habeeb & Prencipe, 2001). 따라서 고위험 직원은 특정 상황에서만 폭력적이 될 것인데, 특정 상황은 계속해서 변하여 측정하기 어렵다. 고위험 직원에 대한 검사는 미국 장애인보호법(Americans with Disabilities Act)이 심리문제를 확인하기 위한 목적으로 검사를 사용하는 것에 제한을 두기 때문에 훨씬 더 어렵다.

관리 인식

직장 내 폭력은 관리자가 고위험 상황을 인지하게 만들고 관리자가 즉각적인 행동을 취할 수 있도록 권한을 위임함으로써 상당히 줄일 수 있다. 직장 내 폭력에 대한 대부분의 전문가들(예, Warren, Mullen, & McEwan, 2014)이 전사(*berserker*)는, "미쳐서" 사람들에게 총을 쏘는, 미래 폭력을 행사할 것이라는 조짐을 보인다고 믿는다. 그런 조짐은 위협, 폭력 행위, 되갚기를 원하는 의견, 총에 대한 지나친 언급, 그리고 유명한 연쇄살인범과 대량 살상자에 대한 언급을 포함한다.

일례로, 해고된 우편직원으로, 여덟 명의 전 동료에게 총을 발사하여 네 명을 죽인 Thomas McIlvane을 들 수 있다. 그의 해고를 호소하는 조합청문회 전에 고충에서 진다면, 14명의 우편직원의 목숨을 앗아간 오클라호마 주의 총격 사건을 "차 모임"처럼 보이게 하겠다고 말했다. 또 다른 예시로, Larry Hansel은 해고당하고 상사를 죽이기 전에 캘리포니아 주의 에스콘디도(Escondido)에서 두 명의 동료들을 살해한 우편직원에 대해 지나치게 많이 이야기를 해서 비난 받았다. 2006년 1월 캘리포니아 주에서 다섯 명의 우편직원을 살해하고 자살한 Jennifer San Marco는 우편 기관에서의 명백하게 불안정한 행동 때문에 병가를 냈다.

Mohandie(2014)는 위협과 폭력에 "엄중 처벌 원칙(zero tolerance)"을 세우라고 조언한다. 즉, 한 번의 행동이면 그 직원은 해고되는 것이다. Turner와 Gelles(2003)는 다른 사람들을 두렵게 만드는 직원의 행동은 잠재적 폭력으로 검사되어야 한다고 한다. 이런 검사에는 임상심리학자와의 면담뿐 아니라 동료와 상사와의 면담을 포함한다. 이런 면담과 회의로부터 Turner와 동료들은 직원을 다섯 개 위험 범주 중 하나로 두었다.

1. 체포나 입원의 대상이 되는 잠재적으로 심한 폭력
2. 체포나 입원의 대상이 아닌 잠재적으로 심한 폭력
3. 잠재적 폭력으로는 증거가 불충분하지만, 동료의 정서적 고통을 **의도적으로** 주는 행동
4. 잠재적 폭력으로는 증거가 불충분하지만, 동료의 정서적 고통을 **비의도적으로** 주는 행동
5. 잠재적 폭력으로는 증거나 불충분하고, 동료에게 정서적 고통을 가한다고 보기에도 증거가 불충분한 행동

직장 내 폭력에 대한 잠재성은 해고와 정리해고를 조심스럽게 다룸으로써도 줄일 수 있다. 직원을 공평하게 평가하고 해결하는 구체적인 방법에 대해서는 7장을 참고하라. 이런 기법들에 더해, 모든 직원들이, 특히 정서적, 대인 관계적 혹은 훈육 문제를 보이는 직원들이 무료 자원 상담을 이용할 수 있어야 한다(Silbergeld & Jan, 2004).

한 제조사에서의 스트레스 감소

Mira Sermanissian은 몬트리올의 비행기 부품 제조사의 인사관리 이사이다. 이 회사는 부분적으로 부품을 오류 없이 생산하기 위한 필요성으로 인해 높은 스트레스 환경이다. 기업이 "시간에 맞추는" 환경으로 운영되기 때문에, 물품목록이 없고, 부품들은 완벽해야 하고, 수요에 맞춰 생산되어야 한다. 이렇게 정밀성과 적시성에 대한 요구로 인해 몇몇 직원들은 회사 환경을 뇌수술에 비교하기도 하였다. 이런 긴장의 결과, Sermanissian은 스트레스가 직원들의 신체적 건강과 심리적 건강에 영향을 미치지 않게 하기 위한 단계를 설정할 필요가 있다는 것을 깨달았다.

- 만약 Sermanissian의 입장이라면, 스트레스의 영향을 예방하기 위해 무엇을 할 것인가?
- 만약 스트레스가 줄어들지 않는다면, 직원과 조직에 나타날 수 있는 잠재적 결과는 무엇인가?

Sermanissian이 직원들의 스트레스를 위해 어떻게 준비했는지 알아보기 위해서 교재 웹페이지의 링크를 확인해라.

미국심리학회(American Psychological Association: APA)는 2007년 10월에 미국에서의 스트레스에 대한 연구 한 개를 발표하였다. 그 연구는, 미국인들의 1/3이 극심한 스트레스를 경험하고 있다고 보고하였다. 74%가 가장 큰 스트레스원이 일이라고 하였다. 이것은 2006년에 59%였다. 구조조정, 기업이 사업을 하는 방식에 있어서의 끊임없는 변화, 새로운 기술을 학습해야 하는 것, 합병, 정리해고, 그리고 추가근무를 요청받는 것 등의 스트레스원들은 직장 내 스트레스를 야기할 수 있다. 또한, 근로자들에게 주문되는 요구에 반응하여, APA의 조사에 응한 사람들의 50%는 일이 너무 많아서 할당된 휴가를 사용하지 않는다고 말하였다. 속담처럼, 놀지 않고 일만 하는 것은 스트레스를 증가시키고 잠재적 건강문제를 야기한다.

이 장에서 배웠듯, 디스트레스라고 불리는 부정적인 스트레스는, 직원들의 생리적, 신체적, 그리고 심리적 결과에 유의한 영향을 미친다. 디스트레스는 콜레스테롤과 혈압수치를 높일 수 있고, 이것은 다시 심장발작과 뇌졸중을 야기할 수 있다. 당뇨병을 통제하는 것을 더 어렵게 만들 수 있고 공황발작을 야기할 수 있다. APA 연구에서 조사된 직원들의 3/4가 심각한 두통, 피로, 그리고 배탈을 보고하였다. 50%는 잠을 잘 자지 못했다고 보고하였는데, 이는 직장 내 사고를 야기할 수 있다. 43%는 나쁜 식습관을 가지고 있고 기분을 나아지게 하기 위한 방법으로 과식이나 과음을 한다고 보고하였다. 이들 요인 모두가 직원들의 위험한 건강 문제를 야기한다.

국제적인 컨설팅 회사인 Watson Wyatt Worldwide의 2007/2008년 Staying@Work 보고서에서는, 조사된 고용주들의 48%가 기업에서의 스트레스 수준이 높다는 데 동의했지만, 단지 5%만이 직원 스트레스를 줄이는 데 도움이 되는 무언가를 한다고 했다. 기업은 스트레스-관련 질병으로 인해 이직, 정리해고, 낮은 생산성, 작업-관련 사고, 고비용의 보험료, 그리고 법률비로 한 해 약 미화 3,000억 달러를 쓰고 있지만, 직장 내 스트레스를 줄이기 위한 프로젝트를 최우선으로 놓지는 않는다.

여기에서 물음은, "직장 내 스트레스를 줄이거나 혹은 적어도 더 잘 관리하는 것이 누구의 책임이냐? 해당 직원이 스트레스와 스트레스의 부정적 영향을 줄이는 방법을 찾는 데 책임이 있는가? 혹은 윤리적으로 기업이 직원스트레스를 줄이고 직원들을 건강하게 유지할 방법을 찾을 책임이 있는가?"이다.

높은 스트레스에 의해 야기되는 위험한 건강 문제 때문에, 많은 사람들은 기업들이 스트레스를 줄이거나 직원들이 건강을 더 잘 관리할 수 있도록 돕는 일을 더 해야 한다고 말한다. 2008년 봄, APA는 직원 건강과 복지를 증진시키는 것이 기업의 책임이라고 믿는 다섯 개의 조직을 공지하였다. 이 기업들은 직원들이 극심하고 장기적인 스트레스의 효과로 고생할 확률을 줄일 윤리적 책임을 가지고 있다고 믿는다. 또 기업이 직원들에게 주문하는 요구 때문에 그리고 직원들이 기대되는 것에 대한 통제권을 가지고 있지 않기 때문에, 일에서 스트레스를 줄이고 일을 더 건강하게 만들기 위해서 기업이 할 수 있는 뭐든지 해야 한다는 것을 인지하고 있다.

다른 사람들은 스트레스를 줄이거나 더 잘 관리할 수 있는 방법을 찾는 것이 개인의 책임이라고 말한다. 직원들은 가입할 수 있는 헬스클럽이 있고, 금연을 할 수 있고, 술이나 카페인 음료의 섭취를 줄일 수 있고, 자립서를 읽는 등의 선택권이 있다. 그들은 상담가나 다른 건강 전문가로부터 도움을 찾을 수도 있다. 기업들은 수익을 창출하는 사업을 하는 것이지, 직원들이 건강한지를 보장하지는 않는다. 기업은 사람들이 자신들을 더 잘 돌보게 만들 수 없고, 그렇게 기대해서도 안 된다. 그리고 한 사람에게 스트레스인 것이 다른 사람에게는 스트레스가 아닐 수도 있기 때문에, 모든 사람들이 직무요구로 인한 스트레스를 해소하도록 돕는 한 가지 방법을 찾아서 제공하는 것은 불가능하다. 모든 직원들의 욕구를 충족할 수 있는 스트레스감소 방법들을 충분히 제공하는 것은 비용이 매우 많이 들 것이다.

당신의 생각은 어떻습니까?

- 기업이 직원들의 스트레스를 줄이도록 도울 해결책을 제공할 윤리적 책임이 있다고 생각하는가?
- 직장 내 높은 스트레스 수준이 기업 탓이라고 생각하는가?
- 기업이 직원들을 위해 제공하거나 할 수 있는 일에는 어떤 것들이 있는가?
- 직원들이 스트레스 상황에서도 건강을 유지할 책임이 있다고 생각하는가? 만약 그렇다면, 직원들이 자신들을 위해 할 수 있는 일에는 어떤 것들이 있는가?

요약

이 장에서 배운 것은 다음과 같다.

- 스트레스는 특정 생활 사건이나 상황에 대한 심리적이고 신체적인 반응이다.
- 스트레스의 흔한 원천은 개인적 스트레스원, 직무특성과 같은 직업적 스트레스원(역할갈등, 역할모호성, 역할과부하), 조직적 스트레스원, 작업 환경(소음과 온도), 변화, 다른 사람들과의 관계(예를 들어, 갈등, 까다로운 사람들, 화난 고객들)를 포함한다.
- 개인적인 수준에서, 스트레스는 결혼과 다른 사람들과의 관계에 영향을 끼칠 수 있다. 건강 수준에서, 스트레스는 여러 가지 심리적(예를 들어, 불안, 우울) 그리고 신체적(예를들어, 관절통증, 심혈관계 문제) 장애를 야기한다. 조직적인 수준에서, 스트레스는 탈진, 약물과 음주 남용 증가, 낮은 직무만족, 결근 증가, 그리고 이직 증가를 야기한다.
- A유형 성격의 소유자들과 회의론자들은 B유형 성격의 소유자들과 낙관론자보다 스트레스에 더 취약하다.
- 운동, 웃음, 건강한 식습관, 금연, 충분한 수면, 지지집단 가입, 자기-권한이임, 그리고 시간관리와 같은 기법들이 스트레스를 줄일 수 있다.
- 직장 내 폭력은 직원 스트레스로부터 야기될 수 있다.

복습을 위한 질문

1. 왜 몇몇 사람들은 다른 사람들보다 스트레스에 더 취약한가?
2. 어떤 직무특성이 스트레스를 야기하기 더 쉬운가?
3. 왜 조직은 직원 스트레스를 걱정해야 하는가?

4. 조직이 소음과 온도에 얼마나 주목해야 하는가?

5. 스트레스관리기법이 실제로 효과가 있는가? 왜 있거나 없나?

6. 왜 직장 내 폭력이 발생하는가?

부록   근무환경과 휴먼팩터

인체공학과 **휴먼팩터**는 심리학자들과 공학자들이 육체적 또는 심리적 부담을 최소화하면서 안전하고 사용하기 쉬우며 효율성 또한 극대화된 제품과 시스템을 만들도록 연구하는 분야이다. 인체공학과 휴먼팩터 내에 많은 분야가 있지만 다음 몇 페이지에서는 단지 네 분야만을 집중하여 소개한다. 네 분야는 부상 예방, 제품 디자인, 시스템 효율성, 그리고 교통이다.

반복성 스트레스 부상 예방

조직원들이 컴퓨터로 일을 수행하면서 그 일의 정교함 정도에 따라 일터에서는 손과 손목 부상이 자주 나타난다. 이와 같은 반복성 스트레스 부상(repetitive-stress injuries) 또는 누적성 부상 장애(cumulative trauma disorders) 중 가장 빈번하게 나타나는 현상은 손목 터널 증후군(carpal tunnel syndrome)과 건염(tendonitis)이다. 2013년 리버티 뮤츄얼 작업장 안전 지수 (Liberty Mutual Workplace Safety Index)에 따르면 반복성 스트레스 부상은 미국 노동자들에게 여덟 번째로 가장 빈번하게 발생하는 증상이고, 노동자 청구 보상액으로 미루어 보아 고용주들은 매년 20억 달러가 넘는 비용을 지불한다.

반복성 스트레스 부상은 육체적인 스트레스가 손과 손목을 연결하는 통로의 힘줄과 신경에 가해져서 나타나는 증상이다. 통상적인 스트레스는 많은 근로자들이 애매한 각도로 손목을 들고 반복적으로 손가락과 손을 움직이는 것과 관련이 있다. 반복성 스트레스 부상의 초기 증상은 팔뚝과 손이 저리고 무감각한 것이다. 점차 후에 나타나는 증상은 문을 열거나 펜을 드는 행동이 불가능하거나 아니면 이와 같은 행동을 할때 매우 심한 고통이 따른다.

손목 터널 증후군의 치료방법은 소염제를 먹거나, 손목 보호대를 착용하거나, 수술을 하는 방법이 있다. 대부분의 반복성 스트레스 부상은 인체공학적으로 일을 수행할 때 필요한 적절한 기술을 배우거나, 준비 운동을 하거나, 손목을 쉬게 하거나, 특수한 키보드를 사용하거나, 쉬는 시간을 갖거나, 무감각해지고 고통이 있으면 일을 중단하는 방법으로 예방될 수 있다.

반복성 스트레스 부상을 줄이기 위해 조치를 취한 좋은 예시는 커네티컷 주의 미들타운에 있는 Pratt & Witney에서 찾아 볼 수 있다. 근로자들이 기계의 부품이 들어 있는 비닐봉지를 열기 위해 손가락을 지속적으로 사용함으로 이에 따른 육체적인 스트레스에 대해서 불만을 제기한 후, 그 회사는 부품을 열 때 사용할 수 있도록 작은 편지 개봉용 칼을 카트 위에 올려 두었다. 이러한 조치는 각 카트당 3달러 밖에 들지 않았다. 좀 더 복잡한 개입은 앨라배마에 있는 Goldkist 공장에서 찾아볼 수 있다. 근로자들이 계속해서 닭이 들어 있는 나무상자를 굴림대에 밀어야 할 필요가 없도록 그 회사는 움직이는 컨베이어 벨트를 설치하였다(Grossman, 2000).

많은 조직들이 반복성 스트레스 부상을 예방하기 위하여 근로자들을 훈련시켜 매우 놀라운 결과를 낳았다(Smith, 2003b). 예를 들면, Mitsubishi는 근로자들을 훈련을 시킨 후 2년이 넘는 시간 동안 반복성 스트레스 부상이 45%가 줄었다고 보고하였고, 3M은 훈련 프로그램을 진행한 후 근로자들의 보상액 요청이 50%가 줄었다고 보고하였다(Tyler, 1998). 3M이 제공한 훈련을 통해 근로자들의 보상액 요청이 50% 줄었을 뿐만 아니라 결석률도 13%가 줄어 들었다(Tyler, 1998). 고용주들이 반복성 스트레스 부상을 인지함에 따라 2012년 리버티 뮤츄얼 작업장 안전 지수에 따른 반복성 스트레스 부상 관련 보상 청구액은 1998년 이후 40%가 감소하였다.

제품 디자인

휴먼팩터 심리학자들은 제품을 좀 더 "사용자 친화적"으로 개선하기 위해 연구하는 파트에 종종 고용된다. 예를 들면 컴퓨터 키보드의 최적의 배열을 결정하기도 하고, 가위를 만드는 데 있어 최적의 손가락 구멍을 선정하기도 하며, 자동차 스테레오를 틀기 위하여 운전자가 최소한의 거리로 움직일 수 있도록 하는 자동차 계기판 디자인을 하기도 한다.

제품 디자인의 좋은 예시는 Dempsey 외(1996)의 연구로부터 나왔는데 Dempsey는 우체부들이 사용하는 이상적인 가방 디자인을 도와달라는 요청을 받았다. 이를 결정하기 위해, 그들은 어떤 가방이 제일 편한지, 다양한 날씨에 최적인 가방은 어떤 것인지, 사용하기 가장 편한 것은 어떤 것인지, 개들의 공격에도 끄떡없는 것은 어떤 것인지를 결정하기 위해 네 개의 다른 가방을 테스트하였다. 그들의 연구 결과 가장 편한 가방은 개들의 공격에 가장 무력했고, 쉽게 우편물을 꺼낼 수 있도록 하는 데 몇 가지 문제점이 있다고 나타났다.

이와 비슷한 연구는 책 가방 디자인과 관련된 Pascoe, Pascoe, Wang, Shim과 Kim(1997)의 연구이다. Pascoe와 그의 동료들은 세 가지의 타입 가방의 효과성을 비교하였다—어깨 끈이 두 개로 된 가방, 한 개로 된 가방, 하나의 어깨 끈 형태의 스포츠 가방—학생들에게 가방을 매고 걸으며 자세를 취하게 하였다. 가방이 없을 때와 비교하였을 때, 세 가지 타입의 가방 모두 보폭을 줄이고 걸음걸이의 빈도를 높였다. 이에 더 나아가, 어깨 끈이 하나인 가방과, 어깨 끈이 하나인 스포츠 가방을 맸을 때 자세가 불편하게 바뀌는 결과가 나타났다. 그러나 어깨 끈이 두 개인 가방은 그런 변화가 나타나지 않았다. 이에 따라 이 연구는 실용적인 측면에서 학생들에게 어깨 끈이 두 개인 가방을 사고, 어깨 끈이 두개인 가방을 맨 것이 어깨 끈이 하나인 가방을 한 어깨에 걸쳐 맨 것보다 멋있어 보이지 않더라도 끈을 두개 사용할 것을 제안한다.

이상적인 작업 장갑을 찾는 것 또한 제품 디자인 연구의 또 다른 예시이다. 이러한 과정은 두 가지 길을 선택하였다: 하나는 장갑을 꼈을 때의 효과에 대해서 조사하는 것이고, 다른 하나는 어떤 특정한 타입의 장갑과 다른 장갑의 장점을 비교하는 것이다. 명백히 장갑이 근로자들의 안전을 증가시키지만, 일의 수행의 효과성은 어떠한 작업을 하느냐에 따라 달라진다. 예를 들면, 연구자들은 장갑을 사용하는 것이 근육의 피로감을 증가시키고(Willms, Wells, & Carnahan, 2009), 손 재주를 감소시키고(Dianat, Haslegrave, & Stedmon, 2010), 근로자들이 뿜어낼 수 있는 회전력의 양을 줄어들게 하지만(이 연구의 저자들은 "손의 외전이 뿜어낼 수 있는 최대 자유 회전력"이라고 불렀다)(Shih & Wang, 1997), 무게를 구별하는 능력에는 아무런 영향을 미치지 않는다는 것을 발견하였다.

장갑을 끼는 것이 맨손으로 할 때보다 발휘할 수 있는 힘을 줄어들게 한다는 것을 인지하고, Kovacs, Splittstoesser, Maronitis와 Marras(2002)는 힘에 가장 영향을 덜 미치는 유형을 찾아내기 위해 아홉 개 다른 유형의 장갑을 비교하였다. 그들의 결과는 수술용 장갑이 가장 힘을 덜 감소시키고 가죽 장갑이 가장 힘을 감소시키는 것으로 나타났다.

가장 최적의 장갑을 찾는 또 다른 연구의 예시는 Nelson과 Mital(1995)의 연구로 이들은 의사들이 사용하는 장갑의 최적의 두께를 조사하였다(아야!). 이들이 연구하게 된 이유는 비록 두꺼운 장갑은 바늘에 찔리거나 하는 것으로부터 보호를 할 수 있으나 민감한 작업을 할 경우 의사들의 능력을 떨어뜨릴 수도 있기 때문이다. 이 연구자들은 두께가 0.21mm인 장갑부터 0.83mm인 장갑까지 다섯 종류의 장갑을 테스트 하였다. Nelson과 Mital은 .083mm 두께의 장갑이 일상적인 충격에도 끄덕없을 뿐 아니라 맨손으로 할 때와 비슷한 수준의 손 재주와 촉감을 제공하는 것을 발견하였다. 가방이나 장갑이 특별히 흥미로운 주제는 아니지만 이러한 예시들은 좋은 제품을 개발하는 데 적용되는 휴먼팩터의 세심한 연구 예시들을 보여준다.

시스템의 효과성

휴먼팩터의 주된 분야는 한때 "시간동작 연구"라고 알려진 시스템을 더욱 효과적으로 만드는 것이다. 이러한 연구들은 근로자들이 어떻게 그들의 직무를 수행하는지 결정하기 위한 직문분석과 함께 시작하였다. 이러한 직무분석은 여러분이 2장에서 배웠던 것들보다 훨씬 더 정교한 경향이 있다. 예를 들어 패스트푸드 음식점에서 주문을 받는 사람이 일을 할 때 걸리는 시간을 줄이기 위한다고 해보자. 그림 A.1에서 보여지듯이 그 종업원은 케첩을 150번 만지고, 후추는 10번 만지고, 감자 튀김 용기는 140번 만지고, 감자튀김은 140번 만지게 된다. 현재의 배열에 문제점은 무엇인가? 아마 여러분이 추측하듯이, 가장 많이 만져야 하는 케첩은 제일 멀리 있고, 가장 적게 만지는 후추는 가장 가까이에 있다. 또한 상관표를 보면 그 종업원이 감자튀김 용기를 만질 때마다 감자튀김을 꺼내야 하지만 이 두 개는 다른 곳에 위치해 있다. 효율성을 높이기 위해 가장 많이 만지는 아이템은 그 종업원에게 가까이 있도록 해야 하고, 함께 만져야 하는 아이템들은 서로 가까운 곳에 두어야 한다.

또 다른 예시로 슈퍼마켓의 캐셔들이 근육과 골격 통증(예, 요통 또는 손목 저림)과 관련한 불만이 많음에 따라 효율적이고 사용하기 편한 계산대 디자인과 관련한 심도깊은 연구가 진행되었다. Grant와 Habes(1995)의 새로운 데이터와 문헌연구에 따라 아래의 특징이 이상적인 계산대 모습이다:

- 캐셔는 손님을 마주본다.
- 계산대의 높이는 캐셔의 팔꿈치보다 높아서는 안된다.
- 스캐너와 키보드는 캐셔의 앞에 있어야 하고 계산기 서랍은 계산하는 사람 쪽에 있어야 한다(18인치 이내에 있어야 한다).
- 식료품들은 컨베이터 간격이 좁은 벨트를 통해서 캐셔한데 전달되고(손이 미치는 거리를 줄이기 위해), 컨베이터 벨트는 계산대 뒤쪽에서 스캐너 방향으로 이동하게 한다.
- 앉든지 서든지 캐셔의 선택에 따라 의자, 발 받침대, 피로저하 매트를 사용하게 한다.

교통

후미 충돌 방지 브레이크 설치

이 분야에서 휴먼팩터 연구의 목적은 안전하고 쉽게 운전할 수 있게 하는 것이다. 예를 들면, 휴먼팩터 연구자들은 후미 충돌을 줄이기 위해 여러 가지 연구를 실시하였다. 첫 번째 단계로 운전 과정을 연구하고 사건이 일어난 상황, 일어난 순서, 그리고 소요된 시간을 도표로 만들어 처리 과정도를 만들었다. 이러한 처리 과정도에서 나타난 충돌을 피하는 데 걸리는 시간은 (1) 앞서가는 운전자가 상황을 파악하고, 브레이크를 밟아야 하는 이유가 있는 지 결정하고, 브레이크를 밟기로 결정을 하고, 실제로 브레이크를 밟는 데 소요되는 시간과 (2) 뒤에 따라오는 운전자가 신호(브레이크 등, 자동차의 깜박이, 속도 줄임)를 감지하고 특정 신호를 구별하고, 브레이크를 밟

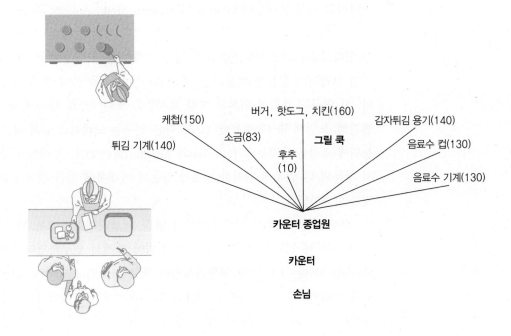

버거, 핫도그, 치킨(160)

케첩(150)

감자튀김 용기(140)

소금(83)

그릴 쿡

음료수 컵(130)

튀김 기계(140)

후추
(10)

음료수 기계(130)

카운터 종업원

카운터

손님

그림 A.1 패스트푸드 카운터의 배치(숫자는 카운터에 있는 종업원이 특정 물품을 걸어서 집어오는 횟수를 의미한다).

동작 상관 표

	(F)	(FC)	(K)	(G)	(P)	(S)	(D)	(DC)
감자튀김(F)		1.00	.86	.70	.10	.30	.63	.63
튀김 용기(FC)			.86	.70	.10	.30	.63	.63
구운 음식(K)				.70	.30	.60	.45	.45
후추(P)					.10	.40	.65	.65
소금(S)						.50	.20	.20
음료수(D)							.29	.29
음료수 컵(DC)								1.00

을지 결정하고, 실제로 브레이크를 밟기로 결정하는 데 소요되는 시간과의 함수이다. 후미 충돌을 줄이기 위하여, 휴먼팩터 심리학자들은 처리 과정도에 나타난 각각의 단계에서 걸리는 처리 시간을 줄일 수 있는 방법을 모색한다. 예를 들면, 운전 중 휴대폰 사용(Caird, Willness, Steel, & Scialfa, 2008), 큰 소리로 음악 듣기(Turner, Fernansez, & Nelson, 1996), 또는 동승자와 이야기하기(Young & Stanton, 2007)는 브레이크 등이나 교통신호를 감지하는 데 소요되는 시간을 증가시킨다. Sivak, Flannagan, Sato, 그리고 Traube(1994)는 네온이나 LED 브레이크 등이 일반적인 등이나 백열등보다 반응 시간이 더 짧다는 결과를 발견하였다.

또 다른 연구의 연구자들은 하나의 신호를 다른 신호로부터 구별하는 단계에 집중하였다. 그들은 당신의 두 브레이크 등과 방향 깜박이 등이 모두 빨간색이기 때문에 당신을 쫓아오는 차는 찰나의 시간에 브레이크 등인지 방향 깜박이인지 해석해야 한다라고 가설을 세웠다(Luoma, Flannagan, Sivak, Aoki & Traube, 1997). 이와 같은 찰나의 순간은 갑자기 정지를 해야 할 경우 사고를 피할 수 있는 시간 차이가 될 수 있다. Luoma와 그의 연구 팀은 방향 깜박이 등의 색을 빨간색에서 노란색으로 바꾸면 브레이크 신호에 반응하는 데 소요되는 시간을 줄일 수 있다는 것을 발견하였다. 이 연구는 유럽과 일본의 방향 표시등을 노란색으로 만들게 하였다(미국에서는 빨간색, 노란색 둘 다 허용한다). 또 다른 연구는 브레이크 등과 다른 등을 구별하는 능력에 초점을 두었는데 Theeuwes와 Alferdinck(1995)는 브레이크 등이 후방 창문에서 창문의 더 위쪽에 위치한 경우가 창문의 아래쪽에 있을 때보다 더 효과적이라는 것을 발견하였다.

다른 연구는 앞서가는 운전자가 발을 액셀러레이터에서 떼고 브레이크로 발을 옮기는 데 걸리는 시간을 줄이는 방법에 대해서 연구하였다. 이렇게 하기 위해 Shinar(1995)는 1초 만에 액셀러레이터 페달을 풀면 브레이크 등이 들어오게 하는 첨단 브레이크 경고 시스템을 개발하였다. 운전자가 브레이크 페달을 밟게 되면 브레이크 등은 계속 들어오게 된다. 만약 운전자가 브레이크를 밟지 않으면 브레이크 등은 꺼지게 된다. 이러한 시스템은 다른 사람에게 미리 경고를 줄 수 있으나, 어쩌면 거짓 경보를 할 수 있다. 이러한 가능성을 연구하기 위해, Shinar(1995)는 6명의 운전자에게 브레이크를 밟게 하는 등의 실험을 95,394번 실시하였다. 95,394번 중 820번 첨단 브레이크 경고 시스템이 작동되었고, 뒤에 따라오는 운전자에게 평균적으로 5분의 1초 더 오래 경고를 하였다. 첨단 브레이크 경고 시스템의 23% 정도가 거짓경보였지만 브레이크 등의 단지 2%만이 대략 1초 정도 들어왔다. 그러므로 추가 경보 시간이 지나치게 많은 거짓경보 결과를 초래하는 것은 아니었다.

속도 줄이기

휴먼팩터의 전문가들은 운전 환경을 변화시킴으로 속도를 줄일 수 있는 방법을 모색하고 있다. 예를 들어, De Waard, Jessurun, Steyvers, Raggatt과 Brookhuis(1995)는 운전자들이 속도를 내는 게 지각적으로 불편하게 하면 (교통 범칙금을 매겨서 과속을 하는 것이 경제적으로 부담을 주는 것과 반대로) 속도를 덜 낼 것이라는 가설을 세웠다. 이렇게 하기 위해, De Waard 외 학자들은 한 차선 도로의 오른쪽 흰색 라인을 지우고 간헐적으로 작은 블록은 만들어 속도를 내서 그 위를 달릴 경우 소음이 나도록 바꾸었다. 이러한 설치를 하게 된 아이디어는 과속을 하는 운전자들은 과속을 하면서 차를 차선 중앙에 유지할 수 없기에 왼편이든 오른편이든 선을 밟게 되는 것에서 왔다. "처벌을 하기 위해" 과속 운전자가 듣기 싫은 소음을 들을 경우 평균적으로 시간당 3 km의 속도를 줄였다—이는 안전성을 고려할 때 충분히 줄인 것이라고 볼 수 있다.

그림 A.2 어떤 고속 도로의 사인은 다른 것들보다 이해하기 쉽다.

속도를 줄이기 위한 또 다른 시도는, 한 그룹의 학자들은 운전자들이 속도를 내는 경우는 그들이 제한속도를 인지하지 못한 결과라고 믿었다. 이러한 가능성을 줄이기 위하여, 핀란드 University of Helsinki 대학의 세 명의 학자들은 (Lajunen, Hakkarainen, & Summala, 1996) 공식적으로 제한속도 50 km인 "건물이 가득 들어선" 지역(밀집된 지역)에 운전자들이 들어갈 때 속도를 줄이라는 내용이 담긴 세 가

Photo courtesy of the author

Roanoke로 가려면 어느 차선으로 가야 하는 것일까?

지의 유형의 사인을 테스트하였다. 첫 번째 사인은 건물이 가득 들어선 지역이라는 부호가 새겨져 있고 두 번째 사인은 건물이 가득 들어선 지역이라는 부호와 위험이라는 부호가 새겨져 있고, 그리고 세 번째 사인은 건물이 가득 들어선 지역이라는 부호와 동그라미 안에 "10"이라는 숫자가 있다. 아마도 여러분들이 예상했겠지만 운전자들은 명백하게 제한속도가 있는 사인이 있을 때 가장 자주 속도를 줄였고, 운전자들이 건물이 가득 들어선 지역의 제한속도를 이미 알고 있어야만 했던 다른 두 사인이 있을 때는 가장 덜 속도를 줄였다. 미국에서는, 이러한 결과를 일반화 시켜서 "학교 지역" 사인을 "학교 지역: 제한속도 25MPH" 사인으로 바꿀 수 있었다.

이러한 연구들이 어떤 아이콘이나 부호를 사용하는 것보다 문자를 사용하는 것이 더 나은 것처럼 보일 수 있으나 대개 그런 것은 아니다. 연구에 의하면 아이콘이나 부호로 된 고속도로 사인이 문자로 된 고속도로 사인보다 읽기 쉽고, 반응 속도도 빠른 것으로 나타났다(Long & Kearns, 1996). 왜 이런 모순된 결과가 나타날까? 그것은 명백하게 글자가 있는 사인보다 아이콘이나 부호로 된 사인이 읽기 쉽기 때문이다. 그러나 부호를 보고 그 의미를 이해하느냐는 것은 다른 이야기이다.

그림 A.2에 보이는 고속도로 사인을 보아라. 몇 개의 사인이 여러분에게 익숙하지 않을지 모르지만 모두 읽기는 쉽다. 만약 여러분이 의미에 익숙하지 않거나 여러분이 의미에 익숙하다 해도(그림에 있는 "속도를 줄이시오") 여러분이 무엇을 해야 할지(25MPH 이상 속도를 내지 마시오) 모른다면, 아이콘으로 된 사인을 멀리서 볼 수 있는 장점은 그것을 해석하는 데 드는 시간이 늘어남에 따라 무효해 진다.

이렇게 아이콘을 사용하는 것은 사람들이 아이콘이 의미하는 바를 알 때에만 효과적이다. 여러분의 이해를 돕기 위해 훌륭한 예시를 제시한다. 미국에서 주와 주 사이의 고속도로 시스템은 매우 잘 디자인되었고 대부분의 위치에 표시가 잘 되어 있다. 그러나 많은 사람들이 이렇게 잘 디자인되고 잘 표시된 고속도로 표지판의 장점을 전적으로 누리지 못하는 데 이는 표지판에 표시된 코드에 익숙하지 않기 때문이다. 예를 들어 여러분이 I-81 도로나 I-77 도로를 운전한다고 해보자. 이 두 고속도로의 명칭은 홀수로 끝나는데 이는 북쪽에서 남쪽으로 통하는 고속도로라는 것을 의미한다; 짝수로 끝나는 고속도로는 동쪽에서 서쪽으로 통하는 고속도로이다. 아니면 여러분이 Roanoke로 가는 고속도로를 운전한다고 할 때 사진에서 보이는 표지판을 봤다고 하자. 이 표지판이 얘기하는 것은 무엇인가? "Roanoke"라는 단어 왼편에 있는 화살표 때문에 여러분은 왼쪽 차선에 서서 왼쪽으로 빠져서 고속도로에 들어선다고 할 것이다. 만약에 화살표가 "Roanoke"라는 단어의 오른쪽이나 아래쪽에 있었다면 여러분은 오른쪽 차선에서 서서 오른쪽으로 빠져서 고속도로에 들어선다고 생각할 것이다. 여러분은 몇 명이 이와 같은 원칙을 안다고 생각하는가?

용어해설

1973년 제정 직업재활법(Vocational Rehabilitation Act of 1973) 연방 정부 계약 업체 또는 하도급 업체가 신체적 및 정신적 장애가 있는 사람을 차별하는 것을 금지하는 1973년에 통과된 연방법

2요인 이론(two-factor theory) 직무만족과 관련된 2개의 요인(위생요인, 동기요인)을 가정한 허쯔버그의 욕구이론

360도 피드백(360-degree feedback) 관리자, 부하, 동료, 고객 등 여러 출처로부터 피드백 정보를 얻는 수행 평가 시스템

4/5 법칙(four-fifths rule) 한 집단의 고용비율(예를 들어, 여성)이 다른 집단(예를 들어, 남성)의 고용 비율의 80%보다 적을 때, 불리효과가 존재한다고 말할 수 있다.

4번째 수정 헌법(Fourth Amendment) 부당한 수색 혹은 압수에 대해 시민들을 보호하는 수정 헌법이다. 이 수정 헌법은 약물 검사, 사물함과 사무실 수색, 심리 검사, 전자 감시 등 사생활 문제에 적용된다.

AET(Arbeitswissenschaftliches Erhebungsverfahren zur Tätigkeitsanalyse) 독일에서 개발된 인체공학적 직무분석 방법

Ammerman 기법(Ammerman technique) 직무 전문가들로 구성된 집단이 이상적인 직원에 부합되는 목적과 기준을 확인하는 직무분석 방법

A유형 성격(Type A personality) 경쟁적이고, 참을성 없고, 급한, 스트레스에 취약한 개인

Blog 독자들이 반응할 수 있는 주제에 대해서 주인이 정기적으로 논평을 게시하는 웹사이트

B유형 성격(Type B personality) 느긋하고 상냥한, 스트레스에 취약하지 않은 개인

ERG 이론(ERG theory) 존재, 관계 및 성장 차원이

만족을 가정한 아들러의 욕구 이론

Fleishman 직무분석 조사(Fleishman Job Analysis Survey: F-JAS) 직무를 수행하는 데 필요한 능력을 기준으로 직무를 평가하는 직무분석 방법

IMPACT 이론(IMPACT theory) 6가지 유형의 리더십 스타일(정보적, 사람을 강하게 끄는, 지위, 친애적, 강압적, 전략적)을 가정하고 각각의 리더십 스타일은 6가지 조직 분위기 중 하나에서 효과적으로 작동한다는 리더십 이론

Leader Match 리더십 스타일에 맞게 환경을 변화시키는 방법을 교육하는 교육 프로그램

Listserv 공통 관심사를 지닌 집단에게 이메일 메시지를 자동으로 전송하는 프로그램

Solomon의 네 집단 설계(Solomon four-groups design) 훈련 효과를 평가하기 위해서 사전검사, 사후검사, 실험집단과 통제집단을 사용하는 광범위한 방법

Vroom-Yetton 모델(Vroom-Yetton Model) 리더가 내리는 의사결정의 방법에 초점을 둔 리더십 이론

Webcast 비−상호작용식 훈련방법이며, 훈련자는 인터넷을 통해서 훈련 정보를 전송

Webinar 짧은 웹 세미나로서 훈련이 인터넷을 통해서 전송되는 상호작용식 훈련방법

Wiki 이용자들이 주제에 대해 페이지를 만들 수 있고, 독자들이 자유롭게 그 페이지를 수정(편집)할 수 있는 웹페이지 모음

X이론 리더(Theory X leaders) 부하들이 외적으로 동기부여되어 있기 때문에 지시와 목표설정을 통해 이끌어야 한다고 믿는 리더

가설(hypothesis) 연구 질문에 대해 대답하기 위한 학문적 예언

가장 선호하지 않는 동료 척도[Least-Preferred Co-worker(LPC) Scale] 리더십 스타일과 효과성 간

의 관련성을 밝히기 위한 피들러의 상황모델을 검증하기 위한 검사

갈라테아 효과(Galatea effect) 높은 자기에 대한 기대가 높은 성과를 나타내는 효과

감정(affect) 느낌 또는 정서

강압적 권력(coercive power) 특정 개인이 처벌을 줄 수 있는 능력을 가진 정도에 근거한 권력

강압적 스타일(coercive style) 리더는 상벌을 통제함으로써 이끌어 간다는 것으로 가장 효과적인 상황은 위기상황이 팽배한 분위기임을 주장

강제 배분법(forced distribution method) 미리 비율이 정해져 있는 몇 가지 범주에 종업원들을 배분하는 수행평가 방법

강제선택 평정 척도(forced-choice rating scale) 관리자에게 몇 가지 행동들을 제시한 후, 해당 종업원에게 가장 전형적인 행동을 강제로 선택하게 하는 수행 평가 방법

강화위계(reinforcement hierarchy) 특정 개인에 대한 강화물을 위계적으로 배열한 것

개인–조직 부합(person-organization fit) 직원들의 성격, 가치, 태도, 철학, 그리고 기술이 조직의 성격, 가치, 태도, 철학, 그리고 기술과 일치하는 정도

개인 분석(person analysis) 훈련이 필요한 사원이 누구이고, 각 사원에게 필요한 훈련 영역이 무엇인가를 결정하는 과정

거래적 리더십(transactional leadership) 리더가 과업 지향적 행동에 초점을 두는 리더십 스타일

거부 단계(denial stage) 변화 또는 해고에 대한 정서반응의 첫 단계로서, 사원들은 조직 변화 또는 해고가 있을 것이라는 것을 부인하는 단계

검사–재검사 신뢰도(test-retest reliability) 동일한 검사의 반복 시행으로 비슷한 결과를 얻는 것

게임(game) 직원 출근을 보상하기 위해 포커와 빙고 같은 게임을 사용하는 결근 통제 방법

경로–목표 이론(path-goal theory) 리더가 보여주는 행동이 부하들의 목표달성에 도움을 주는 경우에 효과적인 리더가 될 수 있음을 가정하는 리더십 이론

경영격자(Managerial Grid) 특정 리더를 다섯 유형

중 하나로 분류하기 위한 리더십 진단검사

고용에서의 연령차별 금지법(Age Discrimination in Employment Act: ADEA) 40세 이상의 개인에 대한 차별을 금지하는 연방법과 수정 조항

고용평등기회위원회(Equal Employment Opportunity Commission: EEOC) 고용차별 관련 고발에 대해서 조사를 하고 공소를 제기하는 역할을 하는 미국 노동부의 한 기관

고충처리 절차(grievance system) 직원이 조직에 고발사항을 제기하고 개인 혹은 위원회가 조직 내에서 고발 문제관련 의사결정을 내리는 과정

골렘 효과(Golem effect) 타인에 대한 부정적인 기대가 타인의 성과를 감소시키는 효과

공포 단계(fear stage) 해고가 발표된 후에 뒤따르는 세 번째 정서반응으로 사원들이 자신들이 재정적으로 어떻게 살아갈지 걱정하는 단계

과업 구조화(task structuredness) 피들러의 상황모델에 제시된 한 변수로 과업이 목표가 분명하고 문제가 해결 가능한지를 나타내는 정도

과업목록(task inventory) 중요성과 시간 소요 등을 기준으로 하여 재직자들이 평가한 과업의 목록을 담고 있는 설문지

과업분석(task analysis) 직원이 훈련받아야 하는 과업을 규명하는 과정

과업 중심적 리더(task-centered leaders) 자신의 역할과 부하의 역할을 정의하고 구조화하는 리더

과학습(overlearning) 과제를 숙달한 이후에도 학습을 유지하기 위해서 과제를 연습하는 것

관대화 오류(leniency error) 평가자가 종업원의 실제 수행과는 상관없이 대부분 높은 점수를 주는 평정 오류

관찰법(observations) 직무분석가가 재직자가 그들의 직무를 수행하는 것을 지켜보는 직무분석 방법

교차훈련(cross-training) 사원들에게 다른 사원들이 전통적으로 수행하는 과제 수행 방법을 가르치는 것

구성 타당도(construct validity) 검사가 측정하고자 하는 구성개념을 정말로 측정하였는지에 대한 정도

구조 지향적 리더(initiating structure) 자신의 역할과 부하의 역할을 정의하고 구조화하는 정도

군대 베타(Army Beta) 제1차 세계대전 동안에 개발되어 문맹인 군인들을 위해 군대에서 사용된 지능검사

군대 알파(Army Alpha) 제1차 세계대전 동안에 개발되어 문맹이 아닌 군인들을 위해 군대에서 사용된 지능검사

권력욕구(need for power) 사람들의 타인에 대한 통제를 바라는 정도를 나타내는 욕구

권위적인 스타일(position style) 리더는 자신이 가지고 있는 합법적인 지위에 의해 이끌어간다는 것으로 가장 효과적인 상황은 불안정한 분위기임을 주장

권한 위임 도표(empowerment chart) 각 사원별로 그가 자신의 과제에 대해서 지니고 있는 투입 수준을 보여주는 도표

규범적 몰입(normative commitment) 직원들이 조직에 남아 있을 의무감을 느끼는 정도

금전적 상여금(financial bonus) 출근 기준을 충족하는 직원들에게 현금 보상을 함으로써 결근을 통제하는 방법

기관생명윤리위원회(institutional review boards) 연구 주제에 대한 윤리적 대우를 보장하기 위해 지정된 위원회

기능적 직무분석(Functional Job Analysis: FJA) Fine이 개발한 자료, 사람, 사물의 범주로 재직자가 수행하는 기능의 정도를 평가하는 직무분석 방법

기대이론(expectancy theory) 동기는 기대, 도구성 및 유인가에 의해 결정된다는 Vroom의 이론

기록연구(archival research) 이전에 수집한 자료의 사용이 포함된 연구

기본 생리욕구(basic biological needs) 마슬로우의 욕구 위계의 가장 첫 단계로 음식, 공기, 물과 같은 생존욕구와 관련

기술-기반 보수(skill-based pay) 특정 직무-관련 기술을 향상시키도록 설계된 훈련 프로그램에 참여한 사원을 보상하는 것

기술검사(skill test) 일부 직무 관련 기술에서 사원의 수준을 측정

기저선(baseline) 성과배분제를 적용하기 이전의 성과수준

기저율(base rate) 성공적인 직무수행을 보이고 있는 현재 직원의 비율

기준 프레임 훈련(frame-of-reference training) 평가자들에게 직무에 관한 정보를 먼저 제공한 후, 평가에 대해 실습을 하고, 전문가들이 평가한 결과를 예로 제시하고, 전문가가 그렇게 평가한 이유를 설명해 주는 평가자 훈련의 한 방법

기질적 자존감(chronic self-esteem) 사람들이 자신에 대해서 긍정 또는 부정적으로 내리는 전반적인 평가

낮은 관찰빈도(infrequent observation) 관리자가 종업원이 업무수행하는 행동을 모두 다 관찰하지 못하는 경우

내용 타당도(content validity) 검사가 측정해야 할 내용들을 충분히 반영한 정도

내적동기(intrinsic motivation) 보상, 승진 및 동료와 같은 외적인 요인들이 없는 상태에서 동기부여

내적 통제감(internal locus of control) 인생의 성공이나 실패에 책임이 있다고 믿는 정도

내적 통제위치(internal locus of control) 사람들이 인생에서 성공 또는 실패에 대해서 책임감과 통제감을 가지고 있는 정도를 나타내는 개념

다단계 방법(multiplehurdle approach) 한번에 하나씩 검사를 시행한 후 통과한 지원자만이 다음 단계의 검사를 받을 수 있는 방법

다면평가(multiple-source feedback) 관리자 혼자 평가하는 것이 아니라, 여러 출처(고객, 부하, 동료 등)로부터 피드백 정보를 얻는 수행 평가 전략

다중 합격점 방법(multiple-cutoff approach) 지원자가 여러 검사를 받은 후 그중 어느 한 검사에서의 점수가 최소 합격점에 미달하면 탈락하게 되는 방법

다중 회귀(multiple regression) 하나 이상의 준거 타당도 검사로부터 얻어진 점수들에 대해 각 검사점수가 준거를 얼마나 잘 예측하는지에 따라 가중치를 부여하는 통계적 절차

단계적 처벌(progressive discipline) 직원들의 행동을 변화시키기 위해 필요한 만큼 점차적으로 더 가혹한 처벌을 하는 것

단일집단 타당도(singlegroup validity) 예측편향의 한 형태로, 어떤 검사가 한 집단의 준거는 유의미하게 예측하지만 다른 집단의 준거는 유의미하게 예측하지 못하는 것

대역폭(bandwidth) 매일 가능한 잠재적 전체 작업시간 수

대학원 입학시험(Graduate Record Exam: GRE) 대부분의 심리학 대학원에서 요구하는 표준화된 입학시험

도구적 스타일(instrumental style) 경로 목표 이론에 제시된 리더가 부하의 행동을 계획하고 조직화하는 리더십 스타일

도식 평정 척도(graphic rating scale) 등간척도 혹은 비율척도상에서 종업원의 수행을 평정하는 수행 평가 방법

도제 훈련(apprentice training) 사원들의 공식적인 교육과정에 현장 직무훈련을 결합한 것으로 기능직과 건축업 분야에서 일반적으로 볼 수 있는 교육 방식

독립변수(independent variable) 실험에서 조작된 변수

독재 I 전략(Autocratic I strategy) 리더가 부하들의 의견 수렴 없이 의사결정을 하기 위해서 가능한 정보를 사용하는 전략

독재 II 전략(Autocratic II strategy) 리더가 부하들로부터 필요한 정보를 얻어서 의사결정은 스스로 하는 전략

동기(motivation) 종업원들이 직무수행을 잘 할 수 있게 하는 힘

동기요인(motivators) 직무가 포함하고 있는 실제적인 과업 및 임무와 관련된 직무 관련 요소

동시성 기술(synchronous technologies) 사원들이 물리적으로 다른 지역에 있더라도 같은 시간에 동일한 속도로 훈련을 완수하도록 요구하는 원격학습 프로그램

동시 타당도(concurrent validity) 현재 조직에서 일하고 있는 직원들의 검사점수와 그들의 직무수행 간의 상관으로 계산하는 준거 타당도 유형 중 하나

동형검사 신뢰도(alternate-forms reliability) 동일한 검사의 두 형태가 비슷한 것

동화(assimilation) 평정 오류의 한 유형으로, 평가자가 종업원에 대해 이전에 내려졌던 평가를 기반으로 평정하는 오류

등급(grade) 비슷한 가치를 가지는 직무 집단

디브리핑(debriefed) 실험에 참가한 피험자에게 연구의 목적을 알려주고 기타 관련 정보를 제공하는 것

디스트레스(distress) 부정적인 에너지와 수행 및 건강 감소를 유발하는 스트레스

로쉬 표(Lawshe tables) 기저율, 검사 타당도, 지원자 백분위를 사용하여 해당 지원자의 미래 성공확률을 가늠하는 표

리더 성과(leader performance) 특정유형의 사람이 다른 유형의 사람보다 더 좋은 리더가 될 수 있다는 가정을 하는 특성이론의 한 종류

리더십 동기유형(leadership motive pattern) 높은 권력욕구와 낮은 유친욕구로 구성된 욕구유형에 대한 이름

리더십 의견 설문지(Leadership Opinion Questionnaire: LOQ) 리더십 스타일을 평가하기 위해 리더가 사용하는 검사

리더의 출현(leader emergence) 특성이론의 하나로 어떤 유형의 사람은 리더가 될 수 있으며, 다른 유형의 사람은 리더가 될 수 없음을 가정하고 있음

리더 지위 권한(leader position power) 피들러의 상황모델에 제시된 한 변수로 리더가 상벌 권한을 사용할 수 있는 정도

리더행동 기술 설문지(Leader Behavior Description Questionnaire: LBDQ) 리더십 스타일을 평가하기 위해 리더의 부하가 사용하는 검사

멘토(mentor) 신입사원에게 조언하고 보살펴 주는 경험이 많은 사원

모델링(modeling) 타인의 행동을 관찰하고 그 행동을 모방하는 것을 통한 학습

목표설정(goal setting) 종업원들에게 구체적인 성과 목표를 부여하여 성과를 향상시키는 방법

무선표본(random sample) 연구 참가에 선정될 기회가 관련 전집의 모든 구성원에게 동일한 표본

무선할당(random assignment) 다양한 실험 조건과 통제조건에 대한 연구 표본에 피험자들을 무선적이고 편향되지 않도록 할당하는 것

문항 동질성(item homogeneity) 검사 문항이 동일한 구성 개념을 측정하는 것

문항 안정성(item stability) 동일한 검사 문항에 대한 반응이 일관적인 것

미국 수정 헌법 제14조(Fourteenth Amendments) 법에 의거하여 어떤 주정부도 개인의 평등한 보호를 거부하지 못하도록 하는 미국 수정 헌법 사항

미국 수정 헌법 제5조(Fifth Amendment) 법에 의거하여 연방 정부가 개인의 평등한 보호를 거부하지 못하도록 하는 미국 수정 헌법 사항

미네소타 만족 설문지(Minnesota Satisfaction Questionnaire: MSQ) 20개의 차원에서 점수를 산출하는 직무만족 측정 도구

미스테리 쇼퍼(programmed instruction) 손님으로 가장해 매장 직원을 감시하는 사람

바넘 진술(Barnum statements) 별자리 예언과 같이 너무 일반적이라서 거의 모든 사람에게 해당되는 진술문

박사학위논문(dissertation) 학위 취득을 위해 대부분의 박사과정 학생들에게 요구하는 공식 연구논문

반분법(split-half method) 절반의 문항점수와 나머지 절반의 문항점수를 비교하여 문항 반응의 일관성을 평가하는 내적 신뢰도 방법

발산(evaporation) 과도한 열을 땀 분비로 줄여서 체온을 유지하는 한 가지 방법

발열(radiation) 열을 방사하여 정상 체온을 유지하기 위한 한 가지 방법

배태성(embeddedness) 직원들이 직무 및 지역사회에 연계하는 정도, 그 연계의 중요성, 그리고 그 연계가 깨질 수 있고 다른 직무로 대체될 수 있는 용이성

밴드 설정법(Banding) 등급제란 측정의 표준오차를 기반으로 비슷한 시험 점수구간을 같은 등급으로 묶는 통계적 기법

범위축소(restricted range) 한 변수의 점수들의 범위 값이 작으면 상관계수가 작아지는 현상

법적 구속력이 없는 중재(nonbinding arbitration) 중립적인 제3자가 어떤 쪽이 옳은지를 선택하는 것으로 갈등을 해결하는 방법으로 양쪽 모두 내려진 결정에 항소할 수 있음

법적 구속력이 있는 중재(binding arbitration) 중립적인 제3자가 어떤 쪽이 옳은지를 선택하는 것으로 갈등을 해결하는 방법으로 어느 쪽도 내려진 결정에 항소할 수 없음

베트남전 참전 퇴역군인 재적응 지원법(Vietnam-Era Veterans Readjustment Assistance Act: VEVRAA) 연방 정부 계약업체와 하도급 업체로 하여금 베트남 참전용사의 고용과 승진을 강제하여 사회적 약자 우대정책을 시행하도록 하는 1974년에 제정된 연방법

변혁적 리더십(transformational leadership) 리더가 조직의 본질과 목표에 변화를 제시하는 비전을 주는 리더십

변화분석가(change analyst) 변화를 두려워하지는 않지만 변화해야 할 강한 이유가 있을 경우에만 변화를 만드는 사람

변화 저항자(change resister) 변화를 싫어하고 변화를 막으려고 무엇이든 하려는 사람

보상 권력(reward power) 특정 개인이 보상을 줄 수 있는 능력과 권위를 가진 정도에 근거한 권력

보상을 대가로 하는 성희롱(quid pro quo) 성상납을 제공하는 것이 고용의 결정과 관련되어 있는 성희롱의 유형

보충적 접근(compensatory approach)　한 검사에서의 높은 점수가 다른 검사에서의 낮은 점수를 보충하는 방식의 선발 의사결정. 예를 들어, 높은 GPA 점수가 낮은 GRE 점수를 보충할 수 있다.

보호계층(protected class)　보호계층 보호법 제정 목적의 대상이 되는 사람들의 집단

부적 피드백(negative feedback)　사원들에게 그들의 과제 수행을 향상시키기 위해서 그들이 잘못 수행하고 있는 것을 말해주는 것

분노 단계(anger stage)　인원 감축에 대한 두 번째의 정서반응으로 사원들에게 조직에 대한 분노가 일기 시작하는 단계

분배 공정성(distributive justice)　조직에서 만들어진 결정이 공평하다고 지각

분포 오류(distribution errors)　평가자가 종업원의 수행을 평가할 때, 평가 척도에 일정 부분만 사용하는 평정 오류를 말한다.

불리효과(adverse impact)　다수 집단 구성원들에 비해 소수 집단의 구성원들이 더 높은 비율로 부정적인 결과를 초래하는 고용 관행. 주로 4/5 법칙에 따라서 결정됨

불안(anxiety)　걱정이 지배하는 조직 분위기

불안정성(instability)　조직구성원들이 무엇을 해야 하는지 확신이 없는 조직 분위기

비계산적 동기(noncalculative motivation)　개인적인 이익이 있기 때문에 리더십 포지션을 추구

비동시성 기술(asynchronous technologies)　사원들 자신이 선택한 시간에 자신의 속도로 훈련을 완수하도록 요구하는 원격학습 프로그램

비정규직 사원(temporary employees)　소위 "임시직"—임시 고용 대행업체를 통해 고용된 사원

사기를 저하시키는 리더십(impoverished leadership)　생산성뿐 아니라 종업원의 복지에 관심을 갖지 않는 리더십 스타일

사내 육아시설(on-site child-care facility)　부모 중 한 명을 고용한 조직 내 위치한 육아센터

사람을 강하게 끄는 스타일(magnetic style)　리더는 자신이 가진 카리스마적 성격을 통해 이끌어간다는

것으로 가장 효과적인 상황은 절망적인 분위기 임을 주장

사례연구(case study)　일반적으로 집단 속에서 사원들에게 작업장에서 일어나는 실제 또는 가상적 문제들을 제시하면서 가장 최선의 해결책을 내도록 요구

사업에 미치는 영향(business impact)　훈련 목표가 달성된 정도를 알아냄으로써 훈련 효율성을 평가하는 방법

사업장 약물금지법(Drug-Free Workplace Act)　연방 정부 계약업체들로 하여금 약물 사용을 하지 않는 작업장을 유지할 것을 요구하는 법령

사전 검사(pretest)　훈련 프로그램을 실행하기 전의 직무수행이나 지식의 측정

사전 동의(informed consent)　피험자가 연구 참가를 허락하는 공식 과정

사회적-규준적 동기(social-normative motivation)　책임감 또는 의무감에 기반한 동기

사회적 욕구(social needs)　마슬로우의 욕구 위계의 세 번째 단계로 타인과 상호작용하는 욕구와 관련

사회적 인정(social recognition)　개인적 주목, 동의표시, 감사표현과 같은 방법을 포함한 동기부여 기법

사회적 자존감(sociallyinfluenced self-esteem)　사람들이 타인의 기대에 기초하여 자신에 대해서 긍정 또는 부정적으로 내리는 평가

사회정보처리이론(social information processing theory)　직원들이 다른 직원들로부터 만족과 동기 수준을 본받는다는 이론

사회학습이론(social learning theory)　직원들이 다른 직원들로부터 만족과 동기 수준을 본받는다는 이론

사후 검사(posttest)　훈련 프로그램을 마친 후의 직무수행이나 지식의 측정

산업 및 조직심리학(industrial-organizational psychology)　심리학의 원리를 작업장에 응용하는 심리학의 한 분과

산출(outputs)　종업원들이 직무수행한 결과 획득하는 요소

삼배수 규칙(rule of three) 점수순 선발의 변형된 형태로서, 인사권자에게 최상위 점수를 받은 3명의 후보자를 추천하면, 이들이 3명 중에서 한 명을 최종 선발하는 방식

상관(correlation) 두 변수 간의 관계를 측정하는 데 사용되는 통계 절차

상관계수(correlation coefficients) 관계의 크기와 방향을 가리키는 상관을 실시하여 나온 통계치

상사-부하 교환 이론[leader-member exchange (LMX) theory] 리더와 부하 간의 상호작용에 초점을 둔 리더십 이론

상사부하 관계(leader-member relations) 피들러의 상황모델에 제시된 한 변수로 부하들이 리더를 좋아하는 정도

상징(symbols) 사원들에게 메시지를 전달하는 조직 행동 또는 실행

상품권 체계(voucher system) 직원에게 사립 육아센터의 상품권을 제공함으로써 조직이 직원들의 육아 비용의 전액이나 일부를 지불하는 육아 정책

상호작용 공정성(interactional justice) 직원들이 조직에서 받는 대인관계 대우가 공정하다는 지각

상호작용 비디오 영상(interactive video) 사원들에게 녹화된 상황을 제시하고 그 상황에 반응하도록 요구한 후에 그 반응에 대한 피드백을 주는 훈련 기술

상황적 리더십 이론(situational leadership theory) 효과적인 리더는 자신의 리더십 스타일을 상황 및 부하 모두에 맞게 적용해야 함을 가정하는 리더십 이론

상황적 자존감(situational self-esteem) 사람들이 특정 상황에서 자신에 대해서 긍정 또는 부정적으로 내리는 평가

생존자(survivors) 인원 감축 결과로 직업을 유지한 사원들

서열법(rank order) 수행 평가의 한 방법으로 종업원들을 최상위부터 최하위로 순위를 매기는 방법

선발률(selection ratio) 지원자 중에서 합격한 사람의 비율

성격 관련 직위 요구사항 양식(Personality-Related Position Requirements Form: PPRF) 직무를 위해서 요구되는 성격을 확인하는 직무분석 도구

성과배분제(gainsharing) 집단성과 개선에 기반하여 보너스를 결정하는 집단보상 체계

성과별 지급 프로그램(pay for performance) 개인이 얼마나 많은 생산을 하였는지에 의해 보상을 지급하는 시스템

성취욕구(need for achievement) 어떤 사람이 성공에 대해서 바라는 정도를 나타내는 욕구

성취 지향적 스타일(achievement-oriented style) 경로 목표 이론에 제시된 리더가 도전적 목표를 설정하고 보상을 주는 리더십 스타일

수용 단계(acceptancestage) 인원 감축에 대한 마지막 네 번째 정서 반응으로 사원들은 해고가 일어날 것임을 수용하고 자신의 미래를 위해서 대비할 준비를 하는 단계

수용적 변화자(receptive changer) 기꺼이 변화를 주도하는 사람

수정된 탄력적 순회(modified flexitour) 사원들이 스케줄의 유연성을 갖고 있지만 미리 하루 전에 자신의 근무시간을 예약해야 하는 탄력 근무 일정

수직적 쌍 연결[vertical dyad linkage (VDL) theory] 리더와 부하간의 상호작용에 초점을 둔 리더십 이론

수행 평가 리뷰(performance appraisal review) 수행 평가 결과를 논의하기 위한 상사와 부하직원 간의 미팅

수행평가 점수(performance appraisal score) 사원의 작업수행의 어떤 측면을 나타내는 평정

스톡옵션(stock options) 미래에 현재의 가격으로 주식을 매수할 수 있는 기회를 부여하는 집단보상 체계

스트레스(stress) 지각된 심리적 압박

스피어만-브라운 예언공식(Spearman-Brown prophecy formula) 반분법에서 얻은 신뢰도 계수를 교정하는 데 사용하는 공식

시간 안정성(temporal stability) 시간이 흘러도 검사 점수가 일관되게 나타나는 것

시뮬레이션(simulation) 지원자들을 직무에서 만나

게 될 것과 유사한 상황에 배치하기 위해서 계획된 연습

식역 특성 분석(Threshold Traits Analysis: TTA) Lopez가 개발하였으며, 성공적으로 직무를 수행하기 위해 필요한 특성을 확인하는 33개 문항의 설문지

신경증(neuroticism) 불안, 분노, 긴장, 그리고 우울과 같은 부정적 정서를 경험하는 경향성을 나타내는 성격 특질

신뢰도(reliability) 검사나 평가에서의 점수가 안정적이고 오차에 대한 염려가 없는 정도

신성한 소 사냥(sacred cow hunt) 조직변화의 첫 단계로서, 사원들은 시간을 낭비하고 역효과를 낳는 실무와 정책들을 추구함

실습(practicum) 조직이 학생들에게 실무 경험을 제공하기 위한 유급직 또는 무급직

실제 사례(living case) 가설적인 것보다는 현실상황을 기반으로 한 사례연구

실제적 유의성(practical significance) 연구 결과가 인간행동에 실제로 영향이 있는 정도

실험(experiment) 독립변수가 실험자에 의해 조작되는 연구 유형

실험집단(experimental group) 실험에서 실험자가 관심을 가진 실험처치를 받는 피험자 집단

심리측정연감(Mental Measurements Yearbook: MMY) 여러 가지 심리검사의 신뢰도와 타당도 정보를 제공하는 책

쌍 비교법(paired comparison) 종업원들을 두 명씩 짝을 지어서 모든 가능한 비교 쌍을 만든 후, 각각의 쌍에서 보다 더 나은 종업원을 선택하여 순위를 매기는 방법

아웃소싱(outsourcing) 조직의 사원이 아닌 외부 공급 업체에 의해 조직의 특정 기능을 수행하는 과정

안면 척도(Faces Scale) 평가자들이 직무에 대해 느끼는 바와 가장 가까운 얼굴 표정에 표시하는 직무만족 측정 도구

안면 타당도(face validity) 일반인이 보기에 검사가 타당해 보인다고 느끼는 정도

안전 욕구(safety needs) 마슬로우의 욕구 위계의 두 번째 단계로 안전, 안정성 및 육체적 안전의 욕구와 관련

알선 서비스(referral service) 고용인이 사용할 수 있는 인가된 육아센터 목록을 고용주가 제공하는 육아 체계

알파계수(coefficient alpha) 동간 척도나 비율 척도를 사용하는 검사의 내적 신뢰도를 계산하는 통계적 방법

야간부업(moonlighting) 한 개를 초과하는 직무에서 일하는 것

양(quantity) 관련 직무 행동이 발생한 수를 셈으로써 직무수행을 측정하는 객관적 준거의 유형

엄격화 오류(strictness error) 평가자가 종업원의 실제 수행과는 상관없이 대부분 낮은 점수를 주는 평정 오류

업계지(trade magazines) 산업계와 관련된 전문 논제들에 대한 논문들의 모음집으로 새로운 연구의 방법과 결과들을 직접 보고하지는 않음

업적급(merit pay) 성과평가 점수에 기반하여 보너스를 결정하는 보상 계획

예측 편향(predictive bias) 검사 점수에서의 집단 차이가 직무수행 점수에서는 나타나지 않거나 뒤집히는 상황

역균형화(counterbalancing) 절반의 표본에게 A형 검사를 먼저 주고 다음으로 B형 검사를 주고, 나머지 절반의 표본에게는 B형 검사를 먼저 주고 다음으로 A형 검사를 주어 순서효과를 제거하는 방법

역량(competencies) 직무를 수행하기 위해 필요한 지식, 기술, 능력, 기타 요인

역할-연기(role-play) 종업원들이 역할을 시뮬레이터 하는 훈련기술

역할갈등(role conflict) 한 직원의 실제 역할과 기대되는 역할이 동일한 정도

역할과부하(role overload) 한 직원이 할당된 역할과 과업을 다룰 수 있는 정도

역할모호성(role ambiguity) 한 직원의 역할과 기대가 불명확한 정도

예견하기(forecasting) 미래에 대한 끊임없는 걱정

예측 타당도(predictive validity) 지원자의 검사점수와 그들의 향후 직무수행 측정치와의 상관으로 계산하는 준거 타당도 유형 중 하나

오류(error) 어떤 표준으로부터의 편차; 모든 정보를 처리하지만 일부는 부정확하게 처리하는 것을 포함하는 커뮤니케이션 과부하에 대한 반응의 유형

오염(contamination) 준거점수가 종업원이 통제 불가능한 요인들에 의해 영향을 받는 상황

외적동기(extrinsic motivation) 보상, 동료 및 승진 기회와 같은 비개인적인 요소를 통한 동기 부여

외적 타당도(external validity) 연구 결과가 획득된 특정 장면 이외에서도 유효하다고 기대될 수 있는 정도

욕구이론(needs theory) 종업원들은 개인의 욕구를 충족시켜주는 직무에 만족한다는 이론

원격통신(telecommuting) 사무실이 아니라 가정에서 관리자와 동료 작업자들과 전화, 컴퓨터, 팩스, 그리고 기타의 원격매체를 이용하여 의사소통함으로써 작업하는 것

웰페이(well pay) 사용하지 않은 병가만큼 돈을 지불함으로써 결근을 통제하는 방법

위계(hierarchy) 순위를 매길 수 있게 만들어진 시스템

위기상황(crisis) 특정 의사결정이 극단적인 결과를 야기하는 조직 분위기

위생요인(hygiene factors) 직무 자체가 가지고 있기보다는 직무를 수행함으로써 부수적으로 발생하는 직무 관련 요소

유급휴가프로그램(paid time off program: PTO) 유급인 방학, 병가, 명절 등등이 결합된 출근 정책

유명집단 타당도(known-group validity) 타당도 유형 중 하나로, 구성개념의 수준이 대조적인 것으로 널리 "알려진" 유명집단 간의 검사점수를 비교함

유사실험(quasi-experiments) 실험자가 독립변수를 조작하지 않거나 피험자들을 조건에 무선으로 할당하지 않는 연구 방법

유스트레스(eustress) 긍정적인 에너지와 수행 및 건강 증진을 유발하는 스트레스

유친욕구(need for affiliation) 어떤 사람이 타인과 함께 지내려는 정도를 나타내는 욕구

유효온도(effective temperature) 환경이 얼마나 덥거나 춥게 느껴지는지를 결정하는 기온, 습기, 기류, 그리고 발열의 조합

의식(rituals) 집단의 일원이 되기 위해서 사원들이 참여하는 과정들

이론(theory) 행동의 원인과 본질에 관한 가정의 체계적인 구조

인간 요인(human factors) 인간과 기계 간의 상호작용에 집중하는 연구 분야

인과관계(causeand effect relationships) 독립변수가 종속변수 변화의 원인이라는 것을 연구자가 자신 있게 진술할 수 있도록 잘 통제된 실험의 결과

인사심리학(personnel psychology) 근로자 선발과 평가에 집중하는 연구 분야

인종(race) 미국 의회에 따르면, 네 인종은 아프리카계 미국인, 유럽계 미국인, 아시아계 미국인, 아메리칸 인디언이 있음

인턴십(internship) 학생들이 실무를 경험하기 위해 보수를 받거나 자원하여 조직을 위해 일하는 상황

일관성 이론(consistency theory) 사람들은 자신이 가지고 있는 자존감 수준과 일치될 때 성과를 내기 위해 동기부여된다고 주장한 콜만의 이론

일반화가능성(generalizability) 외적 타당도와 마찬가지로, 연구 결과가 획득된 특정 장면 이외에서도 유효한 정도

일주기 리듬(circadian rhythm) 모든 사람들이 생리 기능을 유지하는 24시간 순환

임금조사(salary surveys) 다른 회사에서 해당 직무의 직원에게 지불하는 임금과 자신의 회사에서 해당 직무의 직원에게 지불하는 임금을 비교하기 위해 다른 회사에 보내는 설문지

임금 추세선(wage trend line) 점수법을 사용한 평가에 의해 직무에 할당된 점수와 그 직무에 대한 임금 범위 간의 이상적인 관계를 나타내는 선

임신부 차별 금지법(Pregnancy Discrimination Act) 임신한 여성의 권리를 보호하는 1978년에 제정된 연방법

임의고용 원칙(employment-at-will doctrine) 고용주들이 어떤 특별한 이유가 없어도 마음대로 종업원을 고용하거나 해고할 수 있다는, 미국 대부분의 주에서 사용되는 법적 규정

임의고용 진술서(employment-at-will statements) 지원서 및 직원 매뉴얼에 적혀 있는 진술서로, 회사가 임의로 고용하고 해고할 수 있는 권리를 재확인하기 위한 것

자격이 되는 인력(qualified workforce) 일정 지리적 영역에서 특정 직무를 수행하기 위한 자격(기술, 교육수준, 등)을 갖춘 사람들의 비율

자기감시(self-monitoring) 자신의 행동을 특정 사회적 상황에 적합하게 적응하는 경향을 나타내는 성격특성

자기 조절(self-regulation) 종업원들이 자신이 설정한 목표를 향해 자신의 행동을 조정하는 방식으로 목표와 차이를 줄여 동기부여될 수 있다는 이론

자기주도 팀(self-directed team) 품질분임조 참조

자기 충족 예언(self-fulfilling prophecy) 사람들이 자신의 자아상과 일치하는 방식으로 행동한다는 가정

자문 I 전략(Consultative I strategy) 리더는 부하들과 개별적으로 문제를 공유한 후, 그 집단의 생각과 일치할 수도 있고 또는 그렇지 않을 수도 있는 의사결정을 하는 전략

자문 II 전략(Consultative II strategy) 리더는 문제를 집단 전체와 공유한 후, 그 집단의 생각과 일치하거나 또는 일치하지 않는 의사결정 하는 전략

자아 실현 욕구(self-actualization needs) 마슬로우의 욕구 위계의 다섯 번째 단계로 개인이 가지고 있는 잠재력을 알아차리는 욕구와 관련

자아 욕구(ego needs) 마슬로우의 욕구 위계의 네 번째 단계로 인정과 성공을 원하는 욕구와 관련

자존감(self-esteem) 한 개인이 스스로를 가치있게 여기는 정도

작업 선호 설문(Work Preference Inventory: WPI) 외적 및 내적 동기부여에 대한 개인적 지향성을 측정하기 위한 설문

잔여스트레스(residual stress) 이전의 스트레스 상황으로부터 전이된 스트레스

잡지(magazines) 광범위한 논제에 대한 비과학적인 논문들의 모음집

잡크래프팅(job crafting) 직원들이 그들의 업무를 흥미와 기술에 더 잘 맞게 비공식적으로 자신의 책무를 바꾸는 과정

장애인 차별 금지법(Americans with Disabilities Act: ADA) 신체적 및 정신적 장애가 있는 사람에 대한 차별을 금지하는 1990년에 제정된 연방법

재직기간(tenure) 어떤 직원이 한 회사에서 재직한 시간

적대적인 환경(hostile environment) 개인의 직무성과를 방해하는 성별과 관련된 원치 않는 행동 경향으로 특징지어지는 성희롱의 유형

전략적 스타일(tactical style) 리더는 전략을 통해 이끌어 간다는 것으로 가장 효과적인 상황은 조직화가 결여된 분위기임을 주장

전문적 권력(expert power) 특정 개인이 가진 지식에 근거한 권력

전반적 직무만족 척도Job in General: (JIG) 직무만족의 전반적 수준을 측정하는 도구

절망(despair) 낮은 사기를 보이는 조직 분위기

절차 공정성(procedural justice) 조직이 의사를 결정하는 데 사용한 방법이 공평하다는 지각

점수순 선발(top-down selection) 지원자들의 검사점수를 토대로 가장 높은 점수부터 순서대로 지원자들을 선발하는 것

정보의 부재(ignorance) 중요한 정보가 부재한 조직 분위기

정보적 스타일(informational style) 리더는 지식과 정보를 통해 이끌어간다는 것으로 가장 효과적인 상황은 정보가 부재한 분위기임을 주장

정서적 몰입(affective commitment) 한 직원이 조직

에 남기를 원하고 조직에 신경 쓰는 정도

정서적 정체성 동기(affective identity motivation) 책임지는 것과 타인을 이끄는 것에 기반한 동기

정확결정 비율(proportion of correct decisions) 모든 지원자 중에서 성공적인 직무수행을 보일 것으로 예측되어서 합격한 사람들 및 직무수행이 낮을 것으로 예측되어서 불합격된 사람들의 비율로서, 검사의 효용성을 평가하는 방법

조망수용(perspective taking) 모든 조건을 고려하거나 최악의 상황을 고려하여 하나의 잠재적 스트레스원이 얼마나 나쁜지를 평가하는 것

조사(surveys) 자신이 훈련의 필요성을 느끼는 분야에 대해서 사원에게 질문지를 이용해서 묻는 것

조작(manipulation) 변경으로 인해 종속변수의 변화를 초래할 것이라고 기대한 실험자에 의한 변수의 변경

조작적 조건형성(operant conditioning) 사람들이 긍정적인 결과를 나타내는 행동에 대해서 학습하고 부정적인 결과를 유발하는 행동을 학습하지 않는다는 사실에 근거한 학습유형

조정(mediation) 중립적인 제3자가 양측이 합의점에 이르도록 도와주는 갈등해결 방법

조직 공정성(organizational justice) 공평하게 대우받는다고 지각한다면, 직무에 만족하고 잘 하고자 고무될 가능성이 더 커진다는 이론

조직 공정성(organizational justice) 종업원들이 공정하게 다루어졌다고 생각하면 직무만족과 동기부여에 효과적이라는 것을 가정하는 이론

조직몰입(organizational commitment) 한 직원이 조직과 동일시하고 조직에 관여하는 정도

조직문화(organizational culture) 한 조직에서 개인들 사이에 존재하는 공유된 가치, 신념 그리고 전통

조직 분석(organizational analysis) 훈련 효율성을 촉진 또는 저해할 요인들을 결정하는 과정

조직사회화(organizational socialization) 신입사원이 조직에서 성공하기 위해서 필요한 행동과 태도를 배우는 과정

조직시민 행동(organizational citizenship behaviors: OCBs) 종업원들의 직무에 포함되어 있지는 않지만 조직을 더 나은 작업장으로 만드는데 기여하는 행동(예, 동료를 돕는 행동, 늦게까지 남아서 일을 마무리 하는 것)

조직심리학(organizational psychology) 조직의 맥락 내에서 근로자들의 행동을 규명하는 연구 분야

조직화 결여(disorganization) 조직이 요구되는 지식과 자원을 가지고 있지만 이러한 지식과 자원을 효과적으로 사용하는 방법을 알지 못하는 조직 분위기

조합 타당도(synthetic validity) 타당도 일반화 유형 중 하나로, 타당도가 확보된 어떤 직무 요소에 대한 검사를 같은 직무요소를 가진 다른 직무에 적용하는 것

종속변수(dependent variable) 독립변수의 변화 결과로 변화가 기대되는 행동의 측정치

종업원 수행 기록표(Employee Performance Record) General Motors에서 개발된 중요한 사건 기술의 표준화된 사용

주저하는 변화자(reluctant changer) 초기에는 변화에 저항하지만 결국에는 변화를 따르는 사람

주제 관련 전문가(subject matter expert: SME) 관리자나 재직자와 같이 직무에 지식이 있는 사람들

주제 관련 전문가 회의(SME conference) 주제 관련 전문가(SME)로 구성된 집단 직무분석 인터뷰

주제통각검사(Thematic Apperception Test: TAT) 수검자가 여러 장의 그림을 본 후 줄거리를 말하는 방식을 통해 다양한 욕구수준을 측정하기 위한 투사적 성격검사

준거(criterion) 출근율, 생산성, 상사평정과 같은 직무수행 측정치

준거 타당도(criterion validity) 검사점수와 직무수행 측정치 간의 관련성의 정도

중개변수(intervening variable) 다른 두 변수 간의 관계를 설명할 수 있는 제3의 변수

중도형 리더십(middleof-the-road leadership) 사람과 과업 간의 균형된 관점을 가지는 리더십 스타일

중앙집중 오류(central tendency error) 평가자가 종업원의 실제 수행과는 상관없이 대부분 중간 점수

를 주는 평정 오류이다.

중요사건(critical incidents)　관리자가 종업원들이 보이는 행동들 중에서 매우 탁월하거나 매우 잘못한 행동을 기록해 두었다가, 이에 근거해서 평가하는 수행 평가 방법이다.

중요 사건 기법(Critical Incident Technique: CIT)　John Flanagan이 개발한 직무분석 방법으로 직원의 좋은 행동과 나쁜 행동에 대한 문서화된 보고서를 활용하는 방법

중재(arbitration)　중립적인 제3자가 어떤 쪽이 옳은지를 선택하는 것으로 갈등을 해결하는 방법

지속적 몰입(continuance commitment)　조직에 이미 투입한 시간, 비용, 그리고 노력 때문에 직원들이 조직에 남아야만 한다고 믿는 정도

지식검사(knowledge test)　이 검사는 직무 관련 주제에 대한 사원의 지식 수준을 측정한다.

지원적 스타일(supportive style)　경로 목표 이론에 제시된 리더가 부하에 대해서 배려를 보여 주는 리더십 스타일

직무공유(일자리 나누기)(job sharing)　두 명의 작업자가 작업시간을 나누어서 한 가지 직무를 공유하는 작업일정

직무 관련성(job related)　검사 혹은 측정도구가 직무를 성공적으로 수행하기 위해 필요한 지식, 기술, 능력, 기타 특성(KSAO)을 정확하게 다루는 정도

직무 구성요소 목록(Job Components Inventory: JCI)　구체적인 과업보다는 직무를 수행하기 위해 직원에게 필요한 요건에 집중하는 구조화된 직무분석 기법

직무 구조 프로파일(Job Structure Profile: JSP)　재직자보다는 직무분석가들이 사용할 수 있도록 설계된 직위분석설문지(PAQ)의 개정판

직무기술지표(Job Descriptive Index: JDI)　다섯 개의 차원에서 점수를 산출하는 직무만족 측정 도구

직무만족(job satisfaction)　직무를 향한 직원의 태도

직무명세(job specifications)　상대적으로 오래된 용어로 직무를 성공적으로 수행하는 데 필요한 지식, 기술, 능력을 말한다. 요즘은 "역량"이 더 일반적인 용어이다.

직무보상 요인(compensable job factors)　직무의 상대적 가치를 구별시켜주는 책임감이나 교육 요구사항과 같은 요인들

직무분석가(job analyst)　직무분석을 수행하는 사람

직무분석 면담(job analysis interview)　실제로 직무를 수행하는 종업원과의 대화를 통해 직무에 대한 정보를 얻는 방법

직무선택 검사(Job Choice Exercise; JCE)　다양한 욕구수준을 측정하기 위한 객관적인 검사

직무순환(job rotation)　한 조직에서 사원들에게 조직 내의 여러 다른 직무들을 수행할 수 있는 기회를 제공하는 시스템

직무 요소 목록(Job Elements Inventory: JEI)　직위분석설문지(PAQ)와 비슷하지만 읽기 쉽게 개발한 구조화된 직무분석 기법

직무 적응성 목록(Job-Adaptability Inventory: JAI)　8가지 종류의 적응성을 포함한 직무의 정도를 반영하는 직무분석 방법

직무진단조사(Job Diagnostic Survey: JDS)　한 직무가 성장, 자율성, 그리고 의미에 대한 기회를 제공하는 정도를 측정하는 도구

직무 참여(job participation)　직무분석가가 분석하는 직무를 실제로 수행하는 직무분석 방법

직무특성 이론(job characteristics theory)　직무가 가지는 특정 속성 및 종업원이 가진 특정 욕구가 특정 직무에 대한 만족의 수준을 결정한다는 Hackman과 Oldham에 의해 제안된 이론

직무평가(job evaluation)　직무의 금전적 가치를 확인하는 과정

직무 확대(job enlargement)　동시에 수행할 과업이 더 많이 주어지는 체계

직무 확충(job enrichment)　과업과 직무 관련 결정에 대한 책임이 더 많이 주어지는 체계

직업 정보 네트워크(Occupational Information Network: O*NET)　미국 연방 정부가 사용하고 있는 직무분석 시스템으로 직업명 사전(DOT)을 대체하였음

직위분석설문지(Position Analysis Questionnaire: PAQ)　McCormick이 개발한 구조화된 직무분석 방법

직접보상(direct compensation)　직원에게 지급되는 돈의 총액(수당, 휴직기간 등은 계산하지 않음)

진성 리더십(authentic leadership)　리더가 자신의 이익보다는 정직, 개방 및 타인에 대한 봉사를 통해 리더십을 발휘해야 한다는 이론

진정직업자격(bona fide occupational qualification: BFOQ)　직무와 연관된 책무를 수행하기에 필요한 채용 시 요구사항이며 다른 것으로 대체하지 못하는 것

질(quality)　직무 행동을 어떤 표준과 비교함으로써 직무수행을 측정하는 객관적 준거의 유형

집단 I 전략(Group I strategy)　리더들은 집단과 문제를 공유하고, 집단이 의사결정이나 문제 해결을 하게 하는 전략

집중근무제(compressed workweeks)　전통적인 주 5일보다 적은 일수에 주 40시간을 근무하는 작업일정

집중연습 원리(massed practice)　짧은 시간 안에 학습 집중하기

차별 타당도(differential validity)　예측 편향의 한 형태로, 어떤 검사가 두 집단 모두에서 타당하지만, 한 집단이 다른 집단보다 타당도가 더 높게 나타나는 것

차이점수(difference score)　실험집단의 평균점수가 통제집단의 평균점수로부터 얼마나 떨어져 있는지를 가리키는 것으로 d로 표기하는 메타분석에서 사용되는 효과크기의 한 유형

참여적 스타일(participative style)　경로 목표 이론에 제시된 리더가 부하들을 의사결정에 참여시키는 리더십 스타일

참전 퇴역군인 고용촉진법(Jobs for Veterans Act)　베트남전 참전 퇴역군인 재적응 지원법의 범위를 확장시키기 위해 2002년에 통과된 법으로, 장애가 있는 참전용사, 최근에 제대한 참전용사, 미군의 군사작전에 참여한 공로로 미군 무공훈장을 받은 참전용사를 포함시킴

참조적 권력(referent power)　부하들이 리더 및 리더가 제시한 목표에 동일시되는 경우에 발생하는 권력

채점자 신뢰도(scorer reliability)　두 명 이상의 평정자 간에 평점 점수가 일치하는 정도 또는 채점이 정확한 정도

최소 합격점(passing score)　허용 가능한 직무 수행 수준을 예측할 수 있는 최소한의 검사점수

측정의 표준오차(standard error of measurement: SEM)　검사의 신뢰도 때문에 검사 점수에 발생할 수 있는 오차의 정도

측정 편향(measurement bias)　측정되는 구성개념과 관련성이 없는 요소 때문에 검사점수에서 집단 간 차이가 나타나는 것

친애적 스타일(affiliation style)　리더는 타인에 대한 배려를 통해 이끌어간다는 것으로 가장 효과적인 상황은 불안한 분위기임을 주장

캐주얼 작업(casual work)　작업자가 불규칙하게 또는 필요에 따라서 일하는 작업일정

컴퓨터 조절검사(computer-adaptive testing: CAT)　컴퓨터로 응시하는 검사로, 응시자의 이전 문항에서의 성공에 기반하여 문항의 난이도를 조절해서 다음 문제를 제시하는 방식

쿠더-리차드슨 공식 20(Kuder-Richardson formula 20: K-R 20)　양분된 답변(네-아니오, 진실-거짓)을 가지는 문항을 사용하는 검사의 내적 신뢰도를 결정하는 통계 방법

타당도(validity)　검사점수가 증거에 의하여 정당화된다고 추정되는 정도

타당도 일반화(validity generalization: VG)　한 조직에서의 검사점수를 다른 조직에 일반화해서 적용할 수 있는 정도

탄력 근무시간(flexible hours)　탄력 근무제의 일부분으로 사원들이 근무할 시간을 선택할 수 있음

탄력 근무제(flextime)　사원들이 자신의 근무시간을 선택할 수 있도록 허용하는 작업 일정

탄력적 순회(flexitour)　사원들이 스케줄의 유연성을 갖고 있지만, 적어도 미리 일주일에 한 번 사전에

자신의 근무시간을 예약해야 하는 탄력 근무 일정

탈진(burnout)　스트레스에 압도된 심리적 상태

터미널 석사학위 과정(terminal master's degree programs)　박사학위 과정이 없이 석사학위 과정만 제공하는 대학원 프로그램

테일러–러셀 표(Taylor-Russell tables)　선발률, 기저율, 검사 타당도에 기반해서, 어떤 검사를 사용했을 때 성공적으로 직무를 수행할 미래직원의 비율을 추산하는 표

통과 프로그램(pass-through programs)　공식적인 코칭 법. 우수한 사원들은 훈련기술을 학습하고 사원을 훈련시키는 훈련부서에서 일정 기간을 보냄

통제집단(control group)　교육을 받는 근로자와 수행을 비교하기 위해서 특정 유형의 교육을 받지 않는 근로자 집단

투입(inputs)　종업원들이 직무수행에서 투입하는 요소

투입대비 산출비율(input/output ratio)　종업원들이 직무수행 시 자신이 투입한 요소와 직무수행 결과 획득한 요소에 대한 비율

투자 수익률(return oninvestment: ROI)　훈련이나 다른 중재활동의 원가를 제외하고 조직이 벌어들인 총금액

팀 리더십(team leadership)　생산성뿐 아니라 종업원의 복지에도 관심을 갖는 리더십 스타일

판례법(case law)　재판에서의 판결을 통해서 법원이 내린 법에 대한 해석이며, 이는 차후의 법원판결을 위한 판례가 됨

편의표본(convenience sample)　이용하기가 쉽기 때문에 사용되는 비무선 연구 표본

평균 효과크기(mean effect size)　메타분석에서 사용되는 것으로, 분석에 포함된 모든 연구에 대한 평균 효과크기를 가리키는 통계치

품질분임조(quality circle)　직원 집단이 생산성과 작업의 질을 향상시킬 변화를 제안하기 위해 모임

프로그램 강의(programmed instruction)　사원들이 자신의 속도에 맞춰 정보를 학습하는 훈련 방법

프리맥 원리(Premack Principle)　강화는 상대적이며 개인 내에서도 차이가 있다는 아이디어

피그말리온 효과(Pygmalion effect)　무엇인가에 대해 사실이라고 믿으면 이러한 신념과 일치된 방식으로 행동한다는 효과

피드백(feedback)　사원들이 과제(들)을 얼마나 잘 수행하는지에 대해서 구체적인 정보를 제공하는 것

피들러의 상황모델(Fiedler's contingencymodel)　리더십 효과성은 리더와 상황 간의 상호작용에 의해 결정된다는 가정을 하는 리더십 이론

피터의 법칙(Peter Principle)　조직이 훌륭한 종업원들을 그들이 유능하지 않은 수준까지 승진시키는 경향. 직위가 높아질수록 일반 상식과는 달리 능률이 상대적으로 저하되어 결국 무능력한 수준에 이르게 된다는 것

필적가치(comparable worth)　같은 수준의 기술과 책임감을 요구하는 직무는 수요와 공급에 관계없이 똑같이 임금을 받아야 한다는 개념으로, 흔히 동일 노동 동일임금의 개념으로 알려져 있다.

학술지(journals)　새로운 연구의 방법과 결과를 기술하는 논문들의 서면 모음집

합법적 권력(legitimate power)　특정 개인이 선출되거나 임명됨에 근거한 권력

핵심 작업시간(core hours)　탄력 근무 중 모든 사원들이 일하고 있어야 하는 시간

행동 모델링(behavior modeling)　사원들이 올바른 행동을 관찰하고 그 행동을 연습한 후에 연습 후에 자신들의 수행에 대해서 피드백받는 훈련 기법

현실적 직무소개(realistic job preview: RJP)　지원자에게 특정 직무의 긍정 및 부정적인 측면에 대해 알려주는 채용 방식

현장 연구(field research)　실험실과는 대조적으로 자연적인 상황에서 실시되는 연구

형태 안정성(form stability)　검사에 대한 두 형태의 점수가 비슷한 것

형평이론(equity theory)　직무만족에 대한 이론으로 종업원들은 자신의 노력과 보상에 대한 비율이 타

인의 노력과 보상에 대한 비율과 유사한 경우에 만족함을 가정

호손 연구(Hawthorne studies) 사람들이 환경 변화에 반응할 때 행동의 변화를 나타낸다는 일리노이 주 호손에 있는 웨스턴 일렉트릭 공장에서 실시한 일련의 연구

활주시간(gliding time) 사원이 사전 통지나 예정없이도 자신의 시간을 선택할 수 있는 탄력 근무 일정

효과크기(effect size) 메타분석에서 사용되는 것으로, 실험 조작에 의한 변화의 양을 가리키는 통계치

효용성 공식(utility formula) 특정 선발 시스템을 사용했을 때 조직이 얻을 수 있는 이익의 정도를 추정하는 공식

훈련(training) 사원들의 직무 관련 행동을 촉진시키기 위해서 조직에 의해서 계획된 노력

훈련생 반응(employee reactions) 훈련 프로그램에 대해서 훈련생에게 의견을 묻는 훈련평가 방법

훈련생 학습 정도(employee learning) 훈련생들이 훈련에서 얼마나 학습하였는지를 측정함으로써 훈련 프로그램 효과를 평가하는 것

훈련의 적용(application of training) 사원들이 훈련 프로그램에서 배운 내용을 적용하는 정도를 알아내서 훈련 효율성을 측정

훈련의 전이(transfer of training) 훈련에서 배운 행동들이 직무에서 수행될 수 있는 정도

훈련 필요성 분석(needs analysis) 조직 수준의 훈련 필요성 결정과정

희생자(victims) 해고로 인해 직장을 잃은 사원들

찾아보기

Army Alpha 7
Army Beta 7
artifacts 491
assessment center 209
assimilated 493
asynchronous technologies 357
attendance 426
attitude survey 468
Attitudinal Listening Profile 496
audience effects 561
authentic leadership 535
Autocratic II strategy 616
Autocratic I strategy 616
averaging versus adding model 184
avoiding style 584

B

bandwidth 624
baseline 412
basic biological needs 392
behaviorally anchored rating scale: BARS 327
behavioral observation scale: BOS 331
behavior modeling 347
benchmark answers 172
biodata 212
blind box 143
bona fide occupational qualification: BFOQ 108
brainstorming 567
bulletin board 472
bullying 686
burnout 670
business communication 475
business game 211

business impact 377

C

case study 344
casual work 629
cause-and-effect relationships 22
challenge stressor 645
change analyst 604
change resister 604
chronic self-esteem 385
chronological résumé 180
clarifier 170
closed desk arrangement 491
cluster grapevine 479
coaction 561
coercive power 531
coercive style 521
cognitive ability 199
cognitive ability test 200
collaborating style 587
common goal 547
communication barriers 581
communication channel 467
communication structure 559
comparable worth 83
comparison 562
competencies 45
competition for resources 580
complaint box 469
compressed workweeks 626
compromising style 587
conditional reasoning test 224
conflict 578
conjunctive tasks 556
consistency theory 384
Consultative II strategy 617
Consultative I strategy 616

continuance commitment 427
contrast effect 166
control group 23
convenience sample 31
convergent validity 248
cooperative problem solving 591
core hours 624
core self-evaluation 428
corrected validity 192
correlation 32
correlation coefficients 28
corresponding effects 547
cost per applicant 158
cost per qualified applicant 159
cover letter 176
crisis 521
criterion group 214
Critical Incident Technique: CIT 70
cross-functional teams 573
cross-training 362
cynicism 670

D

dead-enders 479
debriefed 31
denial stage 635
dependent variable 22
derivation sample 215
despair 521
devil's advocate 566
difference score 28
direct mail 152
discrepancy theory 433
discriminant validity 248
disjunctive tasks 556
disorganization 522

psychomotor ability 201
public distance zone 489
public employment agency 149
Pygmalion effect 386

Q

quality circle 441
quasi-experiments 24
questionnaire approach 214
queuing 494
quid pro quo 117
quota 129

R

random assignment 31
random sample 30
rating scale 293
realistic job preview: RJP 161, 390
receptive changer 604
recognition 451
recruitment 140
reference 188
reference check 188
referent power 532
referral service 680
reinforcement hierarchy 404
rejection letter 232
reluctant changer 604
residual stress 667
restructuring 652
résumé 179
résumé fraud 188
return on investment: ROI 377
reward power 531
rituals 612

role ambiguity 650
role conflict 650
role overload 650
role-play 346
Rorschach Inkblot Test 221
rumor 480

S

sabotage 438
sacred cow hunt 598
safety needs 392
salary equity analysis 84
self-actualization 439
self-actualization needs 394
self-directed team 441
self-efficacy 429
self-esteem 384, 429
self-fulfilling prophecy 386
self-monitoring 512
self-regulation 388
serial communication 467
sharpened 493
shrinkage 223
simulation 210, 345
single-strand grapevine 479
situational leadership theory 524
situational question 170
situational self-esteem 385
skill-based pay 366
skill-level determiner 170
skill test 341
slightly heterogeneous groups 554
social distance 571
social distance zone 489
social facilitation 560
social impact theory 557
social information processing

theory 435
social inhibition 560
social learning theory 435
social loafing 564
sociallyinfluenced self-esteem 385
social needs 393
social-normative motivation 510
social recognition 407
Solomon four-groups design 374
stability 554
stock options 412
storming stage 575
strain 644
stress 454
stressor 644
Strong Interest Inventory: SII 221
structured interviews 163
stylistic listening 497
subject-matter experts: SME 56
suggestion box 469
supportive style 523
surveys 340
survivors 637
symbols 612
synchronous technologies 357

T

tactical style 522
tardiness 426
task analysis 61
task-centered leaders 514
task interdependence 580
task inventory 59
task structuredness 519
technical listening 497
telecommuting 630
telephone call 475